Jürgen Wolf, René Krooß

Systemnahe Programmierung mit C und Linux

Das umfassende Handbuch

Liebe Leserin, lieber Leser,

herzlich willkommen zu diesem Handbuch zur System- und Anwendungsprogrammierung unter Linux! Wenn Sie mit C vertraut sind und jetzt tiefer einsteigen wollen, dann sind Sie hier richtig – ganz gleich, ob Sie Anwendungen entwickeln, mehr über Prozesse und Threads wissen möchten oder etwa Zugriff auf bestimmte Systemdateien benötigen.

Die Kapitel decken sehr unterschiedliche, aber immer praxisrelevante Themen ab, bieten viele Codebeispiele und lassen sich gut einzeln lesen. Springen Sie bei Bedarf einfach dorthin, wo Sie etwas lernen möchten.

Bevor es losgeht, ein Wort in eigener Sache: Wir im Rheinwerk-Verlag möchten nicht nur gute Bücher machen, sondern immer bessere. Wir hoffen dazu beizutragen, dass Sie so lernen können, wie Sie es sich wünschen – effizient, mit Spaß, in einem angenehmen Tempo ... was immer Ihnen wichtig ist. Und wer könnte besser sagen, ob uns das gelungen ist, als Sie? Deshalb freuen wir uns, wenn Sie Feedback für uns haben! Wie hat es Ihnen gefallen? Können wir noch etwas verbessern?

Auch, falls einmal etwas nicht so funktioniert wie erwartet oder Fragen offengeblieben sind: Zögern Sie bitte nicht, mir eine E-Mail zu schreiben. Sowohl die Autoren als auch wir im Verlag helfen gern weiter, wenn wir können.

Überhaupt sind wir gern im Austausch: Gibt es ein IT-Thema, zu dem Sie ein Buch am Markt vermissen? Etwa, weil es zu einer Veranstaltung an der Hochschule keine genau passende Literatur gibt oder weil Sie sich in ein neues Framework einarbeiten möchten? Dann melden Sie sich bitte – vielleicht entsteht daraus ja das nächste Buch.

Und nun viel Spaß und Erfolg mit C und Linux!

Ihre Almut Poll
Lektorat Rheinwerk Computing

almut.poll@rheinwerk-verlag.de
www.rheinwerk-verlag.de
Rheinwerk Verlag · Rheinwerkallee 4 · 53227 Bonn

Auf einen Blick

Wir hoffen, dass Sie Freude an diesem Buch haben und sich Ihre Erwartungen erfüllen. Ihre Anregungen und Kommentare sind uns jederzeit willkommen. Bitte bewerten Sie doch das Buch auf unserer Website unter **www.rheinwerk-verlag.de/feedback**.

An diesem Buch haben viele mitgewirkt, insbesondere:

Lektorat Almut Poll, Anne Scheibe
Korrektorat Petra Biedermann, Reken
Herstellung Stefanie Häb
Typografie und Layout Vera Brauner
Einbandgestaltung Mai Loan Nguyen Duy
Satz SatzPro, Krefeld
Druck C.H.Beck, Nördlingen

Dieses Buch wurde gesetzt aus der TheAntiquaB (9,35/13,7 pt) in FrameMaker.

Gedruckt wurde es auf chlorfrei gebleichtem, FSC®-zertifiziertem Offsetpapier (70 g/m²).

Hergestellt in Deutschland.

Bibliografische Information der Deutschen Nationalbibliothek:
Die Deutsche Nationalbibliothek verzeichnet diese Publikation in der Deutschen Nationalbibliografie; detaillierte bibliografische Daten sind im Internet über *http://dnb.dnb.de* abrufbar.

ISBN 978-3-8362-9748-6

5., aktualisierte Auflage 2024

Informationen zu unserem Verlag und Kontaktmöglichkeiten finden Sie auf unserer Verlagswebsite **www.rheinwerk-verlag.de**. Dort können Sie sich auch umfassend über unser aktuelles Programm informieren und unsere Bücher und E-Books bestellen.

Inhalt

10 Threads 443

11 Netzwerkprogrammierung 513

14 GTK+ 891

Anhang 1177

Materialien zum Buch

Auf der Webseite zu diesem Buch stehen folgende Materialien für Sie zum Download bereit:

- **alle Beispielprogramme**

Gehen Sie auf *www.rheinwerk-verlag.de/5774*. Klicken Sie auf den Reiter MATERIALIEN. Sie sehen die herunterladbaren Dateien samt einer Kurzbeschreibung des Dateiinhalts. Klicken Sie auf den Button HERUNTERLADEN, um den Download zu starten. Je nach Größe der Datei (und Ihrer Internetverbindung) kann es einige Zeit dauern, bis der Download abgeschlossen ist.

Kapitel 1
Einführung

Bevor Sie in die Tiefen der Linux-Programmierung einsteigen, finden Sie hier in der Einführung einige Hinweise, welche Voraussetzungen Sie für dieses Buch erfüllen oder welche Werkzeuge vorhanden sein sollten. Dazu gibt es eine kurze Geschichte der Entwicklung von UNIX zu Linux und der verschiedenen Standards, die es mittlerweile gibt. Bevor es dann richtig losgeht, finden Sie noch eine kleine Übersicht zu den einzelnen Teilen und Kapiteln dieses Buches.

1.1 Anforderungen an den Leser

Um es gleich klarzustellen: Bei diesem Buch handelt es sich nicht um eine Einführung in das Betriebssystem Linux. Themen wie die Installation, Konfiguration und Administration von Linux werden Sie in diesem Buch nicht finden. Zwar werden diese Themen nicht vorausgesetzt, aber es könnte recht schwierig werden, wenn Sie, unmittelbar nachdem Sie Linux zum ersten Mal installiert haben, gleich mit diesem Buch anfangen. Die einzelnen Themen werden zwar so ausführlich und einfach wie möglich erklärt, nur könnte es sein, dass Ihnen ohne Grundlagenwissen das eine oder andere nicht so klar erscheint. Am besten wird es sein, wenn Sie zusätzlich zu diesem Buch noch ein Buch erwerben, das die Installation und Konfiguration separat erklärt. Hier gibt es eine Menge Bücher, auch bei Rheinwerk – z. B. das sehr gut und verständlich geschriebene Standardwerk »Linux« von Michael Kofler.

Sie müssen aber kein Guru sein, nur der Umgang mit der Kommandozeile und/oder einer grafischen Oberfläche wie dem KDE- oder GNOME-Desktop sollte Ihnen nicht schwerfallen. Eine weitere Anforderung, die wir an Sie stellen müssen, sind gute Kenntnisse in der Programmiersprache C – eine Einführung in C würde das eigentliche Thema des Buches nur unnötig in den Hintergrund drängen und ginge am Titel vorbei. In diesem Buch geht es ausschließlich um die Linux-Programmierung in C/C++ (und manchmal auch in Python) und nicht um die Programmierung in C mit Linux-Beilage. Es gibt mittlerweile unzählige Bücher zur C-Programmierung, daher wollen wir das Thema hier nicht nochmals aufrollen. Sofern Sie noch keine Kenntnisse in C haben, empfehlen wir Ihnen, sich zuerst ein Buch dazu anzuschaffen, um anschließend mit diesem Werk fortzufahren. Sie können z. B. das Werk »C von A bis Z« vom Rheinwerk Verlag verwenden, um sich weitreichende Kenntnisse in C anzueignen. Absolute Neulinge können auch »Grundkurs C« von Rheinwerk benutzen, das auch von den Autoren dieses Werkes stammt.

[»]

Kernel-Programmierung

Wohlgemerkt ist dies ein Buch über die Programmierung von Anwendungen. Wer den Betriebssystemkern (den sogenannten *Kernel*) selbst ändern oder einen neuen programmieren möchte, sollte dafür ebenfalls andere Literatur zu Rate ziehen. Am besten geschieht dies sogar direkt nachdem Sie dieses Buch durchgearbeitet haben, denn einen Kernel zu programmieren, ist so ungefähr das Schwerste, das Sie tun können. Es ist nicht so, dass dies unmöglich ist, aber es kostet viel Zeit und manchmal auch Nerven. Sie sollten sich auch einer Community anschließen, wenn Sie Betriebssysteme programmieren wollen, damit Sie Hilfe bekommen, wenn Sie nicht mehr weiterwissen.

1.2 Anforderungen an das Betriebssystem

Primär ist die Zielgruppe hierbei auf Linux gerichtet. Ganz klar, Linux ist unter den UNIX-artigen Systemen nun mal am häufigsten vertreten, und deshalb haben Sie sich auch wahrscheinlich für Linux entschieden. Dennoch sind die Anforderungen an das System nicht nur auf Linux allein bezogen. Das meiste, was hier beschrieben wird, lässt sich häufig auch ohne Probleme auf andere kommerzielle UNIXe wie beispielsweise Solaris, HP-UX, AIX oder auch auf viele freie BSD-Varianten anwenden. Der Großteil der Beispiele im Buch wurde neben Linux z. B. auch mit einem FreeBSD-System erfolgreich getestet und (nicht ganz unwichtig) auf dem Raspberry Pi. Auch hier läuft eine spezielle Linux-Distribution, nämlich Debian.

Nun sind wir auch bei der Frage angekommen, was eine Distribution ist und welche wir in diesem Buch verwenden. Eine *Distribution* ist erst einmal nur eine Sammlung von Linux-Programmen, inklusive eines bestimmten Betriebssystem-Kerns. Welche Programme eine Distribution anbietet, hängt stark von der Community ab, die die Distribution verwaltet. So richtet sich z. B. die Gentoo-Distribution nur an Experten, die sich auch nicht davor scheuen, den gesamten Kern für eine bestimmte Hardware neu zu erstellen. Dagegen stellen beispielsweise openSUSE oder Red Hat auch vorkompilierte Pakete für Einsteiger zur Verfügung, die dann auch schlicht nur heruntergeladen werden müssen (inzwischen gibt es sogar Webinstaller, die direkt vom USB-Stick booten oder sogar von Windows aus gestartet werden können). Der Installationsprozess ähnelt hier in der Tat einer Windows-Installation mit Fenstern und Hilfestellungen. Quasi den Mittelweg geht Debian. Hier ist die Kommandozeile nach wie vor das wichtigste Werkzeug, aber die Installation selbst erfolgt fast wie bei Windows aus einer grafischen Oberfläche heraus (dies gilt auch für den Pi, auch dort wird eine ARM-Variante von Debian installiert). Da wir diese Mischung für optimal für Einsteiger halten, benutzen wir in diesem Buch dann auch Debian. Auch den Pi unterstützen wir nun direkt, und alle Beispiele in diesem Buch sind auf dem Pi ausführbar. Viele Linux-Neueinsteiger benutzen übrigens den Pi, vor allem, weil er auch inzwischen die optimale Maker-Plattform ist.

1.3 UNIX, der Vorgänger von Linux

Gerade Privatanwender oder Hobbyprogrammierer bringen gerne die zwei Dinge UNIX und Linux durcheinander. Ganz verkehrt ist das vielleicht nicht, aber im Endeffekt ist Linux auch nur ein UNIX. UNIX gab es also bereits vor Linux, und dieses UNIX wurde von Ken Thompson entwickelt. Ken Thompson hatte es im Jahr 1969 satt, mit Lochkarten Programme (oder besser Rechneraufträge) zu bearbeiten, denn Lochkarten haben vor allem den Nachteil, dass es sehr schwer ist, mit ihnen Sprünge oder Schleifen auszuführen (dies war übrigens schon beim ersten Computer der Welt, der Z3, so). Sie können natürlich auf die Lochkarten Programme für einen bestimmten Prozessor stanzen (sogenannte *OP-Codes*), die dann auch Sprünge enthalten können. Aber wenn Sie sich irgendwo vertun, dann müssen Sie unter Umständen die ganze Lochkarte Bit für Bit neu drucken. UNIX sollte daher ein reines Ein-Benutzer-Betriebssystem werden, das auch einige Zusatzprogramme bietet und mit dem man z. B. im laufenden Betrieb neue Programme schreiben kann, ohne dabei neue Lochkarten zu erstellen (das heißt, die Lochkarten wurden nur zum Booten des Systems benutzt). Die wirklich große Neuerung von UNIX war deshalb auch nicht so sehr die Programmierung selbst als vielmehr die Trennung von Daten (Variablen, Zahlen, Arrays) und Code (das eigentliche Programm).

Die Trennung von Codebereich (das sogenannte *Codesegment*) und Datenbereich (das sogenannte *Datensegment*) ist in der Tat ein sehr wichtiger Schritt in der Programmierung, denn durch diese Maßnahme können auch die Programme selbst als Daten auf einem wie immer gearteten Speicher abgelegt werden. Dies waren im Fall der PDP-7-Maschine, auf dem Thompson 1969 begann, UNIX zu entwickeln, vor allem Magnetspulen. Diese Magnetspulen waren aber nur ein zusätzlicher Speicher und konnten erst benutzt werden, nachdem das System gestartet worden war. Deshalb besitzt UNIX auch von Anfang einen Bootloader, der den Betriebssystemkern lädt, und den Kern selbst (auch *Kernel* genannt). Wie gesagt befand sich der Bootloader am Anfang auf Lochkarten.

[«]

Betriebssystem-ROM

Die ersten Heimcomputer besaßen ein ROM, in dem das damals »Kernal« genannte Betriebssystem untergebracht wurde. Das heißt, das Betriebssystem (oftmals gekoppelt mit einem BASIC-Interpreter) war fest verdrahtet und konnte nur mit Tricks (z. B. EPROM-Brennern) verändert werden. Der bekannteste Heimcomputer, der diese Technik verwendet, ist der C64. Moderne PCs nennen dieses fest verdrahtete minimale ROM-Betriebssystem inzwischen *BIOS* oder *UEFI-Bootloader*. Linux abstrahiert nun von diesen reinen Hardwaretechniken und betrachtet den Kernel als das eigentliche Betriebssystem, das reine Software ist. Deshalb lässt sich Linux auch so gut anpassen und gegebenenfalls sogar neu übersetzen (und dies wusste auch schon Ken Thompson).

Zu dem Zeitpunkt, zu dem Ken Thompson UNIX entwickelte, gab es leider noch nicht viele Programmierwerkzeuge. Er schrieb also das erste UNIX in Assembler, das auf einer PDP-7-Maschine lief. Wer sich schon einmal mit Assembler befasst hat, weiß, welcher Aufwand häufig nötig ist, um damit Programme zu schreiben, vor allem, wenn man erst einmal einen Bootloader programmieren muss, der von einer Lochkarte startet, und den Rest anschließend von Magnetband nachlädt. Deshalb dauerte es auch bis 1971, bis UNIX langsam anfing, Fortschritte zu machen.

Wegweisend war in dieser Zeit wahrscheinlich die Erfindung von Compilern; der bekannteste Compiler aus dieser Zeit ist sicherlich ALGOL60. ALGOL60 besitzt schon alle Elemente moderner Programmiersprachen, wie z. B. das Auswerten komplexer Ausdrücke, den Umgang mit Variablen und das Aufrufen von Funktionen. Sehr gute Bücher für den Compilerbau begannen damals, den Markt zu erobern. Auch Thompson besaß sicherlich solche Bücher, und auch er sah voraus, dass für die Entwicklung von UNIX ein moderner Compiler nötig ist, der komplexe Ausdrücke und Formeln in Assembler übersetzen kann (interpretierende Programmiersprachen wie das damals schon verfügbare BASIC können dies übrigens nicht). Thompson entwickelte aber keine komplett neue Programmiersprache, sondern B, das auf BCPL und teilweise auch auf dem damals schon populären Pascal basierte. Die Programmiersprache B war aber leider nicht sehr stabil und enthielt einige Umständlichkeiten, die besonders das Entwickeln von Betriebssystemen schwierig machen. Deshalb programmierte Thompsons Kollege Dennis Ritchie zusammen mit Brian Kernighan 1971 aus B die Programmiersprache C. UNIX wurde daraufhin komplett in C umgeschrieben, was sich bis heute nicht grundlegend verändert hat.

Dank der Programmiersprache C erreichte UNIX nun relativ schnell einen hohen Entwicklungsstand und konnte auf immer mehr Plattformen portiert werden. Mit der Zeit entstand ein immer stabilerer Systemkern, und der Reifegrad der Anwendungen konnte sich sehen lassen. Vorwiegend fand UNIX zur damaligen Zeit seinen Einsatz in Universitäten und Hochschulen.

Bevor das erste Ur-UNIX überhaupt seinen Weg zu AT&T fand, war es übrigens von Dennis Ritchie durch die freie Weitergabe des gesamten Quellcodes an Universitäten und Hochschulen verbreitet worden. Diese mussten dann zwar den Quellcode neu kompilieren, dies gelang aber fast immer, weil die Hochschulen die entsprechenden Experten besaßen (dies sei nur deshalb erwähnt, da immer noch häufig zu lesen ist, dass UNIX auf einem von AT&T entwickelten Entwurf basiere). Allerdings waren Thompson, Ritchie und Kernighan Mitarbeiter an den Bell Labs, damals einer Tochtergesellschaft von AT&T, die für technische Entwicklungen verantwortlich war – wahrscheinlich rührt hierher das Missverständnis.

Leider begann dann ab 1983 die Zeit der Kommerzialisierung von UNIX durch die Firma AT&T mit der Einführung ihres Produkts »UNIX System V«. Die Weiterentwicklung und Vermarktung wurde später an die Firma USL (UNIX System Laboratories) weitergegeben, die damit keinen Erfolg hatte. 1993 versuchte dann die Firma Novell, Profit aus UNIX zu schlagen, was wiederum nicht wirklich gelang. Deshalb wurde am Ende UNIX an die Firma Caldera weitergeleitet. Aber auch Caldera fusionierte später, nämlich mit der Firma SCO (*Santa Cruz Operations*), die sich auf den Intel-basierten PC-Markt spezialisiert hatte (leider war es auch so, dass UNIX damals einfach nicht schnell genug auf PCs lief).

Aber damit nicht genug: Zur damaligen Zeit wurde nämlich an der Universität von Berkeley die UNIX-Variante BSD entwickelt. Dass es dabei in einer Zeit des wirtschaftlichen Booms der Computerbranche zu Ärger kommen würde, war vorherzusehen. Durch Streitigkeiten um Lizenzrechte wurde BSD ab der Version 4.4 eingestellt. Von dieser BSD-Variante wurden allerdings die heutigen freien Varianten wie FreeBSD, OpenBSD und NetBSD abgeleitet und werden nun als Open-Source-Versionen weiterentwickelt. Ihnen alle verschiedenen UNIX-Anbieter der damaligen Zeit zu nennen, wäre wohl ein wenig zu viel des Guten und auch sinnlos. Mittlerweile sind eigentlich nur noch drei bedeutende UNIX-Anbieter übrig:

- Solaris von Sun (läuft auf Intel-x86-Architektur und Sun-SPARC-RISC-Rechnern)
- HP-UX von HP (läuft auf Intel-/Itanium-Architektur (64 Bit) und HP-PA-RISC-Architektur)
- AIX-System von IBM (läuft vorwiegend auf der IBM-PowerPC-RISC-Architektur)

Hinweis zu Microsoft UNIX

Microsoft selbst hat 1979 auch eine UNIX-Lizenz erworben und versucht, ein Betriebssystem unter dem Namen Xenix auf Prozessoren wie u. a. Intel 8086, Motorola 68000 und Zilog Z8000 zu portieren. Später verlor Microsoft aufgrund von DOS das Interesse an Xenix und übergab die Rechte daran weitestgehend an die neu gegründete und von Microsoft mitfinanzierte SCO.

1.4 Die Entwicklung von Linux

Im Endeffekt schuf Richard Stallman als Gründer und Kopf der FSF (*Free Software Foundation*) schon 1984 die Grundlagen für die freie UNIX-Version Linux (mit dem GNU-Projekt für frei austauschbare Software und deren Quellcode). Bis Ende 1990 kam dabei schon eine Menge freier GNU-Software zusammen, die man sogar schon fast als eigenständiges Betriebssystem ansehen konnte. Leider kann der freie Austausch von Programmen und Quellcode auch Nachteile haben. So entwickeln z. B. oft viele kleine freie (Hobby-)Programmierer aneinander vorbei. So fehlte etwa die ganze Zeit lang (also von 1984 bis etwa 1990) so etwas, was bei UNIX der Kernel war, denn die GNU-Software lief bis dahin immer noch auf UNIX. Dieses musste man aber inzwischen teuer erwerben. Die Alternative war, sich per Modem an der Universität einzuwählen und sozusagen mit einem Vorläufer des Internets mit dem UNIX-Großrechner zu kommunizieren.

Dies ging dann auch dem finnischen Studenten Linus Torvalds so, der es irgendwann satthatte, sich dauernd mit MINIX (ein von Diskette installierbares Mini-UNIX, das der Professor

Andrew S. Tanenbaum entwickelt hatte) am Großrechner der Universität Helsinki anzumelden – und dann auch, wie er sich in seiner Biografie »Just for fun« ausdrückte, »nicht viel mehr zu können, als E-Mails nachzusehen«. Linus Torvalds scheint wirklich sehr frustriert darüber gewesen zu sein, dass er kein UNIX für zu Hause besaß, und gründete deshalb eine der ersten Communities, die es gab: Er begann, mit einigen weiteren freiwilligen Entwicklern einen eigenen UNIX-Betriebssystem-Kernel zu schreiben. Im Oktober 1991 war dann auch im Usenet folgendes Posting von Linus Torvalds zu lesen:

> *»Wie ich vor einem Monat erwähnte, arbeite ich an einer freien Version von etwas dem Minix Ähnlichem für AT-386-Rechner. Sie hat jetzt endlich den Punkt erreicht, wo sie sogar brauchbar ist (oder auch nicht, je nachdem, was man braucht), und ich bin bereit, die Quelltexte zur Weiterverbreitung herauszugeben. Es ist lediglich Version 0.02 ..., aber ich habe darauf erfolgreich bash, GCC, gnu-make, gnu-sed, compress usw. laufen lassen.«*

Kurz darauf wurde der Kernel veröffentlicht, nachdem es möglich wurde, vollständige Verzeichnisse per *tar* (eine Variante des ZIP-Formats) zu komprimieren und als eine einzige Download-Datei auf einem Server abzulegen. Auf diese Weise konnte sich jeder Student, der zumindest einen 386-PC besaß, den Quellcode herunterladen und diesen auf seinem eigenen PC kompilieren. Natürlich gab es damals noch keine Installationswerkzeuge, und alles musste akribisch per Hand eingerichtet werden. Aber zumindest gab es genug Studenten, die damit begannen, die bereits erhältlichen Komponenten des GNU-Projekts von Richard Stallman auf das PC-UNIX Linux zu portieren. Die Ziele des GNU-Projekts waren es dann auch (und sind es immer noch), ein von Lizenzrechten befreites UNIX-System zu erstellen. Da das GNU-Projekt Komponenten wie einen portablen C-Compiler, C-Bibliotheken, Linker, Debugger und zahlreiche weitere Dienstprogramme enthält, wuchs Linux nun langsam zu einem vollständigen Betriebssystem heran.

Linux ist inzwischen erwachsen geworden, und Sie können es sogar als freie Alternative zu Microsoft und Co. verwenden (Sie können damit in der Tat inzwischen alles machen, was Sie mit Windows auch machen können). Natürlich bekommt Linux damit auch all die Probleme, die erwachsene Betriebssysteme nun mal haben: Der Kernel bläht sich unentwegt auf, es gibt Probleme mit verschiedenster Hardware (weil Treiber fehlen), und der Programmumfang ist schon beim Raspberry Pi (auf dem auch ein Linux läuft) quasi unüberschaubar. Auch Hackerangriffe auf Linux-Systeme gibt es inzwischen zahlreiche, im Endeffekt muss auch hier nun in Bezug auf die Sicherheit ständig nachgebessert werden. Es ist allerdings nicht unsere Absicht, Ihnen die Stärken oder Schwächen von Linux aufzulisten, und erst recht nicht, eine der Diskussionen der Art »was ist besser, Windows oder doch Linux?« anzustoßen. Sie sind Programmierer und haben sich dafür entschieden, Linux zu verwenden. Und Sie haben bestimmt gute Gründe dafür. Vielleicht nutzen Sie sogar beides: Windows und Linux parallel auf einer einzigen Festplatte (auch dies ist inzwischen problemlos möglich, dank des sehr guten Bootmanagers GRUB).

1.5 Der Compiler GCC – eine kurze Einführung

Da in diesem Buch Vorkenntnisse in C erforderlich sind, wissen Sie wahrscheinlich schon, womit ein Programm geschrieben, übersetzt und ausgeführt wird. Welchen Editor oder gar welche Entwicklungsumgebung Sie dazu verwenden, bleibt letztendlich Ihnen selbst überlassen. Der eine wird seine Programme vielleicht gerne mit *vi* oder dem *Emacs* schreiben, und der andere verwendet vielleicht lieber gleich eine Entwicklungsumgebung wie *KDevelop* oder *Anjuta* – dies ist wohl eher Sache des guten Geschmacks. Umsteiger von Windows werden beim Anblick und der Verwendung von *vi* vielleicht denken, ihre Tastatur sei kaputt, weil sie nicht so reagiert wie bei dem guten alten Edit-Werkzeug, das bei Windows stets mit dabei ist. Echte UNIX-Puristen werden sich dagegen von der überfüllten Entwicklungsumgebung schnell wieder verabschieden.

Lassen Sie sich aber bitte nicht einreden, dass dieses oder jenes Tool oder Editor das Nonplusultra sei. Gehen Sie solchen Puristen am besten gleich aus dem Weg, und verwenden Sie die Programme, die Ihnen am besten zusagen – in 80 Prozent der Fälle tut es nämlich der Editor *nano* oder der wirklich sehr zu empfehlende Editor *SciTE*, der allerdings wegen der Menüsteuerung einen Desktop voraussetzt. Ob Ihr Editor und Ihre Kommandozeile dann in einem separaten Fenster laufen oder nicht, ist fast immer zweitrangig. Zum Übersetzen der Programme in diesem Buch reicht jedenfalls die Kommandozeile aus. Daher werden wir gerade für Umsteiger oder Einsteiger hier in einer kurzen Einführung die wichtigsten Optionen des GNU C Compilers (GCC) beschreiben. Für mehr Informationen sollten Sie dann auch die Manual Page von GCC lesen. Dies können Sie mit dem folgenden Kommando in der Kommandozeile erledigen:

```
man gcc
```

Hinweis

GCC ist hier übrigens die Abkürzung von »GNU C Compiler Collection«, GCC wird aber meist mit dem Compiler GCC gleichgesetzt. Im Endeffekt ist dies nicht ganz richtig, weil ja zu dem Compiler selbst noch eine Sammlung (engl. *collection*) nützlicher Bibliotheken gehört. Aber viele Benutzer sind nicht so spitzfindig und setzen GCC mit dem Compiler gleich.

1.5.1 Den GCC von der Kommandozeile aus aufrufen

Generell gibt es vier Aufrufmöglichkeiten des GCC von der Kommandozeile aus, wobei nicht alle Varianten bei Ihnen installiert sein müssen. Gewöhnlich wird für den Aufruf des GCC das Kommando `gcc` verwendet, aber es sind eventuell auch noch folgende Varianten vorhanden:

- `cc`
- `g++`
- `c++`

In Wahrheit ist der GCC nämlich nur ein sogenanntes Frontend. Ein *Frontend* ist ein Programm, das andere Programme aufruft, je nachdem, welche Parameter Sie über die Kommandozeile übergeben. Beim GCC sind dies: Der Präprozessor *cpp*, der Compiler *cc1* oder *cc1plus*, der Assembler *as* und der Linker *collect2* inklusive *ld*. GCC bestimmt in der Regel anhand der Dateiendung selbst, welchen Compiler er anzuwenden hat. Daher lässt sich GCC sowohl für C und C++ als auch für Assembler-Dateien anwenden. Das ist sogar manchmal sinnvoller, als nur den Assembler *as* oder den Linker *ld* aufzurufen, denn das GCC-Frontend übergibt noch weitere Flags, die in der Regel dazu führen, dass man keine Fehlermeldung(en) beim Ausführen bekommt. Ein *Flag* ist hierbei eine Art Schalter, der eine bestimmte Funktion ein- oder ausschaltet. So kann z. B. durch das Flag `-lm` die Mathematikbibliothek eingebunden werden, die beispielsweise Fließkommaprozessoren unterstützt.

Die Frontends *g++/c++* weisen den Linker *ld* zusätzlich an, die STL usw. mit einzubinden, was beim GCC trotz der Dateiendung nicht passiert und daher immer wieder bei Anfängern unter Linux zur Verwirrung führt. Meistens sind *cc* und *c++* bzw. *posix_cc* und *posix_c++* aber nur Aliasse für *gcc* und *g++*, aber das muss nicht immer der Fall sein. Am besten ist es deshalb, wenn Sie eine C++-Datei mit dem `C++`-Kommando kompilieren, denn damit können Sie eigentlich nichts falsch machen.

1.5.2 Wichtige Kommandozeilen-Parameter für den GCC

Wenn Sie den GCC aufrufen, erwartet er erst einmal Befehle (sogenannte *Parameter*), die angeben, was er mit dem Quellcode tun soll. `gcc` kennt unzählige Optionen. Die wichtigsten finden Sie in Tabelle 1.1 zusammengefasst.

Option	Bedeutung
`-o`	(*output*) Wollen Sie, dass der Compiler die ausführbare Datei anders benennt als *a.out*, dann sollten Sie mit dieser Option den Namen der Ausgabedatei angeben.
`-c`	(*compile*) Kompilieren, ohne zu linken
`-Dname=value`	(*define*) Definiert ein Präprozessor-Makro mit dem Namen `name` und dem Wert `value` in der Kommandozeile.
`-Idirname`	(*include directory*) Fügt `dirname` zur Liste der Include-Dateien hinzu, in denen danach gesucht werden soll.
`-Ldirname`	(*library*) Fügt `dirname` zur Liste der Verzeichnisse hinzu, in denen nach Bibliotheksdateien gesucht werden soll (`-L` gilt für *.so* und *.a*).
`-static`	Es werden nur statische Bibliotheken zum Linken verwendet.

Tabelle 1.1 gcc-Kommandozeilen-Optionen

Option	Bedeutung
-lname	(*library*) Gibt die Bibliothek an, die hinzugelinkt werden soll. Hier die Bibliothek name (wird eine *.so*-Datei gefunden, wird sie benutzt, andernfalls *.a*, sollte diese existieren).
-O	(*optimize*) den kompilierten Quellcode optimieren
-On	(*optimize*) Wie das Flag -O, nur kann mit n die Optimierungsstufe angegeben werden. Mindestens ist 1 und maximal 3 möglich. Mit der Angabe von 0 wird die Optimierung ausgeschaltet. Es sind auch Levels oberhalb 3 möglich, die haben aber keinen Effekt.
-g	(*debug*) Fügt Standard-Debug-Informationen zum Debuggen hinzu.
-ggdb	(*debug gdb*) Fügt Debug-Informationen hinzu, die nur der Debugger *gdb* versteht (auch hier gibt es wieder verschiedene Stufen; wer in der Welt der vielen -g-Möglichkeiten einfach nur »alles« will, gibt am besten -ggdb3 an; da hat man alles (laut Manpage).
-ansi	Erlaubt nur ANSI-C-konforme Konstrukte.
-pedantic	Gibt alle Warnungen aus, die vom ANSI-C-Standard gefordert werden.
-pedantic-errors	Gibt alle Fehler aus, die vom ANSI-C-Standard gefordert werden.
-Wall	Aktiviert allgemeine sinnvolle Warnungen, die vom GCC unterstützt werden.
-p, -pg	(*profiling*) Fügt dem Objektcode Profiling-Informationen hinzu, die vom Profiler GPROF ausgewertet werden können. -pg gibt Profiling-Informationen für GPROF aus.
-v	Zeigt alle Schritte und Kommandos in der Kommandozeile an, die der Compiler gerade ausführt (siehe da: *cpp*, *cc1*, *as* und *ld*).

Tabelle 1.1 gcc-Kommandozeilen-Optionen (Forts.)

Kommen wir nun zum ersten Listing, nämlich *ErstesProgramm.c*. Es demonstriert, wie Sie einen Text in der Konsole ausgeben. Stören Sie sich an dieser Stelle bitte nicht an dem Parameter char **argv, ihn werden wir in Kürze ausgiebig besprechen.

```
// ErstesProgramm.c
#include <stdio.h>

int main(int argc, char **argv) {
```

```
    printf("Hallo, das ist mein erstes Linux-Programm.\n");
    return 0;
}
```

Damit aus dem Listing eine ausführbare Datei wird, können Sie diese folgendermaßen übersetzen (dies entspricht einem Kompilieren und anschließendem Linken):

```
$ gcc test.c
```

Allerdings finden Sie dann in Ihrem Verzeichnis standardmäßig die Datei *a.out* (kurz für *Assembler output*), die die ausführbare Datei sein soll. In der Regel werden Sie Ihrem Programm auch einen Namen geben wollen. Dies können Sie mit der Option `-o` machen:

```
$ gcc ErstesProgramm.c -o ErstesProgramm
$ ./ErstesProgramm
Hallo, das ist mein erstes Linux-Programm!
```

[»]

Dateipfad zu dem ausführbaren Programm

Wenn Sie Ihr übersetztes Programm nicht starten können, liegt dies daran, dass Ihre Kommandozeile einen vollständigen Dateipfad erwartet. Setzen Sie in diesem Fall einen Punkt und einen Slash vor den Programmnamen (`./[Programmname]`). Auf diese Weise wird *./* zu dem Dateipfad ergänzt, in dem Sie sich gerade befinden.

Ein weiteres Beispiel ist eine Art Kokosnuss, die es zu knacken gilt. Wenn Sie versuchen, folgendes Listing zu übersetzen, wird Ihnen das nicht gelingen:

```
#include <stdio.h>
#define SECRET 1234

int main(int argc, char **argv) {
   if(HALLO + 1233 == SECRET) {
      printf("Sie haben die Kokosnuss geknackt!\n");
   }
   else {
      printf("Was auch immer?\n");
   }
   return 0;
}
```

Wenn Sie das Listing wie gewöhnlich übersetzen, wird Ihnen der Compiler eine Fehlermeldung der Art anzeigen, dass `HALLO` hier syntaktisch falsch ist, weil es vorher nicht definiert wurde. Sie können die Kokosnuss nun folgendermaßen knacken:

```
$ gcc -o test test.c -DHALLO=1
$ ./test
Sie haben die Kokosnuss geknackt!
```

Mit der Option -D haben Sie hier ein eigenes Define-Makro für HALLO hinzugefügt. In diesem Fall wird beim Präprozessordurchlauf das Makro HALLO durch den Wert 1 ersetzt. Solche externen Defines werden sehr oft benutzt, weshalb wir sie Ihnen auch vorstellen. Ein weiteres Beispiel ist die Erstellung eines BASIC-Interpreters aus dem Programm *BASIC.c*:

```
$ gcc BASIC.c -o BASIC -DEBUG=1
```

Immer wenn DEBUG=1 ist, dann wird der BASIC-Interpreter so erstellt, dass er bei jeder Berechnung sämtliche Zwischenschritte ausgibt. Ist dagegen DEBUG=0 oder nicht definiert, dann werden nur die Ergebnisse von PRINT-Anweisungen ausgegeben, und BASIC läuft ganz normal. Auf diese Weise können Sie immer dann, wenn sich Ihr BASIC-Interpreter nicht so verhält, wie Sie wollen, dieses Kommando bei Bedarf noch einmal mit eingeschalteter Testausgabe ausführen. Fast sämtliche Projekte, die noch nicht ganz fertig oder im Beta-Stadium sind, verwenden optionale Defines als Kommandozeilenparameter.

Im nächsten Beispiel sei ein anderes Listing gegeben:

```
// Compilertest.c
#include <stdio.h>

int main(int argc, char **argv) {
    // Normalerweise sollte ein Kommentar hier kein Problem sein.
    printf("Das Programm wird erfolgreich ausgeführt\n");
    return 0;
}
```

Wenn Sie dieses Listing gewöhnlich übersetzen, sollten keine Probleme damit auftreten:

```
$ gcc Compilertest.c -o Compilertest
$ ./Compilertest
Das Programm wird erfolgreich ausgeführt
```

Jetzt wollen Sie aber wissen, ob Ihr Programm auch kompatibel mit dem ursprünglichen ANSI/ISO-Standard ist:

```
$ gcc Compilertest.c -o Compilertest
$ ./Compilertest
test.c(5):parse error before '/' token
```

Der Slash ist also gemäß dem ANSI/ISO-C-Standard (C89, um genau zu sein) hier fehl am Platz. Das wollen Sie aber jetzt genauer wissen und geben Folgendes ein:

```
$ gcc Compilertest.c -o Compilertest
test.c(5):warning: C++ style comments are not allowed in ISO C89
```

Der Compiler verwendet hier also anscheinend den ISO-C89-Standard. Dies kann leicht passieren, wenn Sie keinen Standard angeben oder bei der Konfiguration des Compilers vorgeben: Dann wird sehr oft der kleinste gemeinsame Nenner verwendet, und dieser ist fast immer C89. Leider können Sie die meisten modernen Konstrukte nicht zusammen mit C89 verwenden, wie z. B. auch dieses Konstrukt:

```
void Ringtausch(int &a, int &b) { // call by reference
    int Temp=a; a=b; b=Temp;
}
```

Das Problem ist hierbei, dass C89 den Address-of-Operator nicht auf diese Weise unterstützt, die hier verwendet wird. Das bedeutet, dass Sie entweder `Ringtausch()` umprogrammieren oder aber den neusten C-Standard benutzen müssen. Dieser ist inzwischen C23. Die neuste Version des GCC unterstützt bereits C23, es mag aber sein, dass Sie noch kein Update gemacht haben. In diesem Fall ist C18 die richtige Wahl, deshalb sollte die folgende Zeile mittlerweile auf sämtlichen modernen Linux-Versionen laufen:

```
$ gcc Compilertest.c -o Compilertest -std=c18
```

Eine weitere wichtige Option ist das Einbinden der Mathe-Bibliothek, um z. B. Fließkommaoperationen benutzen zu können. Dies ist etwa auf dem Raspberry Pi stets vonnöten, wenn Sie nur ansatzweise etwas Geometrisches, wie den Sinus, den Cosinus oder eine Wurzel, berechnen wollen. So läuft das nächste Beispiel nicht in einfacher Weise auf dem Pi:

```
// Wurzel.c
#include <stdio.h>
#include <math.h>

int main(int argc, char **argv) {
    printf("%lf\n", sqrt(3.123));
    return 0;
}
```

Obwohl Sie *math.h* eingebunden haben, sagt Ihr Pi, dass das Programm keine Fließkommazahlen unterstützt (ERROR: FLOATING POINT OPERATIONS ARE NOT LINKED) und deshalb nicht erstellt wurde. Sie müssen also auf dem Pi Ihr Programm auf die folgende Weise erstellen:

```
$ gcc Wurzel.c -o Wurzel -lm
```

[«] 1

Hinweis zu Verwendung von Fließkommazahlen

Wenn Sie mathematische Funktionen der Headerdatei *math.h* verwenden wollen, lässt sich der Quellcode nicht übersetzen, wenn Ihr Prozessor extra eine Fließkomma-Einheit besitzt. Dies gilt auch oder besser gesagt besonders für den Raspberry Pi. Linken Sie in diesem Fall die entsprechende Bibliothek hinzu. Im Fall von *math.h* müssen Sie hier den zusätzlichen Parameter `-lm` in der Kommandozeile angeben. Wenn Ihr Prozessor keine Fließkomma-Einheit besitzt, dann brauchen Sie unter Umständen `-lm` nicht, aber Ihr Programm wird dann sehr langsam laufen.

1.5.3 Unterstützte Dateitypen beim GCC

Der GCC akzeptiert eine Menge Dateitypen, die über die Dateiendung klassifiziert werden. Tabelle 1.2 zeigt die gängigen Dateiendungen:

Extension	Dateityp
`.c`	C-Quelldatei
`.C,.cc,.cpp,.cxx`	C++-Quelldatei
`.i`	vom Präprozessor vorverarbeitete C-Quelldatei
`.ii`	vom Präprozessor vorverarbeitete C++-Quelldatei
`.s`	vom Präprozessor vorverarbeitete Assembler-Datei
`.S`	Assembler-Quelldatei
`.o`	kompilierter Objektcode
`.a, .so`	kompilierter Bibliothekscode

Tabelle 1.2 Die wichtigsten Dateiendungen für den GCC

1.6 POSIX, X/OPEN und ANSI C

Aufgrund der vielen Systeme zur Zeit der Kommerzialisierung von UNIX wurde eine Benutzervereinigung namens */usr/group* gebildet, um eine Standardbeschreibung für UNIX zu erstellen. Damit daraus auch ein echter Standard wird, hat man diese Benutzervereinigung in ein Team des IEEE (Institute of Electrical and Electronics Engineers) integriert. Dieses Team erhielt den Namen P1003 Working Group und wurde in mehrere Arbeitsbereiche untergliedert. Aufgabe der Gruppe P1003 war es, einen Standard für ein UNIX-Betriebssystem zu schaffen, das es erlaubte, verschiedene Programme auf Quellcodeebene zu portieren. 1986 wurde dann ein erstes Dokument mit dem Namen POSIX (P1003.1) veröffentlicht. POSIX ist die Kurzform für **P**ortable **O**perating **S**ystem **I**nterface for Uni**X**. Der POSIX-Standard P1003.1 enthielt Standardkomponenten wie den Betriebssystemkern und die sogenannten *C-Standardbibliotheken*. Heute halten sich mehr oder weniger alle UNIX-/Linux-Varianten an den POSIX-Standard. Selbst Windows bietet inzwischen eine POSIX-konforme Schnittstelle an, da vor allem in den USA POSIX eine wesentliche Voraussetzung im militärischen und öffentlichen Bereich der IT-Ausschreibungen ist. Natürlich existiert nicht nur ein einziger POSIX-Standard für den Betriebssystemkern und die C-Bibliotheken. Weitere Standardkomponenten finden Sie in Tabelle 1.3 aufgelistet.

Standard	Bedeutung
IEEE 1003.1	Betriebssystemkern und C-Bibliotheken
IEEE 1003.1a	System-API-Erweiterung (Symlinks usw.)
IEEE 1003.1b	Echtzeitprogrammierung und I/O-Erweiterungen
IEEE 1003.1c	Unterstützung von Threads
IEEE 1003.1d	Echtzeiterweiterungen
IEEE 1003.1e	Sicherheitserweiterungen
IEEE 1003.1f	transparenter Dateizugriff im Netzwerk
IEEE 1003.1g	protokollunabhängige Netzwerkschnittstelle, Sockets
IEEE 1003.1h	API für das Fehlermanagement
IEEE 1003.1i	technische Korrekturen für IEEE 1003.1b für Echtzeitfunktionen
IEEE 1003.1j	fortgeschrittene Echtzeiterweiterungen
IEEE 1003.1k	API für Wechseldatenträger
IEEE 1003.1m	Checkpoint/Neustart
IEEE 1003.1n	Korrekturen für IEEE 1003.1, IEEE 1003.1b, IEEE 1003.1c, IEEE 1003.1i
IEEE 1003.1p	Ressourcen-Limits
IEEE 1003.1q	Tracing
IEEE 1003.2	Shell und Kommandos
IEEE 1003.2a	mehr Werkzeuge und Hilfsmittel
IEEE 1003.2b	mehr Werkzeuge

Tabelle 1.3 POSIX-Standardkomponenten

Standard	Bedeutung
IEEE 1003.2c	Hilfsmittel für die Sicherheit
IEEE 1003.2d	Hilfsmittel für Batch-Verarbeitung
IEEE 1003.2e	Hilfsmittel für Wechseldatenträger
IEEE 1003.3	POSIX Test Suite (mittlerweile auch als IEEE 2003.1, IEEE 2003.1b und IEEE 2003.2 vorhanden)
IEEE 1003.4	Unterstützung für Echtzeitbetriebssysteme
IEEE 1003.5	ADA-Sprachanbindung für IEEE 1003.1
IEEE 1003.5b	ADA-Sprachanbindung für IEEE 1003.1b (Echtzeitprogrammierung)
IEEE 1003.5c	ADA-Sprachanbindung für IEEE 1003.1g (Sockets)
IEEE 1003.6	Sicherheit
IEEE 1003.7	Systemadministration (mittlerweile als IEEE 1387.1 bis IEEE 1387.4 vorhanden)
IEEE 1003.8	transparenter Datenzugriff
IEEE 1003.9	Fortran-Sprachanbindung zu IEEE 1003.1

Tabelle 1.3 POSIX-Standardkomponenten (Forts.)

[«]

Hinweis

Zwar halten sich noch viele UNIX-Derivate an die in Tabelle 1.3 aufgelisteten Standards. Aber es existieren bereits seit 2001 neuere Versionen von den in IEEE 1003.1 (Betriebssystem und C-Bibliotheken) und IEEE 1003.2 (Shell und Kommandos) definierten Standards, die kurz auch als IEEE Std 1003.1-2001 und IEEE Std 1003.2-2001 bezeichnet werden. Diese wiederum wurden 2005 erneut korrigiert. Des Weiteren existieren POSIX-Standards von IEEE 1003.10 bis IEEE 1003.18, die unter anderem Standards für sogenannte Superrechner (Hochleistungsrechner) und Rechner mit mehreren Prozessoren enthalten.

Eine ebenfalls wichtige Bedeutung fiel dem X/OPEN-Standard zu. Die Gruppe, die diesen Standard entwickelt, hatte sich in Europa gebildet, da es speziell in nicht englischsprachigen Ländern und vor allem in Europa eigene Probleme gab, wie z. B. ein erweiterter Zeichensatz mit Sonderzeichen oder mehrsprachige Fehlermeldungen. Diese Gruppe hat es sich also zum Ziel gemacht, auf nationale Anforderungen einzugehen. Dieser Teil ist auch als *NLS* (*Native Language Support*) bekannt, der heute unter der Bezeichnung I18n als Technik für die Internationalisierung und unter der Bezeichnung L1ON als Technik für die Lokalisierung von Software eingesetzt wird. Auch der X/OPEN-Standard wird dauernd weiterentwickelt. Etwa alle 3–4 Jahre kommt eine neue Version heraus.

Ein weiterer sehr bedeutender Standard für die Programmiersprache C wurde mit dem ANSI-C-Standard (auch *C89* genannt, da 1989 verabschiedet/eingeführt) geschaffen. Dabei handelte es sich ausnahmsweise um keinen UNIX-Standard, sondern um einen Compilerstandard. Mit einem Standard für Compiler war es nun möglich, portable Programme zu schreiben, die zum größten Teil unabhängig vom Betriebssystem sind. Programme, die diesen Standard einhalten, können somit auf alle Betriebssysteme und alle Plattformen portiert werden, für die ein ANSI-C-Compiler erhältlich ist. Inzwischen ist sehr viel Zeit vergangen, und der neuste C-Standard ist *C23* (weil 2023 verabschiedet). Reines ANSI C dagegen wird fast nicht mehr verwendet.

Jetzt haben Sie die drei bedeutendsten Standards kennen gelernt. In diesem Buch werden aber noch weitere sehr verbreitete Standards wie System V Release 4 (SVR4), BSD-UNIX (BSD) und natürlich Linux verwendet.

1.7 Übersicht zu diesem Buch

Linux ist also ein UNIX, das ursprünglich von Linus Torvalds entwickelt wurde, eben Linus-UNIX. Deswegen wird ab nun nur noch das Wort »Linux« in diesem Buch auftauchen, und wir werden uns die umständliche Schreibweise Linux/UNIX sparen. Kommen wir nun zum Aufbau dieses Buches. Grob betrachtet lässt sich dieses Buch in fünf Teile gliedern, angefangen bei den einfachsten Themen. Das Buch wurde so geschrieben, dass die einzelnen Kapitel zum größten Teil voneinander unabhängig sind. Dennoch gibt es eine Basis, auf die alle weiteren Kapitel aufbauen. Diese Basis ist das zweite Kapitel, das die E/A-Funktionen behandelt. Diese Funktionen sind für Linux so essentiell, dass Sie sie wirklich detailliert verstanden haben müssen, um mit dem Rest fortzufahren. Ausgehend von diesem Basiskapitel, können Sie danach fast mit jedem beliebigen Kapitel weitermachen, ohne das Buch von vorn bis hinten »durchackern« zu müssen. Dies gilt auch, wenn Sie Student sind – Sie können immer die Kapitel durcharbeiten, die für Ihre Prüfungen relevant sind.

Die ersten neun Kapitel behandeln vorwiegend die wichtigsten Basisgrundlagen der Linux-System-Programmierung. Zwar dürfte der Großteil der Leserschaft aus der Linux-Ecke kommen, trotzdem wird gegebenenfalls auf die Besonderheiten anderer UNIX-ähnlicher Systeme eingegangen (vielleicht müssen Sie ja irgendwann einmal Programme eines solchen Systems auf Linux portieren).

Kapitel 2 beschreibt von den ersten 9 Kapiteln wie gesagt die grundlegenden E/A-Funktionen, mit denen Sie unbedingt vertraut sein sollten, bevor Sie sich auf die anderen Kapitel einlassen. In **Kapitel 3** werden die Attribute von Dateien und Verzeichnissen behandelt. Dabei werden wir auch auf die sogenannten symbolischen Links und ihren Sinn eingehen. Wie Sie als normaler Benutzer auf Systeminformationen zugreifen können, erfahren Sie in **Kapitel 4**.

Kapitel 5 behandelt danach den Zugriff auf die Hardware über Gerätedateien. So können Sie z. B. über Gerätedateien die Maus abfragen, Pixel in den Grafikspeicher schreiben oder Texte auf Ihrem Drucker ausgeben. Auch werden wir Ihnen zeigen, wie Sie Audio-CDs oder Wave-Dateien abspielen können. Bei dem Füllen des Audiopuffers aus einer Wave-Datei werden nun zum ersten Mal Threads angeschnitten, um Ihnen zu zeigen, wie wichtig die drei folgenden Kapitel sind. **Kapitel 6** zeigt Ihnen, wie Sie auf die zentralen System- und Benutzerdateien zugreifen. In **Kapitel 7** erklären wir Ihnen alles zum Thema Prozesse, Threads und Multitasking. Speziell bei den Prozessen handelt es sich um ein außerordentlich wichtiges Thema der Systemprogrammierung im Allgemeinen, denn hier geht es z. B. um Multitasking (also das gleichzeitige Ausführen mehrerer Dinge gleichzeitig). Sie erfahren dabei so ziemlich alles rund um Prozesse – wie Sie sie erzeugen, löschen (töten) und wie Sie daraus aus Versehen einen untoten Zombie machen können (in der Tat verwenden manche Linux-Programmierer solche Begriffe, und auch Sie sollen mit diesen vertraut werden). Am Ende erfahren Sie dann noch, wie Sie einen Dämonprozess (also ein im Hintergrund laufendes Programm) unabhängig von der Steuerung des Terminals ausführen können (auch hier gibt es komische Begriffe von Linux-Freaks, die Sie kennen sollten, wenn Sie fremden Quellcode verstehen wollen). **Kapitel 8** behandelt die sogenannten Signale, die ebenfalls unerlässlich sind, um die Systemprogrammierung zu verstehen. Ausgehend von **Kapitel 7** erfahren Sie in **Kapitel 9**, wie die einzelnen Prozesse via Interprozesskommunikationen (IPC) miteinander kommunizieren können. Dabei werden viele grundlegende Techniken behandelt, die Sie immer wieder benötigen. Dass es neben den gewöhnlichen Prozessen noch eine andere Form von leichtgewichtigen und meistens auch schnelleren Prozessen gibt, erfahren Sie in **Kapitel 10**, in dem wir ausführlich die Thread-Programmierung behandeln werden.

Damit Sie Ihre Software um Netzwerkfunktionalitäten erweitern können, finden Sie in **Kapitel 11** eine Einführung in die Netzwerkprogrammierung.

Kapitel 12 behandelt die Programmierung von Datenbanken, oder besser: die Verwendung von C-APIs, die die Datenbanken mitliefern. Damit sind Sie in der Lage, eigene Clientanwendungen zu erstellen, die mit einer Datenbank (auch und vor allem über das Netzwerk) kommunizieren können. Behandelt werden aber nur die Schnittstellen zur MySQL- und PostgreSQL-Datenbank und die Grundlagen der Abfragesprache SQL; für solche komplexen Systeme wie Oracle benötigen Sie dann doch ein weiteres Buch.

Die nächsten drei Kapitel behandeln die Entwicklung von Benutzerschnittstellen. Denn was nutzt eine Software, die keiner bedienen kann? **Kapitel 13** beschreibt die Entwicklung von Programmen für die Konsole. Auch wenn es ein wenig altertümlich erscheint: Konsolenprogramme sind immer noch eines der ersten Projekte, mit denen ein Programmierer beginnt, und immer noch gerne eingesetzte Programme, besonders unter UNIX-artigen Systemen wie Linux. Behandelt werden dabei aber nur *termios*, *terminfo* und *curses*, also die wichtigsten Schnittstellen. **Kapitel 14** zeigt Ihnen, wie einfach es mit GTK+ ist, ein Programm mit einer grafischen Oberfläche zu versehen. GTK+ hat im Gegensatz zu den »fetten« Bibliotheken wie Qt oder der GNOME-Bibliothek vor allem den Vorteil, nicht so speicherintensiv zu sein. Ein weiterer Vorteil von GTK+ ist es, dass Sie Ihre Anwendung auch jenseits der Linux-Welt portieren können. **Kapitel 15** liefert Ihnen einen Überblick über weitere gängige GUI-Bibliotheken in der Linux-Welt.

Kapitel 16 ist unerlässlich für jeden Programmierer, der Software im Team entwickelt. Der Umgang mit den grundlegenden Werkzeugen während und nach der Entwicklung in einem Projekt ist das A und O jeder ernst zu nehmenden Entwicklertätigkeit. In diesem Kapitel werden wir also eine Menge Open-Source-Werkzeuge beschreiben, die Ihnen das Leben erheblich leichter machen können. Behandelt werden dabei: Programmerstellung mit `gcc` und `make`; Erstellen von statischen und dynamischen Bibliotheken; eigene Pakete mit RPM erstellen; Versionsverwaltung mit RCS und CVS; Programme testen (Zeitmessung mit TIME, GPROF und GCOV) und debuggen (`GNU GDB`); Systemaufrufe mit STRACE verfolgen; Memory Leaks und unerlaubte Speicherzugriffe (`EFENCE` und `VALGRIND`).

In **Anhang A** finden Sie einige Dinge, die Sie in puncto Sicherheit beachten müssen, und in **Anhang B** eine kompakte Funktionsreferenz vieler Funktionen, die im Buch verwendet wurden. **Anhang C** enthält eine umfangreiche Übersicht (mit Beispielen) zu den Linux-UNIX-Kommandos in der Shell.

1.8 Schreibkonventionen

Viele Schreibkonventionen werden in diesem Buch zwar nicht verwendet – aber um jegliche Missverständnisse zu vermeiden, weisen wir hier dennoch kurz darauf hin.

Als Shell-Prompt des normalen Users in der Kommandozeile wird das $-Zeichen verwendet (Prompt bei der Eingabe nicht eingeben). Wird diese Eingabe in der Kommandozeile **`fett`** geschrieben, handelt es sich um eine Eingabe in der Kommandozeile, die von Ihnen selbst gemacht werden soll.

```
$ Eine Eingabe in der Kommandozeile
```

Folgt dahinter eine Zeile ohne ein $-Zeichen und nicht in fetter Schriftart, dann handelt es sich um die erzeugte Ausgabe einer zuvor gemachten Eingabe oder eines von Ihnen erstellten Programms.

```
$ Eine Eingabe in der Kommandozeile
Die erzeugte Ausgabe
```

Finden Sie hingegen ein #-Zeichen als Shell-Prompt, handelt es sich um das Prompt des Superusers (*root*). Um dieses Kommando auszuführen, benötigen Sie daher auch entsprechende Rechte.

```
$ whoami
nomaler_User
$ su
Passwort: ********
# whoami
root
# exit
$ whoami
normaler_User
```

[«]

Hinweis zu sudo

Es gibt zwar stets einen *root*-Account, aber er ist manchmal (z. B. auf manchen Raspberry Pis, die gerade erst eingerichtet wurden) deaktiviert. Dann kann der zurzeit angemeldete User vorübergehend *root*-Rechte erlangen, etwa um ein `apt-get update` per Hand zu starten. Dies geschieht, indem Sie vor den auszuführenden Befehl das Kommando `sudo` schreiben. Benutzen Sie aber `sudo` nicht oder nicht mehr, nachdem Sie sämtliche Updates oder Tools installiert haben. Mehr dazu können Sie auf der folgenden Wiki-Seite nachlesen: *http://wiki.ubuntuusers.de/sudo*.

1.9 Weitere Hilfen

Zwangsläufig wird es in jedem Buch Themen geben, zu denen Sie gerne etwas mehr erfahren hätten, kein Buch hat schließlich unendlich viele Seiten. Dafür stehen Ihnen unter Linux selbst unzählige Manual Pages (auch nur »Manpages« genannt), Howtos und viele weitere Dokumentationen zur Verfügung. Zwar werden wir im Verlaufe des Buchs immer wieder auf eine entsprechende Manpage hinweisen, doch wird das Lesen dieser Seiten immer noch gerne vernachlässigt. Vor allem professionelle Programmierer neigen immer wieder dazu, einfach »loszuhacken« und nach einiger Zeit festzustellen, dass es besser gewesen wäre, vorher die Manpages zu lesen. Komisch, aber wahr: Besonders Profis überschätzen sich sehr gerne und müssen dann immer wieder feststellen, dass auch sie nur Menschen sind.

Irren ist also menschlich, und vor allem weiß niemand alles (auch die Autoren dieses Buches nicht). Wenn dann bei Ihnen trotz Lesen aller Manpages doch noch Fragen auftauchen, die Sie trotz endloser Wühlerei in den Dokumentationen nicht beantworten können, finden sich immer noch unzählige Foren dazu im Internet. Leider müssen Sie an dieser Stelle inzwischen gut aufpassen, denn etliche Foren sind weder seriös, noch versuchen sie, Ihnen zu helfen. Stattdessen stellen Sie nach der Lektüre endloser sinnloser Kommentare, die man getrost als »Quatscherei« bezeichnen kann, fest, dass Sie sich im Kreis drehen und immer denselben

Unsinn lesen müssen, der Ihnen natürlich nicht weiterhilft. Oder noch schlimmer: Man versucht am Ende, Ihnen ein bestimmtes Produkt zu verkaufen, das all Ihre Probleme auf einen Schlag lösen kann. Solche Foren sollten Sie schleunigst verlassen, am besten, bevor es »zu spät« ist und Sie sich im Netz der Spinne verfangen haben. In der letzten Auflage dieses Buches stand am Ende des Kapitels noch keine solche Warnung, und wir konnten Ihnen sogar seriöse Links direkt angeben. Leider haben sich die Zeiten dahingehend gewandelt, dass es sehr viel schwieriger geworden ist, gute Tipps im Internet zu finden.

Kapitel 2
E/A-Funktionen

Als Linux-Programmierer haben Sie zwei Möglichkeiten zur Auswahl, wenn es um die Ein-/Ausgabe (kurz E/A) von Daten geht. Das wären zum einen die Standard-C-Bibliothek, die Funktionen der höheren Ebene wie printf(), fopen(), fgets() etc. für Sie bereithält, und zum anderen die elementaren E/A-Funktionen der niedrigeren Ebene mit Funktionen wie open(), read() oder write(), die natürlich ebenso genormt sind.

Da dieses Buch keinen Anspruch erhebt, ein Einsteigerbuch zu sein, sind für dieses Kapitel grundlegende Kenntnisse des Linux-Dateisystems nötig. Dies schließt mindestens folgende Punkte mit ein:

- Umgang mit Dateien und Verzeichnissen – damit ist der Umgang mit grundlegenden Kommandos zur Verwaltung von Dateien und Verzeichnissen gemeint.
- Zugriffsrechte, Benutzer und Gruppenzugehörigkeit – Sie sollten also mit den Hintergründen der Zugriffssicherung von Dateien und Verzeichnissen vertraut sein.
- Grundlagenwissen über die Linux-Verzeichnisstruktur – Sie sollten also z. B. wissen, was z. B. die Verzeichnisse */usr*, */dev*, */etc*, */bin*, */home* bzw. */home/pi* enthalten.
- Verwaltung des Dateisystems – Sie sollten wissen, wie Sie auf die Festplatte oder auch auf externe Datenträger zugreifen können.

2.1 Elementare E/A-Funktionen

Elementare E/A-Funktionen spielen in Linux eine bedeutende Rolle, z. B. beim Öffnen, Lesen und Schreiben von Dateien. Diese E/A-Funktionen sind allerdings nicht so bequem zu verwenden wie die Standard-E/A-Funktionen, da jeglicher Komfort fehlt und Sie sozusagen »Low Level« programmieren müssen.

Hinweis: Elementare E/A-Funktionen

Die elementaren E/A-Funktionen werden ab POSIX.1 und XPG5 vorgeschrieben, nicht aber vom ANSI-C-Standard. Wir erwarten zwar in diesem Buch, dass Sie sich bereits mit der Sprache C auseinandergesetzt haben, aber wir werden auch kurz die Standard-E/A-Funktionen zusammenfassen und vielleicht auf die eine oder andere Besonderheit in Bezug auf Linux hinweisen.

Die elementaren E/A-Funktionen werden dennoch sehr häufig eingesetzt, da viele von ihnen sogenannte *Systemcalls* (auch Syscalls genannt) des Kernels darstellen. Das heißt, dass die elementaren E/A-Funktionen immer verfügbar sind. Dies war auch schon vor UNIX auf vielen Systemen der Fall und sogar auf solch alten Heimcomputern wie dem C64 (dort ist z. B. die OPEN-Funktion in das Kernal-ROM integriert). Aber auch auf UNIX-artigen Systemen wie Linux ist dies der Fall. So könnten Sie sich beispielsweise mit diesen Funktionen eine eigene `printf()`-Funktion programmieren, die einen Text nicht auf der Konsole ausgibt, sondern über die serielle Schnittstelle Ihres Pi an Ihren PC sendet. Dies ist wirklich nicht sehr schwer und wird deshalb auch oft genauso gemacht. Wie dies im Einzelnen funktioniert, erfahren Sie natürlich in diesem Buch. Wenn Sie jetzt denken, dass dies ja dann so ist, dass die elementaren E/A-Funktionen die Basis für die Standard-E/A-Funktionen darstellen, dann liegen Sie genau richtig. Standardfunktionen wie `printf()`, `fputs()`, `putchar()` oder `putc()` bauen alle auf der niedrigeren Ebene der elementaren Ausgabefunktionen auf, und Funktionen wie `scanf()`, `fgets()`, `getchar()` oder `putc()` verwenden die niedrigere Ebene der elementaren Eingabefunktionen. Dies ist auch der Grund dafür, warum Sie Ihre Konsolenausgaben an eine beliebige andere Stelle umleiten können – z. B. von Ihrem Pi auf Ihren PC.

[»]

Hinweis: Ansprechen von Hardware

Sie können sich leider nicht immer aussuchen, ob Sie jetzt Funktionen der niedrigeren Ebene oder der höheren Ebene verwenden. Manches lässt sich nur auf der niedrigeren Ebene realisieren. Eine Verbindung zu einem Hardwaregerät benötigt beispielsweise oft einen Filedeskriptor, und Netzwerkgeräte benötigen ebenfalls zumindest ein geöffnetes Socket oder eine Pipe. Dies ist sogar für die Grafikausgabe oder die Maus der Fall – Sie benötigen hier zumindest die genaue Bezeichnung der Gerätedatei.

Um Sie jetzt mit den vielen Begriffen nicht zu verwirren, sprechen wir ab jetzt immer nur von zwei verschiedenen Arten der E/A-Funktionen, die Sie in Tabelle 2.1 sehen.

E/A-Funktionen	Ebene	Englischer Begriff	Standard
elementar	niedrige Ebene	Low Level	POSIX.1, XPG5
Standard	höhere Ebene	High Level	ANSI C

Tabelle 2.1 Überblick über die zwei Ebenen der E/A-Funktionen

Natürlich muss auch erwähnt werden, dass die Systemcalls, die von einem C-Programm aus aufgerufen werden, nicht den Systemcall selbst darstellen. Zum Beispiel ist die Funktion `open()` nichts anderes als ein Wrapper für `_syscallX(open ...)`. Ein *Wrapper* ist quasi eine Kapsel um die eigentliche, hardwarenahe Funktion. Dieses Konstrukt wird vor allem dort verwendet, wo Ihnen von C aus eine einheitliche Aufrufstrategie angeboten werden muss, die z. B. von Ihrem eigentlichen Mainboard und Prozessor unabhängig ist. Das heißt, `open()`

funktioniert auf Ihrem Pi genauso wie auf Ihrem PC – aber nur von C aus gesehen. Auf Prozessorebene dagegen werden sich die `open()`-Varianten auf dem Pi und dem PC grundlegend unterscheiden. Wird etwa auf dem PC ein Systemcall aufgerufen, führt dies zu einem Interrupt, der die Nummer 80h (h = hexadezimal) besitzt. An diesen Interrupt sind grundlegende Funktionen gebunden, wie z. B. die Verwaltung der einzelnen Prozesse, die im Hintergrund laufen, oder aber die Kommunikation mit dem BIOS, das die Hardware steuert. Der wichtigste Interrupt für die Dateisystemfunktionen ist der Interrupt 13h. Die zusätzlichen Parameter des Interrupts bestimmen den korrekten Ablauf des Systemcalls, der aber auch wieder weitere Interrupts aufrufen kann. Wird dagegen auf dem Pi ein Systemcall aufgerufen, läuft die Kommunikation mit der Hardware über ein SOC (*System On a Chip*), das die Firma Broadcom extra für den Pi entwickelt hat. Selbstverständlich werden hierbei keine BIOS-Interrupts aufgerufen, sondern eben Funktionen des Broadcom-SOCs.

Im Großen und Ganzen werden Sie jedoch als Linux-Programmierer recht wenig davon mitbekommen, da Ihnen die verschiedenen C-Bibliotheken die Arbeiten mit den Systemcalls fast vollständig abnehmen. Die Betonung liegt hier aber auf »fast« – an manchen Stellen müssen Sie (vor allem auf dem Pi) dennoch selbst Hand anlegen.

2.2 Filedeskriptoren

Mit den Funktionen der höheren Ebene (*High Level*) wird auf die Daten mit einem hohen Abstraktionsniveau zugegriffen. *Hohes Abstraktionsniveau* bedeutet, dass die Daten eines Programms formatiert ausgegeben oder eingelesen werden (z. B. als Text oder Datenblock). Bei der niedrigeren Ebene (*Low Level*) wird auf einem tieferen Niveau gearbeitet: Der Zugriff auf die Daten erfolgt hier als eine Folge von unstrukturierten Bytes und bietet somit die Möglichkeit, Datensequenzen vorgegebener Länge einzulesen oder auszugeben. Quasi in der Mitte angeordnet sind die Blockfunktionen `fread()` und `fwrite()`, die zwar mit einzelnen Bytes arbeiten, aber dennoch gepuffert werden. Meistens entspricht hier die Puffergröße der Blockgröße des Datenträgers, dies muss aber nicht so sein. Gerade Linux ist hier etwas eigen, und Sie sollten sich lieber nicht darauf verlassen, dass die Konstante `HDBlockSize` auch wirklich der Blockgröße auf Ihrer Festplatte entspricht.

Aber nicht nur die Namen der Funktionen der höheren und der niedrigeren Ebene sind ähnlich, auch ihre Abarbeitung ist es. Leider gibt es hier aber doch einen sehr prinzipiellen Unterschied zwischen hoher und niedriger Ebene, der etwas verwirrend sein kann: Während beim High-Level-Dateizugriff mit einem `FILE`-Zeiger (also einem Zeiger auf eine Struktur, die den aktuellen Zustand der Datei abbildet) zugegriffen wird, geschieht dies auf der niedrigeren Ebene mit einem sogenannten *Filedeskriptor* (bei DOS heißt diese Struktur Handle, beschreibt aber quasi das Gleiche). Dieser Deskriptor ist kein Zeiger wie auf der höheren Ebene, sondern ein normaler Integer-Wert, der beim Öffnen einer Datei zurückgegeben wird.

[»]

Hinweis: Datei-Handles

Manche Linux-Foren benutzen den Begriff »Datei-Handle« für das, was hier »Filedeskriptor« genannt wird. Im Endeffekt ist es an dieser Stelle nicht ganz korrekt, von einem Handle zu sprechen, weil hier ein Begriff aus der DOS-Welt auf Linux übertragen wird. Wundern Sie sich aber nicht, wenn in manchen Foren von Handles gesprochen wird – setzen Sie dann am besten im Geiste den Begriff »Filedeskriptor« dafür ein.

Ein *Filedeskriptor* ist also einfach ein Integer-Wert, der sich in einer Tabelle mit sämtlichen geöffneten Dateien befindet. Allerdings kann diese Tabelle nur der Kernel lesen, der für jeden Prozess eine solche Tabelle anlegt. Es gibt jedoch auch Werte, die fest vorgegeben sind. So sind z. B. die Werte `0`, `1` und `2` vorbelegte Filedeskriptoren und ein Verweis auf die Standardeingabe (`stdin`), Standardausgabe (`stdout`) und Standardfehlerausgabe (`stderr`). Diese drei sogenannten *Standardstreams* sind meist mit dem Terminal (TTY) des Anwenders verbunden. Ein `Stream` ist quasi ein Ort, zu dem Ihre Daten fließen können oder von dem Sie Daten empfangen können. Und wie jeder Stream können natürlich auch `stdout` und `stderr` umgeleitet werden. Allerdings müssen Sie mit dem Begriff »Stream« aufpassen, da sich ein Stream normalerweise auf die High-Level-Funktionen bezieht (also auf `fread()`, `fwrite()` und `fopen()`). Sie können also beliebige neue Streams anlegen, `stdin`, `stdout` und `stderr` sind aber immer vorhanden. Dies mag Sie vielleicht nun vollends verwirren, aber keine Angst: Es wird sich im Laufe des Buches alles restlos aufklären.

Sofern Sie nun einen der drei Standard-Filedeskriptoren verwenden wollen, empfiehlt es sich, eine von POSIX.1 festgelegte Konstante, die in *unistd.h* definiert ist, zu verwenden. Es muss nämlich nicht gegeben sein, dass z. B. `stdin` tatsächlich `0` ist! Zwar ist dieser Fall äußerst unwahrscheinlich, aber möglich, beispielsweise auf Systemen wie dem Atari oder Amiga. Ja, Sie haben richtig gelesen, auch auf dem Amiga gab es schon Linux, und es lief nicht schlecht auf diesem alten Gerät. Sie werden sich noch wundern, wie schnell man in die Situation kommt, alte Programme von Retrogeräten portieren zu müssen. Ein gutes Beispiel ist z. B. die Linux-Distribution »Retro Pie«, mit der Sie alte Systeme wie etwa den Amiga oder C64 emulieren können. Natürlich gibt es auch ein paar Portierungen von Originalspielen auf den Pi – ein gutes Beispiel ist Zak McKracken.

Konstante in <unistd.h>	Nummer	Bedeutung
`STDIN_FILENO`	0	Standardeingabe
`STDOUT_FILENO`	1	Standardausgabe
`STDERR_FILENO`	2	Standardfehlerausgabe

Tabelle 2.2 Symbolische Konstanten für die Standard-Filedeskriptoren

2.2.1 Verwaltung von Filedeskriptoren

Damit Sie im Verlauf des Kapitels auch sämtliche Aspekte der E/A-Funktionen verstehen, folgt nun eine kurze Beschreibung, wie Linux einen bereits geöffneten Filedeskriptor verwaltet. Folgende drei Tabellen verwendet der Kernel, um geöffnete Dateien zu verwalten.

Prozesstabelleneintrag

Unter Linux werden jedes neu gestartete Programm und jede neu angelegte Datei als Prozess betrachtet. Das heißt, jedes Programm kann unabhängig von den anderen Programmen laufen. Um dies zu gewährleisten, muss eine Menge Daten gespeichert werden. In der sogenannten *Prozesstabelle* befindet sich für jeden Prozess ein Eintrag. Dieser Eintrag wird auch *Process Control Block* (PCB) genannt. In einem solchen Eintrag befinden sich die folgenden Daten:

- ein Zeiger auf die folgenden Speicherbereiche:
  - die Speicheradresse, an der der ausführbare Code des Programms beginnt (Text)
  - die Speicheradresse, an der die benötigten Daten im Speicher beginnen (Data)
- der Prozesszustand (dieser kann laufend, bereit, blockierend, beendet sein)
- der Befehlszeiger des Prozessors, der die Adresse des nächsten Maschinenbefehls enthält, der ausgeführt werden soll
- ein Backup der Prozessorregister – jeder Eintrag muss den Inhalt aller CPU-Register zwischenspeichern, wenn der Prozess vom Arbeitenden in den arbeitsbereiten oder in den blockierenden Zustand versetzt wird.
- die Speicherinformationen, die die vom Prozess genutzten Speicherseiten (Pages) enthalten
- Informationen des sogenannten Task Schedulers, in dem die Prozesspriorität und ein Zeiger auf die Prozess-Warteschlange enthalten sind (falls es Prioritäten bei der Ausführung gibt)

Dateitabelleneinträge

In der Dateitabelle befindet sich für jede geöffnete Datei ein Eintrag. Es können durchaus mehrere Einträge auf den gleichen Eintrag in der Dateitabelle verweisen. Damit ist es unter anderem möglich, dass verschiedene Prozesse nicht nur auf die gleiche Datei zugreifen, sondern sich auch gegenseitig beeinflussen. Jeder Eintrag in der Dateitabelle enthält die Nummer der Datei (unter Linux wird auch von *Inodes* gesprochen), die aktuelle Position des Datenzeigers und den Bearbeitungsmodus (z. B. lesen, schreiben, anhängen). Natürlich können wiederum mehrere Einträge in der Dateitabelle auf den gleichen Inode verweisen, und eine Datei kann durchaus auch gleichzeitig gelesen und geschrieben werden. Des Weiteren enthält ein Eintrag in der Dateitabelle einen Zeiger auf die v-node-Tabelle, die nun noch weiter spezifiziert werden soll.

Die v-node-Tabelle

Der Begriff »node« bedeutet »Knoten«, unter Linux hat also das Dateisystem eine baumartige Struktur mit Knoten, Kanten und Blättern. Auf der obersten Ebene befinden sich die Indizes in der Dateitabelle, die eine bestimmte Datei in einem bestimmten Verzeichnis eindeutig über eine Nummer identifizieren. Über die Indexeinträge in der Dateitabelle (also die Inodes) kann eine Datei geöffnet werden. Allerdings kann eine Datei von einem bestimmten Typ sein, deshalb muss ein Inode auch noch einen Zeiger (also einen Verweis) auf zusätzliche Informationen enthalten. Diese Informationen stehen in einer v-node-Tabelle. In einer v-node-Tabelle befinden sich Informationen über den Dateityp und weitere Zeiger auf Systemfunktionen, die auf diese Datei angewendet werden können. So müssen z. B. auf eine Gerätedatei im Verzeichnis */dev* andere Operationen angewendet werden als auf eine Textdatei. Neben diesen »typischen« Informationen findet man in dieser Tabelle auch manchmal noch die Inode-Information selbst, wie etwa Eigentümer, Zugriffsrechte, Benutzer und Gruppennummer, die beim Öffnen einer Datei in die v-node-Tabelle kopiert worden sind. Die Regeln, die besagen, wann dies geschieht und wann nicht, sind nicht trivial, aber diese Regeln sind hier auch nicht von Belang.

[»]

Hinweis

Der Name *v-node* wurde von dem Begriff *Virtual File System* (VFS) abgeleitet und stellt eine übergeordnete Schnittstelle zwischen den einzelnen Dateisystemen und dem Kernel dar. Man sagt auch, dass Linux ein Multiuser-Multifilesystem-Betriebssystem ist. Wenn also der Kernel ein bestimmtes Dateisystem unterstützt, kann dieses auch immer über ein spezielles Kommando (den Befehl `mount`) in den Dateibaum eingehängt werden.

2.3 Funktionen, die einen Filedeskriptor verwenden

Eine große Anzahl von Funktionen verwendet einen Filedeskriptor. In diesem Abschnitt finden Sie eine Beschreibung der wichtigsten Funktionen und einen kurzen Überblick zu weniger verwendeten oder erst in einem späteren Kapitel benötigten Funktionen.

2.3.1 Datei öffnen – open()

Es gibt zwei Versionen der Funktionen `open()`, um eine Datei zu öffnen oder eine neue Datei anzulegen. Die Syntax von `open()` ist die folgende:

```
#include <sys/stat.h>
#include <sys/types.h>
#include <fcntl.h>
```

```
int open(const char *pfadname, int flags);
int open(const char *pfadname, int flags, mode_t zugriffsrechte);
```

Als Pfadangabe müssen Sie entweder den absoluten oder relativen Pfad der Datei angeben, die geöffnet werden soll. Der relative Pfad fängt stets mit einem Pfadnamen an, der sich in dem aktuellen Arbeitsverzeichnis befindet, der absolute Pfad dagegen fängt mit einem Slash an. Wenn Sie z. B. in Ihrem Verzeichnis */home* einen Ordner mit dem Namen *Spiele* angelegt haben, dann ist der absolute Pfad (wenn das aktuelle Arbeitsverzeichnis */home* ist)

/home/Spiele

und der relative Pfad

/Spiele

Da der Prototyp von `open()` in Wirklichkeit korrekt `open(const char *, int ...)` lautet, kann je nach Situation das dritte Argument auch wegfallen. Allerdings ist das zweite Argument `flags` wichtig und kann nicht wegfallen – es regelt nämlich die Art und Weise, wie auf die Datei zugegriffen wird. Im Endeffekt ist ein *Flag* nur ein Bit in einem Byte, und wenn es gesetzt (= 1) ist, dann sagt dies bestimmte Dinge aus. So kann bei einer Datei z. B. das Read-only-Flag gesetzt sein, was bedeutet, dass aus der Datei nur gelesen werden kann. Wenn Sie jedoch beim Öffnen das Append-Flag setzen, dann werden alle Daten, die Sie in die Datei schreiben, stets hinten angehängt. Flags lassen sich stets durch den Operator | miteinander kombinieren, jedoch sind nicht immer alle Kombinationen gültig. Dann kann `open()` durchaus einen Fehlercode zurückliefern, wenn Sie ungültige Flag-Kombinationen benutzen.

[«]

Hinweis: Verwendung der prozessspezifischen Dateitabelle

In der prozessspezifischen Dateitabelle werden die entsprechenden Einträge für eine neue Datei hinzugefügt. Zum Beispiel wird hier die Position des aktuellen Schreib- oder Lesezeigers mit `0` vorbelegt (Ausnahme: das `O_APPEND`-Flag). Meistens werden Sie diese Informationen nicht benötigen, aber es gibt Szenarien (die auch später noch in diesem Buch auftauchen werden), wo Sie froh sind, wenn Sie detailliert verstehen, wie Dateien genau verwaltet werden.

Der Systemaufruf `open()` liefert als Rückgabewert den Filedeskriptor des neu angelegten Eintrags in der Dateitabelle zurück oder einen negativen Wert bei einem Fehler. Hier sind nur die Werte `0`, `1` und `2` fest vorgegeben, das heißt: Wenn Sie nicht `stdin`, `stdout` oder `stderr` öffnen, hängt der hier zurückgegebene Wert vom Dateisystem ab, auf das Sie gerade zugreifen.

Die maximale Anzahl geöffneter Filedeskriptoren für den aktuellen Prozess (also das Programm, das gerade läuft) können Sie mit der symbolischen Konstanten `OPEN_MAX` ermitteln, die in der Headerdatei *limits.h* definiert ist. `OPEN_MAX` ist hierbei das Minimum an Filedeskriptoren, die das Betriebssystem bzw. die aktuell verwendete C-Bibliothek bereitstellt. Auch dieser Wert kann vom Dateisystem abhängen, das Ihre Hauptpartition (also die Partition, auf der Ihr Linux installiert wurde) benutzt.

Konnte der Systemaufruf open() die Datei nicht öffnen, wird der Wert -1 zurückgeliefert (dies muss auf anderen UNIX-Derivaten nicht zwingend der Fall sein, aber bei Linux ist dies immer so). Benötigen Sie weitere Informationen darüber, welcher Fehler aufgetreten ist, sollten Sie die globale Variable errno, die sich in der Headerdatei *errno.h* befindet, auswerten. Diesen Fehlerwert können Sie anhand unterschiedlicher Konstanten, die sich ebenfalls in dieser Headerdatei befinden, identifizieren. Oder besser noch: Sie lassen sich die Fehlermeldung mit der Funktion perror() (*stdlib.h*) oder strerror() (*string.h*) im Klartext ausgeben. Wie gesagt sind diese Fehlerkonstanten bei älteren UNIX-Varianten nicht mit denen von Linux identisch. Da hier aber sowieso von Linux ausgegangen wird, ist diese Sache nicht weiter tragisch.

[»]

Hinweis: Benutzung von errno

Die Fehlervariable errno wird in der Regel von allen wichtigen Systemcalls (sofern nicht anders in den Manual Pages ausgeschildert) gesetzt und kann daher auch bei allen diesen Funktionen verwendet werden.

Bei der Verwendung des Parameters flags können mit dem Systemaufruf open() folgende Konstanten eingesetzt werden:

Flag	Bedeutung
O_RDONLY	Öffnen der Datei zum Lesen
O_WRONLY	Öffnen der Datei zum Schreiben
O_RDWR	Öffnen der Datei zum Lesen und Schreiben

Tabelle 2.3 Bearbeitungsflags beim Öffnen einer Datei

Diese drei Flags können nicht miteinander kombiniert werden und schließen sich gegenseitig aus. Eins dieser Flags, das Sie ausgewählt haben, können Sie aber mit dem bitweisen ODER (|) mit den Werten aus Tabelle 2.4 kombinieren.

Flag	Bedeutung
O_CREAT	Existiert die Datei noch nicht, wird sie mit den als dritten Parameter angegebenen Zugriffsrechten (minus aktuelle umask) erzeugt. Existiert die Datei bereits, so hat O_CREAT keinen weiteren Effekt.

Tabelle 2.4 Weitere Flags für den Systemaufruf open()

Flag	Bedeutung
O_APPEND	Die Datei wird zum Schreiben am Ende geöffnet. Der Schreib-/Lesezeiger wird vor jeder Schreiboperation auf die aktuelle Dateigröße gesetzt.
O_EXCL	Wird dieses Flag zusammen mit O_CREAT verwendet, kann die Datei nicht geöffnet werden, wenn sie bereits existiert. Mit diesem Flag können Sie verhindern, dass von mehreren Prozessen Schreibzugriffe auf eine Datei gemacht werden.
O_TRUNC	Existiert diese Datei, wird sie komplett geleert (auf 0 Bytes Länge gesetzt). Dies geschieht auch, wenn die Datei nicht zum Schreiben geöffnet wurde (sinnvoll mit O_EXCL).
O_SYNC	Jeder Schreibvorgang auf das Medium wird direkt ausgeführt, und es wird gewartet, bis der Schreibvorgang komplett beendet wurde. Dieses Flag setzt den Pufferungsmechanismus außer Kraft. O_SYNC wird nicht von POSIX.1 unterstützt, wohl aber von SVR4.
O_NONBLOCK	Falls der Pfadname der Name einer FIFO oder einer Gerätedatei ist, wird der Prozess beim Öffnen und bei nachfolgenden I/O-Operationen nicht blockiert. Dieses Flag zeigt seine Wirkung erst bei einer Pipe oder bei nicht blockierenden Sockets, was wir im weiteren Verlauf des Buches behandeln werden.
O_NOCTTY	Falls der Pfadname der Name eines Terminals ist, so sollte dieses nicht das neue Kontrollterminal des Prozesses werden, sofern der aktuelle Prozess kein Kontrollterminal besitzt.

Tabelle 2.4 Weitere Flags für den Systemaufruf open() (Forts.)

Der dritte Parameter des Systemaufrufs open() ist optional und wird nur dann ausgewertet, wenn das Flag O_CREAT gesetzt ist. Mit diesem Parameter können Sie die Zugriffsrechte auf eine Datei erteilen. Auch für die Zugriffsrechte können Sie eine oder mehrere Konstanten, verknüpft mit dem bitweisen ODER, verwenden. Tabelle 2.5 zeigt einen Überblick über die Konstanten, die Sie für die Zugriffsrechte verwenden können.

Konstante	Darstellung in »ls«	Bedeutung
S_ISUID	[--S------]	*SET-USER-ID bit*
S_ISGID	[-----S---]	*SET-GROUP-ID bit* Für Dateien ohne S_IXGRP führt dies dazu, dass die Datei dem Mandatory Locking (Linux only) unterliegt.

Tabelle 2.5 Überblick über die Konstanten für Zugriffsrechte mit open()

Konstante	Darstellung in »ls«	Bedeutung
S_ISVTX	[--------T]	Sticky Bit (*saved-text bit*) Hat unter Linux für Dateien keine Bedeutung mehr.
S_IRUSR	[r--------]	*read* (*user*; Leserecht für Eigentümer)
S_IWUSR	[-w-------]	*write* (*user*; Schreibrecht für Eigentümer)
S_IXUSR	[--x------]	*execute* (*user*; Ausführungsrecht für Eigentümer)
S_IRWXU	[rwx------]	*read, write, execute* (*user*; Lese-, Schreib-, Ausführungsrecht für Eigentümer)
S_IRGRP	[---r-----]	*read* (*group*; Leserecht für Gruppe)
S_IWGRP	[----w----]	*write* (*group*; Schreibrecht für Gruppe)
S_IXGRP	[-----x---]	*execute* (*group*; Ausführungsrecht für Gruppe)
S_IRWXG	[---rwx---]	*read, write, execute* (*group*; Lese-, Schreib-, Ausführungsrecht für Eigentümer)
S_IROTH	[------r--]	*read* (*other*; Leserecht für alle anderen Benutzer)
S_IWOTH	[-------w-]	*write* (*other*; Schreibrecht für alle anderen Benutzer)
S_IXOTH	[--------x]	*execute* (*other*; Ausführungsrecht für alle anderen Benutzer)
S_IRWXO	[------rwx]	*read, write, execute* (*other*; Lese-, Schreib-, Ausführungsrecht für alle anderen Benutzer)

Tabelle 2.5 Überblick über die Konstanten für Zugriffsrechte mit open() (Forts.)

Hierzu folgt jetzt ein Listing mit dem Systemaufruf `open()`. Das zweite Argument in der Kommandozeile wird der Name der neuen Datei.

```
/* make_file.c */
#include <sys/stat.h>
#include <sys/types.h>
#include <fcntl.h>
#include <stdio.h>
#include <stdlib.h>
#include <unistd. h.>

int main(int argc, char **argv) {
    // Zugriffsrechte für die neue Datei: -rw-rw-r--
    mode_t mode = S_IRUSR|S_IWUSR|S_IRGRP|S_IWGRP|S_IROTH;
```

```
   const char *new_file;
   int fd; // Filedeskriptor
   // alle Zugriffsrechte der Einschränkungsmaske erlauben
   umask(0);
   // zweites Argument der Kommandozeile auswerten
   if(argv[1] == NULL) {
      fprintf(stderr, "Usage: %s datei_zum_oeffnen\n",
        *argv);
      return EXIT_FAILURE;
   }
   new_file = argv[1];
   /*-------------------------------------------------
   Neue Datei erzeugen                      (O_CREAT)
   zum Schreiben                            (O_WRONLY)
   falls Datei existiert, nicht erzeugen (O_EXCL)
   Zugriffsrechte der Datei erteilen        (modus)
   -------------------------------------------------*/
   fd = open(new_file, O_WRONLY | O_EXCL | O_CREAT, mode);
   if(fd == -1) {
      perror("Fehler bei open ");
      return EXIT_FAILURE;
   }
   return EXIT_SUCCESS;
}
```

Listing 2.1 Demonstriert das Erstellen einer neuen Datei mit open().

Das Programm gibt in der Konsole z. B. Folgendes aus:

```
$ gcc make_file.c -o make_file
./make_file test
$ ls -l test
-rw-rw-r--    1 Juergen   users            0 Oct 14 02:23 test
$ ./make_file test
Fehler bei open : File exists
```

Hinweis: Oktal-Schreibweise

Neben der hexadezimalen Notation wird manchmal auch die oktale Schreibweise benutzt, z. B. bei Dateien und Zugriffsrechten. Sofern Sie mit der oktalen Schreibweise der Rechtevergabe vertraut sind, können Sie sie natürlich als Alternative verwenden. Zum Beispiel:

```
fd = open( new_file, O_WRONLY | O_EXCL | O_CREAT, 0644);
```

Außerdem sollten Sie wissen, dass bei Verwendung des Flags O_CREAT die Zugriffsrechte nicht unbedingt gewährt werden müssen, da eine Einschränkungsmaske (also eine Maske, die nicht alle Zugriffsrechte setzt) die Neuvergabe bestimmter Rechte verhindern kann (es wird hier allerdings keine Fehlermeldung ausgegeben, wenn bestimmte Rechte nicht gewährt werden können). Aus diesem Grund wurde in dem letzten Listing auch mithilfe der Funktion umask() die Maske zur Wegnahme von Rechten auf 0 gesetzt, womit das Setzen aller Zugriffsrechte erlaubt wird. Vielleicht sind Sie an dieser Stelle etwas verwirrt, deshalb soll nun die Funktion umask() genauer erklärt werden.

Einschränkungsmaske setzen und abfragen mit umask()

Die Funktion umask() hat zwar nichts direkt mit Filedeskriptoren zu tun, wird aber recht häufig direkt vor einem open() oder dem gleich danach folgenden creat()-Aufruf verwendet. Mit umask() können Sie die Einschränkungsmaske für einen aktuellen Prozess abfragen oder neu setzen. Dies funktioniert z. B. auf die folgende Weise in einem C-Programm:

```
#include <sys/stat.h>
#include <sys/types.h>

mode_t umask(mode_t new_mask);
```

Mit umask() legen Sie die Einschränkungsmaske fest, die beim Anlegen einer neuen Datei (oder auch eines neuen Verzeichnisses) **nicht** zu vergeben bzw. **zu löschen** ist, selbst wenn die Maske explizit von Funktionen wie open() oder creat() mit dem modus-Argument gefordert wird. Für den Parameter mask können alle Flags bis auf S_ISUID, S_ISGID und S_ISVTX verwendet werden, die Sie auch bei open() für die Zugriffsrechte verwenden können (siehe auch Tabelle 2.5). Mehrere Werte verknüpfen Sie auch hier mit dem bitweisen ODER-Operator | (bitte verwechseln Sie diesen aber nicht mit dem Operator || in if-Statements). Im vorigen Beispiel-Listing wurde die Einschränkungsmaske auf 0 gesetzt. Somit können vom Prozess alle Zugriffsrechte für eine neue Datei gesetzt werden. Natürlich lässt sich bei umask() auch die oktale Darstellungsweise verwenden.

Wenn Sie z. B. für die Maske mittels umask() den (oktalen) Wert 0077 verwenden würden, bekämen Sie die folgende Einschränkungsmaske:

```
---rwxrwx
```

Mit dieser Einschränkungsmaske bewirken Sie, dass beim Setzen der Rechte einer neuen Datei unabhängig von den wirklich geforderten Rechten nur die Lese-, Schreib- und Ausführungsrechte des Eigentümers gesetzt werden. Das heißt, Sie können nur die Zugriffsrechte setzen, die von der Einschränkungsmaske selbst nicht verwendet werden. Würden Sie z. B. eine Maske mit dem Wert 0133 setzen (Achtung, eine führende 0 bezeichnet einen Oktalwert!), so definieren Sie die folgende Einschränkungsmaske:

```
--x-wx-wx    (0133)
```

Somit ist es nicht möglich, dass der Eigentümer die Datei ausführt und die Gruppe und alle anderen Benutzer an ein Schreib- und Ausführungsrecht kommen können. Ein mögliches Szenario für die letzte Einschränkungsmaske wäre das folgende kleine Beispiel:

```
--x-wx-wx    (0133) // Einschränkungsmaske von umask()
rw-r--r--    (0644) // mögliche Rechtevergabe
-------------------
rwxrwxrwx    (0777) // Gesamtsumme der Rechtevergabe immer 777
```

Wenn Sie `umask()` keinen bestimmten Wert übergeben, wird standardmäßig die Einschränkungsmaske mit dem Oktalwert `0022` vergeben. Es ist aber auch möglich, mit dem Shell-Kommando `umask` die eigene Einschränkungsmaske zu ändern (das bedeutet, die Einschränkungsmaske des Benutzers, der gerade `umask` aufruft). Innerhalb des oben genannten Listings z. B. wäre die neu gesetzte `umask` von `0` also nur während der Ausführung des Programms gültig.

2.3.2 Anlegen einer neuen Datei mit creat()

In älteren Linux-Versionen gab es das Flag `O_CREAT` noch nicht, daher wird in älteren Programmen oft folgende Funktion zum Anlegen einer neuen Datei verwendet:

```
#include <sys/stat.h>
#include <sys/types.h>
#include <fcntl.h>

int creat(const char *pfadname, mode_t zugriffsmodus);
```

Auch diese Funktion gibt bei Erfolg den Wert des neuen Filedeskriptors zurück, bei einem Fehler wird stattdessen `-1` zurückgeliefert (auch hier wird wieder von Linux ausgegangen). Da mit `creat()` dasselbe Ziel erreicht wird wie mit der Funktion `open()` und den Flags `O_WRONLY | O_CREAT | O_TRUNC`, ist diese Funktion eigentlich überflüssig. Außerdem kann eine mit `creat()` erzeugte Datei erst einmal nur beschrieben werden. Wollen Sie jedoch aus der Datei lesen, müssen Sie sie erst mit `close()` schließen und anschließend mit `open()` wieder öffnen. Somit ist `open()` gegenüber `creat()` nicht nur aufgrund seiner Flexibilität der Vorzug zu geben, sondern auch wegen seiner Modernität. Trotzdem sollten Sie `creat()` kennen – Sie werden wahrscheinlich noch genug Gelegenheit haben, sich darüber zu wundern, wie viele alte Programme es noch gibt. Und eh man sich versieht, ist man selbst derjenige (Auserwählte), der ein solches Programm auf eine moderne Plattform portieren muss.

2.3.3 Eine Datei wieder schließen mit close()

Wenn Sie Ihre Arbeit an einer Datei beendet haben, sollten Sie diese mit der Funktion `close()` wieder schließen. Bei solchen Anwendungen, wie Sie es im Beispiel von `open()` oben gesehen haben, ist es natürlich nicht unbedingt notwendig, dass Sie die Datei wieder schließen, da bei

Beendigung eines Prozesses automatisch alle Filedeskriptoren gelöscht und die damit verbundenen Dateien geschlossen werden. Bei dauerhaft laufenden Programmen kann es aber schon mal zu Engpässen bei der Anzahl an geöffneten Dateien kommen. Wenn die Grenze von OPEN_MAX Dateien, die gleichzeitig geöffnet wurden, erreicht ist, sollten Sie nicht benötigte Filedeskriptoren wieder freigeben. Die Syntax dazu lautet:

```
#include <unistd. h.>

int close(int fd);
```

Konnte der Filedeskriptor freigegeben werden, liefert close() den Wert 0 zurück, bei einem Fehler wird -1 zurückgegeben. Wurde für fd ein falscher bzw. ungültiger Filedeskriptor verwendet, besitzt errno den Wert EBADF.

2.3.4 Schreiben von Dateien mit write()

Mit dem Systemaufruf write() können einzelne Zeichen in eine zuvor geöffnete Datei geschrieben werden. Die Voraussetzung dafür, dass mit write() auch wirklich in eine Datei geschrieben wird, ist, dass diese (logischerweise) auch zum Schreiben geöffnet wurde. Die Funktion write() besitzt folgende Parameter:

```
#include <unistd. h.>

ssize_t write(int fd, void *puffer, size_t anzahl_bytes);
```

Mit write() werden also anzahl_bytes Zeichen aus dem Pufferspeicher puffer in die Datei geschrieben, die zuvor mit dem Filedeskriptor fd (also mit open()) geöffnet wurde. Als Rückgabewert wird entweder die Anzahl der erfolgreich geschriebenen Zeichen oder bei einem Fehler -1 zurückgegeben. Natürlich erhöht die Funktion write() auch den Schreib-/Lesezeiger um die Anzahl der erfolgreich geschriebenen Bytes.

An dieser Stelle ist nun von Zeichen die Rede, die in eine Datei geschrieben werden. Im Endeffekt ist dies aber nicht ganz richtig, denn es werden hier aus einem Puffer nur einzelne Bytes ausgelesen. Da dieser Puffer vom Typ void* ist, bekommt write() deshalb nur die Startadresse eines wie immer gearteten Puffers übergeben – und mehr nicht! Wie dieser Puffer dann intern »gestrickt« ist, weiß nur der Programmierer. Wenn Sie also z. B. Zeichen vom Typ Unicode verwenden, dann ist ein Zeichen plötzlich zwei Bytes groß. Auch das wissen nur Sie, nicht aber die Funktion write().

[»]

Hinweis: Verwendung von size_t

Da mit dem primitiven Datentyp size_t nur nicht negative Werte aufgenommen werden können, hat POSIX.1 den primitiven Typ ssize_t für vorzeichenbehaftete Werte eingeführt.

Es folgt nun ein Beispiel, das die Funktion write() im Einsatz demonstriert:

```
/* write_file.c */
#include <sys/stat.h>
#include <sys/types.h>
#include <fcntl.h>
#include <stdio.h>
#include <stdlib.h>
#include <string.h>
#include <unistd. h.>

int main(int argc, char **argv) {
    /* Zugriffsrechte für die neue Datei: -rw-rw-r-- */
    mode_t mode = S_IRUSR|S_IWUSR|S_IRGRP|S_IWGRP|S_IROTH;
    ssize_t size;
    int fd; /* Filedeskriptor */
    char *str;
    /* alle Zugriffsrechte der Einschränkungsmaske erlauben */
    umask(0);
    /* zweites Argument der Kommandozeile auswerten */
    if(argc < 2) {
        fprintf(stderr, "Usage: %s datei_zum_oeffnen\n",
           *argv);
        return EXIT_FAILURE;
    }
    if(argc < 3) { str = "Keine Angaben gemacht\n"; }
    else { str = argv[2]; }
    size = strlen(str);
    /*---------------------------------------------
    neue Datei erzeugen                 (O_CREAT)
    zum Schreiben                       (O_WRONLY)
    Daten am Ende hinzufügen            (O_APPEND)
    Zugriffsrechte der Datei erteilen (modus)
    ---------------------------------------------*/
    fd = open(argv[1], O_WRONLY | O_APPEND | O_CREAT, mode);
    if(fd == -1) {
        perror("Fehler bei open()");
        return EXIT_FAILURE;
    }
    if(write(fd, str, size) != size)
        perror("Fehler bei write()");
```

```
    return EXIT_SUCCESS;
}
```

Listing 2.2 Demonstriert das Schreiben in eine Datei mit write().

Das Programm gibt in der Konsole Folgendes aus:

```
$ gcc write_file.c -o write_file
$ ./write_file test
$ cat test
Keine Angaben gemacht
$ ./write_file test Hallo Leute
$ cat test
Keine Angaben gemacht
Hallo Leute
```

In dem letzten Beispiel wird ein neuer Text stets ans Ende der Datei geschrieben, deren Dateinamen Sie als zweiten Parameter in der Kommandozeile übergeben. Der Text, der an die Datei angehängt wird, steht dann entweder im dritten Argument in der Kommandozeile, oder aber (wenn der dritte Parameter fehlt) es wird der konstante String, auf den `dummy` verweist, benutzt. Dies ist in diesem Fall der Text »Keine Angaben gemacht«.

Normalerweise treten bei dem letzten Beispiel keine Problem mit der Funktion `write()` auf, weil das Programm zum Anhängen von Text gewöhnlich nach kurzer Zeit wieder beendet wird. Allerdings werden nicht immer alle Schreiboperationen direkt auf den Datenträger gemacht, sondern zunächst vom Kernel gepuffert. Dieser Puffer wird erst dann vollständig auf den Datenträger zurückgeschrieben, wenn Sie `close()` aufrufen. Das bedeutet Folgendes: Wenn Ihnen z. B. während der Programmausführung der Strom ausfällt, dann könnten die Ergebnisse verstümmelt sein. Normalerweise geschieht dies wie gesagt nicht, aber es gibt Fälle, bei denen auf Ihrem System eine Datenbank läuft, die stets aktuell sein muss. Wenn Ihnen hier der Strom ausfällt, können Sie sich keine verstümmelten Datensätze leisten, und Ihre Datenbank muss nach Neustart Ihres Systems zumindest wieder so weit intakt sein, dass höchstens die Daten verloren gegangen sind, die Sie als Letztes angehängt haben. Sie können dieses Verhalten nun auf verschiedene Arten erreichen. Eine Möglichkeit ist, das Flag `O_SYNC` zu verwenden. Dies bewirkt, dass sämtliche Daten, die Sie in den Puffer schreiben, sofort in die entsprechende Datei übertragen werden. Wenn dann zuletzt ein verstümmelter Datensatz geschrieben wurde, können Sie mit speziellen Fehlererkennungsroutinen feststellen, dass dieser Datensatz wieder entfernt werden muss. Auf diese Weise erhalten Sie am Ende wieder eine konsistente Datenbank, auch wenn einige Datensätze fehlen.

Obwohl `write()` also ein Systemaufruf ist, werden die Daten im Falle einer Datei also nochmals in einen separaten Pufferbereich innerhalb des Kernels gelegt, bevor sie schließlich auf den Datenträger geschrieben werden (es sei denn, Sie wollen es explizit anders). Warum dies so ist, hat damit zu tun, dass Linux ein Multitasking-Betriebssystem ist, und dieses Multitasking-Betriebssystem hat noch andere Dinge zu erledigen, als sich immer sofort um die Ausführung Ihres Programms zu kümmern. Erst wenn der Systemkern Zeit hat, wendet er sich Ihrem Dateipuffer zu und schreibt die entsprechenden Daten in Ihre Datei. Stürzt aber das System ab, wenn sich noch Daten im Puffer befinden, werden diese Daten eventuell nicht mehr geschrieben.

Dies bedeutet also im Endeffekt: Tritt beim Schreiben ein Fehler auf, ist es nicht so leicht zu bestimmen, was nun schiefgelaufen ist. Ein Rückgabewert von `0` und größer sagt z. B. nicht aus, ob auch wirklich alle Daten in die Datei geschrieben wurden. In unserem Beispiel von eben wurde der folgende Aufruf verwendet:

```
if(write(fd, str, size) != size)
   fprintf(stderr, "Fehler bei write ...\n");
```

Dies scheint erst einmal in Ordnung zu sein. Was ist aber, wenn die Daten in `str` so umfangreich sind, dass sie nicht an einem Stück geschrieben werden können (wie das etwa bei Netzwerk-Sockets häufig der Fall ist)? In diesem Fall würde der Schreibvorgang mit einer Fehlermeldung abgebrochen, die Sie dann entsprechend behandeln müssen. Oft wird deshalb in Linux-Foren empfohlen, `write()` immer in einer Schleife zu verwenden, die so lange ausgeführt wird, bis wirklich alle Daten geschrieben wurden. Eine Wrapper-Funktion für `write()`, die diese Schleife umsetzt, könnte z. B. so aussehen:

```
#include <unistd. h.>

ssize_t write2(int fd, const void *buffer, size_t count) {
   while (count > 0) {
      ssize_t geschrieben = write(fd, buffer, count);
      if (geschrieben == -1)
         return -1;
      count -= geschrieben;
      buffer += geschrieben;
   }
   return 0;
}
```

Sie können diese Wrapper-Funktion gerne in das vorige Beispiel einbauen, quasi als kleine Übung. Beachten Sie aber, dass `write2()` erst zurückkehrt, wenn alle Bytes geschrieben wurden oder ein Fehler bei `write()` auftritt. Das heißt, dass `write2()` blockierend ist und Ihr Programm dann eventuell (bis großen Datensätzen) einige Zeit lang »hängt«.

[»]

Hinweis: Verwenden von Wrapper-Funktionen

Wrapper-Funktionen können Sie sich wie einen Strumpf vorstellen, der über die Originalfunktion gezogen wird. Natürlich darf eine solche Funktion nicht denselben Namen wie das Original haben. Deshalb unser Tipp: Verwenden Sie Wrapper möglichst nur, wenn es sich nicht vermeiden lässt, und Sie wirklich mehr Funktionalität benötigen, als die Originalfunktion enthält.

Wollen Sie nun absolut sichergehen, dass `write()` alle Daten in einem Rutsch in Ihre Datei schreibt, müssen Sie das Flag für synchrones Schreiben (`O_SYNC`) verwenden. Dadurch machen Sie sich allerdings die Zeitvorteile der Funktion `write()` zunichte. Der Zeitaufwand für das Schreiben erhöht sich durch ein synchronisiertes Schreiben wahrlich dramatisch, und auch hier kann Ihr Programm eine Zeit lang »hängenbleiben«. Selbstverständlich wird die letzte Aussage mit immer schnelleren Datenträgern und Prozessoren relativiert. Letztendlich müssen Sie aber selbst entscheiden, ob für Sie Sicherheit oder Schnelligkeit wichtiger ist. Ein kleiner Tipp am Rande: Speichern Sie große Datenmengen (z. B. Spielstände oder umfangreiche Charakterdaten) erst bei der Beendigung des Programms (z. B. wenn der Spieler aufhört zu spielen und das Spiel verlässt), oder noch besser: Lassen Sie den Benutzer (Spieler) entscheiden, wann er seine Daten (seinen Spielstand) speichern möchte.

2.3.5 Lesen von Dateien mit read()

Mit dem Systemaufruf `read()` werden Zeichen aus einer zuvor mit `open()` geöffneten Datei gelesen. Mit `read()` kann natürlich nur dann aus einer Datei gelesen werden, wenn diese (logischerweise) auch zum Lesen geöffnet wurde. Die Funktion `read()` besitzt die folgende Syntax:

```
#include <unistd. h.>

ssize_t read(int fd, void *puffer, size_t anzahl_bytes);
```

Mit `read()` werden `anzahl_bytes` Bytes aus der geöffneten Datei mit dem Filedeskriptor `fd` in die Adresse `puffer` kopiert (in der Tat ist `puffer` auch hier eine Speicheradresse, weil ein typenloser Zeiger benutzt wird). Auch hier ist, wie schon bei `write()`, der Rückgabewert die Anzahl der erfolgreich gelesenen Bytes und im Fehlerfall `-1`. Steht der Lesezeiger bereits am Dateiende, wird in diesem Fall der Wert `0` zurückgeliefert – was aber keinen Fehler darstellt! Es ist ebenfalls kein Fehler, wenn weniger Bytes gelesen werden, als mit `anzahl_bytes` angegeben ist, was z. B. passieren kann, wenn wir uns fast am Dateiende befinden. Auch bei Gerätedateien (dazu später mehr) kann es passieren, dass weniger Bytes gelesen werden, als angefordert wurden, und trotzdem nicht `-1` zurückgegeben wird. Dies ist z. B. bei der USB-Maus der Fall – dort bedeutet ein Rückgabewert von `0` einfach, dass kein Mauspaket bereitliegt, weil die Maus seit dem letzten Aufruf nicht bewegt wurde.

Auch bei der Funktion read() wird ein Puffermechanismus verwendet, der dafür sorgt, dass der Lesevorgang sehr schnell abgewickelt wird. Dies drückt sich beispielsweise darin aus, dass bereits Gelesenes stets noch einmal gelesen werden kann, ohne dass dafür z. B. ein CD-Laufwerk noch einmal angeworfen werden müsste. Der hierfür verwendete Puffermechanismus (die sogenannten *Cached Inodes*) hat also den Vorteil, dass nicht nur beim Lesen mittels read() ein Geschwindigkeitsgewinn entsteht, sondern auch beim wiederholten Ausführen immer desselben Programms von einem relativ langsamen Datenträger. Auch die letzte Aussage wird sich natürlich mit der Zeit relativieren, in der es immer schnellere externe Laufwerke gibt. So ist z. B. der Sprung von einer DVD zu einer Blu-Ray-Disc mit einem Geschwindigkeitszuwachs von 1.000 % verbunden.

Die Anzahl von Bytes, die read() auf einmal lesen kann, hängt natürlich sehr stark vom Datenträger ab. Von externen Datenträgern können Sie nämlich immer nur ganze Blöcke einlesen. Man spricht in der Tat von *Blockgrößen*. Als optimale Blockgröße haben sich Speicherblöcke mit 512, 1.024, 4.096 oder 8.192 Bytes erwiesen. Standardfestplatten besitzen fast immer eine Blockgröße von 512 Bytes, SD-Karten dagegen können (je nachdem, wie der Flash-Speicher intern aufgebaut ist) Blockgrößen zwischen 256 Bytes und 16.384 Bytes haben. Serverfestplatten oder Festplatten in Spielekonsolen besitzen dagegen fast immer eine feste Blockgröße von 4.096 Bytes. Wie Sie sich denken können, ist es für ein Dateisystem immer besser, möglichst viele Blöcke gleichzeitig in den Speicher zu lesen, als viele kleine Blöcke nacheinander (dies kostet viel Zeit für die Verwaltung der Daten). Leider fällt bei sehr großen virtuellen Blöcken (oft auch *Cluster* genannt) viel Verschnitt an. Wenn Sie z. B. eine Clustergröße von 64 kB haben, aber stets nur kleine Texte wie »Hallo Welt« in Ihre Dateien schreiben, verschenken Sie sehr viel Platz. Die Clustergröße, die Sie am Ende benutzen, ist also immer ein Kompromiss aus Speichernutzung und Geschwindigkeit.

Leider lässt sich die Clustergröße, die Linux tatsächlich verwendet, nicht so einfach im laufenden Betrieb ändern. Im Endeffekt wird nämlich das Dateisystem (zurzeit ext4) schon bei der Installation konfiguriert – die Blockgröße ist dann 1.024 oder bei Servern 4.096 Bytes. Sie können aber dennoch festlegen, wie viele Bytes read() auf einmal in den Lesepuffer einlesen soll. Manchmal ergibt es nämlich durchaus Sinn, die Effizienz der optimalen Puffergröße zu ermitteln (verwechseln Sie hier bitte nicht die Blockgröße mit der Puffergröße, dies sind zwei verschiedene Paar Schuhe). Denn je kleiner die Größe des Lesepuffers ist, desto mehr read()-Aufrufe müssen Sie ausführen, um dieselbe Datei einzulesen. Normalerweise werden Sie die Puffergröße, die read() benutzt, nicht ändern, aber manchmal müssen Sie dies doch tun, beispielsweise wenn Sie Spiele programmieren. Dort kommt es oft auf jede Millisekunde an, und dann sind Sie froh, wenn Sie den Zugriff auf Ihre Leveldaten beschleunigen können. Für übliche Diskettenlaufwerke, die mit durchschnittlich 29,7 KB/s lesen, reicht hier eine kleine Blockrate (z. B. 1.024 Bytes) aus, bei modernen externen USB-Festplatten, die auf knapp 2 GB/s kommen können, kann man auch schon mal eine Blockgröße von 64 oder 128 kB benutzen. Allerdings hängt auch hier die Zugriffsgeschwindigkeit stark vom verwendeten Dateisystem ab. Wenn dieses z. B. stark fragmentiert ist, dann hängen vor allem die großen Dateien nicht mehr linear zusammen, und dann nutzt Ihnen auch eine große Blockgröße nicht viel. Sie können sich dies so vorstellen: Jeder Block bekommt auf der Festplatte eine laufende LBA-Nummer zugeteilt (LBA = *Logical Block Address*). Wenn nun eine Datei so abgelegt wurde, dass die Daten etwa in den Blöcken 1.000–2.000 linear angeordnet sind, dann ist alles in Butter: Sie müssen der Festplatte nur mitteilen, dass Sie die Blöcke 1.000–2.000 in einem Rutsch einlesen wollen. Wenn allerdings ein Teil der Daten in den Blöcken 1.000–1.500 liegt und ein anderer Teil der Daten in den Blöcken 10.000–10.500, dann müssen Sie zweimal auf die Festplatte zugreifen – und das kostet Zeit. Wie Sie sehen, ist die Sache mit den Dateisystemen nicht trivial, und Gamer verbringen deshalb nicht wenig Zeit damit, ihr Dateisystem zu optimieren.

Kommen wir zu einem weiteren Beispiel. In dem nächsten Listing stellen wir Ihnen ein Programm vor, das die Datei, deren Dateinamen Sie als zweites Argument in der Kommandozeile angeben, in die neu erzeugte Datei kopiert, deren Dateinamen Sie als drittes Argument angeben. Das erste Argument ist hier wieder der Programmaufruf selbst, also *filecopy*. Sehen Sie sich nun das nächste Listing an.

```
/* filecopy.c */
#include <sys/stat.h>
#include <sys/types.h>
#include <fcntl.h>
#include <stdio.h>
#include <stdlib.h>
#include <unistd. h.>

#define BLOCKSIZE 64 // Bytes

// write2() aus obigem Codeblock übernehmen
static ssize_t write2(int, const void *, size_t);

int main(int argc, char **argv) {
    // Zugriffsrechte für die neue Datei: -rw-rw-r--
    mode_t mode = S_IRUSR|S_IWUSR|S_IRGRP|S_IWGRP|S_IROTH;
    char buffer[BLOCKSIZE];
    int fd_r, fd_w; // Filedeskriptoren
    int n;

    // alle Zugriffsrechte der Einschränkungsmaske erlauben
    umask(0);

    if(argc < 3) {
        fprintf(stderr, "> %s quelldatei zieldatei\n", *argv);
```

```
        return EXIT_FAILURE;
    }

    fd_r = open(argv[1], O_RDONLY);
    fd_w = open(argv[2], O_WRONLY | O_EXCL | O_CREAT, mode);
    if(fd_r == -1 || fd_w == -1) {
        perror("Fehler bei open()");
        return EXIT_FAILURE;
    }
    while((n = read(fd_r, buffer, BLOCKSIZE)) > 0)
        if(write2(fd_w, buffer, n) < 0)
            perror("Fehler bei write()");
    return EXIT_SUCCESS;
}
```

Listing 2.3 Zeigt, wie Sie eine genaue Kopie einer Datei erzeugen.

Das Programm gibt in der Konsole z. B. Folgendes aus:

```
$ gcc filecopy.c -o filecopy
$ ./filecopy filecopy.c filecopy.c.bak
$ cat filecopy.c.bak
/* filecopy.c */
#include <fcntl.h>
#include <stdio.h>
#include <sys/stat.h>
#include <sys/types.h>
#include <unistd. h.>

#define BLOCKSIZE 64

int main (int argc, char* argv[])
...
```

Bei dem letzten Beispiel wurde für die Blockgröße des Puffers übrigens eine Größe von 64 Bytes gewählt. Beim letzten Aufruf von `read()` wird man daher wohl keinen ganzen Block mehr lesen können, weil es sehr unwahrscheinlich ist, dass die Dateilänge einer reinen Textdatei genau durch 64 teilbar ist. Daher wurde auch der Wert der gelesenen Zeichen in der Variablen `n` gespeichert, damit auch nur diese Anzahl erfolgreich gelesener Zeichen vom Puffer wieder in die Zieldatei kopiert werden kann.

2.3.6 Schreib-/Lesezeiger positionieren mit lseek()

Jede Datei, die Sie öffnen, besitzt einen Schreib-/Lesezeiger. Nach jedem Schreib- oder Lesevorgang wird dieser Zeiger um die Anzahl der geschriebenen oder gelesenen Bytes nach vorn gesetzt. In der Regel befindet sich dieser Positionszeiger beim Öffnen einer Datei – sei dies nun zum Schreiben oder zum Lesen – anfangs immer auf 0. Wenn die Datei mit dem Flag O_APPEND geöffnet wurde, befindet sich dieser Zeiger stets am Ende der Datei. Die Parameter der Funktion lseek() entsprechen denen der Funktion fseek():

```
#include <sys/types.h>
#include <unistd. h.>

off_t lseek(int fd, off_t position, int indikator);
```

Vom dritten Parameter, indikator, hängt es ab, wie der zweite Parameter interpretiert wird. Dabei haben Sie drei Möglichkeiten zur Auswahl.

Konstante	Bedeutung
SEEK_SET	Den Schreib-/Lesezeiger vom Anfang der Datei um abstand Bytes versetzen. abstand darf dabei keine negative Zahl sein.
SEEK_CUR	Der Schreib-/Lesezeiger wird relativ zur aktuellen Position der Datei um abstand Bytes versetzt. abstand darf dabei sowohl eine positive als auch eine negative Zahl sein, wobei negative Zahlen einem Zurücksetzen (Richtung Anfang der Datei) entsprechen.
SEEK_END	Den Schreib-/Lesezeiger vom Ende der Datei um abstand Bytes »Richtung Dateiende« versetzen. abstand darf dabei sowohl eine negative als auch eine positive Zahl sein. Letzteres wird man aber wohl kaum in der Praxis finden, denn was befindet sich schon hinter EOF? Beachten Sie außerdem, dass lseek() im Gegensatz zu fseek() nicht den EOF-Status bereinigen kann – wozu fseek() gerne verwendet wird! Es gibt nämlich keinen EOF-Status bei den Low-Level-Funktionen.

Tabelle 2.6 Mögliche Angaben für »indikator«

Der erste Parameter, fd, ist der Filedeskriptor der Datei, bei der der Schreib- oder Lesezeiger versetzt werden soll. Selbstverständlich muss fd auf eine vorher geöffnete Datei verweisen. Wenn bei fseek() alles glatt läuft, wird die aktualisierte Position des Schreib- und Lesezeigers zurückgegeben. Bei einem Fehler wird -1 zurückgegeben. Dies ist auch der Fall, wenn fd ungültig ist.

Der primitive Datentyp off_t wurde hier übrigens vom Datentyp unsigned long abgeleitet. Somit kann der maximale Wert der Positionsangabe 0xffffffff betragen (dies ist eine maximale Größe von 4 GB). Auf 64-Bit-Systemen kann der Datentyp long int auch 64 Bit breit sein, aber leider gibt es hierfür keine Garantie, weil die Größe der Datentypen mehr davon abhängt, welcher Compiler benutzt wird.

Hinweis für die Verwendung sehr großer Dateien

Wie gesagt gibt es keine Garantie dafür, dass der Datentyp `long int` 64 Bit breit ist. Wenn Sie 100 % sichergehen wollen, dass die Arbeit z. B. an Videodateien keine Probleme macht, können Sie ein Linux verwenden, das das *Large Files System* (LFS) unterstützt. In diesem Fall ist es mit der Funktion `open()` und dem Flag `O_LARGEFILE` möglich, Dateien zu öffnen, die größer sind als die o. g. 4 GB. Wird dieses Flag gesetzt, ist der größte Wert, der dargestellt werden kann, ein Objekt vom Typ `off64_t` (primitiver Datentyp, der gewöhnlich den Typ `long long` repräsentiert).

Allerdings ist es Unsinn, LFS zusammen mit Dateisystemen wie FAT32 zu benutzen, denn solche alten Dateisysteme unterstützen einfach keine großen Dateien. Am besten kommen Sie zurecht, wenn Sie das moderne BTFS oder das ext4-Dateisystem benutzen (dieses dürfte inzwischen sowieso standardmäßig eingerichtet werden). Aber auch mit dem Microsoft-Dateisystem NTFS, das inzwischen oft für sehr große portable Festplatten verwendet wird, kommt Linux mittlerweile gut zurecht.

Man kann natürlich auch Dateien größer als 4 GB ohne `O_LARGEFILE` öffnen, nur können dann die meisten Operationen nur mit 32-Bit-Zahlen ausgeführt werden. Das bedeutet, dass Sie sämtliche Daten, die über 4 GB hinausgehen, nicht mehr lesen können, oder schlimmer noch: Bei manchen Compilern wird das oberste Bit einer 32-Bit-Zahl als Vorzeichenbit interpretiert, und Sie benutzen dann ungewollt Positionsangaben mit negativen Vorzeichen. Was dann geschieht, ist nicht immer vorhersehbar. Deshalb wird sogar sehr oft angenommen, dass Sie mit 32-Bit-Operationen nur Dateien bis zu einer Größe von 2 GB sicher verwalten können.

Es folgt nun hierzu ein Beispiel, das die Datei, deren Dateinamen die Sie als zweites Argument in der Kommandozeile angeben, rückwärts ausgibt. Mithilfe von `lseek()` wird der Lesezeiger zuerst ans Dateiende gesetzt. Anschließend wird mit dem Systemaufruf `read()` ein Zeichen eingelesen und mit auf dem Bildschirm ausgegeben. Damit der Text rückwärts ausgegeben wird, muss die Position des Zeigers immer um eine Stelle bis zum Dateianfang (`pos == 0`) zurückgezählt werden. Ist der Dateianfang erreicht, wird das Programm beendet. Sehen Sie sich nun das folgende Listing an:

```
/* backward.c */
#include <sys/stat.h>
#include <sys/types.h>
#include <fcntl.h>
#include <stdio.h>
#include <stdlib.h>
#include <unistd. h.>
```

```
void bwread(int fd) {
    int rv, nl = 0;
    char ch;

    lseek(fd, -1, SEEK_END);
    while((rv = read(fd, &ch, 1)) == 1) {
        if(ch == '\n' && !nl) { ++nl; }
        else { putc(ch, stdout); }
        if(lseek(fd, -2, SEEK_CUR) < 0) { break; }
    }
    if(nl) { putc('\n', stdout); }
    if(rv == 0) { fprintf(stderr, "EOF unerwartet ...\n"); }
    else if(rv == -1) { perror("Fehler bei read()"); }
    return;
}

int main(int argc, char **argv) {
    int fd;

    if(argc < 2) {
        fprintf(stderr, "Syntax: %s datei\n", *argv);
        return EXIT_FAILURE;
    }
    if((fd = open(argv[1], O_RDONLY)) < 0) {
        perror("open");
        return EXIT_FAILURE;
    }
    bwread(fd);
    return EXIT_SUCCESS;
}
```

Listing 2.4 Zeigt, wie Sie den Inhalt einer Datei rückwärts ausgeben.

Das Programm gibt auf der Konsole z. B. Folgendes aus:

```
$ cat > Linux-joke.txt
Pinguine können nicht fliegen.
Sie sind das Produkt eines misslungenen Experiments
von M$. Aber der Tag der Abrechnung naht ;-)
STRG+D
$ gcc backward.c -o backward
$ ./backward Linux-joke.txt
```

```
)-; than gnunhcerbA red gaT red rebA .$M nov
stnemirepxE nenegnulssim senie tkudorP sad dnis eiS
.negeilf thcin nennök eniugniP
```

Das Beispiel berücksichtigt auch die Position des Newline-Zeichens. Beachten Sie aber, dass hier der Schreib-/Lesezeiger um eine Position vor dem Dateiende platziert wurde. Hätten Sie hierfür 0L angegeben, würde read() den Wert 0 zurückgeben, und es würde die Fehlermeldung unexpected end of file ausgegeben.

2.3.7 Duplizieren von Filedeskriptoren mit dup() und dup2()

In manchen Fällen ist es nötig, einen Filedeskriptor zu duplizieren. Ein Beispiel hierfür wäre, dass der Elternprozess (also das Hauptprogramm) mit einem Kindprozess (also einer neuen Instanz des Hauptprogramms) Daten austauschen will. Meistens verwenden Multiplayer-Spiele dieses Konstrukt: Das Hauptspiel kann mehrere Male über einen Netzwerkclient gestartet werden (natürlich mit mehreren Spielern), aber die Spieler greifen alle auf die gleichen Leveldaten zu (diese liegen dann auch meistens auf dem Spieleserver und werden auch als *World-Data-Files* bezeichnet). Natürlich sehen nicht alle Spieler immer die gleichen Teile der Spielwelt, aber trotzdem sollten alle Spieler denselben Filedeskriptor benutzen. Leider wird, wenn Sie den laufenden Prozess (also das Hauptprogramm) auf Ihrem Server klonen, das *close-on-exec*-Flag gesetzt. Das bedeutet, dass im Kindprozess (also bei der neuen Instanz des Hauptprogramms) alle alten Filedeskriptoren ungültig werden. Die Kommunikation zwischen dem Eltern- und Kindprozess ist also normalerweise nicht über gemeinsame Dateien möglich. Duplizieren Sie hingegen mit dup() oder dup2() einen Filedeskriptor, wird das *close-on-exec*-Flag gelöscht, und der neue Kindprozess kann diese duplizierten Filedeskriptoren zur Kommunikation mit dem Hauptprogramm verwenden. Sollte Ihnen das hier Beschriebene noch nicht so ganz klar sein, ist dies nicht so tragisch, denn zu Prozessen und Threads gibt es separate Kapitel. Allerdings schadet es auch nicht, wenn Sie die Funktionen dup() und dup2() schon jetzt kennen lernen:

```
#include <unistd. h.>

int dup(int fd);
int dup2(int fd, int fd2);
```

Als Parameter wird der Funktion dup() der Filedeskriptor übergeben, der dupliziert werden soll. Im Falle eines Erfolges wird als Rückgabewert die Nummer des Filedeskriptors zurückgegeben, der nun auf dieselbe Datei verweist wie der Ausgangsdeskriptor. Bei der zurückgegebenen Nummer handelt es sich stets um die kleinste nicht negative Zahl, die noch nicht für einen anderen Filedeskriptor vergeben wurde. Schlägt der Aufruf von dup() fehl, wird -1 zurückgegeben.

Beim Aufruf der Funktion dup2() hingegen wird der Wert des Zieldeskriptors als zweiter Parameter (fd2) angegeben. Wurde fd2 bereits zuvor geöffnet, wird er zuvor noch geschlossen.

Bei beiden Funktionen zeigt der neu zurückgegebene Filedeskriptor auf denselben Dateitabelleneintrag, in dem sich u. a. der Schreib-/Lesezeiger befindet. Somit kann man auf einen Deskriptor lseek() anwenden und danach von dem anderen (von der neuen Position) lesen.

Ein Anwendungsbeispiel der beiden Funktionen:

```
/* dup-Beispiel.c */
#include <sys/stat.h>
#include <sys/types.h>
#include <fcntl.h>
#include <stdio.h>
#include <stdlib.h>
#include <string.h>
#include <unistd. h.>

static void test_write(const char *str) {
    write(STDOUT_FILENO, str, strlen(str));
    return;
}

int main(int argc, char **argv) {
    mode_t mode = S_IRUSR|S_IWUSR|S_IRGRP|S_IWGRP|S_IROTH;
    int fd1, fd2, fd3;

    // alle Zugriffsrechte der Einschränkungsmaske erlauben
    umask(0);
    fd1 = open("file1", O_WRONLY | O_CREAT, mode);
    fd2 = open("file2", O_WRONLY | O_CREAT, mode);
    if(fd1 == -1 || fd2 == -1) {
        perror("Fehler bei open()");
        return EXIT_FAILURE;
    }

    test_write("Zeile 1\n");
    dup2(fd1, STDOUT_FILENO);
    test_write("Zeile 2\n");
    dup2(fd2, STDOUT_FILENO);
    test_write("Zeile 3\n");
    test_write("Zeile 4\n");
    dup2(fd1, STDOUT_FILENO);
    test_write("Zeile 5\n");
```

```
    dup2(fd2, STDOUT_FILENO);
    test_write("Zeile 6\n");
    test_write("Zeile 7\n");
    close(fd1);
    close(fd2);

    fd3 = dup(STDERR_FILENO);
    write(fd3, "Schwerer Fehler ...\n",
        strlen("Schwerer Fehler ...\n"));
    return EXIT_SUCCESS;
}
```

Listing 2.5 Demonstriert die Funktion dup().

Und hier das Programm im Einsatz:

```
$ gcc dup-Beispiel.c -o dup-Beispiel
$ ./dup-Beispiel
Zeile 1
Schwerer Fehler ...
$ cat file1
Zeile 2
Zeile 5
$ cat file2
Zeile 3
Zeile 4
Zeile 6
Zeile 7
```

In diesem Beispiel wurde vorwiegend der Filedeskriptor für die Standardausgabe dupliziert. Somit wurde die Standardausgabe jeweils in eine der beiden geöffneten Dateien umgeleitet. Am Ende wurde auch noch die Standardfehlerausgabe dupliziert, und mithilfe ihres Filedeskriptors wurde auch eine Ausgabe darauf gemacht. Vielleicht wundern Sie sich darüber, dass auch die Standardausgabe und die Fehlerausgaben umgeleitet werden können, aber dies wird in der Tat sehr oft gemacht. Vor allem Server erzeugen umfangreiche Log-Dateien, die im Falle eines Absturzes vom Administrator ausgewertet werden, um zu erfahren, was denn nun genau schiefgegangen ist.

2.3.8 Ändern oder Abfragen der Eigenschaften eines Filedeskriptors mit fcntl()

Zum Ändern oder Abfragen einer offenen Datei können Sie die Funktion `fcntl()` verwenden. Damit lassen sich folgende Dinge realisieren:

- Setzen oder Abfragen der Flags im Dateitabelleneintrag
- Setzen oder Abfragen von Einträgen in der Prozesstabelle
- Setzen oder Abfragen von Record Lockings (Sperren bestimmter Bereiche oder Zugriffe)
- Duplizieren von Filedeskriptoren

Anhand dieser Aufzählungspunkte wird klar, wie universell diese Funktion ist (im Endeffekt benötigen Sie z. B. dup() oder dup2() gar nicht, weil sie intern nur fcntl() aufrufen). Die Funktion fcntl() selbst wird wie folgt aufgerufen:

```
#include <sys/types.h>
#include <unistd. h.>
#include <fcntl.h>

int fcntl( int fd, int kommando ... );
```

Als erstes Argument geben Sie den Filedeskriptor der Datei an, an der Sie entsprechende Einstellungen oder Veränderungen vornehmen wollen. Das zweite Argument ist das Kommando, das Sie mit fcntl() ausführen wollen. Hierfür gibt eine Reihe von symbolischen Konstanten, die weiter unten ausführlich beschrieben werden. Das dritte Argument ist optional und wird nur dann ausgewertet, wenn Sie vorhaben, einen Filedeskriptor zu duplizieren, oder wenn Sie die Konfiguration einer Datei verändern wollen (diese muss natürlich vorher geöffnet werden). Der Rückgabewert von fcntl() ist vom verwendeten Kommando abhängig, aber im Fehlerfall wie gewöhnlich -1.

Die Funktion fcntl() unterstützt die folgenden Kommandos, die Sie mit dem zweiten Parameter als vordefinierte Konstante übergeben müssen.

F_DUPFD

Verwenden Sie als Kommando F_DUPFD, so wird der Filedeskriptor fd dupliziert. Bei Erfolg liefert die Funktion fcntl() den kleinstmöglichen positiven Wert des neuen Filedeskriptors zurück.

```
int old_fd, new_fd;
new_fd = fcntl(fd, F_DUPFD, 0);
```

Der neue Filedeskriptor verweist hier auf denselben Dateitabelleneintrag wie fd, verwendet aber innerhalb der Prozesstabelle einen eigenen Eintrag für die Filedeskriptor-Flags, wobei das *close-on-exec*-Bit gelöscht ist. Bei gelöschtem *close-on-exec*-Bit bleibt der Filedeskriptor auch bei einem exec*()-Aufruf bestehen, mit dem Sie einen Prozess klonen können. Dies ist übrigens dieselbe Funktionalität wie bei dup2().

F_GETFD

Mit F_GETFD können Sie überprüfen, ob das *close-on-exec*-Bit gesetzt ist oder nicht. Dies ist im Endeffekt auch das einzige Flag des Filedeskriptors, das Sie direkt überprüfen können. Die symbolische Konstante dazu lautet FD_CLOEXEC. Ist das Flag gesetzt, liefert fcntl() als Rückgabewert 1 zurück, ansonsten wird bei einem Fehler -1 und, wenn nicht gesetzt, 0 zurückgeliefert.

```
if( fcntl ( fd, F_GETFD, FD_CLOEXEC ) == 1 ) {
    /* close-on-exec-Flag ist gesetzt. */
} else {
    /* nicht gesetzt */
}
```

Das close-on-exec-Flag

Wenn dieses Flag nicht gesetzt ist (standardmäßig ist es gesetzt), bleiben alle bereits geöffneten Filedeskriptoren auch bei einem durch einen exec()-Aufruf neu gestarteten Programm offen. Ist das Flag gesetzt, werden die entsprechenden Filedeskriptoren beim exec()-Aufruf geschlossen. Wenn z. B. ein laufendes Programm einen neuen Prozess erzeugt, werden also aus sicherheitstechnischen Gründen alle Filedeskriptoren – auch Verzeichnisse, IPC-Handles und Sockets – geschlossen. Dies ist auch gut so, denn oft werden gerade in diesem Bereich Sicherheitslücken übersehen. Um hierbei jedoch auf Nummer sicher zu gehen (Sie wissen z. B. nicht, welche Systemkonfiguration Ihre Mitspieler im Netzwerk haben), sollten Sie das *close-on-exec*-Flag direkt nach dem Öffnen setzen, zumindest dann, wenn Sie davon ausgehen können, dass Ihr Programm von mehreren Anwendern benutzt wird.

Außerdem ist das *close-on-exec*-Flag sinnvoll für Anwendungen, die generell nicht wollen, dass ihre geöffneten Dateien (oder auch Netzwerk-Sockets) an Subprozesse weitergegeben werden. Findige Hacker könnten sonst die sichtbaren Filedeskriptoren für einen sogenannten Man-in-the-Middle-Angriff nutzen. Bei einem *Man-in-the-Middle-Angriff* klinkt sich ein Hacker zwischen eine Anwendung (die oft auf einem Server läuft) und einen anderen Benutzer ein und liest z. B. die übertragenen Daten oder den Inhalt von gerade geöffneten Dateien mit. Die auf diese Weise ausgespähten Daten können Login-Informationen, Spielerdaten oder gar Passwörter sein.

F_SETFD

Wie auch schon bei F_GETFD, können Sie mit F_SETFD die Filedeskriptor-Flags ändern. Als mögliches drittes Argument kommen auch hier nur FD_CLOEXEC zum Setzen oder !FD_CLOEXEC (zum Löschen des *close-on-exec*-Flags) in Frage.

```
if(fcntl(fd, F_GETFD, FD_CLOEXEC) == 0) {
    // close-on-exec ist nicht gesetzt.
    if(fcntl(fd, F_SETFD, FD_CLOEXEC) > 0) {
```

```
        // close-on-exec wurde gesetzt.
    }
}
```

F_GETFL

Mit dem Kommando F_GETFL können Sie die sogenannten *File Status Flags* abfragen. Folgende Statusflags können Sie hierbei benutzen:

Modus	Bedeutung
O_RDONLY	nur Lesen
O_WRONLY	nur Schreiben
O_RDWR	Lesen und Schreiben
O_APPEND	zum Schreiben ans Dateiende öffnen
O_NONBLOCK	kein Blockieren bei FIFOs und Gerätedateien
O_SYNC	nach jedem Schreiben auf die Beendigung des physischen Schreibvorgangs warten
O_ASYNC	asynchroner I/O (nur bei Linux und BSD) – Gegenteil zu O_SYNC

Tabelle 2.7 File Status Flags, die mit F_GETFL abgefragt werden können

Wenn Sie den Rückgabewert von F_GETFL haben wollen, müssen Sie das mit fcntl() ermittelte Flag durch die symbolische Konstante O_ACCMODE auf die folgende Weise filtern:

```
flag  = fcntl(fd, F_GETFL, 0);
modus = flag & O_ACCMODE;

if(modus == O_RDWR) {
// Mit diesem Filedeskriptor sind Lesen und Schreiben möglich.
} else if(modus == O_RDONLY) {
    // Mit diesem Filedeskriptor ist nur Lesen möglich.
} else if(modus == O_WRONLY) {
    // Mit diesem Filedeskriptor können Sie nur schreiben.
}
```

F_SETFL

Mit diesem Kommando können Sie folgende File Status Flags mit dem dritten Argument von fcntl() setzen: O_APPEND, O_NONBLOCK, O_SYNC, O_ASYNC. Um eines dieser File Status Flags zu setzen, geht man wie folgt vor:

```
if(fcntl(fd, F_SETFL, O_APPEND) > 0) {
    // File Status Flag O_APPEND gesetzt
} else {
    // File Status Flag O_APPEND konnte nicht gesetzt werden.
}
```


F_GETOWN

Ist dieses Flag gesetzt, liefert `fcntl()` die `PID` (Prozess-ID des laufenden Programms) oder `PGID` (Gruppen-ID des laufendes Prozesses) des Prozesses, der im Augenblick die Signale `SIGIO` und `SIGURG` besitzt. Auf Signale werden wir im weiteren Verlauf des Buches noch detaillierter eingehen.

F_SETOWN

Ist dieses Flag gesetzt, legen Sie mit dem dritten Argument die `PID` oder `PGID` des Prozesses fest, der als Nächstes die Signale `SIGIO` und `SIGURG` empfangen soll. Ein positiver Wert legt die `PID`, ein negativer die `GID` fest. Auch hierauf werden wir im weiteren Verlauf des Buches noch detaillierter eingehen.

Das nächste Listing demonstriert einige Kommandos, die Sie mit `fcntl()` ausführen können.

```
/* fcntl-Demo.c */
#include <sys/types.h>
#include <fcntl.h>
#include <stdio.h>
#include <stdlib.h>
#include <unistd. h.>

int main(int argc, char **argv) {
    int fd, fdup;
    int flags, modus;
    if(argc < 2) {
        fprintf(stderr, "Usage: %s DATEI\n", *argv);
        exit(EXIT_FAILURE);
    }
    if((fd = open(argv[1], O_RDONLY)) == -1) {
        fprintf(stderr, "Konnte %s nicht öffnen!\n", argv[1]);
        exit(EXIT_FAILURE);
    }
    if((fdup = fcntl(fd, F_DUPFD, 0)) != -1)
        printf("Fildeskriptor erfolgreich dupliziert\n");

    /* Wir überprüfen die Flags von fd und setzen,
```

```
     * falls noch nicht gesetzt, FD_CLOEXEC.
     */
    if((fcntl(fd, F_GETFD, FD_CLOEXEC)) == 1)
        printf("close-on-exec-Bit ist gesetzt\n");
    else if((fcntl(fd, F_SETFD, FD_CLOEXEC)) < 0)
        printf("Konnte close-on-exec-Bit nicht setzen\n");
    else
        printf("cose-on-exec-Bit wurde gesetzt\n");

    // Wir überprüfen die File Status Flags von fd.
    flags = fcntl(fd, F_GETFL, 0);
    modus = flags & O_ACCMODE;
    if(modus == O_RDWR)
        printf("Datei zum Lesen und Schreiben geöffnet\n");
    else if(modus == O_RDONLY)
        printf("Datei nur zum Lesen geöffnet\n");
    else if(modus == O_WRONLY)
        printf("Datei nur zum Schreiben geöffnet\n");

    /* Wir überprüfen weitere Statusflags von fd und
     * ändern, falls nötig, die Flags.
     */
     if(modus == O_APPEND)
         printf("Wir können am Dateiende schreiben\n");

     modus |= O_APPEND;
     if(fcntl(fd, F_SETFL, modus) < 0)
         printf("Konnte Attribut O_APPEND nicht setzen\n");

     if(modus == O_APPEND)
         printf("O_APPEND gesetzt\n");

     flags = fcntl(fd, F_GETFD, 0);
     modus = flags & O_ACCMODE;
     if(modus == O_NONBLOCK) {
         printf("O_NONBLOCK gesetzt\n");
  } else {
    modus |= O_NONBLOCK;
    fcntl(fd, F_SETFL, modus);
    if(modus == O_NONBLOCK)
          printf("O_NONBLOCK erfolgreich gesetzt\n");
    else
          printf("Konnte O_NONBLOCK nicht setzen\n");
```

```
    }
    return EXIT_SUCCESS;
}
```

Listing 2.6 Die vielseitige Funktion fcntl() im Einsatz

Die Ausgabe auf der Konsole könnte in etwa so aussehen:

```
$ gcc fcntl-Demo.c -o fcntl-Demo
$ ./fcntl-Demo test.txt
Filedeskriptor erfolgreich dupliziert
close-on-exec-Bit wurde gesetzt
Datei nur zum Lesen geöffnet
... O_APPEND gesetzt ...
... konnte O_NONBLOCK nicht setzen ...
```

2.3.9 Record Locking – Sperren von Dateien einrichten

Wenn zwei oder mehr Prozesse gleichzeitig auf eine Datei schreibend zugreifen wollen, führt dies unwiderruflich zu Problemen. Meistens besitzt dabei nur ein Prozess die richtige Version der Datei, nämlich der Prozess, der als erster auf die Datei zugegriffen hat. Das folgende einfache Beispiel demonstriert dieses Problem:

```
/* Datenmuell.c */
#include <sys/stat.h>
#include <sys/types.h>
#include <sys/wait.h>
#include <fcntl.h>
#include <stdio.h>
#include <stdlib.h>
#include <time.h>
#include <unistd. h.>

int main(void) {
    int fd = open("file", O_WRONLY | O_CREAT | O_TRUNC, 0666);
    pid_t pid;
    int x, y;
    if(fd == -1) {
        perror("open()");
        exit(EXIT_FAILURE);
    }

    if((pid = fork()) == -1) {
        perror("fork()");
```

```
        exit(EXIT_FAILURE);
    } else if(pid > 0) { // Elternprozess
        srand(time(NULL) ^ getpid());
        for(x = 0; x < 10; ++x) {
            usleep(rand() % 10 * 10000);
            write(fd, "x", 1);
            write(STDOUT_FILENO, "x", 1);
        }
        wait(NULL);
        printf("\n");
    } else { // Kindprozess
        srand(time(NULL) ^ getpid());
        for(y = 0; y < 10; ++y){
            usleep(rand() % 10 * 10000);
            write(fd, "X", 1);
            write(STDOUT_FILENO, "X", 1);
        }
    }
    return EXIT_SUCCESS;
}
```

Listing 2.7 Zeigt, was passieren kann, wenn zwei Prozesse unsynchronisiert in eine Datei schreiben.

Das Programm gibt bei der Ausführung Folgendes aus:

```
$ gcc Datenmuell.c -o Datenmuell
$ ./Datenmuell
$ cat file
XxxXxXxXxXXxXxxXxXxX
```

Das letzte Programm erzeugt also – wie der Name ja schon andeutet – Datenmüll. Dies liegt vor allem an der Funktion `fork()`, die bewirkt, dass von dem Hauptprogramm eine zweite Instanz erzeugt wird, die unabhängig von der ersten läuft und auch eine andere Prozess-ID (`PID`) besitzt. Die Funktion `fork()` erzeugt in der Tat eine 1:1-Kopie des laufenden Programms, und deshalb können auch beide Instanzen auf dieselbe Datei schreibend zugreifen. Auch zu dem Thema `fork()` werden Sie im weiteren Verlauf des Buches eine Menge erfahren. Wichtig ist nur, dass hier zwei Prozesse gleichzeitig in die Datei `file` schreiben. Der eine Prozess schreibt dabei kleine `x`-Buchstaben und der andere große `X`-Buchstaben in die Datei. Bei beiden Prozessen wurde zusätzlich eine Zeitverzögerung mit `usleep()` eingebaut, damit wirklich nicht vorhersehbar ist, wann wer auf die Datei zugreift. An der Ausgabe der Datei `file` können Sie feststellen, dass hier weder Zucht noch Ordnung herrscht. Denn anstatt

```
XxxXxXxXxXXxXxxXxXxX
```

hätte die Datei `file` eigentlich folgenden Inhalt haben sollen:

```
xxxxxxxxxxXXXXXXXXXX
// oder
XXXXXXXXXXxxxxxxxxxx
```

Stellen Sie sich nun vor, dass Sie Ihre zwei Prozesse auf eine Datenbank zugreifen lassen. An dieser Stelle können Sie sich wahrscheinlich gut ausmalen, dass Datenbanken gewisse Schutzmechanismen gegen Inkonsistenzen benötigen (Datenbanken sind ja quasi dazu da, dass mehrere Benutzer gleichzeitig darauf zugreifen). Um solche Inkonsistenzen in gemeinsam benutzten Dateien zu vermeiden, gibt es einen POSIX-Mechanismus namens Record Locking.

Mit einem solchen *Record Lock* ist es möglich, einen beliebigen (auch zusammenhängenden) Teil einer Datei (oder auch eine komplette Datei) zu blockieren. Dabei gibt es die folgenden sogenannten Shared und Exclusive Locks:

- *Shared Locks*: Mehrere Prozesse sperren Teile einer Datei oder eine komplette Datei und greifen z. B. auf gleiche Dateibereiche nur lesend zu. Erst wenn die letzte Sperre entfernt wurde, ist ein Exclusive Lock möglich, beide Locking-Typen schließen sich somit aus.
- *Exclusive Locks*: Ein Prozess sperrt einen Teil einer Datei oder eine komplette Datei. Auf den gesperrten Bereich ist kein weiterer Lock mehr möglich, und der Prozess, der die Sperre zuerst gesetzt hat, kann nun schreibend auf die Datei zugreifen.

Sie haben generell zwei Möglichkeiten (Funktionen) zum Erstellen eines Datei-Locks:

- `fcntl()` ist ein BSD-konformer Lock-Mechanismus, der hier auch etwas umfangreicher behandelt wird.
- `lockf()` (SYSV- und POSIX-konform) ist letztendlich eine einfache, aber häufig ausreichende Schnittstelle, die auf `fcntl()` aufbaut.

Advisory Locking und Mandatory Locking

Alle eben benannten Möglichkeiten, eine Datei zu sperren, gehören zu den sogenannten *Advisory Locks* (freiwilliges Sperrverfahren; *advise* = avisieren/benachrichtigen; hier: beraten). Bei diesem Sperrverfahren versucht jeder Prozess, einen bestimmten Bereich einer Datei vor dem Zugriff zu sperren (man sagt an dieser Stelle auch, dass hier ein *Semaphor* gesetzt wird). Existiert für diesen Bereich bereits eine Sperre (das heißt, dass das Semaphor schon gesetzt ist), scheitert natürlich der Versuch, die Sperre zu setzen, und es wird der entsprechende Fehler zurückgegeben. Diesen Fehler müssen Sie natürlich in Ihrem Programm behandeln, gibt es verschiedene Strategien. Meistens lässt man den Prozess, der versucht hat, die Sperre zu setzen, warten, bis der gesperrte Bereich wieder freigegeben wird. Das heißt natürlich auch, dass jeder Prozess selbstständig dafür Sorge tragen muss, dass er für den Fall, dass er schreibend zugreifen will, irgendwann auch die Ressourcen einmal bekommt. Und dies kann ein Problem sein, wenn es Prozesse gibt, die so häufig auf eine Datei zugreifen, dass die anderen Prozesse einfach nicht mehr zum Zug kommen. Auf diese Weise können sogenannte Deadlocks entstehen. Ein *Deadlock* ist ein Zustand, in dem ein Prozess unendlich lange auf eine Ressource wartet (z. B. auf die Erlaubnis eines Schreibzugriffs) und diese Ressource im Endeffekt niemals bekommt. Die Konsequenz ist, dass der entsprechende Prozess »einfriert«, also keine Aktionen mehr ausführen kann. Es gibt viele Lösungen für Deadlocks; eine sehr einfache, aber effiziente Lösung ist, jeden Prozess nach einem erfolgreichen Zugriff (inklusive Entfernen der Schreibsperre) eine kurze, aber zufällige Zeit warten zu lassen. In dieser Zeit können dann auch andere Prozesse zum Zug kommen.

Neben dem Advisory Locking gibt es das *Mandatory Locking* (verbindliches Sperrverfahren). Der Unterschied zum Advisory Locking ist, dass hier nach dem Setzen einer verbindlichen Sperre durch einen Prozess ein Zugriff durch einen anderen Prozess mittels `open()`, `read()` oder `write()` zu einem Fehler führt. Mandatory Locking (auch als *Kernel Locking* bekannt) ist natürlich die ideale Alternative. Das Setzen einer solchen Sperre wird beim Mandatory Locking über ein spezielles Setzen des `SGID`-Bits (in der Kommandozeile mit `chmod g+s-x [file]`) der Dateiattribute realisiert. Das Mandatory Locking ist im Gegensatz zum Advisory Locking erheblich aufwendiger und damit logischerweise auch langsamer und anfälliger für Deadlocks (es wird ja auch hier das Problem der unterschiedlichen Ressourcennutzung nicht gelöst). Das Mandatory Locking ist bei Linux allerdings erst ab einer Kernel-Version von 2.3.x implementiert. Sie werden sich an dieser Stelle wahrscheinlich darüber wundern, dass wir noch die Kernel-Version 2.x erwähnen, aber es gibt noch immer sehr viel alte Software, die auf solchen Systemen läuft. Und es kann immer sein, dass Sie irgendwann solche Software warten oder auf ein moderneres System portieren müssen.

Das Mandatory Locking unter Linux verwenden

Sofern Sie das nun folgende Beispiel unter Linux mit einem verbindlichen Sperrverfahren ausführen wollen, müssen Sie sicherstellen, dass hier das *Mandatory*-Attribut für die Partition aktiviert ist, auf der sich die Datei befindet. Ja, Sie haben richtig gelesen: Das Mandatory Locking kann nur auf einer Partition angewendet werden, nicht auf einer Datei. Hierzu muss praktisch nur ein Eintrag in der Partitionstabelle */etc/fstab* verändert werden. In der vierten Spalte der entsprechenden Partition muss man nur die `mand`-Option einfügen und dem Kommando `mount` direkt übergeben. Zum Beispiel kann ein Eintrag wie folgt aussehen:

```
# mount
/dev/hda5 on / type ext2 (rw)
```

Ändern Sie nun diese Zeile wie folgt um:

```
/dev/hda5 on / type ext2 (rw,mand)
```

Um diese Änderungen wirksam zu machen, müssen Sie diese Partition eventuell neu mounten (für die Root-Partition wird eventuell die Option -n nötig):

```
# mount -o remount /dev/hda5
```

oder auch:

```
# mount / -o remount
```

Sperren einzelner Dateien mit fcntl()

Der Sinn von Sperren ist, dass immer nur ein Prozess in eine Datei schreiben darf. Dies haben wir ja schon ausgiebig besprochen. Sobald der Schreibvorgang beendet wurde, sollte diese Schreibsperre natürlich auch wieder aufgehoben werden, denn sonst werden Ihnen sämtliche Prozesse einfrieren, die auf Ihre Datei zugreifen wollen. Im Endeffekt lässt sich all dies mit der Funktion fcntl() realisieren, die zusätzlich als drittes Argument einen Zeiger auf eine bestimmte Struktur bekommt. Diese Struktur ist die Sperrinformations-Struktur flock.

[«]

Hinweis: Verwenden von Strukturen (struct)

An dieser Stelle gehen wir natürlich davon aus, dass Sie sich so gut mit C auskennen, dass Sie eine Struktur erstellen oder interpretieren können. Sie wissen also, was ein struct ist und wie man die einzelnen Elemente in einem struct ausliest. Ebenfalls kennen Sie den Unterschied zwischen dem Zugriff auf einen Zeiger auf eine Struktur und dem Zugriff auf eine Struktur-typ-Variable.

```
int fcntl( int fd, int kommando, ...
        /* struct flock *flockzeiger */ );
```

Die Struktur flock ist wie folgt aufgebaut:

```
struct flock {
   short l_type;        /*  F_RDLCK (Lesesperre)           */
                        /*  F_WRLCK (Schreibsperre)        */
                        /*  F_UNLCK (Sperre aufheben)      */
   off_t l_start;       /*  relatives Offset in Byte,      */
                        /*  abhängig von l_whence          */
   short l_whence       /*  SEEK_SET,SEEK_CUR,SEEK_END     */
   off_t l_len;         /*  Größe der Speicherung in       */
                        /*  Bytes, 0 = Sperren bis Dateiende */
   pid_t l_pid;         /*  Wird bei F_GETLK zurückgegeben.  */
};
```

Der im struct flock mit l_type übergebene Locking-Typ ist immer entweder F_RDLCK für Shared Locks oder F_WRLCK für Exclusive Locks. Wird versucht, auf eine bereits exklusiv gesperrte Datei einen weiteren Lock zu setzen, kann man durch den open()-Befehl selbst entscheiden, ob man auf das Ende des blockierenden Locks warten will oder die Funktion mit einem Fehler abbrechen möchte (nur bei Advisory Locking). Wollen Sie jedoch die ganze Datei zum Lesen oder Schreiben sperren, was in der Regel am häufigsten zutreffen wird, müssen Sie die Strukturvariablen l_start und l_whence an den Anfang der Datei setzen:

```
flockzeiger.l_start  = 0;
flockzeiger.l_whence = SEEK_SET;
```

Wenn Sie jetzt noch eine geregelte Sperre bis zum Dateiende haben wollen, müssen Sie zusätzlich die Strukturvariable l_len auf 0 setzen, was hier für eine Sperre bis zum Dateiende steht:

```
flockzeiger.l_len  = 0;
```

Die entsprechende Datei ist somit bis zum Dateiende gesperrt, unabhängig davon, ob später noch neue Daten am Ende angehängt werden. Kommen wir nun zu den möglichen Kommandos, die als zweites Argument an die Funktion fcntl() übergeben werden können.

F_GETLK

Mit F_GETLK können Sie überprüfen, ob bereits eine Sperre für die Datei an einer gewissen Position spezifiziert wurde. Diese Einstellung wird mithilfe eines Filedeskriptors und des Kommandos F_GETLK durch die Funktion fcntl() an einen Zeiger vom Typ struct *flock übergeben. In der Struktur flock können Sie die Strukturvariable l_type auf folgende symbolische Konstanten testen:

Konstante	Bedeutung
F_UNLCK	keine Sperre vorhanden
F_RDLCK	Lesesperre
F_WRLCK	Schreibsperre

Tabelle 2.8 Konstanten, mit denen die Strukturvariable l_type belegt sein kann

Denken Sie an dieser Stelle unbedingt daran, dass Sie mit Zeigern auf Strukturen arbeiten, und deshalb auch die entsprechende Zugriffsart benutzen. In dem nächsten Beispiel müssen Sie z. B. unbedingt den Address-of-Operator benutzen, um die Variable sperre an fcntl() zu übergeben.

In der Praxis sieht das dann so aus:

```
struct flock sperre = {
  .type = F_RDLCK, .start = 0, .whence = SEEK_SET, .len = 0
};
```

```
fd = open(datei, O_CREAT | O_WRONLY, 0666);
// Sperre abfragen
fcntl(fd, F_GETLK, &sperre);
// Abfrage auswerten
if(sperre.l_type == F_UNLCK) {
    // Datei nicht gesperrt
} else if(sperre.l_type == F_RDLCK) {
    // Lesesperre
} else if(sperre.l_type == F_WRLCK) {
    // Schreibsperre
}
```

Nun werden wir Ihnen noch zeigen, wie Sie mit F_SETLK Sperren setzen können. Es ist nämlich auch möglich, Sperren an verschiedenen Stellen zu setzen, nicht nur am Anfang oder am Ende einer Datei. Um einen solchen Lock mit F_GETLK zu realisieren, geht man im Allgemeinen folgendermaßen vor: Man bereitet einen struct flock so vor, als ob er für F_SETLK verwendet werden soll, d. h., man definiert sämtliche Paramater inklusive l_type, l_start und l_whence und gibt sie für F_GETLK an – womit natürlich auch gleich mit geprüft wird, ob bei l_start/l_whence der Status l_type vorliegt. Wie Sie an dieser Stelle sicherlich merken, ist schon die Beschreibung des obigen Vorgehens nicht so einfach, und wenn Sie nun nur noch Bahnhof verstehen, denken Sie daran, dass es ohnehin immer besser ist, ganze Dateien zu sperren.

F_SETLK

Mit dem Kommando F_SETLK können Sie eine Lese- oder Schreibsperre einrichten und auch wieder entfernen. Einrichten können Sie eine Sperre, indem Sie zuerst die Strukturvariablen von flock mit entsprechenden Werten initialisieren und anschließend als drittes Argument bei dem Funktionsaufruf fcntl() verwenden. Gelingt es nicht, die gewünschte Sperre einzurichten, bricht fcntl() ab und setzt die Fehlervariable errno auf EACCES oder EAGAIN.

In der Praxis sieht das Einrichten dieser Sperre so aus:

```
sperre.l_start  = 0;
sperre.l_whence = SEEK_SET;
sperre.l_len    = 0;
sperre.l_type   = F_RDLCK;
if(fcntl(fd, F_SETLK, &sperre) == 0) {

    // Lesesperre gesetzt
}

sperre.l_start  = 0;
sperre.l_whence = SEEK_SET;
```

```
sperre.l_len    = 0;
sperre.l_type   = F_WRLCK;
if(fcntl(fd, F_SETLK, &sperre) == 0) {
    // Schreibsperre gesetzt
}

sperre.l_type = F_UNLCK;
if(fcntl(fd, F_SETLK, &sperre) == 0) {
    // Sperre aufgehoben
}

/* Oder im C99-Stil: ----------------------- */
struct flock sperre = {
    .l_start  = 0,
    .l_whence = SEEK_SET,
    .l_len    = 0,
    .l_type   = F_RDLCK,
};

if(fcntl(fd, F_SETLK, &sperre) == 0) {
    // Lesesperre gesetzt
}
```

F_SETLKW

Mit diesem Kommando wird der laufende Prozess so lange suspendiert, bis er die geforderte Sperre einrichten kann. Es handelt sich hierbei also um die blockierende Version des Kommandos F_SETLK. Denken Sie aber unbedingt daran, dass F_SETLKW den laufenden Prozess anhält und deshalb die Gefahr eines Deadlocks besteht, wenn der angehaltene Prozess die angeforderte Ressource nicht oder nur schlecht erhalten kann.

[»]

Hinweis

Wenn Sie eine Datei mit einer Schreibsperre (F_WRLCK) versehen wollen, muss die Datei auch zum Schreiben geöffnet werden (mit O_WRONLY oder O_RDWR). Und umgekehrt (F_RDLCK), wenn Sie einer Datei eine Lesesperre anhängen wollen, muss sie auch im Lesemodus (O_RDONLY oder O_RDWR) geöffnet werden. Das bedeutet auch, dass Sie nie zwei unterschiedliche Sperrtypen auf einmal festlegen können.

Es folgt nun ein Listing, das die verschiedenen Sperren auf Dateien demonstriert. In dem nächsten Beispiel wurden dafür drei Funktionen geschrieben: Eine (status()), die den Status einer Sperre überprüft, eine weitere (locki()), die eine Schreibsperre einrichtet, und noch eine dritte (unlock()), die die Schreibsperre wieder auflöst.

```
/* Dateisperren.c */
#include <sys/stat.h>
#include <sys/types.h>
#include <errno.h>
#include <fcntl.h>
#include <stdio.h>
#include <stdlib.h>
#include <string.h>
#include <unistd. h.>
#define FNAME "locki.lck"

void status(struct flock *lock) {
    printf("Status: ");
    switch(lock->l_type) {
        case F_UNLCK:
            printf("F_UNLCK (Sperre aufgehoben)\n");
        break;
        case F_RDLCK:
            printf("F_RDLCK (PID: %d) (Lesesperre)\n",
                lock->l_pid);
        break;
        case F_WRLCK:
            printf("F_WRLCK (PID: %d) (Schreibsperre)\n",
                lock->l_pid);
        break;
    }
}

void unlock(int fd, struct flock *lock) {
    memset(lock, 0, sizeof(struct flock));
    lock->l_type = F_UNLCK; /* Sperre aufheben */
    if(fcntl(fd, F_SETLK, lock) < 0)
        perror("Fehler: fcntl(fd, F_SETLK, F_UNLCK)");
    else
        status(lock);
}

void locki(int fd, struct flock *lock) {
    memset(lock, 0, sizeof(struct flock));
    lock->l_type   = F_WRLCK;  // Schreibsperre
    lock->l_start  = 0;        // kein Offset
    lock->l_whence = SEEK_SET; // vom Anfang der Datei
    lock->l_len    = 0;        // bis zum Ende der Datei
```

```
    lock->l_pid     = getpid(); // Prozessnummer der Sperre
    if(fcntl(fd, F_SETLK, lock) < 0)
        perror("Fehler: fcntl(fd, F_SETLK, F_WRLCK)");
    else
        status(lock);
}


int main(int argc, char **argv) {
    struct flock lock;
    char puffer[100];
    int fd, n;

    fd=open(FNAME, O_WRONLY | O_CREAT | O_APPEND, S_IRWXU);
    memset(&lock, 0, sizeof(struct flock));
    fcntl(fd, F_GETLK, &lock);
    status(&lock);
    printf("\nEingabe machen: ");
    fflush(stdout);
    while((n = read(STDIN_FILENO, puffer, 100)) > 1) {
        locki(fd, &lock);
        write(fd, puffer, n);
        unlock(fd, &lock);
    }
    close(fd);
    return EXIT_SUCCESS;
}
```

Listing 2.8 Behebt die Probleme von Listing 2.7 durch Dateisperren.

Das Programm gibt bei seiner Ausführung Folgendes aus:

```
$ gcc Dateisperren.c -o Dateisperren
$ ./Dateisperren
Eingabe machen: Hallo Welt
F_WRLCK (pid: 1072) (Schreibsperre)
F_UNLCK (Sperre aufgehoben)
Hallo nochmals
F_WRLCK (pid: 1072) (Schreibsperre)
F_UNLCK (Sperre aufgehoben)
ENTER
```

Entscheidend sind in diesem Listing die folgenden Zeilen:

```
while((n = read(STDIN_FILENO, puffer, 100)) > 1) {
    locki(fd, &lock);
    write(fd, puffer, n);
    unlock(fd, &lock);
}
```

Nachdem die Daten mit `read()` eingelesen wurden, wird erst eine Schreibsperre mit `locki()` eingerichtet. Somit kann außer dem laufenden Prozess, der `locki()` vorher abgeschickt hat, kein anderer Prozess auf die Datei *locki.lck* schreibend zugreifen. Im nächsten Schritt kann also mit `write()` in diese Datei geschrieben werden. Nach dem Schreibvorgang kann die Datei wieder mit `unlock()` zum Schreiben für andere Prozesse freigegeben werden. Um Ihnen die Sperre in der Ausführung zu demonstrieren, bauen Sie jetzt nochmals am besten hinter der Funktion `write()` ein `getchar()` ein:

```
write(fd,puffer,n);
getchar();
```

Übersetzen Sie das Programm, und starten Sie es jetzt erneut:

```
$ gcc Dateisperren.c -o Dateisperren
$ ./Dateisperren
Eingabe machen: Eine sinnvolle Zeile mehr in diesem Buch
F_WRLCK (pid: 1079) (Schreibsperre)
```

Jetzt wartet das Programm wegen der `getchar()`-Funktion auf das Drücken der [↵]-Taste. Dem Wunsch kommen Sie jetzt nicht nach, sondern öffnen eine weitere Konsole und starten das Programm erneut:

```
$ ./Dateisperren
Eingabe machen: Was einem so einfällt
Fehler bei : fcntl(fd, F_SETLK, F_WRLCK)(Permission denied)
ENTER
Fehler : fcntl(fd, F_SETLK, F_UNLCK)  (Permission denied)
$ cat > locki.lck
Mal mit cat versuchen, in locki zu schreiben
cat: write error: Permission denied
```

Sie sehen, dass Sie keinen Zugriff auf die Datei *locki.lck* haben, solange der Prozess mit der PID 1079 den Schreibschutz nicht aufhebt. Wechseln Sie also wieder in die andere Konsole, und drücken Sie [↵]. Jetzt wird der Schreibschutz wieder aufgehoben, und in die Datei *locki.lck* kann wieder geschrieben werden.

Das letzte Programm ist natürlich wenig anwenderfreundlich, denn anstatt zu versuchen, einfach einen Schreibschutz zu verhängen, sollten Sie in der Praxis schon zuvor den Status abfragen, bevor Sie irgendwelche Maßnahmen treffen.

[»]

Hinweis

Sofern Sie bei dem Beispiel nicht Mandatory Locking verwendet haben, wurden mit den Advisory Locks nur schwache Sperren verwendet. Bei diesen schwachen Sperren findet keine Überprüfung statt, ob die Systemfunktionen `open()`, `read()` und `write()` bei Ihrer Ausführung durch eine Sperre verhindert werden konnten. In diesem Fall liegt der weitere Programmablauf bezüglich der Sperren in Ihren Händen.

Sperren einrichten mit lockf() (Record Locking)

Eine etwas einfachere Methode als über `fcntl()` bietet die SYSV/POSIX-Funktion `lockf()`. Unter Linux ist `lockf()` zwar nur eine Schnittstelle zu `fcntl()`, aber der Standard gibt keine Beziehung zwischen den beiden vor. Mit `lockf()` ist es also nicht möglich, zwischen Read und Write Locks zu unterscheiden, hier gibt es nur den Typ Exclusive Lock. Mit diesen Locks kann man zwar Segmente einer Datei für einen Prozess exklusiv sperren, das funktioniert aber nur so lange, wie alle Prozesse, die auf die Datei zugreifen, `lockf()` bzw. Exclusive Locks verwenden. Ein kleines Anwendungsbeispiel hierfür wäre

```
#include <unistd. h.>
lseek(fd, start, SEEK_SET);
lockf(fd, F_LOCK, 0);
```

wobei `start` `flockzeiger.l_start` und die `0` `flockzeiger.l_len` aus obigem `fcntl()`-Beispiel entspricht.

2.3.10 Multiplexing E/A mit select()

Manchmal ist es nötig, mehrere offene Filedeskriptoren (oft auch *Kanäle* genannt) daraufhin abzufragen, ob bereits Daten angekommen sind, die man nun abholen kann. Ein normales `read()` würde in diesem Fall nicht funktionieren, da dies das Programm so lange blockieren würde, bis (endlich) eine Eingabe gelesen wurde. Sie könnten zwar `read()` im nicht blockierenden Modus (`O_NONBLOCK`) aufrufen und jeden Filedeskriptor einzeln daraufhin überprüfen, ob Daten eingetroffen sind, dies ist aber in der Regel sehr CPU-intensiv. Für diese Fälle, in denen Sie sehr viele verschiedene Kanäle überprüfen müssten, können Sie die Funktion `select()` benutzen.

Ein Beispiel aus der Praxis wäre ein Server, der mehrere Verbindungsendpunkte über eine FIFO-Warteschlange gleichzeitig bedienen soll (z. B. ein Webserver, wie er in Kapitel 11, »Netzwerkprogrammierung«, erstellt wird). Würden Sie hier blockierende Funktionen verwenden, kann Ihr Server schon einmal in die Knie gehen, wenn mehrere Clients gleichzeitig angemeldet sind. Und was ist mit den Verbindungsendpunkten, an denen schon längst Daten angekommen sind? In welcher Reihenfolge werden sie nun bedient? Wie Sie sehen, benötigen Sie eine Alternative, und diese ist eben `select()`.

Es folgt nun die Syntax der Funktion select() und der dazugehörenden Makros:

```
#include <sys/select.h>

int select(int mp_fd, fd_set *readfds, fd_set *writefds,
           fd_set *exceptfds, struct timeval *timeout);

FD_CLR(int fd, fd_set *set);
FD_ISSET(int fd, fd_set *set);
FD_SET(int fd, fd_set *set);
FD_ZERO(fd_set *set);
```

Die Funktion select() kann bei einer Reihe von Filedeskriptoren darauf warten, dass sich der Zustand von mindestens einem Deskriptor ändert. Dabei wird bei select() zwischen drei unabhängigen Mengen von Filedeskriptoren unterschieden:

- readfds: Es wird geprüft, ob Zeichen zum Lesen bereitstehen.
- writefds: Es wird geprüft, ob Zeichen geschrieben (gesendet) werden können.
- exceptfds: Es wird geprüft, ob ein außergewöhnliches Ereignis aufgetreten ist (z. B. ein Fehler).

Die entsprechenden Makros werden zur Bearbeitung der hier angegebenen drei Mengen von Filedeskriptoren verwendet (man spricht auch von *Gruppen*). Vor jedem Aufruf von select() muss nun die Menge der bereits gebundenen Deskriptoren mit FD_ZERO() gelöscht werden. Anschließend können Sie einen Filedeskriptor zu der entsprechenden Menge mit FD_SET() hinzufügen und mit FD_CLR() wieder entfernen. Im Endeffekt verwaltet select() also drei verkettete Listen, an die bei Bedarf die entsprechenden Deskriptoren angehängt werden.

Nachdem Sie den gewünschten Mengen alle zu überwachenden Deskriptoren hinzugefügt haben, können Sie die Funktion select() aufrufen. Die Funktion select() startet nun einen neuen Prozess (mit fork()), der unabhängig vom Hauptprogramm läuft und der die einzelnen Deskriptoren im Hintergrund überwacht, die Sie vorher zu den entsprechenden Gruppen hinzugefügt haben. Wenn nun ein Ereignis eintritt, das eine Ihrer Deskriptoren betrifft, die Sie überwachen wollen, entfernt select() diesen Deskriptor aus der entsprechenden Gruppe. Die Funktion select() arbeitet also wie ein Filter, der so funktioniert: Immer wenn der Filter greift, wird der entsprechende Deskriptor entfernt. Wollen Sie z. B. wissen, ob ein Deskriptor noch in der Menge vorhanden ist, können Sie dies mit dem Makro FD_ISSET() abfragen.

Neben den Mengen selbst werden aber noch zwei weitere Parameter an select() übergeben:

- n: Hier geben Sie die höchste Nummer (plus 1) des in der Menge vorhandenen Filedeskriptors an. Dabei sind alle drei Mengen gemeint. Es schadet nicht, eine höhere Nummer anzugeben (z. B. gleich OPEN_MAX), jedoch braucht der Kernel ein paar Ticks länger, um die größere Anzahl an Deskriptoren zu überprüfen. Verfallen Sie daher nicht darauf, nur OPEN_MAX zu verwenden.

- timeout: Damit geben Sie an, wie lange select() warten soll, bis sich einer der Deskriptoren geregt hat. Geben Sie hier NULL an, blockiert select() so lange, bis dies passiert ist. Geben Sie für beide Werte der Struktur timeval 0 an, kehrt select() nach dem Überprüfen aller vorhandenen Filedeskriptoren sofort wieder zurück. Hiermit wird praktisch echtes Polling ohne Blockieren erreicht. Die dritte Möglichkeit ist gegeben, wenn Sie eine oder beide Strukturvariablen mit einem Wert initialisieren. select() kehrt dann zurück, wenn die mit timeout angegebene Zeit abgelaufen ist, ein Filedeskriptor aus der Menge bereit für eine Ein-/Ausgabe ist oder select() durch ein Signal unterbrochen wurde.

Bei Erfolg gibt select() die Anzahl der Filedeskriptoren zurück, deren Status sich geändert hat. Wenn ein Fehler aufgetreten ist, wird -1 zurückgegeben und errno entsprechend gesetzt. Die Mengen und die Variable timeout befinden sich dann in einem undefinierten Zustand (sind z. B. nur teilweise mit gültigen Werten gefüllt), auf deren Inhalt sollte man sich also bei einem Fehler nicht mehr verlassen. Wird hingegen von der Funktion 0 zurückgegeben, bedeutet dies, dass kein Filedeskriptor für die Ein-/Ausgabe bereit ist. 0 tritt auch auf, wenn der Timeout abgelaufen ist.

[»]

Hinweis

Bei richtiger Anwendung kann mit der Funktion select() ein einfaches Multiplexing erzeugt werden. Dies ist ansonsten nur möglich, indem man noch weitere Prozesse (mit fork()) oder Threads startet.

Ein komplexes Listing würde Ihnen an dieser Stelle noch ein wenig zu viel abverlangen. Hier müssen wir also auf Kapitel 11, »Netzwerkprogrammierung«, verweisen. Das folgende Beispiel implementiert deshalb noch keinen Webserver, sondern zeigt, wie Sie die Standardeingabe pollen (d. h. periodisch abfragen) können. Dabei blockiert select() Ihr Hauptprogramm so lange, bis Sie nach einer Eingabe die [↵]-Taste gedrückt haben. Wenn die [↵]-Taste jedoch nicht binnen fünf Sekunden gedrückt wird, bricht der eingerichtete Timeout select() ab.

```
/* poll_stdin.c */
#include <sys/types.h>
#include <sys/time.h>
#include <stdio.h>
#include <unistd. h.>

int poll_stdin_time(int sekunden) {
    struct timeval timeout;
    fd_set read_fds;
    FD_ZERO(&read_fds);
```

```
    FD_SET(STDIN_FILENO, &read_fds);
    timeout.tv_sec = sekunden;
    timeout.tv_usec = 0;
    return select( STDIN_FILENO + 1, &read_fds, NULL,
                   NULL, &timeout );
 }

int main(void) {
    int ret;
    printf("Warte 5 Sek. auf Eingabe (ENTER-Taste)!\n");
    ret = poll_stdin_time(5);
    if(ret == 0)
        printf("Zeit abgelaufen\n");
    else if(ret == 1)
         printf("Danke!!!\n");
    else
         perror("select()");
    return 0;
}
```

Listing 2.9 Die Abfrage von Ereignissen mit der Funktion select()

Das Listing gibt bei der Ausführung Folgendes in der Konsole aus:

```
$ gcc poll_stdin.c -o poll_stdin
$ ./poll_stdin
Warte 5 Sek. auf Eingabe (ENTER-Taste)!
ENTER
Danke!!!
$ ./poll_stdin
Zeit abgelaufen
```

2.3.11 Unterschiedliche Operationen ausführen mit ioctl()

Der `ioctl()`-Systemaufruf ist eine Funktion, die für viele Arten von E/A-Operationen (und nicht nur dafür) einsetzbar ist. Die `ioctl()`-Funktion besitzt die folgenden Parameter:

```
#include <unistd. h.>     /* SVR4       */
#include <sys/ioctl.h>  /* Linux, BSD */

int ioctl( int fd, int operation ...);
```

Als erstes Argument geben Sie den Filedeskriptor an, mit dem die Operation durchgeführt werden soll, die als zweites Argument angegeben wird. Auch hier wird die betreffende Operation wieder durch Systemkonstanten angegeben. Schlägt der Systemaufruf fehl, gibt ioctl() den Wert -1 zurück. Zu den wirklich unzählig vielen Operationen möchten wir Sie vorerst auf die Manpages verweisen. Auf die Funktion ioctl() werden wir noch intensiver im Kapitel zu den Gerätedateien eingehen, es kann an dieser Stelle aber trotzdem nicht schaden, wenn Sie sich schon mal die Manpages durchlesen.

Was ioctl() so interessant macht, ist, dass Sie mit dieser Funktion praktisch auf einfachste Weise auf die Hardware im System zugreifen können, ohne diese jedoch direkt auf Hardwareebene programmieren zu müssen. Es folgt nun ein einfaches Beispiel, das demonstriert, wie Sie auf Ihr CD-ROM-Laufwerk zugreifen und die CD auswerfen können.

```
/* EjectCD.c */
#include <sys/ioctl.h>
#include <sys/stat.h>
#include <sys/types.h>
#include <fcntl.h>
#include <stdio.h>
#include <unistd. h.>
#include <linux/cdrom.h>

/* Bitte anpassen, falls notwendig. */
#define CDROM "/dev/cdrom"

int main(int argc, char **argv) {
    int fd, rc;
    if((fd = open(CDROM, O_RDONLY)) < 0) {
        fprintf(stderr, "Konnte %s nicht öffnen\n",CDROM);
        return 1;
    }
    if((rc = ioctl(fd, CDROMEJECT)) != 0) {
        perror("Konnte CD-ROM nicht auswerfen\n");
        return 1;
    }
    close(fd);
    return 0;
}
```

Listing 2.10 Wirft den Datenträger in einem CD- oder DVD-Laufwerk aus.

In dem letzten Beispiel wird davon ausgegangen, dass sich das CD-ROM-Laufwerk an einem IDE-Anschluss befindet (*/dev/hdc*). Sofern Sie das Laufwerk über einen SCSI- oder sonstigen Anschluss betreiben, passen Sie bitte die symbolische Konstante Ihren Bedürfnissen an.

Leider funktioniert das letzte Beispiel nicht mehr mit allen Laufwerken, besonders moderne Blu-Ray-Laufwerke, die an der USB-Schnittstelle hängen, unterstützen nicht mehr alle Kommandos, fügen aber eigene hinzu, um z. B. spezielle Brennprogramme (oft unter Windows) zu unterstützen. Auch DVD-Laufwerke (vor allem Brenner) fallen in diese Kategorie und sind nicht immer von Linux aus ansprechbar. Hinzu kommt die Tatsache, dass moderne Mainboards das alte ATAPI- bzw. SCSI-Interface überhaupt nicht mehr unterstützen und entweder SATA oder aber immer öfter nur noch USB 3.x anbieten. Leider hat Linux mit beiden Protokollen große Probleme, und wann diese behoben sein werden, ist bis jetzt (Stand Ende 2023) nicht abzusehen.

2.3.12 Lesen und Schreiben mehrerer Puffer mit writev() und readv()

Spezielle Lese- und Schreibfunktionen stehen Ihnen mit den POSIX-Funktionen `readv()` und `writev()` zur Verfügung. Mit diesen Funktionen ist es möglich, mehrere nicht zusammenhängende Puffer auf einmal zu schreiben oder zu lesen. Es liegt somit auf der Hand, dass ein einzelner `writev()`- oder `readv()`-Aufruf wesentlich schneller ist als zwei oder mehrere `write()`- oder `read()`-Aufrufe.

Das Prinzip dieser Funktionen ist recht einfach und würde sich auch relativ leicht nachbilden lassen. Beim Lesen mit `writev()` werden die Daten in einem speziellen Puffer (genauer: in der Struktur `iovec`) gesammelt und dann in einem Rutsch mit `writev()` in eine Datei geschrieben.

Ähnlich ist dies bei der Funktion `readv()`: Hierbei werden die einzelnen Daten aus einer Datei gelesen und nacheinander auf die einzelnen Puffer verteilt. Die Syntax dieser beiden Funktionen ist die folgende:

```
#include <sys/uio.h>

ssize_t readv( int fd, const struct iovec *iov,
               int anz_iov );
ssize_t writev( int fd, const struct iovec *iov,
                int anz_iov );
```

Als erstes Argument übergeben Sie diesen Funktionen einen Filedeskriptor einer zuvor geöffneten Datei. Das zweite Argument ist die Adresse eines Arrays, genauer gesagt eines Strukturarrays vom Datentyp `struct iovec[]`, der wie folgt aussieht:

```
struct iovec {
    void *iov_base; // Anfangsadresse des Puffers
    size_t iov_len; // Länge des Puffers
};
```

Mit dieser Struktur ist es möglich, Daten unterschiedlichen Typs (da vom Typ `void*`) und Länge auf einmal zu schreiben bzw. zu lesen.

Beide Funktionen geben die Anzahl erfolgreich gelesener bzw. geschriebener Bytes zurück. Bei einem Fehler wird -1 zurückgeliefert. Erreicht readv() das Dateiende oder sind keine Daten mehr zum Lesen vorhanden, wird 0 zurückgegeben.

Hierzu ein einfaches Beispiel, das demonstriert, wie Sie den Puffer mit Daten füllen und auf einmal in eine Datei schreiben können:

```
/* writev-Demo.c */
#include <sys/stat.h>
#include <sys/types.h>
#include <sys/uio.h>
#include <fcntl.h>
#include <stdio.h>
#include <stdlib.h>
#include <string.h>
#include <unistd. h.>
#define MAX 3 // Anzahl der Elemente

int main(int argc, char **argv) {
   mode_t mode = S_IRUSR|S_IWUSR|S_IRGRP|S_IWGRP|S_IROTH;
   const char *str[] = {"Ein Teststring\n", "Noch einer\n",
      "Der Letzte im Bunde\n"};
   struct iovec vec[MAX];
   ssize_t length = 0;
   int fd, i;

   //unlink("test");
   umask(0);
   fd = open("test", O_WRONLY | O_CREAT | O_EXCL, mode);
   if(fd == -1) {
      perror("open()");
      return EXIT_FAILURE;
   }
   // einzelne Daten in die Struktur legen
   for(i = 0; i < MAX; ++i) {
      vec[i].iov_base = (void *)str[i];
      vec[i].iov_len  = strlen(str[i]);
      length += strlen(str[i]);
   }
   // jetzt in die Datei schreiben
   if(writev(fd, vec, MAX) != length) {
      perror("writev()");
      return EXIT_FAILURE;
   }
```

```
    close(fd);
    return EXIT_SUCCESS;
}
```

Listing 2.11 Demonstriert die Verwaltung von Dateipuffern mit writev().

Das Programm gibt bei seiner Ausführung Folgendes in der Konsole aus:

```
$ gcc writev-Demo.c -o writev-Demo
$ ./writev-Demo
$ cat test
Ein Teststring
Noch einer
Der Letzte im Bunde
```

2.3.13 Weitere Funktionen, die den Filedeskriptor verwenden

Mit den Low-Level-Funktionen aus den vorigen Abschnitten können Sie schon die meisten Dinge, die Ihnen nun sicherlich an dieser Stelle einfallen werden, erledigen: Sie können Dateien öffnen, in sie schreiben, aus ihnen lesen und sogar Zugriffssperren vergeben und wieder aufheben. Die wichtigsten E/A-Funktionen kennen Sie also jetzt zumindest ansatzweise und wissen, wozu sie gut sind – was auch Voraussetzung für alle weiteren Kapitel ist. Linux hat natürlich noch eine ganze Menge mehr zu bieten, und Sie würden noch mindestens ein weiteres Buch benötigen, um das alles zu lernen. Dies wollen wir Ihnen natürlich nicht zumuten, aber ein paar »Schmankerl« (die nun folgen) sollten Sie dennoch kennen.

fsync()

Verwenden Sie bei dem Systemaufruf `open()` das Flag `O_SYNC`, wird bei jedem Schreiben aller sich noch in den Puffern befindlichen Daten auf die Beendigung des Schreibvorgangs gewartet. Das Gleiche gilt für das nachträgliche Setzen des Flags `O_SYNC` bei `fcntl()`. Möchten Sie allerdings nicht, dass bei jedem Schreibvorgang eine Warteschleife auftritt, sondern nur dann, wenn Sie es selbst wollen, können Sie die Funktion `fsync()` verwenden. Damit werden nur zum Zeitpunkt des Aufrufs die Puffer einmal geleert, vorausgesetzt, Sie haben die Datei nicht im `O_SYNC`-Modus geöffnet. Hier die Syntax der Funktion:

```
#include <unistd. h.>

int fsync(int fd) ;
```

Die Funktion `fsync()` benötigt als Argument den Filedeskriptor der Datei, mit dem die Aktion ausgeführt werden soll. Ist der Aufruf erfolgreich, wird `0` zurückgegeben, bei einem Fehler wird `-1` zurückgegeben.

ftruncate()

Um eine Datei zu *beschneiden*, steht Ihnen die Funktion `ftruncate()` zur Verfügung.

```
#include <sys/types.h>
#include <unistd. h.>

int ftruncate( int fd, off_t cut );
```

Mit `ftruncate()` wird die Datei mit dem Filedeskriptor `fd` auf `cut` Bytes beschnitten. Hat die Datei mehr als `cut` Bytes, wird diese Datei gekürzt. Der Rest der Datei ist danach nicht mehr verfügbar! Hat die Datei weniger als `cut` Bytes, ist das Verhalten systemabhängig. In SVR4-UNIX z. B. wird die Datei um `cut` Bytes verlängert. Bei BSD hingegen passiert in diesem Fall gar nichts. Linux füllt die Datei mit Null-Bytes auf, jedoch beansprucht eine solchermaßen erweiterte Datei noch keinen weiteren Festplattenplatz. Hier ein Beispiel:

```
ftruncate(fd, 1048576 * 100);
```

Angenommen, man würde eine Datei unter 100 MB Größe mit diesem Befehl bearbeiten. In diesem Fall würde `ls` eine Größe von 100 MB anzeigen, `du` jedoch immer noch den tatsächlich verbrauchten Platz. Dies ist möglich, da per Definition ein Erweitern über `ftruncate()` mit Null-Bytes aufgefüllt wird. Da Sie dies wissen, können Sie diese Bytes auch einsparen, bis sie mit etwas anderem gefüllt werden. Diese Technik nennt sich *Sparse Files* (die einzige Möglichkeit, z. B. eine 478-GB-Datei auf einem 20-GB-Datenträger anzulegen). Dabei können solche Lücken nicht nur am Dateiende existieren, z. B. durch:

```
/* Fangen wir mit irgendeiner 0-bytigen Datei an. */
ftruncate(fd, 0);
ftruncate(fd, 1048576 * 100);
lseek(fd, 1048576, SEEK_SET);
putc('x', fd);
```

Somit hätten Sie von der Position 0–1.048.575 und von 1.048.577 bis zum Dateiende eine Lücke geschaffen.

[»]

> **Hinweis**
>
> Die oben genannten 478 GB sind natürlich Wahnsinn und sollten allein dem Zweck dienen, die Funktionalität von `ftruncate()` zu erläutern. *Kids, don't do this at home*, denn auch eine Datei von einer tatsächlichen Größe von 0 Bytes belegt ein paar administrative Inodes, die beim Löschen erst durchsucht und analysiert werden müssen.

Bei einem Fehler liefert `ftruncate()` `-1` und bei Erfolg `0` zurück.

Der Aufruf der Funktion im Stile von

```
ftruncate(fd , 0);
```

kommt einem Aufruf der Funktion `open()` mit dem Flag `O_TRUNC` gleich. In beiden Fällen wird der Inhalt der Datei gelöscht. `ftruncate()` ist jedoch vorzuziehen, wenn die Datei nur einmal geöffnet werden kann (z. B. aus speziellen Locking-Gründen oder Race Conditions).

Mit *Race Conditions* ist hier gemeint, dass man z. B. ein Audiogerät wie */dev/dsp* nur einmal öffnen kann, man es aber nicht riskieren möchte, beispielsweise den globalen Filedeskriptor `fd` zu verlieren, weil auch andere Prozesse versuchen, `open()` zusammen mit */dev/dsp* zu verwenden. Sie denken vielleicht, dass solch ein Szenario niemals auftritt, aber da irren Sie sich: Bei der Programmierung von Spielen können so ziemlich alle Szenarien auftreten, die man sich denken kann. Viele Spiele spielen z. B. über */dev/dsp* einen Song im Hintergrund ab, aber es gibt Prozesse, die zu bestimmten Gegebenheiten (etwa bei einem Sprung) Sounds einmischen müssen, ohne aber den Song zu unterbrechen – und schon haben Sie eine Race Condition, die z. B. zu Knacksern bei der Songausgabe führen kann. Es ist in der Tat nicht einfach, solch ein Problem in den Griff zu kriegen, deshalb verwendet man dann auch spezielle Bibliotheken wie ALSA extra für die Audioausgabe.

truncate()

Nebst `ftruncate()` gibt es auch noch `truncate()`, das als ersten Parameter statt einem Deskriptor einen Dateinamen erwartet.

fstat() und fchmod(), chmod()

Das Abfragen von Dateiattributen können Sie mit der Funktion `fstat()` realisieren. Die Funktion `fstat()` wird in einem extra dafür vorgesehenen Kapitel (Kapitel 3) noch behandelt. Es wird in diesem Fall zwar die Version der höheren Ebene verwendet, aber außer dem ersten Argument, das auf der niedrigen Ebene ein Filedeskriptor und auf der höheren Ebene ein Pfadname ist, besteht hier kein Unterschied. Die Funktion `fstat()` wird auf der niedrigen Ebene wie folgt aufgerufen:

```
#include <sys/types.h>
#include <sys/stat.h>

int fstat(int fd, struct stat *sb);
```

Verlief der Funktionsaufruf erfolgreich, wird `0`, ansonsten (also bei einem Fehler) `-1` zurückgegeben.

Um die Zugriffsrechte einer Datei zu ändern, stehen Ihnen zusätzlich die Funktionen `fchmod()` und `chmod()` zur Verfügung. Diese werden wie folgt aufgerufen:

```
#include <sys/types.h>
#include <sys/stat.h>

int fchmod(int fd, mode_t mode);
int chmod(const char *name, mode_t mode);
```

Mit den beiden letzten Aufrufen ändern Sie die Zugriffsrechte der Datei, die durch den offenen Filedeskriptor fd angegeben wird, die Zugriffsrechte selbst werden durch mode angeben. Dabei können Sie zum Verändern der Zugriffsrechte dieselben Konstanten und dieselbe Vorgehensweise verwenden, die Sie bereits bei der Funktion open() (siehe Abschnitt 2.3.1) kennen gelernt haben. Beim erfolgreichen Verändern der Rechte wird 0, ansonsten (also bei einem Fehler) -1 zurückgegeben. chmod() funktioniert genauso wie fchmod(), nur wird als erstes Argument der Dateiname (eventuell mitsamt Pfadangabe) anstatt eines Filedeskriptors angegeben.

[»]

Hinweis: Verwendung von Oktalzahlen

Natürlich darf auch bei chmod() anstatt der symbolischen Konstanten die oktale Version der Zugriffsrechte verwendet werden, z. B.: fchmod(fd, 0644)

fileno()

Benötigen Sie zu einem offenen FILE-Datenstrom den entsprechenden Filedeskriptor, können Sie die Funktion fileno() verwenden:

```
#include <stdio.h>

int fileno(FILE *fp);
```

Bei erfolgreicher Ausführung von fileno() erhalten Sie den Integer-Filedeskriptor zu dem entsprechenden Stream fp. fileno() ist z. B. erforderlich, um den Stream für Funktionen zu benutzen, die unbedingt einen Filedeskriptor benötigen.

Bei fileno() handelt es sich natürlich um eine Funktion der höheren Ebene (High Level).

fdopen()

Die Funktion fdopen() ist das Gegenstück der Funktion fileno(). Damit erhalten Sie für einen zuvor geöffneten Filedeskriptor einen FILE-Stream. Die Syntax hierzu ist:

```
#include <stdio.h>

FILE *fdopen(int fd, const char *modus);
```

Für den Parameter modus, der bestimmt, auf welche Weise die Datei geöffnet wird, können dieselben Modi wie bei der Funktion open() verwendet werden.

fdopen() wird gewöhnlich auf Filedeskriptoren angewendet, die von Funktionen, die Pipes und Kommunikationskanäle in Netzwerken einrichten, zurückgegeben werden. Im Endeffekt können auch Netzwerkverbindungen als Datenströme (als Streams) betrachtet werden, aber die Technik hinter Netzwerkverbindungen ist eine ganz andere (meistens sind Netzwerke paketorientiert). Deshalb können einige Funktionen wie open(), dup(), dup2(), fcntl() und pipe() nichts mit Streams anfangen. Um aber wieder aus Deskriptoren einen Stream (FILE-Zeiger) zu erzeugen, ist die Funktion fdopen() erforderlich.

Im Gegensatz zu fileno(), der nur den Filedeskriptor fd als Integer zurückgibt, erstellt fdopen() ein neues FILE-Objekt, weshalb man fdopen() nur einmal aufrufen sollte (da es ja die Parallelfunktion zu fopen() ist).

2.4 Standard-E/A-Funktionen

Um mit der Linux-Programmierung zu beginnen, darauf haben wir Sie zu Beginn des Buches bereits hingewiesen, ist die Voraussetzung, zumindest Grundlagenkenntnisse in der Programmiersprache C zu haben. Das wichtigste Kapitel sind dann auch die grundlegenden Standard-E/A-Funktionen, die auch jedes gute Grundlagenbuch behandelt. Wir setzen nun voraus, dass Sie diese Grundlagen kennen oder gewillt sind, sich diese nun anzueignen. Daher werden Sie auf den folgenden Seiten nur eine Schnellübersicht zu den einzelnen Funktionen erhalten.

Die Funktionen, die nun beschrieben werden, sind in der Headerdatei *stdio.h* definiert und von den aktuellen C-Standards (inklusive C23) vorgeschrieben. Jeder Compiler unterstützt also die nachfolgenden Funktionen, auch der GCC. Was ist aber nun der Vorteil der nachfolgenden Funktionen, wenn Sie doch eigentlich schon alles mit den bisher beschriebenen Funktionen machen können? Der Vorteil dieser Funktionen gegenüber den elementaren ist, dass sie auch auf Betriebssystemen jenseits von Linux oder UNIX vorhanden sind und Sie sich daher relativ wenig um Low-Level-E/A-Dinge kümmern müssen. Vielleicht werden Sie sogar einmal in die Situation kommen, Programme zu entwickeln, die auf Linux und Windows gleichermaßen kompilierbar sind (sogenanntes *Cross-Compiling*). In diesem Fall werden Sie froh darüber sein, dass es Standardfunktionen gibt, die auf jedem System verfügbar sind.

2.4.1 Der FILE-Zeiger

Der große Unterschied zwischen den elementaren und den Standard-E/A-Funktionen liegt darin, dass die Standardfunktionen einen Zeiger vom Typ FILE* statt eines Filedeskriptors verwenden. Dabei handelt es sich um eine Struktur, die in etwa wie folgt aussieht:

```
typedef struct _iobuf {
  char*   _ptr;
  int     _cnt;
  char*   _base;
  int     _flag;
  int     _file;
  int     _charbuf;
  int     _bufsiz;
  char*   _tmpfname;
} FILE;
```

Darin sind Informationen enthalten wie:

- Anfangsadresse eines Puffers, in dem Daten abgelegt werden können
- Puffergröße des Datenpuffers
- aktueller Positionszeiger im Pufferbereich
- der Filedeskriptor der aktuell verwendeten Datei
- die Position des Schreib-/Lesezeigers
- verschiedene Fehlerflags
- EOF-Flag für das Dateiende (meistens ist das Ende erreicht, wenn das Flag gesetzt wird)

Wie Sie sicherlich bemerkt haben, verwenden die Standard-E/A-Funktionen auch einen Filedeskriptor. Daraus lässt sich ablesen, dass die Standardfunktionen auf den elementaren Funktionen aufgebaut sind. Allerdings ist `FILE` ein abstrakter Datentyp, was einfach bedeutet, dass er auf jedem System erst einmal anders aussieht. Allerdings ist dies nur bei `FILE` der Fall, alle anderen Funktionen in *stdio.h* sehen auf allen Systemen nach außen hin wieder gleich aus.

[»]

Hinweis: Datenstrom

Bei dem `FILE`-Zeiger spricht man von einem *Datenstrom* (englisch: *stream*).

Natürlich gibt es auch hierbei die drei vordefinierten Standardstreams, die jeder Prozess automatisch bereitstellt:

- `FILE* stdin` – Standardeingabestrom (ist voreingestellt auf die Tastatur)
- `FILE* stdout` – Standardausgabestrom (ist voreingestellt auf den Monitor)
- `FILE* stderr` – Standardausgabestrom für Fehlermeldungen (ist voreingestellt auf den Monitor)

Im Endeffekt ist das Konzept mit den Datenströmen schon recht alt, auch dass der Standardeingabestrom die Tastatur und der Standard-Ausgabestrom der Bildschirm ist, wurde sogar schon beim C64 verwendet. Da sich dieses Konzept mit der Zeit bewährt hat (inklusive der Möglichkeit, Ein- und Ausgaben umzuleiten), wurde es dann auch beibehalten. Nur die Funktionsnamen haben sich geändert. Anstatt

```
OPEN 1,8,2,"HALLO.TXT"
A$="HALLO WELT"
PRINT#1,A$: REM PRINT# ARBEIET WIE PRINT, NUR SCHREIBT ES IN EINE DATEI
CLOSE 1
```

schreiben Sie nun

```
#include<stdio.h>
#include<string.h>
char Text[256];
FILE *TextFile=fopen("Hallo.txt","wb");
strcpy(MyText,"Hallo Welt\n");
fwrite(&MyText,strlen(MyText),1,TextFile);
fclose(TextFile);
```

2.4.2 Öffnen und Schließen von Dateien

Auch auf der hohen Ebene müssen Sie Dateien öffnen und wieder schließen können. Die Funktionen zum Öffnen und Schließen unter der Verwendung des `FILE`-Zeigers sehen wie folgt aus:

```
FILE *fopen(const char *pfad, const char *mode);
FILE *fdopen(int fd, const char *mode);
FILE *freopen(const char *pfad, const char *mode, FILE *stream);
int fclose(FILE *stream);
```

Abgesehen von der Funktion `fdopen()` (wir haben bereits darüber geschrieben) sind alle Funktionen Teil des ANSI-C-Standards. Bei allen Funktionen, mit Ausnahme von `fclose()`, wird im Falle eines Fehlers `NULL`, ansonsten ein `FILE`-Zeiger auf die neue Datei zurückgeben. Der Speicherbereich des neuen `FILE`-Zeigers wird von `fopen()` mit `malloc()` angelegt und von `fclose()` wieder aus dem Speicher entfernt, deshalb müssen Sie `malloc()` nicht noch einmal selbst aufrufen, z. B. in der Art

```
FILE *TextFile=(FILE*)malloc(sizeof(FILE));
```

Dies wird von `fopen()` selbst erledigt. Die Funktion `fopen()` öffnet eine Datei immer, indem die gesamten Angaben zu dem Dateinamen dem Parameter `pfad` entnommen werden. Der Parameter `mode` bestimmt hierfür den Zugriffsmodus. Die einzelnen Modi finden Sie in Tabelle 2.9 aufgelistet.

Mit der Funktion `freopen()` können Sie eine Datei mit einem bereits existierenden Stream öffnen. Dabei wird versucht, erst diesen Stream (angegeben im dritten Argument) zu schließen. Fehler beim Schließen werden dabei ignoriert! Anschließend wird versucht, diesen Stream der Datei mit dem Dateinamen `pfad` zuzuordnen (hier müssen Sie wieder Dateiname und Pfad angeben). `freopen()` wird vorwiegend eingesetzt, um die Streams `stdin`, `stdout` und `stderr` umzuleiten (was wir im weiteren Verlauf des Buches gesondert erklären werden).

Mit `fclose()` schließen Sie eine Datei so, dass Sie anschließend nicht mehr auf den Stream zugreifen können. Zuvor werden alle noch nicht geschriebenen Daten im Ausgabepuffer in die entsprechende Datei geschrieben. Der Eingabepuffer hingegen wird geleert. Erst durch den Aufruf von `fclose()` kann gewährleistet werden, dass die ausgegebenen Daten nicht verstümmelt sind.

Nun folgt die versprochene Tabelle mit den entsprechenden Zugriffsmodi, die bei den eben erwähnten Funktionen für den Parameter `mode` verwendet werden können.

mode	Lesen	Schreiben	Position	Inhalt gelöscht	Datei erzeugen	Binär/Text
`r`	ja	nein	Anfang	nein	nein	Text
`r+`	ja	ja	Anfang	nein	nein	Text
`w`	nein	ja	Anfang	ja	ja	Text
`w+`	ja	ja	Anfang	ja	ja	Text
`a`	nein	ja	Ende	nein	ja	Text
`a+`	ja	ja	Ende	nein	ja	Text
`rb`	ja	nein	Anfang	nein	nein	binär
`rb+`, `r+b`	ja	ja	Anfang	nein	nein	binär
`wb`	nein	ja	Anfang	ja	ja	binär
`wb+`, `w+b`	ja	ja	Anfang	ja	ja	binär
`ab`	nein	ja	Ende	nein	ja	binär
`ab+`, `a+b`	ja	ja	Ende	nein	ja	binär

Tabelle 2.9 Modi zum Öffnen für den FILE-Zeiger

2.4.3 Formatierte Ausgaben erzeugen mit printf() und sprintf()

Zur formatierten Ausgabe von Daten in einen Stream steht Ihnen die ganze `printf()`-Familie zur Verfügung. Mit diesen Funktionen dürfte niemand Probleme haben, der auch nur geringe Erfahrung mit C hat. In Tabelle 2.10 finden Sie einen Überblick zu den nötigsten `printf()`-Varianten und ihrer Bedeutung:

Syntax	Bedeutung
`int printf( const char *format, ... );`	Formatiert das Schreiben auf `stdout`.
`int fprintf( FILE *stream, const char *format, ... );`	Formatiert das Schreiben in einen Stream.
`int sprintf( char *string, const char *format, ... );`	Formatiert das Schreiben in einen String.
`int snprintf( char *string, size_t size, const char format, ... );`	Formatiert das Schreiben in einen String mit Längenbegrenzung (`size`).

Tabelle 2.10 printf()-Varianten zur formatierten Ausgabe

Alle Funktionen aus Tabelle 2.10 geben die Anzahl der erfolgreich geschriebenen Zeichen oder bei einem Fehler einen negativen Wert zurück. Allerdings wird dieser Rückgabeparameter nur dann benutzt, wenn nicht immer gewährleistet werden kann, dass alle Daten korrekt geschrieben wurden. Dies gilt besonders für die Funktion `sprintf()`, mit der Sie z. B. in einfacher Weise eine Zahl in einen Text verwandeln können, indem Sie eine formatierte Textausgabe in einen Puffer schreiben anstatt auf den Bildschirm. Da Puffer grundsätzlich begrenzt sind, kann es hier schon einmal zu Fehlern kommen (sogenannten *Buffer Overflows*). Buffer Overflows lassen sich durch verschiedene Maßnahmen verhindern, so etwa durch die alternative Funktion `snprintf()`. Allerdings verpflichtet der neuste C23-Standard die Compilerhersteller, auch das normale `sprintf()` gegen Buffer Overflows abzusichern, und wenn Sie diesen Standard verwenden können (mit dem Flag `-std=c23`), dann tun Sie das am besten.

Neben den Standard-`printf()`-Versionen gibt es die `v`-Versionen, mit denen der Funktion eine in der Länge variable Argumentenliste übergeben werden kann. Die `v`-Versionen von `printf()` sehen wie folgt aus:

Syntax	Bedeutung
`int vprintf( const char *format, va_list ap );`	Formatiert das Schreiben auf `stdout` mit Argumentenzeiger.

Tabelle 2.11 Weitere printf()-Versionen mit <stdarg.h>

Syntax	Bedeutung
`int vfprintf( FILE *stream, const char *format, va_list ap );`	Formatiert das Schreiben in einen Stream mit Argumentenzeiger.
`int vsprintf( char *string, const char *format, va_list ap );`	Formatiert das Schreiben in einen String mit Argumentenzeiger.
`int vsnprintf( char *string, size_t size, const char format, va_list ap );`	Formatiert das Schreiben in einen String mit Argumentenzeiger inklusive einer Längenbegrenzung (`size`).

Tabelle 2.11 Weitere printf()-Versionen mit <stdarg.h> (Forts.)

Bei den `v`-Versionen der `printf()`-Familie müssen Sie die Headerdatei *<stdarg.h>* mit einbinden. Auch bei diesen `printf()`-Versionen wird die Anzahl der erfolgreich geschriebenen Zeichen oder bei einem Fehler ein negativer Wert zurückgegeben.

[»]

Hinweis zu Nicht-Standard-Funktionen

Es ist an dieser Stelle noch anzumerken, dass es außerhalb des ANSI-C-Standards noch eine Reihe weiterer `printf()`-Varianten gibt wie z. B. `asprintf()`, `vasprintf()`, `asnprintf()`, `vasnprintf()`. Diese Funktionen sollten Sie möglichst nicht verwenden, weil hier eben nicht garantiert werden kann, dass sie so gegen Buffer Overflows abgesichert sind, wie es der C23-Standard vorschreibt.

2.4.4 Formatierte Eingaben mit scanf()

Das Gegenstück zur `printf()`-Familie ist die `scanf()`-Familie, die zur formatierten Eingabe aus einem Stream konzipiert wurde. Auch hierbei gibt es verschiedene Versionen, die normale, die `f`-Versionen und die `s`-Versionen.

[»]

Hinweis

Funktionen, die mit `f` beginnen, beziehen sich auf einen beliebigen Stream. Die Funktionen mit `s` stehen für die Stringversionen, und `v` steht für den Argumentenlistenzeiger. Die Versionen ohne eine Bezeichnung verwenden in der Regel den Standardstream, was bei `scanf()` `stdin` und bei `printf()` `stdout` wäre. Sie sehen also, die Leute vom ANSI-C-Komitee haben sich schon etwas bei der Namenskonvention gedacht. Natürlich können `f`-Versionen auch für die Standardstreams verwendet werden.

Hier ein Überblick zu den `scanf()`-Versionen zur formatierten Eingabe:

Syntax	Bedeutung
`int scanf( const char *format, ... );`	formatiertes Lesen von `stdin`
`int fscanf( FILE *stream, const char *format,... );`	formatiertes Lesen aus einem beliebigen Stream
`int sscanf( const char *string, const char *format, ... );`	formatiertes Lesen aus einem String

Tabelle 2.12 scanf()-Varianten zur formatierten Eingabe

Alle Funktionen geben die Anzahl der gelesenen Zeichen oder bei einem Fehler die Konstante EOF zurück.

2.4.5 Binäres Lesen und Schreiben

Als wahre Zwitter lassen sich die Funktionen `fread()` und `fwrite()` bezeichnen, da diese Funktionen weder zu 100 % in die höhere noch in die niedrigere Ebene zu passen scheinen. Die Daten werden dabei im Binärmodus mit einer festen Satzstruktur verarbeitet. Somit können Sie mit `fread()` und `fwrite()` ganze Speicherblöcke lesen bzw. schreiben (deshalb spricht man auch von *Blockfunktionen*). Die Syntax dazu ist die folgende:

```
#include <stdio.h>

size_t fread(void *ptr, size_t blkgroesse,
             size_t blkanzahl, FILE *stream);

size_t fwrite(const void *ptr, size_t blkgroesse,
              size_t blkanzahl, FILE *stream);
```

Beide Funktionen geben bei Erfolg die Anzahl der gelesenen bzw. geschriebenen Blöcke (nicht Bytes) zurück. Das erste Argument ist der Puffer, aus dem gelesen oder in den geschrieben werden soll. Denken Sie unbedingt daran, dass der Puffer vom Typ `void*` ist und Sie den Puffer stets mit dem Address-of-Operator übergeben müssen (außer natürlich bei Arrays, dort wird nur die Startadresse übergeben, und diese ist ja schon ein Zeiger). Mit dem zweiten Argument geben Sie die Größe des Blocks an, der gelesen bzw. geschrieben werden soll. Das dritte Argument erwartet die Anzahl der Blöcke, und das letzte Argument ist der Stream, aus dem gelesen bzw. in den geschrieben werden soll. Eine Fehlerüberprüfung sollten Sie mit den Funktionen `feof()` und `ferror()` einrichten, um zu erfahren, ob etwas schiefgelaufen ist, und wenn ja, was.

2.4.6 Zeichen- und zeilenweise Ein-/Ausgabe

Zur zeichen- und zeilenweisen Ein-/Ausgabe sind eine Menge Funktionen vorhanden. Jede dieser Funktionen gibt es in zwei Versionen, nämlich einer Version, die mit Zeichen arbeitet, und einer Version, die mit Strings (also Zeichenketten vom Typ `char*`) arbeitet. Die Syntax dieser Funktionen ist die folgende:

```
#include <stdio.h>

int fgetc( FILE *stream );
char *fgets(char *s, int size, FILE *stream );
int getc( FILE *stream );
int getchar(void );
char *gets( char *s );

int ungetc( int c, FILE *stream );

int fputc( int c, FILE *stream );
int fputs( const char *s, FILE *stream );
int putc( int c, FILE *stream );
int putchar( int c );
int puts( char *s );
```

Jede der obigen Funktionen gibt einen Parameter vom Typ `int` zurück, bei einem Fehler ist dies ein negativer Wert. Auch EOF fällt in diese Kategorie, auf den meisten Systemen ist dies ein Byte mit dem Wert `0xff` bzw. ein Integer mit dem Wert `0xffff` (was der Zahl –1 entspricht). Die Funktionen, die einen Zeiger auf ein `char`-Array als Parameter verwenden, geben dagegen entweder auch die Anfangsadresse eines Strings zurück oder bei einem Fehler `NULL`. In Tabelle 2.13 werden diese Funktionen und ihre Eigenschaften zusammengefasst.

Funktion	E/A	Größe	Stream	Newline
`fgetc`	Eingabe	Zeichen	alle	–
`fgets`	Eingabe	Zeile	alle	behalten
`getc`	Eingabe	Zeichen	alle	–
`getchar`	Eingabe	Zeichen	`stdin`	–
`gets`	Eingabe	Zeile	`stdin`	entfernt
`ungetc`	weder noch	Zeichen	alle	–
`fputc`	Ausgabe	Zeichen	alle	–

Tabelle 2.13 Zeichen- und zeilenweise E/A-Funktionen

Funktion	E/A	Größe	Stream	Newline
fputs	Ausgabe	Zeile	alle	ohne
putc	Ausgabe	Zeichen	alle	–
putchar	Ausgabe	Zeichen	stdout	–
puts	Ausgabe	Zeile	stdout	mit

Tabelle 2.13 Zeichen- und zeilenweise E/A-Funktionen (Forts.)

Es wird allgemein vom C-Standard empfohlen, ganz auf die Funktion `gets()` zu verzichten und stattdessen die Funktion `fgets()` zu verwenden. `gets()` hat nämlich keine Längenbegrenzung und ist somit auch für Buffer Overflows anfällig (eigenartigerweise macht hier auch C23 keine Änderungen). Beachten Sie außerdem, dass `fgets()` das Newline-Zeichen anders behandelt als `gets()`: Weil beim Einlesen von der Standardeingabe mit `fgets()` auch das `'\n'`-Zeichen mit eingelesen wird, verwenden einige Programmierer aus mangelndem Wissen die Funktion `gets()`, die kein Newline-Zeichen automatisch anfügt, nachdem die [↵]-Taste betätigt wurde.

2.4.7 Den Status der Ein-/Ausgabe mit feof() und ferror() überprüfen

Mit den Funktionen `feof()` und `ferror()` können Sie den aktuellen Status eines Streams überprüfen. Die Syntax dazu ist die folgende:

```
#include <stdio.h>

int feof( FILE *stream );
int ferror( FILE *stream );
void clearerr( FILE *stream );
```

Die Funktion `feof()` gibt einen Wert ungleich 0 zurück, wenn das EOF-Flag gesetzt ist. Ebenso gibt die Funktion `ferror()` einen Wert ungleich 0 zurück, wenn das Fehlerflag gesetzt ist. Wollen Sie eine der beiden Funktionen nochmals auf einem Stream verwenden, müssen Sie das EOF-Flag bzw. das Fehlerflag mit der Funktion `clearerr()` wieder löschen.

Bedenken Sie, dass weder der Wert der Konstanten EOF (meistens 0xff oder 0xffff) fest vom Standard vorgegeben ist noch die Fehlernummern. Allerdings gibt es keine Unterschiede zwischen den einzelnen Linux-Versionen und auch nicht zwischen Linux und UNIX.

2.4.8 Den Schreib-/Lesezeiger im Stream positionieren

Das Positionieren des Schreib-/Lesezeigers (oft auch *Dateizeiger* genannt) funktioniert ähnlich wie bei den Low-Level-Funktionen, die Sie bereits kennen gelernt haben. Im Prinzip verwendet man also auch bei den High-Level-Funktionen Funktionen der niedrigen Ebene, um den Schreib-/Lesezeiger zu versetzen. Nur bieten die High-Level-Funktionen mehr Komfort. Es folgt ein Überblick über diese Funktionen.

Syntax	Bedeutung
`int fseek( FILE *stream, long offset, int wie );`	Schreib-/Lesezeiger positionieren
`long ftell( FILE *stream );`	Position des Schreib-/Lesezeigers abfragen
`void rewind( FILE *stream );`	Schreib-/Lesezeiger wieder zurück an den Anfang positionieren
`int fgetpos( FILE *stream, fpos_t *pos );`	Position des Schreib-/Lesezeigers abfragen (2. Möglichkeit)
`int fsetpos(FILE *stream, fpos_t *pos );`	Schreib-/Lesezeiger positionieren (2. Möglichkeit)

Tabelle 2.14 Dateiposition

Die Funktion `fseek()` funktioniert analog wie die Funktion `lseek()` der niedrigeren Ebene, nur dass statt eines Filedeskriptors ein `FILE`-Zeiger verwendet wird. Auch an dieser Stelle hängt es vom dritten Parameter ab, wie der zweite Parameter interpretiert werden soll. Dabei sind die gleichen Konstanten zu verwenden wie schon bei der Funktion `lseek()`, nämlich die folgenden:

Konstante	Bedeutung
`SEEK_SET`	Den Schreib-/Lesezeiger vom Anfang der Datei um `abstand` Bytes versetzen. `abstand` darf dabei keine negative Zahl sein.
`SEEK_CUR`	Den Schreib-/Lesezeiger von der aktuellen Position der Datei um `abstand` Bytes versetzen. `abstand` darf dabei sowohl eine positive als auch eine negative Zahl sein.
`SEEK_END`	Den Schreib-/Lesezeiger vom Ende der Datei um `abstand` Bytes versetzen. `abstand` darf sowohl eine positive als auch eine negative Zahl sein.

Tabelle 2.15 Konstanten für »fseek()«

[»]

Hinweis zu fseek()

Auch wenn `fseek()` dieselben Konstanten verwendet wie die Low-Level-Funktion `lseek()`, sollten Sie niemals Low-Level und High-Level-Funktionen in einer Anwendung mischen, sofern Sie nicht die entsprechenden Sicherheitsvorkehrungen getroffen haben (z. B. mittels fflush()), denn wie vorher erläutert, positioniert fseek() aufgrund der Pufferung den Dateizeiger unter Umständen nicht sofort auf die neue Position, sondern erst, wenn der aktuelle Puffer geleert wurde. Hier gilt im Endeffekt die Regel »wer zuerst kommt, mahlt zuerst«, also eine FIFO-artige Bearbeitung der Kommandos, die auf Ihre Dateien zugreifen.

Der erste Parameter bei fseek() ist der FILE-Zeiger der geöffneten Datei, für die der Schreib-/Lesezeiger versetzt werden soll, der zweite Parameter ist der Referenzwert, auf den die Positionsabgabe bezogen werden soll. Bei Erfolg gibt fseek() 0, ansonsten bei einem Fehler einen Wert ungleich 0 zurück.

Bedenken Sie an dieser Stelle Folgendes: Ihre Positionsangaben sind stets Offsets, das heißt, die Positionsangaben werden zu dem Referenzwert im zweiten Parameter (z. B. zu dem Dateianfang) **addiert**. Dies ist auch bei SEEK_CUR und SEEK_END der Fall, Sie müssen also bei SEEK_END negative Zahlen benutzen, um den Dateizeiger zurückzuversetzen. Positive Zahlen führen dagegen zu einem Fehler der Art FILE ACCESS PAST END – zumindest auf manchen Systemen.

Mit ftell() können Sie dagegen die aktuelle Position des Schreib-/Lesezeigers abfragen. Zurückgegeben wird dabei entweder die aktuelle Position als Byte-Offset im Bezug zum Dateianfang oder bei einem Fehler -1. fseek() und ftell() unterstützen trotz des o. g. LARGEFILE-Supports nur 32-Bit-Werte, deshalb ist hier ein Zugriff beispielsweise auf Videodateien nur begrenzt möglich. Eine Abhilfe stellen an dieser Stelle ftello() und fseeko() dar, die mit den Datentypen unsigned long long int arbeiten, die 64-Bit-Werte benutzen. Sie werden vielleicht nun denken, dass Sie niemals so riesige Dateien benutzen werden (z. B. weil Sie keine Videoplayer programmieren wollen). Leider gibt es auch Tools wie Emulatoren fremder Systeme, die etwa Dateisystem-Images einbinden müssen. Diese Dateien werden sehr schnell größer, als man mit 32-Bit-Zeigern verwalten kann.

Mit der Funktion rewind() können Sie den Schreib-/Lesezeiger auch wieder auf den Dateianfang zurücksetzen, aber fseek(fp, 0, SEEK_SET) macht dasselbe und passt besser zu den anderen fseek()-Befehlen in Ihrer Anwendung.

Eine zweite Möglichkeit zur Positionierung des FILE-Zeigers haben Sie mit fsetpos(). Damit können Sie den Schreib-/Lesezeiger auf die Position des Zeigers pos setzen. Diese Adresse sollten Sie allerdings zuvor mit der Funktion fgetpos() ermittelt haben. Diese Funktion setzt nämlich auch die EOF- und Fehlerflags zurück.

Mit fgetpos() ermitteln Sie die Position des aktuellen Schreib-/Lesezeigers. Dieser Wert befindet sich anschließend in der Adresse des Zeigers pos. Diesen Zeiger sollten Sie danach aber nur noch verwenden, um mit der Funktion fsetpos() den Schreib-/Lesezeiger wieder auf seinen ursprünglichen Wert zurückzusetzen.

Beide Funktionen, fgetpos() und fsetpos(), geben bei Erfolg 0 und bei einem Fehler einen Wert ungleich 0 zurück.

2.4.9 Steuerung des Verhaltens des Schreib-/Lesepuffers

Programmierern stehen drei grundlegende Möglichkeiten zur Einstellung des Puffers für die Standard-E/A-Funktionen zur Verfügung, nämlich ungepuffert, zeilengepuffert und vollgepuffert. Des Weiteren gibt es die Möglichkeit, alle Inhalte eines nicht geleerten Puffers in eine separate Datei zu übertragen. Hier die Funktionen, mit denen Sie den Puffer steuern können:

```
#include <stdio.h>

int fflush(FILE *stream);
int setbuf(FILE *stream, char *buf);
int setvbuf(FILE *stream, char *buf, int mode, size_t size);
```

Die Funktion setbuf() wird vom Standard nur noch aus Kompatibilitätsgründen unterstützt und soll daher hier nicht näher erläutert werden. Mit der Funktion setvbuf() können Sie dagegen den Puffer explizit einstellen. Im Endeffekt müssen Sie dazu nur für den Parameter mode bei der Funktion fopen() eine der folgenden Konstanten einsetzen:

Puffertyp (modus)	Bedeutung
_IOLBF	Datei wird zeilenweise gepuffert.
_IONBF	Ein-/Ausgabe wird gar nicht gepuffert.
_IOFBF	Ein-/Ausgabe wird voll gepuffert.

Tabelle 2.16 Konstanten für die Einstellung des Puffers mit setvbuf()

Natürlich gilt, wenn für mode die Konstante _IONBF gesetzt wird, dass die Argumente buf und size ignoriert werden (alles andere wäre auch reiner Unsinn). Ansonsten geben Sie bei den Konstanten _IOLBF und _IOFBF mit buf eine Pufferadresse (also bitte wieder hier an den Address-of-Operator denken) und mit size die Puffergröße an. Verwenden Sie für buf den NULL-Zeiger, stellt die Funktion einen eigenen Puffer mit entsprechender Größe zur Verfügung. Diese Größe kann entweder durch die Strukturvariable st_blksize der Struktur stat oder die Konstante BUFSIZ aus der Headerdatei *<stdio.h>* angegeben werden. Bei der Portierung alter BSD-Programme kann es leider vorkommen, dass Sie auf die Funktionen setlinebuf() und setbuffer() treffen. Diese Funktionen gelten als veraltet, und es wird vom Standardkomitee geraten, stattdessen die Funktion setvbuf() zu verwenden.

Voreingestellte Puffer

Der C-Standard schreibt seit C89 Folgendes für die Pufferung vor:

- `stderr` darf niemals voll gepuffert werden.
- `stdin` und `stdout` dürfen nur dann vollgepuffert sein, wenn sie nicht auf ein interaktives Gerät (z. B. die Tastatur) zeigen.
- In SVR 4 hingegen sind noch folgende Vorschriften implementiert:
  - Normale Streams, die auf ein Terminal eingestellt sind, sind immer zeilengepuffert. Wenn sich diese Streams auf kein Terminal beziehen, wird Vollpufferung verwendet.
  - `stderr` ist immer ungepuffert.

Flushing

Um den Inhalt von einem (möglicherweise auch noch nicht geleerten) Puffer in die Datei zu schreiben, können Sie die Funktion `fflush()` verwenden. Wenden Sie `fflush()` auf einen Stream an, aus dem gerade gelesen wird, liegt ein undefiniertes Verhalten vor. Ebenfalls können Sie `fflush()` mit dem `NULL`-Zeiger als Argument aufrufen. In diesem Fall werden alle Ausgabepuffer, aus denen nicht gelesen wird, in die entsprechende Datei übertragen.

Es gibt außerdem folgende Möglichkeiten, einen Puffer automatisch zu leeren:

- Der Puffer ist voll.
- Der Stream wird geschlossen (mit `fclose()`).
- Das Programm wird normal beendet (also mit `return 0`).
- Eine neue Zeile wird geschrieben, und der Stream ist zeilengepuffert.

2.4.10 Dateien löschen und umbenennen

Mit der Funktion `remove()`entfernen Sie eine Datei, und mit `rename()` benennen Sie eine Datei um. Die Syntax der beiden Funktionen:

```
#include <stdio.h>

int remove( const char *pfad );
int rename( const char *pfad_alt, const char *pfad_neu );
```

Beide Funktionen erwarten als erstes Argument den Pfadnamen einer bereits existierenden Datei (diese darf aber nicht gerade geöffnet sein). Bei der Funktion `rename()` wird als zweites Argument angegeben, durch welchen Namen `pfad_alt` ersetzt werden soll. Bei Erfolg geben beide Funktionen `0` und bei einem Fehler `-1` zurück.

[»]

> **Hinweis**
>
> Auf Dateien verhält sich `remove()` identisch zur Funktion `unlink()`, und auf Verzeichnissen ist `remove()` mit `rmdir()` äquivalent.

2.4.11 Temporäre Dateien erstellen

Zum Erstellen von temporären Dateien können Sie entweder die C-Funktionen `tmpfile()` und `tmpnam()` verwenden (ab C89) oder die in UNIX oder Linux bereits implementierten Funktionen `mkstemp()` und `mktemp()`. Die Syntax dazu ist die folgende:

```
#include <stdio.h>
FILE *tmpfile(void);
char *tmpnam(char *s);

#include <unistd. h.>
int mkstemp(char *template) ;
char *mktemp(char *template) ;
```

Die Funktion `tmpfile()` öffnet eine temporäre Datei. Mit `tmpnam()` kann ein neuer Dateiname erstellt werden, der als Name für die temporäre Datei verwendet wird. Wird die Funktion `tmpnam()` mit dem `NULL`-Zeiger als Argument verwendet, wird die Datei in einem `static`-Speicherbereich untergebracht (also nicht auf einen Datenträger geschrieben), und die entsprechende Speicheradresse wird als Zeiger zurückgegeben (Typ `void*`). Das bedeutet, dass danach sämtliche nachfolgenden Aufrufe der Funktion `tmpnam()` immer dieselbe Adresse benutzen. Wird `tmpnam()` ohne den `NULL`-Zeiger aufgerufen, wird für `s` ein neuer Speicherbereich angelegt, der `L_tmpnam` Zeichen aufnehmen kann (was hier gleichbedeutend mit Bytes ist). `L_tmpnam` ist ebenso in der Headerdatei *stdio.h* deklariert wie `fopen()`, `fread()`, `fwrite()` und `fclose()`.

Die Funktion `mktemp()` erzeugt dagegen eine Datei mit einem eindeutigen, temporären Dateinamen. Dieser Name wird mittels des Parameters `template` erzeugt. Dazu müssen die letzten sechs Buchstaben des Parameters `template` `XXXXXX` sein, diese werden dann durch eine Zeichenfolge ersetzt, die diesen Dateinamen eindeutig macht. Die Funktion `mktemp()` gibt bei Erfolg einen Zeiger auf `template` zurück. Bei einem Fehler ist der Rückgabewert `NULL`. Der Fehlercode `EINVAL` wird zurückgegeben, wenn die letzten sechs Buchstaben von `template` nicht `XXXXXX` waren.

Es besteht allerdings eine Sicherheitslücke bei dieser Funktion: Zwischen der Zeit, wo der Pfadname konstruiert und die Datei mit `open()` geöffnet wird, kann ein anderer Prozess eine Datei oder einen Link mit demselben Namen erzeugen. Um dieses Problem zu umgehen, sollten Sie den so erzeugten temporären Dateinamen beim Öffnen mit `open()` mit dem Flag

O_EXCL öffnen oder aber gleich die Funktion mkstemp() verwenden. Das Flag O_EXCL garantiert Ihnen, dass diese Datei nur dann erzeugt wird, wenn der Name noch nicht existiert.

Die Funktion mkstemp() – **die einzige sicherere Alternative** – erzeugt einen temporären Dateinamen und öffnet diese Datei mittels open() und des Flags O_EXCL gleichzeitig exklusiv für Sie. Bei Erfolg gibt Ihnen diese Funktion einen Filedeskriptor zum Lesen und Schreiben auf diese temporäre Datei zurück. Durch das Flags O_EXCL ist sichergestellt, dass die erzeugte temporäre Datei wirklich einzigartig ist und nur Ihnen allein gehört. Die geöffnete temporäre Datei verwendet anschließend den Modus 0600 (in Oktal-Schreibweise) und ist standardmäßig nur dem Eigentümer vorbehalten. Wenn andere Prozesse oder Benutzer darauf zugreifen sollen, müssen Sie dafür die entsprechenden Zugriffsrechte anpassen (z. B. mit fchmod(), fchown()). mkstemp() liefert bei einem Fehler -1 zurück, z. B. wenn die Datei nicht korrekt erzeugt oder geöffnet werden kann.

2.5 Die Arbeit mit Verzeichnissen

In gewisser Weise stellen Zugriffe auf Verzeichnisse auch eine Art Ein-/Ausgabe dar. Sie können also ein neues Verzeichnis anlegen oder löschen, in ein Verzeichnis wechseln oder daraus lesen. Da Linux ja in gewisser Weise nicht zwischen Dateien und Verzeichnissen unterscheidet, gelten auch ähnliche Zugriffsrechte, wie Sie sie schon bei den Dateien kennen gelernt haben. Nur hat man mit den Zugriffsrechten für ein Verzeichnis vier Rechte (rwxt), eine Datei hat nur drei (rwx). Beim Verzeichnis haben Sie also die folgenden Rechte zur Verfügung: Lesen (r), eine Datei anlegen/löschen (w), ins Verzeichnis wechseln (x), Dateien bedingt löschen (t/!t). Lesen aus einem Verzeichnis (z. B. mit ls) ist natürlich nur möglich, wenn man auch in ein Verzeichnis wechseln kann.

2.5.1 Ein neues Verzeichnis anlegen mit mkdir()

Um ein neues Verzeichnis anzulegen, können Sie die Funktion mkdir() verwenden. Diese besitzt die folgende Syntax:

```
#include <sys/types.h>
#include <sys/stat.h>

int mkdir(const char *pfadname, mode_t modus);
```

Mit mkdir() legen Sie ein neues Verzeichnis mit dem Namen pfadname und dem Modus mode an. Beachten Sie an dieser Stelle unbedingt, dass Sie beim Parameter mode entsprechende Execute-Bits setzen müssen, um überhaupt auf das Verzeichnis zugreifen zu können. Ein kleines Listing zur Demonstration des zuvor Gesagten:

```
/* mymkdir.c */
#include <sys/types.h>
#include <sys/stat.h>
#include <stdio.h>
#include <stdlib.h>
#include <string.h>
#include <errno.h>

int main(int argc, char **argv) {
     mode_t mode = S_IRWXU;

     if(argc < 2) {
         printf("USAGE: %s neues_verzeichnis\n",*argv);
         return EXIT_FAILURE;
    }
    // alle Zugriffsrechte der Einschränkungsmaske erlauben
    umask(0);
    if( (mkdir( argv[1], mode)) != -1 )
        printf("Verzeichnis \"%s\" erfolgreich erstellt\n",
           argv[1]);
    else
        printf("Konnte Verzeichnis nicht erstellen (%s)\n",
           strerror(errno));
    return EXIT_SUCCESS;
}
```

Listing 2.12 Zeigt, wie Sie ein eigenes mkdir-Kommando programmieren können.

Das Programm gibt bei der Ausführung Folgendes aus:

```
$ gcc mymkdir.c -o mymkdir
$ ./mymkdir
usage: mymkdir neues_verzeichnis
$ ./mymkdir test
Verzeichnis "test" erfolgreich erstellt
$ ls -ld test
drwx------    2 pinguin     users          48 2003-10-28 23:31 test
$ ./mymkdir test
Konnte Verzeichnis nicht erstellen (File exists)
```

Sofern versucht wird, ein Verzeichnis zu erstellen, das bereits existiert, wird dies fehlschlagen (wie Sie bei der Ausführung des Programms bereits gesehen haben). errno wird dann auf einen entsprechenden Wert gesetzt. Mehr zu errno erfahren Sie am Ende des Kapitels.

Hinweis: Vergeben von Zugriffsrechten

Wollen Sie beim Erstellen eines Verzeichnisses bestimmte Zugriffsrechte vergeben, müssen Sie natürlich auch hier, wie bei den Dateien, die Einschränkungsmaske berücksichtigen bzw. entsprechend setzen (siehe `umask()`).

2.5.2 In ein anderes Verzeichnis wechseln mit chdir() und fchdir()

Wollen Sie während der Programmausführung in ein anderes Verzeichnis wechseln, so lässt sich dies mit den Funktionen `chdir()` bzw. `fchdir()` bewerkstelligen. Diese haben die folgende Syntax:

```
#include <unistd. h.>

int chdir(const char *pfad);
int fchdir(int fd);
```

Bei Erfolg geben beide Funktionen `0`, ansonsten (also bei einem Fehler) `-1` zurück. `fchdir()` erwartet im Gegensatz zu `chdir()` einen Filedeskriptor anstatt eines relativen oder absoluten Pfadnamens. Mit diesen Funktionen kann allerdings nur immer das aktuelle Arbeitsverzeichnis des aktuellen Prozesses gewechselt werden. Sobald sich das Programm beendet, wird automatisch wieder in das Elternverzeichnis zurückgewechselt, von dem aus der Prozess gestartet wurde.

Hinweis zu fchdir()

`fchdir()` ist keine Standardfunktion von POSIX und wird nur von SVR4 4.4 und BSD angeboten. Für »wird nur von ... angeboten« gilt jedoch, dass es auch in der GNU C-Bibliothek (*glibc*) und somit auch für Linux verfügbar ist.

Hierzu folgt nun das Beispiel des vorherigen Abschnitts in einer erweiterten Version. Es soll nun in das neu erstellte Verzeichnis mit `chdir()` gewechselt werden.

```
/* mychdir.c */
#include <sys/types.h>
#include <sys/stat.h>
#include <stdio.h>
#include <unistd. h.>
#include <stdlib.h>
#include <string.h>
#include <errno.h>
#define MAX 256
```

```
int main(int argc, char **argv) {
    mode_t mode = S_IRWXU;
    char wd[MAX];

    if(argc < 2) {
        printf("USAGE: %s neues_verzeichnis\n",*argv);
        return EXIT_FAILURE;
    }
    // alle Zugriffsrechte der Einschränkungsmaske erlauben
    umask(0);
    if( (mkdir( argv[1], mode)) != -1 )
        printf("Verzeichnis \"%s\" erfolgreich erstellt\n",
            argv[1]);
    else
        printf("Konnte Verzeichnis nicht erstellen (%s)\n",
            strerror(errno));

    if( (chdir(argv[1]) ) == -1)
        printf("Konnte das Verzeichnis nicht wechseln\n");

    if( NULL != getcwd(wd, MAX) )
        printf("Neues Arbeitsverzeichnis: %s\n",wd);
    return EXIT_SUCCESS;
}
```

Listing 2.13 Zeigt, wie Sie sich ein eigenes chdir-Kommando programmieren können.

Das letzte Beispiel gibt in der Konsole Folgendes aus:

```
$ gcc mychdir.c -o mychdir
$ ./mychdir test
Verzeichnis "test" erfolgreich erstellt
Neues Arbeitsverzeichnis: /home/pinguin/test
$ pwd
/home/pinguin
```

In dem letzten Beispiel wurde auch gleich die Funktion getcwd() mit verwendet. Mit dieser Funktion lässt sich ermitteln, in welchem Arbeitsverzeichnis sich der laufende Prozess gerade befindet. Das Gleiche erreichen Sie in der Kommandozeile mit pwd. Die Funktion getcwd() wird hier wie folgt aufgerufen:

```
#include <unistd. h.>

char *getcwd(char *puffer, size_t size);
```

Damit wird an die Speicheradresse puffer der Pfadname des aktuellen Arbeitsverzeichnisses geschrieben. Die Größe des Puffers wird mit size angegeben (in Bytes). Bei einem Fehler gibt diese Funktion den NULL-Zeiger zurück.

2.5.3 Ein leeres Verzeichnis löschen mit rmdir()

Zum Löschen eines bereits leeren Verzeichnisses können Sie die Funktion rmdir() verwenden. Sie wird wie folgt aufgerufen:

```
#include <unistd. h.>

int rmdir(const char *pfadname);
```

Konnte das Verzeichnis pfadname gelöscht werden, gibt diese Funktion 0, ansonsten (bei einem Fehler) -1 zurück. Wenn Sie bereits Linux-Grundkenntnisse besitzen, wissen Sie vielleicht, dass das Verzeichnis erst dann gelöscht werden kann, wenn es leer ist. Das heißt, es dürfen nur noch die Einträge . und .. enthalten sein, mit denen Sie eine Ebene höher bzw. in das Stammverzeichnis »/« gelangen. Löschen Sie ein Verzeichnis mit der Funktion rmdir(), während ein anderer Prozess auf dieses Verzeichnis zugreift und z. B. eine neue Datei anlegen will, so schlägt das Anlegen der Datei fehl (trotzdem aber existiert das Verzeichnis immer noch auf der Festplatte, da ja noch mindestens ein Programm darauf zugreift). Jede Datei in Ihrem Verzeichnis besitzt nun einen Linkzähler, das heißt einen Zähler, der angibt, die wievielte Datei dies in Ihrem Verzeichnis ist. Der Link selbst ist dann ein Zeiger auf den Startblock der Datei, natürlich noch gepaart mit anderen Dingen, wie z. B. den Zugriffsrechten. Normalerweise gibt es immer mindestens zwei Links, nämlich einen Link (.) mit der Nummer 1 auf das Elternverzeichnis und einen Link (..) mit der Nummer 2 auf das Stammverzeichnis (ist bei Linux stets »/«). Wenn der Linkzähler eines Verzeichnisses auf 0 steht, bedeutet dies, dass die beiden Verzeichnislinks . und .. bereits gelöscht sind und auch das eigentliche Verzeichnis als gelöscht gilt. Natürlich ist es dann nicht mehr möglich, eine Datei anzulegen. Dennoch kann ein Prozess immer noch Dateien in dem gelöschten Verzeichnis offen haben, was ein großes Problem darstellt. Deshalb müssen Sie auch prüfen (zusätzlich zu der Tatsache, dass das Verzeichnis leer sein muss), ob auf ein Verzeichnis noch Prozesse zugreifen, bevor Sie es löschen.

[«]

Hinweis zu . und ..

. und .. sind Pseudoeinträge, die nicht gelöscht werden können. Dies war auch unter DOS so, und dieser Mechanismus wurde in Linux übernommen.

2.5.4 Format eines Dateieintrags in dem struct dirent

Nachdem Sie erfahren haben, wie Sie ein Verzeichnis erstellen, in es wechseln und es wieder löschen können, werden Sie sich vielleicht gefragt haben, wie so ein Dateieintrag in einem Verzeichnis konkret aussieht. Die Antwort ist, dass wir Ihnen dies nicht so einfach sagen können, weil im Endeffekt das Dateisystem, das Sie auf Ihrer Festplatte eingerichtet haben, über die Struktur der Dateieinträge entscheidet. Bei Linux ist dies inzwischen meistens das ext4-Dateisystem oder auch BTFS; sehr alte Linux-Versionen (die auch noch oft zusammen mit DOS arbeiteten) verwendeten das FAT-Dateisystem. Linux entscheidet beim Bootvorgang darüber, welche Partitionen mit welchem Dateisystem es einbinden soll, indem die Datei */etc/fstab* eingelesen und verarbeitet wird. Sie können aber auch zusätzliche Partitionen mit dem Kommando `mount` in ein bestimmtes Verzeichnis einbinden. Das Kommando `mount` sorgt auf Kernel-Ebene dafür, dass Ihnen für jede Partition und jedes Verzeichnis ein abstrakter Datentyp zur Verfügung steht, der die Struktur von Verzeichniseinträgen so abbildet, dass jedes Programm darauf in gleicher Weise zugreifen kann. In der Tat schreibt der POSIX-Standard diese Struktur genau vor und sollte in der Headerdatei *dirent.h* (*directory entry header file*) definiert sein. Diese Struktur, nämlich den Datentyp `dirent`, benötigen Sie, wenn Sie Informationen zu einem Verzeichniseintrag einlesen wollen. Die Basisstruktur von `dirent` sieht folgendermaßen aus:

```
struct dirent {
   ino_t d_ino;
   unsigned char d_type;
   unsigned char d_namlen;
   char d_name[NAME_MAX+1];
};
```

In Zeiten, in denen es noch nicht viele funktionierende Dateisystem-Treiber gab, war die einzige Komponente, die auf wirklich jedem POSIX-System vorhanden war, die Strukturvariable `d_name`. Zum Glück hat sich die Situation entspannt, und Linux kann inzwischen sogar Windows-Partitionen (NTFS) lesen und beschreiben. Die Komponente `d_name` ist ein 0-terminierter Dateiname mit einer Größe von `NAME_MAX+1` Zeichen. Die Konstante `NAME_MAX` ist in der Regel mit einem Wert von mindestens 255 definiert, dies muss aber nicht der Fall sein. Gerade Dateisysteme im Flash-RAM von Mikrocontrollern wie z. B. dem beliebten ESP32-Mikrocontroller können maximal 32 Bytes pro Dateinamen verwenden, inklusive Längenangaben und Startblock. Sie sollten `NAME_MAX` also auf jeden Fall überprüfen.

Bei der Strukturvariablen `d_ino` handelt es sich um die Inode-Nummer (darauf werden wir im weiteren Verlauf des Buches noch eingehen), und `d_namlen` enthält die aktuelle Länge des Eintrags in `d_name` ohne das String-Ende-Zeichen. Beachten Sie, dass Linux auch solchen Dateisystem-Einträgen Inode-Nummern zuordnet, die sich auf Nicht-Linux-Partitionen befinden.

Die Strukturvariable d_type enthält nun die Art der Datei. Dabei sind folgende Konstanten möglich:

- DT_UNKNOWN – unbekannt
- DT_REG – normale Datei
- DT_DIR – ein Verzeichnis
- DT_FIFO – eine benannte Pipe oder eine FIFO
- DT_SOCK – ein Socket
- DT_CHR – zeichenorientierte Gerätedatei
- DT_BLK – blockorientierte Gerätedatei

Diese symbolischen Konstanten sind bei UNIX-Systemen nur unter BSD vorhanden, aber auch unter Linux. Diesen Sachverhalt können Sie am besten selbst mit einer bedingten Kompilierung wie folgt überprüfen:

```
#include <dirent.h>

#ifdef _DIRENT_HAVE_D_TYPE
   #define HAVE_D_TYPE 1  /* Let's rock. */
#else
   #define HAVE_D_TYPE 0  /* Ansonsten bleibt nur struct stat. */
#endif
```

Ist die symbolische Konstante _DIRENT_HAVE_D_TYPE gesetzt, können Sie die Strukturvariable d_type verwenden. Ansonsten müssen Sie die Art der Datei wie üblich über st_mode aus dem struct stat ermitteln (siehe dazu auch Kapitel 3). Kann die Art der Datei nicht mit d_type ermittelt werden, wird die Strukturvariable auf DT_UNKNOWN gesetzt. Wie gesagt, unter Linux können Sie ohne Probleme auf d_type zugreifen, wenn Sie aber einmal in die Verlegenheit kommen sollten, ältere Programme älterer UNIX-Systeme portieren zu müssen, ist es gut, wenn Sie wissen, was Sie dann tun müssen.

Hinweis

Müssen Sie die Strukturvariable d_type in einen st_mode-Wert der Struktur stat konvertieren oder umgekehrt, dann sollten Sie sich die Makros IFTODT() und DTTOIF() ansehen, die ebenfalls in der Headerdatei *dirent.h* definiert sind. Sehen Sie sich aber in diesem Fall unbedingt auch die Howtos an (aufrufbar mit dem man-Kommando).

Benötigen Sie weitere Attribute, wie z. B. die Größe oder den Zeitpunkt der letzten Änderung, die in einer Datei gemacht wurde, so können Sie dies an dieser Stelle noch nicht erreichen. Aber keine Angst, im nächsten Kapitel wird diese Sache bereits aufgelöst.

2.5.5 Einen Verzeichnisstream öffnen mit opendir()

Im Endeffekt sind Verzeichnisse auch nur Dateien mit speziellen Eigenschaften, und die meisten Dateisysteme unterscheiden auch nur anhand spezieller Flags, ob ein Eintrag auf den Startblock einer Datei verweist oder aber auf den Startblock eines Unterverzeichnisses. Das bedeutet natürlich auch, dass Sie auch für ein Verzeichnis einen Stream erstellen können. Um einen Stream zu einem Verzeichnis zu erhalten, schreibt POSIX vor, den DIR-Datentyp zu verwenden, der eine interne Struktur darstellt, auf den die nun noch folgenden Funktionen ebenfalls zugreifen können. Wer hier Ähnlichkeiten mit dem FILE-Stream oder einem Filedeskriptor sieht, liegt gar nicht so falsch. Am Anfang der Linux-Zeit wurden Verzeichnisse auch auf diese Art gelesen. Man verwendete z. B. open() oder fopen() zum Öffnen des Arbeitsverzeichnisses (.) und musste anschließend nur noch die Struktur dirent mit read() oder fread() auslesen. Dies sah in etwa wie folgt aus:

```
#include <sys/types.h>
#include <dirent.h>
#include <stdio.h>
#include <stdlib.h>

int main(void) {
    FILE *fp;
    struct dirent *dir;
    int n;
    /* Veraltete Methode - sollte nicht mehr funktionieren! */
    if ((fp = fopen(".", "r")) == NULL) {
          perror("current directory");
          exit(EXIT_FAILURE);
       }
    while((n=fread(dir, sizeof(struct dirent), 1, fp)) >0) {
          if (dir->d_ino == 0)
              continue;
          printf("%.*s\n", NAME_MAX+1, dir->d_name);
       }

    fclose(fp);
    return EXIT_SUCCESS;
}
```

Da allerdings mit der Zeit immer mehr neue Systeme entwickelt wurden, die auch teilweise eigene Dateisysteme verwendeten, musste man sich später eine einheitliche Lösung ausdenken. Der POSIX-Standard musste also erweitert werden und schrieb nun die Funktionen opendir(), readdir(), rewinddir() und closedir() vor. Neu hinzu kamen auch die Funktionen telldir() und seekdir(), wobei die letzten beiden Funktionen nur BSD-konform sind, aber auch auf Linux funktionieren. Sicherlich hätte man sich diesbezüglich eine Ergänzung des C-Standards gewünscht, aber dies ist wegen der vielen unterschiedlichen Verzeichnisformate auf den unterschiedlichen Systemen ein recht hoffnungsloses Unterfangen. Hinzu kommt, dass das Komitee, das den C-Standard verwaltet, ganz andere Ziele hat, als hunderte von Dateisystemen zu unterstützen.

Die Syntax der Funktion opendir() sieht nun so aus:

```
#include <dirent.h>
#include  <sys/types.h>

DIR *opendir(const char *dirname);
```

Die Funktion opendir() gibt bei Erfolg den DIR-Zeiger auf das geöffnete Verzeichnis dirname zurück. Bei einem Fehler wird der NULL-Zeiger zurückgegeben. Welcher Fehler aufgetreten ist, können Sie mit der Fehlervariablen errno auswerten.

Der Typ DIR ist intern als Filedeskriptor implementiert, und die opendir()-Funktion stellt im Prinzip nichts anderes als die elementare Funktion open() dar. Sicherlich ist Ihnen ein paar Seiten zuvor die Funktion fchdir() aufgefallen, die einen Filedeskriptor als Argument erwartet. Um aus einem DIR-Zeiger einen Filedeskriptor zu machen, bietet Ihnen die GNU C Library die Funktion dirfd() an:

```
int dirfd(DIR *dirstream);
```

Diese Funktion gibt den Filedeskriptor des DIR-Streams zurück, den Sie zuvor mit opendir() geöffnet haben:

```
DIR *dp;
int fd;

dp = opendir( dirname );
if( dp != NULL ) {
      fd = dirfd( dp );
      if( fd == -1 )
         exit(EXIT_FAILURE);
   }
if( (fchdir(fd) ) == -1)
     printf("Konnte das Verzeichnis nicht wechseln\n");
```

Bei einem Fehler gibt die Funktion dirfd() den Wert -1 zurück. dirfd() ist nicht Bestandteil von POSIX, sondern lediglich von BSD und eben Linux.

2.5.6 Lesen aus dem DIR-Stream mit opendir() und Schließen des DIR-Streams mit closedir()

Wenn Sie jetzt den DIR-Stream zuvor mit opendir() geöffnet haben, können Sie daraus mit der Funktion readdir() lesen. Die Syntax dazu ist die folgende:

```
#include <dirent.h>
#include  <sys/types.h>

struct dirent *readdir(DIR *dirstream);
```

Mit readdir() wird immer der nächste Eintrag der Verzeichnisdatei vom DIR-Stream gelesen. Bei Erfolg wird ein Zeiger auf die Struktur dirent zurückgegeben oder bei einem Fehler NULL. Gewöhnlich wird die Funktion readdir() in einer Schleife eingesetzt, die so lange durchlaufen wird, bis nichts mehr zum Lesen vorhanden ist, also NULL zurückgegeben wird. Die Funktion readdir() kann also ein Verzeichnis immer nur von vorn nach hinten durchlaufen; wenn Sie also z. B. eine alphabetische Ausgabe der Dateinamen wünschen, müssen Sie zusätzlich ein entsprechendes Sortierverfahren benutzen. Es folgt nun (direkt nach den Hinweiskästchen zur Sichtbarkeit und readdir()) ein einfaches Listing, womit das aktuelle Arbeitsverzeichnis ausgelesen und ausgegeben wird. Des Weiteren wird versucht, sofern die symbolische Konstante _DIRENT_HAVE_D_TYPE gesetzt ist, zu ermitteln, ob es sich dabei um eine normale Datei oder um ein Verzeichnis handelt. Sofern bei Ihrem System _DIRENT_HAVE_D_TYPE gesetzt ist, aber doch nicht unterstützt wird, ist die Strukturvariable d_type auf DT_UNKNOWN gesetzt. Zum Ermitteln von Dateitypen und weiteren Attributen folgt extra ein Kapitel (Kapitel 3).

[»]

Hinweis: Sichtbarkeit von . und ..

Beachten Sie bitte, dass nicht auf jedem System das Arbeitsverzeichnis (.) und das Elternverzeichnis (..) mit ausgegeben werden. Linux fällt nicht darunter, aber wenn Sie ein älteres BSD-Programm portieren wollen und sich über ein komisches Verhalten bei der Verzeichnisausgabe wundern, dann denken Sie bitte zunächst an diesen Hinweis.

[»]

Hinweis zu readdir()

readdir() gibt wie gesagt die Dateinamen nicht in einer alphabetischen Reihenfolge zurück, auch wenn das bei der Ausgabe in dem folgendem Listing so erscheinen mag. Zurückgegeben wird alles so, wie das Dateisystem es auf der Festplatte abgelegt hat, und dort wird eben aus Geschwindigkeitsgründen nicht sortiert. Wer natürlich die Dateinamen in alphabetischer Reihenfolge ablegt, kann sie durchaus auch in alphabetischer Reihenfolge ausgeben. Wie gesagt müssen Sie in allen anderen Fällen ein Sortierverfahren benutzen. Eine Ausnahme ist das Kommando ls, das die Ausgaben immer sortiert (Ausnahme: Option -f).

```
/* showdir.c */
#include <stddef.h>
#include <stdio.h>
#include <stdlib.h>
#include <sys/types.h>
#include <dirent.h>

int main (void) {
    DIR *dp;
    struct dirent *ep;
    static int files = 0;

    dp = opendir (".");
    if (dp != NULL) {
        while ((ep = readdir (dp)) != NULL) {
            #ifdef _DIRENT_HAVE_D_TYPE
            switch(ep->d_type) {
                case DT_REG : printf("Normale Datei : ");
                break;
                case DT_DIR : printf("Verzeichnis : ");
                break;
                case DT_UNKNOWN : printf("??? : ");
                break;
           }
           #endif
           printf("%s\n", ep->d_name);
           files++;
        }
        closedir (dp);
    }
    else
        perror ("Kann Verzeichnis nicht öffnen");
    printf("--- Insg. %d Dateien im Verzeichnis ---\n",files);
    return EXIT_SUCCESS;
}
```

Listing 2.14 Zeigt, wie Sie den gesamten Inhalt eines Verzeichnisses ausgeben können.

Das Programm gibt bei der Ausführung Folgendes in der Konsole aus:

```
$ gcc showdir.c -o showdir
$ ./showdir
???
???         : .ddd
```

```
???       : .kde
???       : .xim
???       : dir1
???       : dir2
???       : .netscape
???       : test
???       : Documents
???       : projects
???       : .xtalkrc
???       : out.txt
???       : Verzeichnisse.doc
???       : evolution
???       : .xsession-errors
--- Insg. 116 Dateien im Verzeichnis ---
```

In diesem Fall ist die symbolische Konstante _DIRENT_HAVE_D_TYPE zwar gesetzt, aber immer auf DT_UNKNOWN.

[»]

Hinweis: Versteckte Dateien

Dateien, die mit einem Punkt beginnen, sind unter Linux in der Regel nicht sichtbar (werden also mit ls *nicht angezeigt*), können aber mit readdir() gelesen werden. Umsteiger von Windows können dies mit dem Attribut »Hidden« vergleichen.

[»]

Hinweis zu readdir()

Die Funktion readdir() eignet sich nicht zur Programmierung mit Threads, da mehrere Threads, die denselben Verzeichnisstream verwenden, den Rückgabewert überschreiben. Für Threads werden die Funktion readdir_r() oder das libHX-Pendant empfohlen.

Um einen DIR-Stream ordnungsmäßig nach der Verwendung wieder freizugeben, wird die Funktion closedir() eingesetzt:

```
#include <dirent.h>
#include  <sys/types.h>

int closedir( DIR *dirstream );
```

Konnte der Stream erfolgreich geschlossen werden, wird 0, ansonsten bei einem Fehler -1 zurückgegeben.

2.5.7 Positionieren des DIR-Streams

Wie schon bei den elementaren und den Standard-E/A-Funktionen gibt es auch für den DIR-Zeiger eine Möglichkeit, die Position zu verändern. Wollen Sie den DIR-Stream z. B. wieder an den Anfang setzen, so dass readdir() wieder beim ersten Verzeichniseintrag anfängt zu lesen, können Sie die Funktion rewinddir() benutzen, die folgende Syntax besitzt:

```
#include <sys/types.h>
#include <dirent.h>

void rewinddir( DIR *dirstream );
```

Die aktuelle Position des DIR-Streams können Sie mit der Funktion telldir() ermitteln:

```
#include <sys/types.h>
#include <dirent.h>

off_t telldir (DIR *dirstream) ;
```

Wir empfehlen, den Rückgabewert später wieder mit der Funktion seekdir() zum Zurücksetzen dieser Position zu verwenden. Die Syntax zu seekdir() ist die folgende:

```
#include <sys/types.h>
#include <dirent.h>

void seekdir (DIR *dirstream, off_t pos);
```

Mit seekdir() setzen Sie den DIR-Zeiger auf die Position von pos. pos muss ein Wert sein, den Sie zuvor mit der Funktion telldir() ermittelt haben oder der im Gültigkeitsbereich liegt. Welche Werte jedoch gültig sind, verrät uns auch die Manpage nicht, denn der Bereich gültiger Werte hängt davon ab, wie viele Einträge in dem aktuellen Verzeichnis vorhanden sind. Diese Anzahl muss auch nicht unbedingt mit der Anzahl tatsächlich vorhandener Dateien übereinstimmen, denn wenn Sie eine Datei löschen, wird erst einmal nur der entsprechende Eintrag als ungültig markiert.

Beide Funktionen, telldir() und seekdir(), sind nicht POSIX-konform und nur in BSD und Linux vorhanden.

2.5.8 Ein komplettes Verzeichnis einlesen mit scandir()

Eine Funktion auf einer etwas höheren Ebene ist scandir(), wobei wir gleich anmerken müssen, dass auch diese Funktion nicht dem POSIX-Standard entspricht. Da sie aber auf jedem Linux-System vorhanden ist, soll sie hier erwähnt werden. Die Syntax von scandir() ist:

```
#include <dirent.h>

int scandir( const char *dirname, struct dirent **namelist,
            int (*selector) (const struct dirent *),
            int (*cmp) (const void *, const void *)   ) ;
```

Mit scandir() lesen Sie die Einträge des Verzeichnisses dirname ein. Als Ergebnis finden Sie anschließend alle Einträge eines Verzeichnisses in *namelist, einem Array von Zeigern des Typs struct dirent. Die Funktion scandir() nimmt die dynamische Speicherreservierung für *namelist automatisch vor, indem die entsprechenden malloc()-Befehle ausgeführt werden. Freigeben müssen Sie den Speicherplatz allerdings wieder selbst mittels free(). Bei einem Programm, das sich nach dem Einlesen der Verzeichniseinträge gleich wieder beendet, ist es nicht so schlimm, wenn Sie den Speicher nicht mehr freigeben, da dieser bei Beendigung automatisch wieder freigegeben wird. Trotzdem sollten Sie sich nicht darauf verlassen, und bei dauerhaft laufenden Programmen schaffen Sie sich auf diese Weise ein klassisches Speicherleck (engl. *memory leak*), wenn Sie den zugeteilten Speicher nicht irgendwann wieder freigeben.

Die Einträge in *namelist können zusätzlich von der Funktion cmp sortiert werden. Da diese Funktion zwei Argumente vom Typ struct dirent ** vergleichen muss, sind die Funktionen strcmp() oder strcoll() nicht direkt dafür geeignet. Sie sollten stattdessen die implementierten Funktionen alphasort() oder versionsort() verwenden. Mehr zu den Sortierfunktionen finden Sie in den entsprechenden Manual Pages. In dem nächsten Beispiel werden Sie alphasort() verwenden, das die einzelnen Einträge alphabetisch sortiert. Im Endeffekt wird hier nur eine Variante des klassischen Quicksort-Algorithmus angewendet, Sie könnten also durchaus auch die C-Funktion qsort() aus der *stdlib.h* benutzen, um die Verzeichniseinträge zu sortieren.

Wollen Sie nur bestimmte Verzeichniseinträge bearbeiten oder ausgeben lassen, können Sie mit der Funktion selector eine eigene Funktion verwenden und selbst entscheiden, welche Einträge ausgewählt werden (z. B. nur die Namen, die mit A beginnen). Es werden dabei nur die Einträge ausgewählt, bei denen nicht 0 zurückgegeben wird. Diese Einträge befinden sich dann ebenfalls in *namelist. Natürlich müssen Sie sich auch hierbei keine Gedanken bezüglich der Speicherreservierung machen, aber wiederum schon um das Freigeben des Speichers.

Der Rückgabewert der Funktion scandir() ist die Anzahl der Einträge, die erfolgreich in *namelist platziert wurden. Bei einem Fehler wird -1 zurückgegeben. Da hier mehrere Fehler auftreten können (wie z. B. fehlende Zugriffsberechtigungen auf das Verzeichnis oder Fehler bei der Speicherreservierung mit malloc()), sollten Sie die nach jeder Aktion die globale Fehlervariable errno abfragen.

Das folgende Beispiel demonstriert, wie Sie mit der Funktion scandir() ein komplettes Verzeichnis mit nur einem Funktionsaufruf einlesen können. Nach dem Funktionsaufruf befinden sich alle Verzeichniseinträge in namelist. Wenn Sie das Programm ohne Argumente aufrufen, wird das aktuelle Arbeitsverzeichnis eingelesen. Ansonsten können Sie als zweites Argument das Verzeichnis angeben, das Sie stattdessen einlesen wollen. Anschließend werden die eingelesenen Einträge ausgegeben und der Speicher ordentlich wieder freigegeben.

```
/* scandir.c */
#include <sys/types.h>
#include <sys/stat.h>
#include <stdio.h>
#include <stdlib.h>
#include <string.h>
#include <dirent.h>
#include <unistd. h.>
#define MAX 255

int main (int argc, char **argv) {
    int num_entries, i;
    struct dirent **namelist, **list;
    const char *ptr = NULL;
    char wd[MAX];
    if (argc < 2)
         ptr = ".";
    else
        ptr = argv[1];
    if ( (  num_entries =
       scandir( ptr, &namelist, 0, alphasort)) < 0) {
           fprintf (stderr, "Unerwarteter Fehler\n");
           exit (EXIT_FAILURE);
    }
    chdir (ptr);
    getcwd (wd, MAX);
    printf ("Anzahl der Einträge in %s: %d\n",
       wd, num_entries);
    if (num_entries) {
        printf ("Die Einträge:\n");
        for(i=0, list=namelist; i<num_entries; i++, list++) {
            printf (" %s\n", (*list)->d_name);
            free (*list);
        }
        free (namelist);
        printf ("\n");
    }
```

```
    printf ("\n");
    return EXIT_SUCCESS;
}
```

Listing 2.15 Gibt sämtliche Unterordner eines Verzeichnisses in der Konsole aus.

Das Programm gibt in der Konsole Folgendes aus:

```
$ gcc scandir.c -o scandir
$ ./scandir /usr
Anzahl der Einträge in /usr: 14
Die Einträge:
 .
 ..
 X11
 X11R6
 bin
 games
 linux
 include
 lib
 local
 sbin
 share
 src
 tmp
```

Und jetzt noch die zweite Möglichkeit – Sie wählen selbst aus, welche Verzeichniseinträge ausgegeben werden sollen. Hierzu können Sie die von POSIX zur Verfügung gestellten Funktionen der Headerdatei *regex.h* verwenden. Diese Funktionen können z. B. zum Suchen von Mustern mittels regulärer Ausdrücke benutzt werden.

In der Headerdatei *regex.h* werden Ihnen unter anderem die folgenden vier Funktionen zur Verfügung gestellt: `regcomp()`, `regexec()`, `regerror()` und `regfree()`. Mit der Funktion `regcomp()` müssen Sie die Zeichenkette, die den regulären Ausdruck enthält, zunächst in die Variable `regex_t` übersetzen. Anschließend können Sie diesen regulären Ausdruck mit der Funktion `regexec()` und dem zu durchsuchenden Text (hier sind dies Verzeichniseinträge) anwenden. Am Ende wird die nicht mehr benötigte Variable `regex_t` mit `regfree()` wieder freigegeben. Mit `regerror()` können Sie eventuelle Fehlermeldungen zu den Funktionen `regcomp()` und `regexec()` ausgeben lassen.

Mit dem nun folgenden Beispiel können Sie als drittes Argument einen regulären Ausdruck angeben, der auf das Verzeichnis, das Sie als zweites Argument angeben, verwendet wird. Stimmt der reguläre Ausdruck mit einem Eintrag im Verzeichnis überein, wird dieser mit der eigenen Selector-Funktion wieder (automatisch) dynamisch in `*namelist` geschrieben. Wichtig ist dabei, dass nur die Einträge in `*namelist` geschrieben werden, wo die Funktion (im Beispiel: `my_select`) einen Wert größer als `0` zurückliefert. Hierzu das Listing:

```
/* find_dir.c */
#include <sys/types.h>
#include <sys/stat.h>
#include <stdio.h>
#include <stdlib.h>
#include <string.h>
#include <dirent.h>
#include <regex.h>
#include <unistd. h.>
#define MAX 255

static int search = 0;
static regex_t regexpr;

static int my_select (const struct dirent *dp) {
   if(search == 0)
      return 1;
   if (regexec(&regexpr, dp->d_name, 0, NULL, 0) == 0)
      return 1;
   else
      return 0;
 }

int main (int argc, char **argv) {
   int num_entries, i;
   struct dirent **namelist, **list;
   const char *ptr = NULL;
   char wd[MAX];

   if (argc < 2)
      ptr = ".";
   else
      ptr = argv[1];
   if(argc == 3) {
       if (regcomp(&regexpr, argv[2], REG_EXTENDED)) {
           printf("Problem beim Ausdruck %sn", argv[2]);
           return EXIT_FAILURE;
       }
```

```
        search = 1;
    }

    if ( ( num_entries =
            scandir(ptr, &namelist, my_select, 0)) < 0) {
        fprintf (stderr, "Unerwarteter Fehler\n");
        exit (EXIT_FAILURE);
    }
    chdir (ptr);
    getcwd (wd, MAX);
    printf ("Anzahl der Einträge in %s: %d\n",
        wd, num_entries);
    if (num_entries) {
        printf ("Die Einträge:\n");
        for(i=0, list=namelist; i<num_entries; i++, list++){
            printf (" %s\n", (*list)->d_name);
            free (*list);
        }
        free (namelist);
        printf ("\n");
    }
    printf ("\n");
    regfree(&regexpr);
    return EXIT_SUCCESS;
}
```

Listing 2.16 Demonstriert das Suchen eines bestimmten Verzeichnisses durch reguläre Ausdrücke.

Das Programm gibt in der Konsole Folgendes aus:

```
$ gcc finddir.c -o finddir
$ ./finddir /usr/include ^std
Anzahl der Einträge in /usr/include: 4
Die Einträge:
 stdio.h
 stdio_ext.h
 stdint.h
 stdlib.h
```

Hier wurden zum Beispiel alle Einträge im Verzeichnis */usr/include* ausgegeben, die mit der Zeichenkette *std* beginnen. Das Zeichen ^ bedeutet dabei so viel wie »beginne mit der Suche am Anfang«.

2.5.9 Ganze Verzeichnisbäume durchlaufen mit ftw()

Manchmal reicht es nicht aus, in nur einem Verzeichnis etwas auszulesen bzw. etwas zu suchen. Wollen Sie tiefer in die Verzeichnisstruktur vordringen, können Sie entweder eine rekursive Funktion mit den bereits bekannten Funktionen `opendir()` und `readdir()` schreiben oder aber auf die XPG4-konforme Funktion, die auf vielen Linux-Systemen vorhanden ist zugreifen, nämlich `ftw()` (*file tree walk*). Zwar ruft sich die Funktion `ftw()` intern ebenfalls mehrmals rekursiv auf, aber es handelt sich immerhin um eine erprobte Bibliotheksfunktion.

Sofern Sie natürlich möglichst portabel bleiben müssen, bleibt Ihnen nichts anderes übrig, als `opendir()` und `readdir()` zu verwenden, da der POSIX-Standard eben weiter verbreitet ist als der XPG4-Standard.

Hinweis für BSD

Wer auf einem BSD-System arbeitet, findet hier mit `fts()` (*traverse a file hierarchy*) eine – man mag fast schon sagen – interessantere Routine als `ftw()`. Für Linux gilt, dass zumindest Debian `fts()` unterstützt, also auch z. B. der Raspberry Pi. Wenn Sie Programme von BSD auf Linux portieren, sollten Sie auf jeden Fall prüfen, ob auf Ihrem Linux `fts()` vorhanden ist oder nicht.

Wie dem auch sei, im Gegensatz zu vielen anderen Büchern wollen wir hier nicht den üblichen Weg vorstellen, sondern die Funktion `ftw()`.

Die Syntax von `ftw()` ist die folgende:

```
#include <ftw.h>

int ftw( const char *dir,
         int (*fn)(const char *file, const  struct stat *sb,
         int flag), int nopenfd   );
```

Mit der Funktion `ftw()` beginnen Sie mit dem Durchforsten eines kompletten Verzeichnisbaums, angefangen bei `dir`. Für jeden gefundenen Eintrag im Verzeichnis `dir` (und allen Unterverzeichnissen) wird die Funktion `fn()` mit dem kompletten Pfadnamen, einem Zeiger auf die Struktur `stat` (siehe Kapitel 3) und einem Flag erneut rekursiv aufgerufen. Das Flag kann dabei den folgenden Wert haben:

- `FTW_F`: Der Eintrag ist eine normale Datei.
- `FTW_D`: Der Eintrag ist ein Verzeichnis.
- `FTW_DNR`: Der Eintrag ist ein nicht lesbares Verzeichnis (meist mangelnde Zugriffsrechte).
- `FTW_SL`: Der Eintrag ist ein symbolischer Link.
- `FTW_NS`: Fehler bei `stat`, obwohl der Eintrag kein symbolischer Link ist

Damit die Funktion ftw() nicht alle für einen Prozess vorhandenen Filedeskriptoren für die offenen Verzeichnisse verwendet, können Sie mit dem Argument nopenfd die maximale Anzahl gleichzeitig geöffneter Verzeichnisse angeben. Sobald die Suchtiefe dann höher ist als nopenfd, bremst ftw() (das heißt, es wird nicht noch einmal rekursiv erneut aufgerufen).

Die Funktion ftw() können Sie auch stoppen, indem Sie der Funktion fn() einen Wert ungleich 0 zurückgeben. 0 heißt »weitermachen«, und ungleich 0 heißt »stopp«. Ansonsten macht ftw() so lange weiter, bis alle Verzeichnisse und ihre Einträge durchforstet sind. Tritt ein Fehler auf, wird -1 zurückgegeben.

In dem folgenden Listing soll ein komplettes Verzeichnis mitsamt seinen Unterverzeichnissen ausgegeben werden. Es werden dabei alle Einträge angezeigt. Das Programm wurde mit Absicht relativ einfach und kurz gehalten. Tritt z. B. das Flag FTW_F in Erscheinung, sollten Sie die Strukturvariable st_mode von stat daraufhin abfragen, ob es sich um eine normale Datei (S_IFREG), eine zeichenorientierte Gerätedatei (S_IFCHR), eine blockorientierte Gerätedatei (S_IFBLK), eine FIFO (S_IFIFO), einen symbolischen Link (S_IFLNK) oder ein Socket (S_IFSOCK) handelt. Natürlich können Sie auch weitere Attribute der einzelnen Einträge von der Struktur stat abfragen. Mehr zu stat erfahren Sie im nächsten Kapitel.

```
/* subdirs.c */
#include <sys/types.h>
#include <sys/stat.h>
#include <ftw.h>
#include <dirent.h>
#include <string.h>
#include <stdio.h>
#include <stdlib.h>

int dir_deep(const char *);

int dir_deep(const char *pfad) {
    int deep = 0;
    char *ptr = (char *)pfad;
    while(ptr=strchr(ptr, '/')) {
        ptr++;
        deep++;
    }
    return deep;
}

int fn(const char *pfadname, struct stat *attribut, int flag) {
    static int first = 1;
    static int deep;
    int i;
```

```
    const char *ptr = pfadname;
    if(!first) {
        for( i = 1; i<=dir_deep(pfadname) - deep; i++)
            printf("%2c|",' ');
        printf("---[%s",strchr(pfadname, '/')+1);
    }
    else {
        deep=dir_deep(pfadname);
        printf("[%s",pfadname);
        first = 0;
    }
    switch(flag) {
        case FTW_F : printf("]\n"); break;
        case FTW_D : printf("/]\n"); break;
        case FTW_DNR : printf("/-]\n"); break;
        default : printf("???]\n"); break;
    }
    return 0;
    /* Wollen Sie ftw() stoppen, geben Sie 1 zurück. */
    //return 1;
}

int main(int argc, char **argv) {
    const char *ptr = NULL;
    if(argc < 2)
        ptr = ".";
    else
        ptr = argv[1];
    if( ftw( ptr, fn, 16) == 0 )
        return EXIT_SUCCESS;
    else
        printf("Fehler bei ftw() ...!\n");
    return EXIT_SUCCESS;
}
```

Listing 2.17 Zeigt sämtliche Unterverzeichnisse baumartig strukturiert an.

Das Programm gibt bei der Ausführung Folgendes aus:

```
$ gcc subdirs.c -o subdirs
$ ./subdirs /home | less
[/home/]
  |  |---[pinguin/]
  |  |  |---[.qt/]
```

```
|   |   |   |---[qtrc]
|   |   |   |---[qt_plugins_3.1rc]
|   |   |   |---[.qt_plugins_3.1rc.lock]
|   |   |   |---[.qtrc.lock]
|   |   |---[.ddd/]
|   |   |   |---[log]
|   |   |   |---[init]
|   |   |   |---[tips]
|   |   |   |---[themes/]
|   |   |   |---[history]
|   |   |   |---[sessions/]
|   |   |---[.kde/]
|   |   |   |---[private/]
|   |   |   |   |---[config.xmldb]
|   |   |---[.xsession-errors]
|   |   |---[.xsession]
|   |   |---[.xserverrc.secure]
|   |   |---[.dvipsrc]
|   |   |---[.mailcap]
|   |   |---[.fonts.cache-1]
```

Da die Ausgabe kompletter Verzeichnisse recht umfangreich werden kann, wurde hier eine Pipe mittels `less` eingerichtet. Damit wird die Ausgabe des Programms `ftwalk` auf `less` umgeleitet, und Sie können bequem die Ausgabe nach unten und oben scrollen. Mit der Taste [q] können Sie `less` vorzeitig wieder beenden.

2.6 Fehlerbehandlung

Gewöhnlich überprüft man bei vielen Funktionen durch den Rückgabewert, ob sie erfolgreich ausgeführt wurden. Bei den meisten Funktionen, die Dateien und Streams betreffen, werden im Falle eines Fehlers `-1`, ein `NULL`-Zeiger oder eine symbolische Konstante zurückgegeben. Dieser Rückgabewert sagt Ihnen zwar, dass ein Fehler aufgetreten ist, aber nicht genau welcher Fehler. Dabei sind die Bibliotheksfunktionen sehr viel auskunftsfreudiger, als man annehmen würde. Tritt z. B. bei der Funktion `open()` ein Fehler auf, ist dies einer von mindestens zehn verschiedenen Fehler, die dabei auftreten können. Um herauszufinden, warum eine Funktion fehlschlug, müssen Sie einen Blick auf den Fehlercode der Variablen `errno` werfen. Diese Variable ist in der Headerdatei *errno.h* definiert. Außer dass Sie damit die Art des Fehlers ermitteln können, können Sie hiermit sogar theoretisch den Fehler umgehen. Viele Bibliotheksfunktionen können die Variable (`errno`) nämlich auf einen positiven Wert setzen, auch nachdem ein Funktionsaufruf fehlschlug.

[+]

Tipp für eine eigene Fehlerbehandlungsroutine

Nur -1 und 0 für Fehler/Erfolg zu verwenden, ist häufig nicht ausreichend. Funktionen, die einen Status zurückgeben, geben deshalb 1 für Erfolg, 0 für einen Fehler und einen negativen Wert bei einem *Hard Error* aus (z. B. wenn Syscalls keinen temporären Speicher für eine Kopie eines Suchwortes reservieren können). Wenn also hier ein negativer Wert zurückgegeben wird, dann ist der Wert ohne das negative Vorzeichen die Fehlernummer.

Auf Linux-Systemen finden Sie die Definitionen aller Fehlercodes in der Headerdatei *errno.h*. All diese Fehlercodes haben neben der (positiven) Nummer einen symbolischen Namen, der mit dem Präfix E beginnt.

Auf alle diese Fehlercodes einzugehen, wäre wohl etwas zu viel des Guten und ist hier auch nicht sehr sinnvoll. Wenn Sie z. B. für die Funktion open() die Fehlercodes wissen wollen, sollten Sie die Manpages dazu verwenden. Ziemlich am Ende finden Sie die möglichen Fehlercodes von errno und deren Bedeutungen.

errno wird beim Programmstart standardmäßig auf 0 (ESUCCESS) gesetzt, da es keinen (echten) Fehlercode mit dieser Nummer gibt. Zur Rekonstruktion von Fehlern kann es recht sinnvoll sein, errno nach einem Fehler wieder auf 0 (oder eben auch ESUCCESS) zu setzen oder den Wert in eine lokale Variable zu kopieren. Dies ist deshalb so, weil errno nach jedem misslungenen Systemaufruf von einem neuen Fehlercode überschrieben werden kann.

Nun folgt ein einfaches Listing, mit dem Sie überprüfen können, ob eine Datei existiert oder nicht. Wenn Sie z. B. eine Datei öffnen wollen, die nicht existiert, wird der Fehlercode ENOENT zurückgeliefert. Somit könnten Sie anschließend eine solche Datei erzeugen.

```
/* filetest.c */
#include <stdio.h>
#include <stdlib.h>
#include <errno.h>
#define TRUE 1
#define FALSE 0
#define BOOL int

int if_exist_file( const char *filename ) {
    FILE *f = fopen( filename, "r" );
    if( errno != ENOENT ) {
        fclose(f);
        return TRUE; /* Datei existiert. */
    }
    else
        return FALSE; /* Datei existiert nicht. */
    }
```

```
int main(void) {
    BOOL ex = if_exist_file( "testfile" );
    if (ex)
        printf("'testfile' existiert\n");
    else
        printf("'testfile' existiert nicht\n");
    return EXIT_SUCCESS;
}
```

Listing 2.18 Stellt fest, ob eine Datei bereits existiert.

Das Programm gibt bei der Ausführung Folgendes aus:

```
$ gcc filetest.c -o filtest
$ ./filetest
'testfile' existiert nicht
$ cat > testfile
Hallo Welt
Strg+D
$ ./filetest
'testfile' existiert
```

Eine andere Möglichkeit, den Fehlercode zu verwenden, ohne ihn genauer zu analysieren, ist die Verwendung der Funktion `perror()` in der folgenden Weise:

```
void perror (const char *message);
```

Diese Funktion gibt eine Nachricht auf der Standardfehlerausgabe (`stderr`) aus, die den Fehler in Textform beschreibt. Wenn Sie die Funktion `perror()` mit einer Nachricht (`message`) aufrufen – anstatt mit `NULL` oder einem leeren String –, wird `message` plus einem Doppelpunkt und Leerzeichen noch vor dem eigentlichen String ausgegeben, der den Fehler beschreibt. `perror()` fügt der Ausgabe stets ein Newline-Zeichen und den Doppelpunkt hinzu. Hierzu das vorherige Beispiel mit der Funktion `perror()` nur ohne `errno`:

```
/* filetest2.c */
#include <stdio.h>
#include <stdlib.h>
#define TRUE  1
#define FALSE 0
#define BOOL int

int if_exist_file( const char *filename ) {
    FILE *f = fopen( filename, "r" );
    if( f != NULL ) {
        fclose(f);
```

```
        return TRUE; /* Datei existiert. */
    }
    else
        return FALSE; /* Datei existiert nicht. */
}

int main(void) {
    BOOL ex = if_exist_file( "testfile" );
    if( ex )
        printf("'testfile' existiert\n");
    else
        perror("'testfile'");
    return EXIT_SUCCESS;
}
```

Listing 2.19 Eine optimierte Variante von Listing 2.18

Das Programm gibt bei der Ausführung Folgendes aus:

```
$ gcc filetest2.c -o filtest2
$ ./filetest2
'testfile' existiert
$ rm testfile
$ ./filetest
'testfile' : No such file oder directory
```

2.7 Ausblick

Zusammengefasst lässt sich zu diesem Kapitel sagen, dass Sie hier die grundlegenden Funktionen für den weiteren Verlauf des Buchs kennen gelernt haben. Natürlich könnten wir noch eine Menge weiterer Funktionen hinzufügen, aber der Umfang des Buchs ist ohnehin schon recht beachtlich. Neben den Manual Pages können wir Ihnen für weitere Recherchen auch die Dokumentation der *glibc* empfehlen.

Kapitel 3

Attribute von Dateien und Verzeichnissen abfragen und ändern

Im Kapitel zuvor haben wir Sie häufig auf dieses Kapitel verwiesen. Hier stellen wir nun die Attribute vor, die jede Datei und jedes Verzeichnis im Inode speichert.

Die einzelnen Attribute einer Datei abzufragen oder auch zu ändern, ist Thema dieses Kapitels. Ebenfalls erfahren Sie hier, wie Sie symbolische Links anlegen oder die Größe einer Datei ermitteln können. All dies sind Dinge, die im Programmieralltag unter Linux unverzichtbar sind.

3.1 Die Struktur stat

Die einzelnen Attribute einer Datei oder eines Verzeichnisses können Sie aus der Struktur `stat` (Kurzform von »Status«) auslesen. Die einzelnen Strukturvariablen von `stat` sind das Thema der nun folgenden Seiten.

Die Struktur `stat` ist in der Headerdatei *sys/stat.h* definiert und besitzt mindestens die in Tabelle 3.1 aufgelisteten Strukturvariablen. Bei Nicht-Linux-Systemen können weitere Attribute hinzukommen, wenn Sie aber plattformunabhängige Programme schreiben wollen, die z. B. auch auf BSD kompilierbar sind, dann sollten Sie nur die Attribute benutzen, die in Tabelle 3.1 stehen und bei denen unter »POSIX« ein »ja« eingetragen ist.

Variable	Bedeutung	POSIX
`st_dev`	Gerätenummer (Device-Nummer) des Dateisystems, auf dem sich die Datei/das Verzeichnis befindet.	ja
`st_ino`	Inode-Nummer	ja
`st_mode`	Dateimodus (Dateityp und Zugriffsrechte)	ja
`st_nlink`	Anzahl fester Links auf die Datei	ja
`st_uid`	`UID` des Dateieigentümers	ja

Tabelle 3.1 Strukturvariablen im »struct stat« und ihre Bedeutung

Variable	Bedeutung	POSIX
`st_gid`	`GID` des Dateieigentümers	ja
`st_rdev`	Geräte-ID (nur für Spezialdateien)	nein
`st_size`	Größe der Datei in Bytes	ja
`st_atime`	Datum des letzten Zugriffs	ja
`st_mtime`	Datum der letzten Veränderung	ja
`st_ctime`	Datum der Inode-Änderung	ja
`st_blksize`	eingestellte Blockgröße	nein
`st_blocks`	Anzahl der verwendeten `st_blksize`-Blöcke	nein

Tabelle 3.1 Strukturvariablen im »struct stat« und ihre Bedeutung (Forts.)

Sie haben drei Versionen von `stat` zur Verfügung, mit denen Sie die Dateiattribute abfragen können:

```
#include <sys/types.h>
#include <sys/stat.h>

int stat(const char *pfadname, struct stat *buf);
int fstat(int fd, struct stat *buf);
int lstat(const char *pfadname, struct stat *buf);
```

Alle drei Versionen geben bei einem Fehler `-1` und bei Erfolg des Funktionsaufrufs `0` zurück. Bei allen drei Funktionen müssen Sie eine Zeigervariable vom Typ `struct *stat` übergeben. Nach dem Funktionsaufruf befinden sich dann die entsprechenden Informationen (siehe Tabelle 3.1) zur betreffenden Datei in den einzelnen Strukturvariablen.

[»]

Hinweis zu Strukturvariablen

Eine *Struktur*, oft auch einfach *struct* genannt, ist im Endeffekt ein Datenrecord, der einzelne Variablen zu einem Block zusammenfasst. Diese einzelnen Variablen innerhalb des Records werden manchmal (vor allem von objektorientierten Entwicklern) auch als »Attribute« bezeichnet. Allerdings können Sie den Begriff »Attribut« auch auf lokale Variablen innerhalb einer Klasse (bei C++) oder auch auf Dateien anwenden. Deshalb verwenden wir an dieser Stelle dann auch den unter Umständen nicht ganz korrekten Begriff »Strukturvariablen« (im Endeffekt ist ja eine Struktur auch eine Variable, besonders wenn sie mit `typedef struct` deklariert wird).

Bei der Funktion `stat()` geben Sie die Datei selbst mit der Stringvariablen `pfadname` als Parameter an. Die Funktion `lstat()` funktioniert ähnlich wie `stat()`, nur mit dem Unterschied, dass, wenn es sich bei der hier angegebenen Datei um einen symbolischen Link handeln sollte, die Attribute des symbolischen Links anstatt die der Datei nach `buf` übertragen werden. Die Funktion `fstat()` ist die Variante der niedrigeren Ebene, die als erstes Argument einen bereits geöffneten Filedeskriptor erwartet (siehe dazu auch Kapitel 2).

3.1.1 Dateiart und Zugriffsrechte einer Datei abfragen mit st_mode

Die Strukturvariable `st_mode` kann gleich für zwei Arten von Abfragen verwendet werden. Zum einen erfragt man mit ihr, um welche Dateiart es sich handelt, und zum anderen, welche Zugriffsrechte diese Datei besitzt.

Die Dateiart können Sie mit den in der Tabelle aufgelisteten Makros abfragen. Jedes dieser Makros liefert `1` zurück, wenn die Bedingung zutrifft, oder `0`, falls nicht.

Makro	Bedeutung
`S_ISREG()`	reguläre Datei
`S_ISDIR()`	Verzeichnis
`S_ISCHR()`	zeichenorientierte Gerätedatei
`S_ISBLK()`	blockorientierte Gerätedatei
`S_ISFIFO()`	FIFO (benannte Pipe)
`S_ISLINK()`	symbolischer Link (nicht bei POSIX.1 oder SVR4)
`S_ISSOCK()`	Socket (nicht bei POSIX.1 oder SVR4)

Tabelle 3.2 Makros in <sys/stat.h> für die Dateiart – st_mode

Wie schon erwähnt, können Sie über die Strukturvariable `st_mode` auch die einfachen Zugriffsrechte der drei Benutzerklassen (`rwx|rwx|rwx`), die es unter Linux gibt, ermitteln. Es folgt nun die Tabelle mit den einzelnen Konstanten, mit denen Sie die Zugriffsrechte überprüfen können.

Konstante	Bedeutung	Benutzerklasse
`S_IRUSR`	*read* (Leserecht)	Dateieigentümer
`S_IWUSR`	*write* (Schreibrecht)	Dateieigentümer
`S_IXUSR`	*execute* (Ausführungsrecht)	Dateieigentümer

Tabelle 3.3 Zugriffsrechte der drei Benutzerklassen in <sys/stat.h>

Konstante	Bedeutung	Benutzerklasse
S_IRGRP	*read* (Leserecht)	Gruppe des Dateieigentümers
S_IWGRP	*write* (Schreibrecht)	Gruppe des Dateieigentümers
S_IXGRP	*execute* (Ausführungsrecht)	Gruppe des Dateieigentümers
S_IROTH	*read* (Leserecht)	alle anderen Benutzer
S_IWOTH	*write* (Schreibrecht)	alle anderen Benutzer
S_IXOTH	*execute* (Ausführungsrecht)	alle anderen Benutzer

Tabelle 3.3 Zugriffsrechte der drei Benutzerklassen in <sys/stat.h> (Forts.)

Unter Linux heißt »alle anderen« auch wirklich alle anderen, das heißt, alle Teilnehmer, die nicht in der Gruppe sind, die hier angegeben wird. Sie können aber die Zugriffsrechte nicht nur abfragen, sondern auch verändern. Dies können Sie mit der Funktion `chmod()` oder dem gleichnamigen Befehl in einer Shell erledigen. Allerdings müssen Sie dazu das Recht haben, `chmod` zu benutzen; im Zweifelsfall schicken Sie `chmod` ein `sudo` vorweg (unter Umständen müssen Sie an dieser Stelle das Administrator-Passwort eingeben).

Das folgende Listing demonstriert, wie Sie ein komplettes Verzeichnis (hier das Arbeitsverzeichnis) auslesen und die Dateiart und Zugriffsrechte mithilfe der Funktion `stat()` und der Strukturvariablen `st_mode` ermitteln können.

```
/* my_stat.c */
#include <sys/stat.h>
#include <sys/types.h>
#include <unistd. h.>
#include <stdio.h>
#include <string.h>
#include <errno.h>
#include <dirent.h>
#include <stdlib.h>

int main (int argc, char **argv) {
   DIR *dir;

   struct dirent *dirzeiger;
   const char *rwx = "rwxrwxrwx";
   int bits[]= {
      S_IRUSR,S_IWUSR,S_IXUSR,/* Zugriffsrechte User */
      S_IRGRP,S_IWGRP,S_IXGRP,/* Zugriffsrechte Gruppe */
```

```
    S_IROTH,S_IWOTH,S_IXOTH /* Zugriffsrechte der Rest */
 };

 /* Arbeitsverzeichnis öffnen */
 if((dir=opendir(".")) == NULL) {
   fprintf(stderr,"Fehler bei opendir: %s\n",
      strerror(errno));
   return (EXIT_FAILURE);
 }

/* das komplette Verzeichnis auslesen */
while((dirzeiger=readdir(dir)) != NULL) {
    struct stat attribut;
    int i;
    char l_rwx[10];
    l_rwx[9] = '\0';

    if(stat(dirzeiger->d_name, &attribut) == -1) {
        fprintf(stderr,"Fehler bei stat: %s\n",
            strerror(errno));
        return (EXIT_FAILURE);
    }
    /* Dateiart erfragen */
    if( S_ISREG(attribut.st_mode) )
        printf("Reguläre Datei             : ");
    else if( S_ISDIR(attribut.st_mode) )
        printf("Verzeichnis                : ");
    else if( S_ISCHR(attribut.st_mode) )
        printf("zeichenorient. Gerätedatei : ");
    else if( S_ISBLK(attribut.st_mode) )
        printf("blockorient. Gerätedatei   : ");
    else if( S_ISFIFO(attribut.st_mode) )
        printf("FIFO oder Named Pipe       : ");
    else
        printf("Unbekannte Datei           : ");
    /* Dateiname ausgeben */
    printf("%-20s [",dirzeiger->d_name);
    /* einfache Zugriffsrechte erfragen */
    l_rwx[0]='\0';
    for(i=0; i<9; i++) { /* wenn nicht 0, dann gesetzt */
        l_rwx[i]=(attribut.st_mode & bits[i]) ? rwx[i] : '-';
    }
```

```
        l_rwx[9]='\0';
        printf("%s]\n",l_rwx);
    }
    closedir(dir);
    return EXIT_SUCCESS;
}
```

Listing 3.1 Demonstriert das Abfragen der Zugriffsrechte von Dateien.

Das Programm gibt bei der Ausführung Folgendes in der Konsole aus:

```
$ gcc my_stat.c -o my_stat
$ ./my_stat
Verzeichnis          : .                     [rwxrwx---]
Verzeichnis          : ..                    [rwxrwx---]
Verzeichnis          : bin                   [rwxrwx---]
Reguläre Datei       : dir1.c                [rwx------]
Verzeichnis          : etc                   [rwxrwx---]
Reguläre Datei       : file                  [rwxr-xr-x]
Reguläre Datei       : file1.txt             [rw-r--r--]
Verzeichnis          : lib                   [rwxrwx---]
Verzeichnis          : mails                 [rwx------]
Reguläre Datei       : my_stat.c             [rwx------]
Reguläre Datei       : my_stat               [rwxr-xr-x]
Reguläre Datei       : out.txt               [rw-r--r--]
Reguläre Datei       : reformime             [rwx------]
Verzeichnis          : sbin                  [rwxrwx---]
Reguläre Datei       : test                  [rwxrwxrwx]
Reguläre Datei       : test.txt              [rwx------]
Reguläre Datei       : testfile.txt          [rwx------]
Verzeichnis          : tmp                   [rwxrwx---]
Reguläre Datei       : Unbenannt2.cpp        [rwx------]
Verzeichnis          : usr                   [rwxrwx---]
Verzeichnis          : var                   [rwxrwx---]
```

Sollten Sie Probleme mit den Makros `S_IS*` haben, dann arbeiten Sie vermutlich mit einem älteren Linux-System, das die Makros noch nicht unterstützt. In solch einem Fall müssen Sie die Konstanten `S_IF*` als Bitmaske verwenden, z. B. so:

```
if(attribut.st_mode & S_IFREG)
   printf("Reguläre Datei\n");
else if(attribut.st_mode & S_IFDIR)
   printf("Directory\n");
```

3.1.2 User-ID-Bit und Group-ID-Bit ermitteln mit st_uid und st_gid

Wollen Sie den Eigentümer und den Gruppeneigentümer einer Datei ermitteln, können Sie die Strukturvariablen `st_uid` (Eigentümer) und `st_gid` (Gruppeneigentümer) abfragen. Hierzu ein kurzes Listing:

```
/* ugid.c */
#include <stdio.h>
#include <stdlib.h>
#include <errno.h>
#include <sys/stat.h>
#include <sys/types.h>
#include <string.h>
int main(int argc, char **argv) {
    struct stat attribut;
    if(argc < 2)
        printf("usage: %s datei(en)\n", *argv);
    while(*++argv != NULL) {
        if(stat(*argv,&attribut) < 0) {
            fprintf(stderr, "stat(): %s\n", strerror(errno));
            return EXIT_FAILURE;
        }
        printf("%-18s\n",*argv);
        printf("USER-ID  : %d\n"    ,attribut.st_uid);
        printf("GROUP-ID : %d\n\n"  ,attribut.st_gid);
    }
    return EXIT_SUCCESS;
}
```

Listing 3.2 Zeigt, wie Sie User- und Gruppen-ID einer Datei auslesen.

Das Programm gibt Folgendes in der Konsole aus:

```
$ gcc ugid.c -o ugid
$ ./ugid ugid.c
ugid.c
USER-ID     :  1003
GROUP-ID    :  513
```

3.1.3 Inodes ermitteln mit st_ino

Wir setzen an dieser Stelle zwar voraus, dass Sie wissen, was ein Inode ist, aber für den Fall der Fälle folgt hier trotzdem eine kurze Erklärung dazu: Ein *Inode* (*Information Node* = Informationsknoten) ist ein Eintrag in einer bestimmten Tabelle auf einer Partition, die wichtige Informationen zu einer bestimmten Datei enthält, z. B., bei welchem Festplattenblock diese anfängt, oder Informationen über den Besitzer, die Zugriffsrechte, die Größe und vor allem über die Position einer Datei – also wo diese auf der Partition anfängt und wie lang sie ist. Die Inode-Tabelle ist aber selbst keine Datei, sondern ein Bereich auf der Festplatte, dessen Position und Größe durch einen bestimmten Algorithmus berechnet wird. Wo also die Inode-Tabelle genau liegt, hängt von der Partitionsgröße und dem Start/Ende der Partition ab. Natürlich verwalten unterschiedliche Dateisysteme unterschiedliche Inode-Tabellen, und da manche Dateisysteme auch ganz andere Strukturen benutzen (z. B. das FAT-Dateisystem), erzeugt Linux sogar unter Umständen virtuelle Inode-Tabellen im Speicher.

Wenn eine neue Datei angelegt wird, werden zunächst alle Informationen zu dieser Datei in einem freien Inode abgelegt, dessen Nummer sich anschließend im Verzeichnis der Datei befindet. Das heißt, der Inode selbst befindet sich nicht im selben Verzeichnis wie die Datei, sondern es wird nur die dazugehörende Inode-Nummer gespeichert. Linux trennt also die Verwaltung von Informationen und der eigentlichen Datei voneinander. Somit kann es durchaus für einen Inode auch mehrere Dateinamen geben (siehe dazu auch Abschnitt 3.1.4).

[»]

Hinweis zu stat

Sie werden es wahrscheinlich geahnt haben: Die meisten Informationen der Struktur `stat` werden aus Inodes ausgelesen. Das bedeutet natürlich auch, dass bei Dateisystemen, die nicht direkt Inodes verwalten (z. B. das FAT-Dateisystem), im Hintergrund Konvertierungsmechanismen ablaufen, die Ihr Programm auch verlangsamen können.

Jetzt wissen Sie, was die Inode-Nummer bedeutet, und somit auch, was Sie mit `st_ino` für Informationen erhalten können. Ein Listing dazu kann können wir uns ersparen, da die Ermittlung von `st_ino` genauso abläuft wie in Listing 3.2 (siehe Abschnitt 3.1.2).

3.1.4 Den Linkzähler ermitteln mit st_nlink

Ein Link ist unter Linux eine einfache Möglichkeit, einen Alias für eine Originaldatei anzulegen. Damit können Sie auf ein und dieselbe Datei mit mehreren Namen zugreifen, sogar von einer anderen Stelle aus als derjenigen, an der sich die Originaldatei befindet. Es gibt viele Gründe, so etwas wie Links anzulegen, auch wenn dies z. B. unter anderen Betriebssystemen wie Windows nicht möglich oder sogar verpönt ist – manche eingefleischten Windows-Benutzer sagen sogar, dass symbolische Links genau die Art Fluch sind, der sie von Linux fernhält. Auch wenn diese Kritiker der symbolischen Links nicht ganz Unrecht haben, haben symbolische Links auch etwas für sich. Zum Beispiel kann sich eine Datei oder eine Anwendung im tiefsten Dschungel der Verzeichnishierarchie befinden, doch Sie wollen nicht immer wieder einen ellenlangen Text in die Kommandozeile eingeben. In diesem Fall können Sie in Ihrem Arbeitsverzeichnis einen Link (=Verknüpfung) zu dieser Datei anlegen. Sie können fast beliebig viele Links anlegen.

Ein einfaches Beispiel: Sie wollen ein Programm aus Ihrem */home*-Verzeichnis aufrufen, das sich im Pfad */opt/kde/bin/* befindet. Anstatt das Programm jedes Mal mit folgendem Aufruf zu starten:

```
/opt/kde/bin/programmname
```

können Sie einen Link zu diesem Programm erstellen. In der Kommandozeile gehen Sie dazu folgendermaßen vor:

```
$ ln /opt/kde/bin/programmname programmname
```

Von jetzt an können Sie aus Ihrem */home*-Verzeichnis auf das Programm mit `programmname` zugreifen. Natürlich müssen Sie den Programmnamen dabei nicht beibehalten. Sie können genauso gut einen anderen Namen dafür verwenden:

```
$ ln /opt/kde/bin/programmname neuer_name
```

[«]

Hinweis zum Löschen einer Datei

Eine Datei existiert so lange, bis der letzte Link auf diese Datei gelöscht wurde, ansonsten »meckert« die Shell, und zeigt eine Meldung an, dass eine Datei, auf der noch Links definiert sind, nicht gelöscht werden kann. Dies kann ein großes Problem sein, vor allem bei der Deinstallation von Anwendungen, die viele Dateien auf dem Datenträger ablegen und auf die auch mehrere Benutzer zugreifen können. Da Linux keinen standardisierten »Deinstaller« anbietet, anders als z. B. Windows, können manche Anwendungen manchmal nicht mehr entfernt werden. Es scheint also in der Tat etwas dran zu sein an der Kritik der »Link-Gegner« aus dem Windows-Lager. Allerdings ist es auch unter Windows so, dass der »Deinstaller« nicht immer sauber arbeitet und sich im Laufe der Zeit doch »Installationsleichen« ansammeln. Wie Sie sehen, ist die Diskussion darum, ob Windows oder doch Linux »besser« ist, sinnlos und sollte deswegen auch nicht geführt werden.

Man unterscheidet bei Linux generell zwischen einem *harten Link* und einem *symbolischen Link*. Mit einem symbolischen Link kann man im Gegensatz zu harten Links auch partitionsübergreifend Dateien verlinken. Des Weiteren können symbolische Links auch auf ein Verzeichnis zeigen, was bei harten Links nicht möglich ist. Symbolische Links erkennen Sie bei der Ausgabe von Verzeichnissen mit `ls -l` an einem Pfeil und einem `l` (für Link) als erstes Zeichen der Ausgabe:

```
$ ls -l
lrwxrwxrwx 1 juergen users 10 Nov  6 00:13 hallo -> /var/hallo
```

Die Größe eines Symlinks ist immer die Länge seines Ziels, also die Länge des Textstrings hinter `->` in `ls`.

Wollen Sie aus Ihrem Programm heraus einen harten oder einen symbolischen Link erstellen, bieten sich dazu zwei Funktionen an:

```
#include <unistd. h.>

int link(const char *name, const char *linkname);
int symlink(const char *pfadname, const char *symlink);
```

Beide Funktionen geben bei Erfolg `0`, ansonsten (also bei einem Fehler) `-1` zurück. Mit der Funktion `link()` erzeugen Sie den harten Link `linkname` auf die existierende Datei `name`. Mit `symlink()` erzeugen Sie einen symbolischen Link mit dem Namen `symlink` auf `pfadname`.

Es sollte an dieser Stelle noch erwähnt werden, dass `st_nlink` keine symbolischen Links mitzählt. Dies liegt daran, dass Symlinks selbst einen Inode besitzen und somit außer dem Zielnamen (der ja nicht immer existieren muss) keine Beziehung zu der referenzierten Datei haben. Außerdem referenziert ein Symlink eine potenzielle Datei, während ein `dentry` (ein Verzeichniseintrag) einen Inode referenziert, inklusive gleicher Inodes für mehrere `dentries`. Ein Symlink dagegen ist ein `dentry` mit eigenständigem Inode.

Anders als beim harten Link kann es passieren, dass der symbolische Link ins Nichts zeigt (auch *Dangling Symlink* genannt). Linux überprüft nicht, ob ein symbolischer Link noch gültig ist, das müssen die Anwendungen selbst leisten (und genau dies kann eben ein Problem werden, siehe oben). Das ist aber eigentlich trotzdem ganz logisch, denn wenn Sie z. B. einen symbolischen Link auf einen anderen Rechner über ein Netzwerk gesetzt haben, würde dies bedeuten, dass dieser Rechner auch dauerhaft überprüft werden müsste. Einen symbolischen Link kann man daher eher mit der Verknüpfung von Windows-Systemen vergleichen, bei denen diese Überprüfung stets im Hintergrund geleistet wird (leider ist dies dann auch langsamer). Wollen Sie abfragen, auf welche Originaldatei oder welches Verzeichnis der symbolische Link verweist, so können Sie dies mit der Funktion `readlink()` erledigen:

```
#include <unistd. h.>

int readlink(const char *sym_link, char *buf, int buf_size);
```

Gibt `readlink()` `-1` zurück, ist etwas nicht in Ordnung mit dem symbolischen Link (siehe z. B. */proc/2/exe*). Natürlich sagt ein Rückgabewert von `0` noch nichts über die Existenz der referenzierten Datei aus, und es bleibt bei den symbolischen Links immer ein wenig Ungewissheit übrig. Die Funktion `readlink()` terminiert den String `buf` übrigens auch nicht mit `0`. Da aber die Funktion als Rückgabewert die Anzahl der gelesenen Bytes zurückgibt, sollte dies auch kein Problem sein.

Ob eine Datei/ein Verzeichnis, die/das durch einen Symlink referenziert wird, tatsächlich existiert, kann man entweder mit einem `stat()` direkt nach `readlink()` oder einem `open()` überprüfen. Existiert die Zieldatei nicht, wird in beiden Fällen (`stat`/`open`) `ENOENT` in `errno` zurückgegeben.

Natürlich gibt es noch viel mehr zu den Links zu sagen, aber dies ist nicht im Sinne eines Buchs über Programmierung. Dazu seien entsprechende Manual Pages oder eines der vielen guten Linux-Bücher empfohlen, wie z. B. »Linux. Das umfassende Handbuch« von Michael Kofler, dass auch bei Rheinwerk erschienen ist.

Es folgt nun ein weiteres Listing, das die Anzahl der Links (`st_nlink`) einer Datei ermittelt, die Sie als erstes Argument in der Kommandozeile übergeben. Anschließend wird jeweils ein harter und ein symbolischer Link zu dieser Datei erzeugt und anschließend die Anzahl an Links ausgegeben, die nun auf dieser Datei gesetzt sind. Worauf der symbolische Link verweist, wird mit `readlink()` ausgegeben. Am Ende werden der harte und der symbolische Link mit `unlink()` wieder gelöscht.

```
/* Linkdemo.c */
#include <stdio.h>
#include <stdlib.h>
#include <string.h>
#include <errno.h>
#include <sys/stat.h>
#include <sys/types.h>
#include <unistd. h.>
#define HARD_LINK "hard_link"
#define SYM_LINK  "sym_link"
#define MAX 255

int attribute( const char *name ) {
    struct stat st;
    if(stat(name , &st) < 0) {
        fprintf(stderr, "Fehler bei stat: %s\n",
            strerror(errno));
        return -1;
    }
    printf("Anzahl Links  : %d\n",st.st_nlink);
    return 1;
}

int main(int argc, char **argv) {
    const char *ptr;
    char buf[MAX];
    int n;

    if(argc < 2) {
        printf("usage: %s datei\n", argv[0]);
        return EXIT_FAILURE;
```

```
   }

   ptr = argv[1];
   /* Anzahl der Links erfragen */
   if( attribute( ptr ) < 0)
      return EXIT_FAILURE;

   /* einen harten Link erzeugen */
   if((link(ptr, HARD_LINK)) == -1) {
      printf("Konnte keinen Hardlink erstellen\n");
      return EXIT_FAILURE;
   }
   printf("Nach dem Funktionsaufruf von link()\n");
   /* wieder die Anzahl der Links erfragen */
   if(attribute( ptr ) < 0)
      return EXIT_FAILURE;

   if((symlink(ptr, SYM_LINK)) == -1) {
      printf("Konnte keinen sym. Link erstellen\n");
      return EXIT_FAILURE;
   }
   printf("Nach dem Funktionsaufruf von symlink()\n");
   /* wieder die Anzahl der Links erfragen */
   if(attribute( ptr ) < 0)
      return EXIT_FAILURE;
   /* Namen, auf den der symbolische Link verweist */
   n=readlink(SYM_LINK, buf, MAX);

   printf("Der symbolische Link \"%s\"  zeigt auf"
        " \"%.*s\"\n",SYM_LINK, n, buf);
   /* Links wieder entfernen */
   unlink(HARD_LINK);
   unlink(SYM_LINK);
   return EXIT_SUCCESS;
}
```

Listing 3.3 Demonstriert den Umgang mit symbolischen Links.

Das Programm gibt bei der Ausführung Folgendes aus:

```
$ gcc Linkdemo.c -o Linkdemo
$ ./Linkdemo test_file
Anzahl Links  : 1
Nach dem Funktionsaufruf von link()
```

```
Anzahl Links  : 2
Nach dem Funktionsaufruf von symlink()
Anzahl Links  : 2
Der symbolische Link "sym_link" zeigt auf "test_file"
```


3.1.5 Die Größe einer Datei ermitteln mit st_size

Mit der Strukturvariablen `st_size` ermitteln Sie die Größe einer Datei in Bytes. Bei regulären Dateien erhalten Sie dabei die Anzahl von Bytes, die zuvor in die Datei geschrieben wurden. Diese Größe muss sich nicht auf den reinen physischen Speicherplatz beziehen, da dieser in der Regel immer ein Vielfaches der Blockgröße ist (das Gleiche gilt auch umgekehrt, siehe auch den Unterabschnitt über `ftruncate()` in Abschnitt 2.3.13, »Weitere Funktionen, die den Filedeskriptor verwenden«). Bei Verzeichnissen ist der Wert abhängig vom verwendeten Dateisystem, und bei symbolischen Links enthält `st_size` die Länge in Bytes, die der Dateiname belegt (ohne abschließendes Nullbyte), auf den der symbolische Link verweist. Diese Größe kann aber durch verschiedene Alignment-Techniken beeinflusst werden, z. B. betragen in dem Verzeichnis */proc/xxx/fd* alle Längen 32 Bytes, und im Verzeichnis */dev/usb* sind die Längenangaben alle durch 64 teilbar, weil bei USB die Paketgrößen immer ein Vielfaches von 64 sind.

[«]

Hinweis zu Blockgrößen

Der Speicherplatz wird bei einem Dateisystem nicht in Bytes, sondern in Blöcken angegeben. Die Blockgröße hängt vom verwendeten Dateisystem ab, jedoch geht hier bei dem Begriff »Blockgröße« einiges durcheinander. So ist die rein physische Blockgröße auf externen Datenträgern oder internen Festplatten fast immer 512 oder 4.096, Linux verwendet jedoch für den Begriff »Blockgröße« rein virtuelle Einheiten von meistens 1.024 oder 4.096 Bytes. Die rein virtuelle Blockgröße wird hier also durch einen Algorithmus auf die wirkliche Festplatte abgebildet, und dies kann dann dazu führen, dass nicht die gesamte Festplatte optimal ausgenutzt wird. Sie haben an dieser Stelle die Möglichkeit, die beiden Strukturvariablen `st_blocks` und `st_blksize`, die in der Struktur `stat` definiert sind, zu verwenden, um Ihre Datenstrukturen an der Blockgröße auszurichten (also ein sogenanntes *Alignment* durchzuführen). In der Variablen `st_blksize` steht in diesem Fall die Blockgröße, durch die die Größe Ihrer Strukturen teilbar sein sollte. Aus der Multiplikation von `st_blocks * st_blksize` bekommen Sie dagegen als Ergebnis den physischen Speicher, den das Dateisystem für eine Datei wirklich belegt. Wollen Sie wissen, wie viele Blöcke eine Datei belegt, können Sie auch das Kommando `du` verwenden.

Hierzu ein weiteres Beispiel:

```
/* filesize-Demo.c */
#include <stdio.h>
#include <stdlib.h>
#include <string.h>
```

```
#include <errno.h>
#include <sys/stat.h>
#include <sys/types.h>
#include <unistd. h.>

int filesize( const char *name ) {
    struct stat st;
    if(stat(name , &st) < 0) {
        fprintf(stderr, "Fehler bei stat: %s\n",
            strerror(errno));
        return -1;
    }
    printf("Größe in st_size  : %d Bytes\n",(int)st.st_size);
    return 1;
}

int main(int argc, char **argv) {
    char *ptr;

    if(argc < 2) {
        printf("usage: %s datei\n",argv[0]);
        return EXIT_FAILURE;
    }
    ptr = argv[1];
    /* Größe der Datei abfragen */
    if( filesize( ptr ) < 0)
        return EXIT_FAILURE;
    return EXIT_SUCCESS;
}
```

Listing 3.4 Zeigt, wie Sie die Größe von Dateien (in Bytes) ermitteln.

Das Programm gibt bei seiner Ausführung Folgendes aus:

```
$ gcc filesize-Demo.c -o filesize-Demo
$ ./filesize-Demo filesize-Demo.c
Größe in st_size: 643 Bytes
---[Linux]---
$ du -h file_size.c
4,0K    file_size.c
---[BSD]---
$ du -h file_size.c
2,0K    file_size.c
```

Zur Demonstration, wie viel physischen Speicher die Datei (hier *file_size.c*) tatsächlich verwendet, wurde das Kommando du der Option -h verwendet.

3.1.6 Zeitdaten mit st_atime, st_mtime und st_ctime abfragen

Für Zeitdaten stehen Ihnen in der Struktur stat gleich drei Variablen zur Verfügung:

- st_atime = Zeit des letzten Lesezugriffs (dazu gehören nicht stat(), open())
- st_mtime = Zeit des letzten Schreibzugriffs
- st_ctime = Zeit der letzten Inode-Änderung (z. B. chmod())

Und auch hierzu folgt nun ein Beispiel-Listing:

```
/* file_times.c */
#include <stdio.h>
#include <stdlib.h>
#include <string.h>
#include <errno.h>
#include <sys/stat.h>
#include <sys/types.h>
#include <unistd. h.>
#include <time.h>

int file_times(const char *name) {
    struct stat st;
    if(stat(name , &st) < 0) {
        fprintf(stderr, "Fehler bei stat: %s\n",
            strerror(errno));
        return -1;
    }
    printf("Letzter Zugriff            : %s",
        ctime( &st.st_atime ));
    printf("Letzte Änderung (Inhalt) :%s",
        ctime( &st.st_mtime ));
    printf("Letzte Änderung (Inode)  : %s",
        ctime( &st.st_ctime ));
    return 1;
}

int main(int argc, char **argv) {
    const char *ptr;

    if(argc < 2) {
        printf("usage: %s datei\n",argv[0]);
```

```
        return EXIT_FAILURE;
    }
    ptr = argv[1];
    /* Größe der Datei abfragen */
    if( file_times( ptr ) < 0)
        return EXIT_FAILURE;
    return EXIT_SUCCESS;
}
```

Listing 3.5 Zeigt, wie Sie den Zeitpunkt der letzten Änderungen an einer Datei feststellen.

In dem letzten Beispiel wurde zusätzlich die Standardfunktion `ctime()` verwendet, die in der Headerdatei *time.h* definiert ist. Mit `ctime()` kann unter anderem das Zeitformat in der Struktur `time_t` in einen String konvertiert werden. Im Endeffekt ist der String dann eine zusammengesetzte Zeichenkette in dem Format, das wir alle kennen, etwa »Tue Nov 4 23:28:36«. Das Programm gibt bei der Ausführung Folgendes aus:

```
$ gcc file_times.c -o file_times
$ ./file_times file_times.c
Letzter Zugriff          : Tue Nov  4 23:28:36 2003
Letzte Änderung (Inhalt) : Fri Nov  7 00:10:36 2003
Letzte Änderung (Inode)  : Tue Nov  4 23:28:36 2003
$ touch file_times.c
$ ./file_times file_times.c
Letzter Zugriff          : Fri Nov  7 00:23:56 2003
Letzte Änderung (Inhalt) : Fri Nov  7 00:23:56 2003
Letzte Änderung (Inode)  : Fri Nov  7 00:23:56 2003
```

Wollen Sie die Zugriffs- und/oder Modifikationszeit verändern, realisieren Sie dies mit der Funktion `utime()`:

```
#include <sys/types.h>
#include <utime.h>

int utime(const char *pfad, const struct utimbuf *time_ptr);
```

Bei Erfolg gibt diese Funktion `0`, ansonsten (also bei einem Fehler) `-1` zurück. Die Struktur `utimbuf` sieht wie folgt aus:

```
struct utime {
   time_t actime;  /* access time -> st_atime       */
   time_t modtime  /* modification time -> st_mtime */
};
```

Mit utime() können Sie die Zugriffs- und Modifikationszeit auf frühestens den 01. Januar 1970, 01:00:00 Uhr, zurücksetzen. In der Praxis sieht dies so aus:

```
/* ResetTime.c */
#include <stdio.h>
#include <stdlib.h>
#include <errno.h>
#include <sys/stat.h>
#include <sys/types.h>
#include <unistd. h.>
#include <utime.h>

int main(int argc, char **argv) {
    const char *ptr;
    struct utimbuf zeit;
    if(argc < 2) {
        printf("usage: %s datei\n",argv[0]);
        return EXIT_FAILURE;
     }
     ptr = argv[1];
     zeit.actime = 0;
     zeit.modtime =0;
     /* Größe der Datei abfragen */
     if( utime( ptr, &zeit ) < 0) {
         perror("uptime");
         return EXIT_FAILURE;
    }
    return EXIT_SUCCESS;
}
```

Listing 3.6 Zeigt Ihnen, wie Sie alle Zeitinformationen einer Datei zurücksetzen können.

Das Programm gibt bei der Ausführung Folgendes aus:

```
$ gcc ResetTime.c -o ResetTime
$ ./file_times file_times.c
Letzter Zugriff          : Fri Nov  7 00:23:56 2003
Letzte Änderung (Inhalt) : Fri Nov  7 00:23:56 2003
Letzte Änderung (Inode)  : Tue Nov  4 23:28:36 2003
$ ./ResetTime file_times.c
$ file_times file_times.c
Letzter Zugriff          : Thu Jan  1 01:00:00 1970
Letzte Änderung (Inhalt) : Thu Jan  1 01:00:00 1970
Letzte Änderung (Inode)  : Tue Nov  4 23:28:36 2003
```

Kapitel 4
Zugriff auf Systeminformationen

4

Das /proc-Pseudo-Filesystem enthält eine Menge Informationen zu Ihrem System. Ob Sie nun Informationen zum aktuellen Prozess, zur Hardware in Ihrem System oder zum Kernel benötigen, all dies finden Sie im /proc-Filesystem.

Da der Kernel den kompletten Rechner verwaltet, besitzt er auch eine Menge Informationen über das System, auf dem er läuft. Diese Informationen werden vom Kernel in Pseudodateien und Pseudoverzeichnissen abgelegt. All diese Dateien liegen im */proc*-Verzeichnis. Auf die Einträge im */proc*-Verzeichnis können Sie wie auf gewöhnliche Dateien zugreifen, meistens allerdings nur lesend. Das */proc*-Pseudo-Dateisystem belegt keinerlei Plattenplatz und befindet sich im Hauptspeicher. Sie können sich gerne einen Überblick über das */proc*-Verzeichnis verschaffen:

```
$ ls -l /proc | less
```

Auf alle diese Informationen können Sie fast ohne weiteres lesend zugreifen. Wollen Sie z. B. die aktuelle Kernel-Version Ihres Systems ermitteln und ausgeben lassen, können Sie auf die Datei */proc/version* zugreifen:

```
$ cat /proc/version
Linux version 2.6.27-7-generic (buildd@palmer)
(gcc version 4.3.2 (Ubuntu 4.3.2-1ubuntu11))
#1 SPM Tue Jan 4 19:33:20 UTC 2009
```

Auf diese Weise erhalten Sie die aktuelle Kernel-Version, das Datum, an dem der Kernel kompiliert wurde, und die Version des zugehörigen Compilers als String zurück. Das letzte Beispiel zeigt z. B. an, dass der Kernel schon sehr alt ist und dringend ein Update benötigt (Sie werden sich wahrscheinlich im Laufe Ihrer Programmier-Laufbahn noch wundern, wie oft Ihre Kunden noch uralte Software installiert haben).

4.1 Informationen aus dem /proc-Verzeichnis herausziehen

Als Programmierer dürfte Sie in erster Linie interessieren, wie Sie mit einem C-Programm an diese Informationen kommen. Als Beispiel soll hier die Speicherauslastung Ihres Systems dienen. Es soll lediglich ermittelt werden, wie viel RAM insgesamt auf Ihrem System zur Verfügung steht. Diese Informationen erhalten Sie aus */proc/meminfo*:

```
$ cat /proc/meminfo
MemTotal:        514296 kB
MemFree:          10428 kB
Buffers:         122940 kB
Cached:          120112 kB
SwapCached:        1152 kB
Active:          337336 kB
Inactive:        122512 kB
HighTotal:            0 kB
HighFree:             0 kB
LowTotal:        514296 kB
LowFree:          10428 kB
SwapTotal:       409616 kB
SwapFree:        385128 kB
...
```

Uns interessiert der Wert `MemTotal`, der auf dem Raspberry Pi im letzten Beispiel (Raspberry Pi 2B+) 512 MB beträgt. Der einfachste Weg, diesen Wert auszulesen, ist es, */proc/meminfo* mit `fopen()` zu öffnen, in einen Puffer einzulesen und nach der Stringfolge »MemTotal« zu suchen. Anschließend kann der Wert mit `sscanf()` aus dem Puffer in eine dafür vorgesehene Variable übergeben werden. Das C-Programm hierzu sieht wie folgt aus:

```
/* memory.c */
#include <stdio.h>
#include <stdlib.h>
#include <string.h>
#include <errno.h>

long int get_mem_total (void) {
    FILE *fp;
    char buffer[1024];
    size_t bytes_read;
    char *match;
    long mem_tot;

    if((fp = fopen("/proc/meminfo", "r")) == NULL) {
        perror("fopen()");
        exit(EXIT_FAILURE);
    }
```

```
    bytes_read = fread (buffer, 1, sizeof (buffer), fp);
    fclose (fp);
    if (bytes_read == 0 || bytes_read == sizeof (buffer))
        return 0;
    buffer[bytes_read] = '\0';
    /* Suchen nach der Stringfolge "MemTotal" */
    match = strstr (buffer, "MemTotal");
    if (match == NULL) /* nicht gefunden */
        return 0;
    sscanf (match, "MemTotal: %ld", &mem_tot);
    return (mem_tot/1024); /* 1 MB = 1024 KB */
}

int main (void) {
    long memory = get_mem_total();
    if(memory == 0)
        printf("Konnte RAM nicht ermitteln\n");
    else
        printf("Vorhandener Arbeitsspeicher: %ld MB\n" ,memory);
    return EXIT_SUCCESS;
}
```

Listing 4.1 Ermittelt die Größe des vorhandenen Arbeitsspeichers in Bytes.

Vielleicht wundern Sie sich, dass Ihr Pi nur 512 MB freien Speicher zur Verfügung hat, obwohl doch mindestens 2 GB installiert sind. Dies liegt aber daran, dass immer noch RAM für den Framebuffer (also die Grafikhardware) abgezweigt wird. Das heißt, dass beim Pi die GPU keinen eigenen RAM besitzt und deshalb je nach Framebuffer-Größe, die Sie in der Datei *config.txt* angegeben haben, auch eine unterschiedliche Größe freier Speicher vorhanden ist. Außerdem belegt der Kernel immer Speicher, auf den Sie nicht zugreifen können.

Bei PCs ist allerdings oft sehr viel mehr Speicher installiert, auf einem guten Gaming-PC sogar mehr als 4 GB. Dies kann ein Problem werden, wenn versucht wird, die verfügbare RAM-Größe (in Bytes gemessen) in ein `unsigned long int` vom Typ `uint_32` unterzubringen. Dies kann z. B. der Fall sein, wenn Sie ein 32-Bit-Linux benutzen und Ihr Compiler dann auch für `mem_tot` 32 Bits benutzt. Abhilfe kann dann die Verwendung des Datentyps `long long int` sein – wenn dies aber alles nichts hilft, ist ein Update auf ein 64-Bit-Linux nötig.

Sie können nun so oder so ähnlich bei allen Informationen vorgehen, die Sie im */proc*-Verzeichnis finden. Sie sollten allerdings beachten, dass sich der Name des Eintrags im */proc*-Verzeichnis bei neueren Kernel-Versionen ändern kann. Bedenken Sie dies, wenn Sie Ihr Programm auf dem neusten Stand halten müssen.

4.2 Hardware-/Systeminformationen ermitteln

Viele Einträge im */proc*-Dateisystem erlauben Ihnen, Informationen zur Hardware des Systems zu erhalten. Das sind vor allem interessante Informationen für Systemadministratoren, aber auch für den Programmierer, besonders von Spielen (Sie können hier in der Tat eine Menge tunen). Es folgen nun einige häufig verwendete Einträge im Überblick.

[»]

Hinweis zur Hardwareprogrammierung

Bei diesem Buch handelt es sich nicht um ein Buch zur Erklärung von Hardware. Sollten Sie keinerlei Kenntnisse vom Innenleben Ihres PC haben, dann wäre zusätzliche Literatur recht sinnvoll. Allerdings müssen wir Sie an dieser Stelle warnen: Das Programmieren auf reiner Hardwareebene (meistens dann auch in Assembler) ist das Schwierigste, was Sie im Endeffekt tun können. Dies gilt selbstverständlich auch für die Programmierung von Betriebssystemen. Wir sagen nicht, dass es unmöglich ist, dass Sie ein Betriebssystem programmieren, aber dies ist etwas, wofür Sie sich schon ein paar Jahre Zeit nehmen sollten.

4.2.1 CPU-Informationen – /proc/cpuinfo

/proc/cpuinfo enthält Informationen zur CPU (also zum Prozessor) oder zu den CPUs, die auf Ihrem System laufen. Dabei werden mehrere Kerne oft als separate CPUs gesehen. Ausgegeben wird hier also die Anzahl der Prozessorkerne. Ist der Wert von `processor` wie im nächsten Beispiel `0`, so kann dies bedeuten, dass es sich um ein Single-Prozessor-System handelt. Es kann aber auch bedeuten, dass Ihr Prozessortreiber nur einen Kern erkennt (dass also etwas nicht stimmt).

[»]

Hinweis zu Multiprozessorsystemen

Auf SMP (Multi-CPU-Maschinen) ist der Wert von `processor` nicht direkt `0`, sondern es wird für jeden Prozessor einzeln `processor`, `vendor_id` etc. angezeigt, weshalb »auf 0 gesetzt« nicht ganz korrekt ist.

Weitere Daten finden Sie zu der CPU-Familie, dem Modell, der Frequenz, der Revision und noch einigem mehr. Ein Ausschnitt der Daten auf einem älteren System:

```
$ cat /proc/cpuinfo
processor       : 0
vendor_id       : GenuineIntel
cpu family      : 15
model           : 2
model name      : Intel(R) Pentium(R) 4 CPU 1.60GHz
stepping        : 4
cpu MHz         : 1594.865
cache size      : 512 KB
```

```
fdiv_bug        : no
hlt_bug         : no
f00f_bug        : no
coma_bug        : no
fpu             : yes
fpu_exception   : yes
cpuid level     : 2
wp              : yes
flags           : fpu vme de pse tsc msr pae mce cx8 sep mtrr pge mca cmov pat
  pse36 clflush dts acpi mmx fxsr sse sse2 ss ht tm
bogomips        : 3185.04
```

Wie Sie an dieser Stelle erkennen, wird bei Single-Prozessor-Systemen auch nur eine CPU angezeigt und eben der Eintrag `GenuineIntel`. Bei einer CPU der Core-Reihe (i3/i5/i7) würde dort z. B. `Core i5` stehen, und unter `model name` würde viermal `Intel(R) Core i5` erscheinen, also für jeden Kern ein Eintrag. Allerdings kann die Sache bei 8-Kern-Prozessoren anders aussehen, weil dort oft zwei Kerne zu einer Einheit zusammengefasst werden, um die Arbeit von Game-Engines zu beschleunigen. Deshalb kann es sein, dass beispielsweise für den Ryzen 3000 auch nur 4 Einträge erscheinen (statt 8 oder 16). Für mehr Informationen zur CPU sei die Dokumentation zu `cpuid` des Intel Architecture Software Developer's Manual empfohlen, allerdings sollten Sie darauf achten, immer die aktuellste Version herunterzuladen.

4.2.2 Geräteinformationen in /proc/devices

Verwechseln Sie */proc/devices* nicht mit dem Verzeichnis */dev*, denn dies sind zwei unterschiedliche Paar Schuhe. Während in */dev* die Kommunikationspfade (also die Datenkanäle) der Geräte in Form von Dateien eingeblendet werden, werden in */proc/devices* die Informationen zu allen verfügbaren Geräten (zeichen- und blockorientiert) wie der Festplatte, dem Diskettenlaufwerk oder der seriellen und parallelen Schnittstelle aufgelistet. Das heißt, Sie holen sich die Informationen über ein Gerät aus */proc/devices*, kommunizieren mit dem Gerät aber über */dev*.

4.2.3 Die Speicherauslastung mit /proc/meminfo ermitteln

In dieser Pseudodatei kann der aktuelle Speicherstatus ausgelesen werden. Angezeigt werden der vorhandene und der belegte Speicher (sowohl der physische als auch der Swap-Speicher). Ebenfalls lässt sich ermitteln, wie viel davon für geteilten Speicher (Shared Memory), Puffer und Caches belegt ist. *Swap-Speicher* bedeutet, dass ein Teil des Speichers auf die Festplatte ausgelagert wird, wenn zu wenig RAM vorhanden ist. Allerdings kann man diese Aussage nicht mehr im Allgemeinen machen, weil moderne Betriebssysteme inzwischen auch dann Seiten auslagern, wenn bestimmte Voraussetzungen hierfür vorliegen. Diese im Voraus zu kennen, ist inzwischen fast unmöglich, was viele Hardwareexperten (uns selbst eingeschlossen) inzwischen dazu veranlasst, aus Performance-Gründen die Abschaffung des Swap-Speichers zu fordern. Dies ist aber nur unsere ganz persönliche Sichtweise, die auch keinen weiteren Einfluss auf dieses Buch hat.

4.2.4 Weitere Hardwareinformationen in zusammengefasster Form

Es gibt natürlich noch eine Menge mehr Informationen zur Hardware im */proc*-Verzeichnis, die allerdings zum Teil auch von der Konfiguration des Systems abhängen. In Tabelle 4.1 sehen Sie eine kleine Zusammenfassung zu gängigen Einträgen im */proc*-Verzeichnis, die nicht nur auf dem Pi, sondern z. B. auch auf dem PC gültig sind:

Verzeichniseintrag	Bedeutung
/proc/dma	Liste von belegten DMA-Kanälen, die für einen Treiber reserviert sind, und der Name des Treibers. *DMA* (*Direct Memory Access*) ist ein Zugriffsverfahren, mit dem unabhängig von der CPU auf den Hauptspeicher zugegriffen werden kann. DMA wird vor allem von Soundhardware, Grafikhardware, Netzwerk- und USB-Karten und Festplatten benutzt, um eine schnelle Übertragung großer Datenblöcke zu gewährleisten.
/proc/interrupts	Liste der benutzten Interrupts, eventuell mit Anzahl der ausgelösten Interrupts seit Systemstart, Typ des Interrupts und Angabe, welche Module diesen Interrupt verwenden. Interrupts werden von unterschiedlicher Hardware auch unterschiedlich verwendet und sehen z. B. beim Pi anders aus als auf dem PC. Die Programmierung von sogenannten *Interrupt-Handlern* ist nicht trivial und benötigt separate Literatur.
/proc/ioports	Eine Liste aller belegten I/O-Ports für Ein-/Ausgabe-Geräte wie die Festplatte, Ethernet, Soundkarte, Modem, USB etc. (gemappte Hardware-Speicherbereiche befinden sich in */proc/iomem*). I/O-Ports sind Eingabekanäle für Geräte. I/O-Ports finden vor allem auf PCs Verwendung. Dort gibt es sogar spezielle Prozessorbefehle für den Zugriff auf diese Ports.
/proc/stat	Allgemeine Informationen über den Status der Prozessoren. Diese Informationen werden vom Programm *procinfo* verwendet und übersichtlich aufgelistet. Allerdings ist *procinfo* manchmal nicht von Haus aus installiert und muss mit `apt-get -install procinfo` nachinstalliert werden.

Tabelle 4.1 Systeminformationen im /proc-Verzeichnis

Verzeichniseintrag	Bedeutung
/proc/uptime	Anzahl der Sekunden, seitdem das System gestartet ist, und wie lange davon die CPU mit *Nichtstun* (HLT, Leerlauf = engl. *idle*) verbracht hat
/proc/scsi/	Unterverzeichnis mit Informationen zu SCSI-Geräten. Hier können aber auch externe USB-Laufwerke (vor allem beim Pi) erscheinen, die in USB verpackte SCSI-Kommandos zur Kommunikation benutzen.
/proc/scsi/scsi	Sofern Sie eine SCSI-Schnittstelle besitzen (also eine SCSI-Karte), finden Sie hier eine Auflistung aller SCSI-Geräte. Hier erscheinen aber keine externen USB-Geräte, die zur Kommunikation in USB verpackte SCSI-Kommandos benutzen.
/proc/ide/	Unterverzeichnis mit Informationen zu IDE-Geräten
/proc/usb	Unterverzeichnis mit Informationen zu USB-Geräten. Hier können auch externe USB-Laufwerke erscheinen, sogar solche, die eigentlich das SCSI-Protokoll verwenden und deshalb in */proc/scsi* erscheinen müssten (natürlich kann dies dann auch z. B. zu Problemen bei der Erkennung von externen Brennern führen).
/proc/apm	Informationen zum Advanced Power Management (ein Text wie »AC offline« bedeutet, dass ein Notebook im Batteriebetrieb läuft)
/proc/mounts	Liste aller gemounteten Dateisysteme. *Gemountet* bedeutet, dass ein Dateisystem erfolgreich in den Verzeichnisbaum eingehängt wurde und nun verwendet werden kann (siehe dazu auch `man mount`).
/proc/net/	Unterverzeichnis zu Netzwerkinformationen
/proc/loadavg	durchschnittliche Systemauslastung (eine Minute, drei Minuten, fünf Minuten, aktive Prozesse/Anzahl Prozesse und zuletzt benutzte `PID`)

Tabelle 4.1 Systeminformationen im /proc-Verzeichnis (Forts.)

Das folgende Listing soll Ihnen demonstrieren, wie einfach es ist, sich nützliche Informationen zur Hardware ausgeben zu lassen. Das Beispiel stellt eine einfache Schnittstelle dar, die Sie bei Bedarf erweitern können. Damit haben Sie nun schon die Grundlage für einen kleinen Systemmonitor zur Verfügung. Soll Ihr Monitor ein Konsolenprogramm werden, dann müssten Sie die Ausgabe benutzerfreundlich anpassen – ebenfalls dann, wenn Sie nur einzelne Informationen ausgeben wollen. Natürlich können Sie über das Programm auch ein grafisches Frontend ziehen, denn auch die Systemprogramme von KDE oder GNOME machen nichts anderes, als die Daten aus dem */proc*-Filesystem zu lesen und entsprechend auszugeben. Wie Sie GUIs erstellen, werden Sie im weiteren Verlauf auch noch lernen.

```
/* myinfo.c */
#include <stdio.h>
#include <stdlib.h>
#include <string.h>
#include <errno.h>
#define BUF 4096 /* anpassen */

enum { CPU, DEV, DMA, INT, IOP, MEM, VERS, SCSI, EXIT };

const char *info[] = {
    "/proc/cpuinfo", "/proc/devices", "/proc/dma",
    "/proc/interrupts", "/proc/ioports", "/proc/meminfo",
    "/proc/version", "/proc/scsi/scsi"
};

void get_info (int inf) {
    FILE *fp;
    char buffer[BUF];
    size_t bytes_read;

    if((fp = fopen(info[inf], "r")) == NULL) {
        perror("fopen()");
        return;
    }
    bytes_read = fread (buffer, 1, sizeof (buffer), fp);
    fclose (fp);
    if (bytes_read == 0 || bytes_read == sizeof (buffer))
        return;
    buffer[bytes_read] = '\0';

    printf("%s",buffer);
    printf("Weiter mit ENTER");
    getchar();
    return;
}

int main (void) {
    int auswahl;
    do {
        printf("Wozu benötigen Sie Informationen?\n\n");
        printf("-%d- Prozessor\n", CPU);
        printf("-%d- Geräte\n", DEV);
        printf("-%d- DMA\n", DMA);
```

```
        printf("-%d- Interrupts\n", INT);
        printf("-%d- I/O-Ports\n", IOP);
        printf("-%d- Speicher\n", MEM);
        printf("-%d- Version\n", VERS);
        printf("-%d- SCSI\n", SCSI);
        printf("-%d- Programmende\n", EXIT);
        printf("\nIhre Auswahl : ");
        do{ scanf("%d",&auswahl); } while(getchar() != '\n');

        switch(auswahl) {
            case CPU : get_info(CPU);    break;
            case DEV : get_info(DEV); break;
            case DMA : get_info(DMA); break;
            case INT : get_info(INT); break;
            case IOP : get_info(IOP); break;
            case MEM : get_info(MEM); break;
            case VERS: get_info(VERS); break;
            case SCSI: get_info(SCSI); break;
            case EXIT: printf("Bye\n"); break;
            default  : printf("Falsche Eingabe?\n");
        }
    } while(auswahl != EXIT);
    return EXIT_SUCCESS;
}
```

Listing 4.2 Zeigt einige Systeminformationen an, die Sie aus einem Menü auswählen können.

Das Programm gibt in der Konsole z. B. folgende Informationen aus (hier ist dies wieder unser altes »SCSI-Schätzchen«, das wir gerne für Testzwecke benutzen):

```
$ ./myinfo
Wozu benötigen Sie Informationen?

-0- Prozessor
-1- Geräte
-2- DMA
-3- Interrupts
-4- I/O-Ports
-5- Speicher
-6- Version
-7- SCSI
-8- Programmende
```

```
Ihre Auswahl : 7
Attached devices:
Host: scsi0 Channel: 00 Id: 00 Lun: 00
  Type:   Direct-Access    ANSI  SCSI revision: 02
Host: scsi2 Channel: 00 Id: 00 Lun: 00
  Vendor: MATSHITA Model: DVD-RAM UJ-850S  Rev: 1.60
  Type:   CD-ROM           ANSI  SCSI revision: 05
Weiter mit ENTER
```

[»]

Hinweis zum Löschen des Bildschirms

Wenn Sie den Bildschirm in Ihrer Konsole jedes Mal löschen wollen, wenn das Menü neu aufgebaut wird, dann verwenden Sie am besten noch vor dem ersten `printf()`-Befehl, der das Menü ausgibt, das Kommando **`system("clear")`**, das ein `clear`-Kommando an Ihre Konsole sendet. Weitere Fragen zum Löschen des Bildschirms in einem Terminal beantworten wir in Kapitel 13, »Terminal-E/A und Benutzerschnittstellen für die Konsole«.

4.3 Prozessinformationen auslesen

Linux ist ein System, das auf so ziemlich allen Prozessoren läuft, selbst auf einem alten 6502-System kann Linux installiert werden. Auch auf alten »Retrohandys« lässt sich Linux mittlerweile einrichten, wenn auch eben nicht mit dem Komfort von modernen Smartphones. Deshalb ist es auch nicht verwunderlich, wenn Sie neben Hardwareinformationen auch zahlreiche weitere Informationen zu den auf Ihrem Prozessor ausgeführten Programmen (den sogenannten *Prozessen*) erhalten können. Auch Tools wie `ps` oder `top` nutzen diese Möglichkeit, um Ihnen Informationen zu einem Prozess zu liefern, aber Sie können natürlich auch selbst entscheiden, was Sie sehen wollen. Den Prozessen und ihrer Verwaltung wird noch ein Kapitel gewidmet, deshalb fassen wir uns an dieser Stelle noch etwas kurz. Nun zu den Prozessinformationen: Das */proc*-Verzeichnis enthält für jeden Prozess ein eigenes Unterverzeichnis. Der Name des Unterverzeichnisses entspricht der Prozess-ID. Lassen Sie sich am besten einmal das */proc*-Verzeichnis in der folgenden Weise ausgeben:

```
$ ls -l /proc | less
dr-xr-xr-x   3 root    root     0 2003-11-13 23:46 1
dr-xr-xr-x   3 root    root     0 2003-11-13 23:46 12
dr-xr-xr-x   3 root    root     0 2003-11-13 23:46 1201
dr-xr-xr-x   3 root    root     0 2003-11-13 23:46 1278
dr-xr-xr-x   3 bin     root     0 2003-11-13 23:46 1303
...
dr-xr-xr-x   4 root    root     0 2003-11-13 23:47 tty
```

```
-r--r--r--    1 root     root      0 2003-11-13 23:47 uptime
-r--r--r--    1 root     root      0 2003-11-13 23:47 version
dr-xr-xr-x    3 root     root      0 2003-11-13 23:47 video
```

All diese hier aufgelisteten Verzeichnisse werden als *Prozessverzeichnisse* bezeichnet, da sie sich auf die Prozess-ID (PID) beziehen und Informationen zu diesem Prozess enthalten. Eigentümer und Gruppe eines jeden solchen PID-Verzeichnisses werden auf die ID des Benutzers, der den Prozess ausführt, gesetzt (eine nachträgliche Änderung über setuid() ändert übrigens nur den Eigentümer des Verzeichnisses, nicht den der Dateien). Nach Beendigung eines Prozesses wird der Eintrag im */proc*-Verzeichnis automatisch wieder gelöscht. Während der Ausführung eines Prozesses können Sie jedoch aus dem Verzeichnis die folgenden nützlichen Informationen erhalten:

```
#include <unistd.h>
int main(void) { setuid(25); while(1); }
```

Auf die folgende Weise können Sie Ihr Programm nun im Hintergrund ausführen (mit ./a.out &):

```
# ./a.out &
[1] 2275
# ls -l /proc/2275/
insgesamt 0
-r--r--r--  1 pinguin  users   0 2004-08-14 02:36   cmdline
-r--------  1 pinguin  users   0 2004-08-14 02:36   environ
lrwxrwxrwx  1 pinguin  users   0 2004-08-14 02:36   exe->./a.out
dr-x------  2 pinguin  users   0 2004-08-14 02:36
fd-rw------ 1 pinguin  users   0 2004-08-14 02:36   mapped_base
-r--r--r--  1 pinguin  users   0 2004-08-14 02:36   maps
-rw-------  1 pinguin  users   0 2004-08-14 02:36   mem
-r--r--r--  1 pinguin  users   0 2004-08-14 02:36   mounts
lrwxrwxrwx  1 pinguin  users   0 2004-08-14 02:36   root -> /
-r--r--r--  1 pinguin  users   0 2004-08-14 02:36   stat
-r--r--r--  1 pinguin  users   0 2004-08-14 02:36   statm
-r--r--r--  1 pinguin  users   0 2004-08-14 02:36   status
```

Gilt auch für seteuid() und setreuid().

4.3.1 Das Verzeichnis /proc/$pid/cmdline

Angenommen, Sie finden ein Verzeichnis mit der ID 2167 und wollen wissen, was in der Kommandozeile des Prozesses steht. In diesem Fall fragen Sie cmdline wie folgt ab:

```
$ cat /proc/2167/cmdline
anjuta
```

Der Prozess mit der ID 2167 ist also das Programm *Anjuta* bei der Ausführung. Wollen Sie alle Prozesse ausgeben lassen, können Sie dies folgendermaßen machen:

```
# cat /proc/[0-9]*/cmdline
```

Da die Ausgabe allerdings zu wünschen übriglässt, sollten Sie hierfür das Kommando `strings` einsetzen:

```
# strings -f /proc/[0-9]*/cmdline
```

Auf diese Weise bekommen Sie alle zu den Prozess-IDs gehörenden Namen angezeigt. Mit `cmdline` können Sie sich auch eine einzelne Zeile des Prozesses ausgeben lassen, in der der Name (oder auch das Kommando) des Programms mit allen Argumenten enthalten ist.

Falls `strings` bei Ihnen nicht funktioniert, können Sie auch das folgende Kommando verwenden:

```
# grep -Ha "" /proc/[0-9]*/cmdline | tr '\0' " "
```

4.3.2 Das Verzeichnis /proc/$pid/environ

Jeder Prozess hat außer der `PID` auch eine Prozessumgebung. Welche Umgebungsvariablen für welchen Prozess gesetzt sind, können Sie mit `environ` im */proc*-Verzeichnis der Prozess-ID erfragen. Hier soll weiterhin der Prozess mit der ID 2167, die Entwicklungsumgebung *Anjuta*, beobachtet werden:

```
$ strings -f /proc/2167/environ
/proc/2167/environ: LESSKEY=/etc/lesskey.bin
/proc/2167/environ: MANPATH=/usr/local/man:/usr/share/man:/..
/proc/2167/environ: INFODIR=/usr/local/info:/usr/share/...
/proc/2167/environ: NNTPSERVER=news
...
/proc/2167/environ: KDE_FULL_SESSION=true
/proc/2167/environ: KDE_MULTIHEAD=false
/proc/2167/environ: SESSION_MANAGER=local/linux:/tmp/.IC...
/proc/2167/environ: KDE_STARTUP_ENV=linux;1068759934;528706;1890
```

Wenn es auch hier wieder nicht mit `strings` klappen sollte, dann sollten Sie es mit Folgendem probieren:

```
# tr '\0' '\n' < /proc/2167/environ
```

4.3.3 Das Verzeichnis /proc/self

Wollen Sie die aktuelle Prozess-ID Ihres eigenen Programms ermitteln, so können Sie den Eintrag */proc/self* auswerten. Bei diesem Eintrag handelt es sich um einen symbolischen Link des aktuell laufenden Prozesses. Das aktuelle Programm sollten Sie aber nicht mit der Shell verwechseln (versuchen Sie es selbst mit `ls -dl /proc/self` und `ls -dl /proc/$$`). Diesen symbolischen Link können Sie mit der Funktion `readlink()` auslesen. Es folgt ein Listing, das demonstriert, wie Sie die Prozess-ID des aktuell laufenden Programms ermitteln können:

```
/* my_getpid.c */
#include <stdio.h>
#include <stdlib.h>
#include <string.h>
#include <sys/types.h>
#include <unistd.h>

int main (void) {
    char buf[64];
    int pid;

    memset(buf, '\0', sizeof(buf));
    readlink("/proc/self", buf, sizeof(buf) - 1);
    sscanf(buf, "%d", &pid);
    printf("Meine Prozess-ID lautet: %d\n", pid);
    return EXIT_SUCCESS;
}
```

Listing 4.3 Demonstriert die Funktion readlink(), mit der z. B. die PID des laufenden Programmes ermittelt werden kann. Eine Alternative ist getpid().

Das Programm bei seiner Ausführung:

```
$ gcc my_getpid.c -o my_getpid
$ ./my_getpid
Meine Prozess-ID lautet: 2256
```

Hinweis zu getpid()

Das Beispiel stellt natürlich nur eine Demonstration dar. In der Praxis werden Sie auf die Funktion `getpid()` für die Ermittlung der Prozess-ID des laufenden Programms zurückgreifen.

4.3.4 Das Verzeichnis /proc/$pid/fd/

Ein weiterer Eintrag in */proc* ist *fd*, ein Unterverzeichnis, das alle Einträge von Filedeskriptoren enthält, die ein Prozess geöffnet hat. Jeder Eintrag ist hier ein symbolischer Link, der auf eine bestimmte Datei lesend oder schreibend zurückgreift. Natürlich sind hierin auch immer die Standard-Filedeskriptoren (0, 1, 2) enthalten (es sei denn, sie wurden geschlossen, was viele Dämonen [Hintergrundprozesse] tun). Öffnen Sie nun eine Konsole, und geben Sie das Kommando ps ein:

```
$ ps
 PID TTY          TIME CMD
 1988 pts/1    00:00:00 bash
 2827 pts/1    00:00:00 ps
```

Wollen Sie jetzt wissen, welche Filedeskriptoren in der Bash zurzeit geöffnet sind, können Sie die folgende Zeile verwenden:

```
$ ls -l /proc/1988/fd/
insgesamt 0
lrwx------ 1 pinguin  users  64 2003-11-14 00:50 0->/dev/pts/1
lrwx------ 1 pinguin  users  64 2003-11-14 00:50 1->/dev/pts/1
lrwx------ 1 pinguin  users  64 2003-11-14 00:50 2->/dev/pts/1
```

Sie erkennen die drei Standard-Filedeskriptoren als symbolischen Link auf dem Pseudoterminal *pts/1* wieder. Sie können jetzt ohne weiteres auf diese Filedeskriptoren zugreifen:

```
$ echo "Ein Beweis gefällig?" > /proc/1988/fd/1
Ein Beweis gefällig?
```

Hier wurde die Standardausgabe von echo auf die eigentliche Standardausgabe des Pseudoterminals umgeleitet.

4.3.5 Das Verzeichnis /proc/$pid/statm

Informationen zur Speicherbelegung eines Prozesses werden in statm hinterlegt. Wollen Sie z. B. die Speicherbelegung der Entwicklungsumgebung *Anjuta* ermitteln, gehen Sie folgendermaßen vor:

```
$ cat /proc/2167/statm
2671 2670 1678 302 0 2368 992
```

Sie bekommen dabei sieben verschiedene Zahlen zurückgegeben. Die Bedeutung der einzelnen Zahlen von links nach rechts ist die folgende:

- gesamte Programmgröße in Kilobyte
- Größe von zugeteilten Speicherteilen in Kilobyte (sogenannte Seiten)

- Anzahl von »Shared Pages«
- Anzahl der vom Programmcode benutzten Seiten
- Anzahl der vom Stack/Daten benutzten Seiten
- Anzahl der von dem Bibliotheksprogrammcode benutzten Seiten
- Anzahl von unsauberen Seiten (also Seiten, die noch nicht wieder freigegeben wurden)

Es gibt noch weitere nützliche Informationen zu den Prozessen, die Sie in Tabelle 4.2 aufgelistet vorfinden. `$pid` ersetzen Sie bitte durch eine echte, gültige Prozess-ID.

Verzeichniseintrag	Bedeutung
/proc/$pid/status	Darin finden Sie die formatierten Informationen, die Sie ebenfalls mit */proc/$pid/stat* (allerdings nicht formatiert) ermitteln können. Dies sind Informationen wie die Prozess-ID, die reale und effektive User- und Group-ID, Speicherverbrauch oder Bitmasken.
/proc/$pid/stat	Siehe */proc/$pid/status*. Dies ist eine etwas kompaktere Datei, die sich besser als *status* mit `sscanf()` oder `fscanf()` verwenden lässt.
/proc/$pid/cwd	ein symbolischer Link zum aktuellen Arbeitsverzeichnis des Prozesses
/proc/$pid/exe	ein Verweis auf die ausführbare Programmdatei
/proc/$pid/root	ein Link zum Root-Verzeichnis, das als Wurzelverzeichnis für den Prozess gilt (siehe `chroot()`)
/proc/$pid/maps	Enthält Speicher-Mappings zu den verschiedenen laufenden Dateien und Bibliotheken, die mit diesem Prozess zusammenhängen. Die Datei kann sehr lang werden, wenn ein umfangreicher Prozess ausgeführt wird.

Tabelle 4.2 Prozessinformationen in den individuellen PID-Verzeichnissen

4.4 Kernel-Informationen in /proc

Viele Einträge im */proc*-Verzeichnis geben auch Informationen zum gerade laufenden Kernel aus. Der Ort der Kernel-Informationen ist unterschiedlich, viele liegen im */proc*-Verzeichnis selbst und weitere in den Unterverzeichnissen wie */proc/sys* oder */proc/sys/kernel*.

Hierzu einige häufig benötigte Informationen, die in viele Anwendungen integriert sind:

```
$ cat /proc/sys/kernel/ostype
Linux (Debian)
$ cat /proc/sys/kernel/osrelease
4.6.28-arm-eabi
```

```
$ cat /proc/sys/kernel/version
#1 SMP Tue Jan 4 19:33:20 UTC 2023
$ cat /proc/sys/kernel/ctrl-alt-del
0
```

Zuerst wird abgefragt, was für ein Betriebssystem genau hier läuft (`ostype`), dann die Version des Kernels (`osrelease`) und wann dieser Kernel kompiliert wurde (`version`). Bei der letzten Abfrage wird überprüft, ob `ctrl-alt-del` gesetzt ist. Damit können Sie beeinflussen, ob `init` bei der Tastenkombination [Strg]+[Alt]+[Entf] eine Aktion ausführen soll (dies ist hier nicht der Fall, da der Raspberry Pi [ARM-Kernel 4.6.28-arm-eabi] diese Funktion nicht benutzt). Steht `ctrl-alt-del` auf `1`, wird bei diesem Tastendruck sofort ein Reboot angeordnet (eigentlich nur bei PC-Linuxen). Steht `ctrl-alt-del` allerdings auf `0`, wird `init` dazu angehalten, das System ordentlich herunterzufahren (funktioniert allerdings nicht wirklich korrekt auf dem Pi). Wollen Sie diesen Parameter verändern, müssen Sie sich als Superuser einloggen. Dazu können Sie `su` (bzw. `sudo`) wie folgt benutzen:

```
$ su
Password:********
# echo 1 >> /proc/sys/kernel/ctrl-alt-del
# exit
exit
$ cat /proc/sys/kernel/ctrl-alt-del
1
```

Ein weiteres Beispiel: Sie haben eine CD-ROM eingelegt und gemountet. Nachdem Sie die Daten von der CD-ROM gelesen haben, werfen Sie die CD-ROM ordnungsgemäß mit `umount` wieder aus und fahren anschließend das System herunter. Jetzt benötigen Sie aber die CD-ROM für einen Bekannten. Somit müssen Sie den PC leider nochmals hochfahren. Wäre doch nett, wenn beim Aushängen der CD-ROM mit `umount` die CD ausgeworfen wird, oder? Für solche Fälle ist der Eintrag */proc/sys/dev/cdrom/autoeject* zuständig. Der Wert ist mit der Voreinstellung `0` versehen. Sie können nun folgendermaßen vorgehen, um den Wert auf `1` zu setzen (funktioniert leider nicht immer mit modernen USB-Laufwerken, die in */dev/usb* erscheinen):

```
$ mount /media/cdrom
$ cat /proc/sys/dev/cdrom/autoeject
0
$ su
Password:********
# echo 1 >> /proc/sys/dev/cdrom/autoeject
# exit
exit
```

```
$ cat /proc/sys/dev/cdrom/autoeject
1
$ umount /media/cdrom
```

Beim Aushängen des CD-ROM-Laufwerkes müsste jetzt die CD ausgeworfen werden. Dieses nette Feature zeigt allerdings schon recht früh seine Schattenseiten, z. B. wenn die Hardwareerkennung oder ein Installationsprogramm das Gerät mehrmals öffnet und schließt. Manche Laufwerke können dadurch sogar Schaden nehmen.

Viele Kernel-Parameter wurden übrigens bewusst so implementiert, dass sie den Bedürfnissen der Anwender angepasst werden können, um ein höchstes Maß an Flexibilität zu erreichen. Sie können sich also im Endeffekt an dieser Stelle nicht das System zerschießen. Da hier in der Regel auch Superuser-Rechte benötigt werden, sind diese Einstellungen meistens auch für den Systemadministrator vorgesehen. Daher ergibt es relativ wenig Sinn, wenn Sie in Ihrer Anwendung, die Sie schreiben, versuchen, die Kernel-Parameter zu verändern. Dies würde bedeuten, dass Ihre Anwendung im Superuser-Modus laufen müsste, und das sollten Sie sowieso nur bei Installationsprogrammen zulassen. Bedenken Sie, dass das auch nicht immer möglich ist und auch nicht immer möglich sein sollte.

Für administrative Zwecke soll hierfür jedoch nun eine solche Anwendung erstellt werden. Aber wie schon erwähnt, Sie benötigen Superuser-Rechte (oft auch *root-Rechte* genannt) für dieses Programm. Versucht hingegen ein normaler Anwender, etwas zu verändern, bekommt er die Meldung »permission denied« zurückgegeben. Es folgt das Beispiel mit anschließender Erläuterung.

```
/* kernelinfo.c */
#include <stdio.h>
#include <stdlib.h>
#include <errno.h>
#include <sys/stat.h>
#include <sys/types.h>
#include <unistd. h.>
#include <string.h>
#define BUF 4096

enum { EJECT, FILE_MAX, SHARED_MAX  };
enum { CDINFO, OS, RELEASE, VERSION };

static const char *sys[] = {
  /* bei umount CD auswerfen */
  "/proc/sys/dev/cdrom/autoeject",
  /* max. Anzahl geöffneter Dateien pro Prozess */
  "/proc/sys/fs/file-max",
  /* max. Größe geteilter Speicher (Shared Memory) */
```

```
  "/proc/sys/kernel/shmmax"
};

static const char *info[] = {
  "/proc/sys/dev/cdrom/info",    /* Infos zur CD-ROM          */
  "/proc/sys/kernel/ostype",     /* Welches Betriebssystem? */
  "/proc/sys/kernel/osrelease"   /* Kernel-Version            */
  "/proc/sys/kernel/version"     /* Kernel von wann?          */
};

char *get_info (char *inf) {
    FILE *fp;
    char buffer[BUF];
    size_t bytes_read;

    fp = fopen (inf, "r");
    if (fp == NULL) {
        perror("fopen()");
        return NULL;   /* Fehler beim Öffnen */
    }
    bytes_read = fread (buffer, 1, sizeof (buffer), fp);
    fclose (fp);
    if (bytes_read == 0 || bytes_read == sizeof (buffer))
        return NULL;
    buffer[bytes_read] = '\0';
    return buffer;
}


void set_sys (const char *sys, unsigned long set) {
    FILE *fp;
    char buf[32];

    fp = fopen (sys, "w");
    if (fp == NULL) {
        perror ("fopen()");
        printf ("Weiter mit ENTER\n");
        getchar ();
        return;
    }
    sprintf(buf, "%ld", set);
    fprintf (fp, "%s", buf);
    fclose (fp);
```

```
    return;
}

int main (int argc, char **argv) {
    int auswahl;
    unsigned int file_max;
    unsigned long shared_max;

    do {
        printf ("Aktueller Zustand\n");
        printf ("Betriebssystem : %s", get_info (info[OS]));
        printf ("Kernel-Version  : %s",
            get_info (info[RELEASE]));
        printf ("Datum           : %s",
            get_info (info[VERSION]));
        printf ("-----------------------------------\n");
        printf ("Verändern können Sie Folgendes ...\n");
        printf ("-0- Bei \"umount\"  CD auswerfen"
            " Aktuell: %s", get_info (sys[EJECT]));
        printf ("-1- Max. Anzahl geöffneter Dateien pro"
            " Prozess    Aktuell: %s",
               get_info (sys[FILE_MAX]));
        printf ("-2- Max. Größe des geteilten Speichers"
            " (KB)      Aktuell %s",
               get_info (sys[SHARED_MAX]));
        printf ("-----------------------------------\n");
        printf ("Informationen bekommen Sie zu ...\n");
        printf ("-3- CD-ROM\n");
        printf ("-----------------------------------\n");
        printf ("-4- ENDE\n");
        printf ("Ihre Auswahl bitte (0-4) : ");

        do { scanf ("%d", &auswahl); } while (getchar ()!='\n');
        switch (auswahl) {
            case EJECT:
                if (strncmp ("0", get_info (sys[EJECT]),1) == 0)
                    set_sys (sys[EJECT], 1); /* setzen */
                else /* zurücksetzen */
                    set_sys (sys[EJECT], 0);
                break;
                case FILE_MAX:
                    printf ("Welcher Wert soll gesetzt werden: ");
                    do{ scanf("%d", &file_max); } while (getchar()!='\n');
```

```
                    set_sys (sys[FILE_MAX], file_max);
                break;
                case SHARED_MAX:
                    printf ("Welcher Wert soll gesetzt werden: ");
                    do { scanf("%ld", &shared_max); }
                    while (getchar()!='\n');
                    set_sys (sys[SHARED_MAX], shared_max);
                break;
                case 3:
                    printf ("%s", get_info (info[CDINFO]));
                    printf ("Weiter mit ENTER\n");
                    getchar();
                break;
                case 4:
                    printf("Programm wird beendet\n");
                break;
                default:
                    printf ("Unbekannte Eingabe\n");
        }
    } while (auswahl != 4);
    return EXIT_SUCCESS;
}
```

Listing 4.4 Mit diesem Listing können einige (unkritische) Kernel-Bootparameter geändert werden.

Das Programm gibt bei der Ausführung (auf dem PC) Folgendes aus:

```
$ gcc -o kernelinf kernelinf.c
$ ./kernelinf
Aktueller Zustand
Betriebssystem : Linux (Debian 64 Bit)
Kernelversion  : 4.6.28-generic
Datum          : #1 SMP Tue Jun 8 19:33:20 UTC 2022
------------------------------------
Verändern können Sie Folgendes ...
-0- Bei "umount"  CD auswerfen Aktuell: 0
-1- Max. Anzahl geöffneter Dateien pro Prozess  Aktuell: 49594
-2- Max. Größe des geteilten Speichers (KB)    Aktuell 33554432
------------------------------------
Informationen bekommen Sie zu ...
-3- CD-ROM
------------------------------------
-4- ENDE
Ihre Auswahl bitte (0-4) :
```

Neben dem Auswerfen der CD-ROM bei `umount` können hier noch die maximale Anzahl gleichzeitig geöffneter Dateien pro Prozess und die maximale Größe des geteilten Speichers (Shared Memory) verändert werden. Diese Veränderungen können aber wie bereits erwähnt nur mit speziellen Rechten vorgenommen werden. Informationen zum CD-ROM-Laufwerk (was es alles kann, z. B. lesen, schreiben, Blöcke einer DVD+R/W löschen, oder ob es überhaupt ein DVD-Laufwerk ist) können allerdings wieder für alle Anwender aufgelistet werden. Eine Ausnahme sind allerdings Blu-Ray-Laufwerke, denn diese erscheinen oft entweder gar nicht oder aber als normale DVD-(+R/W-)Laufwerke. Dies liegt aber einfach daran, dass es unter Linux manchmal nicht für alle Geräte aktuelle Treiber gibt.

Bitte beachten Sie, dass diese Art von Veränderungen der Kernel-Parameter nur für den laufenden Betrieb gültig sind. Sobald Sie das System herunterfahren und wieder starten, werden die Werte wieder auf ihren Ursprungszustand eingestellt. Wollen Sie eine dauerhafte Veränderung bewirken, müssen Sie sich die Datei *sysctl.conf* im Verzeichnis */etc* vornehmen. Diese Datei können Sie auch mit dem gleichnamigen Kommando `sysctl` verändern. Wollen Sie z. B. mit `sysctl` die `autoeject`-Variable verändern, gehen Sie wie folgt vor (*root*-Rechte):

```
# sysctl -w dev.cdrom.autoeject=0
dev.cdrom.autoeject = 0
# sysctl -w dev.cdrom.autoeject=1
dev.cdrom.autoeject = 1
```

Auf die Angaben von */proc/sys* können Sie dabei verzichten, und anstelle eines Slashs wird hier ein Punkt verwendet.

Wollen Sie wissen, mit welchem Befehl der Kernel beim Booten gestartet wurde, können Sie ihn mit `cmdline` erfragen. Hier können Sie wertvolle Informationen erhalten, z. B. mittels der folgenden Zeile:

```
$ cat /proc/cmdline
root=/dev/hda6 vga=0x0314 hdc=ide-scsi hdclun=0 splash=silent
```

Der Eintrag `vga=0x0314` bedeutet beispielsweise, dass Ihre Grafikkarte in einem VGA-Modus gestartet wird, der Parameter `0x0314` wird in diesem Fall an eine Initialisierungsroutine des BIOS übergeben, um den Framebuffer (also den Speicher, in den Ihre Grafikdaten geschrieben werden) einzurichten. Meistens bedeutet ein solcher Eintrag, dass entweder Ihr Linux veraltet ist oder aber Ihre Grafikkarte keine Grafikbeschleunigung verwendet (dies kann vor allem Ihren Desktop stark ausbremsen). Bei neueren Linux-Versionen fehlt der Eintrag `vga=...` dagegen entweder vollständig, oder es wird stattdessen ein Eintrag wie `gpu=...` benutzt (dieser wird dann später an die `modprobe`-Routine übergeben, um die Grafikhardware zu initialisieren). Allerdings gilt dies nicht für den Raspberry Pi, denn er verwaltet die Grafikhardware mittels der Datei *config.txt*.

Auch die folgende Zeile sollte Ihnen zu denken geben:

```
auto BOOT_IMAGE=2.6.4-HX ro root=301
```

Hier werden ein sehr altes Kernel-Image (2.6.4) verwendet und ein Parameter (BOOT_IMAGE), der auf den Bootloader LILO hinweist. LILO ist inzwischen veraltet und sollte durch den GRUB-Bootloader ersetzt werden (im Endeffekt sollten Sie das oben genannte System möglichst vollständig ersetzen). An dieser Stelle gehen wir übrigens nicht grundlos auf ältere Systeme ein, denn auch hier kommen Sie früher oder später mit stark veralteten Systemen in Berührung. Dies hat mehrere Gründe: Zum einen sind einige Anwender einfach »updatefaul« und ändern nichts, solange nicht sehr starke Probleme auftreten. Zum anderen wissen sie auch oft einfach nicht, wie man Updates macht, selbst wenn sie Linux regelmäßig benutzen.

Zu den verschiedenen Bootoptionen sei hier noch der Verweis auf die *bootparam*-Manual-Page gegeben. Es gibt noch weitaus mehr zu den Kernel-Informationen zu sagen, aber das würde den Rahmen des Buches bei weitem sprengen und am Thema der Linux-Programmierung vorbeigehen.

4.4.1 Das Verzeichnis /proc/locks

Im Verzeichnis */proc/locks* werden alle Dateien angezeigt, die im Augenblick vom Kernel gesperrt werden (vergleiche Kapitel 2, Funktion lockf()). Diese Ausgabe enthält interne Kernel-Debugging-Daten und kann daher logischerweise je nach System stark variieren. Ein Beispiel wäre:

```
1: FLOCK ADVISORY WRITE 807 03:05:308731 0 EOF c2ac0 c0248 c2a220
2: POSIX ADVISORY WRITE 708 03:05:308720 0 EOF c2a1c c2ac4 c02548
```

In der ersten Spalte besitzt jeder Lock eine einmalige Zahl gefolgt vom Typ des Locks. Mögliche Ausgaben sind FLOCK (meist bei älteren UNIX-Datei-Locks mit dem Systemaufruf flock()) und POSIX (bei neueren POSIX-Locks unter Linux mit dem Systemaufruf lockf(), den Sie hier auch stets verwenden sollten).

Der Wert ADVISORY in der dritten Spalte bedeutet, dass ein weiterer Datenzugriff für andere Benutzer möglich ist, aber keine weiteren Lock-Versuche mehr erlaubt sind. Ein anderer möglicher Wert ist MANDATORY, was bedeutet, dass keine weiteren Datenzugriffe mehr möglich sind, solange der Lock vorhanden ist. In der vierten Spalte befinden sich die Lese- oder Schreibrechte (READ, WRITE) des Eigentümers. Die fünfte Spalte enthält die PID des Lock-Eigentümers. Die ID der gelockten Datei finden Sie in der sechsten Spalte mit folgendem Format:

```
MAJOR-DEVICE:MINOR-DEVICE:INODE-NUMBER
```

Die Spalten sechs und sieben zeigen Anfang und Ende der gelockten Region. Im Beispiel gilt die Sperre vom Anfang 0 bis zum Ende (EOF) der Datei. Die letzten Spalten zeigen auf Kernel-interne Datenstrukturen für spezielle Debugging-Funktionen.

4.4.2 Das Verzeichnis /proc/modules

In */proc/modules* finden Sie eine Liste von allen Modulen, die vom System geladen wurden. Auch hierbei hängt die Ausgabe von den Einstellungen des Systems ab. Diese Ausgabe kann wie folgt aussehen:

```
$ cat /proc/modules
isofs 40100 1 - Live 0xe0c36000
udf 88356 0 - Live 0xe0c94000
crc_itu_t 10112 1 udf, Live 0xe0bff000
btusb 19736 0 - Live 0xe0c23000
nls_iso8859_1 12032 1 - Live 0xe0c1f000
nls_cp437 13696 1 - Live 0xe0c09000
vfat 18816 1 - Live 0xe0c03000
fat 57376 1 vfat, Live 0xe0c0f000
ipv6 263972 15 - Live 0xe0c52000
gpu_nvidia_geforce 804020 4 - Live 0xe0000000
```

In der ersten Spalte befindet sich jeweils der Name des geladenen Moduls, gefolgt von der Speichergröße in Bytes. In der dritten Spalte wird angezeigt, wie oft das Modul gerade benutzt wird (*usage count*). In der letzten Spalte finden Sie die Module, die benötigt werden, damit andere Module funktionieren. Zum Beispiel benötigt das Modul *cdrom* das Modul *ide-cd*, um ordentlich ausgeführt zu werden. `autoclean` gibt an, ob sich das Modul nach einer gewissen Zeit selbst deaktiviert, `unused`, dass es nicht benutzt wird. Die Speicheradresse, an der das Modul geladen wird, befindet sich am Ende des Eintrags. Auf diese Weise sehen Sie auch, wie eine erfolgreich aktivierte Grafikbeschleunigung aussehen muss: Einer der Kernel-Bootparameter muss den Namen des Grafikprozessors (hier `gpu=nvidia_geforce`) enthalten, und `modprobe` muss in */proc/modules* auch einen Eintrag erzeugen, der den Treiber (in diesem Fall `gpu_nvidia_geforce`) enthält. Allerdings haben Geforce-Treiber eine Eigenheit, die man kennen sollte: `804020` ist nämlich hier die Revision des verwendeten Nvidia-Chips, `4` ist die Version (also ist es eine Geforce 4). Hier werden also zwei Parameter (nämlich der Speicherverbrauch und die Anzahl der geladenen Module) für andere Zwecke missbraucht. `Live` bedeutet natürlich auch hier, dass der Treiber erfolgreich geladen wurde (also quasi lebt), und `0xe0000000` ist die Startadresse des Framebuffer-Bereichs.

Auch hier verhalten sich die Dinge auf dem Raspberry Pi etwas anders, denn dort müssen Sie die Grafikbeschleunigung in der Datei *config.txt* im Verzeichnis */boot* aktivieren. Wie dies geht, entnehmen Sie am besten dem Raspberry-Pi-Forum, denn die Datei *config.txt* wird dauernd überarbeitet und durch neue Versionen ersetzt.

4.5 Verschiedene Dateisysteme unter Linux verwalten

Weitere Informationen, die Sie im */proc*-Verzeichnis finden, sind die Informationen über verschiedene Dateisysteme, vor allem darüber, welche eingehängt (gemountet) wurden. Das Verzeichnis */proc/filesystems* listet alle Dateisysteme auf, die dem Kernel bekannt sind und mit denen er auch arbeiten kann. Einige davon sind intern und können nicht extra gemountet werden, auch wenn sie hier aufgelistet werden. Dazu zählt z. B. *pipefs*, aber auch *proc*, wobei diese Auflistung nicht vollständig ist (es gibt noch viele Dateisysteme, die nachgeladen werden können und gerade nicht aktiv sind). Andere Dateisysteme wiederum sind nur statisch gelinkt und werden erst bei Bedarf aktiviert.

Für den Umgang mit Dateisystemen unter Linux sollten Sie jedoch wissen, dass Linux keine Laufwerkbuchstaben verwendet, anders als z. B. Windows (dies kann für einen Umsteiger verwirrend sein). Stattdessen werden ganze Laufwerke (eben durch das `mount`-Kommando) in einen normalen Verzeichnispfad eingehängt. Natürlich muss es zu diesem Zweck eine oberste Ebene geben, und dies ist die sogenannte *Root-Partition /*. Alle weiteren Laufwerke werden in Verzeichnisse unterhalb / eingehängt, auch externe Festplatten und SD-Karten. Natürlich müssen Sie diese Verzeichnisse zu diesem Zweck vorher anlegen, aber wenn ein bestimmtes Verzeichnis (z. B. */media*) einmal angelegt wurde, können Sie etwa eine SD-Karte daran binden. Allerdings erscheint die SD-Karte selbst als neuer Eintrag in */dev*, nachdem sie eingesteckt wurde, und es ist nicht immer intuitiv erfassbar, welchen Namen sie bekommt. Auf dem Pi wird diese Erkennung z. B. im Hintergrund ausgeführt, und wenn Sie eine SD-Karte in ein externes Lesegerät einstecken, erscheint diese sofort in */media*. Auf PCs muss dies aber nicht der Fall sein, und Sie müssen dann unter Umständen Ihre SD-Karte von Hand mounten. Wechseln Sie dazu in das Verzeichnis */dev*, und geben Sie `ls` ein. Nun stecken Sie die SD-Karte ein und geben wieder `ls` ein. Was hat sich verändert? Es kann beispielsweise sein, dass eine SD-Karte, die Sie zuvor unter Windows mit FAT32 formatiert haben, nun als */dev/hdc1* erscheint. Um nun Ihre SD-Karte an das Verzeichnis */media* zu binden, benutzen Sie den folgenden `mount`-Befehl:

```
sudo mount /dev/hdc1 -t vfat /media
```

oder auch (bei sehr großen Karten):

```
sudo mount /dev/hdc1 -t exfat /media
```

Wie gesagt, auf dem Pi ist dieser Schritt meist nicht nötig.

4.5.1 Das Verzeichnis /proc/mounts

Was alles gerade eingehängt ist, finden Sie in */proc/mounts* verzeichnet, z. B. auf die folgende Weise:

```
rootfs / rootfs rw 0 0
/dev/root / reiserfs rw 0 0
proc /proc proc rw 0 0
sysfs /sys sysfs rw 0 0
devpts /dev/pts devpts rw 0 0
tmpfs /dev/shm tmpfs rw 0 0
/dev/hda2 /C vfat rw,nodiratime,fmask=0022,dmask=0022,codepage=cp437 0 0
usbdevfs /proc/bus/usb usbdevfs rw 0 0
/dev/hdb /F iso9660 ro,nosuid,nodev 0 0
```

Die Ausgabe von */proc/mount* entspricht fast exakt der Ausgabe von */etc/mtab*, nur dass */etc/mtab* von `mount` verwaltet wird und somit nur Dateisysteme auflistet, die mit `mount` eingehängt worden sind, nicht jedoch z. B. mit dem Systemcall `mount()`. Im Endeffekt ist dies eine Sicherheitslücke, denn auf diese Weise können Sie eine Partition quasi am System vorbei in ein Verzeichnis einhängen. Es gibt aber bis jetzt (Stand 2023) keine Angriffe, die den Systemcall `mount()` erfolgreich ausnutzen.

In der ersten Spalte einer jeden Zeile finden Sie das Gerät und in der zweiten Spalte den dazugehörenden Mountpoint. Der Dateisystemtyp wird in der dritten Spalte aufgelistet. Ob darauf nur lesend (`ro`) oder auch schreibend (`rw`) zugegriffen werden kann, wird – nebst anderen möglichen Optionen – in der vierten Spalte angezeigt. Die letzten beiden Spalten sind Dummy-Werte, damit das */proc/mount*-Format exakt dem von */etc/mtab* entspricht.

Die vom Kernel beim Bootvorgang einzuhängenden Dateisysteme werden allerdings in */etc/fstab* abgelegt. Auf diese Weise könnten Sie z. B. auch Ihre SD-Karte (falls sie vorher eingesteckt wurde) automatisch in */media* laden. Sie müssten dazu nur in */etc/fstab* die folgende Zeile eintragen:

```
/dev/hdc1 /media vfat(bzw. exfat) rw 0 0
```

Inzwischen funktioniert dies sogar mit Windows-Festplatten. Um beispielsweise Ihre Windows-Daten-Partition (die fast immer die zweite Partition auf der Festplatte am ersten SATA-Anschluss ist) auch unter Linux zu nutzen, verwenden Sie den folgenden Eintrag (Standardformatierung):

```
/dev/sda2 /windows ntfs rw 0 0
```

4.6 Weiterführendes

Zum */proc*-Verzeichnis könnten noch viele Seiten geschrieben werden, aber irgendwo muss Schluss sein. Sie wissen jetzt, wenn Sie bestimmte Informationen für Ihr Programm oder auch zur Administration benötigen, wo und wie Sie an diese Informationen herankommen. Weitere Informationen zum */proc*-Verzeichnis finden Sie auf der Manual Page (`man 5 proc`).

Dass Linux frei im Quellcode ist (Open Source), weiß – denken wir – schon jeder. Daher hierzu einige Anwendungen, deren Quellcode zu studieren sinnvoll erscheint, da sie kräftig Gebrauch vom */proc*-Verzeichnis machen.

Anwendung	Beschreibung
`mount`	Informationen über gemountete Datenträger
`ps`	Informationen über Prozesse
`top`	Auslastung der CPU
`xload`	durchschnittliche Auslastung des Systems
`xosview`	durchschnittliche Auslastung des Systems, der CPU, des Speicherbedarfs, Interrupts ...

Tabelle 4.3 Anwendungen, die vom /proc-Verzeichnis profitieren

Kapitel 5
Devices – eine einfache Verbindung zur Hardware

Damit auch einfach autorisierte Prozesse Zugriff auf die Hardwarekomponenten des Systems haben, können die Devices (Gerätedateien) verwendet werden.

Damit das Betriebssystem mit der Hardware kommunizieren kann, werden in Linux (wie in den meisten anderen Betriebssystemen auch) Gerätetreiber verwendet. Unter Linux ist dieser Treiber immer ein Teil des Kernels und kann entweder statisch hinzugelinkt oder auf Anfrage als Kernel-Modul nachgeladen werden. Da ein Gerätetreiber ein Teil des Kernels ist, kann aus Sicherheitsgründen nicht direkt darauf mit einem normal laufenden Prozess zugegriffen werden. Um aber dennoch auf Hardwarekomponenten wie u. a. Festplatte, CD-ROM, Soundkarte oder die seriellen bzw. parallelen Schnittstellen zugreifen zu können, wurde unter Linux ein Mechanismus eingeführt, mit dem recht problemlos mit einem Gerät über eine Hardwaregerätedatei kommuniziert werden kann. Diese Datei können Sie mit einem gewöhnlichen Programm öffnen und auf sie lesend und schreibend zugreifen. Sie können also über normale Datei-E/A-Operationen mit dem Gerätetreiber so kommunizieren, als handle es sich um eine gewöhnliche Datei. Natürlich müssen die einzelnen Benutzer die Rechte für die Gerätedateien zugewiesen bekommen, aber dies geht – wie bei normalen Dateien auch – über `chmod`.

5.1 Die Gerätedateitypen

Die Einträge der Gerätedateien – auch als *Devices* bekannt – finden Sie im Verzeichnis */dev*. Ein `ls -l /dev` verschafft Ihnen einen ersten Überblick – und stiftet vielleicht zugleich auch ein wenig Verwirrung. Es wird nämlich zwischen zwei Devices-Typen unterschieden, zu erkennen am ersten Buchstaben der Auflistung der Gerätedatei(en) (`b` oder `c`):

- *character device* (`c`) – hierbei handelt es sich um Hardwaregeräte, bei der Sie eine fortlaufende Folge von Datenbytes lesen oder schreiben müssen. Dies sind Hardwarekomponenten wie Soundkarten, Tapes, Terminalgeräte, serielle oder parallele Schnittstelle. Tastaturen gehören also eigentlich auch zu diesen Geräten. Aber Achtung: Bei USB-Geräten verhält sich die Sache ein wenig anders, weil das USB-Protokoll eigentlich ein blockorientiertes Protokoll ist (dies gilt auch für USB-Pakete von Tastaturen, Mäusen und Joysticks). Deshalb verwenden moderne Linux-Systeme inzwischen das Verzeichnis */dev/hidraw* (HID = *Human Interface Device*) für Zeichengeräte wie Tastatur, Maus und Joystick, die am USB-Bus hängen. Im Laufe des Kapitels werden noch Beispiel-Listings auftauchen, die Ihnen zeigen, wie Sie HID-Geräte abfragen können.

- *block device* (b) – Blockgeräte sind Devices, mit denen ganze Blöcke (anstatt Bytes) gelesen oder geschrieben werden können. Dabei wird erst ein Puffer aufgefüllt, bevor der ganze Datenblock an den Treiber gesendet wird. Blockorientierte Geräte sind aber trotzdem meistens schneller als zeichenorientierte Geräte, da die zeichenorientierten Geräte auf jedes einzelne Zeichen warten müssen. Blockgeräte greifen dagegen oft am Prozessor vorbei auf den Speicher zu, z. B. per DMA (direct memory access) und der Schreibvorgang braucht deswegen kaum CPU-Zeit. Zu den Standardblockgeräten gehören z. B. die Festplatte, Diskette oder das CD-ROM-/DVD-Laufwerk. Ein zeichenorientiertes Gerät betreibt deshalb mehr Aufwand, weil nach jedem `read`/`write` bereits eine Art `flush` stattfindet. Leider gibt es auch inzwischen hier Ausnahmen. Vor allem Soundkarten verhalten sich oft wie Blockgeräte (enthalten also z. B. Audiopuffer für die einzelnen Soundkanäle) und erscheinen dann sogar im sogenannten Streaming-Modus nicht in dem Verzeichnis */dev/dsp* (DSP = *Digital Streaming Processor*), obwohl sie dort eigentlich hingehören. Auch zu Soundkarten werden noch Beispiele aufgelistet, die dann allerdings nicht direkt */dev/dsp* benutzen, sondern die ALSA-Bibliothek.

[!]

Warnung vor dem Zugriff auf Blockgeräte

Es kann gefährlich werden, wenn Sie direkt auf Blockgeräte wie die Festplatten schreibend zugreifen. Sie müssen bedenken, dass alle Operationen wie bei einer Datei ausgeführt werden können, also auch Dinge wie `lseek()` zum Positionieren des Schreibzeigers. Wenn Sie z. B. versehentlich Block 0 Ihrer Bootfestplatte überschreiben, wird Ihr System nicht mehr starten oder sogar gänzlich unbrauchbar werden.

Wenn Sie nicht genau wissen, was Sie tun, dann lassen Sie also lieber die Finger von Gerätedateien – oder verwenden separate Bibliotheken beispielsweise für Ihre Soundkarte (ALSA, SDL etc). Die Folge kann nämlich sein, dass Sie z. B. den kompletten Inhalt Ihrer Festplatte unbrauchbar machen oder die Firmware Ihres USB-Gerätes beschädigen. Auch das Schreiben »irgendwelcher« Daten zu Testzwecken an ein Audiogerät kann böse Folgen haben. So können Sie etwa mit der unbedachten Ausgabe zu hoher Frequenzen Ihre Boxen oder Ihren Soundchip zerstören – dies geht schneller, als Sie denken! Zwar verbieten die meisten Linux-Systeme einem normalen Prozess solch einen Zugriff, aber aus experimentellen Gründen versucht man es erfahrungsgemäß gerne als *root*. Und dann ist die Enttäuschung groß, wenn das System plötzlich nicht mehr startet oder die Boxen plötzlich keine Töne mehr ausgeben – obwohl die Konfiguration doch überhaupt nicht geändert wurde!

Eine Ausnahme ist die Gerätedatei */dev/fb0*, die Sie durchaus zur Ausgabe von Grafiken auf der Konsole verwenden können. Hierbei können Sie maximal Ihren Desktop einfrieren lassen, was nicht ganz so wild ist. Auch mit den Gerätedateien für Tastatur, Maus und Joystick in */dev/hidraw* können Sie ruhig experimentieren – wenn plötzlich die Maus nicht mehr geht, ist es nicht ganz so schlimm, denn Linux bietet ja immer noch die Konsolenkommandos an, mit denen Sie das System neu starten können.

5.2 Die Gerätedateinummern

Für Sie als Programmierer und auch für den Anwender stellt eine Gerätedatei im Verzeichnis */dev* eine Schnittstelle zum eigentlichen Treiber der dazugehörenden Gerätedatei dar. Jegliche Aktion mit der Gerätedatei (schreiben, lesen, teilweise auch steuern) wird an den zuständigen Treiber weitergeleitet. Natürlich müssen Sie in diesem Fall das Kommunikationsprotokoll des Gerätes kennen. Dies kann sehr schwer oder auch unmöglich sein, z. B. bei Grafikhardware, die ihren eigenen Prozessor (GPU) besitzt. In diesem Fall müssen Sie nämlich nicht nur Pixeldaten übertragen, sondern auch die OP-Codes von Programmen für eine spezielle GPU (in diesem Fall wäre es vielleicht besser, eine separate Bibliothek wie OpenGL zu benutzen). Bei Druckern ist die Sache einfacher, denn sie unterstützen meistens entweder die PCL-Skriptsprache (Epson/HP) oder aber PostScript (Adobe). Ähnlich verhält es sich auch bei Mäusen oder Joysticks, denn sie unterstützen fast immer das HID-Protokoll, das ein offener Standard für USB-Eingabegeräte ist.

Damit eine Gerätedatei nun weiß, welcher Treiber für sie zuständig ist, enthält sie eine Nummer, die sogenannte *major* Nummer. Zum Beispiel ist die *major* Nummer der ersten IDE-Festplatte 3 so zu ermitteln:

```
$ ls -l /dev/hda /dev/hda1
brw-rw----    1 root     disk   3,    0 2003-03-14 14:07 /dev/hda
brw-rw----    1 root     disk   3,    1 2003-03-14 14:07 /dev/hda1
```

Wenn Sie sich nun das komplette */dev*-Verzeichnis auflisten lassen, fällt Ihnen sicherlich auch auf, dass viele Gerätedateien über die gleiche *major* Nummer verfügen. Viele Geräte interagieren also über den gleichen Treiber mit dem Betriebssystem. So gibt es z. B. bei USB-Controllern oft nur einen einzigen Root Hub, an dem mehrere zusätzliche Hubs hängen können. In diesem Fall kommunizieren dann sämtliche USB-Geräte über den *USBUHC-Treiber* mit der gleichen *major* Nummer. Ebenfalls muss es aber nicht zwingend so sein, dass eine andere *major* Nummer ein anderes Gerät bezeichnet. Bestes Beispiel: Die serielle Schnittstelle verfügt über mehrere Gerätenummern, obwohl es sich um ein und dieselbe Schnittstelle handelt (aber eben nicht über den gleichen Port). Der Unterschied ist hier also nicht das Gerät, sondern, wie schon erwähnt, der Treiber.

[»]

Hinweis: Benutzen der seriellen Schnittstelle beim Raspberry Pi

Der Raspberry Pi ist etwas speziell, was die serielle Schnittstelle betrifft, weil sie sowohl über einen USB-to-Serial-Adapter als auch über universelle GPIO-Pins genutzt werden kann. Diese Pins werden dann meistens zusätzlich mit einem Adapter verbunden, an den ein serielles Kabel angeschlossen werden kann, das auch für PCs benutzt wird. Deshalb wird beim Pi (ab Version 3) für die serielle Schnittstelle nicht */dev/serial* bzw. */dev/tty0 (1,2,3...)*, sondern entweder */dev/ttys0* oder */dev/ttyama0* benutzt. Dies können Sie auch durch die Datei */boot/boot.conf* ändern – lesen Sie in diesem Fall aber bitte erst die Howtos im Raspberry-Pi-Forum. Wenn Sie nämlich die GPIO-Pins oder die entsprechenden Adapter falsch oder ohne Vorwiderstand anschließen, können Sie Ihren Pi zerstören. Wenn Ihnen die klassische Hilfe in Buchform lieber ist, dann besorgen Sie sich am besten das entsprechende Buch »Die elektronische Welt mit dem Raspberry Pi entdecken« von Erik Bratmann. Allerdings sollten Sie sich für dieses Buch viel Zeit nehmen, denn es erklärt so ziemlich alles, was Sie über den Pi wissen können, inklusive Elektrotechnik.

Jetzt haben Sie zwar für ein Gerät mit der *major* Nummer einen Treiber, aber häufig gibt es von einem Gerät der gleichen Bauart mehrere, die im Einsatz sind. Bestes Beispiel sind mehrere Festplatten oder Partitionen in Ihrem PC. Obwohl die Festplatten alle denselben Treiber verwenden, müssen sie auch hier voneinander unterschieden werden. Um dies zu realisieren, wurde die *minor* Nummer gleich mit eingeführt. Die *minor* Nummer befindet sich gleich rechts neben der *major* Nummer. Anhand dieser Nummer weiß der Treiber jetzt, welche Festplatte oder Partition er wirklich bedienen soll.

5.3 Zugriff auf die Gerätedateien

Wie schon erwähnt, erfolgt der Zugriff auf Gerätedateien (dank Integration in das Dateisystem) über die gewöhnlichen Datei-E/A-Funktionen. Natürlich lässt sich dies auch via Shell mit einer Dateiumleitung erledigen. Wollen Sie z. B. einen Text an die Gerätedatei des Druckers senden, so gehen Sie einfach folgendermaßen vor (entsprechende Zugriffsrechte vorausgesetzt):

```
$ cat textdatei.txt > /dev/lp0
```

Dasselbe in einem C-Programm angewandt, sieht so aus:

```
int fd;
fd = open("/dev/lp0", O_WRONLY);
if(fd >= 0)
   write(fd, buf, buf_size);
close(fd);
```

Zum Öffnen und Schließen einer Gerätedatei werden somit `open()` und `close()` und zum Lesen und Schreiben die Funktionen `read()` und `write()` verwendet.

[«]

Hinweis: Texte an USB-Drucker schicken

Manche USB-Drucker erscheinen in */dev/lp0*, manche aber auch nicht. Wenn Sie nun denken: »Okay, dann suche ich halt den entsprechenden Eintrag in */dev/usb* heraus und probiere es dann damit nochmal«, kann es sein, dass der obige `cat`-Befehl nicht funktioniert oder sogar nur Zeichenmüll ausgibt. Dies liegt daran, dass manche USB-Drucker keine normalen Textdateien verarbeiten können, sondern spezielle Druckerkommandos benötigen, die der entsprechende Treiber erzeugen muss. Die besten Chancen dafür, dass der `cat`-Befehl keinen Zeichenmüll ausgibt, haben Sie, wenn Ihr Drucker PCL unterstützt.

Mit der Möglichkeit, bestimmte Gerätedateien zu öffnen und schreibend bzw. lesend darauf zuzugreifen, können Sie leider nur einen Bruchteil dessen machen, wozu der Treiber imstande ist. Denn neben dem Schreiben und Lesen ist es auch möglich, ein Gerät in seiner spezifischen Art zu steuern. Dies können Sie mit dem Funktionsaufruf `ioctl()` (*Input-Output-Control*) erledigen. Erst damit können Sie den Treiber unter Linux direkt ansprechen. Hierfür müssen Sie allerdings den entsprechenden Befehlssatz für den entsprechenden Treiber kennen. Zuerst die Syntax zu `ioctl()`:

```
#include <sys/ioctl.h>

int ioctl(int fd, int request ... );
```

Als ersten Parameter geben Sie den geöffneten Filedeskriptor an, mit dem Sie eine Gerätedatei zuvor geöffnet haben. Der zweite Parameter ist der entsprechende Befehl, der natürlich von der Gerätedatei abhängt, die geöffnet wurde. Sie können z. B. nicht für eine Festplatte den Befehl zum Auswerfen einer CD-ROM verwenden. Im Fehlerfall liefert `ioctl()` `-1`, ansonsten `0` zurück.

Beachten Sie allerdings, dass es sich hier um keinen Standard handelt. Argumente, Rückgabewerte und Semantik von `ioctl()` variieren je nach dem entsprechenden Gerätetreiber (der Aufruf wird daher oft als ein Allheilmittel für alle Operationen benutzt, die nicht sauber in das Stream-E/A-Modell passen). Siehe auch: `ioctl_list(2)` für eine Liste von vielen der bekannten `ioctl`-Aufrufe.

Die entsprechenden Befehlssätze für eine bestimmte Gerätedatei (also um damit den entsprechenden Treiber zu steuern) finden Sie unter `man ioctl_list` – was allerdings mittlerweile keine vollständige Liste mehr darstellt. Wie Sie diese Befehle anwenden, werden wir Ihnen noch im weiteren Verlauf des Buches anhand eines Beispiels mit dem CD-ROM-Laufwerk demonstrieren.

5.4 Gerätenamen

Die Gerätenamen sind mittlerweile über die UNIX-Systeme hinweg recht ähnlich geworden – so ist es auch unter Linux. Mittlerweile besitzen z. B. viele Einträge in Bezug auf das CD-/DVD-ROM-Laufwerk, Diskettenlaufwerk, Modem oder zur Maus einen symbolischen Link mit einem aussagekräftigen Namen. Zur Übersicht sollen hier dennoch einige block- und zeichenorientierte Gerätedateien und deren Bedeutung aufgelistet werden:

Device	Name	Major	Minor
erstes Diskettenlaufwerk	/dev/fd0	2	0
zweites Diskettenlaufwerk	/dev/fd1	2	1
SD-Karte USB-Stick USB-Kamera Tolino oder Tablet	/dev/hda1..4 /dev/sda1..4 /dev/sdb1..4 /dev/sdc1..4	4–255	4–255
erster IDE-Controller (Hauptgerät)	/dev/hda (/dev/ad0)	3	0
erster IDE-Controller (erste Partition) (Hauptgerät)	/dev/hda1 (/dev/ad0s1a)	3	1
erster IDE-Controller (zweites Gerät)	/dev/hdb (/dev/ad1)	3	64
erster IDE-Controller (erste Partition) (zweites Gerät)	/dev/hdb1 (/dev/ad1s1a)	3	65
zweiter IDE-Controller (Hauptgerät)	/dev/hdc (/dev/ad2)	22	0
zweiter IDE-Controller (zweites Gerät)	/dev/hdd (/dev/ad3)	22	64
erstes SCSI-Laufwerk (auch SATA-Geräte)	/dev/sda (/dev/da0)	8	0
erstes SCSI-Laufwerk (erste Partition, auch SATA-Geräte)	/dev/sda1 (/dev/da0s1a)	8	1
zweites SCSI-Laufwerk (auch SATA-Geräte)	/dev/sdb (/dev/da1)	8	16

Tabelle 5.1 Einige blockorientierte Gerätedateien

Device	Name	Major	Minor
zweites SCSI-Laufwerk (erste Partition, auch SATA-Geräte)	/dev/sdb1 (/dev/da1s1a)	8	17
erstes SCSI-CDROM Laufwerk	/dev/sr0 (/dev/cd0)	11	0
zweites SCSI-CDROM Laufwerk	/dev/sr1 (/dev/cd1)	11	1

Tabelle 5.1 Einige blockorientierte Gerätedateien (Forts.)

[«]

Hinweis: FreeBSD und Linux

Die Angaben in den Klammern stellen die Bezeichnungen der Gerätenamen unter FreeBSD dar, wobei FreeBSD ein anderes System verwendet als Linux. Hier gibt es in den Partitionen zusätzlich sogenannte *Slices*. So bedeutet die Angabe von */dev/ad0s1a* => 1. Partition im 1. Slice der ersten IDE-Platte oder */dev/ad0s1b* => 2. Partition im 1. Slice der ersten IDE-Platte. Bei SCSI-Laufwerken funktioniert dies in ähnlicher Weise. */dev/da1s2d* => 4. Partition im 2. Slice der 2. SCSI-(Wechsel-)Platte. SATA-Geräte werden bezeichnet wie SCSI-Geräte und verwenden auch oft ein SCSI-ähnliches Protokoll. Wenn Sie Programme von UNIX auf Linux portieren müssen, sollten Sie diesen Hinweis beachten.

Device	Name	Major	Minor
1. Parallelport	/dev/lp0 oder /dev/par0	6	0
2. Parallelport (falls vorhanden)	/dev/lp1 oder /dev/par1	6	1
High-Level-Parallelport	/dev/parport0	99	0
erste serielle Schnittstelle	/dev/ttyS0 (beim Pi /dev/ttyama0)	4	64
zweite serielle Schnittstelle	/dev/ttyS1 (beim Pi /dev/ttyama1)	5	65
IDE-Tape-Laufwerk	/dev/ht0	37	0
erstes SCSI-Tape-Laufwerk	/dev/st0	9	0
Systemkonsole	/dev/console	5	1
erstes virtuelles Terminal	/dev/tty1	4	1

Tabelle 5.2 Zeichenorientierte Gerätedateien

Device	Name	Major	Minor
erste Soundkarte	/dev/dsp0 (keine Garantie!)	14	
Grafik-Framebuffer	/dev/fb0 (virtuelle Offscreen-Buffer eventuell /dev/fb1-/dev/fb9)	0 (0 beim Pi, beim PC unterschiedlich)	0 (0–9 beim Pi, beim PC unterschiedlich)
USB-Roothub	/dev/usb	64–255	0–255

Tabelle 5.2 Zeichenorientierte Gerätedateien (Forts.)

5.5 Spezielle Gerätedateien

Es befinden sich auch einige spezielle Einträge im */dev*-Verzeichnis, die mit keiner Hardware verbunden sind. Hier einige der bekanntesten:

- */dev/null* – wird gerne verwendet, um unerwünschte Ausgaben auf der Standardausgabe zu beseitigen. Dabei wird einfach die Ausgabe mit `programmname > /dev/null` umgeleitet. Kurz: */dev/null* wird als Müllschlucker verwendet.
- */dev/zero* – dabei handelt es sich um eine sehr lange Gerätedatei gefüllt mit 0-Bytes. */dev/zero* wird besonders gerne verwendet als eine andere Art der Speicherreservierung mit `mmap()`. Damit ist es möglich, zwischen zwei verwandten Prozessen zu kommunizieren. Der Vorteil an dieser Methode ...

  ```
  if((fd=open("/dev/zero", O_RDWR)) < 0) {
    /* Fehler */
  }
  memoin=mmap(0,8192 ... );
  ```

  ... ist der, dass keine neue Datei mit dem Memory-mapped Aufruf `mmap()` erstellt werden muss (mehr zum Systemaufruf `mmap()` finden Sie im Anhang bei der Funktionsreferenz).

  Folgendes geschieht durch diesen Aufruf und ist zu beachten:

  - Der Speicherbereich, der eingerichtet wird, ist namenlos.
  - Die Größe des Speicherbereichs wird mit dem zweiten Argument übergeben.
  - Dieser Speicherbereich wird mit 0 initialisiert.
  - **Wichtig!** Wenn verwandte Prozesse ebenfalls auf diesen Speicherbereich zugreifen sollen, so müssen Sie das Flag `MAP_SHARED` angeben.

Natürlich kann */dev/zero* auch als zweiter Müllschlucker (im Falle des Schreibens) oder – als »sehr lange Gerätedatei« – als eine Gerätedatei, die unendlich viele binäre Nullen zurückgibt, verwendet werden.

- */dev/full* – wird verwendet, um ein Programm beim Abspeichern einer Datei darauf zu testen, was passiert, wenn kein Platz mehr zum Speichern vorhanden ist. Jeder Kopiervorgang in die Datei */dev/full* setzt `errno` auf `ENOSPC`, z. B.:

```
$ cp datei /dev/full
cp: Schreiben von "/dev/full":
Auf dem Gerät ist kein Speicherplatz mehr verfügbar
```

- */dev/random* und */dev/urandom* – werden zum Erzeugen von Zufallszahlen verwendet. */dev/random* besteht aus reinen Zufallsquellen (also Maus, ansatzweise Tastatur, CPU-Temperatur oder Mainboard-Spannung etc.), wohingegen */dev/urandom* wegen der Dauerverfügbarkeit auch aus weniger sicheren Datenquellen bezogen wird. */dev/random* blockiert im Gegensatz zu */dev/urandom* gegebenenfalls den Prozess, wenn keine Aktion mit der Tastatur oder der Maus stattfindet. Mit */dev/urandom* hingegen wird die Erzeugung einer Zufallszahl nicht blockiert, da im Falle keiner Aktion ein Algorithmus zur Erzeugung der Zufallszahl verwendet wird. Zum besseren Verständnis wenden Sie einfach `od` auf beide Gerätedateien wie jeweils folgt an:

```
$ od -t u1 /dev/random
$ od -t u1 /dev/urandom
```

- */dev/pts/** bezeichnen virtuelle Konsolen, die durch das Öffnen von */dev/ptmx* entstehen (z. B. über `xterms`).

5.6 Gerätedateien in der Praxis einsetzen

Auf den folgenden Seiten wollen wir Ihnen nun zeigen, wie Sie die Gerätedatei in der Praxis einsetzen können; also neben dem Lesen und Schreiben auch das Steuern des Treibers durch die Gerätedatei. Das Ziel des Abschnitts ist es, Ihnen ein Gefühl dafür zu geben, wie Sie die entsprechenden Informationen ermitteln können, um den unübersichtlichen Haufen von Gerätedateien steuern zu können.

Als erstes Beispiel werden wir das CD-ROM-Laufwerk verwenden, da zum einen fast jeder Leser so etwas besitzen dürfte, und zum anderen lässt sich das nächste Beispiel leicht nachvollziehen, da hierfür keine speziellen Hardwarekenntnisse nötig sind. Es soll ein Listing erstellt werden, mit dem Sie die Lade öffnen können, um eine Musik-CD einzulegen. Außerdem soll es möglich sein, die Track-Informationen einzulesen und auch wieder auszugeben. Die Musik soll ebenfalls wiedergegeben werden, mitsamt der Anzeige, welcher Track gerade läuft und wo gerade gelesen wird (zeitmäßig gesehen).

Das Ganze hört sich schlimmer an, als es ist, und lässt sich relativ einfach mit den Treiberbefehlen der Gerätedatei über ioctl() steuern. Das CD-ROM-Laufwerk lässt sich gewöhnlich von Haus aus über den Mountpoint */dev/cdrom* oder auch */media/cdrom* ansprechen (bei externen USB-Laufwerken kann dies auch */dev/usbcdrom* sein). Wenn dies bei Ihnen nicht der Fall ist, wäre es sinnvoll, selbst einen symbolischen Link zum CD-ROM-Laufwerk zu legen. In der Tabelle zu den Gerätedateien können Sie das Verzeichnis für Ihr CD-ROM-Laufwerk herauslesen.

Außerdem benötigen Sie mindestens Leserechte auf das CD-ROM-Laufwerk. Sofern diese bei Ihnen nicht vorhanden sind, sollten Sie dieses Recht mittels chmod a+r /dev/hdc (/dev/hdc/ sei hier der Pfad zur Gerätedatei) setzen oder von Ihrem Administrator setzen lassen.

Zuerst müssen Sie die Informationen zu den Treiberbefehlen des CD-ROM-Laufwerks suchen. Einen ersten Überblick hierzu können Sie sich, wie schon erwähnt, unter man ioctl_list verschaffen. Folgende Informationen können schon ermittelt werden:

```
$ man ioctl_list
...
// <include/linux/cdrom.h>
0x00005301  CDROMPAUSE          void
0x00005302  CDROMRESUME         void
0x00005303  CDROMPLAYMSF        const struct cdrom_msf *
0x00005304  CDROMPLAYTRKIND     const struct cdrom_ti *
0x00005305  CDROMREADTOCHDR     struct cdrom_tochdr *
0x00005306  CDROMREADTOCENTRY   struct cdrom_tocentry *
0x00005307  CDROMSTOP           void
0x00005308  CDROMSTART          void
0x00005309  CDROMEJECT          void
0x0000530A  CDROMVOLCTRL        const struct cdrom_volctrl *
0x0000530B  CDROMSUBCHNL        struct cdrom_subchnl *
0x0000530C  CDROMREADMODE2      const struct cdrom_msf *
...
0x00005312  CDROMRESET          void
0x00005313  CDROMVOLREAD        struct cdrom_volctrl *
0x00005314  CDROMREADRAW        const struct cdrom_msf *
0x00005315  CDROMREADCOOKED     const struct cdrom_msf *
0x00005316  CDROMSEEK           const struct cdrom_msf *
...
```

In der ersten Spalte finden Sie den Hex-Wert für die Treiber-ID. In der zweiten Spalte finden Sie die passende symbolische Konstante dazu. In der dritten Spalte sehen sie, auf welchen Datentyp oder welche Struktur sich der Befehl bezieht – das dritte Argument ist also für die Funktion ioctl() gedacht. Dies ist schon ein erster guter Überblick. Aber um einen Blick in die Headerdatei für den Linux CD-ROM-Treiber kommen Sie nicht mehr herum, wenn Sie die einzelnen Strukturvariablen verwenden wollen. Wo Sie diese finden können, ist gleich zu Beginn bei der Manual Page zu */usr/include/linux/cdrom.h* angegeben. Sie müssen also ins Verzeichnis Ihrer `include`-Dateien gehen (meistens ist dies */usr/include* oder */usr/local/include*). Darin finden Sie jetzt außer den Befehlen noch alles, was Sie für die weitere Verwendung benötigen – vor allem auch eine kurze Beschreibung der einzelnen Befehle, was man ja bei `man ioctl_list` schmerzlich vermisst.

[«]

Hinweis

Das folgende Beispiel lässt sich nur mit einem Linux-Rechner übersetzen und ausführen. Sofern Sie ein ähnliches Beispiel auf Systemen wie SunOS, NetBSD, OpenBSD oder FreeBSD erstellen wollen, benötigen Sie hierzu die Headerdatei *sys/cdio.h* anstatt *linux/cdrom.h*.

Leider gibt es hierbei einige (geringfügige) Differenzen, so dass Sie sich nicht mit einer bedingten Kompilierung behelfen können.

5.6.1 CD auswerfen und Laufwerk wieder schließen

Bevor Sie das CD-ROM-Laufwerk steuern können, müssen Sie die entsprechende Gerätedatei zum Lesen öffnen. Der Übersichtlichkeit halber haben wir die einzelnen Aktionen in kleine Routinen gepackt, womit Sie diese jederzeit für Ihre Zwecke verwenden können. In Abschnitt 5.6.5 finden Sie noch einmal ein Beispiel-Listing, das die einzelnen hier aufgeführten Routinen anwendet.

```
...
#define CDROM "/dev/cdrom"
...
static int open_cdrom (void) {
   int fd = open (CDROM, O_RDONLY | O_NONBLOCK);
   if (fd == -1) {
      if (errno == ENOMEDIUM)
         printf ("Keine CD im Laufwerk!\n");
      else
         perror ("Fehler bei open()");
      exit (EXIT_FAILURE);
   }
   return fd;
}
```

Damit die Funktion `open()` nicht blockiert, wenn Sie mal keine CD im Laufwerk haben, muss das Flag `O_NONBLOCK` verwendet werden. Die Funktion gibt den Filedeskriptor `cdrom` für die anschließende weitere Steuerung mit `ioctl()` zurück.

Nachdem Sie die Gerätedatei zum Lesen geöffnet haben, können Sie die ersten Steuerbefehle ausführen. Hierzu werden erst einmal die einfachsten Kommandos, die keine weiteren Parameter in `ioctl()` mehr benötigen, verwendet, zum einen das Auswerfen der CD, zum anderen – falls technisch möglich – das Einfahren des Caddys. Gerade bei Laptops (vor allem bei externen Laufwerken) ist das Zurückfahren des CD-Fachs nicht möglich. Dafür bekommen Sie – wenn technisch nicht möglich – eine Meldung zurück, dies doch selbst zu tun.

```
static void open_tray (int cdrom) { // Diese Funktion muss als static
                                    // deklariert werden!
   if (ioctl (cdrom, CDROMEJECT) == -1) {
      perror ("Eject yourself");
      exit (EXIT_FAILURE);
   }
}

/* Funktioniert nicht überall. */
static void close_tray (int cdrom) {
   if (ioctl (cdrom, CDROMCLOSETRAY) == -1) {
      printf ("CD-Tray bitte von Hand schließen\n");
   }
}
```

5.6.2 CD-ROM-Fähigkeiten

Benötigen Sie die Fähigkeiten des CD-ROM-Laufwerks, dann können Sie sie mithilfe des Kommandos `CDROM_GET_CAPABILITY` ermitteln. In diesem Fall liefert `ioctl()` als Rückgabewert einen Integer zurück, dessen einzelne Bit-Werte es gilt, auszulesen. In unserem Beispiel ermitteln wir zwar nur, um was für ein Laufwerk es sich handelt – sprich CD-R, CD-RW, DVD etc. –, aber Sie können gerne weitere Fähigkeiten, die alle mit dem Präfix `CDC_` beginnen, zur Überprüfung verwenden und auswerten. Sie müssen lediglich den Rückgabewert von `ioctl()` mit dem bitweisen UND-Operator und der entsprechenden symbolischen `CDC_`-Konstanten als Bedingung verwenden. Ist die Bedingung wahr, dann trifft Entsprechendes zu.

```
static void capability_cdrom (int cdrom) { /* Auch diese Funktion muss
                                            * als static deklariert werden! */
   const char *j[] = {"nein", "ja"};
   int caps = ioctl (cdrom, CDROM_GET_CAPABILITY);
   if (caps == -1) {
      perror ("CDROM_GET_CAPABILITY");
      return;
   }
   printf ("CDROM-Fähigkeiten:\n"
      "\tCD-R     : %s\n"
```

```
        "\tCD-RW   : %s\n"
        "\tDVD     : %s\n"
        "\tDVD-R   : %s\n"
        "\tDVD-RAM : %s\n",
        j[!!(caps & CDC_CD_R)],
        j[!!(caps & CDC_CD_RW)],
        j[!!(caps & CDC_DVD)],
        j[!!(caps & CDC_DVD_R)],
        j[!!(caps & CDC_DVD_RAM)]);
}
```


5.6.3 Audio-CD abspielen – komplett und einzelne Tracks – Pause, Fortfahren und Stopp

Um das Inhaltsverzeichnis der CD einzulesen, können Sie die Kommandos CDROMTOCHDR und CDROMREADTOCENTRY verwenden (TOC = *Table Of Contents*). Verwenden Sie ioctl() mit CDROMTOCHDR, wird als dritter Parameter eine Adresse vom Typ struct cdrom_tochdr erwartet. Diese Struktur sieht in der Headerdatei *cdrom.h* wie folgt aus:

```
/* Struktur wird bei CDROMREADTOCHDR mit ioctl() erwartet. */
struct cdrom_tochdr {
    __u8    cdth_trk0;    /* start track */
    __u8    cdth_trk1;    /* end track */
};
```

Wenn Sie das Kommando mit ioctl() verwenden, werden in der Struktur cdrom_tochdr der erste (cdth_trk0) und der letzte (cdth_trk1) Track eingetragen. Somit können Sie mit dem Auslesen des letzten Tracks schon ermitteln, wie viele Tracks sich auf der Audio-CD befinden.

Das zweite Kommando CDROMREADTOCENTRY hingegen benötigt als dritten Parameter für ioctl() eine Struktur vom Typ cdrom_tocentry, die folgendermaßen in der Headerdatei *cdrom.h* definiert ist:

```
/* Struktur wird bei CDROMREADTOCENTRY mit ioctl() erwartet. */
struct cdrom_tocentry {
    __u8    cdte_track;
    __u8    cdte_adr  : 4;
    __u8    cdte_ctrl : 4;
    __u8    cdte_format;
    union   cdrom_addr cdte_addr;
    __u8    cdte_datamode;
};
```

Auf jeden Fall angeben müssen Sie in dieser Struktur den Track (`cdte_track`) und das Format der Ausgabe (`cdte_format`). Beim Format geben Sie `CDROM_MSF` (MSF = Minute (minute), Sekunde (second), Frame (frame)) an. Möglich wäre auch `CDROM_LBA` (*Logical Block Address*), was eine Adresse, die durch eine Integer-Zahl dargestellt wird, zurückgeben würde. `cdte_ctrl` können Sie z. B. verwenden, um herauszufinden, ob es sich bei dem Track um einen Audio- oder Datentrack handelt. Hierzu müssen Sie nur wieder den bitweisen UND-Operator mit der Konstanten `CDROM_DATA_TRACK` überprüfen. Ist der Ausdruck wahr, handelt es sich um einen Datentrack, ansonsten ist es ein Audiotrack.

[»]

Hinweis

Eine Sekunde besteht aus 75 Frames. Ein Frame ist 2.352 Bytes lang, das heißt, dass die Samplerate 44.100 Samples/Sekunde ist. Ein Sample auf einer Audio-CD entspricht zwei Werten vom Typ `int_16`, also 2 * 16 Bits für den linken und rechten Kanal. Audio-CDs werden also immer in Stereo aufgenommen und auch in Stereo ausgegeben.

Da wir uns für die Minuten, Sekunden und Framelänge der CD-ROM mit `CDROM_MSF` interessieren, benötigen Sie `union cdrom_addr cdte_addr` – was allerdings nicht mehr auf den ersten Blick ersichtlich ist. Die Union `cdrom_addr` wiederum enthält eine Struktur mit dem Namen `struct cdrom_msf msf`, die das beinhaltet, wonach Sie suchen. Hier die beiden Strukturen:

```
union cdrom_addr {
   struct cdrom_msf0 msf;
   int lba;
};

struct cdrom_msf0 {
   __u8 minute;
   __u8 second;
   __u8 frame;
};
```

[»]

Hinweis

Sofern Ihnen die Dokumentation der Gerätedatei nicht mehr weiterhilft, müssen Sie, ausgehend von den Angaben des Kommandos in `ioctl()`, die Angaben einer Struktur selbst systematisch absuchen. Ein *Greenhorn* verfängt sich bei umfangreicheren Gerätedateien dabei recht schnell im Netz der Spinne.

Hier die Funktion, die das Inhaltsverzeichnis einer Audio-CD auslesen soll:

```
static void content_cdrom (int cdrom) { // static!
   struct cdrom_tochdr tochdr;
   struct cdrom_tocentry tocentry;
```

```
    int track;

    if (ioctl (cdrom, CDROMREADTOCHDR, &tochdr) == -1) {
       perror ("Kann den Header nicht holen");
       exit (EXIT_FAILURE);
    }
    printf ("\nInhalt %d Tracks:\n", tochdr.cdth_trk1);

    track = tochdr.cdth_trk0;
    while (track <= tochdr.cdth_trk1) {
       tocentry.cdte_track = track;
       tocentry.cdte_format = CDROM_MSF;
       if (ioctl (cdrom, CDROMREADTOCENTRY, &tocentry)==-1) {
          perror ("Kann Inhalt der CD nicht ermitteln");
          exit (EXIT_FAILURE);
       }
       printf ("%3d: %02d:%02d:%02d (%06d) %s%s\n",
          tocentry.cdte_track,
          tocentry.cdte_addr.msf.minute,
          tocentry.cdte_addr.msf.second,
          tocentry.cdte_addr.msf.frame,
          tocentry.cdte_addr.msf.frame +
          tocentry.cdte_addr.msf.second * 75 +
          tocentry.cdte_addr.msf.minute * 75 * 60 - 150,
          (tocentry.cdte_ctrl & CDROM_DATA_TRACK)
             ? "data " : "audio",
          CDROM_LEADOUT == track ? " (leadout)" : "");
       track++;
    }
}
```

Im nächsten Schritt soll die Audio-CD abgespielt werden. Zur Auswahl steht, entweder die komplette CD oder nur einen bestimmten Track abzuspielen. Auch hierzu benötigen Sie das Kommando CDROMREADTOCENTRY, um den Inhalt der CD bzw. bestimmte Tracks abzuspielen. Die Struktur cdrom_tocentry benötigen Sie, um den Anfang des ersten Tracks (cdte_track), das Format (CDROM_MSF) und das Ende des letzten bzw., im Falle einer Einzelauswahl, das Ende des nächsten Tracks anzuzeigen. Den letzten Track können Sie übrigens auch mit der symbolischen Konstanten CDROM_LEADOUT angeben.

Abgespielt wird diese Position dann mit dem Kommando CDROMPLAYMSF und der Struktur cdrom_msf als dritten Parameter von ioctl().

```
/* Struktur wird bei CDROMPLAYMSF mit ioctl() erwartet. */
struct cdrom_msf {
   __u8   cdmsf_min0;     /* start minute */
   __u8   cdmsf_sec0;     /* start second */
   __u8   cdmsf_frame0;  /* start frame  */
   __u8   cdmsf_min1;     /* end minute   */
   __u8   cdmsf_sec1;     /* end second   */
   __u8   cdmsf_frame1;  /* end frame    */
};
```

Bevor Sie also `ioctl()` und das Kommando `CDROMPLAYMSF` auf die Struktur loslassen, müssen Sie zuerst die Anfangsposition an die einzelnen Strukturvariablen übergeben – was alle Strukturvariablen mit der `..0` am Ende umfasst (`cdmsf_min0`, `cdmsf_sec0`, `cdmsf_frame0`) – und die Endposition, was alle Strukturvariablen (wer hätte das gedacht) mit einer `..1` am Ende enthält (`cdmsf_min1`, `cdmsf_sec1`, `cdmsf_frame1`). Hier die Funktion dazu:

```
static void play_cdrom ( int cdrom, int flag ) { // static!
   struct cdrom_tocentry tocentry;
   struct cdrom_msf play;
   int track = flag;
   int lead  = flag;

   if(flag == FULL) {
      track = 1;
      lead  = CDROM_LEADOUT;
   }
   else {
      track = flag;
      lead  = flag+1;
   }

   /* Anfang des ersten Liedes */
   tocentry.cdte_track = track;
   tocentry.cdte_format = CDROM_MSF;
   if (ioctl (cdrom, CDROMREADTOCENTRY, &tocentry) == -1) {
      perror ("Kann den Inhalt der CD nicht ermitteln\n");
      exit (EXIT_FAILURE);
   }

   play.cdmsf_min0   = tocentry.cdte_addr.msf.minute;
   play.cdmsf_sec0   = tocentry.cdte_addr.msf.second;
   play.cdmsf_frame0 = tocentry.cdte_addr.msf.frame;
```

```
    /* Ende des letzten Liedes */
    tocentry.cdte_track  = lead;
    tocentry.cdte_format = CDROM_MSF;
    if (ioctl (cdrom, CDROMREADTOCENTRY, &tocentry) == -1) {
       perror ("Kann den Inhalt der CD nicht ermitteln\n");
       exit (EXIT_FAILURE);
    }

    play.cdmsf_min1   = tocentry.cdte_addr.msf.minute;
    play.cdmsf_sec1   = tocentry.cdte_addr.msf.second;
    play.cdmsf_frame1 = tocentry.cdte_addr.msf.frame;

    if (ioctl (cdrom, CDROMPLAYMSF, &play) == -1) {
       perror ("Kann CD nicht abspielen");
       exit (EXIT_FAILURE);
    }
}
```

Wollen Sie die CD stoppen, eine Pause einbauen und den Track wieder aufnehmen, so müssen Sie nur die Kommandos `CDROMSTOP`, `CDROMPAUSE` und `CDROMRESUME` ohne weitere Parameter mit `ioctl()` aufrufen.

```
static void stop_cdrom (int cdrom) { // static!
   if (ioctl (cdrom, CDROMSTOP) == -1) {
      perror ("Kann CD nicht anhalten");
      return;
   }
}

static void pause_cdrom (int cdrom) {
   if (ioctl (cdrom, CDROMPAUSE) == -1) {
      perror ("Kann PAUSE nicht setzen");
      return;
   }
}

static void resume_cdrom (int cdrom) {
   if (ioctl (cdrom, CDROMRESUME) == -1) {
      perror ("Kann mit CD nicht mehr fortfahren");
      return;
   }
}
```

5.6.4 Aktuellen Status der Audio-CD ermitteln

Nachdem Sie eventuell die Audio-CD gestartet haben, möchten Sie sicherlich auch wissen, welcher Track gerade abgespielt wird oder wie lange der Track oder die CD insgesamt schon abgespielt wurde – oder ob die CD überhaupt gerade gespielt wird, falls jemand gerade Pause gedrückt hat etc.

Den Status einer laufenden Audio-CD können Sie mit dem Kommando `CDROMSUBCHNL` und der Struktur `cdrom_subchnl` als dritten Parameter für `ioctl()` ermitteln.

```
/* Struktur wird bei CDROMSUBCHNL mit ioctl() erwartet. */
struct cdrom_subchnl {
   __u8  cdsc_format;
   __u8  cdsc_audiostatus;
   __u8  cdsc_adr:    4;
   __u8  cdsc_ctrl:  4;
   __u8  cdsc_trk;
   __u8  cdsc_ind;
   union cdrom_addr cdsc_absaddr;
   union cdrom_addr cdsc_reladdr;
};
```

Bevor Sie `ioctl()` aufrufen, sollten Sie zuvor noch das Format (`cdsc_format=CDROM_MSF`) angeben. Nach dem Aufruf von `ioctl()` enthält `cdsc_audiostatus` den aktuellen Status der Audio-CD. Dies können folgende symbolische Konstanten sein:

```
/* Ermitteln des Audio-Status  wird nicht unterstützt. */
#define CDROM_AUDIO_INVALID 0x00
/* Audio-CD wird gerade abgespielt. */
#define CDROM_AUDIO_PLAY 0x11
/* Audio-CD wurde angehalten (Pause). */
#define CDROM_AUDIO_PAUSED 0x12
/* Audio-CD wurde komplett abgespielt. */
#define CDROM_AUDIO_COMPLETED 0x13
/* Abspielen der Audio-CD wurde wegen Fehler unterbrochen. */
#define CDROM_AUDIO_ERROR 0x14
/* kein besonderer Status vorhanden */
#define CDROM_AUDIO_NO_STATUS 0x15
```

Über die Strukturvariable `cdsc_absaddr` können Sie dann die absolute Zeit und über `cdsc_reladdr` die relative Zeit der Audio-CD ermitteln. Auch hier finden Sie wieder die entsprechenden Werte über den Umweg zur Union `cdrom_addr`. Hier die Funktion dafür:

```
static void get_audio_status (int cdrom) { // static!
   struct cdrom_subchnl sub;

   printf ("Audio status: ");
   fflush (stdout);
   sub.cdsc_format = CDROM_MSF;
   if (ioctl (cdrom, CDROMSUBCHNL, &sub))
      printf ("FAILED\n");
   else {
      switch (sub.cdsc_audiostatus) {
      case CDROM_AUDIO_INVALID:
         printf ("invalid\n");
         break;
      case CDROM_AUDIO_PLAY:
         printf ("playing");
         break;
      case CDROM_AUDIO_PAUSED:
         printf ("paused");
         break;
      case CDROM_AUDIO_COMPLETED:
         printf ("completed\n");
         break;
      case CDROM_AUDIO_ERROR:
         printf ("error\n");
         break;
      case CDROM_AUDIO_NO_STATUS:
         printf ("no status\n");
         break;
      default:
         printf ("Oops: unknown\n");
      }
      if (sub.cdsc_audiostatus == CDROM_AUDIO_PLAY ||
          sub.cdsc_audiostatus == CDROM_AUDIO_PAUSED) {
         printf (" at: %02d:%02d abs/ %02d:%02d track %d\n",
            sub.cdsc_absaddr.msf.minute,
            sub.cdsc_absaddr.msf.second,
            sub.cdsc_reladdr.msf.minute,
            sub.cdsc_reladdr.msf.second, sub.cdsc_trk);
      }
   }
}
```

5.6.5 Das komplette Listing

Sie haben nun gesehen, wie einfach es ist, mit ioctl() und den entsprechenden Kommandos auf die Treiberschnittstelle der Hardware über die Gerätedatei zuzugreifen. Allerdings haben Sie leider auch gemerkt, dass dies recht mühsam werden kann, wenn man den ganzen Strukturen folgen muss. Aber so, wie Sie hierbei vorgegangen sind, werden Sie in der Regel immer vorgehen müssen. Aufgrund des enormen Umfangs der Gerätedateien ist das immer noch eine recht undokumentierte Geschichte.

Hier nun nochmals die einzelnen Funktionen, eingebaut in ein komplettes Listing:

```
/* CD-ROM-Demo.c */
#include <stdio.h>
#include <unistd. h.>
#include <sys/ioctl.h>
#include <fcntl.h>
#include <stdlib.h>
#include <linux/cdrom.h>
#include <errno.h>

/* bitte ggf. anpassen */
#define CDROM "/dev/cdrom"
#define FULL   0 /* komplette Audio-CD abspielen */

static int open_cdrom (void) {
   int fd = open (CDROM, O_RDONLY | O_NONBLOCK);
   if (fd == -1) {
      if (errno == ENOMEDIUM)
         printf ("Keine CD im Laufwerk!\n");
      else
         perror ("Fehler bei open()");
      exit (EXIT_FAILURE);
   }
   return fd;
}

static void open_tray (int cdrom) {
   if (ioctl (cdrom, CDROMEJECT) == -1) {
      perror ("Eject yourself");
      exit (EXIT_FAILURE);
   }
}
```

```
/* funktioniert nicht überall */
static void close_tray (int cdrom) {
   if (ioctl (cdrom, CDROMCLOSETRAY) == -1) {
      printf ("CD-Tray bitte von Hand schließen\n");
   }
}

static void capability_cdrom (int cdrom) {
   const char *j[] = {"nein", "ja"};
   int caps = ioctl (cdrom, CDROM_GET_CAPABILITY);
   if (caps == -1) {
      perror ("CDROM_GET_CAPABILITY");
      return;
   }
   printf ("CDROM-Fähigkeiten:\n"
      "\tCD-R    : %s\n"
      "\tCD-RW   : %s\n"
      "\tDVD     : %s\n"
      "\tDVD-R   : %s\n"
      "\tDVD-RAM : %s\n",
      j[!!(caps & CDC_CD_R)],
      j[!!(caps & CDC_CD_RW)],
      j[!!(caps & CDC_DVD)],
      j[!!(caps & CDC_DVD_R)],
      j[!!(caps & CDC_DVD_RAM)]);
}

static void get_audio_status (int cdrom) {
   struct cdrom_subchnl sub;
   printf ("Audio-Status: ");
   fflush (stdout);
   sub.cdsc_format = CDROM_MSF;
   if (ioctl (cdrom, CDROMSUBCHNL, &sub))
      printf ("FAILED\n");
   else {
      switch (sub.cdsc_audiostatus) {
      case CDROM_AUDIO_INVALID:
         printf ("invalid\n");
         break;
      case CDROM_AUDIO_PLAY:
         printf ("playing");
         break;
      case CDROM_AUDIO_PAUSED:
```

```
            printf ("paused");
            break;
         case CDROM_AUDIO_COMPLETED:
            printf ("completed\n");
            break;
         case CDROM_AUDIO_ERROR:
            printf ("error\n");
            break;
         case CDROM_AUDIO_NO_STATUS:
            printf ("no status\n");
            break;
         default:
            printf ("Oops: unknown\n");
         }
         if (sub.cdsc_audiostatus == CDROM_AUDIO_PLAY ||
             sub.cdsc_audiostatus == CDROM_AUDIO_PAUSED) {
            printf (" at: %02d:%02d abs/ %02d:%02d track %d\n",
               sub.cdsc_absaddr.msf.minute,
               sub.cdsc_absaddr.msf.second,
               sub.cdsc_reladdr.msf.minute,
               sub.cdsc_reladdr.msf.second, sub.cdsc_trk);
         }
      }
}

static void content_cdrom (int cdrom) {
   struct cdrom_tochdr tochdr;
   struct cdrom_tocentry tocentry;
   int track;

   if (ioctl (cdrom, CDROMREADTOCHDR, &tochdr) == -1) {
      perror ("Kann den Header nicht holen");
      exit (EXIT_FAILURE);
   }
   printf ("\nInhalt %d Tracks:\n", tochdr.cdth_trk1);

   track = tochdr.cdth_trk0;
   while (track <= tochdr.cdth_trk1) {
      tocentry.cdte_track = track;
      tocentry.cdte_format = CDROM_MSF;
      if (ioctl (cdrom, CDROMREADTOCENTRY, &tocentry)==-1) {
         perror ("Kann den Inhalt der CD nicht ermitteln");
         exit (EXIT_FAILURE);
```

```
      }
      printf ("%3d: %02d:%02d:%02d (%06d) %s%s\n",
         tocentry.cdte_track,
         tocentry.cdte_addr.msf.minute,
         tocentry.cdte_addr.msf.second,
         tocentry.cdte_addr.msf.frame,
         tocentry.cdte_addr.msf.frame +
         tocentry.cdte_addr.msf.second * 75 +
         tocentry.cdte_addr.msf.minute * 75 * 60 - 150,
        (tocentry.cdte_ctrl & CDROM_DATA_TRACK) ?
        "data " : "audio",
        CDROM_LEADOUT == track ? " (leadout)" : "");
      track++;
   }

}
static void play_cdrom ( int cdrom, int flag ) {
   struct cdrom_tocentry tocentry;
   struct cdrom_msf play;
   int track = flag;
   int lead  = flag;

   if(flag == FULL) {
      track = 1;
      lead  = CDROM_LEADOUT;
   }
   else {
      track = flag;
      lead  = flag+1;
   }
   /* Anfang des ersten Liedes */
   tocentry.cdte_track = track;
   tocentry.cdte_format = CDROM_MSF;
   if (ioctl (cdrom, CDROMREADTOCENTRY, &tocentry) == -1) {
      perror ("Kann den Inhalt der CD nicht ermitteln\n");
      exit (EXIT_FAILURE);
   }

   play.cdmsf_min0 = tocentry.cdte_addr.msf.minute;
   play.cdmsf_sec0 = tocentry.cdte_addr.msf.second;
   play.cdmsf_frame0 = tocentry.cdte_addr.msf.frame;
```

```
    /* Ende des letzten Liedes */
    tocentry.cdte_track = lead;
    tocentry.cdte_format = CDROM_MSF;
    if (ioctl (cdrom, CDROMREADTOCENTRY, &tocentry) == -1) {
       perror ("Kann den Inhalt der CD nicht ermitteln\n");
       exit (EXIT_FAILURE);
    }
    play.cdmsf_min1 = tocentry.cdte_addr.msf.minute;
    play.cdmsf_sec1 = tocentry.cdte_addr.msf.second;
    play.cdmsf_frame1 = tocentry.cdte_addr.msf.frame;

    if (ioctl (cdrom, CDROMPLAYMSF, &play) == -1) {
       perror ("Kann CD nicht abspielen");
       exit (EXIT_FAILURE);
    }
}

static void stop_cdrom (int cdrom) {
   if (ioctl (cdrom, CDROMSTOP) == -1) {
      perror ("Kann CD nicht anhalten");
      return;
   }
}

static void pause_cdrom (int cdrom) {
   if (ioctl (cdrom, CDROMPAUSE) == -1) {
      perror ("Kann PAUSE nicht setzen");
      return;
   }
}

static void resume_cdrom (int cdrom) {
   if (ioctl (cdrom, CDROMRESUME) == -1) {
      perror ("Kann mit CD nicht mehr fortfahren");
      return;
   }
}

int main (void) {
   int fd_cdrom;
   int select;
   int track;
```

```
  fd_cdrom = open_cdrom();
  do{
    printf("-1- CD-Tray öffnen\n");
    printf("-2- CD-Tray schließen\n");
    printf("-3- CDROM-Fähigkeiten\n");
    printf("-4- Audio-CD abspielen (komplett)\n");
    printf("-5- Einzelnen Track abspielen\n");
    printf("-6- <PAUSE> Audio-CD pausieren\n");
    printf("-7- <FORTFAHREN> Audio-CD abspielen\n");
    printf("-8- <STOP> Audio-CD stoppen\n");
    printf("-9- Aktuellen Status ermitteln\n");
    printf("-10- CD-Inhalt ausgeben\n");
    printf("-11- Programmende\n");
    printf("\nIhre Auswahl : ");
    scanf("%d",&select);

    switch( select ) {
      case 1: open_tray( fd_cdrom ); break;
      case 2: close_tray( fd_cdrom ); break;
      case 3: capability_cdrom (fd_cdrom); break;
      case 4: play_cdrom (fd_cdrom, FULL); break;
      case 5: printf("Welchen Track wollen Sie hören? ");
              scanf("%d",&track);
              play_cdrom( fd_cdrom, track); break;
      case 6: pause_cdrom( fd_cdrom ); break;
      case 7: resume_cdrom( fd_cdrom ); break;
      case 8: stop_cdrom( fd_cdrom ); break;
      case 9: get_audio_status( fd_cdrom );break;
      case 10: content_cdrom( fd_cdrom ); break;
      case 11: printf("Bye\n"); break;
      default : printf("Unbekannter Befehl!\n");
    }
  } while( select != 11 );
  stop_cdrom( fd_cdrom );
  close (fd_cdrom);
  return 0;
}
```

Listing 5.1 Die Steuerung des CD-ROM-Laufwerks mit ioctl-Funktionen

Das Programm gibt bei der Ausführung das folgende Menü in der Konsole aus:

```
$ gcc -o cdrom cdrom.c
$ ./cdrom
-1- CD-Tray öffnen
-2- CD-Tray schließen
-3- CDROM-Fähigkeiten
-4- Audio-CD abspielen (komplett)
-5- Einzelnen Track abspielen
-6- <PAUSE> Audio-CD abspielen
-7- <FORTFAHREN> Audio-CD abspielen
-8- <STOP> Audio-CD abspielen
-9- Aktuellen Status ermitteln
-10- CD-Inhalt ausgeben
-11- Programmende
```

5.6.6 Der Grafik-Framebuffer

Mit der Datei */dev/fb0* haben Sie die Möglichkeit, Pixel direkt in den Grafikspeicher zu schreiben. Dies trifft auch zu, wenn Sie sich auf der Konsole befinden, denn moderne Linux-Systeme zeichnen auch die Konsolenausgabe direkt in den Grafikspeicher der Grafikkarte, den sogenannten *Framebuffer*. Der Framebuffer wird von der Grafikkarte periodisch abgetastet (z. B. 100-mal in der Sekunde) und dabei gleichzeitig auf dem Monitor ausgegeben. Die Framebuffer-Größe wird durch Kernel-Parameter beim Bootvorgang angegeben oder aber auch beim Laden des entsprechenden Grafikmoduls durch `insmod` festgelegt. Beim Raspberry Pi können Sie allerdings die maximal verwendbare Framebuffer-Größe nicht durch Kernel-Bootparameter oder `insmod` festlegen, sondern Sie müssen die folgenden Zeilen in die Datei */boot/config.txt* eintragen:

```
framebuffer_width=[Breite in Pixeln]
framebuffer_height=[Höhe in Pixeln]
framebuffer_depth=[Pixelbreite in Bits pro Pixel] (32 Bit pro Pixel sind Standard)
```

Auf die Datei */dev/fb0* sollten Sie allerdings nur mit blockorientierten Funktionen zugreifen, sprich: möglichst `fread()`, `fwrite()` und `fseek()` benutzen. Der Grund ist, dass für den Transfer von Daten in den Grafikspeicher oft DMA-Verfahren benutzt werden, die die CPU durch einen sogenannten *DMA-Blocktransfer* entlasten. Dies bedeutet nichts anderes, als dass sich die eigentlichen Grafikdaten, die auf dem Bildschirm ausgegeben werden sollen, in einem nicht sichtbaren Speicherbereich befinden (dem Offscreen-Buffer), der dann jeweils bei Bedarf nach */dev/fb0* übertragen wird. Dieses Verfahren nennt man auch *Double Buffering* (doppelte Pufferung), weil es einen sichtbaren Bereich und einen unsichtbaren Bereich gibt, der bei Bedarf (bei einem sogenannten *Screen Update*) schnell und flimmerfrei auf den Bildschirm kopiert wird. Sie sehen also den Zeichenvorgang selbst beim Double Buffering nicht, sondern stets nur das Ergebnis, und dies nur, wenn Sie das auch wollen (das heißt, das Screen Update wird periodisch durch einen Timer oder aber auch per Hand ausgelöst).

Wir wollen nun ein paar Pixel in die Konsole zeichnen und hierfür Double Buffering verwenden. Um Double Buffering zu realisieren, benötigen Sie erst einmal ein globales Array, z. B. das Array `BackBuff`, das Sie wie folgt definieren:

```
#define ScreenWidth [Breite des Framebuffers in Pixeln]
#define ScreenHeight [Höhe des Framebuffers in Pixeln]
uint32_t BackBuff[ScreenWidth*ScreenHeight];
```

bzw. (wenn Ihnen dies so lieber ist) als

```
uint32_t *BackBuff=(uint32_t *)malloc(ScreenWidth*ScreenHeight*32);
```

Um `unit32_t` (32-Bit-unsigned-Werte) zu benutzen, müssen Sie unter Umständen *stdlib.h* und/oder *stdvar.h* einbinden (je nach Compiler).

Nun müssen Sie noch die Datei */dev/fb0* im Lese-und-Schreib-Modus öffnen:

```
#include <stdio.h>
FILE *FB=fopen("/dev/fb0","r+b");
```

`FB` ist hier die Abkürzung von »Framebuffer«, und der Modus `r+b` bewirkt, dass Sie in */dev/fb0* schreiben können, aber auch daraus lesen können (dies ist wichtig, weil auch andere Prozesse eventuell noch auf den Framebuffer zugreifen).

Sie könnten nun direkt in den Framebuffer zeichnen, indem Sie einfach mit `fwrite()` einen 32-Bit-Wert nach FB übertragen (dies wäre dann ein Pixel mit einem 24-Bit-RGB-Wert, bei dem die obersten 8 Bits 0 sind). Dieser Pixel würde am Anfang an der Position (0,0) erscheinen, der nächste Pixel an der Position (1,0). Allerdings wollen wir ja zunächst in das Array `BackBuff` zeichnen, und zum Glück ist dies ganz einfach, wie die Funktion `PSet()` zeigt:

```
void PSet(uint32_t x, uint32_t y, uint32_t Color) {
    uint32_t Offset=(ScreenWidth*y)+x;
    BackBuff[Offset]=Color; // Dies ist ein Offset, keine physische Adresse.
}
```

`PSet()` geht also davon aus, dass sämtliche Pixel linear hintereinander in `BackBuff` als 32-Bit-Werte abgelegt sind und dass eine Zeile `ScreenWidth` Pixel im Array `BackBuff` entspricht. Deshalb ist der Offset (quasi der Versatz nach hinten) zur Bildschirmzeile y (`ScreenWidth*y`) – dazu muss natürlich zusätzlich der Wert der x-Position addiert werden. `BackBuff[Offset]` bekommt zum Schluss direkt einen 32-Bit-Farbwert zugewiesen. Die Bytes, die die einzelnen Farbkanäle bestimmen, sind meistens in der Reihenfolge {0,R,G,B} angeordnet (auch beim Pi ist dies so). Diese Aussage muss aber nicht unbedingt für jede Plattform stimmen. Es gibt nämlich auch Grafikkarten, die die Werte umgekehrt anordnen (also als {B,G,R}) und unter anderem Transparenzinformationen (einen sogenannten Alpha-Kanal) in den obersten 8 Bits ablegen. Im Zweifelsfall müssen Sie das Handbuch Ihrer Grafikkarte zu Rate ziehen, wenn PSet() »komische« Farben ausgibt.

Nun benötigen Sie natürlich noch eine Updateroutine, die Sie jedes Mal aufrufen, wenn Sie den Bildschirm aktualisieren wollen. Diese Routine sieht wie folgt aus:

```
void UpdateScreen() {
    uint32_t FBSize=ScreenWidth*ScreenHeight*32;
    fseek(FB,0,SEEK_SET);
    fwrite(&FB,1,FBSize);
}
```

Auf 64-Bit-Systemen kann eine Variable vom Typ unsigned long int (der früher oft für Farbwerte benutzt wurde) übrigens 8 Bit breit sein – dies gilt vor allem für das neuste Raspberry Pi OS. Das heißt, dass hier sizeof(long int) 8 ist. Genau deshalb verwenden sowohl PSet() als auch UpdateScreen() den Datentyp uint32_t, denn hier muss explizit mit 32-Bit-Zahlen gerechnet werden. Sie könnten sich natürlich dafür entscheiden, explizit short int zu benutzen, aber dann kann es wiederum geschehen, dass Sie auf 32-Bit-Systemen Probleme mit der Farbdarstellung bekommen (hier hat short int nur eine Breite von 16 Bits!) Wir haben uns an dieser Stelle für die Variante entschieden, die am portabelsten ist, und benutzen den Datentyp uint32_t – zur Not zusammen mit einer zusätzlichen Include-Datei.

Eine Funktion wie PSet() zur Verfügung zu haben, ist erst einmal ganz gut und schön. Manchmal müssen Sie aber nicht nur Pixel setzen, sondern auch die Farbe auslesen, die ein Pixel an einer bestimmten Position hat. Dies kann verschiedene Gründe haben, z. B. weil Sie eine bestimmte Farbe als Hintergrundfarbe verwenden, um eine Kollision zwischen einem Objekt, das auch transparente Farben enthalten kann (ein sogenanntes *Sprite*), und dem Hintergrund zu erkennen. Viele Spiele verwenden eine solche Technik. Die Funktion Point() leistet nun die benötigte Farberkennung:

```
uint32_t Point(uint32_t x, uint32_t y) {
    uint32_t Color;
    uint32_t Offset=(ScreenWidth*y)+x;
    return BackBuff[Offset];
}
```

[»]

Hinweis: Grafikkarten mit mehr als 4 GB RAM

Moderne Grafikkarten, die auch für komplexe Spiele geeignet sind, besitzen mittlerweile mehr als 4 GB RAM und sind deswegen eventuell nicht zusammen mit den hier dargestellten Framebuffer-Funktionen PSet() und Point() verwendbar. Für komplexe oder auch gerenderte 3D-Grafiken sollten Sie aber sowieso nicht */dev/fb0* direkt benutzen, sondern Bibliotheken wie OpenGL.

Die Funktion `Point()` arbeitet sehr schnell, weil sie nur den Back Buffer auslesen muss und nicht auf den Framebuffer-Speicher zugreift, in dem die Pixel-Daten abgelegt sind, die gerade angezeigt werden. Man sagt auch, `Point()` arbeitet *latenzfrei*, weil es auf keine anderen Prozesse warten muss.

5.6.7 Zugriff auf Maus und Joystick

Viele Linux-Bücher sparen dieses Thema aus und machen an dieser Stelle gleich mit dem Drucker weiter. Meistens wird dann aber nur CUPS erklärt (CUPS ist das Drucker-Toolkit unter Linux). So wichtig CUPS auch ist, so einfach ist es auch zu konfigurieren, deshalb reicht es an dieser Stelle aus, wenn Sie einfach das Kommando `man cups` aufrufen oder in Linux-Foren danach suchen.

Aber warum sparen die meisten Linux-Bücher am Thema Maus und Joystick? Die Antwort ist vielleicht einfach, dass vor allem die Abfrage der Maus anders ist, als man allgemein annimmt (auch für den Joystick gilt dies). Und natürlich wird der Joystick auch besonders mit Spielen assoziiert, und weil Sie in einem professionellen Buch nicht spielen, sondern seriöse Themen lernen sollen, ist dies vielleicht ein weiterer Grund, Maus und Joystick auszusparen.

Der wichtigste Grund, Maus und Joystick auszusparen, ist aber auch, dass es eben keine Datei mit dem Namen */dev/mouse* oder */dev/joystick* gibt, sondern solche Geräte wie Tastatur, Maus und Joystick in */dev/hidraw* erscheinen. Dies können Sie in einer einfachen Weise prüfen: Entfernen Sie die Maus, gehen Sie anschließend über die Tastatur in das Verzeichnis */dev/hidraw*, und geben Sie `ls` ein. Anschließend stecken Sie die Maus ein und geben wieder `ls` ein. Es erscheint nun ein neues Gerät, z. B. `hidraw1`. Die Maus ist also ein Gerät, das über das HID-Protokoll Daten an Ihr Programm übermittelt. Diese Daten sind Rohdaten (eben *raw*) und enthalten normalerweise drei Bytes, die direkt von der USB-Maus gesendet werden. Diese Daten können Sie nun abfragen, indem Sie die entsprechende Gerätedatei auslesen. Dies klingt erst einmal trivial, aber der Teufel liegt im Detail. Die Maus enthält nämlich einen Baustein, der die Koordinaten und den Button-Status als Byte-Werte sendet. Beim Button-Status ist die Sache einfach, denn dort bedeutet ein gesetztes Bit, dass ein bestimmter Knopf gedrückt ist, und die Reihenfolge der Button-Bits ist auch meistens {M,R,L} (Mitte, rechts, links; der linke Knopf wird auf das niedrigste Bit abgebildet). Bei den Koordinaten ist die Sache aber nicht so einfach, denn hier wird die Mitte (also Position 0) auf den Wert 128 abgebildet (`0` bedeutet also –127 und `255` bedeutet +127). Ferner sind die Koordinaten relative Koordinaten, das heißt: Wenn Sie ein Mauspaket empfangen, dann erfahren Sie nur, um welche Strecke die Maus seit dem letzten Aufruf bewegt wurde, und nicht, wo Ihr Mauszeiger zurzeit steht. Beim Joystick verhält sich die Sache ähnlich, auch hier werden relative Koordinaten benutzt, allerdings steht das erste Byte hier für oben/unten und das zweite Byte für links/rechts. Allerdings verhält sich der Joystick anders als die Maus, weil ein Joystick nur Daten sendet, wenn diese angefordert werden. Die Maus sendet dagegen die Koordinaten immer nur dann, wenn sie bewegt wird, deshalb muss auch der Maustreiber periodisch abfragen, ob gerade ein Paket am Bus anliegt.

Ein einfacher Standardmaustreiber

Angenommen, Ihre Maus wird auf */dev/hidraw2* abgebildet. Dann öffnen Sie zunächst die Datei */dev/hidraw2*. An dieser Stelle müssen Sie zum ersten Mal aufpassen, denn Sie müssen die Gerätedatei für die Maus mit dem Low-Level-Befehl `open()` im Modus `O_NONBLOCK` öffnen. Wenn Sie dies nicht tun, blockiert das nächste `read()` Ihr gesamtes Programm, und der Mauszeiger bewegt sich stockend (falls er sich überhaupt bewegt). Wenn Sie den letzten Hinweis beachtet haben, dann können Sie nun 3 Bytes aus der Datei */dev/hidraw2* auslesen. Allerdings können Sie diese Daten nur an einem Stück lesen – wenn Sie dies nicht tun, gerät Ihr USB-Stack durcheinander, und die Maus muss neu am System angemeldet werden. Das folgende Listing, das auch oft in Internetforen auftaucht, ist also falsch:

```
char X,Y,Buttons;
int BytesRead;
int MausHandle=open("/dev/hidraw2",O_RDONLY,O_NONBLOCK); // Maus nur lesen
BytesRead=read(&X,1,MausHandle); // 1 Byte X
if (BytesRead!=-1) {
    read(&Y,1,MausHandle); // 1 Byte Y
    read(&Buttons,1,MausHandle); // 1 Byte für die Buttons
    … Aktualisierung des Mauszeigers ...
}
```

Ihr Maustreiber darf nur dann ein Mauspaket von 3 Bytes lesen, wenn Daten am Bus anliegen, dies ist korrekt. Deshalb könnte man annehmen, dass, wenn schon das Lesen des ersten Bytes fehlschlägt, man auch keine weiteren Bytes mehr lesen muss – es sei denn, X wurde wirklich erfolgreich gelesen. Leider werden von der Maus immer vollständige HID-Pakete übermittelt, und der Systemtreiber für `/dev/hidraw2` schreibt dann natürlich auch 3 Bytes am Stück in den Speicher, den Sie vorher als Zeiger an `read()` übergeben haben. `BytesRead` ist also im letzten Beispiel entweder `-1` oder `3`. Zum Glück für uns ist der erste Parameter von `read()` vom Typ `void*`, das heißt, dass Sie hier einen `struct` definieren können, der die Daten eines Mauspakets aufnehmen kann:

```
typedef struct {
    char Buttons;
    char X;
    char Y;
}
MouseInfo_t;
MouseInfo_t MI;
```

Wenn nun Daten verfügbar sind, wird das Mauspaket mit der folgenden Anweisung korrekt eingelesen:

```
BytesRead=read(MouseHandle,&MI,3);
```

Das Maus-Handle erhalten Sie wie gehabt mit dem Befehl

```
int MausHandle=open("/dev/hidraw2",O_RDONLY,O_NONBLOCK);
```


Anschließend kann der Mauszeiger aktualisiert werden, der in diesem Beispiel die Integer-Variablen XMouse, YMouse und MouseButtons benutzen soll, um den Zustand der Maus dauerhaft zu speichern. Sie können nun die Mauskoordinaten z. B. als globale Variablen in der folgenden Weise berechnen:

```
if ((MI.X&0x80)==0x80) { XMouse+=-((~MI.X)&0x7f); }
else { XMouse+=MI.X; }
if ((MI.Y&0x80)==0x80) { YMouse+=-((~MI.Y)&0x7f); }
else { YMouse+=MI.Y; }
MouseButtons=(long int)(Buttons);
```

Die obige Berechnung muss die Tatsache beachten, dass die Mausbewegung nur relative Koordinaten verwendet, und diese Koordinaten sind als signed char abgelegt. Wenn also das Vorzeichenbit einer der Strukturvariablen von MouseInfo_t gesetzt ist (Bit Nr. 7 = 1), dann muss diese relative Koordinate erst in eine negative Zahl vom Typ int umgewandelt werden, ehe sie zu XMouse oder YMouse addiert werden kann. Leider bietet C nicht von Haus aus eine solche Umwandlung von signed char in int an, deshalb muss sie hier per Hand durchgeführt werden: Sämtliche Bits der 8-Bit-Ausgangszahl werden mit NOT invertiert, Bit 7 wird gelöscht und anschließend als neue 32-Bit-Zahl betrachtet. Zum Schluss wird noch ein negatives Vorzeichen zu der neuen 32-Bit-Zahl hinzugefügt.

Erst ganz zum Schluss kann dann die relative Koordinate zu der absoluten addiert werden. Dies gilt sowohl für die X-Koordinate als auch für die Y-Koordinate und auch für nicht negative Ausgangszahlen. Bei der Variablen MouseButtons (hier ebenfalls vom Typ int) ist dagegen alles in Butter, und es muss hier nur ein Typecasting von signed char nach int durchgeführt werden. Das vollständige Listing für den Maustreiber sieht nun so aus:

```
/* maus.c */
#include<stdio.h> // für printf()
#include<fcntl.h> // für open()
#include<unistd.h> // für read()
#include<stdbool.h> // für bool

#define MB_LEFT 0x01
#define MB_RIGHT 0x02
```

```
#define MB_MID 0x04
typedef struct {
    char Buttons;
    char X;
    char Y;
}
MouseInfo_t;
MouseInfo_t MI;
int XMouse=0,YMouse=0,MouseButtons=0;

bool LButton() {
    if ((MouseButtons&MB_LEFT)==MB_LEFT) { return true; }
    else { return false; }
}

bool RButton() {
    if ((MouseButtons&MB_RIGHT)==MB_RIGHT) { return true; }
    else { return false; }
}

bool MButton() {
    if ((MouseButtons&MB_MID)==MB_MID) { return true; }
    else { return false; }
}

int main(void) {
    int MouseHandle,BytesRead;
    MouseHandle=open("/dev/hidraw2",O_RDONLY,O_NONBLOCK); // Pfad evtl. ändern
    while (LButton()==false) {
        BytesRead=read(MouseHandle,&MI,3);
        if (BytesRead!=-1) {
            if ((MI.X&0x80)==0x80) { XMouse+=-((~MI.X)&0x7f); }
            else { XMouse+=MI.X; }
            if ((MI.Y&0x80)==0x80) { YMouse+=-((~MI.Y)&0x7f); }
            else { YMouse+=MI.Y; }
            if (XMouse<0) { XMouse=0; }
            if (YMouse<0) { YMouse=0; }
            MouseButtons=(long int)(MI.Buttons);
            printf("X=%ld Y=%ld B=%ld\n",Xmouse,Ymouse,MouseButtons);
        }
    }
```

```
    printf("Die linke Maustaste wurde gedrückt, also tschüss ...\n");
    return 0;
}
```

Listing 5.2 Die Abfrage einer USB-Maus, die das HID-Protokoll verwendet

Das Listing *maus.c* können Sie ganz normal mit

```
cc maus.c -o maus
```

übersetzen, allerdings kann es sein, dass Sie als normaler Benutzer gerade keine Zugriffsrechte auf */dev/hidraw2* haben, weil z. B. gerade Ihr Desktop läuft und deshalb die Maus blockiert. Sie können in diesem Fall dieses Beispiel trotzdem ausführen, allerdings müssen Sie es dann mit

```
sudo ./maus
```

ausführen. Wenn Sie streng sind, dann erkennen Sie sicherlich sofort die Sicherheitslücke in dem letzten Beispiel – man soll eigentlich niemals eine Standardanwendung mit `sudo` starten. Ja, Sie haben ja so recht! Im Endeffekt sollte hier eine Schreib-/Lesesperre benutzt werden, wie wir sie schon in Kapitel 2 beschrieben haben. Aber es geht hier ja nur um das Grundverständnis des HID-Protokolls und nicht um sicherheitskritische Anwendungen (diese sollten Sie sowieso in separaten Prozessen kapseln, an die man nicht so einfach herankommt).

Hinweis: Mäuse mit Scrollrad und Extratasten

Mäuse, die keine Standardmäuse mit drei Tasten sind, können auch Scrollräder oder zusätzliche Buttons besitzen. Zumindest tun sie das mittlerweile meistens. Wenn Sie diese Dinge abfragen wollen, kommen Sie mit dem letzten Beispiel nicht mehr aus. Wenn Sie nämlich das Scrollrad bewegen, werden nicht mehr nur 3 Bytes, sondern zusätzliche Informationen übertragen, wie z. B. eine Z-Koordinate. Diese wird aber nur dann zusätzlich übertragen, wenn Sie das Scrollrad bewegen, ansonsten nicht. Auch bei zusätzlichen Buttons ist dies der Fall. Sie müssen also bei erweiterten Mausfunktionen mehrmals die Variable `BytesRead` auswerten und auch den `struct MouseInfo_t` entsprechend so erweitern, dass er sämtliche zusätzlichen Bytes aufnehmen kann, die über die Standardinformationen hinausgehen. Da es sehr viele unterschiedliche Mäuse gibt (vor allem im Gaming-Bereich), können wir sie Ihnen nicht im Detail vorstellen.

Die Programmierung eines Joysticktreibers ist im Endeffekt einfacher als die Programmierung eines Maustreibers, da ein Joystick nur dann Daten ausgibt, wenn diese explizit vom Programm angefordert werden. Ist der Joystick nicht bewegt worden, gibt er die Byte-Folge {128,128,0} aus. Dies bedeutet, dass kein Button betätigt wurde und sich auch der Knüppel in Mittelstellung befindet (X = 0, Y = 0). Allerdings gilt dies nur, wenn der Joystick vorher richtig kalibriert wurde. Kalibrieren bedeutet, dass Sie ein Programm ausführen, das die Mittelstellung wirklich überprüft, und wenn es dann Abweichungen von dem Wert {128,128,0} gibt, diese durch eine entsprechende Konfigurationsdatei automatisch korrigiert werden. Diese Konfigurationsdatei kann bei Bedarf auch schon beim Bootvorgang ausgeführt werden. Es gibt jedoch leider besonders unter Linux sehr viele verschiedene Joystick-Kalibriertools, und sie alle zu besprechen, würde sicherlich ein separates Buch erfordern.

Wie gesagt, ist es im Endeffekt sehr einfach, einen Joystick auszulesen, denn hierzu können Sie folgende High-Level-Funktion benutzen (der Joystick hängt hier an */dev/hidraw2*):

```
FILE *JoyFile=fopen("/dev/hidraw2","rb");
```

Die Joystickinformationen können nun in dem folgenden `struct` abgebildet werden:

```
#define KeyInfos 1
typedef struct {
    char XPos;
    char YPos;
    char ButtonInfos[KeyInfos];

}
JoyPacket_t;
```

Dieser `struct` kann wie folgt vom Joystick gelesen werden:

```
JoyPacket_t JoyInfo;
fread(&JoyInfo,KeyInfos+2,1,SEEK_SET);
```

Schon an dieser Stelle kann es zu Problemen kommen, nämlich genau dann, wenn Sie einen Joystick anschließen, der nicht dem HID-Standard für Joysticks folgt (das sind leider die meisten modernen Gaming-Geräte). Dieser Standard wurde schon 1990 von Microsoft eingeführt, und Microsoft hatte anschließend Besseres zu tun, als dauernd den Joystick-Standard anzupassen (z. B. waren damals Sicherheitsupdates für Windows wichtiger). Laut ursprünglichem Joystick-Standard ist `KeyInfos` normalerweise `1`, das heißt, dass ein Standardjoystick 3 Bytes sendet und somit bis zu 8 Buttons haben kann. Dies kann aber zu wenig sein, vor allem, wenn Sie ein Gamepad anschließen. In diesem Fall müssen Sie hinter `KeyInfos` eine Zahl größer als 1 einsetzen, je nachdem, was Sie für ein Gamepad haben. Bei einem Xbox-Controller ist dieser Wert z. B. `2`, für einen PS4-Controller mit USB-Adapter sogar `3`. Leider gibt es keinen einheitlichen Standard für die Belegung der Buttons, das heißt, dass Sie im Zweifelsfall mehrere Größen des Arrays `ButtonInfos` testen müssen.

Aber auch hier kann es noch zu Problemen kommen, wie wir Ihnen im nächsten Beispiel demonstrieren wollen. Das nächste Beispiel verwendet einen Joystick, der oft für Retrospiele benutzt wird, nämlich die USB-Version des Competition Pro Joysticks. Das Linux-System reserviert hier 9 Bytes für das HID-Paket und sendet die Bytes für die Buttons (dies sind 2 Bytes) zuerst. Erst danach werden die Koordinaten in Form von {Z,X,Y} gesendet, gefolgt von weiteren Bytes für eine zusätzliche analoge Steuerung {AX,AY} und weiteren Bytes, die aber nicht benutzt werden. Anscheinend geht die Joystick-Unterstützung inzwischen dahin, ein möglichst großes Standard-Gaming-Paket anzubieten, das eben möglichst alle modernen Joysticks und Gamepads abbilden kann. Vielleicht liegt dies aber auch daran, dass für das nächste Beispiel das RetroPie-System benutzt wurde, das sehr gerne für die Emulation alter Spielekonsolen verwendet wird.


```
/* joystick-demo.c */
#include <stdio.h>
#include <stdlib.h>
#include <stdbool.h> // für false/true
#include <string.h> // für sprint()
#include <fcntl.h> // für open() und read()
#include <sys/time.h> // für Timeout-Checks

typedef struct { // extended gaming HID packet (V 2.0)
    unsigned char Buttons;
    unsigned char ExtButtons;
    unsigned char Z;
    unsigned char X;
    unsigned char Y;
    unsigned char AX;
    unsigned char AY;
    unsigned char unused1;
    unsigned char unused2;
};
JoyPacket_t;
JoyPacket_t JoyInfo;
int XCalib;
int YCalib;
// Die nächsten 5 Zeilen gelten nur für den Competition Pro V 2.0.
#define LBUTTON 0x01
#define RBUTTON 0x02
#define LBUTTON_SMALL 0x04
#define RBUTTON_SMALL 0x08
#define RAPIDFIRE_ON 0x10

bool CheckJoyPort(int JoyPort) {
    bool JoyFound=false;
    char DevString[50]; // zusammengesetzter Device-Datei-String
    fd_set set;
    struct timeval timeout;
```

```
    int rv,BytesRead,JoyHandle;
    sprintf(DevString,"/dev/hidraw%d",JoyPort); // sprintf() funktioniert.
        analog zu printf()
    JoyHandle=open(DevString,O_NONBLOCK); // Hier muss O_NONBLOCK benutzt werden.
    FD_ZERO(&set); // set initialisieren
    FD_SET(JoyHandle,&set); // set an JoyHandle binden
    timeout.tv_sec=0;
    timeout.tv_usec=100000; // Timeout-Wert für Schnittstelle setzen
    rv=select(JoyHandle,&set,NULL,NULL,&timeout); // Timeout zuweisen
    BytesRead=read(JoyHandle,&JoyInfo,9); // versuchen, 9 Bytes vom Joystick zu lesen
    close(JoyHandle); // JoyHandle entfernen (wichtig)
    if (BytesRead==9) { JoyFound=true; } // Vollständiges Joystick-Paket erhalten?
                                        // Nur dann ist alles OK.
    return JoyFound; // Ist nur true, wenn wirklich 9 Bytes gelesen werden konnten.
}

int FindJoyPort() { // Gibt den Port des ersten gefundenen Joysticks zurück.
    int Port=0; // Start bei /dev/hidraw0
    for (Port=0; Port<=9; Port++) { // Linux kann bis zu 10 HID-Geräte verwalten.
        if (CheckJoyPort(Port)==true) { break; }
    }
    return Port;
}

void OpenJoyPort(int JoyPort) {
    char DevString[50];
    sprintf(DevString,"/dev/hidraw%d",JoyPort); // sprintf() funktioniert.
        analog zu printf()
    JoyFile=fopen(DevString,"r+b");
}

void CloseJoyPort() {
    fclose(JoyFile);
}

void GetJoyInfo() {
    fread(&JoyInfo,9,1,JoyFile);
}

int main(void) {
    int JoyPort;
    JoyPort=FindJoyPort();
```

```
    printf("Joystick an /dev/hidraw%d\n",JoyPort);
    OpenJoyPort(JoyPort);
    XCalib=JoyInfo.X; YCalib=JoyInfo.Y;
    printf("Joystick-Kalibrierung Mitte=(%d,%d)\n",XCalib,YCalib);
    do {
        GetJoyInfo();
        if (JoyInfo.X<(XCalib-64)) { printf("JOYSTICK LINKS\n"); }
        if (JoyInfo.X>(XCalib+64)) { printf("JOYSTICK RECHTS\n"); }
        if (JoyInfo.Y<(YCalib-64)) { printf("JOYSTICK OBEN\n"); }
        if (JoyInfo.Y>(YCalib+64)) { printf("JOYSTICK UNTEN\n"); }
    }
    while ((JoyInfo.Buttons&LBUTTON)==0);
    printf("Der linke Button wurde gedrückt. Und tschüss ...\n");
    return 0;
}
```

Listing 5.3 Zeigt, wie Sie einen Joystick abfragen können.

Die Joystick-Demo wurde so programmiert, dass Sie sich ein zusätzliches Kalibriertool sparen können. Ferner wird Ihr Joystick – wenn es der einzige Joystick ist, der angeschlossen wurde – automatisch erkannt. Hierfür wird die Funktion `CheckJoyPort([Portnummer])` benutzt, der Sie eine Portnummer übergeben können. Diese Portnummer wird anschließend dazu benutzt, die Datei */dev/hidraw[Portnummer]* zu öffnen und daraus genau 9 Bytes auszulesen. Wenn dies nicht gelingt und deshalb nach 0,1 Sekunden ein Timeout auftritt, wird die Datei geschlossen, und es wird `false` zurückgegeben. Wenn es jedoch gelingt, aus der Datei 9 Bytes erfolgreich auszulesen, wird `true` zurückgegeben. Die Funktion `FindJoyPort()` nutzt nun `CheckJoyPort()`, um die Dateien */dev/hidraw0* bis */dev/hidraw9* nacheinander zu öffnen und zu versuchen, ein Joystickpaket auszulesen. Wenn dies gelingt, wird die Portnummer der entsprechenden Gerätedatei zurückgeliefert, mit der dies zum ersten Mal gelungen ist. Nun kann mit `OpenJoyPort([Portnummer])` der Joystick für die Verwendung initialisiert werden. Damit eine Abfrage des Joysticks später auch im gesamten Programm möglich ist, sind sowohl die Strukturvariable `JoyPacket_t JoyInfo` als auch die Variable `FILE *JoyFile` global. Deshalb sollten Sie auch stets am Ende Ihres Programmes `CloseJoyPort()` aufrufen.

Die Joystickabfrage selbst ist nun ganz simpel: Immer wenn Sie feststellen wollen, ob der Joystick betätigt wurde, rufen Sie `GetJoyInfo()` auf. In der Strukturvariablen `JoyInfo` stehen danach sämtliche Informationen, die Sie benötigen. Wenn Sie sich in der Windows-Welt auskennen, dann werden Sie hier einige Parallelen zur Windows-API erkennen, inklusive der Verwendung globaler Variablen. Dies ist durchaus gewollt, denn auf diese Weise könnten Sie sogar einen Treiber programmieren, der (durch bedingte Kompilierung) unter Linux und Windows läuft.

5.6.8 Zugriff auf die Audiohardware mit ALSA

Viele Linux-Bücher sparen auch dieses Thema aus, weil es bei vielen Soundkarten eben nicht mehr möglich ist, Daten direkt nach */dev/dsp* zu kopieren (natürlich in der richtigen Geschwindigkeit) und dadurch den DAC in der Soundkarte korrekt anzusprechen. Erstens verstecken Soundkarten die Audioausgabe oft hinter internen Puffern, und zweitens sind auch die Treiber inzwischen so komplex, dass Sie zahlreiche Konfigurationskommandos für */dev/dsp* aus dem Kopf kennen müssten. Deshalb abstrahieren die meisten modernen Linux-Systeme Audioprogramme von */dev/dsp* und bieten eine Programmierschnittstelle an, die ein oder zwei Ebenen oberhalb von */dev/dsp* liegt. Diese Schnittstelle ist relativ komfortabel zu bedienen und kann hier deshalb problemlos beschrieben werden.

Im Endeffekt gibt es sogar mehrere Audio-Libraries, die bekannteste davon ist aber sicherlich ALSA (*Advanced Linux Sound System*). Im nächsten Beispiel soll eine Wave-Datei mittels ALSA-Bibliothek abgespielt werden. Damit ALSA benutzt werden kann, müssen erst einmal einige Voraussetzungen erfüllt sein. Diese Voraussetzungen sind in der Tat einige, und der Grund, warum viele Audiobeispiele aus zahlreichen Linux-Lehrbüchern so regelmäßig nicht laufen, ist, dass im Endeffekt verschwiegen wird, dass ALSA eine sehr komplexe Maschinerie von sehr vielen Rädchen ist, die einfach richtig ineinandergreifen müssen. Das erste Rädchen, das richtig laufen muss, ist das `libasound`-Modul und die zugehörigen Plugins für den GCC. Wenn Sie hier nämlich die falschen bzw. veraltete Module installieren, können Sie sich sogar laufende Soundtreiber zerstören. Die korrekte Version ist zurzeit `libasound2`, die Sie aber mit der folgenden Kommandozeile installieren sollten:

```
sudo apt-get install libasound1-dev
sudo apt-get install libasound2-dev
```

Das Modul `libasound1` ist hier Voraussetzung für `libasound2` und muss vor Version 1 installiert werden. Wenn Sie die Module in der umgekehrten Reihenfolge installieren, dann schlägt die Installation also fehl – was sogar dazu führen kann, dass Ihr Soundtreiber zerstört wird. Um den Rest der Abhängigkeiten aufzulösen, die es beim Soundtreiber nun einmal gibt, müssen Sie zusätzlich die Plugins für `libasound2` installieren. Dies geht so:

```
sudo apt-get install libasound2-plugins
```

Nun können Sie schon problemlos mit ALSA arbeiten, allerdings müssten Sie in diesem Fall beispielsweise Wave-Dateien selbst öffnen und auch den entsprechenden Header selbst verarbeiten (z. B. um das Audioformat und die Samplerate aus dem Header auszulesen). Profis tun genau dies, weil sie sich mit sämtlichen Details moderner Audioformate auskennen (oder sogar eigene Formate entwickeln). Das nächste Beispiel macht Ihnen aber das Leben leichter, indem es folgende zusätzliche Tools verwendet:

```
sudo apt-get install alsa-utils
sudo apt-get install libsndfile1-dev
```

Die ALSA-Utilities sind zusammen mit der Sound-File-Library Gold wert, denn mit diesen Tools können Sie quasi jede Audiodatei in einfacher Weise öffnen, um daraus die wichtigsten Parameter automatisch extrahieren zu lassen und in einen standardisierten `struct` zu schreiben. Sie können also z. B. eine Wave-Datei öffnen, und anschließend liefert Ihnen die Sound-File-Library einen direkten Einstieg für Ihren Abspielalgorithmus. Dieser Algorithmus besteht im Endeffekt nur aus ein paar `read()`-Kommandos und ein paar Anweisungen, die die Daten korrekt in den Audiopuffer übertragen. Ob Sie dann den Abspielalgorithmus zusätzlich in einem separaten Thread kapseln wollen, spielt nur eine untergeordnete Rolle. Quasi ein »Richtwert« ist die Frage, ob Sie beispielsweise einen Song im Hintergrund laufen lassen wollen, etwa für ein Spiel. Können Sie diese Frage mit »ja« beantworten und sind sogar noch weitere Sounds im Spiel, entscheiden Sie sich am besten für den gekapselten Thread. Ansonsten (z. B. für einen Player, den Sie von der Kommandozeile aus starten können) reicht meistens auch die Single-Thread-Umgebung. Das nächste Beispiel öffnet eine Wave-Datei und spielt sie ab.

```
/* playwav.c */
#include <alsa/asoundlib.h>
#include <alsa/control.h>
#include <stdio.h>
#include <sndfile.h>

#define PCM_DEVICE "default"

int main(void) {
    snd_pcm_t *pcm_handle;
    snd_pcm_hw_params_t *params;
    snd_pcm_uframes_t frames;
    int dir,pcmrc;
    char *infilename = "Test.wav";
    int* buf=NULL;
    int readcount;
    SF_INFO sfinfo;
    SNDFILE *infile = NULL;
    infile = sf_open(infilename, SFM_READ, &sfinfo);
    fprintf(stderr,"Channels: %d\n", sfinfo.channels); // Channels ist hier 2.
    fprintf(stderr,"Sample rate: %d\n", sfinfo.samplerate); // 44100 bei test.wav
    fprintf(stderr,"Sections: %d\n", sfinfo.sections);
    fprintf(stderr,"Format: %d\n", sfinfo.format); // PCM (uncompressed),
        16 bit stereo signed
    /* Die Datei auf dem PCM-Gerät im playback mode öffnen */
    snd_pcm_open(&pcm_handle, PCM_DEVICE, SND_PCM_STREAM_PLAYBACK, 0);
    /* erst einmal params mit Standardwerten füllen */
```

```
    snd_pcm_hw_params_alloca(&params);
    snd_pcm_hw_params_any(pcm_handle, params);
    /* nun ein paar Parameter verändern */
    snd_pcm_hw_params_set_access(pcm_handle, params,
    SND_PCM_ACCESS_RW_INTERLEAVED);
    snd_pcm_hw_params_set_format(pcm_handle, params, SND_PCM_FORMAT_S32_LE);
    snd_pcm_hw_params_set_channels(pcm_handle, params, sfinfo.channels);
    snd_pcm_hw_params_set_rate(pcm_handle, params, 44100,0);
    /* Parameter neu setzen */
    snd_pcm_hw_params(pcm_handle, params);
    snd_pcm_hw_params_get_period_size(params, &frames, &dir);
    fprintf(stderr,"Frames in einer Zugriffsperiode: %d\n", frames);
    fprintf(stderr,"Starte Audiowiedergabe...\n");
    // Falls das Lesen von frames fehlschlägt, bitte die folgenden 2 Zeilen benutzen:
    // frames=sfinfo.filesize/4; // 16 bit stereo (= 4 Bytes pro Frame)
    // fprintf(stderr,"%d Frames\n",frames);
    buf=malloc(frames*sfinfo.channels*4); // Puffer für Audiodaten anlegen
    while ((readcount=sf_readf_int(infile, buf, frames))>0) { // EOF->readcount=0
        pcmrc = snd_pcm_writei(pcm_handle, buf, readcount);
        if (pcmrc == -EPIPE) {
            fprintf(stderr, "buffer underrun!\n");
            snd_pcm_prepare(pcm_handle);
        }
        else if (pcmrc < 0) {
                fprintf(stderr, "Fehler beim schreiben auf PCM-Gerät: %s\n",
                    snd_strerror(pcmrc));
        }
    }
    fprintf(stderr,"Ende der Datei erreicht, schließe Audiogerät\n");
    snd_pcm_drain(pcm_handle);
    snd_pcm_close(pcm_handle);
    free(buf);
    return 0;
}
```

Listing 5.4 Spielt die Wave-Datei Test.wav ab und benutzt dazu die ALSA-Bibliothek.

5.6.9 Zugriff auf den Drucker über /dev/lp0

Die meisten Linux-Bücher sparen dieses Thema nicht aus und bieten auch umfangreiche Installationsanleitungen z. B. von CUPS an. Allerdings können Sie CUPS auch genauso gut anhand von Internet-Tutorien installieren (die auch fast alle sehr gut sind). Während aber CUPS ein Frontend ist, das über den Browser läuft (also auch Unterstützung für Netzwerkdrucker bietet), können Sie mit der Line-Printer-Datei */dev/lp0* (bei USB-Druckern auch */dev/usb/lp0*) Ihren Drucker direkt ansteuern. Dies ist gar nicht so schwer, wie es sich anhört, denn außer der Drucker-Skriptsprache Adobe PostScript gibt es im Endeffekt nur noch die von Epson erfundene und von HP weiterentwickelte Druckersprache PCL (zurzeit ist Version 6 aktuell). Der Rest sind proprietäre Druckersprachen für sogenannte *Windows-Drucker* (auch *GDI-Drucker* genannt), die aber von Linux überhaupt nicht unterstützt werden.

Der Zugriff auf */dev/lp0* ist sehr einfach, weil Sie hierzu einfach nur die Datei wie folgt öffnen müssen:

```
FILE *LPTFile=fopen("/dev/lp0","r+b"); /* Manche Drucker geben
                                        * Statusmeldungen zurück. */
```

Achten Sie aber an dieser Stelle unbedingt auf den Binärmodus, denn Sie müssen auch Steuerzeichen (z. B. den Code »ESC« (ASCII-code 27)) übertragen, die kein Text sind. Wenn Sie die Line-Printer-Gerätedatei geöffnet haben, dann können Sie im Endeffekt schon direkt Zeichen übertragen, um sie beispielsweise in einer Zeile ausdrucken zu lassen. Um etwa den Hallo-Text auf dem Drucker auszugeben, können Sie die folgende C-Zeile benutzen:

```
char Hallo[12]="Hallo Welt\l\n"; // CR/LF
fwrite(&Hallo,12,1,LPTFile);
```

Sie schreiben also 12 Bytes auf den Drucker und schließen die Zeile mit dem Code 13 (Linefeed) gefolgt von dem Code 10 (CR = Wagenrücklauf) ab. Die Bytes {13,10} bewirken bei älteren Druckern also einen Rücklauf des Druckkopfes und danach einen gleichzeitigen Zeilenvorschub. Bei Druckern, die Toner enthalten, bewirken diese Bytes allerdings nur, dass der Text in den Seitenpuffer übertragen wird. Manche Drucker geben nun die Seite aus, wenn keine weiteren Bytes mehr folgen, manche Drucker benötigen aber hierzu einen zusätzlichen Escape-Code. Ein *Escape-Code* ist ein Code, der mit einem ESC-Zeichen (Byte-Wert 27) beginnt, dem mindestens ein weiteres Byte folgt. Dieses Byte gibt eine Befehlsnummer an, von der es abhängt, ob noch weitere Bytes folgen. Der Escape-Code, um die aktuelle Seite auszugeben (und so auch auszudrucken), ist standardmäßig {27,12} (Escape-Codes werden nun als Byte-Tupel dargestellt). Um die Seite auszugeben, müssen Sie also die folgenden C-Zeilen benutzen:

```
int C=27; fwrite(&C,1,1,LPTFile);
C=12; fwrite(&C,1,1,LPTFile);
```

Natürlich gibt es noch viele weitere ESC-Codes für viele zahlreiche Druckerbefehle, und die Sammlung aller möglichen ESC-Codes (alte Epson-Codes mit eingerechnet) nennt man heute *PCL* (*Printer Communication Language*). Wenn Sie also Ihren Drucker mit einem C-Programm direkt steuern wollen, müssen Sie die PCL-Kommandos lernen. Dies ist aber inzwischen fast unmöglich, deshalb druckt das folgende Beispiel auch nur eine einfache Tabelle (ohne Rahmen) auf dem Drucker aus.

```
/* PCLDemo.c */
#include<stdio.h>
#include<string.h>

FILE *LPT;

void Print(char *Line) { // Druckt eine Zeile aus, ohne CR/LF auszuführen.
    fwrite(Line,strlen(Line),1,LPT); // String
}

void PrintLN(char *Line) { // Druckt eine Zeile aus und führt auch CR/LF aus.
    int C;
    fwrite(Line,strlen(Line),1,LPT); // String
    C='\n'; fwrite(&C,1,1,LPT); // LF
    C='\r'; fwrite(&C,1,1,LPT); // CR
}

void SetCol(int Col) { // Setzt den virtuellen Textcursor in die Spalte [Col].
        (nur PCL-Drucker)
    char Line[256];
    sprintf(Line,"\e&a%dC",Col); // SetCol=ESC+&+a, Terminator=C,
    Parameter=[column]
    fwrite(&Line,strlen(Line),1,LPT);
}

void EndPage() { // Wirft die Seite aus, die aktuell im Puffer ist.
    char Line[256];
    sprintf(Line,"\f"); // EOP=\f (0x0C)
    fwrite(&Line,strlen(Line),1,LPT);
}

void EndDoc() { // Beendet den Druckauftrag (die BUSY-Lampe muss
                // anschließend erlöschen).
    char Line[256];
    sprintf(Line,"\eE"); // EOT=ESC+E
    fwrite(&Line,strlen(Line),1,LPT);
}

int main(void) {
    int i=0;
    char Line[256];
    LPT=fopen("/dev/usb/lp0","r+b"); // Bei USB-Druckern /dev/usb/lp0
    for (i=0; i<50; i++) {
```

```
        Print("i ist jetzt");
        SetCol(40);
        sprintf(Line,"%d",i); PrintLN(Line);
    }
    PrintLN("<Ende der Schleife>");
    PrintLN("<Druckjob beendet>");
    EndPage(); EndDoc();
    fclose(LPT);
    return 0;
}
```

Listing 5.5 Demonstriert einige Befehle der Druckersprache PCL.

Kapitel 6
System- und Benutzerdateien

Gerade als Programmierer sollten Sie sich mit den zentralen Benutzerdateien auskennen. Gewöhnlich finden Sie diese Dateien im Verzeichnis /etc unter dem Namen /etc/passwd, /etc/shadow oder /etc/group. Meldet sich z. B. ein neuer Anwender beim System an, wird die Datei /etc/passwd benötigt. Aber auch Kommandos wie »who«, »ls -l« oder »finger« benötigen Daten aus der Datei /etc/passwd. Neben der Möglichkeit, Informationen zu Benutzer- bzw. Gruppendateien zu beschaffen, gibt es auch noch die entsprechenden Netzwerkdateien /etc/service, /etc/networks, /etc/protocols und /etc/hosts. Wie Sie an die entsprechenden Informationen programmiertechnisch herankommen, erfahren Sie in diesem Kapitel.

6.1 Die Datei /etc/passwd

Alle Benutzer und Login-Daten werden gewöhnlich zentral über die Datei */etc/passwd* verwaltet. Laut POSIX.1 wird diese Datei als *Benutzerdatenbank* bezeichnet. Neben dem Namen des Benutzers enthält diese Datei einige Kenndaten. Hierbei finden Sie allerdings nicht nur die Kenndaten der normalen Benutzer, sondern auch die vom Superuser *root* und vom Standard- und Systembenutzer. Mit cat können Sie sich die Datei ansehen:

```
you@host > cat /etc/passwd
root:x:0:0:root:/root:/bin/bash
daemon:x:1:1:daemon:/usr/sbin:/bin/sh
...
pinguin:x:1000:1000:R.Krooß,,,:/home/pinguin:/bin/bash
john:x:1001:1001:John Wolf,Augsburg,,:/home/john:/bin/bash
```

Jede Zeile dieser Datei enthält einen Benutzer. Die Doppelpunkte dienen als Trennzeichen zwischen den einzelnen Feldern. Somit hat eine solche Zeile folgende Syntax:

```
Benutzername:Passwort:UID:GID:Info:Heimatverzeichnis:Shell
```

- Benutzername: Unter diesem Namen kann sich der Benutzer am System anmelden. Daher sollte dieser Name eindeutig sein. Da die Datei von oben nach unten abgearbeitet wird, wird bei einem doppelten Eintrag immer der erste Eintrag verwendet, der gefunden wird.

- Passwort: Bei älteren Systemen befand sich im zweiten Feld früher das verschlüsselte Passwort. In der Regel sollte man allerdings heutzutage ein »x« dort stehen sehen. Dies bedeutet, dass das Passwort selbst verschlüsselt in */etc/shadow* steht. Der Grund ist ganz einfach der, dass viele Programme auf die Datei */etc/passwd* zurückgreifen müssen, weil hier auch die Shell und der Pfadname zum Heimatverzeichnis vermerkt sind. Zwar sind die Passwörter auch in */etc/passwd* immer noch verschlüsselt, aber jetzt besteht die Möglichkeit, ein Passwort quasi »on the fly« zu entschlüsseln, sobald darauf zugegriffen wird. Auch wenn dadurch ein Passwort nicht sehr einfach zu knacken ist (weil es sich immer nur für sehr kurze Zeit im Speicher befindet), ist trotzdem noch immer eine Angriffsfläche da. Hier ist aber nicht der Platz, um sich über Angriffe auf */etc/shadow* auszulassen. Allerdings muss ein Detail noch erwähnt werden: Befindet sich in dem Passwortfeld ein * (für *nobody*), dann erfolgt die Anmeldung ohne Passwortanfrage. Immer wenn Sie einen solchen Eintrag sehen, sollten Sie also skeptisch werden.
- `UID`: die Benutzernummer des Benutzers. Der Wert dieser Nummer sollte in der Praxis größer als 100 (auf vielen Systemen mittlerweile auch größer als 1000) sein, weil die Zahlen darunter für den Systembenutzer vorgesehen sind. Aus technischen Gründen sollte die `UID` allerdings nicht größer als 64737 sein (`uint16_t`). Die `UID` 0 ist natürlich auch hier dem Superuser *root* vorbehalten.
- `GID`: die Gruppennummer des Benutzers. Auch hierbei sollte die Zahl nicht größer als 64737 sein (`uint16_t`).
- Info: Hier werden gegebenenfalls weitere Informationen zum Benutzer hinterlegt, wie z. B. der vollständige Name oder die Adresse – das Feld kann also mit einem beliebigen Text gefüllt werden. Gewöhnlich gibt man hier den vollständigen Namen des Benutzers an. Mehrere Angaben werden durch ein Komma getrennt.
- Heimatverzeichnis: Hier steht das Heimatverzeichnis des Benutzers bzw. das Startverzeichnis nach dem Login. Die Angabe erfolgt immer über eine absolute Pfadangabe und sollte natürlich in einem Dateisystem liegen, das zum Zeitpunkt der Anmeldung auch eingebunden ist. Natürlich sollte der Benutzer des Heimatverzeichnisses auch der Besitzer dessen sein. Die Angabe des Heimatverzeichnisses wird in der Variablen `HOME` abgelegt und steuert somit auch das Verhalten des Kommandos `cd`, wenn dieses ohne Parameter aufgerufen wird. Natürlich wird hierdurch auch das Tilde-Zeichen ~ beeinflusst. Das Heimatverzeichnis ist normalerweise */home/[Benutzername]*, dies muss aber nicht zwingend so sein. Auf dem Pi kann es z. B. auch */home/pi* oder */home/pi/[Benutzername]* sein.
- Shell: Auch wenn hier gewöhnlich der Name einer Shell steht, die direkt nach der Anmeldung des Benutzers gestartet wird, können Sie auch jedes beliebige andere Startprogramm verwenden (beispielsweise die Startdatei, die Ihren Desktop startet). Alle erlaubten Programme, die gestartet werden können, müssen jedoch stets in die Datei */etc/shells* eingetragen werden. Wird dieses Feld leer gelassen, wird standardmäßig ein symbolischer Link zur Bash (*/bin/sh*) verwendet.

Somit können Sie die folgende Zeile wie folgt interpretieren:

```
john:x:1001:1001:John Wolf,Augsburg,,:/home/john:/bin/bash
```

Der Benutzername lautet »john«, das Passwort steht verschlüsselt in */etc/shadow*, die UID und die GID lauten 1001. Zusätzlich wurden hier der Name »John Wolf« und »Augsburg« angegeben. Das Heimatverzeichnis lautet */home/john*, und das Startprogramm (die Shell) ist die Bash (»Bash« ist die Abkürzung für Bourne-Again-Shell, die erste wirklich funktionierende Shell, die für UNIX entwickelt wurde).

6.1.1 Die Datei /etc/passwd auswerten

Die einzelnen Felder der Datei */etc/passwd* sind in der Struktur `struct passwd` enthalten, die in der Headerdatei *pwd.h* definiert ist.

Strukturvariable	Bedeutung
`char *pw_name`	Benutzername
`char *pw_passwd`	verschlüsseltes Passwort (nicht POSIX.1)
`uid_t pw_uid`	Benutzernummer (UID)
`gid_t pw_gid`	Gruppennummer (GID)
`char *pw_gecos`	Kommentarfeld (nicht POSIX.1)
`char *pw_dir`	Startverzeichnis nach dem Login
`char *pw_shell`	Login-Shell

Tabelle 6.1 Die Struktur passwd der Headerdatei <pwd.h>

[«]

Hinweis: Verschlüsselung von Login-Passwörtern

Hier wurde davon gesprochen, dass Passwörter verschlüsselt in */etc/shadow* abgelegt werden. Wenn Sie es genau nehmen, dann stimmt diese Aussage nicht ganz, denn für Passwörter wird kein echter Schlüssel benutzt, der irgendwo (zur Not selbst verschlüsselt) abgelegt wird und der dann den Klartext in einen verschlüsselten Text und diesen verschlüsselten Text wieder zurück in einen Passwort-Klartext verwandeln kann. Vielmehr werden Klartext-Passwörter gehasht. Hier verwandelt ein sogenannter *Hashing-Algorithmus* das Klartext-Passwort in eine Bitfolge, aus der man das ursprüngliche Passwort auch mit viel Rechenaufwand nicht mehr zurückgewinnen kann. Allerdings liefert der Algorithmus in Richtung Klartext → Passwort-Hash stets eindeutige Ergebnisse, und man kann dann den Hashwert anstatt des Klartextes in */etc/shadow* ablegen. Man spricht auch von einer *Einwegfunktion*: Der Hashing-

Algorithmus ist nur in eine Richtung (Klartext → Hashwert) schnell und mit eindeutigen Ergebnissen ausführbar, in die entgegengesetzte Richtung (Hashwert → Klartext) jedoch nicht. Es gibt mehrere Hashing-Algorithmen, die unter Linux für Passwörter benutzt werden, meistens ist dies jedoch der MD5-Algorithmus oder aber auch die aktuelle Version von SHA (SHA3).

6.1.2 getpwuid und getpwnam – einzelne Abfrage von /etc/passwd

Mit den beiden Funktionen getpwnam() und getpwuid() erfragen Sie einen Eintrag der Passwortdatei */etc/passwd*. Beide Funktionen sind POSIX.1-konform. Dies Syntax dieser Funktionen lautet:

```
#include <pwd. h.>
#include <sys/types.h>

struct passwd *getpwnam(const char * name);
struct passwd *getpwuid(uid_t uid);
```

Die Funktion getpwnam() gibt bei Erfolg einen Zeiger auf eine Struktur vom Typ passwd zurück, die den Inhalt einer bestimmten Zeile aus */etc/passwd*, nämlich die mit dem Benutzernamen name, enthält (erstes Feld in */etc/passwd*).

Die Funktion getpwuid() hingegen gibt einen Zeiger auf eine Struktur zurück, die eine Zeile in */etc/passwd* enthält, die der User-ID uid entspricht.

Beide Funktionen geben bei einem Fehler NULL zurück, wenn kein passender Eintrag in */etc/passwd* gefunden wurde oder ein anderer Fehler aufgetreten ist (aber eben keinen Return-Wert wie -1!). Konnte nicht ausreichend Speicher für eine passwd-Struktur alloziert werden, wird errno auf ENOMEM gesetzt (das heißt, Sie müssen den Fehler samt der Nummer separat abfragen!).

Es folgt nun ein Beispiel-Listing, das die Funktion getpwnam() demonstriert. Wollen Sie stattdessen getpwuid() verwenden, brauchen Sie nur den entsprechenden Codeabschnitt auszukommentieren und die Kommentare um getpwuid() zu entfernen.

```
/* passwortinfo.c */
#include <stdio.h>
#include <stdlib.h>
#include <sys/types.h>
#include <pwd. h.>
#include <string.h>

int main(int argc, char *argv[]) {
    struct passwd *pas_ptr;
```

```
    if( argc != 2 ) {
        fprintf(stderr, "Usage: %s Name\n", argv[0]);
        exit (EXIT_FAILURE);
    }
    /* alternativ mit getpwuid() :                          */
    /* pas_ptr=getpwuid( strtoul(argv[1], NULL, 10) );      */
    pas_ptr=getpwnam(argv[1]);
    if(pas_ptr == NULL) {
        printf("Konnte nichts über %s ermitteln\n", argv[1]);
        exit (EXIT_FAILURE);
    }
    printf("Folgende Angaben wurden ermittelt: \n");
    printf("Benutzername       : %s\n", pas_ptr->pw_name);
    printf("Benutzernummer     : %d\n", pas_ptr->pw_uid);
    printf("Gruppennummer      : %d\n", pas_ptr->pw_gid);
    printf("Kommentar          : %s\n", pas_ptr->pw_gecos);
    printf("Login-Verzeichnis : %s\n", pas_ptr->pw_dir);
    printf("Login-Shell        : %s\n", pas_ptr->pw_shell);
    return EXIT_SUCCESS;
}
```

Listing 6.1 Demonstriert die Funktion getpwuid().

Das Programm gibt bei der Ausführung z. B. Folgendes in der Konsole aus:

```
you@host > gcc passwortinfo.c -o passwortinfo
you@host > ./passwortinfo john
Folgende Angaben wurden ermittelt:
Benutzername      : john
Benutzernummer    : 1001
Gruppennummer     : 1001
Kommentar         : John Wolf,Augsburg,,
Login-Verzeichnis: /home/john
Loginshell        : /bin/bash
you@host > ./passwortinfo pinguin
Folgende Angaben wurden zu pinguin ermittelt:
Benutzername      : pinguin
Benutzernummer    : 1000
Gruppennummer     : 1000
Kommentar         : R.Krooß,,,
Login-Verzeichnis: /home/pinguin
Loginshell        : /bin/bash
```

[»]

Hinweis

Bei BSD-UNIX wird bei den Funktionen getpwnam() und getpwuid() das verschlüsselte Passwort automatisch aus */etc/shadow* gelesen und in die Strukturvariable pw_passwd geschrieben, wenn das Programm vom Superuser (UID = 0) gestartet wurde. Bei Linux ist dies inzwischen auch so, denn dort wird mittlerweile auch der POSIX-Standard für Passwörter benutzt und nicht mehr ein eigener Algorithmus, den auch noch Linus Torvalds verwendete.

6.1.3 getpwent, setpwent und endpwent – komplette Abfrage von /etc/passwd

Wollen Sie alle Daten in */etc/passwd* erfragen, stehen Ihnen die drei Funktionen getpwent(), setpwent() und endpwent() zur Verfügung.

```
#include <pwd. h.>
#include <sys/types.h>

struct passwd *getpwent(void);
void setpwent(void);
void endpwent(void);
```

Die Funktion getpwent() liefert einen Zeiger auf die Struktur passwd zurück, die den Inhalt einer bestimmten Zeile in */etc/passwd* enthält. Beim ersten Aufruf von getpwent() wird immer der erste Eintrag zurückgegeben. Jeder weitere Aufruf liefert dann den nächsten Eintrag (nächste Zeile) in */etc/passwd* zurück. Beachten Sie bitte, dass nach jedem erneuten Aufruf von getpwent() der alte Inhalt in der Struktur passwd mit dem neuen überschrieben wird. Tritt ein Fehler auf oder sind alle Einträge gelesen worden, gibt getpwent() NULL zurück. Konnte kein Speicher für die Struktur passwd alloziert werden, wird errno auf ENOMEM gesetzt (Sie müssen also auch hier die Fehlernummer separat auswerten, weil sie eben nicht direkt zurückgegeben wird).

Die Funktion setpwent() öffnet die Datei */etc/passwd*, wenn diese nicht bereits geöffnet wurde, und setzt den Dateizeiger auf den Anfang der Passwortdatei. setpwent() muss nicht unbedingt vor einem getpwent()-Aufruf verwendet werden.

Wenn Sie mit getpwent() fertig sind und Ihre Arbeit an */etc/passwd* beendet haben, können Sie mit endpwent() die Datei */etc/passwd* wieder ordentlich schließen. Dies garantiert Ihnen bei einem erneuten Aufruf von getpwent(), dass */etc/passwd* wieder neu geöffnet wird und sich der Dateizeiger am Anfang der Passwortdatei befindet. Hierzu dienen die Funktionen getpwent() und endpwent(). In dem nächsten Beispiel wird die Funktion getpwnam() nachgebildet.

```
/* passwortinfo2.c */
#include <stdio.h>
```

```
#include <stdlib.h>
#include <sys/types.h>
#include <pwd. h.>
#include <string.h>

struct passwd *getpasswd(const char *loginname) {
    struct passwd *pas_ptr;
    while( pas_ptr=getpwent() ) {
        if( strcmp(pas_ptr->pw_name, loginname) == 0) {
            endpwent();
            return pas_ptr;
        }
    }
    endpwent();
    return NULL;
}

int main(int argc, char *argv[]) {
    struct passwd *pas_ptr;
    if( argc != 2 ) {
       fprintf(stderr, "Usage: %s Name\n", argv[0]);
       exit (EXIT_FAILURE);
    }
    pas_ptr=getpasswd(argv[1]);
    if(pas_ptr == NULL) {
        printf("Konnte nichts über %s ermitteln\n", argv[1]);
        exit (EXIT_FAILURE);
    }
    printf("Folgendes wurde zu %s ermittelt: \n", argv[1]);
    printf("Benutzername      : %s\n", pas_ptr->pw_name);
    printf("Benutzernummer    : %d\n", pas_ptr->pw_uid);
    printf("Gruppennummer     : %d\n", pas_ptr->pw_gid);
    printf("Kommentar         : %s\n", pas_ptr->pw_gecos);
    printf("Login-Verzeichnis: %s\n", pas_ptr->pw_dir);
    printf("Login-Shell       : %s\n", pas_ptr->pw_shell);
    return EXIT_SUCCESS;
}
```

Listing 6.2 eine alternative Form von Listing 6.1, die also auch Passwortinfos liefert

Die Ausführung des Programms entspricht exakt der von *passwortinfo.c*, das im Beispiel-Listing zuvor demonstriert wurde.

6.2 Die Datei /etc/shadow

Wie bereits erwähnt, speicherten ältere Linux-/UNIX-Versionen die Passwörter noch direkt in der Datei */etc/passwd* im zweiten Feld. Hatte ein Anwender Zugriff auf diese Datei, wurde häufig ein sogenannter Wörterbuchangriff gemacht, um dieses Passwort zu entschlüsseln. Hierzu wurde das Kommando `crypt` zum Entschlüsseln verwendet. Hatte der Anwender dabei ein einfaches Passwort aus Buchstaben verwendet, war es in der Tat möglich, das Passwort zu knacken. Hierauf soll aber nicht näher eingegangen werden, sondern nur eine Warnung gegeben werden: **Verwenden Sie niemals einfache Passwörter wie »1234567« oder aber Datumsangaben wie Geburtsdaten! Auch Namen von Haustieren wie Katzen oder Hunden sind unsicher, da diese Wörter von zu vielen Benutzern verwendet werden oder jemand einfach Ihr Haustier kennen könnte.**

Fakt ist, dass stets eine Angriffsfläche vorhanden war, die mit der Passwortdatei */etc/shadow* beseitigt wurde. Da der Eigentümer und die Gruppe dieser Datei *root* ist, kann diese auch nicht mehr zum Lesen geöffnet werden (natürlich gilt die obige Warnung aber immer noch). Der Eintrag in die Datei erfolgt nach demselben Schema wie schon in der Datei */etc/passwd*. Ein Eintrag steht jeweils in einer Zeile, und die einzelnen Felder wiederum werden durch einen Doppelpunkt getrennt. Die Syntax:

```
Name:Pass:DOC:MinTag:MaxTag:Warn:Deaktiv:DeaktivSeit:Frei
```

- `Name`: Der Benutzername, der im ersten Feld steht, verknüpft diesen Eintrag mit einem gleichnamigen Eintrag in der Datei */etc/passwd*. Somit sollten für alle Einträge in der Datei */etc/passwd* auch Einträge in der Datei */etc/shadow* existieren.
- `Pass`: Hier steht das verschlüsselte Passwort des Benutzers. Befindet sich hier ein * oder !, bedeutet dies, dass kein Passwort eingetragen ist – was aus Gründen der Datensicherheit vermieden werden sollte.
- `DOC` (*Day of last change*): Hier steht der Tag, an dem das Datum seit dem 1.1.1970 verändert wurde. Dieser Tag (eine Integer-Zahl) wird zur Überprüfung der Lebensdauer von Passwörtern verwendet.
- `MinTag`: der frühestmögliche Zeitpunkt (in Tagen), wann der Benutzer sein Passwort ändern kann.
- `MaxTag`: der spätmöglichste Termin (in Tagen), wann der Benutzer sein Passwort ändern muss
- `Warn`: Hier wird eingetragen, wie viele Tage vor Ablauf des Passwortes (siehe `MaxTag`) der Benutzer eine Warnung bei der Anmeldung auf dem Bildschirm angezeigt bekommt.
- `Deaktiv`: Hier wird eingetragen, wie viele Tage das Passwort nach Ablauf von `MaxTag` noch gültig ist. Danach kann sich der Benutzer nicht mehr anmelden.

- `DeaktivSeit`: Hier findet man die Anzahl von Tagen, seit denen ein Passwort gesperrt wurde (deaktiviert ist).
- `Frei`: ein freies Feld für eventuell spätere Erweiterungen. Hat jetzt noch keine Bedeutung.

Hierzu ein einfaches Beispiel aus der Datei */etc/shadow*:

```
john:$1$oLLnoOfp$MQch.ycZRIzUZOJYnaXRB/:12952:0:99999:7:::
```


Der Benutzer heißt hier »john«, das verschlüsselte Passwort lautet »1oLLnoOfp$MQch.ycZRIzUZOJYnaXRB/«, das Passwort wurde am 12.952. Tag nach dem 1.1.1970 das letzte Mal verändert und kann frühestens in 0 Tagen (also heute) und muss spätestens in 99.999 Tagen (ca. 274 Jahren) geändert werden – in dem Fall gilt das Passwort also für immer. 14 Tage (sofern Sie diesen Tag überleben, was aber unwahrscheinlich ist) vor Ablauf des Passwortes soll eine Warnung ausgegeben werden. Die anderen Werte wurden vom Administrator nicht definiert und sind leer. Allerdings sollte Ihnen das verschlüsselte Passwort zu denken geben, denn dort sind Wiederholungen vorhanden (z. B. beim Zeichen L). Ferner kommen nur Buchstaben und Zahlen darin vor und keine Sonderzeichen oder undruckbare Zeichen. Sie sollten also zumindest prüfen, ob Sie noch ein altes Hashing-Verfahren wie etwa SHA1 benutzen oder ob es an Ihrer Ausgabe in der Konsole liegt, die manche Zeichen einfach nicht anzeigt (hier gilt natürlich der erste Fall, und es wurde sogar das viel zu kurze Passwort »wolf« benutzt – im Endeffekt also eine Warnung an Sie, dass Sie besonders bei Passwörtern aufpassen müssen).

6.2.1 Die Datei /etc/shadow auswerten

Die einzelnen Felder der Datei */etc/shadow* sind in der Struktur `struct spwd` enthalten und in der Headerdatei *shadow.h* definiert.

Strukturvariable	Bedeutung
`char *sp_namp`	Benutzername (Login-Name)
`char *sp_pwdp`	verschlüsseltes Passwort
`long int sp_lstchg`	Datum der letzten Änderung (seit dem 1.1.1970)
`long int sp_min`	nächste Änderung frühestens möglich in `sp_min` Tagen
`long int sp_max`	Spätestens in `sp_max` Tagen muss eine Änderung erfolgen.
`long int sp_warn`	Anzahl Tage vor dem Ablaufdatum, an der eine Warnung abgesetzt wird, dass das Passwort abläuft
`long int sp_inact`	Anzahl Tage nach `sp_max`, wann der Account deaktiviert wird

Tabelle 6.2 Die Struktur spwd in der Headerdatei <shadow.h>

Strukturvariable	Bedeutung
long int sp_expire	Anzahl Tage nach dem 1.1.1970, seit denen der Account deaktiviert bzw. gesperrt wurde
unsigned long int sp_flag	Wird noch nicht verwendet.

Tabelle 6.2 Die Struktur spwd in der Headerdatei <shadow.h> (Forts.)

6.2.2 getspent, setspent und endspent – komplette Abfrage von /etc/shadow

Wie auch schon bei der Datei */etc/passwd* stehen Ihnen bei der Datei */etc/shadow* entsprechende Funktionen zur Verfügung, mit denen Sie alle Daten in */etc/shadow* erfragen können.

```
#include <shadow.h>

struct spwd *getspent(void);
void setspent(void);
void endspent(void);
```

Die Funktion `getspent()` liefert einen Zeiger auf die Struktur `spwd` zurück, die den Inhalt einer Zeile in */etc/shadow* enthält. Auch hier wird beim ersten Aufruf immer der erste Eintrag der Datei */etc/shadow* zurückgeliefert. Jeder weitere Aufruf von `getspent()` liest immer die nächste Zeile der Datei */etc/shadow*. Nach jedem Aufruf von `getspent()` wird der alte Inhalt in der Struktur mit neuen Daten überschrieben. Der Rückgabewert ist bei einem Fehler oder dem Ende der Datei */etc/shadow* `NULL`.

Wollen Sie sichergehen, dass `getspent()` wirklich am Anfang der Datei */etc/shadow* beginnt, müssen Sie die Funktion `setspent()` aufrufen. Hiermit wird der Lesezeiger auf den Anfang der Datei */etc/shadow* gesetzt.

Wenn Sie mit `getspent()` fertig sind, können Sie mit `endspent()` die Datei */etc/shadow* wieder schließen. Dies garantiert Ihnen bei einem erneuten Aufruf von `getspent()`, dass */etc/shadow* wieder neu geöffnet wird und sich der Dateizeiger wieder am Anfang dieser Datei befindet.

Es folgt ein einfaches Beispiel für die Verwendung von `getspent()` und `endspent()`. Sie geben in dem nächsten Beispiel über die Kommandozeile einen entsprechenden Benutzer ein, von dem Sie die Passwortinformationen aus der Datei */etc/shadow* ermitteln wollen. Da */etc/shadow* eine Datei ist, die nur vom Benutzer *root* gelesen werden kann, benötigen Sie für dieses Programm auch die entsprechenden Superuser-Rechte.

```
/* read_shadow.c */
/* Das Programm benötigt Superuser-Rechte.  */

#include <stdio.h>
```

```
#include <stdlib.h>
#include <sys/types.h>
#include <shadow.h>
#include <string.h>
#include <time.h>

struct spwd *getshadow(const char *loginname) {
    struct spwd *shadow_ptr;
    while( shadow_ptr=getspent() ) {
        if( strcmp(shadow_ptr->sp_namp, loginname) == 0) {
            endspent();
            return shadow_ptr;
        }
    }
    endspent();
    return NULL;
}

int main(int argc, char *argv[]) {
    struct spwd *shadow_ptr;
    if( argc != 2 ) {
        fprintf(stderr, "Usage: %s Name\n", argv[0]);
        exit (EXIT_FAILURE);
    }
    shadow_ptr=getshadow(argv[1]);
    if(shadow_ptr == NULL) {
        printf("Konnte nichts über %s ermitteln\n", argv[1]);
        exit (EXIT_FAILURE);
    }
    printf("Folgendes wurde zu %s ermittelt: \n", argv[1]);
    printf("Benutzername                : %s\n",
       shadow_ptr->sp_namp);
    printf("Passwort (verschlüsselt)     : %s\n",
       shadow_ptr->sp_pwdp);
    printf("Tag der letzten Änderung    : %li Tage\n",
       shadow_ptr->sp_lstchg);
    printf("Nächste Änderung möglich    : %li Tage\n",
       shadow_ptr->sp_min);
    printf("Nächste Änderung fällig     : %li Tage\n",
       shadow_ptr->sp_max);
    printf("Warnung, wenn Passwort fällig, %li Tage zuvor!\n",
       shadow_ptr->sp_warn);
```

```
    printf("Konto nach %li Tagen vor Ablauf der Frist sperren!\n",
       shadow_ptr->sp_inact);
    return EXIT_SUCCESS;
}
```

Listing 6.3 Demonstriert den Zugriff auf die Datei /etc/shadow als Superuser.

Das Programm gibt bei der Ausführung z. B. Folgendes aus:

```
you@host > sudo ./read_shadow pinguin
Passwort:*******
Folgendes wurde zu pinguin ermittelt:
Benutzername                : pinguin
Passwort (verschlüsselt)    : 134520844
Tag der letzten Änderung   : 12928 Tage
Nächste Änderung möglich   : 0 Tage
Nächste Änderung fällig    : 99999 Tage
Warnung, wenn Passwort fällig, 7 Tage zuvor!
Konto nach -1 Tagen vor Ablauf der Frist sperren!
```

Eine Ausgabe von `-1` wie in der letzten Zeile zeigt an, dass dieser Wert nicht verwendet wird. Natürlich gibt es auch eine entsprechende Funktion wie `getpwnam()` für */etc/shadow*, nämlich `getspnam()`. Die Syntax ist die folgende:

```
#include <shadow.h>

struct spwd *getspnam(const char *name);
```

Die Funktion `getspnam()` gibt ebenfalls einen Zeiger auf eine Struktur vom Typ `spwd` zurück, die den Inhalt einer Zeile in */etc/shadow* mit dem Benutzernamen `name` enthält. Ansonsten – also bei einem Fehler oder wenn der Name nicht gefunden werden konnte – gibt diese Funktion `NULL` zurück. Es folgt ein weiteres Beispiel zu `getspnam()`:

```
/* read_shadow2.c */
/* Programm benötigt Superuser-Rechte.  */

#include <stdio.h>
#include <stdlib.h>
#include <sys/types.h>
#include <shadow.h>
#include <string.h>
#include <time.h>

int main(int argc, char *argv[]) {
    struct spwd *shadow_ptr;
```

```
    if( argc != 2 ) {
        fprintf(stderr, "Usage: %s Name\n", argv[0]);
        exit (EXIT_FAILURE);
    }
    shadow_ptr=getspnam(argv[1]);
    if(shadow_ptr == NULL) {
        printf("Konnte nichts über %s ermitteln\n", argv[1]);
        exit (EXIT_FAILURE);
    }
    printf("Folgendes wurde zu %s ermittelt: \n", argv[1]);
    printf("Benutzername                : %s\n",
        shadow_ptr->sp_namp);
    printf("Passwort (verschlüsselt)    : %s\n",
        shadow_ptr->sp_pwdp);
    printf("Tag der letzten Änderung    : %li Tage\n",
        shadow_ptr->sp_lstchg);
    printf("Nächste Änderung möglich    : %li Tage\n",
        shadow_ptr->sp_min);
    printf("Nächste Änderung fällig     : %li Tage\n",
        shadow_ptr->sp_max);
    printf("Warnung, wenn Passwort fällig, %li Tage zuvor!\n",
        shadow_ptr->sp_warn);
    printf("Konto nach %li Tagen vor Ablauf der Frist sperren!\n",
        shadow_ptr->sp_inact);
    return EXIT_SUCCESS;
}
```

Listing 6.4 Demonstriert die Funktion getspnam().

Bei der Ausführung entspricht das Programm exakt *read_shadow.c*. Natürlich benötigen Sie auch hierzu wieder die Superuser-Rechte, um die Datei */etc/shadow* lesen zu können.

Hinweis

Neben den hier vorgestellten Funktionen bietet die Include-Datei *shadow.h* noch einige Funktionen mehr an für den Zugriff auf */etc/shadow*.

6.3 Die Datei /etc/group

In der Datei */etc/group* werden die Gruppennummern und Gruppennamen einander zugeordnet – in der Datei */etc/passwd* wird mit der GID ja praktisch schon eine Standardgruppe für den Benutzer festgelegt. Mit */etc/group* können weitere Gruppenzugehörigkeiten eines Benutzers definiert werden. Ein Eintrag in der Datei */etc/group* sieht wie folgt aus:

```
Gruppenname:Passwort:Gruppennummer:Mitglied1,...
```

- Der Gruppenname: Dies ist der Name der Gruppe.
- Das Passwort: Bei älteren Systemen steht hier ein verschlüsseltes Passwort. Befindet sich hier ein x-Zeichen, dann bedeutet dies, dass das Passwort (verschlüsselt) in */etc/gshadow* abgelegt ist. Die Datei */etc/gshadow* ist das Gruppengegenstück von dem, was bei */etc/shadow* für die Benutzer gilt. Natürlich kann auch hier ein Passwort entfallen – dann finden Sie hier das bekannte * oder ! wieder. Etwas Besonderes gibt es aber dann doch noch: Wenn ein Passwort eingerichtet ist, können auch Nichtmitglieder dieser Gruppe Zugang zu den Daten der Gruppe erhalten, wenn sie das Passwort kennen. Richten Sie hingegen kein Passwort ein, so können nur solche Benutzer auf Daten einer Gruppe zugreifen, die auch wirklich in der Gruppe eingetragen sind.
- Die Gruppennummer (`GID`): Dies ist die Gruppennummer der Gruppe.
- Mitglieder: Hier werden die Mitglieder der Gruppe eingetragen. Mehrere Mitglieder werden durch ein einfaches Komma getrennt.

In der Praxis reichen der Gruppenname und die Gruppennummer für einen Eintrag in */etc/group* aus. Soll aber ein Benutzer in mehr als einer Gruppe (abgesehen von der Standardgruppe) Mitglied sein, muss er zusätzlich in die entsprechende Gruppe eingetragen werden. Ebenfalls sollten Sie einen Eintrag in */etc/group* machen, wenn Sie wollen, dass mehrere Mitglieder in einer Gruppe zusammengehören. Solange Sie also nur wollen, dass ein Benutzer in seiner Standardgruppe bleibt, ist kein zusätzlicher Eintrag in */etc/group* notwendig (weil dieser ja in */etc/passwd* vorhanden ist). Dieser zusätzliche Eintrag ist erst dann nötig, wenn ein Benutzer in weiteren Gruppen Mitglied sein soll. Ein Beispiel eines solchen Eintrags kann sein:

```
cdrom:x:24:pinguin,john,jack
```

Hier sehen Sie eine Gruppe mit dem Namen »CD-ROM« (wir denken, die Bedeutung spricht für sich) mit der `GID` 24. Zugriff auf das CD-ROM-Laufwerk hat gewöhnlich nur *root*. Das `x` zeigt an, dass ein Passwort in */etc/gshadow* abgelegt ist. In dem letzten Beispiel befindet sich in */etc/gshadow* das Zeichen *, womit für diese Gruppe also kein Passwort nötig ist. Allerdings bedeutet dies auch, dass nur Mitglieder dieser Gruppe Zugang zu ihr haben. Die Mitglieder dieser Gruppe sind hier »pinguin«, »john« und »jack«.

[»]

Hinweis

Die Gruppendatei */etc/group* wird in POSIX.1 als *Gruppendatenbank* (*Group Database*) bezeichnet.

6.3.1 Die Datei /etc/group auswerten

Die einzelnen Felder der Datei */etc/group* sind in der Struktur `struct group` enthalten und in der Headerdatei *grp.h* definiert.

Strukturvariable	Bedeutung
`char *gr_name`	Gruppenname
`char *gr_passwd`	verschlüsseltes Passwort (nicht POSIX.1)
`gid_t gr_gid`	Gruppennummer (GID)
`char **gr_mem`	Liste von Mitgliedern der Gruppe

Tabelle 6.3 Die Struktur group in der Headerdatei <grp.h>

6.3.2 getgrnam und getgrgid – einzelne Einträge aus /etc/group abfragen

Mit den Funktionen `getgrnam()` und `getgruid()` erfragen Sie einen Eintrag der Datei */etc/group*. Die Syntax dazu lautet:

```
#include <grp.h>
#include <sys/types.h>

struct group *getgrnam(const char *name);
struct group *getgrgid(gid_t gid);
```

Die Funktion `getgrnam()` gibt einen Zeiger auf eine Struktur `group` zurück, die die Gruppeninformationen zur Gruppe `name` enthält. Diese Informationen werden natürlich aus der Datei */etc/group* gelesen.

Die Funktion `getgrgid()` gibt ebenfalls einen Zeiger auf eine Struktur `group` zurück, die die Gruppeninformationen zur Gruppe mit der Gruppennummer `gid` enthält. Auch diese Informationen werden aus der Datei */etc/group* gelesen.

Beide Funktionen geben bei einem Fehler, oder wenn kein passender Eintrag in */etc/group* gefunden wurde, `NULL` zurück. Konnte kein Speicher für die Struktur `group` reserviert werden, wird `errno` auf `ENOMEM` gesetzt.

Natürlich gilt auch hier, dass nach einem erneuten Funktionsaufruf der alte Inhalt der Struktur `group` überschrieben wird.

Als ein weiteres Beispiel soll die Funktion `getgrnam()` verwendet werden, die alle Informationen zu einem bestimmten Gruppennamen (zweites Argument) zurückliefert.

```
/* groupname.c */
#include <stdio.h>
#include <stdlib.h>
```

```
#include <sys/types.h>
#include <grp.h>
#include <string.h>

int main(int argc, char *argv[]) {
    struct group *group_ptr;
    int i=0;

    if( argc != 2 ) {
        fprintf(stderr, "Usage: %s Name\n", argv[0]);
        exit (EXIT_FAILURE);
    }

    group_ptr=getgrnam(argv[1]);
    if(group_ptr == NULL) {
        printf("Konnte nichts über %s ermitteln\n", argv[1]);
        exit (EXIT_FAILURE);
    }

    printf("Folgendes wurde zu %s ermittelt: \n", argv[1]);
    printf("Gruppenname              : %s\n",
        group_ptr->gr_name);
    printf("Passwort (verschlüsselt) : %s\n",
        group_ptr->gr_passwd);
    printf("Gruppennummer            : %d\n",
        group_ptr->gr_gid);
    printf("Mitglieder dieser Gruppe : \n");
    while( group_ptr->gr_mem[i] != NULL )
        printf("\tName       : %s\n", group_ptr->gr_mem[i++]);

   return EXIT_SUCCESS;
}
```

Listing 6.5 Demonstriert den Zugriff auf /etc/group und das Auslesen von Gruppeninformationen.

Das Programm gibt z. B. in der Konsole Folgendes aus:

```
you@host > ./groupname cdrom
Folgendes wurde zu cdrom ermittelt:
Gruppenname              : cdrom
Passwort (verschlüsselt)  : x
Gruppennummer             : 24
Mitglieder dieser Gruppe :
        Name       : pinguin
```

```
        Name        : hal
you@host > ./groupname dialout
Folgendes wurde zu dialout ermittelt:
Gruppenname             : dialout
Passwort (verschlüsselt)  : x
Gruppennummer           : 20
Mitglieder dieser Gruppe :
        Name        : pinguin
        Name        : cupsys
```


6.3.3 getgrent, setgrent und endgrent – alle Einträge in /etc/group abfragen

Natürlich gibt es auch hier, wie schon bei den Dateien */etc/passwd* und */etc/shadow*, eine Funktion, die alle Einträge nacheinander aus der Gruppendatei */etc/group* erfragt.

```
#include <grp.h>
#include <sys/types.h>

struct group *getgrent(void);
void setgrent(void);
void endgrent(void);
```

Alle diese Funktionen machen dasselbe wie die Gegenstücke für die */etc/passwd-* und */etc/shadow*-Datei, nur dass sie sich eben auf die Datei */etc/group* beziehen.

Die Funktion getgrent() liefert einen Zeiger auf eine Struktur vom Typ group zurück, die die Gruppeninformationen aus */etc/group* enthält. Beim ersten Aufruf wird auch hier der erste Eintrag der Datei */etc/group* zurückgegeben. Bei jedem weiteren Aufruf wird der jeweils nächste Eintrag benutzt. Mit setgrent() können Sie den Dateizeiger wieder auf den Anfang zurücksetzen. Mit der Funktion endgrent() schließen Sie die Datei */etc/group* wieder.

Ein Beispiel ist hier nicht mehr nötig, da die Vorgehensweise dieselbe ist wie in den letzten Beispiel-Listings.

6.4 uname – Informationen zum lokalen System erfragen

Mithilfe der POSIX.1-konformen Funktion uname() fragen Sie Informationen zu Ihrem lokalen System (also dem System, an dem Sie gerade angemeldet sind) ab. Die Syntax von uname() ist die folgende:

```
#include <sys/utsname.h>

int uname(struct utsname *buf);
```

Die Funktion uname() gibt die Systeminformationen in der Strukturvariablen buf zurück, die vom Typ struct utsname ist. Die Struktur utsname ist in der Headerdatei *sys/utsname.h* wie folgt definiert:

Strukturvariablen	Bedeutung
char sysname[]	Betriebssystemname
char nodename[ ]	Knotennamen in einem Netzwerk
char release[ ]	aktueller Release-Name
char version[ ]	aktueller Versionsname des Release
char machine[ ]	Name der Hardware, die auf dem System läuft
char domainname[ ] oder char domainname[ ]	Name der Domain vom Knotenpunkt im Netzwerk (nicht POSIX.1)

Tabelle 6.4 Die Struktur utsname in der Headerdatei <sys/utsname.h>

Die Größe der einzelnen Arrays innerhalb der Struktur wird leider nicht von POSIX.1 vorgeschrieben und ist systemabhängig. Der einfachste Weg, ein versehentliches Überschreiben von Bytes zu vermeiden, die im Speicher hinter den Arrays stehen, ist die Verwendung von sizeof(), womit die maximale Länge der einzelnen Arrays ermittelt werden kann.

Bei Erfolg wird 0 und im Fehlerfall -1 zurückgegeben. Ist im Falle eines Fehlers errno mit EFAULT gesetzt, ist buf nicht gültig. Das nächste Beispiel demonstriert die Funktionen uname() und utsname() im Einsatz:

```
/* utsname.c */
#include <stdio.h>
#include <stdlib.h>
#include <sys/types.h>
#include <sys/utsname.h>
#include <string.h>

int main(int argc, char *argv[]) {
    struct utsname uts_info;

    if( uname(&uts_info) < 0 ) {
        fprintf(stderr, "Fehler bei uname()\n");
        exit (EXIT_FAILURE);
    }

    printf("Folgende Angaben wurden ermittelt: \n");
```

```
    printf("Betriebssystem    : %s\n", uts_info.sysname);
    printf("Knotenname        : %s\n", uts_info.nodename);
    printf("Release           : %s\n", uts_info.release);
    printf("Version           : %s\n", uts_info.version);
    printf("Architektur       : %s\n", uts_info.machine);
#define __USE_GNU
    printf("Domainname        : %s\n", uts_info.__domainname);

    return EXIT_SUCCESS;
}
```

Listing 6.6 Demonstriert die Funktionen uname() und utsname().

Das Programm gibt bei der Ausführung Folgendes in der Konsole aus:

```
$ ./utsname
Folgende Angaben wurden ermittelt:
Betriebssystem   : Linux
Knotenname       : desktop-pc
Release          : 4.6.27-7-i686
Version          : #1 SMP Tue Jan 14 09:33:20 UTC 2021
Architektur      : i686 (64 Bit)
Domainname       : (none)
```

6.5 Das Verzeichnis /etc/skel und Network Information Service (NIS)

Im engeren Zusammenhang mit den eben beschriebenen Dateien sollen hier noch ein paar Dinge in Bezug auf */etc/skel* und NIS (*Network Information Service*) erwähnt werden.

Zwar hat das Verzeichnis */etc/skel* nichts mit der Benutzerverwaltung zu tun, aber mit dieser Datei haben Sie die Möglichkeit, ein Template an Konfigurationsdateien, die ein neuer Benutzer erhalten soll, festzulegen. Wenn Sie einen neuen Benutzer einrichten, kann durch ein Kopieren des Verzeichnisses */etc/skel* dem Benutzer eine vorgefertigte Umgebung bereitgestellt werden. Der Vorteil daran ist: Sie müssen dieses Verzeichnis nur einmal anlegen und können dann viele Benutzer schnell und einfach einrichten. Gewöhnlich wird dieses Verzeichnis standardmäßig angelegt und kann den Bedürfnissen angepasst werden.

Bei einem größeren Linux- und UNIX-Netzwerk, wo auf viele gemeinsame Ressourcen zurückgegriffen werden muss, muss man sicherstellen, dass die Benutzer- und Gruppenkennung aller Rechner in diesem Netzwerk dieselben sind. Hierfür ist NIS verantwortlich. NIS ist praktisch ein Datenbanksystem, das den Zugriff auf */etc/passwd*, */etc/shadow*, */etc/group* und */etc/gshadow* in einem zusammengeschlossenen Netzwerk ermöglicht.

6.6 Dateien für Netzwerkinformationen

Zwar werden die entsprechenden Funktionen erst im Kapitel zur Netzwerkprogrammierung behandelt, doch soll auch jetzt hier schon ein Überblick zu den Informationsdateien im Netzwerk (BSD-Netzwerk-Software) gegeben werden. Die Art, Netzwerkdateien zu erfragen, ist dieselbe, wie Sie sie von den Benutzer- und Gruppendateien her kennen.

- */etc/service*: Hier befinden sich Dienste, die von den Netzwerkservern angeboten werden. Die entsprechenden Informationen dieser Datei sind in der Struktur `servent` in der Headerdatei *netdb.h* definiert. Erfragen können Sie einen Eintrag dieser Datei mit den Funktionen `getservbyname()` und `getservbyport()`.
- */etc/networks*: Hier findet man Informationen über die Netzwerke. Die entsprechenden Informationen sind in der Struktur `netent` in der Headerdatei *netdb.h* definiert. Einträge dieser Datei lassen sich mittels `getnetbyname()` und `getnetbyaddr()` ermitteln.
- */etc/protocols*: Enthält Einträge zu den Netzwerkprotokollen. Diese Informationen sind in der Struktur `protoent` in der Headerdatei *netdb.h* definiert. Die einzelnen Einträge lassen sich mit `getprotobyname()` und `getprotobynumber()` herauslesen.
- */etc/host*: Hier sind die Benutzer eingetragen, die über das Netzwerk Zugriff auf den lokalen Rechner haben. Die Informationen sind in der Struktur `hostent` in der Headerdatei *netdb.h* definiert und können mit den Funktionen `gethostbyname()` und `gethostbyaddr()` abgefragt werden.

Kapitel 7
Prozesse, Dämonen und Zombies

In diesem Kapitel wird ein enorm wichtiges und garantiert immer zu kurz ausfallendes Thema (trotz des erhöhten Umfangs) behandelt: der Prozess (oder die Prozesse).

Da das Thema recht wichtig ist, haben wir uns dazu entschlossen, bei den Grundlagen anzufangen. Denn selbst in vielen Grundlagenbüchern wird das Thema häufig zu kurz abgehandelt. Und als Programmierer genügt es einfach nicht, nur zu wissen, wie und mit welcher Funktion Sie einen neuen Prozess erzeugen, sondern Sie müssen auch wissen, was Sie da eigentlich erzeugen (und warum Sie es überhaupt erzeugen und wie Sie es hinterher auch wieder loswerden). Mit diesem Wissen ausgerüstet (aber nicht vorausgesetzt), können Sie anschließend mit den Threads fortfahren.

7.1 Was ist ein Prozess?

Vereinfacht ausgedrückt ist ein Prozess zunächst nichts anderes als ein Programm während der Ausführung. Diesem Programm steht unter Linux stets die komplette Verwaltungseinheit des Betriebssystems zur Verfügung, so als wäre dies das einzige Programm, das gerade läuft. Auf der Hardware läuft in der Tat auch nur ein Prozess pro CPU-Kern, aber natürlich weiß ein Prozess auch, dass es andere Prozesse gibt, weil diese zum Beispiel auch in */proc* eingetragen werden. Vereinfacht ausgedrückt heißt dies, dass dem Programm stets die komplette Rechenleistung des Prozessors (bzw. des Prozessorkerns, auf dem es läuft) zur Verfügung steht. Natürlich ist diese Verfügbarkeit der Ressourcen (Register, Stack, Speicher) zeitlich begrenzt, denn sonst würde es sich bei Linux ja nicht um ein Multitasking-Betriebssystem handeln.

Gewöhnlich werden auf einem Betriebssystem wie Linux jedoch mehrere Programme gleichzeitig ausgeführt. Dies heißt aber nicht, dass alle Programme gleichzeitig laufen, sondern dass diese Programme von Zeit zu Zeit die Aufmerksamkeit des Betriebssystems bekommen und im Endeffekt immer nur stückweise ausgeführt werden (wenn sie dann mit anderen Programmen auf dem gleichen Kern laufen). Auch dann, wenn Sie noch gar kein eigenes Programm gestartet haben, laufen unter Linux viele Dienste, und je nach Systemeinstellung auch Programme im Hintergrund (die sogenannten *Dämonprozesse*). Ob Sie gleichzeitig Texte verfassen, E-Mails verschicken oder etwas aus dem Internet herunterladen – jede Anwendung bekommt eine gewisse Rechenzeit der CPU zur Verfügung gestellt. Bei Linux auf AMD-/Intel-CPUs (x86) ist dies meist 1/100 s bzw. 1/1000 s, bevor die CPU die Rechenzeit einem anderen Prozess widmet. Somit hat es den Anschein, als würden quasi alle Prozesse gleichzeitig ausgeführt. Ein wirkliches gleichzeitiges Ablaufen von mehreren Prozessen ist natürlich nur dann möglich, wenn auch mehrere CPU-Kerne vorhanden sind – genauer: Pro CPU(-Kern) ist genau ein Prozess möglich, der wirklich parallel zu den anderen Prozessen ausgeführt wird. Der Treiber, der die Prozesse verwaltet, der *Task-Scheduler*, hat die Aufgabe, die CPU-Ressourcen möglichst reibungslos zuzuteilen.

7.2 Prozesskomponente

Wie schon erwähnt, steht dem Prozess die ganze Verwaltungseinheit des Prozessors zur Verfügung. Hinzu kommen Dinge wie zurzeit geöffnete Dateien (zumindest einige davon), Registerinhalte der CPU, Speicherbelegung, das Arbeitsverzeichnis, die Umgebungsvariablen und noch einiges mehr.

Ein Prozess besteht deshalb stets aus einem Adressraum für die eigenen Daten und den Kenndaten eines Prozesses, der intern eine Datenstruktur im Kernel darstellt, in der verschiedene Informationen über den Prozess aufgezeichnet werden.

Der Adressraum eines Prozesses wird dabei noch einmal in Benutzerdaten und Systemdaten aufgeteilt (auch *User-* und *Kernelspace* genannt) Zu den Systemdaten gehören prozessspezifische Daten und der Systemstack. Der Adressraum von Benutzerdaten wird in die folgenden Segmente aufgeteilt:

- Textsegment (`.text`): Darin befindet sich der ausführbare Programmcode, der auch von mehreren Programmen gleichzeitig verwendet werden kann. Außerdem ist das Textsegment schreibgeschützt, denn könnte man den Code dynamisch verändern, würde dies auch andere Prozesse, die sich das Textsegment teilen, betreffen.
- Datensegment: Darin befinden sich die Benutzerdaten eines Prozesses. Das Datensegment wird manchmal nochmals in einen initialisierten (schreibgeschützten) Bereich `.rodata`, einen nicht schreibgeschützten Bereich (`.data`) sowie einen nicht initialisierten Bereich (`.bss`) aufgeteilt. Das Datensegment enthält außerdem den Heap, in dem dynamische Datenblöcke abgelegt werden, die Sie z. B. vorher mit `malloc()` angefordert haben.
- Stacksegment (/): In diesem Bereich befinden sich alle lokalen Variablen einer Funktion.
- Shared-Memory-Segment(e): Dieser Bereich kann bei Bedarf hinzukommen und als geteilter Speicherbereich von mehreren Prozessen verwendet werden, die gemeinsam darauf zugreifen können.

Zu den Kenndaten eines Prozesses gehören Dinge wie:

- Prozessnummer vom Prozess (PID) und Elternprozess (PPID)
- Gruppen- und Benutzernummer (GID, UID) des Prozesseigentümers
- effektiver Benutzer und Gruppe (EGID, EUID)
- *Filesystem effective user and group* (kernel-intern) (FSUID, FSGID), z. B. bei NFS, wo UID-Mappings entstehen können
- Prozesspriorität (PRI)
- gewünschte Priorität (NICE)
- physische Adresse im Speicher oder Blockadresse im Auslagerungsbereich
- Zustand des Prozesses
- Ort, von wo aus der Prozess gestartet wurde
- bereits verbrauchte Rechenzeit des Prozesses (TIME)
- das Kommando, mit dem der Prozess gestartet wurde (CMD)

7.2.1 Die Prozessnummer (PID)

Jeder Prozess besitzt eine systemweit eindeutige fortlaufende Prozessnummer (*Process Identification [Number]* = PID). Das Betriebssystem stellt dabei sicher, dass systemweit keine Nummer zweimal vorkommt, es sei denn, dies wird explizit von einem Programm gefordert.

Stehen bei der Vergabe von fortlaufenden Prozessnummern keine Nummern mehr zur Verfügung, wird wieder bei 0 angefangen. Bereits vergebene Prozessnummern werden dabei übersprungen. Standardmäßig hat der Kernel Platz für 32.768 verschiedene Prozesse, aber auf großen Systemen kann man auch größere Tabellen mit PIDs bis zu 262144 finden. Natürlich belegt das mehr RAM, der auch nicht geswappt werden kann, weshalb eine Erhöhung auf Heimsystemen hier keinen Sinn ergibt.

7.2.2 Prozessnummer des Vaterprozesses (PPID)

Die Prozessnummer des übergeordneten Prozesses (*Parent Process Identification (Number)* = PPID) gibt an, von welchem Prozess aus der aktuelle Prozess (PID) gestartet wurde. Man spricht dabei auch vom *Elternprozess*. Die Prozesse mit der Prozessnummer 0 und 1 haben unter Linux eine besondere Bedeutung und werden noch extra behandelt.

7.2.3 Benutzer- und Gruppennummer eines Prozesses (UID, EUID, GID, EGID)

Bei einem Prozess gibt es drei Arten von Benutzer- und Gruppennummern:

- die effektive Benutzer- und Gruppennummer (EUID, EGID)
- die reale Benutzer- und Gruppennummer (UID, GID)

- die Filesysteme `UID/GID`, die bei NFS-Mapping auftreten. Sie sind meist kernel-intern (`FSUID`, `FSGID`, siehe `setfsuid()`).

Die effektive Benutzer- bzw. Gruppennummer wird bei der Überprüfung von Zugriffsrechten auf Dateien verwendet. Die reale Benutzer- bzw. Gruppennummer hingegen ist die Nummer, die der aufrufende Benutzer eines Prozesses besitzt.

Ist bei einem aufrufenden Programm das Ausführungsrecht auf `x` (`execute`) eingestellt, so wird beim Start des Programms die effektive und reale Benutzer- und Gruppennummer auf die jeweilige Nummer des Aufrufers gesetzt. Steht aber an der Stelle des Ausführungsrechtes anstatt `x` ein `s` (für *set user ID* = `SUID`), dann wird die Benutzernummer des Dateieigentümers als effektive Benutzernummer verwendet, während die reale Benutzernummer die des Aufrufers bleibt. Damit können bestimmte Funktionen auf Dateien ausgeführt werden, die sonst nur dem Programmbesitzer gestattet sind, während der aufrufende Benutzer eigentlich keine Zugriffsrechte darauf hat. Damit hat man die Möglichkeit, vom Programm kontrollierte Veränderungen von geschützten Dateien vorzunehmen. Setzt man zusätzlich zu dem `s`-Attribut des Benutzers das `s`-Attribut für die Gruppe, so wird die Gruppennummer der Programmdatei als effektive Gruppennummer bei der Programmausführung gesetzt. Dies gilt natürlich auch, wenn das Benutzerattribut `s` (`SUID`) nicht gesetzt ist, sondern nur das Gruppenattribut `s` (`SGID`).

Man benötigt also die realen und effektiven Nummern, um die Identität und Berechtigungen eines Prozesses zu unterscheiden. Wir geben an dieser Stelle zu, dass das Thema sehr trocken ist (zumindest in der Theorie). Daher sei für weitere Informationen das Howto zu dem Thema »Secure Programming for Linux and UNIX« empfohlen.

7.2.4 Der Prozessstatus

Ein Prozess kann sich in den folgenden Zuständen befinden:

Status	Bedeutung
läuft gerade (*running*)	Der Prozess wird gerade ausgeführt.
lauffähig (*runnable*)	Der Prozess kann ausgeführt werden.
schlafend (*sleeping*)	Der Prozess wartet darauf, dass er ein Stück Rechenzeit bekommt.
angehalten (*stopped*) bzw. *traced (überwacht)*	Der Prozess wurde unterbrochen/angehalten.
Zombie	Ein Prozess, der beendet, aber noch nicht aus der Tabelle entfernt wurde.

Tabelle 7.1 Mögliche Zustände eines Prozesses

Ist ein Prozess lauffähig, heißt dies also noch lange nicht, dass er automatisch CPU-Zeit bekommt. Er wird erst dann ausgeführt, wenn ihm CPU-Zeit gewährt wird. Leider ist es unter Linux bis jetzt nicht möglich, zu prüfen, was auf welchem Kern läuft, oder einen neuen Prozess sogar explizit auf einem bestimmten Kern zu starten. Vielleicht soll aber der Programmierer auch hier gar nicht so viel Freiheit bekommen.

Bekommt ein Prozess nun Rechenzeit zur Verfügung gestellt, blockiert jedoch einen Systemcall (z. B. durch den Aufruf sehr vieler `write()`-Kommandos, die die Pipe überlaufen lassen), wird der Prozess erst einmal schlafen gelegt. Genauer gesagt: Er wird in der Prioritätenliste etwas herabgestuft, und es wird später noch einmal geschaut, ob die Pipe immer noch voll ist. Nur das Eintreffen eines Signals kann dieses Warten unterbrechen (sofern der Systemcall dies erlaubt). Im oben genannten Beispiel würde `write()` umgehend `-1` zurückgeben, und `errno` würde auf `EINTR` gesetzt.

Sie können einen Prozess aber auch anhalten, indem Sie ihm das Signal `STOP` schicken. Ein ähnlich lautendes Signal, `TSTP`, wird den Vordergrundprozessen geschickt – was meist die Shell und das aktuelle Kommando sind –, wenn die Tastenkombination zum Anhalten gedrückt wird, in der Regel [Strg]+[Z]. In diesem Falle sendet die Shell `STOP` an den aktuellen Prozess. Mit dem Signal `CONT` können Sie einen Prozess weiterlaufen lassen. Der Unterschied zum angehaltenen Prozess im Gegensatz zum schlafenden ist der, dass der angehaltene Prozess den Status so lange beibehält, bis ein anderer Prozess diesen Status aufhebt.

Ein *Zombie* (in der Tat heißt dies unter Linux so) ist ein Prozess, der sich längst beendet hat bzw. beendet wurde, aber noch nicht aus der Prozesstabelle ausgetragen worden ist (das muss nämlich der Elternprozess machen). Zombieprozesse verbrauchen keine Rechenleistung oder sonstigen Speicher, sondern sind nur noch als Tabelleneintrag vorhanden. Darauf werden wir in diesem Buch noch näher eingehen. Vereinfacht ausgedrückt: Sie brauchen für jeden Prozess, den Sie verwalten wollen, seine `PID`. Wenn Sie dabei vergessen, `wait()` oder `waitpid()` (später erklärt) aufzurufen, könnten Sie sich wundern, warum irgendwann (bei einem langlebigeren Programm) keine `PID`s mehr frei sind.

7.2.5 Prozessprioritäten

Damit jeder Prozess einmal an die Reihe kommt und CPU-Zeit zur Verfügung gestellt bekommt, ist wie gesagt eine Steuerung nötig. Für die Steuerung aller Prozesse ist der Scheduling-Algorithmus zuständig. Unter Linux wird hierzu ein prioritätsgesteuerter Algorithmus verwendet. Dabei bekommt derjenige Prozess die CPU als Nächstes zugesprochen, der zurzeit die höchste Priorität besitzt. Ruft z. B. ein Prozess eine Systemfunktion auf, so hat dieser Prozess eine höhere Priorität als alle anderen Prozesse, die keine Systemfunktion aufrufen. Der Trick ist nun, dass sich Prioritäten über die Zeit ändern können. Wenn z. B. ein Prozess schon sehr lange läuft, bekommt er auch eine immer niedrigere Priorität. Natürlich führt immer der Kernel den Scheduler-Algorithmus aus, niemals ein Programm. Der Kernel ist also praktisch als Raststätte zu sehen: Man kommt rein, bleibt aber nicht für immer (man nimmt beispielsweise nur sein Mahl ein, tankt vielleicht noch voll und fährt dann wieder weiter). Und dies ist auch gut so, denn würden alle Autofahrer unendlich lange in der Raststätte sitzen, würden sie niemals an ihr Ziel gelangen.

Da also normale Prozesse immer wieder zwischen User- und Kernelspace hin und her wechseln, gibt es keine normalen Prozesse. Die einzige Ausnahme sind die Kernel-Threads (wie z. B. der Auslagerungsdämon *kswapd*). Linux kennt nun zwei Prioritätsklassen, nämlich die Systemprozesse, auf die Sie aber keinerlei Einfluss haben, und die Timesharing-Prozesse (das sind die normalen Threads, die Sie auch per Hand anlegen können). Mittlerweile gibt es eine dritte Prioritätsklasse, nämlich die Echtzeitprozesse (*real-time processes*). Diese werden in besonders zeitkritischen Programmen eingesetzt, etwa in 3D-Engines von Spielen.

7.2.6 Timesharing-Prozesse

Alle gewöhnlichen Prozesse sind somit Timesharing-Prozesse. Beim *Timesharing* wird versucht, die CPU-Zeit möglichst gleichmäßig auf alle anderen Prozesse unter Beachtung der Priorität zu verteilen. Damit es keine Ungerechtigkeiten gibt, wird die Priorität der Prozesse nach einer gewissen Zeit neu berechnet. Beeinflussen können Sie die Scheduling-Priorität mit dem Kommando `nice` oder `renice`. Wenn Sie z. B. die Prozesse mit `ps -l` auflisten lassen, finden Sie in der anschließenden Auflistung in der Konsole einen Wert `NI` (*nice*). Diesen Wert können Sie mit einer Priorität belegen. `-20` bedeutet die höchste und `+19` die niedrigste Priorität. Wollen Sie z. B. dem Prozess `ein_prozess`, der die `PID` 1234 besitzt, eine tiefere Priorität geben, können Sie wie folgt vorgehen:

```
$ renice +10 1234
1234: Alte Priorität: 0, neue Priorität: 10
```

Um dem Prozess eine höhere Priorität zuzuweisen (egal, ob man ihn vorher heruntergesetzt hat), brauchen Sie Superuser-Rechte. Sie können sich auch selbst degradieren, aber nicht wieder »aufsteigen«. Dazu fehlt dem Linux-Kernel ein Feld in der Prozesstabelle, dass es erlauben würde, wieder bis zur Originalpriorität zu gelangen. Inwiefern ein solches Feld sinnvoll ist, ist fraglich, denn ein Prozess, der seine Priorität selbst wieder erhöhen will, kann sich dann auch einen »Vorteil gegenüber allen anderen« verschaffen.

Zwar sind die beiden Kommandos `nice` und `renice` noch Relikte aus Zeiten, wo es noch keine CPUs im GHz-Bereich gab. Aber dennoch haben diese Kommandos ihre Daseinsberechtigung, wenn z. B. der Superuser nachträglich manuell bestimmten Prozessen mehr Rechenzeit zuteilen will oder wenn ein Prozess etwas schneller fertig sein soll (z. B. ein Update, das gerade den Rechner ausbremst).

Die Scheduling-Priorität in einer Anwendung setzen bzw. abfragen mit setpriority() und getpriority()

Wollen Sie die Scheduling-Priorität eines Prozesses in einer Prozessgruppe abfragen bzw. setzen oder einen Benutzer mit Ihrer eigenen Anwendung abfragen, stehen Ihnen die folgenden zwei Systemcalls zur Verfügung:

```
#include <sys/time.h>
#include <sys/resource.h>

int getpriority(int which, int who)
int setpriority(int which, int who, int prio)
```

Mit `setpriority()` können Sie ähnlich wie mit dem Systemkommando `nice` die Priorität eines Prozesses verändern. Natürlich sollte an dieser Stelle klar sein, dass das Heraufsetzen der Priorität weiterhin dem Superuser überlassen bleibt. Aber Achtung: Das Systemkommando `nice`, also */usr/bin/nice*, setzt den Nice-Wert auf den angegebenen Wert, während der Syscall `nice(2)` den Nice-Wert um einen bestimmten Wert erhöht. Als normaler User können Sie lediglich die Priorität heruntersetzen oder mittels `getpriority()` erfragen. Es gibt zwei Parameter, nämlich `who` und `which`, wobei `who` angibt, wie `which` interpretiert werden soll. Dabei stehen Ihnen folgende Makros zur Verfügung:

- `PRIO_PROCESS` – `who` ist eine `PID`.
- `PRIO_PGRP` – `who` ist eine Prozessgruppe.
- `PRIO_USER` – `who` ist eine `UID`.

Zum Setzen der Priorität mithilfe des dritten Argumentes von `setpriority()` wird ein Wert zwischen `-20` und `20` erwartet, der dann zu dem aktuellen Nice-Wert addiert wird. Auch hier gilt, dass Sie mit einem negativen Wert (bspw. `-10`) die Priorität erhöhen und sie mit einem positiven verringern (wie schon bei `nice`). Beide Funktionen geben bei Erfolg `0` zurück, ansonsten wird bei einem Fehler `-1` zurückgegeben – wobei Sie in diesem Fall `errno` überprüfen sollten. Falls Sie z. B. nicht berechtigt sind, den Nice-Wert zu verändern, wird `EACCES` zurückgegeben.

Nun folgt ein einfaches Beispiel, das zunächst die Priorität mittels `getpriority()` überprüft und sie dann mit `setpriority()` um 10 verringert. Anschließend wird die Priorität nochmals überprüft und versucht, diese um den Wert 10 zu erhöhen, was gewöhnlich nur dem Superuser gestattet ist.

```
/* priority.c */
#include <unistd. h.>
#include <stdio.h>
#include <stdlib.h>
#include <sys/time.h>
```

```
#include <sys/resource.h>

int main (void) {
    printf("Priorität: %d\n",
        getpriority(PRIO_PROCESS, getpid()));

    printf("Priorität um 10 reduzieren\n");
    if (setpriority (PRIO_PROCESS, getpid (), 10) == -1) {
         perror ("Fehler bei setpriority()");
         exit (EXIT_FAILURE);
    }
    printf("Priorität: %d\n",
         getpriority(PRIO_PROCESS, getpid()));

     printf("Priorität um 10 erhöhen (root-only)\n");
     if (setpriority (PRIO_PROCESS, getpid (), -10) == -1) {
         perror ("Fehler bei setpriority()");
         exit (EXIT_FAILURE);
    }
    printf("Priorität: %d\n",
         getpriority(PRIO_PROCESS, getpid()));
    return EXIT_SUCCESS;
}
```

Listing 7.1 Zeigt, wie Sie die Priorität von laufenden Prozessen ändern können.

Das Programm gibt bei der Ausführung Folgendes in der Konsole aus:

```
$ gcc priorty.c -o priority
$ ./priority
Priorität: 0
Priorität um 10 reduzieren
Priorität: 10
Priorität um 10 erhöhen (root-only)
Fehler bei setpriority(): Permission denied
$ su
Password: ********
# ./priority
Priorität: 0
Priorität um 10 reduzieren
Priorität: 10
Priorität um 10 erhöhen (root-only)
Priorität: -10
```

Prozess-Warteschleifen erstellen mit sched_yield()

Sollten Sie in Ihrer Anwendung Schleifen benötigen, die auf ein bestimmtes Ereignis warten (sogenannte *Event Loops*), empfiehlt es sich, diese mithilfe von Signalen zu realisieren (viel mehr dazu gibt es im nächsten Kapitel). Wie der Name schon andeutet, werden solche Warteschleifen verwendet, um zu warten, bis ein bestimmtes Ereignis eintritt. Ein einfaches Beispiel (ohne jede weitere Funktionalität) stellt das nächste Listing dar:

```
/* eventloop_1.c */
#include <stdio.h>
#include <stdlib.h>
static int event_loop(void) { // Die Warteschleifen-Funktion muss static sein.
    int ereignis = 0;
    /* eine Ereignisschleife */
    if( ereignis )
        return 1;
    else
        return 0;
}

int main(void) {
    int loop = 0;
    while( !loop )
        loop = event_loop();
    return EXIT_SUCCESS;
}
```

Listing 7.2 Demonstriert sogenannte Event Loops.

Wenn Sie das Beispiel ausführen, wird *gepollt*. Dies bedeutet nichts anderes, als ein Ereignis immer wieder daraufhin zu prüfen, ob es eingetreten ist – sprich: Es wird sinnlos Rechenzeit für Ihr Programm geopfert, das eigentlich nichts tut, außer eben auf ein Ereignis zu warten. Wenn sonst »nichts los ist« auf Ihrer Datenautobahn, ist dies auch okay, denn dann kann kein »Stau« auftreten. Wenn aber »viel los ist«, könnten in dieser Zeit vielleicht andere Prozesse wichtigere Aufgaben erledigen, damit eben nicht irgendwann »die Straße dicht« ist.

In solch einem Fall, in dem eben »viel Verkehr« ist, können Sie, wie eben schon erwähnt, Signale oder auch die Funktion `sched_yield()`verwenden, die folgende Syntax besitzt:

```
#include <sched. h.>

int sched_yield(void);
```

In eine Polling-Warteschleife integriert, sorgt diese Funktion dafür, dass die Ausführung der Anwendung unterbrochen und der dazugehörige Prozess an das Ende der Liste der Prozessliste verschoben wird. Der Rückgabewert ist bei Erfolg 0, ansonsten (bei einem Fehler) -1. Ist der aktuelle Prozess der einzige laufende Prozess oder aber der Prozess mit der aktuell höchsten Priorität in der Prozessliste, wird Ihre Warteschleife gleich unmittelbar nach dem Aufruf von sched_yield() weiter ausgeführt. Ansonsten hängt das Verschieben an das Ende der Prioritätenliste davon ab, mit welcher Priorität die anderen Prozesse in der Prozessliste gerade laufen. Ob das Scheduling mit sched_yield() überhaupt zur Verfügung steht (was unter Linux stets der Fall ist), können Sie überprüfen, indem Sie abfragen, ob die Konstante _POSIX_PRIORITY_SCHEDULING in der Headerdatei *unistd.h* definiert ist. Das nächste Beispiel demonstriert Ihnen dieses Vorgehen.

```
/* eventloop_2.c */
#include <stdio.h>
#include <stdlib.h>
#include <unistd. h.>
#include <sched. h.>
#ifndef _POSIX_PRIORITY_SCHEDULING
    #error "sched_yield() ist hier nicht vorhanden"
#endif

static int event_loop(void) { // Die Warteschleifen-Funktion muss static sein.
    int ereignis = 0;
    /* eine Ereignisschleife */
    if( ereignis )
        return 1;
    else
        return 0;
}

int main() {
    int loop = 0;
    while( !loop ) {
       loop = event_loop();
       sched_yield();
    }
    return EXIT_SUCCESS;
}
```

Listing 7.3 Demonstriert, wie Sie mit shed_yield() Ereignis-Warteschleifen optimieren können.

[«]

Hinweis zu shed_yield()

Ab Kernel-Version 2.6.x hat sich das Verhalten von `sched_yield()` erstmalig erheblich verändert. Das bedeutet nichts anderes, als dass bei einem Multitasking-Betriebssystem (dies gilt nicht nur für Linux, sondern auch für Windows) der Scheduler stetiger Überarbeitung bedarf, um auch auf modernen Prozessoren noch optimal zu laufen. Auch wenn manche Programmierer diese Tatsache als Fluch des modernen Multitasking-Zeitalters betrachten, kommen Sie trotzdem nicht darum herum, sich zumindest am Rande mit Scheduling zu befassen. Es kann natürlich sein, dass Sie das Thema Scheduling brennend interessiert. Wollen Sie noch tiefer ins Detail einsteigen, sollten Sie sich aber separate Literatur zum Linux-Kernel beschaffen, denn dieses Buch kann das Thema Scheduling nicht vollständig abdecken.

7.2.7 Prozessauslagerung auf die Festplatte durch Swapping

Reicht der echte Hauptspeicher nicht mehr für einen neuen Prozess aus, muss ein anderer Prozess zuerst in einem sogenannten *Swap-Bereich* ausgelagert werden. Als Swap-Bereich werden externe Medien, wie z. B. Festplatten, als ein langsamer RAM zum Hin- und Herschaufeln von Daten verwendet, die zumindest temporär nicht mehr in den Speicher passen. Für das Auslagern der Prozesse ist unter Linux der Dämon *kswapd* verantwortlich. Natürlich sorgt auch hierbei wieder ein spezieller Algorithmus dafür, dass dieses Swapping nicht wild und planlos ausgeführt wird, auch wenn die Festplatte des Anwenders mal wieder ausgelastet ist (ein Hauptkritikpunkt, der oft gegen das Verwenden einer sogenannten *Swap-Partition* spricht).

Außerdem wird oft nicht das ganze Programm in den Hauptspeicher gelegt, sondern nur ein Teil. Zu diesem Zweck wird das Programm in kleine Stücke, sogenannte *Pages* (also Speicherseiten), zerlegt. Es befinden sich in der Regel immer nur die Pages im Hauptspeicher, mit denen auch wirklich gearbeitet wird. Muss wegen Speicherknappheit RAM ausgelagert werden, so werden also nur einzelne Pages ausgelagert. Beim Einlagern von Pages werden auch wieder nicht alle ausgelagerten Seiten eingelesen, sondern nur die, die im Augenblick benötigt werden. Man spricht dabei vom *Demand Paging* (Einlagerung von Seiten auf Anfrage). Der Bereich, in den Pages ausgelagert werden, wird als *Paging-Bereich* (*Paging Area*) bezeichnet. Damit ist die maximale Programmgröße vom virtuellen Adressraum des Rechners und des Kernels abhängig. Der virtuelle Adressraum erstreckt sich beim x86 bekanntlich auf 4 GB, bei 64-Bit-CPUs bis auf 16 EB.

Im der Version Kernel 2.4 gab es übrigens noch eine Option, mit der Sie festlegen konnten, wie viel vom 4-GB-Adressraum dem User- und Kernelspace zustand – meist war es ein 3-GB-/1-GB-Split, der die maximale Prozessgröße bestimmte. In dem Kernel ab der Version 2.6 ist diese Option jedoch nicht mehr wählbar. Deshalb werden wir auch auf diese Funktion (wegen Veraltung) nicht mehr eingehen.

7.2.8 Steuerterminal

Den meisten Prozessen ist außerdem ein Steuerterminal zugeordnet. Prozesse, denen kein Steuerterminal (CTTY) zugeordnet ist, sind in der Regel Dämonprozesse oder verloren gegangene Prozesse. Wer z. B. ein Perl-Skript startet und das `xterm` dazu beendet, kann u. U. (muss nicht immer sein) erreichen, dass Perl ohne CTTY weiterläuft. Wird z. B. ein Prozess aus einer Shell gestartet, so wird das Terminal der Shell in der Regel auch das Steuerterminal.

7.3 Prozesse überwachen mit ps, top und kpm

Das Kommando `ps` liefert Ihnen Informationen über den Status von aktiven Prozessen und ist eines der wichtigsten Tools für den Systemadministrator. Mit `ps` lassen sich die aktuelle PID, die UID, der Steuerterminal, der Speicherbedarf eines Prozesses, die CPU-Zeit, der aktuelle Status des Prozesses und noch eine Menge mehr anzeigen. Das Kommando ist leider über die vielen Jahre hinweg etwas unübersichtlich geworden und besitzt unüberschaubar viele Optionen, wobei einige ohne ein führendes Minuszeichen, andere mit dem führenden Minuszeichen und wiederum weitere Optionen mit zwei führenden Minuszeichen aufgerufen werden. Da wir Ihnen hier keine vollständige Kommandoreferenz liefern können, seien Ihnen für die einzelnen Optionen die Manual Pages von `ps` ans Herz gelegt. Das Kommando `ps` ist die Abkürzung von *print process status*. Die Bedeutungen der Ausgabe von `ps` sollen nun kurz erklärt werden. Im nächsten Beispiel wird die Option `-lf` verwendet, womit Sie eine vollständige und ausführliche Informationsliste über gerade laufende Prozesse erhalten. Mit `ps x` werden die Prozesse angezeigt, die kein Steuerterminal haben.

[»]

Hinweis: »Echte« Terminals

In Wirklichkeit gibt es keine »echten«, d. h. Retroterminals, mehr, ein Terminal ist mittlerweile eigentlich nur noch eine Bezeichnung für ein spezielles Ein-/Ausgabegerät. Selbst ein Telefon oder Modem ist also mittlerweile ein Terminal mit Ein- und Ausgabefunktionen (Sprechen/Hören/Verbinden).

Machen wir nun weiter mit unserem Beispiel. Geben Sie dafür das folgende `ps`-Kommando ein:

```
$ ps x -lf
F S UID   PID   PPID C PRI NI ADDR SZ WCHAN  STIME TTY    TIME CMD
...
```

Sie erhalten danach eine ganze Reihe von Informationen zu den laufenden Prozessen. Einige der hier ausgegebenen Spalten mit den Überschriften und ihre Bedeutung können Sie Tabelle 7.2 entnehmen.

Zeichen	Bedeutung
S oder auch STAT	Prozesszustand: ▶ S – *sleeping* (Prozess schläft) ▶ D – Prozess ist in einem ununterbrechbaren Schlaf. ▶ I – *idle* (Prozess wird gerade erzeugt) ▶ L – *locked* (eine Seite im Hauptspeicher wurde gesperrt) ▶ O – Prozess, der gerade die CPU beansprucht ▶ R – *running* (Prozess wartet auf den Prozessor) ▶ Z – Zombie (Prozess wurde beendet, aber Elternprozess hat noch nicht aufgeräumt) ▶ X – Prozess wartet auf freien Speicher. ▶ T – unterbrochen (gestoppt) ▶ W – Prozess ist ausgelagert.
UID	UID des Prozessbesitzers (mit der Option -f wird der Name angegeben)
PID	Prozessnummer
PRI	Priorität (große Nummer = kleinerer Nice-Wert)
NI	nice-Wert
SZ bzw. VSZ	virtuelle Prozessgröße in Seiten (KB, auf Pages aufgerundet)
ADDR	Speicheradresse des Prozesses
WCHAN	Funktion im Kernelspace, in der der Prozess sich gerade befindet. Ist der Prozess im Userspace, ist dieses Feld leer.
STIME	wann der Prozess gestartet wurde, in *HH:MM:SS*
TIME	wie lange der Prozess bereits die CPU benötigt (*MM:SS*), wobei die Minuten/Sekunden der Zeit entsprechen, die der Prozess gebraucht hätte, hätte er die CPU die ganze Zeit mit 100 % beansprucht
TTY	Steht bei TTY ein ?, ist kein Steuerterminal mit dem Prozess assoziiert. In den meisten Fällen handelt es sich dabei um einen Dämonprozess.
CMD	Kommandoname des Prozesses

Tabelle 7.2 Bedeutung einiger Spalten bei der Ausgabe mit ps

Weitere gängige Überschriften und ihre Bedeutung (z. B. mit ps aux) sind:

Zeichen	Bedeutung
USER	Prozesseigentümer
%CPU	CPU-Belastung (Decaying Average-Modell) des Prozesses in Prozent
%MEM	Speicherbelastung des Prozesses in Prozent des physischen Speichers
VSZ	virtuelle Prozessgröße in KB
RSS	Anzahl von KB-Pages im Speicher (physischer RAM, nicht Swap)

Tabelle 7.3 Weitere Bedeutungen der Ausgabe von ps

Das %CPU-Feld mag nicht immer genau stimmen. Das liegt an dem mathematischen Algorithmus, der hier angewandt wird. Wie schon dessen Name *Decaying Average* sagt, ist der CPU-Wert ein Durchschnitt über die Zeit. top zeigt dagegen die Prozentwerte so an, wie man es erwartet, also mit einem genaueren Algorithmus (auf die letzten drei Sekunden genau).

Wie schon bereits zu Beginn erwähnt, ist das Kommando ps mittlerweile ein ziemlicher Dschungel geworden, so dass es sinnvoll sein kann, sich intensiver mit diesem Kommando auseinanderzusetzen (also die Manpages zu studieren).

Da ps nur den momentanen Prozesszustand ausgibt, lässt sich eigentlich schwer sagen, was genau gerade passiert. Wollen Sie die Prozesse besser und dauerhaft überwachen, dann ist das Kommando top hierfür besser geeignet. Gewöhnlich aktualisiert top alle drei Sekunden die Anzeige und benötigt somit auch relativ wenige Systemressourcen. Außerdem können Sie mit diesem Überwachungsprogramm Signale senden und auch die Kommandos nice und renice ausführen. Hilfe können Sie auch in einfacher Weise erhalten: Drücken Sie einfach während der Ausführung von top [h] für mehr Informationen.

Natürlich stehen Ihnen auch komfortablere Programme zur Prozessüberwachung mit einer grafischen Oberfläche zur Verfügung. Bei GNOME wäre dies z. B. *gtop* und bei KDE *ktop* und *ksysguard*. Die grafischen Frontends sind natürlich wesentlich einfacher zu bedienen und bieten auch weit mehr Komfort. Damit lassen sich z. B. eingefrorene Prozesse mit einem Mausklick *killen* (in der Tat ist dies die gängige Bezeichnung dafür, Programme zu beenden, die in einen Deadlock geraten – also Zombies geworden sind). Sofern solche Zombieprozesse *top* oder ihren grafischen Brüdern noch ein bisschen Prozessorzeit überlassen, dürften Sie auch stets Erfolg als Zombiejäger haben.

[»]

Hinweis für grafische Oberflächen

Da das X-Windows-System einiges an Ressourcen verwendet, ist man natürlich mit *top* im textgebundenen Terminal wesentlich schneller unterwegs. Wenn natürlich Ihr Desktop einfriert, weil sich im Laufe der Zeit zu viele Zombies angesammelt haben, dann haben Sie eigentlich nur noch die Alternative, den Stecker herauszuziehen.

7.4 Der Lebenszyklus eines Prozesses

Wenn Sie die vergangenen Seiten mit einer etwas lockereren Haltung gelesen haben, dann sollten Sie jetzt wieder etwas aufmerksamer weiterlesen. Es folgt zwar noch ein wenig Theorie (und diese muss sein), diese Theorie fällt nun allerdings jetzt mehr in den Bereich Systemprogrammierung als in den der Administration. Es geht nämlich nun um das Erzeugen neuer Prozesse im C-Programm.

Um einen neuen Prozess zu erzeugen, können Sie mehrere Wege gehen. Sie können z. B. einen *Thread* anlegen, einen leichtgewichtigen Unterprozess, der eine ganz bestimmte Funktion im Hintergrund parallel zum Hauptprogramm ausführt. Dies können Sie etwa durch die Funktion `pthread_create()` aus der Include-Datei *pthread.h* erreichen, die folgende Syntax hat:

```
int err=pthread_create(pthread_t *PT, NULL, void *Func, NULL);
```

`PT` ist ein Zeiger auf eine Strukturvariable vom Typ `pthread_t` und speichert wichtige Informationen zu dem erzeugten Prozess. `Func` ist ein Zeiger vom Typ `void*` auf die im Hintergrund auszuführende Funktion (diese muss auch im Programm definiert sein). Die restlichen Parameter sind meist `NULL`, Sie können aber auch Varianten von `pthread_create()` benutzen, die weitere Steuerungsmöglichkeiten für Ihre Threads enthalten (ein Blick auf `man pthread` lohnt sich also). `pthread_create()` gibt stets die `PID` des neu erzeugten Threads zurück oder aber `-1`, wenn ein Fehler aufgetreten ist.

Wir haben uns jedoch dafür entschieden, Threads in einem separaten Kapitel abzuhandeln, und an dieser Stelle für die folgenden Beispiele erst einmal den Systemaufruf `fork()` verwendet. Der Syscall `fork()` kann auch einen neuen Prozess anlegen. Dieser neu erzeugte Prozess ist aber stets eine exakte Kopie des Aufrufers. Er enthält also dieselben Daten, offene Dateien, Schreib-/Lesezeiger und denselben Codebereich der CPU sowie dieselbe Priorität. Der Prozess, der einen neuen erzeugt (mittels `fork()`), wird *Elternprozess* genannt. Der neu erzeugte Prozess (die Kopie des Elternprozesses) wird hier als *Kindprozess* bezeichnet. Wenn Sie sich an dieser Stelle an Bäume mit Kind- und Elternknoten erinnert fühlen, dann haben Sie gar nicht so Unrecht: Prozesse können in der Tat eine baumartige Hierarchiestruktur aufweisen.

Der neu erzeugte Kindprozess liefert nun dem Elternteil bei Erfolg seine eigene Prozessnummer (also die `PID`) an `fork()` zurück. Der Kindprozess hingegen bekommt den Wert `0` von `fork()` zurückgegeben. Nachdem dies geschehen ist, laufen beide Prozesse unabhängig voneinander weiter.

Soll stattdessen ein nicht identischer neuer Prozess gestartet werden, können Sie nach der Erzeugung dieses Prozesses im Kindprozess einen exec-Systemaufruf machen. Bei einem exec-Aufruf werden die einzelnen Segmente des aufrufenden Prozesses durch die des neuen Prozesses ersetzt. Der überlagerte neue Prozess behält allerdings die PID des aufrufenden Prozesses und alle Filedeskriptoren, bei denen nicht das *close-on-exec*-Flag gesetzt wurde (siehe Kapitel 2). Dieses Verfahren, aus einer Anwendung heraus eine andere Anwendung zu starten, wird sehr häufig verwendet, z. B. von Desktop-Umgebungen. Es gibt mehrere Formen der exec-Familie, die sich aber nur geringfügig voneinander unterscheiden. Die wohl bekannteste Funktion ist system(), mit der man Shell-Kommandos auch im Hintergrund ausführen kann.

Beim Starten des Systems werden natürlich immer vom Kernel selbst einige Prozesse erzeugt. Der wichtigste davon ist *init* (mit der PID 1), der Ursprung aller Prozesse. *init* ist verantwortlich für die Ausführung von Startup-Skripten. Alle anderen, nicht vom Kernel erzeugten Prozesse sind Kindprozesse von *init*. Einen Überblick über die Prozesshierarchie können Sie sich mit dem Kommando pstree oder einem der vielen grafischen Frontends verschaffen:

```
$ pstree -p | less
init(1)-+-atd(632)
        |-bdflush(5)
        |-cardmgr(1201)
        |-cron(1540)
        |-kalarmd(1967)
        |-kdeinit(1882)-+-artsd(1906)
        |               |-kdeinit(1914)
        |               |-kdeinit(1942)-+-bash(1949)
        |               |               `-bash(1951)---pstree(2586)
        |               |-kdeinit(1947)
        |               |-kdeinit(1959)
        |               |-kdeinit(2246)
...
```

init spielt eine große Rolle in der Prozessverwaltung. Ein Prozess, der sich freiwillig beendet, benutzt z. B. die Funktion exit(). Ein Prozess, der nicht freiwillig beendet wird, z. B. durch ein Signal, ruft zuerst den Sighandler (sofern nicht ein anderer eingerichtet wurde) auf. Dies kann beispielsweise geschehen, wenn Sie auf einen Speicherbereich zugreifen, für den Sie kein Zugriffsrecht haben. In diesem Fall gibt der Signalhandler »segmentation fault« aus, bevor er den Prozess abbricht, der den Fehler ausgelöst hat.

Wird dagegen der Elternprozess vor dem Kindprozess beendet, so übernimmt *init* sozusagen die Patenschaft für das Waisenkind. Beendet sich der Kindprozess (bzw. wird von außen beendet), so werden alle Ressourcen, wie z. B. noch offene Dateien oder belegter Speicher, freigegeben. Die weitere Beendigung des Prozesses wird danach wieder in die Hand des Elternteils gegeben, was auch durchaus *init* selbst sein kann. An den Elternprozess wird das Signal SIGCHLD gesendet, das signalisiert, dass der Kindprozess beendet wurde. Dies allein trägt jedoch den beendeten Prozess noch nicht aus der Tabelle aus, dafür muss der Elternprozess anschließend noch die Funktion wait() aufrufen. Wird der Elternprozess partout nicht über den Verbleib seines Kindes in Kenntnis gesetzt (es wurde z. B. vergessen, wait() aufzurufen) und beendet er sich, wird der Kindprozess als Zombie bezeichnet.

Neben den Zombies gibt es noch Dämonen. Als *Dämonen* werden sämtliche im Hintergrund laufenden Prozesse bezeichnet, die natürlich auch wichtige Aufgaben ausführen können. Im Endeffekt gab es diese Prozesse schon unter DOS, diese wurden nur anders bezeichnet (nämlich als TSR-(*terminate and stay resident*-)Programme). Auch Linux unterstützt solche TSR-Programme, nur haben sich die Linux-Freaks mal wieder einige komische Begriffe ausgedacht. Ein Beispiel für einen Dämon ist der *cron*-Dämon. Der *cron*-Dämon untersucht alle 60 Sekunden, ob in der Zwischenzeit ein prozessbezogenes Ereignis aufgetreten ist. Wenn dies bei einigen Prozessen nicht geschieht, dann werden sie als Zombie betrachtet. In der Liste des ps-Kommandos finden Sie bei einem solchen Prozess den Eintrag <defunct> und im STAT-Feld den Eintrag Z (für *zombie*). Das bedeutet im Klartext, dass der Prozess beendet, jedoch noch nicht aus dem Speicher entfernt wurde.

Natürlich ist dies noch nicht die gesamte Theorie zu den Prozessen. Insbesondere Themen wie die Kommunikation und Synchronisation von Prozessen haben wir noch nicht angesprochen. Dem werden wir uns in einem anderen Kapitel zuwenden (Signale, Kapitel 8, und IPC, Kapitel 9). Da Sie jetzt Kenntnisse zu den Prozessen besitzen, wollen wir nun mit der Praxis beginnen.

7.5 Umgebungsvariablen eines Prozesses

Jeder Prozess besitzt seine eigene Umgebung mit vordefinierten Variablen. Der Speicherbereich, in dem diese Informationen gespeichert werden, wird als *PCB* (*Process Control Block*) bezeichnet. Jeder Prozess hat seinen eigenen PBC mit speziellen Variablen. Diese Variablen werden meistens bei der Anmeldung in der Bash-Shell vorbelegt. Die Bash durchläuft dabei beim Systemstart die Dateien */etc/bash.bashrc*, */etc/bash.bashrc.local* und vielleicht auch noch */etc/profile.d/*, *~/.bash_profile* und *~/.bash_rc* (~ = aktuelles Home-Verzeichnis). Einige dieser Variablen können vom Anwender geändert und den eigenen Bedürfnissen angepasst werden. Auf andere Variablen wiederum können Sie nur lesend zugreifen. Einen Überblick zu den gesetzten Variablen Ihrer aktuellen Umgebung (z. B. der Shell) können Sie sich mit den Kommandos env oder printenv auflisten lassen. In dieser Umgebung steht beschrieben, wo das aktuelle Heimverzeichnis liegt (HOME), der Terminaltyp (TERM), der Suchpfad für Kommandos (PATH), welche Shell verwendet wird (SHELL), der Login-Name des aktuellen Benutzers (LOGNAME) und noch eine Menge mehr. Die Bedeutung der einzelnen Umgebungsvariablen hier aufzuzählen, wäre etwas zu umfangreich und hängt zum Teil auch von der Systemkonfiguration ab. Für mehr Informationen sollten Sie unter `info env` nachblättern.

Wollen Sie sich die Umgebungsvariablen Ihres neu erstellten Prozesses ausgeben lassen, dann können Sie dazu einen Zeiger auf die Umgebungsvariablenliste namens `environ` verwenden. Dabei handelt es sich um eine globale Variable, die genau wie die Argumentenliste `argv` der `main`-Funktion verwendet werden kann. In dieser Liste befinden sich also Strings, die mit `\0` abgeschlossen werden und die die einzelnen Informationen enthalten. Hierzu folgt nun ein Beispiel, das die gesamte Umgebung des eigenen Prozesses (also des gerade laufenden Programmes) ausgibt:

```
/* environ_1.c */
#include <stdio.h>
#include <stdlib.h>
#include <unistd. h.>

/* Wird in keiner (modernen) Headerdatei portabel */
/* definiert, daher manuelle Einbindung.          */
extern char **environ;

int main(void) {
    int i=0;
    while(environ[i]!= NULL) {
        printf("%s\n", environ[i++]);
    }
    return EXIT_SUCCESS;
}
```

Oder alternativ:

```
/* environ_2.c */
#include <stdio.h>
#include <stdlib.h>
#include <unistd. h.>

int main(int argc, char **argv, char **envp) {
    while(*envp != NULL) {
        printf("%s\n", *envp++);
    }
    return EXIT_SUCCESS;
}
```

Listing 7.4 Diese beiden Listings geben die wichtigsten Umgebungsvariablen Ihres Prozesses aus.

Und so kann eine Ausgabe der Umgebungsvariablen aussehen:

```
$ gcc environ_1.c -o environ_1
$ ./environ_1
LESSKEY=/etc/lesskey.bin
NNTPSERVER=news
INFODIR=/usr/local/info:/usr/share/info:/usr/info
MANPATH=/usr/local/man:/usr/share/man:/usr/X11R6/
KDE_MULTIHEAD=false
HOSTNAME=linux
XKEYSYMDB=/usr/X11R6/lib/X11/XKeysymDB
HOST=linux
TERM=xterm
SHELL=/bin/bash
...
```


7.5.1 Einzelne Umgebungsvariablen abfragen

Wollen Sie einzelne Umgebungsvariablen der Liste abfragen, dann können Sie die Funktion getenv() verwenden. getenv() wurde früher recht häufig in der CGI-Programmierung mit C verwendet, allerdings ist GCI inzwischen fast ausgestorben und sollte auch aufgrund von Sicherheitslücken nicht mehr benutzt werden. Die Funktion getenv() selbst wird dagegen noch verwendet und hat die folgende Syntax:

```
#include <stdlib.h>

char *getenv(const char *name);
```

Die Funktion getenv() gibt einen Zeiger auf den zu name gehörenden Wert zurück oder in dem Fall, dass es die Variable mit dem Namen name nicht gibt, NULL. Es folgt hierzu ein Beispiel, das zeigt, wie Sie einzelne Umgebungsvariablen einer Anwendung abfragen können:

```
/* getenv-demo.c */
#include <stdio.h>
#include <stdlib.h>
#define MAX 255

 int main (void) {
    char name[MAX];

    printf("Umgebungsvariable: ");
    scanf("%254s",name);
```

```
    printf("Wert        : %s\n", getenv(name));
    return EXIT_SUCCESS;
}
```

Listing 7.5 Demonstriert die Funktion getenv().

Das Programm bei der Ausführung:

```
$ gcc getenv-demo.c -o getenv-demo
$ ./getenv
Umgebungsvariable: LOGNAME
Wert             : pinguin
$ ./getenv-demo
Umgebungsvariable: HOME
Wert             : /home/pinguin
$ ./getenv-demo
Umgebungsvariable: SHELL
Wert             : /bin/bash
$ ./getenv-demo
Umgebungsvariable: Irgendwas
Wert             : (null)
```

7.5.2 Umgebungsvariablen verändern oder hinzufügen mit putenv() und setenv()

Wollen Sie eine neue Umgebungsvariable für den laufenden Prozess setzen oder eine bereits existierende verändern, können Sie die Funktionen `putenv()` und `setenv()` dazu verwenden. Die Syntax von `putenv()` lautet:

```
#include <stdlib.h>

int putenv( char *name_wert );
```

Mit `putenv()` wird der String `name_wert`, der die Form `name=wert` haben muss, in die Liste der Umgebungsvariablen eingetragen. Ein bereits existierender String `name_wert` wird zuvor noch aus der Liste entfernt und durch den neuen ersetzt. Bei Erfolg gibt diese Funktion `0`, ansonsten einen Fehler-Wert ungleich 0 zurück. Im nächsten Beispiel wird unsere Anwendung aus dem vorigen Beispiel wie folgt erweitert: Eine bereits existierende Umgebungsvariable in der Liste wird durch den neuen Wert ersetzt, und eine neue Umgebungsvariable wird neu in die Liste hinzugefügt.

```
/* putenv-demo.c */
#include <stdio.h>
#include <stdlib.h>
#include <string.h>
```

```
#define MAX 255

int put_env( const char *name, const char *wert) {
    static char buffer[MAX+MAX];
    strcpy( buffer, name );
    strcat( buffer, "=");
    strcat( buffer, wert);
    return putenv( strdup(buffer) );
}

int main(void) {
    char name[MAX], neu_wert[MAX];

    printf("Umgebungsvariable: ");
    scanf("%254s",name);
    printf("Wert             : %s\n", getenv(name));

    printf("Wert ändern/setzen durch : ");
    scanf("%254s",neu_wert);
    if( put_env( name, neu_wert ) != 0 )
        printf("Konnte neuen Wert nicht setzen\n");

    printf("Neuer Wert (%s): %s\n", name, getenv(name));
    return EXIT_SUCCESS;
}
```

Listing 7.6 Demonstriert die Funktion putenv().

Das Programm gibt bei der Ausführung Folgendes aus:

```
$ gcc putenv-demo.c -o putenv-demo
$ ./putenv-demo
Umgebungsvariable: HOME
Wert             : /home/pinguin
Wert ändern/setzen durch : /home/pinguin/test_dir
Neuer Wert (HOME): /home/pinguin/test_dir
$ echo $HOME
/home/pinguin
$ ./putenv-demo
Umgebungsvariable: NEUE_VAR
Wert             : Unbekannt
Wert ändern/setzen durch : mein_wert
Neuer Wert (NEUE_VAR)    : mein_wert
```

Mit der Ausgabe von echo $HOME wurde nur demonstriert, dass sich die Veränderung der aktuellen Umgebungsvariablen allein auf den aktuell laufenden Prozess (und Unterprozesse) bezieht. In diesem Beispiel wäre dies der Prozess putenv-demo. Bei Beendigung und erneutem Starten des Prozesses sind wieder die alten Umgebungsvariablen gesetzt, das heißt die Standardvariablen.

Sicherlich fällt Ihnen in diesem Beispiel die Verwendung von strdup() in der Funktion putenv() auf. Dass dies nötig ist, liegt an der Eigenheit von putenv(), wie das folgende Listing beweist:

```
/* putenv-demo_2.c */
#include <stdio.h>
#include <stdlib.h>

int main (void) {
    char buf[] = "key=value";
    putenv(buf);
    printf("buf=%p, getenv=%p (%s)\n",
        buf, getenv("key"), getenv("key"));
    printf("heap  test: %p\n", malloc(1));
    printf("stack test: %p\n", &buf);
    return EXIT_SUCCESS;
}
```

Listing 7.7 Zeigt eine Eigenheit von putenv() auf.

Das Listing wurde gleich mit mehreren C-Bibliotheken auf verschiedenen Betriebssystemen getestet.

	glibc	msvcrt.dll	btcpp/tiny
buf	0xbfffeff0	0x73fdf0	0xffec
getenv	0xbfffeff4	0x8608d4	0x1c60
heap test	0x804a158	0x8609c0	0x1c6a
stack test	0xbfffeff0	0x73fdf0	0xffec

Tabelle 7.4 Ergebnis von putenv() mit mehreren Bibliotheken

Das letzte Beispiel zeigt, welche Werte sich an welchen Speicheradressen befinden. Hier erkennen Sie eindeutig, dass die GNU *libc* keine eigenständige Kopie der Umgebungsvariablen des laufenden Prozesses macht. Würden Sie also kein strdup() (oder auch eine selbst programmierte Kopieroperation) verwenden, könnte sich Ihr Programm in einer unvorhergesehenen Weise verhalten. Denn putenv() nimmt einfach den übergebenen Variablennamen und fügt ihn in die Liste ein, die es bereits gibt, und macht eben kein Backup. Dieses Verhalten gibt es allerdings bei `setenv()` nicht. Also verwenden Sie am besten folgende alternative Funktionen: `putenv(strdup(puffer))` oder `setenv()`, die folgende Syntax haben:

```
#include <stdlib.h>

int setenv (const char *name,
            const char *wert,
            int schreibschutz);
```


Mit `setenv()` setzen Sie die Umgebungsvariable `name` mit dem `wert`. Ob ein existierender Name überschrieben werden soll, legen Sie mit dem Parameter `schreibschutz` fest. Setzen Sie den Wert auf `1`, wird eine bereits existierende Umgebungsvariable durch die neue ersetzt. Geben Sie `schreibschutz` hingegen den Wert `0`, bleibt die alte Definition in der Liste erhalten. Der Rückgabewert der Funktion ist auch hier bei einem Fehler ungleich 0 und, wenn alles glatt verläuft, `0`. Das folgende Beispiel demonstriert die Funktion `setenv()` im Einsatz:

```
/* setenv-demo.c */
#include <stdio.h>
#include <stdlib.h>
#include <string.h>
#define MAX 255
/* vorhandene Variable nicht überschreiben */
#define PROTECT_ON  0
/* überschreiben ... */
#define PROTECT_OFF 1

int main (void) {
    char name[MAX], neu_wert[MAX];

    printf("Umgebungsvariable: ");
    scanf("%254s",name);
    printf("Wert: %s\n", getenv(name));

    printf("Wert ändern/setzen durch : ");
    scanf("%254s",neu_wert);
    if( setenv( name, neu_wert, PROTECT_OFF ) != 0 )
        printf("Konnte neuen Wert nicht setzen\n");

    printf("Neuer Wert (%s) : %s\n", name, getenv(name));
    return EXIT_SUCCESS;
}
```

Listing 7.8 Demonstriert die Funktion setenv().

7.5.3 Löschen von Umgebungsvariablen mit unsetenv() und clearenv()

Wollen Sie einen Namen aus der Liste der Umgebungsvariablen entfernen, können Sie unsetenv() verwenden. Diese Funktion hat die folgende Syntax:

```
#include <stdlib.h>

void unsetenv( const char *name );
```

Wenn die Variable mit dem Namen name nicht existiert (und deswegen auch nicht gelöscht werden kann), passiert einfach gar nichts, und die Funktion kehrt sozusagen »unerledigt« zurück. Ein Beispiel zu unsetenv() kann das folgende sein:

```
/* unset_env.c */
#include <stdio.h>
#include <stdlib.h>
#include <string.h>
#define MAX 255

int main (void) {
    char name[MAX];

    printf("Umgebungsvariable: ");
    scanf("%254s",name);
    printf("Wert      : %s\n", getenv(name));
    unsetenv(name);
    printf("Neuer Wert (%s) : %s\n", name, getenv(name));
    return EXIT_SUCCESS;
}
```

Listing 7.9 Demonstriert die Funktion unsetenv().

Das Programm bei der Ausführung:

```
$ gcc unset_env.c -o unset_env
$ ./unsetenv
Umgebungsvariable: HOME
Wert              : /home/pinguin
Neuer Wert (HOME): (null)
```

Wollen Sie die komplette Liste mit allen Umgebungsvariablen eines Prozesses löschen, dann ist die Funktion clearenv() dafür gedacht. Nachträglich können Sie später wieder neue Umgebungsvariablen mit den Funktionen putenv() und setenv() eintragen. Die Syntax zu clearenv() lautet:

```
#include <stdlib.h>

int clearenv( void );
```

Bei Erfolg gibt auch diese Funktion `0`, ansonsten bei einem Fehler einen Wert ungleich 0 zurück, wobei fraglich ist, was denn ein möglicher Fehler sein könnte, da die *glibc* in jedem Falle `0` zurückgibt. Die Antwort auf die Frage, ob dies ein Fehler, ein Relikt aus alten Tagen, eine Sicherheitslücke oder aber gewolltes Verhalten ist, konnten wir leider in den einschlägigen Foren nicht finden.

[«]

Hinweis zu fork() und IPC

Früher (und heute zum Teil immer noch) wurden die Umgebungsvariablen zur Interprozesskommunikation zwischen den Prozessen derselben Familie verwendet. Da ein mit `fork()` neu erzeugter Prozess dieselben Umgebungsvariablen von seinem Elternprozess erbt, ist dies ohne weiteres möglich. Sicherer ist es jedoch, wenn Sie sich mit alternativen Methoden der Interprozesskommunikation (IPC) auseinandersetzen, die beispielsweise in den Headerdateien *ipc.h* und *process.h* definiert werden.

7.6 Ressourcenlimits eines Prozesses

Wenn ein Prozess an ein bestimmtes Limit stößt (z. B. seinen zugeteilten Speicher aufbraucht oder sich in einem Deadlock verrennt), wird in der Regel entweder ein Signal gesendet, oder der Systemaufruf, der gerade versucht, ein Limit zu überschreiten, schlägt fehl. Jeder neu erzeugte oder aufgerufene Prozess erbt seine Limits vom Elternprozess. Dieser Mechanismus wird für jeden Prozess bereitgestellt, um auch für jeden Prozesse gezielte Beschränkungen bezüglich ihres Ressourcenverbrauchs definieren zu können. Diese Limits lassen sich natürlich auch gezielt setzen oder verändern. Es werden dabei zwei Arten von Limits unterschieden:

- Soft Limit – aktueller Wert des Ressourcenlimits eines Prozesses
- Hard Limit – maximaler Wert des Ressourcenlimits eines Prozesses

Definiert sind diese beiden Limits in der Struktur `rlimit`, die folgendermaßen aussieht:

```
struct rlimit {
   rlim_t rlim_cur; /* Soft Limit */
   rlim_t rlim_max; /* Hard Limit */
}
```

Ist bei der Abfrage eines Limits die Konstante RLIM_INFINITY definiert, so bedeutet dies, dass kein Limit für diese Ressource festgelegt ist. Wenn Sie nun ein Ressourcenlimit verändern wollen, müssen Sie folgende Regeln beachten:

- Ein Hard Limit kann nur von Prozessen mit Superuser-Rechten hochgesetzt werden, egal, ob das Limit zuvor reduziert wurde oder nicht. Für das Heruntersetzen sind hingegen keine Superuser-Rechte nötig.
- Beim Verändern des Soft Limits muss der neue Wert immer kleiner oder gleich dem des Hard Limits sein.

Ein Ressourcenlimit können Sie mit der Funktion getrlimit() erfragen, verändern können Sie ein Limit mit dem Gegenstück setrlimit(). Die Syntax der beiden Funktionen:

```
#include <sys/resource.h>
#include <sys/time.h>
#include <unistd. h.>

int getrlimit(int ressource, struct rlimit *limit);
int setrlimit(int ressource, const struct rlimit *limit);
```

Beide Funktionen geben bei Erfolg 0, ansonsten (also bei einem Fehler) einen Wert ungleich 0 zurück. Als erstes Argument erwarten diese Funktionen eine entsprechende Ressource, die erfragt bzw. gesetzt werden soll. Das zweite Argument ist ein Zeiger auf die Struktur rlim. Für resource können Sie folgende vordefinierte Konstanten verwenden:

Ressource	Bedeutung	vorhanden in ...
RLIMIT_CPU	CPU-Zeit in Millisekunden. Ist das Limit überschritten, wird das Signal SIGXCPU gesendet.	SVR4 und BSD
RLIMIT_CORE	Größe der Core-Datei in Bytes. 0 bedeutet, dass keine Core-Datei angelegt wird.	SVR4 und BSD
RLIMIT_DATA	Größe des gesamten Datensegments (Datensegment, Stack und Heap) in Bytes	SVR4 und BSD
RLIMIT_FSIZE	Max. Größe einer Datei, die beschrieben werden kann. Beim Überschreiten des Soft Limits wird das Signal SIGXFSZ gesendet.	SVR4 und BSD
RLIMIT_LOCKS	max. Anzahl Sperren, die mit flock() und fcntl() eingerichtet werden können	SVR4, BSD und Linux ab 2.4

Tabelle 7.5 Übersicht der Ressourcenlimits

Ressource	Bedeutung	vorhanden in ...
RLIMIT_MEMLOCK	max. Anzahl der Speicherseiten, die vor einer Auslagerung geschützt werden können	Linux und BSD
RLIMIT_NOFILE	Max. Anzahl von gleichzeitig geöffneten Dateien. Bei BSD ist dies die Konstante RLIMIT_OFILE.	SVR4 (und BSD)
RLIMIT_NPROC	maximale Anzahl von Kindprozessen minus 1 für diesen Prozess	BSD
RLIMIT_RSS	*Maximum Resident Set Size* (RSS = physische Speicherseiten) in KByte. Übersteigt der Prozess dieses Limit, kümmert sich der Kernel darum und nimmt dem Prozess überfälligen Speicher weg.	BSD
RLIMIT_STACK	max. Stackgröße in Bytes	SVR4 und BSD

Tabelle 7.5 Übersicht der Ressourcenlimits (Forts.)

Natürlich gilt auch hier, dass eine Veränderung der Ressourcenlimits nur vom Anfang bis zum Ende der Lebenszeit eines Prozesses gilt. Listing 7.10 demonstriert, wie Sie die aktuellen Ressourcenlimits des aktuell laufenden Prozesses mit `getrlimit()` abfragen können. Da sich `setrlimit()` ähnlich anwenden lässt, sollte es kein Problem für Sie sein, diese Funktion nachträglich als Übung zu implementieren.

```
/* my_limit.c */
#include <stdio.h>
#include <stdlib.h>
#include <sys/time.h>
#include <sys/resource.h>

void limits( int resource ) {
   struct rlimit l;

   if( getrlimit( resource, &l ) < 0 ) {
      printf("keine Angaben\n");
      return;
   }
   printf("Soft Limit: ");
   (l.rlim_cur == RLIM_INFINITY)?
   printf("kein Limit  "):
```

```
    printf("%ld  ",l.rlim_cur);
    printf("Hard Limit: ");
    (l.rlim_max == RLIM_INFINITY)?
    printf("kein Limit\n"):
    printf("%ld  \n",l.rlim_max);
}

int main( void ) {
    unsigned int i;
    const int limit[] = {
        RLIMIT_CPU, RLIMIT_CORE, RLIMIT_DATA, RLIMIT_FSIZE,
        /* RLIMIT_LOCKS,*/ RLIMIT_MEMLOCK,
        RLIMIT_NOFILE, /* bei BSD RLIMIT_OFILE */
        RLIMIT_NPROC, RLIMIT_RSS, RLIMIT_STACK,
    };
    const char *s_limit[] = {
        "RLIMIT_CPU", "RLIMIT_CORE", "RLIMIT_DATA",
        "RLIMIT_FSIZE", /* "RLIMIT_LOCKS",*/ "RLIMIT_MEMLOCK",
        "RLIMIT_NOFILE", /* bei BSD RLIMIT_OFILE */
        "RLIMIT_NPROC", "RLIMIT_RSS", "RLIMIT_STACK",
    };

    for( i = 0; i< sizeof(limit)/sizeof(long); i++) {
        printf("%s = ",s_limit[i]);
        limits( limit[i] );
    }
    return EXIT_SUCCESS;
}
```

Listing 7.10 Demonstriert das Abfragen von Limits des laufenden Prozesses.

Das Programm gibt bei der Ausführung Folgendes aus:

```
$ gcc my_limit.c -o my_limit
$ ./my_limit
RLIMIT_CPU     = Soft Limit: kein Limit  Hard Limit:kein Limit
RLIMIT_CORE    = Soft Limit: kein Limit  Hard Limit:kein Limit
RLIMIT_DATA    = Soft Limit: 536870912   Hard Limit:536870912
RLIMIT_FSIZE   = Soft Limit: kein Limit  Hard Limit:kein Limit
RLIMIT_MEMLOCK= Soft Limit: kein Limit  Hard Limit:kein Limit
RLIMIT_NOFILE  = Soft Limit: 7322        Hard Limit:7322
RLIMIT_NPROC   = Soft Limit: 3661        Hard Limit:3661
RLIMIT_RSS     = Soft Limit: kein Limit  Hard Limit:kein Limit
RLIMIT_STACK   = Soft Limit: 67108864    Hard Limit:67108864
```

Wollen Sie hingegen die Ressourcenbenutzung eines Prozesses abfragen, können Sie sich die Funktion getrusage() ansehen, die ebenfalls in der Headerdatei *sys/resource.h* definiert ist. Die Funktion stammt ursprünglich aus der BSD-Welt und ist unter Linux noch nicht komplett implementiert. Viele Funktionen geben noch 0 zurück. Mehr dazu entnehmen Sie bitte der Manual Page zu getrusage().

7.6.1 Mehr Sicherheit mit Ressourcenlimits

Eine positive Begleiterscheinung der Ressourcenlimits wird Ihnen beim Setzen der Limits gratis mitgeliefert. Zum Beispiel können durch das Limitieren von Filedeskriptoren und der Speichergröße DoS-Attacken (DoS = *Denial of Service*) eingedämmt werden. Ebenso kann es in einigen Fällen hilfreich sein, die Größe der Core-Files auf 0 zu setzen, wodurch eventuelle Freigaben von vertraulichen Informationen verhindert werden können, wie dies vor ein paar Jahren bei einem FTP-Dämon auf Solaris der Fall war. Hier hatte der FTP-Server eine Datei zur Authentifizierung eines Benutzers in den Speicher geladen. Hacker hatten dann den Prozess durch Signale zum Absturz gebracht, und es wurde eine Core-Datei mit u. a. dem Inhalt der geschützten Daten angelegt, die danach mitgelesen werden konnten.

7.7 Prozesserkennung

Zum Ermitteln der eigenen Prozess-ID (PID) oder der ID des Prozesses (Elternprozess), der den Start des neuen Prozesses veranlasst hat, stehen Ihnen die Funktionen getpid() und getppid() zur Verfügung. Wird die reale oder effektive User-ID benötigt, kann dies mit getuid() und geteuid() erfragt werden. Für reale oder effektive Gruppen-IDs sind die Funktionen getgid() und getegid() vorhanden.

```
#include <sys/types.h>
#include <unistd. h.>

pid_t getpid(void);
pid_t getppid(void);
pid_t getuid(void);
pid_t geteuid(void);
pid_t getgid(void);
pid_t getegid(void);
```

Das folgende Beispiel demonstriert Ihnen, wie Sie all diese Prozesskenndaten ausgeben können.

```
/* prozessdaten.c */
#include <stdio.h>
#include <stdlib.h>
```

```
#include <unistd. h.>
#include <sys/types.h>

int main( void ) {
    printf("Ich bin Nummer %d\n", getpid());
    printf("Mein Elternprozess hat die Nummer %d\n",
        getppid());
    printf("Die User-ID effektiv : %d --> real: %d\n",
        geteuid(),getuid());
    printf("Die Group-ID effektiv: %d --> real: %d\n",
        getegid(),getgid());
    return EXIT_SUCCESS;
}
```

Listing 7.11 Zeigt Ihnen, wie Sie die wichtigsten Daten des laufenden Prozesses (pid, ppid, uid) auslesen können.

Das Programm gibt bei der Ausführung z. B. die folgenden Daten aus:

```
$ gcc prozessdaten.c -o prozessdaten
$ ./prozessdaten
Ich bin Nummer 3186
Mein Elternprozess hat die Nummer 1952
Die User-ID effektiv : 500 --> real: 500
Die Group-ID effektiv: 100 --> real: 100
```

Wollen Sie die realen und effektiven User- und Group-IDs verändern, können Sie die folgenden Funktionen verwenden:

```
#include <unistd. h.>
#include <sys/types.h>

int setuid(uid_t uid);
int setgid(gid_t gid);
```

`setuid()` bzw. `setgid()` setzen die effektive User- bzw. Gruppen-ID des aktuellen Prozesses. Wird diese Funktion durch den Superuser aufgerufen, dann werden auch die reale und die gesicherte (*Saved Set-User-ID*) User- bzw. Gruppen-ID gesetzt.

Unter Linux ist `setuid()` bzw. `setgid()` zusätzlich mit der Konstanten `SAVED_IDS` ausgestattet. Dies erlaubt einem Programm, das `setuid()` bzw. `setgid()` benutzt, alle Gruppenprivilegien abzugeben, danach einige nicht privilegierte Arbeiten zu erledigen und dann auf sichere Art und Weise die originale effektive User- bzw. Gruppen-ID zurückzuerhalten.

Wenn es sich um den Superuser oder um ein Programm handelt, bei dem das Set-UID-Bit bzw. das Set-GID-Bit auf *root* gesetzt ist (z. B. durch die Verwendung von sudo), ist besondere Sorgfalt notwendig. Die setuid()- bzw. setgid()-Funktion überprüft die effektive UID bzw. GID des aufrufenden Prozesses, und wenn es die des Superusers ist, werden alle diesen Prozess betreffenden User- bzw. Gruppen-IDs auf uid bzw. gid gesetzt. Nachdem dies geschehen ist, ist es für das Programm unmöglich, wieder Superuser-Privilegien zu erhalten.

Die Funktionen setuid() und setgid() geben bei Erfolg 0, ansonsten (bei einem Fehler) -1 zurück. errno wird in diesem Fall auf einen entsprechenden Wert (meistens EPERM) gesetzt.

7.8 Erzeugung von neuen Prozessen mit fork()

Meistens wird zum Erzeugen eines neuen Prozesses der Systemaufruf fork() verwendet (falls Sie nicht vorhaben, einen Thread anzulegen, der eine bestimmte Funktion im Hintergrund ausführt). Die Funktion fork() hat die folgende Syntax:

```
#include <unistd. h.>
#include <sys/types.h>

pid_t fork(void);
```

fork() liefert bei Erfolg dem Elternprozess die Prozess-ID (PID) des Kindprozesses zurück. Dieser hingegen bekommt die Nummer 0 zurückgeliefert. Um dann seine eigene PID zu erhalten, ist allerdings getpid() nötig. Ein typischer Codeausschnitt der Prozessgenerierung durch fork() sieht häufig so aus:

```
switch( pid=fork() ) {
  case -1:   /* Fehler bei fork() */
     break;
  case  0:   /* Hier befinden Sie sich im Kindprozess.   */
     break;
  default:   /* Hier befinden Sie sich im Elternprozess. */
     break;
}
```

Oder so:

```
if((pid = fork()) < 0) {
    fprintf(stderr, "Fehler ... %s\n", strerror(errno));
}
else if(pid == 0) {
    /* Kindprozess */
}
```

```
else {
    /* Elternprozess */
}
```

Daraus lässt sich erkennen, dass ein Kindprozess nur einen einzigen Elternprozess, aber der Elternprozess mehrere Kindprozesse haben kann. Der neue Kindprozess ist nun eine identische Kopie des Elternprozesses. Beide besitzen u. a. dieselben Daten, denselben Code, dieselben offenen Dateien, dieselbe User-ID und dasselbe /home-Arbeitsverzeichnis.

Nun erkennen Sie wahrscheinlich schon das Problem von fork(): Ihr Programm läuft nach dem Klonen des Prozesses im Kindprozess genauso ab wie im Elternprozess – eine Unterscheidung, um welchen Teil es sich bei dem gerade laufenden Code handelt, kann nur anhand der von fork() zurückgegebenen PID erfolgen. Deshalb benötigen Sie auch stets z. B. das folgende if-Konstrukt:

```
PID=fork();
if (PID==0) {
    ... Code des Kindprozesses ...
}
else {
    ... alternativer Code des Elternprozesses ...
}
```

Der Unterprozess (Kindprozess) sollte an seinem logischen Ende im Code möglichst irgendwo ein exit() ausführen, sonst macht er vielleicht Sachen, die er eigentlich nicht machen sollte. Eine Alternative ist wie schon vorher angedeutet eine Überlagerung der Kindprozesses mit einem exec-Funktionsaufruf. Daher wird häufig im Kernel das *Copy-on-write*-Verfahren angewandt. Das bedeutet, dass erst dann wirklich eine Kopie einer Page der Datensegmente erfolgt, wenn in diese auch hineingeschrieben wird. Dadurch erspart man sich häufig zeitaufwendiges Kopieren, was vor allem bei knappem RAM zum Swapping führen kann (z. B. auf dem Pi 1).

Nicht kopiert wird hingegen das Textsegment, das von beiden Prozessen gleichermaßen benutzt wird. Beide Prozesse arbeiten mit unterschiedlichen Befehlszeigern, aber mit dem gleichen Code. Es folgt nun ein Beispiel, das Sie zunächst verwirren kann. Aber keine Angst: Es wird sich später noch alles restlos aufklären.

```
/* child.c */
#include <unistd. h.>
#include <sys/types.h>
#include <stdio.h>
#include <stdlib.h>
static int global_var = 1;
```

```
int main (void) {
    pid_t pid;
    int lokal_var = 1;

    switch (pid = fork ()) {
        case -1:
            printf ("Fehler bei fork()\n");
            break;
        case 0:
            sleep (1);   /* kurze Pause */
            printf ("--- Im Kindprozess ---\n");
            printf ("global_var = %d Speicheradresse : %p\n",
                global_var, &global_var);
            printf ("lokal_var  = %d Speicheradresse : %p\n",
                lokal_var, &lokal_var);
            ++global_var;
            ++lokal_var;
            printf ("--- Im Kindprozess ---\n");
            printf ("global_var = %d Speicheradresse : %p\n",
                global_var, &global_var);
            printf ("lokal_var  = %d Speicheradresse : %p\n",
                lokal_var, &lokal_var);
            break;
        default:
            printf ("--- Im Elternprozess ---\n");
            printf ("global_var = %d Speicheradresse : %p\n",
                global_var, &global_var);
            printf ("lokal_var  = %d Speicheradresse : %p\n",
                lokal_var, &lokal_var);
            sleep (2);
            printf ("--- Im Elternprozess ---\n");
            printf ("global_var = %d Speicheradresse : %p\n",
                global_var, &global_var);
            printf ("lokal_var  = %d Speicheradresse : %p\n",
                lokal_var, &lokal_var);
            break;
    }
    return EXIT_SUCCESS;
}
```

Listing 7.12 Erzeugt einen neuen Kind-Prozess mit fork().

Das Programm gibt bei der Ausführung Folgendes aus:

```
$ gcc child.c -o child
$ ./child
--- Im Elternprozess (2152) ---
global_var = 1 Speicheradresse : 0x804976c
lokal_var  = 1 Speicheradresse : 0xbffff380
--- Im Kindprozess (2153) ---
global_var = 1 Speicheradresse : 0x804976c
lokal_var  = 1 Speicheradresse : 0xbffff380
--- Im Kindprozess (2153) ---
global_var = 2 Speicheradresse : 0x804976c
lokal_var  = 2 Speicheradresse : 0xbffff380
--- Im Elternprozess (2152) ---
global_var = 1 Speicheradresse : 0x804976c
lokal_var  = 1 Speicheradresse : 0xbffff380
```

Wie Sie bereits erfahren haben, wird beim Erzeugen eines neuen Prozesses eine Kopie erstellt. Somit dürfte Ihnen auch klar sein, dass der neue Kindprozess ein Ebenbild des Elternprozesses ist, was Ihnen auch durch die Ausgabe der Speicheradressen in dem letzten Listing bestätigt wird. Nachdem aber jetzt im Kindprozess die lokale und auch die globale Variable inkrementiert werden, werden Sie sich jetzt sicherlich die Frage stellen, warum dies beim anschließenden Elternprozess nicht der Fall ist. Nein, es handelt sich hierbei nicht um ein Pufferungs- oder Synchronisationsproblem. Wie ist es also möglich, dass trotz derselben Adresse die Werte im Elternprozess unverändert bleiben? Genau hierbei haben viele Anfänger der Linux-Programmierung ein Problem, das aber eigentlich gar keins sein müsste. Sie haben nämlich immer ein Codesegment, ein Datensegment und ein Stacksegment pro Prozess, und `fork()` verwendet nur das gleiche Codesegment für Elternprozess und Kindprozess – Datensegment und Stacksegment werden dupliziert und können dann natürlich auch unabhängig voneinander verändert werden. Und hier liegt dann auch der Hauptunterschied zu einem Thread (also einem Leichtgewichtsprozess), der sich auch die Daten mit dem Hauptprogramm teilen muss.

7.8.1 Pufferung

Ein nicht ganz unbedeutender Seiteneffekt muss nun doch noch angesprochen werden. Verwenden Sie dazu am besten das Beispiel von oben, und leiten Sie die Ausgabe wie folgt in eine Datei um:

```
$./child > out.txt
```

Wenn Sie nun die Datei *out.txt* betrachten, wird Ihnen auffallen, dass die Reihenfolge der Ausgabe nicht mehr der entspricht, die Sie zuvor in der Konsole gesehen haben. Das Problem ist die Pufferung der Daten. Da Sie hier die Ausgabe in eine Datei umleiten, wird aus Performance-Gründen die Vollpufferung verwendet. Wir haben hier aber auch zwei Pufferungen, da ja zwei Prozesse vorhanden sind. Jeder Prozess hat seinen eigenen Puffer. Somit schreiben sowohl Kind- als auch Elternprozess zuerst jeder in seinen eigenen Puffer, bis dieser voll ist oder bis sich der Prozess beendet. Erst dann wird von zwei separaten Puffern ausgehend in die Datei *out.txt* geschrieben. Wollen Sie so etwas vermeiden, können Sie entweder den unbequemen Weg mit der Funktion `write()`, die ja ungepuffert arbeitet, gehen oder den etwas bequemeren mit der Standardfunktion `fflush()`. Ein `fflush(stdout)` leert den Puffer der Ausgabe sofort und schreibt diesen gleich in die entsprechende Datei. Im nächsten Listing sind dies vier Zeilen, die hinzugefügt werden müssen:

7

```
/* child2.c */
#include <unistd. h.>
#include <sys/types.h>
#include <stdio.h>
#include <stdlib.h>

static int global_var = 1;

int main (void) {
    pid_t pid;
    int lokal_var = 1;

    switch (pid = fork ()) {
        case -1:
            printf ("Fehler bei fork()\n");
            break;
        case 0:
            sleep (1);    /* kurze Pause */
            printf ("--- Im Kindprozess (%d) ---\n",getpid());
            printf ("global_var = %d Speicheradresse : %p\n",
                global_var, &global_var);
            printf ("lokal_var  = %d Speicheradresse ; %p\n",
                lokal_var, &lokal_var);
            fflush(stdout);
            ++global_var;
            ++lokal_var;
            printf ("--- Im Kindprozess (%d) ---\n",getpid());
            printf ("global_var = %d Speicheradresse : %p\n",
                global_var, &global_var);

            printf ("lokal_var  = %d Speicheradresse ; %p\n",
                lokal_var, &lokal_var);
```

```
            fflush(stdout);
           break;
        default:
            printf ("--- Im Elternprozess (%d) ---\n",getpid());
            printf ("global_var = %d Speicheradresse : %p\n",
                global_var, &global_var);
            printf ("lokal_var  = %d Speicheradresse ; %p\n",
                lokal_var, &lokal_var);
            fflush(stdout);
            sleep (2);
            printf ("--- Im Elternprozess (%d) ---\n",getpid());
            printf ("global_var = %d Speicheradresse : %p\n",
                global_var, &global_var);
            printf ("lokal_var  = %d Speicheradresse ; %p\n",
                lokal_var, &lokal_var);
            fflush(stdout);
        break;
    }
    return EXIT_SUCCESS;
}
```

Listing 7.13 Dieses Listing ist eine verbesserte Variante von Listing 7.12.

[»]

Hinweis

Auf die Reihenfolge der Konsolenausgaben von Eltern- bzw. Kindprozess haben Sie hier noch keinen Einfluss, abgesehen von der primitiven Methode `sleep()`, die allerdings nicht die Prozesse synchronisiert, sondern nur anhält. Für die Ausgabe der Reihenfolge ist ein bestimmter Algorithmus vorhanden, der hier allerdings nicht von Interesse ist. Wie Sie Prozesse aufeinander abstimmen (synchronisieren) können, erfahren Sie im Kapitel über Interprozesskommunikation (IPC) und die Signale (Kapitel 8).

Natürlich sollte Ihnen auch klar sein, dass die Kopie dem Kindprozess entspricht, wenn der Kindprozess selbst einen weiteren Prozess erzeugt, da ja in diesem Fall der Kindprozess der Elternprozess und der Elternprozess vom Kindprozess der Großelternprozess des neu erzeugten Prozesses vom Kindprozess ist. Auf diese Weise haben Sie bereits drei Generationen von Prozessen erzeugt. Das nächste Beispiel dient zum besseren Verständnis dieses Sachverhalts.

```
/* child3.c */
#include <unistd. h.>
#include <sys/types.h>
#include <stdio.h>
```

```
#include <stdlib.h>

static int global_var = 1;

int main (void) {
   pid_t pid;
   int lokal_var = 1;

   switch (pid = fork ()) {
      case -1:
         printf ("Fehler bei fork()\n");
      break;
      case 0:
         sleep (1);   /* kurze Pause */
         printf ("--- Im Kindprozess (%d) ---\n",getpid());
         printf ("global_var = %d Speicheradresse : %p\n",
            global_var, &global_var);
         printf ("lokal_var  = %d Speicheradresse : %p\n",
            lokal_var, &lokal_var);
         fflush(stdout);
         ++global_var;
         ++lokal_var;
         if(fork() == -1)
            printf("Fehler bei fork() (2)\n");
         else {
            printf ("--- Im (Kind-)Kindprozess(%d) ---\n",
               getpid());
            printf ("global_var = %d Speicheradresse : %p\n",
               global_var, &global_var);
            printf ("lokal_var  = %d Speicheradresse : %p\n",
               lokal_var, &lokal_var);
            break;
         }
      break;
      default:
         printf ("--- Im Elternprozess (%d) ---\n",getpid());
         printf ("global_var = %d Speicheradresse : %p\n",
            global_var, &global_var);
         printf ("lokal_var  = %d Speicheradresse : %p\n",
            lokal_var, &lokal_var);
         fflush(stdout);
      break;
```

```
    }
    return EXIT_SUCCESS;
}
```

Listing 7.14 Erzeugt drei Prozesse mit fork().

Das Beispiel gibt bei der Ausführung z. B. Folgendes aus:

```
$ gcc child3.c -o child3
$ ./child3
--- Im Elternprozess (2512) ---
global_var = 1 Speicheradresse : 0x804982c
lokal_var  = 1 Speicheradresse : 0xbffff380
 --- Im Kindprozess (2513) ---
global_var = 1 Speicheradresse : 0x804982c
lokal_var  = 1 Speicheradresse : 0xbffff380
--- Im (Kind-)Kindprozess (2516) ---
global_var = 2 Speicheradresse : 0x804982c
lokal_var  = 2 Speicheradresse : 0xbffff380
--- Im (Kind-)Kindprozess (2513) ---
global_var = 2 Speicheradresse : 0x804982c
lokal_var  = 2 Speicheradresse : 0xbffff380
```

Nach der Freude, das letzte Beispiel verstanden zu haben, folgt bei der letzten Ausgabe wohl gleich wieder Ernüchterung. Natürlich wollen wir Sie nicht im Regen stehen lassen und auch die letzte Verwirrung auflösen. Auch für das letzte Beispiel gilt wieder: Mit `fork()` erzeugen Sie eine Kopie des aktuellen Prozesses. Und der `fork()`-Aufruf im Kindprozess (hier mit der PID 2513) erzeugt mit dem `fork()`-Aufruf eine Kopie von sich selbst, und diese enthält im Code einen weiteren `fork()`-Aufruf, womit automatisch und logischerweise ein weiterer Prozess gestartet wird. Dies kann bei mehreren `fork()`-Aufrufen hintereinander sehr komplex und unübersichtlich werden. Hierzu ein weiteres Beispiel:

```
/* child4.c */
#include <unistd. h.>
#include <sys/types.h>
#include <stdio.h>
#include <stdlib.h>
#define MAX 4094

int main (void) {
    char log[MAX];
    printf("1.fork()\n");    fflush(stdout);
    fork();
```

```
    printf("2.fork()\n");    fflush(stdout);
    fork();
    printf("3.fork()\n");    fflush(stdout);
    fork();
    sleep(2);
    snprintf(log, MAX, "PID: %d PPID: %d\n",
        getpid(), getppid());
     printf("%s",log);
     fflush(stdout);
     return EXIT_SUCCESS;
}
```

Listing 7.15 Zeigt, wie mehrere fork()-Aufrufe arbeiten, die nacheinander ausgeführt werden.

So sieht nun die Ausgabe in der Konsole aus:

```
$ gcc child4.c -o child4.c
$ ./child4
1.fork()
2.fork()
3.fork()
3.fork()
2.fork()
3.fork()
3.fork()
PID: 2873 PPID: 2866
PID: 2866 PPID: 1958
PID: 2870 PPID: 2867
PID: 2867 PPID: 1
PID: 2872 PPID: 2871
PID: 2871 PPID: 1
PID: 2869 PPID: 2868
PID: 2868 PPID: 1
```

Sie sehen, dass der erste fork()-Aufruf nur einmal, der zweite zweimal und der dritte bereits viermal aufgerufen wird. Im Endeffekt ist dieses nicht gerade intuitive Verhalten von fork() ein weiterer Grund, im Zweifelsfall dann doch Threads zu benutzen. Threads haben zusätzlich den Vorteil, dass sie auch die globalen Variablen des Hauptprogramms mitbenutzen und sogar verändern können. Im Gegensatz zu der landläufigen Meinung, dass dann komplexe Synchronisationsmechanismen angewendet werden müssen, um die Variablen zu schützen, vertreten wir die Meinung, dass das alles nicht so wild ist, sofern man natürlich weiß, was man tut (und das sollte ein Programmierer eh wissen).

7.8.2 Was wird bei fork() vererbt und was nicht?

Wir möchten noch die Gelegenheit wahrnehmen, aufzulisten, was die Kindprozesse alles so von ihren Eltern vererbt bekommen.

Das bekommen die Kinder von ihren Eltern vererbt

Erst einmal sind dies alle offenen Filedeskriptoren. Darauf sollten Sie stets achten – also darauf, ob beide Prozesse (Eltern- und Kindprozess) um den schreibenden Zugriff auf eine Datei konkurrieren. Ferner werden die folgenden Informationen vererbt:

- das Arbeits- und Wurzelverzeichnis der Anwendung, die gerade gestartet wurde
- Dateierstellungsmasken
- Signalmaske und Signalhandler
- `UID`, `EUID`, `GID`, `EGID`, Prozessgruppen-, Session-, Setuser- und Setgroup-ID
- das Steuerterminal (`CTTY`), falls es benutzt wird
- sämtliche Umgebungsvariablen
- sämtliche Ressourcenlimits
- Shared-Memory-Segmente (sofern verwendet)

Folgendes bekommen die Kinder nicht von ihren Eltern vererbt

- die Prozess-ID (`PID`) und Elternprozess-ID (`PPID`)
- die Dateisperren (Lockings)
- alle Zeitschaltuhren-Funktionen, die z. B. mit `alarm()` gesetzt wurden
- alle noch nicht ausgeführten Signale (sogenannte *hängende Signale*)
- Die Laufzeitinformationen `utime`, `stime`, `cutime` und `ustime` werden beim Kindprozess auf `0` gesetzt.

7.8.3 Einen Prozess mit veränderter Priorität erzeugen

Auf das Verändern und Abfragen der Prozesspriorität sind wir bereits ausführlich eingegangen. Wollen Sie nun einen Prozess mit verringerter oder erhöhter CPU-Priorität ausführen, müssen Sie lediglich mit `fork()` einen neuen Kindprozess starten, mit der Funktion `setpriority()` im Elternprozess entsprechende Prioritäten vergeben und diesen mithilfe einer `exec`-Funktion (mehr zu den `exec`-Funktionen folgt in Kürze) überlagern. Beachten Sie allerdings bitte, dass ein Erhöhen der Priorität nur mit Superuser-Rechten möglich ist.

In dem nun folgenden Beispiel wird das Programm mit dem Makro `PROGRAM` im Kindprozess mithilfe von `execvp()` überlagert und im Elternprozess mit der Funktion `setpriority()` auf die Priorität gesetzt, die mit dem Makro `PRIORITY` angegeben wird. Passen Sie die Angaben der beiden Makros `PROGRAM` und `PRIORITY` bitte Ihren Bedürfnissen an. In dem folgenden Beispiel wird find mit der niedrigsten Priorität ausgeführt. Natürlich können dabei weitere Argumente aus der Kommandozeile für find mit übergeben werden, die ebenfalls ausgewertet und verwendet werden.

```
/* prio_child.c */
#include <stdlib.h>
#include <unistd. h.>
#include <sys/types.h>
#include <sys/time.h>
#include <sys/resource.h>

/* Bitte anpassen. */
#define PROGRAM "/usr/bin/find"
/* Bitte anpassen. */
#define PRIORITY 19
/* max. Argumente aus der Kommandozeile */
#define MAX_ARGS 1024

int main (int argc, char **argv) {
    int i;
    pid_t pid;
    char *args[MAX_ARGS + 1] = { PROGRAM, NULL };
    seteuid (getuid ());  /* Privilegien entfernen */
    /* Argumente kopieren */
    for (i = 1; i < argc && i < MAX_ARGS; i++)
        args[i] = argv[i];
    args[i] = NULL;
    /* neuen Prozess für PROGRAMM erzeugen */
    pid = fork ();
    if (pid == 0) {
        /* neuen Prozess PROGRAMM starten */
        execvp (PROGRAM, args);
    }
    else {
        /* Privilegien wieder einführen */
        seteuid (0);
        /* Priorität für PROGRAMM (pid) auf PRIORITY setzen */
        setpriority (PRIO_PROCESS, pid, PRIORITY);
    }
    return EXIT_SUCCESS;
}
```

Listing 7.16 Zeigt, wie Sie die Priorität eines Kindprozesses verändern können.

Das Programm gibt bei der Ausführung Folgendes in der Konsole aus:

```
$ gcc prio_child.c -o prio_child
$ ./prio_child /home -name child\*
/home/pinguin/Kap6/child
/home/pinguin/Kap6/child2.c
/home/pinguin/Kap6/child3.c
/home/pinguin/Kap6/child4.c
/home/pinguin/Kap6/child2
/home/pinguin/Kap6/child3
/home/pinguin/Kap6/child4
/home/pinguin/Kap6/child.c
/home/pinguin/backups/21_April_04/Listings/kap5/child1.c
/home/pinguin/backups/21_April_04/Listings/kap5/child2.c
/home/pinguin/backups/21_April_04/Listings/kap5/child3.c
/home/pinguin/backups/21_April_04/Listings/kap5/child.c
```

7.9 Warten auf einen anderen Prozess

Wenn es nötig ist, auf die Beendigung eines anderen Prozesses zu warten, z. B. eine Server-Client-Anwendung, dann stehen zu diesem Zweck die beiden Funktionen `wait()` und `waitpid()` zur Verfügung. Beendet sich der Elternprozess allerdings vor dem Kindprozess, entsteht ein verwaister Kindprozess. Dessen nimmt sich der *init*-Prozess an, der Vater aller Prozesse. Es folgt nun ein Beispiel, das zeigt, worauf wir hinauswollen:

```
/* Waise.c */
#include <unistd. h.>
#include <sys/types.h>
#include <stdio.h>
#include <stdlib.h>

int main (void) {
    pid_t pid;
    switch (pid = fork ()) {
    case -1:
        printf ("Fehler bei fork()\n");
        break;
    case 0:
        printf ("--- Im Kindprozess (%d) ---\n",getpid());
        printf("Elternprozess : %d\n", getppid());
        sleep(2);
        printf ("--- Im Kindprozess (%d) ---\n",getpid());
        printf("Elternprozess : %d\n", getppid());
```

```
        break;
    default:
        printf ("--- Im Elternprozess (%d) ---\n",getpid());
        sleep(1);
        printf(" --- Elternprozess endet vorzeitig ---\n");
        exit(0);  /* sofort beenden */
    }
    return EXIT_SUCCESS;
}
```

Listing 7.17 Zeigt, wie verwaiste Prozesse entstehen können.

Das Programm gibt bei der Ausführung Folgendes aus:

```
$ gcc -o Waise.c -o Waise
$ ./Waise
--- Im Kindprozess (3356) ---
Elternprozess : 3355
--- Im Elternprozess (3355) ---
 --- Elternprozess endet vorzeitig ---
 --- Im Kindprozess (3356) ---
Elternprozess : 1
```

Abbildung 7.1 zeigt, was *init* nach vorzeitiger Beendigung des Elternprozesses tut.

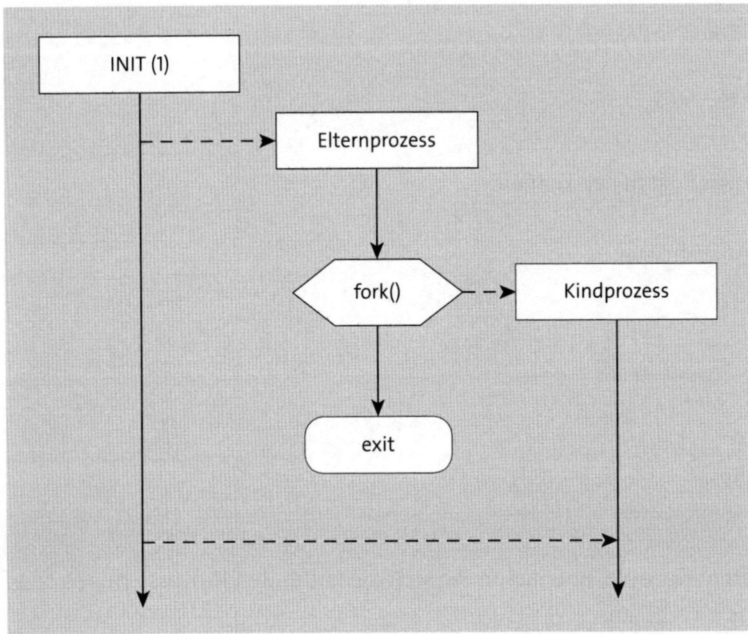

Abbildung 7.1 Ein Elternprozess beendet sich vor dem Kindprozess.

Anders hingegen sieht die Sache aus, wenn sich der Kindprozess vor dem Elternprozess beendet, ohne dass der Elternprozess davon in Kenntnis gesetzt wurde. Ein Beispiel für diesen Fall, bei dem ein Zombie entsteht, ist das nächste Listing.

```
/* Zombie.c */
#include <unistd.h>
#include <sys/types.h>
#include <stdio.h>
#include <stdlib.h>

int main (void) {
    pid_t pid;
    switch (pid = fork ()) {
    case -1:
        printf ("Fehler bei fork()\n");
        break;
    case 0:
        printf("--- Im Kindprozess (%d) ---\n",getpid());
        printf("Elternprozess : %d\n", getppid());
        printf("--- Kindprozess beendet sich ---\n");
        exit(0);
    default:
        printf("--- Im Elternprozess (%d) ---\n",getpid());
        printf("--- Beenden mit <STRG>+<C> ---\n");
         while(1); /* Endlosschleife */
    }
    return EXIT_SUCCESS;
}
```

Listing 7.18 Zeigt, wie Zombies entstehen können.

Das Programm bei der Ausführung:

```
$ gcc Zombie.c -o Zombie
$ ./Zombie
--- Im Kindprozess (3457) ---
Elternprozess : 3456
--- Kindprozess beendet sich ---
--- Im Elternprozess (3456) ---
--- Beenden mit <STRG>+<C> ---
```

Öffnen Sie nun eine weitere Konsole, und lassen Sie sich die laufenden Prozesse mit `ps` bzw. in einer X-Konsole mit `ps x` anzeigen:

```
$ ps f
 PID TTY       STAT   COMMAND
 3456 pts/2    R      0:04 ./zombie
 3457 pts/2    Z      0:00   \_ [zombie] <defunct>
 3458 pts/1    R      0:00 ps
...
```

Der Kindprozess, der sich beendet hat, ohne dass der Elternprozess sich bereits darum gekümmert hat, verbleibt in der Prozessliste. Der Zustand wird hier bei ps mit Z angezeigt. Bei den verwaisten Prozessen, die zuvor besprochen wurden, übernahm *init* die Aufgabe, die Sie jetzt in solch einem Fall selbst übernehmen müssen. Normalerweise macht *init* nämlich nichts anderes mit dem Waisenprozess, als eine wait()-Funktion aufzurufen, um auf den Beendigungsstatus zu warten. Die Syntax der beiden Funktionen, mit denen Sie selbst auf die Beendigung des Kindprozesses warten können:

```
#include <sys/types.h>
#include <sys/wait.h>

pid_t wait( int *status );
pid_t waitpid( pid_t pid, int *status, int optionen );
```

Die Funktion wait() wartet, bis sich ein Kindprozess beendet, und gibt seine PID als Rückgabewert zurück. Bei einem Fehler wird -1 zurückgegeben. Die Funktion waitpid() hingegen wartet auf einen bestimmten Kindprozess mit der in pid als erstes Argument angegebenen Prozess-ID. Sofern beim Argument status nicht der NULL-Zeiger angegeben wurde, wird hier die Statusinformation zu dem beendeten Prozess gespeichert. Um diesen Status auszuwerten, sind in der Headerdatei *sys/wait.h* folgende Makros definiert:

Makro	Bedeutung
WIFEXITED(status)	Ist TRUE, wenn sich ein Kindprozess normal beendet hat. Den genauen Rückgabewert vom Kindprozess erfragen Sie mit dem Makro WEXITSTATUS(status).
WIFSIGNALED(status)	Ist TRUE, wenn der Kindprozess durch ein Signal terminiert wurde, das er nicht abgefangen hat.
WTERMSIG(status)	Damit erfahren Sie die Nummer des Signals, die den Prozessabbruch bewirkt hat.
WCOREDUMP(status)	In BSD und SVR4 ermitteln Sie damit, ob das Signal, das den Kindprozess abgebrochen hat, eine Core-Datei angelegt hat.

Tabelle 7.6 Makros in <sys/wait.h>

Makro	Bedeutung
WIFSTOPPED(status)	Ist TRUE, wenn ein Kindprozess angehalten wurde.
WSTOPSIG(status)	die Nummer des Signals des Prozesses, das den Kindprozess gestoppt hat

Tabelle 7.6 Makros in <sys/wait.h> (Forts.)

Um den Status auszuwerten, schreibt man am besten eine Extrafunktion. Es folgt hierzu ein Beispiel, das die Funktion wait() verwendet. Es wird dafür ein Kindprozess erzeugt und auch abgefragt, wie dieser beendet werden soll (normal oder anormal). Der Elternprozess wartet in der Zwischenzeit auf den Kindprozess mit wait(). Sobald sich der Kindprozess beendet, fährt auch der Elternprozess mit der Auswertung des Status über die Beendigung des Kindprozesses mit der selbst geschriebenen Funktion child_status() fort.

```
/* wait.c */
#include <unistd.h>
#include <sys/wait.h>
#include <sys/types.h>
#include <stdio.h>
#include <stdlib.h>
#include <signal.h>
#include <errno.h>

void child_status (int status) {
    if (WIFEXITED (status)) {
        printf ("Kind normal beendet mit Rückgabewert %d\n",
            WEXITSTATUS(status));
    }
    else if (WIFSIGNALED (status)) {
        printf ("Kind mit Signalnummer %d beendet\n",
            WTERMSIG(status));
        /* WCOREDUMP könnte hier stehen. */
    }
    else if (WIFSTOPPED (status)) {
        printf ("Kind wurde angehalten mit Signalnummer %d\n",
            WSTOPSIG(status));
       /* I.d.R. wird dies SIGSTOP sein, aber es gibt */
       /* ja auch noch das ptrace()-Interface.        */
    }
}
```

```
int main (void) {
    pid_t pid;
    int status;
    int end;

    switch (pid = fork ()) {
        case -1:
            perror("fork()");
            return EXIT_FAILURE;
        case 0:
            printf (" --- Im Kindprozess ---\n");
            printf ("Wie wollen Sie den Prozess beenden?\n\n");
            printf ("- 1 - WIFEXITED   (normal)\n");
            printf ("- 2 - WIFSIGNALED (anormal)\n");
            printf ("Ihre Auswahl : ");
            scanf ("%d", &end);
            if (end == 1)
                exit (66);
            else if (end == 2)
                abort ();  /* Entspricht kill(0, SIGABRT);. */
            else
                printf ("Was denn nun? ->%d<- ???\n", end);
        break; /* normale Beendigung mit 0 */
        default:      /* Elternprozess wartet auf Kind mit pid. */
        if (wait (&status) != pid) {
            perror("wait()");
            return EXIT_FAILURE;
        }
        /* Status des Kinds auswerten */
        child_status (status);
    }
    return EXIT_SUCCESS;
}
```

Listing 7.19 Demonstriert die Funktion wait().

Das Programm gibt bei der Ausführung Folgendes aus:

```
$ gcc wait.c -o wait
$ ./wait
 --- Im Kindprozess ---
Wie wollen Sie den Prozess beenden?

- 1 - WIFEXITED   (normal)
```

```
- 2 - WIFSIGNALED (abnormal)
Ihre Auswahl : 1
Kind normal beendet mit Rückgabewert 66
$ ./wait
 --- Im Kindprozess ---
Wie wollen Sie den Prozess beenden?

- 1 - WIFEXITED   (normal)
- 2 - WIFSIGNALED (abnormal)
Ihre Auswahl : 2
Kind mit Signalnummer 6 beendet
```

Mit `wait()` können Sie allerdings nur auf die Beendigung des nächsten Prozesses warten. Wollen Sie hingegen auf die Beendigung eines bestimmten Prozesses warten, dann müssen Sie `waitpid()` benutzen. Mit dem ersten Argument von `waitpid()` legen Sie fest, worauf Sie warten wollen. Dazu haben Sie vier Möglichkeiten:

pid	Bedeutung
`-1`	auf beliebigen Prozess warten – äquivalent zu `wait()`
`pid`	auf die Beendigung von `pid` warten
`0`	auf Beendigung aller Prozesse warten, deren Prozessgruppen-ID gleich der Prozessgruppen-ID des aufrufenden Prozesses ist
`<-1`	auf Beendigung aller Prozesse warten, deren Prozessgruppen-ID dem absoluten Wert von `pid` entspricht

Tabelle 7.7 Mögliche Angaben für das erste Argument von waitpid()

Des Weiteren können Sie über das dritte Argument, `optionen`, das Verhalten von `waitpid()` beeinflussen. Folgende Konstanten können dabei verwendet werden:

Konstante	Beschreibung
`WNOHANG`	Der aufrufende Prozess wird nicht blockiert, wenn der Prozess `pid` noch nicht beendet wurde bzw. noch nicht im Zombiestatus ist. `waitpid()` liefert in diesem Fall `0` zurück.
`WUNTRACED`	Status des angehaltenen Kindprozesses, der mit `pid` spezifiziert wurde. Das Makro `WIFSTOPPED` liefert `1` zurück, wenn es sich beim Rückgabewert um die `PID` des angehaltenen Kindprozesses handelt.

Tabelle 7.8 Zusätzliche Optionen für das dritte Argument von waitpid()

Das folgende Listing zu `waitpid()` zeigt die Funktion mit der Option `WNOHANG` im Einsatz. Diese Option sorgt dafür, dass der Elternprozess nicht, wie z. B. mit `wait()`, zwingend auf die Beendigung des Kindprozesses warten muss. Somit können Sie im Elternprozess ebenfalls weitere Anweisungen ausführen.

```
/* waitpid.c */
#include <unistd.h>
#include <sys/wait.h>
#include <sys/types.h>
#include <stdio.h>
#include <stdlib.h>
#include <errno.h>

int main (void) {
    pid_t pid;
    switch (pid = fork ()) {
        case -1:
            perror("fork()");
            return EXIT_FAILURE;
        case 0:
            printf (" --- Im Kindprozess ---\n");
            sleep (5);
            printf(" --- Kindprozess ist fertig ---\n");
            break;
        default:
            if (waitpid (pid, NULL, WNOHANG) != 0) {
                perror("waitpid()");
                return EXIT_FAILURE;
            }
            // Hier könnte weiterer Code aufgeführt werden.
            printf (" --- Elternprozess blockiert nicht ---\n");
    }
    return EXIT_SUCCESS;
}
```

Listing 7.20 Demonstriert die Funktion waitpid().

Das Programm bei der Ausführung:

```
$ gcc waitpid.c -o waitpid
$ ./waitpid
--- Im Kindprozess ---
--- Elternprozess blockiert nicht ---
--- Kindprozess ist fertig ---
```

7.10 Die exec-Familie

Die Funktionen der exec-Familie haben wir in diesem Kapitel schon des Öfteren erwähnt. Häufig finden Sie die exec-Funktionsfamilie in dem folgenden Fall: Mit fork() wird ein neuer Kindprozess erzeugt und mit dem Aufruf einer exec-Funktion durch ein neues Programm komplett ersetzt. Der Kindprozess bekommt hier also ein vollständig neues Code- und Datensegment. Außerdem bewirkt ein exec-Aufruf keine Änderung der PID, da ja kein neuer Prozess erzeugt wird, sondern eben nur die Segmente des aktuellen Prozesses durch die Segmente des neuen Prozesses überschrieben werden. Es gibt sechs verschiedene exec-Funktionen, die sich nur geringfügig anhand der Parameter voneinander unterscheiden. Allerdings basieren alle exec-Funktionen auf der Funktion execve(), die einen Systemaufruf darstellt. Die Syntax der unter Linux vorhandenen exec-Funktionen ist die folgende:

```
#include <unistd.h>

extern char **environ;

/* Bibliotheksfunktionen */
int execl(const char *path, const char *arg, ...);
int execlp(const char *file, const char *arg, ...);
int execle(const char *path, const char *arg , ...,
           char *const envp[]);
int execv(const char *path, char *const argv[]);
int execvp(const char *file, char *const argv[]);

/* Systemaufruf */
int execve(const char *filename, char *const argv [],
          char *const envp[]);
```

Alle Funktionen geben im Falle eines Fehlers -1 zurück, ansonsten erfolgt nach dem Aufruf logischerweise keine Rückkehr mehr zum aufrufenden Programm. Es ist daher überflüssig, den Rückgabewert zu überprüfen – Sie können also gleich mit der Fehlerroutine weitermachen. Die einzelnen Funktionen unterscheiden sich anhand der Endungen, wobei jeder der vier Buchstaben die folgende Bedeutung hat:

Buchstabe	Bedeutung
e	Es wird eine Environment-Liste (Umgebungsvariablen) als Vektor erwartet.
l	Es werden die Kommandozeilenargumente in Form einer Liste erwartet.

Tabelle 7.9 Bedeutung der Endungen von exec-Funktionen

Buchstabe	Bedeutung
v	Es werden die Kommandozeilenargumente in Form eines Vektors erwartet.
p	Es wird ein Dateiname und nicht ein Pfadname als Argument zum Aufruf des Programms erwartet.

Tabelle 7.9 Bedeutung der Endungen von exec-Funktionen (Forts.)

Damit es Ihnen bei den vielen verschiedenen Versionen leichter fällt, einen Überblick zu behalten, wollen wir Ihnen nun zu jeder dieser Funktionen einen kurzen Codeausschnitt zu deren Anwendung geben.

7.10.1 execl()

Das folgende Listing soll den Inhalt des aktuellen Arbeitsverzeichnisses mit `ls -l /home/user` ausgeben.

```
/* execl.c */
#include <stdio.h>
#include <unistd.h>
#include <dirent.h>
#define MAX 255

int main (void) {
    char wd[MAX];

    wd[MAX - 1] = '\0';
    if(getcwd(wd, MAX - 1) == NULL)
        printf ("Konnte Arbeitsverzeichnis nicht ermitteln\n");
    else
       return execl ("/bin/ls", "ls", "-l", wd, NULL);
}
```

Listing 7.21 Demonstriert die Funktion execl().

Das zweite Argument wird in der Prozesstabelle als Prozessname ausgegeben. Würden Sie also z. B. Folgendes angeben

```
execl ("/bin/ls", "whoami", "-l", wd, NULL);
```

würde trotzdem das Arbeitsverzeichnis aufgelistet und nicht das Programm `whoami`, weil es *whoami* im aktuellen Verzeichnis nicht gibt. Als Prozessname, mit `ps` bzw. `ps x`, würden Sie hier allerdings den Namen `whoami` aufgelistet bekommen.

7.10.2 execve()

Das folgende Listing ruft die Anwendung printenv auf und verändert die Umgebungsvariablen von diesem Prozess.

```
/* exec2.c */
#include <stdio.h>
#include <unistd.h>

int main (void) {
      char *args[] = {"printenv", NULL};
      char *env[] =  {
          "SHELL=/bin/bash",
          "LOGNAME=a_username",
          "OSTYPE=L1NuX", NULL
      };
      return execve("/usr/bin/printenv", args, env);
}
```

Listing 7.22 Demonstriert die Funktion execve().

7.10.3 execv()

```
/* exec3.c */
#include <stdio.h>
#include <unistd.h>

int main (void) {
    char *argumente[4] = { "ls", "-l", "/usr/bin", NULL };
    return execv ("/bin/ls", argumente);
}
```

Listing 7.23 Demonstriert die Funktion execv().

Was hier geschieht, sollte eigentlich ersichtlich sein. Das Beispiel ist ähnlich dem, das execve() benutzt, nur dass hier keine Environment-Variablen mit übergegeben werden. Stattdessen wird das aktuelle Environment der Kindprozesses benutzt.

7.10.4 execle()

Diese exec-Funktion funktioniert ähnlich wie execve(), nur dass die Argumente in Listenform, getrennt durch den NULL-Zeiger, anschließend gefolgt von den Umgebungsvariablen in Vektorform (also als Array) übergeben werden. Damit Sie die letzte Aussage nicht verwirrt, folgt nun ein Beispiel.

```
/* exec4.c */
#include <stdio.h>
#include <unistd.h>

int main (void) {
    char *environment[4];

    environment[0] = "SHELL=/bin/csh";
    environment[1] = "LOGNAME=heino";
    environment[2] = "OSTYPE=LiNuX";
    environment[3] = NULL;

    return execle( "/usr/bin/printenv", "printenv",
        NULL, environment );
}
```

Listing 7.24 Zeigt, wie Sie mit execle() Environment-Variablen an den Kindprozess weitergeben.

7.10.5 execlp()

Die Besonderheit von execlp() ist, dass das erste Argument nicht ein absoluter Dateiname sein muss, wie dies bei der Listenform von execle() der Fall ist:

```
/* exec5.c */
#include <stdio.h>
#include <stdlib.h>
#include <unistd.h>

int main (void) {
    return execlp("/bin/ls","ls","-l",getenv("HOME"),NULL);
}
```

Listing 7.25 In diesem Listing wird execlp() benutzt. Diese Funktion ist eine Alternative zu execve().

7.10.6 execvp()

execvp() funktioniert ähnlich wie execlp(), nur werden hier die Argumente als Vektor übergeben.

```
/* exec6.c */
#include <stdio.h>
#include <stdlib.h>
#include <unistd.h>
```

```
int main (void) {
    char *argumente[4];
    argumente[0] = "ls";
    argumente[1] = "-l";
    argumente[2] = getenv("HOME");
    argumente[3] = NULL;
    return execvp ("/bin/ls", argumente);
}
```

Listing 7.26 Hier wird die Funktion execvp() demonstriert, die die Umgebungsvariablen als Array übergibt.

7.10.7 Kindprozesse mit exec-Aufruf überlagern

Bis jetzt war die Erklärung der exec-Funktionsfamilie eher reine Theorie, weil bis jetzt nicht dargestellt wurde, wie Sie eigene Programme »nachladen« können – Shell-Kommandos können Sie im Endeffekt auch mit dem system()-Kommando ausführen, und dann benötigen Sie die exec-Funktionsfamilie überhaupt nicht.

Nun wollen wir Ihnen zeigen, wie Sie einen neuen Prozess erzeugen und ihn mittels eines exec-Aufrufs zu einem vom Elternprozess unabhängigen Prozess machen können. Dazu soll als Beispiel nicht wieder irgendein Kommando gestartet werden, sondern ein von Ihnen selbst geschriebenes Programm. Hierzu verwenden Sie z. B. das folgende Codefragment:

```
/* my_program.c */
#include <stdio.h>
#include <stdlib.h>

int main(int argc, char **argv) {
    int i;

    printf("Progammname : %s\n", argv[0]);
    for( i=1; i < argc; i++)
        printf("Argumente %d : %s\n", i, argv[i]);
    return EXIT_SUCCESS;
}
```

Das letzte Codefragment dürfte nichts Neues mehr für Sie darstellen, und Sie könnten hier sicherlich etwas viel Komplexeres einsetzen als einfach die Ausgabe aller übergebenen Parameter in der Konsole. Also setzen Sie hier ruhig eigenen Code ein, und übersetzen Sie ihn ganz normal mit

```
$ gcc my_program.c -o my_program
```

So weit, so gut. Nun wollen Sie aber Ihr eigenes Programm nicht von der Kommandozeile aus starten, sondern von einem anderen Programm aus (Sie wollen also etwas »nachladen«). Hierzu dient das folgende Listing, in dem die Segmente eines neu erzeugten Prozesses – in diesem Fall von dem eben erstellten Programm `my_programm` – überschrieben werden.

```
/* exec_child.c */
#include <unistd.h>
#include <sys/wait.h>
#include <sys/types.h>
#include <stdio.h>
#include <stdlib.h>
#include <errno.h>
/* Pfad zum Programm ggf. anpassen */
#define  PROGRAMM "./my_programm"

int main (void) {
    pid_t pid;

    switch (pid = fork ()) {
        case -1:
            perror("fork()");
            return EXIT_FAILURE;
        case 0:
            execlp (PROGRAMM, PROGRAMM, "Hallo", "Welt", NULL);
            printf("Wird niemals mehr erreicht ...\n");
            break;
        default:
            if (waitpid (pid, NULL, 0) != pid) {
                perror ("waitpid()");
                return EXIT_FAILURE;
            }
    }
    return EXIT_SUCCESS;
}
```

Listing 7.27 Demonstriert, wie ein Kindprozess mit einem beliebigen Programm überschrieben werden kann.

Passen Sie die Konstante `PROGRAMM` bitte an Ihren eigenen Pfadnamen an. Anschließend können Sie auch das letzte Listing übersetzen und starten:

```
$ gcc exec_child.c -o exec_child
$ ./exec_child
Progammname : /home/pinguin/my_programm
Argumente 1 : Hallo
Argumente 2 : Welt
```

Hiermit wurde im Kindprozess der komplette Prozess von dem Programm `my_programm` überschrieben und als Prozess ohne Wiederkehr ausgeführt. Der Programmname hier ist natürlich nicht verbindlich und entspricht nur dem Namen, der als Prozesseintrag verwendet wird. Würden Sie den `exec`-Aufruf folgendermaßen realisieren

```
execlp (PROGRAMM, "wasistdas", "Hallo", "Welt", NULL);
```

würde der Programmname `wasistdas` lauten. Sie können diese Art von `exec`-Aufrufen jetzt gerne mit den anderen `exec`-Funktionen testen und ausprobieren.

7.11 Kommandoaufrufe aus dem Programm – system()

Wie schon angedeutet, ist es sehr umständlich, für den Aufruf von Kommandos, die Sie auch direkt in der Konsole eintippen könnten, jedes Mal ein `fork()`-`exec`-Konstrukt in Ihr Programm einzubinden. Wenn Sie z. B. einfach nur `clear` aufrufen wollen, um die Konsole zu löschen, wünschen Sie sich vielleicht ein einfacheres Verfahren. Dieses gibt es in der Tat mit der `system()`-Funktion. Mit der Funktion `system()` können Sie aus Ihrem eigenen Programm ein anderes Programm starten (eigentlich genau wie in den letzten Beispielen auch). Sie können in der Tat alle Aufrufe starten, die Sie sonst auch in der Shell starten können. Außer Kommandos der Shell und anderen Anwendungen können dabei durchaus auch Metazeichen wie *, |, < oder > benutzt werden. Ein Dateiname darf aus allen Zeichen mit Ausnahme von '\0' (String-Ende) und '/' (Verzeichnisoperator) bestehen. Es können Newlines und sonstige Steuerzeichen vorkommen. Es sind also auch Dateiexpansionen, Pipes, Umleitungen etc. möglich. Die Funktion `system()` ist also eine Mischung aus `fork()`, `exec*()` und `waitpid()`. Die Syntax von `system()` ist die folgende:

```
#include <stdlib.h>

int system(const char *kommando);
```

Beim Aufruf der `system()`-Funktion wird eine Shell (z. B. */bin/sh*) in einem eigenen Prozess gestartet und führt danach das Kommando aus, das sich in dem Parameter `kommando` befindet. Danach wartet `system()` auf die Beendigung des (Kind-)Prozesses. So lange bleibt der aufrufende Prozess allerdings auch blockiert. Wenn die Shell nicht gestartet werden konnte, wird als Fehler der Wert `127` zurückgegeben. Bei fehlerfreier Ausführung gibt `system()` `0` zurück, ansonsten den Rückgabewert der Shell. Hierzu folgt nun ein Beispiel, das mithilfe des `sys-`

tem()-Aufrufs im Verzeichnis */usr/include* nach allen Dateien sucht, die mit der Zeichenfolge »std« beginnen.

```
/* my_find.c */
#include <stdlib.h>
#include <stdio.h>

int main (void) {
    printf("Vor dem system()-Aufruf\n");
    system("find /usr/include -name 'std*'");
    printf("Nach dem system()-Aufruf\n");
    return  EXIT_SUCCESS;
}
```

Listing 7.28 Demonstriert die Verwendung der system()-Funktion.

Das Programm gibt bei der Ausführung z. B. Folgendes aus:

```
$ gcc my_find.c -o my_find
$ ./my_find
Vor dem system()-Aufruf
/usr/include/g++/ext/stdio_filebuf.h
/usr/include/g++/stdexcept
/usr/include/bits/stdio-lock.h
/usr/include/bits/stdio.h
/usr/include/bits/stdio_lim.h
/usr/include/linux/stddef.h
/usr/include/stdio.h
/usr/include/stdio_ext.h
/usr/include/stdint.h
/usr/include/stdlib.h
Nach dem system()-Aufruf
```

Wie Sie in diesem Beispiel sehen, blockiert system() das aufrufende Programm und wartet auf den Kindprozess. Wenn Sie dies nicht wollen, sondern Ihr Programm wirklich weiterlaufen lassen wollen, während der Kindprozess ausgeführt wird, müssen Sie an das Ende des Kommandos ein &-Zeichen anhängen. So können Sie z. B. auf die folgende Weise (bei installierter ALSA-Bibliothek) eine Audiodatei im Hintergrund abspielen:

```
system("aplay Test.wav &");
```

Allerdings birgt diese Art des Systemaufrufs auch Gefahren, denn wenn beim Abspielen nun ein Fehler auftritt (etwa bei einer beschädigten Audiodatei), der aplay zum Absturz bringt, erzeugen Sie auf diese Weise einen Zombieprozess.

7.12 Dämonprozesse

Als *Dämonprozesse* werden Prozesse bezeichnet, die ihre Arbeit unabhängig von der Steuerung des Terminals im Hintergrund ausführen – sprich, den Prozessen ist nicht unbedingt ein Controlling Terminal (CTTY) zugeordnet. Auf Ihrem Rechner laufen mindestens ein gutes Dutzend solcher Prozesse. Einige sehr bekannte Dämonprozesse sollen hier nicht unerwähnt bleiben – ohne aber näher darauf einzugehen (für weitergehende Informationen verwenden Sie bitte entsprechende Manual Pages).

- *cron*: Mit dem *cron*-Dämon können Sie andere Prozesse (vor allem auch Dämonprozesse selbst) zu einer von Ihnen bestimmten Zeit starten. Der »kleine Bruder« von *cron* ist *atd*, der Einmalprozesse behandelt (also Prozesse, die nur ein einziges Mal starten), während *cron* vorwiegend für wiederkehrende Ereignisse genutzt wird.
- *xinetd*: Dies ist ein Dämon, der andere Netzwerkdämonen starten kann; er wird daher auch *Superdämon* genannt. *xinetd* wird mit *xinetd.conf* in */etc/xinet.d* gesteuert.
- *lpd, cupsd*: Dies ist der Drucker-Dämon, der die Druckaufträge verwaltet.
- *syslogd, blogd*: Dämon zum Protokollieren von Systemmeldungen von anderen Dämonen
- *klogd*: Dämon, der Kernel-Meldungen protokolliert
- *ftpd, httpd, named, dhcpd, smbd, sshd, NFS*: verschiedene Netzwerkdämonen

[»]

Hinweis zum Wort Dämonen

Eigentlich ist es nicht richtig, von »Dämonen« zu sprechen, da das englische Wort hier »daemons« ist und eine Abkürzung für »**d**isk **a**nd **e**xecution **mon**itors« ist. Aber hierzulande hat sich der »Dämon« schon als solcher bildhaft eingeprägt, so dass wir weiterhin dabeibleiben.

7.12.1 Wie ein Prozess zum Dämon gemacht wird

Wie Sie einen Prozess zum Zombie machen, wissen Sie bereits – dies geschieht fast immer ungewollt durch Unachtsamkeit. Bei einem Dämonprozess verhält sich die Sache dagegen anders, denn in diesem Fall wollen Sie explizit, dass ein Prozess im Hintergrund läuft. Natürlich können Sie für diese Zwecke einfach wieder einen Thread benutzen, aber Threads sind auf ein einziges Programm beschränkt, und wenn sich dieses Programm beendet, ist Ihr Dämon auch tot und kann z. B. keine Druckaufträge mehr verwalten, die auch von anderen Programmen angestoßen werden können.

Bevor Sie sich jedoch damit beschäftigen, wie Sie programmtechnisch einen eigenen Dämonprozess erzeugen können, sollten Sie sich erst einmal Gedanken darüber machen, wie

Sie den Dämon starten wollen, denn dafür gibt es ausnahmsweise keine C-Funktion. Somit stehen Ihnen nur folgende Möglichkeiten zur Verfügung, einen Dämonprozess zu starten:

- Sie können selbst von einem Terminal aus einen Dämonprozess im Vorder- oder Hintergrund starten (z. B., indem Sie an das Kommando ein &-Zeichen anhängen). Dieses Verfahren eignet sich hervorragend für Probeläufe, aber nur bedingt für den Dauereinsatz in einem Mehrbenutzersystem.
- Sie können den Dämonprozess vom *cron*-Dämon starten lassen. Ein Dämon kann also einen anderen Dämonen aufrufen. Sie können natürlich auch den `at`-Befehl verwenden, um den Dämon erst zu einem bestimmten Zeitpunkt zu starten.
- Über das Netzwerk können Sie den *(x)inetd*-Superserver verwenden. Er wartet auf Netzwerkanforderungen, worauf er dann tatsächlich den entsprechenden Dämonprozess startet.
- Sie benutzen das Systeminitialisierungsskript, das beim Booten des Systems sämtliche Dämonen startet. Dieses Skript finden Sie häufig im Verzeichnis */etc*, */etc/rc*, */etc/init.d* usw. – das hängt auch zum Teil von der Linux-Distribution ab, die Sie verwenden.

7.12.2 Dämon, sprich mit uns ...

Wenn Sie sich entschieden haben, wie Sie den Dämon starten wollen, müssen Sie noch wissen, wann Ihr Dämon »etwas zu sagen hat«, also, an welcher Stelle Sie Nachrichten ausgeben oder mitlesen müssen. Da ein Dämonprozess kein Ausgabeterminal hat, ist der normale Weg der über die Standardausgabe. Für solche Dinge ist der *syslog*-Dämon zuständig. Der *syslog*-Dämon wird gewöhnlich ebenfalls beim Booten des Systems über das Initialisierungsskript gestartet und erst wieder beendet, wenn Sie das System (oder *syslogd* selbst) herunterfahren.

7.12.3 Protokollieren von Dämonen mit syslog()

Um an die Informationen des *syslogd* zu kommen, müssen Sie die Funktion `syslog()` verwenden. `syslog()` ist zwar keine POSIX-konforme Funktion, doch bieten heute die meisten Linux-Systeme zumindest die folgende Funktion an:

```
#include <syslog.h>

void syslog(int priority, const char *message, ...);
```

Das erste Argument `priority` ist eine Kombination aus dem Parametern `level` und `facility`. Dabei kann eine Log-Nachricht einen `level` zwischen einschließlich 0 und 7 haben. Wird kein `level` angegeben, wird standardmäßig `LOG_NOTICE` (Level 5) verwendet. Die möglichen `level` einer Log-Nachricht sind wie folgt definiert:

Level	Konstante	Bedeutung
0	LOG_EMERG	System ist unbrauchbar.
1	LOG_ALERT	dringend irgendwelche Aktionen einleiten
2	LOG_CRIT	kritische Nachrichten
3	LOG_ERR	normaler Fehler
4	LOG_WARNING	Warnung
5	LOG_NOTICE	normale, bedeutende Nachricht (Standard)
6	LOG_INFO	normale Nachricht
7	LOG_DEBUG	unwichtige Nachricht

Tabelle 7.10 Priorität der Nachricht

Der zweite Teil von `priority` ist die `facility`, die zur Identifizierung des Prozesstyps dient, der die Log-Nachricht verschickt. Wird hier kein Wert verwendet, gilt als Standardeinstellung `LOG_USER`. Tabelle 7.11 zeigt einen Überblick über die `facility`s von Log-Nachrichten.

facility	Bedeutung
LOG_AUTH	Autorisierung
LOG_AUTHPRIV	Autorisierung (privat)
LOG_FTP	FTP-Dämon
LOG_KERN	Kernel-Nachrichten
LOG_USER	Nachricht von Usern
LOG_MAIL	E-Mail-Subsystem
LOG_DAEMON	verschiedene Dämonen
LOG_SYSLOG	*syslog*-interne Nachrichten
LOG_LPR	Drucker-Subsystem
LOG_NEWS	News-Subsystem
LOG_UUCP	UUCP-Subsystem

Tabelle 7.11 Identifizierung, wer die Log-Nachricht verschickt hat

facility	Bedeutung
LOG_CRON	*cron*-Dämon
LOG_LOCAL0...7	reserviert für lokale Verwendung (Eigenbedarf)

Tabelle 7.11 Identifizierung, wer die Log-Nachricht verschickt hat (Forts.)

Da bei weitem nicht für jedes Programm und jeden Dämon eine Extrakonstante zugewiesen werden kann (aus Platzgründen innerhalb des *level integers*), versehen die meisten Anwendungen ihre Log-Einträge mit dem eigenen Namen, z. B. mit openlog().

Mit dem Parameter message geben Sie die Nachricht für die Funktion syslog() als eine printf()-typische Formatzeichenkette an (das heißt, message ist ein String).

Wenn ein Prozess die Funktion syslog() aufruft, wird ein Unix Domain Datagram Socket angelegt und mittels connect() mit dem Pfadnamen des angelegten Sockets (meistens */var/run/log*) verbunden. Das Socket bleibt bis zum Ende des Prozesses offen oder bis closelog() aufgerufen wird. Ja, Sie haben richtig gelesen: Für Nachrichten werden hier in der Tat UDP-Netzwerkpakete benutzt, selbst wenn diese Nachrichten nur an Dämonen auf Ihrem lokalen PC (localhost) geschickt werden.

Optional kann deshalb auch die Funktion openlog() vor dem ersten Aufruf von syslog() aufgerufen werden:

```
#include <syslog.h>

void openlog(const char *ident, int option, int facility);
```

Mit ident legen Sie eine Zeichenkette fest (gewöhnlich ist dies der Programmname), die als Indikator für neu erzeugte Syslog-Nachrichten dient. Folgende Optionen können Sie mit dem Parameter option verwenden (es kann auch eine ODER-Verknüpfung für mehrere Optionen verwendet werden):

Options	Bedeutung
LOG_CONS	Ausgabe erfolgt direkt auf die Konsole, sollte ein Fehler mit der Verbindung zum Dämon auftreten.
LOG_NDELAY	Verbindung zum Login-Dämon wird sofort aufgebaut (das ist ja implizit bei einer Verbindung), nicht, wie normalerweise, wenn die erste Nachricht geschrieben wurde.
LOG_PERROR	Die Nachricht wird außer an den *syslog*-Dämon zusätzlich an den Fehlerkanal (stderr) geschickt.

Tabelle 7.12 Optionen für openlog()

Options	Bedeutung
LOG_PID	Wird ein Programm mehrfach gestartet, ist es sinnvoll, diese Option zu verwenden, da jede *syslog*-Nachricht eine PID enthält. Sie können damit genau ermitteln, welcher Prozess diese Nachricht geschickt hat, beispielsweise wenn Sie mit fork() einen Kindprozess zur Erledigung bestimmter Aufgaben erzeugen.

Tabelle 7.12 Optionen für openlog() (Forts.)

Da beim Aufruf von openlog() gewöhnlich kein Unix Domain Socket angelegt wird (sondern erst beim ersten syslog()-Aufruf), können Sie mit der Option LOG_NDELAY ein Socket beim Aufruf von openlog() erzeugen. Die Syslog-Typen für den Parameter facility haben Sie bereits kennen gelernt (LOG_KERN, LOG_USER, LOG_MAIL, LOG_DAEMON ...).

In der Praxis könnte somit ein openlog()-Aufruf folgendermaßen aussehen:

```
openlog("lpd-daemon", LOG_PID, LOG_LPR);
```

Hier dient lpd-daemon als Kennung für den Druckerdämon. Es wird außerdem immer die Prozess-ID mit ausgegeben (LOG_PID), und für die Einrichtung des neuen Dämons wird das Druckersystem verwendet.

Wenn die Anwendung das Senden der Log-Nachrichten beendet hat, wird meistens closelog() in der folgenden Weise aufgerufen:

```
#include <syslog.h>

void closelog( void );
```

7.12.4 syslog() in der Praxis

Ihnen das ganze Thema zum *syslogd* zu präsentieren, würde hier zu weit führen. Stattdessen sei ein umfassender Blick in die entsprechenden Manual Page empfohlen. Aber dennoch wollen wir Ihnen das Konzept anhand eines einfachen Beispiels demonstrieren. Zu diesem Zweck benötigen Sie allerdings vollen Zugriff auf den Rechner als *root*. Sofern Sie noch nicht ganz bewandert im Umgang mit Linux sind, raten wir Ihnen, diesen Text zur Sicherheit erst zu lesen. Machen Sie gegebenenfalls ein Backup von der Datei */etc/syslog.conf*.

Öffnen Sie nun zunächst die Datei */etc/syslog.conf* mit einem Editor. In diesem Beispielfall gehen Sie am besten so vor:

```
$su
Passwort:*******
# mcedit /etc/syslog.conf
...
```

```
# Mail logging
mail.=debug;mail.=info;mail.=notice  -/var/log/mail/info
mail.=warn                           -/var/log/mail/warnings
mail.err                             -/var/log/mail/errors
...
```

Sie bekommen nun die komplette Datei */etc/syslog.conf* angezeigt. In gekürzter Form soll hier der Log-Eintrag für den Mail-Dämon verwendet werden, z. B. der Eintrag:

```
mail.=debug;mail.=info;mail.=notice
```


Dieser Eintrag (bei Ihnen kann er etwas anders aussehen) bedeutet Folgendes: Falls der *syslog*-Dämon eine Nachricht mit der Priorität `LOG_DEBUG`, `LOG_INFO` oder `LOG_NOTICE` und `facility=LOG_MAIL` erhält, wird sie in die Datei */var/log/mail/info* geschrieben.

Liest *syslog* eine Nachricht mit der Priorität `LOG_WARNING`, wie die in der nächsten Zeile mit `mail.=warn` angegeben ist, wird die Ausgabe in */var/log/mail/warnings* geschrieben.

Nun soll ein eigener Nachrichtentyp erstellt werden, der eine einfache Textausgabe in einem Terminal ausgibt – in diesem Fall auf */dev/tty1* (passen Sie die Angabe bitte Ihren Bedürfnissen an, wenn dies nötig ist, z. B. beim Raspberry Pi). Ein einfacher `tty`-Befehl auf der Kommandozeile gibt Ihnen übrigens Auskunft darüber, welches Ihr aktuelles Terminal ist. Eine eigene Routine können Sie nun mit `LOG_LOCALx` (x ist 0 bis 7) verwenden. Nach einer Neuinstallation sollte noch keiner dieser Einträge belegt sein. Schreiben Sie nun ans Ende der Datei */etc/syslog.conf* folgenden Eintrag, und speichern Sie die Datei anschließend ab:

```
#Testroutine,
local0.=notice-/dev/tty1
```

Das Programm, das zur Identifizierung des Prozesstyps jetzt `LOG_LOCAL0` und die Priorität `LOG_NOTICE` verschickt, kann nun seine Nachricht im Terminal */dev/tty1* ausgeben. In der Praxis sollten Sie allerdings nur Nachrichten mit höchster Priorität (`LOG_EMERG`) auf ein Terminal ausgeben – worüber Sie aber letztendlich selbst entscheiden. Sozusagen der »goldene Weg« ist es, die empfangenen Nachrichten zusätzlich in eine Log-Datei zu schreiben, sogar zusammen mit der Priorität der Nachricht. Wie Sie die Datei *syslog.conf* entsprechend konfigurieren, entnehmen Sie bitte der Manual Page zu *syslogd*. Es folgt nun ein Programmbeispiel, das die eben eingerichtete Identifizierung `LOG_LOCAL0` mit der Priorität `LOG_NOTICE` verwendet.

```
/* syslog-demo.c */
#include <stdio.h>
#include <stdlib.h>
#include <unistd.h>
#include <syslog.h>
```

```
int main(int argc, char **argv) {
    openlog( "logging",
        LOG_PID | LOG_CONS | LOG_NDELAY, LOG_LOCAL0 );
    /*  Etwas ist passiert -> schick es an /dev/tty1. */
    syslog(LOG_NOTICE, "Hallo Welt mit syslog\n");
    /* Ende */
    closelog();
    return EXIT_SUCCESS;
}
```

Listing 7.29 Verwendet den syslog-Dämon, um die Nachricht »Hallo Welt« im Terminal /dev/tty1 auszugeben.

Vorher müssen Sie den *syslog*-Dämon aber neu starten, damit die neue Konfiguration in *syslog.conf* übernommen wird. Dies können Sie folgendermaßen erledigen (als *root*):

```
# kill -SIGTERM `cat /var/run/syslogd.pid`
# syslogd
```

Oder einfacher:

```
# kill -HUP `pidof syslogd`
```

Jetzt können Sie das Listing übersetzen und starten. Von wo aus Sie die Anwendung starten, ist letztendlich egal. Auf jeden Fall sollten Sie jetzt im Terminal */dev/tty1* (vom Desktop aus zu erreichen mit der Tastenkombination `Strg`+`Alt`+`F1`) etwa folgende Ausgabe erhalten:

```
[Datum] [Uhrzeit] test2[12345]: Hallo Welt mit syslog
```

Die letzte Ausgabe haben Sie mit dem Aufruf

```
syslog(LOG_NOTICE, "Hallo Welt mit syslog\n");
```

angestoßen. In der Praxis kann `syslog()` auf der Suche nach Fehlern in Programmen (insbesondere in Programmen, die kein Terminal haben) sehr helfen – was übrigens auch mit dem Debugger *GDB* möglich ist. Sie können zum Beispiel überwachen, wer gerade auf ein bestimmtes Programm zugreift:

```
openlog("myprogramm", LOG_PID | LOG_CONS, LOG_LOCAL0);
if( (strcmp(nam1, login_name)) == 0)
  syslog(LOG_NOTICE, "Bing hat sich gerade eingeloggt");
else if( (strcmp(nam2, login_name)) == 0)
  syslog(LOG_NOTICE, "Bong hat sich gerade eingeloggt");
```

Bedenken Sie aber, wenn Sie dies auf dem Bildschirm ausgeben wollen, wer das eventuell auch lesen könnte. Linux selbst gibt normalerweise Nachrichten auf dem Bildschirm nur mit der allerhöchsten Priorität aus. Natürlich und vor allem anderen können Sie den *syslog*-Dämon zum Loggen eines selbst geschriebenen Dämons verwenden.

7.12.5 Dämonprozesse mit C erzeugen

Jetzt, da Sie wissen, wie Sie mit den Log-Ausgaben von Dämonen umgehen, sind Sie so weit, selbst Dämonprozesse zu erzeugen. Einen Dämonprozess können Sie z. B. mit den folgenden acht Schritten erzeugen:

- `fork()`: Erst starten Sie mit `fork()` einen neuen Kindprozess, worauf Sie anschließend direkt den Elternprozess beenden. Da die Shell nicht mitbekommt, dass sich der Elternprozess beendet hat, greift die Annahme (oder besser: der Algorithmus), dass die Anwendung mit der Arbeit fertig ist, und der Kindprozess wird automatisch im Hintergrund ausgeführt. Die weiteren Schritte beziehen sich auf den Kindprozess.
- `setsid()`: Als Nächstes legen Sie mit der Funktion `setsid()` eine neue Session (Sitzung) an. Damit wird der Prozess Sessionführer der Session und der Prozessgruppenführer einer neuen Gruppe (da er der einzige Prozess in der neuen Gruppe ist). Anschließend hat der Prozess auch kein Terminal (CTTY) mehr. Die Syntax von `setsid()` ist die folgende:

  ```
  #include <unistd.h> // Dieses Include bitte nicht vergessen.

  pid_t setsid(void);
  ```

- Das Signal `SIGHUP` ignorieren: Da wir gleich nochmals einen Kindprozess starten und den Elternprozess beenden, müssen Sie das Signal `SIGHUP` ignorieren, da der zu beendende Prozess der Sessionführer ist und allen anderen Prozessen in der aktuellen Session ein `SIGHUP`-Signal senden würde. Zwei weitere Signale, die ein Dämon nicht erhalten sollte, sind `SIGINT` und `SIGWINCH`.
- `fork()` (wiederholt): Mit einem erneuten `fork()`-Aufruf gehen Sie sicher, dass der Elternprozess der erste Kindprozess ist, der beendet wird. Dadurch sorgen Sie dafür, dass Ihr Dämon nicht automatisch ein Steuerterminal erhält, falls er eines öffnen würde.
- `chdir()` (und `chroot()`): Das Arbeitsverzeichnis des Prozesses sollte nun in das Root-Verzeichnis abgeändert werden – wobei es auch Dämonen gibt, die ein anderes Arbeitsverzeichnis verwenden.
- `umask()`: Die Dateimodus-Erstellungsmaske müssen Sie jetzt auf `0` setzen. Damit stellen Sie sicher, dass, wenn der Dämon eine Datei anlegen sollte, die Berechtigungsbits der geerbten Dateimodus-Erstellungsmaske keine Auswirkungen auf die neue Datei haben. Manchmal ist aber eine gewisse *umask* erwünscht, es muss also nicht unbedingt `umask(0)` sein, sondern kann auch `umask(022)` sein.
- Schließen aller geöffneten Filedeskriptoren mit `close()`. Ein Elternprozess könnte Ihnen nämlich noch einen störenden Filedeskriptor vererbt haben. Und zur Sicherheit schließen Sie in einer Schleife alle Filedeskriptoren. Wobei hier das Problem entsteht, zu erkennen,

wie viele Filedeskriptoren verwendet werden. So müssen Sie die Anzahl zur Not selbst festlegen, da die geöffnete Anzahl unendlich sein kann. Gute Werte sind 32, 64 oder 128 – auch wenn die meisten davon nicht offen sind. Eventuell können Sie auch die symbolische Konstante `_SC_OPEN_MAX` (falls vorhanden) oder `OPEN_MAX` aus *stdio.h* verwenden.

- Den Dämon *syslogd* mit `openlog()` aufrufen und starten

Das folgende Listing demonstriert die einzelnen Schritte, wobei wir davon ausgehen, dass Sie die Schritte im Kapitel zuvor mit dem *syslog*-Dämon und der Funktion `syslog()` ausgeführt haben und sich in der Datei */etc/syslog.conf* der folgende Eintrag befindet:

```
#Testroutine,
local0.=notice-/dev/tty1
```

Über Sinn und Unsinn der Ausgabe auf eine Konsole haben wir bereits gesprochen. Sie können gerne auch testweise andere Einträge in der Datei */etc/syslog.conf* machen. Eine gute Dokumentation können Sie auf der Manual Page von `syslogd(8)` und `syslog.conf(5)` nachlesen. Sollten Sie ein anderes Terminal zur Ausgabe verwendet haben, dann benutzen Sie ebendieses. Das anschließende Listing startet einen Dämon, legt sich für 15 Sekunden schlafen und beendet den Dämon wieder – nicht sehr sinnvoll, aber es geht ja nur um das reine Verständnis. Alle Ausgaben werden im nächsten Beispiel auf das Terminal umgeleitet, das Sie in der Datei */etc/syslog.conf* eingetragen haben. An dieser Stelle können Sie als Übung ruhig einmal versuchen (falls Sie einen Pi haben), die Ausgaben auch auf Ihrem PC zu lesen (natürlich müssen Sie dafür Ihren Pi mit dem PC verbinden und auf diesem dann auch ein Terminal wie *putty* öffnen).

```
/* daemon.c */
#include <stdio.h>
#include <unistd.h>
#include <syslog.h>
#include <sys/types.h>
#include <sys/stat.h>
#include <signal.h>
#include <stdlib.h>

typedef void (*sighandler_t)(int);

static sighandler_t
handle_signal (int sig_nr, sighandler_t signalhandler) {
    struct sigaction neu_sig, alt_sig;

    neu_sig.sa_handler = signalhandler;
    sigemptyset (&neu_sig.sa_mask);
    neu_sig.sa_flags = SA_RESTART;
```

```
    if (sigaction (sig_nr, &neu_sig, &alt_sig) < 0)
        return SIG_ERR;
    return alt_sig.sa_handler;
}

static void start_daemon (const char *log_name, int facility) { // Muss static sein.
    int i;
    pid_t pid;

    /* Elternprozess beenden, somit haben wir einen Waisen, */
    /* dessen sich jetzt vorerst init annimmt.             */
    if ((pid = fork ()) != 0)
        exit (EXIT_FAILURE);

    /* Kindprozess wird zum Sessionführer. Misslingt  */
    /* dies, kann der Fehler daran liegen, dass der   */
    /* Prozess bereits Sessionführer ist.             */
    if (setsid() < 0) {
        printf("%s kann nicht Sessionführer werden!\n",
            log_name);
        exit (EXIT_FAILURE);
    }
    /* Signal SIGHUP ignorieren */
    handle_signal (SIGHUP, SIG_IGN);
    /* Oder einfach: signal(SIGHUP, SIG_IGN) ... */
    /* das Kind terminieren */
    if ((pid = fork ()) != 0)
        exit (EXIT_FAILURE);

    /* Gründe für das Arbeitsverzeichnis:
    * + core-Datei wird im aktuellen Arbeitsverzeichnis
    *   hinterlegt,
    *   damit bei Beendigung mit umount das Dateisystem
    *   sicher abgehängt werden kann.
    */
    chdir ("/");

    /* Damit wir nicht die Bitmaske des Elternprozesses   */
    /* erben bzw. diese bleibt, stellen wir sie auf 0.    */
    umask (0);
```

```
    /* Wir schließen alle geöffneten Filedeskriptoren ... */
    for (i = sysconf (_SC_OPEN_MAX); i > 0; i--)
        close (i);

    /* Da unser Dämonprozess selbst kein Terminal für  */
    /* die Ausgabe hat ... */
    openlog ( log_name,
        LOG_PID | LOG_CONS| LOG_NDELAY, facility );
}

int main (int argc, char **argv) {
    int time   = 15;

    start_daemon ("meinDaemon", LOG_LOCAL0);
    while (1) {
        /* Enlosschleifen: Hier sollte nun der Code für den
         * Dämon stehen, was immer er auch tun soll,
         * bspw. E-Mails abholen, versenden (was keine
         * Anregung sein soll,  mit dem Spammen anzufangen);
         * bei Fehlermeldungen beispielsweise:
         * if(dies_ist_passiert)
         *    syslog(LOG_WARNING, "dies_ist_passiert");
         * else if(das_ist_Passiert)
         *    syslog(LOG_INFO, "das_ist_passiert");
         */
        syslog( LOG_NOTICE, "Dämon gestartet ...\n");
        sleep(time);
        syslog( LOG_NOTICE,
            "Dämon läuft bereits %d Sekunden\n", time );
        break;
    }
    syslog( LOG_NOTICE, "Dämon hat sich beendet\n");
    closelog();
    return EXIT_SUCCESS;
}
```

Listing 7.30 Erzeugt mit einem C-Programm einen Dämonprozess.

Das Programm gibt bei der Ausführung Folgendes in der Konsole aus:

```
$ gcc daemon.c -o daemon
$ ./daemon
```

Ein Blick auf das Terminal (/dev/tty1):

```
Mar 10 07:06:26 linux meinDaemon[2684]: Dämon gestartet ...
Mar 10 07:06:41 linux meinDaemon[2684]: Dämon läuft bereits 15 Sekunden
Mar 10 07:06:41 linux meinDaemon[2684]: Dämon hat sich beendet
```

Während der Ausführung dürfen Sie gerne die Prozessüberwachung auflisten. Sie finden den Dämonprozess für gewöhnlich mit folgendem Eintrag in der Prozesstabelle:


```
$ ps xj
 PPID   PID  PGID   SID TTY   TPGID STAT  UID  TIME COMMAND
...
    1  2691  2690  2690 ?        -1 S     500  0:00 ./daemon
...
```

Sie erkennen den Dämon speziell daran, dass er kein Steuerterminal (TTY = ?) und als Erkennung des Elternprozesses die PPID 1 (*init*) hat.

7.13 Mehr über die Ausführung von Prozessen

Jetzt haben Sie zwar eine Menge über Prozesse erfahren, aber es fehlt noch ein wenig am Detail. Hiermit ist nicht mehr der programmtechnische Aspekt gemeint, sondern alles rund um die Ausführung von Prozessen. Bisher war die Rede von einem Hintergrundprozess, dann wieder von einem *init*-Skript oder einem Cron-Job. Eine Menge Know-how, das man hier aber einfach nicht so stehen lassen kann, denn es gibt ja noch so etwas wie den Bootprozess, mit dem Sie auch eigene Prozesse starten können. Auf den nächsten Seiten bis zum Schluss dieses Kapitels soll nun näher auf den Bootprozess von Linux eingegangen werden.

7.13.1 Einen Dämon beim Booten mit einem init-Skript starten

Sobald der Kernel gestartet wurde, kann er erst einmal nur lesend auf die Root-Partition zugreifen. Der erste Prozess, den der Kernel dann startet, ist *init (/sbin/init)*, der Prozess mit der Prozessidentifikation (PID) 1. *init* wurde bereits in diesem Kapitel erwähnt und ist der Elternteil aller noch folgenden Prozesse. *init* kümmert sich beim Start zunächst um die Konfigurationen des Systems und das Starten der meisten Dämonprozesse.

[«]

Hinweis für init

Wir müssen gleich darauf hinweisen, dass sich über *init* keine 100%-igen Aussagen machen lassen. Hier kochen die jeweiligen Distributionen häufig ihr eigenes Süppchen. Die Unterschiede beziehen sich insbesondere auf die Verzeichnisse, in denen sich die Init-Dateien befinden, und darauf, welche Konfigurationsdateien berücksichtigt werden. Natürlich heißt das auch, dass die *init*-Pakete verschiedener Distributionen gewöhnlich gänzlich inkompatibel sind und nicht untereinander ausgetauscht werden können. Daher folgt hier zunächst ein allgemeiner Überblick über den *init*-Prozess bei Debian Linux.

Nachdem der Kernel *init* gestartet hat, wertet *init* zuallererst die Konfigurationsdatei */etc/inittab* aus. Anschließend führt *init* ein Shell-Skript zur Systeminitialisierung aus. Der Pfad und der Name des Shell-Skripts sind wieder abhängig von der Distribution, meistens ist dies jedoch das Verzeichnis */etc/init.d*. Als Nächstes wird mit `rc` ein weiteres Shell-Skript gestartet, das sich wiederum abhängig von der Distribution in unterschiedlichen Verzeichnissen befinden kann.

`rc` startet jetzt die einzelnen Shell-Skripte, die sich in den Verzeichnissen */etc/rc[n].d* befinden, wobei *n* für den *Runlevel* steht. Der Runlevel ist die Ebene, in der sich der Bootprozess gerade befindet, die niedrigste Stufe ist 1. Diese Stufe hängt z. B. die Partitionen ein und sorgt auch dafür, dass Terminal und Tastatur korrekt funktionieren. Ist die 1. Stufe fertig, wird die nächste Stufe (also 2) abgearbeitet usw. Die Skriptdateien (auch *Startup-Skripte* genannt) in diesen Verzeichnissen für die einzelnen Runlevels wiederum starten die Dämonen für die verschiedenen Systemdienste, die natürlich alle voneinander abhängen können (deshalb auch die Runlevels). Der Ort der *rc[n].d*-Verzeichnisse ist wieder stark abhängig von der Distribution, aber meistens finden Sie diese unter */etc* oder */etc/init.d*.

Anzahl der Runlevels

init verwendet gewöhnlich sieben Runlevels, wobei jeder Runlevel jeweils eine Gruppe von Diensten enthält, die das System beim Starten oder Beenden ausführen soll. Es gibt in */etc/inittab* auch einen Default Runlevel, der wiederum von den Distributionen abhängt. Welcher Runlevel jetzt welche Dienste startet, ist von mehreren symbolischen Links in den Verzeichnissen *rc[n].d* abhängig. Diese symbolischen Links verweisen meistens auf die Startup-Skripte der Dienste, die in */etc/init.d* abgelegt werden. In Tabelle 7.13 finden Sie einen kurzen Überblick über die unterschiedlichen Runlevels und deren Bedeutung (bei Debian):

Runlevel	Bedeutung
0	Dieser Runlevel hält das System komplett an (Shutdown mit Halt).
1 oder S	Dies stellt den Single-User-Modus (Einzelbenutzermodus) dar.
2 oder M	Multiuser-Modus (Mehrbenutzermodus) ohne Netzwerk
3	Multiuser-Modus (Mehrbenutzermodus) mit einem Netzwerk, aber ohne einen X-Start (also ohne Desktop)

Tabelle 7.13 Runlevels und ihre Bedeutung

Runlevel	Bedeutung
4	Dieser Runlevel wird gewöhnlich nicht verwendet und steht somit zur freien Verfügung. Einige Plattformen nutzen jedoch diesen Runlevel, um eigene Dienste in ein Linux-System zu integrieren. Dieser Runlevel wird z. B. von der Retro-Spiele- und Emulator-Sammlung RetroPie benutzt, um eine grafische Oberfläche für die Auswahl der verschiedenen Emulatoren anzubieten.
5	Multiuser-Modus (Mehrbenutzermodus) mit einem Netzwerk und einem grafischen Login (X-Start). Nach dem Login wird gewöhnlich die grafische Oberfläche gestartet.
6	Dieser Runlevel startet das System neu (Shutdown mit Reboot).

Tabelle 7.13 Runlevels und ihre Bedeutung (Forts.)

Bei den Runlevels 0 und 6 handelt es sich um spezielle Fälle, in denen sich ein System nicht lange aufhalten wird. In diesem Runlevel wird das System heruntergefahren bzw. neu gestartet. Generell werden am häufigsten die Runlevels 2 und 3, die Mehrbenutzer-Levels und 5, mit dem eine X-Anmeldeprozedur (mit z. B. *xdm*, *kdm* oder *gdm*) gestartet wird, verwendet. Runlevel 1 bzw. S sind häufig unterschiedlich bei den Systemen definiert. Runlevel 4 wird nicht oft benutzt, es kann aber vorkommen.

Runlevel 1

Im Runlevel 1 bzw. S, dem Einzelbenutzermodus, werden gewöhnlich alle Mehrbenutzer- und Anmeldeprozesse beendet. Auf diese Weise geht man sicher, dass das System nun mit geringem Ressourcenverbrauch ausgeführt wird (sogenanntes *Minimalsystem*). Natürlich bietet Runlevel 1 einen vollen *root*-Zugriff auf das System. Damit ein System im Runlevel 1 auch nach einem *root*-Passwort fragt, wurde der Runlevel S entwickelt. Dieser Runlevel ist gewöhnlich dazu gedacht, dass Administratoren Patches und Updates einspielen können, aber auch für Entwickler, die nur ein Minimalsystem benötigen, damit sie mit ihren Programmen (meistens Spiele) verzögerungsfrei auf alle verfügbaren Ressourcen zugreifen können.

Die Datei /etc/inittab

In */etc/inittab* steht, was *init* in den entsprechenden Runlevels zu tun hat, da *init* beim Start des Systems immer von Runlevel 0 bis zum Default Runlevel »durchläuft«. Damit der Übergang von einem Level zum nächsten reibungslos abläuft, führt *init* die in */etc/inittab* angegebenen Aktionen aus. Dasselbe geschieht natürlich auch im umgekehrten Fall, also beim Herunterfahren bzw. Neustarten des Systems.

Die Verwendung von *inittab* allein macht noch keinen vollständigen Bootvorgang aus, weshalb man hierbei zusätzliche Schichten in Form eines Skripts für das Wechseln der Runlevels eingebaut hat. Dieses Skript (`rc`, zu finden meistens unter */etc/init.d/rc* oder */etc/rc.d/rc*) wird gewöhnlich aus *inittab* heraus aufgerufen. Dieses Skript (also rc) führt wiederum weitere Skripte in einem vom Runlevel abhängigen Verzeichnis aus, um das System in den jeweils neuen Runlevel zu bringen.

Startup-Skripte erstellen und ausführen

Zuerst müssen Sie in Erfahrung bringen, wo sich die Kopien der Startup-Skripte befinden. Meistens sollte dies das Verzeichnis */etc/init.d* sein:

```
$ ls -l /etc/init.d/
insgesamt 308
-rwxr-xr-x  1 root root  2570 2005-03-02 18:45 acpid
-rwxr-xr-x  1 root root  1098 2005-02-24 10:29 acpi-support
-rwxr-xr-x  1 root root 11038 2005-03-25 23:08 alsa
-rwxr-xr-x  1 root root  1015 2004-11-26 12:36 anacron
-rwxr-xr-x  1 root root  1388 2005-03-01 04:11 apmd
-rwxr-xr-x  1 root root  1080 2005-02-18 11:37 atd
-rw-r--r--  1 root root  2805 2005-01-07 19:35 bootclean.sh
-rwxr-xr-x  1 root root  1168 2004-10-29 18:05 cron
...
```

Jede dieser Dateien in */etc/init.d* ist ein Shell-Skript, das für einen Dämon oder sonstige Konfigurationsaufgaben des Systems verantwortlich ist. Um zu erfahren, wie diese Skripte arbeiten, rufen Sie am besten eines davon auf, z. B. den *cron*-Dämon mit der folgenden Kommandozeile:

```
# /etc/init.d/cron
 * Usage: /etc/init.d/cron start|stop|restart|reload|force
```

Hier haben Sie versucht, das Skript »cron«, das für die Ausführung und Beendigung des *cron*-Dämons verantwortlich ist, aufzurufen. Sie bekommen die möglichen Argumente aufgelistet, mit denen Sie das Skript aufrufen können. Neben `start` und `stop` finden Sie hierbei häufig auch `restart`, was im Prinzip dasselbe bewirkt wie ein `stop` mit anschließendem `start`. Des Weiteren findet man gewöhnlich auch die Option `reload`, die den Dienst nicht beendet, sondern ihn auffordert, seine Konfiguration neu einzulesen (meist per `SIGHUP`).

Damit das nächste Beispiel nicht allzu schwer wird, werden wir einen einfachen Dämon erstellen, der nichts anderes macht, als sich in einer Endlosschleife alle 15 Sekunden schlafen zu legen. Wie man Dämonen schreibt, haben wir ja schon demonstriert.

```
/* mydaemon.c */
#include <stdio.h>
#include <unistd.h>
#include <syslog.h>
#include <sys/types.h>
```

```
#include <sys/stat.h>
#include <signal.h>
#include <stdlib.h>

typedef void (*sighandler_t)(int);

static sighandler_t
handle_signal (int sig_nr, sighandler_t signalhandler) {
    struct sigaction neu_sig, alt_sig;

    neu_sig.sa_handler = signalhandler;
    sigemptyset (&neu_sig.sa_mask);
    neu_sig.sa_flags = SA_RESTART;
    if (sigaction (sig_nr, &neu_sig, &alt_sig) < 0)
      return SIG_ERR;
    return alt_sig.sa_handler;
}

static void start_daemon (const char *log_name,
                          int facility) {
    int i;
    pid_t pid;

    /* Elternprozess beenden; somit haben wir einen Waisen,  */
    /* dessen sich jetzt vorerst init annimmt.               */
    if ((pid = fork ()) != 0)
        exit (EXIT_FAILURE);

    /* Unser Kindprozess wird zum Sessionführer. Misslingt   */
    /* dies, kann der Fehler daran liegen, dass der Prozess  */
    /* bereits Sessionführer ist.                            */
    if (setsid() < 0) {
        printf("%s kann nicht Sessionführer werden!\n",
            log_name);
        exit (EXIT_FAILURE);
    }
    /* Signal SIGHUP ignorieren */
    handle_signal (SIGHUP, SIG_IGN);
    /* Oder einfach: signal(SIGHUP, SIG_IGN) ... */
    /* das Kind terminieren */
    if ((pid = fork ()) != 0)
        exit (EXIT_FAILURE);
```

```
    /* Gründe für das Arbeitsverzeichnis:
    * + core-Datei wird im aktuellen Arbeitsverzeichnis
    *   hinterleg,
    *   damit bei Beendigung mit umount das Dateisystem
    *   sicher abgehängt werden kann.
    */
    chdir ("/");

    /* Damit wir nicht die Bitmaske des Elternprozesses     */
    /* erben bzw. diese bleibt, stellen wir sie auf 0.      */
    umask (0);

    /* Wir schließen alle geöffneten Filedeskriptoren ...   */
    for (i = sysconf (_SC_OPEN_MAX); i > 0; i--)
        close (i);

    /* Da unser Dämonprozess selbst kein Terminal für       */
    /* die Ausgabe hat ...                                  */
    openlog (log_name, LOG_PID | LOG_CONS| LOG_NDELAY,
       facility);
}

int main (int argc, char **argv) {
    int time   = 15;

    start_daemon ("mydaemon", LOG_LOCAL0);
    while (1) {
        /* Endlosschleifen: Hier sollte nun der Code für den
           Dämon stehen, was immer er auch tun soll. */
        sleep(time);
    }
    syslog( LOG_NOTICE, "Dämon hat sich beendet\n");
    closelog();
    return EXIT_SUCCESS;
}
```

Das Programm wird nun wie folgt übersetzt:

```
$ gcc mydaemon.c -o mydaemon
```

Natürlich muss es sich hierbei nicht zwangsläufig um ein binäres Programm handeln, Sie können natürlich auch Shell- oder Perl-Skripte mit den Startup-Skripten starten. Als Nächstes sollten Sie das Programm *mydaemon* nach */usr/sbin* (oder auch */usr/local/sbin*) kopieren. Für diese Aktion benötigen Sie die Superuser-*root*-Rechte.

```
# cp mydaemon /usr/sbin
# ls -l /usr/sbin/my*
-rwxr-xr-x  1 root root 12992 /usr/sbin/mydaemon
```

Jetzt folgt das Startup-Skript, mit dem Sie den Dämon *mydaemon* beim Booten starten und beim Shutdown wieder beenden können. Hierbei handelt es sich um ein recht einfaches Shell-Skript. Sofern Sie weitere Optionen wie `start`, `stop` und `restart` benötigen, müssen Sie sich einfach nur den Quellcode von anderen Startup-Skripten ansehen (die im Prinzip immer ähnlich aufgebaut sind).

Folgendermaßen sieht das Startup-Skript (*start_i_daemon*) aus, mit dem Sie *mydaemon* starten, beenden und neu starten:

```
#!/bin/sh
case "$1" in
   start)
        echo "Starte mydaemon  "
        var=`/usr/sbin/mydaemon`
        echo "....[DONE]"
        ;;
    stop)
        echo "Stoppe mydaemon  "
        var=`killall /usr/sbin/mydaemon`
        echo "....[DONE]"
        ;;
    restart)
        var=`killall /usr/sbin/mydaemon`
        var=`/usr/sbin/mydaemon`
        echo "....[DONE]"
        ;;
    *)
        echo "Usage: $0 {start|stop|restart}"
        exit 1
        ;;
esac
```

Das Startup-Skript *start_i_daemon* sollten Sie jetzt in das Verzeichnis */etc/init.d* verschieben und auf die folgende Weise ausführbar machen:

```
# mv start_i_daemon /etc/init.d
# chmod u+x /etc/init.d/start_i_daemon
```

Theoretisch können Sie diesen Dienst jetzt auch schon von Hand starten und wieder beenden:

```
# /etc/init.d/start_i_daemon
Usage: /etc/init.d/start_i_daemon {start|stop|restart}
# /etc/init.d/start_i_daemon start
Starte mydaemon....[DONE]
# /etc/init.d/start_i_daemon restart
Stoppe mydaemon....[DONE]
Starte mydaemon....[DONE]
# /etc/init.d/start_i_daemon stop
Stoppe mydaemon....[DONE]
```

Damit das Ganze aber auch automatisch beim Booten bzw. beim Beenden des Systems in einem bestimmten Runlevel passiert, benötigt das von *init* gestartete Master-Kontrollskript (*rc*) weitere Informationen, welche Prozesse wann ausgeführt werden sollen. Das Master-Kontrollskript sieht hierzu in einem der Verzeichnisse *rc[n].d* (z. B. *rc1.d*; *rc2.d* ... *rc6.d*) nach, wann bei welchem Runlevel ein Prozess gestartet wird. *n* steht wieder für den entsprechenden Runlevel. Dies kann z. B. wie folgt aussehen:

```
# ls -l /etc/rc2.d/
lrwxrwxrwx  1 root root 17 K11anacron -> ../init.d/anacron
lrwxrwxrwx  1 root root 17 S05vbesave -> ../init.d/vbesave
lrwxrwxrwx  1 root root 18 S10sysklogd -> ../init.d/sysklogd
lrwxrwxrwx  1 root root 15 S11klogd -> ../init.d/klogd
lrwxrwxrwx  1 root root 14 S12alsa -> ../init.d/alsa
lrwxrwxrwx  1 root root 13 S14ppp -> ../init.d/ppp
lrwxrwxrwx  1 root root 16 S19cupsys -> ../init.d/cupsys
lrwxrwxrwx  1 root root 15 S20acpid -> ../init.d/acpid
lrwxrwxrwx  1 root root 14 S20apmd -> ../init.d/apmd
...
```

Hierbei fällt gleich auf, dass alle Einträge symbolische Links auf die Startup-Skripte sind, die im *init.d*-Verzeichnis liegen. Dies sieht in den anderen Runlevels genauso aus. Bei allen symbolischen Links fällt außerdem der Anfangsbuchstabe S oder K, gefolgt von einer Nummer und dem eigentlichen Dienst, auf (z. B. *K11anacron*). Die Bedeutung ist die folgende: Steigt *init* einen Runlevel auf (der Runlevel wird also um 1 erhöht), werden alle Startup-Skripte, die mit S beginnen, ausgeführt, also mit dem Argument `start`. Genauso sieht dies in der umgekehrten Reihenfolge aus, wenn *init* von einem höheren Runlevel in den nächstniedrigeren wechselt (also beim Herunterfahren). Dann werden alle Startup-Skripte ausgeführt, die mit K beginnen. Gewöhnlich bedeutet dies, dass die Skripte mit dem Argument `stop` ausgeführt werden. Die Nummern der Runlevels haben also eine Art Prioritätsbedeutung. Die Skripte im

Runlevel-Verzeichnis werden überdies bei der Option start in alphabetischer Reihenfolge ausgeführt und bei stop in umgekehrter Reihenfolge. Somit bedient man sich am besten einer Nummerierung, die die Reihenfolge der Ausführung beeinflusst.

In dem Verzeichnis aus dem letzten Beispiel (also hier */etc/rc2.d*) wollen wir nun auch unser Startup-Skript einfügen, das den Dämon *mydaemon* beim Booten starten soll. Hierzu müssen Sie ebenfalls einen symbolischen Link in das entsprechende Verzeichnis setzen. Weitere symbolische Links werden Sie auch im Runlevel 0 (*/etc/rc0.d*) und 6 (*/etc/rc6.d*) eintragen müssen. Da viele Systeme zwischen einem Shutdown und einem Reboot unterscheiden, sollte man immer auch einen Eintrag in Runlevel 6 machen, um sicherzugehen, dass sich der Dämon auch bei einem Neustart beendet. Hierzu folgen nun die Einträge für die */etc/rc[n].d*-Verzeichnisse:


```
# ln -s /etc/init.d/start_i_daemon \
> /etc/rc2.d/S23start_i_daemon
# ln -s /etc/init.d/start_i_daemon \
> /etc/rc0.d/k23start_i_daemon
# ln -s /etc/init.d/start_i_daemon \
> /etc/rc6.d/k23start_i_daemon
```

Mit der ersten Zeile weisen Sie das System an, dass das Startup-Skript */etc/init.d/start_i_daemon* den Dämon *mydaemon* mit dem Argument start ausführt, wenn das System im Runlevel 2 angelangt ist. Mit der zweiten Zeile legen Sie fest, dass mit */etc/init.d/start_i_daemon* der Dämon *mydaemon* beim Herunterfahren des Systems mit dem Argument stop beendet wird, wenn das System im Runlevel 0 angekommen ist. Dasselbe machen Sie mit der dritten Zeile, nur eben für den Neustart des Systems im Runlevel 6.

Wenn Sie jetzt das System beenden und wieder hochfahren, können Sie in der Startup-Sitzung (sofern sie sichtbar ist) Ihren Dienst beim Starten beobachten. Hier werden Sie irgendwann eine Zeile wie

```
Starte mydaemon....[DONE]
```

wiederfinden. Beim Beenden bzw. Neustarten des Systems ergibt sich dieselbe Meldung, nur dass eben *mydaemon* beendet wurde. Ein Blick auf die Ausgabe des Kommandos pstree zeigt auch, dass *mydaemon* von *init* gestartet wurde, also *init* der Elternprozess davon ist.

7.13.2 Hintergrundprozesse und Jobkontrolle

Wollen Sie einen Prozess im Hintergrund setzen, müssen Sie dem Kommando oder Programm am Ende das Und-Zeichen (&) hinzufügen, z. B.:

```
$ sleep 10 &
[1] 7538
```

In diesem Beispiel haben Sie das Kommando `sleep` mit dem Argument `10` aufgerufen und im Hintergrund ausgeführt. Würden Sie dieses Beispiel ohne das Und-Zeichen ausführen, also normal im Vordergrund, müssten Sie zehn Sekunden oder überhaupt für immer auf das Ende des Prozesses warten, bis Ihnen der Eingabeprompt der Shell wieder zur Verfügung steht. Dadurch dass Sie einen Prozess im Hintergrund ausführen, können Sie ohne weiteres mehrere Programme parallel ausführen.

Jobverwaltung

Damit Sie Prozesse, die Sie in den Hintergrund gestellt haben, auch noch kontrollieren, gibt es eine Jobverwaltung (Job-Control-System). Damit können Sie z. B. Prozesse, die Sie in den Hintergrund gestellt haben, wieder »nach vorn holen« und auch wieder »in den Hintergrund schicken«. Dies kann sinnvoll sein, wenn ein Prozess die kompletten Systemressourcen aufbraucht oder etwa eine Eingabe vom Benutzer erwartet, die aber nicht gemacht wird (vielleicht ist der Benutzer ja schon in den Urlaub gefahren, ohne dass das jemand gemerkt hat). Wenn Sie einen Hintergrundprozess starten, werden eine Nummer zwischen eckigen Klammern und die Prozessidentifikationsnummer angezeigt. Bei der Nummer zwischen den eckigen Klammern handelt es sich um die Jobnummer. Dies sehen Sie auch in dem nächsten Beispiel:

```
$ sleep 10 &
[1] 8204
$ sleep 10 &
[2] 8205
```

Hier haben Sie zweimal das Kommando `sleep` im Hintergrund gestartet. Der Prozess mit der Nummer 8204 hat die Jobnummer 1 und 8205 die Jobnummer 2. Damit Sie sich einen Überblick über alle sich im Hintergrund befindlichen Prozessen verschaffen können, wird das Kommando `jobs` verwendet:

```
$ jobs
[1]-  Running                 sleep 10 &
[2]+  Running                 sleep 10 &
```

An »Running« erkennen Sie, dass beide Prozesse im Hintergrund noch aktiv sind. Eine halbe Minute später sieht dies schon ganz anders aus:

```
$ jobs
[1]-  Done                    sleep 10
[2]+  Done                    sleep 10
```

`jobs` sagt uns hier mit `Done`, dass die beiden ehemaligen Hintergrundprozesse ihre Arbeit verrichtet haben. Jetzt wollen wir nochmals `sleep` aufrufen und dann aber mit der Tastenkombination [Strg]+[Z] für Stopp (Signal `SIGTSTP`) den Prozess anhalten.

```
$ sleep 10
[Strg]+[Z]
[1]+  Stopped                 sleep 10
```

Ein Blick in die Jobverwaltung zeigt uns mit `Stopped`, dass der Prozess angehalten wurde:

```
$ jobs
[1]+  Stopped                 sleep 10
```


Häufig wird ein Prozess auch gestoppt, wenn die Ausführung verdächtig lange dauert oder der Prozess den Rechner erheblich ausbremst. Auch ein Blick in der Prozessliste zeigt uns den gestoppten Prozess anhand des `T` (für *traced*):

```
$ ps -l | grep sleep
0 T  1000 8461 7042 0 76  0-831 finish pts/2 00:00:00 sleep
```

Um dem gestoppten Prozess doch noch sein Happy End zu gönnen, stehen Ihnen mehrere Möglichkeiten zur Verfügung. Sie senden dem gestoppten Prozess das Signal `SIGCONT`, womit dieser seine Ausführung, wenn möglich, fortsetzt. Hierbei benötigen Sie nicht zwangsläufig die `PID` des Prozesses, sondern können auch das Prozentzeichen, gefolgt von der Jobnummer, verwenden. In unserem Beispiel wäre dies:

```
$ kill -SIGCONT %1
$ jobs
[1]+  Done                    sleep 10
```

Hiermit haben Sie den angehaltenen Job mit der Nummer 1 wieder fortgesetzt. Wollen Sie den angehaltenen Prozess hingegen nicht mehr fortsetzen, sondern komplett beenden, dann müssen Sie nur stattdessen die Signale `SIGCONT`, `SIGTERM` oder, wenn es damit nicht mehr klappt, `SIGKILL` senden.

Wieder zurück in die Vergangenheit; der Prozess `sleep` befindet sich wieder im gestoppten Zustand. Die nächste Möglichkeit, den Prozess weiter auszuführen, wäre es, ihn mit dem Kommando `bg` (für *background*) und der entsprechenden Jobnummer (mit vorangestelltem Prozentzeichen) wieder in den Hintergrund zu schicken, wo er weiter ausgeführt wird.

```
$ bg %1
[1]+ sleep 10 &
```

Geben Sie `bg` ohne das Prozentzeichen an, wird der einzige Job, der möglich ist, in den Hintergrund geschickt. Verwenden Sie das Prozentzeichen ohne Jobnummer, bezieht sich die Angabe immer auf den aktuellen Job (*current job*).

Jetzt nochmals zurück in die Vergangenheit, und `sleep` ist wieder angehalten. Eine weitere Möglichkeit, den Prozess weiter auszuführen, wäre es, das Kommando `fg` (für *foreground*) zu verwenden. Die Verwendung von `fg` entspricht exakt der von `bg`. Auch hierbei geben Sie nach dem Prozentzeichen die entsprechende Jobnummer des Prozesses an, von dem Sie wollen, dass er im Vordergrund weiter ausgeführt wird. fg entspricht demselben Anwendungsfall wie schon die Verwendung des Signals SIGCONT.

```
$ fg %1
sleep 10
```

In Tabelle 7.14 sehen Sie einen Überblick über die Funktionen der Jobverwaltung:

Jobbefehl	Bedeutung
fg *%jobnr*	Holt sich einen Job in den Vordergrund, wo er weiterläuft.
bg *%jobnr*	Schiebt einen angehaltenen Job in den Hintergrund, wo er weiterläuft.
Strg+Z	Hält einen sich im Vordergrund aufhaltenden Prozess auf (suspendiert diesen).
kill *%jobnr*	Beendet einen Prozess.
kill -SIGCONT *%jobnr*	Setzt die Ausführung eines angehaltenen Prozesses fort (egal, ob im Hinter- oder Vordergrund).

Tabelle 7.14 Kommandos zur Jobverwaltung

Mit dem folgenden Beispiel soll die Anwendung von fg etwas deutlicher demonstriert werden:

```
/* atest.c */
#include <stdio.h>
#include <stdlib.h>

int main(void) {
    int wert;

    printf("Bitte Wert eingeben: ");
    scanf("%d", &wert);
    printf("Der Wert lautet: %d\n", wert);
    return EXIT_SUCCESS;
}
```

Das Programm gibt bei der Ausführung (im Hintergrund) Folgendes aus:

```
$ gcc atest.c -o atest
$ ./atest &
Bitte Wert eingeben:
```

```
[1] 10240

[1]+  Stopped                 ./atest
$ jobs
[1]+  Stopped                 ./atest
$ fg %1
./atest
10 [↵]
Der Wert lautet: 10
$
```


Hier hat sich das im Hintergrund gestartete Programm `atest` von selbst angehalten, weil sich darin eine Eingabeaufforderung für den Benutzer befand. Anschließend wurde das Programm mit `fg` in den Vordergrund geholt, um dieser Eingabeaufforderung nachzukommen, und das Programm wurde bis zum Ende fortgesetzt.

[«]

Hinweis

Zwar werden wohl die meisten mit der Korn-Shell (`ksh`) oder der Bourne-again-Shell (`bash`) arbeiten, aber sofern Sie mit der Ur-Shell, der Bourne-Shell (`sh`), arbeiten, sollte gesagt sein, dass die »echte« Bourne-Shell keine Jobkontrolle bietet. Unter Linux ist ein Aufruf der Bourne-Shell nichts anderes als ein symbolischer Link zur Bash.

7.13.3 Prozesse zeitgesteuert ausführen (Cron-Jobs)

Häufiger werden Sie die Programme, die Sie schreiben, auch zeitgesteuert ausführen wollen und nicht immer von Hand. Für solche Aufgaben wurde der *cron*-Dämon geschaffen. Hierbei definieren Sie einmal eine Aufgabe und delegieren sie dann an den *cron*-Dämon. Dies wird mit einem Eintrag in der *crontab*-Datei gemacht. Da es besonders bei Heimrechnern nicht immer möglich ist, dass ein entsprechender Cron-Job ausgeführt wird (hierzu muss der PC immer an sein), gibt es auch noch einen Dämon namens *anacron*, der versäumte Cron-Jobs nachholt.

Einmal gestartet (gewöhnlich von *init* mit einem Startup-Skript) liest der *cron*-Dämon standardmäßig jede Minute die *crontab*-Datei ein und schaut, ob ein Job für ihn vorhanden ist. Bevor Sie erfahren, wie Sie Ihr Programm zu einer bestimmten Zeit starten können, noch einige Anmerkungen. Bedenken Sie bitte, wenn Sie einen Prozess über *cron* starten, dass keine Verbindung mehr zum Bildschirm und zu der Tastatur besteht. Sie müssen sich vor Augen halten, dass eine Benutzereingabeaufforderung sowie eine Ausgabe auf dem Bildschirm recht sinnlos in Ihrem Programm sind. In beiden Fällen sollten Sie die Ein- bzw. Ausgabe(n) umleiten. In der Praxis lässt man sich häufig die Ausgabe per E-Mail an den Eigentümer der *crontab* senden.

Die Einträge der *crontab*-Datei vom Superuser *root* befinden sich meistens im */etc*-Verzeichnis. Die *crontab*-Dateien für den Benutzer sollten sich im Verzeichnis */var/spool/cron* befinden. Zum Bearbeiten der *crontab*-Datei genügt gewöhnlich ein einfaches `crontab` mit der Option `-e` (für *edit*). Hiermit wird `crontab` mit dem Standardeditor (meistens *vi*) gestartet. Beim ersten Aufruf (als normaler Nutzer) wird die *crontab*-Datei leer sein.

Einen Eintrag in die *crontab*-Datei macht man mit der folgenden Syntax:

Minuten	Stunden	Tage	Monate	Wochentage	[User]	Befehl
0–59	0–23	1–31	1–12	0–7	Name	`programm`

Tabelle 7.15 Ein Eintrag in die crontab-Datei

Praktisch besteht jede einzelne Zeile aus sechs (bzw. sieben) Spalten, in denen ein Auftrag festgelegt wird. Diese Spalten werden durch ein Leerzeichen bzw. ein Tabulatorzeichen voneinander getrennt. In der ersten Spalte werden die Minuten (0–59), in der zweiten die Stunden (0–23), in der dritten die Tage (1–31), in der vierten die Monate (1–12), in der fünften die Wochentage (0–7; 0 und 7 stehen hierbei für Sonntag) und in der sechsten Spalte das Kommando bzw. Skript angegeben, das zum gegebenen Zeitpunkt ausgeführt werden soll. In der Syntax finden Sie noch eine Spalte *User* (die sechste), die allerdings beim normalen User entfällt. Diese Spalte ist dem *root* vorbehalten, der darin einen Cron-Job für bestimmte User einrichten kann. Somit besteht eine Zeile (Auftrag) einer *crontab*-Datei für den normalen Benutzer aus sechs und für den *root* aus sieben Spalten.

Natürlich können Sie der *crontab*-Datei auch Kommentare hinzufügen. Diese werden mit dem für das Shell-Skript üblichen # eingeleitet. Sie können bei den Zeitangaben anstatt Zahlen auch einen Stern (*) verwenden, was für »Erster und Letzter« steht – also »immer«. Somit würde folgender Eintrag das Programm `meinProgramm` jede Minute ausführen:

```
# Führt das Programm jede Minute aus
* * * * * $HOME/meinProgramm
```

Es sind auch Zahlenbereiche erlaubt, so wird z. B. mit einem Bindestrich ein Bereich von einem anderen getrennt. Die Zahlen zwischen den Bereichen sind immer inklusive. Somit bedeutet folgender Eintrag, dass das Programm `meinProgramm` jeden Tag um 10, 11, 12, 13 und 14 Uhr ausgeführt wird:

```
0 10-14 * * * $HOME/meinProgramm
```

Es können aber auch Listen verwendet werden, in denen Nummern oder auch ein Zahlenbereich von Nummern durch Kommata getrennt werden:

```
0 10-12,16,20-23 * * * $HOME/meinProgramm
```

Hier würde jeden Tag um 10, 11, 12, 16, 20, 21, 22 und 23 Uhr das Programm `meinProgramm` ausgeführt. Beachten Sie, dass keine Leerzeichen in der Liste vorkommen dürfen, da das Leerzeichen ja das Trennzeichen für den nächsten Eintrag ist.

Es sind außerdem Aufträge in bestimmten Schritten möglich. Somit könnten Sie anstatt der folgenden Angabe, alle vier Stunden ein bestimmtes Programm auszuführen

```
0 0,4,8,12,16,20 * * * $HOME/meinProgramm
```

dies mit `0-23/4` oder `*/4` verkürzen:

```
0 */4 * * * $HOME/meinProgramm
```

Einige Beispiele zum besseren Verständnis:

```
# Jeden Tag um 11 Uhr das Skript meinProgramm ausführen
0 11 * * * $HOME/meinProgramm
# Jeden Dienstag und Freitag um 23 Uhr das
# Programm meinProgramm ausführen
0 23 * * 2,5 $HOME/meinProgramm
# Jeden zweiten Tag das Programm meinProgramm
# um 23 Uhr ausführen
0 23 * * 0-6/2 $HOME/meinProgramm
# Achtung: Das Programm wird jeden 15. eines
# Monats UND jeden Samstag um 23 Uhr ausgeführt
0 23 15 * 6 $HOME/meinProgramm
```

Gewöhnlich wird Ihre *crontab*-Datei auf Dauer immer umfangreicher. Sofern Sie *crontab* zur Fernwartung einsetzen, können Sie sich die Ausgabe Ihres Skripts per E-Mail zuschicken lassen. Hierzu müssen Sie die Variable `MAILTO` (per Standard meist auf `user@host` gesetzt) in *crontab* mit Ihrer E-Mail-Adresse versehen. Mit einem leeren `MAILTO` `("")` können Sie dies wieder abschalten. Hierzu soll eine einfache *crontab*-Datei erstellt werden:

```
$ crontab -e

[ ---vi startet--- ]
# alle zwei Minuten die Ausgabe von meinProgramm
# an testdatei hängen
*/2 * * * * $HOME/meinProgramm >> $HOME/testdatei

[ --- abspeichern und quit (:wq)--- ]
crontab: installing new crontab
$
```

Weitere Optionen zu *crontab* finden Sie in Tabelle 7.16:

Aufruf	Bedeutung
`crontab -e`	die *crontab*-Datei editieren
`crontab -l`	alle Cron-Jobs auflisten
`crontab -r`	alle Cron-Jobs löschen

Tabelle 7.16 Optionen für crontab und ihre Bedeutung

[»]

Hinweis

Bitte beachten Sie, dass es drei Versionen von *cron*-Dämonen gibt (BSD, SYSV und Linux), so dass es hier und da zu einigen Differenzen kommen kann. Die Manual Page verschafft Ihnen die absolute Sicherheit.

7.14 Zusammenfassung und Ausblick

Jetzt können Sie zwar mehrere Aufgaben einer Anwendung in mehrere Prozesse aufteilen – aber für die (echte) Praxis fehlt Ihnen noch die Kenntnis, wie Sie Daten zwischen den Prozessen austauschen können. Eine recht primitive Form der Kommunikation zwischen den Prozessen ist die Verwendung von Signalen, die wir im nächsten Kapitel behandeln werden. Richtig einsteigen in die Interprozesskommunikation (kurz IPC) werden Sie allerdings erst im übernächsten Kapitel. Dann werden Sie verschiedene Techniken kennen lernen, mit denen es möglich wird, dass zwei Prozesse mit unterschiedlichen Speicherbereichen Daten untereinander austauschen.

Kapitel 8
Signale

Signale sind zwar das älteste Mittel zur Kommunikation zwischen den Prozessen, aber häufig immer noch ein ausreichendes und einfaches Mittel zum Zweck.

8.1 Grundlagen zu den Signalen

Signale sind asynchrone Ereignisse und bewirken eine Unterbrechung auf der Prozessebene. Genauer gesagt, handelt es sich um Interrupt-Anforderungen. Teilweise abhängig vom System gibt es ca. 30 Signale. Auflisten können Sie diese mit `kill -l` auf der Konsole. Dies kann dann z. B. so aussehen:

```
$ kill -l
 1) SIGHUP       2) SIGINT       3) SIGQUIT      4) SIGILL
 5) SIGTRAP      6) SIGABRT      7) SIGBUS       8) SIGFPE
 9) SIGKILL     10) SIGUSR1     11) SIGSEGV     12) SIGUSR2
13) SIGPIPE     14) SIGALRM     15) SIGTERM     17) SIGCHLD
18) SIGCONT     19) SIGSTOP     20) SIGTSTP     21) SIGTTIN
22) SIGTTOU     23) SIGURG      24) SIGXCPU     25) SIGXFSZ
26) SIGVTALRM   27) SIGPROF     28) SIGWINCH    29) SIGIO
30) SIGPWR      31) SIGSYS      35) SIGRTMIN    36) SIGRTMIN+1
...
61) SIGRTMAX-3  62) SIGRTMAX-2  63) SIGRTMAX-1  64) SIGRTMAX
```

Bleibt nur noch die Frage, was ein Interrupt ist. Ein *Interrupt* ist eine Unterbrechung des laufenden Programms für kurze Zeit. In diesem Sinn unterscheidet sich ein Interrupt nicht von einem Unterprogramm oder einem Thread, der durch einen anderen Thread abgelöst wird. Allerdings wird ein Interrupt durch den Prozessor ausgelöst und hat deshalb Vorrang vor allen gerade laufenden Prozessen. Das heißt, wenn der Prozessor ein Interrupt auslöst, dann springt er sofort an eine bestimmte Speicheradresse. Dort steht ein Programm (ein sogenannter *Interrupt-Handler*), der sich des Interrupts annimmt. Ein Interrupt hat nun immer eine bestimmte Quelle. Beispielsweise kann ein Interrupt durch die Systemuhr ausgelöst werden (sogenannter *Timer-Interrupt*), aber auch durch externe Geräte wie die Grafikkarte oder Festplatte (im Endeffekt senden die meisten Geräte Interrupt-Signale). Nun dürfte Ihnen auch klar sein, was der Interrupt-Handler tut: Er wertet den letzten Interrupt aus und bedient das entsprechende Gerät, das diesen ausgelöst hat. Danach springt der Prozessor zurück zu dem Programm, das durch den Interrupt unterbrochen wurde.

Linux ordnet den Interrupts Signale (mit den entsprechenden Signaltypen) zu, die angeben, wie der letzte Interrupt ausgesehen hat. Natürlich kann auch anhand der Signale eine Kommunikation zwischen den einzelnen Prozessen stattfinden, die gerade laufen. Wie Sie richtig erkannt haben, können einige Signaltypen fehlen. Es gibt aber auch Signaltypen, die auf jedem System vorhanden sind. Zum Beispiel kann der Prozessor durch Fehler dazu veranlasst werden, Interrupts auszulösen, die stets sofort behandelt werden müssen. Ein Standardbeispiel ist, dass Sie versuchen, durch 0 zu teilen. Ein anderes Standardbeispiel ist, dass der Stack vollläuft oder dass Sie versuchen, von einem leeren Stack einen Wert herunterzuziehen. In diesem Fall wird z. B. `SIG16` ausgelöst (steht für *stack fault*). Unter Linux gilt die im letzten Beispiel mit `kill -l` ausgegebene Liste der Signaltypen, aber wenn Sie etwa auf einem kommerziellen UNIX-System programmieren, können sich die Nummern von Linux unterscheiden. Daher empfiehlt es sich, sich schon im Voraus klarzumachen, dass man immer die symbolischen Konstanten anstatt der Nummern verwenden sollte (die Namen sind also eindeutig). Warum das so ist, können Sie leicht einsehen: Jeder Prozessor benutzt eine eigene Strategie, Interrupts zu behandeln, und vergibt auch oft eigene Nummern. Durch die symbolischen Konstanten erreichen Sie, dass aber zumindest Ihr Quellcode auf mehreren UNIXen läuft, inklusive Linux.

Für Signale gibt es viele Anwendungsmöglichkeiten auf Prozessebene. Signale können u. a. zur Prozesssynchronisation verwendet werden, um vordefinierte Aktionen auszuführen, oder um Prozesse zu beenden oder zu unterbrechen. Die Signale lassen sich unter Linux in drei verschiedene Kategorien einordnen:

- Systemsignale (Hardware- I/O und Systemfehler): `ILL`, `TRAP`, `BUS`, `FPE`, `KILL`, `SEGV`, `XCPU`, `XFSZ`, `IO`
- Gerätesignale: `HUP`, `INT`, `PIPE`, `ALRM`, `CHLD`, `CONT`, `STOP`, `TTIN`, `TTOU`, `URG`, `WINCH`, `IO`
- benutzerdefinierte Signale: `QUIT`, `ABRT`, `USR1`, `USR2`, `TERM`

Tritt eines dieser Signale auf, wird es zuerst im entsprechenden Prozesstabelleneintrag hinterlegt (*pending signal*). Bekommt der Prozess, für den dieses Signal bestimmt war, dann CPU-Zeit und ist deshalb an der Reihe, seine Befehle abzuarbeiten, so wird in einer Tabelle von Zeigern auf Funktionen in der Task-Struktur des Kernels nachgesehen, wie auf dieses Signal reagiert werden kann. Die Signalnummer wird dabei als Index dieser Struktur verwendet. Wenn Sie die letzte Aussage verwirrt, dann rufen Sie sich in Erinnerung, wie Interrupts arbeiten: Erst wird der Interrupt-Handler aufgerufen, der die Quelle des Interrupts feststellt und ein Signal daraus macht. Der Signaltyp und die Signalquelle bestimmen dann, welche Systemfunktion durch das Signal aufgerufen wird. Der Prozessor kann aber nur mit Speicheradressen arbeiten (und auch nur zu solchen springen), und diese muss er eben einer Tabelle entnehmen. Diese Tabelle mit den Sprungadressen steht nun als Zeiger im Kernelspace. Wenn Sie sich nun sagen, dass es dann doch möglich sein muss, zu einer indirekten Adresse zu springen, dann haben Sie voll ins Schwarze getroffen: Quasi jeder Prozessor beherrscht die indirekte Adressierung – und genau hierdurch wird die Arbeit mit Zeigern erst möglich.

Wenn ein Prozess ein bestimmtes Signal empfängt, können mehrere Dinge geschehen. Wurde für den Prozess, der ein Signal empfangen hat, z. B. eine entsprechende Verarbeitungsroutine angelegt (im Endeffekt also ein zusätzlicher Interrupt-Handler), so wird diese Routine nun ausgeführt – und zwar sofort und ohne Verzögerung (Signale haben ja stets oberste Priorität). Mit dieser Verarbeitungsroutine fangen Sie also quasi das Signal auf und bedienen beispielsweise eine Netzwerkkarte, ehe bei dieser der Sendepuffer vollläuft. Wurde die Verarbeitungsroutine erfolgreich ausgeführt, setzt der Prozess seine Ausführung dort fort, wo er vorher unterbrochen wurde (auch hierfür besitzt der Prozessor selbstverständlich Befehle, wie z. B. `IRET` IRET (*return from interrupt*).

Ansonsten – also wenn ein Prozess keine eigenen Signalhandler implementiert – führt der Kernel eine Standardaktion für das Signal aus. Diese Standardaktion hängt vom jeweiligen Signal ab. Meist ist dies die Beendigung des Prozesses. Einige Signale erzeugen auch einen Core Dump (Speicherabbild eines Prozesses), der zum Debuggen verwendet werden kann.

Einige Signale werden auch von der C-Bibliothek vorbelegt. Diese Funktionen geben aber nur einen – oft landesspezifischen – String aus, der Ihnen verrät, welches Signal empfangen wurde, und beenden sich dann. Außer einer eigenen Routine zum Abfangen des Signals und der Standardaktion des Kernels können Sie auch dafür sorgen, dass bestimmte Signale gar nicht bei einem Prozess ankommen. Dies geschieht, indem Sie ein Signal einfach ignorieren.

Aber warum muss man dies tun? Warum sollte man wichtige Signale ignorieren? Ganz einfach: Wenn Sie z. B. gerade eine Zeit lang offline sein wollen, dann schalten Sie Ihr WLAN aus. Dies tun Sie dann einfach, indem Sie sämtliche Netzwerksignale ignorieren.

Hinweis

Laut POSIX ist das weitere Verhalten von Prozessen undefiniert, wenn die Signale `SIGFPE`, `SIGILL` oder `SIGSEGV` ignoriert werden und diese auch nicht durch einen manuellen Aufruf von `kill()` oder `raise()` ausgelöst wurden.

Sie haben also drei Möglichkeiten, auf ein Signal zu reagieren (siehe dazu Abbildung 8.1):

- eine selbst geschriebene Funktion benutzen
- das Signal ignorieren (funktioniert nicht mit jedem Signal, z. B. nicht mit `SIGKILL` und `SIGSTOP`)
- die voreingestellte Standardaktion verwenden

Auftreten können Signale entweder durch Programmfehler (unerlaubter Speicherzugriff mit einem Zeiger, ungültige Instruktionen, Division durch null etc.) oder durch den Benutzer selbst. Signale können aber auch z. B. mit speziellen Tastenkombinationen, z. B. die Tastenkombinationen [Strg]+[C] (`SIGINT`) und [Strg]+[Z] (`SIGTSTP`) zur Beendigung bzw. zum Anhalten eines Programms gesendet werden. Ebenso können diese Signale vom Administrator mit `kill` an einen Prozess gesendet werden. Auch Prozesse selbst können einem anderen Prozess ein Signal senden. Dadurch ist, wenn auch sehr beschränkt, eine einfache Interprozesskommunikation möglich.

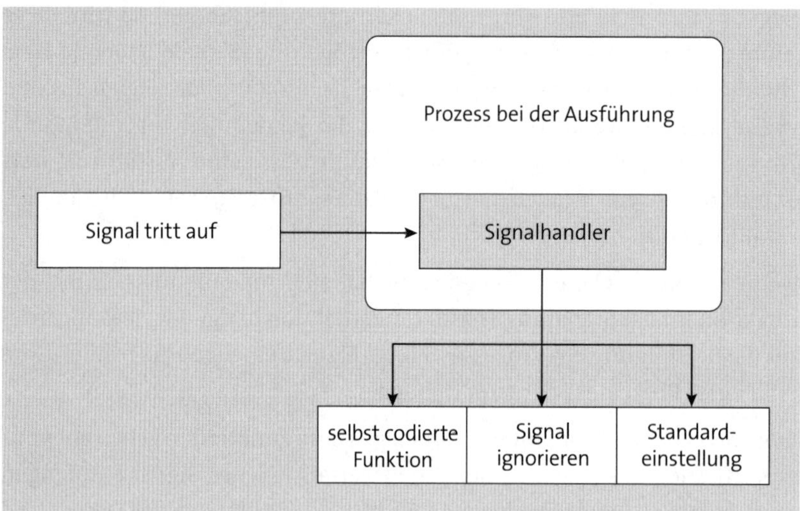

Abbildung 8.1 Mögliche Reaktionen beim Auftreten eines Signals

[»]

Hinweis: STOP und TSTP

[Strg]+[Z] generiert das Signal `TSTP` für die aktuelle Bash, die dann `SIGSTOP` auf den aktuell laufenden Prozess anwendet. Denn schickt man `STOP` einfach an das aktuelle Programm, so nimmt die Bash davon keine Kenntnis.

8.1.1 Signalmasken

Ein gerne verwendeter, aber häufig missverstandener Begriff ist die *Signalmaske*. Für jeden Prozess, der gestartet wird, wird solch eine Signalmaske angelegt. Darin werden die Signale gespeichert, die blockiert wurden und noch auf eine Abarbeitung warten. Für jedes Signal steht dem Prozess ein Bit zur Verfügung. Ist dieses Bit gesetzt, dann wird das entsprechende Signal blockiert, ansonsten wird es verarbeitet.

8.1.2 Signale bei fork()

Erzeugen Sie einen neuen Kindprozess, erbt dieser automatisch alle eingerichteten Signalhandler des Elternprozesses. Somit stehen dem Kindprozess dieselben Aktionen wie dem Elternprozess zur Verfügung.

Ein Tipp noch dazu, wie Sie Zombieprozesse verhindern können, ohne die Funktionen wait() oder waitpid() zu verwenden: Vermeiden können Sie Zombies, indem Sie das Signal SIGCHLD im Elternprozess ignorieren. Damit sagen Sie diesem, dass Sie nicht mehr an dem Kindprozess interessiert sind. Damit werden auch keine Nachrichten mehr für den Kindprozess aufgehoben oder gesendet. Allerdings funktioniert dieser Trick nicht auf jedem System, das kein Linux-System ist.

Sie haben also zwei Möglichkeiten: Entweder Sie kümmern sich nicht um die Kindprozesse (SIGCHLD ignorieren), oder Sie erhalten von ihnen eine Notiz darüber, was dieser Prozess gerade tut (über das entsprechende Signal). Im Signalhandler müssen Sie dann natürlich für die PID des verwaisten Kindprozesses wait() aufrufen.

8.1.3 Signale und exec

Da der Adressraum eines Kindprozesses mit einem Aufruf der exec-Familie vollkommen neu belegt wird, liegt es auf der Hand, dass im Gegensatz zum fork()-Aufruf keine eigenen Routinen mehr vorhanden sind, um den Kindprozess zu steuern. Die zu ignorierenden Signale hingegen bleiben auch nach dem exec-Aufruf erhalten. Für alle anderen Signale wird hier wieder die Standardaktion des Kernels benutzt.

8.1.4 Übersicht zu den Signalen

Jetzt haben Sie zwar einiges zu Signalen erfahren, aber einige Lücken sind doch noch geblieben. Diese Lücken sollen nun geschlossen werden. Es ist also an der Zeit, die einzelnen Signale, die Sie mit kill -l auflisten können, näher zu erläutern. Wir müssen allerdings erwähnen, dass die Signale und Nummern zum Teil systemabhängig sind. Die hier verwendete Übersicht gilt für Intel- und PPC-Prozessorsysteme. Auf Sparc-, Alpha-, MIPS- oder ARM-Prozessoren basierende Systeme haben auf jeden Fall zumindest zum Teil andere Signalnummern (dies gilt auch für den ARM-basierten Raspberry Pi). Die folgenden Tabellen (diese benutzen die Intel-Variante der Linux-Variante Debian Bullseye) sind aufgeteilt nach Themen.

Name	Nr.	Aktion	verfügbar	Bedeutung
SIGFPE	8	Core + Ende	POSIX	Problem bei einer Gleitkommaoperation (z. B. Teilung durch null)
SIGILL	4	Core + Ende	POSIX	Ungültige Instruktion wurde ausgeführt.
SIGBUS	7	Core + Ende		Fehler auf dem System-Bus
SIGSYS	31	Core + Ende		ungültiges Argument bei Systemcall

Tabelle 8.1 Signale, die meist bei Programmfehlern auftreten

Name	Nr.	Aktion	verfügbar	Bedeutung
SIGEMT		Ende		Emulations-Trap
SIGTRAP	5	Core + Ende		Unterbrechung (Einzelschrittausführung)
SIGIOT		Core + Ende		wie SIGABRT
SIGABRT	6	Core + Ende	POSIX	abnormale Beendigung
SIGSEGV	11	Core + Ende	POSIX	unerlaubter Speicherzugriff auf ein Speichersegment

Tabelle 8.1 Signale, die meist bei Programmfehlern auftreten (Forts.)

Name	Nr.	Aktion	verfügbar	Bedeutung
SIGTERM	15	Ende	POSIX	Programme, die SIGTERM abfangen, bieten meistens einen »Soft Shutdown« an.
SIGINT	2	Ende	POSIX	Interrupt der Dialogstation (Strg+C)
SIGHUP	1	Ende	POSIX	Abbruch einer Dialogstationsleitung bzw. Neuladen der Konfiguration für Dämonen
SIGKILL	9	Ende	POSIX	das Signal kill
SIGQUIT	3	Core + Ende	POSIX	das Signal quit von einer Dialogstation

Tabelle 8.2 Signale, die den Prozess beenden

Name	Nr.	Aktion	verfügbar	Bedeutung
SIGALRM	14	Ende	POSIX	Zeituhr ist abgelaufen – alarm().
SIGVTALRM	26	Ende	BSD, SVR4	Der virtuelle Wecker ist abgelaufen.
SIGPROF	27	Ende		Timer zur Profileinstellung ist abgelaufen.

Tabelle 8.3 Signale, die bei Beendigung eines Timers auftreten – Alarm

Name	Nr.	Aktion	verfügbar	Bedeutung
SIGIO	29	ignoriert	BSD, SVR4	Socket-E/A ist möglich.
SIGURG	23	ignoriert	BSD, SVR4	Dringender Socket-Status ist eingetreten.
SIGPOLL		Ende	SVR4	Ein anstehendes Ereignis bei Streams wird signalisiert.

Tabelle 8.4 Asynchrone E/A-Signale

Name	Nr.	Aktion	verfügbar	Bedeutung
SIGCHLD	17	ignoriert	POSIX	Der Kindprozess wurde beendet oder angehalten.
SIGTTIN	21	anhalten	POSIX	Prozess wollte aus einem Hintergrundprozess der Kontrolldialogstation lesen.
SIGTTOU	22	anhalten	POSIX	Prozess wollte in einen Hintergrundprozess der Kontrolldialogstation schreiben.
SIGCLD		ignoriert		wie SIGCHLD
SIGSTOP	19	anhalten	POSIX	Der Prozess wurde angehalten.
SIGTSTP	20	anhalten	POSIX	Der Prozess wurde »von Hand« mit STOP angehalten.
SIGCONT	18	ignoriert	POSIX	Ein angehaltener Prozess soll weiterlaufen.

Tabelle 8.5 Signale zur Prozesskontrolle

Name	Nr.	Aktion	verfügbar	Bedeutung
SIGPIPE	13	Ende	POSIX	Es wurde in eine Pipe geschrieben, aus der niemand liest. Es wurde versucht, in eine Pipe mit O_NONBLOCK zu schreiben, aus der keiner liest.
SIGLOST		Ende		Eine Dateisperre ging verloren.
SIGXCPU	24	Core + Ende	BSD, SVR4	Maximale CPU-Zeit wurde überschritten.
SIGXFSZ	25	Core + Ende	BSD, SVR4	Maximale Dateigröße wurde überschritten.

Tabelle 8.6 Signale, die bei Fehlern einer Operation ausgelöst werden

Name	Nr.	Aktion	verfügbar	Bedeutung
SIGUSR1 SIGUSR2	10, 12	Ende	POSIX	frei zur eigenen Benutzung
SIGWINCH	28	Ignoriert	BSD	Window-Größe hat sich verändert.

Tabelle 8.7 Die restlichen Signale

8.2 Das neue Signalkonzept ab Kernel 2.6.18

Wir haben lange überlegt, ob wir uns noch auf so alte Kernel beziehen sollen, die eine Versionsnummer vor 2.6.18 haben, aber als wir gesehen haben, dass immer noch viele Programmierer alte Software warten müssen, haben wir uns dann doch dafür entschieden.

Da wir davon ausgehen können, dass Sie bereits C können, kennen Sie vermutlich auch die entsprechende alte ANSI-C-Funktion zur Behandlung von Signalen. Wenn Sie mit dem Thema schon vertraut sind, werden Sie sich vermutlich fragen, wozu ab Kernel 2.6.18 ein neues Signalkonzept eingeführt wurde. Für diejenigen, die das *alte* Konzept kennen, sei der folgende Abschnitt gedacht. Alle anderen können diesen getrost überfliegen bzw. überspringen.

8.2.1 Wozu ein neues Signalkonzept?

Das alte Signalkonzept hatte schon in den 90er-Jahren einige Jahre auf dem Buckel. Vor Allem die Einführung von Prozessoren mit mehreren Kernen brachte das alte Signalkonzept an seine Grenzen. Wenn Sie z. B. versuchten, einen aktuellen Signalstatus abzufragen, ohne ihn zu verändern, kam es manchmal vor, dass der Signalstatus extra für die Abfrage verändert werden musste, nur um anschließend einen neuen Signalhandler einzurichten. Somit wurde `signal()` oft zweimal oder sogar mehrmals hintereinander aufgerufen. Das kostete Zeit und wurde auch dem Mehrkernbetrieb nicht gerecht (mehrere Kerne brachten einfach nicht den »Schub«, den man erwartet hatte, und man fuhr sozusagen immer mit angezogener Handbremse).

Ein weiteres Manko war, dass es nicht möglich war, ein Signal nur kurz zu blockieren (z. B. wenn man trotzdem noch wichtigere Sachen vorhatte). Man behalf sich dann immer damit, dass man in einer Schleife ein bestimmtes Flag daraufhin abfragte, ob es sich verändert hatte oder nicht. Falls nicht, wurde im Prozess einfach die Funktion `pause()` aufgerufen, um auf die Ankunft des Signals zu warten. Nun konnte es passieren, dass dieses Signal genau in der Schleife und vor dem `pause()`-Aufruf eintraf. Somit blieb der Prozess in einer Endlosschleife hängen und wurde zum Zombie. Zugegeben, dass dieser Fehler auftrat, war sehr unwahrscheinlich, doch wenn er auftrat, war es kaum noch möglich, das genaue Fehlverhalten nachzuvollziehen.

8.3 Die Signalmenge initialisieren

Signale werden in einer sogenannten *Signalmenge* gespeichert, die aber eigentlich nur eine verkettete Liste mit entsprechenden Strukturen ist. Zum Initialisieren von Signalen werden die Funktionen `sigemptyset()` und `sigfillset()` verwendet. Eine dieser beiden Funktionen muss mindestens aufgerufen werden, da die Signalmenge stets mit Werten initialisiert werden muss (Klar: In eine verkettete Liste müssen ja zuerst Elemente eingehängt werden, bevor man damit arbeiten kann). Die Syntax der beiden Funktionen ist die folgende:

```
#include <signal.h>

int sigemptyset(sigset_t *sig_set);
int sigfillset(sigset_t *sig_set);
```

`sigemptyset()` entfernt alle vorhandenen Signale aus der Signalmenge (wir werden also im weiteren Verlauf von »Menge« und nicht mehr von »Liste« sprechen), auf die der Zeiger `sig_set` zeigt. Bei `sigset_t` handelt es sich um einen primitiven Datentyp innerhalb der Struktur `sigaction`, die zur Manipulation und Abfrage von Signalmengen verwendet wird. Mit der Funktion `segfillset()` hingegen fügen Sie alle vorhandenen Signale, auf die `sig_set` zeigt, zur Signalmenge hinzu. Beide Funktionen geben bei Erfolg `0` und bei einem Fehler `-1` zurück. Vielleicht wundern Sie sich, dass wir an dieser Stelle das eher negativ besetzte Wort »Manipulation« verwenden, wenn etwas (hier die Signalmenge) von außen verändert wird, aber die Begriffe »Signalmenge« und »Manipulation« sind feste Bestandteile der Linux-Begriffswelt und werden deshalb hier auch benutzt.

8.4 Elemente zu der Signalmenge hinzufügen oder aus ihr entfernen

Um zu der zuvor initialisierten Signalmenge einzelne Signale hinzuzufügen bzw. Signale daraus zu entfernen, werden die Funktion `sigaddset()` und `sigdelset()` verwendet, die folgende Syntax haben:

```
#include <signal.h>

int sigaddset(sigset_t *sig_set, int signal_nummer);
int sigdelset(sigset_t *sig_set, int signal_nummer);
```

Wie Sie an den Funktionsnamen ablesen können, dient die Funktion `sigaddset()` dazu, einzelne Signale mit `signal_nummer` an die schon vorhandene Signalmenge zu übergeben, auf die sig_set zeigt. Im Gegensatz dazu kann mit der Funktion sigdelset() ein einzelnes Signal signal_nummer aus der Signalmenge, auf die der Zeiger sig_set zeigt, entfernt werden. Auch hier ist bei ordnungsgemäßer Ausführung der Rückgabewert 0 und bei einem Fehler -1.

8.5 Signale einrichten und abfragen

Die Funktion sigaction() hat im Prinzip denselben Effekt wie die signal()-Funktion, nur dass Sie mit sigaction() mehr Kontrolle und Handlungsmöglichkeiten in Bezug auf Signale haben. Sie können mit sigaction() z. B. ein Signal mit einem bestimmten Signalhandler einrichten oder einen schon eingerichteten Signalhandler abfragen – oder auch beides zusammen.

Die Struktur sigaction wird für die gleichnamige Funktion verwendet und enthält Informationen darüber, wie ein Signal behandelt wird. In dieser Struktur sind folgende Strukturvariablen enthalten:

- sighandler_t sa_handler: Hier befindet sich die Adresse der Funktion (Signalhandler), die beim Auftreten des Signals aufgerufen werden soll. Es können auch die konstanten Werte SIG_DFL (für Standardaktion der Kernels) und SIG_IGN (zum Ignorieren des Signals) verwendet werden.
- sigset_t sa_mask: Hier werden die Signale angegeben, die blockiert werden sollen, während der Signalhandler ausgeführt wird. Beachten Sie hier unbedingt, dass sich der Prozessor an dieser Stelle in einem Interrupt-Status befindet und dass dadurch z. B. Ihr Hauptprogramm zeitweise unterbrochen wird (dies gilt auch für Mehrkernprozessoren, auf denen Interrupts nach wie vor Vorrang haben).
- sa_flags: Hier können Sie einige zusätzliche Flags, sogenannte *Signaloptionen*, angeben.

Es folgt die Syntax der Funktion sigaction():

```
int sigaction (int sig_nr,
               const struct sigaction *handler_neu,
               struct sigaction *handler_alt);
```

Mit dem ersten Argument geben Sie das Signal an, für das Sie einen Signalhandler einrichten oder von dem Sie den Status eines Signalhandlers abfragen wollen. Mit dem zweiten Argument übergeben Sie den neu einzurichtenden Signalhandler als Zeiger auf eine Funktion. Wird hier NULL angegeben, wird kein neuer Signalhandler eingerichtet, und der Kernel verwendet eine Standardfunktion (irgendwo muss der Prozessor ja hinspringen). Mit dem dritten Argument können Sie den aktuellen Signalhandler abfragen. Sind Sie daran nicht interessiert, können Sie hier NULL angeben.

Es gibt noch einige Angaben, die Sie bei sa_flags machen können. Mit dem bitweisen ODER-Operator können Sie mehrere Optionen miteinander verknüpfen. Folgende gängige Optionen können für den Signalhandler gesetzt werden:

- SA_NOCLDSTOP (POSIX, SVR4, BSD): Wird ein Kindprozess angehalten, soll das Signal SIGCHLD nicht generiert werden, sondern nur, wenn der Kindprozess sich selbst beendet.
- SA_RESTART (SVR4, BSD): Wird ein Systemaufruf (Systemcall) durch dieses Signal unterbrochen, wird er automatisch neu gestartet.
- SA_ONESHOT: Der Signalhandler wird nach seiner Ausführung wieder auf Standardwerte zurückgesetzt. Dies entspricht eigentlich dem SYSV-Stil, ist aber unter Linux auch vorhanden.

Es gibt noch mehr Signaloptionen, die aber zum einen Teil nur für SVR4 und zum anderen Teil nur für Linux vorhanden sind. Dies wären z. B. SA_ONSTACK (SVR4, BSD), SA_NOCLDWAIT (SVR4), SA_NODEFER (SVR4), SA_RESETHAND (SVR4), SA_SIGINFO (SVR4), SA_NOMASK (Linux). Wenn Sie alte Programme portieren wollen, sollten Sie die letzten Sätze unbedingt beachten.

Das folgende Beispiel demonstriert Ihnen die meisten hier vorgestellten Funktionen. Dabei wurde außerdem (zu reinen Demonstrationszwecken) die Funktion signal() mit der Funktion sigaction() nachgebildet. Mit der Funktion signal_add() fügen Sie einzelne Signale der Menge hinzu, und mit der Funktion signal_del() entfernen Sie einzelne Signale aus der Menge. Ebenso wurde eine Funktion hinzugefügt, mit der Sie den Status eines Signals ermitteln (check_signal()).

```
/* signal.c */
#include <stdio.h>
#include <stdlib.h>
#include <signal.h>
#include <unistd.h>

typedef void (*sighandler_t)(int);

static sighandler_t
my_signal(int sig_nr, sighandler_t signalhandler) {
   struct sigaction neu_sig, alt_sig;
   neu_sig.sa_handler = signalhandler;
   sigemptyset (&neu_sig.sa_mask);
   neu_sig.sa_flags = SA_RESTART;
   if (sigaction (sig_nr, &neu_sig, &alt_sig) < 0)
      return SIG_ERR;
   return alt_sig.sa_handler;
}
```

```
static sighandler_t
signal_add (int sig_nr, sighandler_t signalhandler) {
    struct sigaction add_sig;
    if (sigaction (sig_nr, NULL, &add_sig) < 0)
        return SIG_ERR;
    add_sig.sa_handler = signalhandler;
    sigaddset (&add_sig.sa_mask, sig_nr);
    add_sig.sa_flags = SA_RESTART;
    if (sigaction (sig_nr, &add_sig, NULL) < 0)
        return SIG_ERR;
    return add_sig.sa_handler;
}

static sighandler_t signal_del (int sig_nr) {
    struct sigaction del_sig;
    if (sigaction (sig_nr, NULL, &del_sig) < 0)
        return SIG_ERR;
    del_sig.sa_handler = SIG_DFL;
    sigdelset (&del_sig.sa_mask, sig_nr);
    del_sig.sa_flags = SA_RESTART;
    if (sigaction (sig_nr, &del_sig, NULL) < 0)
        return SIG_ERR;
    return del_sig.sa_handler;
}

static void check_signal (int sig_nr) {
    struct sigaction check_sig;
    if (sigaction (sig_nr, NULL, &check_sig) < 0)
        return;
    printf("Aktion beim Auftreten von Signal %d: ", sig_nr);
    if (check_sig.sa_handler == SIG_DFL)
        printf ("Standardaktion (default)\n");
    else if (check_sig.sa_handler == SIG_IGN)
        printf ("wird ignoriert\n");
    else
        printf ("Eine Routine wird aufgerufen\n");
}

static void check_sig (int signr) {
    int nr;
    if (signr == SIGINT) {
        printf ("SIGINT ausgelöst\n");
        printf ("-1- Signal aus Maske entfernen\n");
```

```
        printf ("-2- Signal ignorieren\n");
        printf ("-3- SIGALRM in 5 Sekunden auslösen\n");
        printf ("-4- Programm beenden\n");
        printf ("Ihre Wahl : ");
        scanf ("%d", &nr);
        switch (nr) {
            case 1:
                signal_del (SIGINT);
                printf ("SIGINT wurde entfernt\n");
            break;
            case 2:
                return;
            case 3:
                alarm (5);
            break;
            case 4:
                raise (SIGKILL);
            break;
            default:
                printf ("Unbekannte Eingabe\n");
            break;
        }
    }
    else if (signr == SIGALRM) {
        printf ("SIGALRM ausgelöst\n");
        raise (SIGKILL);
    }
}

int main (void) {
    my_signal (SIGINT, check_sig);
    signal_add (SIGALRM, check_sig);
    signal_add (SIGABRT, SIG_IGN);
    check_signal (SIGINT);
    check_signal (SIGALRM);
    check_signal (SIGABRT);
    check_signal (SIGFPE); /* Standardaktion von SIGFPE */
    while (1) ;
    return EXIT_SUCCESS;
}
```

Listing 8.1 Demonstriert die wichtigsten Signaltypen.

Das Programm gibt bei seiner Ausführung Folgendes aus:

```
$ gcc signal.c -o signal
$ ./signal
Für Signal 2 wurde eine Routine eingerichtet
Für Signal 14 wurde eine Routine eingerichtet
Signal 6 wird ignoriert
Für Signal 8 ist die Standardaktion eingerichtet
[Strg]+[C]
SIGINT ausgelöst
-1- Signal aus Maske entfernen
-2- Signal ignorieren
-3- SIGALRM in 5 Sekunden auslösen
-4- Programm beenden
Ihre Wahl : 3
SIGALRM ausgelöst
Getötet
$ ./signal
Für Signal 2 wurde eine Routine eingerichtet
Für Signal 14 wurde eine Routine eingerichtet
Signal 6 wird ignoriert
Für Signal 8 ist die Standardaktion eingerichtet
[Strg]+[C]
SIGINT ausgelöst
-1- Signal aus Maske entfernen
-2- Signal ignorieren
-3- SIGALRM in 5 Sekunden auslösen
-4- Programm beenden
Ihre Wahl : 2
[Strg]+[C]
SIGINT ausgelöst
-1- Signal aus Maske entfernen
-2- Signal ignorieren
-3- SIGALRM in 5 Sekunden auslösen
-4- Programm beenden
Ihre Wahl : 1
SIGINT wurde entfernt
[Strg]+[C]
```

8.5.1 Einen Signalhandler einrichten, der zurückkehrt

In dem letzten Beispiel befindet sich im Hauptprogramm eine Endlosschleife, die so lange läuft, bis Sie die Zahl 4 eingeben. Allerdings wird die Tastatureingabe von dem entsprechenden Signalhandler vorgenommen. Etwas weiter oben haben wir aber gesagt, dass Interrupts stets Vorrang vor allen anderen Vorgängen haben – wie kann also eine Interrupt-Routine Tastatureingaben lesen, wenn sie doch alle anderen Programme blockiert? In der Tat ist dies ein sehr schwieriges Problem, das jeder Prozessor und Chipsatz anders löst. Auf dem PC gibt es z. B. separate Tastaturtreiber, die im Kernel verankert sind, und der Kernel hat auch innerhalb von Interrupt-Routinen noch höchste Priorität. Allerdings gilt dies nur für Linux. Wie Sie sehen, kann die Interrupt-Verarbeitung wirklich nicht ausführlich in diesem Buch besprochen werden.

Stellen Sie sich nun vor, Ihr Programm befindet sich in einer Schleife und arbeitet gerade wichtige Aufgaben ab, wie z. B. das Abspeichern wichtiger Daten. Plötzlich tritt ein Signal auf, der Signalhandler wird aufgerufen und unterbricht das Programm mitsamt Schreibvorgang (klar: der Prozessor merkt sich auch bei einem Interrupt, von welcher Adresse der Sprung gekommen ist, aber der Schreibvorgang wird eben trotzdem unterbrochen). Da der Schreibprozess unterbrochen wird, kann es eben sein, dass Ihre Daten nur teilweise geschrieben werden, also sollten Sie den Signalhandler so einrichten, dass dieser genau zur Ausführung des kritischen Codeausschnitts zurückkehren kann. Erst wenn alle wichtigen Aufgaben abgearbeitet wurden, sollte hier eine Unterbrechung möglich sein (also beispielsweise erst nachdem die Daten geschrieben wurden).

Um einen Handler zu realisieren, der wieder in normaler Weise zum Programm zurückkehrt, benötigen Sie eine globale Variable. Diese Variable sollte beim Aufrufen des Signalhandlers entsprechend verändert und im Programmablauf überprüft werden. Als Datentyp sollten Sie für einen solchen Fall `sig_atomic_t` verwenden, eine atomare Variable. Eine solche Variable nennt man auch *Mutex-Variable* (*mutual exclusion*). Das ist eine Variable, auf die nur ein einziger Prozess gleichzeitig zugreifen kann, und wenn ein Prozess dies tut, dann werden alle anderen Prozesse blockiert und müssen warten, bis die Mutex-Variable wieder freigegeben wird. Im Endeffekt ist das Thema Mutex sehr komplex und kann in diesem Buch nicht in allen Einzelheiten besprochen werden. Sehen Sie es uns deshalb bitte nach, wenn wir etwas »schludern« und nur ein paar sehr einfache Beispiele anführen.

Atomare Variable oder atomare Operation

Wenn Sie z. B. eine Variable auf einem System, in dem zwei CPUs arbeiten, um eins erhöhen wollen, kann es passieren, dass ein Wert um den Wert zwei anstatt wie beabsichtigt um den Wert eins erhöht wird, wenn der Code auf beiden Prozessoren ausgeführt wird. Auf der CPU-Ebene läuft dieser Vorgang nämlich wie folgt ab: Der Wert wird aus dem Speicher in ein Prozessorregister kopiert, anschließend wird dieser Wert erhöht und wieder in den Speicher geschrieben. Nun stellen aber die Prozessoren einen Mechanismus zur Verfügung, mit dem Operationen atomar bearbeitet werden können. Das bedeutet, dass bei Verwendung einer atomaren Operation verhindert wird, dass andere Prozessoren im System auf denselben Speicherbereich zugreifen, solange der gerade laufende Prozessor (Kern) mit der Ausführung der atomaren Operation beschäftigt ist. Dieses Verhalten kann durch spezielle Lock-Anweisungen erreicht werden (Intel, AMD). Es bleibt allerdings anzumerken, dass atomare Operationen auf manchen Systemen wesentlich langsamer ausgeführt werden als normale Operationen.

Es folgt nun ein Beispiel, damit Sie hier nicht völlig in der Luft hängen (in der Tat ist Prozessorarchitektur inzwischen das schwierigste Thema überhaupt in der IT). Es werden ein Signalhandler für das Signal `SIGINT` und eine globale Variable eingerichtet. Im Programm selbst wird in zwei rechenintensiven Schleifen jeweils *Ping* und *Pong* ausgegeben. Wird das Signal `SIGINT` ausgelöst, während *Ping* ausgegeben wird, so wird der Signalhandler aufgerufen, und dieser dekrementiert die globale Variable. Die dekrementierte globale Variable wird nun als Bedingung der Schleife verwendet – ist diese `0`, wird die Schleife im nächsten Durchlauf abgebrochen.

```
/* ping_pong.c */
#include <signal.h>
#include <stdio.h>
#include <stdlib.h>
#include <unistd.h>

typedef void (*sighandler_t)(int);

/* Flag kontrolliert die Beendigung der Hauptschleife. */
volatile sig_atomic_t sigint = 1; // Mutex

static sighandler_t
my_signal (int sig_nr, sighandler_t signalhandler) {
    struct sigaction neu_sig, alt_sig;
    neu_sig.sa_handler = signalhandler;
    sigemptyset (&neu_sig.sa_mask);
    neu_sig.sa_flags = SA_RESTART;
    if (sigaction (sig_nr, &neu_sig, &alt_sig) < 0)
        return SIG_ERR;
    return alt_sig.sa_handler;
}

/* der Signalhandler */
static void catch_sigint (int sig_nr) {
    sigint--; // Zugriff nur durch einen Prozess gleichzeitig
    my_signal (sig_nr, catch_sigint);
}

int main (void) {
```

```
    int i = 90000000, j, k;
    my_signal (SIGINT, catch_sigint);
    /* Damit ist es möglich, dass die Anweisungen in der */
    /* Schleife noch beendet werden, ohne dass bei       */
    /* Eintreffen des Signals SIGINT das Programm abrupt */
    /* unterbrochen wird. Im Beispiel wird kein Ping     */
    /* ohne seinen Pong ausgegeben.                      */
    while (sigint) {
        j = i;
        k = i;
        while (--j) ;
        while (--k) ;
        printf ("Ping-");
        j = i;
        k = i;
        while (--j) ;
        while (--k) ;
        printf ("Pong\n");
    }
    return EXIT_SUCCESS;
}
```

Listing 8.2 Zeigt, wie Sie zwei Prozesse durch Signale synchronisieren.

Wollen Sie dem eigenen Prozess ein Signal senden, erreichen Sie dies mit der Funktion raise(), die in diesem Kapitel in einem Listing bereits verwendet wurde. Die Syntax zu raise() lautet:

```
#include <signal.h>

int raise(int sig_nr);
```

Damit senden Sie dem laufenden Prozess das Signal, das Sie mit sig_nr angegeben haben. Bei Erfolg liefert diese Funktion 0, ansonsten bei einem Fehler -1. raise() ist äquivalent zu:

```
kill(getpid(), sig_nr);
```

8.6 Signale an andere Prozesse senden mit kill()

Mit der Funktion kill() können Sie nicht nur Prozesse beenden, sondern auch Signale an andere Prozesse senden. Ein Beispiel, das hier demonstriert werden soll, ist die Synchronisation von zwei Prozessen (hier: Eltern- und Kindprozess). Die Syntax von kill() ist die folgende:

```
int kill (pid_t pid, int sig_nr) ;
```

Mit kill() senden Sie also das Signal sig_nr an einen Prozess, der mit der Prozess-ID pid näher spezifiziert wird. Eine Besonderheit ist, wenn Sie hier für das Signal sig_nr die Zahl 0 verwenden – damit können Sie überprüfen, ob an den Prozess oder die Prozessgruppe mit der PID pid überhaupt ein Signal geschickt werden kann. Kann kein Signal an den Prozess geschickt werden, liefert kill() als Rückgabewert -1 zurück – was auch für jeden anderen Fehler zutrifft. Bei Erfolg gibt kill() immer 0 zurück. Häufig wird -1 zurückgegeben, weil der Prozess mit der PID pid gar nicht mehr existiert (dies gilt natürlich nicht für einen Zombie, dieser kann mit kill() beendet werden).

Bei der Angabe des Parameters pid werden vier mögliche Angaben unterschieden:

pid-Angabe	Bedeutung
pid > 0	Das Signal geht an den Prozess mit der Prozess-ID pid.
pid == 0	Das Signal erhalten alle Prozesse, die die PGID (*Process Group* ID) des aktuellen Prozesses tragen (dazu gehört natürlich auch der aktuelle Prozess).
pid < -1	Das Signal erhalten alle Prozesse, deren PGID gleich dem absoluten Wert von pid ist.
pid == -1	Alle Prozesse mit Ausnahme von *init* erhalten das Signal. Dass man dafür Superuser-Rechte benötigt, leuchtet ein.

Tabelle 8.8 Mögliche Angaben für pid bei kill() und ihre Bedeutung

Um ein Signal an einen anderen Prozess (also einen beliebigen Prozess, der außer Ihrem eigenen Programm sonst noch läuft) zu schicken, müssen Sie natürlich auch entsprechende Rechte für den Prozess haben. Der Superuser darf logischerweise an alle Prozesse Signale senden. Bei allen anderen Prozessen muss beim Sender die reale oder effektive User-ID identisch mit der realen oder effektiven User-ID des Empfängers sein. Ein spezieller Fall ist das Signal SIGCONT, das von jedem gesendet werden kann, der Teil derselben Session des Empfängers ist.

8.7 Eine Zeitschaltuhr einrichten mit alarm()

Mit der Funktion alarm() können Sie eine Art Zeitschaltuhr einrichten, die nach dem Ablaufen das Signal SIGALRM sendet. Diese Funktion hat die folgende Syntax:

```
#include <unistd.h>

unsigned int alarm(unsigned int sekunden);
```

Wenn die Anzahl an Sekunden abgelaufen ist, die Sie über den Parameter sekunden festlegen, und für das Signal kein Signalhandler eingerichtet wurde, beendet sich der Prozess standardmäßig mit einem Kommentar wie »der Wecker klingelt« (bzw. »alarm clock raising«, wenn nicht gerade die deutsche Locale benutzt wird). Folgt noch vor dem Ablaufen eines `alarm()`-Befehls ein weiterer, so wird der alte `alarm()`-Befehl überschrieben und von dem neuen Timer ersetzt (es gilt also nur immer der Timer, der als Letztes definiert wurde).

8.8 Prozesse stoppen, bis ein Signal eintritt, mit pause()

Wollen Sie einen Prozess bis zum Eintreffen eines Signals stoppen, so kann dies mit `pause()` realisiert werden. Die Syntax von `pause()` ist die folgende:

```
#include <unistd.h>

int pause(void);
```

Die Funktion `pause()` wird häufig missverstanden und falsch eingesetzt. Mit `pause()` wird ein Prozess so lange suspendiert, bis ein Signal eintrifft. Der suspendierte Prozess kann in der Tat nur mithilfe eines Signalhandlers fortgeführt oder mittels externer Beendigung des Prozesses selbst gestoppt werden (also durch `kill()`). Eine Alternative zu `pause()` ist die Funktion `sigsuspend()`, mit der Sie oft besser beraten sind, weil sie mehr Möglichkeiten bietet als `pause()`.

8.9 Prozesse für eine bestimmte Zeit stoppen mit sleep() und usleep()

Muss ein Prozess nur für eine gewisse Zeit und/oder für das Eintreffen eines Signals suspendiert werden, können die Funktionen `sleep()` bzw. `usleep()` dazu verwendet werden.

```
#include <unistd.h>

unsigned int sleep(unsigned int sekunden);
void usleep(unsigned long mikrosekunden);
```

Mit diesen Funktionen wird ein Prozess jeweils für die in den Parametern angegebenen Zeiten angehalten. Bei `sleep()` handelt es sich um Sekundenangaben und bei `usleep()` um Mikrosekunden. Wird ein suspendierter Prozess durch ein Signal vorzeitig beendet und mit einem Signalhandler abgefangen, gibt `sleep()` als Rückgabewert die Anzahl der »nicht geschlafenen« Sekunden zurück.

Hinweis zu weiteren Zeiteinheiten

Weitere Möglichkeiten zum zeitlichen Suspendieren von Prozessen haben Sie mit den Funktionen `select()` und `nanosleep()`.

Die maximale Präzision, die bei der Suspension erreicht werden kann, hängt vom verwendeten System ab. Auf den meisten Linux-Systemen ist dies 1/100 s, bei modernen 64-Bit-PCs mit mehreren Prozessorkernen auch 1/1000 (1/1024) s. Wer es noch präziser braucht, kann dies über `sched_setpriority()` (und dann `nanosleep()`) realisieren, jedoch heißt eine Präzision, die genauer ist als der Standardwert (1/100 s), dass während der Pause andere Prozesse nicht zum Zug kommen. Eine Anwendung, die also periodisch mit einer Periodendauer von weniger als 1/100 s auf ein Ereignis warten würde, würde die CPU kaum noch für andere Prozesse freigeben (selbst wenn diese auf anderen Kernen laufen und der blockierende Prozess im Endeffekt nur 1/8 der Ressourcen belegt). Solche Schleifen nennt man auch *Busy Loops*, weil sie den Ablauf der anderen Prozesse dadurch stören können, dass sie immerzu beschäftigt sind. Busy Loops blockieren zwar nicht unbedingt das gesamte System, können aber gewisse Teile ausbremsen – und wie Murphys Gesetz es will, ist das dann gerade Ihr eigenes Programm.

8.10 Die Signalmaske erfragen oder ändern mit sigprocmask()

Die Menge der Signale eines Prozesses, die im Augenblick geblockt sind, weil sie auf ein Signal warten, wird als *Signalmaske* bezeichnet. Jeder neue Prozess, der erzeugt wird, erbt natürlich stets die Signalmaske von seinem Elternprozess. Mit der Funktion `sigprocmask()` können Sie diese Signalmaske erfragen oder verändern. Die Syntax zu `sigprocmask()` lautet:

```
#include <signal.h>

int sigprocmask (int how,
                 const sigset_t *sig_mask,
                 sigset_t *sig_mask_old);
```

Mit `how` geben Sie an, auf welche Weise Sie die Signalmaske ändern wollen. Dazu können Sie die in Tabelle 8.9 aufgeführten Angaben machen (in Form von Flags):

Konstante	Bedeutung
`SIG_BLOCK`	Zur Signalmaske des Prozesses werden die Signale aus `sig_mask` hinzugefügt.
`SIG_UNBLOCK`	Von der Signalmaske des Prozesses werden die Signale aus `sig_mask` entfernt.
`SIG_SETMASK`	Eine *neue* Signalmaske wird mit den Signalen belegt, die in `sig_mask` angegeben sind.

Tabelle 8.9 Parameter, die angeben, wie die Signalmaske geändert werden soll

Bei den beiden Argumenten sig_mask und sig_mask_old gilt es, drei Fälle zu unterscheiden:

Angabe	Bedeutung
sig_mask != NULL sig_mask_old !=NULL	Damit wird die aktuelle Signalmaske in die Adresse von sig_mask_old geschrieben. Anschließend wird die Signalmaske sig_mask entsprechend dem Argument how geändert. Somit kann der Zustand sig_mask_old jederzeit wiederhergestellt werden.
sig_mask != NULL sig_mask_old = NULL	Damit wird die Signalmaske sig_mask entsprechend how geschrieben.
sig_mask == NULL sig_mask_old != NULL	Damit kann die aktuelle Signalmaske erfragt werden. Die aktuelle Signalmaske befindet sich dann in der Adresse von sig_mask_old. Das Argument how hat dabei keinerlei Bedeutung.

Tabelle 8.10 Signalmaske erfragen, setzen oder beides auf einmal

Ein Beispiel zu sigprocmask() finden Sie in Abschnitt 8.12.

8.11 Einen Prozess während einer Änderung der Signalmaske stoppen mit sigsuspend()

Mit der Funktion sigsuspend() können Sie sicherstellen, dass Sie einen bestimmten Codeabschnitt ausführen können, ohne dass er durch ein eintreffendes Signal laufend gestört wird (dies wäre auch oft viel zu langsam in der Programmausführung). Die Syntax von sigsuspend() lautet:

```
#include <signal.h>
int sigsuspend(const sigset_t *set_signal_maske);
```

Die Funktion sigsuspend() ersetzt die aktuelle Prozess-Signalmaske durch set_signal_maske und suspendiert den Prozess so lange, bis ein Signal eintrifft, das entweder abgefangen (also verarbeitet) wird oder den Prozess beendet. Wenn ein Signal korrekt abgefangen wurde, beendet sich sigsuspend() nach der Abarbeitung des Signalhandlers und gibt den Rückgabewert -1 zurück – die Signalmaske wird auch wieder auf den ursprünglichen Wert gesetzt, der vor dem Aufruf von sigsuspend() übergeben wurde.

8.12 Prozesse synchronisieren

Wollen Sie, dass zwei Prozesse abwechselnd ihre Arbeit verrichten, müssen Sie sie synchronisieren. Wenn Sie dies nicht tun und zwei Prozesse z. B. unabhängig voneinander etwas in eine Datei schreiben, erhalten Sie wahrscheinlich nicht das Ergebnis, das Sie erhalten wollen, denn nunmehr ist es abhängig vom Prozess-Scheduler, in welcher Reihenfolge und wie lange ein Prozess die CPU-Zeit bekommt. Die Reihenfolge lässt sich nicht ändern, denn der Scheduler ist fester Bestandteil des Kernels. Das bedeutet nichts anderes, als dass Sie Signale benutzen müssen, wenn Sie Prozesse synchronisieren wollen. Wir werden nun demonstrieren, wie Sie einen Eltern- und einen Kindprozess mit Signalen synchronisieren können. Hierzu werden gewöhnlich die Signale `SIGUSR1` und `SIGUSR2` mittels `kill()` an die entsprechenden Prozesse gesendet. Ebenso finden Sie im nächsten Beispiel die Funktionen `sigprocmask()` und `sigsuspend()` wieder.

```
/* sig_sync.c */
#include <signal.h>
#include <stdio.h>
#include <stdlib.h>
#include <unistd.h>
#include <errno.h>
#define MAX 5

typedef void (*sighandler_t)(int);

static volatile sig_atomic_t flag = 0; // Mutex
static sigset_t mask_neu, mask_alt, mask_null;
static void sig_func(int);

static sighandler_t
my_signal (int sig_nr, sighandler_t signalhandler) {
   struct sigaction neu_sig, alt_sig;
   neu_sig.sa_handler = signalhandler;
   sigemptyset (&neu_sig.sa_mask);
   neu_sig.sa_flags = SA_RESTART;
   if (sigaction (sig_nr, &neu_sig, &alt_sig) < 0)
      return SIG_ERR;
   return alt_sig.sa_handler;
}

static void start_sync(void) {
   my_signal( SIGUSR1, sig_func );
   my_signal( SIGUSR2, sig_func );
   sigemptyset(&mask_null);
   sigemptyset(&mask_neu);
   sigaddset(&mask_neu, SIGUSR1 );
   sigaddset(&mask_neu, SIGUSR2 );
   if( sigprocmask(SIG_BLOCK, &mask_neu, &mask_alt) < 0 ) {
      printf("Fehler bei sigprocmask() ...\n");
```

```
        exit(EXIT_FAILURE);
    }
}

static void sig_func( int sig_nr ) {
    start_sync();
    flag = 1;
}

static void kind2eltern( pid_t pid ) {
    kill( pid, SIGUSR1 );
}

static void eltern2kind( pid_t pid ) {
    kill( pid, SIGUSR2 );
}

static void kind_wartet( void) {
    while( !flag )
        sigsuspend(&mask_null);
    flag = 0;
    if( sigprocmask(SIG_BLOCK, &mask_alt, NULL) < 0 ) {
        printf("Fehler bei sigprocmask() ...\n");
        exit(EXIT_FAILURE);
    }
}

static void eltern_warten(void ) {
    while( !flag )
        sigsuspend(&mask_null);
    flag = 0;
    if( sigprocmask(SIG_BLOCK, &mask_alt, NULL) < 0 ) {
        printf("Fehler bei sigprocmask() ...\n");
        exit(EXIT_FAILURE);
    }
}

int main (void) {
    pid_t pid;
    int j, i;
    start_sync();
    if( (pid=fork()) <0) {
        perror("fork()");
```

```
        return EXIT_FAILURE;
    }
    else if(pid == 0) {
        for(i = 0; i < MAX; i++) {
            kind_wartet();
            printf("Kind \n");
            kind2eltern(getppid());
        }
        printf("--- Kind Ende ---\n");
        exit(EXIT_SUCCESS);
    }
    for(j = 0; j < MAX; j++) {
        printf("Eltern \n");
        eltern2kind(pid);
        eltern_warten();
    }
    printf("--- Eltern Ende ---\n");
    return EXIT_SUCCESS;
}
```

Listing 8.3 Zeigt, wie Sie Eltern- und Kindprozess mittels Signalen synchronisieren.

Das Programm gibt bei der Ausführung Folgendes aus:

```
$ gcc sig_sync.c -o sig_sync
$ ./sig_sync
Eltern
Kind
Eltern
Kind
Eltern
Kind
Eltern
Kind
Eltern
Kind
--- Eltern Ende ---
--- Kind Ende ---
```

Zugegeben, zu den Signalen lässt sich noch eine Menge mehr schreiben. Sofern Sie des Englischen mächtig sind, empfehlen wir Ihnen dazu die Dokumentation der GNU C Library, in der Sie eine Menge mehr Informationen und auch Code zu den Signalen und deren Behandlung finden. Eine weitere notwendige Lektüre sind natürlich die Manual Pages (`man sigsetops`, `man sigaction`, `man sigsetjmp`, `man sigaltstack`).

Kapitel 9
IPC – Interprozesskommunikation

Wenn Prozesse untereinander kommunizieren, aufeinander warten oder Daten und Ressourcen austauschen müssen, werden sogenannte Interprozesskommunikationen verwendet.

Dass Linux ein Multitasking-System ist, dürften Sie spätestens seit dem Kapitel über Prozesse erfahren und verstanden haben. Dazu gehört auch, dass die meisten der vielen Prozesse, die nebeneinander laufen, so gut wie nichts voneinander wissen, auch nicht, welche Daten sie z. B. verwenden. Dies wird durch verschiedene Maßnahmen realisiert, die alle unter den Begriff *Speicherschutz* fallen. Der Speicherschutz dient dem Schutz der einzelnen Prozesse, denn greift ein Prozess auf die Speichersegmente eines anderen Prozesses zu, so beeinträchtigt dies die Stabilität der Programme, die hinter den Prozessen stehen. Der Speicherschutz sorgt also dafür, dass die einzelnen Prozesse nur ihren eigenen Adressraum »sehen«, und dadurch schützt der Speicherschutz auch das Betriebssystem, das die Prozesse dadurch besser verwalten kann. Voraussetzung dafür ist eine Speicherverwaltungseinheit im Prozessor (MMU = *Memory Management Unit*). In der Regel ist diese Voraussetzung bis auf wenige Ausnahmen auf allen Linux-Systemen gegeben, Ausnahmen stellen meist sogenannte *Embedded-Systeme* oder Mikrocontroller dar, auf denen häufig aber nur einzelne Anwendungen laufen.

Hinweis: Speicherschutz auf dem x86

Der Speicherschutz wird besonders bei x86-Prozessoren immer häufiger unterlaufen. Einige Viren nutzen z. B. den Fehler einiger Anwendungen bzw. des Betriebssystems aus, um einen Buffer Overflow zu erzeugen und auf diese Weise den Speicherschutz außer Kraft zu setzen. Das bedeutet: Wenn Sie Ihr System (das gilt auch und insbesondere für das PC-Linux) nicht immer auf dem neusten Stand halten, nutzen Ihnen die beste MMU und der beste Speicherschutz nichts.

Wie dem auch sei: Ein guter Speicherschutz und natürlich gute Antivirensoftware sind auch unter Linux Pflicht, und Sie sollten also auch unter Linux Ihre Anwendungen stets gut gegen Zugriffe von außen absichern. Dennoch gibt es Anwendungsfälle, wo man sich einen sogenannten *Tunnel* zu einem anderen Prozess graben muss. Einige Gründe hierfür wären:

- Mehrere Prozesse müssen spezielle Daten gemeinsam verwenden.
- Die Prozesse sind voneinander abhängig und müssen gegebenenfalls aufeinander warten.
- Daten müssen von einem Prozess zu einem anderen weitergereicht werden.
- Die Verwendung von Systemressourcen muss koordiniert werden.

Für solche Anwendungsfälle wurden bereits in der UNIX-Variante »System«, also schon vor längerer Zeit, zuverlässige und bewährte Techniken entwickelt, die heute u. a. im Linux-Kern implementiert sind. Diese Mechanismen werden unter dem Begriff *Interprozesskommunikation* (kurz *IPC*) zusammengefasst. Da auch der Betriebssystemkern selbst (vor allem auf Mehrprozessorsystemen) mit den Problemen, die eben aufgezählt wurden, zu kämpfen hat, wurden einige dieser Mechanismen dann auch direkt in den Kernel implementiert.

9.1 Unterschiedliche Interprozesskommunikations-Techniken im Überblick

Eine mögliche Technik (wenn auch sehr beschränkt) haben Sie bereits ein Kapitel zuvor anhand der Signale kennen gelernt. Im folgenden Abschnitt sollen die wichtigsten Interprozesskommunikations-Mechanismen erläutert werden. Viele dieser Techniken werden Sie im Verlaufe des Kapitels bzw. des Buchs noch näher kennen lernen.

9.1.1 Pipes

Pipes, wie auch FIFOs (sogenannte *Named Pipes*), sind die einzigen beiden IPCs, die garantiert auf jedem System vorhanden sind. Sie sind POSIX-, SVR4-, XPG3- und BSD-konform, laufen also auch unter Linux.

Eine *Pipe* ist ein unidirektionaler (also einseitiger) Kommunikationskanal zwischen zwei verwandten Prozessen (sie kann aber auch innerhalb eines einzigen Prozesses genutzt werden). Sie haben Pipes sicherlich schon des Öfteren in der Konsole verwendet, beispielsweise so:

```
$ ps ax | less
```

Hiermit haben Sie aus der Shell heraus zwei Prozesse gestartet: Ein Prozess führt das Kommando `ps ax` aus und schreibt das Ergebnis gewöhnlich an die Standardausgabe. Durch die Pipe (`|`) wird allerdings diese Standardausgabe an den Prozess `less` weitergeleitet. `less` liest hierbei die Daten von der Standardeingabe ein und gibt das aus, was ihm das Kommando `ps` durch die Pipe so schickt. Natürlich erfolgt die Ausgabe mit dem gewöhnlichen Komfort, den `less` Ihnen auch sonst bietet. Eine Pipe ist also quasi ein Rohr, durch das Daten von einem Prozess zum anderen fließen (deshalb heißt sie ja auch so).

Da eine Pipe unidirektional ist, muss, wenn die Daten in beide Richtungen ausgetauscht werden sollen, eine zweite Pipe dazu verwendet werden. Sie dürfen sich eine Pipe also gerne wirklich wie ein Rohr vorstellen, wo die Daten in die eine Seite (bei Prozess A) hineingesteckt werden und bei Prozess B wieder herauskommen.

Eine Pipe dient außer zur Kommunikation zwischen zwei Prozessen auch zur Flusskontrolle. Dies kommt daher, dass eine Pipe nur eine bestimmte Menge an Daten aufnehmen kann (normalerweise 4 KB oder 8 KB). Der genaue Wert steht in der Konstanten `PIPE_BUF` in *limits.h*. Ist die Pipe voll, wird der aus der Pipe lesende Prozess mindestens so lange angehalten, bis mindestens ein Byte aus der vollen Pipe gelesen wurde und wieder Platz vorhanden ist, um die Pipe wieder mit Daten zu befüllen. Umgekehrt gilt dasselbe: Ist die Pipe leer, wird der lesende Prozess so lange angehalten, bis der schreibende Prozess etwas in die Pipe schickt. Es gibt also eine Schreibseite und eine Leseseite bei einer Pipe. Somit ist also nur eine Kommunikation in einer Richtung möglich (sogenanntes *Halb-Duplex-Verfahren*). Sie können sich das Beispiel oben so vorstellen, wie dies in Abbildung 9.1 dargestellt wird:

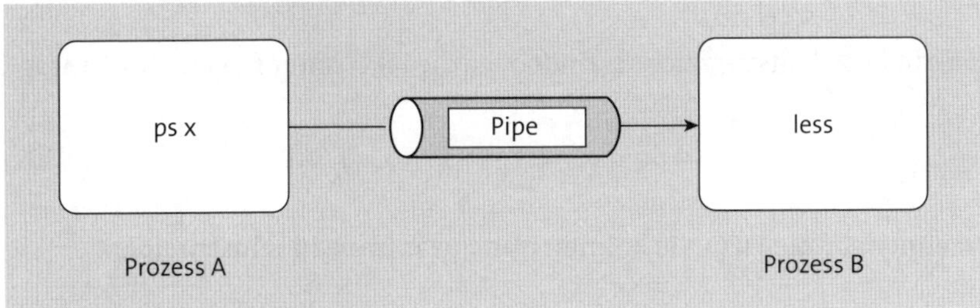

Abbildung 9.1 Kommunikation zwischen zwei Prozessen über eine Pipe

9.1.2 Benannte Pipes (FIFOs)

Mit den Pipes können Sie allerdings nur mit den Prozessen kommunizieren, die miteinander verwandt sind, also nur zwischen »geforkten« Prozessen. Mit FIFOs (sogenannten *benannten Pipes* oder *Named Pipes*) haben Sie die Möglichkeit, auch mit einem völlig fremden Prozess zu kommunizieren und Daten austauschen. Dies deshalb, weil solche Pipes über einen Dateinamen angesprochen werden können.

Hinweis: Named Pipe

Wir verwenden im weiteren Verlauf den Begriff FIFO statt »Named Pipe«, da wir denken, dass der Begriff FIFO (*First In, First Out*) genau das aussagt, was hier geschieht: Daten, die als Erstes hineingegeben werden (in das Rohr), kommen auch beim Empfänger als Erstes an.

Intern (wenn man den Kernel betrachtet) ist eine FIFO tatsächlich nichts anderes als die Implementierung einer namenlosen Pipe. Der Systemaufruf `mkfifo()` macht also z. B. nichts anderes, als eine Pipe als Dateisystem-Objekt darzustellen. Wer mittels `pipe()` eine Pipe erstellt, kreiert auch gleichzeitig eine Datei. Diese sieht man zwar nicht, weil sie in einem eigenen Dateisystem versteckt ist, aber wer etwa in */proc/1234567/fd* nachgesehen hat, sieht bei einigen Einträge wie *pipe:[1692]* auch die mit `pipe()` generierten Einträge. Ähnliches gilt natürlich auch für Netzwerk-Sockets, denn auch diese Datenkanäle sind Pipes, die Daten von einem Sender zu einem Empfänger übertragen. FIFOs (also Named Pipes) werden allerdings im Verzeichnis */dev/initctl* angezeigt (siehe dazu auch `man /proc/1/fd/`). `PF_UNIX`-Sockets werden ebenfalls als `socket:[]`-Objekt dargestellt, auch wenn sie eigentlich einen Dateinamen besitzen.

Wenn Sie an dieser Stelle nun etwas verwirrt sind, ist dies eigentlich ganz normal, denn Pipes sind eines der Themen, die sich den wenigsten Lesern sofort intuitiv erschließen. Genau deswegen sollen nun auch Beispiele folgen, denn daraus lernt man immer noch am besten.

Wir erstellen nun auf der Shell eine FIFO-Pipe. Diese lässt sich folgendermaßen erzeugen:

```
$ mkfifo fifo1
```

Bei einem Blick ins aktuelle Arbeitsverzeichnis finden Sie die FIFO unter folgendem Eintrag:

```
$ ls -l
prw-r--r--    1 pinguin      users        0 2003-12-07 10:53 fifo1
```

Am `p` am Anfang erkennen Sie die FIFO. Sie können nun etwas in sie hineinschreiben:

```
[tty1]
$ echo Der erste Eintrag in die FIFO > fifo1
[tty2]
$ echo Der zweite Eintrag in die FIFO > fifo1
```

Wenn sich die beiden Terminals am Ende einer Netzwerkverbindung befinden, blockieren sie und warten, bis die Daten der FIFO ausgelesen wurden. Wir öffnen nun eine dritte Konsole und lesen danach die FIFO aus:

```
[tty3]
$ cat fifo1
Der zweite Eintrag in die FIFO
Der erste Eintrag in die FIFO
```

Natürlich müssen Sie auch die Zugriffsrechte dafür vergeben, wer in die FIFO etwas schreiben und wer aus ihr lesen darf. FIFOs sind auch halbduplexe Verbindungen, was bedeutet, dass bei FIFOs, wie bei namenlosen Pipes auch, kein mehrfaches Auslesen möglich ist. FIFOs werden daher auch nur dort eingesetzt, wo eine Einbahnstraße gewünscht ist.

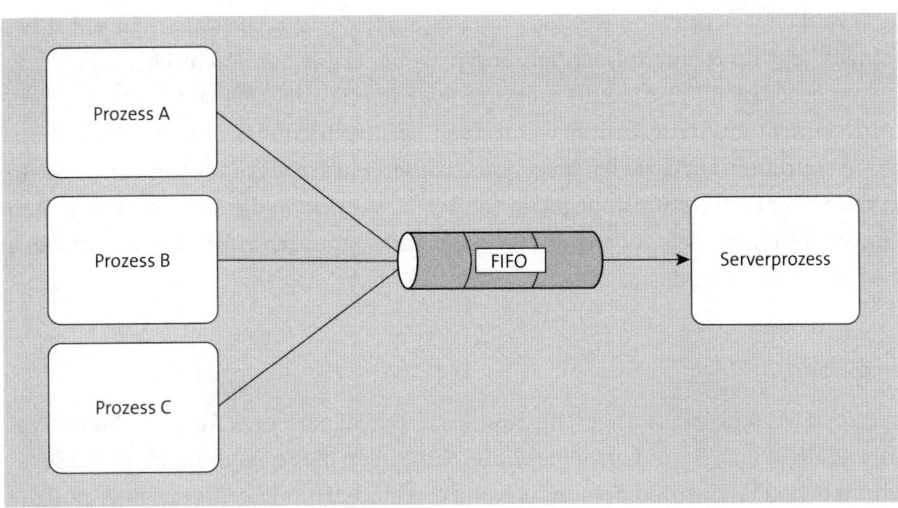

Abbildung 9.2 Kommunikationsmodell einer FIFO-Pipe

9.1.3 Nachrichtenspeicher (sogenannte Message Queues)

Mit diesem Mechanismus können Sie zwischen mehreren Prozessen Nachrichten austauschen. Die Nachrichten werden dabei von einem Prozess an einen bestimmten Speicher (die *Message Queue* = Nachrichtenschlange) geschickt und können dort später von einem anderen Prozess wieder abgeholt werden.

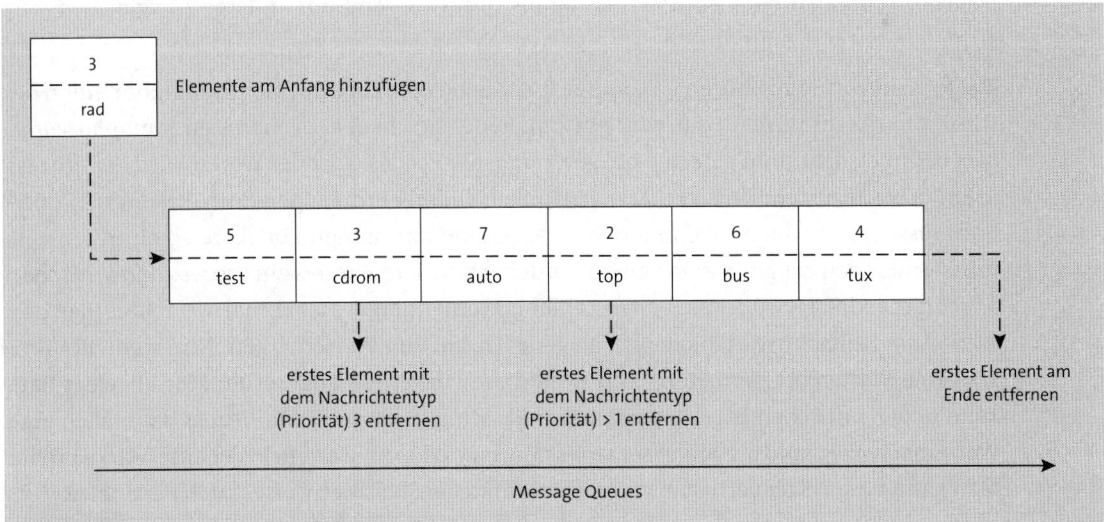

Abbildung 9.3 Prinzip der Message Queue

Größe und Anzahl der Nachrichten werden vom System festgelegt. Die Nachricht selbst besteht aus einem Text- und einem Nachrichtentyp, wobei es für den Nachrichtentyp keine festen Regeln gibt. Es bleibt also dem Programmierer überlassen, welche Funktion einem bestimmten Nachrichtentyp zugeordnet werden soll. Die Nachrichten werden in der Reihenfolge, in der sie eintreffen, auch wieder ausgelesen. Fordert ein Prozess eine bestimmte Nachricht an, so kann über eine Option angegeben werden, dass er entweder so lange angehalten wird, bis eine Nachricht eingeht, oder sofort wieder zur Programmausführung zurückkehrt und eventuell einen Fehlercode ausgibt.

9.1.4 Semaphore

Semaphore haben wir schon kurz angeschnitten, als es um Signale ging. Auch die Mutex-Variable ist im Endeffekt eine Form von Semaphore. Nun sollen die Semaphore in einem separaten Abschnitt behandelt werden. *Semaphore* sind erst einmal nur Zugriffsvariablen, auf die nur mit bestimmten Funktionen zugegriffen werden kann. Ein Semaphor kann durchaus mehrere Werte annehmen und ist auch nicht von binärer Natur. Mit den Prozessen können Sie ein Semaphor abfragen und beispielsweise daraufhin überprüfen, ob es einen bestimmten Wert hat. Es ist auch möglich, mit einer Funktion auf mehrere Semaphore gleichzeitig zuzugreifen. Gewöhnlich verwendet man Semaphore zur Synchronisation beim Zugriff auf kritische Betriebsmittel/Datenstrukturen oder einen kritischen Codeausschnitt. Wenn z. B. der gemeinsame Speicher (das sogenannte *Shared-Memory-Segment*) von zwei oder mehreren Prozessen gleichzeitig verwendet wird, muss verhindert werden, dass sie gleichzeitig in den Speicher schreiben oder ein Prozess daraus liest, während ein anderer zur gleichen Zeit schreibend darauf zugreift.

Das Prinzip von Semaphoren ist nun recht simpel: Will man mit einem Semaphor einen bestimmten Abschnitt schützen, wird ein Zähler, der sich in der sogenannten *Semaphorvariablen* befindet, daraufhin getestet, ob der Wert größer ist als 0. Ist der Wert 0, wird der Prozess in einen Wartezustand versetzt, da sich dann ein anderer Prozess gerade in diesem kritischen Codeausschnitt befindet. Wenn ein Prozess in einen kritischen Codebereich eintreten will, muss er also den Zähler in dem Semaphor dekrementieren; wenn ein Prozess den kritischen Abschnitt verlassen will, muss er den Zähler inkrementieren. Manchmal betrachtet man den Wert einer Semaphorvariablen auch als eine Anzahl von Wartemarken: Nur, wenn ein Prozess eine Wartemarke erhalten kann (weil diese vorher ein anderer Prozess abgelegt hat), kann er den kritischen Bereich passieren – allerdings nimmt dieser Prozess dann auch eine Wartemarke weg, und ein anderer Prozess muss wiederum warten, bis er eine Marke erhält. Man kann diesen Sachverhalt auch grafisch darstellen, beispielsweise durch Petrinetze.

9.1.5 Shared Memory (gemeinsamer Speicher)

Mit dem Shared-Memory-Mechanismus können Sie auch mit mehreren Prozessen auf einen gemeinsamen Datenspeicherbereich zugreifen. Um dies zu realisieren, muss jedoch zuerst ein Prozess diesen gemeinsamen Datenspeicher anlegen (meistens ist dies der Elternprozess bzw. ein Master-Prozess, der alle anderen Prozesse synchronisiert). Anschließend müssen alle anderen Prozesse, die ebenfalls auf das Shared-Memory-Segment zugreifen sollen, mit diesem Datenspeicher bekannt gemacht werden. Dies geschieht, indem der gemeinsam benutzte Speicherbereich in den Adressraum der entsprechenden Prozesse eingeblendet wird (also in den Adressraum jedes Prozesses, der auf das Shared-Memory-Segment zugreifen will). Ebenfalls muss hierbei den Prozessen mitgeteilt werden, wie sie auf den Speicherbereich zugreifen können (lesend oder schreibend oder beides). Wurde all dies erledigt, kann der geteilte Datenbereich wie ein gewöhnlicher Speicherbereich verwendet werden. Da die Struktur der Speicherverwaltungseinheit von der Kernel-Konfiguration abhängig ist (so dass die Größe und Aufteilung variieren kann), sollten Sie vorsichtig sein, wenn Sie einen allzu großen gemeinsamen Speicher verwenden. Leider wurde mit dem Shared-Memory-Segment der IPC keine explizite Synchronisationsfunktion hinzugefügt, weshalb die Kontrolle über das gemeinsame Speichersegment auch mit Sperren oder Semaphoren selbst erledigt werden muss. Der Umgang mit Shared-Memory-Segmenten und Semaphoren gehört also zu den anspruchsvollen Themen in der Informatik. Da eine ausführliche Beschäftigung mit Semaphoren und den dazugehörigen Petrinetzen aber in den Bereich »Algorithmen und Datenstrukturen« gehört, ist natürlich an dieser Stelle kein Platz, um das Thema noch weiter auszuführen.

9.1.6 STREAMs

STREAMs (nicht zu verwechseln mit den STREAMs der Standard-E/A-Funktionen) wurden ursprünglich unter UNIX als Teil von dem als »Network Support Services« bezeichneten Funktionen eingeführt. Da sich STREAMs aber auch hervorragend zur Kommunikation zwischen Prozessen einsetzen lassen, sollen sie nicht unerwähnt bleiben. Ein STREAM ist eine Art Treiber im Kernel, der allerdings keinem physischen Gerät zugeordnet wird. Es handelt sich dabei um eine Schnittstelle zwischen einer Applikation und dem Betriebssystem zum Austausch von Daten. Die Datenströme stehen bei den STREAMs in beiden Richtungen zur Verfügung und sind somit Vollduplex. Auf STREAMS können neben den dafür implementierten Funktionen `putmsg`, `getmsg` und `poll` auch die Systemfunktionen `open`, `close`, `read`, `write` und `ioctl` verwendet werden. Ein STREAM-Mechanismus wird aus den folgenden Komponenten aufgebaut:

- STREAM-Kopf: Hier werden die Systemaufrufe der sogenannten *Message* bzw. der Messages (also quasi den Nachrichten) in Byte-STREAMs und eventuelle Rückgabewerte gespeichert. Ein Message-STREAM kann Daten oder Statusinformationen (oder beides) enthalten. Der Kopf enthält wie jede STREAM-Komponente eine Lese- und eine Schreib-Queue. *Queue* ist das englische Pendant von »Warteschlange«.
- STREAM-Module: STREAM-Module sind optional. Es gibt eine Menge vorhandener Module, deren Aufgabe es u. a. sein kann, Transformationen der Nachrichten durchzuführen

(also Wandlungen von einem Format in ein anderes). Eingetragen werden die Module mit der Funktion `ioctl()`. Natürlich können (fast) beliebig viele Steuermodule eingetragen werden, wobei die Eintragung eines neuen Moduls nach dem Stackprinzip erfolgt.

- STREAM-End: Besteht aus Gerätetreibern, Pseudotreibern, Terminalgerätetreibern oder Multiplexern.

Die STREAMs werden allerdings im Buch nicht explizit behandelt.

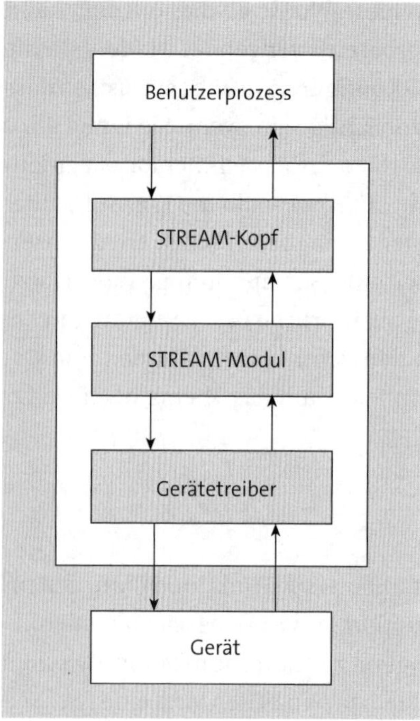

Abbildung 9.4 Kommunikationsmodell eines STREAMs

9.1.7 Sockets

Da die Netzwerkprogrammierung ein eigenes Kapitel darstellt, sei das Socket hier nur kurz der Vollständigkeit halber erwähnt. Sockets wurden im Berkeley-UNIX-System (BSD) als Kommunikation zwischen verschiedenen Rechnern über ein Netzwerk eingeführt. Allerdings ist es mit den Sockets ebenso wie mit STREAMs möglich, eine Kommunikation zwischen Prozessen auf demselben Rechner auszuführen. Sockets können zur Kommunikation verschiedenste Protokolle benutzen, z. B. TCP/IP, UDP/IP oder die Unix Domain Sockets.

9.1.8 Lock Files (Sperrdateien)

Eine recht primitive Form der IPC sind sogenannte *Lock Files* (Sperrdateien), nicht zu verwechseln mit den Dateisperren (Record Locks). Bei den Lock Files werden mehrere Prozesse mithilfe einer einfachen Sperrdatei synchronisiert. Es wird also praktisch nur eine Datei (meist im Verzeichnis */tmp*) angelegt, auf die ein Prozess auch nur Schreibrechte hat. Die Synchronisation erfolgt jetzt durch einen anderen Prozess, der ebenfalls versucht, dieselbe Datei mit Schreibrechten anzulegen. Schlägt dieser Versuch fehl, existiert gerade eine entsprechende Datei. Dieses Fehlschlagen stellt praktisch die Sperre für den Prozess dar, mit seiner Arbeit fortzufahren. Danach wartet der abgewiesene Prozess eine gewisse Zeit lang (meistens mit einem simplen `sleep`-Aufruf), bevor er erneut versucht, eine Datei mit entsprechendem Namen und mit Schreibrechten anzulegen. Die Freigabe dieser Sperre erfolgt dann durch den entsprechenden Prozess, der diese Datei erzeugt hat, also über das Freigeben der Sperrdatei mit `unlink()`.

So toll sich dies in der Theorie anhören mag, in der Praxis ist diese Form der IPC nur bedingt tauglich. Zum einen ist das Problem, dass, sobald der Superuser mitspielen will, die Synchronisation nicht mehr funktioniert, da der Superuser ja von Haus aus immer in jede Datei schreiben darf. Zum anderen ist hier durch das aktive Warten und so das Verschwenden von Prozessorzyklen (mit z. B. `sleep()`) nicht abzusehen, welcher Prozess als nächster Zugriff auf die Sperrdatei hat. So kann es passieren, dass einzelne Prozesse eventuell nie zum Zuge kommen.

9.1.9 Dateisperren (Record Locking)

Ebenso wie mit den eben vorgestellten Sperrdateien kann man auch mit Dateisperren eine IPC einrichten. Auf die Dateisperren (*Record Locking*) sind wir bereits eingegangen, weshalb wir das Thema hier nur kurz anreißen.

Man unterscheidet generell zwischen Pflichtsperren (*Mandatory Locks*) und Kooperationssperren (*Advisory Locks*). Bei den Pflichtsperren werden die Zugriffsrechte einer Datei so gesetzt, dass hierbei jeder `read()`- und `write()`-Systemaufruf prüfen muss, ob er unter den gegenwärtig gesetzten Sperren seinen lesenden oder schreibenden Zugriff durchführen kann. Dieser Vorgang verlangsamt natürlich logischerweise den Zugriff.

Mit den Kooperationssperren hingegen verwendet man eine Funktionsbibliothek mit Zugriffsfunktionen, die Ihnen z. B. Informationen zu einer Sperre liefern und/oder den Zugriff auf gemeinsame Datenbestände regeln. Im Wesentlichen werden diese Sperren mit dem Systemaufruf `fcntl()` oder der Bibliotheksfunktion `lockf()` geregelt. Beide Funktionen wurden bereits in Kapitel 2 erwähnt und zum Teil verwendet.

Zwar ist diese Form der IPC immer noch besser als die Sperrdateien, aber auch hierbei gibt es einige Nachteile. Zum einen sind die Sperrarten wenig genormt – POSIX z. B. kennt keine *Mandatory Locks*. Des Weiteren funktionieren die Sperren nicht bei `open()`- und `unlink()`-Aufrufen. Und das Schlimmste ist: Ein eventueller Angreifer kann mit Absicht durch Setzen und Halten einer Lesesperre auf die komplette Datei den schreibenden Zugriff aller anderen Anwender blockieren. Das bewusste Lahmlegen von Systemfunktionen oder Dateizugriffen wird auch als *DoS-Angriff* (*Denial of Service*) bezeichnet.

9.2 Gründe für IPC

Bei der Kommunikation zwischen Prozessen treten also vielerlei Probleme auf, und selbst, wenn man diese Probleme in den Griff bekommen sollte, so sind doch die entsprechenden Programme dafür nicht trivial. Vielleicht überlegen Sie sich an dieser Stelle (wie übrigens viele Studenten, die dieses Thema nicht ganz zu Unrecht hassen), ob es denn kein anderes Konzept geben kann, das einfacher umzusetzen ist – oder ob man die IPC überhaupt benötigt. Falls Ihnen also der Sinn von IPC noch nicht ganz klar geworden ist, sollen nun noch einige Gründe genannt werden, warum IPC in der Tat sehr wichtig ist. Hier eine kleine Übersicht darüber, welche Probleme mithilfe der Interprozesskommunikation vermieden werden können:

- Gleichzeitiger Zugriff: solange alle Prozesse aus einer Datei lesen, besteht kaum eine Gefahr. Sobald aber einer der Prozesse diese Datei verändern will, entstehen sogenannte *Konkurrenzsituationen* (*Race Conditions*). Diese Probleme können mithilfe von Prozesssynchronisation behoben werden.
- Zugriffsdisziplinen: Will man vermeiden, dass mehrere Benutzer auf die gleichen Daten schreibend zugreifen, richtet man eine sogenannte *Warteschlange* ein (nach dem Motto »one writer, many readers«). Man richtet dazu zwei Warteschlangen ein, eine für das Lesen und eine andere für das Schreiben. Diese Zugriffsdisziplin kann man aber auch mithilfe von Sperren erreichen. Eine gemeinsame Sperre für die Leser, da ja mehrere gleichzeitig lesen dürfen, und eine exklusive Sperre für den Schreiber. Dies verhindert, dass jemand dazwischenfunkt.
- Verhungern von Prozessen: Durch ein Einrichten von Zugriffsdisziplinen kann es passieren, dass ein Prozess ewig in der Warteschlange steht und dabei nie zum Zuge (Schreiben) kommt. Daher sollte man Prioritäten in der Warteschlange einrichten.
- Flusskontrolle: Da man nicht genau sagen kann, welcher von den Prozessen seine Daten zuerst an den Zielrechner schickt und von diesem wieder empfängt, verwendet man sogenannte *Server-Client-IPCs*. Das heißt, man verwendet einen oder mehrere Clients und einen Server. Der Client stellt die Anfrage an den Server, und der Server antwortet. Der oder die Clients müssen nun auf die Antwort des Servers warten, bis sie mit ihrer Arbeit weitermachen können. Dadurch entsteht eine Flusskontrolle (sogar in beide Richtungen). Natürlich sollte man auch hier bei gleichzeitigem Zugriff auf eine Ressource eine Prioritätswarteschlange verwenden.
- Deadlocks: Deadlocks sind Zustände, in denen sich nichts mehr bewegt und auch keine Kommunikation zwischen Prozess A und B mehr stattfindet, z. B. in dem folgenden Szenario: Prozess A greift auf Datei A zu und wartet auf Freigabe von Datei B. Zur gleichen Zeit greift Prozess B auf Datei B zu und wartet auf die Freigabe von Datei A. Beide Prozesse warten nun auf die Freigabe des jeweils anderen Prozesses und geben derweil ihre eigene Datei nicht frei. Deadlocks können vermieden werden, indem man z. B. die Ressourcen

durchnummeriert und diese nur in aufsteigender Form anfordert. Es gibt viele Strategien, Deadlocks zu vermeiden, leider funktionieren sie nicht immer und nicht in allen »Lebenslagen« zuverlässig.

Sie sehen an dieser Stelle schon: Es gibt eine Menge Probleme, die bei der Interprozesskommunikation auftreten können, für die Sie dann mittels Interprozesskommunikations-Strategien verantwortlich sind. Unter Linux kommen Sie nicht um IPC-Mechanismen herum, es gibt aber auch Systeme, die die Dinge anders lösen. Beispielsweise können Sie versuchen, möglichst viele Spezialprozessoren (sogenannte *Custom Chips*) in Ihr System einzubauen, die dann die einzelnen Aufgaben (z. B. Sound, Netzwerk, Grafik) auch unabhängig voneinander erledigen können. Sie kommunizieren in diesem Fall also nicht über Softwareprozesse, sondern über zahlreiche Hardwarebausteine und Spezialbusse. Leider ist es in diesem Fall nur sehr schwer, ein Standard-Linux auf diesen Systemen zu implementieren.

9.3 Pipes

Die Pipes sind neben den Sockets eine der am häufigsten verwendeten Interprozesskommunikations-Techniken und zugleich auch die älteste und erste Technik. Daher ist es auch sinnvoll, die Pipes hier ausführlicher zu beschreiben.

Hinweis: Pipes und FIFOs

Um nicht immer extra dazuschreiben zu müssen, dass hier von namenlosen Pipes die Rede ist, sei erwähnt, dass die benannten Pipes (FIFOs) erst in Abschnitt 9.3.10 zu ihrem vollen Einsatz kommen.

9.3.1 Eigenschaften von Pipes

Eine Pipe besitzt immer eine der folgenden zwei grundlegenden Eigenschaften:

- Bei einer Pipe können Daten immer nur in eine Richtung fließen. Ein Prozess kann praktisch immer nur entweder in eine Pipe schreiben oder aus einer Pipe lesen. Wollen Sie anstatt der Halbduplex-Verbindung eine Vollduplex-Verbindung erstellen, benötigen Sie dazu zwei Pipes zwischen den einzelnen Prozessen.
- Pipes können nur von Prozessen eingerichtet werden, die gemeinsame Vorfahren besitzen. Gewöhnlich wird eine Pipe eingerichtet, indem ein Elternprozess eine Pipe erzeugt und einen Kindprozess mittels `fork()` kreiert, der ebenfalls diese Pipe erbt. Anschließend steht einer guten Kommunikation zwischen dem Elternprozess und dem Kindprozess nichts mehr im Wege.

9.3.2 Pipes einrichten mit pipe()

Eine Pipe wird mit folgendem Systemaufruf eingerichtet:

```
#include <unistd.h>

int pipe( int fd[2] );
```

Diese Funktion erzeugt bei Erfolg (also wenn vorher kein Fehler auftritt) eine Pipe mit folgenden Grundzuständen:

- `fd[0]` ist der Filedeskriptor zum Lesen.
- `fd[1]` ist der Filedeskriptor zum Schreiben in die Pipe.

Bei Erfolg liefert `pipe()` `0`, ansonsten (also bei einem Fehler) `-1` zurück, wobei `errno` auf einen entsprechenden Fehlercode gesetzt wird.

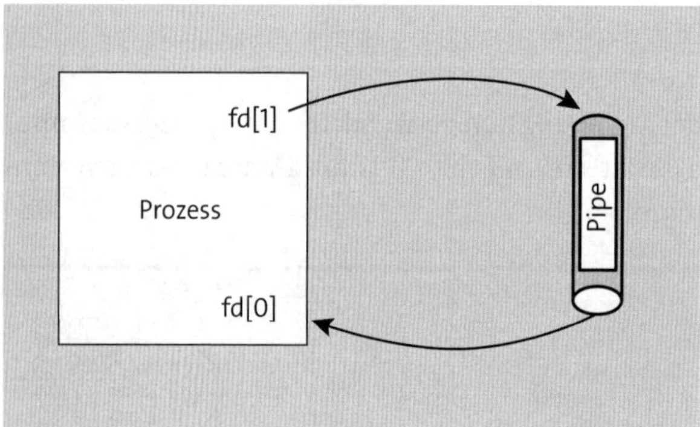

Abbildung 9.5 Erzeugen einer Pipe

[»]

> **Hinweis**
>
> Wer es an dieser Stelle wieder genau wissen will: Nach dem Systemaufruf `pipe()` werden zwei Einträge der globalen Dateitabelle belegt, deren Indexwerte an `fd[0]` und `fd[1]` zurückgegeben werden. Beide Einträge in dieser globalen Dateitabelle zeigen auf denselben Inode, dessen Referenzzähler hiermit um zwei hochgezählt wird.

Die auf die oben dargestellte Weise erstellte Pipe eignet sich allerdings noch nicht für den seriösen Einsatz, da noch kein weiterer Prozess existiert, mit dem kommuniziert werden kann. Gewöhnlich wird deshalb nach dem Erstellen einer Pipe ein Kindprozess mittels `fork()` erzeugt, der uns auch »zuhören« kann. Da der Kindprozess die Pipe des Elternprozesses vererbt bekommt, sieht der Kommunikationsweg nun so aus wie in Abbildung 9.6.

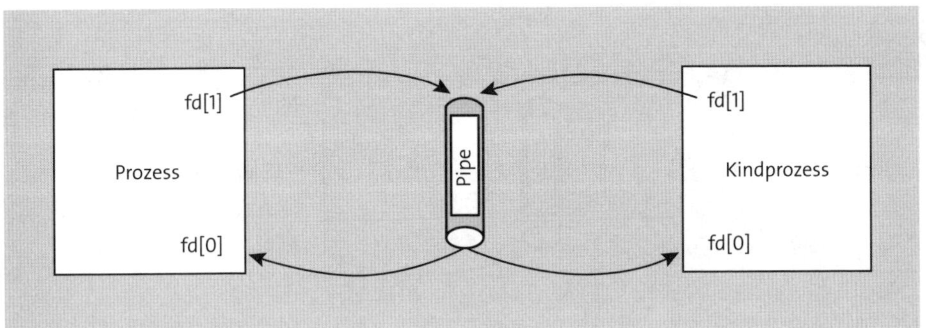

Abbildung 9.6 Ein weiterer Prozess mit fork() wird erzeugt.

Jetzt müssen Sie den beiden Prozessen nur noch mitteilen, wer was tun soll und wer welche Rolle (Sender/Empfänger/stiller Mithörer) übernimmt. Dies geschieht, indem Sie mittels Filedeskriptoren der Pipe und durch Öffnen bzw. Schließen der Kanäle bestimmen, welcher Prozess in die Pipe schreiben und welcher aus ihr lesen soll. Dafür haben Sie bei zwei Prozessen mit jeweils zwei Filedeskriptoren (`fd[0]` und `fd[1]`) logischerweise auch zwei Möglichkeiten:

- Elternprozess liest, Kindprozess schreibt: Der Elternprozess schließt die Schreibseite (`fd[1]`) der Pipe, und der Kindprozess schließt die Leseseite (`fd[0]`).

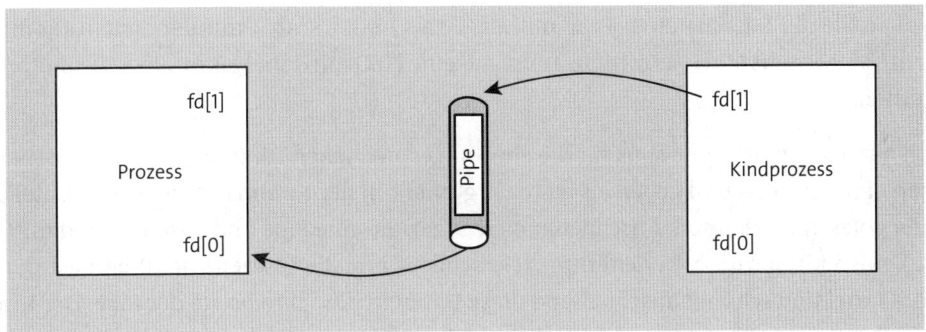

Abbildung 9.7 Daten fließen vom Kindprozess zum Elternprozess.

- Elternprozess schreibt, Kindprozess liest: Der Elternprozess schließt die Leseseite (`fd[0]`) der Pipe, und der Kindprozess schließt die Schreibseite (`fd[1]`).

Hinweis zum Schließen von Datenkanälen

Das Schließen der überflüssigen Filedeskriptoren ist hier zwar nicht zwingend notwendig, nur liefert ein `read()` mit einer unvollständigen Anzahl zu lesender Bytes bzw. bei einer leeren Pipe nur dann EOF (also einen End-of-File-Marker) zurück, wenn vorher alle schreibenden Filedeskriptoren geschlossen werden. Auf diese Weise haben Sie also mehr Kontrolle über eventuelle Übertragungsfehler.

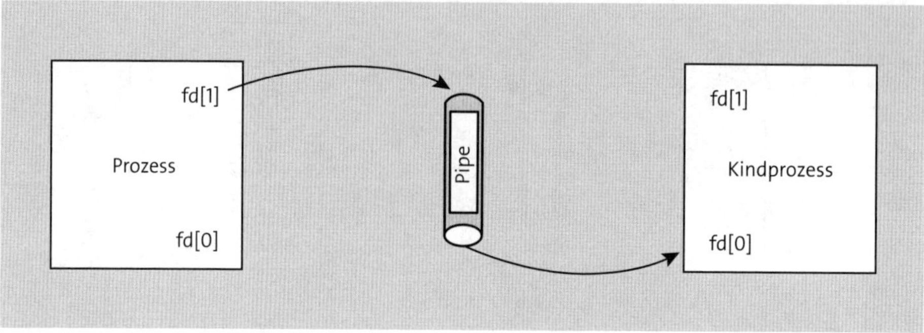

Abbildung 9.8 Daten fließen vom Elternprozess zum Kindprozess.

Notizen zu einer Pipe

- Schreibt einer der Prozesse in eine Pipe, die zum Lesen bestimmt war, wird das Signal `SIGPIPE` ausgelöst. Sofern Sie dieses Signal nicht abfangen, wird das Programm aufgrund der ansonsten ausgelösten Standardaktion dieses Signals beendet.
- Wenn alle Daten aus der Leseseite einer Pipe ausgelesen wurden, liefert `read()` EOF zurück.
- Die maximale Anzahl der Daten, die in eine Pipe geschickt werden können, ist mit der Konstanten `PIPE_BUF` in *limits.h* definiert.
- Wollen Sie die Dateiart einer Pipe mittels `fstat()` oder `stat()` mit der Strukturkomponente `st_mode` aus `stat()` ermitteln, muss auf eine FIFO mit dem Makro `S_ISFIFO` überprüft werden.

Es soll nun ein einfaches Beispiel für die eben angesprochenen Dinge angeführt werden: Sie starten einen Prozess und geben als erstes Argument in der Kommandozeile eine Datei an, aus der gelesen werden soll. Anschließend erzeugen Sie eine Pipe und anschließend mittels `fork()` einen Kindprozess. Der Elternprozess schließt nun die Leseseite der Pipe, liest Daten aus der Datei und schreibt anschließend diese Daten in die Schreibseite der Pipe. Der Kindprozess hingegen schließt die Schreibseite der Pipe und liest mittels `read()` aus der Leseseite der Pipe die Daten ein und gibt diese anschließend auf dem Bildschirm aus. Zugegeben: Dies ist ein umständlicher Weg, Daten zu lesen und anschließend auszugeben, nur lässt sich mit dem nächsten Beispielprogramm recht einfach nachzuvollziehen, wie eine Pipe funktioniert.

```
/* pipe1. c */
#include <unistd.h>
#include <sys/wait.h>
#include <stdio.h>
#include <sys/types.h>
#include <fcntl.h>
#include <stdlib.h>
```

```
#include <limits.h>

int main (int argc, char **argv) {
    int fd[2], fd1, n;
    pid_t pid;
    char puffer[PIPE_BUF];

    if (argc != 2) {
        printf("Usage: %s Datei\n", *argv);
        exit (EXIT_FAILURE);
    }
    if ((fd1 = open (argv[1], O_RDONLY)) < 0) {
        perror ("open");
        exit (EXIT_FAILURE);
    }
    /* Wir erstellen eine Pipe. */
    if (pipe (fd) < 0) {
        perror ("pipe");
        exit (EXIT_FAILURE);
    }
    /* Wir erzeugen einen neuen Prozess. */
    if ((pid = fork ()) < 0) {
        perror ("fork");
        exit (EXIT_FAILURE);
    }
    else if (pid > 0) {   /* Elternprozess */
        close (fd[0]);   /* Leseseite schließen */
        /* Datei auslesen (PIPE_BUF Bytes) */
        n = read (fd1, puffer, PIPE_BUF);
        /* in die Schreibseite der Pipe schreiben */
        if ((write (fd[1], puffer, n)) != n) {
            perror ("write");
            exit (EXIT_FAILURE);
        }
        /* Warten auf den Kindprozess */
        if ((waitpid (pid, NULL, 0)) < 0) {
            perror ("waitpid");
            exit (EXIT_FAILURE);
        }
    }
    else { /* Kindprozess */
        close (fd[1]); /* Schreibseite schließen */
        /* Leseseite der Pipe auslesen (PIPE_BUF Bytes) */
```

```
        n = read (fd[0], puffer, PIPE_BUF);
        /* Daten auf Standardausgabe schreiben */
        if ((write (STDOUT_FILENO, puffer, n)) != n) {
            perror ("write");
            exit (EXIT_FAILURE);
        }
    }
    exit (EXIT_SUCCESS);
}
```

Listing 9.1 Demonstriert die Funktionsweise einer Pipe.

9.3.3 Eigenschaften von elementaren E/A-Funktionen bei Pipes

Da sich die Systemaufrufe `write()`, `read()` oder `close()` bei Pipes anders als sonst üblich verhalten, folgt hierzu eine kurze Erläuterung.

- `read()`: `read()` wird so lange blockiert (vorausgesetzt, es wurden nicht die Flags `O_NONBLOCK` und `O_NDELAY` verwendet), bis sich wieder genügend Daten in der Pipe befinden. Schreibt kein Prozess mehr in die Pipe, wird `read()` so lange blockiert, bis der schreibende Prozess den Systemaufruf `close()` verwendet. Dieses »Steckenbleiben« von `read()` eignet sich z. B. gut zur Synchronisation von Prozessen. Wurde `O_NDELAY` gesetzt und ist die Pipe fürs Schreiben geöffnet worden, aber momentan leer, liefert `read()` `0` (nicht EOF!) zurück. Außerdem wird immer vom Ende des Puffers der Pipe aus gelesen (hierbei ist keine Verschiebung mit `lseek()` möglich).
- `write()`: `write()` schreibt die Daten immer ans Ende des Pipe-Puffers. Ist die Pipe voll, wird der schreibende Prozess so lange blockiert, bis wieder genügend Platz zum Schreiben vorhanden ist. Dieses Verhalten könnten Sie abschalten, indem Sie das Flag `O_NONBLOCK` (und auch `O_NDELAY`) mit z. B. der Funktion `fcntl()` verwenden. In diesem Fall (also bei gesetztem Flag) liefert der schreibende Prozess bei einem vollen Puffer `0` zurück. Gewöhnlich betreibt man aber eine Pipe blockierend. Ein Schreiben innerhalb der Grenze `PIPE_BUF` ist außerdem immer atomar, sprich: Kein anderer Prozess kann dieses Schreiben unterbrechen, geschweige denn selbst in die Pipe schreiben. Versucht ein Prozess, in eine Pipe zu schreiben, die noch von keinem anderen Prozess zum Lesen geöffnet wurde, wird das Signal `SIGPIPE` (*broken pipe*) gesendet, was standardmäßig den Abbruch des schreibenden Prozesses bedeutet.

[»]

Hinweis

Die zuletzt genannten Eigenschaften treffen natürlich sowohl für die namenlosen als auch für die benannten Pipes (FIFOs) zu.

9.3.4 Standard-E/A-Funktionen mit pipe() ausführen

Natürlich ist es auch möglich, auf Pipes mit den Standard-E/A-Funktionen zuzugreifen. Dazu müssen Sie nur den mit dem pipe()-Aufruf erhaltenen Filedeskriptoren mithilfe der Funktion fdopen() einen Dateizeiger vom Typ FILE * zuteilen. Natürlich müssen Sie fdopen() mit dem richtigen Modus verwenden, denn es ist nicht möglich, folgende Konstruktion zu nutzen:

```
FILE *f;
f = fdopen(fd[0], "w"); /* falsch */
```

Richtig ist dagegen die folgende Konstruktion:

```
FILE *rd, *wr;
rd = fdopen(fd[0], "r");
wr = fdopen(fd[1], "w");
```

Beachten Sie, wenn Sie zwei Pipes erstellen, um mit einem Kindprozess Daten auszutauschen, dass dort reading und writing umgekehrt sind, d. h. *parentRead* = *childWrite* und *parentWrite* = *childRead*. Geben Sie Ihrem Dateizeiger bitte einen aussagekräftigen Namen, um Verwechslungen auszuschließen.

Das folgende Beispiel soll die Verwendung einer Pipe zusammen mit den Standard-E/A-Funktionen demonstrieren. Auch hierbei werden wieder (wie schon im Listing zuvor) eine Pipe und ein Kindprozess erzeugt. Eine Datei, die Sie als erstes Argument in der Kommandozeile angeben, wird ebenso versucht anzulegen. Im Elternprozess schließen Sie die Leseseite und weisen der Schreibseite mittels fdopen() einen FILE-Stream zu. Mittels fgets() wird nun etwas von der Standardeingabe eingelesen und mittels fputs() in die Schreibseite der Pipe geschrieben. Im Kindprozess wird zunächst die Schreibseite der Pipe geschlossen, und der FILE-Stream wird mittels fdopen() der Leseseite der Pipe zugewiesen. Anschließend wird mit fgets() (aus der Pipe) gelesen und mit fputs() in die geöffnete Datei geschrieben.

```
/* pipe2.c */
#include <unistd.h>
#include <sys/wait.h>
#include <stdio.h>
#include <sys/types.h>
#include <fcntl.h>
#include <stdlib.h>
#include <limits.h>

int main (int argc, char **argv) {
    int fd[2];
    pid_t pid;
    char puffer[PIPE_BUF];
```

9

```
FILE *reading, *writing, *newfile;

if (argc != 2) {
    printf("Usage: %s Datei\n", *argv);
    exit (EXIT_FAILURE);
}
if ((newfile = fopen (argv[1], "a+")) < 0) {
    perror ("fopen");
    exit (EXIT_FAILURE);
}
/* Wir erstellen eine Pipe. */
if (pipe (fd) < 0) {
    perror ("pipe");
    exit (EXIT_FAILURE);
}

/* Wir erzeugen einen neuen Prozess. */
if ((pid = fork ()) < 0) {
    perror ("fork");
    exit (EXIT_FAILURE);
}
else if (pid > 0) {   /* Elternprozess */
    close (fd[0]);   /* Leseseite schließen */
    if ((writing = fdopen (fd[1], "w")) == NULL) {
        perror ("fdopen");
        exit (EXIT_FAILURE);
    }
   /* PIPE_BUF Bytes lesen */
   fgets (puffer, PIPE_BUF, stdin);
   /* Wir schreiben in die Pipe. */
   fputs (puffer, writing);
}
else { /* Kindprozess */
    close (fd[1]);   /* Schreibseite schließen */
    if ((reading = fdopen (fd[0], "r")) == NULL) {
        perror ("fdopen");
        exit (EXIT_FAILURE);
    }
   /* Wir lesen aus der Pipe (PIPE_BUF Bytes). */
   fgets (puffer, PIPE_BUF, reading);
   fputs (puffer, newfile);
```

```
    }
    exit (EXIT_SUCCESS);
}
```

Listing 9.2 Zeigt zwei Prozesse, die sich eine Nachricht über eine Pipe schicken.

Das Programm gibt bei der Ausführung Folgendes aus:

```
$ gcc pipe2.c -o pipe2
$ ./pipe2 new_file.txt
»Hallo Welt« in Pipe 2 schreiben
$ cat new_file.txt
»Hallo Welt« aus Pipe 2 auslesen und in der Konsole anzeigen
```

9.3.5 Pipes in einen anderen Prozess umleiten

Am Anfang des Abschnitts zu den Pipes haben wir ein Listing angegeben, das aus einer Datei im Kindprozess etwas gelesen hat. Das Gelesene haben Sie dann in die Pipe geschrieben, und der Elternprozess hat dies ausgelesen und an die Standardausgabe weitergeleitet. Bei etwas längeren Texten wurde diese Ausgabe allerdings etwas unübersichtlich, da der komplette Text auf einmal ausgegeben wurde. Sie können entweder eine Funktion schreiben, mit der der Anwender z. B. alle 23 Zeilen aufgefordert wird, eine Taste zu drücken, damit die nächsten 23 Zeilen gelesen werden, oder Sie verwenden gleich die Betriebsmittel, die Ihnen dafür zur Verfügung stehen. Dies sind z. B. Programme wie `less`, `pg`, `nl`, `tail`, oder `more`, mit denen Sie sich zeilen- bzw. seitenweise durch den Text hangeln können. In dem nun folgenden Listing wird dies anhand des Pagers `less` demonstriert.

```
/* pipe3.c */
#include <unistd.h>
#include <sys/wait.h>
#include <stdio.h>
#include <sys/types.h>
#include <fcntl.h>
#include <stdlib.h>
#include <limits.h>
#define EXIT(s) {fprintf(stderr, "%s",s); exit(EXIT_FAILURE);}

// wenn nicht ausreichend dimensioniert =>
// vergrößern oder ggf. dynamisch machen
#define BUF PIPE_BUF * 8

enum{ ERROR = -1, SUCCESS };
```

```
int main (int argc, char **argv) {
    int fd[2];
    pid_t pid;
    FILE *pipe_writer, *file;
    char puffer[PIPE_BUF];

    if (argc != 2) {
        fprintf(stderr, "Usage: %s DateiZumLesen\n",*argv);
        exit(EXIT_FAILURE);
    }
    if ((file = fopen (argv[1], "r")) == NULL)
        EXIT ("Fehler bei fopen ...\n");
    if (pipe (fd) == ERROR)
        EXIT ("Fehler bei pipe ...\n");
    if ((pid = fork ()) == ERROR)
        EXIT ("Fehler bei fork ...\n");
    if (pid > 0) { /* Elternprozess */
        close (fd[0]); /* Wir schließen die Leseseite. */
        if ((pipe_writer = fdopen (fd[1], "w")) == NULL)
            EXIT ("Fehler bei fdopen ...\n");
        fread (&puffer, PIPE_BUF, 1, file);
        /* Wir schreiben in die Pipe. */
        fputs (puffer, pipe_writer);
        fclose (pipe_writer);
        /* Mit dem Schließen der Schreibseite  */
        /* teilen wir dem Kindprozess das Ende */
        /* des Schreibens in die Pipe mit.     */
        if (waitpid (pid, NULL, 0) == ERROR)
            EXIT ("Fehler bei waitpid ... \n");
        exit (EXIT_SUCCESS);
    }
    else { /* Kindprozess liest aus der Pipe mit less. */
        sleep (1);

        close (fd[1]); /* Schließen der Schreibseite */
        if (fd[0] != STDIN_FILENO) { /* muss überprüft werden */
            /* duplizieren Standardeingabe */
            if (dup2 (fd[0], STDIN_FILENO) != STDIN_FILENO)
                EXIT ("Fehler bei dup2 ...\n");
            close (fd[0]);   /* Wird nicht mehr benötigt. */
        }
```

```
        if (execl ("/usr/bin/less", "less", NULL) == ERROR) ;
        EXIT ("Fehler bei execl ...\n");
    }
    return EXIT_SUCCESS;
}
```

Listing 9.3 Demonstriert die Umleitung einer Pipe von einem in einen anderen Prozess.

Entscheidend im Kindprozess ist das Duplizieren des Filedeskriptors. Wie Sie bei den Funktionen dup() und dup2() bereits erfahren haben, bleibt mithilfe der dup()-Funktion das *close-on-exec*-Flag ungesetzt, das für den anschließenden exec-Aufruf nötig ist. Sie verbinden hier praktisch mit der Funktion dup2() den Standardeingabekanal mit dem Pipe-Kanal fd[0]. Wichtig ist in einem solchen Fall, in dem Sie den Kindprozess überlagern, die Reihenfolge der Aufrufe, also: fork(), close(), dup() (oder dup2()) und exec(). Somit kommuniziert der aktuell laufende Elternprozess mit dem Programm less und gibt den Text (zum Scrollen) less-typisch auf dem Bildschirm aus.

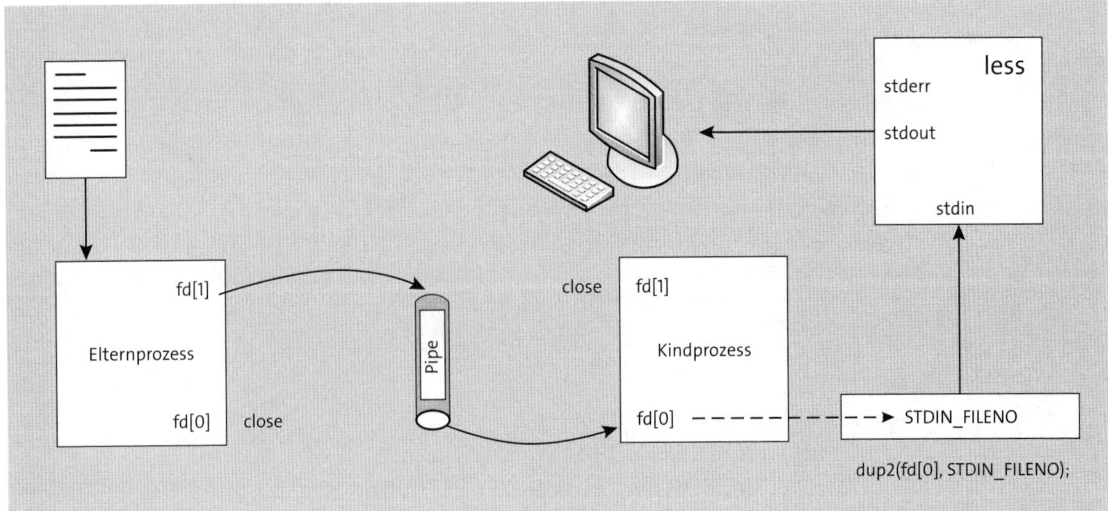

Abbildung 9.9 Pipes in einen anderen Prozess umleiten

Hinweis: Puffergröße einer Pipe

Wenn die Datei zum Lesen mehr als PIPE_BUF * 8 Bytes hat, wird natürlich auch nicht mehr ausgegeben. In diesem Fall müssen Sie entweder die Größe des Puffers erhöhen oder besser das ganze Beispiel dynamisch machen. Dies sei hier erwähnt, da sich die Größe von PIPE_BUF auf den verschiedenen Systemen doch erheblich unterscheidet. Dasselbe gilt natürlich für alle anderen Beispiele, die die symbolische Konstante PIPE_BUF verwenden.

9.3.6 Ein Filterprogramm erstellen mithilfe einer Pipe

Pipes eignen sich ideal für Filterprogramme, zum Beispiel für einen Druckerfilter, der einen Text formatiert ausgeben oder alle Buchstaben groß-/kleinschreiben kann. Hierzu soll ein eigener kleiner Filter geschrieben werden, der bestimmte Wörter ausfiltert und dabei anstatt der ursprünglichen Zeichenfolge stattdessen die Zeichenfolge »xxx« dafür einsetzt.

```
/* filter.c */
#include <stdio.h>
#include <unistd.h>
#include <string.h>
#include <stdlib.h>
#define MAX 255

/* Filterwörter können angepasst werden. */
const char *filterwords[] = {
    "und", "oder", "aber", "ein", NULL
};
const char token[] = " ";

void output (char *puffer) {
    int i = 0, len;
    static int merker = 0;
    char *p, tmp[20];
    /* Trennen der einzelnen Wörter */
    p = strtok (puffer, token);
    while (p != NULL) {
        i = 0;
        merker = 0;
        while (filterwords[i] != NULL) {
            /* Wir vergleichen alle Wörter, die wir */
            /* ausfiltern wollen, mit dem aktuellen */
            /* Wort, das auf das p zeigt.           */
            if (strstr (p, filterwords[i]) != NULL) {
                len = strlen (filterwords[i]);
                /* Länge des zu ersetzenden Wortes ermitteln */
                memset (tmp, 'x', len);
                tmp[len] = 0;
                /* Jetzt schreiben wir len x in das Array tmp. */
                /* Nun geben wir len x auf dem Bildschirm aus. */
                fputs (tmp, stdout);
                fputs (" ", stdout);    / *Leerzeichen */
                /* Merker, ob schon etwas ausgegeben wurde */
                merker = 1;
```

```
            }
            i++;
        }
        if (merker == 0) {
            /* normale Ausgabe, da nichts gefiltert wurde */
            fputs (p, stdout);
            fputs (" ", stdout); /* Leerzeichen */
        }
        p = strtok (NULL, token);
    }
}

int main (void) {
    char pufferin[MAX];
    while (fgets (pufferin, MAX, stdin) != NULL)
        output (pufferin);
    return EXIT_SUCCESS;
}
```

Listing 9.4 Demonstriert das Filtern von Daten einer Pipe.

Hier wurden folgende Filterwörter verwendet:

```
const char *filterwords[] = {
   "und" , "oder", "aber", "ein", NULL
};
```

Die gefilterten Wörter werden alle mit der Zeichenfolge »xxx« ausgegeben. Dieses Programm können Sie nun beliebig anpassen, z. B. zur Vermeidung von unerwünschten Ausdrücken in Diskussionsforen. Wenn Sie nun eine ganze Datenbank von Ausfilterungswörtern erstellen wollen, raten wir Ihnen zu einer dynamischen Struktur in Form von Binary Trees oder Hashes. Sie könnten auch ein so ähnlich aufgebautes Fremdsprachenübersetzungsprogramm schreiben.

Hinweis: Erfinden Sie das Rad nicht immer wieder neu

Wir möchten Ihre Euphorie jetzt nicht stoppen, ein tolles Filterprogramm für Ihr Forum zu schreiben. Aber schauen Sie sich bitte zuerst um, ob dies nicht bereits vor Ihnen jemand getan hat. Es gibt bestimmt schon eine Lösung für Ihr Problem. Gerne erstellt (und immer wieder neu erfunden) werden sogenannte *Konverterprogramme* wie *html2text* und *html2ps*. Suchen Sie am besten im Internet erst nach *[format]2[format]*-Programmen, sofern Sie ein solches erstellen wollen. Außerdem eignen sich doch die Pipes prima, um Ihr eigenes Programm quasi »dazuzuhängen«.

Im nächsten Schritt wollen wir das Listing aus dem Abschnitt Pipes in einen anderen Prozess umleiten und entsprechend für unseren neuen Filter anpassen.

```
/* pipe3b.c */
#include <unistd.h>
#include <sys/wait.h>
#include <stdio.h>
#include <sys/types.h>
#include <fcntl.h>
#include <stdlib.h>
#include <limits.h>
#define EXIT(s) {fprintf(stderr, "%s",s); exit(EXIT_FAILURE);}

// wenn nicht ausreichend dimensioniert =>
// vergrößern oder ggf. dynamisch machen
#define MAX PIPE_BUF * 8

enum{ ERROR = -1, SUCCESS };

int main (int argc, char **argv) {
    int fd[2];
    pid_t pid;
    FILE *pipe_writer, *file;
    char puffer[MAX];

    if (argc != 2) {
        fprintf(stderr, "Usage: %s DateiZumLesen\n", *argv);
        exit(EXIT_FAILURE);
    }
    if ((file = fopen (argv[1], "r")) == NULL)
        EXIT ("Fehler bei fopen ...\n");
    if (pipe (fd) == ERROR)
        EXIT ("Fehler bei pipe ...\n");
    if ((pid = fork ()) == ERROR)
        EXIT ("Fehler bei fork ...\n");
    if (pid > 0) { /* Elternprozess */
        close (fd[0]); /* Wir schließen die Leseseite. */
        if ((pipe_writer = fdopen (fd[1], "w")) == NULL)
            EXIT ("Fehler bei fdopen ...\n");
       fread (&puffer, MAX, 1, file);
       /* Wir schreiben in die Pipe. */
       fputs (puffer, pipe_writer);
```

```
        /* Mit dem Schließen der Schreibseite  */
        /* teilen wir dem Kindprozess das Ende */
        /* des Schreibens in die Pipe mit.     */
        fclose (pipe_writer);
        if (waitpid (pid, NULL, 0) == ERROR)
            EXIT ("Fehler bei waitpid ...\n");
        exit (EXIT_FAILURE);
    }
    else { /* Kindprozess liest aus der Pipe mit less. */
        sleep (1);
        close (fd[1]); /* Schließen der Schreibseite */
        if (fd[0] != STDIN_FILENO) {/* muss überprüft werden */
            /* Duplizieren Standardeingabe */
            if (dup2 (fd[0], STDIN_FILENO) != STDIN_FILENO)
                EXIT ("Fehler bei dup2......\n");
            close (fd[0]);
        }
        if (execl ("./filter", "filter", NULL) == ERROR) ;
        EXIT ("Fehler bei execl ...\n");
    }
    return EXIT_SUCCESS;
}
```

Listing 9.5 Kombiniert eine Pipe zwischen Prozessen und einen Datenfilter.

Das Filterprogramm bei der Ausführung:

```
$ gcc filter.c -o filter
$ gcc pipe3b.c -o pipe3b
$ ./pipe3b test.txt
Flusskontrolle
Da man nicht genau sagen kann, welcher von den Prozessen xxx Daten zuerst an den
Zielrechner verschickt xxx wieder zurück, verwendet man xxx sogenannte Server-Client-
IPCs. Das heißt, man verwendet xxx xxxx mehrere Clienten und xxxx xxxx
Server. Der Client stellt die Anfrage an den Server xxx der Server antwortet.
Der xxxx die
...
```

9.3.7 Einrichten einer Pipe zu einem anderen Prozess mit popen()

Die Funktion popen() nimmt Ihnen im Gegensatz zu den Beispielen mit dem Systemaufruf pipe() eine Menge Schreibarbeit ab. Die Syntax zu popen() lautet:

```
FILE *popen(const char *command, const char *wie);
```

Der Parameter command entspricht einem Funktionsaufruf vom Typ system(). Intern wird dabei aber trotzdem eine Pipe angelegt. Ob Sie mit Ihrem Prozess Daten lesen oder schreiben wollen, legen Sie mit dem Parameter wie fest. r steht für Lesen aus der Pipe und w für Schreiben in die Pipe. Im Fehlerfall liefert popen() NULL und ansonsten (bei Erfolg) einen gültigen FILE-Zeiger zurück. Somit nimmt Ihnen die Funktion popen() folgende Arbeiten gegenüber der Funktion pipe() ab:

- pipe()-Aufruf
- fork()-Aufruf (Erzeugung eines Kindprozesses)
- Schließen nicht verwendeter Seiten des Kind-/Elternprozesses
- die Überlagerung des Prozesses mit einer exec-Funktion

Nun soll Ihnen mit der Funktion popen() anhand des Beispiels, das im Abschnitt zuvor verwendet wurde, demonstriert werden, wo Sie Ihr selbst geschriebenes Filterprogramm im Code aufrufen müssen. Sie werden erkennen, dass die neue Version nun wesentlich kürzer und einfacher zu erstellen ist.

```
/* popen1.c */
#include <unistd.h>
#include <sys/wait.h>
#include <stdio.h>
#include <sys/types.h>
#include <fcntl.h>
#include <stdlib.h>
#include <limits.h>

#define EXIT(s) { fprintf(stderr, "%s",s); exit(EXIT_FAILURE); }
#define MAX PIPE_BUF * 8

enum { ERROR = -1, SUCCESS };

int main (int argc, char **argv) {
    FILE *pipe_writer, *file;
    char puffer[MAX];
    if (argc != 2) {
        fprintf(stderr, "Usage: %s DateiZumLesen\n", *argv);
        exit(EXIT_FAILURE);
    }
    if ((file = fopen (argv[1], "r")) == NULL)
        EXIT ("Fehler bei fopen ...\n");
    if ((pipe_writer = popen ("./filter", "w")) == NULL)
        EXIT ("Fehler bei popen ...\n");
    while (fgets(puffer, MAX, file) != NULL) {
```

```
        if (fputs (puffer, pipe_writer) == EOF)
            EXIT ("Fehler bei fputs ...\n");
    }
    pclose (pipe_writer);
    return EXIT_SUCCESS;
}
```

Listing 9.6 Demonstriert die Funktion popen().

An dieser Stelle erklären wir die Funktion `popen()`etwas genauer. Als erstes Argument der Funktion `popen()` geben Sie das Programm/Kommando an, das den Kindprozess überlagern soll. Als zweites Argument wird der Modus angegeben, wobei Sie wie schon bei dem klassischen Pipe-Aufruf (`pipe()`) zwei Möglichkeiten haben:

- `"w"`: Die geschriebenen Daten in der Pipe werden an die Standardeingabe von `command` weitergegeben.
- `"r"`: Die gelesenen Daten aus der Pipe stammen aus der Standardausgabe des Programms/Kommandos `command`.

Der Modus für `popen()` kann leider nicht `"rw"`, `"r+"` oder `"w+"` sein. Um die Pipe wieder zu schließen, muss folgende Funktion verwendet werden:

```
int pclose(FILE *pipe_zeiger);
```

Diese Funktion wartet auf die Beendigung des Prozesses, den Sie in `command` angegeben haben. Konnte die Pipe nicht geschlossen werden, wird `-1` zurückgegeben.

Achtung

Wenn Sie bei der Funktion `popen()` eine Benutzereingabe für das erste Argument erlauben, seien Sie auf der Hut. Sie sollten die Eingabe auf jeden Fall überprüfen und vor jedes Sonderzeichen ein Escape-Zeichen setzen. Tun Sie dies nicht, kann ein böswilliger Anwender das System gefährden, indem er spezielle, für die Shell reservierte Metazeichen verwendet. Dasselbe gilt übrigens für den `system()`-Aufruf.

9.3.8 Mail versenden mit Pipes und sendmail

Eine Mail aus einer Anwendung heraus zu versenden, ist nun mit den Pipes kein großes Problem mehr. Wir verwenden für das folgende Beispiel das *sendmail*-Programm für das Versenden von E-Mails, da es bei den meisten Systemen als Dämon im Hintergrund läuft oder zumindest bei den meisten Distributionen dabei ist. Natürlich setzt dieses Beispiel auch voraus, dass Sie *sendmail* richtig konfiguriert haben.

Da *sendmail* im Grunde eher ein Monster als ein Dämon ist, ist das Konfigurieren eine ziemlich umfangreiche und komplizierte Geschichte. Aber auch ohne jegliche Konfiguration können Sie zu Testzwecken *sendmail* verwenden. Senden Sie in diesem Fall die E-Mails einfach an das lokale Postfach, das Sie auch mit einigen Klicks z. B. mit *KMail* einrichten können. Generell werden Sie wahrscheinlich auf Ihrem lokalen System die Zugriffsrechte anpassen müssen, um als normaler Benutzer und nicht als Superuser auf *sendmail* zugreifen zu können. *sendmail* selbst sollte sich im Pfad */usr/sbin/sendmail* befinden – am besten ermitteln Sie diesen Pfad mit dem `which`-Kommando, wie im folgenden Listing geschehen.

Damit Ihnen *sendmail* auch im User-Verzeichnis zur Verfügung steht, können Sie sich mit einem harten Link behelfen, etwa wie folgt:

```
# ln -v /usr/sbin/sendmail /usr/bin/sendmail
Erzeugen der harten Verknüpfung "/usr/bin/sendmail"
zu "/usr/sbin/sendmail"
# which sendmail
/usr/sbin/sendmail
# exit
exit
$ which sendmail
/usr/bin/sendmail
```

Es folgt ein Listing, mit dem Sie via Pipe auf *sendmail* zugreifen können:

```
/* popen2.c */
#include <unistd.h>
#include <sys/wait.h>
#include <stdio.h>
#include <sys/types.h>
#include <fcntl.h>
#include <stdlib.h>
#include <string.h>
#include <errno.h>

#define BUF1 255
#define BUF2 8192

static void
sendmail ( const char *to, const char *from,
           const char *subject,
           const char *inhalt ) {
    FILE *pipe, *pfad;
    char pfad_sendmail[BUF1];
```

```
    /* Wir ermitteln den Pfad zu sendmail. */
    pfad = popen ("which sendmail", "r");
    if (pfad == NULL) {
        perror("popen()");
        exit (EXIT_FAILURE);
    }
    fscanf (pfad, "%s", pfad_sendmail);
    pclose (pfad);
    strcat (pfad_sendmail, " -n -oi -t");

    /* Der Pfad ist meistens /usr/sbin/sendmail. */
    pipe = popen (pfad_sendmail, "w");
    if (pipe == NULL) {
        fprintf (stderr,
            "Konnte keine Verbindung zu sendmail aufbauen!n");
        exit (EXIT_FAILURE);
    }

    /* In sendmail schreiben ... */
    fprintf(pipe, "From:%s" "To:%s", from, to);
    /* if(cc != NULL){ fprintf(pipe, "Cc: %s\n", cc); } */
    /* if(bcc != NULL){ fprintf(pipe, "Bcc: %s\n", bcc); } */
    if(subject != NULL) {
        fprintf(pipe, "Subject:%s", subject);
    }

    /* Extra-Newline vorher ist hier wichtig ... */
    if(inhalt != NULL) { fprintf(pipe, "\n%s\n", inhalt); }
    pclose (pipe);
    printf ("Mail wurde versendet an : %s\n", to);
    return;
}

int main (int argc, char **argv) {
    char to[BUF1], from[BUF1], sub[BUF1],
        inhalt[BUF2], puffer[BUF1];

    printf ("Mail To   : ");
    fgets (to, BUF1, stdin);
    printf ("Mail from : ");
    fgets (from, BUF1, stdin);
    printf ("Betreff   : ");
    fgets (sub, BUF1, stdin);
```

```
    sub[strlen(sub)-1] = '\0';
    inhalt[0] = '\0';
    printf ("Inhalt    (beenden mit STRG+D) \n>");
    while (fgets (puffer, BUF1-1, stdin) != NULL) {
        if( strlen(inhalt) + strlen(puffer) < BUF2 ) {
            strcat (inhalt, puffer);
            printf (">");
        }
        else
            break;
    }
    inhalt[BUF2] = '\0';
    sendmail (to, from, sub, inhalt);
    return EXIT_SUCCESS;
}
```

Listing 9.7 Zeigt, wie Sie eine Pipe zusammen mit sendmail benutzen können.

Das Programm gibt bei seiner Ausführung z. B. Folgendes aus:

```
$ ./popen2
Mail to   : pinguin@linux
Mail from : me@mydomain.de
Betreff   : Eine Mail von mir für mich
Inhalt    (beenden mit STRG+D)
>E-Mail wird via Pipe an mein eigenes lokales Postfach
>geschickt. Wird bspw. KMail hiermit richtig konfiguriert,
>kann man hiermit seine eigenen E-Mails über sendmail
>empfangen.
>
>Gruß
>Rene Krooß
>Mail wurde versendet an : pinguin@linux

You have new mail in /var/spool/mail/pinguin
```

In dem letzten Beispiel wurden zwei Pipes verwendet, eine zum Ermitteln des Pfades von *sendmail* und die zweite zum Versenden der Mail. Wenn Sie eine Flatrate oder Standleitung ins Internet haben (und dies dürfte inzwischen fast immer der Fall sein), können Sie die entsprechende Funktion für *fetchmail* schreiben. *fetchmail* dient zum Abholen von Mails und kann dies auch periodisch tun. In diesem Fall filtern Sie mithilfe der Pipe die Zeile `from` und schicken eine Mail an den Absender mit der Information zurück, dass Sie die Mail erhalten haben. Verwenden Sie z. B. den *cron*-Dämon, und lassen Sie stündlich Ihre Mails abholen.

9.3.9 Drucken über eine Pipe mit lpr

Unter Linux werden, wie Sie ja bereits gesehen haben, Geräte genau wie Dateien angesprochen. Somit können Sie, wenn der Drucker sich beispielsweise am parallelen Port befindet, eine Datei mit dem Aufruf

```
$ cat datei.txt > /dev/lp0
```

oder auch

```
$ cat datei.txt > /dev/usb/lp0
```

ausdrucken lassen. Dies erweist sich allerdings als nicht sonderlich komfortabel und sicher. Beim Systemstart wird daher der Druckerdämon *lpd* aufgerufen, der sich um die Umsetzung der Druckeraufträge kümmert. Mit dem Druckertool `lpr` können Sie dann Ihre Texte komfortabler drucken. Beim Aufruf von `lpr` ruft der Druckerdämon *lpd* einen neuen Prozess mit `fork()` auf. Aus diesem Prozess wird anschließend ein Kinderdämon (`lpr`), der dann den Druck übernimmt. Somit können Sie mit dem Aufruf

```
$ lpr datei.txt
```

den Text, der sich in *datei.txt* befindet, ausdrucken. Die unzähligen Optionen, die Sie hierbei zusammen mit `lpr` verwenden können, entnehmen Sie bitte der Manual Page. Weitere interessante Druckertools sind z. B.:

- `lpq` gibt Auskunft zur Druckerwarteschlange.
- `lprm` löscht Druckaufträge.
- `lpc` – für den Administrator (*root*). Damit kann das ganze Druckersystem gesteuert werden.

Dies soll nur ein kurzer Überblick zum Drucken unter Linux sein. Nach den Abschnitten zuvor sollte Ihnen das Drucken über eine Pipe nicht mehr allzu schwerfallen. Es folgt nun ein Beispiel-Listing dazu.

Hinweis: lpr und PCL

Wie Sie ja schon aus den vorigen Kapiteln wissen, sind die Druckersprachen, die meistens verwendet werden, PostScript oder PCL. Beide Druckersprachen arbeiten sehr gut mit `lpr` zusammen, vor allem PCL akzeptiert auch reinen Text, und der `lpr`-Dämon schließt auch die zu druckenden Dokumente stets mit den richtigen ESC-Codes ab. Auch für PostScript gilt inzwischen die Aussage, dass `lpr` sehr gut damit zusammenarbeitet. Allerdings gibt es auch sogenannte *Windows-Drucker* (GDI-Drucker), die eigene Kommunikationsprotokolle benutzen und deswegen auch nicht mit `lpr` zusammenarbeiten.

```
/* printme.c */
#include <stdio.h>
#include <unistd.h>
#include <stdlib.h>
#include <string.h>
#include <errno.h>
#define BUF 8192

void an_den_drucker (char *text) {
    FILE *p;
    /* Pipe zum Tool lpr erstellen zum Schreiben auf lpr */
    p = popen ("lpr", "w");
    if (p == NULL) {
        perror("popen()");
        exit (EXIT_FAILURE);
    }
    /* an den Drucker schreiben */
    printf ("Sende Auftrag an den Drucker ...\n");
    fprintf (p, "%s", text);
    fflush (p);
    pclose (p);
    return;
}

int main (void) {
    char puffer[BUF], inhalt[BUF];
    inhalt[0] = '\0';
    printf ("Bitte Text zum Drucken schreiben "
        " (Beenden mit STRG+D)!\n-> ");
    while (fgets (puffer, BUF, stdin) != NULL) {
        if( strlen(inhalt) + strlen(puffer) < BUF ) {
            strcat (inhalt, puffer);
            printf ("->");
        }
        else
            break;
    }
    inhalt[BUF] = '\0';

    an_den_drucker (inhalt);
    return EXIT_SUCCESS;
}
```

Listing 9.8 Das Drucken über eine Pipe

Natürlich können Sie nun auch andere Texte mittels

```
$ echo Hallo Welt | ./printme
```

an den Drucker senden. Was in diesem Programmbeispiel noch fehlen würde, ist ein Filterprogramm, das die Druckerausgabe formatiert oder das beispielsweise die Ausgabe nach dem Alphabet sortiert ausgibt, etwa bei einer Dateiverwaltung. So etwas sollten Sie allerdings jetzt mit den Kenntnissen der Pipes ohne Probleme selbst implementieren können. Natürlich gilt die letzte Aussage nur eingeschränkt, nämlich dann, wenn Sie z. B. Tabellen drucken wollen, die eingerückten Text enthalten. In diesem Fall müssen Sie nämlich wieder beispielsweise PCL-Escape-Codes benutzen oder einen Text-zu-PostScript-Converter zwischenschalten, der aber auch einige Steuersequenzen kennen muss (etwa das Positionieren des Textes in einer bestimmten Spalte).

Zum Abschluss soll hier noch das Listing zum Versenden von E-Mails erweitert werden. Jede Mail, die versendet wird, soll auf einem Drucker mitprotokolliert (also direkt nach dem Empfang ausgegeben) werden.

```
/* printme2.c */
#include <unistd.h>
#include <stdio.h>
#include <stdlib.h>
#include <string.h>
#include <errno.h>

#define BUF1 254
#define BUF2 8192

void an_den_drucker (const char *);
static void sendmail (const char *, const char *,
                      const char *, const char *); // static (Dämonprozess)

static void
sendmail ( const char *to, const char *from,
           const char *subject,
           /* const char *cc, const char *bcc, */
           const char *inhalt ) { // static (Dämonprozess)
    FILE *pipe, *pfad;
    char pfad_sendmail[BUF1];
    char protokoll[BUF2+BUF2];

    protokoll[0] = '\0';
    /* Wir ermitteln den Pfad zu sendmail. */
    pfad = popen ("which sendmail", "r");
```

```
   if (pfad == NULL) {
      perror("popen()");
      exit (EXIT_FAILURE);
   }

   fscanf (pfad, "%s", pfad_sendmail);
   pclose (pfad);
   strcat (pfad_sendmail, " -n -oi -t");

   /* Der Pfad ist meistens /usr/sbin/sendmail. */
   pipe = popen (pfad_sendmail, "w");
   if (pipe == NULL) {
      perror("popen()");
      exit (EXIT_FAILURE);
   }

   /* In sendmail schreiben ... */
   fprintf(pipe, "From:%s" "To:%s", from, to);
   strcat(protokoll, "From: ");
   strcat(protokoll, from);
   strcat(protokoll, "\nTo: ");
   strcat(protokoll, to);
   /* if(cc != NULL) {
      fprintf(pipe, "Cc: %s\n", cc);
      strcat(protokoll, "\nCc: ");
      strcat(protokoll, cc);
   }*/
   /* if(bcc != NULL) {
      fprintf(pipe, "Bcc: %s\n", bcc);
      strcat(protokoll, "\nBcc: ");
      strcat(protokoll, bcc);
   }*/
   if(subject != NULL) {
      fprintf(pipe, "Subject:%s", subject);
      strcat(protokoll, "\nSubject: ");
      strcat(protokoll, subject);
   }
   strcat(protokoll, "\n\n");
   if(inhalt != NULL) {
      fprintf(pipe, "\n%s\n", inhalt);
      strcat(protokoll, inhalt);
      strcat(protokoll, "\n");
   }
```

```
    pclose (pipe);
    printf ("Mail wurde erfolgreich versendet an: %s\n", to);
    an_den_drucker (protokoll);
    return;
}

void an_den_drucker (char *text) {
    FILE *p;
    /* Pipe zum Tool lpr erstellen zum Schreiben auf lpr */
    p = popen ("lpr", "w");
    if (p == NULL) {
        perror("popen()");
        exit (EXIT_FAILURE);
    }

    /* an den Drucker schreiben */
    printf ("Sende Auftrag an den Drucker ...\n");
    fprintf (p, "%s", text);
    pclose (p);
    return;
}

int main (int argc, char **argv) {
    char to[BUF1], from[BUF1], sub[BUF1],
        inhalt[BUF2], puffer[BUF1];

    printf ("Mail to   : ");
    fgets (to, BUF1, stdin);
    printf ("Mail from : ");
    fgets (from, BUF1, stdin);
    printf ("Betreff   : ");
    fgets (sub, BUF1, stdin);
    sub[strlen(sub)-1] = '\0';
    inhalt[0] = '\0';

    printf ("Inhalt    (beenden mit STRG+D) \n>");
    while (fgets (puffer, BUF1, stdin) != NULL) {
        if( strlen(inhalt) + strlen(puffer) < BUF2 ) {
            strcat (inhalt, puffer);
            printf (">");
        }
        else
            break;
```

```
    }
    inhalt[BUF2] = '\0';
    sendmail (to, from, sub, inhalt);
    return EXIT_SUCCESS;
}
```

Listing 9.9 Protokolliert jede über sendmail gesendete Mail über den Drucker mit.

Wie Sie an dem letzten Beispiel sehen, können Sie zusammen mit Pipes praktisch jedes beliebige Programm benutzen. Voraussetzung ist natürlich, dass bei dem Endanwender dieses Programm ebenso installiert ist. Im nächsten Abschnitt werden Sie sehen, wie Sie mit den benannten Pipes (also den FIFOs) eine Art Faxempfangsprogramm erstellen können. Auch wenn es Faxgeräte nicht mehr oft gibt, so ist das nächste Beispiel doch eine gute Übung für Sie.

9.3.10 Benannte Pipes – FIFOs

Mit den namenlosen Pipes, die Sie bisher verwendet haben, konnten Sie nur mit den Prozessen kommunizieren, die miteinander verwandt waren. Mit FIFOs (benannten Pipes) haben Sie nun die Möglichkeit, mit einem völlig fremden Prozess zu kommunizieren. Der Systemaufruf `mkfifo()` bedeutet also nichts anderes, als dass eine Pipe als Filesystem-Objekt repräsentiert wird (aber das hatten wir ja schon abgeklärt).

Auf der Konsole lässt sich eine FIFO folgendermaßen erstellen:

```
$ mkfifo fifo1
```

Jetzt befindet sich im aktuellen Verzeichnis eine FIFO, in die Sie etwas schreiben können – zum Beispiel:

```
$ echo hallo welt > fifo1
```

Auslesen können Sie diese FIFO wieder mit einem einfachen

```
$ cat fifo1
```

Natürlich müssen Sie auch die Zugriffsrechte der FIFO entsprechend vergeben und z. B. festlegen, wer in diese FIFO etwas schreiben darf und wer aus ihr lesen kann. FIFOs sind auch eine halbduplexe IPC, was bedeutet, dass auch mit FIFOs, wie schon bei den Pipes, kein gleichzeitiges Auslesen durch mehrere Benutzer möglich ist.

FIFOs arbeiten (ebenfalls wie Pipes) nach dem Prinzip *First In, First Out*. Das heißt, dass die Daten, die zuerst geschrieben werden, auch wieder als Erstes ausgegeben werden. Mit FIFOs werden häufig die typischen Client-Server-Anwendungen erstellt, wie Abbildung 9.10 zeigt.

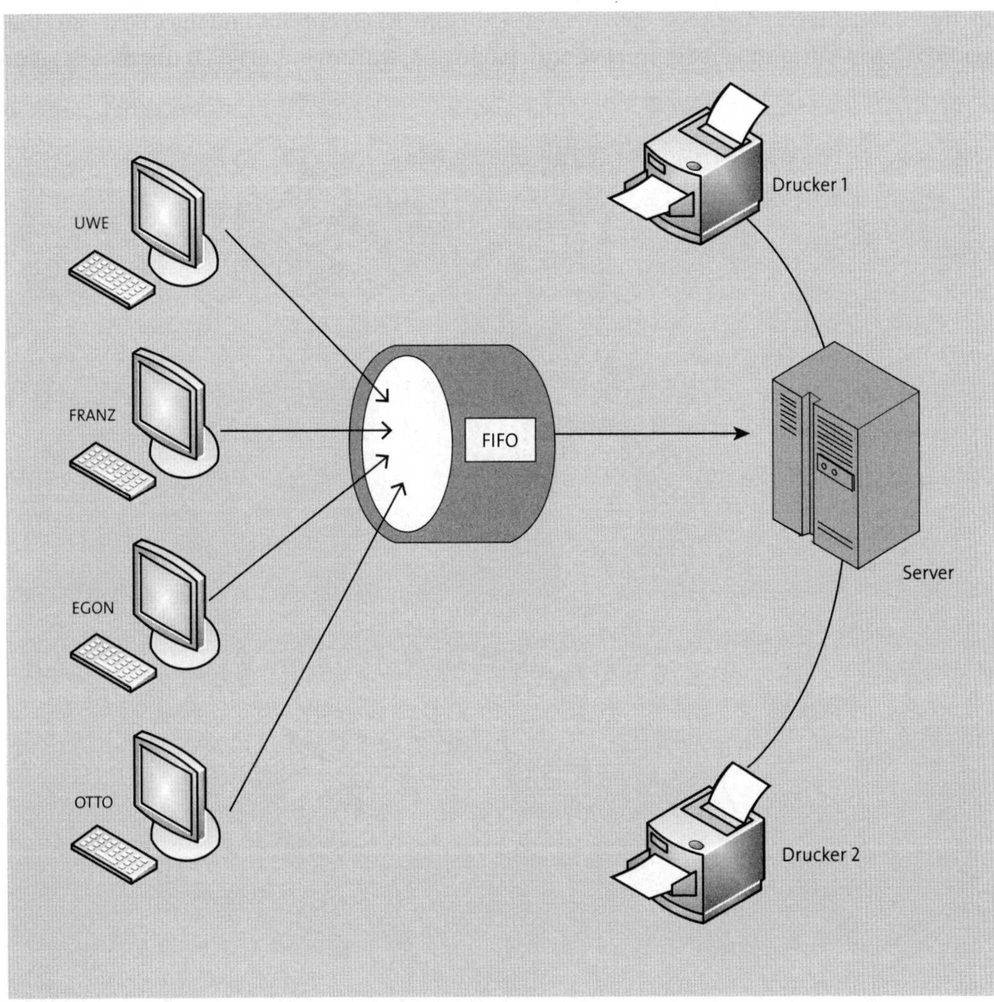

Abbildung 9.10 Typisches Client-Server-Beispiel mittels einer FIFO

Bei diesem Beispiel (Abbildung 9.10) sehen Sie einen typischen Anwendungsfall für eine FIFO-Warteschlange. Vier Clients, in diesem Fall Uwe, Otto, Franz und Egon, wollen auf zwei Drucker zugreifen. Alle vier Clients schicken nun eine Schreibanforderung an den Drucker. Diese Schreibaufforderung wird zuerst von der FIFO-Warteschlange angenommen und der Reihe nach, also in der Reihenfolge, in der die Anforderungen vorher eingetroffen sind, sortiert. Der Server liest nun aus der FIFO, bearbeitet diese Anforderungen der Reihe nach und leitet sie an den entsprechenden Drucker weiter. Wenn jetzt aber z. B. Uwe und Egon ein 100 Seiten starkes Skript ausdrucken lassen, sollte der Server natürlich an Otto und Franz eine Meldung zurückschicken, dass sich der Auftrag in der Warteschlange befindet und momentan kein Drucker mehr frei ist. Der Server schickt also eine Antwort an den Client, entweder eine Bestätigung des Auftrags oder eine Warteaufforderung.

In Abbildung 9.11 erkennen Sie, dass der Server in eine FIFO schreibt und die Clients aus dieser FIFO lesen – dies soll erst einmal veranschaulichen, worum es bei FIFOs überhaupt geht.

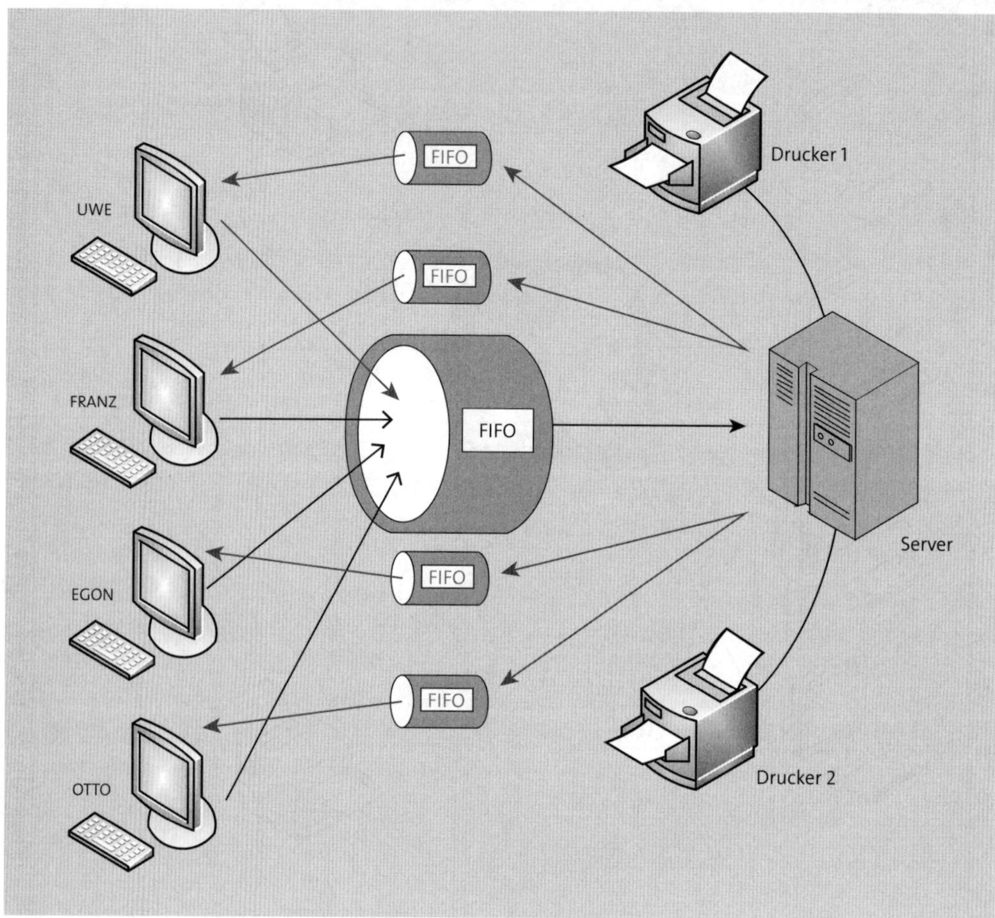

Abbildung 9.11 Server antwortet den Clients.

Um eine FIFO zu erstellen, steht Ihnen die folgende Funktion zur Verfügung:

```
#include <sys/types.h>
#include <sys/stat.h>

int mkfifo(const char *pfadname, mode_t mode);
```

Damit legen Sie eine Datei mit dem Namen `pfadname` an (also müssen Sie hier den vollständigen Pfad angeben), wobei es sich hier allerdings nicht um eine normale Datei, sondern eben um eine FIFO-Warteschlange handelt. Für das Argument `modus` stehen aber trotzdem dieselben Konstanten wie schon bei der Funktion `open()` zur Verfügung (Kapitel 2). Wenn Sie die FIFO erzeugt haben, können Sie damit – wie bei einer normalen Datei auch – die elementaren

E/A-Funktionen (`open()`, `read()`, `write()` etc.) verwenden. Konnte die FIFO erfolgreich angelegt werden, wird `0`, ansonsten (also bei einem Fehler) `-1` zurückgegeben.

Es folgt ein einfaches Beispiel, das zeigt, wie eine FIFO erzeugt wird (und dass es sich bei einer FIFO nicht um eine normale Datei handelt). Dies wird auch mit der Funktion `stat()` und dem Makro `S_ISFIFO` überprüft.

```
/* fifo1.c */
#include <stdio.h>
#include <unistd.h>
#include <sys/types.h>
#include <sys/stat.h>
#include <fcntl.h>
#include <stdlib.h>
#include <errno.h>
#define FIFO "fifo0001"

int main (void) {
    struct stat attribut;
    /* Wir erzeugen eine FIFO-Warteschlange. */
    if ((mkfifo (FIFO,  S_IRUSR | S_IWUSR)) == -1) {
        /* FIFO bereits vorhanden - dies ist kein fataler Fehler. */
        if(errno == EEXIST)
            perror ("mkfifo()");
        else {
            perror("mkfifio()");
            exit (EXIT_FAILURE);
        }
    }
    if (stat (FIFO, &attribut) == -1) {
        perror ("stat()");
        exit (EXIT_FAILURE);
    }
    printf("Dateiart von %s ermitteln ...\n",FIFO);
    if (S_ISREG (attribut.st_mode))
        printf ("Reguläre Datei\n");
    else if (S_ISDIR (attribut.st_mode))
        printf ("Verzeichnis\n");
#ifdef S_ISSOCK
    else if (S_ISSOCK (attribut.st_mode))
        printf ("Socket\n");
#endif
    else if (S_ISFIFO (attribut.st_mode))
        printf ("FIFO\n");
```

```
    else
        printf ("Unbekannte Dateiart\n");
    return EXIT_SUCCESS;
}
```

Listing 9.10 Das Erzeugen einer FIFO

Das Programm gibt bei der Ausführung Folgendes aus:

```
$ gcc fifo1.c -o fifo1
$ ./fifo1
Dateiart von fifo0001 ermitteln ...
FIFO
```

Im nächsten Beispiel soll eine FIFO erstellt werden, die zum Lesen und Schreiben verwendet wird. Dazu öffnen Sie eine zuvor bereits erzeugte FIFO zuerst mittels `open()`, um anschließend etwas in sie zu schreiben und wieder daraus auszulesen. Wichtig ist dabei auch das Setzen der Zugriffsrechte. Wird dies vergessen, kann es passieren, dass Sie keinen Zugriff auf die FIFO erhalten und stattdessen der entsprechende Fehler in `errno` erscheint.

In der Regel werden Sie den Zugriff auf eine FIFO auch erhalten, da Sie die FIFO ja selbst erstellen (und diese somit dem aktuellen Benutzer gehört). Allerdings sollten Sie diese Sache besser überprüfen bzw. abfangen, da z. B. die Verwendung von `umask` durch andere Prozesse das Setzen des `O_RDWR`-Modus fehlschlagen lassen kann (z. B. bei `umask 0222`). Das nächste Beispiel-Listing demonstriert diesen Sachverhalt.

```
/* fifo2.c */
#include <stdio.h>
#include <unistd.h>
#include <sys/types.h>
#include <sys/stat.h>
#include <fcntl.h>
#include <stdlib.h>
#include <string.h>
#include <errno.h>
#define FIFO "fifo0001.1"

int main (void) {
    int fd_fifo; /* Handle für FIFO */
    char puffer[] = "Dieser Text ist für die FIFO\n";
    char buf[100];
    int n;

    /* alle Zugriffsrechte der Dateikreierungsmaske erlauben */
    umask(0);
```

```
    /* Wir erzeugen die FIFO-Warteschlange. */
    if ((mkfifo (FIFO, 0666)) == -1) {
        /* FIFO bereits vorhanden - ist kein fataler Fehler. */
        if(errno == EEXIST)
            perror ("mkfifo()");
        else {
            perror("mkfifio()");
            exit (EXIT_FAILURE);
        }
    }
    /* FIFO zum Lesen und Schreiben öffnen */
    if ((fd_fifo = open (FIFO, O_RDWR)) == -1) {
        perror ("open()");
        exit (EXIT_FAILURE);
    }
    n = write (fd_fifo, puffer, strlen (puffer));
    if (read (fd_fifo, &buf, n ) == -1) {
        perror ("read()");
        exit(EXIT_FAILURE);
    }
    buf[n] = '\0';
    printf ("Gelesen aus dem FIFO : %s\n", buf);
    return EXIT_SUCCESS;
}
```

Listing 9.11 Erstellt eine FIFO und überprüft, ob diese Aktion auch erfolgreich war.

Wenn alles ordnungsgemäß ablief, wird der String »Dieser Text ist für die FIFO« ausgegeben.

Natürlich müssen Sie auf Deadlocks und volle Pipes achten, denn wenn `write(fd, string, 8192)` den Dateizugriff blockiert (sofern die Pipe-Größe mittels `ulimit()` nicht hochgesetzt wurde), kann sich auch das Programm aufhängen oder ein unvorhergesehenes Verhalten zeigen.

Auf einigen Systemen ist die Funktion `mkfifo()` nicht vorhanden. Sollte dies bei Ihnen der Fall sein, müssen Sie anstatt `mkfifo()` die Funktion `mknod()` verwenden. Die Syntax dazu lautet:

```
int mknod(char *pfadname, int mode, int dev);
```

Als `pfadname` geben Sie auch hier die reguläre UNIX-Verzeichnisangabe und den Namen der FIFO an. Für `mode` müssen Sie hier die Konstante `S_IFIFO` aus der Headerdatei *sys/stat.h* mit den entsprechenden Zugriffsrechten verwenden. Der Parameter `dev` wird nicht benötigt. Die Verwendung von `mknod()` sieht danach so aus:

```
if( mknod ( "/tmp/fifo0001.1",
            S_IFIFO|S_IRUSR|S_IWUSR, 0 ) == - 1) {
   /* Kann kein FIFO erzeugen --- Fehler. */
 }
```

Der Rückgabewert bei Erfolg ist `0` und bei Fehler `-1`. Die erzeugte FIFO kann anschließend ebenso verwendet werden wie eine mit `mkfifo()` erzeugte FIFO. Übrigens: Es heißt »die FIFO« und nicht »das FIFO«, wie es oft fälschlicherweise im Internet auftaucht. Warum, das können Sie sich wie folgt klarmachen: FIFO ist die Abkürzung für »First In, First Out« und beschreibt eine klassische Warteschlange. Und da es auch »die Warteschlange« heißt, heißt es auch »die FIFO«. Dummerweise heißt es aber »die Pipe«, obwohl es »das Rohr« heißt – schade, nicht?

[»]

Hinweis

Häufig wird ein Fehler zurückgegeben, weil beim Anlegen einer FIFO diese bereits existiert. In diesem Fall ist es sinnvoll, die Fehlervariable `errno` zu überprüfen.

Was bei einer FIFO noch zu beachten ist

Bevor Sie später noch ein Client-Server-Beispiel programmieren, müssen Sie noch wissen, worauf Sie beim Zugriff auf FIFOs achten müssen:

- Wenn Sie beim Öffnen der FIFO mit `open()` nicht den Modus `O_NONBLOCK` verwenden, wird die FIFO sowohl für das Schreiben als auch für das Lesen blockiert (nicht aber bei `O_RDWR`). Beim Schreiben wird die FIFO so lange blockiert, bis ein anderer Prozess sie zum Lesen öffnet. Beim Lesen wiederum wird die FIFO ebenfalls so lange blockiert, bis ein anderer Prozess in die FIFO schreibt.
- Das Flag `O_NONBLOCK` kann nur bei Lesezugriffen verwendet werden. Wird mit `O_NONBLOCK` versucht, die FIFO mit Schreibzugriff zu öffnen, führt dies zu einem Fehler beim Öffnen.
- Wenn Sie eine FIFO zum Schreiben mit `close()` oder `fclose()` schließen, bedeutet dies für die FIFO selbst beim Lesevorgang ein EOF.
- Wie schon bei den Pipes gilt: Falls mehrere Prozesse auf dieselbe FIFO schreiben, muss darauf geachtet werden, dass niemals mehr als `PIPE_BUF` Bytes auf einmal geschrieben werden. Dies kommt daher, dass die Daten nicht durcheinandergemischt werden dürfen. Die Anzahl der Bytes und gleichzeitig geöffneter FIFOs können Sie mit dem folgenden Listing ermitteln:

  ```
  /* fifo_buf.c */
  #include <stdio.h>
  #include <unistd.h>
  #include <sys/types.h>
  #include <sys/stat.h>
  #include <fcntl.h>
  ```

```
#include <stdlib.h>
#include <errno.h>

int main (void) {
    /* Wir erzeugen die FIFO. */
    if ((mkfifo ("fifo0001",  S_IRUSR | S_IWUSR)) == -1) {
        /* FIFO bereits vorhanden - kein fataler Fehler */
        if(errno == EEXIST)
            perror ("mkfifo()");
        else {
            perror("mkfifio()");
            exit (EXIT_FAILURE);
        }
    }
    printf("Es können max. %ld Bytes in die FIFO geschrieben"
        "werden\n", pathconf ("fifo0001", _PC_PIPE_BUF));
    printf ("Außerdem können max %ld FIFOs geöffnet sein\n",
        sysconf (_SC_OPEN_MAX));
    return EXIT_SUCCESS;
}
```

Listing 9.12 Zeigt an, wie viele FIFOs zurzeit geöffnet sind und wie viele Bytes maximal in sie geschrieben werden können.

Jetzt möchten wir Ihnen noch ein Beispiel zeigen, das demonstriert, wie sich Eltern- und Kindprozess miteinander über eine FIFO unterhalten können. Der Kindprozess soll etwas in die FIFO schreiben, was der Elternprozess danach ausliest – also ein einfaches Server-Client-Szenario.

```
/* fifo4.c */
#include <stdio.h>
#include <unistd.h>
#include <sys/types.h>
#include <sys/stat.h>
#include <fcntl.h>
#include <stdlib.h>
#include <string.h>
#include <sys/wait.h>
#include <errno.h>

#define FIFO "/tmp/fifo0001.1"

int main (void) {
    int r_fifo, w_fifo;
```

```
char puffer[] =
    "Der Text für die FIFO an den Elternprozess\n";
char buf[100];
pid_t pid;

if ((mkfifo (FIFO, S_IRUSR | S_IWUSR)) == -1) {
    /* FIFO bereits vorhanden - kein fataler Fehler */
    if(errno == EEXIST)
        perror ("mkfifo()");
    else {
        perror("mkfifio()");
        exit (EXIT_FAILURE);
    }
}
pid = fork ();
if (pid == -1) {
    perror ("fork()");
    exit (EXIT_FAILURE);
}
else if (pid > 0) { /* Elternprozess liest aus der FIFO. */
    if ((r_fifo = open (FIFO, O_RDONLY)) < 0) {
        perror ("open()");
        exit (EXIT_FAILURE);
    }
    /* Wir warten auf das Ende des Kindprozesses. */
    while (wait (NULL) != pid);
    /* Lesen aus der FIFO */
    read (r_fifo, buf, strlen (puffer));
    buf[strlen(puffer)] = '\0';
    printf(" --- Elternprozess ---\n");
    printf ("%s", buf);
    close (r_fifo);
}
else { /* Kindprozess schreibt in die FIFO */
    printf(" --- Kindprozess ---\n");
    if ((w_fifo = open (FIFO, O_WRONLY)) < 0) {
        perror ("open()");
        exit (EXIT_FAILURE);
    }
    /* Schreiben in die FIFO */
    write (w_fifo, puffer, strlen (puffer));
    close (w_fifo); /* EOF */
    exit (EXIT_SUCCESS);
```

```
    }
    printf(" --- Ende ---\n");
    return EXIT_SUCCESS;
}
```

Listing 9.13 Demonstriert, wie zwei Prozesse (Eltern- und Kindprozess) über eine FIFO kommunizieren können.

Das Programm gibt bei der Ausführung Folgendes aus:

```
$ gcc fifo4.c -o fifo4
$ ./fifo4
 --- Kindprozess ---
 --- Elternprozess ---
Der Text für die FIFO an den Elternprozess
 --- Ende ---
```


Kommunikation zwischen zwei nicht verwandten Prozessen

Jetzt ist es an der Zeit, Ihnen ein echtes Client-Server-Beispiel zu zeigen. Als Aufgabenstellung sei das folgende bekannte Bild gegeben:

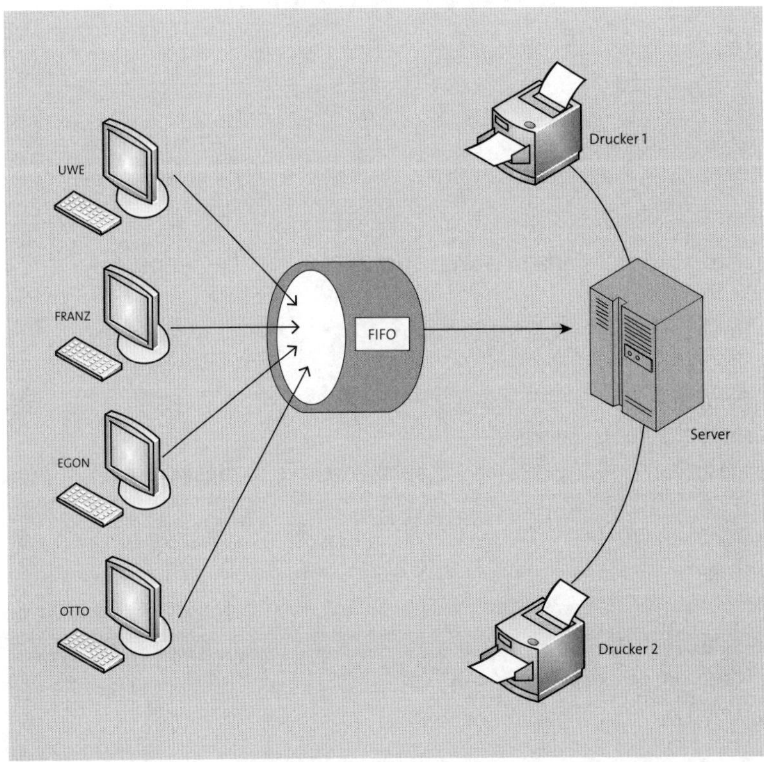

Abbildung 9.12 Vier Anwender und zwei Drucker ...

Kurz und bündig: Hier sind vier Anwender, die auf zwei Drucker zugreifen wollen. Sollten im Fall der Fälle alle vier Anwender zur gleichen Zeit drucken wollen, was ja rein praktisch nicht geht, soll die FIFO das Problem für uns übernehmen und als Druckerwarteschlange arbeiten. Zugegeben, das Problem löst im echten Leben normalerweise der Druckerdämon *lpd*, aber zum besseren Verständnis ist dieses Beispiel genau das Richtige. Dieses Beispiel setzt aber voraus, dass der Drucker fix und fertig konfiguriert ist. Dies ist leider nicht immer einfach, weil es immer noch einige Drucker gibt, bei denen unter Linux nicht alle Funktionen verfügbar sind. Sie sollten auf jeden Fall unter `man cups` nachschauen, ob dort Ihr Drucker unter »supported« auftaucht (in diesem Fall haben Sie sogar gute Karten, das Ihr Drucker automatisch erkannt wird).

[»]

Hinweis: Verwendung von lpr

Das folgende Beispiel funktioniert natürlich nur, wenn ein Drucker als Ziel für `lpr` eingerichtet wurde. Mehr dazu finden Sie natürlich auf der entsprechenden Manual Page oder auf der folgenden Webseite: *http://en.wikipedia.org/wiki/Line_Printer_Daemon_protocol*

```
/* polling_fifo.c */
#include <stdio.h>
#include <unistd.h>
#include <sys/types.h>
#include <sys/stat.h>
#include <fcntl.h>
#include <stdlib.h>
#include <errno.h>
#define BUF 4096

void an_den_drucker (char *text) { // kein static für CUPS
    FILE *p;
    /* Pipe zum Tool lpr erstellen zum Schreiben auf lpr */
    p = popen ("lpr", "w");
    // evtl. für USB anpassen:
    // p = popen ("/usb/lp0", "w"); oder
    // p = popen ("/prnusb/lpr", "w"); (Pi ab V2 setzt eventuell diesen Link.)
    if (p == NULL) {
        perror ("popen()");
        exit (EXIT_FAILURE);
    }
    /* an den Drucker schreiben */
    printf ("Sende Auftrag an den Drucker ...\n");
    fprintf (p, "%s", text);
    pclose (p);
```

```
}

int main (void) {
    char puffer[BUF], inhalt[BUF];
    int fd;

    inhalt[0] = '\0';
    umask(0);
    if (mkfifo ("fifo1.1", 0666) < 0) {
        /* FIFO bereits vorhanden - kein fataler Fehler */
        if(errno == EEXIST)
            printf ("Versuche, vorhandene FIFO zu verwenden\n");
        else {
            perror("mkfifio()");
            exit (EXIT_FAILURE);
        }
    }
    /* Empfänger liest nur aus der FIFO. */
    fd = open ("fifo1.1", O_RDONLY);
    if (fd == -1) {
        perror ("open()");
        exit (EXIT_FAILURE);
    }
    while (1) { /* Endlosschleife */
        if ( read (fd, puffer, BUF) )
            an_den_drucker (puffer);
            sleep (2);
    }
    return EXIT_SUCCESS;
}
```

Listing 9.14 Druckt über eine FIFO statt über eine Pipe.

Übersetzen Sie das Listing, und starten Sie es als einen Hintergrundprozess:

```
$ gcc -o polling_fifo.c -o polling_fifo
$ ./polling_fifo&
[1] 3146
```

Das Programm läuft nun in einer Endlosschleife und liest etwas aus der Druckerwarteschlange, sofern dort Daten anliegen. Ansonsten wird der lesende Prozess durch die Funktion `read()` blockiert. Das Programm `polling_fifo` dient also als Empfänger oder auch als Server, wenn Sie so wollen. Jetzt soll unsere FIFO auch etwas zum Lesen bekommen, z. B. mit:

```
$ echo hallo Welt > fifo1.1
$ cat datei.txt > fifo1.1
```

Sie können theoretisch aus beliebig vielen Fenstern und Terminals Nachrichten in die FIFO schreiben, allerdings gestattet Linux nur das Öffnen von maximal 64 Terminals. Das Programm liest dann irgendwann die neue Nachricht aus der FIFO und leitet das Gelesene mithilfe einer Pipe an den Drucker weiter, wenn diese an der Reihe ist, um vom System abgearbeitet zu werden.

Wenn Sie sich mit dem alten Protokoll auskennen, dann könnten Sie nun durchaus auch ein Faxempfangsprogramm für Ihr lokales Netzwerk erstellen. Da aber nicht jeder mit der Kommandozeile vertraut ist, soll nun noch ein weiteres Programm geschrieben werden, mit dem Sie Daten in die FIFO schreiben können – so kann z. B. das Sendeprogramm (Client) theoretisch auch Faxdaten senden (auch hier wieder vorausgesetzt, dass Sie das alte Protokoll kennen). Jeder, der auf seinem Rechner Ihr Programm installiert hat, kann auch in Ihre FIFO schreiben (sofern die Zugriffsrechte richtig gesetzt sind).

```
/* sender.c */
#include <stdio.h>
#include <unistd.h>
#include <sys/types.h>
#include <sys/stat.h>
#include <fcntl.h>
#include <stdlib.h>
#include <string.h>
#include <errno.h>
#define BUF 4096

int main (void) {
    char puffer[BUF], inhalt[BUF];
    int fd;

    inhalt[0] = '\0';
    /* Der Sender schreibt nur in die FIFO. */
    fd = open ("fifo1.1", O_WRONLY);
    if (fd == -1) {
        perror ("open()");
        exit (EXIT_FAILURE);
    }
    printf ("Bitte geben Sie Ihre Nachricht für die FIFO ein"
        " (Mit STRG+D beenden)\n>");
    while (fgets (puffer, BUF, stdin) != NULL) {
        if( strlen(inhalt) + strlen(puffer) < BUF ) {
```

```
            strcat (inhalt, puffer);
            printf (">");
        }
        else
            break;
    }
    inhalt[BUF] = '\0';
    write (fd, inhalt, strlen (inhalt) + 1);
    return EXIT_SUCCESS;
}
```

Listing 9.15 Demonstriert das Senden und Empfangen beliebiger Datenpakete über eine FIFO.

Das Programm gibt bei der Ausführung z. B. Folgendes aus:

```
$ gcc sender.c -o sender
$ ./polling_fifo&
[1] 3195
$ ./sender
Bitte geben Sie Ihre Nachricht für die FIFO ein
(Mit STRG+D beenden)
Hallo FIFO!
[Strg]+[D]
```

Jetzt sollte Ihr Drucker nach einiger Zeit »Hallo FIFO« ausdrucken. Dies geschieht natürlich auch hier wieder nur, wenn Ihr Drucker auch reinen Text direkt ausdrucken kann und auch den Terminalbefehl EOT (*End Of Text*, Byte-Code {27,12}) korrekt versteht. Falls EOT nicht automatisch von Ihrem Terminal gesendet wird, nachdem die FIFO geleert wurde, oder aber Ihr Drucker überhaupt keine ESC-Codes versteht (weil Sie z. B. einen GDI-Drucker haben), haben Sie allerdings schlechte Karten, Ihr Programm zum Laufen zu kriegen.

Der Empfänger antwortet dem Sender

Bis jetzt ist die Datenübertragung recht einseitig (Sender → Empfänger), und dies kann zum Problem werden. Sie können z. B. nicht sichergehen, dass auch all Ihre Daten beim Empfänger ankommen. Wenn Sie also beispielsweise Störgeräusche auf der Leitung haben, die Sie eigentlich beheben müssten (da z. B. nur immer halbe Seiten ausgedruckt werden), dann bekommen Sie dies gar nicht (oder zu spät) mit. Sie sollten also, wie es sich für eine ordentliche Serveranwendung gehört, dem Empfänger seine Anfrage bestätigen. Diesen Vorgang nennt man auch *Handshake*: Immer wenn Sie etwas senden, bestätigt der Empfänger den Empfang durch ein Informationspaket, das Sie dann auch stets in einer bestimmten Zeit erhalten müssen. Bei inkorrektem (verstümmeltem) Informationspaket oder einem Timeout (meistens ist dies 1 Sekunde) gehen Sie immer von einem Übertragungsfehler aus. Dies tun Sie auch, wenn Sie ein Paket erhalten, das für einen anderen Empfänger bestimmt ist.

Die erste Frage, die nun auftaucht, ist die folgende: Wie sollen die einzelnen Clients wissen, welche Antwort für sie bestimmt ist (oft gibt es ja zahlreiche Clients, und nicht nur einen)? Zuerst muss sich dafür jeder einzelne Client (Client = Sender) eine eigene FIFO einrichten, aus der er eine Antwort vom Server einlesen kann. Damit der Server seinerseits weiß, wohin er die Antwort schicken muss, muss jeder Client dem Server eine eindeutige Identifikation mitschicken. Im einfachsten Fall ist dies die Prozess-ID, die ja immer eindeutig ist und niemals zweimal vorkommt.

Mit dieser `PID` soll der Client im nächsten Beispiel die Antwort-FIFO erstellen. Hat ein Client beispielsweise die `PID` 1001, erstellt er eine FIFO mit dem Dateinamen *fifo.1001*, an die der Server dann anschließend seine Antwort schickt. Im Beispiel soll als Erstes die Clientanwendung erstellt werden.

```
/* client.c */
#include <stdio.h>
#include <unistd.h>
#include <sys/types.h>
#include <sys/stat.h>
#include <fcntl.h>
#include <stdlib.h>
#include <string.h>
#include <errno.h>
#define BUF 4096

int main (void) {
    char puffer[BUF], inhalt[BUF], delete_fifo[BUF];
    int fd, fdx;

    sprintf (puffer, "fifo.%d", getpid ());
    inhalt[0] = '\0';
    /* Erste Zeile der Nachricht enthält die PID. */
    sprintf (inhalt, "%d\n", getpid ());

    /* alle Zugriffsrechte der Dateikreierungsmaske erlauben */
    umask(0);
    if (mkfifo (puffer, O_RDWR | 0666) < 0) {
        /* FIFO bereits vorhanden - kein fataler Fehler */
        if(errno == EEXIST)
            printf ("Versuche, vorhandene FIFO zu verwenden\n");
        else {
            perror("mkfifio()");
            exit (EXIT_FAILURE);
        }
    }
```

```
    fd = open ("fifo1.1", O_WRONLY);
    fdx = open (puffer, O_RDWR);
    if (fd == -1 || fdx == -1) {
        perror ("open()");
        exit (EXIT_FAILURE);
    }

    strcmp (delete_fifo, puffer);
    printf ("Bitte geben Sie Ihre Nachricht ein"
        " (Mit STRG+D beenden)\n>");
    while (fgets (puffer, BUF, stdin) != NULL) {
        if( strlen(inhalt) + strlen(puffer) < BUF ) {
            strcat (inhalt, puffer);
            printf (">");
        }
        else
            break;
    }
    inhalt[BUF] = '\0';
    write (fd, inhalt, BUF);
    if (read (fdx, puffer, BUF))
        printf ("%s\n", puffer);
    /* Antwort-FIFO wieder löschen */
    unlink (delete_fifo);
    return EXIT_SUCCESS;
}
```

Listing 9.16 Demonstriert das Senden und Empfangen von Daten über eine FIFO mit zusätzlicher Identitätsprüfung der Sender.

Da der Server gewöhnlich selbst genügend zu tun hat und er möglichst das tun soll, wofür er gedacht ist, nimmt der Client auch selbst wieder das Saubermachen (also das Löschen der FIFO) in die Hand. Fehlt nur noch die Serveranwendung, die alle Nachrichten von den Clients annimmt und über eine namenlose Pipe an den Drucker weiterleitet. Anschließend wertet der Server die erste Zeile der Nachricht aus und sendet eine Bestätigung an den Client, der ihm diese Nachricht geschickt hat. In der ersten Zeile befindet sich dann die PID des Clients.

```
/* server.c */
#include <stdio.h>
#include <unistd.h>
#include <sys/types.h>
#include <sys/stat.h>
#include <fcntl.h>
#include <stdlib.h>
```

```
#include <string.h>
#include <errno.h>
#define BUF 4096
#define TEXT "Habe Ihre Anfrage soeben erhalten\n"

void an_den_drucker (char *text) {
    FILE *p;
    /* Pipe zum Tool lpr erstellen zum Schreiben auf lpr */
    p = popen ("lpr", "w");
    if (p == NULL) {
        perror ("popen()");
        exit (EXIT_FAILURE);
    }
    /* an den Drucker schreiben */
    printf ("Sende Auftrag an den Drucker ...\n");
    fprintf (p, "%s", text);
    fflush (p);
    pclose (p);
    return;
}

int main (void) {
    char puffer[BUF], inhalt[BUF], antwort[BUF], pid[6];
    int r_fd, w_fd, n, i;

    inhalt[0] = '\0';
    /* alle Zugriffsrechte der Dateikreierungsmaske erlauben */
    umask(0);
    if (mkfifo ("fifo1.1", O_RDWR | 0666) < 0) {
        /* FIFO bereits vorhanden - kein fataler Fehler */
        if(errno == EEXIST)
            printf ("Versuche, vorhandene FIFO zu verwenden\n");
        else {
            perror("mkfifio()");
            exit (EXIT_FAILURE);
        }
    }
    /* Empfänger liest nur aus der FIFO. */
    r_fd = open ("fifo1.1", O_RDONLY);
    if (r_fd == -1) {
        perror ("open(1)");
        exit (EXIT_FAILURE);
    }
```

```
    while (1) { /* Endlosschleife */
        if (read (r_fd, puffer, BUF) != 0) {
            an_den_drucker (puffer);
            /* PID des aufrufenden Prozesses ermitteln */
            n = 0, i = 0;
            while (puffer[n] != '\n')
                pid[i++] = puffer[n++];
            pid[++i] = '\n';
            strcpy (antwort, "fifo.");
            strncat (antwort, pid, i);
            w_fd = open (antwort, O_WRONLY);
            if (w_fd == -1) {
                perror ("open(2)");
                exit (EXIT_FAILURE);
         }
         write (w_fd, TEXT, sizeof(TEXT));
         close (w_fd);
       }
       sleep(1);
    }
    return EXIT_SUCCESS;
}
```

Listing 9.17 Die Serverseite von Listing 9.16

Das Beispiel im Einsatz:

```
$ gcc client.c -o client
$ gcc server.c -o server
$./server&
[1] 2047
$ ./client
Bitte geben Sie Ihre Nachricht ein (Mit STRG+D beenden)
Hallo, eine Nachricht an die FIFO
[Strg]+[D]
Sende Auftrag an den Drucker ...
Habe Ihre Anfrage soeben erhalten
$
[andere Konsole]
$ ./client
Bitte geben Sie Ihre Nachricht ein (Mit STRG+D beenden)
Noch eine Nachricht :-)
[Strg]+[D]
Habe Ihre Anfrage soeben erhalten
```

9

9.4 System-V-Interprozesskommunikation

Die drei Interprozesskommunikations-Techniken (Semaphor, Message Queue und Shared Memory) des Systems V nutzen zwar unterschiedliche Konzepte, alle drei verwenden allerdings dieselben systemweiten Ressourcen, die von mehreren Prozessen gemeinsam genutzt werden können. Somit ist mit ihnen eine Kommunikation zwischen nicht verwandten Prozessen möglich. Dabei werden über Systemaufrufe verschiedene Funktionen zur Verfügung gestellt.

9.4.1 Gemeinsamkeiten der SysV-Mechanismen

Damit Prozesse, die unabhängig voneinander sind, miteinander kommunizieren können, wird eine Kennzahl verwendet, die jeder SysV-IPC-Struktur beim Anlegen zugeordnet wird. Auch Linux verwendet die SysV-IPC-Struktur. Bei dieser Struktur handelt es sich um eine vom Kernel intern erzeugte, eindeutige Kennung in Form einer nicht negativen Zahl.

Um die Kennung selbst müssen Sie sich also nicht kümmern (dies tut wie gesagt der Linux-Kernel), wohl aber um den Schlüssel. Der Schlüssel, häufig auch als magische Nummer (*Magic Number*) bezeichnet, ist nötig, damit auch nicht verwandte Prozesse über diese Kennung miteinander kommunizieren können. Der Schlüssel wird vom Kernel also stets mit der Kennung verbunden.

Um nichts durcheinanderzubringen: Wir sprechen hier von einem Schlüssel (*Key*) und einer Kennung (*Identifier*), also zwei verschiedenen Dingen. Dies sei erwähnt, da häufig beides als ein und dasselbe verwendet wird (was es nicht ist).

Wichtig ist auf jeden Fall die magische Nummer. Dieser Schlüssel, den Sie stets einrichten müssen, ist vom primitiven Datentyp `key_t` (`long`), der in der Headerdatei *sys/types.h* definiert ist. Sie können diesen Schlüssel selbst z. B. als symbolische Konstante definieren oder aber dynamisch mit der Funktion `ftok()` erzeugen lassen. Beim dynamischen Erzeugen haben Sie den Vorteil, dass die Nummer wirklich eindeutig auf dem gesamten System ist, was ja bei einer konstanten Angabe nicht unbedingt gegeben ist. Die Syntax von `ftok()` sieht wie folgt aus:

```
# include <sys/types.h>
# include <sys/ipc.h>

key_t ftok(const char *pathname, int proj_id);
```

Die Funktion `ftok()` generiert aus dem Dateinamen `pathname` (der allerdings vorher existieren muss) und den letzten 8 Bits von `proj_id` (wofür Sie auch ein `char`-Zeichen verwenden können) einen eindeutigen SysV-Schlüssel, der anschließend für die Funktionen `msgget()`, `semget()` oder `shmget()` verwendet werden kann. Bei einem Fehler gibt diese Funktion `-1` zurück. Die Funktion ftok() lässt sich zum Erstellen einer magischen Nummer folgendermaßen anwenden:

```
/* key_ftok.c */
#include <stdio.h>
#include <stdlib.h>
#include <sys/types.h>
#include <sys/ipc.h>

int main(void) {
    key_t key1, key2;
    key1 = ftok(".", 'a');
    key2 = ftok("/usr/include", 'x');
    printf("key1: %d key2: %d\n",key1, key2);
    return EXIT_SUCCESS;
}
```

Listing 9.18 Demonstriert die Funktion ftok().

Das Programm gibt bei seiner Ausführung Folgendes aus:

```
$ gcc -Wall key_ftok.c -o key_ftok
$ ./key_ftok
key1: 1627795980 key2: 2013677230
```

Ebenfalls wurde für die Zugriffsrechte ein einziges Privilegiensystem für die IPC-Objekte verwendet, das ähnlich wie das Zugriffsrechtesystem auf dem Dateizugriff arbeitet: Jedes Objekt und jede Datei besitzt eine Benutzer- und Gruppenidentifikation, die sich danach richtet, mit welcher UID/GID der Prozess läuft, mit dem das Objekt erzeugt wurde. Es können Lese- und Schreibrechte für den Benutzer (*User*), für die Gruppe (*Group*) und für alle anderen (*Other*) gesetzt werden, wie bei einer normalen Datei auch. Die Zugriffsrechte, wie auch die Kennung und der Schlüssel, sind in der Struktur ipc_perm in der Headerdatei *sys/ipc.h* definiert und können mit den entsprechenden IPC-Funktionen msgctl(), semctl() oder shmctl() vom Erzeuger des Objektes oder vom Superuser verändert werden.

9.4.2 Ein Objekt einrichten, eine Verbindung herstellen und das Objekt wieder löschen

Ganz klar: Um einen der SysV-IPC-Mechanismen zur realisieren, muss erst ein entsprechendes Objekt erzeugt werden. Dazu dienen die entsprechenden get()-Funktionen (msgget(), semget() oder shmget()). Dabei müssen Sie als Flag entweder IPC_PRIVATE setzen, womit Sie eine Verbindung zu einem bereits existierenden Schlüssel key_t einrichten, oder Sie geben als Flag IPC_CREAT an, um ein noch nicht existierendes Objekt mit dem angegebenen Schlüssel zu erzeugen.

Da der erste Prozess meistens der Serverprozess ist, können alle anderen Prozesse (also Clients) mit den entsprechenden get()-Funktionen ohne die Angabe von IPC_CREAT, aber mit der Angabe des Schlüssels eine Verbindung zu dem gewünschten Objekt herstellen.

Gelöscht wird ein Objekt mit den entsprechenden IPC-ctl()-Funktionen (msgctl(), semctl() oder shmctl()), wobei den Funktionen das Kommando IPC_RMID (*IPC ReMoveIdentifiers*) mitgegeben wird. Natürlich setzt dies entsprechende Zugriffsrechte für das Löschen voraus.

9.4.3 Datenaustausch zwischen nicht verwandten Prozessen

Sie haben zwei Möglichkeiten, ein Objekt zur Kommunikation zwischen zwei Prozessen zu verwenden. Eine Möglichkeit ist, ein neues Objekt zu erstellen, bei dem der Schlüssel mit IPC_PRIVATE angegeben und die Kennung in einer Datei gespeichert wird. Alle anderen Prozesse können danach diese Kennung aus der Datei lesen und mit den anderen Prozessen kommunizieren. Der Nachteil liegt auf der Hand: Jeder Prozess muss erst eine Datei öffnen und daraus lesen – was eher ineffizient ist. Daher ist die zweite Möglichkeit die bessere: Man verwendet einfach eine gemeinsame Headerdatei für alle Prozesse, in der sich der Schlüssel befindet. Über den anschließend vom Serverprogramm erzeugten Schlüssel können alle Clientprogramme miteinander kommunizieren. Das setzt aber voraus, dass alle Clients die Headerdatei zur Übersetzungszeit kennen. Somit bleibt die erste Möglichkeit die einzige, um zwischen nicht verwandten Prozessen eine Verbindung herzustellen.

Nachdem wir die wichtigsten Gemeinsamkeiten der drei SysV-IPCs erläutert haben, behandeln wir jetzt die einzelnen IPC-Mechanismen.

9.5 Semaphore

Um es gleich von vornherein klarzustellen: Die Semaphore nach System V haben nichts mit den Kernel-Semaphoren zu tun. Rein theoretisch könnten Sie Semaphore selbst nachbilden. Hierzu würden eine globale Variable und eine Funktion ausreichen. Wollen Sie einen kritischen Codebereich für andere Prozesse sperren, müsste die Funktion die globale Variable auf 0 setzen. Alle anderen Prozesse, die jetzt ebenfalls in diesen kritischen Bereich kommen, müssen warten, bis die globale Variable wieder einen positiven Wert bekommt. Dies ist natürlich nur rein theoretisch gesehen.

Meistens werden Semaphore von binärer Natur verwendet (wie eben beschrieben). Das sind Semaphoren, die man für gewöhnlich nutzt, um kritische Ressourcen zu schützen. Dazu reichen die zwei Zustände 1 und 0 aus. Es lassen sich aber auch allgemeine Semaphore verwenden, die allerdings die Werte 0, 1, 2, 3 ... n annehmen können. Der höchste Wert zeigt dann an, wie viele Prozesse den kritischen Bereich noch verwenden.

In System V sind die Semaphore mittlerweile mehr als nur globale Variablen geworden. Für die Arbeit mit diesen Semaphoren steht Entwicklern ein ganzer Satz an Funktionen zur Verfügung. Es ist damit auch möglich, nicht nur auf einem, sondern auf einem ganzen Satz von Semaphoren Operationen durchzuführen.

9.5.1 Lebenszyklus eines Semaphors

Die Überschrift ist ein wenig doppeldeutig und soll Ihnen mehr oder weniger den üblichen Weg bzw. die Verwendung eines Semaphors zeigen. Hier die einzelnen Schritte.

- Zuerst wird ein Semaphor erzeugt, oder, falls es existiert, wird der bereits erzeugte Semaphor geöffnet. Beides geschieht mit der Funktion `semget()`. Ein erzeugtes Semaphor sollte zu Beginn gleich auf einen positiven Wert (1) gesetzt werden, was die Funktion `semctl()` erledigt. Für alle anderen Prozesse, die ein bereits erzeugtes Semaphor verwenden, sollte dies unbedingt unterbleiben. Denn würde jeder Prozess das Semaphor auf einen positiven Wert setzen, so würde vielleicht ein Prozess, der auf einen anderen Prozess wartet, der gerade in einem kritischen Codeausschnitt arbeitet, ebenfalls Zugriff auf den kritischen Codeausschnitt bekommen.
- Wird jetzt eine Sperre für einen kritischen Codebereich benötigt, wird das Semaphor auf den Wert `0` gesetzt – dies erledigen Sie mit der Funktion `semop()`.
- Wurde jetzt ein weiterer Prozess gestartet, der ebenfalls auf diesen kritischen Bereich zugreifen will, wird das Semaphor überprüft, das für die Synchronisation des Bereichs verantwortlich ist. Ist der Wert des Semaphors positiv, so kann der Prozess auf diesen Bereich zugreifen. Dabei dekrementiert logischerweise der Prozess dieses Semaphor, so dass wiederum kein anderer Prozess zugreifen kann. Ist hingegen das Semaphor gleich `0`, wartet der Prozess so lange, bis der kritische Codebereich freigegeben wird – genauer, bis der Wert des Semaphors wieder positiv (1) ist.
- Ist ein Prozess mit dem kritischen Codebereich fertig, muss der Wert des Semaphors wieder auf `1` gesetzt werden, um es den anderen Prozessen zu gestatten, ebenfalls auf diesen Bereich zuzugreifen. Dies wird ebenfalls wieder mit der Funktion `semop()` gemacht.

Diesen einfachen Vorgang zeigen wir Ihnen nun anhand eines Listings mit anschließender Erklärung:

```
/* semaphor.c */
#include <stdio.h>
#include <unistd.h>
#include <stdlib.h>
#include <sys/types.h>
#include <sys/stat.h>
#include <sys/ipc.h>
#include <sys/sem.h>
```

```
#define LOCK       -1
#define UNLOCK      1
#define PERM 0666 /* Zugriffsrechte */
#define KEY  123458L

static struct sembuf semaphore;
static int semid;

static int init_semaphore (void) {
    /* testen, ob das Semaphor bereits existiert */
    semid = semget (KEY, 0, IPC_PRIVATE);
    if (semid < 0) {
        /* ... existiert noch nicht, also anlegen */
        /* alle Zugriffsrechte der Dateikreierungsmaske */
        /* erlauben */
        umask(0);
        semid = semget (KEY, 1, IPC_CREAT | IPC_EXCL | PERM);
        if (semid < 0) {
            printf ("Fehler beim Anlegen des Semaphors ...\n");
            return -1;
        }
        printf ("(angelegt) Semaphor-ID : %d\n", semid);
        /* Semaphor mit 1 initialisieren */
        if (semctl (semid, 0, SETVAL, (int) 1) == -1)
            return -1;
    }
    return 1;
}

static int semaphore_operation (int op) {
    semaphore.sem_op = op;
    semaphore.sem_flg = SEM_UNDO;
    if( semop (semid, &semaphore, 1) == -1) {
        perror(" semop ");
        exit (EXIT_FAILURE);
    }
    return 1;
}

int main (void) {
    int res;

    res = init_semaphore ();
```

```
    if (res < 0)
        return EXIT_FAILURE;

    printf ("Vor dem kritischen Codeausschnitt ...\n");
    semaphore_operation ( LOCK );
    /* kritischer Codeausschnitt */
    printf ("PID %d verwendet Semaphor %d\n",
        getpid(), semid);
    printf ("Im kritischen Codeabschnitt ...\n");
    sleep (10);
    semaphore_operation ( UNLOCK );
    printf ("Nach dem kritischen Codeausschnitt ...\n");
    //semctl (semid, 0, IPC_RMID, 0);
    return EXIT_SUCCESS;
}
```

Listing 9.19 Die Synchronisation von Prozessen mit Semaphoren

Das Programm gibt bei der Ausführung z. B. Folgendes aus:

```
tty1 $ gcc semaphor.c -o semaphor
tty1 $ ./semaphor
Semaphor-ID : 1048577
Vor dem kritischen Codeausschnitt ...
PID 3582 verwendet Semaphor 1048577
Im kritischen Codeabschnitt ...
[inzwischen vor Ablauf der 10 Sekunden in einer weiteren Konsole]
tty2 $ ./semaphor
Semaphor-ID : 1048577
Vor dem kritischen Codeausschnitt ...
[Wartet auf Freigabe des Semaphors von PID 3582]
[ inzwischen tty0 ]
Nach dem kritischen Codeausschnitt ...
$ tty1
[Jetzt ist das Semaphor frei für tty1]
PID 3583 verwendet Semaphor 1048577
Im kritischen Codeabschnitt ...
[nach 10 Sek.]
Nach dem kritischen Codeausschnitt ...
```

Sie können jetzt beliebig viele Prozesse starten. Es kann aber immer nur ein Prozess auf den kritischen Codebereich zugreifen. Einen Schönheitsfehler hat dieses Beispiel allerdings dann doch noch. Geben Sie in der Kommandozeile nun Folgendes ein:

```
$ ipcs
Schlüssel shmid       Besitzer Rechte  Bytes  nattch    Status
0x0000000 131074      pinguin     777   196608    2         dest
0x0000000 1971978243 root         644   110592    2         dest
0x0000000 1975975940 root         644   110592    2         dest
0x0000000 1981513733 root         644   110592    2         dest
----- Semaphorfelder -----
Schlüssel  SemID       Besitzer        Rechte      nsems
0x0001e242 1048577     pinguin         666         1
----- Nachrichtenwarteschlangen -----
Schlüssel  msqid       Besitzer   Rechte      used-bytes    messages
```

Hier sind momentan nur die Semaphorfelder von Interesse: Das Semaphor bleibt nach Beendigung aller Prozesse erhalten. Nur per Hand können Sie ihn folgendermaßen entfernen (die ID sei 1048577):

```
$ ipcrm -s 1048577
```

Das dürfte aber bei sehr vielen vorher angelegten Semaphoren ein Problem werden. Die folgende (auskommentierte) Zeile würde diesen Vorgang zwar für Sie übernehmen

```
//semctl (semid, 0, IPC_RMID, 0);
```

hätte aber zur Folge, dass nach Beendigung des ersten Prozesses das Semaphor gelöscht wird, und alle anderen Prozesse hätten dann kein Semaphor mehr zur Verfügung. Daher verwendet man auch hier in der Praxis das Client-Server-Prinzip. Der Server erzeugt ein Semaphor und kümmert sich auch wieder darum, dass es beseitigt wird. Die Clients greifen nur auf dieses eine Semaphor zu.

Nun folgt aber erst einmal die Beschreibung der einzelnen Funktionen im Listing.

Zuerst benötigen Sie, um ein Semaphor anzulegen, die magische Nummer, die hier einfach mit 123458L definiert wurde. Anhand dieser Nummer werden die Semaphore eindeutig vom System identifiziert.

9.5.2 Ein Semaphor öffnen oder erstellen mit semget()

Die erste Funktion, die im Listing aufgerufen wurde, war init_semaphore(). Zuerst wird versucht, mit der Funktion semget() ein bereits erstelltes Semaphor zu öffnen.

```
#include <sys/ipc.h>
#include <sys/types.h>
#include <sys/sem.h>

int semget(key_t key, int n_sems, int flag);
```

Als erstes Argument bekommt semget() die magische Nummer übergeben. Das zweite Argument entspricht der Anzahl der Semaphore in einem Satz (quasi ein Array von Semaphoren), und mit dem letzten Argument können Zugriffsprivilegien vergeben werden. Bei den Flags können Sie im Prinzip drei Angaben machen, was ebenso auf die Message Queues und die Shared-Memory-Segmente zutrifft:

- IPC_PRIVATE: Öffnen eines privaten Schlüssels
- IPC_CREAT: Damit wird ein noch nicht existierender Schlüssel erzeugt.
- IPC_EXCL: Dieses Flag wird in der Regel mit dem bitweisen ODER-Operator hinter IPC_CREAT angefügt. Damit gehen Sie sicher, dass wirklich ein neues Objekt (Semaphor) angelegt wird und nicht ein bereits existierendes mit derselben Kennung. Existiert bereits eine Kennung, bricht die entsprechende Funktion – hier semget() – mit einem Fehler ab (errno == EEXIST).

Beim ersten semget()-Aufruf geben Sie als erstes Argument den magischen Schlüssel an, als zweites Argument 0, was bedeutet, dass Sie eine bereits existierende Semaphormenge öffnen wollen. Als letztes Argument geben Sie IPC_PRIVATE an, verlangen also das Öffnen eines bereits existierenden Schlüssels. Bei erfolgreichem Funktionsaufruf gibt semget() die Semaphor-ID zurück, die Sie in der Konsole mit dem Tool *ipcs* ermitteln können. Schlägt die Funktion hingegen fehl, was beim ersten Aufruf der Fall sein sollte, so gibt semget() -1 zurück. Somit springt das Programmbeispiel mit seiner Ausführung sofort in die erste if-Verzweigung.

Darin wird versucht, eine neue Semaphormenge zu erstellen:

```
semid = semget (KEY, 1, IPC_CREAT | IPC_EXCL | PERM);
```

Auch hier wird als erstes Argument die magische Kennung übergeben, als zweites Argument die Anzahl der Semaphormengen (1). Und zu guter Letzt die Flags IPC_CREAT, IPC_EXCL und, sehr wichtig, die Zugriffsrechte auf die Semaphore. Vergessen Sie die Zugriffsrechte oder setzen Sie sie falsch, werden Sie keinen Zugriff auf die Semaphormenge haben. Zurückgegeben wird bei Erfolg die Semaphor-ID.

9.5.3 Abfragen, Ändern oder Löschen der Semaphormenge mit semctl()

Im nächsten Schritt setzen Sie die Semaphorvariable auf den Wert 1. Dieser Vorgang ist ebenfalls von Bedeutung. Würden Sie nämlich die Semaphore gleich zu Beginn auf -1 setzen, dann müssten dies die Clientprogramme bzw. das Programm, das auf die Semaphormenge zugreifen will, ebenso berücksichtigen. Gewöhnlich setzt man deshalb den Wert auf 1. Das Setzen eines negativen Wertes der Semaphorvariablen zu Beginn entspricht hier etwa dem Sinn einer Bahnschranke, die nur geöffnet wird, wenn ein Auto durchfahren will – gewöhnlich ist dies ja umgekehrt.

Das Setzen, aber auch das Abfragen oder Löschen von Semaphoren aus einer Semaphormenge lässt sich wie folgt mit der Funktion semctl() realisieren:

```
#include <sys/types.h>
#include <sys/ipc.h>
#include <sys/sem.h>

int semctl(int semphoren_ID, int sem_num,
           int kommando, union semun arg);
```

Als erstes Argument legen Sie das Semaphor fest, auf das sich semctl() beziehen soll (also mit welchem Semaphor semctl() als Nächstes arbeiten soll). Die entsprechende ID haben Sie vorher als Rückgabewert der Funktion semget() erhalten. Mit dem zweiten Argument spezifizieren Sie einen bestimmten Semaphorwert aus der Menge. Auch sem_num ist bei einigen der kommando-Angaben von Bedeutung. Bevor wir auf die einzelnen Kommandos und ihre Bedeutung eingehen, müssen wir aber zuerst noch die Funktion union semun erläutern, die wie folgt definiert ist:

```
#if defined(__GNU_LIBRARY__) && !defined(_SEM_SEMUN_UNDEFINED)
/* das union semun wird definiert, indem Sie <sys/sem.h> einbinden */
#else
/* Laut dem X/OPEN-Standard müssen Sie die semun-Struktur selbst definieren. */
   union semun {
     int val;                  /* Werte für  SETVAL        */
     struct semid_ds *buf;     /* Puffer IPC_STAT, IPC_SET */
     unsigned short *array;    /* Array für GETALL, SETALL */
                               /* Linux spezifischer Teil: */
     struct seminfo *__buf;    /* Puffer für IPC_INFO      */
       };
#endif
```

Kommen wir zu den einzelnen gängigen Kommandos, die als drittes Argument angegeben werden können, und ihrer Bedeutung. Für mehr Details sollten Sie allerdings die Manual Page lesen, da eine ausführlichere Erklärung weit über den Rahmen des ohnehin schon umfangreichen Kapitels hinausgehen würde.

Kommando	Bedeutung
IPC_STAT	Hiermit kann die Struktur semid_ds angefragt werden. Der Inhalt befindet sich anschließend in der Adresse von buf.
IPC_SET	Hiermit können Eigentümer und die Zugriffsrechte gesetzt werden.

Tabelle 9.1 Kommandoangaben für die Funktion semctl()

Kommando	Bedeutung
IPC_RMID	Löschen einer Semaphormenge
GETVAL	Hiermit fragen Sie den Wert der Semaphorvariablen ab.
SETVAL	Setzt den Wert der Semaphorvariablen.
GETPID	Gibt die PID des Prozesses zurück, der zuletzt auf die Semaphorvariablen zugegriffen hat.
GETNCNT	Abfragen der Prozesse, die warten, bis die Semaphorvariable größer als 0 wird
GETZCNT	Abfragen der Prozesse, die warten, bis die Semaphorvariable gleich 0 ist
GETALL	Abfragen der Werte aller Semaphorvariablen
SETALL	Setzen aller Semaphorvariablen
IPC_INFO	(nur Linux) Damit lassen sich Informationen zum entsprechenden Semaphor erfragen.

Tabelle 9.1 Kommandoangaben für die Funktion semctl() (Forts.)

Der Rückgabewert der Funktion semctl() ist entweder (also bei Erfolg) 0 oder, wenn eines der GET-Kommandos verwendet wurde, ein entsprechender positiver Wert. Bei einem Fehler gibt semctl() -1 zurück.

9.5.4 Operationen auf Semaphormengen ausführen mit semop()

Eine bestimmte Operation können Sie mit der Funktion semop() ausführen, wobei mit »ausführen« das Verändern der Semaphorvariablen-Werte gemeint ist. semop() hat die folgende Syntax:

```
#include <sys/types.h>
#include <sys/ipc.h>
#include <sys/sem.h>

int semop(int semid, struct sembuf sem_array[], size_t n_op);
```

Mit dem ersten Argument legen Sie wieder fest, auf welcher Semaphormenge die Operationen mit der Funktion semop() durchgeführt werden sollen. sem_array ist hier eine Adresse eines Arrays von Semaphoroperationen (also ein Zeiger). Folgende Elemente sind in der Struktur sembuf enthalten:

```
struct sembuf {
   unsigned short sem_num;  /* Semaphornummer der Menge    */
   short sem_op;            /* Semaphoroperation           */
   short sem_flg;           /* Flags: IPC_NOWAIT,SEM_UNDO  */
  }
```

Mit dem dritten Argument von `semop()` geben Sie die Anzahl der Elemente im Array `sem_array` an, was durchaus mehr als ein Element sein kann (wie dies im letzten Beispiel der Fall war).

Für die Angabe von `sem_op` in der Struktur `sembuf` sind folgende drei Fälle zu unterscheiden:

- `sem_op > 0`: Ist `sem_op` größer als 0, also `1`, wird die Ressource für alle anderen Prozesse freigegeben.
- `sem_op < 0`: Ist die Semaphorvariable kleiner als 0, also `-1`, dann ist der kritische Bereich für alle anderen Prozesse gesperrt. Will jetzt ein weiterer Prozess auf diese Ressource zugreifen, hängt das Gelingen davon ab, ob `sem_flag`, das dritte Element der Struktur `sembuf`, auf `IPC_NOWAIT` gesetzt wurde. Ist dies der Fall, schlägt der Funktionsaufruf `semop()` fehl. Ist `IPC_NOWAIT` nicht gesetzt, wartet der Prozess so lange, bis die Ressource wieder freigegeben wurde.
- `sem_op == 0`: Wird die Semaphorvariable auf `0` gesetzt, kehrt `semop()` sofort wieder zurück. Wenn die Semaphorvariable ungleich 0 ist, hängt dieses Verhalten wiederum von `sem_flag` und `IPC_NOWAIT` ab. Ist `IPC_NOWAIT` gesetzt, beendet sich `semop()` mit einem Fehler. Ansonsten wartet der Prozess so lange, bis entweder `sem_op` gleich `0` ist oder das Semaphor gelöscht wurde.

Hilfreich ist auch das Flag `SEM_UNDO`. Wird nämlich ein Prozess vorzeitig beendet, wird damit sichergestellt, dass mithilfe eines Undo-Zählers das vom Prozess gesetzte Semaphor wieder auf `0` zurückgesetzt wird.

Anders als im letzten Beispiel gesehen können Sie `sembuf` auch wie folgt mit Werten initialisieren:

```
struct sembuf semaphore_lock[1]   = { 0, -1, SEM_UNDO };
struct sembuf semaphore_unlock[1] = { 0, 1,  SEM_UNDO };
...
/* Ressource sperren */
semop(semid, &semaphore_lock[0], 1);
...
/* Ressource freigeben */
semop(semid, &semaphore_unlock[0], 1 );
```

Um in diesem Fall die Funktion `semaphore_operation()` komplett zu machen, sollten Sie noch eine weitere symbolische Konstante `0` als `ZERO` definieren, womit Sie alle drei Möglichkeiten der Semaphorvariablen ausgeschöpft hätten. Mit

```
semaphore_operation ( LOCK );
```

sperren Sie einen kritischen Bereich. `LOCK` ist als `-1` definiert. Und mittels

```
semaphore_operation ( UNLOCK );
```

geben Sie die Ressource wieder frei, da `UNLOCK` als `1` definiert wurde.

9.5.5 Semaphore im Vergleich mit Sperren

Semaphore sind den Sperren ja nicht unähnlich, weshalb sich ein Vergleich zwischen beiden lohnt. Auf beiden Seiten hat man einen Vorteil. Die Verwendung von Sperren (Record Locking) gestaltet sich wesentlich einfacher. Dafür ist der Geschwindigkeitsvorteil ganz klar auf der Seite der Semaphore. Somit bleibt es letztendlich den Entwicklern selbst überlassen, wofür sie sich entscheiden. Meistens werden aber einzelne kritische Codebereiche, die von mehreren Prozessen gleichzeitig ausgeführt werden können, mit Semaphoren gesichert und komplexe Strukturen wie z. B. Desktop-Objekte oder Benutzerprofile durch Record Locking.

9.6 Message Queues

Message Queues sind erst einmal nichts anderes als Nachrichten, die in Form einer verketteten Liste verwaltet werden. Jede dieser Message Queues hat eine eindeutige Kennung, wodurch sie auch von anderen Prozessen identifiziert werden kann. Sie können sich die Message Queues gerne als ein Art Mailbox für Prozesse vorstellen. Prozesse können Daten in der Message Queue ablegen, die von anderen Prozessen wieder abgeholt werden können (diese Daten bleiben übrigens auch nach Beendigung des Erzeugers in der Message Queue).

Außer der normalen Warteschlangenpriorität nach dem FIFO-Prinzip können Sie die Nachrichten in einer Message Queue auch mit einer anderen Priorität versehen. Der Prozess, der diese Nachricht aus der Schlange abholen will, kann die Nachrichten folgendermaßen auslesen:

- Nachricht mit der Priorität N: Der Prozess holt sich die erste Nachricht in der Warteschlange mit der Priorität N ab, auch wenn sie als letzte eingefügt wurde.
- Nachrichten ab einer Priorität N: Der Prozess ist nicht nur an einer Nachricht der Priorität N interessiert, sondern an allen Nachrichten mit der gleichen und einer höheren Priorität.

Die Funktionen zur Verwendung der Message Queues sind denen der Semaphore und dem anschließenden Shared Memory recht ähnlich.

9.6.1 Eine Message Queue öffnen oder erzeugen mit msgget()

Wenn Sie eine existierende Message Queue erzeugen oder eine bereits existierende öffnen wollen, müssen Sie die Funktion msgget() dazu verwenden. Die Syntax dieser Funktion ist die folgende:

```
#include <sys/types.h>
#include <sys/ipc.h>
#include <sys/msg.h>

int msgget(key_t key, int flag);
```

Als ersten Parameter benötigt msgget() wieder die Magic Number eines Prozesses, und als zweiten Parameter ein Flag oder auch die Kombination aus mehreren Flags. Für die Flags gilt auch hier dasselbe wie bei den Semaphoren, nämlich:

- IPC_PRIVATE: Öffnen eines privaten Schlüssels
- IPC_CREAT: Damit wird ein noch nicht existierender Schlüssel erzeugt.
- IPC_EXCL: Dieses Flag wird in der Regel mit dem bitweisen ODER-Operator hinter IPC_CREAT angefügt. Damit gehen Sie sicher, dass wirklich ein neues Objekt (eine Message Queue) angelegt wird und nicht ein bereits existierendes mit derselben Kennung. Existiert bereits eine Kennung, bricht die entsprechende Funktion – hier msgget() – mit einem Fehler ab (errno = EEXIST).

Des Weiteren sollten Sie bei den Flags die entsprechenden Zugriffsrechte setzen, damit Sie überhaupt Zugriff auf die Message Queue haben. Der Rückgabewert der Funktion msgget() ist bei Erfolg die ID der (neuen) Message Queue, die Sie bei den weiteren Funktionen benötigen, oder bei einem Fehler -1.

9.6.2 Nachrichten versenden mit msgsnd()

Um eine Nachricht an eine existierende Message Queue zu senden (im Endeffekt entspricht dies einem Anhängen an die Liste), steht Ihnen die Funktion msgsnd() zur Verfügung, die folgende Syntax hat:

```
#include <sys/types.h>
#include <sys/ipc.h>
#include <sys/msg.h>

int msgsnd(int msg_id, const void *buf,
           size_t m_len, int flag);
```

Mit der Funktion msqsnd() schicken Sie eine Nachricht an die Message Queue mit der ID msg_id, die Sie vorher von der Funktion msgget() erhalten haben. Das Argument buf enthält die

Adresse eines Puffers mit einem Message-Typ, gefolgt von dem eigentlichen Message-Text. Häufig verwendet man für buf die folgende Struktur:

```
struct my_nachricht {
   long nachrichten_typ;      /* Message-Typ  */
   char nachricht[MSG_LEN];   /* Message-Text */
}
```

Die vorige Definition bedeutet Folgendes: Als Argument für buf wird die Adresse der selbst definierten Struktur my_nachricht übergeben. Die erste Variable der Struktur nachrichten_typ ist nur dann von Bedeutung, wenn Sie die Nachrichten mit der Funktion msgrcv() in einer anderen Reihenfolge empfangen wollen. Hier geben Sie also die Priorität der Nachricht an. Mit nachricht definieren Sie in der Struktur my_nachricht den eigentlichen Inhalt der Nachricht.

Mit dem dritten Parameter der Funktion msgsnd() geben Sie die Textlänge der Nachricht von buf an. In diesem Fall wäre es die Textlänge der Strukturvariablen nachricht – also MSG_LEN Bytes.

Mit dem letzten Parameter können Sie das Flag IPC_NOWAIT setzen, wenn Sie wollen, dass eine Message Queue nicht, wie es standardmäßig der Fall ist, blockiert, wenn sie voll ist. In diesem Fall kehrt msgsnd() sofort mit einem Fehler (errno == EAGAIN) zurück.

Wenn die Nachricht mit der Funktion msgsnd() erfolgreich verschickt werden konnte, wird 0, ansonsten (also bei einem Fehler) -1 zurückgegeben.

9.6.3 Eine Nachricht empfangen – msgrcv()

Um eine gesendete Nachricht aus einer Message Queue zu empfangen, steht Ihnen die Funktion msgrcv() zur Verfügung:

```
#include <sys/types.h>
#include <sys/ipc.h>
#include <sys/msg.h>

int msgrcv(int msg_id, void *buf,
           size_t msg_len, long typ, int flag);
```

Die Funktion msqrcv() ist ähnlich aufgebaut wie die Funktion zum Senden einer Nachricht. Als erstes Argument bekommt msgrcv() die ID einer Message Queue übergeben. Im zweiten Parameter befindet sich der Message-Typ (als Zeiger), und die Nachricht wird in dieser Struktur als Text abgelegt (oder vielmehr: als Zeiger vom Typ char *). Mit msg_len geben Sie auch hier die Länge des Textes an, der aus dem Nachrichtentext gelesen werden soll. Mit typ legen Sie die Priorität fest, also in welcher Reihenfolge die Nachrichten aus der Message Queue gelesen werden sollen. Folgende Angaben können für typ gemacht werden:

- typ == 0: Erste Nachricht aus einer Message Queue wird gelesen (nach dem FIFO-Prinzip).
- typ == N: Erste Nachricht wird aus einer Message Queue gelesen, welche den Typ N hat. Das Gegenteil erreichen Sie mit dem Flag MSG_EXCEPT.
- typ < 0: Erste Nachricht aus einer Message Queue wird empfangen, deren Typ der kleinste Wert ist, der kleiner oder gleich dem absoluten Wert von typ ist.

Auch hier kann das Flag IPC_NOWAIT als letztes Argument angegeben werden. Damit können Sie verhindern, dass msgrcv() blockiert und auf das Eintreffen einer entsprechenden Nachricht wartet – was auch die Standardeinstellung ist. Allerdings bricht beim Setzen des Flags IPC_NOWAIT die Funktion msgrcv() mit einem Fehler ab (errno == ENOMSG). Bei erfolgreicher Ausführung gibt die Funktion msgrcv() die empfangene Nachricht zurück oder bei einem Fehler -1.

9.6.4 Abfragen, Ändern oder Löschen einer Message Queue mit msgctl()

Will man den Zustand einer Message Queue abfragen, verändern oder eine Message Queue löschen, steht hierfür die Funktion msgctl() zur Verfügung:

```
#include <sys/types.h>
#include <sys/ipc.h>
#include <sys/msg.h>

int msgctl(int msg_id, int kommando, struct msqid_ds *buf);
```

Das Argument msg_id ist wie gehabt die ID einer Message Queue, auf die sich msgctl() beziehen soll. Mit kommando legen Sie die auszuführende Aktion auf einer bestimmten Message Queue fest. Dabei können folgende Angaben gemacht werden (entsprechende Rechte vorausgesetzt):

Kommando	Bedeutung
IPC_STAT	Abfragen des Status in einer Message Queue. Dabei werden die Informationen in den Puffer buf, der vom Typ struct msqid_ds ist, geschrieben.
IPC_SET	Setzen der UID/GID-Zugriffsrechte und der maximalen Größe einer Message Queue. Dabei werden Variablen in der Struktur msqid_ds beschrieben.
IPC_RMD	eine Message Queue löschen
IPC_INFO	(nur Linux) zusätzliche Informationen zu einer Message Queue

Tabelle 9.2 Kommandoangaben für msgctl()

Mehr zu den einzelnen Variablen der Struktur msqid_ds können Sie der Headerdatei *bits/msq.h* entnehmen. In dieser Struktur befindet sich der momentane Status der Message

Queue. In diesem Buch wird diese Struktur nicht benötigt. Deshalb hier nur ein kurzer Überblick:

```
struct msqid_ds {
    struct ipc_perm msg_perm;
    struct msg *msg_first; // erste Nachricht in der Queue
    struct msg *msg_last;  // letzte Nachricht in der Queue
    time_t msg_stime;      // letzter msgsnd()-Aufruf (Zeit)
    time_t msg_rtime;      // letzter msgrcv()-Aufruf (Zeit)
    time_t msg_ctime;      // letzte Änderungen (Zeit)
    struct wait_queue *wwait;
    struct wait_queue *rwait;
    ushort msg_cbytes;
    ushort msg_qnum;      // Anzahl der Nachrichten in Queue
    ushort msg_qbytes;    // max. Anzahl Bytes der Queue
    ushort msg_lspid;     // PID des letzten msgsnd()-Aufrufs
    ushort msg_lrpid;     // PID des letzten msgrcv()-Aufrufs
};
```

Mit dem folgenden Beispiel möchten wir Ihnen ein einfaches Server-Client-Beispiel mit einer Message Queue demonstrieren. Sie können sich das Prinzip wie bei einer Mailingliste vorstellen. Zuerst erzeugen Sie einen Server, der die eingehenden Nachrichten der Clients empfängt. Um das nächste Beispiel einfach zu halten, wird als Nachrichtentyp die Kennung der Message-Queue-ID und als Text lediglich »Login« verwendet. Alle anderen bereits am Server angemeldeten User bekommen vom Server Bescheid, wenn sich ein neuer Client angemeldet hat. Jeder neu gestartete Prozess bekommt also lediglich seine Message-Queue-ID und das Login bestätigt.

Zuerst benötigen Sie hierzu aber eine gemeinsame Headerdatei:

```
/* msq_header.h */
#include <stdlib.h>
#include <signal.h>
/* magische Nummer */
#define KEY 1234L
/* Begrenzung der Nachricht */
#define MSG_LEN 1024
/* Zugriffsrechte */
#define PERM 0666
#undef signal

/* Datentypen zum Senden und Empfangen der Nachrichten */
typedef struct {
    long prioritaet;
```

```
    char message[MSG_LEN];
} client2server;

typedef struct {
    long prioritaet;
    char message[MSG_LEN];
} server2client;

struct id_verwaltung {
    int id;
    struct id_verwaltung *next;
 };

struct id_verwaltung *id_first = NULL;

static void mq_verwaltung_add( int i ) {
    struct id_verwaltung *ptr;
    if( id_first == NULL) {
        id_first = malloc(sizeof( struct id_verwaltung ));
        if( id_first == NULL )
            exit(EXIT_FAILURE);
        id_first->id = i;
        id_first->next = NULL;
   }
   else {
       ptr = id_first;
       while(ptr->next != NULL)
           ptr=ptr->next;
       ptr->next = malloc(sizeof( struct id_verwaltung ));
       ptr = ptr->next;
       ptr->id = i;
       ptr->next = NULL;
   }
}

static void mq_verwaltung_remove( int i ) {
    struct id_verwaltung *ptr_tmp;
    struct id_verwaltung *ptr;
    if(id_first == NULL)
        return;
    if( id_first->id == i ) {
        ptr = id_first->next;
        free(id_first);
```

```
        id_first = ptr;
        printf("User %d hat sich ausgeloggt\n",i);
        return;
    }
    ptr = id_first;
    while(ptr->next != NULL) {
        ptr_tmp = ptr->next;
        if( ptr_tmp->id == i ) {
            ptr->next = ptr_tmp->next;
            free(ptr_tmp);
            printf("User %d hat sich ausgeloggt\n",i);
            break;
       }
       ptr=ptr_tmp;
    }
}

typedef void (sigfunk) (int);

sigfunk * signal (int sig_nr, sigfunk signalhandler) {
    struct sigaction neu_sig, alt_sig;

    neu_sig.sa_handler = signalhandler;
    sigemptyset (&neu_sig.sa_mask);
    neu_sig.sa_flags = SA_RESTART;
    if (sigaction (sig_nr, &neu_sig, &alt_sig) < 0)
        return SIG_ERR;
    return alt_sig.sa_handler;
}
```

Listing 9.20 Die Headerdatei <msq_header.h>

Die Daten, die in der Nachrichtenwarteschlange miteinander ausgetauscht werden, werden also wie folgt festgelegt:

```
typedef struct {
    long prioritaet;
    char message[MSG_LEN];
} client2server;

typedef struct {
    long prioritaet;
    char message[MSG_LEN];
} server2client;
```

Außerdem wurde mit den Funktionen `msq_verwaltung_add()` und `msq_verwaltung_remove()` eine verkettete Liste erstellt, in der alle vorhandenen Client-Message-Queue-IDs aufgezeichnet und wieder daraus entfernt werden können. Dies dient dazu, zu gewährleisten, dass der Server keine Nachrichten an einen nicht mehr existierenden Client verschicken kann. Das neue Signalkonzept wurde auch so implementiert, dass es von einem Clientprozess (Beendigung mit der Tastenkombination [Strg]+[C]) für Aufräumarbeiten verwendet werden kann.

Als Erstes sehen wir uns das Serverprogramm an:

```
/* server_msq.c */
#include <sys/types.h>
#include <sys/ipc.h>
#include <sys/msg.h>
#include <sys/stat.h>
#include <stdio.h>
#include <unistd.h>
#include "msq_header.h"

static int setup_server( key_t key, int flag ) {
    int res;
    res = msgget( key, flag );
    if( res < 0 ) {
        printf("Serverfehler beim Einrichten der Message "
            "Queues\n");
        return -1;
    }
    return res;
}

static void verteilen( const char *str, int p ) {
    int res;
    server2client s2c;
    struct id_verwaltung *ptr = id_first;

    s2c.prioritaet = p;
    sprintf(s2c.message,"%s",str);

    while(ptr != NULL) {
        res = msgsnd(ptr->id, &s2c, MSG_LEN, 0);
        if( res < 0 )
            printf("Konnte Nachricht an Client MQ %d nicht"
                " zustellen ...\n",ptr->id);
        else
            printf("Nachricht an Client MQ %d zugestellt\n",
```

```
                ptr->id);
        ptr=ptr->next;
    }
}

int main(void) {
    int server_id, res;
    client2server c2s;
    char puffer[MSG_LEN];
    int client_id;

    server_id = setup_server( KEY, PERM  | IPC_CREAT );
    if( server_id < 0 )
        return EXIT_FAILURE;
    printf("Server läuft ...\n");
    while(1) {
        /* Nachricht empfangen */
        res = msgrcv( server_id, &c2s, MSG_LEN, 0, 0 );
        if( res < 0 ) {
             printf("Fehler beim Empfangen einer Nachricht?\n");
             return EXIT_FAILURE;
        }
        /* Nachricht auswerten */
        if( c2s.prioritaet == 1 ) {
            /* Message Queues aus der Verwaltung entfernen */
            sscanf(c2s.message,"%d",&client_id);
            mq_verwaltung_remove( client_id );
        }
        else {
            sscanf(c2s.message,"%d:%s",&client_id, puffer);
            /* client_id eventuell zur Liste hinzufügen */
            mq_verwaltung_add( client_id );
            /* allen anderen Usern einen Hinweis schicken */
            verteilen( puffer, client_id );
       }
    }
    printf(" --- Server-Ende ---\n");
    return EXIT_SUCCESS;
}
```

Listing 9.21 Implementiert ein Serverprogramm zur Verarbeitung von Message Queues.

Der Server erzeugt zuerst eine Message Queue mit `msgget()`. Anschließend werden in einer Endlosschleife Daten (falls vorhanden) von den Clients empfangen, die an die Message

Queue des Servers etwas geschickt haben. Hat ein Client eine Nachricht gesendet, wird erst noch überprüft, ob dies mit der Priorität 1 geschehen ist. Dies würde bedeuten, dass sich der Client mit [Strg]+[C] beendet hat, und somit wird diese Message Queue aus der Liste entfernt. Ansonsten wird die Nachricht mit `sscanf()` ausgelesen und (falls es eine neue Message Queue-ID war) in die Verwaltung eingefügt, und alle eingeloggten Clientprozesse werden mit der Funktion `verteilen()` benachrichtigt.

[»]

Hinweis

Die Client Message Queues können auch miteinander ohne den Server kommunizieren.

Es folgt das Listing des Clientprogramms:

```
/* client_msq.c */
#include <sys/types.h>
#include <sys/ipc.h>
#include <sys/msg.h>
#include <sys/stat.h>
#include <stdio.h>
#include <unistd.h>
#include "msq_header.h"

static int ende = 1;

static int setup_client (key_t key, int flag) {
    int res;
    res = msgget (key, flag);
    if (res == -1) {
        printf ("Clientfehler beim Einrichten"
            " der Message Queues...\n");
        return -1;
    }
    return res;
}

/* Der Client will sich beenden. */
static void shutdown_msq (int signr) {
    ende = 0;
}

int main (void) {
    int server_id, client_id;
    int res;
```

```
client2server c2s;
server2client s2c;
/* Signalhandler für STRG+C einrichten */
signal (SIGINT, shutdown_msq);

/* eine Message Queue zum Server */
server_id = setup_client (KEY, 0);

if (server_id < 0)
   return EXIT_FAILURE;
/* eine Message Queue für den Client */
client_id = setup_client (IPC_PRIVATE, PERM | IPC_CREAT);
if (client_id < 0)
   return EXIT_FAILURE;
/* eine Nachricht an den Server versenden */
c2s.prioritaet = 2;
sprintf (c2s.message, "%d:Login", client_id);
res = msgsnd (server_id, &c2s, MSG_LEN, 0);
if (res == -1) {
   printf ("Konnte keine Nachricht versenden ...\n");
   return EXIT_FAILURE;
}
/* Bestätigung des Servers oder Rundschreiben */
/* von anderen Clients empfangen */
res = msgrcv (client_id, &s2c, MSG_LEN, 0, 0);
if (res == -1) {
   printf ("Fehler beim Erhalt der Nachricht ...\n");
   return EXIT_FAILURE;
}
/* Bestätigung oder Rundschreiben auslesen und ausgeben */
printf ("%ld: %s\n", s2c.prioritaet, s2c.message);

while (ende) {
   /* Hier könnte der wichtige Code zur Kommunikation  */
   /* zwischen  den Prozessen geschrieben werden.      */
   /* In diesem Beispiel werden nur die neu erstellten */
   /* Message Queues als neue User ausgegeben. Die     */
   /* Schleife wartet auf das Signal SIGINT == STRG+C. */

   /* Bestätigung oder Rundschreiben empfangen */
   res= msgrcv (client_id, &s2c, MSG_LEN, 0, IPC_NOWAIT);
   if (res != -1) {
      printf ("(%s) von User mit der Message-Queue-ID: "
```

```
                " %ld\n", s2c.message, s2c.prioritaet);
        }
        /* Dauerndes Pollen belastet unnötig die CPU        */
        /* - eine Bremse (siehe top mit und ohne usleep(). */
        usleep( 1000 );
    }
    /* STRG+C, also das Signal SIGINT, wurde ausgelöst ... */
    c2s.prioritaet = 1;
    sprintf (c2s.message, "%d", client_id);
    res = msgsnd (server_id, &c2s, MSG_LEN, 0);
    if (res == -1) {
        printf ("Konnte keine Nachricht versenden ...\n");
        return EXIT_FAILURE;
    }

    /* Message Queues entfernen */
    msgctl (client_id, IPC_RMID, NULL);
    return EXIT_SUCCESS;
}
```

Listing 9.22 Die Clientseite für das Verarbeiten von Message Queues

Der Client erzeugt zuerst eine eigene Message Queue und richtet anschließend eine Verbindung zur Server Message Queue ein. Anschließend sendet der Client eine Nachricht an den Server (mit `msgsnd()`) und wartet mit `msgrcv()` auf die Antwort. Anschließend geht es in die Endlosschleife, die mithilfe des Signals `SIGINT` (Strg+C) und der Funktion `shutdown_msq` beendet werden kann. In der Schleife selbst könnten Sie jetzt wichtige Arbeiten, die für eine Message Queue üblich sind, ausführen. In dieser Schleife werden in den nächsten Beispielen der Einfachheit halber nur die Nachrichten jedes neu eingeloggten Clients empfangen und ausgegeben. Außerdem wird nach Beendigung des Clients mit Strg+C die Message Queue des Clients mit `msgctl()` entfernt.

Und hier das Programm bei der Ausführung in einer Beispielsitzung:

```
---[tty1]---
$ gcc -o server_msq server_msq.c
$ gcc -o client_msq client_msq.c
$ ./server_msq
Server läuft ...
---[tty2 -> andere Konsole]---
$ ./client_msq
524291: Login
---[tty1 währenddessen]---
$ ./server_msq
```

```
Server läuft ...
Nachricht an Client MQ 524291 zugestellt
---[tty3 -> andere Konsole]---
$ ./client_msq
557060: Login
---[tty1 währenddessen]---
$./server_msq
Server läuft ...
Nachricht an Client MQ 524291 zugestellt
Nachricht an Client MQ 524291 zugestellt
Nachricht an Client MQ 557060 zugestellt
---[tty2 währenddessen]---
$ ./client_msq
524291: Login
(Login) von User mit der Message-Queue-ID: 557060
---[tty3]---
$ ./client_msq
557060: Login
[Strg]+[C]
$
---[tty1 währenddessen]---
$./server_msq
Server läuft ...
Nachricht an Client MQ 524291 zugestellt
Nachricht an Client MQ 524291 zugestellt
Nachricht an Client MQ 557060 zugestellt
User 557060 hat sich ausgeloggt
---[tty2]---
$./client_msq
524291: Login
(Login) von User mit der Message-Queue-ID: 557060
[Strg]+[C]
$
---[tty1]---
$./server_msq
Server läuft ...
Nachricht an Client MQ 524291 zugestellt
Nachricht an Client MQ 524291 zugestellt
Nachricht an Client MQ 557060 zugestellt
User 557060 hat sich ausgeloggt
User 524291 hat sich ausgeloggt
```

Sie können das Beispiel auch gerne anhand mehrerer Clients testen.

9.7 Shared Memory

Shared Memory ist ein vom Kernel verwalteter Speicherbereich, der von mehreren Prozessen gelesen und beschrieben werden kann. Es muss dabei lediglich beachtet werden, dass die einzelnen Prozesse untereinander abgeglichen, also synchronisiert werden müssen. Außerdem ist diese Form der Interprozesskommunikation die schnellste von allen, da kein Versenden von Daten von Clientprogrammen zum Serverprogramm (oder auch umgekehrt) nötig ist, weil ein gemeinsamer Speicherbereich verwendet wird. Damit es nicht vorkommt, dass mehr als ein Prozess auf dieses gemeinsame Segment schreibend zugreift, verwendet man häufig Sperren (Record Locks) oder Semaphore, um das gemeinsame Segment zu schützen. Ein solches Shared-Memory-Segment existiert dann auch nach der Beendigung seines Erzeuger-Prozesses noch, sofern nicht zusätzlich das Flag `IPC_RMID` gesetzt wird.

9.7.1 Ein Shared-Memory-Segment erstellen oder öffnen mit shmget()

Wollen Sie ein Shared-Memory-Segment erzeugen oder ein bereits existierendes öffnen, dann müssen Sie die Funktion `shmget()` wie folgt verwenden:

```
#include <sys/types.h>
#include <sys/ipc.h>
#include <sys/shm.h>

int shmget(key_t key, int size, int flag);
```

Als erstes Argument erhält diese Funktion, wie auch schon bei den anderen SysV-Interprozesskommunikationen, die magische Nummer `key`. Mit `size` geben Sie die Mindestgröße des neu anzulegenden Shared-Memory-Segmentes an. Gewöhnlich sind hierfür die Limits für die Mindestgröße in der symbolischen Konstante `SHMMIN` mit `1` und die max. Größe in `SHMMAX` mit `131072` angegeben. Wollen Sie hingegen ein bereits existierendes Segment öffnen, dann kann für `size` der Wert `0` angegeben werden. Auch für die Flags gilt dasselbe wie schon für die Message Queues und die Semaphore:

- `IPC_PRIVATE` – Öffnen eines privaten Schlüssels
- `IPC_CREAT` – Damit wird ein noch nicht existierender Schlüssel erzeugt.
- `IPC_EXCL` – Dieses Flag wird in der Regel mit dem bitweisen ODER-Operator hinter `IPC_CREAT` angefügt. Damit gehen Sie sicher, dass wirklich ein neues Objekt (ein Shared-Memory-Segment) angelegt wird und nicht ein bereits existierendes mit derselben Kennung. Existiert eine Kennung bereits, bricht die entsprechende Funktion – hier `shmget()` – mit einem Fehler ab (`errno = EEXIST`).

Auch hierbei sollten Sie bei den Flags die entsprechenden Zugriffsrechte setzen, damit Sie überhaupt Zugriff auf ein Shared-Memory-Segment haben. Der Rückgabewert der Funktion shmget() ist bei Erfolg die ID des gemeinsamen Speicherbereichs, die Sie bei den weiteren Funktionen benötigen, oder bei einem Fehler -1.

9.7.2 Ein Shared-Memory-Segment abfragen, ändern oder löschen mit shmctl()

Mit der Funktion shmctl() können Sie den Status eines Shared-Memory-Segmentes abfragen oder ändern. Aber auch zum Löschen eines Segments wird diese Funktion verwendet. Die Syntax ist die folgende:

```
#include <sys/types.h>
#include <sys/ipc.h>
#include <sys/shm.h>

int shmctl(int shm_id, int kommando, struct shmid_ds *buf);
```

Das erste Argument ist die ID des Shared-Memory-Segmentes, auf das sich die folgende Operation beziehen soll. Diese Kennung haben Sie bei Erfolg als Rückgabewert der Funktion shmget() erhalten. Mit dem Parameter kommando legen Sie die Aktion des durchzuführenden Kommandos fest. Hierbei können folgende Angaben gemacht werden (entsprechende Zugriffsrechte vorausgesetzt):

- IPC_STAT: Hier wird der Status des Shared-Memory-Segmentes abgefragt. Der Status befindet sich in der Adresse der Struktur shmid_ds (drittes Argument von shmctl), die von jedem Shared-Memory-Segment angelegt wird.
- IPC_SET: Hier werden GID/UID und die Zugriffsrechte gesetzt, die sich in der Struktur shmid_ds in der Adresse buf befinden.
- IPC_RMID: Löschen eines Shared-Memory-Segments
- SHM_LOCK: Sperren eines Shared-Memory-Segments (nur Superuser)
- SHM_UNLOCK: Aufheben einer Sperre (logischerweise auch nur Superuser)
- IPC_INFO: (nur Linux) Mit dieser Struktur können Informationen eines Shared-Memory-Segments abgefragt werden.

Bei Erfolg gibt diese Funktion 0, ansonsten bei einem Fehler -1 zurück.

[«]

Hinweis

Das Abfragen und Setzen der einzelnen SysV-Interprozesskommunikationen mit den ...ctl()-Funktionen wurde recht kurz und oberflächlich behandelt – was Ihnen aber, wenn Sie das Prinzip verstanden haben, kein allzu großes Problem bereiten sollte, weil es fast analog zu den bereits vorgestellten IPC-Mechanismen funktioniert. In der Regel läuft es immer nach demselben Schema ab: Als erstes Argument geben Sie die Kennung an, als zweites Argument das Kommando, und das letzte Argument ist meistens die Adresse einer für das SysV-Konzept entsprechenden Struktur, auf die sich das Kommando bezieht.

9.7.3 Ein Shared-Memory-Segment anbinden (attach) mit shmat()

Im nächsten Schritt müssen Sie das erzeugte Shared-Memory-Segment an einen Prozess anbinden. Dies erledigen Sie mit der Funktion `shmat()`, die die folgenden Parameter verwendet:

```
#include <sys/types.h>
#include <sys/ipc.h>
#include <sys/shm.h>

void *shmat(int shm_id, const void *adresse, int flag);
```

Als erstes Argument benötigen Sie wieder die ID des Segmentes, an die Sie den Adressraum anbinden wollen. Mit `adresse` geben Sie an, an welcher Adresse im Shared-Memory-Segment Sie sich anbinden wollen. Es sei aus Portabilitätsgründen empfohlen, dass Sie das dem Kernel überlassen und hier `NULL` angeben. Sollten Sie die Adresse dennoch selbst angeben wollen, dann empfehlen wir einen Blick in die Manual Page. Geben Sie als Flag `SHM_RDONLY` an, wird das Segment nur zum Lesen angebunden, ansonsten zum Lesen und Schreiben.

Hinweis für fork() und exec()

Nach einem `fork()`-Aufruf wird das Shared-Memory-Segment auch an den Kindprozess weitervererbt und kann dabei ebenso verwendet werden. Bei einem `exec()`-Aufruf hingegen weiß der neue Prozess nichts mehr von dem Segment. Und bei einem `exit()`-Aufruf werden alle angebundenen Segmente vom Prozess losgelöst.

Bei Erfolg gibt die Funktion `shmat()` die Anfangsadresse des Shared-Memory-Segmentes zurück oder bei einem Fehler `-1`.

9.7.4 Ein Shared-Memory-Segment loslösen mit shmdt()

Wenn ein Shared-Memory-Segment nicht mehr von einem Prozess benötigt wird, sollten Sie die Anbindung wieder aufheben. Das Loslösen (*detach*) wird mit der Funktion `shmdt()` erledigt, die folgende Parameter verwendet:

```
#include <sys/types.h>
#include <sys/ipc.h>
#include <sys/shm.h>

int shmdt(void *adresse);
```

Damit lösen Sie die Adresse des Shared-Memory-Segmentes, die Sie als Rückgabewert der Funktion `shmat()` erhalten haben. Loslösen ist übrigens nicht mit Löschen (`IPC_RMID`) gleichzusetzen, da das Segment ja noch von anderen Prozessen benutzt werden könnte und somit eine Löschung nicht dem Wunsch des Programmierers entspräche. Bei Erfolg gibt `shmdt()` `0`, ansonsten bei einem Fehler `-1` zurück.

9.7.5 Client-Server-Beispiel mit Shared-Memory-Segment

Im Folgenden soll auch hierzu wieder ein einfaches Client-Server-Beispiel vorgestellt werden: Ein Server richtet ein Shared-Memory-Segment ein und wartet auf eine Nachricht von einem Clientprozess, der in dieses Shared-Memory-Segment etwas schreibt, und gibt diese Nachricht anschließend aus. Der Clientprozess wird mit der ID des Shared-Memory-Segments gestartet, das der Server zuvor erzeugt hat. Um das nächste Beispiel einfach zu halten, wird eine einfache Zeichenkette (also ein C-String) verwendet. Zusätzlich verwenden die Prozesse ein Semaphor zum Sperren eines kritischen Codebereichs – weshalb hierfür eine eigene Headerdatei mit den entsprechenden Funktionen verwendet wird. In dieser Headerdatei wird des Weiteren die Funktion `signal()` mit dem neuen Signalkonzept definiert, die zur Behandlung benötigt wird, wenn der Server mit `SIGINT` unterbrochen wird.

Die folgende gemeinsame Headerdatei sollten Sie unter *shm_header.h* im Programmverzeichnis ablegen:

```
/* shm_header.h */
#include <stdio.h>
#include <sys/types.h>
#include <sys/ipc.h>
#include <sys/sem.h>
#include <sys/shm.h>
#include <stdlib.h>
#include <errno.h>
#include <string.h>
#include <signal.h>

#define SHMDATASIZE 1024
#define BUFFERSIZE (SHMDATASIZE - sizeof(int))

#define SN_EMPTY 0
#define SN_FULL  1

/* ---------- bei BSD-UNIXen auskommentieren ------------ */
#if defined(__GNU_LIBRARY__) && !defined(_SEM_SEMUN_UNDEFINED)
/* das union semun wird definiert, indem Sie <sys/sem.h> einbinden */
#else
/* X/OPEN verlangt, dass Sie die Struktur semun wie folgt definieren: */
    union semun {
        int val;                  /* Werte für  SETVAL        */
        struct semid_ds *buf;     /* Puffer IPC_STAT, IPC_SET */
        unsigned short *array;    /* Array für GETALL, SETALL */
                                  /* Linux-specific part:     */
        struct seminfo *__buf;    /* Puffer für IPC_INFO      */
```

```
    };
#endif
/* ------------------------------------------------------- */
static void locksem   (int semid, int semnum);
static void unlocksem (int semid, int semnum);
static void waitzero  (int semid, int semnum);
static int safesemget (key_t key, int nsems, int semflg);
static int safesemctl (int semid, int semnum,
                       int cmd, union semun arg);
static int safesemop  (int semid, struct sembuf *sops,
                       unsigned nsops);

static int DeleteSemid = 0;
static int DeleteShmid = 0;

static void locksem (int semid, int semnum) {
    struct sembuf sb;
    sb.sem_num = semnum;
    sb.sem_op = -1;
    sb.sem_flg = SEM_UNDO;
    safesemop (semid, &sb, 1);
    return;
}

static void unlocksem (int semid, int semnum) {
    struct sembuf sb;
    sb.sem_num = semnum;
    sb.sem_op = 1;
    sb.sem_flg = SEM_UNDO;
    safesemop (semid, &sb, 1);
}

static void waitzero (int semid, int semnum) {
    struct sembuf sb;
    sb.sem_num = semnum;
    sb.sem_op = 0;
    sb.sem_flg = 0;

    safesemop (semid, &sb, 1);
    return;
}
```

```
static int safesemget (key_t key, int nsems, int semflg) {
    int retval;
    retval = semget (key, nsems, semflg);
    if (retval == -1)
        printf ("Semaphorschlüssel %d, nsems %d konnte"
            " nicht erstellt werden", key, nsems);
    return retval;
}

static int
safesemctl (int semid, int semnum, int cmd, union semun arg) {
    int retval;
    retval = semctl (semid, semnum, cmd, arg);
    if (retval == -1)
        printf ("Fehler: Semaphor mit ID %d, semnum %d, "
            "Kommando %d\n", semid, semnum, cmd);
    return retval;
}

static int
safesemop (int semid, struct sembuf *sops, unsigned nsops) {
    int retval;
    retval = semop (semid, sops, nsops);
    if (retval == -1)
        printf ("Fehler: Semaphor mit ID %d (%d Operation)\n",
            semid, nsops);
    return retval;
}

typedef void (*sighandler_t)(int);

static sighandler_t
my_signal(int sig_nr, sighandler_t signalhandler) {
    struct sigaction neu_sig, alt_sig;

    neu_sig.sa_handler = signalhandler;
    sigemptyset (&neu_sig.sa_mask);
    neu_sig.sa_flags = SA_RESTART;
    if (sigaction (sig_nr, &neu_sig, &alt_sig) < 0)
      return SIG_ERR;
    return alt_sig.sa_handler;
}
```

Nun folgt die Serverimplementierung:

```
/* server_shm.c */
#include "shm_header.h"
static void delete (void) {
    int res;
    printf ("\nServer wird beendet - lösche Semaphor %d.\n",
        DeleteSemid);
    if (semctl (DeleteSemid, 0, IPC_RMID, 0) == -1) {
        printf ("Fehler beim Löschen des Semaphors.\n");
    }
    /* Wenn Serverprozess beendet wird - */
    /* Segment automatisch löschen.      */
    res = shmctl (DeleteShmid, IPC_RMID, NULL);
    if (res == -1)
        printf ("Fehler bei shmctl() shmid %d, Kommando %d\n",
            DeleteShmid, IPC_RMID);
    return;
}

static void sigdelete (int signum) {
    exit(EXIT_FAILURE);
}

static void server (void) {
    union semun sunion;
    int semid, shmid;
    int res;
    void *shmdata;
    char *buffer;

    /* ein Semaphor erstellen */
    semid = safesemget (IPC_PRIVATE, 2, SHM_R | SHM_W);
    DeleteSemid = semid;
    /* Semaphor beim Beenden entfernen */
    atexit (&delete);
    /* Signalhandler einrichten */
    my_signal (SIGINT, &sigdelete);

    /* Semaphor initialisieren */
    sunion.val = 1;
    safesemctl (semid, SN_EMPTY, SETVAL, sunion);
    sunion.val = 0;
```

```
    safesemctl (semid, SN_FULL, SETVAL, sunion);

    /* ein Shared-Memory-Segment einrichten */
    shmid = shmget (IPC_PRIVATE, SHMDATASIZE,
        IPC_CREAT | SHM_R | SHM_W);
    if (shmid == -1)
        printf ("Fehler bei key %d, mit der Größe %d\n",
            IPC_PRIVATE, SHMDATASIZE);

    DeleteShmid = shmid;

    /* Shared-Memory-Segment anbinden */
    shmdata = shmat (shmid, NULL, 0);
    if (shmdata == (void *) -1)
        printf ("Fehler bei shmat(): shmid %d\n", shmid);

    /* Kennung am Anfang des Segments schreiben */
    *(int *) shmdata = semid;
    buffer = shmdata + sizeof (int);

    printf ("Server läuft mit Shared-Memory-ID %d\n", shmid);

    while (1) {
        printf ("Warte ...");
        fflush (stdout);
        /* Sperren und Warten */
        locksem (semid, SN_FULL);
        printf ("\n... fertig.\n");
        /* Ein Client hat etwas geschrieben. */
        printf ("Nachricht erhalten: %s\n", buffer);
        /* Sperre aufheben */
        unlocksem (semid, SN_EMPTY);
    }
    return;
}

int main (int argc, char **argv) {
    server ();
    printf("--- Server-Ende ---\n");
    return EXIT_SUCCESS;
}
```

Listing 9.23 Die Headerdatei <shm_header.h>

Als Letztes folgt die Clientimplementierung:

```
/* client_shm.c */
#include "shm_header.h"

static void clientwrite (int shmid, int semid, char *buffer) {
    printf ("Warte ...");
    fflush (stdout);
    /* Sperre setzen - Client will schreiben. */
    locksem (semid, SN_EMPTY);
    printf ("\n... fertig\n");
    printf ("Eingabe machen: ");
    fgets (buffer, BUFFERSIZE, stdin);
    unlocksem (semid, SN_FULL);
    return;
}

static void client (int shmid) {
    int semid;
    void *shmdata;
    char *buffer;
    /* Shared-Memory-Verbindung zu Server */
    shmdata = shmat (shmid, NULL, 0);
    if (shmdata == (void *) -1) {
        printf ("Fehler bei shmat(): shmid %d\n", shmid);
        return;
    }
    semid = *(int *) shmdata;
    buffer = shmdata + sizeof (int);
    printf("Client: Shared-Memory-ID: %d, Semaphor-ID: %d\n",
        shmid, semid);
    while (1) {
        char input[3];
        printf ("\n\nMenu\n1. Eine Nachricht verschicken\n");
        printf ("2. Client-Ende\n");
        fgets (input, sizeof (input), stdin);
        switch (input[0]) {
        case '1':
            clientwrite (shmid, semid, buffer);
            break;
        case '2':
           exit (EXIT_FAILURE);
           break;
```

```
        }
    }
    return;
}

int main (int argc, char **argv) {
    if (argc < 2) {
        printf ("Aufruf: %s Shared-Memory-ID\n", *argv);
    }
    else {
        client (atoi (argv[1]));
    }
    return EXIT_SUCCESS;
}
```

Listing 9.24 Die Verwendung eines Shared-Memory-Segments (Clientseite)

Das Programm gibt bei der Ausführung Folgendes aus:

```
$ gcc server_shm.c -o server_shm
$ gcc client_shm.c -o client_shm
$./server_shm
Server läuft mit Shared-Memory-ID 360939526
Warte ...
---[andere Konsole bspw. tty1]---
$./client_shm 360939526
Client: Shared-Memory-ID: 360939526, Semaphor-ID: 12345

Menu
1. Eine Nachricht verschicken
2. Client-Ende
1
Warte ...
... fertig
Eingabe machen: Hallo, das geht durch den gemeinsamen Speicher

Menu
1. Eine Nachricht verschicken
2. Client-Ende
---[beim Server]---
$./server_shm
Server läuft mit Shared-Memory-ID 360939526
Warte ...
... fertig.
```

```
Nachricht erhalten: Hallo, das geht durch den gemeinsamen Speicher

Warte ...
---[andere Konsole bspw. tty2]---
$./client_shm 360939526
Client: Shared-Memory-ID: 360939526, Semaphor-ID: 12345

Menu
1. Eine Nachricht verschicken
2. Client-Ende
1
Warte ...
... fertig
Eingabe machen: Eine weitere Nachricht

Menu
1. Eine Nachricht verschicken
2. Client-Ende
---[beim Server]---
$./server_shm
Server läuft mit Shared-Memory-ID 360939526
Warte ...
... fertig.
Nachricht erhalten: Hallo, das geht durch den gemeinsamen Speicher
Warte ...
... fertig.
Nachricht erhalten: Eine weitere Nachricht

Warte ...
[Strg]+[C]
Server wird beendet - Lösche Semaphor 12345
```

Kapitel 10
Threads

Neben den Prozessen existiert noch eine andere Form der Programmausführung, die Linux unterstützt: die Threads, die auch als leichtgewichtige Prozesse bekannt sind.

Mit der Thread-Programmierung können Sie Anwendungen schreiben, die erheblich schneller und auch parallel ablaufen. Sie erhalten in diesem Kapitel einen Einblick in die Thread-Programmierung unter Linux und erfahren, wie Sie diese Kenntnisse in der Praxis einsetzen können.

10

[«]

Hinweis

Die Beispiele im Buch verwenden Linux-Threads und sind somit nicht ohne weiteres auf anderen UNIXen lauffähig. Die BSD-Threads z. B. arbeiten zum Teil ähnlich. Es kann aber sein, dass das eine Programm läuft und ein anderes nicht und daher auf die Linux-Threads verlinkt werden muss. Voraussetzung sind also Linux-Threads. Speziell unter (Free)BSD müssen Sie die Linux-Threads aus den Ports installieren und das Programm folgendermaßen übersetzen:

```
$ gcc -o thserver thserver.c  \
  -I/usr/local/include/pthread/linuxthreads \
  -L/usr/local/lib -llthread -llgcc_r
```

Unter Linux reicht es aber aus, Ihre Programme wie folgt zu kompilieren:

```
gcc [programmname.c] -o [programmname] -lpthread
```

10.1 Unterschiede zwischen Threads und Prozessen

Prozesse wurden ja bereits ausführlich erklärt. Sie wissen also bereits, wie Sie eigene Prozesse mittels `fork()` kreieren können, und mit Interprozesskommunikationen (IPC) haben Sie erfahren, wie man einzelne Prozesse synchronisiert. Den Aufwand, den Sie bei den Interprozesskommunikationen betrieben haben, entfällt bei den Threads fast komplett.

Ein weiterer Nachteil bei der Erstellung von Prozessen gegenüber Threads ist der enorme Aufwand, der für die Duplizierung des Namensraumes nötig ist – den hat man mit den Threads nicht, da diese in einem gemeinsamen Adressraum ablaufen. Somit stehen den einzelnen Threads dasselbe Codesegment, Datensegment, der Heap und alle anderen Zustandsdaten, die ein gewöhnlicher Prozess besitzt, zur Verfügung – was somit auch die Arbeit beim Austausch von Daten und bei der Kommunikation miteinander erheblich erleichtert. Weil aber kein Speicherschutzmechanismus unter den Threads vorhanden ist, bedeutet dies auch: Wenn ein Thread abstürzt, reißt er alle anderen Threads mit.

Im ersten Moment besteht somit vorerst gar kein Unterschied zwischen einem Prozess und einem Thread, denn letztendlich besteht ein Prozess mindestens aus einem Thread. Ferner endet ein Prozess, wenn sich alle Threads beenden. Somit ist der *eine* Prozess (dieser eine Prozess ist der erste Thread, auch *Main Thread* bzw. *Haupt-Thread* genannt) verantwortlich für die gleichzeitige Ausführung mehrerer Threads – da Threads auch nur innerhalb eines Prozesses ausgeführt werden. Der gravierende Unterschied zwischen Threads und Prozessen besteht darin, dass Threads unabhängige Befehlsfolgen innerhalb eines Prozesses sind. Man könnte auch sagen, Threads sind in einem Prozess gefangen oder gekapselt.

Natürlich müssen Sie dabei immer im Auge behalten (da Threads denselben Adressraum verwenden), dass sich alle Threads den statischen Speicher und somit auch die globalen Variablen miteinander teilen. Ebenso sieht dies mit den geöffneten Dateien (z. B. Filedeskriptoren), Signalhandler- und Einstellungen, Benutzer- und Gruppenkennung und dem Arbeitsverzeichnis aus. Daher sind auch in der Thread-Programmierung gewisse Synchronisationsmechanismen nötig und auch vorhanden.

10.2 Thread-Bibliotheken

Zwar werden in diesem Buch nur die Linux-Threads behandelt, dennoch sollen weitere Bibliotheken nicht unerwähnt bleiben. Mitte der 90er-Jahre begann die Entwicklung von zahlreichen Thread-Bibliotheken, wobei sich letztendlich die Bibliothek von Xavier Leroy im Jahre 1997 unter dem Namen Pthread-Lib durchgesetzt hat. Diese Bibliothek wurde von Ulrich Drepper in *glibc2* an die Standardbibliothek angebunden und ist somit auf jedem Linux-System vorhanden. Nachdem Linux dann endlich für Mehrprozessorsysteme interessant wurde, wurden die Klagen über die Linux-Thread-Bibliothek lauter. Da es immer wieder Probleme mit Signalen, der hierarchischen Beziehung zwischen Threads, der immer noch nicht ganz implementierten POSIX-Konformität und noch andere Sorgen gab, war man auf der Suche nach neuen Thread-Bibliotheken.

- Einen interessanten Ansatz bietet die von Ralf S. Engelschall begonnene Bibliothek *GNU Pth*, die bereits 1999 als offizielles GNU-Projekt gestartet wurde. Das Gute an dieser Bibliothek ist, dass sie sich als eine möglichst portable Bibliothek für nicht präemptives Multitasking eignet.
- Programmierer von Intel und IBM verwendeten *GNU Pth* anschließend als Einstiegspunkt, um daraus die *Next Generation Posix Threads* (NGPT) zu entwickeln, die vor allem die Skalierung auf Mehrprozessorsysteme verbessern sollte.

- Als Dritte im Bunde kann man die Bibliothek von Red Hat mit der *Native Posix Thread Library* hervorheben, die gar eine Veränderung des Kernels nötig machte. Dabei wurden u. a. neue Systemaufrufe, ein erweiterter `clone()`-Aufruf und vor allem ein funktionierendes Signalhandling eingebaut.

Es sind zwar noch weitere Thread-Bibliotheken in Entwicklung, aber diese hier scheinen uns am interessantesten. Da einige dieser Thread-Bibliotheken noch recht neu sind und es immer noch an Dokumentation dazu fehlt, ergibt es relativ wenig Sinn, sie Ihnen hier zu demonstrieren. Daher greifen wir hier auf die altbewährte Linux-Thread-Bibliothek zurück.

10.3 Kernel- und User-Threads

Es gibt zwei Implementierungen von Threads, zum einen die Kernel-Threads, zum anderen die User-Threads. Die *User-Threads* sind in einer Bibliothek implementiert, die im Speicherbereich des Benutzers abläuft. Damit ist es möglich, Threads auch auf Betriebssystemen zu verwenden, die von Haus aus keine Threads unterstützen. Der Nachteil an den User-Threads ist aber, dass die einzelnen Threads eines Prozesses nicht auf unterschiedlichen Prozessoren laufen – dies gilt auch für unterschiedliche Kerne, für die zumindest gilt, dass eine Standardanwendung nicht bestimmen kann, welcher Thread welchen Kern benutzt. *Kernel-Threads* hingegen sind bereits im Betriebssystem integrierte Thread-Unterstützungen. Dabei wird natürlich auch das Scheduling des Betriebssystems verwendet. Somit ist es möglich, die einzelnen Threads eines Prozesses auf verschiedenen Prozessoren oder bestimmten Kernen laufen zu lassen. Die Linux-Threads, die in diesem Kapitel verwendet werden, unterstützen sowohl Kernel- als auch User-Threads.

Ein wenig überraschend ist es aber doch, dass die User-Threads, sofern man nicht an die Multiprozessorprogrammierung appelliert, einen gewissen Vorteil gegenüber der Kernel-Implementierung besitzen. Threads, die vom Kernel verwendet werden, setzen doch einige Grenzen, etwa was die Anzahl der gleichzeitigen Benutzer angeht. Aber noch ein wenig überraschender ist, dass User-Threads effizienter als Kernel-Threads ablaufen, da sie keinen extra Befehl (Software-Interrupt) zum Umschalten auf einen anderen Thread vom Kernel benötigen.

10.4 Scheduling und Zustände von Threads

Auch bei der Thread-Programmierung ist (wie bei den Prozessen) ein Scheduler entweder in der Thread-Bibliothek oder im Betriebssystem vorhanden, der bestimmt, wann welcher Thread Prozessorzeit erhält. Auch hier kann die Zuteilung wie schon bei den Prozessen prioritäts- und zeitgesteuert erfolgen. Bei zeitgesteuerten Threads bedeutet dies, dass jedem Thread eine bestimmte Zeit (des Prozessors oder der Prozessoren) zur Verfügung steht, ehe er automatisch unterbrochen wird und anschließend ein anderer Thread an der Reihe ist.

Sind die Threads prioritätsgesteuert, so erhält der Thread mit der höchsten Priorität vom Scheduler den Zuschlag. Außerdem wird ein laufender Thread abgebrochen, wenn ein Thread mit einer höheren Priorität ausgeführt wird. Bitte beachten Sie außerdem, wenn Sie das rein prioritätsgesteuerte Scheduling für die Thread-Programmierung verwenden, dass ein Thread mit der höchsten Priorität den Prozessor für eine uneingeschränkte Zeit verwenden und somit alle anderen Threads von der Arbeit abhalten kann. Wenn Sie einen Prozessor mit mehreren Kernen haben, dann fällt diese »Blockierung« natürlich nicht so dramatisch aus, aber manchmal, z. B. bei Spielen, entscheidet diese Tatsache dann doch darüber, ob das Spiel noch Spaß macht.

Bei einer User-Level-Thread-Implementierung steht Ihnen nur ein prioritätsgesteuertes Scheduling zur Verfügung, da ein zeitgesteuertes Scheduling die Verwendung von Systemcalls erfordert. Beide Scheduling-Arten hingegen stehen Ihnen zur Verfügung, wenn die Thread-Bibliothek im Kernel des Betriebssystems implementiert wurde. Bei modernen Linux-Versionen ist dies fast immer der Fall.

Anhand von Abbildung 10.1 können Sie die Zustände erkennen, in denen sich ein Thread befinden kann. Bei genauerer Betrachtung fällt auf, dass sich die Threads, abgesehen von den weiteren Unterzuständen, nicht wesentlich von den Prozessen unterscheiden.

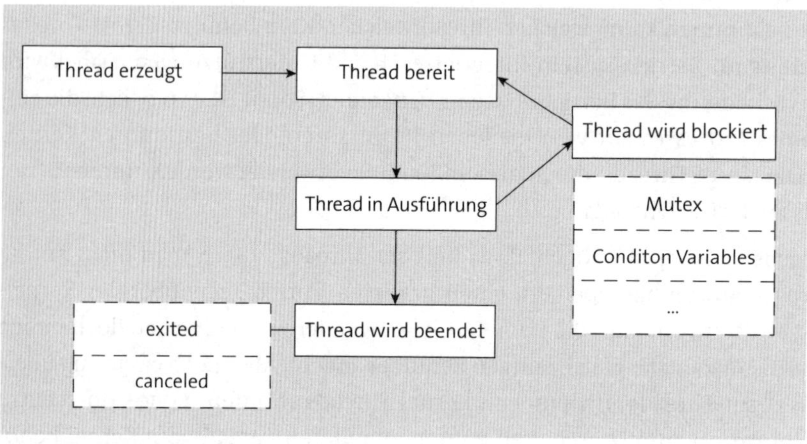

Abbildung 10.1 Zustände von Threads

- Bereit: Der Thread wartet, bis ihm Prozessorzeit zur Verfügung steht, um seine Arbeit auszuführen.
- Ausgeführt: Der Thread wird im Augenblick ausgeführt – bei Multiprozessorsystemen können hierbei mehrere Threads gleichzeitig ausgeführt werden (pro CPU[-Kern] ein Thread).
- Wartet: Der Thread wird im Augenblick blockiert und wartet auf einen bestimmten Zustand (z. B. Bedingungsvariable, Mutex-Freigabe).
- Beendet: Ein Thread hat sich beendet oder wurde abgebrochen.

10.5 Die grundlegenden Funktionen der Thread-Programmierung

[«]

Hinweis: Rückgabewerte der pthread-Funktionen

Einen Hinweis gleich zu Beginn der Thread-Programmierung: Alle Funktionen aus der pthread-Bibliothek geben bei Erfolg 0, ansonsten (also bei einem Fehler) -1 zurück.

10.5.1 Mit pthread_create einen neuen Thread erzeugen

Sie können einen neuen Thread mit der Funktion pthread_create erzeugen. Diese Funktion erwartet die folgenden Parameter:


```
#include <pthread.h>

int pthread_create( pthread_t *thread,
                    const pthread_attr_t *attribute,
                    void *(*funktion)(void *),
                    void *argumente );
```

Wenn Sie sich die Funktion genau anschauen, dürfte Ihnen die Ähnlichkeit mit der Funktion clone() auffallen (siehe Manual Page), auf der pthread_create() unter Linux ja auch aufbaut. Jeder Thread bekommt eine eigene Identifikationsnummer (ID), die aber Bestandteil einer Variablen vom Typ struct pthread_t ist, die im ersten Parameter thread als Zeiger übergeben wird. Anhand dieser ID werden alle Threads voneinander unterschieden. Mit dem zweiten Parameter, attribute, können Sie bei dem neu zu startenden Thread Attribute setzen, wie z. B. die Priorität, die Stackgröße und noch einiges mehr. Auf die einzelnen Attribute werden wir später noch detaillierter eingehen, auch mittels Beispielen. Geben Sie für die Attribute NULL an, werden Standardattribute für den Thread genommen. Mit dem dritten Parameter bestimmen Sie die Funktion für den Thread selbst. Hierbei geben Sie natürlich nur die Anfangsadresse einer Routine an, mit der der Thread starten soll (Typ void*). Das bedeutet, dass, wenn sich die hier angegebene Funktion beendet, dies auch automatisch das Ende des Threads ist und Threads deshalb fast immer in einer längeren Schleife laufen. Argumente, die Sie dem Thread mitgeben wollen, können Sie mit dem vierten Parameter, argumente, übergeben. Meistens wird dieser Parameter verwendet, um Daten an Threads zu übergeben. Hierzu wird in der Praxis häufig die Adresse einer Strukturvariablen herangezogen.

Nach dem Aufruf von pthread_create() kehrt diese Funktion sofort wieder zurück und fährt mit der Ausführung der Anweisungen hinter pthread_create() fort. Der neu erzeugte Thread führt also sofort asynchron seine Arbeit aus. Jetzt werden praktisch zwei Threads gleichzeitig ausgeführt: der Haupt-Thread und der neue Thread, der vom Haupt-Thread mit pthread_create() erzeugt wurde. Welcher der beiden Threads zunächst mit seiner Ausführung beginnt, ist nicht festgelegt (dasselbe Verhalten wie bei fork).

10.5.2 Mit pthread_exit einen Thread beenden

Sie können einen Thread auf unterschiedliche Weise beenden. Meistens werden Threads jedoch mit der Funktion pthread_exit() beendet, die folgende Syntax besitzt:

```
#include <pthread.h>

void pthread_exit( void * wert );
```

Die Funktion pthread_exit() beendet nur den Thread, mit dem Sie sie aufrufen. Mit dem Argument wert geben Sie den Exit-Status des Threads an. Diesen Status können Sie mit pthread_join() ermitteln (die Erklärung folgt in den nächsten Abschnitten). Natürlich darf auch hierbei, wie eben C-üblich, der Rückgabewert kein lokales Speicherobjekt vom Thread sein, da dieses (wie eben bei Funktionen auch) nach der Beendigung des Threads nicht mehr gültig ist.

Neben der Möglichkeit, einen Thread mit pthread_exit() zu beenden, sind folgende Dinge zu beachten:

- Ruft ein beliebiger Thread die Funktion exit() auf, werden alle Threads, einschließlich des Haupt-Threads, beendet (also das komplette Programm). Genauso sieht dies aus, wenn Sie dem Prozess das Signal SIGTERM oder SIGKILL senden.
- Ein Thread, der mittels pthread_create() erzeugt wurde, lässt sich auch mit return [Wert] beenden. Dies entspricht exakt dem Verhalten von pthread_exit(). Der Rückgabewert kann hierbei ebenfalls mit pthread_join() ermittelt werden.

Exit-Handler für Threads einrichten

Wenn Sie einen Thread beenden, können Sie auch einen Exit-Handler einrichten. Dies wird in der Praxis recht gerne verwendet, um z. B. temporäre Dateien zu löschen, Mutexe freizugeben oder eben sonstige Reinigungsarbeiten durchzuführen. Ein solcher vorher eingerichteter Exit-Handler wird automatisch bei Beendigung eines Threads mit z. B. pthread_exit() oder return ausgeführt. Das Prinzip ist ähnlich, wie Sie es von der Standardbibliotheksfunktion atexit() bereits kennen sollten, wenn Sie die ersten Kapitel aufmerksam gelesen haben: Auch bei pthread_exit() werden bei mehreren Exit-Handlern die einzelnen Funktionen in umgekehrter Reihenfolge der Einrichtung ausgeführt. Die beiden folgenden Funktionen dienen zum Einrichten von Exit-Handlern:

```
#include <pthread.h>

void pthread_cleanup_push( void (*function)(void *),
                           void *arg );
void pthread_cleanup_pop( int exec );
```

Eine Funktion, die als Exit-Handler dienen soll, richten Sie also mit der Funktion pthread_cleanup_push() ein. Als ersten Parameter übergeben Sie dabei die Funktion, die ausgeführt werden soll, und als zweiten Parameter die Argumente für den Exit-Handler (falls nötig). Den zuletzt eingerichteten Exit-Handler können Sie wieder mit der Funktion pthread_cleanup_pop() vom Stack entfernen. Geben Sie allerdings einen Wert ungleich 0 als Parameter exec an, so wird diese Funktion zuvor noch ausgeführt, was bei einer Angabe von 0 nicht gemacht wird.

Etwas, was leider sehr gewöhnungsbedürftig ist, ist, dass die beiden Funktionen pthread_cleanup_push() und pthread_cleanup_pop() als Makros implementiert sind – was nicht so schlimm wäre, wenn pthread_cleanup_push() eine sich öffnende geschweifte Klammer enthielte und pthread_cleanup_pop() eine sich schließende. Dies bedeutet, dass Sie beide Funktionen im selben Anweisungsblock ausführen müssen. Sie müssen also immer ein _push und ein _pop verwenden, auch wenn Sie wissen, dass eine _pop-Marke nie erreicht wird.

10.5.3 Mit pthread_join auf das Ende eines Threads warten

Bevor Sie sich dem ersten Listing widmen können, benötigen Sie noch Kenntnis der Funktion pthread_join(), die folgende Syntax besitzt:

```
#include <pthread.h>

int pthread_join( pthread_t thread, void **thread_return );
```

pthread_join() hält den hier aufgerufenen Thread (meistens ist dies der Haupt-Thread), der zuvor einen Thread mit pthread_create() erzeugt hat, so lange an, bis der Thread thread vom Typ pthread_t beendet wurde. Der Exit-Status (also z. B. der Rückgabewert) des Threads wird an die Adresse von thread_return geschrieben. Sind Sie nicht am Rückgabewert interessiert, können Sie auch NULL verwenden. pthread_join() ist also das, was Sie bei den Prozessen als waitpid() kennen. Allerdings werden Thread-IDs ganz anders berechnet als PIDs.

Ein Thread, der sich beendet, wird übrigens so lange nicht freigegeben (bzw. als beendeter Thread betrachtet), bis ein anderer Thread pthread_join() aufruft. Es können also auch mit Threads Zombieprozesse erzeugt werden. Daher sollten Sie für jeden zuvor erzeugten Thread einmal pthread_join() aufrufen, es sei denn, Sie haben einen Thread vom Hauptprozess abgehängt (dazu mehr in den nächsten Abschnitten).

10.5.4 Mit pthread_self die ID von Threads ermitteln

Die Identifikationsnummer eines noch auszuführenden Threads können Sie mit der Funktion pthread_self() erfragen, die folgende Syntax hat:

```
#include <pthread.h>

pthread_t pthread_self(void);
```

Als Rückgabewert erhalten Sie die Thread-ID als Variable vom Datentyp `pthread_t`. Auf den meisten Linux-Systemen ist eine Thread-ID identisch mit einer Variablen vom Typ `uint32_t`, aber dies muss nicht unbedingt immer der Fall sein. Auf einigen 64-Bit-Linuxen kann auch der Datentyp `unsigned long long` eingesetzt werden. Damit könnte man theoretisch so viele Thread-IDs erzeugen, wie es Teilchen im Universum gibt. Dass man hier so lange Zahlen verwendet, hat eher etwas mit der optimalen Wortbreite moderner Prozessoren zu tun als mit der Unterstützung möglichst vieler Möglichkeiten.

Zur Erstellung von Threads folgt ein einfaches Beispiel, das alle bisher vorgestellten Funktionen in klarer Weise demonstriert.

```
/* threads1.c */
#include <stdio.h>
#include <stdlib.h>
#include <pthread.h>
/* insg. MAX_THREADS Threads erzeugen */
#define MAX_THREADS 3
#define BUF 255

/* Einfache Daten für die Wertübergabe an den Thread */
struct data {
    int wert;
    char msg[BUF];
};

/* Ein einfacher Exit-Handler für Threads, der  *
 * pthread_cleanup_push und pthread_cleanup_pop *
 * in der Praxis demonstrieren soll             */
static void exit_handler_mem( void * arg ) {
    printf("\tExit-Handler aufgerufen ...");
    struct data *mem =  (struct data *)arg;
    /* Speicher freigeben */
    free(mem);
    printf("Speicher freigegeben\n");
}

/* Die Thread-Funktion */
static void mythread (void *arg) {
    struct data *f = (struct data *)arg;
```

```
    /* Exit-Handler einrichten - wird automatisch nach *
     * pthread_exit oder Thread-Ende aufgerufen       */
    pthread_cleanup_push( exit_handler_mem, (void*)f );
    /* Daten ausgeben */
    printf("\t-> Thread mit ID: %ld gestartet\n",
        pthread_self());
    printf("\tDaten empfangen: \n");
    printf("\t\twert = \"%d\"\n", f->wert);
    printf("\t\tmsg  = \"%s\"\n", f->msg);
    /* Den Exit-Handler entfernen, aber trotzdem ausführen, *
     * da als Angabe 1 anstatt 0 verwendet wurde            */
    pthread_cleanup_pop( 1 );
    /* Thread beenden - als Rückgabewert Thread-ID verwenden.
     * Alternativ kann hierfür auch
     * return(void) pthread_self();
     * verwendet werden */
    pthread_exit((void *)pthread_self());
}

int main (void) {
    pthread_t th[MAX_THREADS];
    struct data *f;
    int i;
    static int ret[MAX_THREADS];
    /* Haupt-Thread gestartet */
    printf("\n-> Main-Thread gestartet (ID: %ld)\n",
        pthread_self());
    /* MAX_THREADS erzeugen */
    for (i = 0; i < MAX_THREADS; i++) {
        /* Speicher für Daten anfordern u. mit Werten belegen */
        f = (struct data *)malloc(sizeof(struct data));
        if(f == NULL) {
            printf("Konnte keinen Speicher reservieren ...!\n");
            exit(EXIT_FAILURE);
        }
        /* Zufallszahl zwischen 1 und 10 (Spezial) */
        f->wert =  1+(int) (10.0*rand()/(RAND_MAX+1.0));
        snprintf (f->msg, BUF, "Ich bin Thread Nr. %d", i+1);
        /* Jetzt Thread erzeugen */
        if(pthread_create(&th[i], NULL, &mythread, f) != 0) {
            fprintf (stderr, "Konnte Thread nicht erzeugen\n");
            exit (EXIT_FAILURE);
        }
```

```
    }
    /* Auf das Ende der Threads warten */
    for( i=0; i < MAX_THREADS; i++)
        pthread_join(th[i], &ret[i]);
    /* Rückgabewert der Threads ausgeben */
    for( i=0; i < MAX_THREADS; i++)
        printf("<-Thread %ld ist fertig\n", ret[i]);
    /* Haupt-Thread ist jetzt auch fertig */
    printf("<- Main-Thread beendet (ID: %ld)\n",
        pthread_self());
    return EXIT_SUCCESS;
}
```

Listing 10.1 Das Erzeugen und das sichere Beenden von Threads

Das Programm gibt bei der Ausführung Folgendes aus:

```
$ gcc threads1.c -o threads1 -lpthread
$ ./threads1

-> Main-Thread gestartet (ID: -1209412512)
        -> Thread mit ID: -1209414736 gestartet
        Daten empfangen:
                wert = "9"
                msg  = "Ich bin Thread Nr. 1"
        Exit-Handler aufgerufen ... Speicher freigegeben
        -> Thread mit ID: -1217807440 gestartet
        Daten empfangen:
                wert = "4"
                msg  = "Ich bin Thread Nr. 2"
        Exit-Handler aufgerufen ... Speicher freigegeben
        -> Thread mit ID: -1226200144 gestartet
        Daten empfangen:
                wert = "8"
                msg  = "Ich bin Thread Nr. 3"
        Exit-Handler aufgerufen ...Speicher freigegeben
<-Thread -1209414736 ist fertig
<-Thread -1217807440 ist fertig
<-Thread -1226200144 ist fertig
<- Main-Thread beendet (ID: -1209412512)
```

[«]

Hinweis: Casten von void*

Bevor sich jemand über die Warnmeldung des Compilers wundert, noch ein Satz zum Casten von `void *`: In der Programmiersprache C ist ein Casten von oder nach `void *` nicht nötig. Aber wen die Warnmeldung stört, der kann entweder trotzdem `void*` casten oder aber mit dem Parameter `-wstd` statt `-wall` die Warnungen auf »Standard« stellen und dadurch die Meldung abschalten, dass Sie `void*` casten sollten. Eine andere Möglichkeit ist, möglichst den neusten C-Standard zu verwenden, entweder mit `-std=c18` oder wenn verfügbar schon mit `-std=c23`.

Das letzte Beispiel demonstriert auf einfache Weise, wie Sie Daten an einen neu erzeugten Thread übergeben können (hier mit der Struktur `data`). Ebenfalls wird die Verwendung eines Exit-Handlers demonstriert, der hier aber nur den im Haupt-Thread angeforderten Speicherbereich freigibt. Zugegeben: Das ließe sich auch im Thread `mythread()` einfacher realisieren, aber zu Anschauungszwecken sind solch einfache Codebeispiele immer noch am besten geeignet. In dem letzten Beispiel wurden außerdem drei Threads vom Typ `mythread` erzeugt, die im Prinzip alle dasselbe machen, nämlich eine einfache Ausgabe der Daten, die vorher an die Threads übergeben wurden. Hierbei müssen wir nochmals explizit darauf hinweisen, dass die Reihenfolge, in der die Threads starten, nicht vorgegeben ist, auch wenn dies hier einen anderen Anschein macht. Hierzu wären extra Synchronisationsmechanismen erforderlich, die in dem letzten Beispiel fehlen. Jeder Thread wird am Ende mit `pthread_exit()` und der eigenen Thread-ID als Rückgabewert beendet. Genauso gut kann dies natürlich auch mit `return` gemacht werden. Der Rückgabewert von den einzelnen Threads wird im Haupt-Thread von `pthread_join()` erwartet und ausgegeben. Der Haupt-Thread beendet sich am Ende erst, wenn alle Threads mit der Arbeit fertig sind.

10

Würden Sie in diesem Beispiel `pthread_join()` weglassen, so würde sich der Haupt-Thread noch vor den anderen Threads beenden. Dies bedeutet, dass alle anderen Threads zwar noch laufen, aber auf nicht mehr gültige Strukturvariablen zugreifen würden. Was dann geschieht, kann nicht wirklich vorausgesagt werden, meistens wird der Zugriff auf nicht mehr gültige Speicherbereiche aber die Meldung »segmentation fault« nach sich ziehen.

Rückgabewerte von Threads auswerten

Zwar sind wir schon auf den Rückgabewert von Threads eingegangen, aber es wurden nur threadspezifische Daten zurückgegeben (hier die Thread-ID). Aber genauso wie schon bei der Wertübergabe an Threads können Sie auch ganze Strukturen zurückgeben, was in der Praxis auch häufig der Fall ist. Es folgt hierzu ein ähnliches Beispiel wie schon im Listing *threads1.c*, nur dass jetzt die Daten der Struktur `data` auch dem Thread zurückgegeben und im Haupt-Thread mit `pthread_join()` abgefangen (und anschließend ausgegeben) werden. Auf die Verwendung eines Exit-Handlers haben wir der Übersichtlichkeit zuliebe verzichtet.

```
/* thread2.c */
#include <stdio.h>
#include <stdlib.h>
#include <pthread.h>
/* insg. MAX_THREADS Threads erzeugen */
#define MAX_THREADS 3
#define BUF 255

/* Einfache Daten für die Wertübergabe an den Thread */
struct data {
    int wert;
    char msg[BUF];
};

/* Die Thread-Funktion */
static void *mythread (void *arg) {
    struct data *f= (struct data *)arg;
    /* Zufallszahl zwischen 1 und 10 (Spezial) */
    f->wert =  1+(int) (10.0*rand()/(RAND_MAX+1.0));
    snprintf (f->msg, BUF, "Ich bin Thread Nr. %ld",
        pthread_self());
    /* Thread beenden - als Rückgabewert Strukturdaten
     * verwenden - alternativ auch pthread_exit( f );  */
    return arg;
}

int main (void) {
    pthread_t th[MAX_THREADS];
    int i;
    struct data *ret[MAX_THREADS];

    /* Haupt-Thread gestartet */
    printf("\n-> Main-Thread gestartet (ID: %ld)\n",
        pthread_self());
    /* Speicher reservieren */
    for (i = 0; i < MAX_THREADS; i++){
        ret[i] = (struct data *)malloc(sizeof(struct data));
        if(ret[i] == NULL) {
            printf("Konnte keinen Speicher reservieren ...!\n");
            exit(EXIT_FAILURE);
        }
    }
```

```
    /* MAX_THREADS erzeugen */
    for (i = 0; i < MAX_THREADS; i++) {
        /* Jetzt Thread erzeugen */
        if(pthread_create(&th[i],NULL,&mythread,ret[i]) !=0) {
            fprintf (stderr, "Konnte Thread nicht erzeugen\n");
            exit (EXIT_FAILURE);
        }
    }
    /* Auf das Ende der Threads warten */
    for( i=0; i < MAX_THREADS; i++)
        pthread_join(th[i], (void **)&ret[i]);

    /* Daten ausgeben */
    for( i=0; i < MAX_THREADS; i++) {
        printf("Main-Thread: Daten empfangen: \n");
        printf("\t\twert = \"%d\"\n", ret[i]->wert);
        printf("\t\tmsg  = \"%s\"\n", ret[i]->msg);
    }
    /* Haupt-Thread ist jetzt auch fertig */
    printf("<- Main-Thread beendet (ID: %ld)\n",
        pthread_self());
    return EXIT_SUCCESS;
}
```

Listing 10.2 Zeigt, wie Sie Threads Daten übergeben und diese Daten ausgeben können.

Das Programm gibt bei der Ausführung Folgendes aus:

```
$ gcc threads2.c -o threads2 -lpthread
$ ./threads2

-> Main-Thread gestartet (ID: -1209412512)
Main-Thread: Daten empfangen:
                wert = "9"
                msg  = "Ich bin Thread Nr. -1209414736"
Main-Thread: Daten empfangen:
                wert = "4"
                msg  = "Ich bin Thread Nr. -1217807440"
Main-Thread: Daten empfangen:
                wert = "8"
                msg  = "Ich bin Thread Nr. -1226200144"
<- Main-Thread beendet (ID: -1209412512)
```

10.5.5 Mit pthread_equal die ID von zwei Threads vergleichen

Um einen Thread mit einem anderen Thread zu vergleichen, kann die Funktion pthread_equal() verwendet werden. Sie wird häufig eingesetzt, um sicherzugehen, dass nicht ein Thread gleich dem anderen ist. Ein Wert ungleich 0 wird zurückgegeben, wenn beide Threads gleich sind, und 0 wird zurückgegeben, wenn die Threads eine unterschiedliche Identifikationsnummer (ID) besitzen. Vielleicht wundern Sie sich darüber, wie es sein kann, dass zwei Threads ein und derselbe Thread sind, deshalb folgt hier auch ein weiteres Beispiel, das die Sache erklärt.

Das folgende Beispiel erzeugt drei Threads – jeder Thread soll wiederum eine andere Aktion ausführen. Im Beispiel ist dies zwar nur die Ausgabe eines Textes, aber in der Praxis könnten Sie auch eigene Funktionen aufrufen. Für die ersten drei Threads wird jeweils eine bestimmte Aktion festgelegt. Alle anderen Threads führen nur noch den else-Zweig aus. Dies ist z. B. sinnvoll, wenn Sie in Ihrer Anwendung bestimmte Vorbereitungen treffen wollen (im Beispiel eben drei Vorbereitungen), wie z. B. Dateien anlegen, Müll beseitigen, eine Serververbindung herstellen und noch vieles mehr. Sind diese Vorbereitungen getroffen, wird später immer mit der gleichen Funktion fortgefahren. Damit der Vergleich von Threads mit pthread_equal() auch funktioniert, werden die Thread-IDs, die beim Anlegen mit pthread_create() erzeugt werden, in globalen Variablen abgelegt (und sind daher auch für alle Threads sichtbar). Im Endeffekt ist diese Lösung natürlich suboptimal, denn globale Variablen bergen immer ein gewisses Risiko (eine gute Übung wäre an dieser Stelle sicherlich, *threads3.c* mit Semaphoren zu implementieren).

```
/* threads3.c */
#include <stdio.h>
#include <stdlib.h>
#include <unistd.h>
#include <pthread.h>
#define MAX_THREADS 5
#define BUF 255

/* Globale Variable mit Thread-IDs *
 * für alle Threads sichtbar       */
static pthread_t th[MAX_THREADS];

static void aktion(void *name) {
    while( 1 ) {
        if(pthread_equal(pthread_self(),th[0])) {
            printf("\t->(%ld): Aufgabe \"abc\" ausführen \n",
                pthread_self());
            break;
        }
        else if(pthread_equal(pthread_self(),th[1])) {
```

```
            printf("\t->(%ld): Aufgabe \"efg\" ausführen \n",
                pthread_self());
            break;
        }
        else if(pthread_equal(pthread_self(),th[2])) {
            printf("\t->(%ld): Aufgabe \"jkl\" ausführen \n",
                pthread_self());
            break;
        }
        else {
            printf("\t->(%ld): Aufgabe \"xyz\" ausführen \n",
                pthread_self());
            break;
        }
    }
    pthread_exit((void *)pthread_self());
}

int main (void) {
    int i;
    static int ret[MAX_THREADS];

    printf("->Haupt-Thread (ID: %ld) gestartet...\n",
        pthread_self());
    /* Threads erzeugen */
    for (i = 0; i < MAX_THREADS; i++) {
        if (pthread_create (&th[i],NULL,&aktion,NULL) != 0) {
            printf ("Konnte keinen Thread erzeugen\n");
            exit (EXIT_FAILURE);
        }
    }
    /* Auf die Threads warten */
    for (i = 0; i < MAX_THREADS; i++)
        pthread_join (th[i], &ret[i]);
    /* Rückgabe der Threads auswerten */
    for (i = 0; i < MAX_THREADS; i++)
        printf("\t<-Thread %ld mit Arbeit fertig\n", ret[i]);
    printf("->Haupt-Thread (ID: %ld) fertig ...\n",
        pthread_self());
    return EXIT_SUCCESS;
}
```

Listing 10.3 Demonstriert die Funktion pthread_equal().

Das Programm gibt bei der Ausführung Folgendes aus:

```
$ gcc threads3.c -o threads3 -lpthread
$ ./threads3
->Haupt-Thread (ID: -1209412512) gestartet...
        ->(-1209414736): Aufgabe "abc" ausführen
        ->(-1217807440): Aufgabe "efg" ausführen
        ->(-1226200144): Aufgabe "jkl" ausführen
        ->(-1234592848): Aufgabe "xyz" ausführen
        ->(-1242985552): Aufgabe "xyz" ausführen
        <-Thread -1209414736 mit Arbeit fertig
        <-Thread -1217807440 mit Arbeit fertig
        <-Thread -1226200144 mit Arbeit fertig
        <-Thread -1234592848 mit Arbeit fertig
        <-Thread -1242985552 mit Arbeit fertig
->Haupt-Thread (ID: -1209412512) fertig ...
```

Sie erkennen an dem letzten Beispiel, dass die ersten drei Threads jeweils »abc«, »efg« und »jkl« ausgeben. Alle danach folgenden Threads führen dann stets »xyz« aus. Zugegeben, das lässt sich eleganter mit den Synchronisationsmechanismen der Thread-Bibliothek lösen, aber das Beispiel demonstriert den Sachverhalt der Funktion pthread_equal() recht gut.

10.5.6 Mit pthread_detach einen Thread unabhängig vom Hauptprogramm machen

Das Gegenteil von pthread_join() stellt die Funktion pthread_detach() dar. Mit dieser Funktion legen Sie fest, dass nicht mehr auf die Beendigung eines Threads gewartet werden soll. Die Funktion pthread_detach() hat die folgende Syntax:

```
#include <pthread.h>

int pthread_detach( pthread_t thread );
```

Sie lösen durch pthread_detach() praktisch den Thread mit der ID thread von der Hauptanwendung. Sie können diesen Vorgang gerne mit Dämonprozessen vergleichen. Dass dieser Thread-Dämon selbstständig ist, ist nichts Magisches, denn im Grunde markieren Sie den Thread damit nur mit einem bestimmten Flag, so dass bei seinem Beenden der Exit-Status und die Thread-ID gleich mit freigegeben werden. Ohne pthread_detach() würde dies erst nach einem pthread_join()-Aufruf geschehen. Natürlich bedeutet die Verwendung von pthread_detach(), dass auch kein pthread_join() mehr auf das Ende des Threads reagiert, aber zum Glück auch, dass (da ja der Thread automatisch entfernt wird) keine Zombieprozesse entstehen können.

[«]

Hinweis zu pthread_detach()

Ein Thread, der mit pthread_detach() oder dem Attribut PTHREAD_CREATE_DETACHED von den anderen Threads losgelöst wurde, kann nicht mehr mit pthread_join() abgefangen werden. Der Thread läuft praktisch ohne äußere Kontrolle weiter. Allerdings beendet sich der losgelöste Thread automatisch, wenn das Hauptprogramm beendet wird.

Ein typischer Codeausschnitt, der zeigt, wie Sie einen Thread von den anderen loslösen können, sieht wie folgt aus:

```
pthread_t a_thread;
int ret;
...
/* Einen neuen Thread erzeugen */
ret = pthread_create( &a_thread, NULL,
                      thread_function, NULL);
/* bei Erfolg den Thread abhängen ... */
if (ret == 0) {
  pthread_detach(a_thread);
}
```


10.6 Die Attribute von Threads und das Scheduling

Wie Sie bereits im Abschnitt zuvor erfahren haben, können Sie auch das Attribut PTHREAD_CREATE_DETACHED zum Abhängen (*detach*) von Threads verwenden. Hierzu können Sie die folgenden Funktionen benutzen:

```
#include <pthread.h>

int pthread_attr_init( pthread_attr_t *attribute );
int pthread_attr_getdetachestate( pthread_attr_t *attribute,
                                  int detachstate );
int pthread_attr_setdetachestate( pthread_attr_t *attribute,
                                  int detachstate );
int pthread_attr_destroy( pthread_attr_t *attribute );
```

Mit der Funktion pthread_attr_init() müssen Sie zunächst das Attributobjekt attr initialisieren. Dabei werden auch gleich die stets voreingestellten Attribute richtig gesetzt. Um beim Thema detached und joinable zu bleiben, ist die Voreinstellung hier PTHREAD_CREATE_JOINABLE, hiermit wird also der Thread nicht von den anderen Threads losgelöst und erst freigegeben, wenn ein Thread nach dem Exit-Status dieses Threads fragt (mit pthread_join()). Mit der Funktion pthread_attr_getdetachestate() fragen Sie das detached-Attribut ab, und mit `pthread_attr_setdetachedstate()` wird es gesetzt. Neben dem eben erwähnten Attribut `PTHREAD_CREATE_JOINABLE`, das auch immer die Standardeinstellung eines erzeugten Threads ist, können Sie natürlich auch `PTHREAD_CREATE_DETACHED` verwenden. Das Setzen von `PTHREAD_CREATE_DETACHED` entspricht exakt dem Verhalten der Funktion `pthread_detach()` (siehe Abschnitt 10.5.6) und kann auch stattdessen verwendet werden. Benötigen Sie das Attribut `attr` nicht mehr, können Sie es mit `pthread_attr_destroy()` löschen. Somit ergeben die letzten beiden Funktionen auch erst Sinn, wenn Sie bereits mit `pthread_detach()` einen Thread ausgehängt haben und diesen eventuell wieder zurückholen wollen (Sie setzen also wieder das Flag `PTHREAD_CREATE_JOINABLE`).

Bedeutend wichtiger im Zusammenhang mit den Attributen von Threads ist aber sicherlich das Setzen der Prozessorzuteilung (*Scheduling*). Laut POSIX gibt es drei verschiedene solcher Prozessorzuteilungen (*Scheduling Policies*):

- `SCHED_OTHER`: Dies ist die normale Priorität wie bei einem gewöhnlichen Prozess. Der Thread wird schlafen gelegt, entweder wenn seine Zeit um ist und er deshalb warten muss, bis er wieder am Zug ist, oder wenn ein anderer Thread oder Prozess gestartet wurde, der mit einer höheren Priorität ausgestattet ist.
- Echtzeit (`SCHED_FIFO`): Dies ist die Zuteilung für Echtzeitprozesse. Sie werden in jedem Fall `SCHED_OTHER`-Prozessen vorgezogen. Auch können sie nicht von normalen Prozessen unterbrochen werden. Es gibt drei Möglichkeiten, Echtzeitprozesse zu unterbrechen:
  1. Er tritt in eine Warteschleife ein und wartet auf ein externes Ereignis (z. B. einen Interrupt).
  2. Er verlässt freiwillig die CPU und lässt sich auslagern (z. B. mit `sched_yield()`).
  3. Er wird von einem anderen Echtzeitprozess mit einer höheren Priorität verdrängt.
- Echtzeit (`SCHED_RR`): Dies sind Round-Robin-Echtzeitprozesse. Beim Round-Robin-Verfahren hat jeder Prozess die gleiche Zeitspanne zur Verfügung. Ist sie verstrichen, so kommt der nächste Prozess an die Reihe. Unter Linux werden diese Prozesse genauso behandelt wie die Echtzeitprozesse, mit dem Unterschied, dass diese an das Ende der *run-queue* gesetzt werden, wenn sie den Prozessor verlassen.

An dieser Stelle haben wir zum ersten Mal Echtzeitoperationen ins Spiel geworfen, und deshalb folgt nun auch ein kleiner kurzer Exkurs dazu, damit Sie die Echtzeitstrategie nicht mit »jetzt, gleich, sofort« übersetzen. Die Abarbeitung von Daten in »Echtzeit« kann natürlich niemals direkt sofort erfolgen, sondern auch hier müssen Sie sich damit begnügen, dass die Echtzeitaufträge innerhalb einer vorgegebenen Zeitspanne abgearbeitet werden müssen. Wenn Sie z. B. eine Audiodatei im Hintergrund abspielen, dann müssen Sie nicht gewährleisten, dass alle anderen Prozesse warten, bis die Datei abgespielt wurde (dies ist dann ja auch nicht beabsichtigt), sondern nur, dass der Audiopuffer nicht leerläuft. Allerdings müssen solche Echtzeitoperationen auch unterbrechbar sein, um auf unvorhersehbare Ereignisse reagieren zu können (etwa wenn die Datei beschädigt ist und der Audiopuffer dann aufgrund eines Fehlers leerläuft). Daher unterscheidet man zwischen weichen und harten Echtzeitanforderungen. Die Anforderungen hängen natürlich stets vom Anwendungsfall ab. So kann man beispielsweise bei einem Computerspiel zunächst weiche Echtzeitanforderungen ausprobieren und später genau dort harte Anforderung setzen, wo sich dies nicht vermeiden lässt (z. B. muss bei der 3D-Engine oft innerhalb einer vorgegebenen Zeit reagiert werden, sonst »ruckelt« die Ausgabe). Die Hauptbereiche von Echtzeitanwendungen sind also die folgenden:

- Multimedia, Audio, Video, Gaming (besonders 3D-Spiele)
- Steuerung von Maschinen, Robotern und autonomen Modellfahrzeugen (KI)

Damit eine solche Zuteilungsstrategie auch funktioniert, muss das System sie natürlich auch unterstützen. Dies ist gegeben, wenn bei Ihnen die Konstante `_POSIX_THREAD_PRIORITY_SCHEDULING` definiert ist. Beachten Sie außerdem, dass die Echtzeit-Zuteilungsstrategien `SCHED_FIFO` und `SCHED_RR` nur vom Superuser *root* ausgeführt werden können.

Verändern bzw. abfragen können Sie die Zustellungsstrategie mit den folgenden Funktionen:

```
int pthread_setschedparam( pthread thread, int policy,
                           const struct sched_param *param);
int pthread_getschedparam( pthread thread, int policy,
                           struct sched_param *param);
```

Mit diesen Funktionen setzen Sie (`set`) oder ermitteln Sie (`get`) die Zustellungsstrategie eines Threads mit der ID `thread` vom Typ `pthread_t`. Die Strategie selbst legen Sie mit dem Parameter `policy` fest. Hierbei kommen die bereits beschriebenen Konstanten `SCHED_OTHER`, `SCHED_FIFO` und `SCHED_RR` in Frage. Mit dem letzten Parameter der Struktur `sched_param`, die sich in der Headerdatei *bits/sched.h* befindet, legen Sie die gewünschte Priorität fest:

```
/* Struktur sched_param */
struct sched_param {
   int sched_priority;
};
```

In dem folgenden Beispiel zeigen wir Ihnen, wie einfach es ist, die Zuteilungsstrategie und die Priorität von Threads zu verändern. Sie finden hierbei auch zwei Funktionen, nämlich eine, mit der Sie die Strategie und die Priorität abfragen, und eine, mit der Sie diese Werte neu setzen. Allerdings benötigen Sie für das Setzen von Thread-Prioritäten Superuser-Rechte, was in dem folgenden Beispiel ebenfalls abgefragt wird.

```
/* threads4.c */
#include <stdio.h>
#include <stdlib.h>
#include <unistd.h>
#include <pthread.h>
```

```
#define MAX_THREADS 3
#define BUF 255

/* Funktion ermittelt die Zuteilungsstrategie *
 * und Priorität eines Threads */
static void getprio( pthread_t id ) {
    int policy;
    struct sched_param param;

    printf("\t->Thread %ld: ", id);
    if((pthread_getschedparam(id, &policy, &param)) == 0  ) {
        printf("Zuteilung: ");
        switch( policy ) {
            case SCHED_OTHER : printf("SCHED_OTHER; "); break;
            case SCHED_FIFO : printf("SCHED_FIFO; "); break;
            case SCHED_RR : printf("SCHED_RR; "); break;
            default : printf("Unbekannt; "); break;
        }
        printf("Priorität: %d\n", param.sched_priority);
    }
}

/* Funktion zum Setzen der Zuteilungsstrategie *
 * und Prioriät eines Threads */
static void setprio( pthread_t id, int policy, int prio ) {
    struct sched_param param;

    param.sched_priority=prio;
    if((pthread_setschedparam( pthread_self(),
        policy, &param)) != 0  ) {
        printf("Konnte Zuteilungsstrategie nicht ändern\n");
        pthread_exit((void *)pthread_self());
    }
}

static void thread_prio_demo(void *name) {
    int policy;
    struct sched_param param;
    /* Aktuelle Zuteilungsstrategie und Priorität erfragen */
    getprio(pthread_self());
    /* Ändern darf hier nur der root */
    if( getuid() != 0 ) {
        printf("Verändern geht nur mit Superuser-Rechten\n");
```

```
        pthread_exit((void *)pthread_self());
    }
    /* Neue Zuteilungsstrategie und Priorität festsetzen */
    setprio(pthread_self(), SCHED_RR, 2);
    /* Nochmals abfragen, ob erfolgreich verändert ... */
    getprio(pthread_self());
    /* Thread-Ende */
    pthread_exit((void *)pthread_self());
}

int main (void) {
    int i;
    static int ret[MAX_THREADS];
    static pthread_t th[MAX_THREADS];

    printf("->Haupt-Thread (ID: %ld) gestartet ...\n",
        pthread_self());
    /* Threads erzeugen */
    for (i = 0; i < MAX_THREADS; i++) {
        if (pthread_create ( &th[i],NULL, &thread_prio_demo,
            NULL) != 0) {
            printf ("Konnte keinen Thread erzeugen\n");
            exit (EXIT_FAILURE);
        }
    }
    /* Auf die Threads warten */
    for (i = 0; i < MAX_THREADS; i++)
        pthread_join (th[i], &ret[i]);
    /* Rückgabe der Threads auswerten */
    for (i = 0; i < MAX_THREADS; i++)
        printf("\t<-Thread %ld mit Arbeit fertig\n", ret[i]);
    printf("->Haupt-Thread (ID: %ld) fertig ...\n",
        pthread_self());
    return EXIT_SUCCESS;
}
```

Listing 10.4 Die Verwendung und das Setzen von Thread-Prioritäten

Das Programm gibt bei der Ausführung Folgendes aus:

```
$ gcc threads4.c -o threads4 -lpthread
$ ./threads4
->Haupt-Thread (ID: -1209412512) gestartet...
        ->Thread -1209414736: Zuteilung: SCHED_OTHER; Priorität: 0
```

```
!!! Verändern geht nur mit Superuser-Rechten!!!
        ->Thread -1217807440: Zuteilung: SCHED_OTHER; Priorität: 0
!!! Verändern geht nur mit Superuser-Rechten!!!
        ->Thread -1226200144: Zuteilung: SCHED_OTHER; Priorität: 0
!!! Verändern geht nur mit Superuser-Rechten!!!
        <-Thread -1209414736 mit Arbeit fertig
        <-Thread -1217807440 mit Arbeit fertig
        <-Thread -1226200144 mit Arbeit fertig
->Haupt-Thread (ID: -1209412512) fertig ...
$ su
Password:********
# ./threads4
->Haupt-Thread (ID: -1209412512) gestartet ...
->Thread -1209414736: Zuteilung: SCHED_OTHER; Priorität: 0
->Thread -1209414736: Zuteilung: SCHED_RR; Priorität: 2
->Thread -1217807440: Zuteilung: SCHED_OTHER; Priorität: 0
->Thread -1217807440: Zuteilung: SCHED_RR; Priorität: 2
->Thread -1226200144: Zuteilung: SCHED_OTHER; Priorität: 0
->Thread -1226200144: Zuteilung: SCHED_RR; Priorität: 2
        <-Thread -1209414736 mit Arbeit fertig
        <-Thread -1217807440 mit Arbeit fertig
        <-Thread -1226200144 mit Arbeit fertig
->Haupt-Thread (ID: -1209412512) fertig ...
```

Zuteilungsstrategien und Prioritäten können Sie übrigens mit folgenden Funktionen auch über sogenannte *Attributobjekte* (`pthread_attr_t`) setzen und abfragen:

```
#include <pthread.h>

/* Zuteilungsstrategie verändern bzw. erfragen */
int pthread_attr_setschedpolicy( pthread_attr_t *attr,
                                 int policy);
int pthread_attr_getschedpolicy( const pthread_attr_t *attr,
                                 int *policy);

/* Priorität verändern bzw. erfragen */
int pthread_attr_setschedparam(
   pthread_attr_t *attr, const struct sched_param *param );
int pthread_attr_getschedparam(
   const pthread_attr_t *attr, struct sched_param *param );
```

Wollen Sie außerdem festlegen oder abfragen, wie ein Thread seine Attribute (Zuteilungsstrategie und Priorität) vom Erzeuger-Thread übernehmen soll, stehen Ihnen folgende Funktionen zur Verfügung:

```
#include <pthread.h>

int pthread_attr_setinheritsched(
   pthread_attr_t *attr, int inheritsched );
int pthread_attr_getinheritsched(
   const pthread_attr_t *attr, int *inheritsched );
```

Mit den beiden Funktionen `phtread_attr_getinheritsched()` und `phtread_attr_setinheritsched()` können Sie abfragen bzw. festlegen, wie der Thread die Attribute vom Eltern-Thread übernimmt. Dabei gibt es zwei Möglichkeiten: `PTHREAD_INHERIT_SCHED`, was bedeutet, dass der Kind-Thread die Attribute (mitsamt Zuteilungsstrategie und der Priorität) des Eltern-Threads übernimmt, und `PTHREAD_EXPLICIT_SCHED`, was bedeutet, eben nichts zu übernehmen, sondern nur das zu verwenden, was in `attr` als Zuteilungsstrategie und Priorität festgelegt ist. Wurden die Attribute des Eltern-Threads nicht verändert, so ist der Kind-Thread dennoch (logischerweise) mit denselben Attributen wie der Eltern-Thread ausgestattet.

10.7 Threads synchronisieren

In vielen Fällen (eigentlich bei Threads fast immer) werden mehrere parallellaufende Prozesse benötigt, die gemeinsame Daten verwenden und/oder austauschen. Einfachstes Beispiel: Ein Thread schreibt gerade etwas in eine Datei, während ein anderer Thread daraus etwas liest. Dasselbe Problem haben Sie natürlich beim Zugriff auf globale Variablen. Wenn also mehrere Threads auf dieselben Ressourcen zugreifen und Sie keine Vorkehrungen getroffen haben, die Ressourcen zu verwalten, ist nicht vorherzusagen, welcher Thread welche Variable wann bearbeitet. Wenn Sie also z. B. mathematische Berechnungen auf mehrere Threads verteilen wollen, müssen Sie die einzelnen Threads logischerweise synchronisieren.

Hierfür sei das folgende einfache Beispiel gegeben: Zwei Threads greifen auf eine globale Variable zu, in diesem Fall auf einen zuvor geöffneten `FILE`-Zeiger. Ein Thread wird nun erzeugt, um etwas in diese Datei zu schreiben, und ein weiterer Thread soll diese Daten wieder auslesen. Ein simples Beispiel, wie es scheint, nur dass es hierbei schon zu Synchronisationsproblemen (sogenannten *Race Conditions*) kommt. Aber schauen Sie selbst, was in dem nächsten Beispiel geschieht:

```
/* threads5.c */
#include <stdio.h>
#include <stdlib.h>
#include <unistd.h>
```

```
#include <pthread.h>

#define MAX_THREADS 2
#define BUF 255
#define COUNTER 10000000

/* Globale Variable */
static FILE *fz;

static void open_file(const char *file) {
    fz = fopen( file, "w+" );
    if( fz == NULL ) {
        printf("Konnte Datei %s nicht öffnen\n", file);
        exit(EXIT_FAILURE);
    }
}

static void thread_schreiben(void *name) {
    char string[BUF];

    printf("Bitte Eingabe machen: ");
    fgets(string, BUF, stdin);
    fputs(string, fz);
    fflush(fz);
    /* Thread-Ende */
    pthread_exit((void *)pthread_self());
}

static void thread_lesen(void *name) {
    char string[BUF];
    rewind(fz);
    fgets(string, BUF, fz);
    printf("Ausgabe Thread %ld: ", pthread_self());
    fputs(string, stdout);
    fflush(stdout);
    /* Thread-Ende */
    pthread_exit((void *)pthread_self());
}

int main (void) {
    static pthread_t th1, th2;
    static int ret1, ret2;
```

```
    printf("->Haupt-Thread (ID: %ld) gestartet ...\n",
        pthread_self());
    open_file("testfile");
    /* Threads erzeugen */
    if (pthread_create( &th1, NULL,
        &thread_schreiben, NULL)!=0) {
        fprintf (stderr, "Konnte keinen Thread erzeugen\n");
       exit (EXIT_FAILURE);
    }
    /* Threads erzeugen */
    if (pthread_create(&th2,NULL,&thread_lesen,NULL) != 0) {
        fprintf (stderr, "Konnte keinen Thread erzeugen\n");
        exit (EXIT_FAILURE);
    }
    pthread_join(th1, &ret1);
    pthread_join(th2, &ret2);
    printf("<-Thread %ld fertig\n", th1);
    printf("<-Thread %ld fertig\n", th1);
    printf("<-Haupt-Thread (ID: %ld) fertig ...\n",
        pthread_self());
     return EXIT_SUCCESS;
}
```

Listing 10.5 Zeigt Ihnen, dass bei einer gleichzeitigen Benutzung einer Datei durch zwei Threads Synchronisationsprobleme auftreten.

Das Programm gibt bei der Ausführung Folgendes aus:

```
$ gcc threads5.c -o threads5 -lpthread
$ ./threads5
->Haupt-Thread (ID: -1209412512) gestartet...
Bitte Eingabe machen: Ausgabe Thread -1217807440: Hallo, das ist ein Test
<-Thread -1209414736 fertig
<-Thread -1209414736 fertig
<-Haupt-Thread (ID: -1209412512) fertig ...
$ cat testfile
Hallo, das ist ein Test
```

Anhand der obigen Eingaben erkennen Sie , dass der Thread `thread_lesen()` bereits mit seiner Ausgabe begonnen hat und sich schon wieder beendet hat, noch bevor Sie etwas auf der Tastatur eintippen konnten. Richtig ausgeführt sollte hier folgende Ausgabe bei der Programmausführung entstehen:

```
$ ./threads5
->Haupt-Thread (ID: -1209412512) gestartet ...
Bitte Eingabe machen: Hallo Welt
Ausgabe Thread -1217807440: Hallo Welt
<-Thread -1209414736 fertig
<-Thread -1209414736 fertig
<-Haupt-Thread (ID: -1209412512) fertig ...
```

Zugegeben: Als echter C-Guru würde Ihnen jetzt schon etwas einfallen, z. B. ein Polling mit einer Schleife um den Lese-Thread herum, die immer wieder abfragt, ob `fgets()` etwas eingelesen hat. Aber vielleicht würde ein echter C-Guru an dieser Stelle dann doch was völlig anderes programmieren, z. B. mit Semaphoren. Natürlich ist das letzte Beispiel auch nicht für Echtzeitanwendungen geeignet, denn wenn beispielsweise die Weichenschaltung einer U-Bahn in einer pollenden Schleife jedes Mal warten muss, bevor die Weiche gestellt werden kann, dann könnte dies sogar zu erheblichen Verzögerungen führen (es sind sogar oft solche einfachen Dinge, die für die meisten Verzögerungen im Nahverkehr verantwortlich sind). Sie sehen also, dass Sie noch lange nicht am Ende sind und dass sogar Profis oft Fehler machen, bei denen sie anschließend denken: »Wie konnte gerade mir so was Dummes passieren?« Aber deshalb kommen ja auch noch mehr Beispiele, die Ihnen aufzeigen, welche Synchronisationsmöglichkeiten Ihnen die Thread-Bibliothek noch so anbietet.

10.7.1 Mutexe

Wenn Sie mehrere Threads starten und diese quasi parallel ablaufen, können Sie nicht nur nicht entscheiden, welcher Thread wann startet, Sie können nicht einmal erkennen, wie weit welcher Thread gerade mit der Verarbeitung Ihrer Daten ist. Wenn also mehrere Threads an derselben Aufgabe (sogar abhängig voneinander) arbeiten, ist eine Synchronisation absolut erforderlich. Genauso ist dies natürlich erforderlich, wenn Threads globale Variablen oder die Hardware (wie z. B. die Tastatur `stdin`) verwenden, da sonst ein Thread diese Variable einfach überschreiben würde, bevor sie noch verwendet wird.

Um Threads zu synchronisieren, haben Sie zwei Möglichkeiten: Zum einen mit sogenannten *Locks*, die Sie in diesem Kapitel in Kürze mit den Mutexen verwenden werden, und zum anderen mit einem *Monitor*. Mit dem Monitor werden sogenannte *Condition-Variablen* verwendet, die (wie der Name ja schon andeutet) in Abhängigkeit von Bedingungen gesetzt werden. Zunächst verwenden wir aber Mutexe. Ein *Mutex* ist im Endeffekt eine bestimmte Art von Semaphor: Wenn es gesetzt ist (= 1 = wahr), dann kann ein Thread einen kritischen Bereich passieren. Wenn es gelöscht ist (ein anderer Thread hat dann quasi die Marke entfernt), dann muss der Thread, der versucht, den kritischen Bereich zu passieren, auf die Marke warten.

Hinweis

Der Begriff Mutex steht für *mutual exclusion* (= gegenseitiger Ausschluss). Ein Mutex ist somit ohne Besitzer und quasi eine globale Variable.

Die Funktionsweise von Mutexen ähnelt also den Semaphoren bei den Prozessen. Genauer noch: Ein Mutex ist nichts weiter als ein Semaphor, auf dem nur eine atomare Operation ausgeführt wird (sperren oder freigeben). Trotzdem lassen sich Mutexe aber wesentlich einfacher erstellen. Das Prinzip ist simpel: Ein Thread arbeitet mit einer globalen oder statischen Variablen, die für alle anderen Threads von einem Mutex blockiert (gesperrt) wird. Benötigt der Thread diese Variable nicht mehr, gibt er sie wieder frei. Mutexe sind also vom Typ binärer Operator.

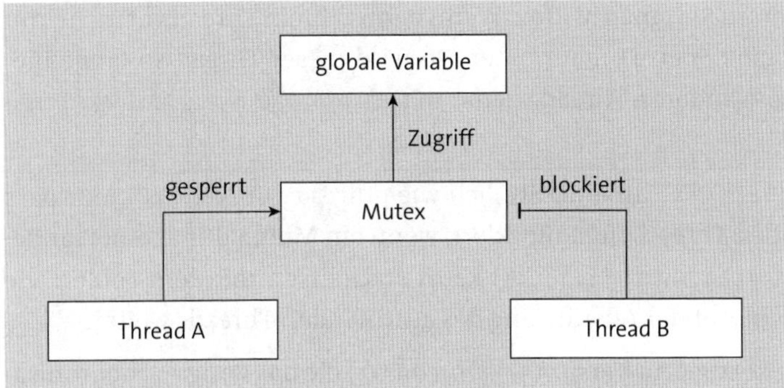

Abbildung 10.2 Nur ein Thread kann einen Mutex sperren.

Anhand der obigen Erklärung dürfte auch klar sein, dass Sie selbst dafür verantwortlich sind, keinen Deadlock zu erzeugen. In den folgenden Fällen könnten auch bei Threads Deadlocks auftreten:

- Threads fordern Ressourcen an, obwohl sie bereits die Ressourcen besitzen.
- Ein Thread gibt seine Ressource nicht mehr frei, weil er abgestürzt ist.
- Eine Ressource ist frei, aber im Besitz eines exklusiven Threads.

Im Fall eines Deadlocks kann keiner der beteiligten Threads seine Arbeit mehr fortsetzen, und somit ist meist keine normale Beendigung mehr möglich. Datenverluste können ebenso die Folge sein.

Statische Mutexe

Um eine Mutex-Variable als statisch zu definieren, müssen Sie sie mit der Konstante `PTHREAD_MUTEX_INITIALIZER` initialisieren. Folgende Funktionen stehen Ihnen zur Verfügung, um Mutexe zu sperren und wieder freizugeben:

```
#include <pthread.h>

int pthread_mutex_lock(pthread_mutex_t *mutex);
int pthread_mutex_trylock(pthread_mutex_t *mutex);
int pthread_mutex_unlock(pthread_mutex_t *mutex);
```

[»]

Hinweis: Abstraktionsebene bei Mutex-Variablen

Wie Sie in der obigen Auflistung erkennen, können Sie Mutexe nur sperren und entsperren. Welche Werte bei den dahintersteckenden Semaphoren benutzt werden, verschwindet hier hinter einer Abstraktionsschicht. Normalerweise entfernt aber die Lock-Funktion eine Marke, und die Unlock-Funktion setzt sie wieder.

Mit `pthread_mutex_lock()` sperren Sie einen Mutex. Wenn dann z. B. ein Thread versucht, mit demselben Mutex ebenfalls eine Sperre einzurichten, so wird dieser Thread so lange blockiert, bis der Mutex von einem anderen Thread wieder mittels `pthread_mutex_unlock()` freigegeben wird.

Die Funktion `pthread_mutex_trylock()` arbeitet ähnlich wie `pthread_mutex_lock()`, nur dass diese Funktion den aufrufenden Thread nicht blockiert, wenn ein Mutex durch einen anderen Thread blockiert wird. `pthread_mutex_trylock()` kehrt stattdessen mit dem Fehlercode `errno = EBUSY` zurück und macht mit der Ausführung des aufrufenden Threads weiter.

Das folgende Beispiel ist eine korrigierte Version von *threads5.c*, die das vorige Synchronisationsproblem mithilfe eines Mutex behebt. Zuerst wird der globale Mutex mit der Konstanten `PTHREAD_MUTEX_INITIALIZER` statisch initialisiert, und anschließend werden im Beispiel die Sperren dort gesetzt und wieder freigegeben, wo dies sinnvoll ist.

```
/* threads6.c */
#include <stdio.h>
#include <stdlib.h>
#include <unistd.h>
#include <pthread.h>

#define MAX_THREADS 2
#define BUF 255
#define COUNTER 10000000

static FILE *fz;

/* Statische Mutex-Variable */
pthread_mutex_t fz_mutex=PTHREAD_MUTEX_INITIALIZER;
```

```
static void open_file(const char *file) {
    fz = fopen( file, "w+" );
    if( fz == NULL ) {
        printf("Konnte Datei %s nicht öffnen\n", file);
        exit(EXIT_FAILURE);
    }
}

static void thread_schreiben(void *name) {
    char string[BUF];

    printf("Bitte Eingabe machen: ");
    fgets(string, BUF, stdin);
    fputs(string, fz);
    fflush(fz);

    /* Mutex wieder freigeben */
    pthread_mutex_unlock( &fz_mutex );

    /* Thread-Ende */
    pthread_exit((void *)pthread_self());
}

static void thread_lesen(void *name) {
    char string[BUF];

    /* Mutex sperren */
    pthread_mutex_lock( &fz_mutex );
    rewind(fz);
    fgets(string, BUF, fz);
    printf("Ausgabe Thread %ld: ", pthread_self());
    fputs(string, stdout);
    fflush(stdout);

    /* Mutex wieder freigeben */
    pthread_mutex_unlock( &fz_mutex );

    /* Thread-Ende */
    pthread_exit((void *)pthread_self());
}

int main (void) {
    static pthread_t th1, th2;
```

```
    static int ret1, ret2;

    printf("->Haupt-Thread (ID: %ld) gestartet ...\n",
        pthread_self());
    open_file("testfile");

    /* Mutex sperren */
    pthread_mutex_lock( &fz_mutex );

    /* Threads erzeugen */
    if( pthread_create( &th1, NULL, &thread_schreiben,
        NULL)!=0) {
        fprintf (stderr, "Konnte keinen Thread erzeugen\n");
        exit (EXIT_FAILURE);
    }
    /* Threads erzeugen */
    if(pthread_create(&th2,NULL, &thread_lesen, NULL) != 0) {
        fprintf (stderr, "Konnte keinen Thread erzeugen\n");
        exit (EXIT_FAILURE);
    }
    pthread_join(th1, &ret1);
    pthread_join(th2, &ret2);

    printf("<-Thread %ld fertig\n", th1);
    printf("<-Thread %ld fertig\n", th1);
    printf("<-Haupt-Thread (ID: %ld) fertig ...\n",
        pthread_self());
    return EXIT_SUCCESS;
}
```

Listing 10.6 Die Synchronisationsmöglichkeiten von Threads durch Mutexe

Das Programm gibt bei der Ausführung Folgendes aus:

```
$ gcc threads6.c -o threads6 -lpthread
$ ./threads6
->Haupt-Thread (ID: -1209412512) gestartet ...
Bitte Eingabe machen: Hallo Welt mit Mutexe
Ausgabe Thread -1217807440: Hallo Welt mit Mutexe
<-Thread -1209414736 fertig
<-Thread -1209414736 fertig
<-Haupt-Thread (ID: -1209412512) fertig ...
```

Natürlich können Sie den Lese-Thread mit pthread_mutex_trylock() als eine nicht blockierende Mutex-Anforderung ausführen. Hierzu müssten Sie nur die Funktion thread_lesen() wie folgt umändern:

```
static void thread_lesen(void *name) {
    char string[BUF];

    /* Versuche, Mutex zu sperren */
    while( (pthread_mutex_trylock( &fz_mutex )) == EBUSY) {
        sleep(10);
        printf("Lese-Thread wartet auf Arbeit ...\n");
        printf("Bitte Eingabe machen: ");
        fflush(stdout);
    }
    rewind(fz);
    fgets(string, BUF, fz);
    printf("Ausgabe Thread %ld: ", pthread_self());
    fputs(string, stdout);
    fflush(stdout);

    /* Mutex wieder freigeben */
    pthread_mutex_unlock( &fz_mutex );

    /* Thread-Ende */
    pthread_exit((void *)pthread_self());
}
```

Hierbei wird versucht, alle zehn Sekunden den Mutex zu sperren. Solange EBUSY zurückgegeben wird, ist der Mutex noch von einem anderen Thread gesperrt. Während dieser Zeit könnte der wartende Thread andere Arbeiten ausführen.

Das veränderte Programm gibt bei der Ausführung mit pthread_mutex_trylock() Folgendes aus:

```
$ gcc threads6.c -o threads6 -lpthread
$ ./threads6
->Haupt-Thread (ID: -1209412512) gestartet ...
Bitte Eingabe machen: Lese-Thread wartet auf Arbeit ...
Bitte Eingabe machen: Lese-Thread wartet auf Arbeit ...
Bitte Eingabe machen: Hallo Mutex, du bist frei
Ausgabe Thread -1217807440: Hallo Mutex, du bist frei
<-Thread -1209414736 fertig
<-Thread -1209414736 fertig
<-Haupt-Thread (ID: -1209412512) fertig ...
```

Dynamische Mutexe

Wenn Sie Mutexe in einer Struktur verwenden wollen, was durchaus eine gängige Praxis ist, können Sie dynamische Mutexe verwenden. Dies sind Mutexe, für die zur Laufzeit mit `malloc()` Speicher angefordert wird. Für dynamische Mutexe stehen folgende Funktionen zur Verfügung:

```
#include <pthread.h>

int  pthread_mutex_init(
   pthread_mutex_t  *mutex,
   const  pthread_mutex_attr_t *mutexattr );
int pthread_mutex_destroy(pthread_mutex_t *mutex);
```

Mit `pthread_mutex_init()` initialisieren Sie den Mutex `mutex`. Mit dem Parameter `mutexattr` können Sie Attribute für das Mutex verwenden. Wird hier `NULL` angegeben, werden die Standardattribute verwendet (auf die Attribute von Mutexen werden wir in den nächsten Abschnitten noch eingehen). Freigeben können Sie einen solchen dynamisch angelegten Mutex wieder mit `pthread_mutex_destroy()`. Hierzu folgt dasselbe Beispiel (also *thread6.c*), nur mit einem dynamisch angelegten Mutex:

```
/* threads7.c */
#include <stdio.h>
#include <stdlib.h>
#include <unistd.h>
#include <errno.h>
#include <pthread.h>
#define BUF 255

struct data {
    FILE *fz;
    char filename[BUF];
    pthread_mutex_t mutex;
};

static void thread_schreiben(void *arg) {
    char string[BUF];
    struct data *d=(struct data *)arg;

    printf("Bitte Eingabe machen: ");
    fgets(string, BUF, stdin);
    fputs(string, d->fz);
    fflush(d->fz);
```

```
    /* Mutex wieder freigeben */
    pthread_mutex_unlock( &d->mutex );
    /* Thread-Ende */
    pthread_exit((void *)pthread_self());
}

static void thread_lesen(void *arg) {
    char string[BUF];
    struct data *d=(struct data *)arg;

    /* Mutex sperren */
    while( (pthread_mutex_trylock( &d->mutex )) == EBUSY) {
        sleep(10);
        printf("Lese-Thread wartet auf Arbeit ...\n");
        printf("Bitte Eingabe machen: ");
        fflush(stdout);
    }
    rewind(d->fz);
    fgets(string, BUF, d->fz);
    printf("Ausgabe Thread %ld: ", pthread_self());
    fputs(string, stdout);
    fflush(stdout);
    /* Mutex wieder freigeben */
    pthread_mutex_unlock( &d->mutex );
    /* Thread-Ende */
    pthread_exit((void *)pthread_self());
}

int main (void) {
    static pthread_t th1, th2;
    static int ret1, ret2;
    struct data *d;

    /* Speicher für die Struktur reservieren */
    d = malloc(sizeof(struct data));
    if(d == NULL) {
        printf("Konnte keinen Speicher reservieren ...!\n");
        exit(EXIT_FAILURE);
    }

    printf("->Haupt-Thread (ID: %ld) gestartet ...\n",
        pthread_self());
```

```
    strncpy(d->filename, "testfile", BUF);
    d->fz = fopen( d->filename, "w+" );
    if( d->fz == NULL ) {
        printf("Konnte Datei %s nicht öffnen\n", d->filename);
        exit(EXIT_FAILURE);
    }

    /* Mutex initialisieren */
    pthread_mutex_init( &d->mutex, NULL );
    /* Mutex sperren */
    pthread_mutex_lock( &d->mutex );

    /* Threads erzeugen */
    if(pthread_create (&th1,NULL,&thread_schreiben,d) != 0) {
        fprintf (stderr, "Konnte keinen Thread erzeugen\n");
        exit (EXIT_FAILURE);
    }

    /* Threads erzeugen */
    if (pthread_create (&th2,NULL, &thread_lesen, d) != 0) {
        fprintf (stderr, "Konnte keinen Thread erzeugen\n");
        exit (EXIT_FAILURE);
    }
    pthread_join(th1, &ret1);
    pthread_join(th2, &ret2);

    /* Dynamisch angelegten Mutex löschen */
    pthread_mutex_destroy( &d->mutex );

    printf("<-Thread %ld fertig\n", th1);
    printf("<-Thread %ld fertig\n", th1);
    printf("<-Haupt-Thread (ID: %ld) fertig ...\n",
        pthread_self());
   return EXIT_SUCCESS;
}
```

Listing 10.7 Verwendet dynamische Mutex-Variablen.

Die Schilderung des Programms bei der Ausführung kann hier entfallen, da es exakt dem Beispiel *thread6.c* entspricht, nur dass hierbei eben ein dynamischer Mutex statt eines statischen verwendet wurde.

Mutex-Attribute

Mit den folgenden Funktionen können Sie Mutex-Attribute verändern oder abfragen:

```
#include <pthread.h>

int pthread_mutexattr_init( pthread_mutexattr_t *attr );
int pthread_mutexattr_destroy( pthread_mutexattr_t *attr );
int pthread_mutexattr_settype( pthread_mutexattr_t *attr,
                               int kind );
int pthread_mutexattr_gettype(
   const  pthread_mutexattr_t  *attr,   int *kind );
```

Mit dem Mutex-Attribut legen Sie fest, was passiert, wenn ein Thread versuchen sollte, einen Mutex nochmals zu sperren, obwohl dieser bereits mit `pthread_mutex_lock()` gesperrt wurde. Mit der Funktion `pthread_mutexattr_init()` initialisieren Sie zunächst das Mutex-Attributobjekt `attr`. Zunächst wird hierbei die Standardeinstellung (`PTHREAD_MUTEX_FAST_NP`) verwendet. Ändern können Sie dieses Attribut mit `pthread_mutexattr_settype()`. Damit setzen Sie die Attribute des Mutex-Attributobjekts auf `kind`. Folgende Konstanten können Sie für `kind` verwenden:

- `PTHREAD_MUTEX_FAST_NP` (Standardeinstellung): `pthread_mutex_lock()` blockiert den aufrufenden Thread für unbegrenzte Zeit, bis er wieder freigegeben wird.
- `PTHREAD_MUTEX_RECURSIVE_NP`: `pthread_mutex_lock()` blockiert nicht und kehrt sofort erfolgreich zurück. Wird ein Thread mit diesem Mutex gesperrt, so wird ein Zähler für jede Sperrung um den Wert 1 erhöht. Damit die Sperrung eines rekursiven Mutex aufgehoben wird, muss er ebenso oft freigegeben werden, wie er gesperrt wurde.
- `PTHREAD_MUTEX_ERRORCHECK_NP`: `pthread_mutex_lock()` kehrt sofort wieder mit dem Fehlercode `EDEADLK` zurück, also ähnlich wie mit `pthread_mutex_trylock()`, nur dass hier eben `EBUSY` zurückgegeben wird.

> **Hinweis**
> Da die Variablen mit dem Suffix `_NP` (*non-portable*) verbunden sind, sind sie nicht mit dem POSIX-Standard vereinbar und somit nicht geeignet für portable Programme.

10.7.2 Condition-Variablen (Bedingungsvariablen)

Bedingungsvariablen werden dazu verwendet, auf das Eintreten einer bestimmten Bedingung zu warten bzw. die Erfüllung oder den Eintritt einer Bedingung anzuzeigen. Bedingungsvariablen werden außerdem mit Mutexen verknüpft. Dabei wird beim Warten auf eine Bedingung eine Sperre auf diesem Mutex freigegeben (natürlich muss zuvor eine Sperre auf den Mutex erfolgt sein).

Umgekehrt sollte vor dem Eintreten einer Bedingung eine Sperre auf dem verknüpften Mutex erfolgen, so dass nach dem Warten auf diesen Mutex auch die Sperre auf den Mutex wieder vorhanden ist. Erfolgte keine Sperre vor dem Signal, wartet ein Thread wieder, bis eine Sperre auf den Mutex möglich ist.

Statische Bedingungsvariablen

Für Bedingungsvariablen wird der Datentyp pthread_cond_t verwendet. Damit eine solche Bedingungsvariable überhaupt als statisch definiert ist, muss sie mit der Konstanten PTHREAD_COND_INITIALIZER initialisiert werden. Es folgen die Funktionen, mit denen Sie mit Condition-Variablen operieren können.

```
#include <pthread.h>

int pthread_cond_signal( pthread_cond_t *cond );
int pthread_cond_broadcast( pthread_cond_t *cond );
int pthread_cond_wait( pthread_cond_t *cond,
                       pthread_mutex_t *mutex );
int pthread_cond_timedwait( pthread_cond_t   *cond,
                            pthread_mutex_t *mutex,
                            const struct timespec *abstime);
```

Bevor Sie die Funktion pthread_cond_wait() verwenden, müssen Sie im aufrufenden Thread das Mutex mutex sperren. Mit einem anschließenden pthread_cond_wait() wird der Mutex dann freigegeben, und der Thread wird anschließend mit der Bedingungsvariablen cond bis zum Eintreten einer bestimmten Bedingung blockiert. Bei einem erfolgreichen Aufruf von pthread_cond_wait() wird auch für den Mutex automatisch die Sperre wieder eingerichtet – oder einfach: Es herrscht wieder der Zustand wie vor dem pthread_cond_wait()-Aufruf.

Threads, die auf die Bedingungsvariable cond warten, können Sie mit phtread_cond_signal() wieder aufwecken und weiter ausführen. Bei mehreren Threads, die auf die Bedingungsvariable cond warten, bekommt der Thread mit der höchsten Priorität den Zuschlag.

Wollen Sie hingegen alle Threads aufwecken, die auf die Bedingungsvariable cond warten, können Sie die Funktion pthread_cond_signal() verwenden.

Natürlich gibt es auch noch eine Funktion, mit der Sie im Gegensatz zu phtread_cond_wait() nur eine gewisse Zeit auf die Bedingungsvariable cond warten können: die Funktion pthread_cond_timewait(). Als Zeitangabe können Sie den Parameter abstime verwenden, mit dem Sie eine absolute Zeit in Sekunden und Nanosekunden angeben, die seit dem 1.1.1970 vergangen sind:

```
struct timespec {
    time_t tv_sec;    // Sekunden
    long   tv_nsec;   // Nanosekunden
};
```

Das folgende, recht einfache Beispiel demonstriert die Funktionalität von Bedingungsvariablen und deren Verwendung:

```
/* threads8.c */
#include <stdio.h>
#include <pthread.h>
#include <unistd.h>
#include <stdlib.h>

#define THREAD_MAX 3

pthread_mutex_t mutex=PTHREAD_MUTEX_INITIALIZER;
pthread_cond_t cond = PTHREAD_COND_INITIALIZER;

static void *threads (void *arg) {
    printf("\t->Thread %ld wartet auf Bedingung\n",
        pthread_self());

    pthread_mutex_lock(&mutex);
    pthread_cond_wait(&cond, &mutex);

    printf("\t->Thread %ld hat Bedingung erhalten\n",
        pthread_self());

    printf("\t->Thread %ld: Sende wieder die "
        "Bedingungsvariable\n", pthread_self());
    pthread_cond_signal(&cond);
    pthread_mutex_unlock(&mutex);
    return NULL;
}

int main (void) {
    int i;
    pthread_t th[THREAD_MAX];

    printf("->Main-Thread %ld gestartet\n", pthread_self());
    for(i=0; i<THREAD_MAX; i++)
        if (pthread_create (&th[i],NULL, &threads, NULL)!=0) {
```

```
            printf ("Konnte keinen Thread erzeugen\n");
            exit (EXIT_FAILURE);
        }
    printf("->Main-Thread: Habe soeben %d Threads erzeugt\n",
        THREAD_MAX);

    /* Kurz warten, damit der Main-Thread als Erstes die
     * Bedingungsvariable sendet */
    sleep(1);
    printf("->Main-Thread: Sende die Bedingungsvariable\n");
    pthread_cond_signal(&cond);

    for(i=0; i<THREAD_MAX; i++)
        pthread_join (th[i], NULL);
    printf("->Main-Thread %ld beendet\n", pthread_self());
    pthread_exit(NULL);
}
```

Listing 10.8 Die Verwendung von Condition-Variablen

Das Programm gibt bei der Ausführung Folgendes aus:

```
$ gcc threads8.c -o threads8 -lpthread
$ ./threads8
->Main-Thread -1209416608 gestartet
->Main-Thread: Habe soeben 3 Threads erzeugt
        ->Thread -1209418832 wartet auf Bedingung
        ->Thread -1217811536 wartet auf Bedingung
        ->Thread -1226204240 wartet auf Bedingung
->Main-Thread: Sende die Bedingungsvariable
        ->Thread -1209418832 hat Bedingung erhalten
        ->Thread -1209418832: Sende wieder die Bedingungsvariable
        ->Thread -1217811536 hat Bedingung erhalten
        ->Thread -1217811536: Sende wieder die Bedingungsvariable
        ->Thread -1226204240 hat Bedingung erhalten
        ->Thread -1226204240: Sende wieder die Bedingungsvariable
->Main-Thread -1209416608 beendet
```

Sie sehen in dem letzten Beispiel, das, sobald der Haupt-Thread eine Bedingungsvariable sendet, eine Kettenreaktion entsteht: Die Threads werden entsprechend der Reihenfolge, in der sie vorher in der Queue angelegt wurden, abgearbeitet. Das heißt also, dass hier wieder eine Warteschlange angelegt wird. Dazu folgt ein weiteres simples Beispiel: Der Thread Nummer 2 wartet auf die Condition-Variable von Thread Nummer 1. Thread Nummer 1 weist einem globalen Zahlenarray `werte` zehn Zahlen zu, die Thread 2 anschließend für weitere Berechnungen benutzt. Dies ist natürlich wieder ein primitives Beispiel und soll nur die Funktion von Condition-Variablen demonstrieren.

```
/* threads9.c */
#include <stdio.h>
#include <pthread.h>
#include <unistd.h>
#include <stdlib.h>

static int werte[10];
pthread_mutex_t mutex=PTHREAD_MUTEX_INITIALIZER;
pthread_cond_t cond = PTHREAD_COND_INITIALIZER;

static void thread1 (void *arg) {
    int ret, i;

    printf ("\t->Thread %ld gestartet ...\n",
        pthread_self ());
    sleep (1);
    ret = pthread_mutex_lock (&mutex);
    if (ret != 0) {
        printf ("Fehler bei lock in Thread:%ld\n",
            pthread_self());
        exit (EXIT_FAILURE);
    }

    /* Kritischer Codeabschnitt */
    for (i = 0; i < 10; i++)
        werte[i] = i;
    /* Kritischer Codeausschnitt Ende */

    printf ("\t->Thread %ld sendet Bedingungsvariable\n",
        pthread_self());
    pthread_cond_signal (&cond);

    ret = pthread_mutex_unlock (&mutex);
    if (ret != 0) {
        printf ("Fehler bei unlock in Thread: %ld\n",
            pthread_self ());
        exit (EXIT_FAILURE);
    }
    printf ("\t->Thread %ld ist fertig\n",pthread_self());
    pthread_exit ((void *) 0);
```

10

```
}

static void thread2 (void *arg) {
    int i;
    int summe = 0;

    printf ("\t->Thread %ld wartet auf Bedingungsvariable\n",
        pthread_self ());
    pthread_cond_wait (&cond, &mutex);
    printf ("\t->Thread %ld gestartet ...\n",
        pthread_self ());
    for (i = 0; i < 10; i++)
        summe += werte[i];
    printf ("\t->Thread %ld fertig\n",pthread_self());
    printf ("Summe aller Zahlen beträgt: %d\n", summe);
    pthread_exit ((void *) 0);
}

int main (void) {
    pthread_t th[2];

    printf("->Main-Thread %ld gestartet\n", pthread_self());

    pthread_create (&th[0], NULL, thread1, NULL);
    pthread_create (&th[1], NULL, thread2, NULL);

    pthread_join (th[0], NULL);
    pthread_join (th[1], NULL);

    printf("->Main-Thread %ld beendet\n", pthread_self());
    return EXIT_SUCCESS;
}
```

Listing 10.9 Die Synchronisation zweier Threads mittels Condition-Variablen

Das Programm gibt bei der Ausführung Folgendes aus:

```
$ gcc threads9.c -o threads9 -lpthread
$ ./threads9
->Main-Thread -1209416608 gestartet
        ->Thread -1209418832 gestartet ...
        ->Thread -1217811536 wartet auf Bedingungsvariable
        ->Thread -1209418832 sendet Bedingungsvariable
```

```
        ->Thread -1209418832 ist fertig
        ->Thread -1217811536 gestartet ...
        ->Thread -1217811536 fertig
Summe aller Zahlen beträgt: 45
->Main-Thread -1209416608 beendet
```

[«]

Hinweis: Fehlerprüfungen

In diesem und auch in vielen anderen Beispielen haben wir das eine oder andere Mal auf eine Fehlerüberprüfung verzichtet, was Sie in der Praxis natürlich tunlichst vermeiden sollten. Allerdings würde ein perfekt geschriebenes Programm zu viele Buchseiten in Anspruch nehmen.

Dynamische Bedingungsvariablen

Natürlich steht Ihnen – wie bei den Mutexen auch – die Möglichkeit zur Verfügung, Bedingungsvariablen dynamisch anzulegen, wie dies häufig mit Datenstrukturen der Fall ist. Hierzu stehen Ihnen die folgenden Funktionen zur Verfügung:

```
#include <pthread.h>

int pthread_cond_init( pthread_cond_t *cond,
                       pthread_condattr_t *cond_attr );
int pthread_cond_destroy( pthread_cond_t *cond );
```

Mit `pthread_cond_init()` initialisieren Sie die Bedingungsvariable `cond` mit den über `attr` festgelegten Attributen (darauf werden wir im nächsten Abschnitt eingehen). Verwenden Sie für `attr` `NULL`, werden die standardmäßig voreingestellten Bedingungsvariablen verwendet. Freigeben können Sie die dynamisch angelegte Bedingungsvariable `cond` wieder mit der Funktion `pthread_cond_destroy()`.

Es folgt dasselbe Beispiel wie schon im Listing *threads9.c*, nur eben als Variante mit dynamischen Datenstrukturen.

```
/* threads10.c */
#include <stdio.h>
#include <pthread.h>
#include <unistd.h>
#include <stdlib.h>

struct data {
    int werte[10];
    pthread_mutex_t mutex;
    pthread_cond_t cond;
```

```
};

static void thread1 (void *arg) {
    struct data *d=(struct data *)arg;
    int ret, i;

    printf ("\t->Thread %ld gestartet ...\n",
       pthread_self ());
    sleep (1);
    ret = pthread_mutex_lock (&d->mutex);
    if (ret != 0) {
       printf ("Fehler bei lock in Thread: %ld\n",
          pthread_self());
       exit (EXIT_FAILURE);
    }

    /* Kritischer Codeabschnitt */
    for (i = 0; i < 10; i++)
       d->werte[i] = i;
    /* Kritischer Codeausschnitt Ende */

    printf ("\t->Thread %ld sendet Bedingungsvariable\n",
       pthread_self());
    pthread_cond_signal (&d->cond);

    ret = pthread_mutex_unlock (&d->mutex);
    if (ret != 0) {
       printf ("Fehler bei unlock in Thread: %ld\n",
          pthread_self ());
       exit (EXIT_FAILURE);
    }
    printf ("\t->Thread %ld ist fertig\n", pthread_self());
    pthread_exit ((void *) 0);
}

static void thread2 (void *arg) {
    struct data *d=(struct data *)arg;
    int i;
    int summe = 0;

    printf ("\t->Thread %ld wartet auf Bedingungsvariable\n",
       pthread_self ());
```

```
    pthread_cond_wait (&d->cond, &d->mutex);
    printf ("\t->Thread %ld gestartet ...\n",
        pthread_self ());
    for (i = 0; i < 10; i++)
        summe += d->werte[i];
    printf ("\t->Thread %ld fertig\n",pthread_self());
    printf ("Summe aller Zahlen beträgt: %d\n", summe);
    pthread_exit ((void *) 0);
}

int main (void) {
    pthread_t th[2];
    struct data *d;
    /* Speicher für die Struktur reservieren */
    d = malloc(sizeof(struct data));
    if(d == NULL) {
        printf("Konnte keinen Speicher reservieren ...!\n");
        exit(EXIT_FAILURE);
    }

    /* Bedingungsvariablen initialisieren */
    pthread_cond_init(&d->cond, NULL);
    printf("->Main-Thread %ld gestartet\n", pthread_self());
    pthread_create (&th[0], NULL, thread1, d);
    pthread_create (&th[1], NULL, thread2, d);
    pthread_join (th[0], NULL);
    pthread_join (th[1], NULL);
    /* Bedingungsvariable freigeben */
    pthread_cond_destroy(&d->cond);
    printf("->Main-Thread %ld beendet\n", pthread_self());
    return EXIT_SUCCESS;
}
```

Listing 10.10 Verwendet im Gegensatz zu Listing 10.9 dynamische Datenstrukturen.

Ein weiteres typisches Anwendungsbeispiel: Wir simulieren ein Programm, das Daten empfängt, und erzeugen dabei zwei Threads. Jeder dieser beiden Threads wird mit pthread_cond_wait() in einen Wartezustand geschickt und wartet auf das Signal pthread_cond_signal() vom Haupt-Thread. Ein einfaches Server-Client-Prinzip also. Der Haupt-Thread simuliert dann die Situation, dass er zwei Datenpakete an einen Client-Thread verschickt. Der Client-Thread simuliert anschließend die Situation, dass er die Datenpakete bearbeiten muss. Im nächsten Beispiel werden übrigens wieder statische Bedingungsvariablen verwendet.

```
/* threads11.c */
#define _MULTI_THREADED
#include <pthread.h>
#include <stdio.h>
#include <stdlib.h>
#include <unistd.h>
#define NUMTHREADS 2

static void checkResults (const char *string, int val) {
    if (val) {
        printf ("Fehler mit %d bei %s", val, string);
        exit (EXIT_FAILURE);
    }
}

static pthread_mutex_t dataMutex =
   PTHREAD_MUTEX_INITIALIZER;
static pthread_cond_t DatenVorhandenCondition =
   PTHREAD_COND_INITIALIZER;
static int DatenVorhanden = 0;
static int geteilteDaten  = 0;

static void *theThread (void *parm) {
    int rc;
    // Datenpaket in zwei Verarbeitungsschritten
    int retries = 2;

    printf ("\t->Client %ld: gestartet\n", pthread_self ());
    rc = pthread_mutex_lock (&dataMutex);
    checkResults ("pthread_mutex_lock()\n", rc);

    while (retries--) {
        while (!DatenVorhanden) {
            printf ("\t->Client %ld: Warte auf Daten ...\n",
                pthread_self ());
            rc = pthread_cond_wait ( &DatenVorhandenCondition,
                                     &dataMutex);
            if (rc) {
                printf ("Client %ld: pthread_cond_wait()"
                    " Fehler rc=%d\n", rc, pthread_self ());
                pthread_mutex_unlock (&dataMutex);
                exit (EXIT_FAILURE);
            }
```

```
        }
        printf("\t->Client %ld: Daten wurden gemeldet --->\n"
            "\t----> Bearbeite die Daten, solange sie "
            "geschützt sind (lock)\n", pthread_self ());
        if (geteilteDaten == 0) {
            DatenVorhanden = 0;
        }
    }// Ende while(retries--)

    printf ("Client %ld: Alles erledigt\n",
        pthread_self ());
    rc = pthread_mutex_unlock (&dataMutex);
    checkResults ("pthread_mutex_unlock()\n", rc);
    return NULL;
}

int main (int argc, char **argv) {
    pthread_t thread[NUMTHREADS];
    int rc = 0;
    // Gesamtanzahl der Datenpakete
    int anzahlDaten = 4;
    int i;
    printf ("->Main-Thread %ld gestartet ...\n");
    for (i = 0; i < NUMTHREADS; ++i) {
        rc=pthread_create (&thread[i], NULL, theThread, NULL);
        checkResults ("pthread_create()\n", rc);
    }

    /* Serverschleife */
    while (anzahlDaten--) {
        sleep (3); // Eine Bremse zum "Mitverfolgen"
        printf ("->Server: Daten gefunden\n");

        /* Schütze geteilte (shared) Daten und Flags */
        rc = pthread_mutex_lock (&dataMutex);
        checkResults ("pthread_mutex_lock()\n", rc);
        printf ("->Server: Sperre die Daten und gib eine "
            "Meldung an Consumer\n");
        ++geteilteDaten;      /* Füge "shared" Daten hinzu  */
        DatenVorhanden = 1;  /* ein vorhandenes Datenpaket */
        /* Client wieder aufwecken */
        rc = pthread_cond_signal (&DatenVorhandenCondition);
        if (rc) {
```

```
            pthread_mutex_unlock (&dataMutex);
            printf ("Server: Fehler beim Aufwecken von "
                "Client, rc=%d\n", rc);
            exit (EXIT_FAILURE);
        }
        printf("->Server: Gibt die gesperrten Daten"
            " wieder frei\n");
        rc = pthread_mutex_unlock (&dataMutex);
        checkResults ("pthread_mutex_lock()\n", rc);
    }// Ende while(anzahlDaten--)
    for (i = 0; i < NUMTHREADS; ++i) {
        rc = pthread_join (thread[i], NULL);
        checkResults ("pthread_join()\n", rc);
    }
    printf ("->Main-Thread ist fertig\n");
    return EXIT_SUCCESS;
}
```

Listing 10.11 In diesem Listing schicken sich Threads gegenseitig Nachrichten.

Das Programm gibt bei der Ausführung Folgendes aus:

```
$ gcc threads11.c -o threads11 -lpthread
$ ./threads11
->Main-Thread -1073743916 gestartet...
        ->Client -1209418832: gestartet
        ->Client -1209418832: Warte auf Daten ...
        ->Client -1217811536: gestartet
        ->Client -1217811536: Warte auf Daten ...
->Server: Daten gefunden
->Server: Sperre die Daten und gib eine Meldung an Consumer
->Server: Gibt die gesperrten Daten wieder frei
        ->Client -1209418832: Daten wurden gemeldet --->
        ----> Bearbeite die Daten, solange sie geschützt sind (lock)
        ->Client -1209418832: Daten wurden gemeldet --->
        ----> Bearbeite die Daten, solange sie geschützt sind (lock)
Client -1209418832: Alles erledigt
->Server: Daten gefunden
->Server: Sperre die Daten und gib eine Meldung an Consumer
->Server: Gibt die gesperrten Daten wieder frei
        ->Client -1217811536: Daten wurden gemeldet --->
        ----> Bearbeite die Daten, solange sie geschützt sind (lock)
        ->Client -1217811536: Daten wurden gemeldet --->
        ----> Bearbeite die Daten, solange sie geschützt sind (lock)
```

```
Client -1217811536: Alles erledigt
->Server: Daten gefunden
->Server: Sperre die Daten und gib eine Meldung an Consumer
->Server: Gibt die gesperrten Daten wieder frei
->Server: Daten gefunden
->Server: Sperre die Daten und gib eine Meldung an Consumer
->Server: Gibt die gesperrten Daten wieder frei
->Main-Thread ist fertig
```

Condition-Variablen-Attribute

Für die Attribute von Bedingungsvariablen stehen Ihnen folgende Funktionen zur Verfügung:


```
#include <pthread.h>

int pthread_condattr_init( pthread_condattr_t *attr );
int pthread_condattr_destroy( pthread_condattr_t *attr );
```

Allerdings ergeben diese Funktionen noch keinen Sinn, da Linux-Threads noch keine Attribute für Bedingungsvariablen anbieten. Diese Funktionen wurden dennoch implementiert, um den POSIX-Standard zu erfüllen.

10.7.3 Threads und Semaphore

Threads können auch mit Semaphoren synchronisiert werden. Wie Sie bereits in den Kapiteln zur Interprozesskommunikation (Kapitel 7 und 8) erfahren haben, sind Semaphore nichts anderes als nicht negative Zählvariablen, die man beim Eintritt in einen kritischen Bereich dekrementiert und beim Verlassen wieder inkrementiert. Hierzu stehen Ihnen folgende Funktionen zur Verfügung:

```
#include <semaphore.h>

int sem_init( sem_t *sem, int pshared, unsigned int value );
int sem_wait( sem_t * sem );
int sem_trywait( sem_t * sem );
int sem_post( sem_t * sem );
int sem_getvalue( sem_t * sem, int * sval );
int sem_destroy( sem_t * sem );
```

Alle Funktionen geben bei Erfolg `0` oder bei einem Fehler `-1` zurück. Mit der Funktion `sem_init()` initialisieren Sie das Semaphor `sem` mit dem Anfangswert `value`. Geben Sie für den zweiten Parameter `pshared` einen Wert ungleich 0 an, kann das Semaphor gemeinsam von mehreren Prozessen und ihren Threads verwendet oder aber, wenn hier 0 gesetzt wird, das Semaphor nur lokal für die Threads des aktuellen Prozesses verwendet werden.

Die Funktion sem_wait() wird zum Suspendieren eines aufrufenden Threads verwendet. sem_wait() wartet so lange, bis der Zähler sem einen Wert ungleich 0 besitzt. Sobald der Wert von sem ungleich 0 ist, also z. B. um 1 inkrementiert wurde, kann der suspendierte Thread mit seiner Ausführung fortfahren. Des Weiteren dekrementiert sem_wait den Zähler des Semaphors wieder um 1. Im Gegensatz zu sem_wait() blockiert sem_trywait() nicht, wenn sem gleich 0 ist, und kehrt sofort mit dem Rückgabewert -1 zurück.

Den Zähler des Semaphors sem können Sie mit der Funktion sem_post() um 1 erhöhen. Wollen Sie also einen anderen Thread, der mit sem_wait() suspendiert wurde, aufwecken, müssen Sie sem_post() aus einem anderen Thread heraus aufrufen. sem_post() ist genau wie sem_trywait() eine nicht blockierende Funktion.

Wollen Sie überprüfen, welchen Wert das Semaphor gerade hat, können Sie die Funktion sem_getvalue() verwenden. Mit der Funktion sem_destroy() löschen Sie das Semaphor sem wieder.

Das folgende Beispiel entspricht dem letzten Listing, nur dass anstatt Bedingungsvariablen und Mutexen eben Semaphore verwendet werden. Mithilfe von Semaphoren lässt sich eine Synchronisation zwischen Threads erheblich einfacher realisieren.

```
/* threads12.c */
#include <stdio.h>
#include <pthread.h>
#include <unistd.h>
#include <stdlib.h>
#include <semaphore.h>

static int werte[10];
sem_t sem;

static void thread1 (void *arg) {
   int ret, i, val;

   printf ("\t->Thread %ld gestartet ...\n",
      pthread_self ());

   /* Kritischer Codeabschnitt */
   for (i = 0; i < 10; i++)
      werte[i] = i;
   /* Kritischer Codeausschnitt Ende */

   /* Semaphor um 1 inkrementieren */
   sem_post(&sem);
```

```
    /* Aktuellen Wert ermitteln */
    sem_getvalue(&sem, &val);
    printf("\t->Semaphor inkrementiert (Wert: %d)\n", val);

    printf ("\t->Thread %ld ist fertig\n\n",pthread_self());
    pthread_exit ((void *) 0);
}

static void thread2 (void *arg) {
    int i;
    int summe = 0;

    /* Semaphor suspendiert, bis der Wert ungleich 0 ist */
    sem_wait(&sem);

    printf ("\t->Thread %ld gestartet ...\n",
        pthread_self ());
    for (i = 0; i < 10; i++)
        summe += werte[i];

    printf ("\t->Summe aller Zahlen beträgt: %d\n", summe);
    printf ("\t->Thread %ld fertig\n\n",pthread_self());
    pthread_exit ((void *) 0);
}

int main (void) {
    pthread_t th[2];
    int val;

    printf("->Main-Thread %ld gestartet\n", pthread_self());
    /* Semaphor initialisieren */
    sem_init(&sem, 0, 0);
    /* Aktuellen Wert abfragen */
    sem_getvalue(&sem, &val);
    printf("->Semaphor initialisiert (Wert: %d)\n\n", val);

    /* Mit Absicht umgekehrt */
    pthread_create (&th[1], NULL, thread2, NULL);
    pthread_create (&th[0], NULL, thread1, NULL);

    pthread_join (th[0], NULL);
    pthread_join (th[1], NULL);
```

```
    /* Aktuellen Wert abfragen */
    sem_getvalue(&sem, &val);
    printf("->Semaphor (Wert: %d)\n", val);
    /* Semphore löschen */
    sem_destroy(&sem);
    printf("->Semaphor gelöscht\n");
    printf("->Main-Thread %ld beendet\n", pthread_self());
    return EXIT_SUCCESS;
}
```

Listing 10.12 Zeigt, wie Sie Threads mit Semaphoren synchronisieren können.

Das Programm gibt bei der Ausführung Folgendes aus:

```
$ gcc threads12.c -o threads12 -lpthread
$ ./threads12
->Main-Thread -1209416608 gestartet
->Semaphor initialisiert (Wert: 0)

        ->Thread -1217811536 gestartet ...
        ->Thread -1209418832 gestartet ...
        ->Summe aller Zahlen beträgt: 45
        ->Thread -1209418832 fertig

        ->Semaphor inkrementiert (Wert: 0)
        ->Thread -1217811536 ist fertig

->Semaphor (Wert: 0)
->Semaphor gelöscht
->Main-Thread -1209416608 beendet
```

10.7.4 Weitere Synchronisationstechniken im Überblick

Neben den hier vorgestellten Synchronisationsmechanismen bietet Ihnen die `phtread`-Bibliothek noch drei weitere an, auf die wir hier allerdings nur kurz eingehen:

- *RW-Locks*: Mit RW-Locks (Read-Write-Locks) können Sie es einrichten, dass mehrere Threads aus einem (geteilten, also *shared*) Datenbereich lesen, aber nur ein Thread zum selben Zeitpunkt etwas in diesen Bereich schreiben darf (*one writer, many readers*). Alle Funktionen dazu beginnen mit dem Präfix `pthread_rwlock_`.
- *Barrier*: Als Barrier bezeichnet man einen Punkt, der als zunächst unüberwindbare Barriere verwendet wird, die erst dann überwunden werden kann, wenn eine bestimmte Anzahl von Threads an diese Barriere kommt, eben das Prinzip der hohen Mauer bei den

Pfadfindern, die man nur im Team (also mit einer gewissen Anzahl von Personen) überwinden kann. Solange eine gewisse Anzahl von Threads nicht vorhanden ist, müssen alle Threads vor der Barriere warten. Soll z. B. ein bestimmter Thread erst ausgeführt werden, wenn viele andere Threads parallel mehrere Teilaufgaben erledigt haben, sind Barriers eine gute Synchronisationsmöglichkeit. Alle Funktionen zu den Barriers beginnen mit dem Präfix `pthread_barrier_`.

- *Spinlocks*: Spinlocks sind nur für Multiprozessorsysteme oder CPUs mit mehreren Kernen interessant. Das Prinzip ist dasselbe wie bei den Mutexen, nur dass – anders als bei den Mutexen – ein Thread, der auf einen Spinlock wartet, nicht die CPU freigibt, sondern eine sogenannte *Busy Loop* (also eine Warteschleife, in der sonst nichts passiert) ausführt, bis der Spinlock wieder freigegeben wird. Dadurch bleibt dem Prozessor ein *Kontextwechsel* erspart. Beim Kontextwechsel wird ein Thread blockiert, und alle Informationen, die für das Weiterlaufen benötigt werden, müssen vorher gespeichert werden. Sie können also mit Spinlocks eine Menge Zeit einsparen, diese aber auch verschenken, z. B. wenn Sie durch Spinlocks einige Ihrer Prozessorkerne »lahmlegen«, weil diese plötzlich nicht mehr an die Reihe kommen. Natürlich hängt es auch vom Prozessor ab, ob ein Kontextwechsel schnell oder langsam vor sich geht. Alle Funktionen, die Spinlocks betreffen, beginnen mit dem Präfix `pthread_spin_`.

10.8 Threads abbrechen (canceln)

Wird ein Thread abgebrochen oder beendet, wurde in den bisherigen Programmbeispielen auch immer der komplette Thread beendet. Doch auch hierbei ist es möglich, auf eine Abbruchaufforderung zu reagieren. Sie haben drei Möglichkeiten:

- `PTHREAD_CANCEL_DISABLE`: Damit legen Sie fest, dass ein Thread nicht abbrechbar ist. Dennoch bleiben Abbruchaufforderungen von anderen Threads nicht unbeachtet – sie bleiben bestehen, und es kann gegebenenfalls darauf reagiert werden, wenn man den Thread wieder in einen abbrechbaren Zustand mittels `PTHREAD_CANCEL_ENABLE` versetzt.
- `PTHREAD_CANCEL_DEFERRED`: Diese Abbruchmöglichkeit ist die Standardeinstellung bei den Threads. Bei einem Abbruch fährt der Thread so lange fort, bis der nächste Abbruchpunkt erreicht wird. Man spricht von einem *verzögerten Abbruchpunkt*. Einen solchen Abbruchpunkt stellen u. a. Funktionen wie `pthread_cond_wait()`, `pthread_cond_timewait()`, `pthread_join()`, `pthread_testcancel()`, `sem_wait()`, `sigwait()`, `open()`, `close()`, `read()`, `write()` und noch viele weitere mehr dar.
- `PTHREAD_CANCEL_ASYNCHRONOUS`: Der Thread wird gleich nach dem Eintreffen einer Abbruchaufforderung beendet. Hierbei handelt es sich um einen asynchronen Abbruch.

Die Funktionen, mit denen Sie einem anderen Thread ein Abbruchsignal senden können und/oder die Abbruchmöglichkeiten selbst festlegen sind die folgenden:

```
#include <pthread.h>

int pthread_cancel( pthread_t thread );
int pthread_setcancelstate( int state, int *oldstate );
int pthread_setcanceltype( int type, int *oldtype );
void pthread_testcancel( void );
```

Mit der Funktion pthread_cancel() schicken Sie dem Thread mit der ID thread eine Abbruchaufforderung. Ob der Thread sofort abbricht oder erst beim nächsten Abbruchpunkt, hängt davon ab, ob PTHREAD_CANCEL_DEFERRED (Standard) oder PTHREAD_CANCEL_ASYNCHRONOUS verwendet wird. Bevor sich der Thread beendet, werden noch, falls vorher definiert, alle Exit-Handler-Funktionen ausgeführt.

Mit der Funktion pthread_setcancelstate() legen Sie fest, ob der Thread auf eine Abbruchaufforderung reagieren soll (PTHREAD_CANCEL_ENABLE = Default) oder nicht (PTHREAD_CANCEL_DISABLE). Mit dem zweiten Parameter oldstate können Sie den zuvor eingestellten Wert für den Thread in dem hier übergebenen Zeiger sichern, oder, falls nicht benötigt, stattdessen NULL angeben.

Die Funktion pthread_setcanceltype() hingegen legt über den Parameter type fest, ob der Thread verzögert (PTHREAD_CANCEL_DEFERRED = Default) oder asynchron (PTHREAD_CANCEL_ASYNCHRONOUS) beendet werden soll. Auch hier können Sie den alten Zustand des Threads im Zeiger der oldtype sichern oder NULL verwenden.

Mit der Funktion pthread_testcancel() können Sie überprüfen, ob eine Abbruchaufforderung vorliegt. Lag eine Abbruchbedingung vor, dann wird der Thread tatsächlich beendet. Sie können damit praktisch auch einen eigenen Abbruchpunkt festlegen.

Es folgt ein einfaches Beispiel zu der Funktion pthread_cancel().

```
/* threads13.c */
#include <stdio.h>
#include <pthread.h>
#include <stdlib.h>
#include <time.h>

pthread_t t1, t2, t3;
static int zufallszahl;

static void cancel_test1 (void) {
   /* Pseudosynchronisation, damit nicht ein Thread
      beendet wird, der noch gar nicht läuft. */
   sleep(1);
   if (zufallszahl > 25) {
       pthread_cancel (t3);
       printf ("(%d) : Thread %ld beendet %ld\n",
```

```
            zufallszahl, pthread_self(), t3);
        printf ("%ld zu Ende\n", pthread_self());
        pthread_exit ((void *) 0);
    }
}

static void cancel_test2 (void) {
    sleep(1);  // Pseudosynchronisation
    if (zufallszahl <= 25) {
        pthread_cancel (t2);
        printf ("(%d) : Thread %ld beendet %ld\n",
            zufallszahl, pthread_self(), t2);
        printf ("%ld zu Ende\n", pthread_self());
        pthread_exit ((void *) 0);
    }
}

static void zufall (void) {
    srand (time (NULL));
    zufallszahl = rand () % 50;
    pthread_exit (NULL);
}

int main (void) {
    if ((pthread_create (&t1, NULL, zufall, NULL)) != 0) {
        fprintf (stderr, "Fehler bei ptread_create ...\n");
        exit (EXIT_FAILURE);
    }
    if((pthread_create(&t2, NULL, cancel_test1, NULL))!=0) {
        fprintf (stderr, "Fehler bei ptread_create...\n");
        exit (EXIT_FAILURE);
    }
    if((pthread_create(&t3, NULL, cancel_test2, NULL))!=0) {
        fprintf (stderr, "Fehler bei ptread_create ...\n");
        exit (EXIT_FAILURE);
    }
    pthread_join (t1, NULL);
    pthread_join (t2, NULL);
    pthread_join (t3, NULL);
    return EXIT_SUCCESS;
}
```

Listing 10.13 Der Abbruch von Threads mit pthread_cancel()

In dem letzten Beispiel werden drei Threads erzeugt. Einer der Threads erzeugt eine Zufallszahl, die anderen zwei Threads reagieren entsprechend auf diese Zufallszahl. Je nachdem, ob die Zufallszahl kleiner bzw. größer als 25 ist, beendet der eine Thread den anderen mit `pthread_cancel()`. Wenn Sie das Programm ausführen, wird trotzdem, je nach Beendigung, einer der beiden Threads mit `pthread_cancel()` zweimal ausgegeben:

```
Thread n beendet
```

Wie kann das sein, wo Sie doch mindestens einen Thread beendet haben? Das ist die zweite Bedingung zur Beendigung von Threads, nämlich die Reaktion auf die Abbruchanforderungen. Die Standardeinstellung lautet ja `PTHREAD_CANCEL_DEFERRED`. Damit läuft der Thread noch bis zum nächsten Abbruchpunkt, in unserem Fall `pthread_exit()`. Wenn Sie einen Thread sofort abbrechen wollen oder müssen, müssen Sie mit `pthread_setcanceltype()` die Konstante `PTHREAD_CANCEL_ASYNCHRONOUS` setzen, z. B. in der `main`-Funktion mit:

```
if ((pthread_setcanceltype( PTHREAD_CANCEL_ASYNCHRONOUS,
                            NULL))!= 0) {
    fprintf(stderr, "Fehler bei pthread_setcanceltype\n");
    exit (EXIT_FAILURE);
}
```

In der Praxis muss man aber von asynchronen Abbrüchen abraten, da diese an jeder Stelle auftreten können. Wird z. B. vorher `pthread_mutex_lock()` aufgerufen und tritt hier der Abbruch ein, nachdem das Mutex gesperrt wurde, hat man schnell einen Deadlock erzeugt. Einen asynchronen Abbruch sollten Sie in der Praxis also nur verwenden, wenn die Funktion »asynchronsicher« ist, was mit `pthread_cancel()`, `pthread_setcancelstate()` und `pthread_setcanceltype()` nicht allzu viele Funktionen sind. Wenn Sie schon asynchrone Abbrüche verwenden müssen, dann eben immer, wenn ein Thread keine wichtigen Ressourcen enthält (wie reservierter Speicherplatz, Sperren etc.).

Ein besonders häufiger Anwendungsfall von `PTHREAD_CANCEL_DISABLE` sind kritische Codebereiche, die auf keinen Fall abgebrochen werden dürfen. Zum Beispiel ist dies sinnvoll bei wichtigen Einträgen in Datenbanken oder bei komplexen Maschinensteuerungen. Am besten realisieren Sie solche Codebereiche, indem Sie den kritischen Abschnitt als unabbrechbar einrichten und gleich danach den alten Zustand wiederherstellen:

```
int oldstate;

/* Thread als unabbrechbar einrichten */
if ((pthread_setcancelstate( PTHREAD_CANCEL_DISABLE,
                             &oldstate))!= 0) {
    fprintf(stderr, "Fehler bei pthread_setcancelstate\n");
    exit (EXIT_FAILURE);
}
```

```
/* ---------------------------------------- */
/* Hier kommt der kritische Codebereich rein */
/* ---------------------------------------- */

/* alten Zustand des Threads wiederherstellen */
if ((pthread_setcancelstate(oldstat, NULL))!= 0) {
    fprintf(stderr, "Fehler bei pthread_setcancelstate\n");
    exit (EXIT_FAILURE);
}
```

Ein einfaches Beispiel hierzu ist das folgende Listing:

```
/* threads14.c */
#include <stdio.h>
#include <pthread.h>
#include <stdlib.h>
#include <time.h>

static void cancel_test (void) {
    int oldstate;

    /* Thread als unabbrechbar einrichten */
    if ((pthread_setcancelstate( PTHREAD_CANCEL_DISABLE,
        &oldstate))!= 0) {
        printf("Fehler bei pthread_setcancelstate\n");
        exit (EXIT_FAILURE);
    }

    printf("Thread %ld im kritischen Codeabschnitt\n",
        pthread_self());
    sleep(5); // 5 Sekunden warten

    /* alten Zustand des Threads wiederherstellen */
    if ((pthread_setcancelstate(oldstate, NULL))!= 0) {
        printf("Fehler bei pthread_setcancelstate\n");
        exit (EXIT_FAILURE);
    }

    printf("Thread %ld nach dem kritischen Codeabschnitt\n",
        pthread_self());
    pthread_exit ((void *) 0);
}
```

```
int main (void) {
    pthread_t t1;
    int *abbruch;

    printf("Main-Thread %ld gestartet\n", pthread_self());

    if((pthread_create(&t1, NULL, cancel_test, NULL)) != 0) {
        fprintf (stderr, "Fehler bei pthread_create ...\n");
        exit (EXIT_FAILURE);
    }
    /* Abbruchaufforderung an den Thread */
    pthread_cancel(t1);
    pthread_join (t1, &abbruch);
    if( abbruch == PTHREAD_CANCELED )
        printf("Thread %ld wurde abgebrochen\n", t1);
    printf("Main-Thread %ld beendet\n", pthread_self());
    return EXIT_SUCCESS;
}
```

Listing 10.14 Zeigt, wie Sie kritische Codeabschnitte einrichten, die nicht unterbrochen werden können.

Das Programm gibt bei der Ausführung Folgendes aus:

```
$ gcc threads14.c -o threads14 -lpthread
$ ./threads14
Main-Thread -1209416608 gestartet
Thread -1209418832 im kritischen Codeabschnitt
Thread -1209418832 nach dem kritischen Codeabschnitt
Thread -1209418832 wird abgebrochen
Main-Thread -1209416608 beendet
```

Ohne das Setzen von `PTHREAD_CANCEL_DISABLE` am Anfang des Threads »cancel_test« würde das Beispiel keine fünf Sekunden mehr warten und auch nicht mehr ausgeben »Thread -1209418832 nach dem kritischen Codeabschnitt« – am besten testen Sie dies, indem Sie das Verändern des Cancel-Status auskommentieren oder eben anstatt `PTHREAD_CANCEL_DISABLE` die Konstante `PTHREAD_CANCEL_ENABLE` verwenden.

10.9 Erzeugen von threadspezifischen Daten (TSD)

Vor dem Aufruf einer Funktion werden die Parameter auf dem Stack abgelegt und auch von dort von der Funktion abgeholt. Auch die lokalen Variablen werden zwischengespeichert, sind aber nur innerhalb der Funktion gültig. Da sich alle Threads das Codesegment und das

Datensegment teilen, ist dies auch kein Problem – deshalb können Sie dann Daten für andere Threads auch einfach über globale Strukturvariablen austauschen. Wenn Sie aber andererseits vorhaben, eine Bibliothek für den Multithread-Gebrauch zu schreiben, ist dies nicht mehr möglich, da man hierbei die Argumentzahl nicht mehr so verändern kann, dass auch ältere Programme ohne Threads diese Bibliothek verwenden können. Außerdem weiß man nicht immer, wie viele Threads die Bibliotheksfunktionen nutzen werden, und so kann man keine Aussage darüber machen, wie groß die globalen Daten sein sollen.

Das Ganze vielleicht noch etwas vereinfacht erklärt: Es ist einfach nicht möglich, dass globale und statische Variablen unterschiedliche Werte in den verschiedenen Threads haben (diese teilen sich ja das Datensegment). Aus diesem Grund wurden spezielle Schlüssel eingeführt: die threadspezifischen Daten (kurz TSD). Bei den TSD handelt es sich um eine Art Zeiger, der immer auf die Daten verweist, die dem Thread gehören, der einen entsprechenden Schlüssel benutzt. Beachten Sie allerdings, dass hierbei immer mehrere Threads den gleichen Schlüssel benutzen – nicht jeder Thread bekommt also einen Extraschlüssel.

Jeder Thread bekommt also einen privaten Speicherbereich mit einem eigenen Schlüssel zugeteilt. Dies können Sie sich als ein Array von `void`-Zeigern vorstellen, auf die der Thread mit seinem Schlüssel zugreifen kann.

Hierzu dienen nun die folgenden Funktionen, mit denen Sie threadspezifische Daten erzeugen bzw. abfragen können:

```
#include <pthread.h>

int pthread_key_create(
   pthread_key_t *key, void (*destr_function) (void*) );
int pthread_key_delete( pthread_key_t key );
int pthread_setspecific(
   pthread_key_t key, const void *pointer );
void * pthread_getspecific(pthread_key_t key);
```

Mit `pthread_key_create()` erzeugen Sie einen neuen TSD-Schlüssel mit der Speicherstelle `key` des Schlüssels und (als zweites Argument) entweder `NULL` oder der Funktion, um den Speicher der Daten wieder freizugeben (also eine Exit-Handler-Funktion, wenn Sie so wollen).

Mit der Funktion `pthread_setspecific()` können Sie Daten mit dem TSD-Schlüssel assoziieren. Sie legen damit praktisch die TSD für den TSD-Schlüssel `key` über den Zeiger `pointer` fest.

Mit der Funktion `pthread_getspecific()` lesen Sie die Daten aus dem TSD-Schlüssel aus.

In dem nun folgenden Beispiel werden `MAX_THREADS` Threads erzeugt, von denen jeder Thread eine Thread-eigene Datei mittels TSD erzeugt. Im Beispiel wird hierbei nur protokolliert, dass der Thread gestartet und wieder beendet wurde. Zwischen den beiden Zeilen sollten Sie die eigentliche Arbeit des Threads eintragen. Fehler oder sonstige Meldungen dieser Arbeit können Sie ebenfalls wieder mit `thread_write` in die für den Thread vorgesehene Datei schreiben.

Dass diese Funktion »nur« mit einem einfachen String aufgerufen werden kann, ist dem TSD-Schlüssel zu verdanken, der in der Funktion `thread_write` mittels `pthread_getspecific()` eingelesen wird. Ein simples Grundgerüst eben, mit dem Sie ohne großen Aufwand Thread-eigene Log-Dateien verwenden können.

```
/* threads15.c */
#include <pthread.h>
#include <stdio.h>
#include <stdlib.h>
#define MAX_THREADS 3

/* TSD-Datenschlüssel */
static pthread_key_t tsd_key;

/* Schreibt einen Text in eine Datei für
 * jeden aktuellen Thread */
void thread_write (const char* text) {
    /* TSD lesen */
    FILE* th_fp = (FILE*) pthread_getspecific (tsd_key);
    fprintf (th_fp, "%s\n", text);
}

/* Am Ende den Zeiger auf die Datei(en) schließen */
void thread_close (void* th_fp) {
    fclose ((FILE*) th_fp);
}

void* thread_tsd (void* args) {
    char th_fpname[20];
    FILE* th_fp;

    /* einen threadspezifischen Dateinamen erzeugen */
    sprintf(th_fpname,"thread%d.thread",(int) pthread_self());
    /* eine Datei öffnen  */
    th_fp = fopen (th_fpname, "w");
    if( th_fp == NULL )
        pthread_exit(NULL);
    /* TSD zu TSD-Schlüssel festlegen */
    pthread_setspecific (tsd_key, th_fp);

    thread_write ("Thread wurde gestartet ...\n");
```

```
    /* Hier kommt die eigentliche Arbeit des Threads hin. */

    thread_write("Thread ist fertig ...\n");
    pthread_exit(NULL);
}

int main (void) {
    int i;
    pthread_t threads[MAX_THREADS];

    /* Einen neuen TSD-Schlüssel erzeugen - beim Ende eines
     * Threads wird die Funktion thread_close ausgeführt.   */
    pthread_key_create (&tsd_key, thread_close);
    /* Threads erzeugen */
    for (i = 0; i < MAX_THREADS; ++i)
        pthread_create (&(threads[i]), NULL, thread_tsd, NULL);
    /* auf die Threads warten  */
    for (i = 0; i < MAX_THREADS; ++i)
        pthread_join (threads[i], NULL);
    return EXIT_SUCCESS;
}
```

Listing 10.15 Die Verwendung von TSDs

Das Programm gibt bei der Ausführung Folgendes aus:

```
$ gcc threads15.c -o thread15 -lpthread
$ ./threads15
$ ls *.thread
thread-1209418832.thread  thread-1217811536.thread  thread-1226204240.thread
$ cat thread-1209418832.thread
Thread wurde gestartet ...

Thread ist fertig ...
```

10.10 Mit pthread_once() einen Codeabschnitt auf einmal ausführen

In den letzten Beispielen haben Sie häufig mehrere Threads gestartet. Manchmal tritt aber eine Situation ein, wo man gewisse Vorbereitungen treffen muss – z. B. eine bestimmte Datei anlegen, auf die mehrere Threads zugreifen müssen. Ist es nicht möglich, solche Vorbereitungen direkt beim Start des Haupt-Threads zu treffen, benötigt man einen Mechanismus, der eine Funktion exakt nur einmal ausführt, egal, wie oft und von welchem Thread aus diese aufgerufen wurde. Es folgt ein einfaches Beispiel für dieses Szenario:

```
/* threads16.c */
#include <pthread.h>
#include <stdio.h>
#include <stdlib.h>
#define MAX_THREADS 3

void thread_once(void) {
    printf("Funktion thread_once() aufgerufen\n");
}

void* thread_func (void* args) {
    printf("Thread %ld wurde gestartet\n", pthread_self());
    thread_once();
    printf("Thread %ld ist fertig gestartet\n",
        pthread_self());
    pthread_exit(NULL);
}

int main (void) {
    int i;
    pthread_t threads[MAX_THREADS];
    /* Threads erzeugen */
    for (i = 0; i < MAX_THREADS; ++i)
        pthread_create (&(threads[i]), NULL, thread_func, NULL);
    /* Auf die Threads warten */
    for (i = 0; i < MAX_THREADS; ++i)
        pthread_join (threads[i], NULL);
    return EXIT_SUCCESS;
}
```

Listing 10.16 Demonstriert die Funktion thread_once().

Das Programm gibt bei der Ausführung Folgendes aus:

```
$ gcc -o threads16.c -o threads16 -lpthread
$ ./threads16
Thread -1209418832 wurde gestartet
Funktion thread_once() aufgerufen
Thread -1209418832 ist fertig gestartet
Thread -1217811536 wurde gestartet
Funktion thread_once() aufgerufen
```

```
Thread -1217811536 ist fertig gestartet
Thread -1226204240 wurde gestartet
Funktion thread_once() aufgerufen
Thread -1226204240 ist fertig gestartet
```

Beabsichtigt war in diesem Beispiel, dass die Funktion `thread_once()` nur einmal aufgerufen wird. Aber wie das für Thread-Programme eben üblich ist, wird die Funktion bei jedem Thread aufgerufen. Hier kann man zwar mit den threadspezifischen Synchronisationen nachhelfen, aber die Thread-Bibliothek bietet Ihnen mit `pthread_once()` eine Funktion an, die einen bestimmten Code nur ein einziges Mal ausführt:

```
#include <pthread.h>

pthread_once_t once_control = PTHREAD_ONCE_INIT;
int  pthread_once(
pthread_once_t  *once_control, void (*init_routine) (void));
```

Vor der Ausführung von `pthread_once()` müssen Sie eine statische Variable mit der Konstanten `PTHREAD_ONCE_INIT` initialisieren, bevor Sie diese Variable an `pthread_once()` (erster Parameter) übergeben. Als zweites Argument übergeben Sie `pthread_once()`, die Funktion, die den einmal auszuführenden Code enthält. Wird dieser einmal auszuführende Code ausgeführt, wird dies in der Variablen `once_control` vermerkt, so dass diese Funktion kein zweites Mal mehr ausgeführt werden kann. Es folgt nun das Beispiel *threads17.c*, nochmals mit `phtread_once()`:

```
/* threads17.c */
#include <pthread.h>
#include <stdio.h>
#include <stdlib.h>
#define MAX_THREADS 3

static pthread_once_t once = PTHREAD_ONCE_INIT;

void thread_once(void) {
    printf("Funktion thread_once() aufgerufen\n");
}

void* thread_func (void* args) {
    printf("Thread %ld wurde gestartet\n", pthread_self());
    pthread_once(&once, thread_once);
    printf("Thread %ld ist fertig gestartet\n",
        pthread_self());
    pthread_exit(NULL);
```

```
}

int main (void) {
    int i;
    pthread_t threads[MAX_THREADS];
    /* Threads erzeugen */
    for (i = 0; i < MAX_THREADS; ++i)
        pthread_create (&(threads[i]), NULL, thread_func, NULL);
    /* Auf die Threads warten  */
    for (i = 0; i < MAX_THREADS; ++i)
        pthread_join (threads[i], NULL);
    return EXIT_SUCCESS;
}
```

Listing 10.17 Eine Alternative zu Listing 10.16, die nun zuverlässig läuft

Das Programm gibt bei der Ausführung Folgendes aus:

```
$ gcc threads17.c -o threads17 -lpthread
$ ./threads17
Thread -1209418832 wurde gestartet
Funktion thread_once() aufgerufen
Thread -1209418832 ist fertig gestartet
Thread -1217811536 wurde gestartet
Thread -1217811536 ist fertig gestartet
Thread -1226204240 wurde gestartet
Thread -1226204240 ist fertig gestartet
```

Jetzt wird die mit `pthread_once()` eingerichtete Funktion tatsächlich nur noch einmal ausgeführt.

10.11 Thread-safe-Funktionen (thread-sichere Funktionen)

Die Thread-Programmierung kann nur mit Bibliotheken realisiert werden, die als threadsicher (*thread-safe*) gelten. Denn auch die Bibliotheken müssen die parallele Ausführung ihres Codes erlauben. Mit der Einführung der *glibc 2.0* wurden die Linux-Threads in den Bibliotheken implementiert und müssen nicht extra besorgt werden. Somit ist etwa `strcmp()` – auch wenn schon über 15 Jahre alt – thread-safe.

`readdir()` hingegen ist z. B. nicht thread-safe. Das Problem mit `readdir()` ist, wenn mehrere Threads denselben `DIR`-Zeiger verwenden, dass sie immer den aktuellen Rückgabewert vom zuvor erhaltenen Thread überschreiben. Als Alternative für Funktionen, die nicht als thread-safe gelten (auch wenn es nicht sehr viele sind), wurden thread-sichere Schnittstellen, die in der Regel mit der Endung _r (rekursive Funktionen) gekennzeichnet wurden, eingeführt. Die thread-sichere Alternative zu `readdir()` lautet somit `readdir_r()`.

Die Endung _r zeigt Ihnen außerdem nicht nur an, dass die Funktion thread-sicher ist, sondern auch, dass diese Funktion keinen internen statischen Puffer verwendet (der beim Aufruf derselben Funktion in mehreren Threads jedes Mal überschrieben wird). In Tabelle 10.1 folgt eine kurze Liste zu einigen gängigen rekursiven Funktionen, deren genauere Syntax und Verwendung Sie bitte der entsprechenden Manpage entnehmen.

nicht thread-sicher	thread-sicher	Bedeutung
getlogin	getlogin_r	Login-Name ermitteln
ttyname	ttyname_r	Terminalpfadname ermitteln
readdir	readdir_r	Verzeichniseinträge lesen
strtok	strtok_r	String anhand Tokens zerlegen
asctime	asctime_r	Zeitfunktion
ctime	ctime_r	Zeitfunktion
gmtime	gmtime_r	Zeitfunktion
localtime	localtime_r	Zeitfunktion
rand	rand_r	(Pseudo-)Zufallszahlen generieren
getpwuid	getpwuid_r	Eintrag in */etc/passwd* erfragen (via UID)
getpwnam	getpwnam_r	Eintrag in */etc/passwd* erfragen (via Login-Name)
getgrgid	getgrgid_r	Eintrag in */etc/group* erfragen (via GID)
getgrnam	getgrnam_r	Eintrag in */etc/group* erfragen (via Gruppenname)

Tabelle 10.1 Nicht thread-sichere Funktionen und die Alternativen

10.12 Threads und Signale

Signale lassen sich auch mit Threads realisieren, nur müssen Sie hierbei Folgendes beachten:

- Signale, die von der Hardware gesendet werden, bekommt immer der Thread, der das Hardwaresignal gesendet hat.
- Jedem Thread kann eine eigene Signalmaske zugeordnet werden. Allerdings gelten Signale, die mit `sigaction()` eingerichtet wurden, prozessweit für alle Threads.

Zur Verwendung von Signalen mit den Threads werden folgende Funktionen benötigt:

```
#include <pthread.h>
#include <signal.h>

int pthread_sigmask( int how, const sigset_t  *newmask,
                     sigset_t  *old_mask );
int pthread_kill( pthread_t thread, int signo );

int sigwait( const sigset_t *set, int *sig );
int sigwaitinfo( const sigset_t *set, siginfo_t *info );
int sigtimedwait( const  sigset_t  *set,  siginfo_t *info,
                  const struct timespec timeout );
```

Mit der Funktion pthread_sigmask() können Sie eine bestehende Thread-Signalmaske abfragen oder ändern. Im Prinzip entspricht diese Funktion sigprocmask(), nur eben auf Threads und nicht auf Prozesse bezogen. Abgesehen von den Signalen SIGKILL und SIGSTOP können Sie auch hier alle bereits bekannten Signale verwenden. Schlägt die Funktion pthread_sigmask() fehl, wird die Signalmaske des Threads nicht verändert.

Wir empfehlen Ihnen, für die Funktion pthread_sigmask() das Kapitel über die Signale nochmals durchzulesen, da das Prinzip hier ähnlich wie zwischen Prozessen funktioniert. Als erstes Argument für how wird bei pthread_sigmask() eine Angabe erwartet, die angibt, wie Sie die Signale verändern wollen. Mögliche Konstanten hierfür sind SIG_BLOCK, SIG_UNBLOCK und SIG_SETMASK. Als zweites Argument ist ein Zeiger auf einen Satz von Signalen nötig, der die aktuelle Signalmaske ergänzt, sie entfernt oder die Signalmaske ganz übernimmt. Hier kann auch NULL angegeben werden. Der dritte Parameter ist ein Zeiger auf die aktuelle Signalmaske. Hiermit können Sie entweder die aktuelle Signalmaske abfragen oder, wenn Sie mit dem zweiten Parameter eine neue Signalmaske einrichten, die alte Signalmaske sichern. Aber auch der dritte Parameter kann NULL sein. Wenn ein Thread einen weiteren Thread erzeugt, erbt dieser ebenfalls die Signalmaske. Wollen Sie also, dass alle Threads diese Signalmaske erben, sollten Sie vor der Erzeugung der Threads im Haupt-Thread die Signalmaske setzen.

Mit der Funktion pthread_kill() senden Sie dem Thread thread das Signal signo. Die Signale SIGKILL, SIGTERM und SIGSTOP weisen folgende Besonderheiten auf: Sie gelten weiterhin prozessweit – senden Sie z. B. mit phtread_kill() das Signal SIGKILL an einen Thread, wird der komplette Prozess beendet, nicht nur der Thread. Ebenso sieht dies mit dem Signal SIGSTOP aus – es hält den ganzen Prozess (mit allen laufenden Threads) an, bis ein anderer Prozess (nicht Thread) SIGCONT an den angehaltenen Prozess sendet.

Mit sigwait() halten Sie einen Thread so lange an, bis eines der Signale aus der Menge set gesendet wird. Die Signalnummer wird noch in sig geschrieben, bevor der Thread seine Ausführung fortsetzt. Wurde dem Signal ein Signalhandler zugeteilt, wird nichts in sig geschrieben.

Es folgt ein einfaches Beispiel, das Ihnen die Verwendung von Signalen in Verbindung mit Threads demonstriert:

```
/* threads18.c */
#include <stdio.h>
#include <pthread.h>
#include <signal.h>

pthread_t tid2;

void int_handler(int dummy) {
    printf("SIGINT erhalten von TID(%d)\n", pthread_self());
}

void usr1_handler(int dummy) {
    printf("SIGUSR1 erhalten von TID(%d)\n", pthread_self());
}

void *thread_1(void *dummy) {
    int sig, status, *status_ptr = &status;
    sigset_t sigmask;

    /* Kein Signal blockieren - SIG_UNBLOCK */
    sigfillset(&sigmask);
    pthread_sigmask(SIG_UNBLOCK, &sigmask, (sigset_t *)0);
    sigwait(&sigmask, &sig);

    switch(sig) {
        case SIGINT: int_handler(sig); break;
        default    : break;
    }
    printf("TID(%d) sende SIGINT an %d\n",
        pthread_self(), tid2);
    /* blockiert von tid2 */
    pthread_kill(tid2, SIGINT);
    printf("TID(%d) sende SIGUSR1 an %d\n",
        pthread_self(), tid2);
    /* nicht blockiert von tid2 */
    pthread_kill(tid2, SIGUSR1);

    pthread_join(tid2, (void **)status_ptr);
    printf("TID(%d) Exit-Status = %d\n", tid2, status);
```

```
    printf("TID(%d) wird beendet\n", pthread_self());
    pthread_exit((void *)NULL);
}

void *thread_2(void *dummy) {
    int sig;
    sigset_t sigmask;

    /* Alle Bits auf null setzen */
    sigemptyset(&sigmask);
    /* Signal SIGUSR1 nicht blockieren ... */
    sigaddset(&sigmask, SIGUSR1);
    pthread_sigmask(SIG_UNBLOCK, &sigmask, (sigset_t *)0);
    sigwait(&sigmask, &sig);

    switch(sig) {
        case SIGUSR1 : usr1_handler(sig); break;
        default : break;
    }
    printf("TID(%d) wird beendet\n", pthread_self());

    pthread_exit((void *)99);
}

int main(void) {
    pthread_t tid1;
    pthread_attr_t attr_obj;
    void *thread_1(void *), *thread_2(void *);
    sigset_t sigmask;
    struct sigaction action;

    /* Signalmaske einrichten - alle Signale im *
     * Haupt-Thread blockieren */
    sigfillset(&sigmask);        /* Alle Bits ein ...*/
    pthread_sigmask(SIG_BLOCK, &sigmask, (sigset_t *)0);

    /* Setup Signalhandler für SIGINT & SIGUSR1 */
    action.sa_flags = 0;
    action.sa_handler = int_handler;
    sigaction(SIGINT, &action, (struct sigaction *)0);
    action.sa_handler = usr1_handler;
    sigaction(SIGUSR1, &action, (struct sigaction *)0);
```

```
    pthread_attr_init(&attr_obj);
    pthread_attr_setdetachstate( &attr_obj,
        PTHREAD_CREATE_DETACHED );
    pthread_create(&tid1, &attr_obj, thread_1, (void *)NULL);
    printf("TID(%d) erzeugt\n", tid1);
    pthread_attr_setdetachstate( &attr_obj,
        PTHREAD_CREATE_JOINABLE);
    pthread_create(&tid2, &attr_obj, thread_2, (void *)NULL);
    printf("TID(%d) erzeugt\n", tid2);

    sleep(1); // Kurze Pause ...

    printf("Haupt-Thread(%d) sendet SIGINT an TID(%d)\n",
        pthread_self(), tid1);
    pthread_kill(tid1, SIGINT);
    printf("Haupt-Thread(%d) sendet SIGUSR1 an TID(%d)\n",
        pthread_self(), tid1);
    pthread_kill(tid1, SIGUSR1);

    printf("Haupt-Thread(%d) wird beendet\n",
        pthread_self());
    // Beendet nicht den Prozess!!!
    pthread_exit((void *)NULL);
}
```

Listing 10.18 Zeigt, wie Sie Signale zusammen mit Threads verwenden.

Das Programm gibt bei der Ausführung Folgendes aus:

```
$ gcc threads18.c -o threads18 -lpthread
$ ./threads18
TID (-1209418832) erzeugt
TID (-1217815632) erzeugt
Haupt-Thread (-1209416608) sendet SIGINT an TID (-1209418832)
Haupt-Thread (-1209416608) sendet SIGUSR1 an TID (-1209418832)
Haupt-Thread (-1209416608) wird beendet
SIGUSR1 erhalten von TID (-1209418832)
SIGINT erhalten von TID (-1209418832)
TID (-1209418832) sende SIGINT an -1217815632
TID (-1209418832) sende SIGUSR1 an -1217815632
SIGUSR1 erhalten von TID (-1217815632)
TID (-1217815632) wird beendet
TID(-1217815632) Exit-Status = 99
TID(-1209418832) wird beendet
```

Das letzte Beispiel erzeugt drei Threads (inklusive dem Haupt-Thread). Im Haupt-Thread wird die Signalmaske so eingerichtet, dass alle Signale im Haupt-Thread blockiert werden (`SIGBLOCK`). Als Nächstes werden Signalhandler für `SIGINT` und `SIGUSR1` eingerichtet. Thread 1 wird nun von den anderen Threads abgehängt (*detached*), und Thread 2 wird nicht von den anderen Threads abgehängt. Dann werden im Haupt-Thread (Thread 0) die Signale `SIGINT` und `SIGUSR1` an Thread 1 gesendet, und der Haupt-Thread beendet sich danach.

Thread 1 (da abgehängt) hebt die Blockierung der Signale auf (`SIG_UNBLOCK`) und wartet nun auf Signale. In diesem Beispiel wurde bereits zuvor `SIGINT` und `SIGUSR1` vom Haupt-Thread gesendet, was die Ausgabe des Signalhandlers auch bestätigt. Sobald also Thread 1 seine Signale bekommen hat, sendet er die Signale `SIGINT` und `SIGUSR1` an Thread 2 und wartet danach (mittels `pthread_join()`), bis sich Thread 2 beendet. Danach gibt Thread 1 den Exit-Status von Thread 2 aus, bevor sich Thread 1 ebenfalls beendet.

Thread 2 hingegen hebt nur die Blockierung für `SIGUSR1` auf – alle anderen Signale werden durch die Weitervererbung des Haupt-Threads weiterhin blockiert. Anschließend wartet Thread 2 auf Signale. Trifft `SIGUSR1` ein, wird der Signalhandler ausgeführt und der Thread mit einem Rückgabewert beendet (auf den Thread 1 ja mit `pthread_join()` wartet).

10.13 Zusammenfassung und Ausblick

Threads sind sicherlich ein ziemliches Schlagwort in den letzten Jahren geworden, und die Programmierer sind in zwei Lager gespalten: in die Befürworter und die Gegner von Threads. Zugegeben, Threads haben auch ihre Macken, und nicht immer ist das »Multitasking auf Teufel komm raus« die Lösung für alle Probleme. Gerade in der Netzwerkprogrammierung sorgen Threads bezüglich der Skalierbarkeit immer wieder für Diskussionsstoff, vor allem, weil durch Threads auch Sicherheitslücken entstehen können. Das Problem besteht fast immer darin, dass es bei Threads häufig ein hartes Limit für gleichzeitig laufende Threads gibt oder auch Speicherlecks auftreten können, die gerne für Angriffe ausgenutzt werden. Ferner wird auch das menschliche Gehirn nicht selten von Multitasking überfordert, besonders im Arbeitsalltag treten deswegen immer wieder auch grobe Fehler auf, die sogar zu Gefahrensituationen führen können. Dies trifft sogar manchmal auf Software zu, die durch Threads eben viel komplexer und auch fehleranfälliger wird. Wie dem auch sei: Trotz aller Bedenken lassen sich die Hersteller von namhafter Software wie den Serveranwendungen BIND und Apache nicht aufhalten, Thread-Unterstützung in ihre Software einzubauen und auch damit zu werben. Auch durch die modernen Mehrkernprozessoren bekommen Threads neuen Aufwind. Da dadurch sogar Profisoftware komplexer (und wiederum fehleranfälliger) wird, bekommen wiederum die Thread-Gegner Aufwind.

Ob Sie nun selbst Threads in Ihre Software einbauen wollen oder nicht, müssen Sie letztendlich selbst entscheiden. Größtenteils hängt es von der Art Software ab, die Sie entwickeln wollen. Wenn Sie z. B. Spiele programmieren, werden Sie ohne Threads nicht weit kommen, denn Sie werden höchstwahrscheinlich zumindest einen Song im Hintergrund abspielen wollen, um dem Spiel einen bestimmten Charme zu geben. Aber auch, wenn die Steuerung nicht unabhängig vom Rest des Spiels läuft oder sogar »ruckelt«, dann wird Ihnen Ihr Spiel sogar selbst keinen Spaß machen. Wenn Sie allerdings nur einen Hexeditor programmieren wollen, der bestimmte Funktionen enthält, die nur Sie benötigen (z. B. einen 6510-Disassembler für D64-Diskettenabbilder), dann kommen Sie wahrscheinlich auch ohne Threads aus. Hinzu kommt, dass fast 80 Prozent der Algorithmen, die es so gibt, nicht parallelisierbar sind und hier auch die beste Thread-Umgebung nicht viel nutzt. Wir raten Ihnen also deshalb: Setzen Sie Threads sparsam ein und nur dort, wo sie sich wirklich lohnen oder nicht vermeidbar sind (z. B. bei Spielen oder Datenbanken für mehrere Benutzer). Mit diesem Kapitel haben Sie nun auf jeden Fall ein fundiertes Polster an Wissen, so dass Sie Software mit Thread-Unterstützung schreiben können, wenn sie es müssen. Aber wie auch bei fast jedem Thema eines Buches gibt es immer noch einiges mehr, was man zu den Threads noch hätte schreiben können.

Kapitel 11
Netzwerkprogrammierung

Kenntnisse in der Netzwerkprogrammierung gehören heutzutage zu den Grundlagen eines ambitionierten Softwareentwicklers. Dank guter Bibliotheken ist es kein allzu kompliziertes Unterfangen mehr, Ihre Software mit einer Netzwerkfunktionalität auszustatten.

11.1 Einführung

Die Netzwerkprogrammierung ist ein sehr beliebtes Thema in der Computerliteratur zu Linux und darf deswegen auch in diesem Buch nicht fehlen. Nicht nur, dass Linux inzwischen ausgezeichnete Netzwerkunterstützung bietet – es wird auch immer öfter als Serverbetriebssystem eingesetzt. Und auf sogenannten Handheld-Geräten wie Tablets und Smartphones läuft immer öfter Android, das ebenfalls eine Linux-Variante ist. Sie sehen also: Linux und Netzwerkprogrammierung gehören einfach untrennbar zusammen. Allerdings ist die Netzwerkprogrammierung ein sehr komplexes Thema. Es kann also manchen Einsteigern schwerfallen, einen Einstieg in dieses umfangreiche Thema zu finden. Somit kann ein Buch, wie Sie es in den Händen halten, bezüglich der Themenvielfalt nicht mehr als eine Einführung und ein Überblick zur Netzwerkprogrammierung sein. Wir haben uns trotzdem darum bemüht, Ihnen die wichtigsten Dinge so darzustellen, dass Sie in einfacher Weise auch weiterführende Literatur über Netzwerke bewältigen können, ohne sofort die Segel streichen zu müssen.

Sicherlich haben Sie selbst schon Anwendungen im Netzwerkbereich benutzt, wie z. B. *sendmail* oder SSH (Secure Shell). Manche älteren Semester kennen sogar noch `telnet` zum Einloggen auf einem anderen Computer oder `ftp` zum Übertragen von Daten aller Art zwischen zwei Rechnern. E-Mail-Programme wie Thunderbird zum Empfangen und Versenden von Mails oder den Webbrowser Firefox zum Durchforsten des Internets kennt dagegen wahrscheinlich jeder. Vielleicht reizt es Sie aber nun, selbst ähnliche Anwendungen zu entwickeln – und sei es nur, um die dahintersteckenden Protokolle zu verstehen.

Linux bietet Ihnen dazu eine Menge vorgefertigte Programme und Funktionsbibliotheken an, mit dem Sie selbst Anwendungen mit Netzwerkfunktionalität schreiben können. Somit könnten Sie praktisch eine Anwendung, die bisher nur für einen Standort verfügbar war, umschreiben, damit sie von mehreren Rechnern aus ausgeführt werden kann. Wollen Sie z. B. ein Spiel mit einer Multiplayer-Funktion ausstatten oder Ihre Kaffeemaschine zu Hause vom Büro aus starten? Egal, was Sie vorhaben, mit der Netzwerkprogrammierung haben Sie ungeahnt viele interessante Möglichkeiten, und vor allem lernen Sie hierbei garantiert zukunftsorientierte Programmiertechniken. Dies gilt übrigens auch für Smart-Home-Umgebungen, sei es das Urgestein KNX, das LED-Steuerprotokoll LXB oder das WLAN-basierte moderne Zigbee. Auch für diese Protokolle bietet Linux Unterstützung an.

[»]

Hinweis: Portabilität der Netzwerkprogramme

Der Großteil der Beispiele wurde mit Linux erstellt und erfolgreich getestet. Gewöhnlich sollten diese Beispiele auch auf anderen UNIX-artigen Rechnern funktionieren. Dennoch ist es nicht auszuschließen, dass hier und da eine kleine Modifikation nötig ist.

11.2 Aufbau von Netzwerken

Um es Ihnen gleich deutlich zu machen: Sie erfahren in diesem Kapitel einiges zur Netzwerkprogrammierung. Grundkenntnisse zum Thema Netzwerke allgemein sind hier auf jeden Fall von Vorteil, aber nicht unbedingt vonnöten. Wir werden zwar auch solche Themen so umfangreich und detailliert wie möglich darstellen, dennoch können wir nicht auf jedes einzelne Thema bis ins Detail eingehen – dafür gibt es inzwischen schlicht zu viele verschiedene Protokolle und Protokolltypen.

11.2.1 ISO/OSI-Referenzmodell

Wenn Sie Student sind, dann haben Sie bestimmt schon einmal von dem Begriff *ISO/OSI-Referenzmodell* gehört und dieses Modell auch wahrscheinlich bis zum Exzess durchgeeiert. Wenn Sie jedoch kein Student sind, dann kann es für Sie von Vorteil sein, die nächsten Abschnitte aufmerksam zu lesen – denn dann lernen Sie wertvolle Informationen über Netzwerke.

Dass die Kommunikation zwischen verschiedenen Rechnern (auch mit unterschiedlicher Hardware) mit verschiedenen Betriebssystemen Probleme machen kann, dürfte an dieser Stelle inzwischen klar sein. Nicht nur die Tatsache, dass ein Windows-PC die Daten anders verwaltet als ein Linux-Server kann zum Problem werden, sondern auch, dass bei manchen Prozessoren die Zahlen umgekehrt gelesen werden, als sie in der Mathematik geschrieben werden (also mit der höchsten Stelle zuerst), führt zu Inkompatibilitäten. Auch die unterschiedlichen Bus-Systeme können Probleme machen: So übermittelt etwa ein alter Parallelport die Daten in Paketen zu 8 Bit (jedes Bit mit einer separaten Leitung), ein serieller Port oder ein USB-Port dagegen die Daten seriell (also Bit für Bit). Da dies alles so ist, benötigte man schon am Anfang der Netzwerk-Ära einen einheitlichen Standard für die Datenübertragung. Dieser Standard hatte die folgenden Eigenschaften:

- rein serielle Übertragung der Datenpakete, bei Zahlen mit dem niedrigsten Bit zuerst (genannt *Network-Byte-Order* oder *LSB-First-Verfahren* [*Least Significant Byte First*])

- Trennen der Übertragungsleitung in Sender (TX = *transfer terminal*) und Empfänger (RX = *receive terminal*)
- Vereinheitlichung der Spannungen auf den Sende- und Empfangsleitungen und Unterstützung der Möglichkeit, Signale zu verstärken (mit sogenannten *Network Hubs*)
- Zusammenschaltung mehrerer Netzwerkkabel (mit den Hubs) zu einer Einheit (sogenanntes *lokales Netzwerk*). Das bedeutet: Alle an einem Hub angeschlossenen Rechner sehen dasselbe.
- Verwenden von separaten Routern, um die einzelnen lokalen Netzwerke zu verbinden

Der Standard, der am Anfang der Netzwerk-Ära entwickelt wurde und den die Studenten heute auswendig lernen müssen, ist das *ISO/OSI-Referenzmodell*. Das ISO/OSI-Referenzmodell enthält mehrere Schichten, die unterste Schicht ist die reine Hardwareebene. Jede neue Schicht baut nun auf den Fähigkeiten der darunter liegenden Schicht auf. Um die einzelnen Schichten genau zu beschreiben, wurde das ISO/OSI-Schichtenmodell entworfen. Es muss natürlich erwähnt werden, dass dieses Schichtenmodell keine strenge Norm ist, das heißt, die Entwickler von Hard- und Software müssen sich nicht unbedingt akribisch daran halten. Aber gewöhnlich unterstützen alle Hersteller mittlerweile u. a. das OSI-Schichtenmodell. Denn was nutzt dem Anwender eine Netzwerkkarte, die sich nicht mit anderen Netzwerkkarten in einem Netzwerk verständigen kann? Des Weiteren ist das OSI-Schichtenmodell ein Modell, das die Rechnerkommunikation veranschaulichen soll, also ein guter Kandidat für die Aufnahme in ein Kurrikulum. In Abbildung 11.1 ist das OSI/ISO-Referenzmodell grafisch dargestellt.

Abbildung 11.1 Das OSI/ISO-Schichtenmodell (Aufbau der Schichten von unten nach oben)

Nun sollen die in Abbildung 11.1 dargestellten Schichten ein wenig genauer erläutert werden:

- **Schicht 1:** Physical Layer (Bitübertragungsschicht). Die Aufgabe dieser Schicht ist die Übertragung der Daten in Form von einzelnen Bits, das heißt in Form von Spannungen (bei LAN) oder Funkwellenpaketen (bei WLAN). Beim Sender empfängt diese Schicht die Daten von der darüber liegenden Schicht, und beim Empfänger werden die Daten an die darüber liegende Schicht weitergegeben, die nun die Bits verarbeiten muss.
- **Schicht 2:** Data Link Layer (Sicherungsschicht). Bei dieser Schicht wird sichergestellt, dass die Übertragung der Datenpakete (die hier schon als einzelne Bits vorliegen) korrekt ist. Entdeckt diese Schicht einen Bitübertragungsfehler zwischen zwei Rechnern, so muss dieser Fehler von der Sicherungsschicht behoben bzw. gemeldet werden. Es gibt verschiedene Fehlerkorrekturalgorithmen, die auch im OSI/ISO-Standard behandelt werden. Der bekannteste Algorithmus ist an dieser Stelle der CRC-Algorithmus.
- **Schicht 3:** Network Layer (Vermittlungsschicht). Die Vermittlungsschicht ist dafür verantwortlich, dass alle Rechner, die mit dieser Schicht über Hubs oder Router verbunden sind, miteinander kommunizieren können. Die Hauptaufgabe besteht also darin, den eigentlichen Zielrechner zu erreichen.
- **Schicht 4:** Transport Layer (Transsportschicht). Wurde mit der 3. Schicht eine feste Verbindung zwischen zwei Rechnern hergestellt, ist die Transportschicht für die Kommunikation zwischen den zwei Anwendungsprozessen verantwortlich, die die Daten schicken und empfangen. Diese Schicht gewährleistet auch, dass die Hubs und Router richtig arbeiten und dass auch über die Grenzen von rein lokalen Netzwerken hinaus kommuniziert werden kann.

Die nun noch folgenden drei Schichten können Sie auch in einer einzigen Schicht zusammenfassen (was andere Schichtenmodelle auch tun). Alle oben genannten Schichten zählen zum reinen Anwendungsprozess (sind also reine Softwarebibliotheken).

- **Schicht 5:** Session Layer (Kommunikationsschicht). Durch diese Schicht werden zwei Prozesse (also Programme oder Dämonen), die miteinander kommunizieren wollen, erst einmal intern strukturiert. Hierbei werden auch sogenannte *Synchronisationspakete* eingesetzt, wodurch bei einem auftretenden Fehler beide Prozesse über den Fehler informiert werden.
- **Schicht 6:** Presentation Layer (Präsentationsschicht). In der Darstellungsschicht werden die Anwendungsdaten in ein lesbares Format gebracht (kodiert). Dabei werden z. B. die unterschiedlichen Größenangaben verschiedener Bytelängen wie z. B. eine Integer-Variable berücksichtigt, die ja auf den verschiedenen Systemen unterschiedlich lang sein kann. Sie werden es sicherlich erahnen: Diese Schicht spielt in den noch folgenden Abschnitten eine wichtige Rolle.
- **Schicht 7:** Application Layer (Anwendungsschicht). In der Anwendungsschicht werden Ihnen häufig verwendete Dienste wie die Datenübertragung in Paketform oder spezielle Funktionsaufrufe zur Verfügung gestellt, die Sie immer wieder verwenden müssen. Die

Anwendungsschicht kann recht vielfältig sein, und es gibt sehr viele unterschiedliche Netzwerkprotokolle, die alle auf den untersten sechs Ebenen basieren. Die inzwischen komplexesten Programme sind wahrscheinlich die Browser, die nicht nur Webseiten (per HTML) laden, sondern inzwischen auch Videos, Skripte, Blogs und Werbung perfekt und schnell anzeigen müssen.

Die einzelnen Schichten lassen sich also recht einfach aufgliedern. Schicht 1 und 2 dienen vorwiegend der Hardware wie den Netzwerkkarten oder dem Netzwerkadapter. Ab Schicht 3 fangen die Softwarekomponenten an, wie z. B. die Netzwerktreiber. Die Datenübertragung zwischen Soft- und Hardware wird unter Linux mit sogenannten Device Drivers erledigt. Ein *Device Driver* ist eine Software, die als Schnittstelle zwischen der eigentlichen Software und der Hardware fungiert. Die eigentliche Netzwerkprogrammierung, die Sie in der Praxis verwenden, finden Sie in den Schichten 4 bis 7. Sie geschieht mit den verschiedenen Funktionsbibliotheken, die Ihnen unter Linux zur Verfügung stehen.

Nicht immer werden auf einem Rechner alle sieben Schichten benötigt. Bei einem Rechner, der nur die Aufgabe hat, Datenpakete an einen anderen Rechner zu schicken, sind die ersten drei Schichten völlig ausreichend. Solche Vermittlungsrechner sind sehr häufig in Intranets anzutreffen, werden aber immer öfter durch moderne All-in-one-Geräte ersetzt. Das bekannteste Gerät aus dieser Kategorie ist wahrscheinlich die Fritz!Box.

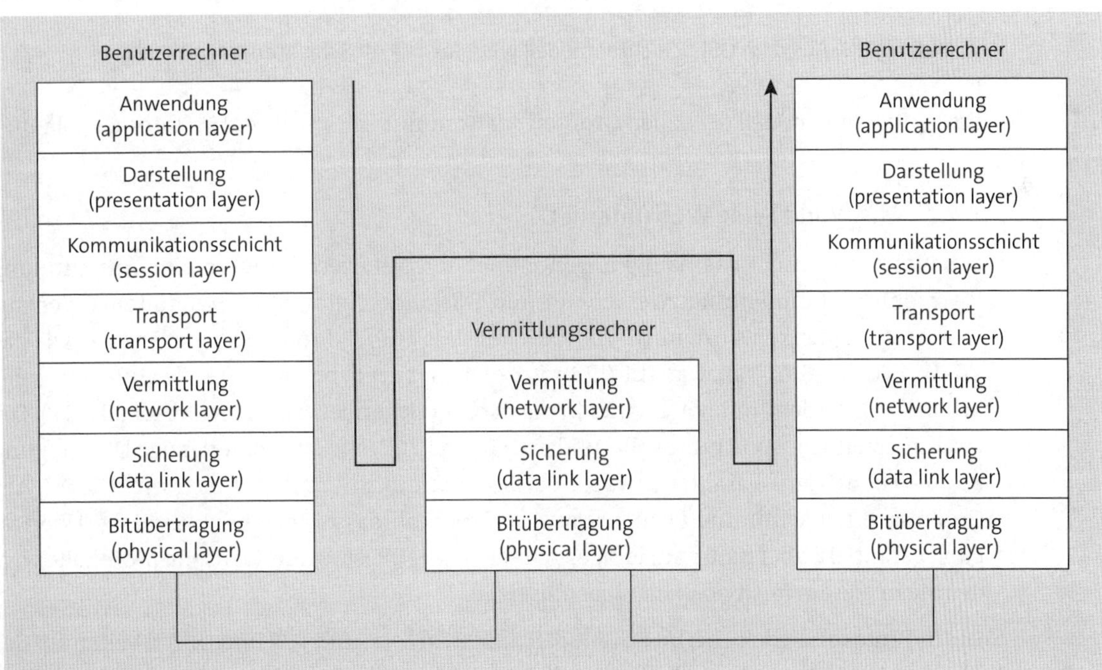

Abbildung 11.2 Schichten, die ein reiner Vermittlungsrechner benötigt

Da die Aufteilung des ISO/OSI-Schichtenmodells in vielen Fällen zu detailliert ist, wird in der Praxis ein etwas einfacher strukturiertes Referenzmodell verwendet – das *TCP/IP-Schichtenmodell*. Im Gegensatz zum OSI-Schichtenmodell ist es in nur vier Schichten aufgeteilt.

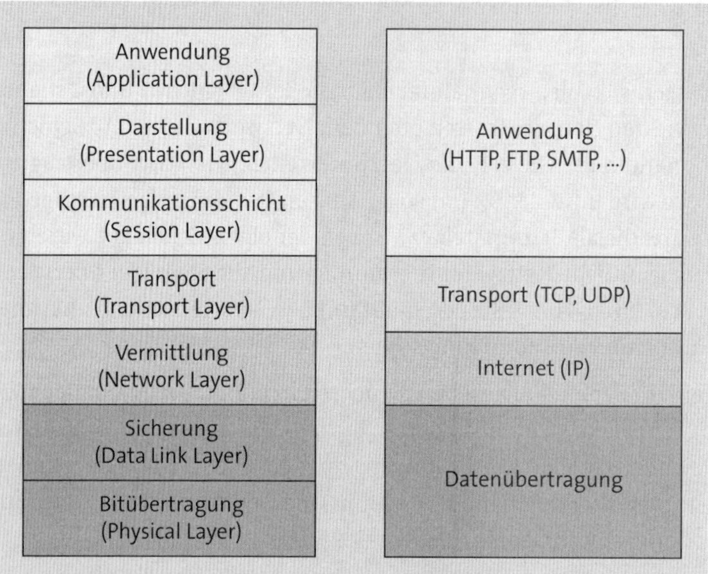

Abbildung 11.3 Aus dem OSI-Schichtenmodell wird das TCP/IP-Schichtenmodell.

Dieses Referenzmodell deckt den Großteil der Kommunikation ab, die im Internet abläuft.

11.2.2 Das World Wide Web (Internet)

Das Internet ist nicht wie häufig angenommen ein Netzwerk, sondern eine Ansammlung von mehreren Computernetzwerken weltweit. Dass diese Netzwerke so gut miteinander harmonieren, verdanken sie dem TCP/IP-Protokoll. Das TCP/IP-Protokoll bietet Dienste wie das WWW, FTP und SMTP an. Das TCP/IP-Protokoll lässt sich dabei in zwei Teile aufteilen, nämlich in das Internet Protocol (IP) und in die darüber liegenden Transportprotokolle (TP). Die bekanntesten Transportprotokolle sind erstens das TCP, das eine zuverlässige Übertragung des IP-Datenstroms garantiert (wobei der Datenstrom in Pakete zu meistens 1.500 Bytes Größe unterteilt wird), und zweitens das UDP-Protokoll, das zwar keine zuverlässige Übertragung garantiert, aber dafür um einiges schneller als TCP ist. Beide Transportprotokolle werden Sie in diesem Buch noch häufiger einsetzen.

Das IP-Protokoll siedelt sich im OSI-Modell in Schicht 3 an, und TCP und UDP arbeiten auf der Transportschicht – wobei es beim TCP eigentlich keine Kommunikations- und Darstellungsschicht mehr gibt. Es wird bei TCP also alles in einer einzigen Anwendungsschicht zusammengefasst (wie beim TCP/IP-Schichtenmodell in Abbildung 11.3 dargestellt).

Im Internet kommunizieren Sie nun über eine Netzwerkkarte. Schon diese Netzwerkkarte verpackt Ihre Daten in einzelne Pakete. Diese Pakete besitzen verschiedene Bereiche, wie z. B. einen Header und einen Datenbereich. Am besten, Sie stellen sich das gesamte Netzwerkpaket als einen großen Datenblock vom Typ `struct` vor. In diesen `struct` können Sie nun Daten eintragen, etwa die Information, an welches Ziel Sie Ihre Daten übermitteln wollen. Aber wie finden Sie Ihr Ziel? Sie finden Ihr Ziel durch zwei Maßnahmen. Die erste Maßnahme ist, dass jede Netzwerkkarte eine weltweit eindeutige Kennung besitzt, die nur der Hersteller vergeben kann. Im Endeffekt ist dies eine 8 Bytes lange Zufallszahl, die aber von einer zentralen Organisation (der NIST) so abgeglichen wird, dass sie weltweit eindeutig ist, und die darüber hinaus eine Herstellerkennung enthält. Diese lange Zahl (die *Ethernet-Adresse*) ist nun in das ROM der Netzwerkkarte eingebrannt und kann nicht (oder nur sehr schwer) geändert werden. Diese Ethernet-Adresse wird in einem weiteren Schritt in eine 4 Bytes (bei IPv6 auch 6 Bytes) lange Zahl übersetzt, die sogenannte *IP-Adresse*. Dabei kann ein Rechner durchaus mehrere IP-Adressen besitzen, sofern mehrere Netzwerkkarten eingebaut sind. Angenommen, Ihre IP-Adresse hat eine Speichergröße von vier Bytes. Jedes dieser Bytes kann nun eine Zahl von 0 bis 255 enthalten (da ja ein Byte eine dezimale Zahl von 0 bis 255 fassen kann). Diese Dezimalzahlen werden durch einen Punkt getrennt. Eine IP-Adresse könnte daher z. B. wie folgt aussehen:

```
129.154.53.98
```

Allerdings gibt es – wie es ja schon angedeutet wurde – spezielle Dienste. Deshalb sind einige dieser Adressen für bestimmte Zwecke reserviert. Um die Aufteilung der Adressen zu regeln, hat das NIST die IP-Adresse in einen Netzwerk- und in einen Hostteil unterteilt und drei Klassen definiert (A, B und C). Je nachdem, ob es sich also bei Ihrem Netzwerk um ein A-, B- oder C-Klasse-Netz handelt, wird der Netzwerkteil von dem ersten Byte, den ersten zwei oder ersten drei Bytes gekennzeichnet. Die restlichen Bytes stehen immer dem Rechner selbst (dem sogenannten *Host*) zur Verfügung. Somit muss die Bytefolge des Netzteils immer gleich sein, der Hostanteil hingegen muss nur zur eindeutigen Identifikation der unterschiedlichen Hosts in einem lokalen Netzwerk unterschiedlich sein. So sind z. B. 192.11.55.1 und 192.11.55.2 beides IP-Adressen im gleichen physischen Netzwerk, aber mit unterschiedlichem Hostteil, was bedeuten kann, dass es sich hierbei um zwei verschiedene Rechner oder um zwei verschiedene Netzwerkkarten in einem Rechner handelt.

Wenn Sie also eine Nachricht oder Daten an einen Rechner verschicken oder von diesem Daten empfangen wollen, benötigen Sie lediglich die IP-Adresse dieses Rechners. Dass Computer gut mit Zahlen umgehen können, ist bekannt, aber wenn Sie statt der Adresse *www.pronix.de* die Adresse 213.131.254.130 eingeben müssten, wäre das Internet wohl nicht mehr so erfolgreich. So wie für die IP-Notation gibt es auch für die Namensnotation gewisse Regeln. Nur stehen dann zwischen den Punkten keine Dezimalzahlen, sondern Namen.

Damit aus den Namen wieder echte IP-Adressen werden, werden sowohl die lokale Netzdatenbank als auch das übergeordnete *Domain Name System* (DNS) verwendet. Dabei fragen

DNS-Clients beim DNS-Server nach den Adressauflösungen (Name zu IP) oder, falls benötigt, auch nach den *Reverse Mappings* (IP zu Name). Auch hier gibt es wieder Protokolle, die die Auflösung in beide Richtungen leisten, nämlich das *ARP-Protokoll* (ARP = *Address Resolution Protocol*) und das *RARP-Protokoll* (RARP = *Reverse Address Resolution Protocol*). Jetzt dürfte Ihnen auch klar sein, warum Sie manchmal die IP-Adresse eines DNS-Servers in der Konfigurationsoberfläche Ihres Routers eintragen müssen: Sie benötigen sie, um durch Ihren Provider am Domain Name System teilnehmen zu können. Allerdings gibt es auch die Möglichkeit, diese Sachen automatisch (*Dynamic DNS*) erledigen zu lassen.

11.3 TCP/IP – Aufbau und Struktur

TCP/IP (und auch UDP) ist nun das Protokoll, das Sie in den nächsten Beispielen benutzen werden. Bei TCP/IP spricht man von einem *verbindungsorientierten Protokoll*. Das bedeutet, dass vor der Übertragung jeglicher Daten erst einmal eine Verbindung zu einem anderen Gerät aufgebaut werden muss. Einen Teil der Arbeit übernimmt dabei IP (*Internet Protocol*), das Dinge wie die Adressierung, das Überwachen oder das Versenden von Datenpaketen übernimmt. Wie Sie schon erfahren haben, orientiert sich TCP/IP nur zum Teil am ISO/OSI-Schichtenmodell, da bei TCP/IP lediglich die folgenden vier Schichten existieren (siehe Abbildung 11.3):

- Netzwerkschicht
- Internetschicht
- Transportschicht
- Anwendungsschicht (HTTP, FTP, Telnet ...)

Es folgt eine kurze Beschreibung der einzelnen Schichten im TCP/IP-Referenzmodell.

11.3.1 Die Netzwerkschicht (Datenübertragung)

Diese Schicht ist bei TCP/IP nicht unbedingt vorgeschrieben. Sie ist dafür verantwortlich, dass die Informationen korrekt von einem Rechner zu einer Gegenstelle übertragen werden – was auch die physische Übertragung einschließt. Eine weitere Aufgabe ist das Aufteilen der Daten in einzelne Pakete (sogenannte *Frames*). Für den Fall, dass ein Fehler bei der Übertragung auftritt, muss diese Schicht natürlich gegebenenfalls für eine Neuübertragung einzelner Pakete sorgen. Wenn man nun den Linux-Kernel betrachtet, wird diese Schicht durch den Gerätetreiber der Netzwerkkarte realisiert.

11.3.2 Die Internetschicht

Diese Schicht entspricht der Schicht, die beim OSI-Schichtenmodell die Vermittlungsschicht darstellt. Das Protokoll, das in dieser Schicht am häufigsten anzutreffen ist, ist das *IP-Proto-*

koll. Der Eckpfeiler des IP-Protokolls ist, dass jedes Endgerät (Netzwerkknoten) direkt angesprochen werden kann – weshalb auch jeder Knoten über eine spezifische IP-Adresse verfügt. Solch eine Adresse setzt sich aus dem Netzwerk selbst und dem entsprechenden Netzwerkknoten zusammen. So will man sichergehen, dass keine Netzwerkknoten zweimal auf der Welt existieren. Vom IP-Protokoll gibt es im Internet mittlerweile zwei Varianten, IPv4 und IPv6. Wenn von IP-Verbindungen ohne Versionsnummer gesprochen wird, ist gewöhnlich IPv4 gemeint. IPv6 löst allerdings immer öfter IPv4 ab, aber zurzeit koexistieren beide Versionen noch nebeneinander. Eine weitere bedeutungsvolle Aufgabe des IP-Protokolls ist die Aufteilung des Netzwerkes in sogenannte *Subnetzwerke*. Dabei werden verschiedene Adressklassen unterstützt (nicht zu vergleichen mit den Netzwerkklassen), die je nach Anforderung mehrere Millionen Rechner enthalten können. Subnetzwerke werden vor allem bei Spieleservern eingesetzt.

11.3.3 Die Transportschicht (TCP, UDP)

Auch die Transportschicht ist mit der gleichnamigen Schicht des OSI-Referenzmodells zu vergleichen. Das wichtigste Protokoll dieser Schicht ist das *TCP-Protokoll*. Dieses Protokoll ist verantwortlich dafür, dass Daten zwischen zwei Rechnern fehlerfrei übertragen werden können – eine Ende-zu-Ende-Verbindung (verzeihen Sie die Eindeutschung – im Original heißt es *Peer-to-Peer-Verbindung*, kurz P2P). Die Transportschicht garantiert also quasi den höheren Schichten eine fehlerfreie Übertragung der Daten. Dabei packt TCP eine bestimmte Anzahl (Standard: 1.500) von zu versendenden Bytes zu einem Datenpaket zusammen und überträgt diese Daten anschließend mithilfe des IP-Protokolls. Ein Paket besteht immer aus einem Header und den eigentlichen Daten-Bytes. Im Header sind wichtige Informationen gespeichert, z. B. eine Sequenznummer, mit der die Datenreihenfolge gesichert wird (die Daten kommen nicht immer genau in der Reihenfolge an, in der sie gesendet werden). Natürlich steht im Header dann auch die IP-Adresse des Senders und Empfängers. Darüber hinaus gibt es das einfacher aufgebaute Protokoll *UDP* (*User Datagram Protocol*), das im Gegensatz zum TCP-Protokoll keine Flusskontrolle verwendet (also z. B. keine Sequenznummern). Das UDP-Protokoll wird häufig von Spieleservern verwendet, wo z. B. eine Nichtübertragung einer einzelnen Spielerbewegung meist nicht so schlimm ist, da das nächste UDP-Paket sowieso wieder die korrekte Position enthält. Natürlich gibt es auch hier Ausnahmen, beispielsweise bei dem sogenannten Low Latency Online Game »Fortnite«. In diesem rasanten Onlinespiel kommt es wirklich oft auf Millisekunden an, und den Verlust einzelner Datenpakete kann der Spieler dann schon einmal mit dem »Leben« bezahlen. UDP wird aber auch oft für Smart-Home-Anwendungen benutzt, denn hier werden oft nur kurze Datenpakete (sogenannte *Telegramme*) gesendet, um z. B. Lampen zu steuern. Die Wahrscheinlichkeit, dass an dieser Stelle gerade die Telegramme nicht richtig ankommen (11 von 1.500 Bytes), ist quasi 0.

Eine weitere nicht unwichtige Sache bei der Transportschicht ist die sogenannte *Portnummer*, die auch im Header eingetragen wird. Jeder Dienst verwendet seine ganz spezielle Portnummer. Eine entsprechende Anwendung liest die Portnummer und weiß dann, dass die Daten für sie bestimmt sind. Die Ports sind also speziellen Diensten zugeordnet. Die Kommunikation zwischen einem Webbrowser und einem Server verläuft z. B. über Port 80 (auf Serverseite), FTP verwendet die Portnummer 21. Damit können mehrere Dienste auf dem gleichen Computer gleichzeitig ausgeführt werden, obwohl sie dieselbe IP-Adresse besitzen. Die Portnummer wird üblicherweise mit einem Doppelpunkt von der IP-Adresse getrennt (wie z. B. bei 192.168.2.4:80). Um also die verschiedenen Dienste zu verwenden, ist die Angabe der IP-Adresse kombiniert mit der Portnummer nötig. IP-Adresse und Portnummer zusammengefasst werden auch als *Socket* bezeichnet.

Die Verteilung der Portnummern der Sockets folgt bestimmten Regeln, wobei generell die niedrigeren Ports (<1025) sogenannte *Standardports* sind, die nur vom Superuser geöffnet werden können (sollten). Gewöhnliche Clientanwendungen mit niedrigeren Privilegien verwenden meistens einen höheren freien Port (>1024). Es gilt also: Client >1024, Server <1025. Allerdings können Sie sich auch hier Schwachstellen einhandeln, etwa durch das Port-Forwarding. Dieses Verfahren wird meistens benutzt, um einen Serverdienst nicht immer als *root* starten zu müssen (und dann muss auch stets der Admin kommen), nur um z. B. ein Update herunterzuladen (das kann auch ruhig der Assistent erledigen). Leider sind solche Systeme, bei denen Portnummern »verschoben« werden, auch gut angreifbar, beispielsweise durch einen Mitlauscher, der die Pakete analysiert (sogenannter *Man-in-the-Middle-Angriff*).

11.3.4 Anwendungsschicht

In der Anwendungsschicht läuft (wie der Name schon sagt) die eigentliche Kommunikation zwischen zwei Anwendungen ab (also wenn Sie so wollen zwischen Prozessen). Da sich ein Webclient und ein Webserver anders unterhalten als ein Mailclient und ein Mailserver, wurden einige Standardprotokolle entwickelt, die auch in den Request-for-Comments-(RFC-)Dokumenten festgelegt wurden.

Hinweis: RFCs

RFCs sind eine Reihe von technischen Dokumentationen zum Internet, die ihren Ursprung zu ARPANET-Zeiten 1969 hatten. Einen gewaltigen Fundus zur RFC-Sammlung finden Sie im Internet unter *http://www.ietf.org/* (The Internet Engineering Task Force). Die RFCs sind stets aktuell und werden etwa alle drei Jahre überarbeitet.

Anwendungen, die sich über ein solches Standardprotokoll unterhalten wollen, müssen es logischerweise auch implementieren. Folgende Anwendungsprotokolle gehören zu den empfohlenen Protokollen auf der TCP-Ebene:

- Telnet: Damit ist das Einloggen in ein Terminal über das Netzwerk möglich. Telnet stellt dabei eine Verbindung von einem Telnet-Server zu einem Telnet-Client her, wobei beim

Client das Terminal des Servers nur emuliert wird (*Port 23; RFC 854 und RFC 855*). Telnet ist aber sehr alt und sollte heutzutage durch SSH (Secure Shell) ersetzt werden. Leider gibt es noch sehr viele alte Telnet-Systeme, die auch Sicherheitslücken darstellen.

- FTP (*File Transfer Protocol*): Dateiübertragung zwischen verschiedenen Rechnersystemen (*Port 20 [data] und Port 21 [command]; RFC 959*), wobei Port 20 immer öfter durch Portnummern über 400 ersetzt wird (sogenanntes *Secure FTP*). FTP wird immer noch benutzt, z. B. zum Übertragen von Websites auf Server von Providern wie 1&1, T-Online, MySpace, Strato.
- SMTP (*Simple Mail Transfer Protocol*): Dieses Protokoll wird vorwiegend zur Übertragung von E-Mails verwendet (*Port 25; RFC 821, 822 und 1651*). SMTP wird aber immer öfter durch IMAP und die sichere Variante Secure IMAP ersetzt, da IMAP die E-Mail-Daten nicht auf der (unverschlüsselten) lokalen Festplatte ablegt, sondern direkt auf dem Server arbeitet.

Weitere empfohlene Protokolle für den UDP-Transport sind:

- NTP (*Network Time Protocol*): Das Protokoll wird vorwiegend zur Zeitsynchronisation zwischen zwei Computern verwendet (*Port: 123; RFC 1305*).
- SNMP (*Simple Network Management Protocol*): Das Protokoll wird vorwiegend zur Verwaltung und Überwachung von Netzwerkgeräten genutzt (*RFC 1065, 1066 und 1067*).

Von beiden Transportprotokollen UDP und TCP wird folgendes Protokoll zum Transport verwendet:

- DNS (*Domain Name Service*): Dabei handelt es sich um einen der wichtigsten Dienste im Internet. Dank dieses Protokolls können Sie eine URL im Internet durch den Domainnamen (z. B. *www.google.de*) erreichen, anstatt mit der IP-Adresse (213.131.254.130). Im Endeffekt ist aber das Domain Name System nur eine Zusammenfassung der Protokolle ARP und RARP.

Weitere häufig verwendete Protokolle wären außerdem:

- HTTP (TCP) (*Hypertext Transfer Protocol*): *Das* Protokoll des WWW, mit dem Hypermedia-Informationen übertragen werden (oder einfacher: HTML-Seiten). Das Protokoll wird von Webbrowsern verwendet, um auf Webserver zuzugreifen (*Port 80; RFC 2616 und 2617*).
- POP3 (TCP) (*Post Office Protocol Version 3*): Das Protokoll wird vorwiegend von Mailclients verwendet, um eine E-Mail vom Mailserver abzuholen (*Port 110/IMAP: 143; RFC 1081, 1082, 1225, 1460, 1725 und 1939, IMAP: xxxx*). Auch POP3 wird immer öfter durch IMAP (bzw. Secure IMAP) ersetzt, vor allem, weil man seine E-Mails auch auf Zweit- und Drittgeräten wie Smartphone und Tablet gleichermaßen abholen will.
- SSH (Secure Shell): Über das Internet kann man sich auch auf einem entfernten Computer einloggen – verschlüsselt ist SSH die sicherere Alternative zu Telnet (*Port 22*).
- HTTPS (*Hypertext Transfer Protocol Secure*): HTTPS ist ein Netzwerkprotokoll, das eine gesicherte HTTP-Verbindung zwischen Rechnern ermöglicht. Hierbei werden die Daten über

SSL/TLS verschlüsselt, damit sie abhörsicher sind. HTTPS-Verbindungen laufen über TCP. Der Standardport für HTTPS-Verbindungen ist 443. Rein technisch gesehen ist HTTPS über TCP gleich HTTP über SSL über TCP.

11.4 TCP-Socket

Wenn Sie Netzwerkanwendungen programmieren wollen, benötigen Sie Strukturen, mit denen Sie dies auch können. Diese Strukturen sind die Sockets. *Sockets* sind spezielle Strukturen, die explizit als Schnittstelle zur Netzwerkimplementierung für Anwendungen entwickelt wurden. Diese Schnittstellen werden weltweit als Industriestandard eingesetzt, sind also im POSIX-Standard definiert und deshalb auch unter Linux vorhanden.

Aus Ihrer Sicht als Programmierer ist ein Socket nichts anderes als ein Filedeskriptor, Sie haben aber neben den Standardfunktionen auch Zugriff auf eine erweiterte Palette von speziellen Funktionen. Der Austausch von Daten ist bei den Sockets unabhängig von den verwendeten Protokollen und Adressfamilien, was die Verwendung der einzelnen sogenannten *Socket-API-Funktionen* erheblich erleichtert.

Beim Anlegen eines Sockets wird grundsätzlich zwischen einer stream- und datagrammbasierten Kommunikation unterschieden. Streambasierte Protokolle wie z. B. das TCP-Protokoll benutzen also Streams und besitzen eine Sequencing- und Fehlerkontrolle. Datagrammbasierte Protokolle wie z. B. UDP hingegen sind paketorientierte Protokolle und bieten kein Sequencing und keine Fehlerkontrolle an.

[»]

Hinweis: Sequencing und Fehlerkontrolle

Man spricht von *Sequencing*, wenn ein Protokoll sicherstellt, dass die Daten in der Reihenfolge empfangen werden, in der sie gesendet wurden, bzw. dass erkannt wird, wenn die Reihenfolge nicht stimmt. Verwendet ein Protokoll eine *Fehlerkontrolle*, dann können Sie sicher sein, dass keine beschädigten Daten ankommen. Beschädigte Daten werden von diesem Protokoll verworfen und erneut angefordert.

Bei einem Streaming-Protokoll wie TCP wird mit einzelnen Bytes in einer größeren Folge von Blöcken gearbeitet. Bei einem paketorientierten Protokoll wie z. B. UDP werden zum Versand oder zum Empfangen Pakete verwendet. Die letzte Aussage mag Sie vielleicht an dieser Stelle verwirren, weil ja im Endeffekt alles Frames (also Pakete) sind. Aber die Frames auf Hardwareebene und die Bytes in Softwareprotokollen wie TCP und UDP sind zwei Paar Schuhe, die auch in unterschiedlicher Weise betrachtet werden. Außerdem ist es wichtig, dass Sie zwischen verbindungsorientierten und verbindungslosen Protokollen unterscheiden. TCP ist im Gegensatz zu UDP ein verbindungsorientiertes Protokoll. Das bedeutet, dass TCP erst eine Verbindung zwischen zwei Endpunkten herstellt, ehe die Kommunikation stattfinden kann. In der Regel ist es nicht möglich, sich in eine solche Verbindung einzuklinken (es sein denn, man startet gezielt einen Man-in-the-Middle-Angriff). Bei einem verbindungslosen Protokoll wird eine solche direkte Verbindung dagegen nicht benötigt.

Um den Überblick zu wahren, TCP und UDP im Vergleich:

- TCP: verbindungsorientiert mit Sequencing und mit Fehlerkontrolle (streaming-orientiert, sogenanntes *Streamprotokoll*)
- UDP: verbindungslos ohne Sequencing und ohne Fehlerkontrolle (paketorientiert, sogenanntes *Datagrammprotokoll*)

11.5 Das Kommunikationsmodell der Sockets

In Abbildung 11.4 sehen Sie das Kommunikationsmodell, auf dem die Sockets aufgebaut sind. Damit zwei Prozesse über eine TCP-Verbindung miteinander kommunizieren können, muss erst einmal ein Socket angelegt oder geöffnet werden. Anschließend kann über dieses Socket eine Verbindung zum anderen Prozess aufgebaut werden, der auf diese Verbindung wartet. Wenn die Verbindung erst einmal steht, können mit normalen Standardfunktionen Daten an das Socket übergeben werden, die dann über die TCP-Verbindung an den anderen Prozess übertragen werden. Der andere Prozess kann wiederum diese Daten vom Socket lesen. Dieses Prinzip stellt inzwischen für Sie nichts Neues mehr dar, sofern Sie Kapitel 8 und Kapitel 9 über die Interprozesskommunikation gelesen haben. Es ist also auch nichts anderes als eine Kommunikation zwischen zwei Prozessen, die nicht vom Standardort des Rechners abhängig sind.

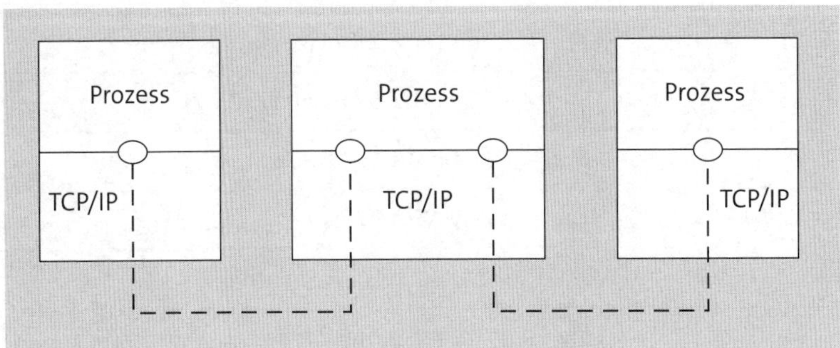

Abbildung 11.4 Das Kommunikationsmodell von Sockets

11.6 Grundlegende Funktionen zum Zugriff auf die Socket-Schnittstelle

Für den Zugriff auf eine TCP-Verbindung oder auf Sockets stellt Ihnen das Linux-Betriebssystem mittels Systemaufrufen eine Menge Funktionen zur Verfügung. In dem folgenden Abschnitt wollen wir Ihnen die grundlegenden Funktionen zum Verbindungsaufbau, zur Datenübertragung und zum Beenden (Schließen) einer Verbindung vorstellen.

11.6.1 Ein Socket anlegen mit socket()

Ein Socket können Sie mit der Funktion socket() wie folgt anlegen:

```
#include <sys/types.h>
#include <sys/socket.h>

int socket (int family, int type, int protocol);
```

Mit dem ersten Parameter geben Sie die Protokollfamilie an, die Sie verwenden wollen. Gewöhnlich werden Sie meistens AF_INET für die Internetfamilie (TCP/IP) angeben oder – sofern Sie Sockets zur Interprozesskommunikation innerhalb desselben UNIX-Rechners verwenden wollen – AF_UNIX (das heißt, dass Sie Netzwerkpakete auch zwischen Prozessen auf demselben Rechner versenden können). Die Protokolltypen, die es gibt, entnehmen Sie Tabelle 11.1:

Adressfamilie	Protokollfamilie	Bedeutung
AF_INIX, AF_UNIX, AF_LOCAL	PF_UNIX, PF_LOCAL	lokale Kommunikation (IPC)
AF_INET	PF_INET	IPv4-Internetprotokoll (TCP/IP)
AF_INET6	PF_INET6	IPv6-Internetprotokoll
AF_IPX	PF_IPX	IPX – Novell-Protokoll
AF_NETLINK	PF_NETLINK	Kernel User Interface Device Netlink(7)
AF_X25	PF_X25	ITU-T X.25/ISO-8208-Protokoll x25(7)
AF_AX25	PF_AX25	Amateur-Radio-AX.25-Protokoll
AF_ATMPCV	PF_ATMPVC	Access to raw ATM PVCs
AF_APPLETALK	PF_APPLETALK	AppleTalk DDS
AF_PACKET	PF_PACKET	*Low-Level-Packet*-Schnittstelle

Tabelle 11.1 Protokollfamilie für den ersten Parameter von socket()

[»]

Hinweis für BSD-UNIX

Unter BSD 4.x werden für die Protokollfamilien die Konstanten PF_* verwendet, während die Konstanten AF_* für die Adressfamilien genutzt werden. Allerdings sollte Sie das nicht verwirren, denn in der BSD-Dokumentation ist zu lesen, dass die Protokollfamilie dasselbe ist wie die Adressfamilie.

Mit dem zweiten Parameter spezifizieren Sie den Typ des Sockets. Gewöhnlich gibt man hier entweder SOCK_STREAM (Streaming-Protokoll) an, womit TCP als Transportprotokoll verwendet wird, oder den Typ SOCK_DGRAM (Datagrammprotokoll) für UDP als Transportprotokoll. Natürlich können noch weitere Angaben gemacht werden, die allerdings in der Praxis recht selten benötigt werden. Für den Fall der Fälle folgt ein Überblick über die verschiedenen möglichen Angaben zum Typ des Sockets, die nicht alle bei den Protokollfamilien implementiert sein müssen.

Socket-Typ	Bedeutung
SOCK_STREAM	Damit wird festgelegt, dass über eine (zuverlässige) Zwei-Wege-Verbindung Datenströme übertragen werden (TCP).
SOCK_DGRAM	Jedes Datenpaket (mit einer festen Länge) wird einzeln betrachtet (Datagramm-Transportprotokoll – UDP).
SOCK_SEQPACKET	Damit haben Sie einen verlässlichen Übertragungspfad für Datagramme mit fester Länge, nur muss der Empfänger ein ganzes Paket mit jedem Funktionsaufruf lesen.
SOCK_RAW	Damit haben Sie Zugriff auf interne Netzwerkprotokolle und Schnittstellen (nur IP).
SOCK_RDM	Bietet eine Datagrammschicht, die das Sortieren der Pakete nicht garantiert.
SOCK_PACKET	veraltet, stattdessen PF_PACKET benutzen (siehe man packet(7))

Tabelle 11.2 Typ des Sockets wird als zweiter Parameter von socket() verwendet.

Mit dem dritten Parameter von socket() können Sie das zu benutzende Protokoll auswählen. Geben Sie hier den Wert 0 an, was meistens in der Praxis auch der Fall ist, wird das Standardprotokoll für den jeweiligen Socket-Typ ausgewählt – z. B. wird bei SOCK_STREAM das TCP-Protokoll und bei SOCK_DGRAM das UDP-Protokoll verwendet. Da es allerdings ohnehin zu jedem Socket einer Protokollfamilie nur immer ein einziges Protokoll gibt, ist klar, warum gewöhnlich 0 angegeben wird.

Bei Erfolg gibt die Funktion socket() einen sogenannten Socket-Deskriptor zurück. Ansonsten wird bei einem Fehler -1 zurückgegeben. Mit dem *Socket-Deskriptor* (meist eine positive Ganzzahl von 16 oder 32 Bit Breite) können Sie das Socket adressieren. Natürlich haben Sie mit dem Anlegen eines Sockets noch lange keine Verbindung zu einem anderen Rechner hergestellt. Sie haben lediglich festgelegt, mit welchem Protokoll Ihr Socket arbeitet. Sie können sich das gerne wie das Installieren einer Stromsteckdose vorstellen. Auf der ganzen Welt gibt es viele verschiedene Formen und Normen, aber Sie müssen stets ein Gerät anschließen, das den Strom auch benutzt.

Der Socket-Deskriptor

Bei der Syntaxerklärung von `socket()` war schon die Rede von einem Socket-Deskriptor, den diese Funktion zurückgibt. Die erste Frage, die Sie sich wohl stellen, dürfte sein, inwiefern sich dieser Socket-Deskriptor von einem Filedeskriptor unterscheidet. In der Tat ist der Unterschied auf den ersten Blick nicht groß. Sobald Sie ein Socket erzeugt haben, können Sie mithilfe des zurückgegebenen Wertes (meist vom Typ `int`) mit den elementaren Funktionen wie `read()` oder `write()` darauf zugreifen. Dennoch gibt es ein paar geringfügige Dinge, durch die man Socket- und Filedeskriptor unterscheiden kann:

- Im Gegensatz zum Filedeskriptor kann aus einem Socket-Deskriptor nicht jederzeit gelesen bzw. in diesen geschrieben werden. Die Ein- bzw. Ausgabe ist bei den Socket-Deskriptoren nur möglich, wenn sich das Socket im richtigen Zustand befindet.
- Sie können kein `lseek` auf einen Socket-Deskriptor ausführen.
- Die Einstellungen bzw. Attribute, die man mit `ioctl()` setzen bzw. abfragen kann, sind bei Socket-Deskriptoren (im Gegensatz zu Filedeskriptoren) anders.
- Sockets kann man eine Adresse zuweisen, was bei Dateien und Pipes nicht geht.

11.6.2 Verbindungsaufbau mit connect()

Wollen Sie mit einem Prozess eine Verbindung zu einem anderen Prozess aufbauen und haben bereits ein Socket erzeugt, kann die Funktion `connect()` aufgerufen werden. Diese besitzt die folgende Syntax:

```
#include <sys/types.h>
#include <sys/socket.h>

int connect ( int sockfd,
              struct sockaddr_in *adresse,
              socklen_t addressen_laenge );
```

Gewöhnlich wird der `connect()`-Aufruf vom Clientprogramm ausgeführt, um eine Verbindung zum Server herzustellen. Der erste Parameter gibt das Socket an, über das Sie auf die Verbindung zugreifen wollen. Der zweite Parameter `adresse` enthält die Anfangsadresse der Struktur `sockaddr_in`, in der sich die IP-Adresse des Rechners und die Portnummer befinden. Die Struktur `sockaddr_in` ist wie folgt definiert:

```
#include <sys/socket.h>
#include <netinet/in.h>

struct sockaddr_in {
    unsigned short int  sin_family;  /* AF_INET     */
    unsigned short int  sin_port;    /* Portnummer  */
```

```
    struct in_addr      sin_addr;     /* IP-Adresse  */
};
```

Mit dem letzten Parameter in `connect()` geben Sie den Speicherbedarf des zweiten Parameters an. Bei erfolgreicher Verbindung gibt diese Funktion `0`, ansonsten bei einem Fehler `-1` zurück.

[«]

Hinweis

Wenn Sie UDP anstatt TCP verwenden, können Sie auf einen Aufruf von `connect()` verzichten. Dann allerdings müssen Sie die entsprechende Adressinformation bei den Funktionen `sendto()` zum Senden und `recvfrom()` zum Empfangen von Daten ergänzen.

11

Die Socket-Adressstruktur etwas genauer

Da die meisten Funktionen mit Sockets die Adresse einer Socket-Adressstruktur als Argument erwarten, gehen wir hierauf etwas näher ein, da diese Struktur schon häufiger zu Missverständnissen geführt hat. Häufig finden Sie die Struktur `sockaddr_in` in der Headerdatei *netinet/in.h* wie folgt definiert:

```
struct sockaddr_in {
   uint8_t        sin_len;      // Länge der Struktur
   sa_family_t    sin_family;   // AF_INET
   in_port_t      sin_port;     // 16-Bit-Portnummer
   struct in_addr sin_addr;     // 32-Bit-IPv4-Adresse
   char           sin_zero[];   // nicht verwendet
}

struct in_addr {
   in_addr_t  s_addr;           // 32-Bit-IPv4-Adresse
}
```

Im Gegensatz zur zuvor gezeigten Struktur finden Sie hierbei außerdem `sin_len` und `sin_zero`, die allerdings beide nicht dem POSIX-Standard entsprechen und daher vermieden werden sollten. Die verschiedenen Datentypen finden Sie in *sys/types.h* und *bits/types.h* definiert.

In der Praxis sollte man zunächst die Struktur `sockaddr_in` immer mit Nullen füllen, was gewöhnlich mit `memset()` oder `bzero()` gemacht wird, z. B. so:

```
struct sockaddr_in addr;
...
/* vor der Verwendung mit Nullen füllen */
memset(&addr, 0, sizeof(addr));
...
```

An dieser Stelle folgt nun ein recht häufiger Stolperstein, über den viele Anfänger fallen. Denn beim genaueren Betrachten der Syntax aller Socket-Funktionen fällt immer auf, dass hierbei die Rede von einer Struktur namens `sockaddr` und nicht `sockaddr_in` ist, z. B.:

```
int connect(int s, struct sockaddr *serv_addr, int addrlen);
```

Die Syntax dieser Struktur sieht wie folgt aus:

```
struct sockaddr {
   uint8_t      sa_len;  // Länge der Struktur - nicht POSIX
   sa_family_t  sa_family;   // Adressfamilie AF...
   char         sa_data[14]; // protokollspezifische Adresse
}
```

Diese Struktur wurde so implementiert, dass sie unabhängig von der verwendeten Adressfamilie ist, was allerdings auch bedeutet, dass diese Struktur recht umständlich auszufüllen ist. Daher gibt es für IP-Anwendungen die Struktur `sockaddr_in`, in der die IP-Adresse und Portnummer getrennt eingetragen werden. Zum Glück sind diese beiden Strukturen im Speicher kompatibel, so dass die folgende einfache Typenumwandlung ausreicht, wenn Sie keine Warnung vom Compiler erhalten möchten:

```
struct sockaddr_in addr;
...
connect( fd, (struct sockaddr *)&addr, sizeof(addr));
```

Ähnlich sieht übrigens auch die Syntax zur Socket-Adressstruktur `sockaddr_in6` für IPv6 aus, die ebenfalls in der Headerdatei *netinet/in.h* definiert ist:

```
struct sockaddr_in6 {
   uint8_t          sin6_len;          // Länge der Struktur
   sa_family_t      sin6_family;       // AF_INET6
   in_port_t        sin6_port;         // 16-Bit-Portnummer
   struct in6_addr  sin6_addr;         // 128-Bit-IPv6-Adresse
   // Priorität in der Netzwerk-Byteanordnung
   uint32_t         sin6_flowinfo;
}

struct in6_addr {
   uint8_t  s6_addr[16];               // 128-Bit-IPv6-Adresse
}              // Unter Linux findet man hier eine union ...
```

Sofern Sie also wieder etwas mit den Socket-Adressstrukturen durcheinanderbringen sollten, so beziehen Sie sich am besten auf dieses Kapitel.

11.6.3 Socket mit einer Adresse verknüpfen durch bind()

Um dem zuvor erzeugten Socket mitzuteilen, zu welchem Port es gehört, wird die Funktion bind() verwendet, die folgende Syntax hat:

```
#include <sys/types.h>
#include <sys/socket.h>

int bind ( int sockfd,
           struct sockaddr *adresse,
           socklen_t adressen_laenge );
```

Erst durch den bind()-Aufruf ergibt der connect()-Aufruf Sinn, denn durch bind() wird unser Socket an einem bestimmten Port befestigt, dessen Nummer beim connect()-Aufruf angegeben wird. Die Funktion von bind() lässt sich recht einfach erklären: Wenn Sie einen Bekannten anrufen wollen, aber aus Versehen die falsche Nummer gewählt haben, kann es passieren, dass Sie entweder »kein Anschluss unter dieser Nummer« hören oder aber den falschen Gesprächspartner bekommen. Der erste und der dritte Parameter haben somit dieselbe Bedeutung wie bei der Funktion connect(), und der zweite Parameter enthält die IP-Adresse und Portnummer, zu denen das Socket von nun an gehört. Bei Erfolg gibt auch die Funktion bind() 0, ansonsten (also bei einem Fehler) -1 zurück.

bind() ist für Clients nicht unbedingt notwendig, da hier automatisch eine Ausgangs-IP-Adresse und ein Ausgangsport genommen wird. Ausgangs-IP, da je nach Zieladresse per connect() (z. B. 134.76.13.21 oder 192.168.201.1) auf 134.76 oder 192.168:1025 (auch noch beliebiger freier Port) gebunden wird. Bei Serveranwendungen hingegen ist bind() nötig, sonst ist das Socket ja nicht zu erreichen.

11.6.4 Auf Verbindungen warten mit listen() und accept()

Die Funktionen listen() und accept() sind nur auf der Serverseite sinnvoll. Mit der Funktion listen() setzen Sie ein Socket in einen passiven Modus und teilen dem System mit, dass der Serverprozess bereit ist, über dieses Socket eine Verbindung einzugehen. Damit wartet der Prozess quasi auf eine Verbindung (er lauscht am Socket). Natürlich ist es auch möglich, über ein Socket mehrere eintreffende Verbindungswünsche gleichzeitig entgegenzunehmen. Dabei wird eine Warteschlange eingerichtet, bei der die neuen Verbindungswünsche hinten angefügt werden.

```
#include <sys/types.h>
#include <sys/socket.h>

int listen ( int sockfd, int warteschlange );
```

Mit dem ersten Parameter geben Sie das Socket an, auf dem »gelauscht« werden soll – also das Socket, das die Daten empfängt. Als zweiten Parameter geben Sie die maximale Anzahl von Verbindungen an, die gleichzeitig entgegengenommen werden können – wobei natürlich niemals mehr als eine Anfrage (sogenannter *Request*) zur gleichen Zeit bearbeitet werden kann. Das heißt, jede weitere Verbindung (also ein connect() vom Client) wird vorerst noch an eine Warteschlange angehängt, deren Größe vorher über listen() festlegt wurde. Die Clientanwendung wird also meistens dazu genötigt, so lange zu warten, bis der Server wieder frei ist. Dieser Vorgang wird auch als *Cachen* bezeichnet. Die Anzahl der Verbindungen, die gleichzeitig *gecacht* werden können, geben Sie mit dem zweiten Parameter von listen() an. Bei Erfolg gibt listen() 0, ansonsten (also bei einem Fehler) -1 zurück.

Mit der Funktion accept() können Sie schließlich die noch wartenden oder eintreffenden Verbindungsaufbauwünsche wie folgt bearbeiten:

```
#include <sys/types.h>
#include <sys/socket.h>

int accept ( int sockfd,
             struct sockaddr *adresse,
             socklen_t *adressen_laenge );
```

Durch einen erfolgreichen accept()-Aufruf wird ein neuer Socket-Deskriptor erzeugt, über den der aufrufende Prozess die Datenübertragung durchführen kann. Der neue Socket-Deskriptor, der von der Funktion accept() zurückgegeben wird, erbt alle Eigenschaften des Sockets, das zuvor mit listen() »belauscht« wurde. Ein erfolgreicher Aufruf von accept() führt auf der Gegenseite auch zu einem erfolgreichen Aufruf von connect() – was somit eine erfolgreiche TCP-Verbindung darstellt.

Als ersten Parameter erhält accept() das Socket, das vorher mittels socket() erstellt wurde. Der zweite Parameter enthält die Adresse des Partnerprozesses, und der dritte Parameter enthält die Länge (den Speicherbedarf in Bytes) des zweiten Parameters. Bei einem Fehler gibt accept() -1 und bei Erfolg den Socket-Deskriptor des akzeptierten Sockets zurück.

11.6.5 Senden und Empfangen von Daten mit write() und read()

Zum Senden und Empfangen von Daten können Sie auf die ganz gewöhnlichen Standardfunktionen zurückgreifen, die Sie auch für Dateien verwenden können (siehe dazu auch Kapitel 2). Mit write() können Sie Daten an ein Socket verschicken, und mit read() können Sie die Daten aus dem Socket lesen – vorausgesetzt, Sie haben vorher erfolgreich eine Verbindung hergestellt. Da wir die Funktionen read() und write() bereits ausführlich behandelt haben, können wir uns hier eine weitere Erklärung ersparen. Hier noch einmal die Syntax der beiden Funktionen read() und write():

```
#include <unistd.h>

ssize_t write( int socketfd, const void *data,
               size_t data_len);
ssize_t read( int socketfd, void *data, size_t data_len );
```

Bitte beachten Sie, dass sich read() und write() bei TCP-Sockets anders verhalten als bei normalen Dateien. Bei normalen Daten können Sie fast beliebige Längen für data_len angeben. Bei der Netzwerkprogrammierung sind diesbezüglich Begrenzungen gesetzt, denn erstens gibt es einen Zwischenpuffer bei Sockets, und zweitens sind die Paketlängen der Ethernet-Frames begrenzt. Dies bedeutet Folgendes: Ist bei Netzwerkzugriffen die Puffergrenze erreicht, bricht der Lese- bzw. Schreibvorgang ab und muss erneut ausgeführt werden, um die noch vorhandenen Bytes zu lesen oder zu schreiben (das ist auch normalerweise bei read() der Fall, wenn z. B. ein Gerätetreiber in */dev* weniger zurückgibt als data_len). Sie müssen also praktisch den Rückgabewert von read() daraufhin überprüfen, ob tatsächlich schon alle Bytes, die Sie erwarten, gelesen wurden, sonst kann es passieren, dass eben nicht alles gelesen wird. write() verhält sich hier ähnlich, denn auch beim Schreiben von Daten in Sockets müssen diese erst in Ethernet-Frames verpackt werden.

11.6.6 Senden und Empfangen von Daten mit send() und recv()

Manchmal muss eine Netzwerkanwendung auf mehreren Plattformen laufen, z. B. auf Linux und Windows. In diesem Fall werden Sie ein Programm erstellen, das die Umgebungsvariablen abfragt und je nach System die entsprechenden Headerdateien automatisch einbindet. Eine solche Cross-Plattform-Kompilierung funktioniert beispielsweise sehr gut unter Windows, weil sich die Sockets unter Linux und Windows nicht wesentlich unterscheiden. Allerdings werden Sie unter Windows nicht die Standardfunktionen read() und write(), sondern stattdessen send() und recv() benutzen. Der Hauptvorteil der nun geschilderten Funktion send() und recv() liegt also in der guten Portierbarkeit Ihrer Netzwerksoftware auf andere Systeme (etwa Windows), wo die Funktionen read() und write() ausschließlich auf Dateien anwendbar sind. Die Funktionen send() und recv() unterscheiden sich von read() und write(), abgesehen von der Syntax, lediglich durch eine Angabe eines zusätzlichen vierten Parameters. Die Syntax von send() ist die Folgende:

```
#include <sys/types.h>
#include <sys/socket.h>

ssize_t send ( int socketfd, const void *data,
               size_t data_len, unsigned int flags );
```

Mit dem ersten Parameter geben Sie das Socket an, mit dem die Daten gesendet werden sollen. Im zweiten Parameter befinden sich die Daten, die gesendet werden sollen (natürlich wieder als typenloser Zeiger), und im dritten die Länge dieser Daten in Bytes. Mit dem letzten Parameter können noch verschiedene Flags angegeben werden. Gewöhnlich wird hier unter Linux `0` angegeben, unter Windows können jedoch noch Angaben über die Latenz oder das Timing gemacht werden. Für die genaueren Angaben zu den Flags müssen Sie also die entsprechenden Linux- oder Windows-Howtos lesen. Unter Linux erreichen Sie diese Informationen z. B. mit `man send` bzw. `man recv`, unter Windows bietet Ihnen Ihre Entwicklungsumgebung meistens über die Taste F1 (Visual Studio Code) oder F11 (Visual Studio Home) eine Onlinehilfe an. Über die Onlinehilfen werden Sie dann auch erfahren, dass die Funktion `send()` stets die Anzahl der gesendeten Bytes zurückgibt oder bei einem Fehler `-1` (dieser Rückgabewert ist auch unter Windows gültig).

[»]

Hinweis: Netzwerkfunktionen geben nie die Anzahl gesendeter Zeichen zurück

Es ist übrigens falsch, wenn Onlinetutorien behaupten, dass `send()` die Anzahl gesendeter Zeichen zurückgibt. Dies ist deshalb falsch, weil z. B. Windows (ab XP) ein vollständiges Unicode-System ist und dort ein Zeichen stets 2 Bytes lang ist. Deshalb gibt `send()` auch immer die Anzahl Bytes zurück und nie die Anzahl gesendeter Zeichen. Dies ist auch unter Linux so, denn Sie können beispielsweise über die Locales (Konfigurationsskripte im Verzeichnis */etc/locale*) oder über das Tool `locale-config` (Raspberry Pi: `raspi-config`) auch Ihr Linux auf Unicode umstellen.

Das Gegenstück zur Funktion `send()` ist die Funktion `recv()`, die folgende Syntax hat:

```
#include <sys/types.h>
#include <sys/socket.h>

ssize_t recv ( int socketfd, void *data ,
               size_t data_len, unsigned int flags );
```

Als erster Parameter wird das Socket angegeben, aus dem die Daten empfangen werden sollen. Die Daten selbst werden in den Speicher eingelesen, und zwar an die Position, auf die der typenlose Zeiger `data` verweist. Die Länge für `data` müssen Sie mit `data_len` angeben. Mit `data_len` geben Sie auch hier die Anzahl der zu lesenden Bytes an. Hier ist die Angabe von `data_len` enorm wichtig, denn eine Angabe, die mehr Speicher verbraucht, als für `data` zur Verfügung steht, kann mit einem Buffer Overflow enden, der dann auch für Angriffe ausgenutzt werden kann. Auch hier wird für die Flags gewöhnlich der Wert `0` eingegeben, unter Windows kann sich dies aber auch hier anders verhalten. Mehr Informationen zu den Flags erhalten Sie auch hier über `man recv` bzw. die entsprechende F-Taste in Ihrer Entwicklungsumgebung. Die Funktion `recv()` gibt die Anzahl der empfangenen Bytes zurück oder bei einem Fehler `-1`.

Im Falle von `send()` und `recv()` gilt dieselbe Aussage wie schon bei `write()` und `read()`. Sie können sich auch hier nicht darauf verlassen, dass `send()` alle Daten auf einmal losschickt, sondern müssen durch Überprüfen des Rückgabewertes abklären, ob ein erneuter Funktionsaufruf nötig ist.

11.6.7 Eine Verbindung wieder schließen mit close()

Die Funktion close() können Sie dazu verwenden, eine Verbindung des Sockets, unter der Angabe des Socket-Deskriptors, wieder zu schließen. Diese Funktion kennen Sie bereits aus Abschnitt 2.3.3, weshalb wir hier nur die Syntax angeben:

```
#include <unistd.h>

int close ( int sockfd );
```

11.7 Aufbau eines Clientprogramms

Jetzt haben Sie zwar einige grundlegende Funktionen kennen gelernt, aber dies hilft Ihnen relativ wenig, wenn Sie nicht wissen, wie Sie diese Grundlagen in der Praxis einsetzen können. Da Netzwerkprogramme normalerweise auf dem Client-Server-Prinzip aufbauen, werden wir Ihnen ein einfaches Beispiel aus diesem Bereich zeigen.

Beginnen wir mit der Clientanwendung. Als Client wird gewöhnlich das Programm bezeichnet, das die Verbindung initiiert hat. Als Server hingegen wird die Anwendung bezeichnet, die den Verbindungsaufbauwunsch entgegennimmt.

Wichtig: Sie benötigen die Adresse und die Portnummer des Servers. Ihnen stehen u. a. folgende Möglichkeiten zur Verfügung, diese Einstellungen festzulegen:

- Angabe über Kommandozeilenargumente (z. B. mit ./client 123.12.32.1:8080)
- Abfrage in der Anwendung (Konsole oder GUI)
- feste Angabe im Quelltext oder in einer Konfigurationsdatei
- Nutzung einer Datenbank

Welche Art Sie dabei verwenden, hängt fast immer vom jeweiligen Anwendungsfall ab und davon, wie flexibel Ihr Programm sein muss. Darüber sollten Sie sich zuerst Gedanken machen, bevor Sie fortfahren (bei Netzwerkanwendungen werden solche Entscheidungen auch sehr oft im Team getroffen und nicht nur von Ihnen allein).

Kommen wir nun zur Programmierung der Clientanwendung. Zuerst müssen Sie natürlich ein Socket erstellen, denn egal, ob Client- oder Serveranwendung: Wenn eine Kommunikation zustande kommen soll, benötigen Sie immer ein Socket für jeden Prozess. Das Socket erstellen Sie wie folgt:

```
int create_socket;
if ((create_socket = socket (AF_INET, SOCK_STREAM, 0)) > 0)
    printf ("Socket wurde angelegt\n");
```

Im nächsten Schritt, also wenn die Clientanwendung erfolgreich ein Socket anlegen konnte, wird versucht, mit connect() eine Verbindung zu einem Server aufzubauen. Für den Verbindungsaufbau wird nun die Endpunktadresse benötigt. Diese wird als zweiter Parameter der Funktion connect() innerhalb der Struktur sockaddr angegeben:

```
struct sockaddr {
   sa_family_t  sa_family; // Adressfamilie, AF_xxx
   char sa_data[14];        // 14 Bytes für Protokolladresse
};
```

Diese Struktur lässt sich allerdings recht unbequem ausfüllen (gemeint sind damit Portnummer und Internetadresse in der Strukturvariablen sa_data), weshalb es für IP-Anwendungen folgende spezielle Struktur dafür gibt, die die Sache vereinfacht:

```
struct sockaddr_in {
    sa_family_t sin_family;         // Addressfamilie
    unsigned short int sin_port;    // Portnummer
    struct in_addr sin_addr;        // Internetadresse
};
```

sockaddr_in ermöglicht es Ihnen, die IP-Adresse sowie die Portnummer getrennt einzutragen. Im Speicher sind die Strukturen sockaddr und sockaddr_in kompatibel, es reicht also eine einfache Typumwandlung, um connect() die gewünschten Informationen zu übergeben. Näheres zu den Strukturen sockaddr und sockaddr_in entnehmen Sie bitte Abschnitt 11.6.2.

Beim Ausfüllen der Struktur sockaddr muss allerdings auf die verschiedenen Architekturen Rücksicht genommen werden, denn auf den verschiedenen Architekturen gibt es unterschiedliche Anordnungen der Bytes zum Speichern von Zahlen. So wird gewöhnlich zwischen *Big Endian* und *Little Endian* unterschieden. Beim Big Endian wird das höchstwertige Byte an der niedrigsten Adresse gespeichert, das zweithöchste an der nächsten Adresse und so weiter. Bei Little Endian ist dies genau umgekehrt. Hier wird das niedrigstwertige Byte an der niedrigsten Stelle gespeichert, das zweitniedrigste an der nächsten Stelle usw.

Da man sich mit Big Endian (auch als *Network-Byte-Order* bezeichnet) auf eine einheitliche Datenübertragung geeinigt hat, brauchen Sie sich keine Gedanken um verschiedene Architekturen zu machen. Allerdings muss dann die entsprechende Library (durch Anbieten entsprechender Funktionen) diese Dinge beachten, vor allem unter Linux, das auf beiden Prozessor-Varianten laufen muss.

Das heißt: Um aus der auf der lokalen CPU verwendeten Byte-Reihenfolge (*Host-Byte-Order*) eine Network-Byte-Order zu machen (und umgekehrt), stehen Ihnen die folgenden Funktionen zur Verfügung:

```
#include <netinet/in.h>

// Rückgabe : Network-Byte-Order
// Parameter: Host-Byte-Order
```

```
unsigned short int htons(unsigned short int hostshort);

// Rückgabe : Network-Byte-Order
// Parameter: Host-Byte-Order
unsigned long int htonl(unsigned long int hostlong);

// Rückgabe  : Host-Byte-Order
// Parameter : Network-Byte-Order
unsigned short int ntohs(unsigned short int netshort);

// Rückgabe :  Host-Byte-Order
// Parameter : Network-Byte-Order
unsigned long int ntohl(unsigned long int netlong);
```


Dies mag für diejenigen, die sich noch nicht mit architekturspezifischen Problemen befassen mussten, ein wenig verwirrend sein, doch sollte man sich davon nicht abschrecken lassen. Es geht im Endeffekt nur darum, die Bytes in einer Variablen vom Typ `long int` neu anzuordnen, und dies geht sehr gut und schnell mit den entsprechenden logischen Operatoren und Bit-Shifts. Wenn Sie z. B. die Bytes einer 16-Bit-Zahl vertauschen wollen, dann müssen Sie nur wie folgt vorgehen:

```
int a=0x1234; // Hex
a=(a>>8)|((a&0xff)<<8); // a=0x3412 (Hex)
```

Natürlich nehmen Ihnen die entsprechenden Headerdateien diese Arbeit ab. Erstellen wir nun den Rest der Clientanwendung. Nach dem Anlegen des Sockets wird es Zeit, auf die folgende Weise eine Verbindung mit dem Server herzustellen:

```
#include <arpa/inet.h>
#include <netinet/in.h>
#include <sys/socket.h>
...
struct sockaddr_in address;
...
address.sin_family = AF_INET;
address.sin_port = htons (15000);
inet_aton (argv[1], &address.sin_addr);

if (connect ( create_socket,
              (struct sockaddr *) &address,
              sizeof (address) ) == 0)
   /* connect() war erfolgreich. */
```

[»]

Hinweis

Die Funktion inet_aton() konvertiert die IP-Adresse, die Sie als zweites Argument in der Kommandozeile (also als String) angeben, von der punktierten Darstellungsweise in einen nummerischen Wert.

Wenn bisher alles glatt verlaufen ist, sind Sie jetzt mit dem Server verbunden und können von nun an mit ihm kommunizieren. Sie können jetzt also mit send() bzw. write() Daten an den Server senden oder mit recv() bzw. read() Daten empfangen. Natürlich leisten diese Dinge zwei unterschiedliche Anwendungen auf gegebenenfalls verschiedenen Rechnern.

Am Ende der Datenübertragung müssen Sie die Verbindung übrigens mittels close() wieder schließen, denn sonst kann es durch nicht gelöschte Zwischenpuffer zu Speicherlecks kommen. Diese Speicherlecks können dann auch für Angriffe benutzt werden.

11.7.1 Zusammenfassung: Clientanwendung und Quellcode

Eine kurze Zusammenfassung, was zum Clientteil gehört:

- ein Socket erzeugen – mit socket()
- Verbindung zum Server herstellen – mit connect()
- Kommunikation mit dem Server herstellen – Vorgehen hängt vom Anwendungsfall ab
- Verbindung wieder beenden – mit close()

Es folgt der Quellcode der Clientanwendung:

```
/* client.c */
#include <sys/types.h>
#include <sys/socket.h>
#include <netinet/in.h>
#include <arpa/inet.h>
#include <unistd.h>
#include <stdlib.h>
#include <stdio.h>
#include <string.h>
#define BUF 1024

int main (int argc, char **argv) {
    int create_socket;
    char *buffer = malloc (BUF);
    struct sockaddr_in address;
    int size;
```

```
    if( argc < 2 ){
        printf("Usage: %s ServerAdresse\n", *argv);
        exit(EXIT_FAILURE);
    }

    printf ("\e[2J");
    if ((create_socket=socket (AF_INET, SOCK_STREAM, 0)) > 0)
        printf ("Socket wurde angelegt\n");

    address.sin_family = AF_INET;
    address.sin_port = htons (15000);
    inet_aton (argv[1], &address.sin_addr);

    if (connect ( create_socket,
        (struct sockaddr *) &address,
        sizeof (address)) == 0)
    printf ("Verbindung mit dem Server (%s) hergestellt\n",
        inet_ntoa (address.sin_addr));
    do {
        size = recv(create_socket, buffer, BUF-1, 0);
        if( size > 0)
            buffer[size] = '\0';
        printf ("Nachricht erhalten: %s\n", buffer);
        if (strcmp (buffer, "quit\n")) {
            printf ("Nachricht zum Versenden: ");
            fgets (buffer, BUF, stdin);
            send(create_socket, buffer, strlen (buffer), 0);
        }
    } while (strcmp (buffer, "quit\n") != 0);
    close (create_socket);
    return EXIT_SUCCESS;
}
```

Listing 11.1 Implementiert die Clientseite einer TCP-Netzwerkverbindung zu einem anderen Rechner.

Hinweis

Beachten Sie, dass bei UNIX-Systemen wie BSD beim Kompilieren immer die Headerdatei *sys/types.h* noch vor *sys/socket.h* inkludiert werden muss, sonst gibt es einen Fehler beim Kompilieren. Unter Linux ist die Reihenfolge dagegen egal.

11.8 Aufbau des Serverprogramms

Jetzt benötigen Sie noch die Verbindung zur Gegenseite, also zum Server. Der Unterschied zum Clientprogramm besteht im Wesentlichen nur darin, auf welche Weise eine Verbindung zustande kommt. Daher wird ein Server immer in einen Wartezustand versetzt, um Verbindungswünsche von Clientprogrammen entgegenzunehmen. Die Datenübertragung hingegen verläuft genauso wie beim Client.

Das Serverprogramm muss also zunächst herausfinden, an welchem Port es auf Verbindungswünsche warten soll. In unserem Beispiel wird die Portnummer fest in den Quellcode einkompiliert. Alternativ können Sie hierfür die Funktion `getservbyname()` zur Ermittlung eines Ports mittels dessen Namen verwenden, mehr dazu folgt in den nächsten vier Abschnitten.

Zunächst müssen Sie aber auch beim Server ein Socket mit `socket()` erzeugen, um überhaupt mit den Clientprogrammen kommunizieren zu können. Anschließend ist es auch hier wieder an der Zeit, dem Betriebssystem mit der Funktion `bind()` mitzuteilen, welchem Port das Socket zugewiesen werden soll. Wenn später ein Datenpaket empfangen wird, weiß das System anhand der Portnummer, für welches Socket das Paket gedacht ist. Sie können sich die Portnummer hierbei als Durchwahl einer Telefonnummer vorstellen, wie dies bei größeren Firmen der Fall ist. Hat eine Firma z. B. die Nummer 12345 und Herr Huber die Nummer 134, dann wäre die komplette Nummer mit Durchwahl 12345-134, und Herr Huber ist direkt am Apparat, wenn Sie die Durchwahl 134 benutzen. Übertragen auf die Socket-Programmierung ist die IP-Adresse die Nummer der Firma und die Durchwahl die Nummer des Ports. Die Aufgabe von `bind()` ist es nun, das neu erzeugte Socket an den Port zu binden. Mit der Funktion `bind()` geben Sie die Endpunktadresse (IP-Adresse: Portnummer) an, unter der das Socket erreichbar sein soll. Das heißt natürlich auch, dass ein Socket, das z. B. mit `bind(192.168.201.1, 8000)` gebunden wurde, nie aus dem Internet heraus ansprechbar ist, während es mit `bind(134.76.13.21, 8000)` nie aus dem internen Netzwerk heraus erreichbar ist. Aber mit `bind(INADDR_ANY, 8000)` ist es von überall erreichbar. Sie sehen also, dass es bestimmte Konstanten gibt, die eine bestimmte Bedeutung haben. So kann beispielsweise die Konstante `INADDR_ANY` (255.255.255.0) anstelle einer festen IP-Adresse verwendet werden. Dadurch wird der Server angewiesen, Verbindungen für jede IP-Adresse anzunehmen, die an den Server gerichtet ist (angegeben durch die Portnummer). Es folgt der Code, mit dem Sie die oben genannten Dinge erledigen können:

```
struct sockaddr_in address;
...
address.sin_family = AF_INET;
address.sin_addr.s_addr = INADDR_ANY;
address.sin_port = htons (15000);
```

```
if (bind ( create_socket,
           (struct sockaddr *) &address,
           sizeof (address)) == 0)
    printf ("Binding Socket erfolgreich\n");
```

Jetzt, nachdem der Server bereit ist, auf eingehende Verbindungswünsche zu reagieren, können Sie mit der Funktion `listen()` eine Warteschlange einrichten, um auf einen oder auch auf mehrere Verbindungswünsche zu reagieren. Anschließend wird die Funktion `accept()` aufgerufen. Die Adressinformationen über den Client befinden sich stets im zweiten Parameter der Funktion `accept()`. Diese Informationen benötigen Sie, damit Sie überhaupt wissen, mit wem Sie es zu tun haben. Wichtig hierbei ist, dass die Verbindung von nun an über das neu erstellte Socket, das `accept()` bei Erfolg als Rückgabewert liefert, abgewickelt wird. Das alte Socket steht weiterhin für die weiteren Verbindungsaufbauwünsche zur Verfügung. Allerdings können Sie mit dem derzeitigen Wissen nur eine Verbindung zur gleichen Zeit bearbeiten. Wie Sie mehrere Verbindungen parallel abarbeiten können (natürlich mittels Threads), erfahren Sie im nächsten Abschnitt. Gewöhnlich werden Sie auch wollen, dass der Server sich nach einem einzigen Durchlauf nicht einfach beendet. Daher werden Sie hierfür `accept()` meistens in eine Endlosschleife verpacken, womit der Server dauerhaft auf Verbindungswünsche eingehen kann. Und ja, Sie haben es richtig erkannt: Hier wird einfach gepollt.

11.8.1 Zusammenfassung: Serveranwendung und Quellcode

Zusammengefasst besteht eine Serveranwendung gewöhnlich aus den folgenden Einzelteilen:

- ein Socket erzeugen – mit `socket()`
- den eigenen Port festlegen – mit `bind()`
- auf Verbindungswünsche warten – mit `listen()`
- Verbindung annehmen – mit `accept()`
- Kommunikation – Daten empfangen oder versenden
- eventuell die Verbindung wieder schließen – mit `close()`

Es folgt das Listing mit dem Servercode:

```
/* server.c */
#include <sys/types.h>
#include <sys/socket.h>
#include <netinet/in.h>
#include <arpa/inet.h>
```

```
#include <unistd.h>
#include <stdlib.h>
#include <stdio.h>
#include <string.h>
#define BUF 1024

int main (void) {
    int create_socket, new_socket;
    socklen_t addrlen;
    char *buffer = malloc (BUF);
    ssize_t size;
    struct sockaddr_in address;
    const int y = 1;

    printf ("\e[2J");
    if ((create_socket=socket (AF_INET, SOCK_STREAM, 0)) > 0)
        printf ("Socket wurde angelegt\n");

    setsockopt( create_socket, SOL_SOCKET,
        SO_REUSEADDR, &y, sizeof(int));

    address.sin_family = AF_INET;
    address.sin_addr.s_addr = INADDR_ANY;
    address.sin_port = htons (15000);
    if (bind ( create_socket,
        (struct sockaddr *) &address,
        sizeof (address)) != 0) {
        printf( "Der Port ist nicht frei - belegt!\n");
    }
    listen (create_socket, 5);
    addrlen = sizeof (struct sockaddr_in);

    while (1) {
        new_socket = accept ( create_socket,
        (struct sockaddr *) &address,
        &addrlen );
        if (new_socket > 0)
            printf ("Ein Client (%s) ist verbunden ...\n",
                inet_ntoa (address.sin_addr));
        do {
            printf ("Nachricht zum Versenden: ");
```

```
            fgets (buffer, BUF, stdin);
            send (new_socket, buffer, strlen (buffer), 0);
            size = recv (new_socket, buffer, BUF-1, 0);
            if( size > 0)
                buffer[size] = '\0';
            printf ("Nachricht empfangen: %s\n", buffer);
        } while (strcmp (buffer, "quit\n") != 0);
        close (new_socket);
    }
    close (create_socket);
    return EXIT_SUCCESS;
}
```

Listing 11.2 Implementiert die Serverseite der TCP-Verbindung zu einem anderen Rechner.

Jetzt wird es Zeit, das Client-Server-Beispiel zu testen. Da wir davon ausgehen, dass Sie dieses Beispiel auf dem lokalen Rechner testen wollen, sollten Sie den Client mit der IP-Adresse 127.0.0.1 (`localhost`) starten. Falls Sie die Serveranwendung allerdings woanders eingerichtet haben als die Clientanwendung, so geben Sie die entsprechende IP-Adresse des Servers an. Sie unterhalten sich im nächsten Beispiel über dieselbe IP-Adresse (127.0.0.1). Geben Sie nun in der Konsole folgende Kommandos ein:

```
[tty1]$ gcc client.c -o client
[tty1]$ gcc server.c -o server
[tty1] $ ./server
Socket wurde angelegt
---[Terminal wechseln]---
[tty2]$ ./client 127.0.0.1
Socket wurde angelegt
Verbindung mit dem Server (127.0.0.1) hergestellt
---[tty1]---
Socket wurde angelegt
Der Client 127.0.0.1 ist verbunden ...
Nachricht zum Versenden: Hallo Client
---[tty2]---
Socket wurde angelegt
Verbindung mit dem Server (127.0.0.1) hergestellt
Nachricht erhalten: Hallo Client
Nachricht zum Versenden: Hallo Server
---[tty1]---
Socket wurde angelegt
```

```
Der Client 127.0.0.1 ist verbunden ...
Nachricht zum Versenden: Hallo Client
Nachricht empfangen: Hallo Server
Nachricht zum Versenden: Beende dich mit quit
---[tty2]---
Socket wurde angelegt
Verbindung mit dem Server (127.0.0.1) hergestellt
Nachricht erhalten: Hallo Client
Nachricht zum Versenden: Hallo Server
Nachricht erhalten: Beende dich mit quit
Nachricht zum Versenden: quit
$
---[tty1]---
Socket wurde angelegt
Der Client 127.0.0.1 ist verbunden ...
Nachricht zum Versenden: Hallo Client
Nachricht empfangen: Hallo Server
Nachricht zum Versenden: Beende dich mit quit
Nachricht empfangen: quit
[tty3] $ ./client 127.0.0.1
Socket wurde angelegt
Die Verbindung wurde "accepted" mit dem Server 127.0.0.1
---[tty1]---
Nachricht zum Versenden: Beende dich mit quit
Nachricht empfangen: quit
Der Client 127.0.0.1 ist verbunden ...
Nachricht zum Versenden:
```

[»]

Hinweis

Mit der Funktion `setsockopt()` richten Sie das Socket so ein, dass mehrere Prozesse (Clients) sich denselben Port teilen – sprich: Mehrere Clients können innerhalb kürzester Zeit mit dem Server in Verbindung treten. Außerdem lösen Sie damit das Problem, dass der Server beim Neustart seinen lokalen Port erst nach zwei Minuten Wartezeit wieder benutzen kann. Dies werden Sie in fast allen Beispielen wiederfinden. Mehr zur Funktion `setsockopt()` finden Sie in Abschnitt 11.16.1.

Sie haben nun eine einfache Client-Server-Anwendung erstellt, mit der Sie einen einfachen Text austauschen können. Natürlich haben wir es Ihnen sehr leicht gemacht und auch nur die Standardfunktionen benutzt. Daher werden wir auf den folgenden Seiten noch tiefer in die Materie vordringen.

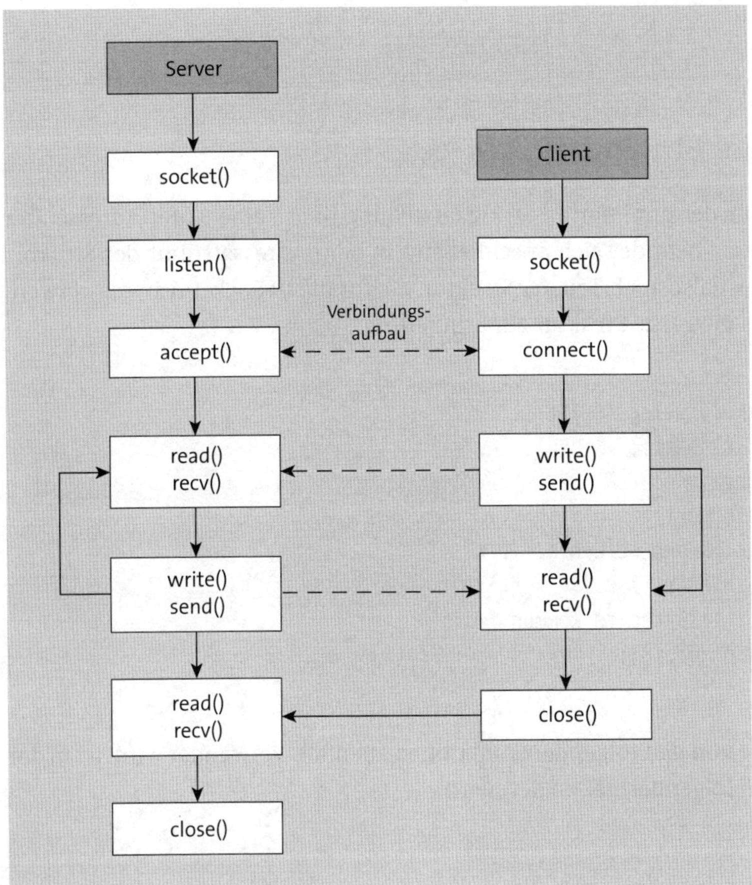

Abbildung 11.5 Grundlegendes Client-Server-Prinzip bei den TCP-Sockets

11.9 IP-Adressen konvertieren, manipulieren und extrahieren

Bevor Sie noch tiefer in die Welt der Netzwerkprogrammierung einsteigen können, benötigen Sie Wissen über einige Funktionen, die wir auf den vorherigen Seiten noch nicht oder ungenügend behandelt haben.

11.9.1 inet_aton(), inet_pton() und inet_addr()

Mit den Funktionen `inet_aton()` und `inet_addr()` konvertieren Sie den String in der punktierten Dezimaldarstellung (z. B. 127.0.0.1) in eine 32-Bit-Internetadresse. Die Funktion `inet_addr()` ist veraltet und wird deshalb hier nicht mehr behandelt. Die Syntax von `inet_aton()` ist die folgende:

```
#include <sys/socket.h>
#include <netinet/in.h>
#include <arpa/inet.h>

int inet_aton(const char *ptr, struct in_addr *inp);
```

Mit inet_aton() wird aus der punktierten Stringdarstellung in ptr eine 32-Bit-Adresse. Der Wert dieser 32-Bit-Adresse befindet sich anschließend in dem Adressattribut der Struktur in_addr. Die IP-Adresse ist also auch Teil der Struktur, die für die IP-Socket-Adresse verwendet wird. Hier nochmals die ganze Struktur zur Erinnerung:

```
struct sockaddr_in {
  /* Adressfamilie normalerweise AF_INET  */
  short int          sin_family;
  /* Port der Verbindung                   */
  unsigned short int sin_port;
  /* Adresse, zu der verbunden werden soll */
  struct in_addr     sin_addr;
  /* Fuelldaten, um auf 14 Bytes zu kommen */
  unsigned char      sin_zero[8];
};
```

Die Struktur in_addr, die von den folgenden Funktionen ebenfalls verwendet wird, ist in der Headerdatei *netinet/in.h* folgendermaßen definiert:

```
struct in_addr{
     unsigned long int sin_addr;
}
```

Bei einem Fehler gibt die Funktion inet_aton() 0, ansonsten (bei Erfolg) einen Wert ungleich 0 zurück. Erwähnenswert ist an dieser Stelle noch die Funktion inet_pton(), die im Gegensatz zu inet_aton() auch andere Adressen als die der Version IPv4 benutzen kann:

```
#include <arpa/inet.h>
#include <sys/socket.h>
#include <sys/types.h>

int inet_pton(int af, const char *src, void *dst);
```

Für af geben Sie die Adressfamilie (wie auch schon bei socket()) an, für src den String mit der punktierten Darstellung und für dst einen Zeiger auf die Zielstruktur, die je nach Adressfamilie variiert. In der Praxis eingesetzt kann dies z. B. so aussehen:

```
struct in_addr addr;
inet_pton(AF_INET, "127.0.0.1", &addr);
```

11.9.2 inet_ntoa() und inet_ntop()

Soll im Gegenzug aus der 32-Bit-Darstellung der IP-Adresse wieder eine punktierte Darstellung zum String gemacht werden, steht Ihnen die Funktion inet_ntoa() mit der folgenden Syntax zur Verfügung:

```
#include <sys/socket.h>
#include <netinet/in.h>
#include <arpa/inet.h>

char *inet_ntoa( struct in_addr in );
```

Mit inet_ntoa() wird die übergebene 32-Bit-Adresse als Parameter, die als Network-Byte-Order vorliegen muss, in eine punktierte Dezimaldarstellung konvertiert, die am Ende als String vorliegt. Der String wird als Rückgabewert in einem statischen Puffer abgelegt. Bei einem Fehler wird NULL zurückgegeben.

Die Funktion inet_ntoa() ist leider nicht thread-safe, da sie einen statischen Puffer verwendet. Daher gibt es die Alternative inet_ntop(), die folgende Syntax benutzt:

```
#include <arpa/inet.h>
#include <sys/socket.h>
#include <sys/types.h>

const char *inet_ntop( int af, const void *src,
                       char *dst, socklen_t cnt );
```

Für af geben Sie wieder die Adressfamilie an (wie auch schon bei socket()), für src die 32-Bit-Darstellung der IP-Adresse in Network-Byte-Order und mit dst einen Zeiger auf einen String, in dem der konvertierte Wert mit cnt Bytes kopiert wird. In der Praxis sieht dies so aus:

```
char buf[16];
inet_ntop(AF_INET, &addr, buf, 16);
```

11.9.3 inet_network()

Um aus einer IP-Adresse (in der punktierten Dezimaldarstellung in Form eines Strings) eine Netzwerknummer zu machen, können Sie die Funktion inet_network() verwenden, die folgende Syntax besitzt:

```
#include <sys/socket.h>
#include <netinet/in.h>
#include <arpa/inet.h>

in_addr_t int inet_network( const char * ptr );
```

Mit `inet_network()` konvertieren Sie die punktierte Stringdarstellung der IP-Adresse in `ptr` in die entsprechende Netzwerknummer. Diese Netzwerknummer wird bei Erfolg als Rückgabewert von `inet_network()` in der Host-Byte-Order zurückgegeben. Bei einem Fehler wird `-1` zurückgegeben.

[»]

Hinweis: Netzwerknummern

Die Netzwerknummer ist der Netzanteil einer IP-Adresse. Die IP-Adressen werden wiederum in eine IP-Netzklasse unterteilt. Dies ist eine Unterteilung in einen Netz- und einen Hostanteil. Die Netzklasse ist abhängig von der Anzahl der Computer, die z. B. in einer Firma an das Internet angeschlossen sind. Generell werden in der Praxis die Klassen A, B und C verwendet. Die Klasse C teilt die Adresse in N.N.N.H (N – Netz, H – Host) und enthält so 255 Adressen. Mit der Klasse B sind 255 mal 255 Adressen möglich, weil zwei Bytes für den Hostanteil verwendet werden (N.N.H.H). Die Klasse A wird kaum noch verwendet, da sie mit 16.581.375 adressierbaren Computern (N.H.H.H) ein sehr großes Stück aus dem knappen Adressraum herausschneidet.

11.9.4 inet_netof()

Um aus einer nummerischen 32-Bit-IP-Adresse eine Netzwerknummer zu machen, können Sie die Funktion `inet_netof()` verwenden, die die folgende Syntax besitzt:

```
#include <sys/socket.h>
#include <netinet/in.h>
#include <arpa/inet.h>

in_addr_t int inet_netof( struct in_addr in );
```

Mit `inet_netof()` konvertieren Sie die nummerische 32-Bit-Darstellung der IP-Adresse, die als Parameter angegeben wird, in die Netzwerknummer. Diese Netzwerknummer wird bei Erfolg als Rückgabewert von `inet_netof()` in Host-Byte-Order zurückgegeben. Bei einem Fehler wird `-1` zurückgegeben.

11.9.5 inet_lnaof()

Um den lokalen Teil aus einer nummerischen 32-Bit-IP-Adresse zu extrahieren, steht Ihnen die Funktion `inet_lnaof()` zur Verfügung, die die folgende Syntax benutzt:

```
#include <sys/socket.h>
#include <netinet/in.h>
#include <arpa/inet.h>

in_addr_t inet_lnaof( struct in_addr in );
```

Mit inet_lnaof() ermitteln Sie die Adresse des lokalen Teils (z. B. wird 192.168.2.1 zu 0.0.0.1) des Rechners. Die Funktion gibt diesen Wert in Form eines 32-Bit-Wertes in Host-Byte-Order zurück. Bei einem Fehler wird -1 zurückgegeben.

11.9.6 inet_makeaddr()

Um aus dem lokalen Teil eines Rechners und einer Netzwerknummer eine richtige nummerische IP-Adresse zu machen, können Sie die Funktion inet_makeaddr() verwenden:

```
#include <sys/socket.h>
#include <netinet/in.h>
#include <arpa/inet.h>

struct in_addr inet_makeaddr( int net, int host );
```


Mit inet_makeaddr() wird zu der Netzwerknummer net und der Adresse des lokalen Rechnerteils (host) eine vollständige nummerische 32-Bit-IP-Adresse zurückgeliefert. Die Werte net und host müssen in Host-Byte-Order übergeben werden.

Das folgende Beispiel-Listing demonstriert die im letzten Anschnitt erklärten Funktionen:

```
/* Adressen.c */
#include <sys/types.h>
#include <sys/socket.h>
#include <netinet/in.h>
#include <arpa/inet.h>
#include <stdio.h>
#include <stdlib.h>
#include <netdb.h>

static void ip_adressen (const char *ip_addr) {
    struct in_addr ip;
    char *ip_str;

    if (inet_aton (ip_addr, &ip) == 0)
        return;
    printf ("\n  *** Gesamtteil der IP-Adresse *** \n");
    printf ("IP-Adresse (argv[1])                : %s\n",
        ip_addr);
    printf ("IP-Adresse als 32-Bit Wert - inet_aton() : %d\n",
        ip.s_addr);
    ip_str = inet_ntoa (ip);
    if (ip_str == NULL)
        return;
```

```
    printf ("IP-Adresse String mit inet_ntoa()      : %s\n",
        ip_str);
}

static void ip_netzwerk (const char *ip_addr) {
    struct in_addr ip, net_ip;
    unsigned long int net, net_num;

    if (inet_aton (ip_addr, &ip) == 0)
        return;
    net = inet_netof (ip);
    if (net <= 0)
        return;
    /* Netzwerkteil */
    printf ("\n  *** Netzwerkteil der IP-Adresse *** \n");
    printf ("Netzwerknummer der IP-Adresse mit "
        "inet_netof()  : %lu\n", net);
    net_ip.s_addr = net_num = ntohl (inet_netof (ip) << 8);
    printf ("--->%s", inet_ntoa (net_ip));
    printf ("--> (als 32-Bit-Wert) : %ld\n", net_num);
    net_ip = inet_makeaddr (htonl (net_num), 0);
    printf ("inet_makeaddr()->(als 32-Bit-Wert) : %d\n",
        net_ip.s_addr);
}

static void ip_lokal (const char *ip_addr) {
    struct in_addr ip, lokal_ip;
    unsigned long int lokal_num;

    if (inet_aton (ip_addr, &ip) == 0)
        return;
    printf ("\n  *** Lokaler Teil der IP-Adresse *** \n");
    lokal_ip.s_addr = lokal_num = ntohl (inet_lnaof (ip));
    printf ("--->%s", inet_ntoa (lokal_ip));
    printf ("--> (als 32-Bit-Wert) : %ld\n", lokal_num);
    lokal_ip = inet_makeaddr (0, htonl (lokal_num));
    printf ("inet_makeaddr()->(als 32-Bit-Wert) : %d\n",
        lokal_ip.s_addr);
}

static void ip_zusammen (const char *ip_addr) {
    struct in_addr ip, lokal_ip, net_ip, zusammen_ip;
```

```
    unsigned long int lokal_num, net_num;

    if (inet_aton (ip_addr, &ip) == 0)
        return;
    printf ("\n  *** Lokale Teile und Netzwerkteil "
        "zusammensetzen *** \n");
    lokal_ip.s_addr = lokal_num = ntohl (inet_lnaof (ip));
    printf ("Lokaler Teil: ");
    printf ("%20s = ", inet_ntoa (lokal_ip));
    printf ("(als 32-Bit-Wert) : %ld\n", lokal_num);
    printf ("Netzwerkteil: ");
    net_ip.s_addr = net_num = ntohl (inet_netof (ip) << 8);
    printf ("%20s = ", inet_ntoa (net_ip));
    printf ("(als 32-Bit-Wert) : %ld\n", net_num);
    zusammen_ip=inet_makeaddr( htonl (net_num),
        htonl (lokal_num));
    printf("Alles wieder mit inet_makeaddr zusammengefügt: ");
    printf ("\n%s = %d\n", inet_ntoa (zusammen_ip),
        zusammen_ip.s_addr);
}

int main (int argc, char **argv) {
    char *ptr;
    if (argc != 2)
        printf ("Verwendung %s IP-Adresse\n", *argv);
    else {
        ptr = argv[1];
        ip_adressen (ptr);
        ip_netzwerk (ptr);
        ip_lokal (ptr);
        ip_zusammen (ptr);
    }
    return EXIT_SUCCESS;
}
```

Listing 11.3 Zeigt, wie Sie zu einer IP-Adresse den Netzwerkteil und Hostteil ermitteln.

Das Programm gibt bei der Ausführung Folgendes aus:

```
$ gcc Adressen.c -o Adressen
$ ./Adressen 213.131.254.130

 *** Gesamtteil der IP-Adresse ***
IP-Adresse (argv[1])                    : 213.131.254.130
```

```
IP-Adresse als 32-Bit Wert mit inet_aton(): 2197717973
IP-Adresse String mit inet_ntoa()         : 213.131.254.130

 *** Netzwerkteil der IP-Adresse ***
Netzwerknummer der IP-Adresse mit inet_netof()  : 13992958
--->213.131.254.0--> (als 32-Bit-Wert) : 16679893
mit inet_makeaddr() --> (als 32-Bit-Wert) : 16679893

 *** Lokaler Teil der IP-Adresse ***
--->0.0.0.130--> (als 32-Bit-Wert) : 2181038080
mit inet_makeaddr() --> (als 32-Bit-Wert) : 2181038080

 *** Lokale Teile und Netzwerkteil zusammensetzen ***
Lokaler Teil:            0.0.0.130 = (als 32-Bit-Wert) : 2181038080
Netzwerkteil:        213.131.254.0 = (als 32-Bit-Wert) : 16679893
Alles wieder mit inet_makeaddr() zusammengefügt:
213.131.254.130 = 2197717973
```

11.10 Namen und IP-Adressen ineinander umwandeln

Nun wissen Sie alles über IP-Adressen und können sie auch erfolgreich in einem Client- und Serverprogramm verwenden, um Nachrichten auszutauschen. Dies würde auch genau so funktionieren, wenn Sie in Deutschland den Client starten und Ihr Freund in Japan den Server – vorausgesetzt, Sie stellen die IP-Adressen richtig ein und tauschen sie auch vorher auf anderen Wegen aus (z. B. über SMS). Sie wissen also jetzt, dass im Internet alles über IP-Adressen erreichbar ist, aber wenn Sie sich mit diesen Nummern durchhangeln müssten, wäre das Internet wohl heute nicht so erfolgreich, denn es wäre in etwa so, als ob Sie sich 100.000 Telefonnummern merken müssten. Deshalb wird für die Nummern zusätzlich ein Name, bestehend aus Host- und Domainname (und eventuell einer Top-Level-Domain), vergeben (im Endeffekt ist dies ein riesiges Telefonbuch, das aber automatisch funktioniert und zu einem Namen stets die richtige Nummer heraussucht).

Der Domainname ist immer der Name, über den Sie eine Webseite im Internet ansprechen. Bei Ihrer Suchmaschine (z. B. *http://www.duckduckgo.de*) ist dies also quasi der gesamte Telefonbucheintrag. Ein Domainname wird von hinten nach vorn aufgelöst. Somit steht das *com* für die Top-Level-Domain (wie der Name sagt, das, was ganz vorn steht). Die Top-Level-Domain bezeichnet die Herkunft und/oder die Zugehörigkeit (*.com*, *.gov*, *.net* etc.), was hier mit *de* für Deutschland steht (also für die deutsche Version von Duck Duck Go). Nach der Top-Level-Domain folgt der eigentliche Domainname, der im Beispiel *duckduckgo* lautet.

Der Hostname ist somit die niedrigste Instanz eines Domainnamens, da dieser ja von hinten nach vorn aufgelöst wird (aber der erste Teil in der Leseweise). Gewöhnlich lautet im Internet der Hostname *www* – allerdings spricht nichts dagegen, diesen auch anders zu benennen. Es wird nämlich nur empfohlen, weil sich viele Anwender an das *www* gewöhnt haben. Genauso gut könnten Sie aber auch für Ihren ganz persönlichen Server *MeinGartenhaus.Gartentor-KNX-Router.net* verwenden.

Die Vorteile, Namen anstatt Nummern zu verwenden, sind eindeutig:

- Die Namen sind einfacher les- und verwendbar.
- Die Nummern können verändert werden, und der Name kann trotzdem gleichbleiben, wie dies z. B. im Fall der Umstellung von IPv4 auf IPv6 ohne weiteres möglich ist. Es müssen dafür lediglich dem Namen entsprechend neue Nummern zugeteilt werden.
- Mehrere Nummern können auch zu einem einzigen Ziel führen. Geben Sie z. B. *www.pronix.de* an und die Nummer lautet 193.129.2.1 – aber die Seite ist überlaufen –, so ist es ohne Problem möglich, auf eine andere IP-Nummer zu wechseln, die zur selben Adresse führt. Also können mehrere Nummern für den gleichen Host vergeben werden (wie dies z. B. bei Webhostern sehr oft der Fall ist).

11.10.1 Nameserver

Nameserver sind im Endeffekt das Rückgrat des Internets, so wie die meisten von uns es kennen. Ohne Nameserver würden wir mit unseren Kontakten immer noch auf ein paar Kumpels in einem kleinen lokalen Netzwerk beschränkt sein, und solche Dienste wie Facebook und WhatsApp wären schlicht nicht möglich. Einfach ausgedrückt ist aber ein Nameserver auch nur ein Rechner im Netzwerk – ein Rechner wie jeder andere auch. Allerdings ist ein Nameserver ein spezieller Rechner, der für die Umsetzung von Domainnamen in IP-Adressen verantwortlich ist. Im Internet ist also der Nameserver das Telefonbuch, in dem zu einem Namen eines Teilnehmers die entsprechende Telefonnummer gespeichert wird. Der Dienst, der Ihnen diese Arbeit abnimmt (also die Telefonnummer zu einem Namen per Hand zu suchen), wird als *Domain Name System* (DNS) bezeichnet. Bei kleineren Netzwerken wie z. B. dem rein lokalen Intranet werden die lokalen IP-Adressen meistens in Form einer Tabelle in der Datei */etc/hosts* hinterlegt. Größere Netzwerke, wie das Internet eines ist, legen diese Daten aber meistens in riesigen Datenbanken ab. Den Namen des lokalen Nameservers für Ihren eigenen Provider finden Sie in der Datei */etc/resolv.conf*. Allerdings ist dies nur noch bedingt richtig, denn moderne Router wie z. B. die Fritz!Box können Nameserver automatisch ermitteln und auch automatisch lokale IP-Adressen an die an die Box angeschlossenen Hosts vergeben. Deshalb steht in diesem Fall in */etc/resolv.conf* einfach die Adresse der Fritz!Box (meistens 192.168.2.1).

11.10.2 Informationen zum Rechner im Netz – gethostbyname und gethostbyaddr

Wenn der Client den Dienst eines Servers verwenden will, muss ihm natürlich dessen IP-Adresse bekannt sein. Meistens gibt ein Endanwender aber als Adresse den Rechnernamen anstatt der IP-Adresse an, da dieser einfacher zu merken ist. Damit also ein Client aus dem Rechnernamen (z. B. *www.google.de*) eine IP-Adresse (216.239.59.99) erhält, wird die Funktion gethostbyname() verwendet, die folgende Syntax hat:

```
#include <netdb.h>

struct hostent *gethostbyname( const char *rechnername );
```

Die Funktion gethostbyname() gibt bei Erfolg einen Zeiger auf ein struct vom Typ struct hostent des gefundenen Rechners zurück, ansonsten (also bei einem Fehler) NULL. Ein Fehler kann natürlich nicht nur bedeuten, dass die gesuchte Domain nicht existiert, sondern z. B. auch, dass die Internetverbindung am Router unterbrochen wurde. Sie müssen also einen Fehler und die Art des Fehlers separat ermitteln.

Um aus einem Rechnernamen eine IP-Adresse und weitere Informationen zu ermitteln, steht auch der Nameserver direkt zur Verfügung. Selbst auf Ihrem Rechner finden Sie, wie schon erwähnt, solche Einträge der lokalen IP-Nummern in der Datei */etc/hosts* hinterlegt. Im Internet hingegen werden diese Daten in einer eigenen Datenbank gehalten. Um solche Informationen zu einem ganz bestimmten Rechner zu erhalten, ist in der Headerdatei *netdb.h* folgende Struktur definiert:

```
struct hostent {
    char *  h_name;
    char ** h_aliases;
    short   h_addrtype;
    short   h_length;
    char ** h_addr_list;
};
```

Es folgt nun erst einmal eine kurze Beschreibung der einzelnen Strukturvariablen:

Strukturvariable	Bedeutung
h_name	offizieller Name des Rechners im Netz
h_aliases	Ein Stringarray, in dem sich eventuelle Aliasse befinden. Das letzte Element ist immer NULL.
h_addrtyp	Hier steht der Adresstyp, was gewöhnlich AF_INET für IPv4 oder AF_INET6 für IPv6 ist.
h_length	Hier befindet sich die Länge der nummerischen Adresse (4 oder 16) in Bytes.

Tabelle 11.3 Die Strukturvariablen im struct hostent

Strukturvariable	Bedeutung
h_addr_list	Hierbei handelt es sich um ein Array von Zeigern auf die Adressen von IPv4-/IPv6-Nummern in der Netzwerk-Byte-Reihenfolge (Network-Byte-Order).

Tabelle 11.3 Die Strukturvariablen im struct hostent (Forts.)

Benötigen Sie hingegen von einer IP-Adresse Informationen zu einem Rechner, können Sie die Funktion gethostbyaddr() verwenden. Diese Funktion gibt bei Erfolg ebenfalls einen Zeiger auf die Struktur hostent des gefundenen Rechners zurück oder bei einem Fehler NULL. Die Syntax ist die folgende:

```
#include <netdb.h>
struct hostent *gethostbyaddr( const char *ip_addr,
                               int len, int type );
```


Mit dem ersten Parameter geben Sie die IP-Adresse des Zielrechners an. Mit dem zweiten wird die Länge dieser Adresse angegeben, und der letzte Parameter gibt den Typ der Adresse an, der auch hier meistens AF_INET für IPv4 bzw. AF_INET6 für IPv6 ist.

[«]

Hinweis: Vollständigkeit des Domainnamens

Die oben angegebene Funktion gethostbyaddr() wird allerdings nur funktionieren, wenn es sich um einen FQDN (*Fully Qualified Domain Name*) handelt, da sonst die Nameserver keinen Namen aus der IP-Adresse ableiten können. FQDN ist ein eindeutiger Name eines Internethosts. Er setzt sich aus dem Hostnamen und dem Namen der Domain zusammen. Mithilfe des FQDN kann per DNS die IP-Adresse des Hosts ermittelt werden. Mit *linux.pronix.de* wäre z. B. *linux* der Hostname und *pronix.de* der Domainname.

Beachten Sie bitte, dass beide Funktionen (gethostbyname() und gethostbyaddr()) nur einen statischen Speicherbereich für den Rückgabewert reservieren. Jeder nachfolgende Funktionsaufruf überschreibt diesen Speicherplatz wieder. GNU-Compiler wie der GCC bieten auch die Funktionen gethostbyname_r() und gethostbyaddr_r() für Thread-Safety an.

[«]

Hinweis: Auflösestrategie der Domainnamen

Die Funktionen gethostbyname() und gethostbyaddr() benutzen für ihre Anfragen den Nameserver named, die Datei */etc/hosts* und den Network Information Service NIS oder YP. Was davon und in welcher Reihenfolge benutzt wird, bestimmt die order-Zeile in der Datei */etc/host.conf* (siehe dazu auch man resolv). Das Standardverhalten ist, zuerst den Nameserver abzufragen und danach die Datei */etc/hosts* zu durchsuchen. Allerdings setzt dies voraus, dass auch der korrekte Nameserver in */etc/resolv.conf* steht. Dies kann genau dann zum Problem werden, wenn z. B. Ihr Router den DNS-Server automatisch ermittelt und in */etc/resolv.conf* nur 192.168.2.1 steht (sogenanntes *DNS Forwarding*). In diesem Fall müssen Sie die Adresse des DNS-Servers zusätzlich per Hand in */etc/resolv.conf* eintragen.

Wenn ein Fehler bei der Suche nach einem Rechner mit den Funktionen `gethostbyaddr()` und `gethostbyname()` auftritt, sollten Sie die Funktion `herror()` aufrufen (die ähnlich arbeitet wie `perror()`), um eine sinnvolle Fehlermeldung zu erhalten. Nur so können Sie ermitteln, warum ein Fehler aufgetreten ist. Die `herror()`-Funktion gibt die zum aktuellen Wert von `h_errno` gehörende Fehlermeldung auf `stderr` aus. Die Funktion `h_errno()` hat die folgende Syntax:

```
#include <netdb.h>
extern int h_errno;

void herror ( const char *string );
```

Die Variable `h_errno` kann dabei folgende Werte annehmen:

Fehlerwert	Bedeutung
0	kein Fehler aufgetreten
HOST_NOT_FOUND	Der angegebene Rechner ist unbekannt.
NO_ADDRESS	Der angegebene Name ist gültig, aber es existiert dazu keine IP-Adresse.
NO_RECOVERY	Ein nicht behebbarer Nameserver-Fehler ist aufgetreten.
TRY_AGAIN	Beim zuständigen Nameserver ist ein vorübergehender Fehler aufgetreten. Versuchen Sie es später nochmals.
NO_DATA	Name ist keiner Adresse zugeordnet.

Tabelle 11.4 Mögliche Werte der Fehlervariablen h_errno

Falls also auf Ihrem System keine Funktion wie `herror()` vorhanden ist, können Sie mit den Fehlercodes von `h_error` ohne Probleme eine eigene Fehlerausgaberoutine nachimplementieren.

Das folgende Beispiel soll demonstrieren, wie Sie Informationen zu einem Rechner durch Angabe eines Rechnernamens oder einer IP-Adresse aus der Struktur `hostent` herausfinden können:

```
/* hostent.c */
#include <sys/types.h>
#include <sys/socket.h>
```

```
#include <netinet/in.h>
#include <arpa/inet.h>
#include <stdio.h>
#include <stdlib.h>
#include <netdb.h>

int main(int argc, char **argv) {
    struct hostent *host;
    struct in_addr ip, **ip_ptr;
    char **ptr;

    if( argc != 2 )
      printf("Usage: %s (Rechnername oder IP-Adresse)\n",
         *argv);
    else {
        /* Argument als IP-Adresse ...? */
        if( inet_aton( argv[1], &ip ) != 0 )
            host=gethostbyaddr( (const void *)&ip,
                sizeof(ip),AF_INET );
        /* Argument als Rechnername */
        else
            host = gethostbyname( argv[1] );
        if( host == NULL ) {
            herror("Konnte Rechner nicht finden");
            return EXIT_FAILURE;
        }
        printf("Hostname    : %s\n", host->h_name);
        printf("Aliase      :\n");
        ptr=host->h_aliases;
        while( *ptr != NULL ) {
            printf("\t%s\n", *ptr++);
        }
        printf("IP-Adressen :\n");
        ip_ptr = (struct in_addr **)host->h_addr_list;
        while(*ip_ptr != NULL) {
            printf("\t%s\n", inet_ntoa( **ip_ptr++));
        }
    }
    return EXIT_SUCCESS;
}
```

Listing 11.4 Die Verwendung der Struktur hostent

Das Programm gibt bei der Ausführung z. B. Folgendes aus:

```
$ gcc hostent.c -o hostent
$ ./hostent google.de
Hostname    : google.de
Aliase      :
IP-Adressen :
        216.239.33.100
        216.239.37.100
        216.239.39.100
$ ./hostent www.pronix.de
Hostname    : www.pronix.de
Aliasse     :
IP-Adressen :
        194.150.178.34
$ ./hostent 194.150.178.34
Hostname    : goliath.speedpartner.de
Aliasse      :
IP-Adressen :
        194.150.178.34
$ ./hostent www.microsoft.com
Hostname    : www.microsoft.com.nsatc.net
Aliasse     :
        www.microsoft.com
IP-Adressen :
        207.46.19.30
```

[»]

Hinweis

Wie schon einmal erwähnt, wird die Funktion `gethostbyname()` vorwiegend bei Clientanwendungen verwendet, um aus der Angabe eines Rechnernamens eine IP-Adresse zu machen.

11.10.3 Service-Informationen ermitteln mit getservbyname() und getservbyport()

Eine weitere Information, die eine Clientanwendung häufig benötigt, ist die Nummer des Ports, der den gewünschten Service verwendet. Oder wissen Sie auf Anhieb zu allen Portnummern den entsprechenden Service? Natürlich könnten Sie in */etc/services* nachschauen und die Nummer dann fest in Ihre Anwendung einkompilieren. Wie schon bei den Informationen zu den Rechnern im Netz gibt es auch hierfür eine Struktur in der Headerdatei *netdb.h*, in der die Informationen zu den entsprechenden Diensten stehen:

```
struct servent {
     char *s_name;
     char **s_aliases;
     int  s_port;
     char *s_proto;
  };
```

Eine kurze Beschreibung der einzelnen Strukturvariablen finden Sie in Tabelle 11.5.

Strukturvariable	Bedeutung
s_name	offizieller Servicename
s_aliases	Ein Stringarray mit eventuellen Aliassen zum Service, falls vorhanden. Das letzte Element in der Liste ist NULL.
s_port	die Portnummer zum Servicenamen
s_proto	der Name des verwendeten Protokolls

Tabelle 11.5 Die Strukturvariablen in servent und ihre Bedeutung

Die Syntax von getservbyname() ist die folgende:

```
#include <netdb.h>

struct servent *getservbyname ( const char *name,
                                const char *proto );
```

Bei korrekter Angabe des Dienstes unter name und des Protokolls unter proto liefert Ihnen diese Funktion bei Erfolg einen Zeiger auf die entsprechende Information im struct servent zurück. Bei einem Fehler wird NULL zurückgegeben.

Ähnlich verhält es sich mit der Funktion getservbyport() (im Vergleich zu getservbyname()). Nur liefert getservbyport() zum Dienst mit der Portnummer port (Network-Byte-Order) und dem Protokoll proto die entsprechenden Informationen im struct servent zurück. Die Funktion getservbyport() hat die folgende Syntax:

```
#include <netdb.h>

struct servent *getservbyport(int port, const char *proto);
```

Es folgt ein Beispiel, das die Funktion getservbyname() demonstriert. Da meistens Informationen abgefragt werden, die das TCP-Protokoll betreffen, könnten Sie auch das zweite Argument der Funktion getservbyname() gleich mit der Stringkonstanten "tcp" belegen.

```
/* servent.c */
#include <sys/types.h>
#include <sys/socket.h>
#include <netinet/in.h>
#include <arpa/inet.h>
#include <stdlib.h>
#include <stdio.h>
#include <netdb.h>

int main (int argc, char **argv) {
    struct servent *service_info;
    char **ptr;

    if( argc != 3) {
        printf("Usage: %s dienst protokoll\n", *argv);
        return EXIT_FAILURE;
    }
    service_info = getservbyname( argv[1], argv[2] );
    if( service_info == NULL ) {
        herror("Konnte den Service nicht finden\n");
        return EXIT_FAILURE;
    }
    printf("Service   : %s\n", service_info->s_name);
    printf("Port      : %d\n", ntohs( service_info->s_port) );
    printf("Aliase    : \n");
    ptr = service_info->s_aliases;
    while(*ptr != NULL) {
        printf("%s\n", *ptr++);
    }
    printf("Protokoll : %s\n", service_info->s_proto);
    return EXIT_SUCCESS;
}
```

Listing 11.5 Demonstriert die Funktion getservbyname().

Das Programm gibt bei der Ausführung Folgendes aus:

```
$ gcc servent.c -o servent
$ ./servent http tcp
Service   : http
Port      : 80
Aliase    :
(null)
Protokoll : tcp
```

```
$ ./servent ftp tcp
Service   : ftp
Port      : 21
Aliasse   :
(null)
Protokoll : tcp
$ ./servent pop3 tcp
Service   : pop3
Port      : 110
Aliasse   :
(null)
Protokoll : tcp
```

Das obige Beispiel funktioniert auch mit der Funktion `getservbyport()`. Als Protokoll verwenden Sie hierbei gewöhnlich TCP. In dem nächsten Beispiel werden entsprechende Informationen von den Ports 1 bis 100 (ohne den Alias) ausgegeben.


```
/* servent2.c */
#include <sys/types.h>
#include <sys/socket.h>
#include <netinet/in.h>
#include <arpa/inet.h>
#include <stdio.h>
#include <stdlib.h>
#include <netdb.h>

int main (int argc, char **argv) {
    struct servent *service_info;
    int port = 0;
    while (port++ < 100) {
        service_info = getservbyport (htons (port), "tcp");
        if (service_info == NULL)
            printf ("Port %d : Keine Infos\n", port);
        else {
            printf ("Service : %10s ", service_info->s_name);
            printf ("Port    : %3d ",
                ntohs (service_info->s_port));
            printf ("Protokoll : %5s\n", service_info->s_proto);
      }
   }
  return EXIT_SUCCESS;
}
```

Listing 11.6 Demonstriert die Funktion getservbyport().

Das Programm gibt bei der Ausführung z. B. Folgendes aus:

```
$ gcc servent2.c -o servent2
$ ./servent2
Service :     tcpmux Port    : 1  Protokoll :  tcp
Service : compressnet Port   : 2  Protokoll :  tcp
Service : compressnet Port   : 3  Protokoll :  tcp
Port 4  : Keine Infos
Service :        rje Port   :  5  Protokoll :  tcp
Port 6  : Keine Infos
Service :       echo Port   :  7  Protokoll :  tcp
Port 8  : Keine Infos
Service :    discard Port   :  9  Protokoll :  tcp
Port 10 : Keine Infos
Service :     systat Port   :  11  Protokoll : tcp
Port 12 : Keine Infos
Service :    daytime Port   :  13  Protokoll : tcp
Port 14 : Keine Infos
Service :    netstat Port   :  15  Protokoll : tcp
...
...
Service :  swift-rvf Port   :  97 Protokoll :  tcp
Service :    tacnews Port   :  98 Protokoll :  tcp
Service :   metagram Port   :  99 Protokoll :  tcp
Service :    newacct Port   : 100 Protokoll :  tcp
```

11.11 Pufferung bei Netzwerk-Sockets

Sockets zeigen in Verbindung mit den Funktionen `read()` und `write()` häufig ein Verhalten, das sich von dem normalen Datei-I/O dieser Funktionen unterscheidet. Mit `read()` und `write()` können bei Sockets erst einmal weniger Bytes ein- bzw. ausgegeben werden als angenommen. Das Problem ist, dass der Kernel für ein Socket eine bestimmte Puffergröße vorgibt. Das bedeutet: Wenn der Puffer voll ist, liest `read()` bzw. schreibt `write()` aus diesem bzw. in diesen Puffer, selbst wenn noch nicht alle gewünschten Daten ausgelesen bzw. geschrieben wurden. Das heißt: Wenn Sie nicht aufpassen, geht zumindest ein Teil Ihrer Daten verloren.

Wie Sie sicher wissen, übernimmt bei den Standard-C-Funktionen wie `fgets()` oder `fputs()` das Betriebssystem die Aufgabe der Pufferung. Sie mussten sich also bis jetzt nie selbst darum kümmern. Bei den elementaren Funktionen wie `read()` oder `write()` und besonders bei den Sockets sind Sie selbst dafür zuständig.

Welche Puffergröße Sie nun verwenden, bleibt Ihnen überlassen und kommt auch auf den Anwendungsfall an. Allerdings ist ein byteweiser Puffer genau so wenig sinnvoll wie ein überdimensional großer Puffer. Es hat sich bewährt, eine Puffergröße zwischen 512 und 2.048 Bytes zu verwenden. Dasselbe gilt natürlich für `send()` und `recv()`, sofern diese Funktionen nicht mit dem Flag `MSG_WAITALL` aufgerufen werden. Sie können natürlich einfach für die Puffergröße 1.500 Bytes angeben – das heißt dann, dass in Ihren Puffer immer genau ein Netzwerkpaket passt und Sie dann natürlich Ihre Daten paketweise übertragen müssen (zur Not mit Nullbytes gepaddet). Allerdings besteht oft kein großer Geschwindigkeitsunterschied gegenüber der Standardgröße, die der Kernel vorgibt.

Solange Sie Ihre Daten nur in Form eines `char`-Arrays mit einfachem Text übertragen, dürften Sie keine Probleme mit der Pufferung (auch nicht mit der Standardgröße) bekommen, sofern Sie einen String immer ordentlich mit `\0` abschließen. Was ist aber, wenn Sie binäre Dateien übertragen wollen (bei binären Dateien können Sie sich nicht darauf verlassen, dass sie mit `\0` abgeschlossen werden und dass sie überhaupt Nullen enthalten)? In solch einem Fall müssen Sie sich selbst um die korrekte Übertragung kümmern. Daher wurde ja schon im ersten Beispiel der Socket-Programmierung folgendes Konstrukt verwendet:

11

```
size = recv(create_socket, buffer, BUF-1, 0);
if( size > 0)
   buffer[size] = '\0';
```

Im Endeffekt wird hier also nur gewährleistet, dass nach der Übertragung von `size` Bytes immer noch ein Null-Byte angehängt wird – im Endeffekt könnten Sie auch das abschließende Null-Byte direkt in das Datenpaket schreiben und `size` um 1 erhöhen.

Wie Sie sehen, ist der Puffer Ihr wichtigstes Kommunikationswerkzeug, mit dem Sie Daten austauschen können. Sie sollten daher stets darüber nachdenken, wie Ihre Daten auf der anderen Seite wieder herauskommen, und eventuell auch überprüfen, was dabei herauskommt. Denn es gilt: Wenn etwas nicht klappt, dann liegt es in 80 Prozent der Fälle an der Art und Weise, wie die Daten beim Empfänger ankommen (eben nicht immer korrekt). Nicht selten ist es ein nicht terminierter String, der Probleme macht, oder aber eine fehlerhafte Längenangabe in einem wie immer gearteten Header. Auch die Nichtbeachtung der »Endianess« Ihres Prozessors kann ungeahnte Folgen haben. Wenn Sie z. B. die Hexadezimalzahl 0x000000a0 in Ihrer Längenangabe falsch kodieren, dann werden plötzlich aus den 160 Bytes 0xa0000000 Bytes. Das sind statt 160 Bytes 2.684.354.560 Bytes = 2,68 GB, die Sie plötzlich übertragen müssen.

11.12 Standard-E/A-Funktionen verwenden

Auch wenn es vielleicht den Anschein macht, man könne Sockets nur in Verbindung mit elementaren E/A-Funktionen verwenden, so täuscht dies. Selbstverständlich lassen sich auch

Standard-E/A-Funktionen wie fscanf() oder fprintf() zusammen mit Sockets verwenden. Hier genügt es, sich mit der Funktion fdopen() einen FILE-Zeiger zu einem Socket-Deskriptor zur Verfügung stellen zu lassen.

Wollen Sie für Sockets einen FILE-Zeiger zum Lesen und Schreiben öffnen, raten wir dazu, zwei getrennte FILE-Zeiger zu verwenden. Der Grund ist einfach der folgende: Wenn Sie nur einen FILE-Zeiger verwenden (und diesen z. B. mit "r+" öffnen), muss nach jeder Ausgabeoperation eine Funktion wie fflush(), fseek(), fsetpos() oder rewind() aufgerufen werden, bevor eine neue Eingabeoperation ausgeführt wird. Umgekehrt gilt dasselbe. Das Problem an diesen Funktionen ist nämlich, dass sie wiederum auf die elementare Funktion lseek() zurückgreifen. Aber wir haben ja bereits erwähnt, dass es nicht gestattet ist, lseek() auf Socket-Deskriptoren zu verwenden – denn die Daten in Netzwerken werden stets paketweise übertragen.

Daher sollten Sie für das Lesen aus und das Schreiben in Sockets jeweils einen eigenen FILE-Zeiger verwenden. Hierzu ist es allerdings notwendig, den Socket-Deskriptor mit dup() zu duplizieren, da man mit unterschiedlichen Streams auch unterschiedliche Deskriptoren verwenden sollte. Ein weiterer Vorteil von dup() ist, dass Sie jederzeit nur einen der FILE-Zeiger schließen können, was ohne Duplizieren nicht möglich ist. In der Praxis sieht dies so aus:

```
int sockfd;
FILE *lese_fz;
FILE *schreib_fz;

sockfd = socket(PF_INET, SOCK_STREAM, 0);

/* FILE-Zeiger für das Schreiben */
schreib_fz = fdopen(sockfd, "w");
if( schreib_fz == NULL ) {
   /* Fehler .... */
}

/* FILE-Zeiger für das Lesen */
lese_fz =fdopen(dup(sockfd), "r");
if( lese_fz == NULL ) {
   /* Fehler ... */
}
```

Wollen Sie jetzt z. B. den FILE-Stream der Leseseite schließen, können Sie dies wie folgt machen:

```
fclose(lese_fz);
```

Ähnlich ist dies, wenn Sie die Schreibseite schließen wollen, nur sollten Sie hierbei zuvor fflush() aufrufen, damit alle noch im Puffer befindlichen Daten übertragen werden:

```
fflush(schreib_fz);
fclose(schreib_fz);
```

Sofern Sie mit fork() einen Kindprozess erzeugt haben und sich nicht sicher sind, ob ein anderer Prozess noch auf einen offenen Socket-Deskriptor zugreift, sollten Sie zusätzlich beim Schließen die Funktion shutdown() verwenden. Beim Schließen der Leseseite benutzen Sie die folgende Syntax:

```
shutdown( fileno(lese_fz), SHUT_RD );
fclose(lese_fz);
```

Beim Schließen der Schreibseite benutzen Sie die folgende Syntax:

```
fflush(schreib_fz);
shutdown( fileno(schreib_fz), SHUT_RDWR);
fclose(schreib_fz);
```

11.12.1 Pufferung von Standard-E/A-Funktionen

Natürlich müssen Sie sich bei der Verwendung von Standard-E/A-Funktionen auch wieder Gedanken um die Pufferung der Daten machen, denn wenn die Zeilen- bzw. Vollpufferung eingestellt ist, wird immer erst in das Socket geschrieben, wenn ein Newline-Zeichen vorkommt oder der Puffer voll ist. Besonders dann, wenn Sie etwas in den Puffer schreiben, hat sich ein anschließendes fflush() schon immer bewährt – dann werden die Daten im Puffer sofort geschrieben. Natürlich können Sie auch die Pufferung des Streams mit den Funktionen setbuf() bzw. setvbuf() verändern. Sie können also auch hier wahlweise so vorgehen, dass Sie die Puffergröße auf 1.500 einstellen und anschließend dafür sorgen, dass die Daten immer gepaddet (also die Blöcke immer aufgefüllt) werden. Auf diese Weise übertragen Sie immer vollständige Pakete – ob Sie jedoch so oder anders vorgehen, hängt sicherlich vom Anwendungsfall ab.

11.13 Parallele Server

Für einige Anwendungen mag ein Beispiel wie das erste Client-Server-Beispiel, das Sie in diesem Kapitel gesehen haben, reichen: Der Server wird gestartet, und jeweils ein Client kann mit ihm kommunizieren. Wenn Sie z. B. einen privaten Backup-Server einrichten, dann reicht es aus, selbst Ihre eigenen Dateien ab und zu auf den Server zu schieben. Andere Clients gibt es dann auch nicht, und Sie selbst warten eben jedes Mal, bis das Backup fertig ist. Alle anderen Clientprogramme, die ebenfalls mit dem Server kommunizieren wollen, müssen in diesem Fall auch warten. Bei manchen Client-Server-Anwendungen, wo beispielsweise die Datenkonsistenz eine wichtigere Rolle spielt als die Geschwindigkeit, kann dies sogar so gewollt sein – diesen Fall nennt man einen *iterativen Server*.

Es kann aber auch vorkommen (und auch dies hängt wieder vom Anwendungsfall ab), dass die Bearbeitung der Clientanfragen viel Zeit in Anspruch nimmt oder mehrere Anfragen gleichzeitig (also nach dem Multitasking-Prinzip) abgearbeitet werden müssen. Dann ist es nicht sehr sinnvoll, wenn sich der Server immer nur mit einem einzigen Client beschäftigt. Dies ist z. B. bei Webservern der Fall, die fast immer mehrere Clients gleichzeitig bedienen müssen.

Wenn Sie mehrere Clients gleichzeitig bedienen wollen, müssen Sie also einen parallelen Server programmieren. Dies können Sie unter Linux recht einfach mittels `fork()` erledigen. Dabei legt der Server für jede Clientbedienung einen eigenen Kindprozess an – ein paralleler Server ist also einfacher zu erstellen, als Sie vielleicht denken. Parallele Server können Sie aber auch mit *pthread.h* entwickeln – dies werden wir Ihnen natürlich auch noch demonstrieren.

Im folgenden Beispiel stellen wir Ihnen aber zunächst ein einfaches Programm vor, mit dem Sie Daten in einem Netzwerk kopieren können. Der Server wartet dabei auf eine Anforderung eines Clients. Zunächst liest der Server den Namen des zu kopierenden Programms aus dem Socket aus (bzw. aus dem Datenpaket, das ihm der Client gesendet hat), danach wird in einem entsprechenden Verzeichnis der Serveranwendung (hier ist dies das lokale Verzeichnis, in dem der Server gestartet wurde) eine Datei mit dem Namen angelegt. Anschließend schickt der Client dem Server den Inhalt der Datei zum Kopieren. Kopiert werden können dabei alle Dateien, auch ausführbare Dateien und Grafiken. Die Serveranwendung kann auf jedem beliebigen Rechner laufen. Das Beispiel ist eigentlich recht simpel und entspricht im Prinzip dem einfachen Kopiervorgang auf dem lokalen Rechner (abgesehen davon, dass hierbei Sockets verwendet werden).

Bevor wir Ihnen diesen Vorgang anhand eines parallelen Servers zeigen, folgt aber zunächst die lineare Version, die erst später parallelisiert werden soll.

Es folgt das Listing der Serveranwendung, die am Port `1234` auf eine Anfrage wartet:

```
/* server2.c */
#include <stdio.h>
#include <stdlib.h>
#include <string.h>
#include <sys/types.h>
#include <netinet/in.h>
#include <sys/socket.h>
#include <arpa/inet.h>
#include <sys/stat.h>
#include <fcntl.h>
```

```
#include <unistd.h>
#include <errno.h>
#define  MAX_ZEICHEN  16384
#define  PORT_NUMMER  1234

int main (void) {
    int sockfd, connfd, fd, j, n, ngesamt;
    struct sockaddr_in adresse;
    socklen_t adrlaenge = sizeof (struct sockaddr_in);
    char puffer[MAX_ZEICHEN];
    char path_file[MAX_ZEICHEN];
    const int y = 1;

    if ((sockfd = socket (PF_INET, SOCK_STREAM, 0)) < 0) {
        printf ("Fehler bei socket() ... (%s)\n",
            strerror(errno));
        exit (EXIT_FAILURE);
    }
    printf("Socket erfolgreich angelegt\n");
    adresse.sin_family = AF_INET;
    adresse.sin_port = htons (PORT_NUMMER);
    memset (&adresse.sin_addr, 0, sizeof (adresse.sin_addr));

    setsockopt( sockfd, SOL_SOCKET,
        SO_REUSEADDR, &y, sizeof(int) );

    if (bind ( sockfd,
        (struct sockaddr *) &adresse,
        sizeof (adresse) ) ) {
            printf ("Fehler bei bind() ... (%s)\n",
                strerror(errno));
        exit (EXIT_FAILURE);
    }

    printf("Server ist bereit und wartet ...\n");
    if (listen (sockfd, SOMAXCONN) != 0) {
        printf ("Fehler bei listen() ... (%s)\n",
            strerror(errno));
        exit (EXIT_FAILURE);
    }
    while ((connfd = accept ( sockfd,
        (struct sockaddr *) &adresse,
        &adrlaenge)) >= 0) {
```

11

```
printf (" ... Daten empfangen\n");
/* Dateiname */
j = 0;
while ((n = read (connfd, &puffer[j], 1)) > 0) {
    if (puffer[j] == '\n') {
        puffer[j] = 0;
        break;
    }
    j++;
}
if (n < 0) {
    printf ("Fehler bei read() ...\n");
    exit (EXIT_FAILURE);
}
printf ("Dateiname \"%s\" wird kopiert nach ",
    puffer);
strcpy( path_file, getenv("HOME"));
strcat( path_file, "/tmp/");
strcat( path_file, puffer );
printf("%s\n",path_file);

/* Datei zum Lesen öffnen */
if (( fd = open( path_file,
    O_WRONLY | O_CREAT | O_TRUNC, 0644 ) ) < 0 ) {
    printf ("... kann %s nicht öffnen (%s)\n",
        puffer, strerror(errno));
    close (connfd);
    continue;
}
/* Datei aus dem Socket lesen und in lokale */
/* Kopie schreiben                           */
ingesamt = 0;
while((n=read (connfd, puffer, sizeof (puffer))) > 0) {
    if (write (fd, puffer, n) != n) {
        printf("Fehler bei write() ...(%s)\n",
            strerror(errno));
        exit (EXIT_FAILURE);
    }
    ingesamt += n;
}
if (n < 0) {
    printf ("Fehler bei read() ...\n");
    exit (EXIT_FAILURE);
```

```
        }
        printf (".beendet (%d Bytes)\n", ngesamt);
        close (fd);
        close (connfd);
    }
    if (connfd < 0) {
        printf ("Fehler bei accept() ...\n");
        exit (1);
    }
    close (sockfd);
    exit (EXIT_SUCCESS);
}
```

Listing 11.7 Implementiert einen einfachen Server, mit dem Dateien über ein Netzwerk kopiert werden können.

Als Nächstes folgt das Listing der Clientanwendung, die eine Anforderung an den Server stellt und den Namen und anschließend den Inhalt der zu kopierenden Datei sendet:

```
/* client2.c */
#include <stdio.h>
#include <stdlib.h>
#include <string.h>
#include <sys/types.h>
#include <sys/socket.h>
#include <netinet/in.h>
#include <netdb.h>
#include <arpa/inet.h>
#include <sys/stat.h>
#include <fcntl.h>
#include <unistd.h>
#include <errno.h>
#define  MAX_ZEICHEN 16384
#define  PORT_NUMMER   1234

int main (int argc, char **argv) {
    int sockfd, i, n, fd;
    ssize_t name_len;
    struct sockaddr_in adresse;
    struct in_addr inadr;
    struct hostent *rechner;
    char puffer[MAX_ZEICHEN];
    char *help;
```

```
if (argc < 3) {
    printf ("Usage: %s rechner datei(en)\n", *argv);
    exit (EXIT_FAILURE);
}
if (inet_aton (argv[1], &inadr))
    rechner = gethostbyaddr ( (const void*) &inadr,
        sizeof (inadr),
        AF_INET );
else
    rechner = gethostbyname (argv[1]);
if (rechner == NULL) {
    herror ("Fehler beim Suchen des Rechners\n");
    exit (EXIT_FAILURE);
}

adresse.sin_family = AF_INET;
adresse.sin_port   = htons (PORT_NUMMER);
    memcpy ( &adresse.sin_addr,
    rechner->h_addr_list[0],
    sizeof (adresse.sin_addr) );

for (i = 2; i < argc; i++) {
    if ((sockfd = socket (PF_INET, SOCK_STREAM, 0)) < 0) {
        printf("Fehler bei socket() ...(%s)\n",
        strerror(errno));
        exit (EXIT_FAILURE);
    }
    if (connect ( sockfd,
        (struct sockaddr *) &adresse,
        sizeof (adresse) ) ) {
        printf("Fehler bei connect() ...(%s)\n",
            strerror(errno));
        exit (EXIT_FAILURE);
    }
    /* Datei, die kopiert wird, zum Lesen öffnen. */
    if ((fd = open (argv[i], O_RDONLY)) < 0) {
        printf ("kann Datei (%s) nicht oeffnen (%s)\n",
            argv[i], strerror(errno));
        continue;
    }

    strcpy (puffer, argv[i]);
    strcat (puffer, "\n");
```

```
        /* Server benötigt den Dateinamen ohne Pfadangabe. */
        help = strrchr(puffer,'/');
        if( help == NULL )
           help = puffer;
        else
           *(help++);
        name_len = strlen (help);

        /* Dateiname an den Server */
        if (write (sockfd, help, name_len) != name_len) {
           printf ("Konnte \"%s\" nicht versenden.n",
              argv[i]);
           close (fd);
           close (sockfd);
           continue;
        }
        /* Inhalt der Datei auslesen und an Server senden */
        while ((n = read (fd, puffer, sizeof (puffer))) > 0) {
           /* puffer[n] = 0 ist sehr wichtig, wenn die zu */
           /* versendende Datei keine lesbare Datei ist   */
           /* (ausführbare Datei, Grafik ...) - ohne      */
           /* würde nur Datensalat entstehen.             */
              puffer[n]= 0;
              if (write (sockfd, puffer, n) != n) {
                 printf("Fehler bei write() ...(%s)\n",
                    strerror(errno));
                 exit (EXIT_FAILURE);
              }
        }
        if (n < 0) {
           printf ("Fehler bei read() ...\n");
           exit (EXIT_FAILURE);
        }
        close (sockfd);
        sleep(2); /* kurze Unterbrechung ggf. entfernen */
     }
     printf("Datei(en) erfolgreich versendet\n");
     exit (EXIT_SUCCESS);
}
```

Listing 11.8 Der Clientteil zu Listing 11.7

Es folgt nun die Beschreibung beider Programme bei der Ausführung. Bitte beachten Sie dabei, welche Adresse Sie angeben, um mit der Serveranwendung in Kontakt zu treten. Sollten Sie Ihre Serveranwendung erst auf dem lokalen Rechner testen (was meistens der Fall sein dürfte), dann ist die IP-Adresse 127.0.0.1 oder der Name `localhost`. Ansonsten, wenn Sie die Serveranwendung extern testen wollen, geben Sie die entsprechende IP-Adresse bzw. den Domainnamen an. Nach der Angabe, wo sich die Serveranwendung (IP-Adresse bzw. Domainname) befindet, können Sie als weitere Argumente in der Kommandozeile Dateien (mitsamt Pfad) angeben, die an den Server geschickt werden sollen.

```
$ gcc server2.c -o server2
$ gcc client2.c -o client2
[Rechner mit der Serveranwendung]
$ ./server2
Socket erfolgreich angelegt
Server ist bereit und wartet ...
[Rechner mit der Clientanwendung]
$ ./client2 localhost home/tot/libproc_DE.pdf \
  home/sicherheit/Race_Conditions.pdf ~/Yast2.tif test.c
Datei(en) erfolgreich versendet
[Rechner mit der Serveranwendung]
... Daten empfangen
Dateiname "libproc_DE.pdf"  wird kopiert nach /home/tot/tmp/libproc_DE.pdf
... beendet (341518 Bytes)
 ... Daten empfangen
Dateiname "Race_Conditions.pdf"  wird kopiert nach
/home/tot/tmp/Race_Conditions.pdf
... beendet (3886508 Bytes)
 ... Daten empfangen
Dateiname "Yast2.tif"  wird kopiert nach /home/tot/tmp/Yast2.tif
... beendet (845658 Bytes)
 ... Daten empfangen
Dateiname "test.c"  wird kopiert nach /home/tot/tmp/test.c
... beendet (6512 Bytes)
```

Solange Sie die Client-Server-Anwendung allein ausführen, dürften Sie recht zufrieden damit sein. Was aber, wenn Sie die Serveranwendung als eine Art Backup-Server-Programm in einem großen Unternehmen einsetzen wollen, wo in Stoßzeiten zu Feierabend bis zu hundert Clientanfragen anstehen? Dabei handelt es sich auch meistens nicht nur um ein paar KB große Dateien, sondern die meisten Mitarbeiter werden kurz vor Büroschluss ihre Projektordner sichern wollen. Sie benötigen also einen parallelen Server, der mehrere Anfragen gleichzeitig abarbeitet.

Lassen wir nun für kurze Zeit die ganzen technischen Details außer Acht (z. B. dass ein guter Backup-Server mehr als nur eine einzige Netzwerkkarte und einen einzigen CPU besitzt) und widmen uns den Grundlagen. Ein paralleler Server ist nun nichts anderes mehr als ein Prozess, der die Arbeit verrichtet. Was benötigen Sie also, um einen vernünftigen Prozess vom Start bis zum Ende zu erstellen? Sie benötigen Folgendes:

1. Einen Signalhandler für das Signal `SIGCHLD` für die Kindprozesse des Servers. Der Signalhandler muss `waitpid()` verwenden, um Zombies zu vermeiden.
2. Den Befehl `fork()`, um von dem Server neue Kindprozesse ableiten zu können
3. Kindprozesse müssen auch korrekt beendet werden können, um Zombies zu vermeiden.

Um Ihnen die nun folgende Erklärung zu erleichtern und Ihnen eine zu trockene Theorie zu ersparen, folgt nun ein Listing mit der Serverseite der Client-Server-Anwendung des vorherigen Beispiels, wobei allerdings die Clientanwendung dieselbe geblieben ist. Sie können also dieselbe Clientanwendung wie im iterativen Serverbeispiel zuvor verwenden.


```
/* pserver.c */
#include <stdio.h>
#include <stdlib.h>
#include <string.h>
#include <sys/types.h>
#include <netinet/in.h>
#include <sys/socket.h>
#include <arpa/inet.h>
#include <sys/stat.h>
#include <fcntl.h>
#include <unistd.h>
#include <signal.h>
#include <sys/types.h>
#include <sys/wait.h>
#include <errno.h>
#define  MAX_ZEICHEN 16384
#define  PORT_NUMMER  1234

typedef void (*sighandler_t)(int);

static sighandler_t
my_signal(int sig_nr, sighandler_t signalhandler) {
    struct sigaction neu_sig, alt_sig;

    neu_sig.sa_handler = signalhandler;
    sigemptyset (&neu_sig.sa_mask);
```

```
    neu_sig.sa_flags = SA_RESTART;
    if (sigaction (sig_nr, &neu_sig, &alt_sig) < 0)
        return SIG_ERR;
    return alt_sig.sa_handler;
}

static void no_zombie (int signr) {
    pid_t pid;
    int ret;

    while ((pid = waitpid (-1, &ret, WNOHANG)) > 0)
        printf ("Child-Server mit pid=%d hat sich beendet\n",
            pid );
    return;
}

int main (void) {
    int sockfd, connfd, fd, j, n, ngesamt;
    struct sockaddr_in adresse;
    const int y = 1;
    size_t adrlaenge = sizeof (struct sockaddr_in);

    char puffer[MAX_ZEICHEN];
    char path_file[MAX_ZEICHEN];
    pid_t pid;

    if ((sockfd = socket (PF_INET, SOCK_STREAM, 0)) < 0) {
        printf ("Fehler bei socket() ...(%s)\n",
            strerror(errno));
        exit (EXIT_FAILURE);
    }
    printf ("Socket erfolgreich angelegt\n");
    adresse.sin_family = AF_INET;
    adresse.sin_port = htons (PORT_NUMMER);
    memset (&adresse.sin_addr, 0, sizeof (adresse.sin_addr));

    setsockopt( sockfd, SOL_SOCKET,
        SO_REUSEADDR, &y, sizeof(int) );

    if (bind ( sockfd,
        (struct sockaddr *) &adresse,
```

```
        sizeof (adresse) ) ) {
        printf ("Fehler bei bind() ...(%s)\n",
            strerror(errno));
        exit (EXIT_FAILURE);
    }
    printf ("Server ist bereit und wartet ...\n");
    if (listen (sockfd, 5) ) {
        printf ("Fehler bei listen() ...(%s)\n",
            strerror(errno));
        exit (EXIT_FAILURE);
    }
    my_signal (SIGCHLD, no_zombie);

    while(1) {
        connfd = accept ( sockfd,
            (struct sockaddr *) &adresse,
            &adrlaenge );
        if( connfd < 0 ) {
            if( errno == EINTR )
                continue;
            else {
                printf("Fehler bei accept() (%s)\n",
                    strerror(errno));
                exit(EXIT_FAILURE);
            }
        }
        printf (" ... Daten empfangen\n");

        /* neuen Kindprozess-Server starten */
        if ((pid = fork ()) == 0) {
            close (sockfd);
            /* Dateiname */
            j = 0;
            while ((n = read (connfd, &puffer[j], 1)) > 0) {
                if (puffer[j] == '\n') {
                    puffer[j] = 0;
                    break;
                }
                j++;
            }
            if (n < 0) {
```

```
                printf ("Fehler bei read() ...\n");
                exit (EXIT_FAILURE);
            }
            printf("(%d): Dateiname \"%s\"  wird kopiert nach ",
                getpid(),puffer);
            strcpy (path_file, getenv ("HOME"));
            strcat (path_file, "/tmp/");
            strcat (path_file, puffer);
            printf ("%s\n", path_file);

            /* Datei zum Lesen öffnen */
            if ((fd = open ( path_file,
                O_WRONLY | O_CREAT | O_TRUNC, 0644 ) ) < 0 ) {
                printf ("... kann %s nicht öffnen\n", puffer);
                close (connfd);
                continue;
            }
            /* Datei aus dem Socket lesen und in lokale */
            /*  Kopie schreiben                         */
            ingesamt = 0;
            while((n=read(connfd, puffer, sizeof (puffer)))>0) {
                if (write (fd, puffer, n) != n) {
                    printf ("Fehler bei write() ...\n");
                    exit (EXIT_FAILURE);
                }
                ingesamt += n;
            }
            if (n < 0) {
                printf ("Fehler bei read() ...\n");
                exit (EXIT_FAILURE);
            }
            printf ("... beendet (%d Bytes)\n", ingesamt);
            close (fd);
            exit(EXIT_SUCCESS);
            /* Ende Kindprozess */
        } // Ende fork()
        close (connfd);
    }// Ende while(1)
    close (sockfd);
    exit (EXIT_SUCCESS);
}
```

Listing 11.9 Parallelisiert den Server aus Listing 11.7.

Wenn Sie den Server jetzt starten und mehrere Clientanwendungen zum Kopieren von Dateien starten, merken Sie, dass neben einer etwas geänderten Ausgabe die Datenübertragung über verschiedene Rechner wesentlich schneller vor sich geht (natürlich sollten Sie sleep() aus der Clientanwendung entfernen). Sicher interessiert es Sie wahrscheinlich erst einmal, was hier hinter den Kulissen vor sich geht.

Wenn der Server bereit ist und mit listen() am Socket lauscht, fällt erst einmal auf, dass hier der folgende Signalhandler eingerichtet wurde:

```
static void no_zombie (int signr) {
   pid_t pid;
   int ret;

   while ((pid = waitpid (-1, &ret, WNOHANG)) > 0)
      printf ("Child-Server mit pid=%d hat sich beendet\n",
         pid);
   return;
}
...
...
/* in main() */
my_signal (SIGCHLD, no_zombie);
...
```

Bei der Signalbehandlung geht es primär darum, Zombieprozesse auf dem Server zu beenden. Denn anders als auf einem Einzelplatzrechner, auf dem einem wohl die Prozess-IDs nicht so schnell ausgehen, kann eine stetig anwachsende Zombiefraktion auf einem Server dafür sorgen, dass kein Platz mehr für neue Prozesseinträge vorhanden ist. Wie Sie das vermeiden, haben Sie ja bereits mit waitpid() gesehen: waitpid() wird innerhalb einer Schleife aufgerufen, in der der Status von jedem beendeten Kindprozess abgefragt wird. Mit der Option WNOHANG geben Sie nun an, dass waitpid() nicht blockiert, solange es noch unbeendete Kindprozesse gibt. Bitte beachten Sie auch, dass das Einrichten des Signalhandlers nur einmal erfolgt, denn wie Sie im Kapitel über Prozesse erfahren haben, erbt ja der Kindprozess auch alle eingerichteten Signalhandler. Dies sorgt häufig für Missverständnisse. Gewöhnlich wird der Signalhandler nach dem Aufruf von listen() und vor accept() eingebaut.

Der Vorgang zum Einrichten eines typischen parallelen Servers sieht gewöhnlich so aus:

```
   while(1) {
      connfd = accept ( sockfd,
                        (struct sockaddr *) &adresse,
                        &adrlaenge );
      if( connfd < 0 ) {
```

```
        if( errno == EINTR )
          continue;
        else {
          printf("Fehler bei accept() ...\n");
          exit(EXIT_FAILURE);
        }
      }
      printf (" ... Daten empfangen\n");

      /* neuen Kindprozess-Server starten */
      if ((pid = fork ()) == 0) {
        close (sockfd);

        /* Arbeit des Kindprozesses steht hier. */

        close(connfd);
        exit(EXIT_SUCCESS);
        /* Ende Kindprozess */
      }
    /* Elternprozess */
    close (connfd);
  }
```

Sobald ein Client mit connect() eine Verbindung zum Server herstellt, kehrt die Funktion accept() zurück.

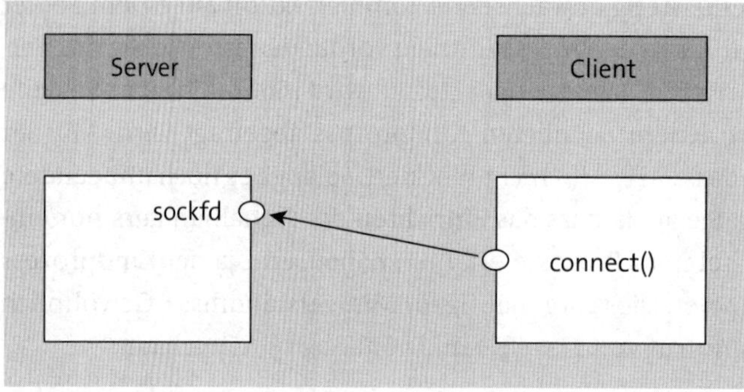

Abbildung 11.6 Der Client baut mit connect() eine Verbindung auf.

In Abbildung 11.6 sehen Sie den Zustand, der eintritt, wenn der Client mit connect() eine Verbindung zum Server anfordert. Direkt nach dieser Anforderung kehrt die Funktion accept() zurück, wie Abbildung 11.7 demonstriert:

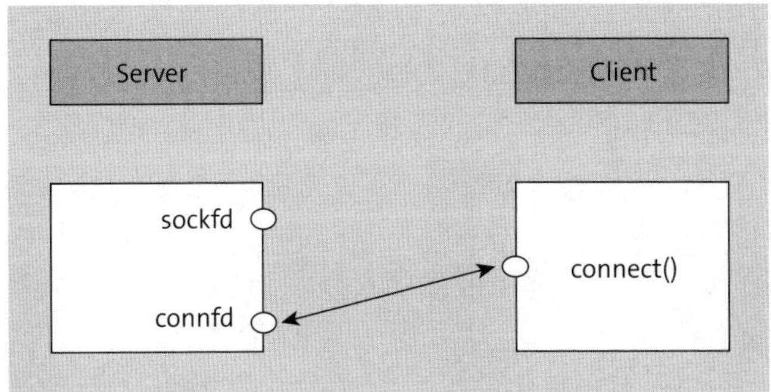

Abbildung 11.7 Der Server bestätigt die Verbindung.

Jetzt kann der Server mit `fork()` einen neuen Kindprozess erzeugen, um den Client zu bedienen (siehe Abbildung 11.8).

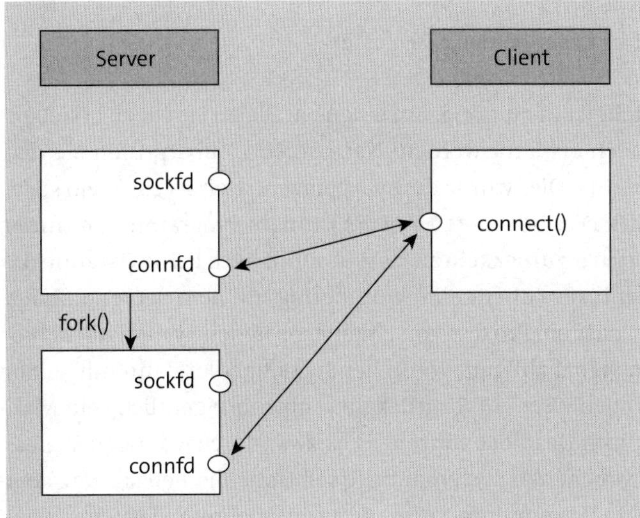

Abbildung 11.8 Ein neuer Serverprozess wird erzeugt und bedient anschließend den Client.

Im nächsten Schritt kann der Server-Kindprozess das Socket schließen, auf dem »gehorcht« wird, und der Elternprozess das verbundene Socket – da ja das »horchende« Socket bei `fork()` mit dupliziert wird (siehe Abbildung 11.9).

Jetzt haben Sie den gewünschten Status erreicht, dass der Kindprozess die Anforderungen des Clients abarbeiten und der Elternprozess sich wieder dem horchenden Socket mittels `accept()` widmen kann, um neue Anforderungen entgegenzunehmen. Wenn der Kindprozess mit der Abarbeitung des Clients fertig ist, schließt auch dieser Prozess das Socket mit `close()` und beendet sich selbst mit `exit()`. Durch die Beendigung des Kindprozesses mittels `exit()` wird auch der Signalhandler aktiviert, da dabei das Signal `SIGCHLD` gesendet wird.

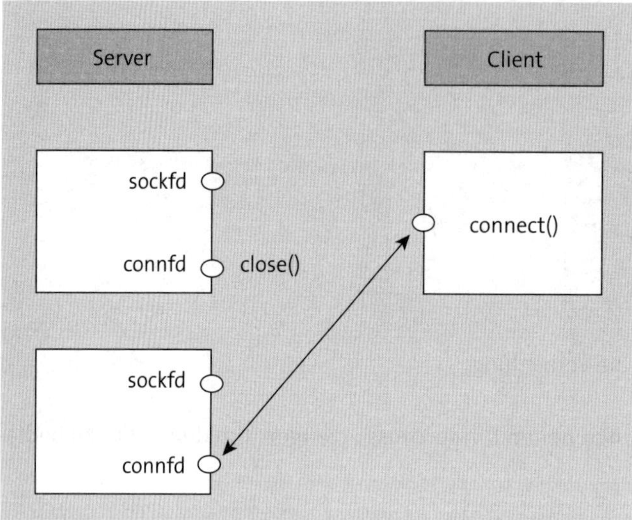

Abbildung 11.9 Nicht mehr benötigte Sockets werden geschlossen.

Das war im Grunde schon alles. Mehr ist nicht nötig, um einen parallelen Server zu erstellen. Etwas Wichtiges sollte aber dennoch erwähnt werden: Nach `accept()` überprüfen Sie den Rückgabewert auf den Fehlerwert `EINTR`. Dies wurde deshalb gemacht, weil `accept()` ein sogenannter *langsamer Systemaufruf* ist. Dies bedeutet, `accept()` kann Ihr Programm für immer blockieren und muss nicht unmittelbar zurückkehren. Es gibt somit auch keine Garantie dafür, dass `accept()` zurückkehrt, wenn kein Client eine Verbindung mit dem Server aufbaut. Damit kann der Zustand eintreten, dass ein Prozess von einem langsamen Systemaufruf blockiert wird und dieser Prozess ein Signal abfängt. Wenn der Signalhandler dann mit seiner Ausführung fertig ist und `accept()` den Wert `EINTR` zurückgibt – obwohl eigentlich kein wirklicher Fehler vorliegt –, kann dies zum Deadlock führen. Es ist zwar durchaus möglich, dass die meisten Systeme solche unterbrochenen Systemaufrufe selbstständig neu starten, aber verlassen können Sie sich nicht darauf, wenn Ihre Anwendung auf mehreren Systemen laufen soll. Daher wird auch das Flag `SA_RESTART` benutzt.

Sie haben jetzt gesehen, wie einfach es unter Linux ist, aus einem laufenden iterativen Server einen parallelen Server zu machen. Ein einfaches `fork()` genügt, und der neue Prozess übernimmt alle Variablen und offenen Socket-Deskriptoren. Ein Manko hat diese Vorgehensweise allerdings bei der Skalierbarkeit: Ein übliches Betriebssystem ist in der Regel für bis zu hundert laufende Prozesse optimiert. Nun kann es aber vorkommen (z. B. bei stark frequentierten Servern, wo ein paar tausend Clients gleichzeitig eine Anfrage starten), dass eine Menge Systemspeicher benötigt wird. Zwangsläufig wird der Server dann zum Swappen von Speicher gezwungen, was die Performance erheblich bremsen kann. Ein weiterer Nachteil an unserem Modell ist auch, dass, wenn ein Client eine Verbindung zum Server aufgebaut hat und sich für längere Zeit nicht mehr meldet, der Server dem Client ein Timeout senden sollte.

Hinzu kommt, dass der Kontextwechsel zwischen den einzelnen Prozessen (Wechsel vom einem zum anderen Prozess) ebenfalls ein ziemlich langsamer Vorgang ist, zumindest auf Intel-CPUs. Außerdem ist selbst der Speicherbedarf eines leeren Prozesses auf einem Linux-System ziemlich groß, was allerdings die Schuld der *glibc* und nicht von Linux ist.

Hinzu kommt natürlich auch die Netzwerkkonfiguration: Wenn der Server Ihr privater PC ist, dann können sämtliche Netzwerkpakete auch nur über eine einzige Netzwerkkarte fließen – bei sehr vielen angemeldeten Clients kommt es zu Wartezeiten. Das bedeutet dann natürlich auch, dass professionelle Server folgende Maßnahmen ergreifen müssen, um einen reibungslosen Betrieb zu gewährleisten:

- Server benutzen ein Netzwerkkarten-Array oder Rack, das mittels spezieller Bibliotheken synchronisiert wird.
- Server besitzen meistens hunderte (oder sogar tausende) von speziellen Server-CPUs mit mehreren Kernen (bis zu 64 sind zurzeit üblich).
- Server besitzen oft das Tausendfache an Speicher wie PCs.
- Server benutzen spezielle Versionen der *glibs* und der *socket libs*.

Für einfache und gewöhnliche Server, wie sie z. B. im Intranet verwendet werden, werden Sie wahrscheinlich niemals an die Grenzen Ihres eigenen PC-Systems stoßen. Daher werden Sie auf den folgenden Seiten noch einige schnellere Techniken kennen lernen.

Aber ein Beispiel, das gerne in der Praxis eingesetzt wird, soll hier nicht unerwähnt bleiben. Denn häufig lohnt es sich, schon mehrere Serverprozesse im Voraus zu erzeugen und in dem Moment, wo eine Verbindung zum Server stattfindet, im Hintergrund einen neuen Server zu starten, der wiederum die nächste Anfrage bearbeiten kann. Diese Technik wird übrigens auch beim Webserver Apache eingesetzt (genannt »Apache-MPM prefork«). Sie ist für Angebote geeignet, die Sie aus Kompatibilitätsgründen mit nicht thread-sicheren Bibliotheken Threading vermeiden müssen. Sie ist außerdem das geeignetste MPM (Multiprocessing-Modul), um jede Anfrage isoliert zu bearbeiten, so dass Probleme mit einem einzelnen Prozess keinen anderen Prozess beeinflussen.

Datenformate von Netzwerkpaketen

Häufig müssen Sie sich auch bei der Übertragung von Daten um das vorliegende Format kümmern. Wollen Sie z. B. Ganzzahlen oder Gleitkommazahlen an den Server verschicken oder der Server an den Client, dann sind die Funktionen `sscanf()` und `sprintf()` bzw. `snprintf()` bestens dafür geeignet. Ebenso sieht es mit der Übergabe von binären Strukturen aus. Auch hierbei wird gerne auf die Konvertierung in einen String zum Versenden der Daten zurückgegriffen. Sicherlich werden Sie sich fragen, warum Sie dabei so vergehen sollten. Wenn Sie nicht sicher sein können, auf was für einen Rechner die Daten übertragen werden, kann es zu Problemen kommen, wenn ein Client Daten im Little-Endian-Format schickt, der Server aber auf einem Big-Endian-System läuft. Wenn es sich dabei z. B. um Integer-Zahlen handelt, sind Probleme vorprogrammiert. Dasselbe Problem könnte auftreten, wenn Sie einen Wert vom Datentyp `long int` versenden, der auf Ihrem System 64 Bit besitzt, aber auf dem Zielrechner nur 32 Bit. Sie wissen also nie genau, welche Größe die Datentypen `int`, `long` und `short` auf der Gegenseite haben. Zwar gibt es (seit der Einführung des C99-Standards) die unabhängigen Typen wie z. B. `int8_t`, `int16_t` etc. und `uint8_t` etc. in der Headerdatei *stdint.h*, was aber recht wenig nutzt, weil dieser Standard von einigen Compilerherstellern überhaupt nicht beachtet wird.

Daher die Empfehlung: Um Probleme zu vermeiden, senden Sie nummerische Daten, wenn es geht, im Textformat an die Gegenseite. Natürlich setzt dies voraus, dass die Gegenseite denselben Zeichensatz verwendet. Wenn Sie einen ASCII-String an einen Rechner schicken, auf dem sich nur japanische Schriftarten befinden, kommt dabei nichts Vernünftiges heraus. Wenn Sie sich dann doch dafür entscheiden, nummerische Daten zu schicken, verwenden Sie am besten die Network-Byte-Order, einigen sich also auf den Standard »least significant byte (LSB) first«. Sie überlassen also den Clients die Konvertierung der Daten in das Serverformat (das dann aber auch vollständig offenliegen muss).

11.14 Synchrones Multiplexing mit select()

Bisher kennen Sie drei Möglichkeiten, Clients zu bearbeiten: Die normale Server-Client-Lösung, die für nur eine Clientanfrage ausgelegt ist, die Verwendung von mehreren Prozessen und die Lösung über die Thread-Programmierung. Welche davon eignet sich aber am besten, wenn man mehrere Clients gleichzeitig bearbeiten will, wie dies z. B. bei einem Webserver, Chat-Programmen oder einem Spieleserver benötigt wird?

Die einfache Server-Client-Lösung eignet sich natürlich nicht für Web- und Spieleserver, allerdings wird sie oft im Smart-Home-Bereich benutzt, wo oft nur sehr kleine Datenpakete (sogenannte *Telegramme*) verschickt werden. Diese Telegramme enthalten nur die nötigsten Informationen, z. B. die Geräteadresse einer Lampe und ein Kommando, um die Lampe einzuschalten. Natürlich darf dann auf den nachgeschalteten Bus (z. B. den KNX-Bus) immer nur ein einziges Telegramm zu einem bestimmten Zeitpunkt gegeben werden, und sämtliche Geräte sehen immer nur dieses Telegramm.

Für Web- oder Spieleserver eignet sich die Single-Thread-Version allerdings nicht. Sie haben in diesem Bereich schon ein Beispiel gesehen, nämlich die Benutzung von `fork()` zusammen mit Signalhandlern. Allerdings ist die Latenzzeit von Signalhandlern recht hoch, deshalb verwenden vor allem Spieleserver oft Threads. Threads sind also eine weitere interessante Lösung, allerdings sind sie nicht unbedingt portabel. Beispielsweise werden Windows-Threads anders verwaltet als Linux-Threads. Da in der Netzwerkprogrammierung das Thema Portabilität schon sehr wichtig ist, kann es unter anderem sein, dass Sie Ihre Thread-Anwendungen für mehrere Systeme anbieten müssen (z. B. als Cross-Plattform-Lösung).

Im Endeffekt ist also die Verwendung von mehreren Prozessen mittels fork() die interessante Variante. Hierbei kann sogar für jeden Client ein neuer Serverprozess erzeugt werden. Jeder Client bekommt dann praktisch einen eigenen Server. Voraussetzung hierfür ist allerdings, dass Sie sich mit der Systemprogrammierung der entsprechenden Plattform (Windows, Linux, BSD) auskennen. Schließlich müssen die einzelnen Prozesse auch kontrolliert werden. Natürlich gibt es noch weitere Möglichkeiten, mehrere Clients zu behandeln, allerdings sind dies immer wieder Dinge, die stark vom Betriebssystem abhängen.

Trotzdem gibt es eine weitere Lösung, mit der man auch mehrere Plattformen zufriedenstellen kann, nämlich die Funktion select(). Mit select() lassen sich recht komfortabel mehrere Clients behandeln – und das auch auf verschiedenen Plattformen wie Windows und Linux.

Das Problem bei einem Server, wie Sie ihn bisher verwendet haben, war immer, dass er nur auf einen einzigen Socket-Deskriptor gewartet hat und auch immer nur über diesen einen Socket-Deskriptor Daten empfangen bzw. versendet wurden. Wurde beim Server z. B. recv() aufgerufen, blockierte dieser Aufruf den Socket-Deskriptor so lange, bis der Client wirklich Daten gesendet hat. Klar, Sie können das Blockieren auch umgehen, indem Sie den Socket-Deskriptor als nicht blockierend einrichten (z. mit fcntl()), allerdings sollten Sie bedenken, dass hierbei ständig überprüft wird, ob an einem Socket Daten anliegen. Das heißt, es wird in einer Schleife dauerhaft gepollt, was die CPU unnötig belastet. Mit der Funktion select() können Sie den Socket-Deskriptor so einrichten, dass nur dann CPU-Zeit verbraucht wird, wenn auch wirklich Daten an einem Socket-Deskriptor anliegen.

Hinweis: Verwendung von select()

Dieser Abschnitt soll nicht den Eindruck erwecken, die Funktion select() sei eine Routine, die sich nur zur Netzwerkprogrammierung eignet. select() kann überall dort eingesetzt werden, wo auch Deskriptoren verwendet werden, also synchrones Multiplexing eingesetzt werden soll. Des Weiteren lassen sich mit select()hervorragend Timeouts einrichten.

Die Syntax der select()-Funktion ist die folgende:

```
/* entsprechend POSIX 1003.1-2001 */
#include <sys/select.h>

/* entsprechend früheren Standards */
#include <sys/time.h>
#include <sys/types.h>
#include <unistd.h>

int select( int n, fd_set *readfds, fd_set *writefds,
            fd_set *exceptfds, struct timeval *timeout );
```

Mit dem ersten Parameter n geben Sie die Größe der Mengen an, die Sie definieren wollen. Hierfür wird gewöhnlich der Wert des höchsten Socket-Deskriptor-Wertes plus eins angegeben. Sie sollten sich allerdings nicht darauf verlassen, dass automatisch eine aufsteigende und lückenlose Reihenfolge für die Socket-Deskriptoren vergeben wird. Welche Nummer der nächste Socket- Deskriptor verwendet, entscheidet allein das Betriebssystem. Daher empfiehlt es sich, jeden neu verwendeten Socket-Deskriptor mit dem zu vergleichen, der rein theoretisch der höchste ist.

Die nächsten drei Parameter sind Zeiger auf die Mengen vom Typ `fd_set`, die zum Lesen, Schreiben oder zum Test auf Ausnahmen benutzt werden. Sofern Sie einen der Parameter nicht verwenden wollen, können Sie hierfür `NULL` angeben. Drei getrennte Sets sind allerdings nötig, da man ja nicht alle Socket-Deskriptoren getrennt auf Lesen oder Schreiben testen möchte.

Der am häufigsten verwendete Parameter (wie es auch in dem folgenden Beispiel der Fall ist) ist `readfds`. Mit diesem Parameter wird überprüft, ob auf den Socket-Deskriptoren Daten zum Lesen vorhanden sind. Das Gegenstück dazu ist der Parameter `writefds` – damit können Sie die Beschreibbarkeit von Socket-Deskriptoren überprüfen, also feststellen, ob ein Deskriptor bereit ist, eine Ausgabe anzunehmen. Der dritte Parameter `fd_set-exceptfds` wird weitaus seltener verwendet. Er dient dazu, zu überprüfen, ob bei einem Socket-Deskriptor irgendwelche besonderen Zustände (also Ausnahmen) vorliegen. Dies ist bei Out-of-Band-Daten (`MSG_OOB`) der Fall (siehe Manual Page zu `send()` und/oder `recv()`).

Mit dem letzten Parameter können Sie einen Timeout (im Format von Sekunden [`tv_sec`] und Mikrosekunden [`tv_usec`]) einrichten. Diese Zeit wird dann abgewartet, bis eine bestimmte Bedingung eintritt. Sind Sie daran nicht interessiert, können Sie auch hier `NULL` angeben. Es gibt aber auch einen Nachteil, wenn sich `select()` vorzeitig verabschiedet (vor Ablauf der festgelegten Zeit). `select()` gibt nämlich keine Auskunft darüber, wie lange denn tatsächlich gewartet wurde. Dazu muss extra eine Funktion wie z. B. `gettimeofday()` aufgerufen werden.

Die Funktion `select()` gibt nun die Anzahl der Filedeskriptoren zurück, die Ihre Bedingung erfüllt haben (also einfach die Anzahl der Socket-Deskriptoren, die bereit sind). Wenn die Timeout-Zeit abgelaufen ist, wird `0` und bei einem Fehler `-1` zurückgegeben.

Ein Problem bei `select()` ist, dass es mit Bitfeldern arbeitet, deren Größe abhängig vom Betriebssystem ist. Die Bitfeldgröße bei BSD z. B. beträgt 256 und unter Linux 1.024. Somit können auf BSD nur die ersten 256 und unter Linux 1.024 Deskriptoren angesprochen werden. Wie viele Deskriptoren Sie tatsächlich pro Prozess verwenden können, ist mit der symbolischen Konstante `FD_SETSIZE` definiert. Natürlich ist es wenig sinnvoll, alle Socket-Deskriptoren stetig zu überwachen. Zum Glück müssen Sie sich aber recht wenig um diese Menge kümmern, da Ihnen der Datentyp `fd_set` die Arbeit zum Speichern der Socket-Deskriptoren abnimmt und die folgenden Makros den Zugriff darauf erleichtern:

```
FD_ZERO(fd_set *set);
FD_SET(int element, fd_set *set);
FD_CLR(int element, fd_set *set);
FD_ISSET(int element, fd_set *set);
```

Die hier aufgelisteten Makros lassen sich recht schnell erklären. FD_ZERO() macht aus der Menge set eine leere Menge, FD_SET() fügt das Element element der Menge set hinzu, und FD_CLR() entfernt das Element element aus der Menge set. Mit FD_ISSET() können Sie überprüfen, ob element in der Menge set vorkommt (genauer: gesetzt ist).

Das folgende Beispiel, ein einfacher TCP-Echo-Server, zeigt Ihnen die Funktion select(). Nach dem Starten des Servers dürfen Sie gerne mehrere Clients gleichzeitig starten und dem Server Nachrichten zukommen lassen. Sie werden feststellen, dass der Server keinen Client blockiert und somit ohne Probleme mehrere Clients gleichzeitig behandeln kann – genauer: FD_SETSIZE Clients. Sobald ein Client die Zeichenfolge »quit« sendet, entfernt der Server den Client (genauer: den Socket-Deskriptor) aus seiner Deskriptoren-Menge. Die Netzwerkfunktionen um select() herum wurden übrigens in Extrafunktionen ausgelagert, damit Sie den Überblick über die eigentlichen Funktionen rund um select() behalten.

```
/* multi_server.c */
#include <stdlib.h>
#include <stdio.h>
#include <string.h>
#include <errno.h>
#include <sys/types.h>
#include <sys/socket.h>
#include <netinet/in.h>
#include <netdb.h>
#include <arpa/inet.h>
#include <unistd.h>
#define BUF 1024

#define socket_t int

/* Funktion gibt aufgetretene Fehler aus und
 * beendet die Anwendung. */
void error_exit(char *error_message) {
    fprintf(stderr, "%s: %s\n", error_message,
        strerror(errno));
    exit(EXIT_FAILURE);
}

 int create_socket( int af, int type, int protocol ) {
```

```
    socket_t sock;
    const int y = 1;
    /* Erzeuge das Socket. */
    sock = socket(af, type, protocol);
    if (sock < 0)
        error_exit("Fehler beim Anlegen eines Sockets");
    setsockopt( sock, SOL_SOCKET,
        SO_REUSEADDR, &y, sizeof(int));
    return sock;
}

/* Erzeugt die Bindung an die Serveradresse
 * (genauer an einen bestimmten Port). */
void bind_socket(socket_t *sock, unsigned long address,
    unsigned short port) {
    struct sockaddr_in server;

    memset( &server, 0, sizeof (server));
    server.sin_family = AF_INET;
    server.sin_addr.s_addr = htonl(address);
    server.sin_port = htons(port);
    if (bind( *sock, (struct sockaddr*)&server,
        sizeof(server)) < 0 )
    error_exit("Kann das Socket nicht \"binden\"");
}

/* Teile dem Socket mit, dass Verbindungswünsche
 * von Clients entgegengenommen werden. */
void listen_socket( socket_t *sock ) {
    if(listen(*sock, 5) == -1 )
        error_exit("Fehler bei listen");
}

/* Bearbeite die Verbindungswünsche von Clients.
 * Der Aufruf von accept() blockiert so lange,
 * bis ein Client Verbindung aufnimmt. */
void accept_socket(socket_t *socket, socket_t *new_socket){
    struct sockaddr_in client;
    int len;

    len = sizeof(client);
    *new_socket = accept( *socket,(struct sockaddr *)&client,
        &len );
```

```
    if (*new_socket  == -1)
        error_exit("Fehler bei accept");
}

/* Daten empfangen via TCP */
void TCP_recv( socket_t *sock, char *data, size_t size) {
    int len;
    len = recv (*sock, data, size, 0);
    if( len > 0 || len != -1 )
        data[len] = '\0';
    else
        error_exit("Fehler bei recv()");
}

/* Socket schließen */
void close_socket( socket_t *sock ){
    close(*sock);
}

int main (void) {
    socket_t sock1, sock2, sock3;
    int i, ready, sock_max, max=-1;
    int client_sock[FD_SETSIZE];
    fd_set gesamt_sock, lese_sock;
    char *buffer = (char*) malloc (BUF);

    sock_max = sock1 = create_socket(AF_INET, SOCK_STREAM, 0);

    bind_socket( &sock1, INADDR_ANY, 15000 );
    listen_socket (&sock1);

    for( i=0; i<FD_SETSIZE; i++)
        client_sock[i] = -1;
    FD_ZERO(&gesamt_sock);
    FD_SET(sock1, &gesamt_sock);

    for (;;) {
        /* immer aktualisieren */
        lese_sock = gesamt_sock;
        /* Hier wird auf die Ankunft von Daten oder
         * neuen Verbindungen von Clients gewartet. */
        ready=select(sock_max+1, &lese_sock, NULL, NULL, NULL);
```

11

```
    /* Eine neue Clientverbindung ...? */
    if( FD_ISSET(sock1, &lese_sock)) {
       accept_socket( &sock1, &sock2 );
       /* freien Platz für (Socket-)Deskriptor
        * in client_sock suchen und vergeben */
       for( i=0; i< FD_SETSIZE; i++)
          if(client_sock[i] < 0) {
             client_sock[i] = sock2;
             break;
          }
          /* Mehr als FD_SETSIZE Clients sind nicht möglich. */
          if( i == FD_SETSIZE )
             error_exit("Server überlastet - zu viele Clients");

          /* (Gesamt-)Menge hinzufügen */
          FD_SET(sock2, &gesamt_sock);
          /* select() benötigt die höchste
           * (Socket-)Deskriptor-Nummer. */
          if( sock2 > sock_max )
             sock_max = sock2;
          /* höchster Index für client_sock
           * für die anschließende Schleife benötigt */
          if( i > max )
             max = i;
          /* ... weitere (Lese-)Deskriptoren bereit? */
          if( --ready <= 0 )
             continue; // Nein ...
       } //if(FD_ISSET ...

       /* Ab hier werden alle Verbindungen von Clients auf
        * die Ankunft von neuen Daten überprüft. */
       for(i=0; i<=max; i++) {
          if((sock3 = client_sock[i]) < 0)
             continue;
       /* (Socket-)Deskriptor gesetzt ... */
       if(FD_ISSET(sock3, &lese_sock)){
          /* ... dann die Daten lesen */
          TCP_recv (&sock3, buffer, BUF-1);
          printf ("Nachricht empfangen: %s\n", buffer);
          /* Wenn quit erhalten wurde ... */
          if (strcmp (buffer, "quit\n") == 0) {
             /* ... hat sich der Client beendet. */
             // Socket schließen
```

```
                close_socket (&sock3);
                // aus Menge löschen
                FD_CLR(sock3, &gesamt_sock);
                client_sock[i] = -1;        // auf -1 setzen
                printf("Ein Client hat sich beendet\n");
            }
            /* Noch lesbare Deskriptoren vorhanden ...? */
            if( --ready <= 0 )
                break; // Nein ...
        }
    }
  } // for(;;)
  return EXIT_SUCCESS;
}
```


Listing 11.10 Implementiert einen TCP-Echo-Server für mehrere Clients.

Nun folgt noch das Listing für den Client:

```
/* multi_client.c */
#include <stdlib.h>
#include <stdio.h>
#include <string.h>
#include <errno.h>
#include <sys/types.h>
#include <sys/socket.h>
#include <netinet/in.h>
#include <netdb.h>
#include <arpa/inet.h>
#include <unistd.h>
#define BUF 1024

#define socket_t int

/* Funktion gibt aufgetretene Fehler aus und
 * beendet die Anwendung. */
void error_exit(char *error_message) {
    fprintf(stderr, "%s: %s\n", error_message,
        strerror(errno));
    exit(EXIT_FAILURE);
}

int create_socket( int af, int type, int protocol ) {
    socket_t sock;
```

```
    const int y = 1;
    /* Erzeuge das Socket. */
    sock = socket(af, type, protocol);
    if (sock < 0)
        error_exit("Fehler beim Anlegen eines Sockets");
     setsockopt( sock, SOL_SOCKET,
        SO_REUSEADDR, &y, sizeof(int));
    return sock;
}

/* Baut die Verbindung zum Server auf. */
void connect_socket(socket_t *sock, char *serv_addr,
    unsigned short port) {
    struct sockaddr_in server;
    struct hostent *host_info;
    unsigned long addr;

    memset( &server, 0, sizeof (server));
    if ((addr = inet_addr( serv_addr )) != INADDR_NONE) {
        /* argv[1] ist eine nummerische IP-Adresse. */
        memcpy( (char *)&server.sin_addr,
            &addr, sizeof(addr));
    }
    else {
        /* Für den Fall der Fälle: Wandle den Servernamen,
         * z. B. "localhost", in eine IP-Adresse um. */
        host_info = gethostbyname( serv_addr );
        if (NULL == host_info)
            error_exit("Unbekannter Server");
        memcpy( (char *)&server.sin_addr, host_info->h_addr,
            host_info->h_length);
    }
    server.sin_family = AF_INET;
    server.sin_port = htons( port );
    /* Baue die Verbindung zum Server auf. */
    if (connect( *sock, (struct sockaddr *)&server,
        sizeof( server)) < 0)
        error_exit( "Kann keine Verbindung zum Server "
            " herstellen");
}

/* Daten versenden via TCP */
void TCP_send( socket_t *sock, char *data, size_t size) {
```

```
    if(send( *sock, data, size, 0) == -1 )
        error_exit("Fehler bei send()");
}

/* Socket schließen */
void close_socket( socket_t *sock ){
    close(*sock);
}

int main (int argc, char **argv) {
    socket_t sock;
    char *buffer = (char *)malloc (BUF);

    if( argc < 2 ){
        printf("Usage: %s Serveradresse\n", *argv);
        exit(EXIT_FAILURE);
    }

    sock = create_socket(AF_INET, SOCK_STREAM, 0);
    connect_socket(&sock, argv[1], 15000);

    do {
        buffer[0] = '\0';
        printf ("Nachricht zum Versenden: ");
        fgets (buffer, BUF, stdin);
        TCP_send (&sock, buffer, strlen (buffer));
    } while (strcmp (buffer, "quit\n") != 0);
    close_socket (&sock);
    return EXIT_SUCCESS;
}
```

Listing 11.11 Implementiert den TCP-Echo-Multiclient zu Listing 11.10.

Es folgt eine kurze Beschreibung der Programme bei der Ausführung.

```
[ tty1 ]
$ gcc multi_server.c -o multi_server
$ gcc multi_client.c -o multi_client
$ ./multi_server
[ tty2 ]
$ ./multi_client localhost
Nachricht zum Versenden: Hallo Server von tty2
Nachricht zum Versenden:
[ tty3 ]
```

```
$ ./multi_client 127.0.0.1
Nachricht zum Versenden: Hallo Server von tty3
Nachricht zum Versenden:

[ tty1 ]
$ ./multi_server
Nachricht empfangen: Hallo Server von tty2

Nachricht empfangen: Hallo Server von tty3
[ tty2 ]
$ ./multi_client localhost
Nachricht zum Versenden: Hallo Server von tty2
Nachricht zum Versenden: Ich beende mich dann
Nachricht zum Versenden: quit
$
[ tty3 ]
$ ./multi_client 127.0.0.1
Nachricht zum Versenden: Hallo Server von tty3
Nachricht zum Versenden: Ich auch, bye!
Nachricht zum Versenden: quit
$

[ tty1 ]
$ ./multi_server
Nachricht empfangen: Hallo Server von tty2

Nachricht empfangen: Hallo Server von tty3

Nachricht empfangen: Ich beende mich jetzt
Nachricht empfangen: quit

Ein Client hat sich beendet
Nachricht empfangen: Ich auch, bye!

Nachricht empfangen: quit

Ein Client hat sich beendet
...
...
```

Zugegeben, das letzte Beispiel war noch sehr theoretisch; aber nur, wenn Sie die Theorie gut beherrschen, dann beherrschen Sie später auch die Praxis. Diese Praxis dürfte fast immer in einer wie auch immer gearteten Übertragung von HTML-Seiten liegen. HTML (*Hypertext*

Markup Language) ist zusammen mit dem HTTP-Protokoll (*Hypertext Transfer Protocol*, auch einfach klein geschrieben als »http«) das Rückgrat des Internets. Auch moderne Skriptsprachen wie JavaScript oder HTML-Erweiterungen wie CGI oder PHP werden immer noch in HTML-Seiten eingebettet. Natürlich gilt dies auch für echte Java-Apps (verwechseln Sie bitte nicht JavaScript mit Java, dies sind zwei unterschiedliche Paar Schuhe). Natürlich können wir Sie in diesem Linux-Programmierbuch nicht in die gesamten Skriptsprachen einführen, die es nun mal gibt, und auch Java können wir nur anschneiden. Allerdings können wir Ihnen schon einen durchaus brauchbaren HTTP-Server anbieten (textbasiert).

Das folgende Listing zeigt Ihnen das Grundgerüst eines solchen Webservers. Im Großen und Ganzen entspricht dieses auf den ersten Blick etwas komplexere Beispiel einem typischen Aufbau eines parallelen Servers, wie Sie ihn bereits in diesem Kapitel gesehen haben. Sie finden in diesem Beispiel viele netzwerktypische Techniken, weshalb es sich lohnen kann, sich umfassend damit zu beschäftigen. Der Quellcode ist, sofern dies nötig ist, gut dokumentiert.


```
/* http_server.c */
#include <unistd.h>
#include <stdio.h>
#include <stdlib.h>
#include <string.h>
#include <errno.h>
#include <sys/types.h>
#include <sys/socket.h>
#include <netinet/in.h>
#include <arpa/inet.h>
#include <signal.h>
#include <time.h>
#include <sys/stat.h>
#include <sys/wait.h>
#include <sys/ioctl.h>

#define bool int
#define true  1
#define false 0
#define SERVER_PORT      2001
#define BUFFER_SIZE      2048

typedef void (*sighandler_t)(int);

static sighandler_t
my_signal(int sig_nr, sighandler_t signalhandler) {
    struct sigaction neu_sig, alt_sig;
```

```
    neu_sig.sa_handler = signalhandler;
    sigemptyset (&neu_sig.sa_mask);
    neu_sig.sa_flags = SA_RESTART;
    if (sigaction (sig_nr, &neu_sig, &alt_sig) < 0)
        return SIG_ERR;
    return alt_sig.sa_handler;
}

/* String anhand bestimmter Tokens zerlegen */
static int
GetToken(char *buf, int n, char *token, int toklen, char delim) {
    int len;
    int i = 0;
    int k;

    for( k=1; k<=n;k++) {
        token[0] = 0;
        len = 0;
        while(buf[i] == delim || buf[i] == ' ' || buf[i] == 0 ||
            buf[i] == '\t' || buf[i] == '\r' ||
            buf[i] == '\n') {
            i++;
        }
        while(buf[i]!=delim && buf[i]!=' ' && buf[i]!='\0' &&
            buf[i]!='\t' && buf[i]!=10 && buf[i]!=13) {
            token[len++]  =  buf[i++];
            if(len > toklen - 1) {
                return -1;
            }
        }
        token[len] = 0;
    }
    return len;
}
/* ganze Blöcke von size Bytes Größe an den */
/* Socket (Client) senden                   */
static int SendBlock(int soc,unsigned char *buf, int size) {
    unsigned char *r;
    int len = 0;
    r = buf;

    while( size > 0 ) {
        if((len = send(soc, r, size, 0)) == -1) {
```

```
            return -1;
        }
        size -= len;
        r += len;
    }
    return 0;
}

/* variable Anzahl Bytes an Socket (den Client) schicken */
static int SendBuf(int soc, char *buf) {
    char *r = NULL;
    int len = 0;
    int rlen = strlen(buf);
    r = buf;

    while( rlen > 0 ) {
        if((len = send(soc, r, strlen(r), 0)) == -1) {
            return -1;
        }
        rlen -= len;
        r += len;
    }
    return 0;
}

/* den Response-Header an den Client senden; z. B.:
   HTTP/1.1 200 OK
   Date: Wed, 28 Jun 2023 10:38:10 GMT
   Server: Apache/4.0.12 (Unix) PHP/5.0.3 mod_ssl/2.8.3 ...
   Last-Modified: Wed, 28 Jun 2023 08:53:23 GMT
   Content-Length: 3752
   Connection: close
   Content-Type: text/html
   ...
*/
static void
SendHTTPHeader( int soc, int code, const char *phase,
    int length, time_t *pftime ) {
    char msg[255] = {0};
    struct tm *ptm, *pftm;
    time_t stime;

    sprintf(msg, "HTTP/1.1%d %s\r\n", code, phase);
```

```
    SendBuf(soc, msg);
    time(&stime);
    ptm = gmtime(&stime);
    strftime( msg, 255,
        "Date: %a, %d %b %Y %H:%M:%S %Z\r\n", ptm );
    SendBuf(soc, msg);
    SendBuf(soc, "Server: http_server 0.1\r\n");

    if(pftime != NULL) {
        pftm = gmtime(pftime);
        strftime( msg, 255, "Last-Modified: "
            "%a, %d %b %Y %H:%M:%S %Z\r\n", pftm);
        SendBuf(soc, msg);
    }

    SendBuf(soc, "Accept-Ranges: none\r\n");
    sprintf(msg, "Content-Length: %d\r\n", length);
    SendBuf(soc, msg);
    SendBuf(soc, "Connection: Keep-Alive\r\n");
    SendBuf(soc, "Content-Type: text/html\r\n");
    SendBuf(soc, "\r\n");
}

static int httpd(int soc) {
    int returnval = 0;
    char buf[512] ={0};
    char method[255] = {0};
    char uri[512] = {0};
    char headline[1024] = {0};
    char request_header[BUFFER_SIZE] = {0};
    char *r = NULL;
    char hTitle[32] = {0};
    char hValue[128] = {0};
    FILE *fd;

    bool isFirst = true;
    /* aus Deskriptor einen FILE-Stream machen */
    fd = fdopen(soc, "r");
    printf("-----------Request-Header Client------------\n");
    /* Request-Header des Clients auslesen */
    while(1) {    /* Request-Header zeilenweise einlesen */
        r = fgets(buf, BUFFER_SIZE, fd);
        /* ... Request-Header des Clients fertig, wenn ... */
```

```
        if( *r == '\r' && *(r+1) == '\n') {
            break;
        }
        printf("ClientRequest: %s", r);

        /* Als Erstes wird immer die Methode der Anfrage gesendet. */
        /* Meistens ist die Methode GET oder POST                   */
        /* Diese Methode wollen wir entsprechend mit GetToken()     */
        /* präpariert in dem char-Array method speichern.           */
        if(isFirst) {
            strcpy(headline, r);
            GetToken(headline, 1, method, 255, 0);
            isFirst = false;
        }
        /*  Keep-Alive? */
        else {
            strcat(request_header, r);
            GetToken(r, 1, hTitle, 32, ':');
            if(strcmp(hTitle, "Connection") == 0 ) {
                GetToken(r, 2, hValue, 128, ' ');
                if(strcmp(hValue, "Keep-Alive") == 0 ) {
                    printf("Client benötigt Keep-Alive\r\n");
                    returnval = 1;
                } else {
                    printf("Client benötigt kein keep alive\r\n");
                    returnval = -1;
                }
            }
        }
    }
    printf("Fertig mit dem Lesen des Request-Headers ...\r\n");
    printf("-----------------------------------------\n");
    fflush(stdout);
    /* Wurde die Methode GET gesendet? - */
    /* Beispiel unterstützt nur diese.   */
    if((strcmp(method,"GET")==0)||(strcmp(method,"get")==0)) {
        char dir[255];
        char path[512] = {0};
        FILE *file;
        struct stat fst;

        GetToken(headline, 2, uri, 1024, 0);
        GetToken(uri, 1, dir, 255, '/');
```

11

```
    printf("Folgende Datei wurde vom Client"
        " angefordert %s\n",uri);
    sprintf(path, ".%s", uri);
    file = fopen(path, "r");
    if(file == NULL) {
        /* Ausgabe an den Browser, falls Datei nicht vorhanden */
        char error404[] =
        "<HTML><HEAD><TITLE>404 Not Found</TITLE>"
        "</HEAD><BODY><H1>Nicht gefunden</H1>"
        "Die angeforderte URL konnte nicht auf"
        " diesem Server gefunden werden."
        "<P><HR><I>http_server0.1<I></BODY>"
        "</HTML>\r\n\r\n";
        printf("404 - Nachricht\r\n");
        SendHTTPHeader( soc, 404, "FILE NOT FOUND.",
            strlen(error404)+1, NULL );
        SendBlock( soc, error404, strlen(error404)+1 );
        fflush(stdout);
        SendBuf(soc, "\r\n\r\n");
        return -1;
    } else {
        /* Server-Response erzeugen - die Antwort des Servers */
        unsigned char *blob = NULL;
        stat(path, &fst);
        printf("Datei existiert ...\r\n");
        fflush(stdout);
        /* den Response-Header an den Client schicken */
        SendHTTPHeader( soc, 200, "OK", fst.st_size,
            &(fst.st_mtime) );
        /* Speicher für das angeforderte Dokument anfordern */
        blob = (unsigned char *)malloc(fst.st_size);
        /* komplettes Dokument in blob einlesen */
        fread(blob, fst.st_size, 1, file);
        /* komplettes Dokument an den Client senden */
        SendBlock(soc, blob, fst.st_size);
        /* ... fertig - aufräumen */
        fclose(file);
        printf("Alle Daten gesendet ...\r\n");
        fflush(stdout);
        SendBuf(soc, "\r\n\r\n");
        free(blob);
    }
}
```

```
    return returnval;
}

int main(int argc, char *argv[]) {
    int soc, soc_cli;
    socklen_t srv_len, cli_len;
    int ret = -1;
    struct sockaddr_in srv_addr, cli_addr;
    const int y = 1;

    /* 1. Typischer Ablauf einer Serveranwendung:      */
    /*    + ein Socket erzeugen - socket()             */
    /*    + den eigenen Port festlegen - bind()        */
    /*    + auf Verbindungswünsche warten - listen()   */
    /*    + Verbindung annehmen - accept()             */
    soc = socket(AF_INET, SOCK_STREAM, 0);
    srv_addr.sin_family = AF_INET;
    srv_addr.sin_addr.s_addr = htons(INADDR_ANY);
    srv_addr.sin_port = htons(SERVER_PORT);
    srv_len = sizeof(srv_addr);
    setsockopt( soc, SOL_SOCKET, SO_REUSEADDR,
        &y, sizeof(int));
    ret = bind(soc, (struct sockaddr *)&srv_addr, srv_len);
    if(ret != 0) {
        printf("Fehler: binding server socket\r\n");
        return EXIT_FAILURE;
    }
    ret = listen(soc, 5);
    if(ret != 0) {
        printf("Fehler: listening server socket\r\n");
        return EXIT_FAILURE;
    }
    /* SIGCHLD ignorieren */
    my_signal(SIGCHLD, SIG_IGN);

    while(1) {
        int pid;
        fd_set fdlist, testfd;
        int result = 0;
        int rlen = 0;
        printf("Warte auf Clientverbindung...\r\n");
        cli_len = sizeof(cli_addr);
        soc_cli = accept( soc,
```

```
            (struct sockaddr *)&cli_addr,
            (socklen_t*)&cli_len );
        /* parallelen Server erzeugen */
        pid = fork();
        switch(pid) {
            /* Kindprozess kümmert sich um den neuen Client */
            /* (z. B. Browser)                              */
            case 0:
                if(soc_cli != -1) {
                    printf("Client verbunden mit socket %d\r\n",
                        soc_cli);
                    /* Menge in fdlist auf null setzen */
                    FD_ZERO(&fdlist);
                    /* den Client-Socket der Menge hinzufügen */
                    FD_SET(soc_cli, &fdlist);
                    while(1) {
                        testfd = fdlist;
                        /* Sind auf der Deskriptor(en)-Menge */
                        /* testfd Daten zum Lesen vorhanden? */
                        result = select( FD_SETSIZE, &testfd,
                            NULL, NULL, NULL );
                        /* Fehler bei select() */
                        if(result <= 0) {
                            break;
                        }
                        /* Prüfen, ob das Bit für soc_cli in */
                        /* testfd gesetzt ist ...            */
                        if(FD_ISSET(soc_cli, &testfd)) {
                        ioctl(soc_cli, FIONREAD, &rlen);
                        if(rlen == 0) {
                            /* Bit für soc_cli aus der Menge */
                            /* fdlist wieder löschen         */
                            FD_CLR(soc_cli, &fdlist);
                            break;
                        }
                        /* die Anforderung des Clients */
                        /* bearbeiten                  */
                        result = httpd(soc_cli);
                        if(result < 0) {
                            break;
                        }
                    }
                }
```

```
                printf("Client socket %d beendet\r\n", soc_cli);
                fflush(stdout);
                close(soc_cli);
            } else {
                printf("Fehler: accepting client's connection.\r\n");
            }
            exit(EXIT_SUCCESS);
            break;
            case -1:
                printf("Fehler bei fork() (%s)\r\n", strerror(errno));
            break;
            default:
                /* Elternprozess benötigt das verbundene Socket  */
                /* nicht mehr, da sich der Kindprozess damit     */
                /* beschäftigt.                                  */
                close(soc_cli);
            break;
        }
    }
    return EXIT_SUCCESS;
}
```

Listing 11.12 Ein einfacher HTTP-Server in der Art des Linux-Tools httpget

Den Webserver können Sie nun wie folgt erstellen:

```
$ gcc http_server.c -o http_server
```

Erstellen Sie nun eine HTML-Datei. Speichern Sie diese Datei im selben Verzeichnis, in dem Ihr Webserver ausgeführt wird. Hier wird die Datei mit dem Namen *index.html* gespeichert. Anschließend führen Sie die folgenden Kommandos aus:

```
$ ./http_server
Waiting for client connecting...
```

Öffnen Sie einen Webclient (Ihren Lieblings-Webbrowser, wenn Sie wollen), und geben Sie folgende Adresse ein:

http://localhost:2001/index.html

Jetzt müssten Sie den Inhalt der Datei *index.html* in Ihrem Browser lesen können, wie in Abbildung 11.10 dargestellt.

Abbildung 11.10 Erfolgreich mit dem http_server verbunden

Für den Fall, dass Sie eine nicht vorhandene Datei anfordern, wird die servertypische 404-Nachricht »File not found« zurückgegeben.

Abbildung 11.11 Ein nicht vorhandenes Dokument wurde angefordert.

Außerdem können Sie die Ausgabe Ihres Webservers bei der Arbeit in der Konsole betrachten:

```
$ ./http_server
Warte auf Clientverbindung...
Client verbunden mit socket 4
------------Request-Header Client--------------
ClientRequest: GET /index.html HTTP/1.1
ClientRequest: Host: localhost:2001
```

```
ClientRequest: User-Agent: Mozilla/5.0 (X11; U; Linux i686;
ClientRequest: Accept:text/xml,application/xml,appl ...
ClientRequest: Accept-Encoding: gzip,deflate, compress ...
ClientRequest: Accept-Charset: ISO-8859-1, utf-8;q=0.66, ...
ClientRequest: Keep-Alive: 300
ClientRequest: Connection: Keep-Alive
Client benötigt kein Keep-Alive
ClientRequest: If-Modified-Since: Sat, 08 May 2004 23:23:26
ClientRequest: Cache-Control: max-age=0
Fertig mit dem Lesen des Request-Headers ...
-----------------------------------------------
Folgende Datei wurde vom Client angefordert /index.html
Datei existiert ...
Alle Daten gesendet ...
Client-socket-4-Verbindung beendet
Warte auf Clientverbindung ...
Client verbunden mit socket 4
Warte auf Clientverbindung ...
-------------Request-Header Client---------------
ClientRequest: GET /icnzgtfhjkldex.html HTTP/1.1
ClientRequest: Connection: Keep-Alive
Client benötigt keep alive
ClientRequest: Pragma: no-cache
ClientRequest: Cache-control: no-cache
ClientRequest: Accept: text/*, image/jpeg, image/png, image/...
ClientRequest: Accept-Encoding: x-gzip, x-deflate, gzip, defla...
ClientRequest: Accept-Charset: iso-8859-15, utf-8;q=0.5, *;q=0.5
ClientRequest: Accept-Language: de, DE, en
ClientRequest: Host: localhost:2001
Fertig mit dem Lesen des Request-Headers ...
-----------------------------------------------
Folgende Datei wurde vom Client angefordert /icnzgtfhjkldex.html
404-Nachricht
Client-socket-4-Verbindung beendet
```

Hinweis: Keep-Alive

Bei der ersten Version (also HTTP/1.0) waren alle Verbindungen nicht persistent, d. h., der Server brach die Verbindung zum Client (z. B. nach dem Liefern einer HTML-Datei) ab. Wenn der Client eine persistente Verbindung aufbauen wollte, musste er den Connection-Header mit Keep-Alive bestücken. In HTTP/1.1 ist dies jetzt umgekehrt der Fall: Die Verbindungen sind immer persistent, außer der Client schickt einen Connection-Header mit `close`.

Eine Zeile, in der Sie sicherlich hängengeblieben sind, war wohl die folgende:

```
ioctl(soc_cli, FIONREAD, &rlen);
```

Damit lässt sich ganz bequem herausfinden, wie viele ungelesene Bytes in einem Filedeskriptor (hier Socket) noch verfügbar sind. Die Anzahl befindet sich anschließend in `rlen`. Im Beispiel wird, wenn keine Bytes mehr verfügbar sind, der Filedeskriptor (hier Socket) aus der Menge `fdlist` mit dem Makro `FD_CLR()` wieder entfernt.

[»]

Hinweis zu \r\n

Sicherlich ist Ihnen im Listing bei den Ausgaben des Servers auch das `\r\n` am Ende aufgefallen. Im Prinzip ist es allerdings egal, ob Sie hierbei `\n` oder `\r\n` verwenden – vorausgesetzt natürlich, die Clientsoftware spricht dasselbe Protokoll wie der Server. Gewöhnlich werden Serverdämonen so programmiert, dass sie `\r\n` und `\n` kennen.

11.15 POSIX-Threads und Netzwerkprogrammierung

Bis jetzt haben Sie `fork()` benutzt, um die Serverprozesse zu parallelisieren. Dies war natürlich etwas umständlich, vor allem, weil Sie ein ellenlanges `switch`-Konstrukt sowohl für den Elternprozess als auch für den neuen Kindprozess erstellen mussten. Dies blähte Ihren Code stark auf und war auch nicht die schnellste Lösung – im Gegenteil. Sie denken sich vielleicht an dieser Stelle Folgendes: Wenn sich `fork()` dazu eignet, einen parallelen Server zu entwickeln, dann müssten ja die Threads als Leichtgewichte sensationell schnell sein im Vergleich zu den normalen Prozessen. Und da wir das Thema Threads ja bereits in Kapitel 10 behandelt haben, hätten wir den HTTP-Server doch gleich mit Threads umsetzen können. Mit Threads würde man sich praktisch eine Menge Hauptspeicher sparen können, und das aufwendige Kopieren von Code und Daten vom Eltern- in den Kindprozess entfällt auch. Und genau so ist es: Threads können als Leichtgewichtprozesse bis zu 100-mal schneller sein als herkömmliche Prozesse, die mit `fork()` erzeugt wurden. So kann also aus Ihrem schneckenlahmen HTTP-Server ein schneller Spieleserver werden.

Na gut: Wenn Sie Ihren privaten PC als Spieleserver verwenden, der bis zu tausend Clients bedienen soll, dann nutzen Ihnen die Threads auch nicht viel. Sie können aber dennoch in einem relativ brauchbaren Tempo HTTP-Seiten ausliefern. Auch für eine private, kostenlose Backup-Lösung für Ihren Haushalt mit ein paar Notebooks und Tablets sind die Threads gut geeignet – und das ist immer noch besser, als sich eine teure Lösung z. B. von GData anzuschaffen.

Auch eine zweite »Bremse« gibt es für die Threads: Sie müssen einiges beachten, wenn Sie die Threads tatsächlich zur Socket-Programmierung verwenden wollen. Da wäre zum Beispiel die Anzahl der gleichzeitig laufenden Threads: Wenn Threads beispielsweise auf einem Server eingesetzt werden sollen, der mehrere tausend Clients bedienen soll, dann sind Threads schon nicht mehr dafür geeignet (aber dann brauchen Sie sowieso eine professionelle Lösung, die Sie sich nur leisten können, wenn Sie eine eigene Firma haben).

Hinweis: Das Thread-Limit umgehen

Ein interessanter Vorschlag hierzu wäre: Man greift zur Extremlösung: Man forkt den Hauptprozess (Elternprozess) direkt nach dem `listen()` mehrmals, und jeder der Subprozesse (Kindprozess) erstellt dann ein paar Threads. Somit kommt man auch um das Limit gleichzeitiger Threads pro Prozess herum. Allerdings ist diese Lösung wirklich etwas für sogenannte Tuning-Experten, die auch das letzte Quäntchen Leistung aus ihrem eh schon sehr teuren Mainboard herausholen wollen. Oder: Sie verwenden gleich ein Server-Board, aber dann sind Sie schon im Profibereich und können sich gleich eine professionelle Software dazu kaufen.

Hinweis

Thread-sichere Versionen von Funktionen enden gewöhnlich mit der Endung `_r`. Aber dies ist kein Standard und somit für Netzwerkanwendungen, die ja gewöhnlich möglichst portabel sein sollten, eher ungeeignet.

Als Programmbeispiel soll auch hierzu wieder der Server verwendet werden, mit dem sich Dateien über das Netzwerk kopieren lassen. Allzu viel müssen Sie dabei im Vergleich zum Beispiel des parallelen Servers mit `fork()` gar nicht ändern, um die Serveranwendung multithreading-fähig zu machen. Die Clientanwendung hingegen muss nicht verändert werden. Hierfür können Sie wieder dasselbe Listing wie gehabt verwenden. Es folgt nun das Listing für den Server, der diesmal Threads anstatt Prozesse verwendet, um einzelne Dateien über ein Netzwerk zu kopieren.

Hinweis

Das Programm verwendet Linux-Threads und ist somit nicht unbedingt auf anderen UNIXen lauffähig. Speziell unter FreeBSD müssen Sie die *linuxthreads* aus den *ports* installieren und das Programm folgendermaßen übersetzen:

```
$ gcc thserver.c -o thserver \
  -I/usr/local/include/pthread/linuxthreads \
  -L/usr/local/lib -llthread -llgcc_r
```

```
/* thserver.c */
#include <stdio.h>
#include <stdlib.h>
#include <string.h>
#include <sys/types.h>
```

```
#include <sys/socket.h>
#include <arpa/inet.h>
#include <netinet/in.h>
#include <sys/stat.h>
#include <fcntl.h>
#include <unistd.h>
#include <errno.h>
#include <pthread.h>
#define  MAX_ZEICHEN  16384
#define  PORT_NUMMER  1234

static void * threading_socket( void *);
static void copy (int);

pthread_t th;

static void *threading_socket (void *arg) {
    pthread_detach (pthread_self ());
    copy ((int) arg);
    close ((int) arg);
    return NULL;
}

static void copy (int connfd) {
    int  fd;
    ssize_t j, n, ngesamt;
    char puffer[MAX_ZEICHEN];
    char path_file[MAX_ZEICHEN];

    printf (" ... Daten empfangen\n");
    /* Dateiname */
    j = 0;
    while ((n = read (connfd, &puffer[j], 1)) > 0) {
        if (puffer[j] == '\n') {
            puffer[j] = 0;
            break;
        }
        j++;
    }
    if (n < 0) {
        printf ("Fehler bei read() ...\n");
        exit (EXIT_FAILURE);
```

```
    }

    printf ("Dateiname \"%s\"  wird kopiert nach ", puffer);
    strcpy (path_file, getenv ("HOME"));
    strcat (path_file, "/tmp/");
    strcat (path_file, puffer);
    printf ("%s\n", path_file);

    /* Datei zum Lesen öffnen */
    if ((fd = open ( path_file,
        O_WRONLY | O_CREAT | O_TRUNC, 0644)) < 0) {
        printf ("... kann %s nicht öffnen (%s)\n",
            puffer, strerror(errno));
        close (connfd);
    }
    /* Datei aus dem Socket lesen und in lokale Kopie schreiben */
    ngesamt = 0;
    while ((n = read (connfd, puffer, sizeof (puffer))) > 0) {
        if (write (fd, puffer, n) != n) {
            printf ("Fehler bei write() ...(%s)\n",
                strerror(errno));
            exit (EXIT_FAILURE);
        }
        ingesamt += n;
    }
    if (n < 0) {
        printf ("Fehler bei read() ...\n");
    }
    printf ("... beendet (%d Bytes)\n", ingesamt);
    close (fd);
    close (connfd);
    return;
}

int main (void) {
    int sockfd, connfd;
    struct sockaddr_in adresse;
    size_t adrlaenge = sizeof (struct sockaddr_in);
    const int y = 1;

    if ((sockfd = socket (PF_INET, SOCK_STREAM, 0)) < 0) {
        printf ("Fehler bei socket() ...(%s)\n",
            strerror(errno));
```

```
        exit (EXIT_FAILURE);
    }
    printf ("Socket erfolgreich angelegt\n");

    adresse.sin_family = AF_INET;
    adresse.sin_port = htons (PORT_NUMMER);
    memset (&adresse.sin_addr, 0, sizeof (adresse.sin_addr));

    setsockopt( sockfd, SOL_SOCKET,
        SO_REUSEADDR, &y, sizeof(int));

    if (bind ( sockfd,
        (struct sockaddr *) &adresse,
        sizeof (adresse) ) ) {
        printf ("Fehler bei bind() ...(%s)\n",
            strerror(errno));
        exit (EXIT_FAILURE);
    }
    printf ("Server ist bereit und wartet ...\n");

    if (listen (sockfd, 5)) {
        printf ("Fehler bei listen() ...(%s)\n",
            strerror(errno));
        exit (EXIT_FAILURE);
    }
    while (1) {
        connfd = accept ( sockfd,
            (struct sockaddr *) &adresse,
            &adrlaenge );
        if (connfd < 0) {
            if (errno == EINTR)
                continue;
            else {
                printf ("Fehler bei accept() ...\n");
                exit (EXIT_FAILURE);
            }
        }
        pthread_create(&th, NULL, &threading_socket, connfd);
    }
    exit (EXIT_SUCCESS);
}
```

Listing 11.13 Implementiert einen parallelen TCP-Server mit Threads.

Eine Beschreibung der Programmschritte während der Ausführung kann hier entfallen, da sich nicht allzu viel im Vergleich zu den vorigen Listing-Beispielen geändert hat, nur dass das Beispiel jetzt ein wenig modularer aufgebaut ist:

```
while (1) {
  connfd = accept ( sockfd,
                    (struct sockaddr *) &adresse,
                    &adrlaenge );
  if (connfd < 0) {
    if (errno == EINTR)
       continue;
    else {
       printf ("Fehler bei accept() ...\n");
       exit (EXIT_FAILURE);
    }
  }
  pthread_create(&th, NULL, &threading_socket, connfd);
}
```


Hier wird ähnlich vorgegangen wie bei der Prozesserzeugung mittels `fork()` – mit dem Unterschied, dass, wenn `accept()` zurückkehrt, hier ein Thread mit `pthread_create()` erzeugt wird anstatt ein neuer Prozess mit `fork()`. Jede Clientanfrage startet von nun an einen neuen Thread, und zwar den Thread `threading_socket()`. Zusätzlich übergeben Sie dem Thread als Argument den Deskriptor für das verbundene Socket (`connfd`).

```
static void * threading_socket (void *arg) {
   pthread_detach (pthread_self ());
   copy ((int) arg);
   close ((int) arg);
   return NULL;
}
```

In der Thread-Funktion `threading_socket()` wird der Thread mittels `pthread_detach()` ausgehängt, das heißt, der Haupt-Thread wartet nicht mehr auf die Rückkehr des von ihm angelegten Threads. Im nächsten Schritt wird die Funktion `copy()` aufgerufen, mit der der Kopiervorgang zwischen dem Client und dem Server-Thread abgearbeitet wird. Der Vorgang entspricht wieder demselben Code, den Sie schon im Beispiel des parallelen Servers mit `fork()` zuvor im Kindprozess kennen gelernt haben. Wir haben hierbei lediglich ein Copy & Paste gemacht. Als Argument übergeben Sie auch hier der Funktion den Deskriptor für das verbundene Socket. Wichtig ist dann, dass Sie vor der Rückkehr der Funktion `threading_socket()` das Socket mit `close()` schließen, da Threads ja alle Socket-Deskriptoren gemeinsam mit dem Main-Thread verwenden. Bei `fork()` ging dieser Vorgang ja nach Beendigung des Kindprozesses automatisch vor sich, da, wenn sich ein Prozess beendet, alle offenen Deskriptoren automatisch geschlossen werden.

11.16 Optionen für Sockets setzen und abfragen

Natürlich ist es auch möglich, das Verhalten von Sockets über spezielle Optionen zu verändern oder abzufragen. Bestimmte Optionen können Sie mit der Funktion setsockopt() setzen und mit getsockopt() abfragen, wobei die Optionen zum Setzen bzw. Lesen zum Teil sehr unterschiedliche Datentypen besitzen. Einige Optionen erwarten nur einen binären Wert, mit dem eine Option gesetzt oder eben nicht gesetzt werden kann, andere Optionen hingegen erwarten ganze Strukturen als Optionswerte (also Zeiger). Daher sind diese beiden Funktionen relativ flexibel und nicht an spezielle Werte oder Größen gebunden.

11.16.1 Optionen setzen mit setsockopt()

Zum Setzen von Optionen steht Ihnen die Funktion setsockopt() zur Verfügung, die folgende Syntax hat:

```
#include <sys/types.h>
#include <sys/socket.h>
int setsockopt( int s, int level, int optname,
                const void *optval, socklen_t optlen );
```

Mit setsockopt() setzen Sie die Optionen für das Socket s. Mit dem Parameter level geben Sie die Schicht der Paketverarbeitung an, auf die sich die Option beziehen soll. Als Schicht sind folgende Angaben möglich:

```
SOL_SOCKET, IPPROTO, IPPROTO_ICMPV6, IPPROTO_IPV6, IPROTO_TCP
```

Mit dem Parameter optname geben Sie die Option an, die gesetzt werden soll. In Tabelle 11.6 finden Sie eine Auflistung aller vorhandenen Optionen. Der Parameter optval ist ein Zeiger auf eine Struktur, in dem die Optionswerte gespeichert sind. optlen gibt an, wie groß der Optionsblock ist, der neu geschrieben werden soll. Da optval vom Typ void* ist, können verschiedene Strukturen als Optionsbeschreiber dienen.

11.16.2 Optionen abfragen mit getsockopt()

Um die Optionen eines Sockets abzufragen, steht Ihnen die Funktion getsockopt() zur Verfügung. Diese Funktion hat die folgende Syntax:

```
#include <sys/types.h>
#include <sys/socket.h>
int getsockopt( int s, int level, int optname,
                void *optval, socklen_t *optlen );
```

Die Bedeutung der einzelnen Parameter entspricht bis auf optlen exakt denen von setsockopt(). optlen ist hierbei ein Zeiger auf eine Variable vom Typ socklen_t (was dem primitiven Datentyp int entspricht) und liefert die Länge des Blocks zurück, der von getsockopt() in optval geschrieben wurde.

Die Funktionen getsockopt() und setsockopt() geben bei erfolgreicher Ausführung 0, ansonsten (also bei einem Fehler) -1 zurück. Ein Beispiel zu dieser Funktion ersparen wir uns vorerst, da die Funktionen im Laufe des Kapitels noch das eine oder andere Mal verwendet werden, insbesondere setsockopt().

11.16.3 Verfügbare Socket-Optionen

Es folgt nun eine tabellarische Auflistung aller unter Linux verfügbaren Socket-Optionen, die Sie setzen oder abfragen können (bei neueren Kernel-Versionen können allerdings noch Funktionen hinzukommen). In der ersten Spalte der Tabelle finden Sie die Optionen, die Sie für einen bestimmten Level verwenden können. Nach einer Kurzbeschreibung der Option sehen Sie eine Markierung, die anzeigt, ob die Option auf **get**sockopt() und/oder **set**sockopt() angewendet werden kann. In der letzten Spalte steht der Datentyp, der für den vierten Parameter optval beider Funktionen unter Angabe der entsprechenden Option verwendet wird.

Level: SOL_SOCKET

Name	Bedeutung	get	set	Datentyp
SO_BROADCAST	Senden von Broadcast-Datagrammen	x	x	int
SO_DEBUG	Debug-Tracing aktivieren	x	x	int
SO_DONTROUTE	Routing-Tabelle umgehen	x	x	int
SO_ERROR	Fehler aufnehmen und löschen	x		int
SO_LINGER	beim Schließen warten, ob noch Daten kommen	x	x	struct linger
SO_OOBINLINE	Out-of-Band-Daten inline lassen	x	x	size_t
SO_RCVBUF	Empfangsgröße des Puffers	x	x	size_t
SO_SNDBUF	Größe des Puffers beim Senden	x	x	int
SO_RCVTIMEO	Empfangen eines Timeouts	x	x	struct timeval
SO_SNDTIMEO	Senden eines Timeouts	x	x	struct timeval
SO_REUSEPORT	lokale Adresse wiederverwenden	x	x	int

Tabelle 11.6 Optionen für den Level SOL_SOCKET

Name	Bedeutung	get	set	Datentyp
SO_REUSEADDR	lokale Adresse wiederverwenden	x	x	int
SO_TYPE	Socket-Type entgegennehmen	x		int
SO_USELOOPBACK	Routing-Socket nimmt eine Kopie dessen entgegen, was es verschickt hat.	x	x	int
SO_KEEPALIVE	Tests in bestimmten Zeitabständen, wenn die Verbindung noch aktiv ist	x	x	int

Tabelle 11.6 Optionen für den Level SOL_SOCKET (Forts.)

Hinweis: SO_REUSEPORT

SO_REUSEPORT gibt es für Linux erst ab Kernel 2.6.5, aber dies dürfte nur Programmierer interessieren, die alte Software portieren müssen.

Level: IPPROTO_IP

Name	Bedeutung	get	set	Datentyp
IP_HDRINCL	IP-Header mit Daten	x	x	int
IP_OPTIONS	IP-Header-Optionen	x	x	
IP_RECVDSTADDR	Ziel-IP-Adresse wird zurückgegeben.	x	x	int
IP_RECVIF	Schnittstellenindex zurückgeben	x	x	int
IP_TOS	*Type-Of-Service*	x	x	int
IP_TTL	*Time-To-Live*	x	x	int

Tabelle 11.7 Optionen für den Level IPPROTO_IP

Hinweis für IPv4

Mit IP_OPTIONS können Sie die IPv4-Header-IP-Optionen setzen und abfragen. Allerdings müssen Sie sich näher mit den Quell-Routen-Optionen für IPv4 befassen, um diese Konstante und ihren Datentyp zu verwenden. Bei IPv6 hat IP_OPTIONS zurzeit keine Bedeutung, dies kann sich aber jederzeit ändern.

Level: IPPROTO_IP (Multicast)

Name	Bedeutung	get	set	Datentyp
IP_MULTICAST_IF	Schnittstelle (ausgehend) angeben	x	x	struct in_addr
IP_MULTICAST_TTL	TTL (ausgehend) angeben	x	x	u_char
IP_MULTICAST_LOOP	Loopback angeben	x	x	u_char
IP_ADD_MEMBERSHIP	einer Multicast-Gruppe beitreten		x	struct ip_mreq
IP_DROP_MEMBER-SHIP	eine Multicast-Gruppe verlassen		x	struct ip_mreq

Tabelle 11.8 Optionen für den Level IPPROTO_IP (Multicast)

Level: IPPROTO_IPV6

Name	Bedeutung	get	set	Datentyp
IPV6_ADDRFORM	Socket-Adressformat ändern	x	x	int
IPV6_CHECKSUM	Prüfsummenfeld (Offset) Raw Sockets	x	x	int
IPV6_DSTOPTS	Zieloptionen empfangen	x	x	int
IPV6_HOPLIMIT	Unicast-Hop-Limit empfangen	x	x	int
IPV6_HOPOPTS	Hop-by-Hop-Optionen empfangen	x	x	int
IPV6_NEXTHOP	Next-Hop-Adresse angeben	x	x	struct sockaddr
IPV6_PKTINFO	Paketinformationen empfangen	x	x	int
IPV6_PKTOPTIONS	Paketoptionen angeben	x	x	

Tabelle 11.9 Optionen für den Level IPPROTO_IPV6

Level: IPPROTO_IPV6 (Multicast)

Name	Bedeutung	get	set	Datentyp
IPV6_MULTICAST_IF	Schnittstelle (ausgehend) angeben	x	x	struct in6_addr
IPV6_MULTICAST_HOPS	Hops-Limit (ausgehend) angeben	x	x	u_int

Tabelle 11.10 Optionen für den Level IPPROTO_IPV6 (Multicast)

Name	Bedeutung	get	set	Datentyp
IPV6_MULTICAST_LOOP	Loopback angeben	x	x	u_int
IPV6_ADD_MEMBERSHIP	einer Multicast-Gruppe beitreten		x	struct ipv6_mreq
IPV6_DROP_MEMBERSHIP	eine Multicast-Gruppe verlassen		x	struct ipv6_mreq

Tabelle 11.10 Optionen für den Level IPPROTO_IPV6 (Multicast) (Forts.)

Level: IPPROTO_TCP

Name	Bedeutung	get	set	Datentyp
TCP_KEEPALIVE	Sekunden zwischen Keep-Alive	x	x	int
TCP_MAXRT	max. Wiederholungszeit der Übertragung	x	x	int
TCP_MAXSEG	max. Segmentgröße	x	x	int

Tabelle 11.11 Optionen für den Level IPPROTO_TCP

Zugegeben, die Tabellen hätten wir uns auch sparen können, da ein Blick auf die Manual Pages Ihnen die genannten und noch einige Optionen mehr anzeigt. Aber dennoch erschien es uns aus Gründen der Vollständigkeit wichtig, die wichtigsten Socket-Optionen hier abzudrucken, denn dieses Buch soll ja auch (da es ein Handbuch ist) als Nachschlagewerk dienen können.

Grob gesehen, lassen sich die Socket-Optionen in vier Kategorien einteilen: generische Socket-Optionen, IPv4-Socket-Optionen, IPv6-Socket-Optionen und TCP-Socket-Optionen. In der Praxis werden allerdings am häufigsten die generischen Optionen, also `SO_KEEPALIVE`, `SO_RCVBUF`, `SO_SNDBUF` und `SO_REUSEADDR` verwendet. Daneben wird für Broadcasting und Multicast-Anwendungen (z. B. für Videostreamserver) häufig die Option `SO_BROADCAST` eingesetzt. Die generischen Optionen (das sind alle, die mit `SO_` beginnen) werden übrigens sehr gut in den Manual Pages von `getsockopt()` und `setsockopt()` beschrieben.

11.17 Das UDP-Protokoll (User Datagram Protocol)

Neben dem bisher behandelten TCP bieten viele UNIX-Systeme und -Netze mit UDP ein weiteres Transportprotokoll an. Da dieses Transportprotokoll einen verbindungslosen und unzuverlässigen Übertragungsdienst anbietet, wird es in der Praxis wesentlich seltener eingesetzt. Wenn mit UDP z. B. ein Anwender einem anderen Anwender eine Nachricht sendet, so ist nicht sichergestellt, dass diese Nachricht ihr Ziel erreicht. Des Weiteren ist auch nicht, wie bei TCP (wo die Pakete sortiert werden), garantiert, dass die einzelnen Pakete in der richtigen Reihenfolge am Ziel angekommen. Allerdings bewirkt diese Unzuverlässigkeit, dass mit der Übertragung mittels UDP ein höherer Datendurchsatz erreicht wird, als dies bei TCP der Fall ist. Dies ist z. B. bei Internetspielen (also bei Spieleservern) interessant. Hier ist es nicht so schlimm, wenn ein UDP-Paket unterwegs verloren geht, weil das nächste Paket ja eh wieder die richtige Position enthält. Auch wenn einzelne Videoframes fehlen, kann das Auge dies nicht auflösen – es sei denn natürlich, der Server fällt für einige Sekunden aus. Allerdings relativiert sich die letzte Aussage bei immer schneller werdenden Netzwerkverbindungen immer weiter, und bei manchen modernen Spielen wie »Fortnite« ist beides wichtig – die schnelle und genaue Aktualisierung der Spielerposition und auch die Geschwindigkeit der Netzwerkverbindung, die hier in der Tat immer wieder an ihre Grenzen stößt.

Warum UDP schneller als TCP ist, wollen wir Ihnen trotzdem nicht vorenthalten: TCP ist deshalb so zuverlässig, weil dabei einige Protokollmechanismen wie die Behandlung verloren gegangener Pakete (Timeout- und Retransmissions-Mechanismus) oder Fehlerbehandlungsfälle wie doppelt oder in der falschen Reihenfolge eintreffende Pakete implementiert sind. Damit TCP auf die eben genannten Fälle reagieren kann, wird natürlich auch Speicherplatz benötigt, damit die gesendeten Pakete so lange verfügbar sind, bis sie bestätigt werden. Wenn dabei mehrere Pakete gleichzeitig unterwegs sind, wächst auch der Speicherbedarf enorm an. Neben dem Speicherbedarf wird auch CPU-Zeit benötigt, um u. a. die gesendeten Pakete auf ihre Korrektheit (richtige Sequenznummer, Bitübertragungsfehler etc.) zu prüfen. Das alles benötigt Zeit und Speicher, den UDP nicht benötigt, da keiner dieser eben genannten Mechanismen verwendet wird. Bei UDP wird ein eintreffendes Paket von dem IP-Protokoll direkt ohne Umwege an die Anwendung weitergegeben (dies ist z. B. auch einer der Gründe, warum UDP oft für Smart-Home-Anwendungen eingesetzt wird).

Ein weiterer Vorteil von UDP ist die Nachrichtenorientierung. Im Gegensatz zu TCP (das streamorientiert ist) werden nicht erst mehrere Aufrufe von Socket-Funktionen benötigt, um von allen Partnern die eingehenden Daten auslesen zu können. Jedes Paket wird komplett am Stück übertragen, was bedeutet, dass Sie das Paket mit einem einzigen Leseaufruf empfangen können. Im Endeffekt ist dies auch der größte Nachteil von UDP: Ein UDP-Paket hat eine bestimmte Größe, die von der Hardware vorgegeben wird (bei Ethernet-Frames sind dies meistens 1.500 Bytes). Das heißt meistens auch, dass die mit UDP übertragenen Daten von der Anwendung auf 1.500 Bytes gepaddet (also mit Nullen aufgefüllt) werden. Wenn Sie dann z. B. ein nur 11 Bytes kurzes KNX-Telegramm (KNX ist zurzeit immer noch der am häufigsten verwendete Smart-Home-Standard) in ein UDP-Paket verpacken müssen, dann haben Sie einen enormen Overhead, der sämtliche Vorteile von UDP wieder zunichtemacht. Trotz der großen Vorteile sollten Sie also immer auch den Hauptnachteil im Augen behalten. Außerdem eignet sich UDP (na klar!) nicht für eine sichere Datenübertragung.

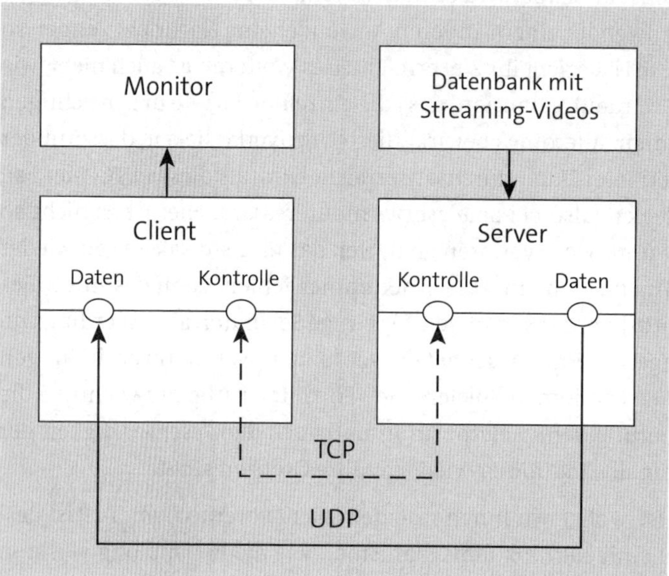

Abbildung 11.12 UDP besitzt keine Fehlerkontrolle wie TCP.

Der Aufbau von Anwendungen, die das UDP-Protokoll benutzen, unterscheidet sich nur geringfügig von den Anwendungen, die das TCP-Protokoll benutzen. Im Prinzip können dieselben Funktionen der Socket-Bibliothek verwendet werden, die Sie bereits zusammen mit TCP verwendet haben. Der Begriff *verbindungslos* bringt einige Anfänger ins Schleudern und sorgt für Verwirrung. Letztendlich bedeutet verbindungslos lediglich, dass keine Verbindung mit `connect()` (die meistens von der Clientanwendung ausgeht) angefordert wird, sondern dass die Daten gleich zum entsprechenden Rechner geschickt werden. Auf der Gegenseite ist dabei natürlich auch kein `accept()`-Aufruf nötig. Im Endeffekt entspricht dies der »Erst schießen, dann fragen«-Strategie (siehe Abbildung 11.13).

In Abbildung 11.13 sehen Sie nun den typischen Ablauf einer UDP-Übertragung: Die Clientanwendung baut mit dem Server keine Verbindung auf und sendet sofort mit `sendto()` Datagramme an den Server. Der Server akzeptiert/bestätigt hier auch keine Verbindung zum Client und ruft lediglich die Funktion `recvfrom()` auf – wartet also lediglich darauf, dass irgendein Client Daten schickt. Der Server hingegen kann dem Client ebenfalls mit `sendto()`antworten, da der Client mit `sendto()` auch seine Protokolladresse mitgeschickt hat. Der Client wiederum kann die Daten vom Server mit `recvfrom()` empfangen, dies alles muss aber die Anwendung selbst erledigen.

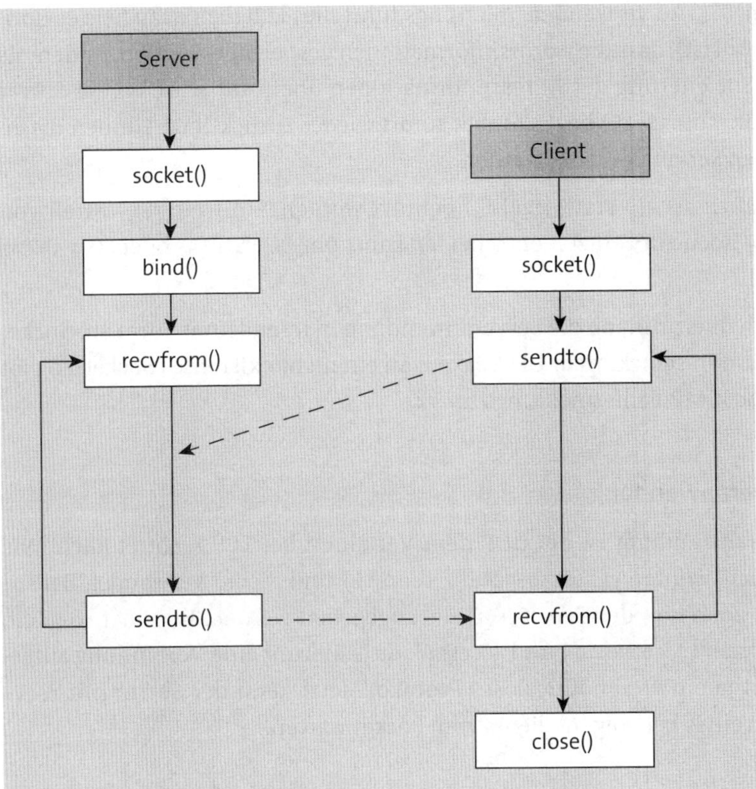

Abbildung 11.13 Das Client-Server-Prinzip bei UDP

11.17.1 Die UDP-Clientanwendung

Wie auch schon bei TCP, sollte der Client den Namen des Hosts, mit dem er sich unterhält, und den Dienst, der dort läuft, kennen. Für diese Informationen können Sie wieder die Funktion `gethostbyname()` und `getservbyname()` verwenden.

Auch hier gilt, wie schon bei TCP (Client: >1024 und Server <1025), dass die Freigabe von Portnummern vom Admin abhängig ist. In der Zeit der Viren und Würmer werden Standarddienste gerne auf andere Ports gelegt, um die Firewalls auf den Standardports dichtzumachen. Allerdings müssen dies dann sämtliche Benutzer wissen, und auch dieses Wissen kann für Angriffe benutzt werden.

Anstelle des Dienstnamens kann natürlich auch immer die Portnummer verwendet werden. Beachten Sie aber bitte, dass bei `getservbyname()` der Dienst UDP mit angegeben werden muss. Wenn alle Informationen des Gegenübers verfügbar sind, kann ein neues Socket geöffnet werden. Des Weiteren müssen Sie, im Gegensatz zu TCP, in dem zweiten Parameter die symbolische Konstante `SOCK_DGRAM` anstatt `SOCK_STREAM` angeben, um über dieses Socket UDP-Datagramme austauschen zu können. Es hindert Sie übrigens niemand daran, auch bei der

Clientanwendung connect() zu verwenden. Allerdings führt dies lediglich dazu (wie es übrigens bei TCP auch der Fall ist), dass die Adressinformationen gespeichert werden. Anders als bei TCP, wo nach der Speicherung der Adressinformationen überprüft wird, ob der Server überhaupt existiert, kehrt connect() bei UDP aber sofort wieder zurück. Jetzt können die eigentlichen Daten an den Server gesendet werden.

Über connect() kann auch send() statt sendto() benutzt werden. Ein weiterer Vorteil von connect() ist, dass man noch zur Laufzeit entscheiden kann, ob SOCK_STREAM oder SOCK_DGRAM verwendet werden soll.

Bei UDP wird aber auch überprüft, ob die Serveranwendung in irgendeiner Form am Socket horcht (mit listen()). Denn schickt man UDP-Pakete an ein nicht existentes Socket, so gibt das Betriebssystem eine ICMP-Fehlermeldung zurück.

11.17.2 Die UDP-Serveranwendung

Der Aufbau der Serveranwendung ist bei UDP dem Verfahren bei TCP recht ähnlich. Wie beim TCP-Protokoll auch, werden getservbyname(), socket() und bind() verwendet. Bei socket() muss natürlich auch hier der Typ SOCK_DGRAM angegeben werden. Was hier wegfällt, sind die Aufrufe von listen(), connect() und accept(), da ja hiermit eine Verbindung aufgebaut wird, und UDP ist ja ein verbindungsloses Protokoll. Jetzt kann der Server mit recvfrom() auf Nachrichten eines beliebigen Clients vom Socket warten.

11.17.3 recvfrom() und sendto()

In diesem Abschnitt beschreiben wir die Funktionen recvfrom() und sendto() näher. Beide Funktionen sind den Funktionen write()/send() und read()/recv() recht ähnlich, allerdings werden hier die folgenden zusätzlichen Argumente benutzt:

```
#include <sys/types.h>
#include <sys/socket.h>

ssize_t  recvfrom( int  s,  void  *buf,  size_t  len,
                   int flags, struct sockaddr *from,
                   socklen_t   *fromlen);

ssize_t  sendto(int  s,  const  void  *msg,  size_t  len,
                int  flags, const struct sockaddr *to,
                socklen_t tolen);
```

Die ersten drei Parameter entsprechen denen der Funktionen read()/recv() und write()/send(). Es kommen jedoch drei weitere Parameter hinzu. Den vierten Parameter, nämlich flag, werden Sie in diesem Kapitel nicht benötigen, weshalb wir Sie für weitere Informationen auf die Manual Page verweisen wollen. Sie geben also für flag in den nächsten Beispielen immer 0 an, womit der Parameter hier keinerlei Effekt hat. Mit dem Parameter to bzw. from muss jedes Mal die Adresse des Verbindungsparameters angegeben werden. Die Parameter to und from entsprechen dem Parameter serv_addr der Funktion connect(). Mit tolen und fromlen müssen Sie die Größe der Struktur sockaddr angeben.

Es folgt nun ein einfaches Client-Server-Beispiel, das das UDP-Übertragungsprotokoll verwendet. Der Client schickt an den Server eine Textnachricht und beendet sich, ohne darauf zu warten, ob die Nachricht angekommen ist oder nicht (was ja auch UDP-typisch ist). Der Server hingegen liest aus dem von ihm erzeugten Socket und gibt eventuell empfangene Daten mitsamt Uhrzeit auf der Standardausgabe aus. Es folgt zuerst das Listing *udp-server.c*:

```
/* udp-server.c */
#include <sys/types.h>
#include <sys/socket.h>
#include <netinet/in.h>
#include <arpa/inet.h>
#include <netdb.h>
#include <stdio.h>
#include <unistd.h>
#include <string.h>
#include <stdlib.h>
#include <errno.h>
#include <time.h>
#define LOCAL_SERVER_PORT 1234
#define BUF 255

int main (int argc, char **argv) {
    int s, rc, n, len;
    struct sockaddr_in cliAddr, servAddr;
    char puffer[BUF];
    time_t time1;
    char loctime[BUF];
    char *ptr;
    const int y = 1;

    /* Socket erzeugen */
    s = socket (AF_INET, SOCK_DGRAM, 0);
    if (s < 0) {
        printf ("%s: Kann Socket nicht öffnen ...(%s)\n",
            argv[0], strerror(errno));
```

11

```
        exit (EXIT_FAILURE);
    }

    /* lokalen Serverport bind(en) */
    servAddr.sin_family = AF_INET;
    servAddr.sin_addr.s_addr = htonl (INADDR_ANY);
    servAddr.sin_port = htons (LOCAL_SERVER_PORT);

    setsockopt(s, SOL_SOCKET, SO_REUSEADDR, &y, sizeof(int));

    rc = bind ( s, (struct sockaddr *) &servAddr,
        sizeof (servAddr));
    if (rc < 0) {
        printf ("%s: Kann Portnummern %d nicht binden (%s)\n",
            argv[0], LOCAL_SERVER_PORT, strerror(errno));
        exit (EXIT_FAILURE);
    }
    printf ("%s: Wartet auf Daten am Port (UDP) %u\n",
        argv[0], LOCAL_SERVER_PORT);
    /* Serverschleife */
    while (1) {
        /* Puffer initialisieren */
        memset (puffer, 0, BUF);

        /* Nachrichten empfangen */
        len = sizeof (cliAddr);
        n = recvfrom ( s, puffer, BUF, 0,
            (struct sockaddr *) &cliAddr, &len );
        if (n < 0) {
            printf ("%s: Kann keine Daten empfangen ...\n",
                argv[0] );
            continue;
        }
        /* Zeitangaben präparieren */
        time(&time1);
        strncpy(loctime, ctime(&time1), BUF);
        ptr = strchr(loctime, '\n' );
        *ptr = '\0';

        /* erhaltene Nachricht ausgeben */
        printf ("%s: Daten erhalten von %s:UDP%u : %s \n",
            loctime, inet_ntoa (cliAddr.sin_addr),
```

```
            ntohs (cliAddr.sin_port), puffer);
    }
    return EXIT_SUCCESS;
}
```

Listing 11.14 Ein einfacher UDP-Server

Nun folgt noch das Listing mit der Clientanwendung:

```
/* udp-client.c */
#include <sys/types.h>
#include <sys/socket.h>
#include <netinet/in.h>
#include <arpa/inet.h>
#include <netdb.h>
#include <stdio.h>
#include <unistd.h>
#include <string.h>
#include <stdlib.h>
#include <sys/time.h>
#include <errno.h>
#define SERVER_PORT 1234

int main (int argc, char **argv) {
    int s, rc, i;
    struct sockaddr_in cliAddr, remoteServAddr;
    struct hostent *h;

    /* Kommandozeile auswerten */
    if (argc < 3) {
        printf ("Usage: %s <server> <data1> ... <dataN> \n",
            argv[0] );
        exit (EXIT_FAILURE);
    }
    /* IP-Adresse des Servers überprüfen */
    h = gethostbyname (argv[1]);
    if (h == NULL) {
        printf ("%s: unbekannter Host '%s' \n",
            argv[0], argv[1] );
        exit (EXIT_FAILURE);
    }
    printf ("%s: sende Daten an '%s' (IP : %s) \n",
        argv[0], h->h_name,
```

```
        inet_ntoa (*(struct in_addr *) h->h_addr_list[0]) );
    remoteServAddr.sin_family = h->h_addrtype;
    memcpy ( (char *) &remoteServAddr.sin_addr.s_addr,
        h->h_addr_list[0], h->h_length);
    remoteServAddr.sin_port = htons (SERVER_PORT);

    /* Socket erzeugen */
    s = socket (AF_INET, SOCK_DGRAM, 0);
    if (s < 0) {
        printf ("%s: Kann Socket nicht öffnen (%s) \n",
            argv[0], strerror(errno));
        exit (EXIT_FAILURE);
    }
    /* jeden Port bind(en) */
    cliAddr.sin_family = AF_INET;
    cliAddr.sin_addr.s_addr = htonl (INADDR_ANY);
    cliAddr.sin_port = htons (0);
    rc = bind ( s, (struct sockaddr *) &cliAddr,
              sizeof (cliAddr) );
    if (rc < 0) {
        printf ("%s: Konnte Port nicht bind(en) (%s)\n",
            argv[0], strerror(errno));
        exit (EXIT_FAILURE);
    }
    /* Daten senden */
    for (i = 2; i < argc; i++) {
        rc = sendto (s, argv[i], strlen (argv[i]) + 1, 0,
            (struct sockaddr *) &remoteServAddr,
            sizeof (remoteServAddr));
        if (rc < 0) {
            printf ("%s: Konnte Daten nicht senden %d\n",
                argv[0], i-1 );
            close (s);
            exit (EXIT_FAILURE);
        }
    }
    return EXIT_SUCCESS;
}
```

Listing 11.15 Der UDP-Client zu Listing 11.14

Das Programm gibt bei der Ausführung z. B. Folgendes aus:

```
$ gcc udp-server.c -o udp-server
$ gcc udp-client.c -o udp-client
$./udp-server
./server: Wartet auf Daten am Port (UDP) 1234
[Irgendwo anders im Netzwerk]
$ ./udp-client 127.0.0.1 Test1 Test2 Test3
./client: sende Daten an '127.0.0.1' (IP : 127.0.0.1)
$ ./udp-client 127.0.0.1 erde pluto sonne
./client: sende Daten an '127.0.0.1' (IP : 127.0.0.1)
[Beim Server ergibt sich folgender Zustand]
Mon May 10 07:05:44 2004: Daten erhalten von 127.0.0.1:UDP32838 : Test1
Mon May 10 07:05:44 2004: Daten erhalten von 127.0.0.1:UDP32838 : Test2
Mon May 10 07:05:44 2004: Daten erhalten von 127.0.0.1:UDP32838 : Test3
Mon May 10 07:06:04 2004: Daten erhalten von 127.0.0.1:UDP32838 : erde
Mon May 10 07:06:04 2004: Daten erhalten von 127.0.0.1:UDP32838 : pluto
Mon May 10 07:06:04 2004: Daten erhalten von 127.0.0.1:UDP32838 : sonne
```

11.17.4 bind() verwenden oder weglassen – das ist hier die Frage

Sicherlich haben Sie schon geahnt, dass Sie beim Clientprogramm den Funktionsaufruf `bind()` ganz weglassen können. Dann akzeptiert das Programm eben jede beliebige Ausgangsschnittstelle, um Datagramme an das Ziel zu schicken, und dies kann durchaus gewollt sein. Umgekehrt akzeptiert das Programm dann wiederum auch jedes eingehende Datagramm an der Eingangsschnittstelle. Und da hierbei auch die Portnummer fehlt, wird auch jede beliebige Portnummer akzeptiert. Man spricht von einem *wilden Socket*, das Sie übrigens auch einrichten können, indem Sie `bind()` mit der IP-Adresse `INADDR_NONE` und der Portnummer 0 aufrufen, also z. B. folgendermaßen:

```
cliAddr.sin_family = AF_INET;
cliAddr.sin_addr.s_addr = htonl (INADDR_NONE);
cliAddr.sin_port = htons (0);
rc = bind ( s, (struct sockaddr *) &cliAddr,
            sizeof(cliAddr) );
```

Wenn kein `bind()` verwendet wird, werden die entsprechenden Daten (also IP-Adresse und Portnummer) des Servers beim Versenden von Datagrammen mit der Funktion `sendto()` angegeben. Diese IP-Adresse und Portnummer wird vom Kernel automatisch festgelegt und im Datagramm mitgesendet, damit der Server weiß, wohin er seine Antwort senden soll.

11.18 Unix Domain Sockets

Die Unix Domain Sockets sind eigentlich keine »echten« Sockets im Sinne der Netzwerkprogrammierung und gehören eigentlich ins Kapitel der Interprozesskommunikation (IPC), da diese Sockets nur für den lokalen Rechner verwendet werden können. Aber Unix Domain Sockets werden dennoch von so vielen Anwendungen benutzt, dass eine Besprechung hier nicht fehlen darf. Um die Unix Domain Sockets verwenden und vor allem verstehen zu können, benötigen Sie auch das Wissen zu den Sockets allgemein, daher können Sie diesen Abschnitt durchaus als nachgereichtes IPC-Kapitel verstehen.

Die Verwendung von Unix Domain Sockets als IPC-Strategie ist wie gesagt recht beliebt, da diese recht einfach und flexibel angewandt werden kann. Statt IP-Adressen werden zur Kommunikation zwischen den Socket-Endpunkten allerdings Dateien verwendet, die auch im Dateisystem angelegt werden, wenn ein Socket eingerichtet wird. Gewöhnlich werden die Unix Domain Sockets als Streamschnittstelle verwendet, obgleich auch hier eine Datagramm-Schnittstelle möglich ist.

Die Unix Domain Sockets arbeiten verbindungsorientiert, was bedeutet, dass Sie immer erst eine Verbindung zwischen zwei Prozessen aufbauen müssen, die miteinander kommunizieren sollen. Die Datenübertragung beider Prozesse kann im Normalfall von keinem anderen Prozess mitgelesen werden. Da hier immer eine private Verbindung zwischen den Prozessen besteht, müssen Sie bei einem Server, wenn dieser mit mehreren Prozessen gleichzeitig kommunizieren soll, für jeden Kommunikationskanal einen eigenen Filedeskriptor einrichten (am besten dynamisch in Form einer verketteten Liste, die die aktiven Filedeskriptoren enthält).

Besondere Eigenschaften von Unix Domain Sockets sind, dass diese vollduplex und auch schneller als TCP-Sockets sind. Letzteres ist natürlich nur von Vorteil, wenn sich der Server und der Client auf demselben Rechner befinden. Das X-Window-System nutzt daher die Unix Domain Sockets, aber auch andere Desktops machen regen Gebrauch davon.

11.18.1 Die Adressstruktur von Unix Domain Sockets

Die Struktur von Unix Domain Sockets ist in dem strukturierten Datentyp `sockaddr_un` abgelegt und in *sys/un.h* wie folgt definiert:

```
struct sockaddr_un {
   uint8_t      sun_len;     // Länge Struktur - Nicht POSIX
   sa_family_t sun_family; // PF_UNIX, AF_UNIX, PF_LOCAL...
   char      sun_path[104]; // Pfadname
};
```

Mit `sun_family` müssen Sie bei Unix Domain Socket die Konstante `PF_UNIX`, `AF_UNIX` bzw. `PF_LOCAL`, `AF_LOCAL` setzen. `sun_path` hingegen muss mit einem nullterminierten Dateinamen-

String (mit vollständiger Pfadangabe) beschrieben werden, der für die Verbindung verwendet werden soll. Diese Datei wird vom Serverprozess beim Aufrufen der Funktion `bind()` angelegt. Wichtig: Existiert diese Datei bereits, so schlägt der Funktionsaufruf von `bind()` fehl. Daher sollten Sie gegebenenfalls die Datei zuvor mit `unlink()` immer entfernen (egal, ob sie nun existiert oder nicht).

Abgesehen von dieser Struktur funktionieren die Unix Domain Sockets ansonsten ähnlich wie die TCP-Sockets. Daher soll hier wieder ein einfaches Client-Server-Beispiel erstellt werden, das genauso funktioniert wie schon das erste Client-Server-Beispiel mit TCP-Sockets in diesem Kapitel, nur dass eben dieses Mal Unix Domain Sockets verwendet werden. Zunächst das Listing für den Server:

```
/* uds-server.c */
#include <sys/types.h>
#include <sys/socket.h>
#include <sys/un.h>
#include <netinet/in.h>
#include <arpa/inet.h>
#include <unistd.h>
#include <stdlib.h>
#include <stdio.h>
#include <string.h>
#define BUF 1024

#define UDS_FILE "/tmp/sock.uds"

int main (void) {
    int create_socket, new_socket;
    socklen_t addrlen;
    char *buffer = malloc (BUF);
    ssize_t size;
    struct sockaddr_un address;
    const int y = 1;

    printf ("\e[2J");
    if((create_socket=socket (AF_LOCAL, SOCK_STREAM, 0)) > 0)
        printf ("Socket wurde angelegt\n");

    unlink(UDS_FILE);
    address.sun_family = AF_LOCAL;
    strcpy(address.sun_path, UDS_FILE);

    if (bind ( create_socket,
```

```
            (struct sockaddr *) &address,
             sizeof (address)) != 0) {
             printf( "Der Port ist nicht frei - belegt!\n");
    }
    listen (create_socket, 5);
    addrlen = sizeof (struct sockaddr_in);

    while (1) {
        new_socket = accept ( create_socket,
            (struct sockaddr *) &address,
            &addrlen );
        if (new_socket > 0)
            printf ("Ein Client ist verbunden ...\n");
        do {
            printf ("Nachricht zum Versenden: ");
            fgets (buffer, BUF, stdin);
            send (new_socket, buffer, strlen (buffer), 0);
            size = recv (new_socket, buffer, BUF-1, 0);
            if( size > 0)
                buffer[size] = '\0';
            printf ("Nachricht empfangen: %s\n", buffer);
        } while (strcmp (buffer, "quit\n") != 0);
        close (new_socket);
    }
    close (create_socket);
    return EXIT_SUCCESS;
}
```

Listing 11.16 Implementiert einen Unix-Domain-Socket-Server.

Nun folgt noch das Listing für den UDS-Client:

```
/* uds-client.c */
#include <sys/types.h>
#include <sys/socket.h>
#include <sys/un.h>
#include <netinet/in.h>
#include <arpa/inet.h>
#include <unistd.h>
#include <stdlib.h>
#include <stdio.h>
#include <string.h>
#define BUF 1024
```

```
#define UDS_FILE "/tmp/sock.uds"

int main (int argc, char **argv) {
    int create_socket;
    char *buffer = malloc (BUF);
    struct sockaddr_un address;
    int size;

    printf ("\e[2J");
    if((create_socket=socket (PF_LOCAL, SOCK_STREAM, 0)) > 0)
        printf ("Socket wurde angelegt\n");

    address.sun_family = AF_LOCAL;
    strcpy(address.sun_path, UDS_FILE);

    if (connect ( create_socket,
        (struct sockaddr *) &address,
        sizeof (address)) == 0)
        printf ("Verbindung mit dem Server hergestellt\n");
    do {
        size = recv(create_socket, buffer, BUF-1, 0);
        if( size > 0)
            buffer[size] = '\0';
        printf ("Nachricht erhalten: %s\n", buffer);
        if (strcmp (buffer, "quit\n")) {
            printf ("Nachricht zum Versenden: ");
            fgets (buffer, BUF, stdin);
            send(create_socket, buffer, strlen (buffer), 0);
        }
    } while (strcmp (buffer, "quit\n") != 0);
    close (create_socket);
    return EXIT_SUCCESS;
}
```

Listing 11.17 Der UDS-Client zu Listing 11.16

Das Programm gibt bei der Ausführung z. B. Folgendes aus:

```
[ tty1 ]
$ gcc uds-server.c -o uds-server
$ gcc uds-client.c -o uds-client
$ ./uds-server
```

```
Socket wurde angelegt

[ tty2 ]
$ ./uds-client

Socket wurde angelegt
Verbindung mit dem Server hergestellt

[ tty1 ]
$ ./uds-server

Socket wurde angelegt
Ein Client ist verbunden ...
Nachricht zum Versenden: Hallo Client

[ tty2 ]
$ ./uds-client

Socket wurde angelegt
Verbindung mit dem Server hergestellt
Nachricht erhalten: Hallo Client

Nachricht zum Versenden: Hallo Server

[ tty1 ]
$ ./uds-server

Socket wurde angelegt
Ein Client ist verbunden ...
Nachricht zum Versenden: Hallo Client
Nachricht empfangen: Hallo Server

Nachricht zum Versenden: ...
```

11.18.2 Lokale Sockets erzeugen mit socketpair()

Mit socketpair() haben Sie die folgende Funktion, mit der Sie lokale Sockets erzeugen können:

```
#include <sys/types.h>
#include <sys/socket.h>

int socketpair(int domain,int typ,int protocol,int sv[2]);
```

Mit socketpair() generieren Sie zwei unbenannte, aber miteinander verbundene Sockets. Für den Parameter domain muss bei lokalen Sockets gewöhnlich AF_LOCAL bzw. PF_LOCAL oder auch AF_UNIX bzw. PF_UNIX angeben werden. Für protocol gibt man 0 und für den typ eben SOCK_STREAM oder SOCK_DGRAM an. Die Socket-Deskriptoren werden in sv[0] und sv[1] zurückgegeben. Bei Erfolg gibt diese Funktion 0, ansonsten (also bei einem Fehler) -1 zurück. Auf den zweiten Blick dürfte Ihnen wohl eine Ähnlichkeit zur Funktion pipe() aufgefallen sein. In der Tat kann diese Funktion ähnlich wie pipe() verwendet werden, nur mit dem entscheidenden Vorteil, dass die Unix Domain Sockets vollduplex sind – Pipes hingegen sind nur halbduplex. Es kann also aus beiden Socket-Deskriptoren gelesen und auch in sie geschrieben werden. Es folgt ein einfaches Beispiel, das die Funktion socketpair() demonstriert (vollduplex):

```
/* fullduplex.c */
#include <sys/types.h>
#include <sys/socket.h>
#include <netinet/in.h>
#include <arpa/inet.h>
#include <unistd.h>
#include <stdlib.h>
#include <stdio.h>
#include <string.h>
#include <errno.h>
#define BUF 1024

int main(void) {
    int sv[2], c;
    char buf1[BUF], buf2[BUF];

    if(socketpair(AF_LOCAL, SOCK_STREAM, 0, sv) == -1) {
        perror("Fehler bei socketpair");
        exit(EXIT_FAILURE);
    }

    printf("Eingabe machen: ");
    fgets(buf1, BUF, stdin);

    /* in sv[0] schreiben */
    write(sv[0], buf1, sizeof(buf1));
    /* aus sv[1] lesen */
    c = read(sv[1], buf2, sizeof(buf2));
    /* terminieren */
    buf2[c]='\0';
```

```
    printf("sv[0] --> sv[1] : %s\n", buf2);

    /* jetzt das Ganze in die andere Richtung */

    printf("Eingabe machen: ");
    fgets(buf1, BUF, stdin);

    /* in sv[1] schreiben */
    write(sv[1], buf1, sizeof(buf1));
    /* aus sv[1] lesen */
    c = read(sv[0], buf2, sizeof(buf2));
    /* terminieren */
    buf2[c]='\0';
    printf("sv[1] --> sv[0] : %s\n", buf2);

    close(sv[0]);
    close(sv[1]);

  return EXIT_SUCCESS;
}
```

Listing 11.18 Zeigt, wie Sie mit Unix Domain Sockets und socketpair() eine Vollduplexverbindung zwischen zwei Prozessen herstellen.

Das Programm bei der Ausführung:

```
$ gcc fullduplex.c -o fullduplex
$ ./fullduplex
Eingabe machen: Teste socketpair zum Ersten
sv[0] --> sv[1] : Teste socketpair zum Ersten

Eingabe machen: Teste socketpair zum Zweiten
sv[1] --> sv[0] : Teste socketpair zum Zweiten
```

11.19 Multicast-Socket

Wenn es die Umstände erfordern, dass ein Server Datagramme gleichzeitig an mehrere Clients verschickt, können Sie Folgendes tun: Entweder Sie bauen mehrere einzelne Verbindungen auf (man spricht dabei von *Unicast-Verbindungen*), was allerdings sehr ineffektiv ist und die Bandbreite des Servers erheblich belastet, oder Sie verwenden Multicast-Verbindungen. Hinter *Multicast* verbirgt sich eine Technik, die Ihnen die Arbeit in Bezug auf eine UDP-Verbindung einfacher macht.

Multicast ist eine beliebte Technik, die u. a. in Anwendungen wie Videokonferenzen oder interaktiven Onlinespielen eingesetzt wird. Multicast-Sockets lassen sich darüber hinaus relativ einfach entwickeln. Hier handelt es sich nicht einmal um eine neue API, sondern es werden lediglich fünf neue Socket-Optionen benötigt, die mit der Funktion `setsockopt()` gesetzt werden können. Zur Übertragung der Daten wird das UDP-Protokoll verwendet. Um Multicast-Anwendungen zu schreiben, benötigen Sie dennoch eine spezielle IP-Adresse. Dazu wird der Adressraum der Klasse D im Bereich von 224.0.0.0 bis 239.255.255.255 verwendet. Die unteren 28 Bits werden hier als Multicast-Gruppen-ID und die 32-Bit-Adresse selbst wird als Gruppenadresse bezeichnet.

Prüfen Sie bitte mit den folgenden Zeilen aber erst, ob Multicast überhaupt in den aktuellen Kernel einkompiliert ist:

```
# gzip -cd /proc/config.gz | egrep \
  "IP_MULTICAST|IP_MROUTE|IP_PIMSM"
CONFIG_IP_MULTICAST=y
CONFIG_IP_MROUTE=y
CONFIG_IP_PIMSM_V1=y
CONFIG_IP_PIMSM_V2=y
```


Da nicht alle Linux-Systeme für IP-Multicast-Adressen konfiguriert sind, kann es sein, dass hier ein wenig Nacharbeit fällig wird. Gewöhnlich ist die IP-Multicast-Funktion nur abgeschaltet und kann recht einfach eingerichtet werden. Machen Sie sich zum Superuser, und geben Sie Folgendes in der Konsole ein:

```
# route add -net 224.0.0.0 netmask 240.0.0.0 dev lo
# route -e
Kernel IP Routentabelle
Ziel        Router  Genmask     Flags  MSS Fenster irtt Iface
224.0.0.0   *       240.0.0.0   U        0 0          0 lo
#
```

Wenn zum Beispiel Ihre lokale Adresse zuvor 127.x.x.x war, lautet sie jetzt 224.x.x.x. Sollte sich partout keine Multicast-IP einrichten lassen, kann es sein, dass der aktuelle Kernel dies im Augenblick nicht unterstützt. Dann müssen Sie Ihren Kernel neu bauen. Wie dies genau funktioniert, entnehmen Sie bitte der jeweiligen Linux-Distribution. Gewöhnlich sollte der Vorgang überall ähnlich ablaufen. Um den Kernel mit Multicast-Unterstützung neu zu erstellen, müssen Sie `make menuconfig` eingeben und danach in den verschiedenen Auswahlmenüs nach der Option SELECT NETWORKING OPTIONS Ausschau halten und ein Häkchen vor IP: MULTICASTING und am besten auch gleich vor IP: MULTICASTING ROUTING sowie PIM-SM VERSION 1 UND VERSION 2 setzen.

Den Kernel neu zu erstellen, dauert allerdings recht lange und kann schon einmal dazu führen, dass Ihr Tag quasi gelaufen ist, weil Sie eben nichts anderes mehr tun können, als einen

Kernel zu bauen. Denn es ist nun mal so, dass man einen Kernel nicht nebenbei installieren kann, anders als jede Anwendung auch.

Damit die Netzwerk-API Multicasting unterstützt, sind lediglich fünf neue Optionen nötig. Hierzu folgt eine kurze Beschreibung der Socket-Optionen, die mit den Funktionen `getsockopt()` und `setsockopt()` abgefragt bzw. gesetzt werden können. Beide Funktionen wurden zuvor schon näher beschrieben, nämlich:

- `IP_ADD_MEMBERSHIP`: Damit schließen Sie das Socket an eine bestimmte Multicast-Gruppe an. Als Argument des Datentyps für `setsockopt()` oder `getsockopt()` wird die Struktur `ip_mreq` erwartet:

  ```
  struct ip_mreq   {
  // Ipv4-KlasseD-Multicast-Adresse
  struct in_addr imr_multiaddr;
  // IPv4-Adresse der lokalen Schnittstelle
  struct in_addr imr_interface;
  }
  ```

- `IP_DROP_MEMBERSHIP`: das Gegenstück zu `IP_ADD_MEMBERSHIP`. Damit verlässt das Socket die Multicast-Gruppe. Als Argument des Datentyps für `setsockopt()` oder `getsockopt()` wird auch hier die Struktur `ip_mreq` erwartet.
- `IP_MULTICAST_IF`: Damit wird die Schnittstelle für ausgehende Multicast-Pakete festgelegt, an die Sockets verschickt werden können. Als Argument des Datentyps für `setsockopt()` oder `getsockopt()` wird die Struktur `ip_mreq` erwartet.
- `IP_MULTICAST_TTL`: Hier wird TTL für das ausgehende Multicast festgelegt. Als Argument des Datentyps für `setsockopt()` oder `getsockopt()` wird `u_char` erwartet.
- `IP_MULTICAST_LOOP`: Damit lässt sich der lokale Loopback von Multicast-Datagrammen aktivieren bzw. deaktivieren. Als Argument des Datentyps für `setsockopt()` oder `getsockopt()` wird `u_char` erwartet.

[»]

Hinweis für IPv6

Bei IPv6 wird vor die Socket-Optionen `IPV6_` anstatt `IP_` geschrieben. Zum Beispiel aus `IP_ADD_MEMBERSHIP` wird `IPV6_ADD_MEMBERSHIP`. Die Struktur `ip_mreq` heißt dann auch `ipv6_mreq`.

Hierzu soll nun ein einfaches Beispiel-Listing angeführt werden. In dem nächsten Beispiel gehen wir wieder davon aus, dass Sie die Anwendung auf dem lokalen Rechner ausführen, was bedeutet, dass die IP-Adresse 224.0.0.1 verwendet wird. Zuerst folgt das Listing für die Serveranwendung:

```
/* multicast-server.c */
#include <stdio.h>
#include <sys/types.h>
```

```
#include <sys/socket.h>
#include <netinet/in.h>
#include <arpa/inet.h>
#include <netdb.h>
#include <unistd.h>
#include <stdlib.h>
#include <string.h>
#include <errno.h>

static int port = 1234;

int main (void) {
    int socket_descriptor;
    struct sockaddr_in address;

    socket_descriptor = socket (AF_INET, SOCK_DGRAM, 0);
    if (socket_descriptor == -1) {
        perror ("socket()");
        exit (EXIT_FAILURE);
    }
    memset (&address, 0, sizeof (address));
    address.sin_family = AF_INET;
    address.sin_addr.s_addr = inet_addr ("224.0.0.1");
    address.sin_port = htons (port);

    printf ("Server ist bereit ...\n");
    /* Broadcasting beginnen */
    while (1) {
        if (sendto( socket_descriptor,
            "broadcast test (hallo client)",
            sizeof ("broadcast test (hallo client)"),
            0,
            (struct sockaddr *) &address,
            sizeof (address)) < 0) {
                perror ("sendto()");
                exit (EXIT_FAILURE);
            }
        sleep (1);
    }
    return EXIT_SUCCESS;
}
```

Listing 11.19 Einen UDP-Multicast-Server implementieren

Der einzige Unterschied zu herkömmlichen Unicast-Verbindungen liegt in der IP-Adresse, mit der der Server mit dem Client kommuniziert, nämlich:

```
address.sin_addr.s_addr = inet_addr ("224.0.0.1");
```

Die Clientanwendung gestaltet sich jedoch ein wenig umfangreicher. Daher wurde der Code, mit dem eine Multicast-Verbindung eingerichtet und aufgebaut wird, extra in einer Funktion namens `setup_multicast_socket()` zusammengefasst. Es folgt das komplette Listing zum Client mit anschließender Erläuterung.

```
/* multicast-client.c */
#include <stdio.h>
#include <sys/types.h>
#include <sys/socket.h>
#include <netinet/in.h>
#include <arpa/inet.h>
#include <netdb.h>
#include <stdlib.h>
#include <unistd.h>
#include <string.h>
#include <errno.h>

/* Adresse für Multicast IP */
static char *host_name = "224.0.0.1";
static int port = 1234;
static struct ip_mreq command;

static int setup_multicast_socket (void) {
    int loop = 1;
    int socket_descriptor;
    struct sockaddr_in sin;

    memset (&sin, 0, sizeof (sin));
    sin.sin_family = AF_INET;
    sin.sin_addr.s_addr = htonl (INADDR_ANY);
    sin.sin_port = htons (port);
    if ( ( socket_descriptor = socket(PF_INET,
        SOCK_DGRAM, 0)) == -1) {
        perror ("socket()");
        exit (EXIT_FAILURE);
    }
    /* mehr Prozessen erlauben, denselben Port zu nutzen */
    loop = 1;
```

```
    if (setsockopt ( socket_descriptor,
        SOL_SOCKET,
        SO_REUSEADDR,
        &loop, sizeof (loop)) < 0) {
        perror ("setsockopt:SO_REUSEADDR");
         exit (EXIT_FAILURE);
    }
    if(bind( socket_descriptor,
        (struct sockaddr *)&sin,
         sizeof(sin)) < 0) {
         perror ("bind");
         exit (EXIT_FAILURE);
    }
    /* Broadcast auf dieser Maschine zulassen */
    loop = 1;
    if (setsockopt ( socket_descriptor,
        IPPROTO_IP,
        IP_MULTICAST_LOOP,
        &loop, sizeof (loop)) < 0) {
        perror ("setsockopt:IP_MULTICAST_LOOP");
        exit (EXIT_FAILURE);
    }
    /* Der broadcast group beitreten: */
    command.imr_multiaddr.s_addr = inet_addr ("224.0.0.1");
    command.imr_interface.s_addr = htonl (INADDR_ANY);
    if (command.imr_multiaddr.s_addr == -1) {
        perror ("224.0.0.1 ist keine Multicast-Adresse\n");
        exit (EXIT_FAILURE);
    }
    if (setsockopt ( socket_descriptor,
        IPPROTO_IP,
        IP_ADD_MEMBERSHIP,
        &command, sizeof (command)) < 0) {
        perror ("setsockopt:IP_ADD_MEMBERSHIP");
    }
    return socket_descriptor;
}

int main (void) {
    int iter = 0;
    int sin_len;
    char message[256];
```

```
    int socket;
    struct sockaddr_in sin;
    struct hostent *server_host_name;

    if ((server_host_name = gethostbyname (host_name)) == 0) {
        perror ("gethostbyname");
        exit (EXIT_FAILURE);
    }
    socket = setup_multicast_socket ();
    /* Broadcast-Nachrichten empfangen */
    while (iter++ < 10) {
        sin_len = sizeof (sin);
        if (recvfrom( socket, message, 256, 0,
        (struct sockaddr *) &sin, &sin_len)==-1) {
            perror ("recvfrom");
        }
        printf ("Antwort #%-2d vom Server: %s\n",
            iter, message);
        sleep (2);
    }
    /* Multicast-Socket aus der Gruppe entfernen */
    if (setsockopt ( socket,
        IPPROTO_IP,
        IP_DROP_MEMBERSHIP,
        &command, sizeof (command)) < 0 ) {
        perror ("setsockopt:IP_DROP_MEMBERSHIP");
    }
    close (socket);
    return EXIT_SUCCESS;
}
```

Listing 11.20 Der UDP-Multicast-Client zu Listing 11.19

Kommen wir nun zur Erklärung des letzten Listings. Zuerst richten Sie über den gewöhnlichen Weg ein Socket ein (mit `gethostbyname()` und `socket()`). Im nächsten Schritt richten Sie das Socket noch einmal mit `setsockopt()` ein, womit sich anschließend mehrere Prozesse (also Clients) denselben Port teilen dürfen. Mehrere Clients können also innerhalb kürzester Zeit mit dem Server in Verbindung treten. Außerdem lösen Sie damit das Problem, dass der Server beim Neustart seinen lokalen Port erst nach zwei Minuten Wartezeit wieder benutzen kann (weshalb auch in allen obigen Codesnippets `setsockopt` hinzugefügt wurde). Dies führt zu folgendem Code:

```
loop = 1;
if (setsockopt ( socket_descriptor,
                 SOL_SOCKET,
                 SO_REUSEADDR,
                 &loop, sizeof (loop)) < 0 ) {
    perror ("setsockopt:SO_REUSEADDR");
    exit (EXIT_FAILURE);
}
```

Das Setzen der Optionen hat allerdings noch überhaupt nichts mit dem Multicasting selbst zu tun. Anschließend muss also das Socket noch über den gewöhnlichen Weg gebunden werden (mit `bind()`). Nach dem Binden richten Sie das Socket für das Multicasting ein, genauer gesagt den lokalen Loopback der Multicast-Datagramme:

```
loop = 1;
if (setsockopt ( socket_descriptor,
                 IPPROTO_IP,
                 IP_MULTICAST_LOOP,
                 &loop, sizeof (loop)) < 0)  {
    perror ("setsockopt:IP_MULTICAST_LOOP");
    exit (EXIT_FAILURE);
}
```

Jetzt, nachdem Sie die Erlaubnis haben, über Ihre Maschine eine Multicast-Verbindung einzugehen, müssen Sie den Linux-Kernel über die Daten des speziellen Sockets informieren und sich der Multicast-Gruppe anschließen:

```
command.imr_multiaddr.s_addr = inet_addr ("224.0.0.1");
command.imr_interface.s_addr = htonl (INADDR_ANY);

if (command.imr_multiaddr.s_addr == -1) {
    perror ("224.0.0.1 ist keine Multicast-Adresse\n");
    exit (EXIT_FAILURE);
}

if (setsockopt ( socket_descriptor,
                 IPPROTO_IP,
                 IP_ADD_MEMBERSHIP,
                 &command, sizeof (command) ) < 0 )  {
    perror ("setsockopt:IP_ADD_MEMBERSHIP");
}
```

Jetzt ist das Socket für die Multicast-Verbindung eingerichtet. Anschließend können Sie, in die `main()`-Funktion zurückgekehrt, am zuvor eingerichteten Port mit `recvfrom()` lauschen.

In dem letzten Beispiel wurde eine Schleife eingefügt, die nach zehn Durchgängen mit der Arbeit fertig ist. Am Ende der Multicast-Sitzung müssen Sie die Multicast-Gruppe wieder ordentlich verlassen und das Socket schließen:

```
if (setsockopt ( socket,
                 IPPROTO_IP,
                 IP_DROP_MEMBERSHIP,
                 &command, sizeof (command) ) < 0 ) {
    perror ("setsockopt:IP_DROP_MEMBERSHIP");
}
```

Das Programm gibt bei der Ausführung z. B. Folgendes aus:

```
$ gcc multicast-server.c -o multicast-server
$ gcc multicast-client.c -o multicast-client
$ ./multicast-server
Server ist bereit ...
---[neue Konsole]---
$ ./multicast-client
Antwort #1  vom Server: broadcast test (hallo client)
Antwort #2  vom Server: broadcast test (hallo client)
Antwort #3  vom Server: broadcast test (hallo client)
Antwort #4  vom Server: broadcast test (hallo client)
Antwort #5  vom Server: broadcast test (hallo client)
Antwort #6  vom Server: broadcast test (hallo client)
Antwort #7  vom Server: broadcast test (hallo client)
Antwort #8  vom Server: broadcast test (hallo client)
Antwort #9  vom Server: broadcast test (hallo client)
Antwort #10 vom Server: broadcast test (hallo client)
```

Sie können während der Zeit, nachdem Sie den ersten Client gestartet haben, gerne weitere Konsolen öffnen und weitere Clients starten. Kein Client muss dabei warten und wird genauso abgearbeitet wie der erste Client. Bei einer gewöhnlichen Unicast-Verbindung wäre der Aufwand des Programms und auch der Aufwand der Bandbreite erheblich umfangreicher gewesen.

11.19.1 Anwendungsgebiete von Multicast-Verbindungen

Ganz klar dürfte die wichtigste Frage nun lauten: Wann und wo setzt man am besten Multicast-Verbindungen ein? Natürlich ist dies nur sinnvoll für Anwendungen, die eine 1:n-Kommunikation erfordern (ein Server/Router und sehr viele Clients). Dies sind u. a. folgende Anwendungsgebiete:

- interaktive Simulationen und Onlinespiele
- teilweise Dienste wie Facebook (Videofunktionen)
- effiziente Verteilung von Daten an eine große Anzahl von Empfängern (Softwareupdates, Newsticker, Mailverteiler)
- Fileserver
- Clustering
- Multimedia-Anwendungen:
  - Videokonferenz
  - Video-on-Demand
  - Video-Streaming-Dienste wie YouTube oder auch Pay-TV-Dienste wie Netflix und Co.

11.20 Nicht blockierende I/O-Sockets

Alle Socket-Beispiele, die Sie bisher kennen gelernt haben, haben die Ausführung des Programms blockiert, warten also zumindest auf die Übermittlung des Pakets oder darauf, dass eine Funktion nicht ausgeführt werden konnte. Das Blockieren von Sockets ist die Standardeinstellung, dieses Verhalten ist aber nicht unbedingt nötig. Sie können z. B. `fcntl()` verwenden, um ein Socket auf nicht blockierend zu setzen. Aber ein gravierender Nachteil von nicht blockierenden Sockets ist: Das Programm befindet sich dadurch immer in einem dauerhaften Poll-Zustand, das heißt, es wird dauernd nach Daten am Socket gehorcht, und das kostet CPU-Zeit, die bei einem Server kostbar ist. Nicht blockierende Sockets lassen sich in mehrere Kategorien einteilen:

- Eingehende Verbindungen mit `accept()`: Wird `accept()` für ein blockierendes Socket aufgerufen und liegt keine Verbindung vor, wartet der Prozess so lange, bis eine Verbindung vorliegt. Das ist die Standardeinstellung. Wird `accept()` hingegen von einem nicht blockierenden Socket aufgerufen und liegt keine Verbindung an, wird der Fehler `EWOULDBLOCK` (= `EAGAIN`) zurückgegeben. Entsprechend müssen Sie diese Fehlermeldung auch mit `errno` bearbeiten – sprich: abfangen.
- Ausgehende Verbindungen mit `connect()`: Richtet ein Client ein `connect()` an den Server (nur bei TCP) und handelt es sich um ein blockierendes Socket, so wartet `connect()` mindestens eine Zeitspanne von `RTT` (*Round-Trip-Time*) auf die Antwort vom Server. Wird `connect()` hingegen mit einem nicht blockierenden Socket aufgerufen und wird die Verbindung zur Gegenstelle nicht aufgebaut, liefert `connect()` den Fehler `EINPROGRESS` zurück. Auch diesen Fehler müssen Sie im Fall der Fälle behandeln.
- Ein- und Ausgabeoperationen mit `read()`, `recv()`, `recvfrom()` bzw. `write()`, `send()`, `sendto()`: Bei Eingabeoperationen wird in der Standardeinstellung das Socket so lange blockiert, bis Daten an diesem gelesen oder gesendet werden konnten. Bei TCP (als streamorientierte Datenübertragung) wird die Blockierung nach Eintreffen von Daten aufge-

hoben. Bei UDP hingegen wird die Blockierung erst aufgehoben, wenn ein ganzes Paket (UDP-Datagramm) gesendet wird. Dies ist die Standardeinstellung. Werden Eingabeoperationen auf einem nicht blockierenden Socket ausgeführt, obwohl keine Eingaben vorhanden sind, wird der Fehler `EWOULDBLOCK` zurückgegeben. Bei den Ausgabeoperationen werden die Sockets blockiert, wenn für den Sendepuffer des blockierenden Sockets nicht genügend Platz reserviert wurde. Ist bei einem nicht blockierenden Socket nicht genügend Speicherplatz für den Sendepuffer vorhanden, wird `EWOULDBLOCK` zurückgegeben.

In dem folgenden Beispiel sehen Sie eine einfache Möglichkeit von nicht blockierenden Sockets. Hier wird ein `accept()` eines TCP-Servers, der auf eine Verbindung eines Clients wartet, auf nicht blockierend eingestellt. Nach jedem `accept()`-Aufruf fährt das Programm also unmittelbar fort. In dem nächsten Beispiel muss natürlich überprüft werden, ob `accept()` erfolgreich war oder nicht. Bei negativem Rückgabewert von `accept()` wird dazu einfach die Meldung POLL: KEIN CLIENT AM SOCKET einmal pro Sekunde ausgegeben. Sie könnten übrigens ebenso vorgehen, wenn Sie das zurückgegebene Socket von `accept()`, das anschließend für Lese- und Schreiboperationen verwendet wird, auf nicht blockierend setzen wollen – was im letzten Beispiel in der `do-while()`-Schleife demonstriert wurde. Es folgt das Listing *non-block-sockets.c*:

```
/* non-block-sockets.c */
#include <sys/types.h>
#include <sys/socket.h>
#include <netinet/in.h>
#include <arpa/inet.h>
#include <unistd.h>
#include <stdlib.h>
#include <stdio.h>
#include <string.h>
#include <fcntl.h>
#define BUF 1024

int main (void) {
    int create_socket, new_socket, addrlen;
    char *buffer = malloc (BUF);
    struct sockaddr_in address;
    long save_fd;
    const int y = 1;

    printf ("\e[2J");
    if ((create_socket=socket( AF_INET, SOCK_STREAM, 0)) > 0)
        printf ("Socket wurde angelegt\n");

    address.sin_family = AF_INET;
```

```
    address.sin_addr.s_addr = INADDR_ANY;
    address.sin_port = htons (15000);

    setsockopt( create_socket, SOL_SOCKET,
        SO_REUSEADDR, &y, sizeof(int) );

    if (bind( create_socket,
        (struct sockaddr *) &address,
        sizeof (address)) == 0 )
        printf ("Binding Socket\n");
    listen (create_socket, 5);
    addrlen = sizeof (struct sockaddr_in);
    save_fd = fcntl( create_socket, F_GETFL );
    save_fd |= O_NONBLOCK;
    fcntl( create_socket, F_SETFL, save_fd );
    while (1) {
        new_socket = accept ( create_socket,
            (struct sockaddr *) &address,
            &addrlen );
        if (new_socket > 0)
            printf ("Der Client %s ist verbunden ...\n",
                inet_ntoa (address.sin_addr));
        else {
            printf("Poll: Kein Client am Socket ...\n");
            sleep(1);
            continue; /* wieder zum Schleifenanfang */
        }
        do {
            /* Socket für die Datenübertragung auf Non-Blocking */
            save_fd = fcntl( new_socket, F_GETFL );
            save_fd |= O_NONBLOCK;
            fcntl( new_socket, F_SETFL, save_fd );
            /* Daten verarbeiten */
        } while (strcmp (buffer, "quit\n") != 0);
        close (new_socket);
    }
    close (create_socket);
    return 0;
}
```

Listing 11.21 Zeigt den Umgang mit nicht blockierenden Sockets.

Das Programm gibt bei der Ausführung Folgendes aus:

```
$ gcc -o non-block-sockets.c -o non-block-sockets
$ ./non-block-sockets
Socket wurde angelegt
Binding Socket
Poll: Kein Client am Socket ...
Poll: Kein Client am Socket ...
Poll: Kein Client am Socket ...
Poll: Kein Client am Socket ...
Poll: Kein Client am Socket ...
...
```

Um also ein Socket (hier durch Socket-Deskriptor) auf nicht blockierend zu setzen, können Sie immer den folgenden Codeausschnitt einsetzen:

```
save_fd = fcntl( create_socket, F_GETFL );
save_fd |= O_NONBLOCK;
fcntl( create_socket, F_SETFL, save_fd );
```

Mehr zu `fcntl()` können Sie Kapitel 2, »E/A-Funktionen«, in diesem Buch entnehmen.

11.21 Streams, TLI, Raw Socket und XTI

Um Ihnen die ganze Welt der Netzwerkprogrammierung nahezubringen, bedarf es schon noch ein wenig mehr als dieses einen Kapitels zur Netzwerkprogrammierung. Sie haben hier zwar gute Grundlagen kennen gelernt, doch hat diese Welt noch viel mehr zu bieten. Deshalb folgt noch ein kurzer Überblick, wonach Sie auf jeden Fall noch Ausschau halten sollten.

11.21.1 Raw Sockets

Der Name sagt es schon, dass es sich hierbei um eine recht niedrige Ebene der Netzwerkprogrammierung handelt. Mit Protokollen wie TCP oder UDP haben Sie quasi auf der hohen Ebene der Netzwerkprogrammierung gearbeitet, und die IP-Adresse oder der Port wurde von den entsprechenden Funktionen automatisch in die richtige Struktur eingesetzt. Allerdings hatten Sie über TCP oder UDP nie den vollen Zugriff auf den Internet Layer, in dem die reinen Ethernet-Pakete verwaltet werden. Mit Raw Sockets können Sie eine Ebene unter dem TCP- und UDP-Protokoll programmieren. Einen Haken hat die Sache allerdings: Sie benötigen Superuser-Rechte.

Mit Raw Sockets können Sie durchaus bereits definierte Protokolle implementieren (z. B. ist dies für Programmierer von Betriebssystemen interessant), Sie können aber auch ein eigenes Protokoll entwickeln. Es gibt viele Spieleprogrammierer, die genau dies tun: Sie entwickeln ein eigenes Protokoll, das sie anschließend in Ruhe optimieren und tunen können. Natürlich wird dazu auch ein leistungsfähiger Spieleserver benötigt, aber in diesem Fall kann man sich auch einfach Webspace mieten. Sie können natürlich auch beliebige IPv4/IPv6-Pakete erzeugen, übertragen und empfangen. Außerdem können Sie, was TCP und UDP nur intern benutzen, nämlich ICMP- und IGMP-Pakete versenden. ICMP-Pakete verwendet zum Beispiel das Programm `ping`.

Ein Raw Socket wird nun wie üblich über die Funktion `socket()` angelegt. Allerdings wird, statt des zweiten Parameters `SOCK_STREAM` oder `SOCK_DGRAM`, die symbolische Konstante `SOCK_RAW` verwendet. Die Protokollnummer (dritter Parameter) kann als Zahl angegeben werden oder als eine bereits vordefinierte Konstante wie z. B. `IPPROTO_ICMP` oder `IPPROTO_IGMP`. `bind()` kann auch verwendet werden, wobei hier die Absenderadresse gesetzt wird. Ebenso kann `connect()` benutzt werden, was allerdings die Zieladresse setzt.

Daten werden bei den Raw Sockets, wie schon bei UDP, mit den Funktionen `sendto()` und `recvfrom()` auf ein Socket geschrieben. Diese Daten werden in die Payload des IP-Paketes verpackt und versendet. Alle Felder für das Paket müssen dabei in Network-Byte-Order vorliegen. Auf der reinen IP-Ebene gibt es aber keine Ports, darum muss sich Ihre Anwendung im Fall der Raw Sockets selbst kümmern – ober aber eine ganz eigene Strategie der Empfangskontrolle benutzen.

11.21.2 TLI und XTI

TLI steht für *Transport Level Interface*. TLI präsentiert dem Programm eine einheitliche Schnittstelle für alle zur Verfügung stehenden Transportprotokolle. Somit ist eine vom standardmäßig verwendeten Transportprotokoll (meist TCP) unabhängige Netzwerkprogrammierung möglich. Im Gegensatz dazu unterstützen die heute hauptsächlich benutzten BSD-Sockets nur TCP und UDP. Die TLI-Programmierung ist eine unter Unix System V eingeführte und ab da empfohlene Methode der Netzwerkprogrammierung. Die TLI-Programmierung ist der Socket-Programmierung ähnlich, für fast alle Socket-Systemaufrufe existieren also auch entsprechende TLI-Routinen. Das Gegenstück zu einem Socket wird in der TLI-Literatur aber als *Kommunikationsendpunkt* bezeichnet. Außerdem richtet sich TLI, im Gegensatz zur BSD-Socket-Programmierung, strukturell mehr nach ISO-Vorgaben, also dem OSI-Referenzmodell.

Das *X/Open Transport Interface* (*XTI*) stellt nochmals eine Verbesserung von TLI dar. XTI bietet als Transportzugriffsschnittstelle Anwendungsprogrammen (sogenannten *Transportsystem-Benutzern*) unter UNIX und Linux eine einheitliche, nach X/Open ausgerichtete Programmschnittstelle zu den Diensten des Transportsystems. Die Schnittstelle XTI wurde in Form einer Funktionsbibliothek realisiert, die im Anwendungsprogramm eingebunden werden kann. Es wird auch der direkte Zugang zu TCP/IP und UDP erlaubt.

11.21.3 RPC (Remote Procedure Call)

Für die Entwicklung von Software verwendet man in C gewöhnlich die modulare Programmierung. *Modular* bedeutet, dass oft verwendete Teile in Funktionen oder Prozeduren zusammengefasst werden. So wird das Programm kürzer und auch leichter verständlich.

Der *Remote Procedure Call* (RPC) ist, wie der Name schon sagt, eine Methode, über die es möglich ist, Prozesse, die auf einem anderen System liegen (eben remote), aufzurufen.

Man kann die Funktion von RPC mit der Funktion eines normalen modularen Programms vergleichen. Beispielsweise befinden sich innerhalb einer Funktion `my_func()` folgende Funktionen:

```
read_text(), decrypt_text()
```

Hierbei wird einfach eine Textdatei entschlüsselt und gelesen. Die Funktion `read_text()` befindet sich auf Ihrem Rechner. Die Funktion für das Entschlüsseln der Textdatei mit `decrypt()` befindet sich auf einem anderen entfernten Rechner und führt z. B. dort den AES-Algorithmus aus. Das Prinzip von RPC ist es also, es möglich zu machen, in einfacher Weise Funktionen aufzurufen, die nicht auf dem lokalen Rechner liegen, weil sie beispielsweise aufwendige Berechnungen ausführen, die die CPU des lokalen PCs zu stark belasten würden. Fast immer sind dies Kryptografie-Algorithmen, vor allem für den sogenannten sicheren Schlüsselaustausch mit Servern.

In der Netzwerkprogrammierung gibt es immer wieder ein Problem, wenn Daten zwischen verschiedenen Rechnerarchitekturen (Big oder Little Endian) ausgetauscht werden. Daraus folgt ja, dass Zahlen von beiden Systemen anders aufgefasst werden. Für dieses Problem hat man *XDR* entwickelt. XDR übersetzt die Daten in ein allgemein gültiges Format. Dazu müssen die Daten jedoch in XDR beschrieben werden. Das stellt für einen C-Programmierer kein allzu großes Problem dar, da sich die Syntax ziemlich ähnelt. XDR arbeitet nun so, dass die Daten kodiert, dann übers Netz geschickt und danach wieder dekodiert werden. Sind die Rechner von der gleichen Architektur, entfällt dieser Vorgang.

In einem zweiten Schritt wird das Werkzeug `rpcgen` verwendet, das aus einer XDR-Datei, z. B. `file.x`, C-Code generiert, der größtenteils unverändert übernommen werden kann. So müssen Programmierer nur noch die Prozeduren schreiben, damit das Programm weiß, was es eigentlich tun soll.

11.22 IPv4 und IPv6

Im Buch war häufig die Rede von IPv4 und der Folgeversion IPv6, wobei der eine oder andere Leser mit diesen Vergleichen vielleicht nichts anfangen konnte. IPv4 steht für Internetprotokoll Version 4 und wurde 1973 von den US-Amerikanern eingeführt, um den Rechner des Pentagons mit verschiedenen Hochschulen des Landes im damaligen ARPA-Netz zu verbinden.

In der Zeit des Internetbooms, wo immer mehr Menschen die IP-Technik verwenden, liegen nun die Schwächen auf der Hand, allen voran die Adresslänge von 32 Bit. Hier droht allmählich der Zustand, dass die Adressen knapp werden (besonders in den Klasse-A-, Klasse-B- und Klasse-C-Netzen). Daneben ist dieses Protokoll bezüglich Sicherheit auch nicht mehr die beste Wahl. Allerdings haben wir zurzeit (2023) die Situation, dass noch nicht alle Geräte und Router auf IPv6 umgestellt sind, und so koexistieren IPv4 und IPv6 noch munter nebeneinander.

»Wo ist aber dann IPv5?«, wird sich mancher Leser an dieser Stelle fragen. IPv5 wurde ebenfalls schon recht früh entwickelt, konnte sich allerdings nicht durchsetzen, da die Soft- und Hardwarehersteller zu dieser Zeit aus Kostengründen keine Portierung ihrer Produkte anboten. Dies hat sich aber mit der Entwicklung von IPv6 stark verändert, weshalb die Chancen gut stehen, dass sich IPv6 im Laufe der Zeit als Standard durchsetzen kann. Allerdings gibt es keine Garantie dafür, dass dies schnell geht, denn IPv6 ist schon seit 10 Jahren auf dem Markt, setzt sich aber nur sehr langsam durch. Weshalb genau die Einführung von IPv6 nicht schneller vollzogen wird, lässt sich aber nur recht schwer sagen. Natürlich spielt auch der finanzielle Aspekt eine große Rolle. Viele Hersteller von z. B. Routern bieten IPv6-Support immer noch nur als Option an, und da der Mensch ein Gewohnheitstier ist, benutzt er dann auch fast immer die alte (weil gewohnte) Schreibweise für sein Tablet und Smartphone (meist 192.168.x.y). Aber egal, ob finanzielle oder technische Aspekte den einen oder anderen Anwender immer noch von IPv6 abhalten, zwangsläufig wird man in absehbarer Zukunft IPv6 global einführen müssen – nämlich dann, wenn keine Adressen mehr vorhanden sind und man damit an die Grenzen des Machbaren gestoßen ist. Allerdings muss befürchtet werden, dass es wie so oft erst einmal richtig knallen muss, ehe sich etwas Grundlegendes ändert.

11.22.1 Was IPv6 von IPv4 unterscheidet

Die Idee für ein neues IP-Protokoll kam bereits Anfang der 90er-Jahre auf und wurde unter dem Namen IPnG zusammengefasst. Vorrangig ging es um die Anzahl der Bits, die man für die Adresslänge verwenden konnte. Die Ideen, die entsprechende Gremien entwickelten, reichten von einer 64-Bit-Adresslänge bis zu einer variablen Adresslänge, um das Problem der Adressenknappheit für immer zu lösen. An Ende entschied man sich für eine Adresslänge von 128 Bit (dies ergibt $3{,}4 * 10^{38}$ Möglichkeiten, was ungefähr der Anzahl Elementarteilchen auf der Erde entspricht). Nachdem die ersten Entwürfe erschienen waren, wurde schon 1997 IPv6 zum Draft Standard erklärt.

Würde man bei IPv6 die bisherige Schreibweise (`xxx.xxx.xxx.xxx`) verwenden, hätten Sie das folgende unhandliche Format: `xxx.xxx.xxx.xxx.xxx.xxx.xxx.xxx.xxx.xxx.xxx.xxx. xxx.xxx. xxx.xxx`. Daher beschloss man, diese 128 Bits durch 16-Bit-Integer-Zahlen (anstatt bisher durch 8 Bit) darzustellen. Jedes Integer wird dabei durch ein Tupel einer hexadezimalen Ziffer repräsentiert. Die einzelnen Tupel werden durch Doppelpunkte voneinander getrennt. Eine gültige IPv6-Adresse wäre z. B. 1ffa:399:277:0:0:0:0:1. Diese Schreibweise kann man jetzt mit einer weiteren Regel zu einer komprimierten Schreibweise zusammenfassen, die aufeinanderfolgende Nullen durch zwei Doppelpunkte ersetzt, z. B. bei der Adresse 1ffa:399:277::1. Und damit die bestehenden IPv4-Adressen im IPv6-Adressraum ebenfalls erhalten bleiben, kann folgende Schreibweise verwendet werden: ::ff:7f00:0001.

11.23 Netzwerksoftware nach IPv6 portieren

Es folgt nun eine kurze Zusammenfassung darüber, wie Sie Ihre alte Software von IPv4 nach IPv6 portieren können. Im Großen und Ganzen muss zum Glück nicht so viel verändert werden, da ja mit IPv6 lediglich die Socket-API erweitert wurde. Im Detail wurden einige neue Konstanten eingeführt, einige Strukturen umbenannt und erweitert und auch einige neue Funktionen hinzugefügt.

11.23.1 Neue Konstanten bei IPv6

Die IPv4-Konstanten `AF_INET` bzw. `PF_INET` wurden durch `AF_INET6` bzw. `PF_INET6` ersetzt. Es muss hierbei eigentlich nur der Name der Konstante um eine `6` erweitert werden. Es ist allerdings kein Fehler, wenn Sie auch bei einer IPv4-Software gleich die neuen Konstanten verwenden, da ein Programm, das auf IPv6 portiert wurde, auch weiterhin auf IPv4-Rechnern läuft (Allerdings sollten Ihr Rechner und Router Dual-Stack-Unterstützung haben, was inzwischen bei IPv6-fähigen Routern immer der Fall ist und auch in einem modernen Linux immer aktiviert ist).

Was sich auch verändert hat, ist die Konstante `INADDR_ANY`, die beim Binden von Sockets an einen Port angegeben wird. Dies bedeutet, dass Pakete von jedem Interface angenommen werden. Ein wenig ungewöhnlich ist, dass die neue Konstante kleingeschrieben wird – `in6addr_any`. Der Grund hierfür: Die alte Struktur `in_addr` war als `unsigned long int s_addr` definiert, und somit war die Konstante `INADDR_ANY` auch nur eine Zahl. Da die Adresse bei IPv6 128 Bit breit ist, ist dies nicht mehr möglich, da kein portabler Datentyp mit dieser Breite existiert, weshalb es sich bei der neuen Struktur um ein Array handelt:

```
struct in6_addr {
   union   {
   uint8_t  u6_addr8[16];
   uint16_t u6_addr16[8];
   uint32_t u6_addr32[4];
} in6_u;

   #define s6_addr    in6_u.u6_addr8
   #define s6_addr16  in6_u.u6_addr16
   #define s6_addr32  in6_u.u6_addr32
};
```

11.23.2 Neue Strukturen bei IPv6

Nachdem in_addr durch in6_addr ersetzt wurde, ist es auch nötig, die Struktur sockaddr_in anzupassen:

```
struct sockaddr_in6 {
   sa_family_t sin6_family  // Address family - AF_INET6
   in_port_t sin6_port;     // Transport layer port #
   uint32_t sin6_flowinfo;  // IPv6 flow information */
   struct in6_addr sin6_addr; // IPv6 address
   uint32_t sin6_scope_id;    // IPv6 scope-id
};
```

Außer dass die Adressstruktur verändert wurde, wurden die zusätzlichen Strukturvariablen sin6_flowinfo und sin6_scope_id hinzugefügt.

11.23.3 Neue Funktionen für IPv6

Der Großteil der Socket-API-Funktionen ist gleich geblieben. Verändert (bzw. hinzugefügt) wurden lediglich die meisten Adressauflösungs- und Konvertierungsfunktionen. So werden die Funktionen inet_aton() bzw. inet_ntoa() durch die Funktionen inet_pton() bzw. inet_ntop() ersetzt. Da diese neuen Funktionen nicht mehr mit Zahlen operieren, sondern auf den konkreten Adressstrukturen (z. B. in6_addr), unterstützen sie somit auch beliebige Adressfamilien.

Noch wichtiger sind die neu hinzugekommenen Funktionen getaddrinfo() und getnameinfo(). Sie wurden als Ersatz für die Funktionen gethostbyname()/gethostbyaddr() und getipnodebyname()/getipnodebyaddr() eingeführt und haben den Vorteil, dass sie direkt sockaddr-Strukturen bearbeiten. Des Weiteren wurde die Funktion gethostbyname2() hinzugefügt, wobei es sich allerdings nur um eine reine GNU-Extension handelt!

[«]

Hinweis

All diese Funktionen stehen Ihnen übrigens auch schon für IPv4 zur Verfügung, weshalb es nicht falsch sein kann, sie jetzt schon zu verwenden, um eine eventuelle spätere Portierung zu erleichtern.

11.24 Sicherheit und Verschlüsselung

Zwei Themen, zu denen wir hier allerdings nichts geschrieben haben, sind die Themen Sicherheit und Verschlüsselung, wobei das letztere Thema in den großen Bereich der Kryptografie fällt. Selbst wenn wir versuchen würden, Sie mit ein paar Zeilen abzuspeisen, würden wir Ihnen dazu nicht einmal die Grundlagen nahebringen können. Aber dennoch sollen ein, zwei Sätze gesagt werden, um Sie wenigstens darauf hinzuweisen, warum Sie sich als Softwareentwickler auch mit diesen Themen befassen müssen.

- Sicherheit: Nachdem Sie nun die Grundlagen kennen, um auch Software für Netzwerke zu schreiben, sollten Sie wissen, dass Sie sich in einen der wohl faszinierendsten und gefährlichsten Bereiche der Programmierung begeben haben. Wenn Sie also Software für die Masse entwickeln, sollten Sie bei der Netzwerkprogrammierung immer mit höchster Vorsicht arbeiten. Allerdings gibt es inzwischen auch sehr gut abgesicherte Bibliotheken, mit denen Sie Ihre Anwendungen relativ schwer angreifbar machen können. Natürlich benötigen Sie hierfür stets separate Literatur über IT-Sicherheit.
- Verschlüsselung: Neben dem Problem der Sicherheit von Software sollten Sie sich auch im Klaren darüber sein, dass die Datenpakete, die Sie durch ein Netzwerk schicken, im Prinzip jederzeit abgefangen werden können (im Endeffekt kann jeder ungebetene Gast alles mitlesen). Aus diesem Grund sollten Sie sich immer überlegen, ob Sie die Datenübertragung nicht verschlüsseln sollten. Hierfür gibt es auch inzwischen gute freie Bibliotheken, die Sie einfach nur herunterladen und in Ihr Programm einbinden müssen. Zwar kann nun weiterhin jeder ungebetene Gast mitlesen, aber durch die Verschlüsselung der Daten ist ein wirkliches Verständnis des Übermittelten ausgeschlossen. Dies gilt aber nur, wenn Sie relativ sichere Schlüssel und Passwörter verwenden. Dies ist leider auch oft die Schwachstelle, die als Erstes angegriffen wird: Passwörter wie »123456« oder Geburtsdaten als Schlüssel. Im Endeffekt hilft hier nur, dass Ihre App die Benutzer dahingehend »erzieht«, indem sie nur relativ sichere Passwörter zulässt und z. B. temporäre Sitzungsschlüssel über ein sogenanntes *sicheres Schlüsselaustauschverfahren* übermittelt. All dies fällt aber in den Bereich der Kryptografie und erfordert auch separate Literatur. Eine Einführung in das Thema »kryptografische Algorithmen« erhalten Sie beispielsweise in dem Programmier-Handbuch »C von A bis Z«, das auch im Rheinwerk Verlag erschienen ist.

Kapitel 12

MySQL und PostgreSQL

MySQL und PostgreSQL bringen eine interessante Schnittstelle zur Programmierung eigener Clientanwendungen mit. In diesem Kapitel bekommen Sie einen umfangreichen Überblick.

Das Thema der Datenbankprogrammierung mit der *API* (*Application Programming Interface* = eine Schnittstelle für die Programmierungen von Anwendungen) von MySQL und PostgreSQL stellt einen gewissen Reiz dar. Leider gibt es hier auch eine gewisse Hürde, denn Sie müssen zusätzlich zu C auch SQL beherrschen – dies ist die Standardschnittstelle zu Datenbanken. Und gerade bei einem Buch zur Programmierung kann logischerweise nicht auch noch eine umfassende Einführung in SQL erfolgen. Wir versuchen dennoch, auf dem schmalen Pfad zu wandern und Ihnen die Programmierung mit der MySQL-C-API und der PostgreSQL-API etwas näherzubringen, ohne dass Sie unbedingt Vorkenntnisse zu Datenbanken benötigen. Natürlich dürfen Sie dabei nicht erwarten, dass wir Sie zu einem Datenbank-Guru machen, sondern wir erklären Ihnen lediglich, was zum Verständnis für die Programmierung nötig ist. Sollten Sie sich also ernsthaft mit MySQL und/oder PostgreSQL beschäftigen wollen, so stellt dieses Buch keinen Ersatz für entsprechende Fachliteratur dar. Kenner der Datenbank können die ersten Seiten überspringen und gleich mit dem Abschnitt zur Programmierung der jeweiligen API anfangen.

12.1 Relationale Datenbanksysteme

Um sich mit einer relationalen Datenbank zu befassen, sollten Sie einige grundlegende Kenntnisse darüber besitzen, was es damit auf sich hat.

Eine relationale Datenbank ist erst einmal nichts anderes als eine Sammlung von Tabellen. In jeder Tabelle sind mehrere Zeilen vorhanden, etwa wie in Excel. In den einzelnen Spalten stehen die Daten selbst. Wenn Sie z. B. eine Person anlegen, dann wird in der ersten Spalte der Nachname und in der zweiten Spalte der Vorname stehen. Die einzelnen Personen (auch als *Datensätze* bezeichnet) stehen in den Zeilen – so würden Sie wahrscheinlich auch bei Excel vorgehen. Bis hierhin könnte man in der Tat meinen, wir würden Ihnen das Prinzip einer normalen Tabellenkalkulation erklären. Jedes der Felder einer Tabelle besitzt auch hier stets einen bestimmten Datentyp, etwa ein String, ein Datum oder eine Zahl. Je nach Datenbanksystem gibt es allerdings erheblich mehr Datentypen, als Sie es z. B. von C her kennen. Es gibt aber manchmal auch untypisierte Felder für große Binärdaten. Einigen Feldern kommt auch eine besondere Bedeutung zu, z. B. den Schlüsselfeldern (dazu später mehr).

So weit, so gut. Im Endeffekt haben Sie nun eine etwas komplexere Tabellenkalkulation vor sich, weil es nun mal spezielle Datentypen gibt, die auch nicht selten vom verwendeten Datenbanksystem abhängen. Was aber eine sogenannte *relationale Datenbank* wie MySQL so leistungsfähig macht, sind eben die Relationen. Eine *Relation* ist eine Beziehung zwischen Datensätzen (genauer: den Spalten). Sie können beispielsweise zunächst eine Personenliste in der Tabelle `Person` anlegen, in der alle Personen stehen (inklusive Mitarbeitern und Kunden), zu der eine Dienstleistungsfirma Kontakt hat. Über Relationen können Sie den einzelnen Personen dann Rollen zuweisen, z. B. indem Sie zusätzlich die Tabellen `Mitarbeiter` und `Kunde` anlegen. Der Trick ist nun, dass jede Person eine eindeutige ID bekommt, die in den Tabellen `Mitarbeiter` und `Kunde` ebenfalls auftaucht. Über die Verknüpfung des Feldes `Person_ID` in der Tabelle `Person` mit den Feldern `Person_ID` in den Tabellen `Mitarbeiter` und `Kunde` definieren Sie nun die folgenden Relationen (sprich: Beziehungen):

1. Ein Mitarbeiter ist eine Person.
2. Ein Kunde ist eine Person.
3. Ein Mitarbeiter kann zusätzliche spezielle personenbezogene Daten haben.
4. Ein Kunde kann zusätzliche spezielle personenbezogene Daten haben.

Wie Sie an dieser Stelle sicherlich schon sehen, müssen Sie sich ein paar Begriffe merken, die für die Datenbankprogrammierung wichtig sind. Die folgenden Begriffe sollten Sie sich unbedingt einprägen:

- *Relation*: Als Relation wird das bezeichnet, was wir Ihnen oben schon beschrieben haben, nämlich die Verknüpfungen von zwei Spalten aus unterschiedlichen Tabellen. Eine Relation selbst kann noch wie folgt unterteilt werden:
  - die Spaltenbezeichnung selbst (z. B. `Person_ID`)
  - die Daten einer Spalte in einer Relation (also der ID-Wert selbst oder eine andere eindeutige Identifikation der Relation)
  - Anordnung der Spalte (z. B. am Anfang oder am Ende der verfügbaren Spalten)
  - der Datensatz selbst
  - Ein bestimmtes Schlüsselwort, mit dem der Datensatz (also die Zeile) eindeutig identifiziert wird. Sehr oft wird hier auch das Schlüsselwort `PRIMARY_KEY` benutzt, was bedeutet, dass z. B. jede `Person_ID` nur ein einziges Mal vorkommen darf (sogenannter `Primärschlüssel`).
- *Entität*: Die Entität entspricht bei SQL dem Tabellennamen. Das Wort Entität kann auch mit »Menge« übersetzt werden und bezeichnet beispielsweise mit »Kunde« alle Kunden.

- *Datensatz*: eine bestimmte Zeile in einer bestimmten Tabelle. So ist etwa Frau Erika Mustermann eine Kundin, und der Datensatz zu Erika Mustermann steht in der Tabelle `Person` in einer bestimmten Zeile In der Tabelle `Kunde` steht dagegen nur in der ersten Spalte `Person_ID`, zusammen mit zusätzlichen kundenbezogenen Daten (z. B. ob Frau Mustermann ihre letzte Rechnung schon bezahlt hat).
- *Attribut* und *Attributname*: Als Attribut bezeichnet man schlichtweg die Spalte, von der es mindestens eine gibt. Der Attributname ist die Überschrift der Spalte.
- *Tupel*: Tupel kann für eine bestimmte Zeile in einer Datenbank eingesetzt werden. Es ist zwar nicht einfach eine Zeile, aber für das Verständnis sollte dies hier ausreichen. Das Tupel ist ein Begriff aus der Mathematik, der beispielsweise bei Suchalgorithmen in Datenbanken benutzt wird.
- *Grad der Relation*: Dieser Begriff kann etwas verwirrend sein, deshalb führt man am besten ein Beispiel an. Wenn z. B. ein Mitarbeiter mehrere Kunden betreuen kann, dann ist der Grad der Relation zwischen Mitarbeiter und Kunde 1:n. Wenn es allerdings nicht gestattet ist, dass ein Mitarbeiter aus Zeitgründen mehr als einen Kunden auf einmal betreut, ist die Relation 1:1. Das heißt, der Grad der Relation ist ein rein abstrakter Begriff und hat mit der Datenbank selbst erst einmal nichts zu tun.
- *Kardinalität*: Beschreibt die Zeilenanzahl, die eine Tabelle hat (also quasi die Anzahl z. B. der Kunden).
- *Domäne*: die Anzahl aller Felder in einer Spalte

Die einzelnen Entitäten (Tabellennamen) können auch in Beziehungen zueinander stehen. Dabei sind im relationalen Datenbankmodell drei Formen von Beziehungstypen präsent:

- *1:1-Beziehung*: Zwischen zwei Tabellen besteht eine eindeutige Beziehung. Jeder Datensatz einer Tabelle besitzt einen verbundenen Datensatz einer anderen Tabelle. Diese Beziehung lässt sich allerdings auch mit einer einzigen Tabelle darstellen. Wie bei jeder Beziehung ist also eine 1:1-Beziehung ein rein abstrakter Begriff.
- *1:n-Beziehung*: Mit einem Datensatz einer Tabelle sind mehrere Datensätze einer anderen Tabelle verbunden. Auch die 1:n-Beziehung ist ein rein abstrakter Begriff.
- *n:m-Beziehung*: Ein Datensatz, der einer Tabelle zugeordnet ist, kann mehreren Datensätzen einer anderen Tabelle zugeordnet sein und umgekehrt. Auch die n:m-Beziehung ist ein rein abstrakter Begriff, und wie Sie diese Beziehung am Ende umsetzen, ist allein Ihre Sache.

Wie Sie sehen, gibt es rein abstrakte Begriffe und Begriffe, die sich auf die konkrete Realisierung der Datenbank beziehen. Deshalb gibt es auch zumindest in professionellen Teams immer zwei Ebenen: Die erste Ebene ist das Datenmodell, das fast immer mit grafisch unterstützten Werkzeugen erstellt wird, und die Datenbank selbst, also die konkreten Relationen auf SQL-Ebene. Das grafische Datenmodell können oft auch Mitarbeiter lesen, die keine Programmierer sind, z. B. das Team der Marketing-Abteilung, das etwa daran interessiert ist, dass die einzelnen Kunden möglichst zufrieden sind. Und natürlich können dann auch entsprechende Änderungen am Datenmodell (also an der grafischen Variante) vorschlagen werden, wenn dies nicht der Fall ist. Die zweite Ebene ist also die Datenbank selbst, die aber mittlerweile fast immer mit SQL-Skripten erstellt wird, die aus der ersten (grafischen) Ebene abgeleitet werden.

Die Definition der einzelnen Tabellen und die Beziehung, in der diese zueinander stehen, werden als *Datenbankschema* bezeichnet (bitte nicht mit dem Datenmodell verwechseln). Bei geringen Kenntnissen und einer übertriebenen Befolgung vieler Struktur-Regeln können allerdings auch Nachteile entstehen. Was bringt es z. B., wenn Sie Ihre Datenbank in zehn verschiedene Tabellen aufteilen, nur damit sie um ein Prozent schneller läuft? In diesem Fall hätten Sie dasselbe vielleicht mit zwei Tabellen realisieren können. Spätestens wenn Sie Ihre Datenbank warten oder erweitern wollen, sind Sie wahrscheinlich immer froh, wenn Sie den alten Spruch »keep it simple« beachtet haben.

Leider können Sie Ihr Programm nicht immer einfach halten, z. B. dann nicht, wenn Sie bereits sehr komplexe Vorgaben haben, an die Sie sich halten müssen (das heißt, Sie haben das Datenmodell bereits vorliegen und müssen es nun umsetzen). Sie können sich also nicht immer an »keep it simple« halten, Sie können aber dennoch Probleme minimieren. Für diesen Fall gibt es drei Normalisierungsstrategien, die Sie anwenden können, um ein möglichst sicheres Datenbankschema zu erstellen:

- Erste Normalform (1NF): Jedes Datenfeld (Spalte) enthält nur einen einzigen untrennbaren Wert.
- Zweite Normalform (2NF): Die Relationen befinden sich in der ersten Normalform, und jedes Nicht-Schlüsselattribut ist voll funktional von jedem Schlüssel abhängig.
- Dritte Normalform (3NF): Die Relation befindet sich in der zweiten Normalform, und jedes Nicht-Schlüsselattribut ist voll funktional und unabhängig.

Wenn Sie nun ein grafisches Modellierungstool verwenden, dann ist alles in Butter – Ihr Tool wird dazu fähig sein, automatisch die entsprechende Normalform zu produzieren. Im Endeffekt ist dies nur ein SQL-Skript, das Sie durchlaufen lassen müssen, um das Datenbankschema zu erstellen.

Wir möchten es hiermit beim Thema Datenbankdesign belassen, weil eine genauere Beschreibung der einzelnen Modellierungstools einfach zu weit führen würde. Es ist auch gar nicht so wichtig, dass Sie das Prinzip der zweiten oder dritten Normalform verstanden haben oder dass Sie genau das Tool verwenden, das hier vorgeschlagen wird (das können wir auch gar nicht, denn davon gibt es schlicht zu viele). Sie können also aufatmen und entspannt weiterlesen – Sie sollten ohnehin nicht den Sinn einer Datenbank aus den Augen verlieren, denn häufig ist die einfachste Methode die beste. Also: Keep it simple!

12.2 Der relationale Datenbankserver

Meistens laufen Datenbanken als Server – dies ist auch bei MySQL und PostgreSQL so. Diesen Server (man spricht auch von einer *Server-App*) können Sie auch lokal (also auf dem `localhost`) laufen lassen. Natürlich benötigen Sie zu der Server-App auch einen Client, und dieser Client kann über die Kommandozeile, aber auch als C-Programm realisiert werden (ebenfalls wieder auf dem `localhost`). Sie sehen: Datenbankserver gibt es wieder wie Sand am Meer, deshalb mussten wir auch für dieses Buch einen bestimmten Server auswählen. Und dies sind MySQL und PostgreSQL, die beide relationale Datenbankserver sind.

Mit einem relationalen Datenbankserver (und das ist hier der große Vorteil) können Sie auch mehrere relationale Datenbanken verwalten. Der Server kann dabei auch von einer oder mehreren Personen oder Clientanwendungen benutzt werden, wie dies z. B. oft bei datenbankunterstützten Webseiten der Fall ist. Dabei ist es im Endeffekt egal, von welchem Ort aus eine Person auf den Rechner mit dem Datenbankserver zugreift. Meistens werden die Daten vom Server aus Effizienzgründen in sogenannten *ISAM-Dateien* gespeichert, die inzwischen sogar in verschlüsselter Form vorliegen können.

Die Clientanwendungen kommunizieren in der Regel mittels der genormten Sprache SQL (SQL = *Structured Query Language*) mit dem Datenbankserver. Mit SQL werden alle Operationen (z. B. Datenbank/Tabellen/Daten anlegen/einfügen/löschen) durchgeführt, die nötig sind, um effektiv mit einer Datenbank zu arbeiten. Da SQL rein textorientiert arbeitet, ist auch das Generieren von SQL-Anweisungen durch ein C-Programm möglich.

Dank des Datenbankservers müssen Sie sich auch nicht mehr um die Pflege der Dateien kümmern oder die einzelnen Clients bei mehrfachem Zugriff per Hand synchronisieren. Sie können mit einer zuvor eingerichteten Zugangskontrolle mit Benutzername und Passwort dem Anwender nur auf eine bestimmte Datenbank, eine bestimmte Tabelle oder nur auf eine bestimmte Spalte Zugriff erlauben. Ebenfalls können Sie dabei angeben, ob der Benutzer darauf nur lesend, schreibend und/oder ändernd zugreifen darf.

12.3 SQL-Server im Überblick

Wir verwenden in diesem Buch zwar MySQL und wahlweise PostgreSQL als Datenbankserver, doch kann ein Blick über den Tellerrand nicht schaden. Zunächst kann zwischen kommerziellen und freien Datenbankservern unterschieden werden. Für die meisten Leser unter Ihnen wird eine teure Anschaffung von kommerziellen Systemen nicht rentabel sein. Die Vorteile solcher kommerziellen Systeme liegen auch vorwiegend in der Performance von Transaktionen, da sich sämtliche Transaktionen durch wachsenden Speicherbedarf bei wachsendem Datenbestand stark verlangsamen. Ein weiterer erheblicher Nachteil von kommerziellen Systemen ist, dass die Anbieter häufig nur binäre Versionen für kommerzielle UNIX-Systeme wie Solaris, HP-UX oder SCO anbieten. Wenn dann eine Version für Linux benötigt wird, sieht es schlecht aus. Die Marktführer von kommerziellen Datenbanksystemen sind derzeit Oracle,

Sybase und Informix, aber Oracle wird sicherlich bald den Markt so weit beherrschen, dass die anderen Anbieter verschwinden. Sicherlich werden Sie sich gerade als Open-Source-Fan und Linux-Benutzer fragen, wieso eigentlich dann viele Firmen dennoch kommerzielle Systeme verwenden. Das liegt vor allem daran, dass einige Softwarehersteller zwingend ein bestimmtes Datenbanksystem vorschreiben, wie dies z. B. auch oft bei SAP der Fall ist. Dass kommerzielle Datenbanken aber dennoch nicht unbezahlbar sein müssen, bewies in den 90er-Jahren das ADABAS-System für Linux. Leider wird ADABAS nicht mehr weiterentwickelt, deshalb müssen wir von der Verwendung abraten (falls Sie ADABAS denn überhaupt noch bekommen).

Wir nehmen an, dass Sie weder das nötige Kleingeld für Oracle oder ein anderes kommerzielles Datenbanksystem besitzen noch dazu in der Lage sind, speziell für dieses Buch einen eigenen Server aufzusetzen. Im Endeffekt bleiben Ihnen dann nur zwei Alternativen übrig: Das inzwischen von Oracle gesponsorte und zum Glück noch freie MySQL und das etwas in die Tage gekommene PostgreSQL-System.

12.4 Die MySQL-Datenbank

Beginnen wir mit der MySQL-Datenbank. Wir haben uns für MySQL entschieden, nicht nur, weil es frei ist, sondern weil es zum einen gute Schnittstellen zu vielen verschiedenen Programmiersprachen bietet und weil es zum anderen mit MySQL auch möglich ist, ein TCP/IP-Netz zu kontaktieren, ohne sich gleich zusätzlich um die Socket-Programmierung zu kümmern. Die API von MySQL nimmt Ihnen diese Arbeit ab. MySQL bietet auch eine Reihe von Vorteilen gegenüber anderen Datenbanksystemen. Außer dass MySQL für private Benutzer frei verfügbar und in allen Hinsichten kostenlos ist, sind die Datenbankzugriffe sehr schnell, der Server kann als absolut stabil und sicher gelten, es werden wenig Ressourcen vom System verschwendet (sowohl CPU-Zeit als auch RAM), und MySQL ist auf fast allen Betriebssystemen erhältlich. Sollte dies nicht der Fall sein, kann immer noch der Quellcode genommen und kompiliert werden.

[»]

Lizenzierung von MySQL

Obwohl MySQL inzwischen von Oracle gesponsert wird, ist die Benutzung dennoch unter bestimmten Umständen frei. Das bedeutet: Solange Sie MySQL privat zusammen mit Software verwenden, die unter der GPL entwickelt wurde, brauchen Sie keine Lizenzgebühr zu bezahlen. Sobald Sie allerdings kommerzielle Software erstellen oder eine kleine Veränderung an der Software selbst vornehmen oder eigene Nicht-GPL-Software zusammen mit MySQL zu kommerziellen Zwecken erstellen, wird eine Lizenzgebühr fällig. Eine kommerzielle Lizenzierung lag zur Drucklegung bei um die 500 US-Dollar, und dies ist auch das, was die Firma Oracle anstrebt, nämlich dass sie in gewissen Fällen Lizenzgebühren erhält (vor allem von größeren Firmen).

Ein Nachteil von MySQL ist, dass es sich nicht an den ANSI-SQL-Standard hält, sondern viele eigene Erweiterungen nutzt (die auch teilweise Oracle entwickelt hat). Dies ist gerade im Open-Source-Bereich von ziemlicher Bedeutung, und einige Entwickler nehmen deshalb auch von MySQL Abstand. MySQL lässt sich aber auch im ANSI-Modus nutzen, indem man den Server mit der Option `-ansi` startet.

[«]

Hinweis: Aktualität der Beispiele

Die Beispiele in diesem Kapitel wurden allesamt mit MySQL der neusten Version getestet. Zur Drucklegung des Buches dürfte allerdings schon wieder eine neue Version herausgekommen sein. Es sollte dabei aber keine Probleme bezüglich der Abwärtskompatibilität geben. Natürlich gibt es von Distribution zu Distribution immer kleine Unterschiede, wie sich bspw. der MySQL-Server starten lässt oder dass sich die eine oder andere Konfigurationsdatei eben in einem etwas anderen Pfad als im Buch beschrieben befindet. In der Regel liefert jede Distribution eine Hilfe mit, mit der sich so etwas schnell klären lässt. Auch in vielen Foren zu den entsprechenden Distributionen finden Sie relativ schnell Hilfe.

12.4.1 Anwendungsgebiete von MySQL

Das Anwendungsgebiet von MySQL ist natürlich sehr umfassend. Dennoch wollen wir ein paar Hauptanwendungsgebiete von MySQL aufzählen:

- Einsatz als Internet-Service-Provider (ISP): Da MySQL absolut kostenlos ist, läuft diese Datenbank bei sehr vielen ISPs. Häufig wird dabei eine Kombination aus einem Standard-Linux, Apache, MySQL und PHP oder/und Perl eingesetzt – kurz auch als *LAMP* bekannt.
- Einsatz in Internetanwendungen: MySQL wird gerne verwendet, da sich damit, wie schon beim ISP, serverseitige Technologien wie Perl oder PHP in einfacher Weise anwenden lassen.
- CMS (*Content Management Systems*): Die meisten CMS-Systeme bieten eine Schnittstelle zum Datenbanksystem MySQL an. Das ist auch deshalb von Vorteil, weil viele ISPs diese Datenbank verwenden, was wiederum die Nutzung des CMS für jedermann interessant macht, nicht nur für große Firmen.
- Einsatz zur Schulung: Zum einen sind wie schon beim ISP recht geringe Anschaffungskosten nötig, zum anderen muss auch kein großer Aufwand bei der Installation und der Konfiguration betrieben werden. Und es lässt sich mit MySQL auch das Standard-SQL verwenden.

Anhand dieser Auflistung fällt allerdings auch auf, dass das Hauptanwendungsgebiet von MySQL eindeutig das Internet und somit auch die Internetprogrammierung ist.

12.4.2 Die Schnittstellen von MySQL

Dank der vielen Schnittstellen, was auch der Grund zur Vorstellung dieser Datenbank in diesem Buch war, kann MySQL fast überall in der IT-Welt integriert werden. In dem sogenannten *Schnittstellen-Konzept* ist eine sogenannte *MySQL Client Library* implementiert, mit der sowohl die Werkzeuge von MySQL als auch die Programmierschnittstelle bedient werden.

MySQL bietet eine Menge Schnittstellen für Programmierer an, wobei die Schnittstellen für C, Java, PHP und Perl wohl die am häufigsten verwendeten Schnittstellen sein sollten. Die meisten Kommandozeilenwerkzeuge von MySQL wurden z. B. in C geschrieben. Den Quellcode der einzelnen Clientanwendungen finden Sie in der Source-Distribution von MySQL im Verzeichnis *client*.

12.4.3 Die Installation von MySQL

Gewöhnlich sollte MySQL Ihrer Linux-Distribution beiliegen, weshalb sich die Installation als nicht sehr schwierig erweisen sollte. Bei der Suche nach den Paketen Ihrer Linux-Distribution wird Ihnen sicherlich noch eine Reihe weiterer Pakete zu MySQL auffallen. Um allerdings die Listings in diesem Buch nachzuvollziehen, reichen die Pakete *mysql*, *mysql-client*, *mysql-devel* (enthält die Include-Dateien), *mysql-bench* und *mysql-shared* aus. Diese Pakete können Sie z. B. mit dem *apt*-Kommandozeilentool installieren, etwa durch

```
sudo apt-get install mysql
```

Mit den anderen Paketen verfahren Sie auf die gleiche Weise. Wenn Ihre Distribution (beispielsweise openSUSE) eine grafische Oberfläche (wie etwa *YaST2*) anbietet, dann benutzen Sie am besten diese zusammen mit der entsprechenden Suchfunktion. Meistens gibt es sogar einen separaten Bereich mit dem Namen »MySQL«. Wollen Sie dagegen MySQL herunterladen und dieses Paket neu übersetzen, dann sollten Sie einen Blick auf die MySQL-Dokumentation werfen, die Ihnen die weiteren Schritte genau beschreibt.

12.4.4 Den MySQL-Server starten und stoppen

Nachdem Sie MySQL erfolgreich installiert haben, können Sie den Server starten – dies ist im Endeffekt stets der erste Schritt. Sollte dies bei Ihnen nicht funktionieren, dann sollten Sie sich die mitgelieferte Dokumentation durchlesen oder der Webseite von MySQL einen Besuch abstatten. Gewöhnlich benötigen Sie für den Server Superuser-Rechte. Den MySQL-Server (*mysqld*) startet man in der Regel mit einem Shell-Skript, das sich nach der Installation im Verzeichnis */etc/init.d/* befindet (das heißt, dass Sie MySQL auch durchaus automatisch beim Booten starten können).

Unter Ubuntu oder openSUSE lässt sich der MySQL-Server wie folgt starten (bei openSUSE als *root* und ohne sudo):

```
$ sudo /etc/init.d/mysql start
[sudo] password for user: ******
 * Starting MySQL database server mysqld          [ OK ]
```

Ebenso einfach lässt sich dort der Server auch wieder stoppen:

```
$ sudo /etc/init.d/mysql stop
 * Stopping MySQL database server mysqld          [ OK ]
```

Bei anderen Distributionen wie Debian kann das Verzeichnis zum Startskript auch */etc/rc.d/init.d/* sein (dies ist übrigens auch beim Raspberry Pi so).

Unter FreeBSD kann der MySQL Server auch mit folgendem Befehl vom Superuser gestartet bzw. gestoppt werden:

```
$ /usr/local/etc/rc.d/mysql-server start
Starting service MySQL                                 done

$  /usr/local/etc/rc.d/mysql-server stop
Shutting down service mysql                            done
```

Mit dem Befehl restart am Ende, anstatt start oder stop, können Sie den MySQL-Server neu starten.

12.4.5 Die Konfigurationsdatei my.cnf

Mit MySQL haben Sie auch die Möglichkeit, mit der Konfigurationsdatei *my.cnf* verschiedene Einstellungen vorzunehmen. Diese Konfiguration kann dabei auf der System-, Datenbank- oder der Benutzerebene erfolgen. Sie finden immer folgende drei Konfigurationsdateien für den MySQL-Server vor:

- Es sind systemweite Einstellungen in */etc/my.cnf* möglich.
- Es sind auch globale Servereinstellungen in *<Datenverzeichnis>/my.cnf* möglich, da auf einem Rechner mehrere MySQL-Server (in verschiedenen Datenverzeichnissen) ausgeführt werden können. Es sind auch verschiedene Konfigurationen für verschiedene Server möglich. Diese Variante eignet sich bei mehreren Servern besser als */etc/my.cnf*, da hier die Einstellungen für alle Server des Systems gelten würden. Die Konfigurationsdatei selbst kann dem Server auch beim Start übergeben werden.
- Benutzerspezifische Einstellungen in *~./my.cnf* können auch verwendet werden. Diese Konfigurationsdatei wird verwendet, wenn der MySQL-Server mit einer vom Standard abweichenden Einstellung arbeiten soll, z. B. zu Testzwecken.

Die MySQL-Konfigurationsdatei ist eine gewöhnliche Textdatei und lässt sich mit jedem ASCII-fähigen Editor betrachten und mit entsprechenden Rechten auch modifizieren. Da Sie den Server als Superuser starten müssen, können Sie sich auch gleich als solcher die Konfigurationsdatei in der Kommandozeile ansehen:

```
$ less -MSi /etc/my.cnf
```

[»]

Hinweis für Ubuntu

Die systemweite Einstellung befindet sich gewöhnlich zwar in */etc/my.cnf*, aber unter Ubuntu fanden wir diese Datei unter */etc/mysql/my.cnf*. Warum dies so ist, konnten wir allerdings nicht feststellen.

Die Ausgabe kann von System zu System variieren. Die Syntax der Konfigurationsdatei können Sie aber der Onlinedokumentation entnehmen. Folgende globale Einstellungen sind allerdings gewöhnlich immer anzutreffen:

```
[client]
#password        = your_password
#user            = username
port             = 3306
socket           = /var/lib/mysql/mysql.sock
# Here follow entries for some specific programs
# The MySQL server
[mysqld]
port             = 3306
socket           = /var/lib/mysql/mysql.sock
```

Alle Zeilen, die mit # beginnen, sind Kommentare und werden vom MySQL-Server ignoriert. Anschließend folgt in eckigen Klammern das Programm, für das die nachfolgenden Parameter gelten sollen. Außer *mysqld* (der MySQL-Server-Dämon) können noch weitere MySQL-Clientprogramme wie u. a. `mysql`, `mysqladmin` und `mysqldump` verwendet werden. Anschließend werden die einzelnen Einstellungen für das Programm mit der Angabe

```
option = wert (bspw. port = 3306)
```

eingestellt. Dasselbe gilt für die Einstellung von Variablen mit

```
set-variable = Variablenbezeichnung=Wert
```

zum Beispiel so:

```
# The MySQL server
[mysqld]
port             = 3306
```

```
socket          = /var/lib/mysql/mysql.sock
set-variable    =  max_connections = 200
```

Hier wurde dem MySQL-Server die Anzahl der maximalen gleichzeitigen Verbindungen (max_connections) übergeben. Die Konfiguration richtig einzustellen, ist somit recht einfach. Es muss lediglich das Programm in eckigen Klammern gefolgt von den einzelnen Parametern angegeben werden.

[+]

Tipp für die Geschwindigkeitsoptimierung

Um die Geschwindigkeit Ihrer Datenbank ein wenig zu optimieren, können Sie die Variable query_cache_size, also die Größe für den Speicher für die Zwischenspeicherung, verwenden. Setzen Sie diese Variable einfach beim Programm mysqld auf einen bestimmten Wert, je nachdem, wie groß dieser Cache sein soll. Um den Query-Cache zu aktivieren, müssen Sie außerdem die Variable query_cache_startup_type aktivieren. Ein großer Cache ist schneller als ein kleiner Cache, aber nur so lange, wie Sie nicht so viel RAM abzweigen, der geswappt werden muss – dies verlangsamt dann wieder die Datenbank.

12.4.6 Kommandozeilenwerkzeuge für mysql

Es gibt zwar mittlerweile eine umfangreiche Auswahl an grafischen Tools und Programmen für Administrationsaufgaben von MySQL, aber in vielen Fällen reichen auch Kommandozeilenwerkzeuge aus. Am häufigsten sind dabei die mysql-Clientanwendung (auch gerne *MySQL-Shell* genannt, offiziell auch *MySQL Monitor*) und phpMyAdmin (ein grafischer Client für den Browser) anzutreffen.

mysql

Der Client (oder besser die SQL-Shell) mysql ist im Standardumfang von MySQL enthalten und quasi das wichtigste Werkzeug, um mit MySQL in der Kommandozeile zu arbeiten. Die MySQL-Shell soll nun aufgerufen werden. Starten Sie hierfür, falls noch nicht geschehen, den MySQL-Server. Da das Werkzeug mysql eine gewaltige Anzahl von Optionen besitzt, können Sie es auch mit dem Flag -help aufrufen, um sich einen Überblick zu verschaffen. Geben Sie nun die folgende Zeile ein:

```
$ mysql -uroot -ppinguin -hlocalhost
Welcome to the MySQL monitor.  Commands end with ; or \g.
Your MySQL connection id is 30
Server version: 8.0.33-Debian (Bullseye)
Type 'help;' or '\h' for help. Type '\c' to clear the buffer.
```

Sie starten hierbei die MySQL-Shell als *root*, mit dem Passwort »pinguin« und dem Host `localhost`. Natürlich können Sie auch einen anderen Benutzer anlegen. Sie können sich von Haus aus stets als Benutzer *root* mit dem MySQL-Server verbinden. Dies sollte eigentlich auch logisch sein, denn sonst hätten Sie keinen Zugriff auf den MySQL-Server. Aus Sicherheitsgründen sollten Sie dies natürlich ändern, nachdem Ihre Datenbank einwandfrei läuft. In der Praxis sollten Sie dann diesen Befehl mit einem leeren Parameter `-p` absetzen, so dass Sie anschließend interaktiv nach dem Passwort gefragt werden. Damit ist sichergestellt, dass niemand über Ihre Schulter schauend das Passwort erspähen kann oder gegebenenfalls mit `ps aufwwx` das Passwort lesen kann, z. B. auf die folgende Weise:

```
$ mysql -uroot -p -hlocalhost
Enter password: *****
Welcome to the MySQL monitor.  Commands end with ; or \g.
...
```

Verlassen Sie die MySQL-Shell nun wieder mit dem Aufruf `quit` (oder auch mit `exit`, einem Alias für `quit`).

```
mysql> quit
Bye
```

Natürlich können Sie auf die MySQL-Shell, wie es sich für eine Shell eben gehört, auch im Batch-Modus zugreifen. Bspw. können Sie die `mysql`-Anweisungen in ein Skript schreiben und mit folgendem Befehl ausführen lassen:

```
$ mysql -uroot -p -hlocalhost database < skript.sql
```

Damit werden alle Befehle, die Sie in *skript.sql* angegeben haben, ausgeführt. Außerdem können Sie die Ausgabe in eine andere Datei umleiten lassen:

```
$ mysql -uroot -p -hlocalhost data < skript.sql > \
> ausgabe.txt
```

Der Batch-Modus ist sehr gut für Cron-Jobs geeignet, um regelmäßige Aufgaben (wie bspw. Backups) zu automatisieren.

mysqladmin

Wollen Sie ein Passwort ändern, können Sie dies recht komfortabel mit dem Client `mysqladmin` realisieren:

```
$ mysqladmin -uroot -pjuergen password k4p6m3o3
$ mysql -uroot -pjuergen -hlocalhost
ERROR 1045 (28000): Access denied for user 'root'@'localhost' (using password: YES)
```

```
$ mysql -uroot -pj3o5n2i2 -hlocalhost
Welcome to the MySQL monitor.  Commands end with ; or \g.
...
```

Hiermit haben Sie das Passwort `juergen` umgeändert in das Passwort `k4p6m3o3`. Sie sollten sich natürlich ein anderes Passwort einfallen lassen und nicht das aus diesem Buch benutzen.

Es empfiehlt sich allerdings, diesen Befehl nicht auf Produktivsystemen abzusetzen. Falls es jemand schafft, *root*-Rechte auf dem Server zu erlangen, kann er somit das Hauptpasswort für die DB aus der Datei */root/.bash_history* auslesen. Es ist an dieser Stelle sinnvoller, das Passwort im `mysql`-Monitor mit den Grant-Funktionen zu ändern. Oder mit dem folgenden Kommando:

```
mysql > USE mysql;
mysql > UPDATE user SET Password=PASSWORD('neues_password')
      > WHERE User='root';
```

und danach mit

```
mysql > FLUSH PRIVILEGES;
```

die User-Datenbank neu einzulesen.

Zur Verwaltung des Zugriffs von verschiedenen Anwendern auf die Datenbank verwendet MySQL auch eine Datenbank mit einem entsprechenden Namen, nämlich *mysql*. Sie sollten daher immer darauf achten, dass Sie für diese Datenbank entsprechende Rechte vergeben haben. Denn was hilft die Verteilung von Zugriffsrechten auf Datenbanken, einzelne Tabellen oder Spalten, wenn sich der Anwender die Rechte selbst geben kann. Neue Benutzer können Sie mit dem SQL-Befehl `GRANT` hinzufügen und mit `REVOKE` wieder entfernen. Hierfür sei allerdings die Onlinedokumentation empfohlen, da dieses Buch hierauf nicht detailliert eingehen kann.

Eine weitere gerne verwendete Aktion, die mit `mysqladmin` durchgeführt wird, ist das Überwachen des Serverzustands. Hierzu können Sie die Optionen `status` und `extended-status` benutzen:

```
$ mysqladmin -uroot -pk4p6m3o3 status
Uptime: 22476  Threads: 1  Questions: 41  Slow queries: 0  Opens: 12  Flush tables: 1
Open tables: 6 Queries per second avg: 0.002
$ mysqladmin -uroot -pk4p6m3o3 extended-status
+--------------------------+-------+
| Variable_name            | Value |
+--------------------------+-------+
| Aborted_clients          | 0     |
| Aborted_connects         | 7     |
```

```
| Bytes_received           | 1361  |
| Bytes_sent               | 4586  |
| Com_admin_commands       | 0     |
...
| Threads_created          | 21    |
| Threads_connected        | 1     |
| Threads_running          | 1     |
| Uptime                   | 22488 |
+--------------------------+-------+
```

Einige weitere wichtige Information erhalten Sie mit `processlist`. Damit erfahren Sie, wo der Server seine meiste Zeit verbringt oder gar vergeudet:

```
$ mysqladmin -uroot -pk4p6m3o3 processlist
+--+----+---------+--+-------+----+-----+------------------+
|Id|User|Host     |db|Command|Time|State| Info             |
+--+----+---------+--+-------+----+-----+------------------+
|22|root|localhost|  |Query  |0   |     | show processlist |
+--+----+---------+--+-------+----+-----+------------------+
```

Mehr zu `mysqladmin` erfahren Sie außerdem mit der Option `-help`.

mysqlshow

Mit dem Programm `mysqlshow` können Sie sich Informationen über eine Datenbank, eine Tabelle, Tabellenspalten oder deren Indizes ansehen. So können Sie sich mit folgender Eingabe die Passwortdatei des MySQL-Servers, in der die Benutzer eingetragen werden, ausgeben lassen:

```
$ mysqlshow -uroot -pk4p6m3o3 -hlocalhost mysql user
```

Die Syntax dazu lautet:

```
mysqlshow [OPTIONEN] [Datenbank [Tabelle [Spalte] ] ]
```

mysqldump

Mit dem Programm `mysqldump` erzeugen Sie eine Kopie Ihrer kompletten Datenbank oder auch von Teilen davon. Diese Datei enthält dann sämtliche Befehle, die Sie zur Wiederherstellung Ihrer Datenbank benötigen, wenn der Fall eintreten sollte, dass diese beschädigt wurde. Bei der Kopie handelt es sich um eine als ASCII-Text vorliegende Datei mit vollständiger SQL-Syntax. Auch wir haben das Thema Backup beim Thema MySQL selten beachtet, bis wir eines Besseren belehrt wurden und ein paar Tage Arbeit an diesem Buch verloren waren. Deshalb folgt nun ein Beispiel eines solchen Dumps:

```
$ mysqldump -uroot -pk4p6m3o3 -hlocalhost datenbankname > \
  backup_datenbankname.sql
```

Hiermit wird z. B. ein *Dump* (also quasi ein Backup) von der Datenbank datenbankname gemacht. Die Ausgabe wird in die Datei *backup_datenbankname.sql* umgeleitet, in der sich jetzt ein komplettes Backup (also SQL-Skript) von datenbankname befindet. Wiederherstellen können Sie diese Sicherung ganz einfach mit:

```
$ mysql -uroot -pk4p6m3o3 -hlocalhost datenbankname < \
  backup_datenbankname.sql
```

12.4.7 Grafische Clients

Alle Aufgaben lassen sich mit den mitgelieferten Mitteln von MySQL sehr effektiv realisieren. Aber häufig fehlt bei etwas größeren Projekten der vollständige Überblick zu dem Datenmodell, den Tabellen, den Spalten und den Daten selbst. Hier können Sie sich mit grafischen MySQL-Clients behelfen. Meistens handelt es sich dabei einfach um Frontends zu den Kommandozeilenwerkzeugen. Allerdings gibt es hier so viele Tools, dass wir diese in diesem Buch nicht behandeln können.

phpMyAdmin

phpMyAdmin dürfte wohl der bekannteste und meistverwendete Vertreter der grafischen Clients zu MySQL sein. Dabei kommt dieser Client ganz ohne Installation von Software aus. phpMyAdmin benötigt lediglich einen Server, auf dem es möglich ist, PHP-Skripte auszuführen. Meistens findet man phpMyAdmin bei den Internet-Service-Providern unter dem Einsatz von LAMP (Linux, Apache, MySQL, PHP/Perl). Sofern Sie z. B. Ihre Webseite bei einem Internet-Service-Provider haben, ist dies häufig die einzige Möglichkeit, direkt auf die einzelnen Tabellen, Zeilen, Spalten und Daten zuzugreifen. Denn nicht jeder ISP bietet einen Kommandozeilenzugang via SSH (Secure Shell). Allerdings bedarf es bei phpMyAdmin der gleichen Kenntnisse wie bei der Verwendung der MySQL-Shell.

MySQLCC

MySQLCC steht für *MySQL Control Center* und ist seit Mitte 2003 (also schon einige Zeit lang) als installierbare Software verfügbar. Damit lassen sich dieselben Arbeiten wie mit der MySQL-Shell oder dem grafischen Frontend phpMyAdmin durchführen. MySQLCC ist kostenlos und steht unter der GNU GPL-Lizenz.

KSQL und knoda

Unter dem KDE-Desktop stehen Ihnen gleich zwei hervorragende grafische MySQL-Clients zur Verfügung: *knoda* und *KSQL*. Beide Clients bieten eine umfangreiche Funktionspalette an, wobei es mit beiden Clients auch möglich ist, mit anderen Datenbanken als MySQL eine Verbindung aufzubauen. Ein weiteres interessantes Feature ist u. a. der Export von HTML und XML.

12.4.8 Kleiner MySQL-Crashkurs

Für den Fall, dass Sie noch keine MySQL-Kenntnisse besitzen, folgt hier nun ein kleiner Crashkurs mit einigen grundlegenden Befehlen. Diese Einführung erhebt keinerlei Anspruch, eine komplette Einführung in MySQL zu sein. Trotz eines gewissen Umfangs entspricht dieser Crashkurs also nicht mehr als dem berühmten »Tropfen auf dem heißen Stein«. Wenn Sie des Datenbanksystems MySQL mächtig sind, können Sie diesen Abschnitt auch nur überfliegen oder sogar überspringen.

Um mit Datenbanken zu arbeiten, sind mehrere Schritte nötig. Logischerweise muss zuerst eine Datenbank angelegt werden. Anschließend wird noch zumindest eine Tabelle benötigt, in der die Daten gespeichert werden. Einen schematischen Ablauf vom Anlegen der Datenbank bis zum Ausgeben der Daten z. B. in der Konsole sehen Sie in Abbildung 12.1.

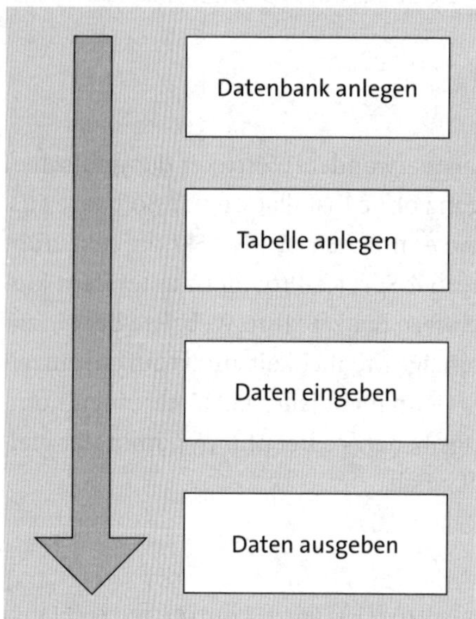

Abbildung 12.1 Schematischer Ablauf vom Anlegen der DB bis zur Ausgabe von Daten

Um diese Schritte in MySQL zu realisieren, benötigen Sie Kenntnisse zumindest der grundlegenden SQL-Befehle, die Sie in den folgenden Abschnitten näher kennen lernen werden. Wir werden Ihnen diese Befehle anhand der MySQL-Shell (also dem Client `mysql`) näherbringen. Sie können, wenn Sie wollen, natürlich auch eines der grafischen Clientprogramme verwenden, um die SQL-Befehle auszuführen. Es wird empfohlen, die einzelnen Schritte, wie sie auf den folgenden Seiten dargestellt werden, auch selbst in der Praxis zu testen, um das Beschriebene nachvollziehen zu können.

Die SQL-Befehle werden in zwei Kategorien eingeteilt:

- *DDL-Befehle* (Datendefinitions-Befehle) – Die Datendefinitionsbefehle werden benutzt, um die Struktur der einzelnen Datenobjekte zu beschreiben, sprich: Datenbanken oder Tabellen anzulegen, zu verändern, umzubenennen etc. Ebenfalls gehört die Administration (Benutzer anlegen, Rechte verteilen) in den Bereich der DDL-Befehle.
- *DML-Befehle* (Datenmanipulations-Befehle) – Die Datenmanipulationsbefehle dienen zum Einfügen, Ändern, Löschen und Lesen des Inhalts aller Datenbankobjekte (also Tabellen). Dabei wird zwischen der Abfragesprache (Query Language) und der eigentlichen Datenmanipulationssprache, mit der abgespeicherte Datensätze geändert werden können, unterschieden.

Mit einem Satz: DDL beschreibt die Struktur und DML den Inhalt dieser Struktur.

12.4.9 SQL-Datentypen

Wie in C und in vielen anderen Sprachen gibt es auch in MySQL Datentypen. Datentypen sind die kleinste Einheit, auf die mit SQL-Befehlen zugegriffen werden kann. Die Datentypen werden dabei jedoch als Spaltenattribut in einer Tabelle verwendet. Das heißt, dass Sie immer zuerst die Tabelle anlegen und auch in diesem Zug gleich die Datentypen festlegen müssen. Anschließend können Sie auf die einzelnen Attribute und Datentypen zugreifen. Bei den Datentypen gibt es aber noch einige Aufteilungen in die folgenden Kategorien, die Sie teilweise beachten müssen:

- Zeichen und Zeichenketten (einzelne Zeichen, Strings)
- nummerische Werte (Zahlen: Ganzzahlen, Gleitpunktzahlen)
- Datums- und Zeitdatentypen

Zeichenketten und nummerische Werte gibt es auch in C, deshalb sollte dies für Sie kein Problem mehr darstellen. Aber anders als in vielen Programmiersprachen bietet MySQL auch einige Datentypen für Datums- und Zeitangaben an. Logischerweise müssen Sie sich deshalb bei MySQL Gedanken über den Sinn eines Datentyps machen. Zu klein gewählte Datentypen können bei Überschreitung der Typengrenze zu falschen Darstellungen führen, und zu groß gewählte Datentypen verschwenden unnötig Platz und machen zudem die Datenbank erheblich langsamer.

In Abbildung 12.2 finden Sie einen kurzen Überblick zu den gängigsten Datentypen in MySQL:

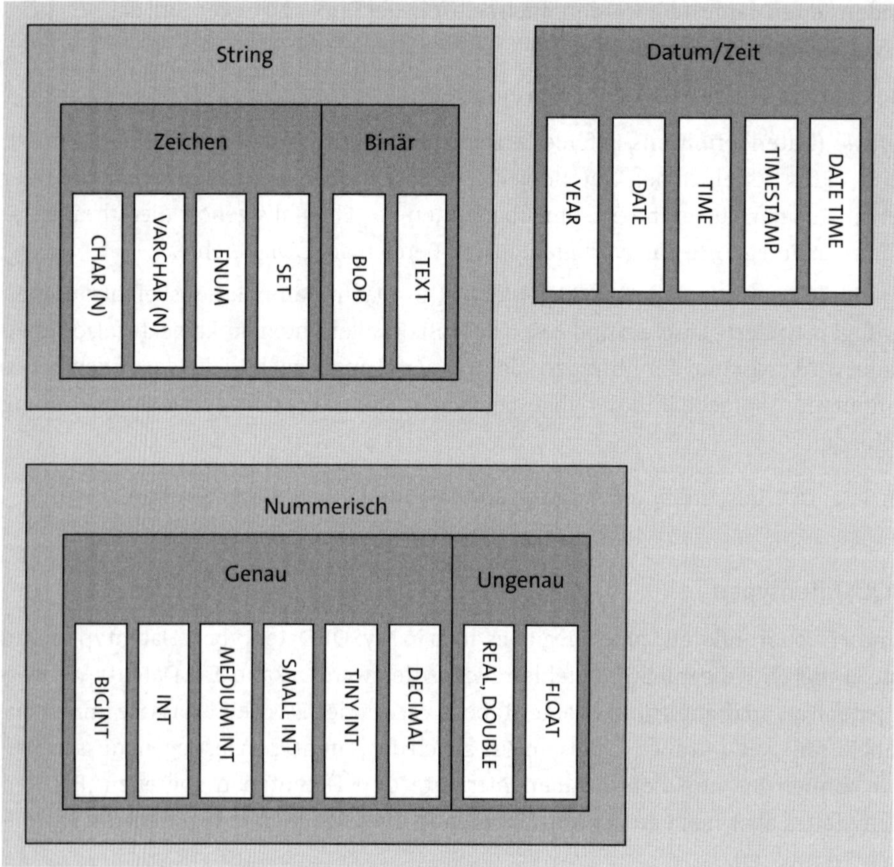

Abbildung 12.2 Datentypen von MySQL im Überblick

Eine noch genauere Zusammenfassung zu den einzelnen Datentypen in MySQL finden Sie in den folgenden Tabellen.

Datentyp	Bedeutung	Bereich	Speicherbedarf
`TINYINT`	sehr kleine Ganzzahl	–128 bis 127 (0 bis 255)	1 Byte
`SMALLINT`	kleine Ganzzahl	–32.768 bis 32.767 (0 bis 65.535)	2 Bytes
`MEDIUMINT`	mittelgroße Ganzzahl	–8.388.608 bis 8.388.607 (0 bis 16.777.215)	3 Bytes

Tabelle 12.1 Nummerische Datentypen

Datentyp	Bedeutung	Bereich	Speicherbedarf
INT	Ganzzahl (Standard)	–2.147.283.648 bis 2.147.283.647 (0 bis 4.294.967.295)	4 Bytes
BIGINT	große Ganzzahl	–9.223.372.036.854.775.808 +9.223.372.036.854.775.807 (0 bis 18.446.744.073.709.551.615)	8 Bytes
FLOAT	Fließkommazahl, einfache Genauigkeit	–3,40282346638 bis –1,17549435138, 0 und 1,17549435138 bis 3,40282346638	4 Bytes
DOUBLE	Fließkommazahl, doppelte Genauigkeit	~–1,798308 bis ~–2,225-308, 0 und ~2,225-308 bis ~1,798308	8 Bytes
DECIMAL(G,N)	Fließkommazahl der Länge G mit N Nachkommastellen		G + 2 Bytes

Tabelle 12.1 Nummerische Datentypen (Forts.)

Datentyp	Bedeutung	Bereich	Format	Speicherbedarf
DATE	Datum	1.1.1000 bis 31.12.9999	YYYY-MM-DD	3 Bytes
DATETIME	Datum und Uhrzeit	1.1.1000, 0:00:00 Uhr, bis 31.12.9999, 23:59:59	YYYY-MM-DD hh:mm:ss	8 Bytes
TIMESTAMP	UNIX-Zeit	1.1.1970 bis 19.01.2038		4 Bytes
TIME	Uhrzeit		hh:mm:ss	3 Bytes
YEAR	Jahreszahl	1901 bis 2155		1 Byte

Tabelle 12.2 Datums- und Uhrzeit-Datentypen

Datentyp	Bedeutung	Länge	Speicherbedarf
CHAR(G)	Zeichenkette mit fester Größe G	max. 255 Zeichen	Größe G Byte
VARCHAR(G)	Zeichenkette mit variabler Größe G	max. 255 Zeichen	Größe G Byte
TINYTEXT, TINYBLOB	sehr kleine Zeichenkette	max. 255 Bytes	2E8 – 1 Byte
TEXT, BLOB*	kleine Zeichenkette	max. 65.535 Bytes	2E16 – 1 Byte
MEDIUMTEXT, MEDIUMBLOB	mittelgroße Zeichenkette	max. 16.777.215 Bytes	2E24 – 1 Byte
LONGTEXT, LONGBLOB	große Zeichenkette	max. 4.294.967.295 Bytes	2E32 – 1 Byte
ENUM	Auflistung	Auswahl nur eines Feldes	65.535 Elemente
SET	Auflistung	Mehrfachauswahl	64 Elemente
* »BLOB«: Abkürzung für *Binary Large Object*, z. B. Fotos oder Musikdateien			

Tabelle 12.3 Zeichenketten-Datentypen

[»]

Hinweis zur Groß-/Kleinschreibung

In MySQL ist es übrigens egal, ob Sie Groß- oder Kleinschreibung verwenden. Es hat sich aber etabliert, die Statements großzuschreiben und die Feldnamen klein. Dadurch wird eine bessere Übersichtlichkeit erreicht. Allerdings ist dies nur ein Vorschlag (und kein fester Standard), der nicht von allen Entwicklern angewendet wird.

12.4.10 Datenbank anlegen, verwenden und löschen

Beginnen wir mit der Erklärung der SQL-Befehle. Als erstes einfaches Beispiel wird eine einfache Datenbank verwendet, mit der sich Adressen verwalten lassen. Dieses Beispiel ist vielleicht schon etwas abgedroschen, aber zum Lernen genau das Richtige (deshalb wird es auch in vielen anderen Büchern immer wieder verwendet). Sie können und sollten dabei die einzelnen SQL-Befehle nach Herzenslust testen, und wenn Ihnen das Freude bereitet, auch ruhig ein wenig abändern. Wenn Sie also lieber Ihre Musiksammlung in eine Datenbank einhacken wollen (weil Sie das schon seit Monaten vorhaben): Tun Sie sich bitte keinen Zwang an, und machen Sie genau das.

[«]

Hinweis

Wie in C auch, müssen Sie das Ende eines MySQL-Befehls auf dem Monitor mit einem Semikolon (oder aber auch mit dem Zeichen \g) abschließen.

Der erste Schritt ist das Anlegen einer neuen Datenbank. Starten Sie die MySQL-Shell, und gehen Sie danach wie folgt vor:

```
$ mysql -uroot -hlocalhost -p
Enter password: *****
Welcome to the MySQL monitor.  Commands end with ; or \g.
Your MySQL connection id is 30
Server version: 8.0.33-Debian (Bullseye)
Type 'help;' or '\h' for help. Type '\c' to clear the buffer.

mysql> CREATE DATABASE adressen;
Query OK, 1 row affected (0.06 sec)
```

Mit dem Befehl CREATE DATABASE legen Sie eine neue und leere Datenbank ohne Tabellen an. Idealerweise überprüft man dabei, ob nicht schon eine Datenbank mit dem entsprechenden Namen existiert. Dies erreichen Sie folgendermaßen:

```
mysql> CREATE DATABASE IF NOT EXISTS adressen;
Query OK, 0 rows affected (0.00 sec)
```

Mit IF NOT EXISTS wird überprüft, ob eine Datenbank mit dem angegebenen Namen bereits existiert. Bedenken Sie aber auch, dass hierbei die Fehlermeldung »database exists« nicht mit ausgegeben wird. Die Länge des Namens darf maximal 64 Zeichen betragen, als Zeichen sind alle Zeichen erlaubt, die auch für die Angabe von Dateinamen erlaubt sind.

Wollen Sie sich einen Überblick über die bereits vorhandenen Datenbanken auf Ihrem System machen, steht Ihnen folgender Befehl zur Verfügung:

```
mysql> SHOW DATABASES;

+-------------+
| Database    |
+-------------+
| adressen    |
| dvd_archiv  |
| mail_archiv |
| mein_test   |
| mysql       |
```

```
| test         |
+--------------+
6 rows in set (0.26 sec)
```

Wenn Sie nun auf eine Datenbank zugreifen wollen, müssen Sie die gewünschte Datenbank zuerst auswählen (MySQL unterstützt ja mehrere Datenbanken auf dem gleichen Rechner). Auch dieser Vorgang lässt sich recht einfach realisieren:

```
mysql> USE adressen;
Database changed
```

Wenn Sie eine Datenbank wieder löschen wollen, können Sie hierfür den SQL-Befehl DROP DATABASE verwenden:

```
mysql> DROP DATABASE IF EXISTS adressen;
Query OK, 0 rows affected (0.00 sec)
```

Bitte beachten Sie dabei, dass Sie hiermit die Datenbank mitsamt allen Tabellen unwiderruflich löschen.

In Tabelle 12.4 finden Sie eine kleine Übersicht zu den SQL-Befehlen zum Anlegen, Auswählen und Löschen einer Datenbank:

Befehl	**Bedeutung**
CREATE DATABASE <datenbankname>;	Legt eine neue Datenbank an.
CREATE DATABASE IF NOT EXISTS <datenbankname>;	Legt eine neue Datenbank an, wenn diese noch nicht existiert.
DROP DATABASE <datenbankname>;	Löscht eine Datenbank.
SHOW DATABASES;	Zeigt alle Datenbanken auf dem System an.
USE <datenbankname>;	Wählt eine Datenbank aus.
mysqladmin CREATE <datenbankname>	Legt eine Datenbank mit dem Kommandozeilenwerkzeug mysqladmin an.
mysqladmin DROP <datenbankname>	Löscht eine Datenbank mit dem Kommandozeilenwerkzeug mysqladmin.

Tabelle 12.4 SQL-Befehle zum Anlegen, Auswählen und Löschen einer DB

12.4.11 Eine neue Tabelle anlegen

Nach dem Anlegen einer neuen Datenbank und der Auswahl dieser Datenbank zur Bearbeitung können Sie nun die Tabellenstruktur festlegen. In diesem Beispiel gehen wir davon aus, dass Ihre Datenbank leer ist. Sie müssen also zunächst neue Tabellen anlegen, damit Sie überhaupt etwas mit der Datenbank anfangen können. Neue Tabellen lassen sich recht einfach mit dem SQL-Befehl CREATE TABLE erzeugen. Als Parameter müssen Sie den Namen sämtlicher Datenbankfelder zusammen mit dem Datentyp angeben. Für Sie als C-Programmierer sieht dies ähnlich aus wie bei der Definition eines Funktionsprototyps. Ein Unterschied in der Definition im Gegensatz zu C liegt aber darin, dass der Variablenname vor dem Datentyp steht. Es folgt ein Beispiel für das Anlegen einer einfachen Tabellenstruktur:

```
mysql> USE adressen;
mysql> CREATE DATABASE IF NOT EXISTS adressen;
Query OK, 1 row affected (0.00 sec)
mysql> CREATE TABLE privat(
    -> vname VARCHAR(25),
    -> nname VARCHAR(25),
    -> plz   INT,
    -> ort   VARCHAR(100),
    -> strasse VARCHAR(100),
    -> hausnr INT
    -> );
Query OK, 0 rows affected (0.25 sec)
```

Mehr ist nicht nötig, um eine einfache Tabelle zu definieren. Im letzten Beispiel haben Sie auch gesehen, dass es ohne Probleme möglich ist, SQL-Befehle über mehrere Zeilen zu schreiben. Entscheidend ist letztendlich nur das Semikolon am Ende einer SQL-Anweisung und dass Sie Ihre Parameterliste in runde Klammern einschließen.

Hinweis

Die Zeichenfolge -> gehört übrigens zur Eingabeaufforderung des MySQL-Monitors und nicht zum Befehl! Anders als in einer Shell kann sich ein Befehl über mehrere Zeilen erstrecken, wobei allerdings nicht der ganze Befehl in die History übernommen wird.

Die allgemeine Syntax zur Erstellung einer neuen Tabelle sieht wie folgt aus:

```
CREATE TABLE <tabellenname> ( <spaltenname> <datentype>, ... );
```

Häufig wird die Frage gestellt, wie man eine neue Tabelle mit dem Inhalt einer anderen Tabelle anlegen kann. Dies machen Sie mit dem folgenden Befehl;

```
CREATE TABLE neue_Tabelle AS SELECT * FROM andere_Tabelle;
```

Sie können also SQL-Befehle ineinanderschachteln: Mit CREATE TABLE legen Sie eine Tabelle an, die Abfragewerte von SELECT (in diesem Fall alle Datensätze aus andere_Tabelle) als Quelle benutzt. Das Schlüsselwort `AS` (das Sie übrigens bei MySQL nicht unbedingt mit angeben müssen) bedeutet, dass Sie zwei Befehle ausführen wollen, die voneinander abhängen.

Als Ergebnis finden Sie in `neue_Tabelle` dieselben Spalten und denselben Inhalt vor wie bei `andere_Tabelle` (eine sogenannte *Subquery*). Auf `SELECT` werden wir in den nächsten Abschnitten noch ausführlich eingehen.

Natürlich sind beim Anlegen einer neuen Tabelle noch viel mehr Angaben möglich, z. B. sind Erstellungsanweisungen, Tabellenoptionen oder Auswahlanweisungen eine Reihe von Parametern, die zusätzlich verwendet werden können. Wenn wir allerdings alles darüber schrieben, was möglich ist, könnten wir gleich ein weiteres Buch zu MySQL herausgeben. Für noch mehr Details sei also entsprechende Literatur empfohlen, die es mittlerweile zuhauf gibt.

12.4.12 Schlüsselfelder für Tabellenspalten anlegen

Wie wir schon erwähnt haben, sind Relationen das wichtigste Werkzeug von SQL-Datenbanken. Ohne Relationen wäre auch eine SQL-Datenbank schlicht eine Excel-Tabelle, und Sie bräuchten dann eigentlich keine zusätzliche Software. Mit den Relationen können Sie allerdings beliebige Spalten miteinander verknüpfen. Damit dies in einer eindeutigen Weise funktioniert, benutzen Sie Schlüsselfelder. Mit solch einem Schlüsselfeld kann jeder Datensatz in einer Tabelle eindeutig identifiziert werden (im Endeffekt ist dies wie die Nummer in Ihrem Personalausweis, die Sie eindeutig weltweit identifiziert). Man bezeichnet diesen einmalig vorkommenden Schlüssel auch als *Primärschlüssel*. Die einfachste Methode, einen solchen Schlüssel anzulegen, ist es, in jeder Tabelle ein separates Feld mit einem Integer-Wert zu definieren (ein Integer ist in Datenbanken inzwischen stets 64 Bit breit, also groß genug, um als eindeutiger Schlüssel zu fungieren). Allerdings sollten Sie zusätzlich darauf achten, dass solche Felder keine `NULL`-Werte (also leere Felder) oder doppelte Einträge zulassen. Dafür werden die Erstellungsanweisungen des `CREATE TABLE`-Befehls wie folgt verwendet:

- `NOT NULL`: Dies entspricht der Vorgabe, dass keine leeren Werte gespeichert werden dürfen. NULL folgt hinter der Angabe der Definition des Datentyps (z. B. als `plz INT NOT NULL`).
- `UNIQUE` oder `PRIMARY KEY`: Dies entspricht der Vorgabe, dass keine doppelten Einträge für das Feld vorgenommen werden dürfen.
- `AUTO_INCREMENT` bzw. `AUTOVALUE`: Der Integer-Wert wird automatisch bei einem Neueintrag inkrementiert und hinzugefügt, oder er wird automatisch (meist als einmalig vorkommende [Zufalls-]Zahl) ermittelt (allerdings kann `AUTOVALUE` vor allem zusammen mit dem Schlüsselwort `RANDOMINT` langsam sein).

12.4.13 Indizes

Eine weitere Möglichkeit beim Anlegen einer Datenbank sind *Indizes*. Damit können die Suche und die Geschwindigkeit positiv verbessert werden. Vorwiegend werden Indizes verwendet, um folgende Vorgänge zu beschleunigen:

- die Suche nach bestimmten Informationen
- Sortieren von Tabellen
- die Suche nach dem größten und kleinsten Wert in einer Tabelle
- die Abfrage über unterschiedliche Tabellen

Mit Indizes werden die Daten in einer Form aufbereitet, die es ermöglicht, sie bei der Suche schneller zu finden. Dazu wird eine gesonderte Index-Datei (standardmäßig mit der Endung **.MYI* für MyISAM) angelegt, die bei jedem Hinzufügen, Löschen und Ändern von Daten in der Tabelle aktualisiert wird. Bedenken Sie allerdings, dass beim Anwachsen des Index gleichzeitig die Arbeit der Aktualisierung aufwendiger wird und somit die Performance bei Neueingabe von Datensätzen leiden kann. Um einen Index anzulegen, wird das Schlüsselwort `INDEX` verwendet. Wollen Sie z. B. einen Index für eine bestehende Tabelle erstellen, könnten Sie wie folgt vorgehen:

```
mysql> CREATE TABLE privat(
    -> vname VARCHAR(25),
    -> nname VARCHAR(25),
    -> plz   INT,
    -> ort   VARCHAR(100),
    -> strasse VARCHAR(100),
    -> hausnr INT
    -> INDEX meinindex (nname));
    -> );
```

Hier wird für den Nachnamen `nname` ein Index angelegt, der über den Namen `meinindex` angesprochen werden kann.

12.4.14 Tabellentypen beim Anlegen von Tabellen

Die Daten werden von MySQL nicht einfach in einer ASCII-Form auf der Festplatte gespeichert, was auch den gleichzeitigen Zugriff durch mehrere Clients erheblich verlangsamen würde. Vielmehr werden die Daten in einem bestimmten Tabellentyp gespeichert, der angibt, wie die Daten physisch auf der Festplatte gespeichert werden. Es gibt eine Menge Tabellentypen, womit Sie sich in der Praxis allerdings recht selten auseinandersetzen müssen. Wirklich Gedanken müssen Sie sich machen, wenn Sie Transaktionen mit MySQL machen wollen – aber dies steht hier nicht zur Diskussion. Gewöhnliche Tabellentypen sind HEAP, HASH, ISAM oder BTREE. Sofern Sie also standardmäßig mit MySQL arbeiten, wie in diesem Buch, verwenden Sie den Tabellentyp MyISAM, der speziell für MySQL konzipiert ist. Sehr schnell ist auch BTREE, denn hier werden die Daten baumartig abgelegt, was die Suche stark beschleunigen kann.

12.4.15 Autowerte definieren

Meistens werden Sie für automatische Werte AUTO_INCREMENT verwenden, da es fast immer die schnellste Variante ist. Mit der Option AUTO_INCREMENT können Sie (wie der Name schon aussagen sollte) Zahlenwerte beim Anlegen eines neuen Datensatzes automatisch inkrementieren (also hochzählen), ohne dass dabei jemals doppelte Werte auftauchen. Autowerte werden nicht selten zusammen mit Primärschlüsseln verwendet, um eben einen eindeutigen Wert automatisch zu erzeugen. Es sollte natürlich an dieser Stelle klar sein, dass Autowerte nur bei Integern verwendet werden können. Ein Beispiel, wie Sie solche automatischen Werte erzeugen können, ist:

```
CREATE TABLE eine_Tabelle( wert INT NOT NULL AUTO_INCREMENT,
                           name VARCHAR(100) );
```

12.4.16 Tabellen umbenennen und ändern

Wenn Sie eine Tabelle umbenennen und Felder, Indizes oder Schlüssel hinzufügen/löschen oder den Datentyp eines Feldes verändern wollen, dann steht Ihnen der Befehl ALTER TABLE zur Verfügung. Bevor Sie etwas verändern, werden Sie sich sicherlich die Struktur der Tabellen zuvor ansehen wollen. Dies können Sie mit einem einfachen EXPLAIN <datenbankname> machen, beispielsweise so:

```
mysql> USE adressen;
Database changed
mysql> EXPLAIN privat;
+---------+--------------+------+-----+---------+-------+
| Field   | Type         | Null | Key | Default | Extra |
+---------+--------------+------+-----+---------+-------+
| vname   | varchar(25)  | YES  |     | NULL    |       |
| nname   | varchar(25)  | YES  |     | NULL    |       |
| plz     | int(11)      | YES  |     | NULL    |       |
| ort     | varchar(100) | YES  |     | NULL    |       |
| strasse | varchar(100) | YES  |     | NULL    |       |
| hausnr  | int(11)      | YES  |     | NULL    |       |
+---------+--------------+------+-----+---------+-------+
6 rows in set (0.00 sec)
```

Den Namen der Tabelle können Sie mit folgendem Befehl ändern:

```
ALTER TABLE <tabellenname> RENAME <neuer_tabellenname>;
```

Zum Umbenennen einer Tabelle können Sie auch alternativ RENAME allein wie folgt verwenden:

```
RENAME TABLE <tabellenname> TO <neuer_tabellenname>;
```

Neue Felder fügen Sie mit ALTER TABLE und dem Befehl ADD hinzu:

```
mysql> ALTER TABLE privat ADD COLUMN telefon VARCHAR 25;
Query OK, 0 rows affected (0.01 sec)
Records: 0  Duplicates: 0  Warnings: 0
mysql> EXPLAIN privat;

+---------+--------------+------+-----+---------+-------+
| Field   | Type         | Null | Key | Default | Extra |
+---------+--------------+------+-----+---------+-------+
| vname   | varchar(25)  | YES  |     | NULL    |       |
| nname   | varchar(25)  | YES  |     | NULL    |       |
| plz     | int(11)      | YES  |     | NULL    |       |
| ort     | varchar(100) | YES  |     | NULL    |       |
| strasse | varchar(100) | YES  |     | NULL    |       |
| hausnr  | int(11)      | YES  |     | NULL    |       |
| telefon | varchar (25) | YES  |     | NULL    |       |
+---------+--------------+------+-----+---------+-------+
7 rows in set (0.00 sec)
```

Hier haben Sie zur Adressverwaltung das Feld für die Telefonnummer hinzugefügt. Hätten Sie die Telefonnummer an einer anderen Stelle platzieren wollen, hätten Sie den Befehl AFTER verwenden müssen, z. B. so:

```
mysql> ALTER TABLE privat ADD COLUMN telefon VARCHAR 25 AFTER nname;
Query OK, 0 rows affected (0.01 sec)
Records: 0  Duplicates: 0  Warnings: 0
mysql> EXPLAIN privat;
+---------+--------------+------+-----+---------+-------+
| Field   | Type         | Null | Key | Default | Extra |
+---------+--------------+------+-----+---------+-------+
| vname   | varchar(25)  | YES  |     | NULL    |       |
| nname   | varchar(25)  | YES  |     | NULL    |       |
| telefon | varchar (25) | YES  |     | NULL    |       |
| plz     | int(11)      | YES  |     | NULL    |       |
| ort     | varchar(100) | YES  |     | NULL    |       |
| strasse | varchar(100) | YES  |     | NULL    |       |
| hausnr  | int(11)      | YES  |     | NULL    |       |
+---------+--------------+------+-----+---------+-------+
8 rows in set (0.00 sec)
```

In dem letzten Beispiel wurde also die Variable telefon hinter der Spalte nname hinzugefügt. Wollen Sie einen neuen Eintrag am Anfang vornehmen, können Sie das Gegenstück FIRST verwenden. Wollen Sie den Eintrag von telefon in der Tabelle wieder löschen, benötigen Sie DROP:

```
mysql> ALTER TABLE privat DROP COLUMN telefon;
Query OK, 0 rows affected (0.00 sec)
Records: 0  Duplicates: 0  Warnings: 0
```

Natürlich können Sie auch nachträglich neue Indexfelder (ADD INDEX), Unique-Felder (ADD UNIQUE) und Primärschlüssel (ADD PRIMARY) hinzufügen bzw. löschen (DROP). Eine genauere Beschreibung ersparen wir uns hierzu.

Zum Verändern von bestehenden Feldern einer Tabelle stehen Ihnen CHANGE und MODIFY zur Verfügung. Den Datentyp und/oder den Variablennamen ändern Sie mit CHANGE folgendermaßen:

```
mysql> ALTER TABLE privat CHANGE COLUMN telefon phone BIGINT;
Query OK, 0 rows affected (0.00 sec)
Records: 0  Duplicates: 0  Warnings: 0
mysql> EXPLAIN privat;
+---------+--------------+------+-----+---------+-------+
| Field   | Type         | Null | Key | Default | Extra |
+---------+--------------+------+-----+---------+-------+
| vname   | varchar(25)  | YES  |     | NULL    |       |
| nname   | varchar(25)  | YES  |     | NULL    |       |
| plz     | int(11)      | YES  |     | NULL    |       |
| ort     | varchar(100) | YES  |     | NULL    |       |
| strasse | varchar(100) | YES  |     | NULL    |       |
| hausnr  | int(11)      | YES  |     | NULL    |       |
| phone   | bigint(20)   | YES  |     | NULL    |       |
+---------+--------------+------+-----+---------+-------+
7 rows in set (0.00 sec)
```

Hiermit haben Sie den Variablennamen telefon in phone umbenannt und als neuen Datentyp BIGINT verwendet. Mit dem SQL-Befehl MODIFY hingegen können Sie nur den Datentyp verändern. Die Existenzberechtigung von MODIFY basiert auf Oracle-Kompatibilität, da CHANGE bereits alle Anwendungsfälle des Veränderns bestehender Felder in Tabellen abdeckt.

Beachten Sie unbedingt, dass Änderungen wie das Dazwischenschieben von Spalten bei bereits existierenden Datensätzen einige Zeit in Anspruch nehmen kann, da durch solche Aktionen eventuell Daten hin und her kopiert werden müssen. Vermeiden müssen Sie solche Aktionen unbedingt, wenn gerade Clients auf die Datenbank zugreifen, die auf einem separaten Server läuft. Am besten ist es sowieso, erst Ihre Datenbank »stehen zu haben« und erst dann Ihre Anwendung zu entwickeln – natürlich nach umfangreichen Tests. Bei umfangreichen Updates sollten Sie sowieso Ihre Kunden oder Mitarbeiter rechtzeitig informieren.

12.4.17 Daten einfügen, ändern und löschen

Jetzt, nachdem die Erklärung der DDL-Elemente für die strukturelle Definition der Datenbank abgeschlossen ist, können Sie mit der eigentlichen Arbeit an der Datenbank beginnen. An dieser Stelle sind nun Sie als Programmierer angesprochen. Denn zur Arbeit mit den Daten werden Benutzerwerkzeuge und C-Schnittstellen verwendet. Im nächsten Beispiel werden Sie das Kommandozeilenwerkzeug `mysql` dazu nutzen. Alternativ können Sie hierfür auch einen grafischen Client verwenden, oder (das ist auch der Sinn dieses Kapitels) Sie programmieren eine eigene Benutzerschnittstelle (Client) zur MySQL-Datenbank (Server). Dabei können Sie sowohl Desktop-Anwendungen entwerfen als auch eigene Webapplikationen, die mit dem Browser zusammenarbeiten, verwenden. Und selbstverständlich gibt es auch noch eine C-API für MySQL.

Um aber eigene Clientanwendungen für MySQL zu entwickeln, benötigen Sie vor allem noch Kenntnisse der DML-Elemente (DML = *Data Manipulation Language*) zum Manipulieren Ihrer Daten. Manipulieren bedeutet hier: Einfügen, Ändern und Löschen von Datensätzen.

An dieser Stelle haben Sie zwar die Struktur Ihrer Datenbank stehen (also das Datenmodell in die Praxis umgesetzt), aber immer noch eine leere Datenbank. Als Erstes wollen Sie wahrscheinlich deshalb (Test-)Datensätze in Ihre Tabellen einfügen. Sie haben dabei mehrere Möglichkeiten, wobei Sie die einfachste verwenden werden, um einige Test-Datensätze zu erstellen: das Kommandozeilenwerkzeug `mysql`. Auch hierbei können Sie als Alternative einen der grafischen Clients verwenden.

Neue Datensätze können Sie mit dem SQL-Kommando `INSERT` einfügen. Zur Demonstration soll nun der erste Datensatz in die Tabelle `adressen` eingefügt werden:

```
mysql> USE adressen;
mysql> INSERT INTO privat(
    -> vname, nname, plz, ort, strasse, hausnr, telefon )
    -> VALUES (
    -> 'Jürgen', 'Wolf', 86316, 'Friedberg', 'Musterweg',
    -> 123, '821123456' );
Query OK, 1 row affected (0.26 sec)
```

Zunächst wird also mit `USE` die zu benutzende Datenbank ausgewählt. Anschließend wird der `INSERT`-Befehl abgesetzt. Dort wird der Tabellenname angegeben, gefolgt von den Tabellenspalten und den Werten selbst (mit `VALUES`), die in den einzelnen Spalten gespeichert werden sollen. Beim Datentyp `VARCHAR` muss der hier einzusetzende String in einfache Hochkommata gesetzt werden (dies gilt z. B. für die Telefonnummer, die bis zu 25 Ziffern enthalten darf, aber nicht für die Hausnummer, die vom Typ `INT` ist). Die Tabellenspalten und Werte werden durch Kommata getrennt. Wichtig dabei ist, dass Sie die Reihenfolge der Tabellenspalten genauso einhalten, wie Sie sie zu Anfang in der Parameterliste angegeben haben, sonst erhalten Sie eine Fehlermeldung. Wenn Sie also die Reihenfolge der Attribute nicht stur so einhalten wollen, wie sie in den einzelnen Tabellenspalten steht, müssen Sie etwa das folgende Konstrukt benutzen:

```
INSERT INTO privat(
    -> telefon, hausnr, strasse, ort, plz, nname, vname)
    -> VALUES (
    -> '0821123456',  123, 'Musterweg', 'Friedberg', 86316,
    -> 'Wolf', 'Jürgen');
```

Wichtig ist einfach nur, dass die Reihe der Spalten und die Werte eingehalten werden und die Namen der Tabellenstruktur in den Spalten auch existieren. MySQL erlaubt es auch – entgegen dem SQL-Standard –, mehrere Datensätze auf einmal einzufügen:

```
mysql> INSERT INTO privat(
    -> vname, nname, plz, ort, strasse, hausnr, telefon )
    -> VALUES (
    -> 'Jonathan', 'Wolf', 12345, 'Musterhausen',
    -> 'Strassenweg', 1, '9112341' ),
    -> ('Fatma', 'Wolf', 34344, 'Schlumpfhausen',
    -> 'Schlumpfweg', 33 , '7122343' );
Query OK, 2 rows affected (0.00 sec)
Records: 2  Duplicates: 0  Warnings: 0
```

Natürlich lassen sich hier mithilfe von `SELECT` Subquery-Datensätze von anderen Tabellen übernehmen:

```
INSERT INTO <tabellenname> ( <spaltenname>, ...)
    SELECT <auswahlbedingung>;
```

Natürlich gibt es auch beim Einfügen einiges zu beachten. Vor allem Problemen beim Einfügen doppelter Datensätze gilt es, Herr zu werden. Aber hierauf soll nicht näher eingegangen werden.

Wenn nun eine Person umgezogen ist, müssen Sie ihre Daten verändern können. Der SQL-Befehl hierfür lautet `UPDATE`. Ein einfaches Beispiel dazu wäre das folgende:

```
mysql> UPDATE privat
    -> SET plz=23456, ort='München', strasse='Schleichweg',
    -> hausnr=12, telefon='89123412'
    -> WHERE vname='Jonathan' AND nname='Wolf' LIMIT 1;
Query OK, 0 rows affected (0.27 sec)
Rows matched: 0  Changed: 0  Warnings: 0
```

Hier wurde die Adresse von Jonathan Wolf geändert. In deutschen Worten gesprochen heißt dies: Aktualisiere die Tabelle privat (UPDATE privat) und setze folgende neuen Werte (SET): Für plz 23456, für ort München, für strasse Schleichweg, für hausnr 12, für telefon 89123412. Ändere aber nur dort, wo (WHERE) die Daten nname=Wolf und (AND) vname=Jonathan sind. Der Zusatz LIMIT 1 weist den Datenbankserver an, den Befehl nach dem ersten Treffer abzubrechen, was bei großen Datenbeständen erheblichen Performancezuwachs bringen kann. Natürlich können Sie auch mehrere Daten in einem Rutsch verändern, z. B. auf die folgende Weise:

```
mysql> UPDATE privat
    -> SET hausnr=1
    -> WHERE nname='Wolf';
Query OK, 2 rows affected (0.00 sec)
Rows matched: 3  Changed: 2  Warnings: 0
```

Somit haben Sie bei allen Werten, wo die Spalte nname den Wert 'Wolf' hat, die Hausnummer (hausnr) auf 1 gesetzt. Mit SET können Sie also in einer gewünschten Spalte einen neuen Wert setzen.

12

Daten löschen können Sie mit dem SQL-Befehl DELETE folgendermaßen:

```
mysql> DELETE FROM privat WHERE ort='Friedberg';
Query OK, 1 row affected (0.00 sec)
```

Natürlich können Sie hierbei auch mehrere Bedingungen mit AND oder OR verknüpfen.

[«]

Hinweis: Machen Sie sich Gedanken über den Datentyp jeder einzelnen Spalte

In dem letzten Beispiel wurde die Hausnummer bewusst auf den Typ INT gesetzt, um Ihnen zu zeigen, dass beim Betrieb der Datenbank wahrscheinlich alles sehr lange reibungslos verläuft, und wie Murphys Gesetz es will, sogar so lange, bis Sie schon eine Menge Daten in Ihrer Datenbank stehen haben. Aber eines Tages wird in Ihrer Straße neu gebaut, was dazu führt, dass manche Hausnummern den Zusatz A, B, C, D ... erhalten. Nun haben Sie ein Problem, denn Ihr Typ INT kann die neuen Hausnummern nicht mehr abbilden, und Sie müssen mit den entsprechenden SQL-Befehlen den Datentyp von INT in VARCHAR ändern. Nun haben Sie eine inkonsistente Datenbank. Wenn Sie Glück haben, dann müssen Sie (weil der Datentyp INT korrekt in Zeichen konvertiert wird) nur ein Paar Zusätze bei den Hausnummern ergänzen. Wenn Sie Pech haben, geraten Ihnen aber die gesamten Hausnummern durcheinander. Deshalb unser Tipp an dieser Stelle: Machen Sie sich Gedanken über jede einzelne Spalte und vor allem über den Datentyp. Immer wenn Sie nicht wissen, was später wirklich in eine Spalte eingetragen wird, verwenden Sie VARCHAR, denn die Konvertierung von Zeichen in ASCII-Werte (also Zahlen) klappt meistens problemlos, im Gegensatz zu C, wo dies nicht immer der Fall sein muss.

12.4.18 Daten importieren

Ein häufiger Anwendungsfall ist es, die Daten aus einer anderen Anwendung in eine MySQL-Datenbank zu importieren. Oft handelt es sich dabei allerdings um eine sehr wackelige Angelegenheit, die einiges an Erfahrung fordert. Eine einzige falsche Feldzuordnung (vor allem beim Datentyp oder der Reihenfolge der Spalten), und Sie haben ein Problem, denn gewöhnlich sind die Tabellen von Datenbanken nicht so einfach aufgebaut, wie dies in dem letzten Beispiel demonstriert wurde. Um Daten zu importieren, haben Sie die folgenden Möglichkeiten:

- Import über den SQL-Befehl `INSERT`: Dabei müssen die Daten bereits in einem SQL-String/Skript vorliegen, so wie dieser z. B. bei einem Dump mit `mysqldump` erzeugt wird. Im Endeffekt ist dies die sicherste Methode, vorausgesetzt, dass Ihre Datenmodelle konsistent und kompatibel sind.
- Import über sogenannte *Delimited-ASCII-Dateien* (z. B. CSV-Datei aus einer Tabellenkalkulation): Für den Import solcher Dateien wird der SQL-Befehl `LOAD DATA INFILE` oder das Kommandozeilenwerkzeug `mysqlimport` verwendet. Leider funktionieren vor allem Verknüpfungen zwischen Tabellen oder Feldern nur bei Microsoft Excel problemlos.
- Benutzen der ODBC-Schnittstelle, z. B. für Microsoft-Datenbanken wie Access
- Tools von Zweitanbietern (auch als freie Downloads), die für den Dateiimport entwickelt wurden

12.4.19 Daten ausgeben

Vielleicht wollen sie sich irgendwann auch einige Ihrer Datensätze anzeigen lassen, es fehlt Ihnen also noch die Kenntnis zur (formatierten) Ausgabe von Daten. Dazu bedienen Sie sich des mächtigen Befehls `SELECT`, der Ihnen je nach Inhalt kein, ein oder mehrere Ergebnisse zurückliefert. Um Ihnen die Vielseitigkeit von `SELECT` zu beschreiben, müssten noch mindestens 50 Seiten mehr im Buch reserviert werden. Daher folgen hierzu nur die grundlegenden `SELECT`-Optionen. Wollen Sie z. B. alle Datensätze der Tabelle `privat` ausgeben lassen, gehen Sie wie folgt vor:

```
mysql> SELECT * FROM privat;
+--------+----+-----+-------------+----------+------+---------+
|vname   |nname|plz  |ort          |strasse   |hausnr| telefon |
+--------+----+-----+-------------+----------+------+---------+
|Jürgen  |Wolf |86316|Friedberg    |Musterweg |   123|'1234561'|
|Jonathan|Wolf |12345|Musterhausen |Strassenweg|     1|'9112341'|
|Fatma   |Wolf |34344|Schlumpfhausen|Schlumpfweg|     1|'7122343'|
+--------+----+-----+-------------+----------+------+---------+
3 rows in set (0.00 sec)
```

Das Sternchen (Wildcard) wird hierbei als Platzhalter für alle in der Tabelle vorhandenen Spalten verwendet. Mit FROM geben Sie an, welche Tabelle Sie selektieren wollen. Benötigen Sie nur Daten von einer einzelnen Spalte, gehen Sie so vor:

```
mysql> SELECT ort FROM privat;
+----------------+
| ort            |
+----------------+
| Friedberg      |
| Musterhausen   |
| Schlumpfhausen |
+----------------+
3 rows in set (0.00 sec)
```

Sind Sie nur an ganz speziellen Inhalten von Spalten interessiert, können Sie auch hier wieder den SQL-Befehl WHERE verwenden:

```
mysql> SELECT * FROM privat WHERE vname='Jürgen';
+--------+-----+-----+-------------+----------+-----+---------+
|vname   |nname|plz  |ort          |strasse   |hausnr| telefon |
+--------+-----+-----+-------------+----------+-----+---------+
|Jürgen  |Wolf |86316|Friedberg    |Musterweg |   123|'1234561'|
+--------+-----+-----+-------------+----------+-----+-------+
1 row in set (0.00 sec)
```

Sie können mit SELECT natürlich noch viel mehr und auch viel genauere Anfragen stellen. Die Abfrage kann sich dabei über mehrere verschiedene Tabellen des relationalen Datenbankmodells beziehen. Hierzu folgt eine vollständige Syntax von SELECT:

```
SELECT <ausdruck>
   FROM <tabellennamen>
   WHERE <bedingung>
   GROUP BY <feldname>
   HAVING <bedingung>
   ORDER BY <feldname>;
```

Es müssen dabei nicht alle Angaben verwendet werden, allerdings muss die Reihenfolge eingehalten werden. Sie können somit nicht erst ORDER BY verwenden und anschließend WHERE.

Die Ausgaben können sie auch sortieren, z. B. wie folgt:

```
mysql> SELECT vname, nname, ort, strasse, hausnr FROM privat ORDER BY vname;
+--------+-----+-----+--------------+----------+------+
|vname   |nname|plz  |ort           |strasse   |hausnr|
+--------+-----+-----+--------------+----------+------+
|Fatma   |Wolf |34344|Schlumpfhausen|Schlumpfweg|     1|
```

```
|Jonathan|Wolf |12345|Musterhausen  |Strassenweg|     1|
|Jürgen  |Wolf |86316|Friedberg     |Musterweg  |   123|
+--------+-----+-----+--------------+-----------+------+
3 rows in set (0.00 sec)
```

Sie sehen also, dass Sie erstens auch bei SELECT die Spalten, die ausgewählt werden sollen, als Parameterliste angeben können und zweitens zusätzlich ein Sortierkriterium für eine bestimmte Spalte angeben können (hier wird in aufsteigender Reihenfolge sortiert). Natürlich können Sie auch nach zwei Kriterien sortieren, z. B. so:

```
mysql> SELECT vname, nname, plz, ort, strasse FROM privat ORDER BY nname, vname;
+--------+-----+-----+--------------+-----------+------+
|vname   |nname|plz  |ort           |strasse    |hausnr|
+--------+-----+-----+--------------+-----------+------+
|Fatma   |Wolf |34344|Schlumpfhausen|Schlumpfweg|     1|
|Jonathan|Wolf |12345|Musterhausen  |Strassenweg|     1|
|Jürgen  |Wolf |86316|Friedberg     |Musterweg  |   123|
+--------+-----+-----+--------------+-----------+------+
3 rows in set (0.00 sec)
```

Hier wird erst nach Vornamen und anschließend nach Nachnamen sortiert, wie dies z. B. auch in Telefonbüchern der Fall ist. Schließlich gibt es von einem Nachnamen meistens mehrere, weshalb ein Sortieren nach dem Vornamen auch sinnvoll erscheint. Wollen Sie hingegen in absteigender Form sortieren, fügen Sie am Ende DESC hinzu:

```
mysql> SELECT * FROM privat ORDER BY nname, vname DESC;
+--------+-----+-----+--------------+-----------+------+---------+
|vname   |nname|plz  |ort           |strasse    |hausnr| telefon |
+--------+-----+-----+--------------+-----------+------+---------+
|Jürgen  |Wolf |86316|Friedberg     |Musterweg  |   123| ...     |
|Jonathan|Wolf |12345|Musterhausen  |Strassenweg|     1| ...     |
|Fatma   |Wolf |34344|Schlumpfhausen|Schlumpfweg|     1| ...     |
+--------+-----+-----+--------------+-----------+------+---------+
3 rows in set (0.00 sec)
```

Wollen Sie den Inhalt der Daten für andere Programme exportieren, wie dies z. B. für Tabellenkalkulationsprogramme gerne gemacht wird, bietet sich folgender Lösungsweg an:

```
mysql> SELECT * INTO OUTFILE 'test.csv'
    -> FIELDS TERMINATED BY ';' LINES TERMINATED BY '%'
    -> FROM privat;
Query OK, 3 rows affected (0.00 sec)
```

Jetzt können Sie die Datei *test.csv* in einer tabellenkalkulationsüblichen Form mit z. B. *Open Office Calc* oder *Kspread* öffnen.

12.4.20 Was ist NULL? Ist NULL 0 oder undefiniert?

Die NULL-Marke hat bei MySQL eine andere Bedeutung als in C, denn dort ist es ein Zeiger, der (noch) nicht definiert ist. NULL bedeutet in SQL, dass ein Wert für das Feld fehlt – sprich: Der Wert ist unbekannt oder leer. NULL ist somit nicht 0 und auch, im Falle eines Strings, kein leerer String. Jede SQL-Datenbank definiert NULL anders, aber meistens ist es einfach ein Token. Ein *Token* ist ein Zeichen oder Byte, das im normalen Text bzw. als Datentyp-Kennzeichner sonst nicht verwendet wird (z. B. mit dem Wert 0xff). Es kann aber auch den expliziten Datentyp NULL geben (wie etwa bei Oracle).

12.4.21 Unscharfe Suche

Manchmal fällt einem partout nicht der genaue Name oder die genaue Ortschaft ein, in der beispielsweise ein Kunde wohnt. Wie hat sich z. B. 'Wolf' 'Jonathan' geschrieben? War es jetzt 'Wolff' oder 'Wolf', oder sonst wie? Oder wie kann ich E-Mail-Adressen von einem bestimmten Provider finden, etwa wenn ich weiß, dass der Kunde bestimmt so einen lokalen Provider hat, über den er fast eindeutig identifiziert werden kann? Für solche und viele weitere Möglichkeiten gibt es die unscharfe Suche mit den SQL-Befehlen LIKE und IN.

Sie suchen z. B. nach einer bestimmten Postleitzahl, in der »63« enthalten ist. Dann können Sie wie folgt vorgehen:

```
mysql> SELECT * FROM privat WHERE plz LIKE '%63%';
+--------+-----+-----+-------------+----------+------+---------+
|vname   |nname|plz  |ort          |strasse   |hausnr| telefon |
+--------+-----+-----+-------------+----------+------+---------+
|Jürgen  |Wolf |86316|Friedberg    |Musterweg |   123| ...     |
+--------+-----+-----+-------------+----------+------+---------+
1 row in set (0.00 sec)
```

Hier wird eine Postleitzahl ausgegeben, die die Zahlenfolge 63 enthält. % wird als Wildcard verwendet (also als Platzhalter). Oder wie lautete denn nun gleich wieder die Ortschaft, die auf »...berg« endete? Dafür können Sie z. B. wie folgt vorgehen:

```
mysql> SELECT * FROM privat WHERE ort LIKE '%berg';
+--------+-----+-----+-------------+----------+------+---------+
|vname   |nname|plz  |ort          |strasse   |hausnr| telefon |
+--------+-----+-----+-------------+----------+------+---------+
|Jürgen  |Wolf |86316|Friedberg    |Musterweg |   123| ...     |
+--------+-----+-----+-------------+----------+------+---------+
1 row in set (0.00 sec)
```

Soll dabei auf Groß- und Kleinschreibung geachtet werden, müssen Sie nur vor LIKE das Schlüsselwort BINARY setzen.

Nun haben Sie alle Grundlagen (natürlich sind es nur Grundlagen, mehr nicht), um von der Konsole nach C zu wechseln – Sie wollen ja wahrscheinlich auch irgendwann Datenbank-Apps programmieren und nicht nur Shell-Skripte. Vielleicht wartet der Kunde schon sehnsüchtig darauf, dass Sie ihm endlich mehr bieten als ein Datenmodell, das er vielleicht gerade einmal (in grafischer Form) versteht. Lange Rede, kurzer Sinn: Sie benötigen eine Programmierschnittstelle für C, die wir Ihnen nun vorstellen wollen.

12.5 Die MySQL-C-API

Mit der MySQL-C-API (API = *Application Programming Interface*) sind Sie in der Lage, eigene Clientanwendungen zu entwickeln, mit denen Sie Zugriff auf den MySQL-Server haben. Das heißt, Sie können mit der API eigene Datenbank-Apps (sogenannte *Clientanwendungen*) entwickeln, ohne auf die Shell angewiesen zu sein. Um eigene Clientanwendungen zu schreiben, benötigen Sie die Bibliothek zu MySQL (sogenannte *lib*) und die entsprechenden Headerdateien (*includes*). Die Bibliothek selbst sollten Sie gewöhnlich im Verzeichnis */usr/lib*, */usr/lib/mysql* oder */usr/local/lib/mysql* vorfinden, und sie sollte auch normalerweise durch ein einfaches

```
#include<mysql.h>
```

korrekt eingebunden werden. Die Headerdatei befindet sich normalerweise in dem Verzeichnis, in dem sich auch die anderen Include-Dateien befinden, also */usr/include/mysql* oder */usr/local/include/mysql*. Sollte sich bei Ihnen in den eben genannten Verzeichnissen nichts dergleichen befinden, haben Sie wahrscheinlich eine RPM-Installation durchgeführt. In diesem Fall müssen Sie noch extra ein RPM namens *Developer RPM* nachinstallieren. Gewöhnlich sollte dieses RPM-Paket Ihrer Distribution beiliegen. Ansonsten müssen Sie bei *http://www.mysql.de* vorbeischauen und entsprechende RPMs herunterladen und installieren.

Nachdem Sie Ihren MySQL-Client-Quellcode erstellt haben, müssen Sie dem Compiler eventuell noch sagen, wo sich die Include-Dateien befinden, und der Linker will vielleicht ebenfalls wissen, welche Bibliotheken er zum Linken verwenden soll. Die Information für den Compiler geben Sie mit dem Flag -I an. Ist der Programmname z. B. *mein_Client.c*, dann sieht der Compileraufruf wie folgt aus:

```
$ gcc -c -I/usr/include/mysql mein_Client.c
```

Ob Sie den Include-Pfad mit angeben müssen, hängt allerdings von der Distribution ab und ist beispielsweise unter Debian (Bullseye) nicht mehr nötig, wohl aber unter openSUSE oder Ubuntu.

Nach erfolgreicher Kompilierung befindet sich jetzt im Verzeichnis eine Objektdatei (**.o*). Um daraus eine ausführbare Datei zu machen, müssen Sie dem Linker sagen, wo er die Bibliothek für seine Arbeit findet und welche Bibliothek er dazu verwenden soll. Das *Wo* erledigen Sie mit dem Flag `-L` und der Pfadangabe, und welche Bibliothek dazu verwendet werden soll, geben Sie hinter dem Flag `-l` an. Die komplette Eingabe lautet hierzu also:

```
$ gcc -o mein_Client mein_Client.o -L/usr/lib/mysql -lmysqlclient
```

Auch hier gilt wieder, dass bei einigen Distributionen ein `-Lmysql` bzw. `-Llibmysql` reicht, bei anderen aber nicht. Wenn beim Compilerlauf und beim anschließenden Linken keine Probleme aufgetreten sind, können Sie die Clientanwendung mit dem Namen starten:

```
$ ./my_Client
```

Damit Sie aber nicht dauernd so viel tippen müssen, können Sie auch die Datei *.bash_profile* anpassen, oder, besser noch, Sie verwenden ein *Makefile*.

Bei manchen Systemen kann es zu Problemen mit dem Linkerlauf kommen. Meistens will der Linker dabei nur mehr Input zu weiteren Bibliotheken. Geben Sie dem Linker, was er will, und Sie können in Ruhe weiterarbeiten. Hier einige Libraries, die Sie eventuell hinzulinken müssen (dies ist aber von der verwendeten Distribution abhängig):

Flag	Bedeutung
`-lm`	Die C-API verwendet einige Funktionen aus der Headerdatei *math.h* und einige Linux-Systeme wollen dies immer noch extra angegeben haben.
`(-lm) -lsocket -lnsl`	Diese Flags wollen die Solaris-Rechner haben.
`-lz (zlib)`	Diese Bibliothek benötigen Sie bei einem *Undefined-Reference*-Fehler bei den Funktionen `compress` und `uncompress`. Dieser Fehler hat uns schon an den Rand eines Nervenzusammenbruchs gebracht.

Tabelle 12.5 Eventuell weitere benötigte Linkerflags

Hinweis zu Debian

Unter Debian Linux braucht man keine der oben genannten Extrabibliotheken anzugeben, da weitere von MySQL benötigte Bibliotheken bereits in der `libmysqlclient.so` angegeben sind und daher automatisch eingebunden werden. Sollten Sie dennoch Probleme mit den Pfaden zum Include-Verzeichnis oder zu den Bibliotheken haben (z. B. unter openSUSE), können Sie hierzu auch das Shell-Skript `mysql_config` mit dem Flag `--cflags` (für die Include-Angaben) und `--libs` (für die Bibliotheksangaben) verwenden. Sie sehen also: Bei einigen Distributionen muss man mehr von Hand anpassen als bei anderen.

[»]

Hinweis zu APIs

Das Verwenden einer neuen API (unabhängig davon, welche das ist) lässt den Code anfangs immer etwas komplexer und eben fremd aussehen. Sie sollten sich davon aber nicht abschrecken lassen. Normalerweise steckt in jeder API ein gut durchdachtes Design, das schnell zu durchschauen ist. Gewöhnlich funktionieren APIs immer nach demselben Prinzip: Man initialisiert etwas, indem man z. B. Speicher reserviert. Dann stellt man eine Verbindung/Beziehung her, und anschließend kann mit dieser Verbindung/Beziehung gearbeitet werden. Am Ende gibt man den Speicher wieder frei. Wenn Sie ein wenig nachdenken, wird Ihnen auffallen, dass APIs immer nach demselben Prinzip arbeiten.

12.5.1 Eine Verbindung mit dem MySQL-Server aufbauen

Im ersten Beispiel werden Sie sehen, wie Sie eine Verbindung zum MySQL-Server aufbauen, die Verbindung auf Fehler überprüfen und die Verbindung wieder ordentlich schließen können.

MySQL-Objekt allozieren oder initialisieren mit mysql_init()

Bevor Sie eine Verbindung zum SQL-Server aufbauen, müssen Sie für ein neues MySQL-Objekt Speicher allozieren und es initialisieren. Diese Aufgabe erledigt die Funktion `mysql_init()`:

```
#include <mysql.h>

MYSQL *mysql_init(MYSQL *mysql)
```

Übergeben Sie dieser Funktion als Parameter `NULL`, wird zuerst Speicherplatz für das MySQL-Objekt reserviert und dieses anschließend auch gleich initialisiert. Der Rückgabewert ist die Adresse eines neuen MySQL-Objekts. Bei diesem MySQL-Objekt handelt es sich intern natürlich nur um eine Struktur, die sich hinter einem `typedef` versteckt. Vielleicht sind Sie nun verwirrt, besonders, wenn Sie C++ können und mit dem Begriff *Objekt* die Methoden der objektorientierten Programmierung assoziieren. Bei der MySQL-C-API ist ein Objekt dagegen eine Struktur, die sich im Speicher befindet und die eben den Zustand der aktuellen Datenbank enthält.

Neue MySQL-Objekte können Sie auch gerne mit einem Handle oder einem MySQL-Stream vergleichen, der für fast alle Funktionen der MySQL-C-API benötigt wird. Geben Sie hingegen für den Parameter ein bereits existierendes MySQL-Objekt an, wird das Objekt initialisiert und die Adresse des verwendeten Objekts zurückgegeben. `mysql_init()` ist somit das `malloc()` für MySQL, wenn Sie so wollen. Reicht der Speicher für ein neues Objekt nicht aus, wird `NULL` zurückgegeben.

Verbindung zum MySQL-Server aufbauen mit mysql_real_connect()

Nach erfolgreicher Ausführung der Funktion `mysql_init()` können Sie versuchen, mit der Funktion `mysql_real_connect()` eine Verbindung zum MySQL-Server herzustellen, denn ohne das Zustandekommen einer Verbindung können keine weiteren API-Funktionen verwendet werden. Die Syntax zu `mysql_real_connect()` ist die folgende:

```
#include <mysql.h>
MYSQL *mysql_real_connect( MYSQL *mysql, const char *host,
                           const char *user, const char *passwd,
                           const char *db, unsigned int port,
                           const char *unix_socket,
                           unsigned int client_flag   );
```

Auf den ersten Blick wirkt diese Funktion mit den vielen Parametern recht verwirrend, aber bei genauerem Hinsehen kann man ein wenig die Parallelen beim Einloggen in der Shell *mysql* erkennen. Der erste Parameter ist ein Zeiger auf die MySQL-Struktur, die Sie zuvor mit der Funktion `mysql_init()` initialisiert haben.

12

Mit dem zweiten Parameter können Sie den Hostnamen oder eine IP-Adresse des MySQL-Servers angeben. Der Vorteil daran ist, dass Sie sich selbst nicht die Mühe machen müssen, Sockets oder Named Pipes zu erstellen, um sich mit dem Server zu verbinden (zumindest ist dies unter Linux so). Bei einer Angabe von `NULL` oder `localhost` wird versucht, sich mit einem UNIX-Socket zu verbinden.

Mit dem dritten Parameter, `user`, geben Sie den Benutzernamen an, den Sie zur MySQL-Login-Benutzererkennung verwenden. Bei der Angabe von `NULL` wird versucht, den aktuellen Benutzer einzuloggen, was unter Linux der aktuelle Login-Name wäre.

Mit `passwd` geben Sie das entsprechende Passwort für `user` an. Bei einer Angabe von `NULL` gilt, dass in der `user`-Tabelle nach Benutzern gesucht wird, die ein leeres Passwortfeld haben (was aus Sicherheitsgründen allerdings nur für Testszenarien zu empfehlen ist).

Mit `db` geben Sie den Namen der Datenbank an, mit der Sie später arbeiten wollen. Bei einer Angabe von `NULL` wird eine den Vorgaben entsprechende Datenbank für die Verwendung ausgewählt (also in den entsprechenden Konfigurationsskripten nachgeschaut). Natürlich können Sie auch erst nach der Verbindung mit dem Server eine bestimmte Datenbank zum Arbeiten auswählen.

Wenn Sie für `port` nicht `0` angeben, hängt dieser Parameter von der Portnummer der TCP/IP-Verbindung des `host`-Parameters ab.

Mit dem Parameter `unix_socket` können Sie einen String angeben, der ein Socket oder eine Named Pipe festlegt, mit der eine Verbindung hergestellt werden soll. Hierbei ist der Verbindungstyp allerdings ebenfalls von dem Parameter `host` abhängig. Alternativ kann auch hier `NULL` angegeben werden.

Für den letzten Parameter wird üblicherweise `0` angegeben. Allerdings lassen sich auch spezielle Optionen einzeln oder auch miteinander kombiniert einsetzen, denn im Endeffekt sind die Optionen nur Flags, die durch gesetzte Bits repräsentiert werden. Die Flags, die Sie dabei setzen oder mittels ODER-Operator verknüpfen können, und ihre Bedeutung sind wie folgt:

- `CLIENT_COMPRESS`: komprimiertes Protokoll benutzen
- `CLIENT_FOUND_ROWS`: die Anzahl übereinstimmender Zeilen zurückgeben
- `CLIENT_IGNORE_SPACE`: Leerzeichen nach Funktionsnamen zulassen. Macht alle Funktionsnamen zu reservierten Wörtern.
- `CLIENT_INTERACTIVE`: Bei `interactive_timeout` Sekunden der Inaktivität wird die Verbindung beendet – standardmäßig ist das `wait_timeout` Sekunden.
- `CLIENT_NO_SCHEMA`: Das Flag ist bei der Fehlersuche einiger Anwendungen hilfreich, die ODBC verwenden. Damit wird die Syntax »datenbank.tabelle.spalte« verboten.
- `CLIENT_ODBC`: Der Client ist ein ODBC-Client.
- `CLIENT_SSL`: SSL benutzen (verschlüsseltes Protokoll)

Wenn `mysql_real_connect()` ordnungsgemäß eine Verbindung aufbauen konnte, wird derselbe Zeiger auf die Adresse der MySQL-Struktur zurückgegeben, den Sie als ersten Parameter in der Funktion angegeben haben. Bei einem Fehler wird `NULL` zurückgegeben. Im Endeffekt erhalten Sie also eine Kopie des verwendeten Zeigers auf eine MySQL-Struktur als Bestätigung oder eben `NULL`, wenn die Verbindung nicht geklappt hat.

Folgende Fehler, die Sie mit der Funktion `mysql_errno()` ermitteln könnten (dazu gleich mehr), können bei der Funktion `mysql_real_connect()` auftreten:

- `CR_CONN_HOST_ERROR`: Verbindung zum MySQL-Server fehlgeschlagen
- `CR_CONNECTION_ERROR`: Verbindung zum lokalen MySQL-Server fehlgeschlagen
- `CR_IPSOCK_ERROR`: IP-Socket konnte nicht erzeugt werden.
- `CR_OUT_OF_MEMORY`: nicht mehr genügend Speicherplatz vorhanden
- `CR_SOCKET_CREATE_ERROR`: UNIX-Socket konnte nicht erzeugt werden.
- `CR_UNKNOWN_HOST`: IP-Adresse für den Hostnamen konnte nicht gefunden werden.
- `CR_VERSION_ERROR`: Client und Server verwenden eine unterschiedliche Protokollversion (z. B. Clientbibliothek ist veraltet).
- `CR_SERVER_LOST`: Verbindung zum Server dauerte länger als `connect_timeout` Sekunden, oder der Server ist während der Ausführung von `init-command` gestorben.

[»]

Hinweis

Sofern Sie in der Dokumentation von MySQL auf die Funktion `mysql_connect()` gestoßen sind: Diese ist mittlerweile veraltet und wird nur aus Gründen der Kompatibilität mit älteren Programmen erhalten, die diese Funktion verwenden.

12.5.2 Aufgetretene Fehler ermitteln mit mysql_errno() und mysql_error()

Allein bei der Funktion `mysql_real_connect()` können eine Menge Fehler auftreten, wie Sie soeben erfahren haben. Da sich in den Headerdateien *errmsg.h* (Fehlermeldungen vom Client) und *mysqld_error.h* (Fehlermeldungen vom Server), die sich im selben Verzeichnis befindet wie *mysql.h*, mehrere hundert Fehlercodes befinden, könnte ein Suchen danach ohne die Funktionen `mysql_errno()` und `mysql_error()` recht schwierig werden. Mit der Funktion

```
#include <mysql.h>

unsigned int mysql_errno(MYSQL *mysql) ;
```

können Sie sich, falls ein Fehler auftrat, den entsprechenden Fehlercode der zuletzt aufgerufenen API-Funktion zurückgeben lassen. Wird dabei `0` zurückgegeben, ist kein Fehler aufgetreten, ansonsten wird eben ein entsprechender Fehlercode vom Client oder vom Server (je nach Ort des Fehlers) zurückgegeben.

Die Fehlernummern sind leider häufig nicht hilfreich und davon abhängig, ob der Anwender weiß, dass er im Dokumentenverzeichnis der MySQL-Distribution nach der Datei *mysqld_error.txt* suchen muss. Zum Glück gibt es auch für die MySQL-C-API eine `perror()`-Funktion, die den Fehler im Klartext ausgibt:

```
#include <mysql.h>

const char *mysql_error(MYSQL *mysql) ;
```

Hier wird bei einer fehlgeschlagenen Verbindung zum SQL-Server eine Fehlermeldung (also als String) der zuletzt fehlgeschlagenen API-Funktion zurückgegeben. Wenn keine Fehlermeldung zurückgegeben wird, dann wird ein leerer String (`index[0] = '\0'`) zurückgegeben. Wollen Sie anstatt der Standardsprache Englisch eine andere Sprache verwenden, müssen Sie entweder die MySQL-Clientbibliothek neu kompilieren oder den Server mit `mysqld` und der Option `-language=german` starten. Was Sie dabei beachten müssen, entnehmen Sie bitte der Dokumentation, denn nicht immer ist die deutsche Sprache auch wirklich installiert.

12.5.3 Schließen der Verbindung zum Server mit mysql_close()

Wenn Sie die mit `mysql_real_connect()` eingerichtete Verbindung wieder schließen wollen, dann muss die Funktion `mysql_close()` wie folgt verwendet werden:

```
#include <mysql.h>

void mysql_close(MYSQL *mysql) ;
```

Mit `mysql_close()` schließen Sie die Verbindung, die durch das entsprechende MySQL-Handle angegeben wird, und geben auch den Speicher dazu wieder frei, der zuvor mit `mysql_init()` alloziert oder initialisiert wurde.

12.5.4 Ein erstes Beispiel

Nachdem Sie die grundlegenden Funktionen nun kennen, können Sie den ersten Schritt machen, um sich mit Ihrer Clientanwendung mit einem MySQL-Server zu verbinden. Das nächste Beispiel führt keine komplexen Aktionen aus, es versucht lediglich, eine Verbindung mit dem Server einzugehen, wertet gegebenenfalls Fehler aus und schließt anschließend die Verbindung gleich wieder. Bitte passen Sie die Verbindungsdaten für `mysql_real_connect()` an Ihren Account an. Beachten Sie auch, dass Ihr eigener Include-Pfad für *mysql.h* von den Beispielen abweichen kann.

```
/* mysql1.c */
#include <stdio.h>
#include <stdlib.h>
#include <mysql.h>

/* Bitte Daten anpassen. */
#define HOST     "localhost"
#define USER     "root"
#define PASSWORT "k4p6m3o3"
#define DBNAME   NULL
#define PORT     0
#define SOCKET   NULL
#define FLAG     0

int main (int argc, char **argv) {
    MYSQL *my;
    /* Handle initialisieren */
    my = mysql_init (NULL);
    if (my == NULL) {
        fprintf (stderr, " Initialisierung fehlgeschlagen\n");
        exit (EXIT_FAILURE);
    }
    /* mit dem Server verbinden */
    if (mysql_real_connect (my,      /* Zeiger auf MySQL-Handler */
        HOST,     /* Hostname */
        USER,     /* User-Name */
        PASSWORT, /* Passwort für user_name */
        DBNAME,   /* Name der Datenbank */
        PORT,     /* Port (Default = 0) */
```

```
        SOCKET,    /* Socket (Default = NULL) */
        FLAG       /* keine Flags */
    ) == NULL) {
        fprintf (stderr, "Fehler mysql_real_connect():"
            "%u (%s)\n", mysql_errno (my), mysql_error (my));
    }
    else
        printf ("Erfolgreich mit dem MySQL-Server verbunden\n");

    /* Hier befindet sich der Code für die Arbeit mit MySQL. */

    /* Verbindung trennen */
    mysql_close (my);
    return EXIT_SUCCESS;
}
```

Listing 12.1 Zeigt, wie Sie eine Verbindung mit einem SQL-Server herstellen.

Das Programm gibt bei der Ausführung Folgendes aus:

```
$ gcc -c -I/usr/include/mysql mysql1.c
$ gcc -o mysql1 mysql1.o -L/usr/lib/mysql -lmysqlclient
$ ./mysql1
Fehler mysql_real_connect():2002 (Can't connect to local MySQL server through
socket '/var/lib/mysql/mysql.sock' (2))
(Hier konnte die Verbindung nicht hergestellt werden)
$ sudo /etc/init.d/mysql start
[sudo] password for user: ******
 * Starting MySQL database server mysqld          [ OK ]
$ ./mysql1
Erfolgreich mit dem MySQL-Server verbunden
```

Sofern Sie nicht die passenden Angaben für die Funktion `mysql_real_connect()` gemacht haben, bekommen Sie die entsprechende Fehlermeldung ausgegeben, was schiefgelaufen ist.

Besser ist es natürlich, die Abfrage erst beim Starten des Programms vorzunehmen. Dazu können Sie entweder die Kommandozeilenoptionen auswerten (`man popt`) oder eine entsprechende Abfrage innerhalb der Anwendung machen. Wie eine solche Abfrage aussehen könnte, sehen Sie im folgenden Beispiel:

```
/* mysql2.c */
#include <stdio.h>
#include <string.h>
#include <stdlib.h>
#include <mysql.h>
```

```
#define MAX 255

/* Verbindungsdaten für mysql_real_connect */
static char *connect_param[7];
/* globaler Hilfszähler für die Verbindungsdaten */
static int connect_param_count = 0;

/* eigene fgets-Funktion, die \n entfernt */
static void my_fgets( char *ptr, unsigned int max ) {
    char *help;
    fgets(ptr, max, stdin );
        if( ( help = strchr( ptr, '\n') ) != NULL )
        *help = '\0'; /* Newline durch \0 ersetzen */
    }

    /* Zusammenstellen der Verbindungsdaten in connect_param */

static void my_cat( char *ptr ) {
    connect_param[connect_param_count] = malloc( strlen (ptr) + 1);
    if (connect_param[connect_param_count] == NULL) {
        printf("Konnte keinen Speicher reservieren ...\n");
        exit (EXIT_FAILURE);
    }
    strcpy( connect_param[connect_param_count], ptr );
    connect_param_count++;
}

/* Einlesen der Verbindungsdaten - ein Drücken von <ENTER> */
/* bezweckt, dass die Standardwerte verwendet werden -     */
/* garantiert allerdings keinen Verbindungsaufbau.         */
static void get_connect_param( void ) {
    char puffer[MAX];

    printf("Hostname (<ENTER> == default) : ");
    my_fgets( &puffer[0], MAX );
    if( puffer[0] == '\0' )
        connect_param[connect_param_count++] = NULL;
    else
        my_cat( &puffer[0] );
    printf("User-Name (<ENTER> == default) : ");
    my_fgets( &puffer[0], MAX );
    if( puffer[0] == '\0' )
        connect_param[connect_param_count++] = NULL;
```

```
    else
        my_cat( &puffer[0] );
    printf("Passwort (<ENTER> == default)  : ");
    my_fgets( &puffer[0], MAX );
    if( puffer[0] == '\0' )
        connect_param[connect_param_count++] = NULL;
    else
        my_cat( &puffer[0] );
    printf("Datenbank (<ENTER> == default) : ");
    my_fgets( &puffer[0], MAX );
    if( puffer[0] == '\0' )
        connect_param[connect_param_count++] = NULL;
    else
        my_cat( &puffer[0] );
    printf("Port (<ENTER> == default)      : ");
    my_fgets( &puffer[0], MAX );
    if( puffer[0] == '\0' ) {
        puffer[0] = '0';
        my_cat( &puffer[0] );
    }
    else
        my_cat( &puffer[0] );
    printf("Socket (<ENTER> == default)    : ");
    my_fgets( &puffer[0], MAX );
    if( puffer[0] == '\0' )
        connect_param[connect_param_count++] = NULL;
    else
        my_cat( &puffer[0] );
    printf("Flag (<ENTER> == default)      : ");
    my_fgets( &puffer[0], MAX );
    if( puffer[0] == '\0' ) {
        puffer[0] = '0';
        my_cat( &puffer[0] );
    }
    else
        my_cat( &puffer[0] );
}

/* Mit dem MySQL-Server und den entsprechenden */
/* Verbindungsdaten eine Verbindung herstellen */
static int mein_connect( MYSQL *my ) {
    /* mit dem Server verbinden */
    if( mysql_real_connect (
```

12

```
        my,                        /* Zeiger auf MySQL-Handler */
        connect_param[0],          /* Hostname */
        connect_param[1],          /* User-Name */
        connect_param[2],          /* Passwort für user_name */
        connect_param[3],          /* Name der Datenbank */
        strtoul(connect_param[4], NULL, 0),/* Port(default=0) */
        connect_param[5],          /* Socket (default=NULL)*/
        strtoul(connect_param[6], NULL, 0)  /* keine Flags */
        )  == NULL) {
        fprintf (stderr, "Fehler mysql_real_connect():"
            "%u (%s)\n",mysql_errno (my), mysql_error (my));
        return -1;
    }
    return 1;
}

/* Speicher freigeben und Verbindung beenden */
static void clean_up_shutdown( MYSQL * my ) {
    mysql_close (my);
}

int main (int argc, char **argv) {
    MYSQL  *my;
    /* Handle initialisieren */
    my = mysql_init(NULL);
    if(my == NULL) {
        fprintf(stderr, " Initialisierung fehlgeschlagen\n");
        exit (EXIT_FAILURE);
    }
    /* Verbindungsdaten für die Datenbank abfragen */
    get_connect_param( );
    /* Mit dem Server verbinden */
    if( mein_connect( my ) != -1 )
        printf("Erfolgreich mit dem MySQL-Server verbunden\n");

    /* Hier befindet sich der Code für die Arbeit mit MySQL. */

    /* Verbindung trennen */
    clean_up_shutdown( my );
    return EXIT_SUCCESS;
}
```

Listing 12.2 Erweitert Listing 12.1 um die Angabe der Verbindungsdaten per Hand.

Das Programm gibt bei der Ausführung z. B. Folgendes aus:

```
$ gcc -c -I/usr/include/mysql mysql2.c
$ gcc -o mysql2 mysql2.o -L/usr/lib/mysql -lmysqlclient
$ ./mysql2
Hostname (<ENTER> == default)  : localhost
User-Name (<ENTER> == default) : root
Passwort (<ENTER> == default)  : k4p6m3o3
Datenbank (<ENTER> == default) : news
Port (<ENTER> == default)      : ENTER
Socket (<ENTER> == default)    : ENTER
Flag (<ENTER> == default)      : ENTER
Erfolgreich mit dem MySQL-Server verbunden
```

Da ja C-Kenntnisse Voraussetzung für das Buch sind, denken wir, dass Sie den Code selbst nachvollziehen können. Bezüglich der MySQL-C-API finden Sie hierbei nichts Neues, außer dass die Ausführung des Programms ein wenig modularisiert wurde.

12

12.5.5 Verschiedene Informationen ermitteln

Die MySQL-C-API bietet auch Funktionen an, mit denen Sie diverse Informationen abfragen können. Diese Funktionen sind alle recht einfach aufgebaut, weshalb die Erklärung hierzu etwas kürzer ausfällt als gewöhnlich.

Benötigen Sie z. B. die Versionsnummer der Clientbibliothek, dann können Sie die folgende Funktion benutzen:

```
#include <mysql.h>

const char *mysql_get_client_info(void) ;
```

Die Funktion `mysql_get_client_info()` gibt einen Zeiger auf eine Zeichenkette mit der Versionsnummer der Clientbibliothek zurück.

Benötigen Sie Informationen zur benutzten Verbindung (TCP, UNIX-Socket etc.), dann können Sie die folgende Funktion verwenden:

```
#include <mysql.h>

const char *mysql_get_host_info(MYSQL *mysql) ;
```

Die Funktion `mysql_get_host_info()` liefert neben dem Typ der benutzten Verbindung auch den Server-Hostnamen zurück. Als Parameter wird ein Zeiger auf die verbundene MySQL-Struktur übergeben, aber der Rückgabetyp ist wieder ein Zeiger vom Typ `const char*`. Wenn Sie vermuten (wegen des `const`), dass die hier zurückgegebenen Strings fest im Speicher stehen, dann haben Sie richtig vermutet: Wenn Sie die Verbindung initialisieren, dann werden die Strings angelegt, und wenn Sie die Verbindung schließen, dann werden die Strings wieder aus dem Speicher entfernt. Wenn Sie also die zurückgelieferten Informationen in irgendeiner Art weiterverwenden wollen, müssen Sie sie mit `strcpy()` in einen separaten Puffer kopieren.

Um die Protokollversion der aktuellen Verbindung zu ermitteln, wird folgende Funktion verwendet:

```
#include <mysql.h>

unsigned int mysql_get_proto_info(MYSQL *mysql) ;
```

Als Parameter wird ein Zeiger auf die verbundene MySQL-Struktur übergeben. Der Rückgabewert (eine vorzeichenlose Ganzzahl) gibt die Protokollversion an.

Um die Versionsnummer des Servers zu ermitteln, steht Ihnen die folgende Funktion zur Verfügung:

```
#include <mysql.h>

const char *mysql_get_server_info(MYSQL *mysql) ;
```

Dabei wird eine Zeichenkette von der angegebenen Verbindung (auch wieder ein Zeiger auf eine MySQL-Struktur), die die Serverversionsnummer angibt, zurückgegeben.

Informationen über zuletzt ausgeführte Anfragen erhalten Sie mit der Funktion `mysql_info()`:

```
#include <mysql.h>

const char *mysql_info(MYSQL *mysql) ;
```

Damit wird ein String abgerufen, der einem der folgenden Statements entspricht:

- `INSERT INTO ... SELECT ...`
  `Records: 100 Duplicates: 0 Warnings: 0`
- `INSERT INTO ... VALUES (...),(...),(...)...`
  `Zeichenkettenformat: Records: 3 Duplicates: 0 Warnings: 0`
- `LOAD DATA INFILE ...`
  `Zeichenkettenformat: Records: 1 Deleted: 0 Skipped: 0 Warnings: 0`
- `ALTER TABLE`
  `Zeichenkettenformat: Records: 3 Duplicates: 0 Warnings: 0`
- `UPDATE`
  `Zeichenkettenformat: Rows matched: 40 Changed: 40 Warnings: 0`

Bei anderen Statements wird NULL zurückgegeben. Das Format der Zeichenkette variiert außerdem mit dem Anfragetyp, wie eben gesehen (die Zahlen sind dabei nur Beispiele). Beachten Sie, dass mysql_info() einen Nicht-NULL-Wert für das INSERT ... VALUES-Statement nur dann zurückgibt, wenn im Statement mehrfache Wertlisten angegeben sind. Wenn keine Anfrageinformationen zur Verfügung stehen, gibt diese Funktion NULL zurück.

Die eben erwähnten Funktionen sollen anhand eines einfachen Beispiels demonstriert werden.

```
/* mysql3.c */
#include <stdio.h>
#include <string.h>
#include <stdlib.h>
#include <mysql.h>
#define MAX 255

/* Verbindungsdaten für mysql_real_connect */
static char *connect_param[7];
/* globaler Hilfszähler für die Verbindungsdaten */
static int connect_param_count = 0;

/*
 *  Übernehmen Sie die my_fgets()-, my_cat()-, get_connect_param()-,
 *  mein_connect()-, cleanup_shutdown()-Funktionen von oben.
 */

int main (int argc, char **argv) {
    MYSQL *my;
    int auswahl;

    /* Handle initialisieren */
    my = mysql_init (NULL);
    if (my == NULL) {
        fprintf (stderr, " Initialisierung fehlgeschlagen\n");
        exit (EXIT_FAILURE);
    }
    /* Verbindungsdaten für die Datenbank abfragen */
    get_connect_param ();
    /* mit dem Server verbinden */
    if (mein_connect (my) != -1)
        printf ("Erfolgreich mit dem MySQL-Server verbunden\n");
        do {
            printf ("Informationen zum MySQL-Server auf"
                " Ihrem System\n");
```

```
printf ("----------------------------------"
   "------------\n\n");
printf ("- 1 - Aktiven Zeichensatz ausgeben \n");
printf ("- 2 - Versionsnummer des Clients\n");
printf ("- 3 - Hostinformationen\n");
printf ("- 4 - Protokollversion\n");
printf ("- 5 - Versionsnummer des Servers\n");
printf ("- 6 - Infos über die letzten MySQL-Abfragen\n");
printf ("- 0 - Beenden\n\n");
printf ("Ihre Auswahl : ");
scanf ("%d", &auswahl);
switch (auswahl) {
    case 1:
        printf ("\nZeichensatz auf Ihrem MySQL-System: %s\n\n",
            mysql_character_set_name (my));
        getchar ();
    break;
    case 2:
        printf ("\nVersionsnummer : %s\n\n",
            mysql_get_client_info ());
        getchar ();
    break;
    case 3:
        printf ("\nInfos zum Host : %s\n\n",
            mysql_get_host_info (my));

        getchar ();
    break;
    case 4:
        printf ("\nProtokollversion : %d\n\n",
            mysql_get_proto_info (my));
        getchar ();
    break;
    case 5:
        printf ("\nVersionsnummer : %s\n\n",
            mysql_get_server_info (my));
        getchar ();
    break;
    case 6:
        printf ("\nDie letzten Aktionen : %s\n\n",
            mysql_info (my));
        getchar ();
    break;
```

```
            case 0:
                printf ("Bye\n");
            break;
            default:
                printf ("Fehlerhafte Eingabe\n");
        }
    } while (auswahl != 0);
    /* Verbindung trennen */
    clean_up_shutdown (my);
    return EXIT_SUCCESS;
}
```

Listing 12.3 Gibt einige Informationen zur Datenbank und zur verwendeten MySQL-Version aus.

12.5.6 Datenbanken, Tabellen und Felder ausgeben mit MYSQL_RES

Mit den gleich folgenden API-Funktionen können Sie sich die vorhandenen Datenbanken, Tabellen oder Felder mit einer unscharfen Suche ausgeben lassen. Nebenbei werden noch Funktionen der API beschrieben, die die aktuellen Prozesse auflisten, was sonst nur mit den Aufrufen `mysqladmin processlist` oder `SHOW PROCESSLIST` möglich ist.

Alle nun beschriebenen Funktionen geben einen Parameter von dem Datentyp `MYSQL_RES` zurück. Dabei handelt es sich um eine Struktur, die das Ergebnis einer Anfrage repräsentiert, die Zeilen zurückgibt (`SELECT`, `SHOW`, `DESCRIBE`, `EXPLAIN`). Bei der Rückgabe spricht man von einer *Ergebnismenge* (auch *Resultset* genannt).

Hinweis: Resultset

Wenn Sie die Ergebnismenge in `MYSQL_RES` nicht mehr benötigen, müssen Sie sie wieder freigeben, um Memory Leaks zu vermeiden. Die Ergebnismenge wird immer mit der Funktion `mysql_free_result()` oder (natürlich) bei Beendigung der Anwendung freigegeben. Eine Ergebnismenge funktioniert also anders als die Funktionen, die nur Zeiger vom Typ `const char*` zurückgeben.

Datenbanknamen eines Servers ermitteln mit mysql_list_dbs()

Um Datenbanknamen abzufragen, wird die folgende Funktion verwendet:

```
#include <mysql.h>

MYSQL_RES *mysql_list_dbs(MYSQL *mysql, const char *wild) ;
```

Mit `mysql_list_dbs()` bekommen Sie eine Ergebnismenge zum MySQL-Handle `mysql` zurückgeliefert, die aus den Datenbanknamen besteht, die mit dem regulären Ausdruck des `wild`-

Parameters übereinstimmen. Dabei dürfen Sie für `wild` die Platzhalterzeichen `%` und `_` verwenden.

Wird hingegen der `NULL`-Zeiger für `wild` angegeben, werden alle vorhandenen Datenbanken ausgegeben. Wenn ein Fehler auftrat, wird `NULL` zurückgegeben. Sie müssen die Ergebnismenge immer mit `mysql_free_result()` freigeben, wenn sie nicht mehr gebraucht wird.

Tabellennamen einer Datenbank anzeigen mit mysql_list_tables()

Mit der folgenden Funktion lassen Sie sich die Tabellennamen in der aktuellen Datenbank zurückgeben:

```
#include <mysql.h>

MYSQL_RES *mysql_list_tables(MYSQL *mysql, const char *wild) ;
```

Mit `mysql_list_tables()` bekommen Sie als Ergebnismenge Tabellennamen der aktuellen Datenbank zurückgegeben, die mit dem regulären Ausdruck `wild` übereinstimmen. Auch hierbei können für `wild` die Platzhalterzeichen `%` oder `_` verwendet werden, und auch hierbei werden bei einer Angabe von `NULL` für den Parameter `wild` alle Tabellen einer Datenbank aufgelistet. Bei einem Fehler wird `NULL` zurückgegeben. Natürlich müssen Sie auch hier die Ergebnismenge mit `mysql_free_result()` freigeben.

Feldnamen einer Tabelle auflisten mit mysql_list_fields()

Mit der Funktion

```
#include <mysql.h>

MYSQL_RES *mysql_list_fields( MYSQL *mysql,
                              const char *table,
                              const char *wild );
```

wird eine Ergebnismenge zurückgegeben, die aus den Feldnamen in der angegebenen Tabelle bestehen, die auf den regulären Ausdruck `wild` passen. Auch hierbei können Sie als Platzhalterzeichen '%' oder '_' angeben. Bei der Verwendung des `NULL`-Zeigers für `wild` werden alle Feldnamen der Tabelle ausgegeben. Bei einem Fehler liefert auch diese Funktion `NULL` zurück. Sie müssen die Ergebnismenge mit `mysql_free_result()` freigeben.

Aktuelle Server-Threads ermitteln mit mysql_list_processes()

Mit der Funktion

```
#include <mysql.h>

MYSQL_RES *mysql_list_processes(MYSQL *mysql) ;
```

ermitteln Sie die Ergebnismenge der aktuellen Server-Threads zur aktuellen Verbindung des MySQL-Handles mysql. Das Ergebnis ist dasselbe wie bei mysqladmin processlist oder einer SHOW PROCESSLIST-Anfrage. Bei einem Fehler wird NULL zurückgegeben. Auch diese Ergebnismenge müssen Sie am Ende Ihrer Auswertung mit mysql_free_result() wieder freigeben.

Die Rückgabelisten der letzten Befehle können durch die Benutzerverwaltung von MySQL eingeschränkt sein. Wenn Sie sich zum Beispiel alle Datenbanknamen auflisten lassen, bekommen Sie nicht zwangsläufig alle Datenbanknamen zurückgeliefert, sondern nur die, auf die der aktuell eingeloggte Benutzer Zugriff hat.

12.5.7 Ergebnismenge zeilenweise bearbeiten (MYSQL_ROW)

Wollen Sie eine Ergebnismenge, die sich in der Struktur MYSQL_RES befindet, nur zeilenweise einlesen oder ausgeben lassen, benötigen Sie auf jeden Fall den Datentyp oder besser: die Struktur MYSQL_ROW. Dieser Datentyp repräsentiert eine Zeile von Daten, die als ein Array von abgezählten Byte-Zeichenketten implementiert ist.

Um einzelne Zeilen (bei einer Datenbank spricht man ja von einem Datensatz pro Zeile) aus der Ergebnismenge zu holen, wird folgende Funktion verwendet:

```
#include <mysql.h>

MYSQL_ROW mysql_fetch_row(MYSQL_RES *result) ;
```

Mit mysql_fetch_row() wird immer der nächste Datensatz (also eine Zeile) einer Ergebnismenge abgerufen. Als Rückgabewert erhalten Sie einen Zeiger auf die Werte einer Zeile, auf die Sie mit feld[0] bis feld[n-1] zugreifen können. Sind keine Datensätze mehr einlesbar oder trat ein Fehler auf, wird NULL zurückgegeben.

Sie haben soeben erfahren, dass Sie mit feld[0] bis feld[n-1] auf die einzelnen Felder zugreifen. Nur wenn Sie bei einer Datenbank die Tabelle um ein weiteres Feld erweitern, liefert Ihnen der konstante Wert n für die Anzahl der Felder keine neuen Ergebnisse mehr. In diesem Fall benötigen Sie zum Ermitteln der einzelnen Felder, die sich im Datensatz (also in der gefundenen Zeile) befinden und die Sie vorher mit mysql_fetch_row() ermittelt haben, die folgende Funktion:

```
#include <mysql.h>

unsigned int mysql_num_fields(MYSQL_RES *result) ;
```

Mit dieser Funktion erhalten Sie die Anzahl an Spalten (also Feldern) der Ergebnismenge, die sich in MYSQL_RES befindet. Somit können Sie jetzt auf die einzelnen Spalten mit feld[0] bis feld[mysql_num_fields(result)-1] zugreifen. Somit sähe ein zeilenweises Auslesen eines Datensatzes wie folgt aus:

```
MYSQL_RES *res;
MYSQL_ROW row;
/* Datensatz einlesen */
while ((row = mysql_fetch_row (res)) != NULL)
{ /* Anzahl der Spalten ermitteln und Feld für Feld ausgeben */
   for (i = 0; i < mysql_num_fields (res); i++)
      printf ("%s | ", row[i]);
    printf ("\n");
}
```

Benötigen Sie zusätzlich die Länge der Feldwerte in der Zeile, dann können Sie sie mit der Funktion `mysql_fetch_lengths()` bestimmen.

Wollen Sie hingegen die Anzahl der Datensätze (Zeilen) ermitteln, die sich in der Ergebnismenge befinden, so können Sie auf die Funktion `mysql_num_rows()` zurückgreifen:

```
#include <mysql.h>

my_ulonglong mysql_num_rows(MYSQL_RES *result) ;
```

[»]

Hinweis zu my_ulonglong

Die Dokumentation der MySQL API empfiehlt aus Portabilitätsgründen des Typs `my_ulonglong`, den Rückgabewert mit `unsigned long` zu casten. Dieser Typ stellt einen Bereich von 0 bis 1,84 e19 zur Verfügung. Auf manchen Systemen funktioniert der Versuch, einen Wert des Typs `my_ulonglong` auszugeben, nicht – was allerdings mehr ein Problem des Compilers und nicht des Systems ist.

Platzieren und Abfragen eines Zeilencursors mit MYSQL_ROW_OFFSET

`MYSQL_ROW_OFFSET` ist eine typensichere Repräsentation eines Offsets für einen sogenannten *Zeilencursor*. Der Offset sollte ein Wert sein, der von einem Aufruf von `mysql_row_tell()` oder `mysql_row_seek()` zurückgegeben wird. Dieser Wert ist nicht einfach eine Zeilennummer, sondern quasi ein abstrakter Wert.

Den Zeilencursor können Sie mit der folgenden Funktion verschieben:

```
#include <mysql.h>

MYSQL_ROW_OFFSET mysql_row_seek( MYSQL_RES *ergebnis,
                                 MYSQL_ROW_OFFSET offset ) ;
```

Mit `mysql_row_seek()` setzen Sie den Zeilencursor auf eine beliebige Zeile in der Anfrage-Ergebnismenge. Zurückgegeben wird der vorherige Wert des Zeilencursors. Diesen Wert können Sie wiederum bei einer späteren Verwendung von mysql_row_seek() als zweiten Parameter übergeben.

Wollen Sie hingegen die aktuelle Position des Zeilencursors ermitteln, so steht Ihnen die folgende Funktion zur Verfügung:

```
#include <mysql.h>

MYSQL_ROW_OFFSET mysql_row_tell(MYSQL_RES *ergebnis) ;
```

Mit mysql_row_tell() erhalten Sie die aktuelle Position des letzten mysql_fetch_row()-Aufrufs. Den Rückgabewert können Sie auch hier für eine spätere Verwendung von mysql_row_seek() als zweiten Parameter verwenden. Als Rückgabewert erhalten Sie hierbei stets die aktuelle Position des Zeilencursors.

Hinweis

Da mysql_row_tell() und mysql_row_seek() als Parameter eine Ergebnismenge der Struktur MYSQL_RES benötigen, können Sie diese Funktionen nur nach einem mysql_store_result() und nicht nach einem mysql_use_result() verwenden.

12.5.8 Ergebnismenge spaltenweise einlesen und ausgeben (MYSQL_FIELD)

Sie werden es sicherlich erahnen: Wenn es eine Struktur für die Verbindung zur Datenbank (MYSQL), eine für die Ergebnismenge (MYSQL_RES) und eine für die Zeile bzw. den Datensatz (MYSQL_ROW) gibt, dann ist das nächstkleinere Element das Feld. Dafür steht Ihnen die Struktur MYSQL_FIELD zur Verfügung. Diese Struktur enthält Informationen zu einem Feld, wie z. B. den Namen, den Feldtyp und die Feldgröße. Sie erhalten solch eine MYSQL_FIELD-Struktur für jedes Feld durch einen wiederholten Aufruf von mysql_fetch_field(). Um Missverständnisse zu vermeiden: Feldwerte sind nicht Teil der MYSQL_FIELD-Struktur. Die Werte selbst sind in der zuvor beschriebenen Struktur MYSQL_ROW enthalten.

Die MYSQL_FIELD-Struktur besteht aus den folgenden Untereinheiten:

- char *name: Dies ist der Name des Feldes als terminierte Zeichenkette.
- char *table: Dies ist der Name der Tabelle, die das Feld enthält, sofern es sich nicht um ein berechnetes Feld handelt: Bei berechneten Feldern findet sich hier eine leere Zeichenkette.
- char *def: Dies ist der Vorgabewert des Feldes als terminierte Zeichenkette. Wird nur gesetzt, wenn Sie die Funktion mysql_list_fields() verwenden.
- enum enum_field_types: Dies ist der Typ des Feldes, der die in Tabelle 12.6 aufgelisteten Werte haben kann:

Wert	Bedeutung
FIELD_TYPE_TINY	TINYINT-Feld
FIELD_TYPE_SHORT	SMALLINT-Feld
FIELD_TYPE_LONG	INTEGER-Feld
FIELD_TYPE_INT24	MEDIUMINT-Feld
FIELD_TYPE_LONGLONG	BIGINT-Feld
FIELD_TYPE_DECIMAL	DECIMAL- oder NUMERIC-Feld
FIELD_TYPE_FLOAT	FLOAT-Feld
FIELD_TYPE_DOUBLE	DOUBLE- oder REAL-Feld
FIELD_TYPE_TIMESTAMP	TIMESTAMP-Feld
FIELD_TYPE_DATE	DATE-Feld
FIELD_TYPE_TIME	TIME-Feld
FIELD_TYPE_DATETIME	DATETIME-Feld
FIELD_TYPE_YEAR	YEAR-Feld
FIELD_TYPE_STRING	CHAR- oder VARCHAR-Feld
FIELD_TYPE_BLOB	BLOB- oder TEXT-Feld (Benutzen Sie max_length, um die maximale Länge festzulegen.)
FIELD_TYPE_SET	SET-Feld
FIELD_TYPE_ENUM	ENUM-Feld
FIELD_TYPE_NULL	NULL-Feld
FIELD_TYPE_CHAR	Veraltet; benutzen Sie stattdessen FIELD_TYPE_TINY.

Tabelle 12.6 Typ des Feldes in enum_field_types

Ferner können Sie das Makro IS_NUM() verwenden, um zu testen, ob ein Feld einem nummerischen Typ entspricht oder nicht. Ein Beispiel einer solchen Anwendung wäre:

```
if (IS_NUM(field->type))
    printf("Feld ist nummerisch\n");
```

- unsigned int length: Gibt die Breite des Feldes an, die in der Tabellendefinition festgelegt wurde.

- unsigned int max_length: Gibt die maximale Breite des Feldes für die Ergebnismenge (die Länge des längsten Feldwertes für die Zeilen, die tatsächlich in der Ergebnismenge enthalten sind) an. Wenn Sie mysql_store_result() oder mysql_list_fields() benutzen, enthält die Variable die maximale Länge für das Feld. Wenn Sie mysql_use_result() benutzen, ist sie 0.
- unsigned int flags: Hier finden Sie die verschiedenen Flags. Wenn dieser Wert nicht 0 ist, dann ist mindestens eines der in Tabelle 12.7 aufgelisteten Bits gesetzt:

Flag	Bedeutung
NOT_NULL_FLAG	Feld darf nicht NULL sein.
PRI_KEY_FLAG	Feld ist Teil eines Primärschlüssels.
UNIQUE_KEY_FLAG	Feld ist Teil eines eindeutigen Schlüssels.
MULTIPLE_KEY_FLAG	Feld ist Teil eines nicht eindeutigen Schlüssels.
UNSIGNED_FLAG	Feld hat das UNSIGNED-Attribut.
BINARY_FLAG	Feld hat das BINARY-Attribut.
AUTO_INCREMENT_FLAG	Feld hat das AUTO_INCREMENT-Attribut.
ENUM_FLAG	Feld ist ein ENUM (veraltet).
BLOB_FLAG	Feld ist ein BLOB oder TEXT (veraltet).
TIMESTAMP_FLAG	Feld ist ein TIMESTAMP (veraltet).
ZEROFILL_FLAG	Feld hat das ZEROFILL-Attribut.

Tabelle 12.7 Spezielle Feldattribute für die Strukturvariable flags

Sie können diese Flags auch mit den folgenden Makros testen, um einen Flag-Wert zu bestimmen:

- IS_NOT_NULL(Flag): WAHR, wenn der Feldwert als NOT NULL definiert ist.
- IS_PRI_KEY(Flag): WAHR, wenn der Feldwert ein Primärschlüssel ist.
- IS_BLOB(Flag): Veraltet; testen Sie stattdessen field->type.

- unsigned int decimals: die Anzahl von Dezimalstellen für nummerische Felder

Um die Definition einer Spalte aus der Ergebnismenge zu holen, kann die Funktion

```
#include <mysql.h>

MYSQL_FIELD *mysql_fetch_field(MYSQL_RES *result) ;
```

verwendet werden. Damit Sie die Informationen zu allen Spalten erhalten, müssen Sie diese Funktion mehrmals aufrufen. Bei einem Fehler gibt diese Funktion NULL zurück. NULL wird auch zurückgegeben, wenn keine weiteren Felder mehr vorhanden sind. Ein Beispiel wäre:

```
MYSQL_FIELD *field;
while((field = mysql_fetch_field(ergebnis))) {
    printf("Feldname %s\n", field->name);
}
```

Wollen Sie ein Array aller MYSQL_FIELD-Strukturen für eine Ergebnismenge auf einmal ermitteln, so können Sie die folgende Funktion verwenden:

```
#include <mysql.h>

MYSQL_FIELD *mysql_fetch_fields(MYSQL_RES *result) ;
```

Jede Struktur stellt hierbei Felddefinitionen für eine Spalte der Ergebnismenge zur Verfügung. Beispiel einer solchen Verwendung:

```
unsigned int num_fields;
unsigned int i;
MYSQL_FIELD *fields;

/* Anzahl der Felder ermitteln */
num_fields = mysql_num_fields(ergebnis);
fields = mysql_fetch_fields(ergebnis);
for(i = 0; i < num_fields; i++) {
   printf("Feld %u ist %s\n", i, fields[i].name);
}
```

Wollen Sie innerhalb einer Ergebnismenge eine bestimmte Spalte direkt abrufen, dann steht Ihnen die folgende Funktion zur Verfügung:

```
#include <mysql.h>

MYSQL_FIELD *mysql_fetch_field_direct( MYSQL_RES *result,
                                       unsigned int feldnr ) ;
```

Mit der Angabe einer Feldnummer feldnr für eine Spalte innerhalb einer Ergebnismenge gibt diese Funktion die Felddefinition dieser Spalte als MYSQL_FIELD-Struktur zurück. Sie können diese Funktion verwenden, um die Definition für eine beliebige Spalte abzurufen. Der Wert von feldnr sollte im Bereich von 0 bis mysql_num_fields(ergebnis)-1 liegen. Ein mögliches Beispiel wäre:

```
unsigned int num_fields;
unsigned int i;
MYSQL_FIELD *field;

num_fields = mysql_num_fields(ergebnis);
for(i = 0; i < num_fields; i++) {
    field = mysql_fetch_field_direct(ergebnis, i);
    printf("Feld %u ist %s\n", i, field->name);
}
```

Wie bei der Ergebnismenge von Zeilen mit dem Zeilencursor kann auch bei den Spalten der *Feldcursor* abgefragt und versetzt werden. Hierfür wird der Datentyp `MYSQL_FIELD_OFFSET` benötigt. Er ist eine typsichere Repräsentation eines Offsets in einer MySQL-Feldliste (benutzt von `mysql_field_seek()`). Die Offsets sind hier Feldnummern innerhalb einer Zeile, beginnend mit 0. Um den Feldcursor zu versetzen, kann die Funktion

12

```
#include <mysql.h>

MYSQL_FIELD_OFFSET mysql_field_seek(MYSQL_RES *result,
                                    MYSQL_FIELD_OFFSET offset) ;
```

verwendet werden. Damit wird der Feldcursor auf den im zweiten Parametern angegebenen Offset gesetzt. Folgt nun ein Aufruf von `mysql_fetch_field()`, wird die Felddefinition der Spalte abgefragt, die mit dem zuletzt gesetzten Offset verknüpft ist. Wollen Sie wieder an den Anfang der Zeile zurückspringen, geben Sie den `offset`-Wert `0` an.

Um die aktuelle Position des Feldcursors zu ermitteln, kann die Funktion `mysql_field_tell()` wie folgt verwendet werden:

```
#include <mysql.h>

MYSQL_FIELD_OFFSET mysql_field_tell(MYSQL_RES *result) ;
```

Den Rückgabewert der aktuellen Position des Feldcursors können Sie anschließend wieder für die Funktion `mysql_field_seek()` verwenden.

Benötigen Sie die Anzahl der Spalten, die für die letzte Anfrage zu einer Verbindung benutzt wurde, dann können Sie die folgende Funktion verwenden:

```
#include <mysql.h>

unsigned int mysql_field_count(MYSQL *mysql) ;
```

Gewöhnlich wird diese Funktion benutzt, wenn `mysql_store_result()` `NULL` zurückgab (und Sie somit keinen Ergebnismengen-Zeiger zur Verfügung haben). In diesem Fall können Sie mysql_field_count() aufrufen, um festzustellen, ob mysql_store_result() ein leeres Ergebnis hätte zurückgeben sollen oder nicht. Dies ermöglicht es Ihnen, die richtigen Entscheidungen zu treffen, ohne dass Sie wissen müssen, ob es sich bei der Anfrage um einen SELECT-Befehl handelte oder nicht.

12.5.9 Ein weiteres Beispiel

Bevor Sie auf den nächsten Seiten weitere API-Funktionen der MySQL-C-API kennen lernen, folgt wieder ein Beispiel, das einige der Funktionen, über die Sie auf den Seiten zuvor etwas gelesen haben, in der Praxis demonstriert. Mit dem folgenden Listing lassen Sie sich alle vorhandenen Datenbanken, alle Tabellen einer Datenbank und alle Spalten einer Tabelle auflisten. Außerdem können Sie sich alle vorhandenen Prozesse auflisten lassen – einfach alles, was eben in der Theorie beschrieben wurde.

```
/* mysql4.c */
#include <stdio.h>
#include <stdlib.h>
#include <string.h>
#include <mysql.h>
#define MAX 255

/* Verbindungsdaten für mysql_real_connect */
static char *connect_param[7];
/* globaler Hilfszähler für die Verbindungsdaten */
static int connect_param_count = 0;
static void print_line (MYSQL_RES * res);

/*
 * Übernehmen Sie die my_fgets()-, my_cat()-, get_connect_param()-,
 * mein_connect()-, cleanup_shutdown()-Funktionen von oben
 * (mysql2.c)
 */

/* Listet alle vorhandenen Datenbanken auf. */
static void list_DB (MYSQL * my) {
    MYSQL_RES *res;
    MYSQL_ROW row;
    int zeilen;
    unsigned int i;

    res = mysql_list_dbs (my, NULL);
    zeilen = (unsigned long) mysql_num_rows (res);
    printf ("Datenbanken gefunden: %d\n", zeilen);
```

```
    while ((row = mysql_fetch_row (res)) != NULL)
        /* mysql_num_flields() wäre hier  nicht nötig. */
        for (i = 0; i < mysql_num_fields (res); i++)
            printf ("%s\n", row[i]);
    mysql_free_result (res);
    getchar ();
}

/* Listet alle Tabellen einer Datenbank auf. */
static void list_table_DB (MYSQL * my) {
    MYSQL_RES *res;
    MYSQL_ROW row;
    int zeilen;
    unsigned int i;

    res = mysql_list_tables (my, NULL);
    if (res == NULL) {
        fprintf (stderr, "Fehler bei mysql_list_tables():"
            "%u (%s)\n", mysql_errno (my), mysql_error (my));
        return;
    }
    zeilen = (unsigned long) mysql_num_rows (res);
    printf ("Tabellen in der Datenbank: %d\n", zeilen);
    while ((row = mysql_fetch_row (res)) != NULL) {
        for (i = 0; i < mysql_num_fields (res); i++)
            printf ("%s", row[i]);
        printf ("\n");
    }
    mysql_free_result (res);
    getchar ();
}

/* Listet alle Felder einer Tabelle auf. */
static void list_fields_DB (MYSQL * my) {
    unsigned int i, col_len;
    MYSQL_RES *res;
    MYSQL_FIELD *field;
    char buffer[MAX];

    printf ("Bitte eine Tabelle auswählen: ");
    my_fgets (buffer, MAX);
    res = mysql_list_fields (my, buffer, NULL);
    if (res == NULL) {
```

```
        fprintf (stderr, "Fehler bei mysql_list_tables():"
            "%u (%s)\n", mysql_errno (my), mysql_error (my));
        return;
    }
    /* offset = 0 bedeutet: auf den Anfang der Zeile setzen. */
    mysql_field_seek (res, 0);
    /* Damit bei der Ausgabe ein einheitliches Bild entsteht,
     * sollen die Daten für die max. Länge einer Spalte bei jeder
     * einzelnen (MYSQL_FIELD)-Spalte verändert werden.   */
    for (i = 0; i < mysql_num_fields (res); i++) {
        field = mysql_fetch_field (res);
        /* Länge des Namens in der Spalte ermitteln */
        col_len = strlen (field->name);
        /* Ist die Länge des Elements in der Spalte kleiner als
         * die max. Länge ... */
        if (col_len < field->max_length)
            /* ... dann bekommt col_len den Wert der maximalen Länge.
             * der Spalte. */
            col_len = field->max_length;
        /* Für den Fall, dass eine Spalte keine Daten
         * enthält ... */
        if (col_len < 4 && !IS_NOT_NULL (field->flags))
            /* col_len bekommt den Wert 4 für den String.
             * "NULL" -> keine Daten */
            col_len = 4;
        /* max. Länge von Spalten-Info verändern */
        field->max_length = col_len;
    }
    /* Namen der Tabelle ausgeben */
    printf ("Daten der Tabelle: [ %s ]\n", field->table);
    printf("Mit mysql_fetch_field()\n");
    /* Demonstriert mysql_fetch_field(). */
    print_line (res);
    printf ("|");
    /* alles wieder auf den Anfang stellen */
    mysql_field_seek (res, 0);

    /* jetzt den Tabellenkopf ausgeben  */
    for (i = 0; i < mysql_num_fields (res); i++) {
        field = mysql_fetch_field (res);
        printf (" %-*s |", field->max_length, field->name);
    }
    printf ("\n");
```

```
    print_line (res);

    printf("Gleiches mit mysql_fetch_fields()\n");
    /* dasselbe nochmals mit mysql_fetch_fields() */
    print_line (res);
    printf ("|");
    /* alles wieder auf den Anfang stellen */
    mysql_field_seek (res, 0);
    field = mysql_fetch_fields (res);
    for (i = 0; i < mysql_num_fields (res); i++) {
        printf (" %-*s |", field[i].max_length, field[i].name);
    }
    printf ("\n");
    print_line (res);
    mysql_free_result (res);
}

static void print_line (MYSQL_RES * res) {
    MYSQL_FIELD *field;
    unsigned int i, j;

    mysql_field_seek (res, 0);
    /* erstes Zeichen der Linie */
    printf ("+");
    for (i = 0; i < mysql_num_fields (res); i++) {
        field = mysql_fetch_field (res);
        /* max_length '-' Zeichen jeder Spalte ausgeben */
        for (j = 0; j < field->max_length + 2; j++)
            printf ("-");
        /* am Ende der Spalte '+' ausgeben */
        printf ("+");
    }
    printf ("\n");
}

/* Listet alle vorhandenen Prozesse auf. */
static void list_process (MYSQL * my) {
    MYSQL_RES *res;
    MYSQL_ROW row;
    int zeilen;
    unsigned int i, col_len;
    MYSQL_FIELD *field;
```

12

```
res = mysql_list_processes (my);
zeilen = (unsigned long) mysql_num_rows (res);
printf ("Prozesse gefunden: %d\n", zeilen);
/* offset = 0 bedeutet: auf den Anfang der Zeile setzen. */
mysql_field_seek (res, 0);

/* Damit bei der Ausgabe ein einheitliches Bild entsteht,
 * sollen die Daten für die max. Länge einer Spalte bei jeder
 * einzelnen (MYSQL_FIELD)-Spalte verändert werden. */
for (i = 0; i < mysql_num_fields (res); i++) {
    field = mysql_fetch_field (res);
    /* Länge des Namens in der Spalte ermitteln */
    col_len = strlen (field->name);
    /* Ist die Länge des Elements in der Spalte kleiner als
     * die max. Länge ... */
    if (col_len < field->max_length)
        /* ... dann bekommt col_len den Wert der maximalen Länge.
         * der Spalte. */
        col_len = field->max_length;
    /* Für den Fall, dass eine Spalte keine Daten
     * enthält ... */
    if (col_len < 4 && !IS_NOT_NULL (field->flags))
        /* col_len bekommt den Wert 4 für den String.
         * "NULL" -> keine Daten */
        col_len = 4;
    /* max. Länge von Spalten-Info verändern */
    field->max_length = col_len;
}
print_line (res);
printf ("|");
/* alles wieder auf den Anfang stellen */
mysql_field_seek (res, 0);

/* jetzt den Tabellenkopf ausgeben (titel, hauptrolle, fsk,
 * gedreht) */
for (i = 0; i < mysql_num_fields (res); i++) {
    field = mysql_fetch_field (res);
    printf (" %-*s |", field->max_length, field->name);
}
printf ("\n");
print_line (res);
mysql_field_seek (res, 0);
while ((row = mysql_fetch_row (res)) != NULL) {
```

```
        printf ("|");
        for (i = 0; i < mysql_num_fields (res); i++) {
            field = mysql_fetch_field (res);
            printf (" %-*s |",field->max_length, row[i]);
        }
        printf ("\n");
        mysql_field_seek (res, 0);
    }
    print_line (res);
    mysql_free_result (res);
}

int main (int argc, char *argv[]) {
    MYSQL *my;
    int auswahl;

    /* Handle initialisieren */
    my = mysql_init (NULL);
    if (my == NULL) {
        fprintf (stderr, " Initialisierung fehlgeschlagen\n");
        exit (EXIT_FAILURE);
    }
    /* Verbindungsdaten für die Datenbank abfragen */
    get_connect_param ();
    /* mit dem Server verbinden */
    if (mein_connect (my) != -1)
        printf ("Erfolgreich mit dem MySQL-Server verbunden\n");
    do {
        printf ("\nInformationen zu den Datenbanken auf dem"
            " MySQL-Server\n\n");
        printf ("- 1 - Alle vorhandenen Datenbanken ausgeben \n");
        printf ("- 2 - Tabellen einer Datenbank auflisten\n");
        printf (" -3 - Spalten der Tabelle auflisten\n");
        printf ("- 4 - Prozessliste anzeigen\n");
        printf ("- 0 - Beenden\n\n");
        printf ("Ihre Auswahl: ");
        scanf ("%d", &auswahl);
        switch (auswahl) {
            case 1:
                list_DB (my);
                getchar ();
            break;
            case 2:
```

```
                getchar ();
                list_table_DB (my);
            break;
            case 3:
                getchar ();
                list_fields_DB (my);
            break;
            case 4:
                getchar ();
                list_process (my);
            break;
            case 0:
                printf ("Bye\n");
            break;
            default:
                printf ("Fehlerhafte Eingabe\n");
        }
    } while (auswahl != 0);
    /* Verbindung trennen */
    clean_up_shutdown (my);
    return EXIT_SUCCESS;
}
```

Listing 12.4 Zeigt Ihnen, wie Sie bestimmte Tabellen einer Datenbank inklusive Inhalt ausgeben können, und demonstriert dadurch u. a. den SELECT-Befehl.

Das Programm gibt bei der Ausführung Folgendes aus:

```
$ gcc -c -I/usr/include/mysql mysql4.c
$ gcc -o mysql4 mysql4.o -L/usr/lib/mysql -lmysqlclient
$ ./mysq4
Hostname (<ENTER> == default)  : localhost
User-Name (<ENTER> == default) : root
Passwort (<ENTER> == default)  : k4p6m3o3
Datenbank (<ENTER> == default) : adressen
Port (<ENTER> == default)      : ENTER
Socket (<ENTER> == default)    : ENTER
Flag (<ENTER> == default)      : ENTER
Erfolgreich mit dem MySQL-Server verbunden
Informationen zu den Datenbanken auf dem MySQL-Server
-----------------------------------------------

- 1 - Alle vorhandenen Datenbanken ausgeben
```

```
- 2 - Tabellen einer Datenbank auflisten
- 3 - Spalten der Tabelle auflisten
- 4 - Prozessliste anzeigen
- 0 - Beenden

Ihre Auswahl : 1
Datenbanken gefunden : 7
adressen
dvd_archiv
mail_archiv
mein_test
mysql
news
test
...
...
Ihre Auswahl : 2
Tabellen in der Datenbank : 1
privat
...
...
Ihre Auswahl : 3
Bitte eine Tabelle auswählen : privat
Daten der Tabelle: [ privat ]
+-------+-------+-----+-----+---------+-------+-------+
| vname | nname | plz | ort | strasse | hausnr | phone |
+-------+-------+-----+-----+---------+-------+-------+
...
...
Ihre Auswahl : 4
Prozesse gefunden : 2
+--+----+---------+--------+----------+----+-----+-------+
|Id|User|Host     |db      |Command   |Time|State | Info |
+--+----+---------+--------+----------+----+-----+-------+
|1 |root|localhost|adressen|Processlist|0  |(null)| (null)|
|3 |root|localhost|(null)  |Sleep     |6   |     | (null)|
+--+----+---------+--------+----------+----+-----+-------+
```

12.5.10 Die Ergebnismenge auswerten – weitere wichtige Funktionen

Jetzt folgen noch weitere Funktionen im Bezug auf die Ergebnismenge (`MYSQL_RES`), die sich recht allgemein einsetzen lassen.

Besitzt eine Ergebnismenge das gesamte Anfrageergebnis, dann können Sie mit der Funktion

```
#include <mysql.h>

void mysql_data_seek( MYSQL_RES *result,
                      my_ulonglong offset );
```

bis zu einer beliebigen Zeile in der Ergebnismenge suchen. Die Funktion kann daher nur in Verbindung mit der Funktion `mysql_store_result()` verwendet werden, nicht mit `mysql_use_result()`. Als Offset sollte ein Wert zwischen 0 und `mysql_num_rows(max)-1` verwendet werden.

Benötigen Sie die Länge der Spalten der aktuellen Zeile einer Ergebnismenge, um etwa Feldwerte zu kopieren, dann kann hierfür folgende Funktion verwendet werden:

```
#include <mysql.h>

unsigned long *mysql_fetch_lengths(MYSQL_RES *result) ;
```

Der Vorteil ist hier, dass `mysql_fetch_lengths()` nicht intern die Funktion `strlen()` aufruft, was sich positiv auf die Performance auswirkt und weswegen sich `mysql_fetch_lengths()`auch gut für Binärdaten eignet. Bei Binärdaten würde die Funktion `strlen()` auch fast immer ein falsches Ergebnis für Feldlängen zurückgeben, die Nullbytes enthalten. Ist ein Feld leer oder enthält es Nullbytes, gibt `mysql_fetch_lengths()` `0` zurück. Was genau zutrifft, können Sie mit `mysql_fetch_row()` ermitteln. In der Praxis könnte dies wie folgt aussehen:

```
MYSQL_ROW zeile;
unsigned int anzahl_felder;
unsigned int i;

anzahl_felder = mysql_num_fields(ergebnis);
while ((zeile = mysql_fetch_row(ergebnis))) {
   unsigned long *laengen;
   laengen = mysql_fetch_lengths(ergebnis);
   for(i = 0; i < anzahl_felder; i++) {
       printf("[%.*s] ",
           (int) laengen[i], zeile[i] ? zeile[i] : "NULL");
   }
   printf("\n");
}
```

Als Rückgabewert liefert Ihnen `mysql_fetch_length()` ein Array von vorzeichenlosen Ganzzahlen zurück, das die Größe einer jeden Spalte enthält. Bei einem Fehler wird `NULL` zurückgegeben.

12.5.11 Befehle an den Server – mysql_query() und mysql_real_query()

Sicherlich haben Sie sich schon überlegt, wie Sie wohl SQL-Anfragen wie SELECT oder INSERT an den MySQL-Server mithilfe der C-API stellen können.

Eine SQL-Anfrage können Sie mit der Funktion mysql_query() bzw. mysql_real_query() stellen. Der Vorgang einer solchen Anfrage ist folgender:

- Eine SQL-Anfrage wird an den Server gesendet.
- Der Server empfängt die Anfrage und überprüft sie auf syntaktische Fehler.
- Der Server führt den Befehl (wenn er syntaktisch korrekt ist) aus und gibt abhängig von der Art der Anfrage ein Resultat (oder aber eine Fehlermeldung) zurück. So wird z. B., im Gegensatz zu einer SELECT-Anfrage, bei einer INSERT-Anfrage nichts zurückgegeben.

Die Funktion, mit der Sie eine SQL-Anfrage an den Server stellen können, ist die folgende:

```
#include <mysql.h>

int mysql_query(MYSQL *mysql, const char *anfrage);
int mysql_real_query( MYSQL *mysql, const char *anfrage,
                      unsigned long laenge );
```

Mit den letzten beiden Funktionen können Sie SQL-Anweisungen (z. B. Anfragen) als nullterminierten String übergeben und ausführen lassen. Die Anweisungen dürfen dabei im Gegensatz zur MySQL-Shell kein Semikolon oder \g am Ende haben. Verläuft bei der Anfrage alles planmäßig, wird 0, ansonsten (also bei einem Fehler) ein Wert ungleich 0 zurückgegeben. Die MySQL-API übersetzt also die Ausgabe des Servers in Fehlernummern.

Da mysql_query() wegen der Bedeutung des String-Ende-Zeichens nicht für Binärdaten geeignet ist, müssen Sie hierfür die Funktion mysql_real_query() mit der Angabe der Länge (laenge) des Strings als Extraparameter verwenden.

Hinweis: Sicherheit von mysql_query()

Da mit mysql_query() keinerlei Angaben zur Länge des Strings gemacht werden, ist diese Funktion ein Kandidat für einen Buffer Overflow, deshalb sollte immer die Funktion mysql_real_query() bevorzugt werden.

Wenn die SQL-Anfrage an den Server wirklich nicht klappen will (auch nicht nach mehreren Versuchen mit korrekten SQL-Statements), sollten Sie den Fehler mit mysql_errno() und mysql_error() überprüfen. Folgende Fehler können auftreten:

- CR_COMMANDS_OUT_OF_SYNC: Die Befehle wurden nicht in der korrekten Reihenfolge ausgeführt.
- CR_SERVER_GONE_ERROR: Der MySQL-Server ist offline.

- `CR_SERVER_LOST`: Die Verbindung zum Server ging während der Anfrage verloren.
- `CR_UNKNOWN_ERROR`: Ein unbekannter Fehler trat auf.

Für Anfragen an den Server z. B. mit `INSERT`, wo nichts zurückgegeben wird, reichen `mysql_query()` und `mysql_real_query()` aus. Bei Anfragen mittels `SELECT`, `SHOW`, `DESCRIBE` oder `EXPLAIN`, wo etwas zurückgegeben wird, benötigen Sie allerdings eine Funktion, um die Daten der SQL-Abfrage abzuholen. Hierfür müssen Sie die Funktionen `mysql_store_result()` oder `mysql_use_result()` aufrufen. Es ist allerdings auch möglich, die beiden Funktionen bei SQL-Anfragen aufzurufen, die keinen Wert zurückgeben. So können Sie z. B. feststellen, ob die Anfrage eine Ergebnismenge hat, indem Sie z. B. prüfen, ob `mysql_store_result()` `0` zurückgibt.

`mysql_store_result()` hat die folgende Syntax:

```
#include <mysql.h>

MYSQL_RES *mysql_store_result(MYSQL *mysql) ;
```

Mit `mysql_store_result()` lesen Sie das gesamte Ergebnis einer SQL-Anfrage (meist mit `mysql_real_query()`) am Client ein. Als Rückgabewert erhalten Sie eine Ergebnismenge vom Typ der `MYSQL_RES`-Struktur zurück. Wie Sie diese Ergebnismenge behandeln können, haben Sie ja bereits gelesen. Hat die Anfrage keine Ergebnismenge zurückgegeben, gibt `mysql_store_result()` `NULL` zurück (z. B. wenn die Anfrage ein `INSERT`-Statement war). `NULL` wird allerdings auch zurückgegeben, wenn das Lesen der Ergebnismenge fehlgeschlagen ist. Sie können überprüfen, ob es sich dabei um einen Fehler handelt, wenn `mysql_error()` keinen `NULL`-Zeiger zurückgibt und/oder `mysql_errno()` ungleich 0 zurückgibt. Eine leere Ergebnismenge wird zurückgegeben, wenn keine Zeilen zurückgegeben werden können. Eine leere Ergebnismenge unterscheidet sich also als Rückgabewert von einem `NULL`-Zeiger.

Wenn Sie mittels `mysql_store_result()` ein Ergebnis erhalten haben, das kein `NULL`-Zeiger ist, können Sie mit der Funktion `mysql_num_rows()` herausfinden, wie viele Zeilen in der Ergebnismenge enthalten sind. Mit `mysql_fetch_row()` können Sie nun die einzelnen Zeilen der Ergebnismenge abholen oder mit `mysql_row_seek()` und `mysql_row_tell()` die Zeilenposition, also den Zeilencursor innerhalb der Zeile, setzen oder abfragen (dies funktioniert auch mit `mysql_data_seek()`). Allerdings können Sie den Cursor nur setzen, wenn Sie wirklich eine Ergebnismenge vorliegen haben, sonst erhalten Sie ebenfalls einen Fehler.

Die Behandlung der Ergebnismenge mit `mysql_store_result()` kann ebenso gehandhabt werden, wie Sie dies schon bei der der Behandlung der Mengen in den vorigen Beispielen gesehen und in der Praxis ausprobiert haben.

Sie müssen also auch hier stets `mysql_free_result()` aufrufen, wenn Sie mit der Auswertung der Ergebnismenge fertig sind – sonst kann es eben wieder zu Memory Leaks kommen, die auch gut angreifbar sind. Sie können z. B. als Hacker in nicht gelöschte Puffer eigene SQL-Statements einschleusen, die dann auch ausgeführt werden. Solche *SQL-Injections* sind alles andere als harmlos und tauchen auch immer wieder selbst bei professioneller Software auf. Natürlich ist hier kein Platz, sich ausgiebig über Angriffe auf Datenbanken auszulassen, wir können Sie nur immer wieder davor warnen, nicht sorgfältig auf Ihre Puffer aufzupassen.

Aufpassen müssen Sie auch bei dem folgenden Szenario: Es kann nämlich auch passieren, dass `mysql_store_result()` `NULL` zurückliefert, obwohl der Aufruf von `mysql_real_query()` erfolgreich war. Dies kann mehrere Ursachen haben. So kann beispielsweise die Rückgabe der Ergebnismenge zu groß sein, und es konnte dann dafür kein Speicher mehr reserviert werden. Oder aber die Daten konnten nicht gelesen werden, z. B. weil die abgefragte Tabelle gar keine Datensätze enthält. Manche SQL-Befehle geben auch gar keine Daten zurück, wie dies bei `INSERT`, `UPDATE` oder `DELETE` der Fall ist.

Um zu überprüfen, ob das Statement eine leere Ergebnismenge zurückgegeben hat, sollten Sie `mysql_field_count()` aufrufen. Wenn `mysql_field_count()` `0` zurückgibt, ist die Ergebnismenge leer, und bei der Anfrage handelte es sich um ein SQL-Statement, das keinen Rückgabewert liefert (`INSERT`, `UPDATE`, `DELETE`), oder aber um ein Statement, das gar keine Daten finden kann.

Es empfiehlt sich deshalb, mit `mysql_error()` und `mysql_errno()` Ihre letzte Abfrage auf Fehler zu prüfen. Folgende Fehler können hier auftreten:

- `CR_COMMANDS_OUT_OF_SYNC`: Die Befehle wurden nicht in der korrekten Reihenfolge ausgeführt.
- `CR_OUT_OF_MEMORY`: Es ist kein Speicher mehr für die Ergebnismenge vorhanden (an dieser Stelle sollten Sie hellhörig werden und Ihr Programm auf Memory Leaks testen).
- `CR_SERVER_GONE_ERROR`: Der MySQL-Server ist offline.
- `CR_SERVER_LOST`: Die Verbindung zum Server ging während der Anfrage verloren.
- `CR_UNKNOWN_ERROR`: Ein unbekannter Fehler trat auf.

Die Funktion `mysql_use_result()` initiiert einen Ergebnismengen-Abruf, aber liest die Ergebnismenge nicht in die Clientanwendung ein, anders als z. B. `mysql_store_result()`. `mysql_use_result()` hat die folgende Syntax:

```
#include <mysql.h>

MYSQL_RES *mysql_use_result(MYSQL *mysql);
```

Mit `mysql_use_result()` muss jede Zeile extra abgerufen werden, indem für jede Zeile separate Aufrufe von `mysql_fetch_row()` gemacht werden. Somit wird das Ergebnis der Anfrage direkt vom Server abgeholt, ohne (wie bei `mysql_store_result()`) zuvor eine temporäre Tabelle oder einen lokalen Puffer zu benutzen – was daher logischerweise schneller sein kann als `mysql_store_result()`. Der Clientanwendung wird hier nur Speicher für die aktuelle Zeile zugewiesen sowie ein Kommunikationspuffer, der bis zu `max_allowed_packet` Bytes groß werden kann.

Auf der anderen Seite sollten Sie mysql_use_result() nicht verwenden, wenn Sie viele Verarbeitungsschritte für jede Zeile auf der Clientseite durchführen oder wenn die Ausgabe auf den Bildschirm geschickt wird, auf dem der Benutzer [Strg]+[S] (STOP SCROLL) eingeben kann. Dies bindet den Server und sorgt dafür, dass andere Threads ihre Tabellenabfragen nicht aktualisieren können.

Bei der Funktion mysql_use_result() müssen Sie außerdem mysql_fetch_row() so lange ausführen, bis NULL zurückgegeben wird, da sonst die noch nicht geholten Zeilen als ein Teil der Ergebnismenge bei der nächsten Anfrage zurückgegeben werden. Wird dies nicht beachtet, bekommen Sie einen Fehler wie »commands out of sync« zurückgeliefert.

Da die Funktion mysql_use_result() jede Zeile extra abruft, können Sie Funktionen wie mysql_data_seek(), mysql_row_seek(), mysql_row_tell(), mysql_num_rows() oder mysql_affected_rows() nicht zusammen mit einer Ergebnismenge verwenden. Des Weiteren darf keine Anfrage abgesetzt werden, wenn mysql_use_result() noch nicht beendet ist (also noch nicht alle Zeilen abgeholt wurden). Wenn alle Zeilen abgeholt wurden, wird die Funktion mysql_num_rows() aber dennoch die exakte Anzahl der geholten Zeilen zurückgeben. Sie müssen natürlich auch hier stets mysql_free_result() aufrufen, wenn Sie mit der Verarbeitung der Ergebnismenge fertig sind.

Die Fehler, die Sie mit mysql_error() und mysql_errno() abfragen können, sind dieselben wie bei der Funktion mysql_store_result().

Um herauszufinden, wie viele Zeilen von einem SQL-Statement wie UPDATE, DELETE oder INSERT betroffen waren, können Sie direkt nach mysql_real_query() die Funktion

```
#include <mysql.h>

my_ulonglong mysql_affected_rows(MYSQL *mysql) ;
```

aufrufen. Bei SELECT-Statements funktioniert mysql_affectetd_rows() wie mysql_num_rows(): Ein Wert größer als 0 gibt die Anzahl der Zeilen an, die vom Abruf betroffen waren. Bei 0 wurde kein Datensatz geändert, und bei -1 ist ein Fehler aufgetreten. Es wird auch ein Fehler zurückgegeben, wenn Sie bei einem SELECT-Statement die Funktion mysql_affected_rows() vor der Funktion mysql_store_result() aufrufen. Ein Beispiel einer solchen Abfrage könnte so aussehen:

```
char
str[BUF] = "UPDATE adressen SET plz=86316 WHERE ort='Friedberg'";

mysql_real_query(&mysql, str, strlen(str));
printf("%ld Adressen vom UPDATE betroffen",
        (long) mysql_affected_rows(&mysql));
```

Bei der Verwendung eines REPLACE-Statements und für den Fall, dass mindestens ein Datensatz verändert wurde, gibt mysql_affected_rows() 2 zurück. Dies liegt daran, dass erst eine neue Zeile eingefügt und dann die alte gelöscht wird. Dieses Verhalten hat schon viele Programmierer verwirrt, aber es scheint so zu sein, dass dies nicht mehr nachträglich geändert werden kann.

Wenn Sie mit der Abarbeitung der Ergebnismenge von mysql_store_result(), mysql_use_result(), mysql_list_dbs(), mysql_list_fields() oder mysql_list_tables() fertig sind, sollten Sie natürlich auch hier den Speicher wieder freigeben, um Memory Leaks zu vermeiden. Eine Ergebnismenge freigeben können Sie mit der Angabe der Ergebnismenge als Parameter mit der Funktion:

```
#include <mysql.h>

void mysql_free_result(MYSQL_RES *result) ;
```


12.5.12 Weitere wichtige API-Funktionen

Bevor Sie ein etwas umfangreicheres Beispiel sehen, folgen hier noch zu Referenzzwecken einige weitere wichtige API-Funktionen, die allerdings im anschließenden Beispiel nicht verwendet werden – da dieses dann doch zu umfangreich würde. Allerdings können Ihnen die nun folgenden Funktionen das Leben erleichtern.

Eine nicht ganz unwichtige Funktion ist z. B. das Ändern des aktuellen Benutzers. Soll der Benutzer geändert werden, kann die Funktion

```
#include <mysql.h>

my_bool mysql_change_user(MYSQL *mysql, const char *user,
                          const char *password, const char *db);
```

verwendet werden. Damit wird der Benutzer für die Verbindung mit dem MySQL-Handle geändert. Als weitere Parameter werden der Username, das Passwort und eventuell die Datenbank benötigt. Wenn Sie keine den Vorgaben entsprechende Datenbank verwenden wollen, können Sie hierfür auch NULL angeben. Kann der Benutzer nicht authentifiziert werden oder fehlen die entsprechenden Zugriffsrechte auf die Datenbank, schlägt die Funktion mysql_change_user() fehl. Bei einem Fehler wird ein Wert ungleich 0 zurückgegeben, bei Erfolg 0. Um zu ermitteln, welcher Fehler aufgetreten ist, empfiehlt es sich, die Funktionen mysql_error() und mysql_errno() zu verwenden. Die Fehler, die Sie dabei erhalten können, entsprechen denselben, die Sie bei der Funktion mysql_real_connect() erhalten.

In der Praxis könnte dies so aussehen:

```
if (mysql_change_user(&mysql, "nobody",
                              "x4i4d1k4",
```

```
                                 "datenbank_3")) {
   fprintf(stderr, "Änderung des Benutzers fehlgeschlagen. "
                   " Fehler: %s\n", mysql_error(&mysql));
}
```

Um eine korrekte SQL-Zeichenkette für ein SQL-Statement zu erzeugen, können die folgenden Funktionen verwendet werden:

```
#include <mysql.h>

unsigned int mysql_escape_string( MYSQL *mysql, char *nach,
                                  const char *von,
                                  unsigned int laenge );


unsigned int mysql_real_escape_string( MYSQL *mysql, char *nach,
                                       const char *von,
                                       unsigned int laenge );
```

Die Zeichenkette `von` wird in eine sogenannte *Escape-SQL-Zeichenkette* umgewandelt. Kodierte Zeichen sind `NULL` (ASCII 0), \n, \r, \, ', " und [Strg]+[Z], wobei die Funktion `mysql_real_escape_ string()` der Funktion `mysql_escape_string()` vorzuziehen ist, da `mysql_escape_string()` den aktuellen Zeichensatz, der verwendet wird, nicht berücksichtigt. Bei `mysql_escape_string()` wird die aktuelle Zeicheneinstellung (also die Locale) ignoriert. Das Ergebnis finden Sie als einen terminierten String in `nach`. Der String, auf den `von` zeigt, muss `laenge` Bytes lang sein. Sie müssen den Puffer `nach` also so anlegen, dass er mindestens `laenge * 2 + 1` Bytes lang ist. Der Rückgabewert der Funktion ist die Länge der kodierten Zeichenkette ohne das Nullzeichen am Ende.

Wenn Sie eine Kennung für eine `AUTO_INCREMENT`-Spalte benötigen, die durch die vorherige Anfrage erzeugt wurde, dann kann die Funktion

```
#include <mysql.h>

my_ulonglong mysql_insert_id(MYSQL *mysql) ;
```

verwendet werden. Benutzen sollten Sie die Funktion unmittelbar nach einer `INSERT`-Anfrage für eine Tabelle, die den `AUTO_INCREMENT`-Wert erzeugt hat. `mysql_insert_id()` wird nach jedem `INSERT`- und `UPDATE`-Statement aktualisiert, das einen `AUTO_INCREMENT`-Wert erzeugt oder einen Spaltenwert auf `LAST_INSERT_ID(ausdruck)` setzt. Beachten Sie auch, dass der Wert der `LAST_INSERT_ID()`-Funktion immer den aktuellsten erzeugten `AUTO_INCREMENT`-Wert enthält und zwischen den Anfragen nicht zurückgesetzt wird, weil der Wert dieser Funktion beim Server erwartet wird. Zurückgegeben wird der Wert des `AUTO_INCREMENT`-Feldes, der durch die vorherige Anfrage verändert wurde – ansonsten 0, wenn es keine Anfrage gab oder wenn die Anfrage keinen AUTO_INCREMENT-Wert aktualisiert hat.

Wollen Sie einen bestimmten Thread mit einer bestimmten Prozess-ID beenden, können Sie folgende Funktion verwenden:

```
#include <mysql.h>

int mysql_kill(MYSQL *mysql, unsigned long pid) ;
```

Mit mysql_kill() wird der Thread der aktuellen Verbindung mysql mit der Erkennung pid beendet. Konnte der Thread erfolgreich beendet werden, gibt mysql_kill() 0, ansonsten (also bei einem Fehler) einen Wert ungleich 0 zurück.

Es besteht auch die Möglichkeit, das Verhalten einer Verbindung zu verändern. Mit der Funktion mysql_options() können Sie zusätzlich Optionen zu einer Verbindung wie folgt setzen:

```
#include <mysql.h>

int mysql_options(MYSQL *mysql, enum mysql_option option,
                  const char *arg) ;
```

mysql_options() kann zwar mehrfach aufgerufen werden, um verschiedene Optionen zu setzen, allerdings muss dies nach mysql_init() und noch vor mysql_real_connect() (bzw. mysql_connect()) geschehen. Ist eine Verbindung erst hergestellt, gibt es keine Möglichkeit mehr, die laufende Verbindung zu modifizieren. Die Funktion mysql_options() gibt bei Erfolg 0 und bei einem Fehler einen Wert ungleich 0 zurück, z. B. wenn Sie eine unbekannte Option verwenden. Das option-Argument enthält die Option, die Sie setzen wollen. Das arg-Argument ist der Wert für die Option. Wenn die Option eine Ganzzahl ist, sollte arg auf den Wert der Ganzzahl zeigen; ist die Option ein String, dann sollte arg auch auf einen String zeigen. Die möglichen Optionswerte mit den Argumenttypen und deren Bedeutungen sind in Tabelle 12.8 aufgelistet:

Option	arg-Typ	Bedeutung
MYSQL_OPT_CONNECT_TIMEOUT	unsigned int *	Verbindungszeitüberschreitung (Timeout) in Sekunden
MYSQL_OPT_COMPRESS	Unbenutzt	das komprimierte Client-Server-Protokoll verwenden
MYSQL_OPT_NAMED_PIPE	Unbenutzt	Named Pipes benutzen, um sich mit einem MySQL-Server unter NT zu verbinden

Tabelle 12.8 Optionen und ihre Argumenttypen für mysql_options()

Option	arg-Typ	Bedeutung
MYSQL_INIT_COMMAND	char *	Befehl, der beim Verbinden mit dem MySQL-Server ausgeführt werden soll. Wird beim erneuten Verbinden automatisch wieder ausgeführt.
MYSQL_READ_DEFAULT_FILE	char *	Optionen aus der benannten Optionsdatei anstelle von *my.cnf* einlesen
MYSQL_READ_DEFAULT_GROUP	char *	Optionen aus der benannten Gruppe von *my.cnf* oder der Datei einlesen, die durch MYSQL_READ_DEFAULT_FILE angegeben wurde

Tabelle 12.8 Optionen und ihre Argumenttypen für mysql_options() (Forts.)

Beachten Sie, dass die Gruppe client immer gelesen wird, wenn Sie MYSQL_READ_DEFAULT_FILE oder MYSQL_READ_DEFAULT_GROUP benutzen. Die angegebene Gruppe in der Optionsdatei kann folgende Optionen enthalten:

- connect_timeout: Zeitüberschreitung (Timeout) für die Verbindung in Sekunden. Unter Linux wird dieser Wert zusätzlich für die Wartezeit auf die erste Antwort vom Server benutzt. Beachten Sie, dass timeout später durch connect_timeout ersetzt wurde. Dennoch wird timeout noch für eine Weile funktionieren.
- compress: das komprimierte Client-Server-Protokoll benutzen
- database: mit dieser Datenbank verbinden, wenn im Verbindungsbefehl keine Datenbank angegeben wurde
- debug: Debug-Optionen
- host: vorgabemäßiger Hostname
- init-command: Befehl, der bei der Verbindung zum MySQL-Server ausgeführt wird. Wird automatisch beim erneuten Verbinden noch einmal ausgeführt.
- interactive-timeout: dasselbe wie die Angabe von CLIENT_INTERACTIVE für mysql_real_connect()
- password: vorgabemäßiges Passwort
- pipe: Named Pipes benutzen, um sich mit einem MySQL-Server unter NT zu verbinden
- port: vorgabemäßige Portnummer
- return-found-rows: Weist mysql_info() an, gefundene Zeilen anstelle von aktualisierten Zeilen zurückzugeben, wenn UPDATE benutzt wird.
- socket: vorgabemäßige Socket-Nummer
- user: vorgabemäßiger Benutzer

Ein Codeausschnitt einer solchen Anwendung wäre z. B.:

```
MYSQL my;

mysql_init(&my);
mysql_options(&my,MYSQL_OPT_COMPRESS,0);
mysql_options(&my,MYSQL_READ_DEFAULT_GROUP,"odbc");
if (mysql_real_connect(&my, "host",
                              "benutzer",
                              "passwort",
                              "datenbank"
                              ,0,NULL,0) == 0 ) {
    fprintf(stderr, "Fehler bei mysql_real_connect: %s\n",
          mysql_error(&my));
    exit(EXIT_FAILURE);
}
```

Im obigen Beispiel wird der Client angewiesen, das komprimierte Client-Server-Protokoll zu benutzen und zusätzliche Optionen aus dem ODBC-Abschnitt in *my.cnf* zu lesen.

Um zu überprüfen, ob eine Verbindung zum Server noch steht oder nicht, können Sie folgende Funktion verwenden:

```
#include <mysql.h>

int mysql_ping(MYSQL *mysql) ;
```

Besteht keine Verbindung mehr zum Server, wird versucht, von der Clientseite aus erneut eine Verbindung zum Server herzustellen. Dies ist z. B. nötig, wenn Ihre Clientanwendung lange Zeit im Leerlauf mit dem Server verbunden ist und der Server die Verbindung getrennt hat. Die Funktion `mysql_ping()` gibt bei Erfolg `0`, ansonsten, also wenn der Server nicht mehr verbunden ist oder ein Fehler auftrat, einen Wert ungleich 0 zurück. Was hier genau passiert ist, sollten Sie am besten mit `mysql_error()` und `mysql_errno()` überprüfen. Folgende Fehler können dabei aufgetreten sein:

- `CR_COMMANDS_OUT_OF_SYNC`: Die Befehle wurden nicht in der korrekten Reihenfolge ausgeführt.
- `CR_SERVER_GONE_ERROR`: Der MySQL-Server ist offline oder nicht mehr verbunden.
- `CR_UNKNOWN_ERROR`: Ein unbekannter Fehler trat auf.

Wollen Sie für eine Verbindung eine Standarddatenbank angeben, dann können Sie folgende Funktion verwenden:

```
#include <mysql.h>

int mysql_select_db(MYSQL *mysql, const char *db) ;
```

Mit `mysql_select()` wird die Datenbank, die Sie mit `db` angeben, zur aktuellen Datenbank der Verbindung `mysql`. Alle nachfolgenden Anfragen beziehen sich auf diese Datenbank. Die Funktion schlägt fehl, sofern der Benutzer keine Zugriffsrechte auf die hier angegebene Datenbank hat. Die Funktion gibt bei Erfolg `0`, ansonsten (also bei einem Fehler) einen Wert ungleich 0 zurück.

Den MySQL-Server herunterfahren können Sie, sofern entsprechende Berechtigungen vorhanden sind, mit der folgenden Funktion:

```
#include <mysql.h>

int mysql_shutdown(MYSQL *mysql) ;
```

Konnte der Server erfolgreich heruntergefahren werden, wird `0`, ansonsten (also bei einem Fehler) ein Wert ungleich 0 zurückgegeben.

Benötigen Sie Informationen, ähnlich wie die der Ausgabe von `mysqladmin status`, können Sie folgende Funktion verwenden:

```
#include <mysql.h>

const char *mysql_stat(MYSQL *mysql);
```

Dabei erhalten Sie einen nullterminierten String zurück, der Informationen wie die Betriebszeit (*Uptime*) in Sekunden und die Anzahl laufender Threads, Anfragen (*Questions*), Neuladen von Threads (*Reloads*) und offene Tabellen ausgibt. Konnte der Status nicht abgefragt werden oder ist ein Fehler aufgetreten, wird `NULL` zurückgegeben.

Die Kennung (`pid`) eines aktuellen Threads ermitteln Sie mit der Funktion

```
#include <mysql.h>

unsigned long mysql_thread_id(MYSQL *mysql) ;
```

Den hier zurückgegebenen Wert können Sie anschließend z. B. verwenden, um den Thread mit der Funktion `mysql_kill()` zu beenden. Beachten Sie allerdings, dass, wenn eine Verbindung beendet wird und Sie mit `mysql_ping()` eine neue Verbindung aufbauen, sich die Thread-ID ebenfalls verändert und Sie somit die Funktion `mysql_thread_id()` erneut aufrufen sollten, sofern Sie die neue Kennung benötigen.

Falls Sie Probleme mit dem Server oder der Clientanwendung haben, können Sie mit der Funktion `mysql_debug()` ein `DBUG_PUSH` mit einem angegebenen String durchführen, z. B. so:

```
mysql_debug("d:t:O,/tmp/client.trace");
```

Mit der Funktion `mysql_debug()` wird die Debug-Bibliothek von Fred Fish benutzt. Voraussetzung dafür, dass Sie diese Funktion verwenden können, ist, dass Sie die Clientbibliothek so kompilieren, dass diese das Debuggen auch unterstützt. Meist ist dies von vornherein der Fall. Mit der Funktion `mysql_dump_debug_info()` weisen Sie den Server an, Debug-Informationen in die Log-Datei zu schreiben, entsprechende Zugriffsrechte vorausgesetzt. Wir wollen allerdings auf die Debug-Bibliothek nicht näher eingehen, da dies ein sehr umfangreicheres Thema wäre.

12.5.13 Veraltete Funktionen, die nicht mehr benutzt werden sollten

Sie fragen sich sicherlich an dieser Stelle, wieso wir hier auf veraltete Funktionen eingehen, wo dies doch ein Linux-Buch ist, das sich damit schmückt, aktuell zu sein. Leider ist es aber oft so, dass Sie als Programmierer alte Software warten müssen, und dann sollten Sie wissen, welche Funktionen als Erstes durch aktuelle Versionen ersetzt werden sollten. Natürlich müssen Sie dafür die alten Funktionen kennen (die auch nicht selten Ziel von Angriffen sind). Zum Abschluss folgen hier also noch einige Funktionen, die nicht mehr verwendet werden sollten, da sie als veraltet gelten. Damit ältere Clientanwendungen aber noch mit einer neueren API-Bibliothek übersetzt werden können, sind diese Funktionen noch eine Zeit lang vorhanden, werden aber irgendwann entfernt. Der Status solcher Funktionen wird oft als *deprecated* bezeichnet.

Wir werden nun einige veraltete Funktionen zusammen mit der modernen Alternative beschreiben.

Mit der Funktion

```
#include <mysql.h>

int mysql_create_db(MYSQL *mysql, const char *db) ;
```

kann z. B. eine Datenbank, die mit dem Parameter `db` angegeben wird, erzeugt werden. Als Alternative wird empfohlen, die Funktion `mysql_real_query()` und das SQL-Statement `CREATE DATABASES` zu verwenden, z. B. in der folgenden Weise:

```
const char buf[BUF] = "CREATE DATABASE datenbank";
mysql_real_query( my, buf, strlen(buf));
```

Ebenso sieht es mit der folgenden Funktion aus:

```
#include <mysql.h>

int mysql_drop_db(MYSQL *mysql, const char *db) ;
```

Mit mysql_drop_db() wird die Datenbank, die mit dem Parameter db angegeben wird, gelöscht. Auch hier sollte mysql_real_query() mit dem SQL-Statement DROP_DATABASES bevorzugt werden:

```
const char buf[BUF] = "DROP DATABASE datenbank";
mysql_real_query(my, buf, strlen(buf));
```

Mit der Funktion

```
#include <mysql.h>

my_bool mysql_eof(MYSQL_RES *result) ;
```

stellen Sie fest, ob die letzte Zeile einer Ergebnismenge korrekt gelesen wurde oder nicht. Es wird allerdings empfohlen, als Alternative die Funktionen mysql_error() und mysql_errno() zu verwenden, da diese Funktionen diesen Fehler ebenfalls überprüfen und mehr Informationen zur Verfügung stellen als mysql_eof(), die nur einen booleschen Wert zurückgibt und keine Meldung darüber, warum der Fehler auftrat.

Um die Anforderung an den Server zu stellen, die Berechtigungstabelle neu zu laden, können Sie die Funktion

```
#include <mysql.h>

int mysql_reload(MYSQL *mysql) ;
```

verwenden. Voraussetzung ist natürlich eine entsprechende Zugriffsberechtigung. Auch hier wird empfohlen, die Funktion mysql_real_query() mit dem SQL-Statement FLUSH_PRIVILEGS zu benutzen.

12.6 Beispiel: Ein einfaches Newssystem

Es soll nun ein einfaches Newssystem auf Basis einer Datenbank erstellt werden. Einfach heißt hier, dass alle Einträge in der Datenbank im Klartext gespeichert werden. Um ein Login zu verwirklichen, sollte man natürlich nicht die Zugangsdaten für MySQL nutzen, da sie sonst immer per *Klartext* (Klartext = für jedermann lesbar) ins Netz übertragen werden. Im folgenden Beispiel werden die Login-Daten also nur der Einfachheit halber jedes Mal im Admin-Bereich abgelegt.

Diese Login-Daten für den öffentlichen Bereich sollten natürlich in einer ernsthaften Anwendung nach Möglichkeit nicht hartkodiert im Programm liegen. Falls es jemand schafft, das Programm herunterzuladen, kommt er per Hexeditor an die Zugangsdaten. Sie sollten also normalerweise eine Textdatei bevorzugen, die außerhalb des DOKUMENT_ROOT-Verzeichnisses des Apache-Servers liegt (also nicht per HTTP erreichbar, aber vom Programm aus lesbar ist), und die Daten dann vom Programm aus einlesen. Den Pfad zu der Datei können Sie dem Programm beim Kompilieren angeben (`-D_PATH_="/pfad/zum/logindatei"`).

Um Ihnen das ganze Thema praxisnäher zu demonstrieren, soll nun ein einfaches Newssystem auf Basis einer Datenbank erstellt werden – ein eigenes kleines CMS (*Content Management System*), wenn Sie so wollen. Für den Laien: Ein Newssystem können Sie sich wie eine Tageszeitung vorstellen. Der Websurfer kommt auf Ihrer Seite vorbei und sieht von oben nach unten die Schlagzeilen und einen kurzen Text über irgendwelche Neuigkeiten. Will er mehr dazu lesen, kann er, wie auch bei einer Onlinezeitung, auf einen Link klicken, um den ganzen Artikel zu lesen. Der Reporter in dem Newssystem sind Sie oder irgendwelche Personen, denen Sie die Rechte erteilt haben, neue Einträge zu erstellen.

Wir werden Ihnen das Beispiel so erklären, dass Sie es selbst an Ihrem heimischen Rechner ausführen können. Sofern Sie vorhaben, dass Beispiel auszubauen und auf Ihrer Webseite zu veröffentlichen, müssen Sie sicherstellen, dass Sie bei dem Webhoster (dem Server, auf dem Ihre Webseite liegt) CGI-Anwendungen in C ausführen können – sprich, Sie müssen Ihre Anwendung auf dem Server kompilieren dürfen. Dazu gehört auch, dass Sie Zugriff auf Ihren Webspace via SSH haben. Aber wie und ob Sie das Ganze publizieren, steht jetzt nicht zur Diskussion, und darüber müssen Sie sich selbst einen Überblick verschaffen. Das Beispiel, das hier zur Anwendung kommt, verwendet den Apache Webserver und CGI als Kommunikationsschnittstelle zwischen dem Webserver und Ihrer Clientanwendung. Die Sprache, mit der sich der Webserver und Ihre Clientanwendung über die CGI-Schnittstelle unterhalten, ist HTTP. Die Anforderungen im nächsten Beispiel sind also recht hoch. Bedenken Sie auch, dass CGI nicht mehr oft benutzt und mit der Zeit durch andere Skriptsprachen wie JavaScript ersetzt wird. Allerdings müssen Sie sich für solche Fälle, in denen Sie z. B. JavaScript einsetzen wollen oder müssen, separate Literatur zulegen. In diesem Sinne können Sie das nächste Beispiel durchaus als Übung sehen, um noch etwas besser mit MySQL-Datenbanken zurechtzukommen, und weniger als ein Beispiel, das oft in der Praxis genutzt wird.

12.6.1 Die Headerdatei my_cgi.h

Bevor Sie das kleine Projekt beginnen, soll hierzu eine Headerdatei *my_cgi.h* erstellt werden, die den ganzen CGI-Kram für uns erledigt. Somit können Sie theoretisch auch ohne Kenntnisse der CGI-Schnittstelle die anschließenden Beispiele ausführen (falls Sie keine Lust haben, sich mit ihr zu befassen). Diese Headerdatei wird in allen folgenden Listings verwendet.

```
/* my_cgi.h */
#define MAX_PAARE 255
#define BUF 255

char *getdata( void );
char *Strdup(const char *);
void hex2ascii(char *);
```

```
char convert(char *);
struct CGI_DATEN *erstellen(char *);

struct CGI_DATEN {
   char *variable;
   char *wert;
   struct CGI_DATEN *next;
};

struct CGI_DATEN *ende = NULL;

/*
 *  Funktion liest Daten in der POST- oder GET-Methode ein.
 *  Rückgabewert: Stringpuffer mit den Daten
 *  bei Fehler  : NULL
*/
char *getdata() {
   unsigned long size;
   char *puffer = NULL;
   char *request = getenv("REQUEST_METHOD");
   char *cont_len;
   char *cgi_string;

   /* zuerst die Request-Methode überprüfen */
   if(  NULL == request )
      return NULL;
   else if( strcmp(request, "GET") == 0 ) {
      /* die Methode GET -> Query-String abholen */
      cgi_string = getenv("QUERY_STRING");
      if( NULL == cgi_string )
         return NULL;
      else {
         puffer =(char *) Strdup(cgi_string);
         return puffer; /* Rückgabewert an den Aufrufer */
      }
   }
   else if( strcmp(request, "POST") == 0 ) {
      /* die Methode POST -> Länge des Strings
         ermitteln (CONTENT_LENGTH) */
      cont_len = getenv("CONTENT_LENGTH");
      if( NULL == cont_len)
         return NULL;
      else { /* String CONTENT_LENGTH in
```

```
                unsigned long umwandeln */
              size = (unsigned long) atoi(cont_len);
              if(size <= 0)
                 return NULL; /* Keine Eingabe!?!? */
          }
       /* Jetzt lesen wir die Daten von stdin ein. */
       puffer =(char *) malloc(size+1);
       if( NULL == puffer )
          return NULL;
       else {
          if( NULL == fgets(puffer, size+1, stdin) ) {
             free(puffer);
             return NULL;
          }
          else   /* Rückgabewerte an den Ausrufer */
             return puffer;
          }
       }
       /* Weder GET-Methode noch die POST-Methode wurden verwendet. */
       else
          return NULL;
}

/*
 *  Da die Funktion strdup() in der Headerdatei <string.h> keine
 *  ANSI-C-Funktion ist, schreiben wir eine eigene.
 */
char *Strdup(const char *str) {
   char *p;
   if(NULL == str)
      return NULL;
   else {
      p =(char *) malloc(strlen(str)+1);
      if(NULL == p)
         return NULL;
      else
         strcpy(p, str);
   }
   return p;
}

/* Wandelt einzelne Hexzeichen (%xx) in ASCII-Zeichen
   und kodierte Leerzeichen (+) in echte Leerzeichen um. */
```

```
void hex2ascii(char *str) {
    int x,y;
    for(x=0,y=0; str[y] != '\0'; ++x,++y) {
        str[x] = str[y];
        /* Ein hexadezimales Zeichen? */
        if(str[x] == '%') {
            str[x] = convert(&str[y+1]);
            y+=2;
        }
        /* Ein Leerzeichen? */
        else if( str[x] == '+')
            str[x]=' ';
    }

    /* geparsten String sauber terminieren */
    str[x] = '\0';
}

/* Funktion konvertiert einen String von zwei hexadezimalen
   Zeichen und gibt das einzelne dafür stehende Zeichen zurück.
 */
char convert(char *hex) {
    char ascii;

    /* erster Hexwert */
    ascii =
    (hex[0] >= 'A' ? ((hex[0] & 0xdf) - 'A')+10 : (hex[0] - '0'));
    /* Bitverschiebung schneller als ascii* = 16 */
    ascii <<= 4;

    /* zweiter Hexwert */
    ascii +=
    (hex[1] >= 'A' ? ((hex[1] & 0xdf) - 'A')+10 : (hex[1] - '0'));
    return ascii;
}

/* Liste aus Variable-Wert-Paaren erstellen.
 * Rückgabewert: Anfangsadresse der Liste
 * Bei Fehler: NULL
 */
struct CGI_DATEN *erstellen(char *str) {
    char* s;
    char* res;
```

```
/* Irgendwo gibt es auch eine Grenze, hier sind
   MAX_PAARE erlaubt. */
char *paare[MAX_PAARE];
struct CGI_DATEN *ptr_daten = NULL;
struct CGI_DATEN *ptr_anfang = NULL;
int i=0, j=0;

/* Zuerst werden die Variable-Wert-Paare anhand des Zeichens
 '&' getrennt, sofern es mehrere sind.  */
s=str;
res=strtok(s,"&");
while( res != NULL && i < MAX_PAARE) {
    /* Wert von res dynamisch in char **pair speichern */
    paare[i] = (char *)malloc(strlen(res)+1);
    if(paare[i] == NULL)
        return NULL;
    paare[i] = res;
    res=strtok(NULL,"&");
    i++;
}

/* Jetzt werden die Variablen von den Werten getrennt und
   an die Struktur CGI_DATEN übergeben. */
while ( i > j ) {/* Das erste Element? */
    if(ptr_anfang == NULL) {
        ptr_anfang =(struct CGI_DATEN *)
            malloc(sizeof (struct CGI_DATEN *));
        if( ptr_anfang == NULL )
            return NULL;
        res = strtok( paare[j], "=");
        if(res == NULL)
            return NULL;
        ptr_anfang->variable =(char *)
            malloc(strlen(res)+1);
        if( ptr_anfang->variable == NULL )
            return NULL;
        ptr_anfang->variable = res;
        res = strtok(NULL, "\0");
        if(res == NULL)
            return NULL;
        ptr_anfang->wert =(char *) malloc(strlen(res)+1);
        if( ptr_anfang->wert == NULL )
            return NULL;
```

12

```
            ptr_anfang->wert = res;
            /* printf("%s %s<br>",ptr_daten->variable,
            ptr_daten->wert); */
            ptr_anfang->next = (struct CGI_DATEN *)
               malloc(sizeof (struct CGI_DATEN *));
            if(ptr_anfang->next == NULL)
               return NULL;
            ptr_daten = ptr_anfang->next;
            j++;
         }
         else {   /* die restlichen Elemente */
            res = strtok( paare[j], "=");
            if(res == NULL)
               return NULL;
            ptr_daten->variable =(char *)
               malloc(strlen(res)+1);
            if(ptr_daten->variable == NULL)
               return NULL;
            ptr_daten->variable = res;
            res = strtok(NULL, "\0");
            if(res == NULL)
               return NULL;
            ptr_daten->wert =(char *) malloc(strlen(res)+1);
            if(ptr_daten->wert == NULL)
               return NULL;
            ptr_daten->wert = res;
            /* printf("%s %s<br>",ptr_daten->variable,
            ptr_daten->wert);*/
            ptr_daten->next = (struct CGI_DATEN *)
               malloc(sizeof (struct CGI_DATEN *));
            if( ptr_daten->next == NULL )
               return NULL;
            ptr_daten = ptr_daten->next;
            j++;
         }
      }
      ende = ptr_daten;
      /* Anfangsadresse der Liste struct CGI_DATEN zurückgeben */
      return ptr_anfang;
}
```

Listing 12.5 Die Headerdatei <my_cgi.h> wird später noch für die CGI-Client-Anwendung benötigt.

12.6.2 Weitere Planung des Projektes

Anhand der Grafik in Abbildung 12.3 erkennen Sie die einzelnen Listings und auch, welche Bedeutung ihnen in dem anschließenden Beispiel zukommt:

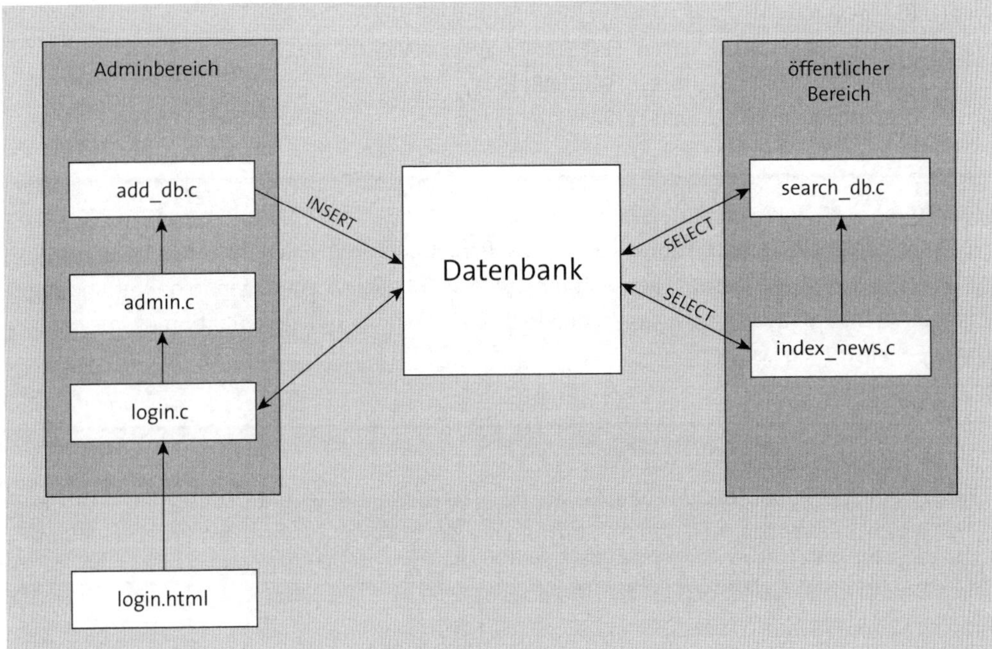

Abbildung 12.3 Die einzelnen Listings im Überblick

[«]

Hinweis

Bei diesem Beispiel handelt es sich um ein kurz gehaltenes Newssystem ohne viele Extras (auch ohne besonders die Sicherheitsaspekte zu berücksichtigen). Es ließen sich noch viele Dinge verändern bzw. verbessern und hinzufügen – was Sie hoffentlich auch machen.

12.6.3 Die Datenbank und die Tabellen anlegen

Zuerst sollten Sie die MySQL-Shell öffnen, um eine neue Datenbank und entsprechende Tabellen wie folgt anzulegen:

```
$ sudo /etc/init.d/mysql start
[sudo] password for user: ******
 * Starting MySQL database server mysqld        [ OK ]
$ mysql -uroot -hlocalhost -p
Enter password: *****
Welcome to the MySQL monitor.  Commands end with ; or \g.
```

```
Your MySQL connection id is 30
Server version: 5.0.67-0ubuntu6 (Ubuntu)
Type 'help;' or '\h' for help. Type '\c' to clear the buffer.
mysql> CREATE DATABASE news;
mysql> USE news;
mysql> CREATE TABLE DATA( datum TIMESTAMP, autor VARCHAR(200),
    -> suche VARCHAR(200), title VARCHAR(150),
    -> beschreibung BLOB, inhalt BLOB);
```

[»]

Hinweis

Den letzten Arbeitsschritt können Sie in der Praxis auch mit einer CGI-Anwendung (z. B. *install.cgi*) ausführen lassen. Hierfür müssen Sie sich lediglich einloggen, eine Verbindung initialisieren, aufbauen und entsprechende SQL-Statements mit der Funktion `mysql_real_query()` ausführen lassen.

[»]

Hinweis: Der Begriff BLOB

Auch wenn hier BLOBs (*BLOB = Binary Large Objects)* verwendet wurden, sollte man sie in der Praxis nicht verwenden, weil dies die Performance der gesamten Datenbank erheblich bremsen kann.

login.html

Zuerst erstellen wir die HTML-Datei *login.html* zum Einloggen in die Datenbank *news*. In dem nächsten Listing ist diese aufgeführt.

```
<html>
<head>
  <title>Login zum Admin-Bereich</title>
</head>
<body bgcolor="white">
<h1>Login in den Admin-Bereich</h1>
<pre>
<form action="http://localhost/cgi-bin/login" method="POST"><br>
Host      :
<input type="text" name="host" value="localhost" size=25><br>
User      :
<input type="text" name="user" value="root" size=25><br>
Passwort  :
<input type="password" name="passwort" size=25><br>
Datenbank :
```

```
<input type="text" name="datenbank" value="Name Datenbank" size=25><br>
<input type="submit" value="Bestätigen">
<input type="reset" value="Reset">
</pre>
</form>
</body>
</html>
```

Listing 12.6 Das HTML-Skript für das Einloggen in die Datenbank news

Speichern Sie die Datei in Ihrem Heimverzeichnis, oder kopieren Sie sie als Superuser in das *htdocs*-Verzeichnis des Apache-Servers (im Beispiel ist dies das Verzeichnis */usr/share/apache/default-site*), und passen Sie gegebenenfalls die Zugriffsrechte an.

[«]

12

Hinweis: Pfadangaben beim Apache-Server

Mehr zu den Pfaden wie z. B. dem *htdocs*-Verzeichnis können Sie gewöhnlich den Konfigurationsdateien *http.conf* und *apache.conf* entnehmen und diese natürlich auch manuell konfigurieren. Sie finden diese Dateien in der Regel im */etc*-Verzeichnis unter */etc/apache* (es wird hier hinter *apache* keine Versionsnummer mehr angehängt). Noch mehr Informationen zu den Pfaden finden Sie natürlich auch unter `man apache`. Leider lassen sich auch hier keine pauschalen Aussagen zu den verschiedenen Distributionen machen, denn manchmal ist */etc/apache* nur ein symbolischer Link zu */usr/share/apache*, manchmal auch nicht, oder das Verzeichnis */etc/apache* fehlt ganz. Seit Apache 4 fehlt auch manchmal die Versionsnummer in den Pfadangaben, so z. B. unter openSUSE und dem für dieses Buch benutzen Debian Bullseye. Aber auch hier gilt: Im Notfall müssen Sie Ihre Pfadangaben an Ihre Distribution anpassen.

Anschließend sollten Sie den Apache Webserver (hier Version 4 ohne Versionsangabe im Pfad) und den MySQL-Server auf die folgende Weise starten:

```
$ sudo cp login.html /usr/share/apache/default-site
[sudo] password for user: ******
$ sudo chmod a+rx /usr/share/apache/default-site/login.html
$ sudo /etc/init.d/apache start (hier auch keine Versionsnummer im Pfad)
 * Starting web server apache2                          [ OK ]
```

Öffnen Sie Ihren Browser, und geben Sie entsprechende Login-Daten ein, die Sie zuvor auch bei der MySQL-Shell verwendet haben (siehe Abbildung 12.4).

Wie Sie an dieser Stelle erkennen, läuft Ihre Login-Datei auch auf älteren Browsern, wie z. B. dem hier verwendeten Mozilla-Browser (dies ist der Vorgänger von Firefox, mit dem das Beispiel natürlich auch getestet wurde). Bevor Sie nun den Bestätigungs-Button drücken, benötigen Sie natürlich noch die CGI-Anwendung, um die Eingabe zu überprüfen.

Abbildung 12.4 Das HTML-Formular zum Einloggen

Die Datei login.c erstellen

Die CGI-Anwendung *login.c* macht nichts anderes, als die Daten von der Clientanwendung (also *login.html*), die über die `POST`-Methode versendet wurden, zu dekodieren und zu versuchen, mit dem MySQL-Server eine Verbindung einzugehen. Gelingt dies, wird Ihnen die Ausgabe aus Abbildung 12.5 dies bestätigen:

Abbildung 12.5 Bestätigung bei erfolgreichem Login

Wenn dies nicht gelingt, dann sollten Sie wenigstens eine Ausgabe erhalten, warum die Verbindung nicht zustande kam. Wenn die Zugangsdaten zum MySQL-Server korrekt waren, werden diese beim Drücken des Los GEHTS!-Buttons an die CGI-Anwendung *admin.c* versteckt (`hidden`) mit der `POST`-Methode mitgeschickt. Natürlich ist diese Methode nur eine rudimentäre Sicherheit für unbedachte Benutzer, und kein Schutz gegen echte Angriffe.

Hinweis: SQL-Injections über Webformulare

In diesem Beispiel sind die Webformulare in reinem HTML abgelegt. Da HTML reinen Klartext enthält, können Sie sich den Quellcode natürlich anzeigen lassen. Bei fast allen Browsern gibt es dafür sogar extra einen Menüpunkt. Dies bedeutet, dass ein Angreifer sofort sehen kann, dass es eine versteckte POST-Methode gibt, und natürlich auch, dass sämtliche Daten im Klartext übermittelt werden. Mit ein wenig Fachkenntnissen können dann sogar SQL-Befehle an Ihre Datenbank geschickt werden, was hier natürlich nicht beabsichtigt ist. Man spricht auch von *SQL-Injections*.

Kommen wir nun zum nächsten Listing, *login.c*. Wie der Name schon sagt, ist *login.c* für das Login in die Datenbank zuständig. Natürlich sieht echte Sicherheit vor Angriffen aller Art an dieser Stelle wieder ganz anders aus, aber in diesem Buch ist einfach kein Platz mehr dafür.

```
/* login.c */
#include <stdio.h>
#include <string.h>
#include <stdlib.h>
#include <mysql.h>
#define MAX 255
#define BUFFER 4096
#include "my_cgi.h"

static char *connect_param[4];
/* mit dem MySQL-Server und den entsprechenden */
/* Verbindungsdaten eine Verbindung herstellen  */
static int mein_connect (MYSQL * my, struct CGI_DATEN *ptr) {
    int i;
    for( i = 0; i < 4; i++ ) {
        connect_param[i] = ptr->wert;
        ptr = ptr->next;
    }
    /* mit dem Server verbinden */
    if (mysql_real_connect (my,   /* Zeiger auf MySQL-Handler */
        connect_param[0],  /* Hostname */
        connect_param[1],  /* User-Name */
        connect_param[2],  /* Passwort für user_name */
        connect_param[3],  /* Name der Datenbank */
        0,  /* Port (default=0) */
        NULL, /* Socket (default=NULL) */
        0 /* keine Flags */ ) ==    NULL) {
        fprintf (stdout, "Fehler mysql_real_connect():"
            "%u (%s)\n", mysql_errno (my), mysql_error (my));
```

```
        exit (EXIT_FAILURE);
    }
    return 1;
}

/* Speicher freigeben und Verbindung beenden */
static void clean_up_shutdown (MYSQL * my) {
    mysql_close (my);
}

int main (int argc, char **argv) {
    MYSQL *my;
    char *str;
    struct CGI_DATEN *cgi;
    struct CGI_DATEN *free_cgi;
    char buf[BUFFER];
    /* Handle initialisieren */
    my = mysql_init (NULL);
    if (my == NULL) {
        fprintf (stderr, " Initialisierung fehlgeschlagen\n");
        exit (EXIT_FAILURE);
    }
    /* für Fehlermeldungen */
    printf("Content-Type: text/html\n\n");
    /* Eingabe einlesen */
    str = getdata();
    if(str == NULL) {
        printf("Fehler beim Einlesen der Formulareingabe");
        return 0;
    }
    /* Hexzeichen in ASCII-Zeichen konvertieren und aus '+'
       Leerzeichen machen */
    hex2ascii(str);
    /* Liste der Formulardaten erstellen */
    cgi = erstellen(str);
    free_cgi = cgi;
    if (cgi == NULL) {
        printf("Fehler beim Erstellen der "
            "Variablen-Werte-Liste!!\n");
        return EXIT_FAILURE;
    }
```

```
    /* mit dem Server verbinden */
    if (mein_connect (my, cgi) != -1)
        printf ("Erfolgreich mit dem MySQL-Server verbunden\n");
    /* wenn alles o.k. war, auf zum Adminbereich mit */
    /* den DB-Daten                                  */
    sprintf(buf,
        "<form action=\"http://localhost/cgi-bin/admin\""
        " method=\"POST\"><input type=\"hidden\"  name=\"host\""
        " value=\"%s\"><input type=\"hidden\"  name=\"user\"  "
        "value=\"%s\"><input type=\"hidden\"  name=\"passwort\"  "
        "value=\"%s\"><input type=\"hidden\"  name=\"datenbank\"  "
        "value=\"%s\">Login zur Datenbank erfolgreich. Zum"
        " Admin-Bereich auf den Button klicken.<br><input "
        "type=\"submit\"  value=\"Los gehts!\"></form>",
            connect_param[0], connect_param[1], connect_param[2],
            connect_param[3]);
    printf("%s\n",buf);
    clean_up_shutdown( my );
    return EXIT_SUCCESS;
}
```

Listing 12.7 Erledigt das Login in die Datenbank news und gibt eine Erfolgsmeldung oder eine Fehlermeldung als HTML-Skript zurück.

Um die Anwendung `login` zu verwenden, sollten Sie sie in das Verzeichnis *cgi-bin* des Webservers kopieren und die entsprechenden Zugriffsrechte anpassen:

```
$ gcc -c -I/usr/include/mysql login.c
$ gcc -o login login.o -L/usr/lib/mysql -lmysqlclient
$ sudo cp login /usr/share/apache/default-site/cgi-bin
[sudo] password for user: ******
$ sudo chmod a+rx /usr/share/apache/default-site/cgi-bin/login
```

Hinweis

Das *cgi-bin*-Verzeichnis muss natürlich in der Konfigurationsdatei *apache.conf* entsprechend eingestellt sein, damit das Ganze funktioniert. Standardmäßig findet man hier oft das Verzeichnis */usr/lib/cgi-bin* vor. Der Pfad im Beispiel wurde an Debian Bullseye angepasst. Dasselbe sollten Sie natürlich auch auf Ihrem Rechner machen.

Die Datei admin.c

Nach der Betätigung des LOS GEHTS!-Buttons wird die CGI-Anwendung `admin` zur Eingabe von neuen News gestartet.

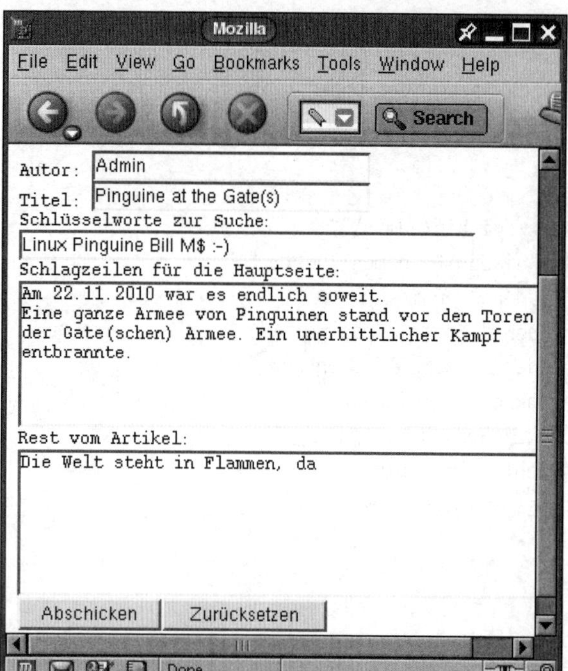

Abbildung 12.6 Erstellen eines neuen Newseintrags

Die Anwendung `admin` holt zuerst wieder die Daten, die nötig sind, um anschließend Einträge in die Datenbank zu machen. Die Daten werden danach wieder dekodiert und für die Weitergabe aufbewahrt. Jetzt können Sie also im HTML-Formular Daten für die neusten News eingeben. Bei Betätigung des ABSCHICKEN-Buttons werden diese Daten mitsamt den Daten für die Verbindung zum MySQL-Server an die CGI-Anwendung `add_db` weitergegeben (wieder versteckt, aber eben nicht sicher vor SQL-Injections). Nun folgt das Listing *admin.c*, das diese Arbeit erledigt.

```
/* admin.c */
#include <stdio.h>
#include <stdlib.h>
#include <string.h>
#include <mysql.h>
#include "my_cgi.h"
#define MAX 255
#define BUFFER 4096
static char *connect_param[4];

static int fetch_login_db( void ) {
   int i;
   char *str;
```

```
    struct CGI_DATEN *cgi;
    /* für Fehlermeldungen */
    printf("Content-Type: text/html\n\n");
    /* Eingabe einlesen */
    str = getdata();
    if(str == NULL) {
        printf("Fehler beim Einlesen der Formulareingabe");
        return 0;
    }
    /* Hexzeichen in ASCII-Zeichen konvertieren und aus '+' */
    /* Leerzeichen machen                                    */
    hex2ascii(str);
    /* Liste der Formulardaten erstellen */
    cgi = erstellen(str);
    if (cgi == NULL) {
        printf("Fehler beim Erstellen der "
            "Variablen/Werteliste!!\n");
        return 0;
    }
    for( i = 0; i < 4; i++ ) {
        connect_param[i] = cgi->wert;
        cgi = cgi->next;
    }
    return 1;
}

static void print_admin_input( void ) {
    char buf[BUFFER];
    sprintf(buf,"<h1>Eintragen von neuen Artikeln</h1>"
    "<form action=\"http://localhost/cgi-bin/add_db\"  "
    "method=\"POST\">"
    "<input type=\"hidden\"  name=\"host\"  value=\"%s\">"
    "<input type=\"hidden\"  name=\"user\"  value=\"%s\">"
    "<input type=\"hidden\"  name=\"passwort\"  value=\"%s\">"
    "<input type=\"hidden\"  name=\"datenbank\"  value=\"%s\">"
    "<pre>Autor: <input type=\"text\"  name=\"autor\"  "
    "value=\"Admin\"  size=30><br>"
    "Titel: <input type=\"text\"  name=\"titel\"  size=30><br>"
    "Schlüsselworte zur Suche :\n"
    "<input type=\"text\"  name=\"suche\"  value=\"Suchwörter\""
    " size=50><br>"
    "Schlagzeilen für die Hauptseite :\n"
```

```
    "<textarea name=\"beschreibung\" cols=\"50\" "
    "rows=\"6\"></textarea><br>"
    "Rest vom Artikel: \n"
    "<textarea name=\"beschreibung\" cols=\"50\" "
    "rows=\"6\"></textarea><br>"
    "<input type=\"submit\" value=\"Abschicken\"><input "
    "type=\"reset\" value=\"Zurücksetzen\"></pre></form>",
    connect_param[0],connect_param[1],connect_param[2],
    connect_param[3]);
    printf("%s",buf);
}

int main (int argc, char **argv) {
    /* Login-Daten für die Datenbank abholen */
    fetch_login_db( );
    /* Eingabeformular für Admin ausgeben */
    print_admin_input( );
    return EXIT_SUCCESS;
}
```

Listing 12.8 admin.c erstellt neue Nachrichten-Einträge für die Datenbank news.

Die Anwendung wird nun wie folgt zur Ausführung vorbereitet:

```
$ gcc -c -I/usr/include/mysql admin.c
$ gcc -o admin admin.o -L/usr/lib/mysql -lmysqlclient
$ sudo cp admin /usr/share/apache/default-site/cgi-bin
[sudo] password for user: ******
$ sudo chmod a+rx /usr/share/apache/default-site/cgi-bin/admin
```

[»]

Hinweis: Router-Linux IP Cop

Wenn Sie zurzeit keinen Provider zur Verfügung haben, der CGI unterstützt (bzw. nicht mehr unterstützt), können Sie sich auch das Linux-System IP Cop herunterladen und auf einen separaten PC aufspielen. IP Cop bietet ein vollständiges Router-Interface an, das Sie auch über einen Browser konfigurieren können. Ferner ist dort die neuste Version von Apache (inklusive MySQL) mit sämtlichen Verzeichnissen vorinstalliert und natürlich auch ein C-Compiler vorhanden, mit dem Sie das letzte Beispiel kompilieren können. Außerdem können Sie sich über *dyndns.org* eine freie Domain besorgen, mit der Sie Ihren lokalen IP-Cop-PC verbinden können (im Endeffekt betreiben Sie in diesem Fall einen eigenen privaten Webserver). Auch solche Dinge wie *dyndns.org* oder eine Firewall können Sie in bequemer Weise über das Browser-Interface von IP Cop konfigurieren, die Standardadresse ist 192.168.2.1.

Die Datei add_db.c

Die CGI-Anwendung `add_db` holt nun alle Daten ab, die sie von der Anwendung `admin` per `POST`-Methode erhalten hat, und dekodiert diese Daten in einer leserlichen Form. Anschließend wird eine Verbindung mit dem Server hergestellt, und die Daten werden in die Datenbank mittels `mysql_real_query()` eingetragen. Konnten die Daten erfolgreich eingetragen werden, erscheint die Ausgabe aus Abbildung 12.7 in Ihrem Browser:

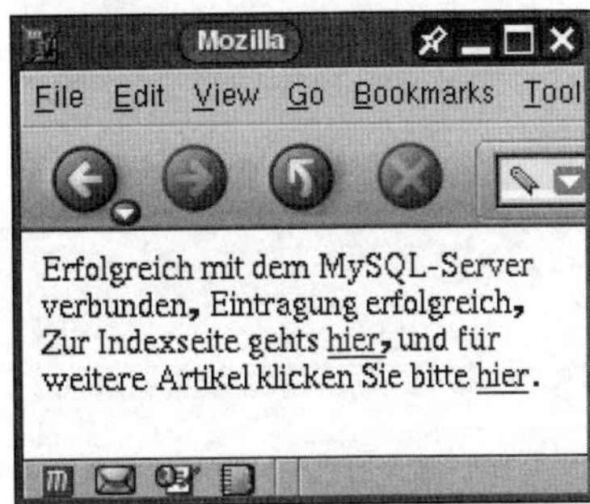

Abbildung 12.7 Bei Erfolg gibt es eine entsprechende Meldung.

```
/* add_db.c
 * Eine Gedächtnisstütze:
mysql> create database news;
mysql> use news;
mysql> create table data( datum TIMESTAMP, autor VARCHAR(200),
    -> suche VARCHAR(200), title VARCHAR(150), beschreibung BLOB,
    -> inhalt BLOB);
mysql> INSERT INTO data (autor, title, suche, beschreibung,
    -> inhalt)
    -> VALUES (
    -> "Jürgen Wolf", "Ein Testtitel", "suchwörter test titel",
    -> "Beispiel, wie man mit MySQL und der C-API ein eigenes
    -> Newssystem erstellt".
    -> "Der eigentliche Inhalt nach den Schlagzeilen zum Thema
    -> MySQL und zur C-API");

*/
#include <stdio.h>
#include <string.h>
#include <stdlib.h>
#include <mysql.h>
#define MAX 255
#define BUFFER 4096
#include "my_cgi.h"
```

```
enum { HOST, USER, PASSWORT, DATENBANK,
       AUTOR, TITLE, SUCHE, BESCHREIBUNG, INHALT};
static char *param[9];

static int fetch_data( void ) {
    int i;
    char *str;
    struct CGI_DATEN *cgi;
    /* für Fehlermeldungen */
    printf("Content-Type: text/html\n\n");
    /* Eingabe einlesen */
    str = getdata();
    if(str == NULL) {
        printf("Fehler beim Einlesen der Formulareingabe");
        return 0;
    }
    /* Hexzeichen in ASCII-Zeichen konvertieren und aus '+' */
    /* Leerzeichen machen                                    */
    hex2ascii(str);
    /* Liste der Formulardaten erstellen */
    cgi = erstellen(str);
    if (cgi == NULL) {
        printf("Fehler beim Erstellen der "
            "Variablen/Werteliste!!\n");
        return 0;
    }
    for( i = 0; i < 9; i++ ) {
        param[i] = cgi->wert;
        cgi = cgi->next;
    }
    return 1;
}

/* mit dem MySQL-Server und den entsprechenden */
/* Verbindungsdaten eine Verbindung herstellen */
static int mein_connect (MYSQL * my) {
    /* mit dem Server verbinden */
    if (mysql_real_connect (my,    /* Zeiger auf MYSQL-Handler */
        param[HOST],          /* Hostname */
        param[USER],          /* User-Name */
        param[PASSWORT],      /* Passwort für user_name */
```

```
        param[DATENBANK],     /* Name der Datenbank */
        0,        /* Port (default=0) */
        NULL,    /* Socket (default=NULL) */
        0 /* keine Flags */ ) ==    NULL) {
        fprintf (stdout, "Fehler mysql_real_connect():"
            "%u (%s)\n", mysql_errno (my), mysql_error (my));
        exit (EXIT_FAILURE);
    }
    return 1;
}

static void insert_into_db( MYSQL *my ) {
    char buf[8192];
    /* Tabelle */
    sprintf(buf, "INSERT INTO data (autor, title, suche, "
        "beschreibung, inhalt)"
        " VALUES (\'%s\','\%s\','\%s\', '\%s\', \'%s\');"
        ,param[AUTOR], param[TITLE], param[SUCHE],
        param[BESCHREIBUNG], param[INHALT]);
    /* printf("%s\n", buf); */
    if(mysql_real_query(my, buf, strlen(buf)) !=0) {
        fprintf (stdout, "Fehler mysql_real_connect():"
            "%u (%s)\n", mysql_errno (my), mysql_error (my));
        exit (EXIT_FAILURE);
    }
}

/* Speicher freigeben und Verbindung beenden */
static void clean_up_shutdown (MYSQL * my) {
     mysql_close (my);
}

int main (int argc, char **argv) {
    MYSQL *my;
    /* Daten abholen und für die Eintragung vorbereiten */
    fetch_data();
    /* Handle initialisieren */
    my = mysql_init (NULL);
    if (my == NULL) {
        fprintf (stderr, " Initialisierung fehlgeschlagen\n");
```

```
        exit (EXIT_FAILURE);
    }
    /* mit dem Server verbinden */
    if (mein_connect (my) != -1)
        printf ("Erfolgreich mit dem MySQL-Server verbunden,\n");
    /* Daten in die Datenbank schreiben */
    insert_into_db( my );

    printf("Eintragung erfolgreich,<br>Zur Indexseite geht´s "
        "<a href=\"http://localhost/cgi-bin/index_news\">hier, </a>"
        " und für weitere Artikel klicken Sie bitte"
        " <a href=\"http://localhost/login.html\">hier.</a>\n");
    clean_up_shutdown( my );
    return EXIT_SUCCESS;
}
```

Listing 12.9 Implementiert die Kommunikation mit dem MySQL-Server über das CGI-Interface.

Die Anwendung wird wie folgt für die Ausführung vorbereitet:

```
$ gcc -c -I/usr/include/mysql add_db.c
$ gcc -o add_db add_db.o -L/usr/lib/mysql -lmysqlclient
$ sudo cp add_db /usr/share/apache/default-site/cgi-bin
[sudo] password for user: ******
$ sudo chmod a+rx /usr/share/apache/default-site/cgi-bin/ add_db
```

Jetzt können Sie entweder einen weiteren Newseintrag hinzufügen oder zur Hauptseite index_news, auf der sich die Schlagzeilen mit einer Kurzbeschreibung befinden, zurückwechseln. Für einen weiteren Newseintrag haben wir uns für ein erneutes Login entschieden. Wie Sie in der Praxis dabei vorgehen, bleibt Ihnen überlassen.

Die Datei index_news.c

Nach den Anwendungen für den administrativen Teil folgen nun zwei CGI-Anwendungen für den Websurfer. Wenn Sie die Startseite in diesem Beispiel aufrufen, wird zuerst stets die Titelseite mit den Schlagzeilen in Kurzform angezeigt (index_news). Da die Anwendung index_news für jedermann zugänglich sein soll, wurden die Daten für den Zugriff auf dem Datenbankserver fest einkompiliert. Es wäre nicht schlecht, wenn Sie hierfür, sofern Sie die Rechte dazu haben, extra einen Benutzer (z. B. *Anonymous*) mit entsprechenden Zugriffsrechten für die Datenbank *news* einrichten. Die Anwendung macht nun nichts anderes, als die Schlagzeilen aus der Datenbank *news* auszulesen und in eine lesbarere Form für den Webbrowser zu konvertieren, wie Abbildung 12.8 demonstriert:

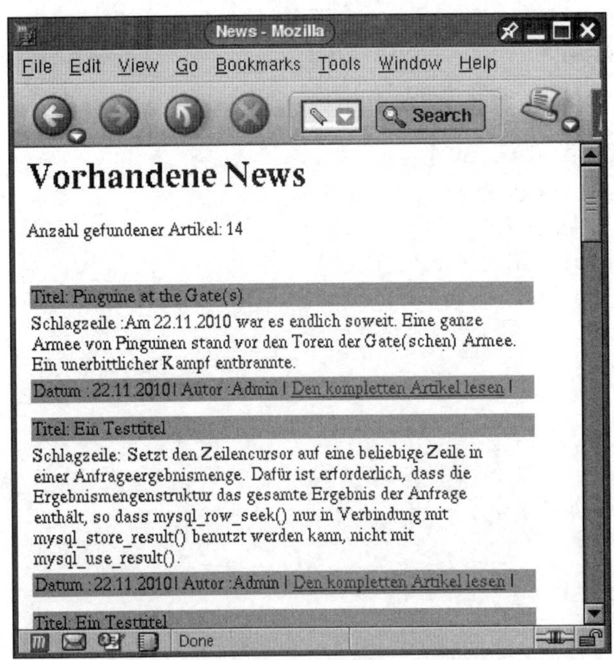

Abbildung 12.8 Die Startseite und auch das Portal des Newssystems (Auch sie läuft noch auf älteren Browsern wie dem Mozilla.)

```
/* index_news.c */
#include <stdio.h>
#include <stdlib.h>
#include <string.h>
#include <mysql.h>
#define MAX 255
#define BUFFER 4096
#include "my_cgi.h"
#define HOST      "localhost"
#define USER      "root"
#define PASSWORT  "k4p6m3o3"
#define DATENBANK "news"

static char *timestamp2date( char * );
static char date[11];

/* mit dem MySQL-Server und den entsprechenden */
/* Verbindungsdaten eine Verbindung herstellen */
static int mein_connect (MYSQL * my) {
   /* mit dem Server verbinden */
   if (mysql_real_connect (my,   /* Zeiger auf MYSQL-Handler */
```

```
        HOST,              /* Hostname */
        USER,              /* User-Name */
        PASSWORT,          /* Passwort für user_name */
        DATENBANK,         /* Name der Datenbank */
        0,          /* Port (default=0) */
        NULL,         /* Socket (default=NULL) */
        0 /* keine Flags */ ) ==    NULL) {
        fprintf (stdout, "Fehler mysql_real_connect():"
             "%u (%s)\n", mysql_errno (my), mysql_error (my));
        exit (EXIT_FAILURE);
    }
    return 1;
}

static void select_data_from_db( MYSQL *my ) {
    char *tmp[6];
    MYSQL_ROW  row;
    MYSQL_RES  *mysql_res;
    unsigned long  anzahl_reihen;
    unsigned int i;
    char buf[BUF] = "SELECT * FROM data ORDER BY datum DESC";
    char bigbuf[8096];

    if(mysql_real_query(my, buf, (strlen(buf)))!=0) {
        fprintf (stdout, "Fehler mysql_real_connect():"
            "%u (%s)\n", mysql_errno (my), mysql_error (my));
        exit (EXIT_FAILURE);
    }
    /* Daten der Anfrage abholen */
    mysql_res = mysql_store_result(my);
    /* Anzahl der gefundenen Datensätze ermitteln */
    anzahl_reihen = (unsigned long) mysql_num_rows (mysql_res);
    printf ("Anzahl gefundener Artikel: %lu\n\n<br><br>",
        anzahl_reihen);
    printf("<table width=\"90%\"> ");
    /* gefundenen Datensatz bzw. Datensätze ausgeben */
    while ((row = mysql_fetch_row (mysql_res)) != NULL) {
        /* einzelne Spalten der Zeile ausgeben */
        for (i = 0;  i < mysql_num_fields(mysql_res);  i ++)
            tmp[i] = row[i];
        sprintf(bigbuf, "<tr><td bgcolor=\"darkgrey\">Titel: "
        " %s</td></tr><tr><td>Schlagzeile: %s</td></tr>"
        "<tr><td bgcolor=\"darkgrey\"  align=\"right\">Datum "
```

```
        ":%s |  Autor :%s  |  "
        "<a href=\"http://localhost/cgi-bin/search_db?full=%s\">"
        "Den kompletten Artikel lesen</a>  |"
        "</td></tr><td><tr> </tr></td>",
        tmp[3], tmp[4], timestamp2date(tmp[0]), tmp[1], tmp[3]);
        printf("%s",bigbuf);
    }
    printf("</table>");
    printf("<hr><br>"
    "<form action=\"http://localhost/cgi-bin/search_db\"  "
    "method=\"POST\">Nach Artikel suchen <br>"
    "<input type=\"text\"    maxlength=\"30\"name=\"suchstring\">"
    "<input type=\"submit\"  value=\"Suche\"></form>");
    /* Speicherplatz wieder freigeben */
    mysql_free_result(mysql_res);
}

/* Extrahieren des Timestamp-Formats, */
/* bspw. 200404121602 ... */
/* und gibt einen String à la DD:MM:YYYY zurück
 */
static char *timestamp2date( char *timestamp ) {
    char *ptr = NULL;
    date[0] = '\0';
    ptr = timestamp+6;
    strncpy(date, ptr, 2);
    strcat(date, ".");
    ptr = timestamp+4;
    strncpy(&date[3], ptr, 2);
    strcat(date, ".");
    ptr = timestamp;
    strncpy(&date[6], ptr, 4);
    date[10] = '\0';
    ptr = date;
    return ptr;
}

/* Speicher freigeben und Verbindung beenden */
static void
clean_up_shutdown (MYSQL * my) {
    mysql_close (my);
}
```

12

```
static void print_header( ) {
      printf("<html><head><title>News</title></head>"
         "<body bgcolor=\"white\">"
         "<h1>Vorhandene News</h1>");
}

static void print_footer( ) {
    printf("</body></html>");
}

int main (int argc, char **argv) {
    MYSQL *my;
    /* Handle initialisieren */
    my = mysql_init (NULL);
    if (my == NULL) {
        fprintf (stderr, " Initialisierung fehlgeschlagen\n");
        exit (EXIT_FAILURE);
    }
    /* für Fehlermeldungen */
    printf("Content-Type: text/html\n\n");
    /* mit dem Server verbinden */
    if (mein_connect (my) != -1)
        print_header( );
    /* Daten aus der Datenbank holen */
    select_data_from_db( my );
    print_footer( );
    clean_up_shutdown( my );
    return EXIT_SUCCESS;
}
```

Listing 12.10 index_news.c zeigt die News in der Datenbank in einer HTML-kompatiblen Form an.

Die Anwendung wird folgendermaßen zur Ausführung vorbereitet:

```
$ gcc -c -I/usr/include/mysql index_news.c
$ gcc -o index_news index_news.o -L/usr/lib/mysql -lmysqlclient
$ sudo cp index_news /usr/share/apache/default-site/cgi-bin
[sudo] password for user: ******
$ sudo chmod a+rx /usr/share/apache/default-site/cgi-bin/ index_news
```

Die Datei search_db.c

Um den vollen Report einer Schlagzeile zu lesen oder nach bestimmten Artikeln zu suchen, benötigen Sie noch die CGI-Anwendung search_db, die beides erledigt. Wollen Sie den vollen

Text eines Artikels lesen, wird als CGI-Variable `full` mitgeschickt, da ja die Anwendung `search_db` den mitgesandten Text immer erst dekodiert. Ist die Variable `full` angegeben, wird der Wert der Variablen, der dem Titel (`title VARCHAR(150)`) in der Datenbank *news* und der Tabelle `data` entspricht, mitsamt dem kompletten Inhalt aus der Datenbank ausgelesen und in voller Form auf dem Browser ausgegeben, z. B. wie in Abbildung 12.9:

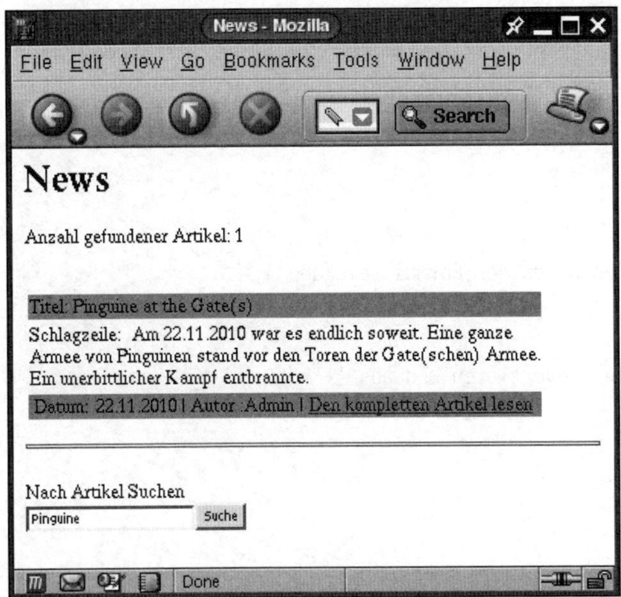

Abbildung 12.9 Ergebnis bei einer erfolgreichen Suche

Ist die erste dekodierte Variable nicht `full`, wurde eine Suchanfrage gestartet. Für die Suche wurde zuvor in der Tabelle extra eine Spalte eingerichtet (`suche VARCHAR(200)`), in der nach speziellen von Ihnen vorgegebenen Schlüsselwörtern gesucht wird. Wurde ein Ergebnis gefunden, das mit der Suchmaske übereinstimmt, wird auch das Ergebnis in leserfreundlichem Stil über den Webbrowser ausgegeben. Es folgt nun das Listing *search_db.c*, dass die eben beschriebene Arbeit erledigt.

```
/* search_db.c */
#include <stdio.h>
#include <stdlib.h>
#include <string.h>
#include <mysql.h>
#define MAX 255
#define BUFFER 4096
#include "my_cgi.h"
#define HOST      "localhost"
#define USER      "root"
#define PASSWORT  "k4p6m3o3"
```

```
#define DATENBANK "news"

static char *search_string;
static char *news_full;
static char *timestamp2date( char * );
static char date[11];

static int fetch_http_string (void) {
    char *str;
    struct CGI_DATEN *cgi;
    /* Eingabe einlesen */
    str = getdata ();
    if (str == NULL) {
        printf ("Fehler beim Einlesen von der Formulareingabe");
        return 0;
    }
    /* Hexzeichen in ASCII-Zeichen konvertieren und aus '+' */
    /* Leerzeichen machen                                    */
    hex2ascii (str);
    /* Liste der Formulardaten erstellen */
    cgi = erstellen (str);
    if (cgi == NULL) {
        printf ("Fehler beim Erstellen der "
            "Variablen/Werteliste!!\n");
        return 0;
    }
    /* Suche nur mit einem Suchbegriff möglich */
    news_full = cgi->variable;
    search_string = cgi->wert;
    return 1;
}

/* mit dem MySQL-Server und den entsprechenden */
/* Verbindungsdaten eine Verbindung herstellen */
static int mein_connect (MYSQL * my) {
    /* mit dem Server verbinden */
    if (mysql_real_connect (my,   /* Zeiger auf MYSQL-Handler */
        HOST,      /* Hostname */
        USER,      /* User-Name */
        PASSWORT,  /* Passwort für user_name */
        DATENBANK, /* Name der Datenbank */
        0,         /* Port (default=0) */
        NULL,      /* Socket (default=NULL) */
```

```
        0 /* keine Flags */ ) == NULL) {
        fprintf (stdout, "Fehler mysql_real_connect():"
            "%u (%s)\n", mysql_errno (my), mysql_error (my));
        exit (EXIT_FAILURE);
    }
    return 1;
}

/* mit Suche integrieren */
static void
search_data_from_db (MYSQL * my) {
    char *tmp[6];
    MYSQL_ROW row;
    MYSQL_RES *mysql_res;
    unsigned long anzahl_reihen;
    unsigned int i;
    char buf[BUF];
    char bigbuf[8096];

    if (strcmp (news_full, "full") == 0) {
        sprintf ( buf,
            "SELECT * FROM data WHERE title=\'%s\';",
            search_string );
        /* printf ("%s", buf); */
        if (mysql_real_query (my, buf, strlen(buf)) != 0) {
            fprintf (stdout, "Fehler mysql_real_connect():"
                "%u (%s)\n", mysql_errno (my),
                mysql_error (my));
            exit (EXIT_FAILURE);
        }
        /* Daten der Anfrage abholen */
        mysql_res = mysql_store_result (my);
        printf ("<table width=\"90%\">");
        /* gefundenen Datensatz bzw. Datensätze ausgeben */
        while ((row = mysql_fetch_row (mysql_res)) != NULL) {
            /* einzelne Spalten der Zeile ausgeben */
            for (i = 0; i < mysql_num_fields (mysql_res); i++)
                tmp[i] = row[i];
            sprintf (bigbuf,
            "<tr><td bgcolor=\"darkgrey\">Titel: %s</td></tr>"
            "<tr><td>Schlagzeile: %s<br><br>Inhalt: %s</td></tr>"
            "<tr><td bgcolor=\"darkgrey\"  align=\"right\">"
            " Datum :%s |  Autor :%s  |"
```

```
        "</td></tr><td><tr> </tr></td>",
        tmp[3], tmp[4],tmp[5], timestamp2date(tmp[0]), tmp[1]);
        printf ("%s", bigbuf);
    }
    printf ("</table>");
    printf ("<hr><br>"
    "<form action=\"http://localhost/cgi-bin/search_db\""
    " method=\"POST\">" "Nach Artikel suchen <br>"
    "<input type=\"text\"  maxlength=\"30\"name=\"suchstring\">"
    "<input type=\"submit\"  value=\"Suche\"></form>");
} else {
    sprintf (buf,
    "SELECT * FROM data WHERE suche LIKE \'%%%s%%\'"
    " ORDER BY datum DESC;", search_string);
    /* printf ("%s", buf); */
    if (mysql_real_query (my, buf, strlen(buf)) != 0) {
        fprintf (stdout, "Fehler mysql_real_connect():"
            "%u (%s)\n", mysql_errno (my),
            mysql_error (my));
        exit (EXIT_FAILURE);
    }
    /* Daten der Anfrage abholen */
    mysql_res = mysql_store_result (my);
    /* Anzahl der gefundenen Datensätze ermitteln */
    anzahl_reihen = (unsigned long) mysql_num_rows (mysql_res);
    printf ("Anzahl gefundener Artikel: %lu\n\n<br><br>",
        anzahl_reihen);
    printf ("<table width=\"90%\">");
    /* gefundenen Datensatz bzw. Datensätze ausgeben */
    while ((row = mysql_fetch_row (mysql_res)) != NULL) {
        /* einzelne Spalten der Zeile ausgeben */
        for (i = 0; i < mysql_num_fields (mysql_res); i++)
            tmp[i] = row[i];
        sprintf (bigbuf,
        "<tr><td bgcolor=\"darkgrey\">Titel: %s</td>"
        "</tr><tr><td>Schlagzeile: %s</td></tr>"
        "<tr><td bgcolor=\"darkgrey\"  align=\"right\">"
        "Datum :%s |  Autor :%s  |  <a href=\""
        "http://localhost/cgi-bin/search_db?full=%s\">"
        "Den kompletten Artikel lesen</a>  |"
        "</td></tr><td><tr> </tr></td>",
        tmp[3], tmp[4], timestamp2date(tmp[0]),
        tmp[1], tmp[3]);
```

```
            printf ("%s", bigbuf);
        }
        printf ("</table>");
        printf ("<hr><br><form action=\""
        "http://localhost/cgi-bin/search_db\"  method=\"POST\">"
        "Nach Artikel suchen <br><input type=\"text\""
        " maxlength=\"30\"name=\"suchstring\">"
        "<input type=\"submit\"  value=\"Suche\"></form>");
    }
    /* Speicherplatz wieder freigeben */
    mysql_free_result (mysql_res);
}

/* Extrahieren des Timestamp-Formats,           */
/* bspw. 200404121602...                        */
/* und gibt einen String à la DD:MM:YYYY zurück */
static char *timestamp2date( char *timestamp ) {
    char *ptr = NULL;
    date[0] = '\0';
    ptr = timestamp+6;
    strncpy(date, ptr, 2);
    strcat(date, ".");
    ptr = timestamp+4;
    strncpy(&date[3], ptr, 2);
    strcat(date, ".");
    ptr = timestamp;
    strncpy(&date[6], ptr, 4);
    date[10] = '\0';
    ptr = date;
    return ptr;
}

/* Speicher freigeben und Verbindung beenden */
static void
clean_up_shutdown (MYSQL * my) {
    mysql_close (my);
}

void print_header () {
    printf ( "<html><head><title>News</title></head>"
    "<body bgcolor=\"white\">" "<h1>News</h1>");
}
```

12

```
static void print_footer (void) {
    printf ("</body></html>");
}

int main (int argc, char **argv) {
    MYSQL *my;
    /* Handle initialisieren */
    my = mysql_init (NULL);
    if (my == NULL) {
        fprintf (stderr, " Initialisierung fehlgeschlagen\n");
        exit (EXIT_FAILURE);
    }
    /* für Fehlermeldungen */
    printf ("Content-Type: text/html\n\n");
    /* mit dem Server verbinden */
    if (mein_connect (my) != -1)
    print_header ();

    /* Suchstring auslesen */
    fetch_http_string ();
    /* Daten aus der Datenbank holen */
    search_data_from_db (my);
    print_footer ();
    clean_up_shutdown (my);
    return EXIT_SUCCESS;
}
```

Listing 12.11 search_db.c übernimmt die Suche in der Datenbank news nach einzelnen Artikeln.

Die Anwendung wird wie folgt zur Ausführung vorbereitet:

```
$ gcc -c -I/usr/include/mysql search_db.c
$ gcc -o search_db search_db.o -L/usr/lib/mysql -lmysqlclient
$ sudo cp search_db /usr/share/apache/default-site/cgi-bin
[sudo] password for user: ******
$ sudo chmod a+rx /usr/share/apache/default-site/cgi-bin/ search_db
```

Der Anwender kann jetzt die aktuellen Schlagzeilen immer mit der URL *http://localhost/cgi-bin/index_news* in seinem Browser aufrufen. Dies nun auf Ihre Webseite zu portieren, sollte je nach Erfahrung nicht allzu schwer sein.

12.6.4 MySQL-Clients mit GUI

Jetzt haben Sie gesehen, dass es im Prinzip gar nicht so schwer ist, eigene MySQL-Anwendungen zu entwerfen. In diesem Beispiel haben Sie als Pseudo-GUI den Webbrowser verwendet, was auch den Vorteil hat, dass die Clientseite plattformunabhängig ist. Im Großen und Ganzen ist es aber auch nicht allzu schwer, wenn Sie Kenntnisse zur GUI-Programmierung mit z. B. GTK+ oder Qt haben, diese Anwendung mit einer echten grafischen Oberfläche zu versehen. Sie müssen lediglich wissen, wie man eine Abfrage an den Server stellt (mysql_real_query()) und wie Sie die Ergebnismenge, sofern eine zurückgegeben wird, bearbeiten können. All dies haben Sie hier jetzt mehrfach gesehen.

12.6.5 Eine (nicht ganz unwichtige) Randnotiz

Nicht behandelt wurde das Casten von MySQL-Rückgabewerten. Angenommen, Sie haben ein INT(2)-Feld namens zahl. Folgendes wird nicht funktionieren, es muss gecastet werden:

```
int i;
mysql_real_query(
    &mysql, "SELECT 'zahl' FROM 'table' LIMIT 1", 34);
result = mysql_store_result(&mysql);
row = mysql_fetch_row(result);
i = row[0];
```

In diesem Fall müsste es heißen:

```
i = (atoi)row[0];
```

Wohl wird aber dies hier gehen:

```
printf("%s\n", row[0]);
```

12.7 Neue SQL-Funktionen für die Shell – MySQL erweitern

Um gleich zu Anfang Missverständnisse zu diesem Abschnitt zu vermeiden: Hier geht es nicht mehr um die C-API von MySQL. Es geht darum, neue (oder besser: benutzerdefinierte) Funktionen in C zu erstellen und zur MySQL-Shell hinzuzufügen. MySQL wurden mittlerweile zahlreiche Funktionen z. B. mathematischer Natur (COS(), SIN() ...) oder zur Stringmanipulation (CONCAT(), ,LENGTH()) hinzugefügt. Dieses Beispiel zeigt anhand der mathematischen Funktion COS(), wie Sie Funktionen in der MySQL-Shell (und natürlich auch bei Ihrer Clientanwendung mit mysql_real_query()) verwenden können:

```
mysql> CREATE DATABASE rechnungen;
Query OK, 1 row affected (0.26 sec)
mysql> USE rechnungen;
```

```
Database changed
mysql> CREATE TABLE xyz ( erg FLOAT );
Query OK, 0 rows affected (0.01 sec)
mysql> INSERT INTO xyz (erg) VALUES ( COS(2.32) );
Query OK, 1 row affected (0.00 sec)
mysql> INSERT INTO xyz (erg) VALUES ( COS(12.22) );
Query OK, 1 row affected (0.01 sec)
mysql> SELECT * FROM xyz;
+-----------+
| erg       |
+-----------+
| -0.681056 |
|  0.940611 |
+-----------+
2 rows in set (0.00 sec)
```

Wenn Sie MySQL um eigene Funktionen erweitern wollen, haben Sie zwei Möglichkeiten:

- Sie fügen die Funktion dynamisch zur Laufzeit über die UDF-Schnittstelle hinzu (UDF = *User-Definable Function*). Dabei fügen Sie die benutzerdefinierte Funktion dynamisch mit `CREATE FUNCTIONS` hinzu oder löschen sie wieder mit `DROP FUNCTIONS`. Der Vorteil gegenüber der gleich folgenden zweiten Möglichkeit an benutzerdefinierten Funktionen ist: Sie können jederzeit zu Ihrer binären Distribution Funktionen hinzufügen und müssen nicht den kompletten Server-Quellcode (`mysqld`) verändern. Und bei einer Aktualisierung Ihrer MySQL-Distribution können Sie die zuvor installierten benutzerdefinierten Funktionen weiterhin verwenden.
- Die zweite Möglichkeit erfordert etwas mehr Erfahrung im Umgang mit MySQL. Sie fügen Funktionen *nativ* zum MySQL-Server hinzu. Das bedeutet allerdings, dass Sie den Server neu kompilieren müssen, auch bei einem Versionswechsel. Der Vorteil hierbei ist (da ja die Funktionen fest einkompiliert sind), dass Sie die Funktionen nicht extra installieren müssen und sie wie übliche MySQL-Funktionen verwenden können.

Im Folgenden zeigen wir Ihnen anhand von recht einfachen Beispielen, wie Sie die UDF-Schnittstelle verwenden und damit Ihre selbst geschriebenen Funktionen in MySQL erstellen können.

12.8 MySQL-Funktionen mit der UDF-Schnittstelle entwerfen

Damit der MySQL-Server UDF-Funktionen verwenden kann, sollte `mysqld` mit dem Flag `-with-mysqld-ldflags=-rdynamic` konfiguriert sein, um auf alle Symbole von `mysqld` zugreifen zu können.

Der Grund liegt darin, dass Sie auf vielen Plattformen (inklusive Linux) eine dynamische Bibliothek (mit `dlopen()`) von einem statisch gelinkten Programm laden können, was Sie z. B. tun, wenn Sie `--with-mysqld-ldflags=-all-static` benutzen. Die Funktion `dlopen()` werden wir im nächsten Abschnitt noch ausführlich behandeln.

Wenn Sie eine Funktion schreiben, die Sie für SQL-Statements verwenden wollen, sollten Sie einen entsprechenden C-Funktionsnamen wählen, den Sie auch für MySQL verwenden würden. Beim Schreiben einer Funktion mit der UDF-Schnittstelle wird Ihnen aber nicht absolut freie Hand gelassen, sondern Sie müssen einiges dabei beachten. Eine UDF-Funktion sieht stets wie folgt aus:

```
rückgabetyp funktionsname()
```

Dies ist die Hauptfunktion (bitte nicht mit der `main()`-Hauptfunktion verwechseln), mit deren Namen auch das SQL-Statement aufgerufen wird. `funktionsname()` dient hier nur als Beispiel und kann durch jeden erlaubten Funktionsnamen ersetzt werden. Als Rückgabetypen kommen im Zusammenhang mit den SQL-Datentypen für Ihre Funktion die folgenden in Frage:

12

SQL-Typ	C/C++-Typ
STRING	char *
INTEGER	long long
REAL	double

Tabelle 12.9 Erlaubte Rückgabetypen mit der UDF-Schnittstelle

Optional hingegen sind die Funktionen zum Initialisieren bzw. Deinitialisieren. Die Syntax einer Initialisierung sieht wie folgt aus (bezogen auf die Hauptfunktion `funktionsname()`):

```
funktionsname_init()
```

Die Initialisierungsfunktion kann für folgende Aufgaben verwendet werden:

- Sie kann die Anzahl von Argumenten überprüfen.
- Sie kann die Datentypen überprüfen, die als Argumente übergeben werden. Sind die Argumente nicht vom erforderlichen Typ, müssen Sie dies MySQL mitteilen, um den Argumenttyp zu erzwingen, der für die Hauptfunktion benötigt wird.
- Sie kann Speicher für die Hauptfunktion bereitstellen.
- Sie kann die maximale Länge des Rückgabewertes festlegen.
- Sie kann die maximale Anzahl von Dezimalstellen für den `REAL`-Typ (`double`) festlegen.
- Sie kann festlegen, ob das Ergebnis `NULL` sein darf oder nicht.

Die Funktion zum Deinitialisieren sieht in der Syntax so aus:

```
funktionsname_deinit()
```

Dies ist die Deinitialisierungsfunktion für `funktionsname()`. Damit sollte jeglicher Speicher freigegeben (Deallokation) werden, der durch die Initialisierungsfunktion zugewiesen wurde.

Wie schon erwähnt, sind die Funktionen zum Deinitialisieren und zur Initialisierung optional und müssen nicht verwendet werden.

Angenommen, Ihre Funktion ist bereits in MySQL implementiert und Sie rufen sie nun mit `funktionsname()` auf. Dann ruft MySQL zuvor noch (vor der eigentlichen Hauptfunktion) die Initialisierungsfunktion `funktionsname_init()` auf, um alle notwendigen Einrichtungen vorzunehmen, wie z. B. Argumente zu überprüfen oder die Speicherzuweisung zu übernehmen. Gibt `funktionsname_init()` einen Fehler zurück, wird das SQL-Statement mit einer entsprechenden Fehlermeldung abgebrochen. Demnach werden bei einem Fehler die Haupt- und Deinitialisierungsfunktion nicht mehr aufgerufen. Wenn alles glatt verläuft, wird hingegen `funktionsname()` aufgerufen und ausgeführt. Wurde die Hauptfunktion erfolgreich ausgeführt, führt die Deinitialisierungsfunktion am Ende alle Aufräumarbeiten durch.

[»]

Hinweis

Sehr wichtig ist, dass alle Funktionen thread-sicher sein müssen. Das heißt, dass Sie keinerlei globale oder statische Variablen zuweisen dürfen, die sich ändern. Wenn Sie Speicher brauchen, sollten Sie ihn in `funktionsname_init()` zuweisen und in `funktionsname_deinit()` wieder freigeben, sonst kann es zu Memory Leaks kommen, die wieder für Angriffe benutzt werden können.

12.8.1 UDF-Sequenzen erstellen

Die Namen der Hauptfunktion können Sie auch nicht so angeben, wie es Ihnen gerade passt (abgesehen vom Funktionsnamen), sondern auch hierbei müssen Sie einiges beachten. Abhängig vom Rückgabetyp Ihrer Funktion müssen Sie nachfolgende Parameter verwenden, damit `STRING`, `INTEGER` oder `REAL` zurückgegeben werden kann – was das `CREATE FUNCTION`-Statement auch fordert. Sie müssen sich also an folgende Syntax halten:

Bei `STRING`-Funktionen:

```
char *funktionsname( UDF_INIT *initid, UDF_ARGS *args,
                     char *result, unsigned long *length,
                     char *is_null, char *error );
```

Bei INTEGER-Funktionen:

```
long long funktionsname( UDF_INIT *initid, UDF_ARGS *args,
                         char *is_null, char *error );
```

Bei REAL-Funktionen:

```
double funktionsname( UDF_INIT *initid, UDF_ARGS *args,
                      char *is_null, char *error );
```

Die Initialisierungs- und Deinitialisierungsfunktionen werden immer wie folgt deklariert:

```
my_bool funktionsname_init( UDF_INIT *initid,
                            UDF_ARGS *args,
                            char *message);
void funktionsname_deinit( UDF_INIT *initid );
```


12.8.2 Die UDF_INIT-Struktur

Der initid-Parameter wird an alle Funktionen übergeben. Er verweist auf eine UDF_INIT-Struktur, die benutzt wird, um Informationen zwischen den Funktionen zu übergeben. Die Initialisierungsfunktion funktionsname_init() sollte alle Strukturvariablen verwenden, die verändert werden sollen. Die Variablen, die Sie nicht verändern wollen, können Sie auf dem Vorgabewert (also dem Standardwert) belassen. Folgende UDF_INIT-Strukturvariablen sind immer vorhanden und können von allen Funktionen benutzt werden:

- my_bool maybe_null: funktionsname_init() sollte maybe_null auf 1 setzen, wenn funktionsname() NULL zurückgeben kann. Der Vorgabewert ist 1, wenn eines der Argumente als maybe_null deklariert ist.
- unsigned int decimals: Anzahl von Dezimalstellen. Der Vorgabewert ist die maximale Anzahl von Dezimalstellen in den Argumenten, die an die Hauptfunktion übergeben werden. Wenn der Funktion beispielsweise die Argumente 1.34, 1.345 und 1.3 übergeben werden, ist der Vorgabewert 3, weil 1.345 drei Dezimalstellen hat.
- unsigned int max_length: maximale Anzahl der Zeichen im String. Der Vorgabewert ist abhängig vom Ergebnistyp der Funktion. Bei Stringfunktionen ist die Vorgabe die Länge des längsten Arguments. Bei Ganzzahl-Funktionen ist die Vorgabe 21 Ziffern. Bei REAL-Funktionen ist die Vorgabe 13 plus die Anzahl von Dezimalstellen, die von initid->decimals angezeigt werden (bei nummerischen Funktionen enthält die Länge jedes Vorzeichen- oder Dezimalpunkt-Zeichen). Wenn Sie ein BLOB zurückgeben wollen, also ein großes Binärobjekt, können Sie ihn auf 65 kB oder 16 MB setzen. Der Speicher wird hier noch nicht zugewiesen, aber dazu verwendet, zu entscheiden, welcher Spaltentyp benutzt werden soll, falls es notwendig werden sollte, Daten temporär zu speichern.

- char *ptr: ein Zeiger, der für eigene Zwecke verwendet werden kann. Beispielsweise können Funktionen initid->ptr benutzen, um Informationen über den ihnen zugewiesenen Speicher auszutauschen.

  In der Funktion funktionsname() können Sie diesen Speicher anschließend verwenden, und in funktionsname_deinit() wieder freigeben.

12.8.3 Die UDF_ARGS-Struktur

Den Parameter args enthalten bis auf funktionsname_deinit() ebenfalls alle Funktionen. Dabei handelt es sich um einen Zeiger auf die UDF_ARGS-Struktur, die mit folgenden Strukturvariablen bestückt ist:

- unsigned int arg_count: Hier befindet sich die Anzahl der Argumente. Gewöhnlich wird dieser Wert in der Initialisierungsfunktion funktionsname_init() überprüft, wenn Sie wollen, dass Ihre Funktion mit einer bestimmten Anzahl von Argumenten aufgerufen wird. Ein Beispiel wäre:

```
if (args->arg_count != 3) {
    strcpy(message,"funktionsname() benötigt 3 Argumente");
    return 1;
}
```

- enum Item_result *arg_type: Hier befindet sich der Typ der Argumente. Die Typenwerte können Sie mit den Konstanten STRING_RESULT, INT_RESULT und REAL_RESULT folgendermaßen überprüfen:

```
if (args->arg_type[0] != REAL_RESUL ||
    args->arg_type[1] != INT_RESULT ||
    args->arg_type[2] != STRING_RESULT) {
    strcpy( message,
            "funktionsname() erfordert eine Gleitkommazahl, "
            " einen Integer und einen String");
    return 1;
}
```

  Als Alternative dazu, dass Ihre Funktionsargumente von bestimmten Typen sein müssen, können Sie die Initialisierungsfunktion auch benutzen, um die arg_type-Elemente auf die Typen zu setzen, die Sie verwenden wollen. Dies veranlasst MySQL, die einzelnen Typen der Argumente bei jedem Aufruf von funktionsname() zu erzwingen. Um beispielsweise zu erzwingen, dass die ersten zwei Argumente vom Typ Zeichenkette und Ganzzahl sind, geben Sie in funktionsname_init() Folgendes an:

```
args->arg_type[0] = args->arg_type[1] = STRING_RESULT;
args->arg_type[2] = INT_RESULT;
```

In funktionsname_init() daher, weil diese Funktion noch vor der eigentlichen Hauptfunktion funktionsname() aufgerufen wird.

- char **args: Dies sind die tatsächlichen Argumente, mit denen die Funktion aufgerufen wurde (ähnlich wie argv in der main()-Funktion). Ist das Argument x z. B. ein konstanter Wert, zeigt args->args[x] auf den Argumentwert. Ist der Wert jedoch nicht konstant, ist args->args[x] 0. Ein nicht konstantes Argument hingegen ist ein Ausdruck, der auf Werte verweist, die sich von Zeile zu Zeile ändern können, wie z. B. Spaltennamen oder Funktionen, die mit nicht konstanten Argumenten aufgerufen werden. Nach jedem Aufruf der Funktion funktionsname() enthält args->args die tatsächlichen Argumente, die für die Zeile übergeben wurden und momentan verarbeitet werden (dies gilt natürlich stets für den zuletzt ausgeführten SQL-Befehl).

  Um den Wert von Argument x zu erhalten, gehen Sie je nach Datentyp wie folgt vor:

  - STRING_RESULT: Wird als ein Zeiger auf einen String mit einer bestimmten Länge angegeben, womit die Handhabung von Binärdaten oder Daten beliebiger Länge erlaubt ist. Die Zeichenketteninhalte sind als args->args[x] und die Zeichenkettenlängen als args->lengths[x] verfügbar. Sie dürfen hier niemals davon ausgehen, dass der String terminiert ist.
  - INT_RESULT: Wird als Argument ein INT_RESULT übergeben, müssen Sie args->args[x] zu einem long long-Wert casten:

    ```
    long long int_val = *((long long*) args->args[x]);
    ```

  - REAL_RESULT: Wird als Argument ein REAL_RESULT übergeben, müssen Sie args->args[x] zu einem long double-Wert casten: long double real_val = *((long double*) args->args[x]).

- unsigned long *lengths: Hier befindet sich die Länge des Strings, für jedes Argument. Bei Argumenten des Typs INT_RESULT oder REAL_RESULT enthält lengths immer noch die maximale Länge des Arguments (wie bei der Initialisierungsfunktion).

12.8.4 Rückgabewerte

Die Initialisierungsfunktion funktionsname_init() sollte, wenn alles glatt verläuft, 0, ansonsten (also bei einem Fehler) 1 zurückliefern. Als Fehlermeldung sollten Sie einen nullterminierten String mit maximal MYSQL_ERRMSG_SIZE Zeichen Länge in den message-Parameter von funktionsname_init() schreiben. Beachten Sie an dieser Stelle, dass Zeichen auch 16 Bit breit sein können (Unicode) und Sie in diesem Fall statt char-Werten int-Werte haben. Der Rückgabewert von funktionsname() sollte entsprechend der Deklaration dem Wert entsprechen, wie dies C-typisch ist. Bei long long wird eben ein entsprechender Wert zurückgegeben. Bei einem String sollte ein Zeiger auf den Anfang plus der Länge des Strings zurückgegeben werden, z. B.:

```
memcpy(result, "ein_string_als_rueckgabe", 24); // Bei Unicode 48 Bytes Länge!
*length = 24; // Dies ist 24, nicht 48 (Länge ist hier in Zeichen!).
```

Wenn die Zeichenkette die Länge von 255 Bytes nicht überschreitet, müssen Sie sich nicht um die Speicherzuweisung von `result` kümmern. Ist Ihr Ergebnis allerdings länger, müssen Sie eine dynamische Speicherzuweisung mit `malloc()` in den Funktionen `funktionsname_init()` oder `funktionsname()` vornehmen. Sie können den zugewiesenen Speicher im `ptr`-Slot in der `UDF_INIT`-Struktur für eine erneute Benutzung durch zukünftige `funktionsname()`-Aufrufe speichern.

Wollen Sie den Rückgabewert `NULL` anzeigen, müssen Sie den Parameter `is_null` auf 1 setzen. Ebenso auf `1` setzen müssen Sie den `error`-Parameter, wenn Sie eine Fehlerrückgabe der Hauptfunktion anzeigen wollen.

12.8.5 Benutzerdefinierte Funktionen erstellen

Damit Sie eine Vorstellung davon bekommen, wie Sie benutzerdefinierte Funktionen erstellen können, soll anhand zweier Beispiele, `STRING_RESULT` und `INT_RESULT`, jeweils eine einfache Funktion erstellt werden. Es wird in den folgenden Beispielen davon ausgegangen, dass Sie einen 8-Bit-Zeichensatz benutzen, wie z. B. ASCII oder UTF-8 (dies können Sie auch in den Locales Ihres Systems einstellen oder auch in den Konfigurationsdateien für MySQL).

Zunächst folgt ein Beispiel für eine benutzerdefinierte Funktion für Strings. Diese Funktion erwartet einen Parameter (vom Typ String) und dreht diesen String anschließend einfach um. Das Ergebnis wird natürlich auch an den MySQL-Server zurückgegeben.

```
/* reverse.c */
#include <mysql/mysql.h>
#include <string.h>
#define MAX 255
char *
reverse (UDF_INIT * initid, UDF_ARGS * args, char *result,
    unsigned long *length, char *is_null, char *error) {
    char name_buf[256];
    int i, j;
    char c;

    if (!args->args[0]) {
        /* NULL für NULL-Werte zurückgeben */
        *is_null = 1;
        return 0;
    }
    length = args->lengths[0];
```

```
    strcpy (name_buf, args->args[0]);
    for (i = 0, j = strlen (name_buf) - 1; i < j; i++, j--) {
        c = name_buf[i];
        name_buf[i] = name_buf[j];
        name_buf[j] = c;
    }
    memcpy (result, name_buf, (int)length);
    result[(int)length] = 0;
    return result;
}

my_bool
reverse_init (UDF_INIT * initid,UDF_ARGS * args,char *message) {
    if (args->arg_count == 1)
        args->arg_type[0] = STRING_RESULT;
    else {
        strncpy (message, "UPPER() mit einem Argument aufrufen!",
            MYSQL_ERRMSG_SIZE);
        return 1;
    }
    initid->max_length = sizeof (args->args[0]);
    initid->maybe_null = 1;
    return 0;
}
```

Listing 12.12 Eine benutzerdefinierte Funktion, die einen SQL-String umdreht

Das zweite Beispiel, ein Beispiel mit einem Integer als Rückgabewert, übernimmt eine Reihe von Zahlen, rechnet sie zu einer Gesamtsumme zusammen und gibt diesen Wert an den MySQL-Server zurück:

```
/* summe.c */
#include <mysql/mysql.h>
#include <string.h>
#include <stdlib.h>

long long
summe( UDF_INIT * initid, UDF_ARGS * args, char *is_null,
    char *error ) {
    long long summe=0;
    unsigned int i;
    for(i = 0; i<args->arg_count; i++)
        summe += *((long long *) args->args[i]);
```

```
    return summe;
}

my_bool
summe_init (UDF_INIT * initid, UDF_ARGS * args, char *message) {
    unsigned int i;
    if (args->arg_count < 1) {
        strncpy (message,
            "SUMME(): Mindestens 1 Argument angeben!",
            MYSQL_ERRMSG_SIZE);
        return 1;
    }
    for (i = 0; i < args->arg_count; i++)
        if (args->arg_type[i] != INT_RESULT) {
            strncpy (message,
                "SUMME(): Nur eine Ganzzahl als Argument!",
                MYSQL_ERRMSG_SIZE);
            return 1;
        }
    initid->maybe_null = 0;
    return 0;
}
```

[»]

Hinweis

Wenn Sie weitere Beispiele suchen, sollten Sie sich die MySQL-Source-Distribution herunterladen. Darin finden Sie einige UDF-Beispiele mit dem Namen *udf_example.cc.*

12.8.6 Benutzerdefinierte Funktion kompilieren, installieren und ausführen

Wollen Sie eine Datei dynamisch ladbar machen, sollte sie als gemeinsam nutzbare Objektdatei kompiliert werden. Dies können Sie mit folgendem Befehl erledigen (als Beispiel für die Stringfunktion *reverse.c*):

```
$ gcc -shared -o reverse.so reverse.c
```

Die gemeinsame Objektdatei *reverse.so* müssen Sie nun mit MySQL bekannt machen. Dazu sollten Sie diese Datei zunächst in den Pfad kopieren, den auch der dynamische Linker *ld-linux.so* durchsucht. Dieser Pfad kann von System zu System variieren. Meistens ist dies der Pfad */usr/lib* oder */usr/local/lib*. Sie können diesen Pfad aber auch über die Umgebungsvariable LD_LIBRARY_PATH so setzen, dass auf ein Verzeichnis gezeigt wird, in dem sich die UDF-

Funktionsdateien befinden. Ein Blick in die Manual Pages von dlopen()verrät Ihnen dazu mehr.

Ein anderer eleganter Weg unter Linux ist der folgende (Pfad zum *lib*-Verzeichnis bitte entsprechend anpassen):

```
$ mkdir /usr/local/lib/my_mysql_funcs
$ cd /usr/local/lib/my_mysql_funcs
$ cp /path/to/new/func ./
$ echo "/usr/local/lib/my_mysql_funcs" >> /etc/ld.so.conf
$ ldconfig
```

Unter BSD können Sie zusätzlich die entsprechenden Variablen in der Datei *rc.conf* setzen, aber unter Linux ist dies meist nicht nötig.

Nachdem Sie nun die Bibliothek kopiert haben, können Sie den MySQL-Server mit der neuen Funktion bekannt machen (auch hier gilt: Pfad zum *lib*-Verzeichnis bitte entsprechend anpassen):

```
$ gcc -shared -o reverse.so reverse.c
$ su
Password:********
$ sudo cp reverse.so /usr/lib
[sudo] password for user: ******
$ sudo /etc/init.d/mysql start
 * Starting MySQL database server mysqld          [ OK ]
$ mysql -uroot -hlocalhost -p
Enter pasword: ******
Welcome to the MySQL monitor.  Commands end with ; or \g.
Your MySQL connection id is 1 to server version: 3.23.55-log
Type 'help;' or '\h' for help. Type '\c' to clear the buffer.

mysql> CREATE FUNCTION reverse
    -> RETURNS STRING SONAME "reverse.so";
...
mysql> SELECT reverse("Das ist ein langer Text");
+------------------------------------+
| reverse("Das ist ein langer Text") |
+------------------------------------+
| txeT regnal nie tsi saD            |
+------------------------------------+
1 row in set (0.00 sec)
```

Neue Funktionen werden also mit CREATE FUNCTION angemeldet. Die genaue Syntax zum Anmelden von Funktionen in MySQL lautet:

```
CREATE FUNCTION <funktionsname> RETURNS (STRING | REAL | INTEGER) SONAME
<name der shared library>;
```

Wichtig ist, dass der Funktionsname der Hauptfunktion dem Namen im Listing exakt entspricht. Bei RETURNS müssen Sie natürlich auch den richtigen Datentyp angeben, der von der Hauptfunktion zurückgegeben wird. Hinter SONAME geben Sie den Dateinamen der UDF-Datei an. Wie schon erwähnt, ist der Ort der Datei zweitrangig, solange *ld-linux.so* die Datei über einen Suchpfad findet.

Wollen Sie zum Beispiel die Funktion summe() zum Addieren mehrerer Ganzzahlwerte bei MySQL anmelden, können Sie dies folgendermaßen machen (natürlich muss auch hier die Anwendung entsprechend kompiliert und die Datei installiert werden, wie Sie es zuvor gesehen haben):

```
mysql> CREATE FUNCTION summe RETURNS INTEGER SONAME "summe.so";
...
mysql> SELECT summe(5, 5, 5, 6);
+-------------------+
| summe(5, 5, 5, 6) |
+-------------------+
|                21 |
+-------------------+
1 row in set (0.32 sec)
```

Selbst erstellte UDF-Funktionen können mit dem SQL-Befehl DROP FUNCTION wieder gelöscht werden, in diesem Beispiel z. B. mit:

```
mysql> DROP FUNCTION reverse;
mysql> DROP FUNCTION summe;
```

Die benutzerdefinierten Funktionen werden dabei in der Verwaltungsdatenbank *mysql* in der Tabelle func gespeichert, weshalb Sie oder der Entwickler der benutzerdefinierten Funktion auch entsprechende Schreibrechte für CREATE FUNCTION und Löschrechte für DROP FUNCTION benötigen.

```
mysql> USE mysql;
Database changed
mysql> SELECT * FROM func;
+---------+-----+------------+----------+
| name    | ret | dl         | type     |
+---------+-----+------------+----------+
| reverse |   0 | reverse.so | function |
```

```
| summe    |   2 | summe.so    | function |
+---------+-----+-----------+----------+
2 rows in set (0.00 sec)
```

Wollen Sie entgegen der standardmäßigen Einstellung, dass die benutzerdefinierten Funktionen nicht beim Start vom MySQL-Server mitgeladen werden, müssen Sie den Server mit dem Flag `-skip-grant-tables` starten.

12.9 PostgreSQL: Ein objektrelationales Datenbankverwaltungssystem

Zwar ist MySQL inzwischen die wesentlich verbreitetere Open-Source-Datenbank, doch für anspruchsvollere Anwendungen hinkt sie immer noch weit hinter PostgreSQL her, so dass wir PostgreSQL nicht ignorieren können. Die Funktionsbreite von PostgreSQL liegt schon in dem Bereich von Oracle oder DB2. Vor allem im medizinischen Bereich ist PostgreSQL neben Oracle ein Quasi-Standard. Aber auch für Webanwendungen, wo MySQL immer noch die unumstrittene Dominanz hat, breitet sich PostgreSQL immer mehr aus. Dabei hat PostgreSQL natürlich auch einige Jahrzehnte Entwicklungszeit hinter sich und entstand, wie so vieles auch, in der kalifornischen Universität in Berkeley aus dem POSTGRES-Paket.

Natürlich ändert sich in der IT ständig alles, und es ist auch nach wie vor sehr schwer (vielleicht sogar schwerer als früher), immer auf dem neusten Stand zu sein. Vor allem das Internet entwickelt sich in einem rasanten Tempo, und es ist nicht abzusehen, dass sich dies in den nächsten Jahrzehnten ändert. Ob also MySQL (das natürlich auch ständig weiterentwickelt wird) nicht doch irgendwann PostgreSQL verdrängt ober ob wir mit der KI nicht sogar etwas völlig Neues bekommen, können nicht einmal die Experten beantworten. Zurzeit koexistieren MySQL und PostgreSQL noch nebeneinander, und deshalb behandeln wir an dieser Stelle auch (noch) beides.

Hinweis zum Umfang der Einführung

Natürlich gilt auch hier, wie schon bei der Einführung in MySQL, dass diese kurze Einführung keine Alternative zu einem separaten Buch oder einer separaten (Online-)Dokumentation ist. Es handelt sich lediglich um einen Streifzug durch die Welt von PostgreSQL. Wir werden hier also nur auf das Nötigste eingehen, um im weiteren Verlauf des Buches mit der C-API von PostgreSQL arbeiten zu können.

12.9.1 PostgreSQL im Vergleich zu MySQL

Um es gleich vorwegzunehmen: Auf die Frage nach einem direkten Vergleich, welches Datenbanksystem denn nun besser sei, gibt es keine befriedigende Antwort. Sie lässt sich wohl auch nicht beantworten, da der Zweck die Wahl der Software bestimmen sollte. Im Internet finden sich diesbezüglich viele Webseiten, die sich mit dem Performance-Vergleich der beiden Datenbanken MySQL und PostgreSQL beschäftigen. Nachteile von PostgreSQL gegenüber MySQL sind jedoch vorhanden und betreffen vorwiegend die folgenden Bereiche:

- PostgreSQL läuft gewöhnlich nur auf kommerziellen UNIX-Servern am effektivsten. Das kann Ihnen als privater Linux-Programmierer zwar egal sein, aber den großen Firmen, die viel Kapital umsetzen und viele Kunden haben, ist fast immer die Performance wichtiger als der Preis der Datenbank.
- PostgreSQL ist ein wenig schwieriger zu handhaben, dies trifft vor allem für Umsteiger von MySQL auf PostgreSQL zu.
- Für PostgreSQL gibt es eindeutig weniger Literatur und Dokumentation, was ein sehr gravierender Punkt ist, um ein Datenbanksystem für die Masse bekannt zu machen. Aber vielleicht ist dieses Vorgehen auch gar nicht beabsichtigt, da ja die Kunden, die PostgreSQL verwenden, fast immer Firmen sind (dies gilt natürlich auch für Oracle, wobei Oracle oft auch z. B. von Krankenhäusern benutzt wird).
- Der Bekanntheitsgrad von MySQL ist zumindest im privaten Bereich oder im Bereich Webentwicklung höher, das heißt, besonders freie Webentwickler bevorzugen MySQL.
- Die meisten Internetprovider und Webhoster bieten nur MySQL, aber hier ist allmählich ein Umbruch zu spüren, weil auch kommerzielle Firmen immer öfter auf günstige Webhoster zurückgreifen.

Wenn für Sie keiner dieser Nachteile gravierend sein sollte, können Sie zu PostgreSQL greifen. Sie erhalten hiermit ein Datenbanksystem, das mindestens genauso schnell wie MySQL ist, in manchen Bereichen ist PostgreSQL sogar bedeutend schneller. Und im Widerspruch zu vielen Falschaussagen werden auch Skriptsprachen wie z. B. PHP oder Perl mittlerweile recht gut unterstützt. Viele Anwendungen laufen mittlerweile auch nur noch mit PostgreSQL. Gerade im Administrationsbereich findet man oft Programme mit PostgreSQL-Unterstützung, aber ohne MySQL (Mailserver, Warenwirtschaftssysteme). Nebenbei muss man auch anmerken, dass PostgreSQL einige Features mehr besitzt als MySQL. Darüber werden wir zwar nicht mehr schreiben, aber diese Punkte wollen wir Ihnen nicht vorenthalten:

- die Definition von Views
- das Benutzen von Procedural Languages
- das Setzen von Triggern
- Customizable Aggregates
- bessere Transaktionen
- Das Benutzen von Clustern: Cluster ermöglichen es einem Admin, jedem User sein eigenes Profil zuzuweisen.
- Point-in-Time Recovery (ab Version 8.x): Damit lässt sich eine zerschossene DB vom Zeitpunkt DD.MM.YYYY wiederherstellen. Alles, was dazwischen war, ist Geschichte. Zusätz-

lich kann man damit wohl Backups in der Zeit nach hinten versetzt fahren; also ein Backup der DB machen, wie sie vor x Sekunden aussah.

- Tablespaces Simplify Disk Layout (ab Version 8.x): Als Admin kann man das Dateisystem für die Datenbanken, Indizes, Schemas usw. auswählen. Man kann auf diese Weise z. B. einen Index auf ein anderes Dateisystem auslagern.

Hinweis

Ab Version 8 von PostgreSQL benötigt man für Windows keine Cygwin-Umgebung mehr, sondern man kann diese nativ mit einem Installer installieren. Somit ist diese Version die erste, die nativ auf MS Windows als Server ausführbar ist – ein weiteres (erhebliches) Plus für PostgreSQL.

12.9.2 Syntax-Unterschiede zwischen MySQL und PostgreSQL

PostgreSQL hält sich im Gegensatz zu MySQL fast vollständig an den ANSI-SQL-Standard. Dies ist auch bei Oracle so und hat den einfachen Grund, dass der Einsatz professioneller Datenbanken vor allem im Krankenhausbereich hohe und einheitliche Standards erfordert. Wenn Sie von MySQL kommen, kann bei PostgreSQL einiges sehr fremd für Sie sein. Einige Punkte, bei denen Sie ein wenig umdenken müssen, sind die folgenden:

- MySQL verwendet das Zeichen # für den Beginn einer Kommentarzeile. PostgreSQL verwendet stattdessen das ANSI-konforme -- (sogenannter *double dash*). Die zwei Minuszeichen werden hier vor allem benutzt, weil z. B. in Patientenakten auch oft Kommentare in dieser Form stehen. Auch Oracle verwendet also diese Schreibweise.
- MySQL verwendet ' oder " zum Quoting von Werten (wie z. B. `name = 'Jack'` oder `name = "Jack"`). ANSI schreibt das einzelne Quoting ' vor, und PostgreSQL unterstützt nur diese Schreibweise. Doppeltes Quoting wird bei PostgreSQL hingegen für System Identifiers, Feldnamen oder Tabellennamen verwendet (z. B. ... `WHERE "first name" = 'Jack'`). MySQL benutzt stattdessen ` (den sogenannten *Backtick*), was wiederum nicht dem Standard entspricht.
- PostgreSQL ist *case-sensitiv* bezüglich Stringvergleichen: Das Feld `'Jack'` ist also nicht das gleiche wie das Feld `'jacK'`. MySQL ist diesbezüglich *case-insensitiv* und wandelt sämtliche Zeichen intern in Großbuchstaben um. Wollen Sie bei PostgreSQL erreichen, dass nicht auf Groß- und Kleinbuchstaben geachtet wird, müssen Sie entweder `ILIKE` oder *~ verwenden. PostgreSQL hat aber auch Vorteile bei der Namenssuche. So erreichen Sie beispielsweise mit `ILIKE`, dass die Namen Müller und Mueller als gleich behandelt werden. Dies ist ein sehr wichtiges Feature. Stellen Sie sich etwa vor, der Herr Müller kommt ins Krankenhaus, aber der Hausarzt hat den Patientennamen als »Mueller« in seinem System gespeichert. PostgreSQL kann den Patientennamen dann trotzdem verarbeiten (und sogar standardisieren), MySQL dagegen kann dies nicht. Wieder ein Grund mehr, warum PostgreSQL

und auch Oracle im medizinischen Bereich eingesetzt werden, MySQL mehr im semiprofessionellen Bereich.

- Es gibt zwischen PostgreSQL und MySQL einige Unterschiede bezüglich der Verwendung des Datums und der Funktionen, die mit Datumsangaben arbeiten (hier verwendet PostgreSQL mehr Bits und ist deswegen genauer).
- In MySQL können Sie die logischen C-Operatoren `||` und `&&` verwenden, was hierbei auch für das Verknüpfen eines logischen ODER und eines logischen UND steht. In PostgreSQL steht das `||` für das Aneinanderhängen von Strings (was auch dem Standard entspricht, z. B. `'test' || 'string' = 'teststring'`).

Es gibt sicherlich noch eine Menge Differenzen, aber diese hier sollten für den Umstieg die wichtigsten gewesen sein.

12.9.3 PostgreSQL installieren

Erst einmal vorab eine Anmerkung: PostgreSQL gibt es genau wie Oracle als kostenpflichtiges und als kostenloses Softwarepaket. Das kostenlose Paket unterscheidet sich nicht von der kostenpflichtigen Version. Allerdings sind die Menge und Größe der Tabellen und Datensätze bei der freien Version begrenzt. Auch ist PostgreSQL nicht bei allen Linux-Distributionen vorhanden.

Es gibt demnach auch zwei Möglichkeiten für die Installation von PostgreSQL. Zum einen wäre dies, das Softwarepaket, das Ihnen Ihre Distribution mitliefert, mit einem Paketmanager Ihrer Wahl zu installieren (z. B. durch `apt-get install postgre-sql` und eventuell Auflösen noch vorhandener Abhängigkeiten), und zum anderen, die Software selbst zu installieren. Sofern Ihrer Distribution PostgreSQL beiliegt (dies sollte eigentlich fast immer der Fall sein), empfehlen wir Ihnen erst einmal, diese Pakete zu installieren, da Ihnen hiermit eine Menge Konfigurationsarbeit abgenommen wird. Somit können Sie bei Verwendung von Distributionsinstallierern (wie z. B. *YaST2* oder *apt*) die folgenden Schritte überspringen.

Sofern Ihre Distribution kein PostgreSQL mitgeliefert hat, sollten Sie über eine Neuanschaffung nachdenken (bei der kommerziellen Version kaufen Sie eine DVD mit einem Installer) oder über einen Download der Installationsquellen für die freie Version. Wenn Sie also den steinigen Weg der Quelltextdistribution gehen wollen, müssen Sie sich zunächst die Quellcodes aus dem Internet herunterladen. Meistens ist dies ein sogenanntes *tar-Archiv*. Nennen wir diese Datei nun *postgre-sources.tar*. Kopieren Sie nun diese *.tar*-Datei in einen Ordner Ihrer Wahl, beispielsweise in */home/[Benutzername]/postgresetup*. Wechseln Sie in das Verzeichnis mit dem *Tarball* (das ist der Fachname für *.tar*-Dateien), und geben Sie folgendes Kommando auf der Shell ein:

```
$ sudo tar -xzvf postgre-sources.tar
```

Nach dem Auspacken mit `tar` führen Sie das Installationsskript mit `./configure` (bzw. unter Ubuntu `sh ./configure`) aus. Dies kann einige Zeit in Anspruch nehmen, denn das `configure`-Skript prüft z. B. die Compilerversion und lädt eventuell auch noch einige Dateien herunter.

Nach der Konfigurationsphase können Sie die Anwendung bauen. Bauen bedeutet, dass Ihr Programm (also die PostgreSQL-Datenbank und einige Kommandozeilentools) aus den Quellcodes erstellt und installiert wird. Dies klappt allerdings nur, wenn das `configure`-Skript vorher ohne Fehlermeldungen durchgelaufen ist. Wenn dies der Fall ist, geben Sie auf der Shell

```
./make
```

und anschließend

```
./make install
```

ein (in dieser Reihenfolge!). Leider kann hier einiges schiefgehen. Es gibt z. B. Abhängigkeiten zwischen den Paketen von PostgreSQL und einigen Libs, die `make` fehlschlagen lassen, wenn die entsprechenden Pakete auf Ihrem System fehlen. Das Make-Toolkit wird Ihnen in diesem Fall auch anzeigen, was fehlt, und im Notfall müssen Sie die »angemeckerten« Libs etwa per `apt-get` oder *YaST2* nachinstallieren. Ferner gibt es zahlreiche Optionen für `./configure`, die Sie in der Dokumentation finden (diese versteckt sich in den Dateien *README.txt* und *HOWTO.txt*).

Wir gehen nun davon aus, dass `make install` erfolgreich verlief. Nachdem das Datenbanksystem PostgreSQL also installiert wurde, benötigen Sie ein Passwort für den *postgres*-Adminbenutzer. Folgendermaßen setzen Sie das Passwort:

```
$ sudo -u postgres psql template1
[sudo] password for user: ******
Dies ist psql 15.3.1, das interaktive PostgreSQL-Terminal.
Geben Sie ein: \copyright für Urheberrechtsinformationen
               \h für Hilfe über SQL-Anweisungen
               \? für Hilfe über interne Anweisungen
               \g oder Semikolon, um eine Anfrage auszuführen
               \q um zu beenden
template1=# ALTER ROLE postgres WITH PASSWORD 'juergen';
ALTER ROLE
template1=# \q
```

In dem letzten Beispiel wurde das Passwort für den *postgres*-Adminbenutzer auf »juergen« gesetzt. `psql` ist das interaktive PostgreSQL-Terminal (wie `mysql` bei der MySQL-Datenbank). *template1* ist eine Datenbank, die PostgreSQL zum Verwenden neuer Datenbanken benutzt. Daher gilt: Finger weg von dieser Datenbank!

Sicherlich werden Sie nicht immer den Superuser nehmen wollen, um sich einen eigenen Account einzurichten. Um später die Listings in einfacher Weise auszuführen, empfehlen wir Ihnen, einen eigenen Datenbank-Account einzurichten. Folgendermaßen können Sie sich einen Datenbank-Account (auch einen Datenbank-Superuser) mit Ihrem zurzeit eingeloggten Benutzer anlegen:

```
$ sudo -u postgres createuser --superuser $USER
$ createdb $USER
$ psql
Dies ist psql 15.3.1, das interaktive PostgreSQL-Terminal.
Geben Sie ein: \copyright für Urheberrechtsinformationen
               \h für Hilfe über SQL-Anweisungen
               \? für Hilfe über interne Anweisungen
               \g oder Semikolon, um eine Anfrage auszuführen
               \q um zu beenden
user=# \q
```

[»]

Hinweis

Hierbei gehen die verschiedenen Distributionen etwas unterschiedliche Wege, deshalb sollten Sie am besten in der Dokumentation der entsprechenden Distribution nachschauen.

12.9.4 Die Konfigurationsdateien bei PostgreSQL – postgresql.conf und pg_hba.conf

In diesem Buch werden Sie die Konfigurationsdateien zwar nicht benötigen, aber es kann recht hilfreich bei Problemen sein (besonders bei den Zugriffsrechten), wenn Sie wissen, unter welchem Namen Sie diese auf Ihrem System finden.

Die Konfigurationsdateien bei PostgreSQL sind *postgresql.conf* und *pg_hba.conf*. Die erste Datei ist die eigentliche Konfigurationsdatei, mit der zweiten Datei stellt man die Zugriffsbeschränkungen ein. Jedes Cluster besitzt seine eigenen Konfigurationsdateien.

Die Konfigurationsdatei *postgresql.conf* werden Sie wohl nicht so schnell verändern müssen. Sie ist standardmäßig für bis zu 100.000 Datensätze optimal eingerichtet. Sofern Sie die Datei dennoch verändern wollen oder gar müssen, sei für mehr Details die Dokumentation von PostgreSQL empfohlen. Wenn Sie diese Datei betrachten, finden Sie immer folgendes Format vor:

```
Option=Wert
```

Damit wird immer für die entsprechende Option ein bestimmter Wert gesetzt. Zeilen, die mit dem Zeichen # beginnen, sind Kommentarzeichen und werden vom PostgreSQL-Server ignoriert. Häufig findet man hier auch einige Option-Wert-Paare auskommentiert.

Die Zugriffsrechte werden über die Datei *pg_hba.conf* eingestellt. Natürlich ist dies nur nötig, wenn eine Authentifizierung durchgeführt wird. In den Beispielen dieses Buchs ist dies nicht nötig. Da diese Datei nur einmal beim Starten geladen wird, muss bei einer Veränderung der Datei der Server nochmals neu gestartet werden, bzw. es reicht ein `reload`, um nur die Konfiguration neu einzulesen.

[«]

Hinweis: Passwort-Sicherheit bei PostgreSQL

Zwar kommt hier die hervorragende Benutzerverwaltung von PostgreSQL ein wenig zu kurz. In der Praxis sollte man die Daten aber immer so gut wie irgend möglich schützen – sprich, Sie sollten den Benutzern nahelegen, auch für die UNIX-Socket-Verbindung ein MD5-Passwort zu verwenden (MD5 ist ein Hashing-Verfahren für Passwörter, das unter Linux oft benutzt wird). Es sollte daher auch immer die Option `-U USERNAME` hinzugenommen werden. Allerdings sollten Sie bedenken, dass es sich hier nur um einen Crashkurs zu PostgreSQL handelt. Würden wir noch mehr ins Detail gehen, so hätten wir noch zig Seiten mehr schreiben müssen. Für mehr Details empfehlen wir das Buch »PostgreSQL-Administration« von Peter Eisentraut und Bernd Helmle, das es auch in einer aktualisierten Auflage gibt. Wie auch immer, vielleicht ist das auch z. T. das Erfolgsgeheimnis von MySQL: MySQL lässt sich sehr schnell überblicken, was man von PostgreSQL kaum behaupten kann.

Eine solche Zeile in der Konfigurationsdatei wird als *Regel* bezeichnet. Jede dieser Regeln besteht aus mehreren Teilen, die durch ein Leerzeichen voneinander getrennt werden. Eine solche komplette Regel ist wie folgt aufgebaut:

```
host Datenbankname IP-Adresse Netzmaske Authentifizierung
```

Der erste Regeltyp `host` ist der wichtigste und gibt den `host` für die Netzwerkadresse an. Würde anstatt `host` der Regeltyp `local` verwendet, so würde eine Verbindung über UNIX Domain Sockets benutzt. Die weiteren Regeltypen bis zur Authentifizierung sprechen für sich. Wollen Sie bezüglich der Datenbank keine Einschränkungen machen, dann können Sie hier einfach `all` einsetzen – ansonsten geben Sie eine entsprechende existierende Datenbank mit dem Namen an. Bei der Authentifizierung stehen Ihnen mehrere Möglichkeiten zur Verfügung:

- `trust`: Hier ist keine Authentifizierung nötig. Der Benutzername und das (falls eingegeben) Passwort werden akzeptiert.
- `password`: Dies ist eine Klartext-Passwort-Authentifizierung. Dies kann auch eine Passwortdatei (*.pgpass*) sein.
- `crypt`: Dieser Befehl arbeitet wie `password`, nur werden die Passwörter über das Netzwerk verschlüsselt übertragen. Bei Anwendungen mit Threads sollte stattdessen `md5` verwendet werden, da `crypt` nicht thread-sicher ist.
- `md5`: wie `crypt`, nur mit anderem und besserem Algorithmus zur Verschlüsselung

- `Ident`: `Ident`-Dämon wird abgefragt. Hier kann ein Benutzernamen-Mapping über eine Datei namens *pg_ident.conf* durchgeführt werden.
- `reject`: Verbindung wird immer abgelehnt.

12.9.5 Kleiner Crashkurs in PostgreSQL

Den Server starten und stoppen

An dieser Stelle gilt schon, dass es mehr als nur einen Weg gibt (auch dies kann zum Nachteil gegenüber MySQL werden). Daher empfehlen wir Ihnen, zu diesem Thema die mitgelieferte Dokumentation von PostgreSQL zu lesen. Im Großen und Ganzen ist an dieser Stelle kein großer Aufwand nötig, um den Server zu starten, aber dies gilt nicht immer. Im Normallfall müssen Sie aber lediglich ein entsprechendes Skript, das Ihnen von der Distribution bei der Installation zur Verfügung steht, mit der Option `start` zum Starten oder mit der Option `stop` zum Stoppen des Servers aufrufen. Alternativ (also zum Neustart des Datenbankservers) können Sie auch `reload` oder `restart` verwenden. Gehen Sie folgendermaßen vor, um den PostgreSQL-Server zu starten:

```
--[ Generisch (Ubuntu, openSUSE (als root ohne sudo) ]--
$ sudo /etc/init.d/postgresql* start
[ sudo ] password for user : *****
* Starting PosgreSQL 15.3 database server                [ OK ]
$ sudo /etc/init.d/postgresql* stop
* Stopping PosgreSQL 15.3 database server                [ OK ]
--[ RedHat, Fedora, Mandrake, Debian ]--
# /sbin/service postgresql start
* Starting PosgreSQL 15.3 database server                [ OK ]
# /sbin/service postgresql stop
* Stopping PosgreSQL 15.3 database server                [ OK ]
```

Wenn Ihnen keines dieser Skripte zur Verfügung steht, sei Ihnen die Website von PostgreSQL empfohlen. Hier werden für diverse Systeme Skripte für alle möglichen Aktionen zum Download angeboten. Dies ist z. B. der Fall, wenn Sie PostgreSQL selbst übersetzt haben. Natürlich können Sie auch ohne ein solches Skript den Datenbankserver – wenn auch etwas umständlich – starten und stoppen, z. B. so:

```
$ su -c 'pg_ctl start -D /usr/local/pgsql/data -l serverlog' \
  postgres
```

Notfalls können Sie zum Beenden des Datenbankservers auch mit `kill` die Signale `SIGINT` und `SIGQUIT` senden.

Datentypen in PostgreSQL

Von PostgreSQL wird Ihnen eine enorme Menge an Datentypen angeboten. Neben den gewöhnlichen Datentypen, die es in MySQL auch gibt, gibt es u. a. Datentypen für Geometriedaten, Netzwerkadressen, Bitketten und Arrays. Auf alle Datentypen einzugehen, wäre recht umfangreich, weshalb wir nur auf die gängigsten Datentypen eingehen – da sich die Syntax im Gegensatz zu MySQL erheblich unterscheidet.

Zuerst folgt in Tabelle 12.10 eine Zusammenfassung der nummerischen Datentypen – sowohl für Ganzzahlen als auch für Fließkommazahlen:

Name	Speichergröße	Beschreibung	Reichweite
`smallint`	2 Bytes	ganze Zahl mit kleiner Reichweite	–32.768 bis +32.767
`integer`	4 Bytes	normale Wahl für ganze Zahlen	–2.147.483.648 bis +2.147.483.647
`bigint`	8 Bytes	ganze Zahl mit großer Reichweite	–9.223.372.036.854.775.808 bis 9.223.372.036.854.775.807
`decimal`	variabel	benutzerdefinierte Präzision, exakt	keine Begrenzung
`numeric`	variabel	benutzerdefinierte Präzision, exakt	keine Begrenzung
`real`	4 Bytes	variable Präzision, inexakt	6 Dezimalstellen Präzision
`double precision`	8 Bytes	variable Präzision, inexakt	15 Dezimalstellen Präzision
`serial`	4 Bytes	selbstzählende ganze Zahl	1 bis 2.147.483.647
`bigserial`	8 Bytes	große selbstzählende ganze Zahl	1 bis 9.223.372.036.854.775.807

Tabelle 12.10 Nummerische Datentypen

Tabelle 12.11 zeigt die Datentypen für Zeichenketten im Überblick:

Name	Beschreibung
`character varying(n), varchar(n)`	variable Länge mit Höchstgrenze

Tabelle 12.11 Datentypen für Zeichenketten (Strings)

Name	Beschreibung
character(n), char(n)	feste Länge, mit Leerzeichen aufgefüllt
text	variable Länge ohne Höchstgrenze

Tabelle 12.11 Datentypen für Zeichenketten (Strings) (Forts.)

Zum Schluss noch Datentypen zur Datums- und Zeitangabe:

Name	Bytes	Beschreibung	Wert	Genauigkeit
timestamp [(p)] without time zone	8	Datum und Zeit	4713 v.u.Z –1465001 u.Z.	1 Mikrosek./14 Stellen
timestamp [(p)] with time zone	8	Datum und Zeit	4713 v.u.Z. –1465001 u.Z.	1 Mikrosek./14 Stellen
interval [(p)]	12	Zeitspannen	-178000000 –178000000 Jhr.	1 Mikrosek.
date	4	nur Datum	4713 v.u.Z. –32767 u.Z.	1 Tag
time [(p)] without time zone	8	nur Tageszeit	00:00:00.00 –23:59:59.99	1 Mikrosek.
time [(p)] with time zone	12	nur Tageszeit	00:00:00.00+12 –23:59:59.99-12	1 Mikrosek.

Tabelle 12.12 Datentypen zur Datums- und Zeitangabe

[»]

Hinweis: BLOBs

Natürlich gibt es in PostgreSQL auch einen Datentyp für binäre Daten, wie das bei MySQL mit BLOB der Fall ist. Der Typ in PostgreSQL lautet bytea.

Eine (neue) Datenbank verwenden

Wie Sie eine neue Datenbank anlegen oder eine bereits vorhandene Datenbank löschen können, haben Sie bereits in den Erläuterungen zu MySQL erfahren. Wenn Sie jetzt auf die Datenbank zugreifen wollen, haben Sie mehrere Möglichkeiten:

- Sie verwenden das PostgreSQL-Clientprogramm psql – vergleichbar in MySQL mit dem Client mysql. Mit diesem Clientprogramm können Sie in der Kommandozeile SQL-Befehle eingeben.

- Sie verwenden ein grafisches Frontend wie z. B. *PgAccess* oder *knoda*.
- Sie verwenden ein Office-Paket mit ODBC-Unterstützung.
- Sie schreiben eine eigene Clientanwendung mit einer der verschiedenen Sprachanbindungs-Bibliotheken, was letztendlich auch das Ziel dieses Kapitels ist.

Da es sich hier nur um einen Crashkurs handelt, verwenden Sie nun zunächst das Clientprogramm psql. Sofern Sie die Datenbank *adressen* von der Einführung noch nicht gelöscht haben, werden Sie sie jetzt wiederverwenden. Um die Datenbank zu verwenden, müssen Sie den Client psql unter der Angabe der Datenbank, die benutzt werden soll, folgendermaßen starten:

```
$ createdb adressen
$ psql adressen
Dies ist psql 15.3.1, das interaktive PostgreSQL-Terminal.
Geben Sie ein: \copyright für Urheberrechtsinformationen
               \h für Hilfe über SQL-Anweisungen
               \? für Hilfe über interne Anweisungen
               \g oder Semikolon, um eine Anfrage auszuführen
               \q um zu beenden
adressen=#
```


Sie greifen jetzt auf die Datenbank *adressen* zu. Dies können Sie in der Zeile, in der sich jetzt auch das Eingabeprompt befindet, erkennen. Die Zeile könnte allerdings auch so aussehen:

```
adressen=>
```

Das bedeutet, dass Sie nicht der Datenbank-Superuser sind, was auch heißt, dass Sie einige Zugriffsbeschränkungen bezüglich des Zugriffs auf die Datenbank haben. Für den weiteren Verlauf ist dies allerdings nicht so wichtig. In der letzten Zeile befindet sich nun der Prompt und wartet auf Ihre Eingaben. Mit den folgenden Befehlen lassen Sie sich die Version von PostgreSQL anzeigen, und anschließend beenden Sie die Arbeit mit der Datenbank *adressen* mit \q wieder:

```
adressen=# SELECT version();
-----------------------------------------------------------
PostgreSQL 8.3.5 on i486-pc-linux-gnu,
compiled by GCC gcc-4.3.real (Ubuntu 4.3.2-1ubuntu11) 4.3.2
(1 Zeile)
adressen=# \q
```

psql erfordert als Parameter mindestens den Namen der Datenbank, mit der Sie verbunden werden wollen. Über weitere Optionen können Sie z. B. angeben, auf welchem Server die Datenbank läuft oder welcher Benutzername verwendet werden soll, z. B. so:

```
$ psql -h localhost -U meinusername datenbankname
```

Hier verbinden Sie sich z. B. mit dem Host `localhost` und dem User-Namen `meinusername` und mit der Datenbank `datenbankname`. `psql` kann noch mit weiteren Optionen gestartet werden – manchmal ist dies auch Voraussetzung, um eine Verbindung aufzubauen. Mehr darüber erfahren Sie mit `psql -help`. Benötigt eine Verbindung ein Authentifizierungsverfahren, so werden Sie daraufhin auch nach dem Passwort gefragt. Ein eventuelles Hashing z. B. mittels MD5 erfolgt hier automatisch.

Grafische Frontends für PostgreSQL

Der eine oder andere wird lieber die Kommandozeile gegen einen grafischen Client austauschen wollen, vor allem bei komplexeren Datenmodellen. Für Umsteiger von MySQL auf PostgreSQL, die gerne und viel mit phpMyAdmin gearbeitet haben, gibt es eine postgresche Alternative mit phpPgAdmin.

Hierbei handelt es sich um ein Webfrontend, das also einen Webbrowser voraussetzt. Das Frontend verfügt über unzählig viele Funktionen, um mindestens genauso effektiv mit der PostgreSQL-Datenbank zusammenzuarbeiten wie mit dem Kommandozeilenclient `psql`. Dieses Frontend bietet alles, was auch phpMyAdmin dem MySQL-Kenner schon bietet, vom Betrachten der Tabellendaten als HTML-Tabelle bis zum Bearbeiten von Feldern und Kopier- und Backup-Funktionen. Natürlich lassen sich auch hiermit die SQL-Befehle wie auf der Kommandozeile eingeben – weshalb Sie ohne weiteres phpPgAdmin installieren und im weiteren Verlauf des Crashkurses verwenden können. Des Weiteren hat man mit einer Verlinkung zu den passenden Seiten der PostgreSQL-Dokumentation alles in einer Hand (in einem Fenster). Ein großer Vorteil von PostgreSQL und phpPgAdmin ist, dass es zahlreiche Plugins gibt, die sich auch oft frei herunterladen lassen. So können Sie z. B. auch Datenmodelle grafisch nach dem UML-Standard erstellen und später in ein SQL-Skript umwandeln, das Ihnen die Datenbank automatisch erstellt.

Ein weiteres grafisches Frontend, mit dem man sich die üblichen Dialoge zwischen dem Client und den Server »erklicken« konnte, war *PgAccess*. Auch mit diesem Frontend ließen sich alle Arbeiten mit der Datenbank recht einfach und komfortabel mit Mausklicks erledigen. Allerdings war PgAccess schon seit der Version 7.3 nicht mehr Bestandteil der PostgreSQL-Distribution und musste extra von *http://www.pgaccess.org/* besorgt werden. Ab Version 9.0 sind keine regelmäßigen Updates mehr erschienen (z. B. jedes Jahr eins), und so muss inzwischen von PgAccess abgeraten werden.

[»]

Hinweis zu UNIX-Sockets

Viele dieser Tools funktionieren nicht mit dem UNIX-Socket, da meistens Netzwerk-Sockets dazu benötigt werden, weshalb in der *postgresql.conf* des Clusters der Schalter `tcpip_socket = true` gesetzt sein muss.

Tabellen anlegen und löschen

Das Anlegen einer neuen Tabelle in der Datenbank unterscheidet sich fast gar nicht von der Syntax von MySQL. Auch hier wird der SQL-Befehl CREATE TABLE wie folgt verwendet:

```
CREATE TABLE <tabellenname> ( <spaltenname> <datentype>, ... );
```

In der Praxis sieht dies somit genauso wie mit MySQL aus – unter der Berücksichtigung, dass einige Datentypen eine andere Syntax haben:

```
adressen=# CREATE TABLE adressen(
adressen(# vname varchar(80),
adressen(# nname varchar(80),
adressen(# plz int,
adressen(# ort varchar(80),
adressen(# strasse varchar(100),
adressen(# hausnr int
adressen(# );
CREATE TABLE
```


Sie können auch hier Leerzeichen, Tabulatoren und Zeilenumbrüche in den SQL-Befehlen beinahe beliebig verwenden. Kommentare können Sie mit zwei Minuszeichen einleiten (--). Alles dahinter wird ignoriert, bis zum Zeilenumbruch. Ebenso sieht es mit der Groß- und Kleinschreibung der Befehle aus, die im SQL-Standard schon immer unerheblich war.

Löschen können Sie die zuletzt angelegte Tabelle wieder mit dem Befehl:

```
DROP TABLE tabellenname;
```

Was Sie hier aber nicht durchzuführen brauchen, da Sie diese Tabellen noch für den weiteren Verlauf des Crashkurses verwenden.

Daten in die Tabelle einfügen, verändern und löschen

Nachdem Sie nun die Datenbank angelegt und die Tabellen definiert haben, sind Sie hierbei wieder als Programmierer gefragt, um die Daten in diese Tabelle einzufügen. Diesen Vorgang heben wir uns aber zunächst für später auf. Zunächst verwenden wir hier den von MySQL bereits bekannten Befehl INSERT INTO:

```
adressen=# INSERT INTO adressen(vname, nname, plz, ort, strasse,
adressen(# hausnr )
adressen-# VALUES (
adressen(# 'Jürgen', 'Wolf', 86316, 'Mering', 'Musterweg', 123 );
INSERT 16988 1
```

In dem letzten Befehl wird zunächst der Tabellenname angegeben, gefolgt von den Tabellenspalten und den Werten (VALUES), die in den einzelnen Spalten gespeichert werden sollen. Die

Tabellenspalten und Werte werden durch Kommata getrennt. Wichtig ist, dass Sie die Reihenfolge der Tabellenspalten auch bei den Werten einhalten. Dabei müssen Sie die Reihenfolge nicht so übernehmen, wie Sie sie in der Tabellenstruktur definiert haben. Sie können z. B. auch alles in der umgekehrten Reihenfolge schreiben, wie eben auch schon bei MySQL.

Sofern Sie die Reihenfolge der Tabellenspalten im Kopf haben, können Sie auch direkt die Werte in die Tabelle einfügen:

```
adressen=# INSERT INTO adressen
adressen-# VALUES('Fatma', 'Wolf', 33333, 'Schlumpfhausen',
adressen(# 'Schlumpfweg', 444);
INSERT 16990 1
```

[»]

Hinweis

Bei der Erstellung Ihrer eigenen Clientanwendungen ist von diesem direkten Einfügen abzuraten. Wird während der Programmerstellung z. B. ein Feld hinzugefügt, funktioniert das gesamte bisherige Programm nicht mehr. Daher sollten Sie sich angewöhnen, die Felder, die Sie einfügen möchten, wirklich mit anzugeben.

Im Gegensatz zu MySQL ist es allerdings in PostgreSQL nicht möglich, mehrere Datensätze auf einmal einzufügen – da folgt PostgreSQL brav dem ANSI-SQL-Standard. Sie können also in der Praxis immer nur eine einzige komplette Adresse in die Datenbank einfügen, nicht zwei oder drei auf einmal.

Analog zum Hinzufügen von Daten verhält es sich beim Verändern und Löschen von Daten im Vergleich zu MySQL. Auch in PostgreSQL werden hierfür die Befehle `DELETE FROM` (zum Löschen von Zeilen) und `UPDATE` (zum Verändern bzw. Aktualisieren) verwendet.

Datenausgabe in der Konsole

Auch die Datenausgabe lässt sich bei PostgreSQL mit derselben Syntax wie bei MySQL erledigen. Dabei bedienen Sie sich auch hier wieder des mächtigen Befehls `SELECT`, dessen komplette Beschreibung wohl mehrere hundert Seiten füllen würde. Der einfachste Befehl ist natürlich das Anzeigen aller Daten in einer Tabelle, z. B. auf die folgende Weise:

```
adressen=# SELECT * FROM adressen;

vname   | nname | plz   |      ort       |    strasse    | hausnr
--------+-------+-------+----------------+---------------+-------
Jürgen  | Wolf  | 86316 | Mering         | Musterweg     |    123
Jonathan| Wolf  | 12345 | Musterdorf     | Musterstrasse |      1
Fatma   | Wolf  | 33333 | Schlumpfhausen | Schlumpfweg   |    444
(3 rows)
```

Auf einzelne Werte in der Tabelle können Sie mit der Angabe des Namens der Spalte zurückgreifen (und die entsprechenden Werte dabei auch ausgeben lassen):

```
adressen=# SELECT ort FROM adressen;

      ort
----------------
 Mering
 Musterdorf
 Schlumpfhausen
(3 rows)
```

Für spezielle Inhalte können Sie sich auch hierbei des SQL-Befehls WHERE bedienen:

```
adressen=# SELECT * FROM adressen WHERE ort='Mering';

 vname  | nname |  plz  |  ort   |  strasse  | hausnr
--------+-------+-------+--------+-----------+--------
 Jürgen | Wolf  | 86316 | Mering | Musterweg |    123
(1 row)
```

Wollen Sie die Ausgabe nach einem bestimmten Kriterium sortieren lassen, können Sie auch hierbei den Befehl ORDER BY verwenden:

```
adressen=# SELECT * FROM adressen ORDER by plz;

 vname    | nname |  plz  |      ort       |    strasse    | hausnr
----------+-------+-------+----------------+---------------+-------
 Jonathan| Wolf   | 12345 | Musterdorf     | Musterstrasse |      1
 Fatma    | Wolf  | 33333 | Schlumpfhausen | Schlumpfweg   |    444
 Jürgen   | Wolf  | 86316 | Mering         | Musterweg     |    123
(3 rows)
```

Wollen Sie nach allen Ortschaften suchen, die mit der Stringfolge M beginnen, können Sie die unscharfe Suche mittels LIKE verwenden:

```
adressen=# SELECT * FROM adressen WHERE ort LIKE 'M%';

  vname   | nname |  plz  |    ort     |    strasse    | hausnr
----------+-------+-------+------------+---------------+--------
 Jürgen   | Wolf  | 86316 | Mering     | Musterweg     |    123
 Jonathan | Wolf  | 12345 | Musterdorf | Musterstrasse |      1
(2 rows)
```

Sie bemerken wahrscheinlich bereits, dass wir den Crashkurs zu PostgreSQL kürzer gehalten haben. Die Verwendung beider Datenbanksysteme (und vieler anderer auch) ist eben recht ähnlich. Wenn Sie sich erst einmal gute Kenntnisse eines Datenbanksystems angeeignet haben, fällt es Ihnen auch relativ leicht, sich in anderen Systemen zurechtzufinden. Häufig vermisst man hier und da die eine oder andere Bequemlichkeit. Der Vorteil der Kenntnisse von PostgreSQL ist aber, dass sie sehr ANSI-konform ist, und somit dürfte der Umstieg von PostgreSQL auf ein anderes Datenbanksystem wie MySQL oder gar Oracle wesentlich einfacher fallen als umgekehrt. Die letzte Aussage gilt allerdings nur für SQL und nicht z. B. für objektorientierte Datenbanken. Diese benutzen ganz andere Zugriffsstrategien und sind auch sehr viel schneller bei der Speicherung und dem Abrufen von Datensätzen – allerdings haben sich diese Datenbanken nicht wirklich durchgesetzt.

12.9.6 Die PostgreSQL-C-API libpg

Die Bibliothek, die Sie zur Schnittstelle zu PostgreSQL für die Anwendungsprogrammierung in C benötigen, ist die *libpg*-Bibliothek. Diese Bibliothek liegt gewöhnlich Ihrer Distribution bei und muss meistens nur noch nachinstalliert werden. Sofern dies nicht der Fall ist, müssen Sie sie von der Website *http://www.postgresql.org/* beziehen und installieren. Mit *libpg* steht Ihnen eine ganze Sammlung von Funktionen zur Erstellung von Clientanwendungen zur Kommunikation mit dem PostgreSQL-Server zur Verfügung. *libpg* ist auch die Grundlage für alle anderen Anwendungsschnittstellen zu PostgreSQL wie libpg++ (C++), libpgtcl (Tcl), Perl oder ECPG.

Eine PostgreSQL-Anwendung erstellen und übersetzen

Um PostgreSQL-Anwendungen zu erstellen, ist nicht allzu viel Know-how nötig. Sie müssen dem Compiler lediglich den Pfad zur Headerdatei angeben und dem Linker den Pfad zur Bibliothek. Folgende drei Punkte sind zu beachten:

1. Die Headerdatei *libpq-fe.h* einbinden:

   ```
   #include <libpq-fe.h>
   ```

2. Sagen Sie dem Compiler mit der Option `-I`, wo er die PostgreSQL-Headerdateien findet. In den nächsten Beispielen sieht dies so aus:

   ```
   gcc -c -I/usr/include/pgsql programm.c
   ```

   Es kann sein, dass sich von Distribution zu Distribution das Verzeichnis der Headerdateien woanders befindet (im Normalfall ist dies aber */usr/include/*). Sollte der Compilerlauf bei Ihnen einen Fehler ausgeben wie »no such file or directory«, dann können Sie das Verzeichnis mit `pg_config` auf die folgende Weise ermitteln:

   ```
   $ pg_config --includedir
   /usr/include/pgsql
   ```

3. Jetzt müssen Sie aus der Objektdatei noch eine ausführbare Datei machen. Dazu benötigt der Linker noch den Pfad zur entsprechenden *libpg*-Bibliothek und die Bibliothek selbst.

Den Pfad geben Sie mit dem Flag `-L` an und die Bibliothek mit `-l`. Da es auch hier Unterschiede zu den Pfadangaben gibt, hilft Ihnen wieder `pg_config` weiter, um den Pfad zu den Bibliotheken zu ermitteln:

```
$ pg_config --libdir
/usr/lib
```

Somit sieht in diesem Fall das Linken zu einer ausführbaren Datei folgendermaßen aus:

```
gcc -o programm programm.o -L/usr/lib/pgsql -lpq
```

... oder ganz einfach in einem Rutsch und quasi eine überall funktionierende Alternative:

```
gcc -o programm programm.o -I`pg_config -includedir` \
-L`pg_config -libdir` -lpq
```

Nach dem Vorgang befindet sich in Ihrem Verzeichnis eine ausführbare PostgreSQL-Clientanwendung. Nach dem Trockenschwimmen ist es nun Zeit, ins Wasser zu gehen.

Eine Verbindung zum PostgreSQL-Server herstellen

Die *libpg* bietet Ihnen gleich mehrere Funktionen an, um eine Verbindung mit einem PostgreSQL-Server aufzunehmen. Die Syntax der einzelnen Funktionen ist die folgende:

```
#include <libpq-fe.h>

PGconn *PQconnectdb(const char *conninfo);
PGconn *PQsetdbLogin(const char *pghost,
                     const char *pgport,
                     const char *pgoptions,
                     const char *pgtty,
                     const char *dbName,

                     const char *login,
                     const char *pwd);
PGconn *PQsetdb(char *pghost,
                char *pgport,
                char *pgoptions,
                char *pgtty,
                char *dbName);

/* nicht blockierende Funktionen */
PGconn *PQconnectStart(const char *conninfo);
PostgresPollingStatusType PQconnectPoll(PGconn *conn);
```

Trotz der unterschiedlichen Syntax machen alle Funktionen im Grunde dasselbe. Jede Verbindung, die mit einer dieser Funktionen erstellt wurde, gibt ein Datenbank-Objekt von Typ

PGconn zurück (verwechseln Sie auch hier bitte nicht das Datenbank-Objekt mit C++-Objekten). Im seltensten Fall wird dabei bei einem Fehler der NULL-Zeiger zurückgegeben (nur in dem Fall, dass kein Speicherplatz mehr für PGconn vorhanden ist). Daher sollten Sie den Rückgabewert jeder dieser Funktionen immer mit der Funktion PQstatus() überprüfen lassen. Dazu gleich mehr.

Die Funktion PQconnectdb() öffnet eine Verbindung mit den Parametern, die in dem String conninfo angegeben werden. Es scheint ein wenig ungewöhnlich, aber der Vorteil an dieser Funktion ist, dass hierbei die Parametersammlung ohne weiteres erweitert werden kann und dass Sie nicht extra einen Parser schreiben müssen, wenn Sie die Verbindungsdaten in eine Konfigurationsdatei schreiben wollen. Geben Sie einen leeren String an, wird versucht, mit den Vorgabeparametern eine Verbindung zum Server aufzubauen. Sie können aber auch mehrere durch Whitespaces getrennte Parameter verwenden. Jeder dieser Parameter hat das Format schlüssel = wert. Einen leeren Wert können Sie zwischen Apostrophe setzen, wobei diese mit einem Backslash eingeleitet werden sollten. Ein Beispiel eines solchen Verbindungsaufbaus kann so aussehen:

```
conn = Pqconnectdb (
          "dbname=adressen user=pinguin password=k4p6m3o3 tty=\' \'");
```

Bekannte Parameterschlüssel, die Sie hierfür verwenden können, wären:

- host: Dies ist der Name des Servers, mit dem eine Verbindung hergestellt werden soll. Ist der Wert ein UNIX Domain Socket anstatt TCP/IP, wird am Anfang ein Schrägstrich verwendet, was ein Verzeichnis einleitet, in dem sich die Socket-Datei befindet (standardmäßig wird das */tmp*-Verzeichnis verwendet).
- hostaddr: Dies ist die IP-Adresse des Servers in Form von Zahlen und Punkten (193.23.32.3).
- port: Dies ist die Portnummer, mit der eine Verbindung aufgebaut werden soll.
- dbname: Dies ist der Name der Datenbank.
- user: Dies ist der Name des Benutzers der Verbindung.
- password: Benötigt der Server ein Passwort, wird es damit angegeben.
- connect_timeout: Zeit in Sekunden, die dieser Verbindungsfunktion gegeben wird. NULL oder nicht verwendet heißt unendlich (mit Vorsicht benutzen).
- options: Dies sind Optionen zur Konfiguration, die an den Server geschickt werden.
- tty: Dies ist eine Datei oder ein TTY für die Debug-Ausgabe vom Server.
- requiressl – Wird dieser Wert auf 1 gesetzt, wird eine SSL-Verbindung mit dem Server verlangt. Bietet der Server das nicht an, schlägt der Funktionsaufruf fehl. Ansonsten bei keiner Angabe oder bei 0 wird der Verbindungstyp mit dem Server ausgehandelt.

Werden bestimmte Parameter nicht verwendet, wird erst (falls vorhanden) in den entsprechenden Umgebungsvariablen gesucht, ansonsten werden entsprechende Vorgabewerte verwendet.

Die Funktion PQsetdbLogin() verwendet eine feste Anzahl von Parametern, hat aber die gleiche Funktion wie schon die Funktion PQconnectdb(). Die einzelnen Parameter sprechen nach der Erklärung der Funktion PQconnectdb() für sich. Diese Funktion war übrigens die Vorgängerfunktion von PQconnectdb().

PQsetdb() ist ein Makro, das die Funktion PQsetdbLogin() mit NULL-Zeigern für die Parameter login und pwd aufruft. Die Funktion gilt als veraltet und ist aus Kompatibilitätsgründen noch vorhanden.

Die Funktionen PQconnectStart() und PQconnectPoll() werden verwendet, um eine Verbindung mit dem Datenbankserver zu öffnen, ohne dass die Anwendung während der Eingabe- oder Ausgabeoperationen blockiert wird. Darauf gehen wir allerdings hier nicht ein.

Den Status und andere Informationen zur Verbindung ermitteln

Um zu ermitteln, ob die Verbindung zum Server erfolgreich verlief, sollten Sie immer den Status des Verbindungsaufbaus von PGconn wie folgt mit der Funktion PQstatus() überprüfen:


```
ConnStatusType PQstatus(const PGconn *conn);
```

In einer gewöhnlichen asynchronen Verbindung können CONNECTION_OK und CONNECTION_BAD auftreten. CONNECTION_OK signalisiert, dass alles glatt verlaufen ist, und CONNECTION_BAD zeigt an, dass ein Fehler beim Verbindungsaufbau aufgetreten ist. Beim Aufbau einer nicht blockierenden Verbindung mit PQconnectStart() können noch weitere Statusangaben überprüft werden, die hier allerdings nicht näher behandelt werden. Die Statusflags, die entweder gesetzt oder nicht gesetzt werden können, sind die folgenden:

- CONNECTION_STARTED: Auf die Erstellung einer Verbindung wird gewartet.
- CONNECTION_MADE: Die Verbindung wurde aufgebaut und wartet nun auf das Senden von Befehlen.
- CONNECTION_AWAITING_RESPONSE: Wartet auf eine Antwort vom Server.
- CONNECTION_AUTH_OK: Authentifizierung erhalten, wartet auf Fortsetzung des Verbindungsaufbaus.
- CONNECTION_SETENV: Hier erfolgt die Aushandlung der Umgebungsvariablen (gehört zum Teil eines Verbindungsaufbaus).

Wenn die Funktion PQstatus() den Status CONNECTION_OK zurückgegeben hat, bleibt eine Verbindung im Normalfall bis zum nächsten PQfinish() bestehen. Tritt allerdings aus irgendwelchen Gründen ein Fehler auf, wird gegebenenfalls bei nochmaliger Überprüfung mit PQstatus() das Flag CONNECTION_BAD zurückgegeben, und Sie könnten in diesem Fall einen erneuten Verbindungsaufbau mit der Funktion PQreset() versuchen.

Im Falle der Fehlermeldung CONNECTION_BAD können Sie den Fehler, der die Verbindung zum Scheitern bzw. nicht zustande gebracht hat, mit der Funktion PqerrorMessage() in Klartext ausgeben lassen:

```
char *PQerrorMessage(const PGconn* conn);
```

Eine solche Fehlerüberprüfung eines Verbindungsaufbaus kann z. B. so aussehen:

```
conn = PQconnectdb("dbname=adressen");
if (PQstatus(conn) == CONNECTION_BAD) {
    fprintf(stderr, "Connection to database '%s' failed.\n",
            dbName);
    fprintf(stderr, "%s", PQerrorMessage(conn));
    exit_nicely(conn);
}
```

Läuft z. B. der Datenbankserver von PostgreSQL nicht, würde folgende Fehlermeldung ausgegeben:

```
Connection to database 'adressen' failed.
could not connect to server: No such file or directory
        Is the server running locally and accepting
        connections on Unix domain socket "/tmp/.s.PGSQL.5432"?
```

Natürlich gilt dies nicht nur für die Funktionen, mit denen eine Verbindung zum Datenbankserver aufgebaut wird, denn fast alle *libpq*-Funktionen geben eine Fehlermeldung aus, die mit PQerrorMessage() abgefragt werden kann.

Benötigen Sie zu der aktuellen Verbindung Informationen, z. B. darüber, welche Datenbank verwendet wird oder welcher User zurzeit damit arbeitet, steht Ihnen eine ganze Palette an Funktionen zur Verfügung. Alle Funktionen erwarten als Parameter einen PGconn-Zeiger, den Sie bei einem erfolgreichen Verbindungsaufbau zuvor als Rückgabewert erhalten haben. Alle Werte, die diese Funktionen zurückgeben, sind während der Laufzeit des Objekts PGconn nicht mehr veränderbar. Die wichtigsten Funktionen sind die folgenden:

Funktion	Bedeutung
char *PQdb(const PGconn *conn);	Gibt einen Zeiger auf den Datenbanknamen der Verbindung zurück.
char *PQuser(const PGconn *conn);	Gibt den Benutzernamen der Verbindung zurück.
char *PQpass(const PGconn *conn);	Gibt das Passwort der Verbindung zurück.

Tabelle 12.13 Funktionen, die Informationen zur aktuellen Verbindung zurückgeben

Funktion	Bedeutung
`char *PQhost(const PGconn *conn);`	Gibt den Server-Hostnamen der Verbindung zurück.
`char *PQport(const PGconn *conn);`	Gibt den Port der Verbindung zurück.
`char *PQtty(const PGconn *conn);`	Gibt das TTY für die Debug-Ausgaben der Verbindung zurück.
`char *PQoptions(const PGconn *conn);`	Gibt Konfigurationsoptionen, die der Verbindungsanfrage übergeben wurden, zurück.
`int PQsocket(const PGconn *conn);`	Gibt die Deskriptornummer des mit dem Server verbundenen Sockets zurück. Mit `-1` wird angezeigt, dass keine Verbindung besteht.
`int PQbackendPID(const PGconn *conn);`	Gibt die Prozesskennung (`PID`) des Serverprozesses zurück, der mit dieser Verbindung arbeitet.
`SSL *PQgetssl(const PGconn *conn);`	Hier wird eine SSL-Struktur zurückgegeben. Wird SSL nicht verwendet, wird `NULL` zurückgegeben. Mehr dazu entnehmen Sie gegebenenfalls der Anleitung von OpenSSL.

Tabelle 12.13 Funktionen, die Informationen zur aktuellen Verbindung zurückgeben (Forts.)

12

Eine Verbindung beenden und (wieder) aufnehmen

Wenn Sie mit der Arbeit am Datenbankserver fertig sind, sollten Sie die Verbindung wieder mit der Funktion `PQfinish()` schließen:

```
void PQfinish(PGconn *conn);
```

Mit `PQfinish()` wird die bestehende Verbindung geschlossen und der Speicher für das `PGconn`-Objekt wird wieder freigegeben. Es wird empfohlen, diese Funktion auch zu verwenden, wenn der Versuch, eine Verbindung zum Server aufzubauen, fehlschlägt, um den eventuell allozierten Speicher wieder freizugeben.

Es kann passieren, dass eine Verbindung zum Server während der Arbeit verloren geht. In solch einem Fall können Sie mit der Funktion `PQreset()` versuchen, erneut eine Verbindung zum Server aufzubauen:

```
void PQreset(PGconn *conn);
```

Die Funktion `PQreset()` schließt die Verbindung zum Server und versucht, eine neue Verbindung zum selben Server mit den gleichen Parametern aufzubauen. Dies kann bei der Fehlerbehandlung nützlich sein, wenn eine funktionierende Verbindung verloren gegangen ist und Sie feststellen wollen, was genau geschehen ist.

Auch für die nicht blockierenden Verbindungen gibt es zwei Funktionen, die versuchen, eine Verbindung zu schließen und erneut mit demselben Server eine neue, nicht blockierende Verbindung aufzubauen:

```
int PQresetStart(PGconn *conn);
PostgresPollingStatusType PQresetPoll(PGconn *conn);
```

Programmbeispiel: Eine Verbindung zum Server herstellen

Es folgt ein einfaches Listing, das eine Verbindung zu einem PostgreSQL-Server aufbaut. Es werden hier auch einige Informationen zur Verbindung ausgegeben und die Verbindung am Ende wieder geschlossen. Dies ist, wenn Sie so wollen, das Grundgerüst für die Arbeit mit PostgreSQL. Bitte passen Sie gegebenenfalls auch die Parameter zum Verbindungsaufbau an Ihre Konfigurationen und Systemgegebenheiten an.

[»]

Hinweis

In dem nächsten Beispiel gehen wir davon aus, dass die Datenbank *adressen*, die Sie im Crashkurs zu PostgreSQL erzeugt haben, noch existiert.

```
/* postgre1.c */
#include <stdio.h>
#include <stdlib.h>
#include <libpq-fe.h>

void exit_nicely(PGconn *conn) {
  PQfinish(conn);
  exit(EXIT_FAILURE);
}

int main(void) {
  /* char    *pghost = NULL,
   *         *pgport = NULL,
   *         *pgoptions = NULL,
   *         *pgtty = NULL; */
  char       *dbName = "adressen";
  PGconn     *conn;
  /* ... entsprechende Angaben selbst ergänzen - */
  /* Verbindungsaufbau                         */
  conn = PQconnectdb("dbname=adressen");
```

```
  /* Verbindung überprüfen ... */
  if (PQstatus(conn) == CONNECTION_BAD) {
    fprintf(stderr, "Connection to database '%s' failed.\n",
            dbName);
    fprintf(stderr, "%s", PQerrorMessage(conn));
    exit_nicely(conn);
  }
  else
    printf("Mit PostgreSQL-Server verbunden ...\n");
  /* Informationen zur Verbindung ... */
  printf("Datenbank : %s\n", PQdb(conn));
  printf("User      : %s\n", PQuser(conn));

  /*   printf("Passwort  : %s\n", PQpass(conn));
   *   printf("Host      : %s\n", PQhost(conn));
   *   printf("Port      : %s\n", PQport(conn));
   *   printf("TTY       : %s\n", PQtty(conn));
   *   printf("Options   : %s\n", PQoptions(conn)); */
  /* Verbindung beenden und Aufräumarbeiten durchführen */
  PQfinish(conn);
  return EXIT_SUCCESS;
}
```

Das Programm bei der Ausführung:

```
$ gcc -c -I/usr/include/postgresql postgre1.c
$ gcc -o postgre1 postgre1.o -L/usr/lib/postgresql -lpq
$ ./postgre1
Mit PostgreSQL-Server verbunden ...
Datenbank : adressen
User      : user
```

Anfragen an den Server

Wenn die Verbindung zum PostgreSQL-Server aufgebaut wurde, können Sie die nun folgenden Befehle verwenden, um Anfragen und Befehle auszuführen. Die Funktion, mit der ein Befehl oder eine Anfrage an den Server geschickt wird, ist `PQexec()`. Die Syntax dazu lautet:

```
PGresult *PQexec(PGconn *conn, const char *command);
```

Bei Erfolg erhalten Sie einen Zeiger auf `PGresult` zurück. `NULL` wird gewöhnlich nur dann zurückgegeben, wenn kein Speicher für die Antwort alloziert werden konnte oder der Befehl gar nicht erst an den Server geschickt werden konnte. Um mehr Informationen zum Auftreten eines Fehlers zu erhalten, sollten Sie die Funktion PQerrorMessage() verwenden. In der Struktur PGresult finden Sie das vom Server geschickte Ergebnis, das Sie mit den gleich folgenden vielen Funktionen verwenden können.

Den Status einer Anfrage ermitteln

Was der Aufruf von PQexec() bewirkt hat und ob er überhaupt etwas bewirkt hat, können Sie mit der Funktion PQresultStatus() und einem Zeiger auf PGresult wie folgt ermitteln:

```
ExecStatusType PQresultStatus(const PGresult *res);
```

Mögliche Werte, die dabei zurückgegeben werden können, wären:

- PGRES_EMPTY_QUERY: Eine leere Zeichenkette wurde an den Server geschickt.
- PGRES_COMMAND_OK: Ein Befehl, der keine Daten zurückgibt, wurde erfolgreich ausgeführt (z. B. ein Befehl mit INSERT oder UPDATE).
- PGRES_TUPLES_OK: Eine erfolgreiche Anfrage: Anschließend können somit die Funktionen verwendet werden, um die von der Anfrage gelieferten Zeilen zu lesen. PGRES_TUPLES_OK wird auch dann zurückgegeben, wenn eine SELECT-Anfrage kein Ergebnis (0) zurückliefert.
- PGRES_COPY_OUT: Ein ausgehender COPY-Datentransfer, der vom Server gestartet wird
- PGRES_COPY_IN: Ein eingehender COPY-Datentransfer, der zum Server gestartet wird
- PGRES_BAD_RESPONSE: Die Antwort vom Server konnte nicht ausgewertet werden.
- PGRES_NONFATAL_ERROR: Ein nicht fataler Fehler ist aufgetreten.
- PGRES_FATAL_ERROR: Ein fataler Fehler trat auf. Meistens ist dies ein Fehler in der Clientanwendung.

Um aus dem von PQresultStatus() zurückgegebenen Wert eine Stringkonstante zu machen, steht Ihnen die Funktion PQresStatus() zur Verfügung:

```
char *PQresStatus(ExecStatusType status);
```

Damit erhalten Sie einen Zeiger auf eine Stringkonstante, die den Statuscode etwas genauer beschreibt.

Die Funktionen PQresultStatus() und PQresStatus()können Sie mit der Funktion PQresultErrorMessage() in einem Rutsch realisieren:

```
char *PQresultErrorMessage(const PGresult *res);
```

Liegt hier kein Fehler vor, wird ein leerer String zurückgegeben.

Das Ergebnis der Anfrage ermitteln

Benötigen Sie Informationen zum Ergebnis einer Anfrage, finden Sie in Tabelle 12.14 einen ganzen Satz von Funktionen, die dies leisten.

Funktion	Bedeutung
`int PQntuples(const PGresult *res);`	Gibt die Anzahl der Zeilen (*Tupel*) des Anfrageergebnisses zurück.
`int PQnfields(const PGresult *res);`	Gibt die Anzahl der Spalten in einer Zeile des Anfrageergebnisses zurück.
`char *PQfname(const PGresult *res, int spalten_nummer);`	Gibt den Namen der Spalte `spalten_nummer` – beginnend bei 0 – zurück.
`int PQfnumber(const PGresult *res, const char *field_name);`	Gibt die Nummer der Spalte zum angegebenen Spaltennamen `field_name` zurück.
`Oid PQftype(const PGresult *res, int spalten_nummer);`	Hiermit können Sie den Datentyp der Spalte erfahren. Eine Übersicht der OIDs finden Sie in der Datei *pg_type.h* (meistens im Verzeichnis von *libpq* im Pfad *server/catalog/pg_type.h* zu finden).
`int PQfmod(const PGresult *res, int spalten_nummer);`	Gibt die typspezifischen Modifikationsdaten der Spalte (beginnend mit 0) mit der angegebenen Nummer zurück.
`int PQfsize(const PGresult *res, int spalten_nummer);`	Gibt die Größe in Bytes der Spalte `spalten_nummer` zurück. Wird `-1` zurückgegeben, handelt es sich um einen String variabler Länge.
`int PQbinaryTuples( const PGresult *res);`	Diese Funktion gibt `1` zurück, wenn `PGresult` binäre Zeilendaten enthält. Bei `0` handelt es sich um Textdaten.

Tabelle 12.14 Funktionen, die das Ergebnis einer Anfrage auswerten

Den Speicherplatz der letzten Anfrage wieder freigeben

Wenn Sie mit dem Auswerten des Ergebnisses einer Anfrage fertig sind, sollten Sie immer mit der Funktion `PQclear()` das `PGresult`-Objekt wieder freigeben, um Memory Leaks zu vermeiden.

```
void PQclear(PQresult *res);
```

Programmbeispiel: Eine Anfrage an den Server stellen

Das folgende Beispiel demonstriert Ihnen einige der zuvor erwähnten Funktionen. Verwendet wurde in diesem Beispiel auch die Funktion `PQgetvalue()`, die wir im nächsten Abschnitt erläutern werden.

```
/* postgre2.c */
#include <stdio.h>
#include <string.h>
#include <stdlib.h>
#include <libpq-fe.h>
/* Weitere Typen siehe server/catalog/pg_type.h. */
#define INT 23
#define VARCHAR 1043

static void exit_nicely (PGconn * conn) {
  PQfinish (conn);
  exit (EXIT_FAILURE);
}

static void read_fields (PGresult * res) {
  int i;
  int n_fields = PQnfields (res);
  printf("\n");
  for (i = 0; i < n_fields; i++)
    printf ("%s %s, ", PQfname (res, i),
            (PQftype (res, i) == INT) ? "INT" : "VARCHAR");
  printf ("\n\n");
}

static void read_full (PGresult * res) {
  int i, j;
  int n_fields = PQnfields (res);
  int n_line = PQntuples (res);
  printf("\n");
  for (j = 0; j < n_line; j++) {
    for (i = 0; i < n_fields; i++)
      printf ("%-15s", PQgetvalue (res, j, i));
    printf ("\n");
  }
  printf("\n");
}

static void read_info (PGresult * res) {
  int i, size = 0;
  int n_fields = PQnfields (res);
  int n_line = PQntuples (res);
  printf ("Tabelle enthält %d Zeilen %d Spalten\n",
          n_line, n_fields);
```

```
  printf ("Speichergröße der einzelnen Spalten\n");
  for (i = 0; i < n_fields; i++) {
    printf ("%10s: %d Byte ", PQfname (res, i),
            PQfsize (res, i));
    if(PQfsize(res, i) != -1 ) {
      size += PQfsize (res, i);
      printf("\n");
    } else
      printf("( == Ein String mit variabler Länge)\n");
  }
  printf ("Gesamtspeichergröße ist %d Bytes\n", size);
}

static PGresult *select_all (char *dbName, PGconn * conn) {
  char query[255] = { "SELECT * FROM " };
  PGresult *res;
  strcat (query, dbName);
  res = PQexec (conn, query);
  if (!res || PQresultStatus (res) != PGRES_TUPLES_OK) {
    fprintf (stderr, "Fehler beim Befehl SELECT\n");
    PQclear (res);
    exit_nicely (conn);
  }
  return res;
}
int main (void) {
  /* char *pghost = NULL, *pgport = NULL, */
  /*     *pgoptions = NULL, *pgtty = NULL; */
  char *dbName;
  char buf[64];
  char db[255] = { "dbname=" };
  PGconn *conn;
  PGresult *res;
  int auswahl;

  printf ("Mit welcher Datenbank wollen Sie arbeiten?: ");
  scanf ("%s", buf);
  dbName = buf;
  strcat (db, buf);
  /* ... bitte ggf. anpassen */
  conn = PQconnectdb (db);
  if (PQstatus (conn) == CONNECTION_BAD) {
```

12

```
    fprintf (stderr, "Verbindung z. Datenbank '%s' verfehlt\n",
            dbName);
    fprintf (stderr, "%s", PQerrorMessage (conn));
    exit_nicely (conn);
  }
  else
    printf ("Mit PostgreSQL-Server verbunden ...\n");
  do {
    printf ("-1- Info zur Datenbank %s\n", dbName);
    printf ("-2- Alle Spaltennamen ausgeben\n");
    printf ("-3- Komplette Datenbank %s ausgeben\n", dbName);
    printf ("-4- Ende\n");
    printf ("Ihre Auswahl: ");
    scanf ("%d", &auswahl);
    switch (auswahl) {
    case 1:
      res = select_all (buf, conn);
      read_info (res);
      PQclear (res);
      break;
    case 2:
      res = select_all (buf, conn);
      read_fields (res);
      PQclear (res);
      break;
    case 3:
      res = select_all (buf, conn);
      read_full (res);
      PQclear (res);
      break;
    default:
      break;
    }
  } while (auswahl != 4);
  PQfinish (conn);
  return EXIT_SUCCESS;
}
```

Das Programm gibt bei der Ausführung Folgendes aus:

```
$ gcc -c -I/usr/include/postgresql postgre2.c
$ gcc -o postgre2 postgre2.o -L/usr/lib/postgresql -lpq
$ ./postgre2
```

```
Mit welcher Datenbank wollen Sie arbeiten?: adressen
Mit PostgreSQL-Server verbunden ...
-1- Info zur Datenbank adressen
-2- Alle Spaltennamen ausgeben
-3- Komplette Datenbank adressen ausgeben
-4- Ende
Ihre Auswahl: 1
Tabelle enthält 5 Zeile, 6 Spalten
Speichergröße der einzelnen Spalten
     vname: -1 Byte ( == Ein String mit variabler Länge)
     nname: -1 Byte ( == Ein String mit variabler Länge)
       plz: 4 Byte
       ort: -1 Byte ( == Ein String mit variabler Länge)
   strasse: -1 Byte ( == Ein String mit variabler Länge)
    hausnr: 4 Byte
Gesamtspeichergröße ist 8 Bytes
-1- Info zur Datenbank adressen
-2- Alle Spaltennamen ausgeben
-3- Komplette Datenbank adressen ausgeben
-4- Ende
Ihre Auswahl: 2

vname VARCHAR, nname VARCHAR, plz INT, ort VARCHAR, strasse VARCHAR, hausnr INT,

-1- Info zur Datenbank adressen
-2- Alle Spaltennamen ausgeben
-3- Komplette Datenbank adressen ausgeben
-4- Ende
Ihre Auswahl : 3

Jonathan    Wolf      12345    Musterdorf     Musterstrasse  1
Fatma       Wolf      33333    Schlumpfhausen Schlumpfweg    444
John        Travolta  555444   Kalifornien    Broadway       1
Jonny       Depp      11234    Hollywood      Kingsroad      1
Jacko       Jackson   1234     New York       5th Avenue     1
```

Die Rückgabe des Anfrageergebnisses auslesen

Außer dass Sie u. a. Informationen wie die Anzahl der betroffenen Spalten einer Anfrage ermitteln können, wollen Sie sicherlich auch wirkliche Datensätze aus der Datenbank auslesen können – sprich, den Inhalt der Zeilen und der einzelnen Spalten bestimmter Datensätze. Die nun folgenden Funktionen, die dies leisten, benötigen alle dieselben Parameter: einen Zeiger auf das Anfrageergebnis (PGresult), die Nummern der Zeilen und Spalten, von denen Sie die Daten abfragen wollen.

Die einzelnen Spaltenwerte können Sie wie folgt mit der Funktion PQgetvalue() ermitteln:

```
char* PQgetvalue(const PGresult *res,
                 int zeilen_nummer,
                 int spalten_nummer);
```

Mit PQgetvalue() lesen Sie aus der Anfrage res, die Sie durch eine Ausführung von PQexec() zurückbekommen haben, den Wert von der Zeile zeilen_nummer und der Spalte spalten_nummer aus. Sowohl die Zeile als auch die Spalte beginnen mit der Zählung bei 0. Bei erfolgreicher Ausführung wird ein Zeiger auf einen entsprechenden String mit einem abschließenden Null-Byte zurückgegeben (das heißt, auch wirkliche Zahlenwerte aus den Datensätzen werden in Strings gewandelt). Da sich die Daten hier in der Struktur PGresult befinden, ist die Lebensdauer des Rückgabewerts die Zeit bis zum nächsten PQexec()-Aufruf. Für eine längere Benutzung der Abfrageergebnisse müssen Sie also diese Daten z. B. mit memcpy() oder strcpy() in einen anderen Speicherbereich kopieren.

[»]

Hinweis für BLOB-Daten

Sofern Sie binäre Daten (z. B. eine Grafik) aus der Anfrage auslesen wollen: Die Funktion PQbinaryTuples() gibt ja hierbei 1 zurück, Sie sind also selbst für die richtige Verarbeitung der Daten verantwortlich.

Wollen Sie testen, ob der Wert einer Spalte NULL ist, können Sie die Funktion PQgetisnull() wie folgt verwenden:

```
int PQgetisnull(const PGresult *res,
                int zeilen_nummer,
                int spalten_nummer);
```

Wie immer beginnen auch hier Zeilen- und Spaltennummern bei 0. Enthält der Wert einer Spalte den NULL-Wert, wird 1, ansonsten 0 zurückgegeben.

[»]

Hinweis zu NULL

Auch hier gilt, ähnlich wie schon bei MySQL, dass bei PostgreSQL NULL ein leerer String ist und keine NULL im Sinne von C.

Benötigen Sie die wirkliche Länge des Datenwertes, den Sie mit PQgetvalue() erhalten haben, können Sie die Funktion Pqgetlength() verwenden:

```
int PQgetlength(const PGresult *res,
                int zeilen_nummer,
                int spalten_nummer);
```

Zeilen- und Spaltenwerte beginnen bei 0. Die wirkliche Länge hat allerdings nichts mit der Länge der binären Größe zu tun, die Sie mit `PQfsize()` erhalten (insbesondere nicht im Textformat).

Ergebnisse anderer Befehle ermitteln

Wenn Sie mit dem Client `psql` einen SQL-Befehl an den Server geschickt haben, haben Sie meistens eine Statuszeichenkette des Befehls erhalten, z. B.:

```
INSERT 16994 1
```

Hier wurde ein Datensatz (»1«) mit dem Befehl `INSERT` eingefügt. Die OID der eingefügten Zeile lautet 16994. Diesen Status können Sie sich natürlich auch auf `PGresult` mit der Funktion `PQcmdStatus()` zurückgeben lassen:

```
char * PQcmdStatus(PGresult *res);
```


Hinweis: OID

OID (*Object Identifier*) ist eine Datensatznummer, die für jeden eingefügten Datensatz (Zeile) vom internen Zähler des Datenbanksystems generiert wird. Diese Nummer ist bei objektrelationalen DB-Systemen nötig, damit alle Datenbankobjekte eindeutig identifizierbar sind. Daher besitzt jede Tabelle ein Feld *tableoid*, das den Objektidentifizierer der Tabelle enthält, zu dem dieser Datensatz gehört. Da es durchaus möglich ist, dass bei übergroßen Tabellen der Zähler überrundet wird und sich wieder zurücksetzt, sollten Sie sich nicht unbedingt darauf verlassen, dass diese Nummer eindeutig ist. In der Version 7.2. ist es auch möglich, beim Erzeugen einer Tabelle eine Generierung der OID mit der zusätzlichen Angabe von `WITHOUT OIDS` zu unterbinden.

Benötigen Sie hiervon nur die Anzahl der Zeilen, auf die SQL-Befehle wie `INSERT`, `UPDATE` oder `DELETE` eine Auswirkung hatten, so können Sie auch die Funktion `PQcmdTuples()` verwenden:

```
char * PQcmdTuples(PGresult *res);
```

Wenn der Befehl kein `INSERT`, `UPDATE` oder `DELETE` war, wird hierbei eine leere Zeichenkette zurückgegeben.

Benötigen Sie hingegen nur die OID der eingefügten Zeile, die mit dem Befehl `INSERT` eingefügt wurde, und hat die Zieltabelle auch OIDs, so können Sie die Funktionen `PQoidValue()` oder `PQoidStatus()` verwenden.

```
Oid PQoidValue(const PGresult *res);
char * PQoidStatus(const PGresult *res);
```

PQoidValue() gibt entweder einen (ganzzahligen) Wert vom Typ Oid oder im Falle eines Fehlers InvalidOid zurück. Beide Typen sind definiert, wenn die *libpq*-Headerdatei eingebunden wurde.

PQoidStatus() gibt eine Zeichenkette mit der OID der eingefügten Zeile zurück, wenn die SQL-Anweisung ein INSERT war, ansonsten 0, wenn die Zieltabelle keine OID hatte. Wenn der SQL-Befehl kein INSERT war, wird ein leerer String zurückgegeben.

Mit den beiden Funktionen PQoidValue() und PQoidStatus() bekommen Sie im Endeffekt dasselbe Ergebnis zurück, wobei die Funktion PQoidValue() nicht für Anwendungen mit Threads verwendet werden sollte, da sie nicht thread-sicher ist.

Programmbeispiel: Daten in eine Datenbank einfügen

Das folgende Beispiel ist eine Erweiterung des vorigen Listings, nur dass neue Funktionen zum Hinzufügen neuer und zum Löschen alter Datensätze hinzugekommen sind – eine fast komplette Clientanwendung zum Arbeiten mit dem PostgreSQL-Server.

```
/* postgre3.c */
#include <stdio.h>
#include <string.h>
#include <stdlib.h>
#include <libpq-fe.h>
/* Weitere Typen siehe server/catalog/pg_type.h. */
#define INT 23
#define VARCHAR 1043

static void exit_nicely (PGconn * conn) {
  PQfinish (conn);
  exit (EXIT_FAILURE);
}
static void read_fields (PGresult * res) {
  int i;
  int n_fields = PQnfields (res);
  printf("\n");
  for (i = 0; i < n_fields; i++)
    printf ("%s %s, ", PQfname (res, i),
            (PQftype (res, i) == INT) ? "INT" : "VARCHAR");
  printf ("\n\n");
}

static void read_full (PGresult * res) {
  int i, j;
  int n_fields = PQnfields (res);
  int n_line = PQntuples (res);
```

```
  printf("\n");
  for (j = 0; j < n_line; j++) {
    for (i = 0; i < n_fields; i++)
      printf ("%-15s", PQgetvalue (res, j, i));
    printf ("\n");
  }
  printf("\n");
}

static void read_info (PGresult * res) {
  int i, size = 0;
  int n_fields = PQnfields (res);
  int n_line = PQntuples (res);
  printf ("Tabelle enthält %d Zeilen %d Spalten\n",
          n_line, n_fields);
  printf ("Speichergröße der einzelnen Spalten\n");
  for (i = 0; i < n_fields; i++) {
    printf ("%10s : %d Byte ", PQfname (res, i),
            PQfsize (res, i));
    if(PQfsize(res, i) != -1 ) {
      size += PQfsize (res, i);
      printf("\n");
    } else
      printf("( == Ein String mit variabler Länge)\n");
  }
  printf ("Gesamtspeichergröße ist %d Bytes\n", size);
}

static PGresult *select_all (char *dbName, PGconn * conn) {
  char query[255] = { "SELECT * FROM " };
  PGresult *res;
  strcat (query, dbName);
  res = PQexec (conn, query);
  if (!res || PQresultStatus (res) != PGRES_TUPLES_OK) {
    fprintf (stderr, "Fehler beim Befehl SELECT\n");
    PQclear (res);
    exit_nicely (conn);
  }
  return res;
}

static void insert_into (char *dbName, PGconn * conn) {
  int i;
```

```
char query[4096] = { "INSERT INTO " };
char buf[255];
char *ptr;
PGresult *res;
int n_fields;

strcat (query, dbName);
strcat (query, " VALUES(");
res = select_all (dbName, conn);
n_fields = PQnfields (res);
for (i = 0; i < n_fields; i++) {
  printf ("Eingabe für %s (%s)\t:", PQfname (res, i),
          (PQftype (res, i) == INT) ? "(INT)" : "(VARCHAR)");
  fgets (buf, 255, stdin);
  ptr = strchr (buf, '\n');
  *ptr = '\0';
  if (PQftype (res, i) == VARCHAR) {
    strcat (query, "'");
    strcat (query, buf);
    strcat (query, "',");
  }
  else if (PQftype (res, i) == INT) {
    strcat (query, buf);
    strcat (query, ",");
  }
  else {
    printf ("Konnte Datentyp (OID) nicht ermitteln!\n");
    exit_nicely (conn);
  }
}
ptr = strchr (query, '\0');
*(ptr - 1) = '\0';
strcat(query, ");");
PQclear(res);
//printf ("Query: %s\n", query);
res = PQexec (conn, query);
if (!res || PQresultStatus (res) != PGRES_COMMAND_OK) {
  fprintf (stderr, "Fehler beim Befehl INSERT\n");
  PQclear (res);
  exit_nicely (conn);
}
printf("Statuszeichenkette (ges.)     : %s\n",
   PQcmdStatus(res));
```

```
  printf("Betroffene Zeilen der Anfrage: %s\n",
     PQcmdTuples(res));
  printf("OID der Anfrage                 : %s\n",
     PQoidStatus(res));
  PQclear(res);
}

static void delete(char *dbName, PGconn * conn) {
  int i, n_fields;
  char query[4096] = { "DELETE FROM " };
  char buf[255];
  char *ptr;
  PGresult *res;
  int n;

  strcat (query, dbName);
  strcat (query, " WHERE ");
  res = select_all( dbName, conn );
  n_fields = PQnfields (res);
  printf("Nach welchem Kriterium wollen Sie löschen?\n");
  for (i = 0; i < n_fields; i++)
    printf ("%d=%s   ",i, PQfname (res, i));
  printf(":->");
  scanf("%d", &n);
  getchar();
  strcat(query, PQfname(res, n));
  printf("Was wollen Sie löschen?: ");
  fgets(buf, 255, stdin );
  ptr = strchr( buf, '\n');
  *ptr = '\0';
  if (PQftype (res, n) == VARCHAR) {
    strcat (query, "='");
    strcat (query, buf);
    strcat (query, "';");
  }
  else if (PQftype (res, n) == INT) {
    strcat (query, "=");
    strcat (query, buf);
    strcat (query, ";");
  }
  else {
    printf ("Konnte Datentyp (OID) nicht ermitteln!\n");
    exit_nicely (conn);
```

```
  }
  PQclear(res);
  /* printf ("Query: %s\n", query); */
  res = PQexec (conn, query);
  if (!res || PQresultStatus (res) != PGRES_COMMAND_OK) {
    fprintf (stderr, "Fehler beim Befehl INSERT\n");
    PQclear (res);
    exit_nicely (conn);
  }
  printf("Statuszeichenkette (ges.)      : %s\n",
     PQcmdStatus(res));
  printf("Betroffene Zeilen der Anfrage : %s\n",
     PQcmdTuples(res));
  PQclear(res);
}

int main (void) {
  /* char *pghost = NULL, *pgport = NULL,    */
  /*      *pgoptions = NULL, *pgtty = NULL; */
  char *dbName;
  char buf[64];
  char db[255] = { "dbname=" };
  PGconn *conn;
  PGresult *res;
  int auswahl;

  printf ("Mit welcher Datenbank wollen Sie arbeiten?: ");
  scanf ("%s", buf);
  dbName = buf;
  strcat(db, buf);
  conn = PQconnectdb(db);
  if (PQstatus (conn) == CONNECTION_BAD) {
    fprintf (stderr, "Verbindung z. Datenbank '%s' verfehlt\n",
             dbName);
    fprintf (stderr, "%s", PQerrorMessage (conn));
    exit_nicely (conn);
  }
  else
    printf ("Mit PostgreSQL-Server verbunden ...\n");
  do {
    printf ("-1- Info zur Datenbank '%s'\n", dbName);
    printf ("-2- Alle Spaltennamen ausgeben\n");
    printf ("-3- Komplette Datenbank '%s' ausgeben\n", dbName);
```

```
    printf ("-4- Neue Daten in '%s' eingeben\n", dbName);
    printf ("-5- Eine Zeile löschen in '%s'\n",dbName);
    printf ("-6- Ende\n");
    printf ("Ihre Auswahl : ");
    scanf ("%d", &auswahl);
    getchar ();
    switch (auswahl) {
    case 1:
      res = select_all (buf, conn);
      read_info (res);
      PQclear (res);
      break;
    case 2:
      res = select_all (buf, conn);
      read_fields (res);
      PQclear (res);
      break;
    case 3:
      res = select_all (buf, conn);
      read_full (res);
      PQclear (res);
      break;
    case 4:
      insert_into (buf, conn);
      break;
    case 5:
      delete ( buf, conn );
      break;
    default:
      break;
    }
  } while (auswahl != 6);
  PQfinish (conn);
  return EXIT_SUCCESS;
}
```

Das Programm gibt bei der Ausführung Folgendes aus:

```
$ gcc -c -I/usr/include/postgresql postgre3.c
$ gcc -o postgre3 postgre3.o -L/usr/lib/postgresql -lpq
$ ./postgre3
Mit welcher Datenbank wollen Sie arbeiten?: adressen
Mit PostgreSQL-Server verbunden ...
```

```
-1- Info zur Datenbank 'adressen'
-2- Alle Spaltennamen ausgeben
-3- Komplette Datenbank 'adressen' ausgeben
-4- Neue Daten in 'adressen' eingeben
-5- Eine Zeile löschen in 'adressen'
-6- Ende
Ihre Auswahl : 3

Jonathan  Wolf            12345   Musterdorf      Musterstrasse  1
Fatma     Wolf            33333   Schlumpfhausen  Schlumpfweg    4
John      Travolta        555444  Kalifornien     Broadway       1
Jonny     Depp            11234   Hollywood       Kingsroad      1
Arnold    Schwarzenegger  1234    Augsburg        Am Weg         3

-1- Info zur Datenbank 'adressen'
-2- Alle Spaltennamen ausgeben
-3- Komplette Datenbank 'adressen' ausgeben
-4- Neue Daten in 'adressen' eingeben
-5- Eine Zeile löschen in 'adressen'
-6- Ende
Ihre Auswahl : 4
Eingabe für vname ((VARCHAR))    :Frank
Eingabe für nname ((VARCHAR))    :Sinatra
Eingabe für plz ((INT))          :1234
Eingabe für ort ((VARCHAR))      :Kings Road
Eingabe für strasse ((VARCHAR)) :Broadway
Eingabe für hausnr ((INT))       :1
Statuszeichenkette (ges.)        : INSERT 16996 1
Betroffene Zeilen der Anfrage    : 1
OID der Anfrage                  : 16996
-1- Info zur Datenbank 'adressen'
-2- Alle Spaltennamen ausgeben
-3- Komplette Datenbank 'adressen' ausgeben
-4- Neue Daten in 'adressen' eingeben
-5- Eine Zeile löschen in 'adressen'
-6- Ende
Ihre Auswahl : 3

Jonathan  Wolf            12345   Musterdorf      Musterstrasse  1
Fatma     Wolf            33333   Schlumpfhausen  Schlumpfweg    4
John      Travolta        555444  Kalifornien     Broadway       1
Jonny     Depp            11234   Hollywood       Kingsroad      1
```

```
Arnold    Schwarzenegger 1234    Augsburg      Am Weg        3
Frank     Sinatra        1234    Kings Road    Broadway      1
...
Ihre Auswahl : 5
Nach welchem Kriterium wollen Sie löschen?
0=vname   1=nname   2=plz   3=ort   4=strasse   5=hausnr   :->2
Was wollen Sie löschen?: 1234
Statuszeichenkette (ges.)     : DELETE 2
Betroffene Zeilen der Anfrage : 2
```

12.9.7 Umgebungsvariablen und Passwortdatei

Der folgende Abschnitt darf als eine Art Anhang zur *libpq*-Bibliothek verstanden werden. Es sollen Ihnen hier die Umgebungsvariablen gezeigt werden, die Sie verwenden können, um Vorgabewerte für die Verbindungsparameter zu setzen, die von den Funktionen `PQconnectdb()` und `PQsetdbLogin()` verwendet werden. Dies ist recht hilfreich, wenn man diese Daten nicht direkt in den Code schreiben will. Folgende Umgebungsvariablen und ihre Bedeutung können Sie hierbei setzen – was im Endeffekt eine Wiederholung zu den Verbindungsparametern der Funktion `PQconnectdb()` darstellt:

- `PGHOST`: Dieser Befehl setzt den Servernamen. Bei beginnendem Schrägstrich (Zeichen /) wird ein UNIX Domain Socket statt TCP/IP verwendet. Der Wert ist dann eine Verzeichnisangabe zu einer Socket-Datei – wo sich diese befindet (Standard: */tmp*).
- `PGPORT`: Hiermit wird die vorgegebene TCP-Portnummer oder der UNIX-Domain-Socket-Namen gesetzt.
- `PGDATABASE`: Einen vorgegebenen Datenbanknamen können Sie mit diesem Befehl setzen.
- `PGUSER`: Der Benutzername für die Datenbankverbindung wird hiermit angegeben.
- `PGPASSWORD`: Hier könnten Sie das Passwort setzen, wenn eine Authentifizierung nötig ist – was logischerweise aus Sicherheitsgründen nicht zu empfehlen ist. Es wird empfohlen, die Datei *./pgpass* im Home-Verzeichnis zu verwenden (dazu gleich mehr).
- `PGOPTIONS`: Hier werden die Konfigurationsoptionen gesetzt, die an den PostgreSQL-Server geschickt werden sollen.
- `PGTTY`: Hier können Sie eine Datei oder das TTY für die Debug-Ausgabe des Servers angeben.

Hinweis

Natürlich gilt hierbei, wenn Sie eine bestimmte Umgebungsvariable gesetzt haben, aber beim Verbindungsaufbau einen anderen Parameter verwenden, dass der Parameter im Code den Vorrang gegenüber der Umgebungsvariablen erhält.

Die Passwortdatei zur Authentifizierung im Home-Verzeichnis wurde bereits kurz erwähnt. Wenn eine Verbindung ein Passwort benötigt, wird die Datei *.pgpass* dazu verwendet. Eine Zeile in dieser Datei sollte folgendermaßen aufgebaut sein:

```
hostname:port:datenbank:benutzername:passwort
```

Für jede dieser Angaben geben Sie entweder eine Konstante an oder das Zeichen *, das für alles passen würde. Befindet sich in der Konstanten ein \ oder ein :, müssen Sie einen Backslash davorsetzen (\: und \\). Außerdem müssen Sie die Zugriffsrechte auf 0600 setzen, womit nur der Eigentümer Zugriff hat. Werden die Zugriffsrechte nicht gesetzt, wird die Datei *.pgpass* ignoriert.

12.9.8 PostgreSQL und Threads

Da PostgreSQL im Gegensatz zu MySQL schon mehr im professionellen Bereich eingesetzt wird, ist zwangsläufig auch die Frage nach der Thread-Sicherheit gestellt. Hierbei sollte es seit Version 7.0 keine Probleme geben, sofern Sie nicht mit zwei Threads gleichzeitig auf dasselbe `PGconn`-Objekt zugreifen. Sie können also nicht hergehen und mit *Thread1* eine Zeile in der Datenbank hinzufügen und zur gleichen Zeit mit *Thread2* eine Zeile aus der Datenbank entfernen. Bedenken Sie, dass Sie gleichzeitig dieselbe Verbindung verwenden. Verwenden Sie für gleichzeitige Ausführungen lieber mehrere Verbindungen. Das `PGresult`-Objekt bleibt bis zum nächsten Aufruf auf das Objekt unverändert und kann somit problemlos zwischen den Threads ausgetauscht werden.

Nicht thread-sicher ist die Funktion `PQoidStatus()` – als Alternative können Sie `PQoidValue()` verwenden.

Des Weiteren sollten Sie, sofern Sie eine Authentifizierungsmethode verwenden, nicht die Betriebssystemfunktion `crypt()` verwenden. Als Alternative wird die Methode `md5` empfohlen. `md5` ist auf allen Betriebssystemen thread-sicher.

12.9.9 Ausblick

Das Kapitel zur Schnittstelle von *libpq* ließe sich noch ein wenig erweitern – allerdings wäre das Buch dann sehr einseitig durch die Programmierung von Clientanwendungen für Datenbanken geprägt. Außerdem haben wir die grundlegenden und gängigen Funktionen beschrieben und erwähnt. Nicht angesprochen haben wir Themen wie:

- asynchrone Befehlsverarbeitung und asynchrone Benachrichtigung
- die Fast-Path-Schnittstelle (aus Sicherheitsgründen nicht zu empfehlen)
- Hinweismeldungen des Servers verarbeiten und das Nachverfolgen der Server-Client-Kommunikation

Des Weiteren haben wir nicht behandelt – was aus der Sicht des C-Programmierers doch recht interessant ist –, wie Sie benutzerdefinierte Funktionen für PostgreSQL erstellen können (ähnlich wie bei der UDP-Schnittstelle in MySQL). Der Vorgang entspricht demselben wie bei der C-API von MySQL. Die Funktionen werden in dynamisch ladbare Module (*Shared Libraries*) kompiliert und vom Server bei Bedarf oder von Ihnen auf Wunsch nachgeladen.

Kapitel 13
Terminal-E/A und Benutzerschnittstellen für die Konsole

Das Thema der Benutzerschnittstelle kommt leider in vielen Büchern zu kurz. Aber es ist gerade die Bedienung eines Programms, die darüber entscheidet, ob ein Programm brauchbar oder unbrauchbar ist. Dies gilt vor allem auch für die Kommandozeilenanwendungen, wo keine grafische Oberfläche für die Interaktion zwischen Benutzer und PC vorhanden ist.

Eines gleich zu Beginn: Bei diesem Kapitel handelt es sich lediglich um eine Einführung zu den Themen rund um das Terminal und die entsprechenden Ein- und Ausgabefunktionen. Eine umfangreichere Abhandlung zu den Themen termios, terminfo und (n)curses würde ein ganzes Buch füllen. Dennoch sind diese Grundlagen für Sie ausreichend, um anschließend mithilfe der entsprechenden Manual Pages sinnvoll damit arbeiten zu können.

13.1 termios

In diesem Kapitel erfahren Sie unter anderem, wie Sie ein Terminal steuern können. Dabei werden Sie auf einer sehr tiefen Ebene, der API *termios*, die von POSIX.1 standardisiert wurde, zugreifen. Terminals sind oft über eine serielle Schnittstelle mit anderen Linux-Rechnern, aber auch mit PCs verbunden (dies gilt z. B. auch und vor allem für den Raspberry Pi). Um Sie nicht zu verwirren: Wenn Sie eine Konsole verwenden, arbeiten Sie in gleicher Weise mit ihr wie mit einer Terminalleitung, auch wenn keine echte Verbindung über die serielle Schnittstelle oder das Netzwerk vorliegt. Somit ist die Grundlage eines auf dem Bildschirm konfigurierten Terminals gleichwertig zu einem extern angeschlossenen Terminal.

Die Ein- oder Ausgabe eines Terminals ist in der Grundeinstellung immer zeilengepuffert. Ein `read()` wird somit erst beendet, wenn die [↵]-Taste gedrückt wird. Drücken Sie stattdessen die Tastenkombination [Strg]+[D], liefert `read()` 0 (EOF) zurück.

[«]

Hinweis

Beim Editor *vi* bedeutet [Strg]+[D] z. B. **eine halbe Seite weiterblättern**. Natürlich wird hierbei auch kein zeilengepufferter Terminalmodus mehr verwendet (dazu in Kürze mehr).

Zugegeben: In der Zeit der GUIs (*Graphical User Interfaces*) mag das Thema »Terminal-E/A« altertümlich erscheinen, aber wenn es um Netzwerkprogrammierung geht, sind Terminals immer noch unschlagbar. Das Kapitel Terminal-E/A handelt u. a. von diesen Themen:

- Wie lese ich ein Zeichen von der Tastatur ein?
- Wie verändert man den Standardzeichensatz von Linux?
- Wie finde ich heraus, welche Terminals gerade offen sind?

Für ein Terminal stehen Ihnen zwei verschiedene Modi zur Verfügung:

- Der sogenannte *kanonische Modus*: Das Lesen und Schreiben erfolgen zeilenorientiert. Das heißt, eine Eingabe wird erst an das Programm weitergereicht, wenn ein Zeilenabschluss (*Linefeed, NL*) oder Carriage Return (*CR*) übertragen wurde. Für diesen Modus benötigt man die Steuerzeichen des `c_cc`-Arrays der `termios`-Struktur. Der Nachteil ist, dass ein Programm beim Lesen in diesem Modus so lange wartet (und dadurch CPU-Zeit vergeudet), bis tatsächlich eine Zeile übertragen wird. Wird kein Zeilenabschluss gefunden, so wird unter Umständen auch für immer gewartet. Die Aufgabe des Zwischenspeicherns übernimmt der Kernel durch die Benutzung spezieller Puffer. Es gibt einen Eingabe- und einen Ausgabepuffer. Spezielle Steuerzeichen regeln, wann welche Puffer entleert werden und somit ihren Inhalt an das Gerät oder das Programm weitergeben. Dies bedeutet natürlich auch, dass manche Bytes nicht übertragen werden können, wie z. B. ein Byte mit dem Wert 255 (steht oft für EOB = *End Of Buffer*).
- Beim *nicht kanonischen Modus* erfolgt das Lesen oder Schreiben entweder nach einer bestimmten Anzahl an Bytes (was auch ein Zeichen vom Typ `unsigned char` sein kann), oder es kann auch eine gewisse Zeit angegeben werden, nach der der Eingabepuffer übermittelt wird. Hierfür können folgende zwei Felder des Arrays `c_cc` gesetzt werden: In `c_cc[VTIME]` wird die entsprechende Zeit in Zehntelsekunden und in `c_cc[VMIN]` das Minimum der zu lesenden Bytes angegeben.

[»]

Hinweis: Rechenaufwand bei der Abfrage von Tastatureingaben über termios

So toll sich die letzten Sätze anhören mögen, Sie sollten immer bedenken, dass hierbei doch ein nicht ganz unbedeutender Rechenaufwand betrieben wird, um etwa ein einzelnes Zeichen einzulesen. Mit Aufwand sprechen wir hier die CPU-Zeit an, die für Terminal-E/A-Funktionen benötigt wird. Bedenken Sie, dass die termios-API ein Relikt aus recht alten Zeiten ist, als man mit dem Begriff Multitasking in der Praxis noch nicht viel anfangen konnte.

Auch gibt es ja für Tastatureingaben immer schnellere Alternativen, wie z. B. den Zugriff über die Datei */dev/hidraw0*, an die moderne USB-Tastaturen fast immer gebunden sind. Im Endeffekt ist ein Auslesen von */dev/hidraw0* sehr einfach: Die Tastatur sendet für jede Taste einen *Make-Code* zusammen mit einem Zeichencode, wenn die Taste gedrückt wurde, und einen *Break-Code* zusammen mit demselben Zeichencode, wenn die Taste losgelassen wurde. Wird zusätzlich das Byte 0xe0 vor dem eigentlichen Zeichencode gesendet, handelt es sich um eine erweiterte Taste wie etwa F12. Mit diesem Wissen können Sie nun in einer einfachen Weise einen eigenen Tastaturtreiber programmieren. Sie müssen dazu nur mit den Standard-E/A-Funktionen */dev/hidraw0* auslesen und mit einer Übersetzungstabelle die entsprechenden Tastaturcodes in ASCII-Codes übersetzen. Auf diese Weise erhalten Sie gegenüber termios einen Beschleunigungsfaktor von 100, wenn Sie zusätzlich Threads verwenden, sogar von 1.000.

Hinweis

Beachten Sie, dass viele Beispiele von termios nur in echten Terminals (kurz `tty`) richtig arbeiten. In Pseudoterminals (kurz `pts`), die häufig von grafischen Oberflächen aus gestartet werden, ist die richtige Ausführung nicht garantiert.

13.1.1 Terminalattribute bearbeiten

Alle Attribute, die Sie bei einem Terminal setzen oder abfragen können, sind in der Struktur `termios` in der Headerdatei *termios.h* wie folgt definiert:

```
struct termios {
   tcflag_t c_iflag;       /* Eingabeflag */
   tcflag_t c_oflag;       /* Ausgabeflag */
   tcflag_t c_cflag;       /* Kontrollflag */
   tcflag_t c_lflag;       /* lokale Flags */
   cc_t c_cc[NCCS];        /* Steuerzeichen */
};
```

Jede dieser Strukturvariablen können Sie mit einem bestimmten Terminalflag besetzen bzw. Sie können abfragen, ob ein bestimmtes Flag gesetzt ist. Mit der Strukturvariablen `c_iflag` können die Abläufe für die Eingabeoptionen gesetzt oder abgefragt werden. Dies enthält den ganzen Terminalablauf, das heißt, die Art und Weise, wie der Terminaltreiber die Eingabe noch vor dem Senden an das Programm behandeln soll.

Den Ablauf zur Ausgabe behandeln Sie stattdessen mit dem Flag `c_oflag`. Damit stellen Sie ein, wann und wie der Terminaltreiber die Ausgabe behandelt, bevor etwas auf dem Bildschirm ausgegeben wird.

Verschiedene Kontrollflags, die vorwiegend die Merkmale der Hardware vor dem Terminalgerät berücksichtigen, können Sie mit dem Flag `c_cflag` setzen.

Mit `c_lflag` können Sie Terminaleigenschaften setzen bzw. abfragen, die z. B. angeben, ob etwas bei der Eingabe von der Tastatur auf dem Bildschirm ausgegeben werden soll. Auf diese Weise können Sie (z. B. in Spielen) den störenden Cursor ausblenden, der beispielsweise Ihre Grafikausgabe in */dev/fb0* beschädigen würde.

Im Array c_cc finden Sie spezielle Zeichensequenzen (sogenannte *Steuerzeichen*) wie ^\ (*quit*).

In Tabelle 13.1 sind die einzelnen Flags und deren Bedeutung aufgelistet, die bei den eben aufgezählten Strukturvariablen in der Struktur termios gesetzt bzw. abgefragt werden können. Aufgelistet sind aber nur die Flags, die von POSIX.1 vorgeschrieben sind. In BSD und SVR4 finden Sie noch einige erweiterte Flags, auf die wir hier verzichtet haben, da sie in der Praxis unter Linux nicht anzutreffen sind. Einen Überblick und noch mehr Details aller möglichen Flags finden Sie in der Manual Page zu termios (man termios).

Konstante	Bedeutung
BRKINT	Generieren von SIGINT bei Druck auf die Taste Break
ICRNL	Umwandeln von CR (Carriage Return) in NL (Newline) bei der Eingabe
IGNBRK	Break ignorieren
IGNCR	CR (Carriage Return) ignorieren
IGNPAR	Bytes mit Paritätsprüfung ignorieren
INLCR	Umwandeln von NL (Newline) in CR (Carriage Return) – bei CR ignorieren der Eingabe
INPCK	Einschalten der Eingabeparitätsprüfung
ISTRIP	Abschneiden des 8. Bits bei Eingabezeichen
IXOFF	Einschalten des START-/STOPP-Eingabeprotokolls
IXON	Einschalten des START-/STOPP-Ausgabeprotokolls
PARMRK	Markieren von Paritätsfehlern

Tabelle 13.1 Angaben für das Eingabeflag c_iflag

Außer bei den beiden Flags IXOFF und IXON sollte Ihnen die Bedeutung der einzelnen Flags recht verständlich sein. Zu IXOFF und IXON folgt noch eine genauere Erläuterung:

- IXOFF: Wird IXOFF gesetzt, dann ist das START-/STOPP-Eingabeprotokoll gesetzt. Dies hat bei der seriellen Schnittstelle die folgende Bedeutung: Wenn ein Terminalgerätetreiber feststellt, dass der Eingabepuffer voll ist, wird das Zeichen STOPP an das Terminal ausgegeben. Dem sendenden Gerät soll dadurch mitgeteilt werden, dass es seine Übertragung kurz anhalten soll. Ist wieder Platz im Eingabepuffer, wird das START-Zeichen ausgegeben, und der Sender kann mit dem Senden von Daten fortfahren. Dieses Flag wird aber wie gesagt nur bei seriellen Terminals verwendet, da es hierbei im Gegensatz zu Netzwerkterminals und lokalen Terminals keine eigene Form der Flusskontrolle gibt.

- IXON: Hiermit wird, falls gesetzt, dass START-/STOPP-Ausgabeprotokoll gesetzt. Erhält der Terminaltreiber ein STOPP-Zeichen, dann wird die Ausgabe angehalten. Bei einem START-Zeichen wird wieder mit der Ausgabe fortgefahren.

Bei den Werten des Ausgabeflags `tcflag_t c_oflag` gibt es das folgende Flag:

Konstante	Bedeutung
OPOST	eine implementierungsdefinierte Ausgabeart einschalten

Tabelle 13.2 Angaben für das Ausgabeflag c_oflag

In Tabelle 13.3 folgt ein Überblick zu den Kontrollflags `tcflag_t c_cflag`:

Konstante	Bedeutung
CLOCAL	Ausschalten der Modemsteuerung
CREAD	Aktivieren des Empfängers
CSIZE	Bitanzahl für ein Zeichen (CS5 bis CS8)
CSTOPB	zwei Stopp-Bits anstelle von einem senden
HUPCL	Verbindungsabbruch bei Beendigung des letzten Prozesses
PARENB	Einschalten der Paritätsprüfung
PARODD	ungerade Parität, sonst gerade

Tabelle 13.3 Angaben für das Kontrollflag c_cflag

Zum Schluss folgt in Tabelle 13.4 der Überblick zu den lokalen Flags (`tcflag_t c_lflag`):

Konstante	Bedeutung
ECHO	Einschalten der ECHO-Funktion
ECHOE	gelöschte Zeichen mit Leerzeichen überschreiben
ECHOK	Zeichen löschen oder zur Neueingabe in neue Zeile positionieren
ECHONL	Ausgabe von NL
ICANON	zeilenorientierter Eingabemodus
IEXTEN	Einschalten des erweiterten Zeichensatzes für die Eingabe

Tabelle 13.4 Angaben für das lokale Flag c_lflag

Konstante	Bedeutung
ISIG	Sonderbedeutung von Terminal-Steuerzeichen einschalten
NOFLSH	Abschalten des Leerens von Puffern bei INTR oder QUIT
TOSTOP	Senden des Signals SIGTTOU bei der Ausgabe durch Hintergrundprozesse

Tabelle 13.4 Angaben für das lokale Flag c_lflag (Forts.)

Die Funktionen, mit denen Sie auf die eben aufgelisteten Flags der Struktur termios und ihre Mitglieder zugreifen können, sind die folgenden:

```
#include <termios.h>
#include <unistd. h.>
int tcgetattr(int fd, struct termios *terminal_zeiger);
int tcsetattr( int fd, int option,
               struct termios *terminal_zeiger);
```

Wie Sie aus den Namen der Funktionen herauslesen können, dient tc**get**attr() dazu, die Attribute eines Terminals zu ermitteln, und tc**set**attr() dazu, die Attribute zu setzen. Für den Dateideskriptor fd geben Sie den Filedeskriptor an, den Sie verändern oder abfragen wollen – hier 0 bzw. STDIN_FILENO (Standardeingabe) oder 1 bzw. SDTOUT_FILENO (Standardausgabe). Beide Funktionen liefern bei einem Fehler -1, ansonsten, wenn alles planmäßig verlief, 0 zurück. Mit dem Argument option bei tcsetattr() können Sie angeben, wann die Veränderungen aktiv werden sollen. Folgende Flags können dabei verwendet werden:

- TCSANOW: Die Änderung wird sofort aktiv.
- TCSADRAIN: Die Änderung wird aktiv, sobald alle Zeichen aus dem Puffer ausgegeben wurden.
- TCSAFLUSH: Funktioniert wie TCSADRAIN, nur dass alle noch befindlichen Zeichen im Puffer verworfen werden.

Bevor Sie zur Praxis schreiten, benötigen Sie noch die Kenntnis über eine Variable in der Struktur termios, die noch nicht zur Sprache kam: das Array c_cc. Es enthält alle Sonderzeichen, die durch das Programm verändert werden können. In Tabelle 13.5 sehen Sie einige Sonderzeichen dazu – weitere Zeichen finden Sie unter */usr/include/termbits.h* oder */usr/include/asm/termbits.h*:

Konstante	Bedeutung
VEOF	Dateiende
VEOL	Zeilenende

Tabelle 13.5 Einige Angaben für das Strukturarray c_cc

Konstante	Bedeutung
VERASE	letztes Zeichen löschen
VINTR	Unterbrechungssignal SIGINT
VKILL	Zeile löschen
VQUIT	Abbruch à la SIGQUIT
VSTOP	Ausgabe anhalten
VSTART	Ausgabe fortsetzen
VSTATUS	Statusinformationen anfordern
VSUSP	einen Prozess suspendieren
VWERASE	letztes Wort löschen
VMIN	Anzahl der Bytes, die gelesen werden müssen, bevor read() zurückkehrt
VTIME	Es wird eine entsprechende Zeit in 0,1 Sekunden angegeben.

Tabelle 13.5 Einige Angaben für das Strukturarray c_cc (Forts.)

Es folgt ein einfaches Beispiel, mit dem Sie das Zeichen für EOF, das mit [Strg]+[C] generiert wird, verändern können. Im nächsten Beispiel wird auch EOF ausgelöst, wenn Sie die [Esc]-Taste drücken. Die Tastenkombination [Strg]+[C] bleibt allerdings trotzdem erhalten.

```
/* my_eof.c */
#include <stdio.h>
#include <unistd. h.>
#include <termios.h>
#include <stdlib.h>
#include <string.h>
#include <errno.h>

int main (void) {
    struct termios term;
    int c;
    if ((tcgetattr (STDIN_FILENO, &term)) < 0) {
        printf ("Fehler bei tcgetattr (%s) \n",
            strerror(errno));
        exit (EXIT_FAILURE);
    }
    // ASCII-Code 27 = ESC == EOF
    term.c_cc[VEOF] = 27;
```

```
    if ((tcsetattr (STDIN_FILENO, TCSAFLUSH, &term)) < 0) {
        printf ("Fehler bei tcsetattr (%s) \n",
        strerror(errno));
        exit (EXIT_FAILURE);
    }
    printf("Eingabe machen (mit ESC abbrechen)\n");
    while ((c = getchar ()) != EOF)
        putchar (c);
    return EXIT_SUCCESS;
}
```

Listing 13.1 So können Sie den Wert des EOF-Zeichens im Terminal verändern.

Das Programm gibt bei der Ausführung Folgendes aus:

```
$ gcc my_eof.c -o my_eof
$ ./my_eof
Eingabe machen (mit ESC abbrechen)
Eine Eingabe
Eine Eingabe
[ESC]
```

In dem letzten Beispiel haben Sie das Sonderzeichen EOF verändert. Mit der Angabe von

```
term.c_cc[VEOF] = 27;
```

bekommt das Sonderzeichen EOF (Konstante VEOF) den ASCII-Code 27 zugewiesen, der dem Escape-Zeichen entspricht. Mit

```
if((tcsetattr(STDIN_FILENO, TCSAFLUSH, &term)) > 0)
```

setzen Sie die Attributsänderung in Kraft. Danach folgt der Test, ob es auch funktioniert, nämlich mit:

```
while((c=getchar()) != EOF)
      putchar(c);
```

So lange, bis Sie ein EOF erzeugen, können Sie etwas auf der Tastatur eingeben. In dem letzten Beispiel ist das Programm zu Ende, wenn die [Esc]-Taste gedrückt wird statt, wie gewöhnlich verwendet, die Tastenkombination [Strg]+[D].

Da nicht jeder Programmierer sämtliche ASCII-Code-Zeichen im Kopf hat (geschweige denn den Wert der Sonderzeichen), ist in der Headerdatei *termios.h* noch folgendes Makro definiert:

```
#ifndef CTRL
   #define CTRL(ch) ((ch)&0x1F)
#endif
```

Falls diese Funktion bei Ihnen nicht vorhanden sein sollte, so wissen Sie ja jetzt, wie Sie sie selbst definieren können. So können Sie z. B. die Eingabe eines Sonderzeichens, etwa mit der Tastenkombination [Strg]+[Y], folgendermaßen festlegen:

```
term.c_cc[VEOF] = CTRL('Y');
```

Hiermit würden Sie mit der Tastenkombination [Strg]+[Y] das EOF-Zeichen generieren.

13.1.2 Flags setzen und löschen

Um einzelne oder mehrere Flags für `c_iflag`, `c_oflag`, `c_cflag` und `c_lflag` zu setzen oder abzufragen, können Sie wie folgt vorgehen:

- Ein oder mehrere Flags setzen:

  ```
  // einzelnes Flag setzen
  c_iflag | <flag>
  // mehrere Flags setzen ( hier flag1, flag2 und flag3)
  c_iflag | <flag1|flag2|flag3>
  ```

- Ein oder mehrere Flags löschen:

  ```
  // einzelnes Flag löschen
  c_iflag & ~<flag>
  // mehrere Flags löschen (hier flag1, flag2 und flag3)
  c_iflag & ~<flag1|flag2|flag3>
  ```

Wie üblich werden also die Flags wieder durch einzelne Bits dargestellt, die ein bestimmtes Flag aktivieren, wenn das entsprechende Bit gesetzt ist. Deshalb können dann die Flags auch in der üblichen Weise durch den `|`-Operator verknüpft werden. Es folgt nun ein einfaches Beispiel, in dem Sie eine Linux-übliche Passworteingabe machen können: Zunächst wird das Flag `ECHO` abgeschaltet, womit die Tastatureingabe nicht in der Konsole angezeigt wird. Das Flag `ECHONL` hingegen wird eingeschaltet, damit nach Eingabe des Passwortes durch Betätigung von [↵] das Newline-Zeichen ausgegeben wird und das Programm anschließend sauber in der nächsten Zeile fortfährt. Am Ende stellen Sie den zuvor gesicherten Terminalzustand wieder her.

```
/* my_getpass.c */
#include <termios.h>
#include <stdio.h>
#include <stdlib.h>
```

```
#define PASS 8

static char *my_getpass (void) {
    struct termios origstate, changedstate, teststate;
    char passwort[PASS];
    char *p = passwort;

    /* alten Terminalzustand speichern (von stdin = id 0) */
    if (tcgetattr (0, &origstate) != 0)
        printf ("tcgetattr failed");
    changedstate = origstate;

    /* neuen Terminalzustand setzen (von stdin = id 0) */
    /* Ausgabe ausschalten */
    changedstate.c_lflag &= ~ECHO;
    /* Newline beachten (einschalten) */
    changedstate.c_lflag |= ECHONL;

    if (tcsetattr (0, TCSANOW, &changedstate) != 0)
        printf ("tcsetattr failed");

    /* überprüfen, ob der Terminalzustand erfolgreich */
    /* verändert wurde                                 */
    tcgetattr (0, &teststate);
    if (teststate.c_lflag & ECHO)
        printf ("ECHO-Flag konnte nicht abgeschaltet werden\n");
    if (!teststate.c_lflag & ECHONL)
        printf ("ECHONL konnte nicht eingeschaltet werden\n");

    fprintf(stdout,"Passwort eingeben : ");
    fgets(passwort, PASS, stdin);

    /* alten Terminalzustand wiederherstellen */
    /* (von stdin = id 0)                      */
    if (tcsetattr (0, TCSANOW, &origstate) != 0)
        printf ("tcsetattr failed");
    return p;
}

int main (void) {
    char *ptr = my_getpass();
```

```
    printf("Ihre Eingabe war: %s\n",ptr);
    return EXIT_SUCCESS;
}
```

Listing 13.2 Liest ein Passwort von der Tastatur ein, ohne es direkt anzuzeigen (die eingegebenen Zeichen werden durch Sternchen ersetzt).

Das Programm gibt bei der Ausführung z. B. Folgendes aus.

```
$ gcc my_getpass.c -o my_getpass
$./my_getpass
Passwort eingeben :*******
Ihre Eingabe war: Pinguin
```

Das letzte Listing eignet sich auch sehr gut als Include-Datei und kann immer dann verwendet werden, wenn Sie ein Passwort einlesen müssen (z. B. um einen Spieler einzuloggen). Trotzdem müssen Sie natürlich mehr können, beispielsweise einzelne Steuerzeichen abfragen. Deshalb folgt nun ein weiteres Beispiel, das Ihnen zeigt, wie Sie bestimmte Zeichen von der Tastatur abfangen können, um bestimmte Funktionen damit zu verbinden. Im nächsten Beispiel werden die Funktionstasten [F1] und [F2], die Pfeiltasten (oben, unten, rechts und links) sowie die Tasten [Bild↑], [Bild↓] und [Pos1] überprüft. Sie können das letzte Beispiel natürlich noch ausweiten und die lokalen Flags `ECHO`, `ICANON` und `ISIG` abschalten. Allerdings sollten Sie auch hier bedenken, dass besonders für rasante Spiele wahrscheinlich die Variante, die Gerätedatei */dev/hidraw0* direkt abzufragen, die bessere ist. Ferner sollten Sie das nächste Beispiel in einem echten Terminal ausführen, damit es richtig läuft – sonst wird z. B. [F1] nicht angezeigt. Ein echtes Terminal können Sie durch gleichzeitiges Drücken von [Strg]+[Alt]+[F1] öffnen. Zurück zu Ihrer grafischen Oberfläche kommen Sie wieder mit der Tastenkombination [Strg]+[Alt]+[F7].

```
/* Tastaturabfrage.c */
#include <stdio.h>
#include <unistd. h.>
#include <termios.h>
#include <stdlib.h>
#include <string.h>

/* altes Terminal wiederherstellen */
static struct termios BACKUP_TTY;

/* Eingabekanal wird so umgeändert, dass die Tasten */
/* einzeln abgefragt werden können. */
static int new_tty (int fd) {
    struct termios buffer;
```

```
    /* Wir fragen nach den Attributen des Terminals und */
    /* übergeben sie dann an buffer. BACKUP_TTY dient */
    /* bei Programmende zur Wiederherstellung der alten */
    /* Attribute und bleibt somit unberührt. */
    if ((tcgetattr (fd, &BACKUP_TTY)) == -1)
        return -1;
    buffer = BACKUP_TTY;

    /* Lokale Flags werden gelöscht: */
    /* ECHO - Zeichenausgabe auf Bildschirm */
    /* ICANON - zeilenorientierter Eingabemodus */
    /* ISIG - Terminal-Steuerzeichen (kein STRG+C mehr */
    /* möglich) */
    buffer.c_lflag = buffer.c_lflag & ~(ECHO | ICANON | ISIG);

    /* VMIN = Anzahl der Bytes, die gelesen werden müssen, */
    /* bevor read() zurückkehrt. */
    /* In unserem Beispiel 1 Byte für 1 Zeichen */
    buffer.c_cc[VMIN] = 1;

    /* Wir setzen jetzt die von uns gewünschten Attribute. */
    if ((tcsetattr (fd, TCSAFLUSH, &buffer)) == -1)
        return -1;
    return 0;
}

/* ursprüngliches Terminal wiederherstellen */
static int restore_tty (int fd) {
    if ((tcsetattr (fd, TCSAFLUSH, &BACKUP_TTY)) == -1)
    return -1;
    return 0;
}

int main (int argc, char **argv) {
    int rd;
    char c, buffer[10];

    /* Setzen des neuen Modus */
    if (new_tty (STDIN_FILENO) == -1) {
        printf ("Fehler bei der Funktion new_tty()\n");
        exit (EXIT_FAILURE);
    }
    do {
```

```
/* erste Zeichen lesen */
if (read (STDIN_FILENO, &c, 1) < 1) {
   printf ("Fehler bei read\n");
   restore_tty (STDIN_FILENO);
   exit (EXIT_FAILURE);
}

/* Haben wir ein ESC ('\E') gelesen? */
if (c == 27) {
   /* Ja, eine Escape-Sequenz, wir wollen den Rest */
   /* der Zeichen auslesen */
   rd = read (STDIN_FILENO, buffer, 4);
   buffer[rd] = '\0';   /* String terminieren */
   /* Folgende Werte haben die Funktionstasten im Terminal */
   /*   F1 = \E[[A              */
   /*   F2 = \E[[B              */
   /*   PFEIL RECHTS= \E[C      */
   /*   PFEIL LINKS = \E[D      */
   /*   PFEIL RUNTER= \E[B      */
   /*   PFEIL HOCH = \E[A       */
   /*   POS 1 = \E[1~           */
   /*   BILD RUNTER = \E[6~     */
   /*   BILD HOCH = \E[5~       */

   if (strcmp (buffer, "[[A") == 0)
      printf ("F1\n");
   if (strcmp (buffer, "[[B") == 0)
      printf ("F2\n");
   if (strcmp (buffer, "[C") == 0)
      printf ("->\n");
   if (strcmp (buffer, "[D") == 0)
      printf ("<-\n");
   if (strcmp (buffer, "[B") == 0)
      printf ("V\n");
   if (strcmp (buffer, "[A") == 0)
      printf ("^\n");
   if (strcmp (buffer, "[1~") == 0)
      printf ("POS 1\n");
   if (strcmp (buffer, "[6~") == 0)
      printf ("BILD RUNTER\n");
   if (strcmp (buffer, "[5~") == 0)
      printf ("BILD HOCH\n");
   /* Nein, kein ESC ... */
```

```
            }
            else {
                if ((c < 32) || (c == 127))
                    /* nummerischen Wert ausgeben */
                    printf ("%d\n", c);
                else
                    /* Zeichen ausgeben */
                    printf ("%c\n", c);
            }
        } while (c != 'q');
        restore_tty (STDIN_FILENO);
        return EXIT_SUCCESS;
}
```

Listing 13.3 Demonstriert, wie Sie in einem Terminal gezielt Tasten abfragen.

Das Programm gibt bei der Ausführung z. B. Folgendes aus:

```
$ gcc Tastaturabfrage.c -o Tastaturabfrage
$ ./Tastaturabfrage
^
->
<-
V
BILD HOCH
BILD RUNTER
F1
F2
POS1
q
```

Zum Abschluss folgt noch ein Beispiel, das Ihnen zeigt, wie Sie einzelne Tasten noch gezielter abfangen können. Zu diesem Zweck können Sie das Terminal in den sogenannten *Raw-Modus* schalten: Wie der Name *raw* (für roh, unbearbeitet) schon andeutet, handelt es sich hier um einen fast nackten Terminalmodus, bei dem bestimmte Flags gelöscht werden. Lediglich das Kontrollflag, das Ihnen mitteilt, wie groß ein Zeichen in Bytes ist, wird dabei noch genutzt.

[»]

Hinweis: Byte-Größe von Zeichen im Terminal

Die Byte-Größe von Zeichen im Terminal hat nichts mit der tatsächlichen Größe der Zeichen in dem zurzeit verwendeten Zeichensatz zu tun. Vielmehr verwandelt das Terminal eine Tastatureingabe in eine Zeichensequenz. Wenn Sie z. B. einen ASCII-Zeichensatz verwenden, dann wird die Taste [A] in genau ein Byte mit dem Wert 65 übersetzt. Wenn Sie allerdings eine erweiterte Taste (etwa für die Cursorsteuerung) betätigen, dann geht dem eigentlichen Wert für die Taste stets noch ein Code voran, deshalb hat die hierfür benutzte Zeichensequenz im Terminal auch 2 Bytes Länge. Manche erweiterten Tasten werden anschließend noch einmal zusätzlich in Escape-Codes übersetzt, bevor sie endgültig in der Konsole angezeigt werden. Auch für die Cursortasten ist dies der Fall (siehe letztes Beispiel), deshalb werden diese dann auch am Ende in eine Zeichensequenz mit einer Länge von 3 Bytes übersetzt.

```
/* my_getch.c */
#include <stdio.h>
#include <unistd.h.>
#include <termios.h>
#include <stdlib.h>

static struct termios new_io;
static struct termios old_io;

/* Funktion schaltet das Terminal in den Raw-Modus:           */
/* Folgende Eingabeflags werden gelöscht:                     */
/*                BRKINT, ICRNL, INPCK, ISTRIP, IXON          */
/* Folgende Kontrollflags werden gelöscht: CSIZE, PERENB      */
/* Folgende Ausgabeflags werden gelöscht: OPOST               */
/* Folgende lokale Flags werden gelöscht:                     */
/*                            ECHO, ICANON, IEXTEN, ISIG      */
/* Gesetzt wird das Kontrollflag CS8, was bedeutet,           */
/* dass ein Zeichen 8 Bit breit ist.                          */
/* Steuerzeichen: Leseoperation liefert 1 Byte VMIN=1 VTIME=1 */
static int raw (int fd) {
    /* Sichern unseres Terminals */
    if ((tcgetattr (fd, &old_io)) == -1)
        return -1;
    new_io = old_io;
    /* Wir verändern jetzt die Flags für den Raw-Modus. */
    new_io.c_iflag =
        new_io.c_iflag & ~(BRKINT | ICRNL | INPCK | ISTRIP | IXON);
    new_io.c_oflag = new_io.c_iflag & ~(OPOST);
    new_io.c_cflag = new_io.c_cflag & ~(CSIZE | PARENB);
    new_io.c_lflag = new_io.c_lflag & ~(ECHO|ICANON|IEXTEN|ISIG);
    new_io.c_cflag = new_io.c_cflag | CS8;
    new_io.c_cc[VMIN]  = 1;
    new_io.c_cc[VTIME] = 0;
    /* Jetzt setzen wir den Raw-Modus. */
    if ((tcsetattr (fd, TCSAFLUSH, &new_io)) == -1)
```

```
        return -1;
    return 0;
}

/* Funktion zur Abfrage einer Taste */
static int getch () {
    int c;
    if (raw (STDIN_FILENO) == -1) {
        printf ("Fehler bei der Funktion raw()\n");
        exit (EXIT_FAILURE);
    }
    c = getchar ();
    /* alten Terminalmodus wiederherstellen */
    tcsetattr (STDIN_FILENO, TCSANOW, &old_io);
    return c;
}

int main (void) {
    int zeichen;
    printf ("Warte auf 'q', um das Programm zu beenden\n");
    while ((zeichen = getch ()) != 'q')
        printf ("'%c' != 'q'\n", zeichen);
    printf ("'%c' == 'q'\n", zeichen);
    printf ("ENDE\n");
    return EXIT_SUCCESS;
}
```

Listing 13.4 Stellt Ihnen eine getch()-Funktion zur Verfügung, wie Sie sie z. B. von <conio.h> her kennen.

Das Programm gibt bei der Ausführung z. B. Folgendes aus:

```
$ gcc my_getch.c -o my_getch
$ ./my_getch
Warte auf 'q', um das Programm zu beenden
'a' != 'q'
's' != 'q'
'd' != 'q'
'f' != 'q'
'j' != 'q'
'k' != 'q'
'l' != 'q'
```

```
'ö' != 'q'
'q' == 'q'
ENDE
```

Die Funktion raw() schaltet das Terminal in den Raw-Modus, und mit der Funktion getch() können Sie dann nach einer einzelnen oder irgendeiner Taste fragen. Den großen Overhead der Funktion raw() können Sie sich aber auch ersparen, da Linux/UNIX dafür eine Funktion für uns bereithält:

```
#include <termios.h>

int cfmakeraw(struct termios *tty_zeiger);
```

Diese Funktion ist ebenfalls in der Headerdatei *termios.h* definiert und erleichtert Ihnen den Schritt, das Terminal in den Raw-Modus zu setzen.

13.1.3 Terminalidentifizierung über spezielle Funktionen

Um den Namen des Terminals zu erfragen, das gerade die Kontrolle hat, können Sie folgende Funktion verwenden:

```
#include <stdio.h>

char *ctermid(char *s);
```

Die Funktion ctermid() gibt einen String mit dem Pfadnamen des Kontrollterminals für den aktuellen Prozess zurück. In den meisten Fällen dürfte dies */dev/tty* sein bzw. auf dem Pi manchmal auch */dev/ttyama0*. Für s sollten Sie mindestens L_ctermid Bytes Speicherplatz reservieren. Die symbolische Konstante L_ctermid ist in der Headerdatei *stdio.h* definiert. Die Funktion ctermid() gibt bei Erfolg einen Zeiger auf einen Puffer zurück, der auf den Namen des Kontrollterminals verweist, ansonsten wird bei einem Fehler NULL zurückgegeben. Das folgende kurze Beispiel demonstriert die Funktion ctermid():

```
/* my_tty.c */
#include <stdio.h>
#include <stdlib.h>
#include <unistd. h.>
#include <termios.h>
static char termname[L_ctermid];

int main (void) {
    const char *ptr = ctermid (termname);
    if (ptr != NULL)
        printf ("Kontrollterminalname = %s\n", ptr);
```

```
    else
        printf("Konnte Terminalname nicht ermitteln\n");
    return EXIT_SUCCESS;
}
```

Listing 13.5 Demonstriert die Funktion ctermid().

Wenn Sie die Adresse des Terminalpfadnamens benötigen, können Sie die folgende Funktion verwenden:

```
char *ttyname(int fd);
```

Die Funktion `ttyname()` liefert einen nullterminierten Pfadnamen (in einem statischen Speicherbereich) des Terminalgerätes zurück, mit dem der Filedeskriptor `fd` geöffnet wurde. Bei einem Fehler oder wenn `fd` mit keinem Terminal verbunden ist, wird `NULL` zurückgegeben. Auch hierzu folgt nun ein einfaches Beispiel:

```
/* sende.c */
#include <stdio.h>
#include <stdlib.h>
#include <unistd. h.>
#include <termios.h>

int main(int argc, char **argv) {
    printf("Nachricht von Terminal %s\n%s",
        ttyname(STDIN_FILENO), *++argv);
    return EXIT_SUCCESS;
}
```

Listing 13.6 Gibt den Namen des Terminals und die an dieses zuletzt übergebene Argumente als String in der Konsole aus.

Öffnen Sie nun zwei Pseudokonsolen (mit `pts`) auf Ihrem Desktop. Ermitteln Sie zuerst mit dem Programm *sende* den Pfad der Konsole (`tty`). In den meisten Fällen hat Konsole 1 nun den Pfad */dev/pts/2* und Konsole 2 den Pfad */dev/pts/3*. Führen Sie nun das Programm folgendermaßen aus (der Programmname sei hier `sende`):

```
---[/dev/pts/2]---
$ ./sende hallo > /dev/pts/3
```

Auf der Konsole */dev/pts/3* steht jetzt:

```
---[/dev/pts/3]---
Nachricht von Terminal /dev/pts/2
hallo
```

Wenn Sie wollen, können Sie jetzt vom Terminal */dev/pts/3* eine Nachricht an */dev/pts/2* senden. Dies funktioniert, da Sie mit

```
ttyname(STDIN_FILENO)
```

den Terminalnamen der Standardeingabe abfragen können. Sie können natürlich auch statt der Standardeingabe die Standardausgabe abfragen (`STDOUT_FILENO`).

13.1.4 Die Baudrate von Terminals einstellen

Terminals sind nicht nur auf Ihren lokalen PC beschränkt, sondern können auch Daten an einen anderen Computer übermitteln. Die Standardverbindung ist hier die serielle Schnittstelle, über die Sie z. B. auch Ihren Raspberry Pi mit Ihrem PC verbinden können. Hierfür können Sie durchaus auch ein USB-to-Serial-Kabel benutzen, das inzwischen von Linux problemlos unterstützt wird. Natürlich müssen Sie sich im Fall einer seriellen Verbindung zwischen zwei Computern auf eine Übertragungsrate der einzelnen Bits einigen. Diese Übertragungsrate wird als *Baudrate* bezeichnet, was im Endeffekt den Bits entspricht, die pro Sekunde übertragen werden können.

13

[!]

Vorsicht vor unterschiedlichen Spannungen auf beiden Seiten!

Achten Sie unbedingt darauf, dass bei der Verbindung von zwei Geräten über eine direkte serielle Verbindung eventuell unterschiedliche Spannungen benutzt werden. So dürfen Sie z. B. die serielle Schnittstelle Ihres PC (5 V, 100 mA) niemals direkt mit dem Raspberry Pi verbinden (3,3 V, 50 mA), sondern müssen stets Widerstände dazwischenschalten. Aber auch die seriellen Schnittstellen von PCs dürfen Sie niemals direkt verbinden, sondern müssen immer sogenannte Pull-down-Widerstände vor die einzelnen Pins schalten. Auch sollten Sie alle Kabel immer erden, sonst können Sie böse Überraschungen erleben. Nicht, dass Sie sich hier selbst ins Jenseits befördern können, so hoch sind die Spannungen dann auch wieder nicht. Aber Ihren PC oder Pi können Sie auf diese Weise schon unbrauchbar machen.

Es folgen einige Funktionen, mit denen Sie die Geschwindigkeit der Ein-/Ausgabe eines Terminalgerätes verändern oder abfragen können. Folgende Funktionen stehen Ihnen zum Abfragen der aktuellen Geschwindigkeit (in Baud) zur Verfügung:

```
#include <termios.h>

speed_t cfgetispeed(const struct termios *tty_zeiger);
speed_t cfgetospeed(const struct termios *tty_zeiger);
```

Beide Funktionen sind in der Headerdatei *termios.h* definiert und geben die momentan gesetzte Baudrate zurück, wobei `cfgetispeed()` die Geschwindigkeit der Eingabe und `cfgetospeed()` die Geschwindigkeit der Ausgabe zurückgibt (Standard ist 9.600 Baud). Folgende

Konstanten sind hier auf alle Fälle definiert und funktionieren auch z. B. mit sämtlichen Arduinos auf der anderen Seite zusammen:

```
B0,B50,B75,B110,B134,B150,B200,B300,B600,
B1200,B1800,B2400,B4800,B9600,B19200,B38400
```

Hier ist jedoch `B0` für die Beendigung einer Verbindung gedacht. Außerdem können folgende Konstanten vorhanden sein:

```
B57600,B115200,B230400,B460800
```

Allerdings sind Baudraten von über 115.200 vor allem für USB-To-Serial-Adapter gedacht. Mit schnellen Mikrocontrollern auf der anderen Seite (eine richtige Beschaltung natürlich vorausgesetzt) wie dem ESP32 oder dem Arduino Due (auch der Pi fällt im Endeffekt in diese Kategorie) können Sie Baudraten bis 115.200 erreichen, wenn Sie sich allerdings nicht sicher sind, verwenden Sie am besten eine Baudrate von 9.600 – diese wird von nahezu allen Mikrocontrollern unterstützt.

Fehlt nur noch die Information, wie Sie die oben genannten Funktionen anwenden:

```
baudrate = funktion_erfrage_baudrate(cfgetispeed(&terminal));
...
unsigned long funktion_erfrage_baudrate(speed baudkonstante) {
    if(baudkonstante == B0)              return(0);
    else if(baudkonstante == B50)        return(50);
    else if(baudkonstante == B75)        return(75);
    ...
    ...
    else if(baudkonstante == B460800)    return(460800);
    else   return -1;
}
```

Es folgt nun ein Listing, mit dem Sie die Baudrate eines Terminalgerätes abfragen können, das Sie in der Kommandozeile als zweites Argument angeben.

```
/* getbaud.c */
#include <stdio.h>
#include <unistd. h.>
#include <termios.h>
#include <fcntl.h>
#include <stdlib.h>
#include <errno.h>

typedef unsigned long Ulong;
typedef struct termios TTY;
```

```
static speed_t baud_konstante[] = {
    B0, B50, B75, B110, B134, B150, B200, B300, B600, B1200,
    B1800, B2400, B4800, B9600, B19200, B38400, B57600,
    B115200, B230400/*, B460800 */ (Beim Pi 4 ist auch 460800 noch gültig.)
};

static Ulong baud_werte[] = {
    0, 50, 75, 110, 134, 150, 200, 300, 600, 1200,
    1800, 2400, 4800, 9600, 19200, 38400, 57600,
    115200, 230400/*, 460800 */ (Beim Pi 4 ist auch 460800 noch gültig.)
};

static Ulong baudrate_wert (speed_t baud) {
    int i;
    for (i = 0; i <= 19; i++) {
        if (baud == baud_konstante[i])
        return (baud_werte[i]);
    }
    return -1;
}

int main (int argc, char **argv) {
    int fd;
    speed_t baud_input, baud_output;
    TTY terminal;

    if (argc != 2) {
        printf ("Usage: %s Gerätepfad\n", *argv);
        exit (EXIT_FAILURE);
    }
    if ((fd = open (argv[1], O_RDWR | O_NONBLOCK)) == -1) {
        perror ("fopen()");
        exit (EXIT_FAILURE);
    }
    if (isatty (fd) == 0) {
        printf ("%s ist kein tty\n", argv[1]);
        exit (EXIT_FAILURE);
    }
    if (tcgetattr (fd, &terminal) == -1) {
        printf ("Fehler bei tcgetattr()\n");
        exit (EXIT_FAILURE);
    }
    if((baud_input=baudrate_wert(cfgetispeed(&terminal))) == -1) {
```

```
        printf ("Fehler bei baud_input ...\n");
        exit (EXIT_FAILURE);
    }
    if((baud_output=baudrate_wert(cfgetospeed(&terminal))) == -1) {
        printf ("Fehler bei baud_output ...\n");
        exit (EXIT_FAILURE);
    }
    printf ("Eingabe-Baudrate : %d\n", baud_input);
    printf ("Ausgabe-Baudrate : %d\n", baud_output);
    return EXIT_SUCCESS;
}
```

Listing 13.7 Fragt die Baudrate des Terminals ab (auf dem Pi kann das Terminal statt /dev/tty0 auch /dev/ttyama0 sein).

Das Programm gibt bei der Ausführung Folgendes aus (Standardeinstellung am PC):

```
$ gcc getbaud.c -o getbaud
$ ./getbaud /dev/tty
Eingabe-Baudrate : 38400
Ausgabe-Baudrate : 38400
```

Neu in diesem Programm ist nun die folgende Funktion:

```
#include  <unistd. h.>

int isatty(int fd);
```

Mit isatty() können Sie abfragen, ob ein Filedeskriptor auf das Terminal eingestellt ist. Wichtig an den Funktionen cf**get...**() und cf**set...**() ist: Wenn Sie mit cfgetispeed() etwas abfragen wollen, müssen Sie zuerst mit der Funktion tcgetattr() die Struktur termios für das betreffende Gerät abfragen. Dasselbe gilt, wenn Sie die beiden folgenden Funktionen einsetzen wollen:

```
#include <termios.h>

int cfsetispeed( struct termios *termzeiger,
                 speed_t baudrate );
int cfsetospeed( struct termios *termzeiger,
                 speed_t baudrate);
```

Auch hier müssen Sie die Aufrufe erst mit dem tcsetattr()-Aufruf aktivieren. Das nächste Beispiel legt nun die Baudrate fest und wurde auch um die Möglichkeit erweitert, sie auf 115.200 zu setzen. Allerdings funktioniert dies nicht auf älteren PCs.

```
/* setbaud.c */
#include <stdio.h>
#include <unistd. h.>
#include <termios.h>
#include <fcntl.h>
#include <stdlib.h>
#include <stdarg.h>

typedef unsigned long Ulong;
typedef struct termios TTY;

static speed_t baud_konstante[] = {
    B0, B50, B75, B110, B134, B150, B200, B300, B600, B1200,
    B1800, B2400, B4800, B9600, B19200, B38400, B57600,
    B115200, B230400/*, B460800 */
};

static Ulong baud_werte[] = {
    0, 50, 75, 110, 134, 150, 200, 300, 600, 1200,
    1800, 2400, 4800, 9600, 19200, 38400, 57600,
    115200, 230400/*, 460800 */
};

// R.-W.-Stevens-like Fehlerbehandlung
static void fehler_exit (char *error_msg, ...) {
    va_list az;
    va_start (az, error_msg);
    vprintf (error_msg, az);
    va_end (az);
    exit (EXIT_FAILURE);
}

static Ulong baudrate_wert (speed_t baud) {
    int i;
    for (i = 0; i <= 19; i++) {
        if (baud == baud_konstante[i])
        return (baud_werte[i]);
    }
    return -1;
}

int main (int argc, char **argv) {
    int fd;
```

13

```
    speed_t baud_input, baud_output;
    TTY terminal;

    if (argc != 2)
        fehler_exit ("Bitte einen Gerätepfad mit angeben\n");
    if ((fd = open (argv[1], O_RDWR | O_NONBLOCK)) == -1)
        fehler_exit ("Konnte %s nicht öffnen\n", argv[1]);

    if (isatty (fd) == 0)
        fehler_exit ("%s ist kein tty\n", argv[1]);

    if (tcgetattr (fd, &terminal) == -1)
        fehler_exit ("Fehler bei tcgetattr()\n");

    if((baud_input=baudrate_wert(cfgetispeed(&terminal))) == -1)
        fehler_exit ("Fehler bei baud_input ...\n");
    if((baud_output=baudrate_wert(cfgetospeed(&terminal))) == -1)
        fehler_exit ("Fehler bei baud_output ...\n");
    printf ("Eingabe-Baudrate : %d\n", baud_input);
    printf ("Ausgabe_Baudrate : %d\n", baud_output);

    if ((cfsetispeed (&terminal, B115200)) == -1)
        fehler_exit("Fehler beim Setzen der Eingabe-Baudrate ...\n");
    if ((cfsetospeed (&terminal, B115200)) == -1)
        fehler_exit("Fehler beim Setzen der Ausgabe-Baudrate ...\n");

    if (tcsetattr (fd, TCSAFLUSH, &terminal) == -1)
        fehler_exit ("Fehler bei tcsetattr ...\n");
    if (tcgetattr (fd, &terminal) == -1)
        fehler_exit ("Fehler bei tcgetattr ...\n");

    if((baud_input=baudrate_wert(cfgetispeed(&terminal))) == -1)
        fehler_exit ("Fehler bei baud_input ...\n");
    if((baud_output=baudrate_wert(cfgetospeed(&terminal))) == -1)
        fehler_exit ("Fehler bei baud_output ...\n");
    printf ("Eingabe-Baudrate neu : %d\n", baud_input);
    printf ("Ausgabe_Baudrate neu : %d\n", baud_output);
    return EXIT_SUCCESS;
}
```

Listing 13.8 Setzt die Baudrate des Terminals neu und gibt vorher auch die alte Rate aus.

Das Programm bei der Ausführung:

```
$ gcc -o setbaud setbaud.c
$ ./setbaud /dev/tty
Eingabe-Baudrate : 38400
Ausgabe_Baudrate : 38400
Eingabe-Baudrate-neu : 115200
Ausgabe_Baudrate-neu : 115200
```

Zum Thema Terminal und Baudraten ließe sich noch eine ganze Menge mehr schreiben, z. B. wie Sie auch das Übertragungsformat (etwa in »8,E,1«) ändern können. Für den Fall, dass Sie mehr Informationen dazu benötigen, sei die Manual Page (`man termios`) empfohlen.

13.2 Terminalinformationen in terminfo

Wenn Sie keine speziellen Einstellungen an der Baudrate oder am Übertragungsformat vornehmen wollen, weil Sie z. B. einen alten KNX-Router mit Daten versorgen müssen oder mit Ihrem Pi kommunizieren wollen, dann kann es immer noch sein, dass einige Fragen offenbleiben. Wie gesagt können wir Ihnen im Bereich Smart Home oder auch für den Pi keine tiefgreifenden Informationen vermitteln, wir können Ihnen jedoch einige Fragen beantworten, auf die Sie bei der Programmierung von Konsolenprogrammen stoßen. Diese Fragestellungen (die nicht sehr neu sind) betreffen meistens die Bildschirmsteuerung (z. B. das Löschen des Bildschirms), das Positionieren des Cursors oder die Ausgabe von Text in einer anderen Farbe (schade, dass dies nicht so einfach geht wie mit der `PRINT`-Anweisung beim alten C64). Viele Programmierer haben schon mit sogenannten *Semigrafik-Bibliotheken* Erfahrungen gesammelt – beispielsweise unter DOS mit der Borland-Bibliothek *conio.h* –, aber beim Umstieg auf Linux dann die Segel gestrichen, weil dort vieles zugegebenermaßen recht umständlich ist. Zwar kann man dort auch die ANSI-Steuersequenzen verwenden (was somit sogar unabhängig vom Betriebssystem wäre), aber davon kann nur abgeraten werden. Wenn dabei nämlich ein bestimmtes Terminal nichts mit ANSI-Steuersequenzen anzufangen weiß, wird beim Programmstart bereits nur Datenmüll ausgegeben (wie gesagt ist bei Linux die verwendete Shell nicht wirklich vorgeschrieben).

Damit eine portable Bildschirmsteuerung auch unter Linux möglich wurde, mussten dem Rechner Informationen über die Steuerung von verschiedenen Terminaltypen übergeben werden. Dies wurde mit einer Datenbank mit Terminaleigenschaften – genannt *termcap* – realisiert. Dabei wurden in einer bestimmten Datei (nämlich */etc/termcap*) die Eigenschaften des Terminals, wie u. a. Zeilen- und Spaltenzahl, Unterscheidung zwischen Groß- und Kleinschreibung, Bildschirm löschen, hinterlegt. Programmierer konnten auf diese Datei zugreifen, um für das aktuelle Terminal die Steuerzeichen zu ermitteln. Damit dies nicht so umständlich wird, wurde später eine eigene Bibliothek dafür zur Verfügung gestellt.

Leider wurde es auch damit nicht wirklich einfacher. Im Laufe der Zeit wurden nämlich immer mehr neue Terminaltypen zur *termcap*-Datei hinzugefügt, womit zu dem Nachteil, dass die Datei immer umfangreicher wurde, noch der Nachteil hinzukam, dass die Suche nach einem entsprechenden Eintrag immer länger dauerte. Programmierern wurde es mit den nicht unbedingt selbst erklärenden Zweizeichennamen auch nicht unbedingt wieder einfacher gemacht (auch hier steht zu befürchten, dass die alte C64-Variante der Cursorsteuerung über `PRINT` die bessere war).

Leider waren bis dahin schon zahlreiche Programme erschienen, die */etc/termcap* nutzen (mussten), und deshalb mussten die Linux-Entwickler auch versuchen, die bereits entstandenen Nachteile zu beheben. Es wurde deshalb ein anderes Konzept entwickelt. Dies wurde mit der Terminaldatenbank *terminfo* und der Bibliothek *curses* realisiert (der Name *curse* [Fluch] kommt übrigens nicht von ungefähr und soll in der Tat ausdrücken, dass der Umgang mit Steuersequenzen ein Fluch ist). Die Dateien für *terminfo* befinden sich gewöhnlich im Verzeichnis */usr/lib/terminfo/** oder */usr/share/terminfo/**. Darin befindet sich für jedes Terminal eine eigene Datei (in Unterverzeichnissen, deren Dateiname auch alphabetisch sortiert ist) und nicht wie bei *termcap* alles in einer (unter Umständen binären) Datei.

Beide Datenbanken, also *termcap* und *terminfo*, verwenden aber dennoch dieselben Namen. Zum Beispiel hat unter einem Window-Manager die Konsole meistens den Namen *xterm*, weshalb sich in der *termcap*-Datei und auch im *terminfo*-Verzeichnis */usr/lib/terminfo/x* ein entsprechender Name mit den entsprechenden Eigenschaften befindet. Welches Terminal gerade bei Ihnen läuft, können Sie wie folgt aus der Umgebungsvariablen `TERM` ermitteln:

```
$ echo $TERM
xterm
```

13.2.1 terminfo verwenden

Für jeden möglichen Terminaltyp enthält *terminfo* in der gleichnamigen Strukturvariablen eine Reihe von Terminalfähigkeiten (sogenannte *capabilities*) – auch bekannt als `capname`. Die sogenannten *capnames* lassen sich in die drei folgenden Kategorien einteilen:

- Boolean: Damit überprüfen Sie, ob ein Terminal bestimmte Eigenschaften unterstützt oder nicht.
- Nummerisch: Nummerische *capnames* spezifizieren gewöhnlich bestimmte Größenangaben, z. B. wie viele Spalten oder Zeilen ein Terminal hat.
- String: Hier wird entweder, wenn nötig, eine Escape-Sequenz angegeben, um bestimmte Eigenschaften verwenden zu können, oder es wird etwas ausgegeben, wenn ein Anwender eine bestimmte Taste drückt.

In Tabelle 13.6 finden Sie einige der vielen Fähigkeiten, über die `terminfo` verfügt. Für einen kompletten Überblick sollten Sie die Manual Page (`man terminfo`) lesen.

capname	Type	Bedeutung
am	boolean	Terminal verfügt über eine automatische Randbegrenzung (rechts).
bm	boolean	Terminal verfügt über eine automatische Randbegrenzung (links).
col	nummerisch	Anzahl der Spalten des aktuellen Terminals
lines	nummerisch	Anzahl der Zeilen des aktuellen Terminals
colors	nummerisch	Anzahl der Farben des aktuellen Terminals
pairs	nummerisch	Anzahl der Farbenpaare (Schrifthintergrund) des aktuellen Terminals
clear	String	Löscht den Bildschirm und setzt den Cursor an den Anfang.
cl	String	Löscht von der aktuellen Position bis zum Ende der Zeile.
ed	String	Löscht von der aktuellen Position bis zum Ende des Bildschirms.
cup	String	Setzt den Cursor in eine bestimmte Zeile und Spalte.
flash	String	Löst einen visuellen Alarm (Flash Screen) aus.
bel	String	Löst einen akustischen Alarm aus.
kf[0-63]	String	F[0–63]-Funktionstasten
cr	String	Wagenrücklauf (Carriage Return)
cud1	String	Cursor um eine Zeile nach unten
cub1	String	Cursor um eine Spalte nach links
cuf1	String	Cursor um eine Spalte nach rechts
cuu1	String	Cursor um eine Zeile nach oben

Tabelle 13.6 Einige capnames und ihre Bedeutung

Um ein Programm mit `terminfo` zu erstellen, müssen Sie die Headerdateien *curses.h* und *term.h* einbinden. Außerdem benötigen Sie die Bibliothek *curses*, die mit dem Compilerflag `-lcurses` hinzugelinkt werden muss.

13.2.2 terminfo initialisieren mit setupterm()

Um *terminfo* zu verwenden, muss zuerst die entsprechende Datenstruktur initialisiert werden. Dies lässt sich recht einfach mit der Funktion setupterm() erledigen:

```
#include <curses.h>
#include <term.h>

int setupterm(const char *term, int fd, int *error_return);
```

Mit dem Parameter term geben Sie die Schnittstelle für den Terminaltyp an. Wenn Sie hierfür NULL angeben – was häufig der Fall ist –, liest setupterm() den Typ aus der Umgebungsvariablen $TERM. Ansonsten wird das Terminal verwendet, auf das der Zeiger term verweist. Alle anschließenden Ausgaben auf das Terminal werden auf dem Filedeskriptor fd gemacht (was meistens stdout/1 ist). Wenn für error_return nicht NULL angegeben wird, ist entweder 1 in dem Zeiger int *error_return abgelegt, was anzeigt, dass alles glatt verlief. Ist der Wert aber 0, konnte das referenzierte Terminal term nicht in der *terminfo*-Datenbank gefunden werden. Wenn error_return -1 ist, wurde die *terminfo*-Datenbank überhaupt nicht gefunden. Geben Sie für error_return hingegen NULL an, gibt setupterm() bei einem Fehler eine Diagnosemeldung zurück und beendet sich anschließend. Die Funktion setupterm() gibt OK bei Erfolg, ansonsten ERR bei einem Fehler zurück.

13.2.3 Eigenschaften eines Terminals abfragen mit tigetflag(), tigetnum() und tigetstr()

Mit den folgenden drei Funktionen (der Kategorie entsprechend) können Sie die Eigenschaften eines Terminals ermitteln:

```
#include <term.h>
#include <curses.h>

int tigetflag( const char *capname );    // boolean
int tigetnum ( const char *capname );    // nummerisch
char *tigetstr( const char *capname );  // String
```

Mit der Funktion tigetflag() wird überprüft, ob die Terminaleigenschaft von capname vom aktuellen Terminaltyp unterstützt wird. So liefert z. B. tigetflag("am") 1 zurück, wenn der abgefragte Terminaltyp über eine automatische Randbegrenzung verfügt. Bei einem Fehler wird -1 zurückgegeben.

Die Funktion tigetnum() liefert eine Ganzzahl für eine bestimmte Eigenschaft zurück. Unterstützt der aktuelle Terminaltyp z. B. acht Farben, so liefert ein Funktionsaufruf von tigetnum("colors") den Wert 8 zurück. Bei einem Fehler wird -1 zurückgegeben (meistens wurde dann ein falscher Eigenschaftsname angegeben).

Die Funktion tigetstr() gibt die Eigenschaft zurück, die vom Tastaturtreiber generiert wird, wenn z. B. eine Cursortaste gedrückt wurde. Dabei wird das Escape-Zeichen als 27 dekodiert – anstatt, wie in der Term-Infodatei dargestellt, mit \E – weshalb Sie das Zeichen mit \\E selbst angeben müssen, damit es ausgegeben wird (siehe auch das nachfolgende Beispiel). Bei einem Fehler gibt diese Funktion NULL zurück.

Das folgende Listing zeigt Ihnen, wie Sie die Eigenschaften eines Terminals abfragen können. Für mehr Eigenschaften sollten Sie, wie bereits erwähnt, die Manual Pages (man terminfo) zurate ziehen und einzelne zusätzliche Eigenschaften selbst einbauen.

```
/* terminfos.c */
#include <stdio.h>
#include <stdlib.h>
#include <term.h>
#include <curses.h>
#define CAPS 4

int main (void) {
    int i, ret = 0;
    char *buf;
    const char *boolcaps[CAPS] = {"am", "bm", "bce", "km"};
    const char *numcaps[CAPS]={"cols", "lines", "colors", "pairs"};
    const char *strcaps[CAPS] = {"cup", "kf2", "flash", "hpa"};

    /* terminfo initialisieren */
    ret = setupterm (NULL, fileno (stdin), NULL);
    if (ret != 0) {
        perror ("setupterm()");
        exit (EXIT_FAILURE);
    }

    /* Eigenschaften abfragen, ob vorhanden */
    for (i = 0; i < CAPS; i++) {
        ret = tigetflag (boolcaps[i]);
        if (ret == -1)
            printf ("%s wird nicht unterstützt\n", boolcaps[i]);
        else
            printf ("%s wird unterstützt\n", boolcaps[i]);
    }
    printf ("\n");

    /* Eigenschaften abfragen, die einen nummerischen */
    /* Wert zurückliefern */
```

```
    for (i = 0; i < CAPS; i++) {
        ret = tigetnum (numcaps[i]);
        if (ret == -1)
            printf ("%s wird nicht unterstützt\n", numcaps[i]);
        else
            printf ("%s ist %d\n", numcaps[i], ret);
    }
    printf ("\n");

    /* Eigenschaften abfragen, die vom Tastaturtreiber */
    /* generiert werden */
    for (i = 0; i < CAPS; i++) {
        buf = tigetstr (strcaps[i]);
        if (buf == NULL)
            printf ("%s wird nicht unterstützt\n", strcaps[i]);
        else
        printf ("%s ist \\E%s\n", strcaps[i], &buf[1]);
    }
    return EXIT_SUCCESS;
}
```

Listing 13.9 Fragt einige Eigenschaften Ihres Terminals ab und zeigt sie an.

Das Programm gibt bei der Ausführung z. B. Folgendes aus:

```
$ gcc terminfos.c -o terminfos -lncurses
$  ./terminfos
am wird unterstützt
bm wird nicht unterstützt
bce wird unterstützt
km wird unterstützt

cols ist 101
lines ist 15
colors ist 8
pairs ist 64

cup ist \E[%i%p1 %d;%p2 %dH
kf2 ist \EOQ
flash ist \E[?5h$<100/>
hpa ist \E[%i%p1 %dG
```

Bis auf die kryptischen Escape-Sequenzen sollte es Ihnen nicht schwerfallen, diese Ausgabe zu verstehen. Aber was hat es mit den Escape-Sequenzen auf sich? Als Beispiel verwenden wir nun `cup`, womit Sie einen Cursor auf eine bestimmte Zeile und Spalte setzen können:

```
\E[%i%p1 %d;%p2 %dH
```

Man spricht hier von einem sogenannten *parametrisierten String*. So benötigt `cup` zwei Parameter, nämlich die Zeile und die Spalte, um zu wissen, wohin der Cursor gesetzt werden soll. Der Escape-String sieht hier schlimmer aus, als er tatsächlich ist. Zerlegt man ihn nämlich in einzelne Wörter, sieht er so aus:

```
{\E},{[}, {%i%p1}, {%d;%p2}, {%dH}
```

Dies entspricht der folgenden Parameterliste:

```
Escape [ <zeile>; <spalte> H
```

[«]

Hinweis: Liste mit allen verfügbaren Eigenschaften von terminfo

Wollen Sie alle Eigenschaften des aktuellen Terminaltyps auf dem Bildschirm ausgeben lassen, können Sie die Anwendung *infocmp* benutzen. Diese lässt sich in einfacher Weise auch mit dem entsprechenden Namen von der Kommandozeile aus aufrufen.

Wir möchten Sie aber jetzt gar nicht dazu auffordern, wochenlang mit den Escape-Sequenzen herumzuexperimentieren (es sein denn, Ihnen würde genau dies großen Spaß machen), sondern Ihnen lediglich die Bedeutung der einzelnen (teils auch kryptisch aussehenden) Zeichen erklären, die im letzten Beispiel verwendet wurden. Dazu haben wir Tabelle 13.7 erstellt:

Zeichen	Bedeutung
`\E`	Escape auf dem Bildschirm ausgeben
`[`	Zeichen `[` auf dem Bildschirm ausgeben
`%i`	Inkrementiert alle `%p`-Werte um 1.
`%p1`	Legt den Wert von `p1` auf einen internen *terminfo*-Stack.
`%d`	Holt den Wert `p1` vom *terminfo*-Stack und gibt ihn auf dem Bildschirm aus.
`;`	`;` auf dem Bildschirm ausgeben
`%p2`	Legt den Wert von `p2` auf einen internen *terminfo*-Stack.
`%d`	Holt den Wert `p2` vom *terminfo*-Stack und gibt ihn auf dem Bildschirm aus.
`H`	Gibt `H` auf dem Bildschirm aus.

Tabelle 13.7 Zerlegung des Escape-Strings

Diese Tabelle sieht in der Tat sehr kompliziert aus. Sie können natürlich nun all Ihre Programme in einem solchen Stil schreiben, wenn Sie wollen, denn solche Escape-Strings sind in der Tat sehr flexibel. Meistens verwenden deshalb Spieleprogrammierer solche Codes. Allerdings können Sie sich die Sache auch einfacher machen: Sie belassen es hierbei und wenden sich den nun folgenden Funktionen zu, die Ihnen das Denken abnehmen und Escape-Strings automatisch erzeugen.

13.2.4 Mit terminfo-Eigenschaften arbeiten – putp(), tputs() und tparm()

Jetzt, wo Sie die *terminfo*-Eigenschaften abfragen können, werden Sie diese wohl auch anwenden wollen. Hierfür können Sie die folgenden drei Funktionen verwenden:

```
#include <term.h>
#include <curses.h>

int putp( const char *str );
int tputs( const char *str, int affcnt, int (*putc)(int) );
char *tparm( const char *str, long p1, long p2, ..., long p9 );
```

Mit den Funktionen putp() und tputs() geben Sie die (mit tigetstr()) präparierten Escape-Strings auf dem Bildschirm aus. Die Funktion putp() gibt str auf die Standardausgabe aus und ist gleichwertig zum Funktionsaufruf tputs(str, 1, putchar). Die Funktion tputs() ist ein wenig umfangreicher. affcnt entspricht der Anzahl der Zeilen, wenn str ein mehrzeiliger Escape-String ist. putc ist ein Funktionszeiger auf eine putchar()-ähnliche Funktion, die einzelne Zeichen ausgibt.

Dies muss natürlich näher erklärt werden. Um z. B. den Cursor auf eine bestimmte Zeile und Spalte zu setzen, werden parametrisierte Strings (im Beispiel von cup sind dies %p1 und %p2) verwendet. Da die Funktion tigetstr() nur einen String als Parameter erwartet, ist hierzu eine Funktion mit einer flexibleren Anzahl an Argumenten nötig, die den String für putp() bzw. tputs() noch entsprechend anpasst, da es ja neben diesem Beispiel (cup) auch noch parametrisierte Strings mit einer anderen Anzahl von Argumenten gibt. Dies erledigt man mit der Funktion tparm(). Damit wird der parametrisierte String mit den Parametern p1 bis p9 angepasst – sprich, im Falle von cup, mit den Werten der Zeile und Spalte belegt. Es liegt außerdem in Ihrer Verantwortung, die Funktion tparm() mit entsprechend vielen (%p1 ... %p9) Parametern in der richtigen Reihenfolge zu belegen.

Das folgende Listing stellt eine Erweiterung des vorherigen Beispiels dar und zeigt Ihnen, wie Sie die Funktionen tparm() und putp() anwenden können. Es werden dabei die Funktionen zum Löschen eines Bildschirms, zum Setzen des Cursors auf eine bestimmte Zeile und Spalte und zum kurzen Blinken des Bildschirms demonstriert.

```
/* terminfos2.c */
#include <stdio.h>
#include <stdlib.h>
#include <term.h>
#include <curses.h>
#define CAPS 4

static void clrscr (void) {
    const char *ptr = tigetstr ("clear");
    putp (ptr);
}

static void mvcursor (int zeile, int spalte) {
    const char *cap = tigetstr ("cup");
    putp (tparm (cap, zeile, spalte));
}

static void myflash (void) {
    const char *flash = tigetstr ("flash");
    putp (flash);
    putp (flash);
}

int main (void) {
    int i, ret = 0;
    char *buf;
    const char *boolcaps[CAPS] = { "am", "bm", "bce", "km" };
    const char *numcaps[CAPS]={"cols", "lines", "colors", "pairs"};
    const char *strcaps[CAPS] =  { "cup", "kf2", "flash", "hpa" };

    ret = setupterm (NULL, fileno (stdin), NULL);
    if (ret != 0) {
        perror ("setupterm()");
        exit (EXIT_FAILURE);
    }
    // Bildschirm löschen
    clrscr ();

    for (i = 0; i < CAPS; i++) {
        ret = tigetflag (boolcaps[i]);
        mvcursor (i + 2, 10);
```

```
        if (ret == -1)
            printf ("%s wird nicht unterstützt\n", boolcaps[i]);
        else
            printf ("%s wird unterstützt\n", boolcaps[i]);
    }
    // Cursor neu positionieren
    mvcursor (10, 10);
    printf ("Weiter mit ENTER\n");
    getchar ();
    clrscr ();
    for (i = 0; i < CAPS; i++) {
        ret = tigetnum (numcaps[i]);
        mvcursor (i + 2, 10);
        if (ret == -1)
            printf ("%s wird nicht unterstützt\n", numcaps[i]);
        else
            printf ("%s ist %d\n", numcaps[i], ret);
    }
    mvcursor (10, 10);
    printf ("Weiter mit ENTER\n");
    getchar ();
    clrscr ();
    for (i = 0; i < CAPS; i++) {
        buf = tigetstr (strcaps[i]);
        mvcursor (i + 2, 10);
        if (buf == NULL)
            printf ("%s wird nicht unterstützt\n", strcaps[i]);
        else
            printf ("%s ist %\\E%s\n", strcaps[i], &buf[1]);
    }
    mvcursor (10, 10);
    printf ("Weiter mit ENTER\n");
    getchar ();
    // Bildschirm kurz blinken lassen
    myflash ();
    clrscr ();
    return EXIT_SUCCESS;
}
```

Listing 13.10 Demonstriert zusätzlich zu Listing 13.9 einige Funktionen, wie z. B. das Positionieren des Cursors oder Löschen des Bildschirms.

Das Programm gibt bei der Ausführung Folgendes aus:

```
$ gcc terminfos2.c -o terminfos2 -lncurses
$ ./terminfos2
---[Bildschirm wird gelöscht]---

         am wird unterstützt
         bm wird nicht unterstützt
         bce wird unterstützt
         km wird unterstützt

         Weiter mit ENTER
...
```

Sie haben nun einen kleinen Einblick in Schnittstellen einer relativ niedrigen Ebene zur Manipulation von Terminaleigenschaften erhalten. Für mehr Details sollten Sie auf entsprechende Manual Pages, wie `man terminfo(5)`, `termios(3)`, `termcap(5)` und `term(5)` zurückgreifen – oder Sie verwenden den auf den nächsten Seiten beschriebenen einfacheren Weg mit der *ncurses*-Bibliothek.

13.3 Halbgrafik erstellen mit ncurses

In diesem Kapitel erhalten Sie eine Einführung zu *ncurses*, einer freien Linux-Implementierung der klassischen Bildschirmsteuerung der UNIX-Bibliothek. *ncurses* ist eine Bibliothek der höheren Ebene und eine Schnittstelle zur Kontrolle und Manipulation der Bildschirmausgabe. Außerdem enthält *ncurses* Funktionen zur Behandlung der Tastatur- und Mauseingabe, zur Steuerung und Erzeugung mehrerer Fenster, und es gibt sogar Funktionen für Panels, Menüsteuerungen und Forms. Eine vollständige Beschreibung würde allerdings den Rahmen des Buchs sprengen – und wir haben uns dafür entschieden, mehr Platz für die Programmierung von grafischen Oberflächen zu lassen. Benötigen Sie eine umfangreichere Lektüre zu *ncurses*, dann ist die Manual Page wieder das Nonplusultra.

Aber was genau ist *ncurses*? *ncurses* ist sozusagen die (freakige) Antwort von den Bekehrten des Bösen (eben der Fluch, von dem schon die Rede war), die zum Guten gewechselt sind und sich die Frage stellen, wo *conio.h* denn ist. Da *conio.h* unter Linux nicht existiert (und auch nicht existieren kann, weil eben *conio.h* auf DOS-Ebene ungeschützt auf die Grafikhardware zugreift), braucht man eben *ncurses* – auch als gute Alternative zur niedrigeren Fraktion (termcap, terminfo).

Ihnen wird außerdem auffallen, dass mit *ncurses* ein gewisser Overhead entfällt, den Sie mit termios und terminfo zuvor betrieben haben. Meistens werden auch ungemütliche Aufgaben bei *ncurses* mit einer einzigen Funktion erledigt, wozu Sie zuvor eine ganze eigene Routine haben schreiben müssen.

Da Sie *ncurses* nicht standardmäßig auf jedem System vorfinden, muss diese Bibliothek dem Linker aber mit dem Flag `-lncurses` hinzugelinkt werden (eventuell muss die entsprechende Bibliothek auch nachinstalliert werden).

13.3.1 ncurses initialisieren

Bei Verwendung von *ncurses* und auch bei der Installation fällt relativ oft der Begriff *Window* und dann wieder der Begriff *Screen*, was beides allerdings nicht ganz dasselbe bedeutet. Der *Screen* ist der physische Terminalbildschirm, der im Zeichen- oder Konsolenmodus ausgeführt wird, und als *Window* bezeichnet man den rechteckigen Bereich auf dem Bildschirm, der sich innerhalb des Screens befindet. Das erste Window, das *ncurses* auf dem Bildschirm ausgibt, wird als `stdscr` bezeichnet. Alle anderen Windows, die darauf folgen, können Sie unter Angabe des Typs `WINDOW` selbst benennen. Schließlich können Sie mit *ncurses* mit mehr als einem Window arbeiten.

Um überhaupt mit *ncurses* arbeiten zu können, müssen Sie erst eine Initialisierung machen. Dies wird mit der folgenden Funktion erledigt:

```
#include <curses.h>

WINDOW *initscr(void);
```

Konnte *ncurses* erfolgreich initialisiert werden, gibt `initscr()` einen Zeiger auf `stdscr` zurück, im Fehlerfall hingegen wird `NULL` zurückgegeben. Nach der Initialisierung von *ncurses* können Sie weitere Funktionen aufrufen.

Wenn Sie das Programm beenden wollen, sollten Sie *ncurses* ebenfalls davon in Kenntnis setzen:

```
#include <curses.h>

int endwin(void);
```

Mit `endwin()` wird das aktuelle Terminal wieder freigegeben. Bei Erfolg liefert `endwin()` die symbolische Konstante `OK`, ansonsten bei einem Fehler `ERR` zurück.

Somit sieht das Grundgerüst eines *ncurses*-Programms folgendermaßen aus:

```
/* curses1.c */
#include <curses.h>

int main (void) {
     /* curses initialisieren */
     initscr ();
```

```
    /* curses-Funktionen usw. */

    /* curses beenden         */
    endwin ();
    return 0;
}
```

Listing 13.11 Das Grundgerüst einer ncurses-Anwendung

Logischerweise passiert nach dem Übersetzen und Starten des Programms noch gar nichts.

13.3.2 Tastaturmodus und Ein- und Ausgabe bei ncurses

[«]

Hinweis

Bei den meisten Funktionen, die einen Integer zurückgeben, wird bei einem Fehler immer ERR, ansonsten bei Erfolg ein anderer Wert als ERR (!ERR) zurückgegeben. Funktionen, die einen Zeiger verwenden, geben bei einem Fehler immer NULL zurück.

Im nächsten Abschnitt lernen Sie einige der vielen Möglichkeiten kennen, Zeichen von der Tastatur einzulesen und wieder auszugeben.

Der Tastaturmodus

Um den zeilenweisen Puffer abzustellen und wieder einzuschalten, stehen Ihnen bei *ncurses* die folgenden Funktionen zur Verfügung:

```
#include <curses.h>

int cbreak(void);
int nobreak(void);
```

Mit der Funktion `cbreak()` stellen Sie den Puffer ab, und mit der Funktion `nobreak()` machen Sie dies wieder rückgängig. Wurde der Puffer abgeschaltet, werden die einzelnen Zeichen sofort ohne Betätigung von [↵] eingelesen. Mit der Funktion `cbreak()` bearbeitet der Tastaturtreiber außerdem nur noch die Tastenkombinationen [Strg]+[S], [Strg]+[Q] und [Strg]+[C]. Standardmäßig ist unter Linux logischerweise (also auch unter *ncurses*) die zeilenweise Pufferung standardmäßig eingeschaltet.

Ebenso können Sie unter *ncurses* das Terminal in den `raw()`-Modus setzen und wieder zurücksetzen. Dies erledigen Sie mit den folgenden Funktionen:

```
#include <curses.h>

// raw-Modus an
```

```
int raw(void);
// raw-Modus aus
int noraw(void);
```

Um bei einer Eingabe von der Tastatur die anschließenden Zeichen oder Steuercodes nicht am Bildschirm anzuzeigen, kann die Funktion noecho() verwendet werden. Rückgängig gemacht wird dies wieder mit der Funktion echo().

```
#include <curses.h>

int noecho(void);
int echo(void);
```

Wollen Sie testen, ob bestimmte Tasten wie [↑], [Bild↓], [Pos1], [↓], [Ende], [F1] usw. betätigt wurden, dann verwenden Sie am besten die folgende Funktion:

```
#include <curses.h>

int keypad(WINDOW *win, bool bf);
```

Der Parameter win wird bereits zu Beginn mit initscr() initialisiert (stdscr). Mit bf können Sie das Verhalten des Bildschirms festlegen. Geben Sie hierfür TRUE an und drückt der Anwender eine Funktionstaste, dann gibt die Funktion wgetch() z. B. einen Wert zurück, den die Funktionstaste repräsentiert. Falls Sie hierfür FALSE angeben, werden die Funktionstasten nicht gesondert behandelt, und die Anwendung interpretiert die Escape-Sequenzen selbst.

Ein- und Ausgabefunktionen

Hinweis

Eine Besonderheit bei der Ausgabe gleich zu Beginn: Damit die anschließenden Ausgabefunktionen von *ncurses* auch wirklich etwas auf dem Bildschirm ausgeben, muss nach jeder Veränderung des Bildschirms die Funktion refresh() aufgerufen werden. Das heißt, dass *ncurses* im Endeffekt Double Buffering benutzt, damit der Bildschirm nicht flimmert, während Sie auf ihm zeichnen.

Bei *ncurses* haben fast alle Routinen zur Ein- und Ausgabe zwei Varianten, zum einen die normale Variante, zum anderen eine, die mit einem mv-Präfix im Namen beginnt. Beide Schreibweisen bedeuten dasselbe, nur dass Sie mit dem mv-Präfix (*mv = move*) den Cursor vorher noch auf eine entsprechende Position setzen. Allerdings geben Sie bei *ncurses* (im Gegensatz zu *conio.h*) die Koordinaten in der Reihenfolge (Zeile, Spalte) an (*row, column*), und nicht in der Reihenfolge (x, y). Um einzelne Zeichen von der Tastatur einzulesen, stehen Ihnen folgende Funktionen zur Verfügung:

```
#include <curses.h>

int getch(void);
int mvgetch(int y, int x);
```

Mit der Funktion `getch()` lesen Sie ein Zeichen von der Tastatur ein. `mvgetch(y,x)` macht dasselbe, nur mit den Koordinaten `y` und `x` (bzw. Zeile, Spalte). Die Funktion `getch()` ist natürlich auch abhängig von den Funktionen `cbreak()`, `raw()`, `nocbreak()` und `noraw()`. Mit `getch()` können auch Werte jenseits von 0 bis 255 zurückgegeben werden, was bei der Verwendung von internationalen Zeichensätzen auch oft geschieht. Unsere Beispiele verwenden solche Unicode-Symbole nicht, allerdings können Funktionstasten durchaus Werte zurückliefern, die jenseits von 255 liegen. Es folgt ein kleines Beispiel zu den eben angesprochenen Funktionen:

```
/* curses2.c */
#include <curses.h>

int main (void) {
    int c;
    initscr ();
    keypad (stdscr, TRUE);
    noecho();

    while ((c = getch ()) != 'q') {
        switch (c) {
            case KEY_DOWN:
                printw ("KEY_DOWN : %d\n", c);
            break;
            case KEY_UP:
                printw ("KEY_UP   : %d\n", c);
            break;
            case KEY_LEFT:
                printw ("KEY_LEFT : %d\n", c);
            break;
            case KEY_RIGHT:
                printw ("KEY_RIGHT: %d\n", c);
            break;
            default:
                printw ("Tastaturcode %d\n", c);
        }
    }
```

```
    endwin ();
    return 0;
}
```

Listing 13.12 Zeigt den Tastaturcode von Tasten an und zu manchen Tasten auch den dazugehörigen Text.

Das Programm gibt bei der Ausführung Folgendes aus:

```
$ gcc curses2.c -o curses2 -lncurses
$ ./curses2
---[Bildschirm wird geleert]---
KEY_UP    : 259
KEY_LEFT  : 260
KEY_DOWN  : 258
KEY_RIGHT: 261
Tastaturcode 265
Tastaturcode 266
Tastaturcode 267
Tastaturcode 339
Tastaturcode 97
Tastaturcode 99
...
q
```

Wenn Sie das Programm ausführen, aktivieren Sie mit `keypad(stdscr,TRUE)` die Cursor- und Funktionstasten – sprich, diese werden bei der Eingabe berücksichtigt. In dem letzten Beispiel können so lange Tasten gedrückt werden, bis Sie `q` betätigen. Sie sehen außerdem, wie Sie einzelne Funktionstasten explizit abfragen können (nämlich durch die Konstanten `KEY_DOWN`, `KEY_UP`, `KEY_RIGHT`, `KEY_LEFT`). Weitere symbolische Konstanten, die in der Headerdatei *curses.h* definiert sind und natürlich auch abgefragt werden können, sind:

```
#define KEY_BREAK 0401          /* Break (unzuverlässig )       */
#define KEY_DOWN 0402           /* Pfeil nach unten             */
#define KEY_UP 0403             /* Pfeil nach oben              */
#define KEY_LEFT 0404           /* Pfeil nach links             */
#define KEY_RIGHT 0405          /* Pfeil nach rechts            */
#define KEY_HOME 0406           /* Home                         */
#define KEY_BACKSPACE 0407      /* Backspace (unzuverlässig)    */
#define KEY_F0 0410             /* Funktionstasten (Platz für 64)*/
#define KEY_F(n) (KEY_F0+(n))   /* Wert für Funktionstaste n    */
#define KEY_DL 0510             /* Delete Zeile                 */
#define KEY_IL 0511             /* Insert Zeile                 */
#define KEY_DC 0512             /* Delete Zeichen               */
```

```
#define KEY_CLEAR 0515          /* Screen löschen               */
#define KEY_EOS 0516            /* Löschen bis Ende des Screens */
#define KEY_EOL 0517            /* Löschen zum Ende der Zeile   */
#define KEY_SF 0520             /* 1 Zeile herunterscrollen     */
#define KEY_SR 0521             /* 1 Zeile heraufscrollen       */
#define KEY_NPAGE 0522          /* nächste Seite                */
#define KEY_PPAGE 0523          /* vorherige Seite              */
#define KEY_STAB 0524           /* TAB gesetzt                  */
#define KEY_CTAB 0525           /* TAB losgelöst                */
#define KEY_ENTER 0527          /* Enter                        */
#define KEY_PRINT 0532          /* Print                        */
```

Natürlich sind das noch lange nicht alle Konstanten. Weitere Funktionstasten und ihre symbolischen Konstanten finden Sie in der Datei */usr/include/curses.h*.

Zum Einlesen von Strings werden die folgenden Funktionen verwendet:

```
#include <curses.h>

int getstr(char *string);
int getnstr(char *string, int n);
```


Beide Funktionen können Sie als Gegenstück zu `gets()` -> `getstr()` und `fgets()` -> `getnstr()` sehen. Auch von `getstr()` können wir nur abraten (wie im Falle von `gets()`), da keine Längenprüfung vorgenommen wird. Beide Funktionen lesen von der Standardeingabe einen String in die Adresse von `string`. Bei `getnstr()` wird mit `n` eine zusätzliche Längenangabe gemacht. Beide Funktionen gibt es natürlich auch als `mv`-Alternative zur Positionierung des Cursors:

```
#include <curses.h>

int mvgetstr(int y, int x, char *string);
int mvgetnstr(int y, int x, char *string, int n);
```

Ein einfaches Beispiel zum Einlesen von Strings:

```
/* curses3.c */
#include <curses.h>
#define MAX 100

int main (void) {
    char string[MAX];
    char string2[MAX];

    initscr ();
    printw("Bitte Eingabe machen: ");
```

```
    getnstr (string, MAX);
    mvprintw( 5, 10 ,"Eingabe machen: ");
    mvgetnstr (5, 30, string2, MAX);
    endwin ();

    printf ("Die 1. Eingabe lautet: %s \n", string);
    printf ("Die 2. Eingabe lautet: %s \n", string2);
    return 0;
}
```

Listing 13.13 Liest Strings mit ncurses über die Tastatur ein und positioniert den Cursor korrekt hinter der Eingabemaske.

Das Programm gibt bei der Ausführung z. B. Folgendes aus:

```
$ gcc curses3.c -o curses3 -lncurses
$ ./curses3
---[Bildschirm leeren]---
Bitte Eingabe machen: Hallo Welt


          Eingabe machen:    Hallo Welt
...
```

Um ein einzelnes Zeichen in den Eingabepuffer zurückzuschreiben, kann folgende Funktion verwendet werden:

```
#include <curses.h>

int ungetch(char zeichen);
```

Nun werden wir im weiteren Verlauf die wichtigsten Ausgabefunktionen von *ncurses* behandeln. Wie schon erwähnt, muss nach einem Aufruf von *ncurses*-Ausgabefunktionen wie `printw()` oder `addstr()`. die Funktion `refresh()` aufgerufen werden, damit alle Veränderungen auch wirklich am Bildschirm angezeigt werden (Sie erinnern sich daran, dass hier Double Buffering benutzt wird?). Dies erreichen Sie mit der folgenden Funktion:

```
#include <curses.h>

int refresh(void);
```

Um die Ausgabe an einer bestimmten Position des Terminals vorzunehmen, kann der Cursor mit der Funktion `move()` platziert werden:

```
#include <curses.h>

int move(int y, int x); bzw.
int move(int Zeile, int Spalte);
```

Mit move() platzieren Sie den Cursor auf dem Bildschirm in der y-ten Zeile und der x-ten Spalte. Manche Programmierer sind jedoch an die Koordinaten-Schreibweise gewöhnt, wie sie z. B. bei SDL benutzt wird. Deshalb erscheinen in manchen fremden Listings folgende Hilfsfunktion:

```
int my_move(int x, int y) {
    if ((x<0)||(x>MAXCOL)||(y<0)||(y>MAXROW)) { // Wenn MAXCOL und MAXROW nicht
        // definiert sind, müssen hier eigene Konstrukte vorgelagert werden.
        return -1;
    }
    else {
        move(y,x);
        return 0;
    }
}
```

my_move() ist eine Wrapper-Funktion, die move() so modifiziert, dass sie Bildschirmkoordinaten entgegennimmt, und auch in korrekter Weise -1 zurückgibt, wenn die gewünschten Koordinaten des Cursors außerhalb des Bildschirms liegen.

Hinweis für den Raspberry Pi

Die Auflösung der Konsole in Zeichen kann auf dem Raspberry Pi nicht mit den Konfigurationsparametern für die Konsole (Standardverzeichnis */etc/sh* bzw. */etc/bash*) eingestellt werden. Stattdessen müssen Sie zunächst in den Locales (zugänglich über das Tool raspi-config oder das Verzeichnis */etc/locales*) einen bestimmten Zeichensatz mit einer festen Pixelgröße und eine bestimmte Tastaturkodierung auswählen. Die Auflösung der Konsole selbst können Sie aber nur in der Datei */boot/config.txt* in Pixeln festlegen, z. B. so:

```
Framebuffer_width=1024
Framebuffer_height=768
Framebuffer_depth=24
```

Falls Sie nun etwa einen Zeichensatz mit 8 × 16 Pixeln wählen, hat Ihre Konsole die folgende Auflösung:

Anzahl Zeilen = 768 / 16 = 48

Anzahl Spalten = 1.024 / 8 = 128

Wenn nun *ncurses* Ihre Änderungen nicht erkennt, müssen Sie *ncurses* unter Umständen neu installieren mit:

sudo apt-get install ncurses -reconfigure

Der Parameter `-reconfigure` bewirkt, dass *ncurses* mit den neuen Framebuffer-Einstellungen installiert wird. Dies funktioniert aber wie gesagt nur auf dem Pi, wo es für die Grafikausgabe eben ausschließlich den Framebuffer gibt.

Wenn Sie eine Zeile auf dem Bildschirm löschen oder eine neue Zeile einfügen wollen, stehen folgende Funktionen zur Verfügung:

```
#include <curses.h>

int deleteln(void);
int insertln(void);
int insdelln(int anzahl);
```

Mit `deleteln()` löschen Sie die Zeile, in der sich der Cursor gerade befindet. Die unteren Zeilen werden dabei nach oben gezogen. Mit `insertln()` fügen Sie eine Leerzeile an der Position ein, wo sich der Cursor im Augenblick befindet. Die letzte Zeile geht dabei verloren! Mit `insdelln()` fügen Sie `anzahl` Zeilen über die aktuelle Cursorposition ein und schieben die unteren Zeilen nach unten. Dadurch gehen die letzten `anzahl` Zeilen verloren.

Weitere Funktionen, die Sie in ähnlicher Form aus der Standard-C-Bibliothek her kennen, sind:

```
#include <curses.h>

int printw(char *format, ...);
int mvprintw(int y, int x, char *format, ...);
```

Zu `printw()` gibt es nichts zu sagen, da diese Funktion wie `printf()` zu verwenden ist. Mit `mvprintw()` können Sie zusätzlich die Ausgabe an der `y`-ten Zeile und der `x`-ten Spalte positionieren. Mit beiden Funktionen lassen sich aber keine `ASCII`-Sonderzeichen darstellen, da ein `char` meistens 8 Bit breit ist. Was `ASCII`-Sonderzeichen sind, erfahren Sie in Kürze. Das nächste Listing demonstriert Ihnen die hier vorgestellten Funktionen:

```
/* curses4.c */
#include <curses.h>
#define MAX 100

int main (void) {
    char string[MAX];
    char string2[MAX];
```

```
   const char string3[] = "Dies ist der neue String3\n";
   int c;

   initscr ();
   printw ("Bitte Eingabe für String machen: ");
   getnstr (string, MAX);
   mvprintw (3, 0, "Bitte Eingabe für 2. String machen: ");
   getnstr (string2, MAX);
   mvprintw (7, 20, "String ist gleich: %s\n", string);
   mvprintw (8, 20, "Diese Zeile wird mit deleteln() gelöscht\n");
   mvprintw (9, 20, "String 2 ist gleich: %s\n", string2);
   mvprintw (14, 20, "Weiter mit einer beliebigen TASTE");
   noecho ();
   c = getch ();
   move (8, 20);
   // Zeile löschen
   deleteln ();
   noecho ();
   c = getch ();
   move (8, 20);
   // (Leer-)Zeile einfügen
   insertln ();
   mvprintw (8, 20, string3);
   noecho ();
   c = getch ();
   // Bildschirm löschen
   clear ();
   refresh ();
   mvprintw (12, 38, "ENDE");
   // Wartet 20 Zehntelsek. auf getch() ...
   halfdelay (20);
   // ... ansonsten beendet sich das Progr. selbst
   c = getch ();
   endwin ();
   return 0;
}
```

Listing 13.14 Demonstriert die Funktionen move() und mvprintw().

Das letzte Beispiel sollte eigentlich für sich selbst sprechen. Zuerst werden Sie aufgefordert, zwei Strings einzugeben. Anschließend wird eine Zeile gelöscht und dann wieder eine hinzugefügt. Auf die Funktion `halfdelay()` werden wir später noch eingehen.

Eine weitere nicht ganz unwichtige Funktion ist addch(). Mit ihr geben Sie wie folgt ein einzelnes Zeichen an der aktuellen Cursorposition aus:

```
#include <curses.h>

int addch(chtype zeichen);
```

Wie Sie an dem Datentyp chtype erkennen, handelt es sich hierbei nicht um ein normales char-Zeichen. Der Datentyp chtype ist ein 32-Bit-Wert. Damit lassen sich auch ganz andere Zeichen als nur ASCII-Zeichen darstellen. Folgende Sonderzeichen können Sie u. a. damit darstellen:

```
#define ACS_ULCORNER (acs_map['l']) /* Ecke links oben           */
#define ACS_LLCORNER (acs_map['m']) /* Ecke links unten          */
#define ACS_URCORNER (acs_map['k']) /* Ecke rechts oben          */
#define ACS_LRCORNER (acs_map['j']) /* Ecke rechts unten         */
#define ACS_LTEE (acs_map['t'])     /* T-Stück nach rechts       */
#define ACS_RTEE (acs_map['u'])     /* T-Stück nach links        */
#define ACS_BTEE (acs_map['v'])     /* T-Stück nach oben         */
#define ACS_TTEE (acs_map['w'])     /* T-Stück nach unten        */
#define ACS_HLINE (acs_map['q'])    /* horizontale Linie         */
#define ACS_VLINE (acs_map['x'])    /* vertikale Linie           */
#define ACS_PLUS (acs_map['n'])     /* großes Pluszeichen        */
#define ACS_S1 (acs_map['o'])       /* Scan-Linie 1              */
#define ACS_S9 (acs_map['s'])       /* Scan-Linie 2              */
#define ACS_DIAMOND (acs_map['`'])  /* Diamant                   */
#define ACS_CKBOARD (acs_map['a'])  /* checker board (stipple) */
#define ACS_DEGREE (acs_map['f'])   /* Symbol für Grad           */
#define ACS_PLMINUS (acs_map['g'])  /* Plus/Minus                */
#define ACS_BULLET (acs_map['~'])   /* Bullet                    */
```

Bei den folgenden Typen kann es passieren, dass diese nicht richtig dargestellt werden. Als Alternative werden dann stattdessen einfache ASCII-Zeichen dargestellt. Zum Beispiel für [←] wird hierbei einfach < ausgegeben oder für den [→] das Zeichen >.

```
#define ACS_LARROW (acs_map[','])    /* Pfeil nach links      */
#define ACS_RARROW (acs_map['+'])    /* Pfeil nach rechts     */
#define ACS_DARROW (acs_map['.'])    /* Pfeil nach unten      */
#define ACS_UARROW (acs_map['-'])    /* Pfeil nach oben       */
#define ACS_BOARD (acs_map['h'])     /* Tafel mit Quadraten */
#define ACS_LANTERN (acs_map['i'])   /* Laternen-Symbol       */
#define ACS_BLOCK (acs_map['0'])     /* Würfel-Block          */
```

Zur Demonstration folgt nun wieder ein einfaches Beispiel. Es wird in dem nächsten Listing ein einfacher Rahmen gezeichnet, bei dem sich im Zentrum ein String befindet.

```
#include <curses.h>

int main (void) {
    int i, j;

    initscr ();
    // Ecke links oben
    addch (ACS_ULCORNER);
    // eine horizontale Linie
    for (i = 0; i < 20; i++)
        addch (ACS_HLINE);
    // Ecke rechts oben
    addch (ACS_URCORNER);
    addch ('\n');
    // vertikale Linie rechts und links (21 Zeilen)
    for (i = 0; i < 10; i++) {
        for (j = 0; j <= 21; j++) {
            if (j == 0)
                addch (ACS_VLINE);
            else if (j == 21) {
                addch (ACS_VLINE);
                addch ('\n');
            }
            else
                addch (' ');
        }
    }
    // Ecke links unten
    addch (ACS_LLCORNER);
    // eine horizontale Linie
    for (i = 0; i < 20; i++)
        addch (ACS_HLINE);
    // Ecke rechts unten
    addch (ACS_LRCORNER);
    addch ('\n');
    mvprintw (5, 7, "<TASTE>");
    getch ();
    endwin ();
    return 0;
}
```

Listing 13.15 Zeichnet einen einfachen Rahmen aus Textzeichen.

Am Ende siehe es aus wie in Abbildung 13.1:

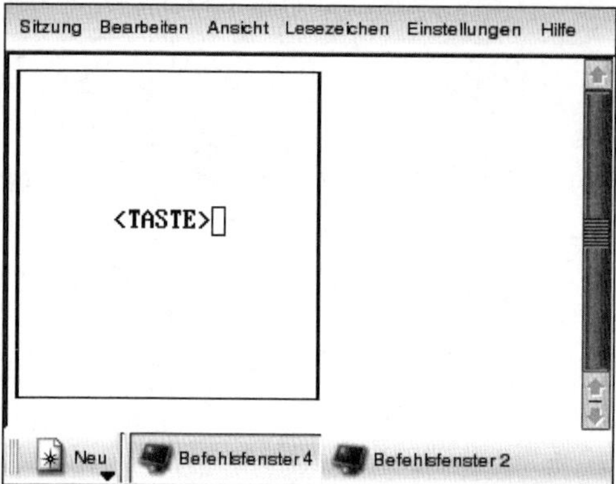

Abbildung 13.1 Ein einfacher Rahmen mithilfe von addch()

Zur zeichenweisen Ausgabe mittels `addch()` gibt es auch eine Version für Strings:

```
#include <curses.h>

int addstr(char *string);
int addnstr(char *string, int anzahlzeichen);
```

Angewendet werden diese Funktionen z. B. so:

```
addstr("Hallo Welt");
addnstr("Hallo Welt",5); /* Hier wird nur "Hallo" ausgegeben. */
```

Natürlich gibt es auch bei diesen Funktionen weitere Versionen mit dem vorangestellten `mv`-Präfix zum Positionieren des Cursors. Es sind außerdem eine Menge mehr Funktionen dieser Art vorhanden. Hierfür sind, bei Bedarf, die Manual Pages heranzuziehen.

Wollen Sie den Bildschirm nicht ganz, sondern nur von der aktuellen Position des Cursors aus löschen, können Sie folgende Funktion verwenden:

```
#include <curses.h>

int clrtobot(void);
```

Sie löschen mit `clrtobot()` (*clear to bottom*) alles, was sich hinter dem Cursor befindet, aber alles, was davor steht, bleibt erhalten. Die Funktion `clrtobot()` gibt es auch in einer Variante für genau eine Zeile:

```
#include <curses.h>

int clrtoeol(void);
```

Mit der Funktion clrtoeol() löschen Sie den Rest (nicht die ganze Zeile!) der Zeile ab der Position, an der sich der Cursor gerade befindet. Es geht aber auch noch kompakter:

```
#include <curses.h>

int delch(void);
int mvdelch(int y, int x);
```

Mit diesen beiden Funktionen löschen Sie das Zeichen an der Stelle, an der sich der Cursor im Augenblick befindet. Mit mvdelch() können Sie dazu vorher den Cursor exakt positionieren. Alle weiteren Zeichen in der Zeile y werden dabei um eine Position nach links versetzt. Dazu folgt nun ein kleines Beispiel:

```
/* curses6.c */
#include <curses.h>

int main (void) {
   initscr ();
   mvprintw (5, 5, "Diese Zeile enthält einen Fehhler");
   mvprintw (6, 5, "Bitte Taste drücken für Fehlerkorrektur");
   getch ();
   mvdelch (5, 33);
   mvprintw (7, 5, "Fehler wurde korrigiert! Bitte Taste drücken!");
   getch ();
   endwin ();
   return 0;
}
```

Listing 13.16 Demonstriert die Funktion mvdelch().

In dem letzten Programm wird das Wort »Fehhler« (mit zwei h geschrieben) korrigiert: Mittels mvdelch(y,x) wird der Fehler behoben.

Zum Löschen des ganzen Bildschirms stehen Ihnen die folgenden Funktionen zur Verfügung:

```
#include <curses.h>

int erase(void);
int clear(void);
```

Beide Funktionen löschen den Bildschirm und setzen den Cursor in die linke obere Ecke (0,0). Mit clear() wird bei dem nächsten refresh()-Aufruf der Bildschirm komplett neu ausgegeben, mit erase() aber nur der Bereich, der sich zuvor geändert hat. Deshalb kann clear() kurz flimmern (z. B. auf dem Raspberry Pi). Allerdings werden Sie etwa für rasante Spiele, wo

Flimmern immer stört, wahrscheinlich sowieso die SDL-Bibliothek oder andere Framebuffer-Libs benutzen und nicht *ncurses*.

13.3.3 Eigenschaft von ncurses-Fenstern ändern und abfragen

Um den kompletten Bildschirm beim nächsten Aufruf der Funktion `refresh()` auch wirklich neu zu zeichnen, steht Ihnen die Funktion `clearok()` zur Verfügung.

```
#include <curses.h>

int clearok(WINDOW *win, bool bf);
```

Wird `bf` auf `TRUE` gesetzt, dann wird der Bildschirm `win` beim nächsten `refresh()` komplett neu gezeichnet. Wird hingegen `FALSE` verwendet, dann wird nur die Änderung seit dem letzten `refresh()` neu ausgegeben. Auch hier gilt, dass der Bildschirm bei Verwendung von `TRUE` für `bf` kurz flimmern kann. Allerdings ist es hier umgekehrt zu den beiden letzten Funktionen, und `clearok()` flimmert auf dem Pi überhaupt nicht, dagegen auf dem PC sehr häufig. Wahrscheinlich liegt das daran, dass `clearok()` neuer ist als die Funktionen `erase()` und `clear()` und deshalb auch den Framebuffer mit dem folgenden Code flimmerfrei neu zeichnet:

```
fseek(FB,0,SEEK_SET); // FB = Filedeskriptor für den Framebuffer
fwrite(&BackBuff,SzBackBuff,1,FB); /* In BackBuff sind die Pixel des
                                    * aktuell aktiven Windows gespeichert.*/
```

Der Pi benutzt in diesem Fall DMA-Blocktransfer, um den Framebuffer aufzufrischen, was sehr schnell und flimmerfrei geht. PCs benutzen dagegen (zumindest wenn die Konsole gerade im reinen Zeichenmodus arbeitet) Kopierfunktionen für die einzelnen Zeichen im Zeichen-RAM (wer es genau wissen will: Die physische Adresse ist 0xb8000, und ein Zeichen belegt 2 Bytes).

Damit am Ende der letzten Zeile beim Einfügen einer neuen Zeile weiter nach unten gescrollt wird, sollten Sie folgende Funktion verwenden:

```
#include <curses.h>

int scrollok(WINDOW *win,bool bf);
```

Falls der Parameter `bf=TRUE` ist, können Sie noch eine weitere Zeile nach unten scrollen, auch wenn der Cursor schon in der letzten Zeile steht und durch ein Newline- oder ein weiteres Zeichen in die nächste Zeile springt. Wenn Sie den Parameter `bf` auf `FALSE` setzten, bleibt der Cursor in der letzten Zeile stehen und lässt sich nicht mehr weiter nach unten scrollen. Das folgende Beispiel demonstriert Ihnen diesen Effekt einmal ohne und einmal mit `scrollok()`.

```
/* curses7.c */
#include <curses.h>

int main (void) {
    int i;
    initscr ();
    for (i = 0; i < 30; i++) {
        printw ("%d ohne Funktion scrollok()\n", i);
        halfdelay (2);
        getch ();
    }
    clear ();
    refresh ();
    scrollok (stdscr, TRUE);
    for (i = 0; i < 30; i++) {
        printw ("%d mit Funktion scrollok()\n", i);
        halfdelay (2);
        getch ();
    }
    getch ();
    endwin ();
    return 0;
}
```

Listing 13.17 Demonstriert das Scrolling mittels der Funktion scrollok().

Im ersten Durchlauf ohne `scrollok()` wird die Ausgabe nicht tiefer gehen als bis in Zeile 25. Die restlichen fünf Zeilen werden also einfach in der gleichen Zeile 25 ausgegeben. Beim zweiten Durchlauf wird mit `scrollok(stdsrc,TRUE)` das Scrollen zugelassen, was bei der späteren Ausgabe auch dazu führt, dass ab der Zeile 25 weiter in die Zeilen 26, 27, 28 und 29 gesprungen wird.

Was als erste und letzte Zeile betrachtet werden soll, können Sie mit der Funktion `setscrreg()` auch ändern:

```
#include <curses.h>

int setscrreg(int oben, int unten);
```

Das Argument `oben` ist die Zeile, ab der gescrollt wird, und `unten` stellt die letzte Zeile dar (also wie weit gescrollt wird). Die oberste Zeile hat im Programm dann den Wert `0`. Hierzu wird das letzte Listing um `setscrreg()` erweitert:

```
/* curses8.c */
#include <curses.h>

int main (void) {
    int i;
    initscr ();
    setscrreg (5, 10);
    for (i = 0; i < 30; i++) {
        printw ("%d ohne Funktion scrollok()\n", i);
        halfdelay (2);
        getch ();
    }
    clear ();
    refresh ();
    scrollok (stdscr, TRUE);
    for (i = 0; i < 30; i++) {
        printw ("%d mit Funktion scrollok()\n", i);
        halfdelay (2);
        getch ();
    }
    getch ();
    endwin ();
    return 0;
}
```

Listing 13.18 Erweitert Listing 13.17 um die Funktion setscrreg().

Mit `setscrreg(5,10)` legen Sie die Bildschirmgröße auf fünf Zeilen fest. Die Bildschirmgröße im letzten Beispiel beginnt in Zeile fünf und endet in Zeile zehn.

Wollen Sie die Position des Cursors auf dem Bildschirm abfragen, dann steht folgende Funktion dafür zur Verfügung:

```
#include <curses.h>

void getyx(WINDOW *win, int y, int x);
```

Die Koordinaten des Cursors in `win` werden in den Parametern `y` und `x` abgelegt. Es muss hier nicht der Adressoperator `&` an den beiden Koordinatenstellen benutzt werden. Das letzte Beispiel wird nun noch ein weiteres Mal um die Funktion `getyx()` erweitert:

```
/* curses9.c */
#include <curses.h>

int main (void) {
```

```
    int i, y, x;
    initscr ();
    setscrreg (0, 10);
    for (i = 0; i < 30; i++) {
        getyx (stdscr, y, x);
        printw ("%d. (%d/%d) Ohne Funktion scrollok()\n", i, y, x);
        halfdelay (2);
        getch ();
    }
    clear ();
    refresh ();
    scrollok (stdscr, TRUE);
    for (i = 0; i < 30; i++) {
        getyx (stdscr, y, x);
        printw ("%d. (%d/%d) Mit Funktion scrollok()\n", i, y, x);
        halfdelay (2);
        getch ();
    }
    getch ();
    endwin ();
    return 0;
}
```


Listing 13.19 Demonstriert die Funktion getxy().

13.3.4 Das Scrolling ein- und ausschalten

Damit Sie das Scrolling einsetzen können, müssen Sie es stets mit der Funktion `scrollok()`, die Sie bereits kennen gelernt haben, aktivieren. Nun können sie noch dafür sorgen, dass der Bildschirm automatisch von oben nach unten gescrollt wird. Dazu müssen Sie folgende Funktion verwenden:

```
#include <curses.h>

int scroll(WINDOW *win);
```

Mit `scroll()` schieben Sie den durch `win` angegebenen Bildschirm um eine Zeile nach oben. Im Falle von `stdscr` wird der gesamte Bildschirm nach oben gescrollt. Nach oben ist dann auch die Standardrichtung beim Scrollen.

Allerdings ist das Scrollen nur nach oben oft nicht ausreichend – z. B. können Sie bei den meisten Texteditoren oft auch zumindest nach unten scrollen. In welche Richtung (nach oben oder unten) und um wie viele Zeilen auf einmal gescrollt werden soll, geben Sie mit folgender Funktion an:

```
#include <curses.h>

int scrl(int anzahl);
```

Mit `scrl()` schieben Sie den Bildschirm mittels `anzahl>0`, `anzahl` Zeilen nach oben und mit `anzahl<0`, `anzahl` Zeilen nach unten. Mit der Funktion `setscrreg()` (siehe den Abschnitt zuvor) können Sie den Scrollbereich definieren.

Auch hierzu folgt nun ein kurzes Beispiel, das die Funktionen `scroll()`, `scrl()` und weitere bisher kennen gelernte Funktionen demonstriert. Ein kleines Raumschiff soll durch die unendlichen Weiten des Universums gleiten. Mit den Tasten ← und → steuern Sie das Raumschiff. Mit `q` wird das Programm beendet. Wenn Sie Lust haben, können Sie gerne noch eine Kollisionskontrolle einbauen, um das Raumschiff bei Kontakt mit einem Stern explodieren zu lassen. Allerdings müssen Sie in diesem Fall ein zweidimensionales Array für das Spielfeld verwenden, denn es ist nicht in einfacher Weise möglich, ein Zeichen von einer bestimmten Position auszulesen (Sie erinnern sich, dass z. B. der Pi kein Zeichen-RAM besitzt?).

```
/* spaceglider.c */
#include <curses.h>
#include <stdlib.h>
#define QUIT 113   /*'q'*/
#define LEFT 260   /* '<-'*/
#define RIGHT 261  /* '->'*/

static void print_raumschiff (int x) {
    mvdelch (9, x + 2);
    mvdelch (9, x + 1);
    mvdelch (9, x);
    mvdelch (9, x - 1);
    mvdelch (9, x - 2);
    mvaddch (10, x - 1, ACS_LLCORNER);
    mvaddch (10, x + 1, ACS_LRCORNER);
    mvaddch (10, x, ACS_TTEE);
}

int main (void) {
    int x = 40, zufall, c, i;
    srand (79);
    initscr ();
```

```
    // Cursor und Funktionstasten ein
    keypad (stdscr, TRUE);
    // keine Ausgabe
    noecho ();
    // Scrolling ein
    scrollok (stdscr, TRUE);
    scroll (stdscr);

    while (c != QUIT) {
        // eine Zeile nach unten scrollen
        scrl (1);
        for (i = 0; i < 5; i++) {
            zufall = rand () % 79;
            mvaddch (20, zufall, '*');
            mvprintw (0, 0,
            "'q' drücken für Quit | Taste für Start | "
            "<- nach links -> nach rechts");
            mvprintw(1,0, "Position Raumschiff %d",x);
        }
        c = getch ();
        halfdelay (3);
        switch (c) {
            case LEFT:
                x--;
                if (x < 0)
                    x = 0;
            break;
            case RIGHT:
                x++;
                if (x > 79)
                    x = 79;
            break;
            default:
            break;
        }
        print_raumschiff (x);
    }
    endwin ();
    return 0;
}
```

Listing 13.20 Erstellt ein kleines Raumschiff-Spiel mit ncurses.

Wenn das Spiel richtig läuft, sieht es aus wie in Abbildung 13.2:

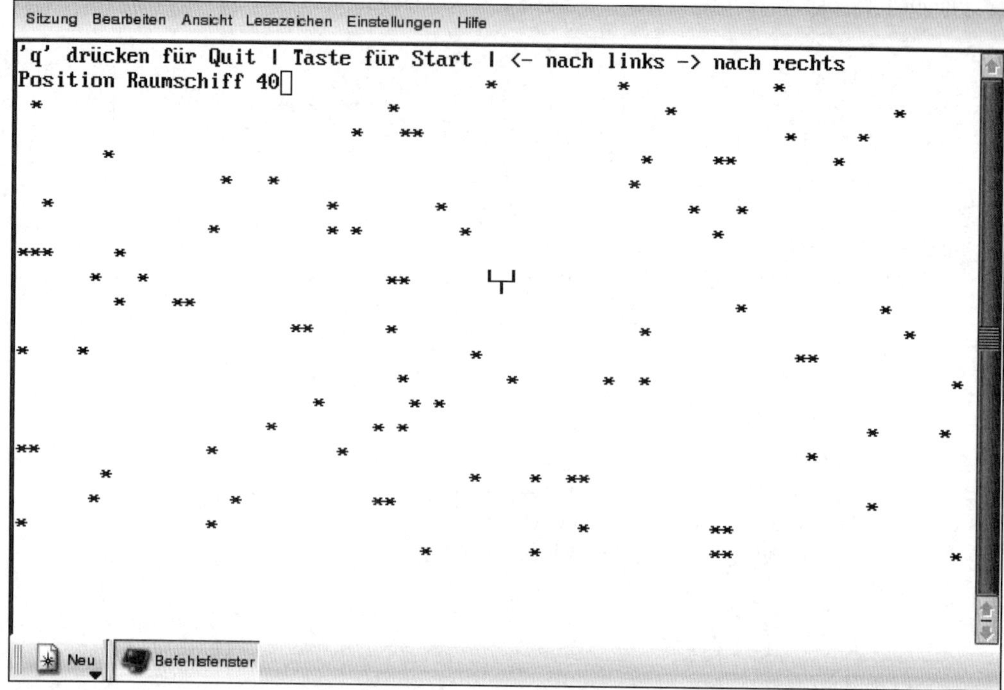

Abbildung 13.2 Das ncurses-Raumschiff im ncurses-Weltall

[»]

> **Hinweis: Bildschirmauflösung des Spiels Spaceglider**
>
> In diesem Listing wird davon ausgegangen, dass Sie eine gewöhnliche Konsole verwenden, die 80 × 25 Zeichen umfasst (beim Pi bitte die Datei */boot/config.txt* bzw. Ihr Listing entsprechend anpassen).

13.3.5 Schriftattribute und Farben setzen

Natürlich ist es auch möglich, die Schriftattribute (fett, unterstrichen etc.) und Farben zu verändern. Um die Attribute des Textes zu aktivieren bzw. zu deaktivieren, stehen Ihnen folgende Funktionen zur Verfügung:

```
#include <curses.h>

int attroff(int attribut);
int attron(int attribut);
int attrset(int attribut);
```

Mit der Funktion attron()setzen Sie das entsprechende Attribut attribut. Mit attron(A_BLINK) wird zum Beispiel der Text blinkend ausgegeben. Mit attroff() wird das entsprechende Attribut attribut deaktiviert (Attribute sind also auch hier wieder Flags). Mit der Funktion attrset() hingegen können Sie jedes beliebige Attribut setzen. Mithilfe des bitweisen ODER-Operators lassen sich mehrere Attribute auf einmal setzen, z. B.:

```
attrset(A_BOLD | A_BLINK);
printw("Dieser Text wird FETT und BLINKEND angezeigt");
```

In Tabelle 13.8 finden Sie einen Überblick zu den Attributen, die Sie setzen bzw. deaktivieren können:

Attribut	Bedeutung
A_NORMAL	normale Darstellung (Standardeinstellung)
A_STANDOUT	Zeichen stärkste Helligkeit
A_UNDERLINE	Zeichen unterstreichen
A_REVERSE	invers
A_BLINK	Blinkende Schrift
A_DIM	Zeichen werden dunkler.
A_BOLD	fette Zeichen
A_PROTECT	geschützter Modus
A_INVIS	unsichtbar
A_ALTCHARSET	Umschalten auf Zeichengrafik
A_CHARTEXT	Macht aus dem 32-Bit-Wert (chtype) durch eine &-Verknüpfung einen 8-Bit-Wert (ASCII).

Tabelle 13.8 Attribute für die Textdarstellung

Wenn Sie mit den Farben spielen wollen, müssen Sie überprüfen, ob Farben in dem aktuellen Terminaltyp verfügbar sind. Dies ist nicht immer der Fall, oder aber einzelne Attribute können die Programmausführung stark verlangsamen (z. B. auf dem Pi, der kein Zeichen-RAM besitzt). Um zu überprüfen, ob tatsächlich Farben verfügbar sind, können Sie die folgende Funktion nutzen:

```
#include <curses.h>

bool has_colors( void );
```

Verwenden lässt sich die Funktion recht einfach:

```
if(has_colors==TRUE) {
     // Wir haben Farbe. */
}
else {
    // Wir haben keine Farbe.
}
```

Eine weitere Anwendung zu den Farben wäre die Funktion zur Abfrage, ob die Farben des aktuellen Terminaltyps überhaupt verändert werden dürfen:

```
#include <curses.h>

bool can_change_colors(void);
```

Sofern Ihnen also Farben für den Terminaltyp zur Verfügung stehen, müssen Sie als Nächstes die Farben initialisieren:

```
#include <curses.h>
int start_color(void);
```

Die Funktion `start_color()` sollten Sie stets nach der Funktion `initscr()` aufrufen. Mit `start_color()` initialisieren Sie die Farben und gleichzeitig die globalen Variablen `COLORS` und `COLOR_PAIRS`. `COLOR_PAIRS` ist ein Farbenpaar, das sich aus dem Hintergrund und der Schriftfarbe zusammensetzt. Folgende Farben sind dabei in der Headerdatei *curses.h* definiert:

```
#define COLOR_BLACK    0
#define COLOR_RED      1
#define COLOR_GREEN    2
#define COLOR_YELLOW   3
#define COLOR_BLUE     4
#define COLOR_MAGENTA  5
#define COLOR_CYAN     6
#define COLOR_WHITE    7
```

Welche weiteren Farben hier benutzt werden, hängt jedoch vom Terminaltyp ab, da nur die ersten 7 Farben einem Standard entsprechen (*ANSI PC color table*, um genau zu sein). Wenn Sie dagegen die Funktion `start_color_16()` benutzen (sie ist aber nicht immer vorhanden), dann werden die folgenden Farben definiert:

```
#define COLOR_BLACK 0
#define COLOR_WHITE 1
#define COLOR_RED 2
#define COLOR_CYAN 3
```

```
#define COLOR_PURPLE 4
#define COLOR_GREEN 5
#define COLOR_BLUE 6
#define COLOR_YELOW 7
#define COLOR_ORANGE 8
#define COLOR_BROWN 9
#define COLOR_LTRED 10
#define COLOR_LTGRAY 11
#define COLOR_GRAY 12
#define COLOR_LTGREEN 13
#define COLOR_LTBLUE 14
#define COLOR_DARKGRAY 15
```

Die mit `start_color_16()` initialisierten Farben entsprechen einem früheren ANSI-Standard (*ANSI standard color table*), der unter anderem beim C64 benutzt wurde. Moderne Distributionen wollen dagegen oft lieber den moderneren PC-Standard benutzen und stellen die Funktion `start_color_16()` nicht mehr bereit. Dies ist eigentlich schade, denn nur 8 Standardfarben sind eigentlich relativ beschränkt, und Sie können damit auch nicht alles aus dem Stehgreif erledigen.

Wie dem auch sei – um ein Farbenpaar (Schrift und Hintergrundfarbe) festzulegen, wird die folgende Funktion verwendet:

```
#include <curses.h>

int init_pair(short paarnummer, int zeichen, int hintergrund);
```

Mit der Funktion `init_pair()` legen Sie mit der Angabe der Zeichenfarbe und der Hintergrundfarbe eine Paarnummer (`paarnummer`) fest, die Sie dann mit der Funktion `attrset()` verwenden können, z. B.:

```
init_pair(1,COLOR_RED,COLOR_GREEN);
```

Damit legen Sie ein Farbenpaar mit roter Schrift und grünem Hintergrund an. Das Paar hat die Nummer 1. Dies setzen Sie nun wie folgt in die Praxis um:

```
attrset(COLOR_PAIR(1));
printfw("Dieser Text wird mit roten Zeichen auf grünem"
        " Hintergrund ausgegeben.");

/* Eine weitere Farbe wird definiert. */
init_pair(2,COLOR_BLUE,COLOR_BLACK);
attrset(A_BOLD|COLOR_PAIR(2));
printw("Dieser Text wird mit fetter blauer Schrift "
       "und schwarzem Hintergrund ausgegeben.");
```

Die Funktion COLOR_PAIR(n) setzt also die Farbenpaare zusammen (also Hintergrund und Schrift). Mit init_pair() können Sie gewöhnlich insgesamt 64 (8 * 8) verschiedene Farbkombinationen festlegen. Nur das Farbenpaar mit dem Index 0 (COLOR_PAIR(0)) kann nicht geändert werden. Dieser Wert entspricht immer einem weißen Text auf schwarzem Hintergrund und dient für den Fall der Fälle (also im Problemfall) dazu, Ihr Terminal wieder zurückzusetzen.

Wollen Sie ermitteln, welche Farben in einem bestimmten Farbenpaar definiert wurden, dann können Sie folgende Funktion verwenden:

```
#include <curses.h>
int pair_content( short paarnummer,
                  short *zeichenfarbe,
                  short *hintergrundfarbe);
```

pair_content() eignet sich hervorragend, um mehrere Farbenpaare auf einmal zu definieren, wie der folgende Codeausschnitt demonstriert:

```
int farbe1,farbe2,i=1;

if(has_color==TRUE) {
    start_color();
    // WHITE = 7 => BLACK = 0
    for(farbe1=COLOR_WHITE; farbe1>=COLOR_BLACK; farbe1--)
      for(farbe2=COLOR_BLACK; farbe2<=COLOR_WHITE; farbe2++)
        init_pair(i++, farbe1, farbe2);
}
```

Damit werden alle 64 Farbenpaare auf einmal definiert, die Sie benutzen können. Um zu ermitteln, welchen Farbwert das Paar 50 hat, rufen Sie die Funktion pair_content() auf:

```
pair_content(50, &zeichenfarbe, &hintergrundfarbe);
```

Jetzt befindet sich in der Adresse von zeichenfarbe und in der Adresse von hintergrundfarbe ein entsprechender Farbeintrag des Farbenpaars mit der Nummer 50.

Die Attribute und Farben werden im folgenden Listing für die Version 2 von Spaceglider eingesetzt:

```
/* spaceglider2.c */
#include <curses.h>
#include <stdlib.h>
#define QUIT 113  // 'q'
#define LEFT 260  // '<-'
#define RIGHT 261 // ->
```

```
static void print_raumschiff (int x) {
    mvdelch (9, x + 2);
    mvdelch (9, x + 1);
    mvdelch (9, x);
    mvdelch (9, x - 1);
    mvdelch (9, x - 2);
    /* Raumschiff fette Schrift */
    attrset (A_BOLD | COLOR_PAIR (2));
    mvaddch (10, x - 1, ACS_LLCORNER);
    mvaddch (10, x + 1, ACS_LRCORNER);
    attrset (A_BOLD | COLOR_PAIR (3));
    mvaddch (10, x, ACS_TTEE);
}

int main (void) {
    int x = 40, zufall, c, i;
    srand (79);
    initscr ();
    if (has_colors () == TRUE)
        start_color ();
    else
        exit (EXIT_FAILURE);
    keypad (stdscr, TRUE);
    noecho ();
    scrollok (stdscr, TRUE);
    scroll (stdscr);

    // Farbenpaar Nummer 1
    init_pair (1, COLOR_YELLOW, COLOR_BLACK);
    // Farbenpaar Nummer 2
    init_pair (2, COLOR_RED, COLOR_RED);
    // Farbenpaar Nummer 3
    init_pair (3, COLOR_GREEN, COLOR_BLACK);
    // Farbenpaar Nummer 4
    init_pair (4, COLOR_BLACK, COLOR_GREEN);

    while (c != QUIT) {
        scrl (1);
        for (i = 0; i < 5; i++) {
            zufall = rand () % 79;
            // Sterne dunkel anzeigen
            attrset (A_DIM | COLOR_PAIR (1));
            mvaddch (20, zufall, '*');
```

13

```
            attrset (A_UNDERLINE | A_BOLD | COLOR_PAIR (4));
            mvprintw (0, 0,
            "'q' drücken für Quit | Taste für Start | "
            "<- nach links -> nach rechts");
        }
        c = getch ();
        halfdelay (3);
        switch (c) {
            case LEFT:
                x--;
                if (x < 0)
                    x = 0;
            break;
            case RIGHT:
                x++;
                if (x > 79)
                    x = 79;
            break;
            default:
            break;
        }
        print_raumschiff (x);
    }
    endwin ();
    return 0;
}
```

Listing 13.21 Entspricht Listing 13.20 mit zusätzlicher Farbausgabe.

[»]

Hinweis: Änderung der eigentlichen Farbwerte

Leider ist es nicht möglich, in *ncurses* RGB-Farbwerte festzulegen, sondern die Farben können nur über Konstanten angesprochen werden – und meist sind dies eben genau 8. Dies liegt vielleicht auch daran, dass es zu viele verschiedene Terminalmodi gibt, von denen einige immer noch reine Textbildschirme sind. Vielleicht wird hier einfach nur der kleinste gemeinsame Nenner verwendet, der eben auf allen Bildschirmen gleich aussieht.

13.3.6 Fensterroutinen in ncurses

Fensterroutinen funktionieren genauso wie schon die im Abschnitt zuvor besprochenen Funktionen, nur wird ihnen immer ein Zeiger auf eine `WINDOW`-Struktur übergeben. Zusätzlich bekommen die Funktionen, die sich auf ein bestimmtes Fenster beziehen, das Präfix w. Aus printw() wird dann z. B.

```
wprintw(WINDOW *win, char *format, ...);
```

und aus den Funktionen mit den mv-Präfixen wird ein mvw-Präfix:

```
mvwprintw(WINDOW *win, int y, int x, char *format, ...);
```

Bei allen Funktionen, die Sie bereits kennen, müssen Sie also zusätzlich das w oder mvw und die WINDOW-Struktur verwenden. Falls Sie sich nicht sicher sind, sehen Sie sich einfach die entsprechende Manual Page dazu an. Geben Sie zum Beispiel man getch ein, so werden Sie auch die Routine wgetch(), die sich auf das Fenster bezieht, finden. Da alle bisher beschriebenen Funktionen somit genauso funktionieren, ersparen wir uns die genauere Beschreibung dazu.

Um ein Fenster zu erzeugen, wird die Funktion newwin() wie folgt verwendet:

```
#include <curses.h>

WINDOW *newwin( int anzahl_zeilen, int anzahl_Spalten,
                int cursor_y, int cursor_X );
```

Mit newwin erstellen Sie ein neues Fenster mit anzahl_zeilen Zeilen und anzahl_spalten Spalten. Zusätzlich können Sie den Cursor gleich an die entsprechende y- und x-Position setzen (»0,0« bedeutet die linke obere Ecke des neuen Fensters).

Um ein neues Fenster auch ein wenig hervorzuheben, sollten Sie einen Rahmen darum legen. Einen Rahmen um ein bestimmtes Fenster können Sie mit der Funktion box() ausgeben:

```
#include <curses.h>
int box( WINDOW *win,
         chtype zeichenvertikal,
         chtype zeichenhorizontal );
```

Mit box() legen Sie einen Rahmen um das Fenster fest, das win mit den Zeichen zeichenvertikal und zeichenhorizontal anzeigt, die beide vom Typ chtype sind. Sie können also auch Zeichen jenseits der char-Grenze ausgeben (allerdings muss dann der entsprechende Zeichensatz vorher in den Locales eingestellt werden). Hierzu ein kurzer Codeausschnitt, wie Sie einen Rahmen um ein Fenster legen können:

```
// Fenster mit dem Namen fenster 10 Zeilen und 79 Spalten groß
fenster=newwin(10,79,0,0);
// Linien um den Fensterbereich ziehen - also eine Box definieren
box(fenster,ACS_VLINE,ACS_HLINE);
```

Die ACS_-Zeichen und den Datentyp chtype haben Sie ja bereits kennen gelernt.

Das Gleiche wie mit der Funktion box() können Sie auch mit den folgenden Funktionen machen:

```
#include <curses.h>

// n-Zeichen horizontal ab akt. Cursorposition
int hline(chtype zeichen, int n);
// n-Zeichen vertikal ab akt. Cursorposition
int vline(chtype zeichen, int n);
```

Sie können ein Fenster auch duplizieren, und zwar mit der folgenden Funktion:

```
#include <curses.h>

WINDOW *dupwin(WINDOW *win);
int delwin(WINDOW *win);
```

Der Rückgabewert von dupwin() ist eine exakte Kopie des Fensters win als Zeiger. Wenn Sie ein Fenster nicht mehr benötigen, sollten Sie den Speicherplatz, den dieses Fenster belegt, mit der Funktion delwin() wieder freigeben, z. B. so:

```
// Fenster fenster1 duplizieren
fenster2=dupwin(fenster1);
...
// Nach vielen Zeilen Code wird die Kopie nicht mehr benötigt.
delwin(fenster2);
```

Verschieben können Sie ein Fenster mit der folgenden Funktion:

```
#include <curses.h>

int mvwin(WINDOW *win, int y, int x);
```

Als Ausgangspunkt zum Verschieben wird immer die linke obere Ecke genommen. Diese ermitteln Sie, falls sie Ihnen nicht bekannt ist, mit der folgenden Funktion:

```
#include <curses.h>

void getbegyx(WINDOW *win, int y, int x);
```

Achtung! Auch hier gilt es, nicht den Adressoperator & für die Variablen y und x einzusetzen. Wollen Sie beispielsweise den Bildschirm von der aktuellen Position drei Zeilen tiefer und zehn Spalten nach rechts setzen, dann funktioniert dies so:

```
int y,x;
...
getbegyx(fenster1,y,x);
mvwin(fenster1,y+3,x+10);
```

Benötigen Sie die gesamte Größe eines Fensters, dann verwenden Sie die folgende Funktion:

```
#include <curses.h>

int getmaxyx(WINDOW *win, int y, int x);
```

Auch hier benötigen Sie für die Variablen y und x keinen Adressoperator.

Manchmal, wenn Sie die Funktion refresh() benötigen, um den gesamten Fensterinhalt neu zu zeichnen, benötigen Sie eine Funktion, die ein Fenster als verändert markiert. Denn refresh() setzt nur dann neue Zeichen, wenn sich auf dem Bildschirm auch etwas verändert hat. Ein Fenster als verändert markieren Sie mit der folgenden Funktion:

```
#include <curses.h>

int touchwin(WINDOW *win);
```

Der Standardbildschirm stdscr kann nun mittels refresh() neu gezeichnet werden. Bei allen anderen Fenstern benötigen Sie folgende Funktion:

```
#include <curses.h>

wrefresh(WINDOW *win);
```

Falls Sie überprüfen wollen, ob sich in einem bestimmten Fenster etwas verändert hat, fragen Sie dies mit der Funktion is_wintouched() wie folgt ab:

```
#include <curses.h>

int is_wintouched(WINDOW *win);
```

Es folgt nun ein kurzer Codeausschnitt, der dies demonstriert:

```
// Wurde Fenster verändert?
if(is_wintouched(fenster1))
     // Dann zeichne neu.
     wrefresh(fenster1);
else {
   // Tu so, als ob das Fenster verändert wurde ...
   touchwin(fenster1);
```

13

```
    // ... und zeichne dann neu.
    wrefresh(fenster1);
}
```

Wollen Sie einzelne Zeichen von einem Fenster in ein anderes Fenster kopieren, dann stehen Ihnen folgende Funktionen zur Verfügung:

```
#include <curses.h>

int overwrite(const WINDOW *quelle, WINDOW *ziel);
int overlay(const WINDOW *quelle, WINDOW *ziel);
```

Diese beiden Funktionen kopieren die einzelnen Zeichen vom Fenster `quelle` ins Fenster `ziel`. Der Unterschied zwischen den beiden Funktionen liegt darin, dass `overlay()` keine Leerzeichen mitkopiert.

Es folgt wieder ein Beispiel, das Ihnen die meisten Fensterroutinen in der Praxis zeigt. Das nächste Programm hält jeweils nach der Demonstration der einzelnen Funktionen an, Sie können aber mit einem Tastendruck das Programm jeweils weiterlaufen lassen.

```
/* curses10.c */
#include <curses.h>
#define schwarz 0
#define rot     1
#define gruen   2
#define gelb    3
#define blau    4
#define lila    5
#define hblau   6
#define weiss   7

// Zeigt uns alle möglichen Farbenpaare an.
static void show_all_pairs(void) {
    int farbe1, farbe2, i=1, c;
    mvprintw(1,1,"Darstellung aller Farbenpaare: \n");
    if(has_colors() == TRUE) {
        start_color();
        for(farbe1=weiss; farbe1 >= schwarz; farbe1--)
            for(farbe2=schwarz; farbe2 <= weiss; farbe2++) {
                init_pair(i, farbe1, farbe2);
                attrset(COLOR_PAIR(i));
                printw(" %d ",i++);
            }
    }
```

```
    noecho();
    c=getch();
}

// Erzeugt ein neues Fenster mit sämtlichen Attributen.
static WINDOW *create_new_window(
WINDOW *neues_fenster, int zeilen,int spalten, int hinterg,
int vorderg,int begin_y, int begin_x, char *text,
int text_y, int text_x ) {
    neues_fenster = newwin(zeilen, spalten, begin_y, begin_x);
    init_pair(1, hinterg, vorderg);
    wattrset(neues_fenster, COLOR_PAIR(1));
    box(neues_fenster, ACS_VLINE, ACS_HLINE);
    mvwprintw(neues_fenster, text_y, text_x, text);
    return neues_fenster;
}

int main(void) {
    WINDOW *fenster1,*fenster2;
    int y,x;

    initscr();
    raw();
    keypad(stdscr,TRUE);
    if(has_colors() == TRUE)
        start_color();
    show_all_pairs();
    clear();
    refresh();
    fenster1=create_new_window( fenster1,11,50,blau,weiss,0,0,
                    "Hallo Welt",5,20 );
    keypad(fenster1,TRUE);
    wrefresh(fenster1);
    wgetch(fenster1);
    fenster2=create_new_window( fenster2,10,50,rot,gruen,11,30,
        "Fenster 2",1,1);
    keypad(fenster2,TRUE);
    wrefresh(fenster2);
    wgetch(fenster2);
    mvwprintw(fenster1,5,5,"Wir verschieben Fenster 2"
        " mit mvwin()");
    wrefresh(fenster1);
    wgetch(fenster1);
```

```
// Wo ist das Fenster 2 genau?
getbegyx(fenster2,y,x);
// stdscr neu zeichnen
touchwin(stdscr);
refresh();
// Fenster 3 Zeilen tiefer und 20 Spalten nach links
mvwin(fenster2,y+3,x-20);
// Fenster 1 wurde nicht verändert ...
// ... aber wir wollen trotzdem neu zeichnen ...
touchwin(fenster1);
wrefresh(fenster1);
wrefresh(fenster2);
wgetch(fenster2);
mvwprintw(fenster1,5,5," Wir löschen Fenster 2 mit delwin() ");
wrefresh(fenster1);
wgetch(fenster1);
// Fenster 2 löschen
delwin(fenster2);
touchwin(stdscr);
refresh();
mvwin(fenster1,0,0);
wrefresh(fenster1);
wgetch(fenster1);
mvwprintw(fenster1,5,5,"Wir kopieren dieses Fenster "
    "mit dupwin()");
wrefresh(fenster1);
wgetch(fenster1);
fenster2=dupwin(fenster1);
mvwin(fenster2,12,0);
wrefresh(fenster2);
wgetch(fenster2);
mvwprintw(fenster1,5,1," Fenster 1 wird nun geloescht ");
wrefresh(fenster1);
wgetch(fenster1);
delwin(fenster1);
touchwin(stdscr);
refresh();
touchwin(fenster2);
wrefresh(fenster2);
wgetch(fenster2);
attrset(COLOR_PAIR(0));
mvprintw(1,1,"Nun wird das letzte Fenster auch noch beendet");
```

```
    refresh();
    wgetch(fenster2);
    delwin(fenster2);
    touchwin(stdscr);
    refresh();
    mvprintw(1,1,"Jetzt ist nur noch das Fenster stdscr"
        " in Betrieb!");
    getch();
    endwin();
    return 0;
}
```

Listing 13.22 Demonstriert einige Funktionen zum Verwalten von ncurses-Fenstern.

13.3.7 Mausprogrammierung mit ncurses

Mit *ncurses* ist es auch möglich, die Maus einzubeziehen. Gemeint sind damit allerdings nicht die Funktionen der Bibliotheken *gpm* oder *SDL*, die durchaus auch grafische Mauszeiger unterstützen. Bei *ncurses* dagegen ist alles in reinem Textmodus, und die Fenster sind auch teilweise den alten Borland-Compilern nachempfunden. Der Vorteil der Mausroutinen von *ncurses* ist also, dass sie im Textmodus laufen, und diesen Modus kann sogar das XTerm auf Ihrem Desktop darstellen.

Nun wissen Sie ja bereits, dass Sie die Maus auch direkt abfragen können, nämlich über die entsprechende *hidraw*-Datei in */dev*. Im Endeffekt macht *ncurses* auch nichts anderes. Das heißt also: Wenn Sie einen eigenen Maustreiber benötigen, der auch sehr viel schneller arbeitet, dann sollten Sie genau so vorgehen und die entsprechende Datei in */dev* mit den Standard-E/A-Funktionen abfragen, am besten sogar innerhalb eines Threads. Allerdings müssen Sie sich in diesem Fall unter Umständen auch um all die Spezialfunktionen kümmern, die Ihre Maus eventuell hat, vor allem dann, wenn Sie eine Gaming-Maus benutzen, die nicht dem Standard »drei Bytes pro Mauspaket« entspricht. Mit *ncurses* dagegen ist die Sache viel einfacher, weil es hier ein Standardpaket für sämtliche Mäuse gibt.

Folgende Struktur wurde für die Mausbenutzung definiert:

```
typedef struct {
  short ID;         // ID, falls mehrere Mäuse angeschlossen sind
  int x,y,z;        // Koordinaten; z nicht benötigt
  mmask_t bstate;   // Bitmaske für Mausknöpfe
} MEVENT;
```

Der Datentyp `mmask_t` ist ein primitiver Datentyp, der meistens als `unsigned long` dargestellt wird.

Damit *ncurses* überhaupt eine Mauseingabe zur Kenntnis nimmt, muss die Funktion `mousemask()` wie folgt aufgerufen werden:

```
#include <curses.h>

mmask_t mousemask(mmask_t neuemaske, mmask_t *altemaske);
```

Mit dem Parameter `neuemaske` geben Sie an, welche Mausereignisse überhaupt beachtet werden sollen. Folgende Mausereignisse sind dabei definiert:

```
#define BUTTON1_RELEASED        000000000001L
#define BUTTON1_PRESSED         000000000002L
#define BUTTON1_CLICKED         000000000004L
#define BUTTON1_DOUBLE_CLICKED  000000000010L
#define BUTTON1_TRIPLE_CLICKED  000000000020L
#define BUTTON1_RESERVED_EVENT  000000000040L
#define BUTTON2_RELEASED        000000000100L
#define BUTTON2_PRESSED         000000000200L
#define BUTTON2_CLICKED         000000000400L
#define BUTTON2_DOUBLE_CLICKED  000000001000L
#define BUTTON2_TRIPLE_CLICKED  000000002000L
#define BUTTON2_RESERVED_EVENT  000000004000L
#define BUTTON3_RELEASED        000000010000L
#define BUTTON3_PRESSED         000000020000L
#define BUTTON3_CLICKED         000000040000L
#define BUTTON3_DOUBLE_CLICKED  000000100000L
#define BUTTON3_TRIPLE_CLICKED  000000200000L
#define BUTTON3_RESERVED_EVENT  000000400000L
#define BUTTON4_RELEASED        000001000000L
#define BUTTON4_PRESSED         000002000000L
#define BUTTON4_CLICKED         000004000000L
#define BUTTON4_DOUBLE_CLICKED  000010000000L
#define BUTTON4_TRIPLE_CLICKED  000020000000L
#define BUTTON4_RESERVED_EVENT  000040000000L
#define BUTTON_CTRL             000100000000L
#define BUTTON_SHIFT            000200000000L
#define BUTTON_ALT              000400000000L
#define ALL_MOUSE_EVENTS
#define REPORT_MOUSE_POSITION
```

Wollen Sie z. B. überprüfen, ob die linke Maustaste gedrückt wurde, müssen Sie folgende Maske einrichten:

```
int maske = mousemask(BUTTON1_PRESSED, NULL);
```

Das Mausereignis selbst können Sie mit `wgetch()` in der folgenden Weise abfragen:

```
chtype button;

button = wgetch(stdscr);
```

Wurde eine Mausaktivität (z. B. eine Maustaste wurde betätigt) registriert, so gibt `wgetch()` die symbolische Konstante `KEY_MOUSE` zurück:

```
if(button == KEY_MOUSE) {
   // Mausaktivitäten
}
```

Welche Aktivität das genau war (also welcher Knopf wirklich gedrückt wurde), lässt sich mit der folgenden Funktion herausfinden:

```
#include <curses.h>

int getmouse(MEVENT *event);
```


Ein Codeausschnitt dazu könnte z. B. so aussehen:

```
MEVENT event;
...
if(getmouse(&event) == OK) {
   // Konnte Mausereignis lesen und verarbeite es jetzt.
}
```

Der Rückgabewert der Funktion `getmouse()` lautet `OK` bei erfolgreichem Lesen, ansonsten (also bei einem Fehler) `ERR`.

Jetzt, da mit der Funktion `getmouse()` die Strukturvariablen von `MEVENT` mit den entsprechenden Werten belegt wurden, können Sie diese etwa wie folgt auswerten:

```
// y-Position des Mausereignisses
y-Koordinate = event.y;
// x-Position des Mausereignisses
x-Koordinate = event.x;
// (eventuell) Mausknopf, wenn betätigt
bitmaske = event.bstate;
// Maus-ID, falls mehrere Mäuse vorhanden sind
ID = event.id;
```

Wollen Sie z. B. eine Maus auf Doppelklick testen, müssen Sie eigentlich nur die Strukturvariable `bstate` wie folgt überprüfen:

```
If(event.bstate == BUTTON1_DOUBLE_CLICK) {
  // Der linke Maus-Button wurde doppelt geklickt.
}
```

Um zu überprüfen, wo und ob im zulässigen Fenster die Mauskoordinate (y, x) liegt, benötigen Sie die folgende Funktion:

```
#include <curses.h>

bool wenclose(WINDOW *win, int y, int x);
```

Der Rückgabewert von `wenclose()` lautet, falls das Mausereignis an einer gültigen Position im Fenster `win` auftrat, `TRUE`, ansonsten `FALSE`. Für `x` und `y` werden gewöhnlich die ermittelten Werte der Strukturvariablen `x` und `y` von `MEVENT` verwendet.

Ein kleines Programmbeispiel soll Ihnen nun die Verwendung der Maus unter *ncurses* demonstrieren. Sie klicken hier in einen Bereich des Fensters `stdscr`, und anschließend wird zurückgegeben, an welcher Position Sie im Fenster die linke Maustaste betätigt haben.

```
/* curses11.c */
#include <curses.h>
#include <stdlib.h>

int main (void) {
    MEVENT pos;
    int l_maus;
    chtype button;

    initscr ();
    noecho ();
    keypad (stdscr, TRUE);
    l_maus = mousemask (BUTTON1_PRESSED, NULL);
    while (1) {
        button = wgetch (stdscr);
        if (button == KEY_MOUSE) {
            if (getmouse (&pos) == OK) {
                wenclose (stdscr, pos.y, pos.x);
                mvwprintw (stdscr, 1, 0, "y = %2d x = %2d",
                    pos.y, pos.x);
            }
        }
        wrefresh (stdscr);
    }
```

```
    endwin ();
    return 0;
}
```

Listing 13.23 Fragt die linke Maustaste ab und gibt bei einem Doppelklick die Koordinaten des Mauszeigers zurück.

Dieses Beispiel soll jetzt noch durch die zusätzliche Überprüfung erweitert werden, an welcher Stelle im Fenster stdscr die Maustaste gedrückt wurde (y,x) und an welcher Stelle im Fenster sie wieder losgelassen wurde:

```
/* curses12.c */
#include <curses.h>
#include <stdlib.h>

int main (void) {
    MEVENT pos;
    int l_maus;
    chtype button;
    initscr ();
    noecho ();
    keypad (stdscr, TRUE);
    l_maus = mousemask
       ( BUTTON1_RELEASED | BUTTON1_PRESSED | BUTTON1_CLICKED, NULL);
    while (1) {
        button = wgetch (stdscr);
        clear ();
        if (button == KEY_MOUSE) {
            if (getmouse (&pos) == OK) {
                // linke Maustaste gedrückt ...
                if (pos.bstate == BUTTON1_PRESSED) {
                    wenclose (stdscr, pos.y, pos.x);
                    mvwprintw (stdscr, 1, 0,
                    "linke Maustaste gedrückt bei y = %2d x = %2d",
                    pos.y, pos.x);
                }
                // linke Maustaste losgelassen ...
                if (pos.bstate == BUTTON1_RELEASED) {
                    // Reaktionszeit eine Tausendstelsekunde setzen
                    mouseinterval (1);
                    wenclose (stdscr, pos.y, pos.x);
                    mvwprintw (stdscr, 2, 0,
                    "linke Maustaste losgelassen y = %2d x = %2d",
                    pos.y, pos.x);
```

```
                }
            }
        }
        wrefresh (stdscr);
    }
    endwin ();
    return 0;
}
```

Listing 13.24 Fragt neben dem Drücken der linken Maustaste auch das Loslassen der Taste ab.

Wenn die Maustaste zu schnell oder zu langsam reagiert, können Sie (wie im letzten Beispiel eben gesehen) die folgende Funktion zur Änderung der Reaktionszeit benutzen:

```
#include <curses.h>

int mouseinterval(int Tausendstelsekunde);
```

Allerdings ist die Funktion `mouseinterval()` nur eine Notlösung, mit der Sie unter Umständen sehr lange herumexperimentieren müssen, um die richtigen Einstellungen zu finden. Woran das liegt, dürfte Ihnen inzwischen wahrscheinlich klar sein: In den letzten zwei Beispielen wurde nur gepollt – die Maus wurde also innerhalb einer großen Schleife immer wieder abgefragt. Und genau dies ist auch die Grenze von *ncurses*: Es gibt eben keine Möglichkeit, z. B. den Aufruf einer eigenen Funktion an ein bestimmtes Ereignis zu binden, das dann auch automatisch (das heißt, ohne Zutun des Programmierers) die entsprechende Funktion aufruft. Wenn Sie dies nun »nachholen« wollen, müssen Sie hierfür entsprechende Threads erstellen.

Zum Abschluss des Kapitels werden die Mausroutinen von *ncurses* etwas praxisnäher eingesetzt (die Betonung liegt hier auf »etwas«, da eben im nächsten Beispiel auch wieder nur gepollt wird – die Mausereignisse werden auch hier innerhalb einer großen `while`-Schleife abgefragt, was CPU-Zeit kostet). Sie erzeugen zunächst ein Fenster (`WINDOW *fenster`) und geben es auf dem Bildschirm aus. Sie können danach in jedem beliebigen Bereich im Fenster `stdscr` die linke Maustaste drücken, und das Fenster wird an diesen Punkt, falls möglich, versetzt. Als Ausgangspunkt dient die linke obere Ecke von `stdscr`. Außerdem befindet sich in der linken oberen Ecke der Buchstabe S und in der rechten oberen Ecke der Buchstabe M (mit S für »schließen« schließen Sie das Fenster und mit M für »maximieren« maximieren Sie es). Ein erneutes Klicken auf M bewirkt wieder das Minimieren auf die normale Größe.

```
/* curses13.c */
#include <curses.h>
#include <stdlib.h>
#define MAXSIZE 1
```

```
#define MINSIZE 0

static int y_click, x_click;
static int y_click2, x_click2;
static int size = MINSIZE;

static void
where_clicked (WINDOW * win, WINDOW * win2, MEVENT pos) {
    // linke obere Ecke von win2
    getbegyx (win2, y_click2, x_click2);
    mouseinterval (1);
    // Wo in win wurde geklickt?
    wenclose (win, pos.y, pos.x);
    y_click = pos.y;
    x_click = pos.x;
    // Wurde auf die linke obere Ecke von win2 ...
    if (y_click == y_click2 && x_click == x_click2) {
        endwin ();
        exit (EXIT_FAILURE);
    }
    // ... oder wurde auf die rechte obere Ecke geklickt?
    else if (y_click == y_click2 && x_click == x_click2 + 39 ||
        x_click == x_click2 + 78) {
        touchwin (stdscr);
        refresh ();
        if (size == MINSIZE) {
            delwin (win2);
            size = MAXSIZE;

        }
        else if (size == MAXSIZE) {
            delwin (win2);
            size = MINSIZE;
        }
    }
}

/* Verschieben des Fensters an Position der globalen Variablen  */
/* x_click und y_click, die zuvor mit where_clicked() ermittelt */
/* wurden                                                       */
static void move_win_to (WINDOW * win) {
    touchwin (stdscr);
    wrefresh (stdscr);
```

```
    mvwin (win, y_click + 1, x_click + 1);
    touchwin (win);
    wrefresh (win);
}

static WINDOW *create_new_window (
WINDOW * neues_fenster, int zeilen, int spalten,
int hinterg, int vordergr, int begin_y, int begin_x ) {
    neues_fenster = newwin (zeilen, spalten, begin_y, begin_x);
    init_pair (1, hinterg, vordergr);
    wattrset (neues_fenster, COLOR_PAIR (1));
    box (neues_fenster, ACS_VLINE, ACS_HLINE);
    return neues_fenster;
}

int main (void) {
    MEVENT pos;
    int l_maus;
    chtype button;
    WINDOW *fenster;

    initscr ();
    if (has_colors () == TRUE)
        start_color ();
    noecho ();
    keypad (stdscr, TRUE);
    fenster = create_new_window (
    fenster, 10, 40, COLOR_RED, COLOR_BLUE, 5, 15);
    init_pair (2, COLOR_BLACK, COLOR_YELLOW);
    wattrset (fenster, COLOR_PAIR (2));
    mvwaddch (fenster, 0, 0, 'S');
    mvwaddch (fenster, 0, 39, 'M');
    wattrset (fenster, COLOR_PAIR (0));
    mvwprintw (fenster, 2, 10, "S = Fenster schliessen");
    mvwprintw (fenster, 6, 10, "M = Fenster maximieren");
    wrefresh (fenster);
    l_maus = mousemask (BUTTON1_RELEASED | BUTTON1_PRESSED, NULL);

    while (1) {
        button = wgetch (stdscr);
        if (button == KEY_MOUSE) {
```

```
            if (getmouse (&pos) == OK) {
                where_clicked (stdscr, fenster, pos);
                // move_win_to(fenster);
                if (size == MAXSIZE) {
                    fenster =create_new_window (fenster,
                    24, 79,
                    COLOR_RED,
                    COLOR_BLUE,
                    0, 0);
                    wattrset (fenster, COLOR_PAIR (2));
                    mvwaddch (fenster, 0, 0, 'S');
                    mvwaddch (fenster, 0, 78, 'M');
                    wattrset (fenster, COLOR_PAIR (0));
                    mvwprintw (fenster, 10, 30,"S=Fenster schliessen");
                    mvwprintw (fenster, 14, 30,"M=Fenster minimieren");
                    wrefresh (fenster);
                } else if (size == MINSIZE) {
                    fenster =create_new_window (fenster,
                    10, 40,
                    COLOR_RED,
                    COLOR_BLUE,
                    5, 15);
                    init_pair (2, COLOR_BLACK,
                    COLOR_YELLOW);
                    wattrset (fenster, COLOR_PAIR (2));
                    mvwaddch (fenster, 0, 0, 'S');
                    mvwaddch (fenster, 0, 39, 'M');
                    wattrset (fenster, COLOR_PAIR (0));
                    mvwprintw (fenster, 2, 10,"S=Fenster schliessen");
                    mvwprintw (fenster, 6, 10,"M=Fenster maximieren");
                    wrefresh (fenster);
                    move_win_to (fenster);
                }
            }
        }
    }
    endwin ();
    return 0;
}
```

Listing 13.25 Implementiert einen einfachen Fenstermanager in ncurses-Manier.

Am Ende sieht der Bildschirm aus wie in Abbildung 13.3:

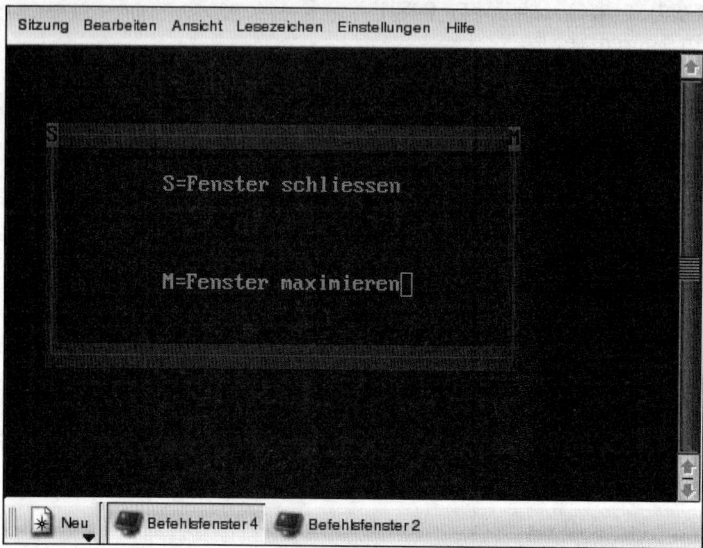

Abbildung 13.3 Eine einfache Dialogbox für die Konsole

Mit diesem Grundwissen können Sie jetzt eine passable Benutzeroberfläche für die Konsole bauen. Zwei weitere Funktionen zur Mausprogrammierung mit *ncurses,* die es noch gibt, die wir aber nicht durchgenommen haben, wären:

```
int ungetmouse(MEVENT *event);
bool wmouse_trafo(WINDOW *win, int *Py, int *Px);
```

Für nähere Informationen lesen Sie bitte die Manual Page (`man mouse`).

Kapitel 14
GTK+

In diesem Kapitel erfahren Sie, wie Sie Anwendungen mit einer grafischen Oberfläche mithilfe der beliebten GTK+-Bibliothek erstellen können.

14.1 Was ist GTK+?

GTK+ ist eine Sammlung von grafischen Objekten (sogenannte *Toolkits*) wie Buttons, Scrollbars, Menüs und allem, was Benutzer auch etwa von Windows her kennen, um Programme mit einer grafischen Oberfläche zu erstellen. Unter Windows benutzen Sie für solche Dinge die Windows-API zusammen mit speziellen Compilern (wie z. B. Visual Studio oder den freien Pelles-C-Compiler), die diese API auch verwenden können. Während es jedoch unter Windows nur eine API gibt, gibt es unter Linux verschiedene Desktops. Die bekanntesten sind Gnome, KDE, der Pixel-Desktop (beim Raspberry Pi) oder auch der inzwischen immer beliebter werdende IceWM. Wie gesagt sind dies nur die beliebtesten Desktops, und es gibt noch eine Menge mehr. Deshalb muss GTK+ auch den folgenden Weg gehen: Die grafischen Objekte (oft auch als *Widgets* bezeichnet) werden auch so angelegt, nämlich als Objekte. Diese Widget-Objekte haben jeweils eine bestimmte Eigenschaft, z. B. dass man in sie per Eingabefeld einen Textstring eintippen kann, nachdem man mit der Maus auf das Widget geklickt hat. Natürlich benötigen Sie oft mehr als nur ein Eingabefeld, deshalb verwendet GTK+ ganze Widget Sets. Außerdem ist GTK+ freie Software im Sinne der GNU-LGPL-Lizenz, das heißt, dass GTK+ (wegen der Quelloffenheit) für verschiedene Desktops verfügbar ist.

GTK+ selbst wurde allerdings während der Entwicklung des GNU-Image-Manipulation-Programms (GIMP) erschaffen, nämlich während der Suche nach einem einheitlichen Standard für Desktop-Icons (im Endeffekt unterstützt GIMP noch sehr viele andere, sogar exotische Bildformate). GIMP ist inzwischen ein wirkliches professionelles Open-Source-Bildbearbeitungsprogramm, das durchaus mit Adobe Photoshop vergleichbar ist (vielleicht hat es sogar inzwischen mehr Funktionen als Photoshop). Zu der Zeit, als GIMP angefangen wurde, wurde allerdings nicht GTK+ als Toolkit verwendet, sondern Motif, eine grafische Oberfläche, die von sehr vielen verschiedenen Firmen (unter anderem sogar von Apple) entwickelt wurde. Mit der Zeit waren die Entwickler aber recht unzufrieden mit der Unflexibilität von Motif, und deshalb wurde 1996 GTK (Abkürzung für ***GIMP ToolKit***) entwickelt. Ein weiterer Nachteil von Motif wahr wohl auch, dass es sich um ein kommerzielles Toolkit handelte und deshalb eben nicht Open Source war. Das Plus (+) von GTK+ wurde jedoch ein Jahr später nachträglich hinzugefügt, womit die Entwickler anzeigen wollten, dass GTK+ objektorientiert arbeitet. Im

Endeffekt gibt es also zwei Varianten, nämlich eine, die in C++ programmiert wurde, und eine, die auch mit dem Standard-C-Compiler zusammenarbeitet.

Natürlich basiert GTK+ auf dem X Window-System. Wenn Sie einen Blick in die Quellcodes der GTK+-Bibliotheken werfen, werden Sie viele Funktionsaufrufe der X-Bibliotheken wiedererkennen. Aber dennoch sollten Sie nicht den Fehler machen und denken, die GTK+-Bibliothek sei nichts anderes als nur eine Wrapper-Bibliothek zum X Window-System. Abgesehen davon, dass die Datenstrukturen und Datentypen anders als bei den anderen Toolkits aussehen, besitzt GTK+ weitaus mehr Widgets als die meisten anderen X-Toolkits.

14.1.1 Was sind GDK und GLib?

Im Zusammenhang mit der Verwendung von GTK+ werden häufig auch die Bibliotheken GDK und GLib erwähnt bzw. verwendet. In der Kurzfassung fügt sich das Puzzle wie folgt zusammen: GLib ist das Fundament mit den grundlegenden Datenstrukturen und Hilfsfunktionen, GDK ist die Schnittstelle zu X11, und GTK+ liegt noch einmal obendrauf. Abbildung 14.1 zeigt Ihnen den Aufbau von GTK+:

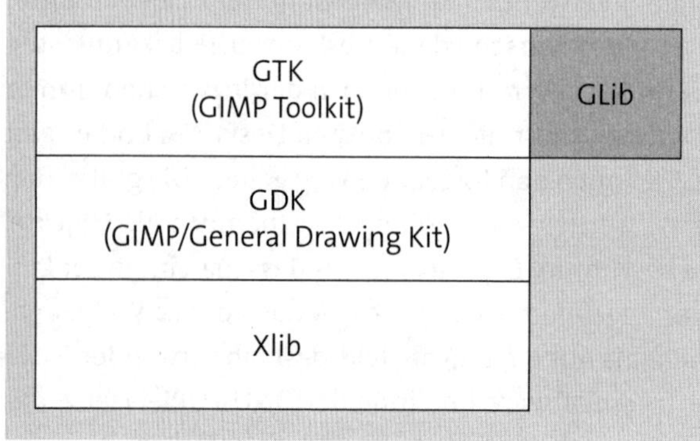

Abbildung 14.1 Die Komponenten von GTK

GDK ist also das GTK+-Zeichnen-Toolkit und nichts anderes als eine Wrapper-Bibliothek für die Xlib. Die Wrapper-Bibliothek GDK, die zwischen X und der GTK+-Bibliothek liegt, ist also nötig, weil GTK+ seine eigenen Datenstrukturen und Datentypen besitzt. Gewöhnlich verwenden Sie GDK-Funktionen, wenn Sie Grafiken zu Ihrer Anwendung hinzufügen wollen. Mit Grafiken sind hierbei Dinge gemeint wie das Zeichnen von Linien, Kreisen, Ellipsen, Rechtecken oder das Erzeugen von Icons und die Verwendung von Farben oder Schriftarten, sogenannten *Fonts*. Da GDK eigentlich auf der Xlib aufbaut, ist es eine Bibliothek einer etwas niedrigeren Ebene, was auch bedeutet, dass hierbei mit Fenstern anstatt mit Widgets gearbeitet wird. Natürlich können Sie auch hier den nicht ganz so »harten« Weg gehen und, wie schon bei der Xlib, Anwendungen rein mit GDK-Funktionen schreiben – wovon wir Ihnen aber wie schon beim Schreiben von grafischen Anwendungen mit der Xlib abraten wollen. Sofern Sie also Funktionen der Xlib verwenden wollen, sollten Sie auf die entsprechende

Wrapper-Funktion der GDK-Lib zurückgreifen, und das auch nur dann, wenn Sie Grafiken zu Ihrem Programm hinzufügen wollen.

GLib (nicht zu verwechseln mit der *glibc*) ist eine Art Hilfsbibliothek, was heißt, dass ohne diese Bibliothek GTK+ auch funktioniert. Mit der GLib lassen sich jedoch viele Aufgaben wie Stringmanipulationen, Anlegen und Verwalten von Datenstrukturen, Durchsuchen von binären Bäumen oder das Erstellen von Hashtabellen enorm einfacher handhaben. Des Weiteren liefert Ihnen die GLib eine Menge hilfreicher Routinen für den täglichen Gebrauch in C gleich mit. Sprich: Die GLib enthält adressierte Standard-C-Funktionen wie z. B. `malloc()` (`g_malloc()`) oder `printf()` (`g_printf()`), die aber im Gegensatz zu den Standardfunktionen von C eine eingebaute Fehlerbehandlung besitzen und bei einem Problem, das während eines Vorgangs auftritt, automatisch mit `g_error()` (GLib-Version für `perror()`) eine Fehlermeldung ausgeben. Aus Portabilitätsgründen raten wir Ihnen, die Funktionen der GLib zu verwenden, weil diese zumindest zuverlässiger sind als die Standardfunktionen.

14.1.2 Schnittstellen von GTK+ zu anderen Programmiersprachen

Um Anwendungen mit der GTK+-Bibliothek zu schreiben, müssen Sie nicht unbedingt C verwenden. Zwar wurde GTK+ komplett in C geschrieben, aber es sind trotzdem eine Menge Sprachanbindungen vorhanden, etwa an C++, Ada, Perl/Gtk, Python, PHP, Pascal und noch eine Menge mehr. Für weitere diesbezügliche Informationen sei die Website von GTK als erste Anlaufstelle empfohlen (*www.gtk.org*).

14.1.3 GTK+ und GNOME

Der GNOME-Desktop erfreut sich neben dem KDE-Desktop in der Linux-Welt größter Beliebtheit – so beliebt, dass Red Hat diesen Desktop als Standard-Desktop verwendet. Auf den meisten Rechnern dürfte wohl neben dem KDE- auch der GNOME-Desktop installiert sein und auf dem Raspberry Pi die GNOME-Variante Pixel. Der GNOME-Desktop sei deswegen hier erwähnt, weil das komplette GNOME-Projekt mit dem GTK+-Toolkit entwickelt wurde. Somit ist im Prinzip jede GNOME-Anwendung eine GTK+-Anwendung. Auch ist GNOME sehr ressourcensparend, trotz sehr vieler verschiedener Widgets. Genau deshalb wird er auch auf dem Raspberry Pi benutzt, eben als der inzwischen auch sehr beliebte GNOME-Klon »Pixel Desktop«.

GNOME-Anwendungen werden aber mittlerweile nicht mehr mit reinem GTK+-Code erstellt, sondern inzwischen mit einer GNOME-eigenen Bibliothek (die mittlerweile mehr als nur noch eine Erweiterung von GTK+ darstellt). Allerdings spalten sich hier die Entwickler in zwei Lager: Das sind zunächst die »GTK+-Puristen« (die auch in zahlreichen Internetforen so genannt werden), die sich weigern, die GNOME-Bibliothek zu verwenden (da angeblich die schlanken GTK+-Programme dadurch unnötig viel Speicher verschwenden). Auf der anderen Seite stehen die »GNOME-Anhänger« (auch sie nennen sich selbst so), die eben auch wieder viele gute Argumente für ihre GNOME-Bibliothek haben (im Endeffekt sieht man mit dem ressourcensparenden Pixel-Desktop, dass der Speicherverbrauch auch vom Desktop abhängt). Allerdings kann man sagen (um möglichst neutral zu bleiben), dass beide Bibliotheken durchaus ihre Vor- und Nachteile haben.

[»]

Hinweis zur GNOME-Bibliothek

Die GNOME-Bibliothek ist nicht das Thema des Buches. Bei Interesse sei Ihnen das Buch »Das GTK+/GNOME-Entwicklerhandbuch« von Matthias Warkus empfohlen.

Dennoch soll hier nicht der Eindruck entstehen, GTK+ sei abhängig vom GNOME-Desktop. Diese Bibliothek können Sie überall dort einsetzen, wo diese Bibliothek existiert – also auch jenseits der Linux-Welt. Und in der Tat werden mit GTK+ inzwischen viele freie Windows-Programme entwickelt, die dann auch genau so für Linux existieren. Dies gilt z. B. für den sehr beliebten VLC Media Player und natürlich auch für den Firefox.

14.1.4 GTK-Versionen

In diesem Buch wird GTK+ in der neusten Version benutzt, was zwangsläufig bedeutet, dass die meisten Beispiele z. B. nicht mehr mit der Version 1 kompatibel sind. Während die Version 1 Legacy-Status hat, sind die Versionen 2 bis 4 von GTK+ bzw. GTK, wie es ab Version 4 heißt, parallel in Gebrauch. Mit der Version 2 sind eine Menge Neuheiten hinzugekommen, die die Erstellung von GTK+-Anwendungen erheblich erleichtern. Aus Sicherheitsgründen empfehlen wir, mindestens mit der Version 2 zu arbeiten. GTK+ ist außerdem mit der zweiten Version (auf der die in diesem Buch angeführten Beispiele noch laufen dürften) noch viel objektorientierter geworden. Falls Sie die Arbeit mit 1.x-Versionen von GTK+ nicht vermeiden können und Details zur Kompatibilität brauchen, sehen Sie sich INCOMPATIBLE CHANGES FROM 1.2 TO 2.0 auf der Webseite von *http://www.gtk.org/* an. Von Version 1 zu 2 wurden viele Funktionen gegen andere ausgetauscht.

Natürlich schläft die Weiterentwicklung von GTK nicht, weshalb es sich empfiehlt, regelmäßig auf der Website von GTK nachzulesen, was mittlerweile neu hinzugekommen ist. Denn zurzeit ändert sich bei den Desktops dauernd alles, sogar bei Windows gibt es alle paar Jahre eine neue Oberfläche, von den zahlreichen Tablets ganz zu schweigen. Auch bei den Icons und Widgets gibt es mittlerweile eine wahre Inflation an neuen Styles (also quasi dem Aussehen der Oberfläche) und Gestures (Bedienungsgesten wie z. B. Klicken und Wischen).

An dieser Stelle entscheiden wir uns für einen Standard-Stil und die Bedienung mit Maus und Klicks. Für die vielfältigen Bedienkonzepte für Tablets und andere Touchscreen-Geräte, z. B. mit Wischgesten und Multi-Touch-Techniken, reicht der Platz hier nicht aus.

14.1.5 Zum Aufbau dieses Kapitels

Der Umfang von GTK+ ist wie gesagt enorm, und es würde sogar Sinn ergeben, hierzu ein ganzes Buch zu schreiben – aber dieses haben wir Ihnen ja schon im vorigen Abschnitt empfohlen. Da Sie aber in diesem Buch nur ein Kapitel zur Verfügung haben, sollen Sie auch maximalen Nutzen daraus ziehen können. Deshalb haben wir dieses Kapitel auch so aufgebaut, dass Sie hier die Standardfunktionen mit dem Standard-Look-and-Feel benutzen können, um später darauf aufzubauen. In Endeffekt ist dies auch die einzig sinnvolle Vorgehensweise in einer Welt der sich immer schneller ändernden grafischen Oberflächen.

Dank der sauberen Strukturierung ist die Verwendung von GTK+ zum Glück recht einfach, wenn man sich ein wenig intensiver damit befasst. Nur sollten Sie immer die GTK+-Funktionsreferenz, die als HTML-Version von der GTK+-Website zu beziehen ist, parat halten, um über die umfangreichen, aber gut strukturierten API-Funktionen den Überblick zu behalten. Es empfiehlt sich also, parallel zu diesem Buch, auch die Referenz zum entsprechenden Thema zu studieren.

Dieses Kapitel gibt Ihnen nun zu jedem Beispiel eine Einführung. Wird z. B. das Thema der Fenster behandelt, so finden Sie eine Einführung, wie man ein Fenster erstellt und anzeigt und wie Sie die Ereignisse des Fensters abfragen können. Dennoch gibt es zu jedem Widget noch eine fast unüberschaubare Menge an weiteren Funktionen und Eigenschaften, die Sie darüber hinaus verwenden könnten. Meistens jedoch handelt es sich um selbst sprechende Funktionsnamen wie `gtk_window_set_resizable()` oder `gtk_window_set_policy()`.

Des Weiteren müssen wir erwähnen, dass die Erstellung einer GTK+-Anwendung mittlerweile recht flexibel geworden ist, es führen immer mehrere Wege ans Ziel. Als Beispiel sei die Erzeugung eines Widgets erwähnt – ein Widget kann mit dem Funktionsaufruf `gtk_widgetname_new()` erzeugt werden. Eine weitere Möglichkeit hat man hingegen mit der Funktion `g_object_new(GTK_TYPE_WIDGETNAME ...)`. Dies soll nur am Rande erwähnt werden, um Missverständnisse zu beseitigen, wenn Sie z. B. das GTK+-Tutorial von der GTK-Website gelesen haben.

In diesem Buch werden auf jeden Fall, sofern dies möglich ist, die Widgets mit `g_object_new()` erzeugt, und meistens werden auch gleichzeitig die Eigenschaften des Widgets gesetzt. Zum Abfragen der Attribute kann natürlich weiterhin die klassische Methode mit gtk_**einwidget**_get_**einwert()** verwendet werden oder die Möglichkeit mit `g_object_get()` zum Abfragen der Eigenschaften oder des Zustands eines Widgets.

Somit ist der Aufbau der einzelnen Abschnitte immer recht ähnlich. Zuerst folgt eine kurze Beschreibung dessen, was als Nächstes kommt, und dann ein Listing, das die einzelnen Funktionen demonstriert. Anschließend folgt eine Beschreibung der einzelnen Widgets mitsamt ihren wichtigsten Eigenschaften, die hier verwendet wurden.

[»]

Hinweis: GTK+ und Objektorientierung

Bei dem Begriff der Objektorientierung kann es hier in der Tat zur Verwirrung kommen, denn im Endeffekt ist die Objektorientierung eine Programmiertechnik, die Sie auch nur in objektorientierten Programmiersprachen wie z. B. C++ oder Java verwenden können. Die Objekte, die in GTK+ gemeint sind, sind aber eigentlich Speicherobjekte, die es in jeder Programmiersprache (auch in reinem C) gibt. Auch wenn GTK+ also das objektorientierte Konzept verwendet, ist es nicht Voraussetzung, dass man schon einmal selbst objektorientiert programmiert hat.

14.2 GTK+-Anwendungen übersetzen

Um überhaupt Anwendungen mit der GTK+-Bibliothek erstellen zu können, müssen Sie logischerweise vorher die entsprechenden Bibliotheken installiert haben. Gewöhnlich sollten diese Bibliotheken Ihrer Linux-Distribution beiliegen. Wenn Sie etwas unter Linux programmieren wollen, werden Sie oft als »Developer« (Entwickler) bezeichnet. Dies schlägt sich auch in den Namen der Bibliotheken nieder, die alle mit *-devel* enden. In den nächsten Beispielen benutzen Sie also die Entwicklerpakete von GTK und müssen dann auch, falls Sie GTK extra installieren müssen, nach den Paketen *gtk-devel* und *glib-devel* suchen und diese eventuell mit dem Paketmanager Ihrer Wahl einspielen. Unter Debian geht es wieder mit den folgenden Kommandos:

- `sudo apt-get install gtk-devel`

  (Eventuell müssen Sie hiernach noch einige Abhängigkeiten per Hand auflösen, die Ihnen aber zum Glück als aussagekräftige Fehlermeldungen angezeigt werden.)
- `sudo apt-get install glib-devel`

  (Hier gibt es inzwischen kaum mehr unaufgelöste Abhängigkeiten.)

Sollten Sie in Ihrer Distribution keine der besagten Bibliotheken finden, dann können Sie sich die benötigten Pakete auch von *http://www.gtk.org* besorgen. Befolgen Sie dabei bitte die Installationsanweisungen in der Readme-Datei, die sich in dem Paket befindet.

Da Sie durch die im letzten Abschnitt angegebene Installationsweise stets die aktuellste Version von GTK+ verwenden, können Sie auch gleich nach der Installation das Tool `pkg-config` verwenden. Dies ist ein recht universelles Tool (kein Shell-Skript mehr wie in Version 1.2 mit `gtk-config`), mit dem Sie dem Compiler und dem Linker mitteilen können, in welchen Pfaden Ihre Bibliotheken gesucht werden sollen (dies gilt natürlich auch für Bibliotheken jenseits von GTK+ der Version 2.0). Außerdem erhalten von `gtk-config` Informationen, wenn Sie die eine oder andere Bibliothek noch nachinstallieren müssen (dies gilt allerdings nicht für *apt*, dieses Toolkit löst die Abhängigkeiten schon bei der Installation auf). `pkg-config` sollte ebenfalls der Distribution bereits beiliegen, aber manchmal muss es auch nachinstalliert werden.

Die Informationen für den Compilerlauf können Sie wie folgt ermitteln (ab Version 2.0):

```
$ pkg-config --cflags gtk+-2.0
-I/usr/include/gtk-2.0 -I/usr/lib/gtk-2.0/include
-I/usr/include/atk-1.0 -I/usr/include/pango-1.0
-I/usr/X11R6/include -I/usr/include/freetype2
-I/usr/include/glib-2.0 -I/usr/lib/glib-2.0/include
```

Die Informationen für den Linker können Sie wie folgt ermitteln (ab Version 2.0):

```
$ pkg-config --libs gtk+-2.0
-Wl,--export-dynamic -lgtk-x11-2.0 -lgdk-x11-2.0 -latk-1.0
-lgdk_pixbuf-2.0 -lm -lpangoxft-1.0 -lpangox-1.0 -lpango-1.0
-lgobject-2.0 -lgmodule-2.0 -ldl -lglib-2.0
```

Eine GTK+-Anwendung (oder auch nur eine GLib-Anwendung) lässt sich mit `pkg-config` folgendermaßen erstellen und starten (ab Version 2.0):

```
$ gcc -o mein_gtk_programm mein_gtk_programm.c \
  `pkg-config --libs --cflags gtk+-2.0`
$ ./mein_gtk_programm.c
```

Natürlich können Sie mit `pkg-config` auch die GTK+-Lib der Version 1.2 verwenden. Dazu müssten Sie die Pfadangaben nur von *gtk+-1.2* in einer Datei namens *gtk+-1.2.pc* im Verzeichnis der Umgebungsvariablen `PKG_CONFIG_PATH` hinzufügen. Dazu sollten Sie aber besser die entsprechende Dokumentation (Manual Page) von `pkg-config` lesen, da wir eben die Version 1.x nicht mehr unterstützen wollen.

Die nächsten Beispiele werden mit GTK+ der Version 2.0 ausgeführt (gewissermaßen der kleinste gemeinsame Nenner), aktuell ist Version 4.1. Sie müssen also eventuell den Parameter `--cflags` entsprechend anpassen, und z. B. durch `--cflags gtk+-4.1` ersetzen.

14.3 Eine Einführung in die GLib-Bibliothek

GTK+ und GDK sind für die grafische Seite einer Anwendung verantwortlich, und GLib ist die nicht sichtbare Schnittstelle für den Anwender. Alles, was hinter den grafischen Kulissen so passiert, wird gewöhnlich über die GLib gemacht. Diese Bibliothek enthält Funktionen für die Speicherverwaltung, Stringmanipulationen oder Funktionen für verkettete Listen, Arrays, Bäume und eine Menge mehr. Diese Funktionen werden aber stets benötigt, wenn Sie Anwendungen mit grafischer Oberfläche erstellen wollen, deshalb müssen Sie auch GLib stets mit einbinden. Natürlich finden Sie hier wieder nur einen kleinen Einblick in die GLib-Welt, was aber für die weitere Verwendung mithilfe der Dokumentation zur GLib völlig ausreichen sollte. Trotzdem kommen Sie, sofern Ihre Programme GTK+- oder GNOME-Bibliotheken verwenden, nicht um das Erlernen der GLib herum. Um die GLib zu verwenden, müssen Sie die Headerdatei *glib.h* in die Programme mit einbinden. Es kann außerdem sein, wenn Sie eine Anwendung mit GTK+ oder GNOME schreiben, dass die GLib-Bibliothek benötigt wird, obwohl Sie keine dieser Funktionen in der Anwendung verwendet haben. Der Grund dafür ist, dass z. B. die einzelnen Fenster in verketteten Listen gespeichert werden, und diese werden dann durch die GLib verwaltet. Aber auch Bäume werden etwa oft benutzt, um Daten zu sortieren, und auch dafür benötigt die GUI GLib.

Für die Funktionen der GLib wurde die folgende Schreibweise festgelegt: Alle GLib-Funktionen beginnen mit dem Präfix `g_`, die Datentypen mit dem Präfix `g` (ohne Unterstrich), und Makros werden meist beginnend mit einem großen `G` oder `GLIB` gekennzeichnet.

14.3.1 Datentypen in der GLib

Jeder, der schon einmal Software auf ein anderes System portieren musste, weiß, wie das enden kann. Spätestens, wenn auf dem einen System eine vorzeichenlose Ganzzahl 16 Bit breit ist und auf dem anderen System 32 Bit breit, beginnen die Probleme. Und wenn dann noch auf Ihrem Desktop plötzlich sehr komische Farben erscheinen (die bei Ihrem Freund, der dasselbe Programm erfolgreich kompiliert hat, nicht auftauchen), dann benötigen Sie spätestens eine Lösung, die auch über Systemgrenzen hinweg funktioniert. Diese Lösung ist die GLib, die sich auch um die richtige Darstellung von Datentypen kümmert. Tabelle 14.1 listet Datentypen und deren Gegenstück (falls vorhanden) auf, die in Standard-C in der Headerdatei *glib.h* definiert sind:

GLib-Datentyp	Standard-C-Datentyp
gchar	char
guchar	unsigned char
gint	int
guint	unsigned int
gshort	short
gushort	unsigned short
glong	long
gulong	unsigned long
gfloat	float
gdouble	double

Tabelle 14.1 Datentypen der GLib-Bibliothek

GLib-Datentyp	Standard-C-Datentyp
gintN	int mit genau n Bit Breite (mögliche Werte für n = 8, 16, 32, 64)
gpointer	void *, typloser Zeiger
gconstpointer	const void *, konstanter typloser Zeiger
gboolean	Wahrheitswert, entweder TRUE oder FALSE
gsize und gssize	signed und unsigned Werte, die die Größe einer Datenstruktur repräsentieren

Tabelle 14.1 Datentypen der GLib-Bibliothek (Forts.)

Die Datentypen gboolean, gsize und gssize sind keine Standarddatentypen von C. Die 8-, 16-, 32- und 64-Bit-Integer (gintN) sind aber sehr sinnvoll, wenn garantiert werden muss, dass ein Integer eine bestimmte Bitlänge hat. Da nicht auf jedem System eine Darstellung von 64-Bit-Werten möglich ist, müssen Sie bei Verwendung eines solchen Typs erst überprüfen, ob die symbolische Konstante G_HAVE_GINT64 gesetzt ist.

[«]

Hinweis: Vermischen von Standard-C-Datentypen mit GLib-Datentypen

Es ist auch möglich und somit nicht falsch, wenn Sie bei einer auf GLib basierenden Anwendung die Datentypen mit denen der Standard-C-Funktionen vermischen. Sinnvoll ist dies aber nicht, wenn Sie plattformunabhängige Programme entwickeln wollen.

14.3.2 GLib-Routinen

Für den täglichen Gebrauch finden Sie in der GLib eine Menge Routinen, die sicherere Wrapper-Funktionen zu den Standardfunktionen von C sind. Aufgeteilt werden diese Funktionen in Hilfsfunktionen und Funktionen zur Manipulation von Datenstrukturen. Zuerst beschreiben wir die einfachen Hilfsfunktionen.

Ausgabe von Fehlern und anderen Nachrichten

Die häufigste Methode, ein Programm zu debuggen bzw. eine Meldung auszugeben, ist die, eine Nachricht auf die Konsole oder in eine Datei zu schreiben. Die GLib stellt hierfür zum Glück mehrere Möglichkeiten zur Verfügung.

Die wohl einfachste und am häufigsten verwendete Methode dürften wohl die Funktionen g_print() und g_printerr() sein:

```
void g_print(const gchar *format, ...);
void g_printerr(const gchar *format, ...);
```

Die Funktion g_print() ist als Ersatz für die Standardfunktion printf() zu sehen. Mit g_print() wird der formatierte, variabel lange Textstring auf der Standardausgabe (stdout) ausgegeben (sofern diese nicht umgeleitet wurde). Die Funktion g_printerr() hingegen schreibt die Ausgabe auf die Standardfehlerausgabe (bekannt als stderr). Sicherlich stellen Sie sich die Frage, warum Sie diese beiden Funktionen statt printf() und fprintf() verwenden sollten. Der Grund ist simpel und einfach: Mit den Funktionen g_print() und g_printerr() können Sie zusätzlich einen Handler einrichten. Mit diesem Handler wiederum können Sie die Ausgabe in eine Datei umleiten, in ein GTK+-Widget oder in ein anderes Programm. Um allerdings die Standardausgabe der Funktionen g_print() und g_printerr() zu verändern, müssen Sie die entsprechenden Funktionen g_set_print_handler() bzw. g_set_printerr_handler() verwenden. Jede dieser beiden Funktionen bekommt einen Zeiger auf eine selbst geschriebene Funktion übergeben, die als Argument einen String erwartet. Mehr dazu entnehmen Sie bei Bedarf bitte der Dokumentation. Weitere Funktionen, die meistens noch einen Zusatz zum eigentlichen Formatstring ausgeben, sind:

```
void g_message(const gchar *format, ...);
void g_warning(const gchar *format, ...);
void g_error(const gchar *format, ...);
const gchar *g_strerror(gint errnum);
```

Die Funktionen g_message() und g_warning() sind der Funktion g_print() recht ähnlich. Mit g_message() wird vor dem String die Zeichenfolge Message: ausgegeben, und bei g_warning() wird die Textfolge *** (process:1234) WARNING *** dem eigentlichen String vorangestellt. Die Funktion g_error() hingegen setzt vor den Formatstring noch den String *** ERROR *** und beendet anschließend mit dem Signal SIGABRT das Programm. g_strerror() erwartet als Parameter die Fehlervariable errno und gibt einen dementsprechenden String aus, wobei der Fehlercode hier als Ganzzahl zurückgegeben wird. Diese Funktion ist das Pendant zur Funktion perror(). Es wird empfohlen, diese Funktionen immer bei der Ausgabe von Fehlermeldungen zu verwenden.

Es folgt ein einfaches Listing, das die eben vorgestellten Funktionen in der Praxis zeigt.

```
/* glib1.c */
#include <stdio.h>
#include <stdlib.h>
#include <errno.h>
#include <gtk/gtk.h>
int main(void) {
    FILE *f1;
    const gchar *text = "Ausgabe mit g_message";
    g_print("Ausgabe mit g_print\n");
    g_printerr("Ausgabe mit g_printerr\n");
```

```
    g_message("%s\n",text);
    g_warning("Ausgabe mit g_warning\n");
    f1 = fopen("abcd", "r");
    if( f1 == NULL ) {
        printf("Fehler : %s\n", g_strerror(errno));
    }
    g_error("Ausgabe mit g_error (FATALER FEHLER - Ende)\n");
    return EXIT_SUCCESS;
}
```

Listing 14.1 Demonstriert die Funktionen g_print(), g_printerr(), g_message() und g_warning().

Das Programm gibt bei der Ausführung Folgendes aus:

```
$ gcc glib1.c -o glib1 `pkg-config --libs --cflags gtk+-
2.0` (eventuell hier die aktuelle Version einsetzen)
$ ./glib1
Ausgabe mit g_print
Ausgabe mit g_printerr
** Message: Ausgabe mit g_message
** (process:2272): WARNING **: Ausgabe mit g_warning
Fehler : No such file or directory
** ERROR **: Ausgabe mit g_error (FATALER FEHLER - Ende)
aborting...
Abgebrochen
```

14.3.3 Assertion-Funktionen

Komplexe Anwendungen wie Desktop-Programme müssen viel öfter feststellen, ob auch alles glatt verläuft, als reine Konsolenprogramme. In der Windows-Welt wird dieses Problem schon seit langem durch eine assert()-Funktion gelöst, die sogar fest in der Windows-API verankert ist. Natürlich gibt es bei der GLib inzwischen auch eine assert()-Version mit g_assert(), die voll und ganz der Windows-Funktion assert() entspricht. Dies sieht z. B. so aus:

```
int x=5, y=4, z=3;

g_assert( x > y );  /* O.K. */
g_assert( x > z );  /* O.K. */
g_assert( z > y );  /* Fehler!!! */
```

Hierbei wird die folgende Fehlermeldung ausgegeben:

```
** ERROR **:
file glibx.c: line xx (main): assertion failed: (z > y)
```

```
aborting...
Abgebrochen
```

In Standard-C müssen Sie assert() mit einem Flag im Programmcode außer Kraft setzen. GLib macht es Ihnen hier einfacher, indem Sie beim Übersetzen das Flag -DG_DISABLE_ASSERT verwenden:

```
$ gcc -o -DG_DISABLE_ASSERT glibx glibx.c \
  `pkg-config --libs --cflags gtk+-2.0`
```

Die GLib stellt Ihnen außerdem mit g_assert_not_reached()ein anderes assert() ohne Argumente zur Verfügung. Dieses kann z. B. verwendet werden, wenn eine Situation eintritt, die einfach niemals hätte eintreten sollen. not reached eignet sich in der Regel nur für die Fehlersuche, z. B. auf die folgende Art:

```
while(1) {
    ...
}
g_assert_not_reached();
```

Hier könnte es durchaus bei irgendeinen Speicherüberlauf passieren, dass die while-Schleife abgebrochen wird, wie immer das auch passieren kann (z. B. durch eine unsichere scanf()-Variante). In einem solchen Fall kann man sagen: line should never be reached. Dabei wird folgende Fehlermeldung ausgegeben:

```
** ERROR **:
file glibx.c: line 9 (main): should not be reached aborting...
```

Weitere Routinen, die z. B. eine Funktion beenden, wenn eine bestimmte Bedingung einfach nicht eintreten will, wären die Funktionen g_return_if_fail() und g_return_val_if_fail(). Beide Funktionen können wie g_assert() verwendet werden, nur ohne dass das Programm beendet wird, wenn ein Fehler eintritt. Es folgt ein Beispiel für g_return_if_fail():

```
/* glib2.c */
#include <gtk/gtk.h>

static void myfunc( gint val1, gint val2 ) {
    g_return_if_fail( (val1 > 0 && val2 > 0) );
    /* Tu was ... */
    g_print("val1 und val2 haben nicht den Wert 0\n");
    return;
}

int main(void) {
    myfunc(5, 4);
```

```
    myfunc(3, 1);
    myfunc(0, 3); /* Fehler - aber nicht kritisch */
    g_print("Kein Programmabbruch!\n");
    return 0;
}
```

Listing 14.2 Demonstriert die Funktion g_return_if_fail().

Das Programm gibt bei der Ausführung Folgendes aus:

```
$ gcc glib2.c -o glib2 `pkg-config --libs --cflags gtk+-2.0`
$ ./glib2
val1 und val2 haben nicht den Wert 0
val1 und val2 haben nicht den Wert 0
** CRITICAL **:
file glib2.c: line 6 (myfunc): assertion `(val1 > 0 && val2 > 0)' failed.
Kein Programmabbruch!
```

14.3.4 Speicherverwaltung mit der GLib

Die Funktionen aus Tabelle 14.2 werden Ihnen von der GLib zur Reservierung und zum Freigeben von Speicherplatz zur Verfügung gestellt – als Vergleich ist auch das Gegenstück aus der Standardbibliothek mit angegeben:

GLib-Funktion	entspricht ...
`gpointer g_malloc(gulong n_bytes)`	`void *malloc(size_t size)`
`gpointer g_malloc0(gulong n_bytes)`	Wie `malloc()`, initialisiert Speicher wie `calloc()`.
`gpointer g_try_malloc(gulong n_bytes)`	wie `malloc()`
`gpointer g_realloc( gpointer mem, gulong n_bytes )`	wie `void *realloc(void *ptr, size_t size)`
`gpointer g_try_realloc(gpointer mem, gulong n_bytes)`	wie `realloc()`
`void g_free(gpointer mem)`	`void free(void *ptr)`

Tabelle 14.2 Funktionen zum Reservieren und Freigeben von Speicherplatz

Folgende besondere Merkmale weist `g_malloc()` im Vergleich zu `malloc()` in Standard-C auf:

- `g_malloc()` gibt `NULL` zurück, wenn die Größe des zu reservierenden Speichers 0 ist. Das liegt aber daran, dass man sich aus Portabilitätsgründen innerhalb der GNU *libc* dazu entschlossen hat, `malloc(0)` gültig zu machen.

- g_malloc() beendet das Programm von selbst, wenn ein Fehler (NULL) bei der Allozierung aufgetreten ist. Sie müssen so nicht mehr selbst auf NULL überprüfen. g_malloc() eignet sich daher nicht für eigene Bibliotheken, da diese manchmal auch NULL zurückgeben müssen.
- Die _try_-Versionen g_try_malloc() und g_try_realloc() beenden sich im Gegensatz zu den Versionen ohne _try_ (g_malloc(); g_realloc()) nicht selbstständig bei einem Fehler, sondern geben C-typisch NULL (bei Auftreten eines Fehlers) zurück.

Das folgende Listing demonstriert Ihnen die g-Familie der malloc()-Fraktion:

```
/* glib3.c */
#include <gtk/gtk.h>
#define MMAX 100

int main(void) {
    gpointer *mem, *dup;
    gchar *text = "Text zum Kopieren";

    /* Speicher reservieren */
    mem = g_malloc(MMAX);
    /* etwas in Speicher schreiben */
    g_snprintf((gchar *)mem, MMAX, "%s\n",text);
    /* Inhalt des Speichers ausgeben */
    g_print("mem: %s",(gchar *)mem);

    /* Speicherplatz duplizieren */
    dup = g_memdup(mem, MMAX);
    /* Inhalt des kopierten Speichers ausgeben */
    g_print("dup: %s",(gchar *)dup);
    /* kopierten Speicherplatz freigeben */
    g_free(dup);
    /* ein Fehler mit Absicht - Programmabbruch */
    mem = g_malloc( -1 );
    return 0;
}
```

Listing 14.3 Demonstriert die Speicherverwaltung mit der GLib.

Das Programm gibt bei der Ausführung Folgendes aus:

```
$ gcc glib3.c -o glib3 `pkg-config --libs --cflags gtk+-2.0`
$ ./glib3
mem: Text zum Kopieren
dup: Text zum Kopieren
```

```
GLib-ERROR **: gmem.c:140: failed to allocate 4294967295 bytes
aborting...
Abgebrochen
```

Speicherblöcke kopieren

Der einfachste Weg, einen Speicherblock zu kopieren, ist (wie im Beispiel oben gesehen) die Verwendung der Funktion g_memdup(). Diese Funktion reserviert die Menge an Speicherplatz, die Sie als zweiten Parameter angegeben haben, und kopiert die Anzahl der Bytes von der Adresse des ersten Parameters in den neuen Block. Als Rückgabewert erhalten Sie die Anfangsadresse des neuen Blocks oder NULL als Zeiger.

Makros zur Speicherverwaltung

Neben malloc()-ähnlichen Funktionen der GLib bietet Ihnen diese Bibliothek auch einige Makros zur Speicherbeschaffung an. Da ja die Speicherblockgröße beim Aufruf mit z. B. g_malloc() nicht nummerisch angegeben werden sollte, sondern als Größe des Datentyps oder der Struktur mit dem sizeof()-Operator, finden sich in der GLib Makros, die Ihnen die Arbeit des Castens abnehmen (was immer noch eine häufige Fehlerquelle ist, weshalb Sie es, wenn nicht nötig, sein lassen sollten). Ein Beispiel hierfür wäre:


```
Strukturzeiger = (structurtyp *)g_malloc(sizeof(structurtyp)*10);
```

Hiermit werden für den Strukturzeiger zehn Elemente vom Typ structurtyp mit der entsprechenden Größe reserviert. Es ist im Prinzip egal, wie diese Struktur aussieht. Das Casten wird Ihnen jetzt mit dem Makro g_new() wie folgt abgenommen:

```
Strukturzeiger = g_new(strukturtyp, 10);
```

Auch wenn das Konstrukt dem C++-Pendant recht ähnlich sieht, hat es nichts damit zu tun, denn reines C ist eben nicht objektorientiert. Den Speicherplatz müssen Sie hierbei auch weiterhin mit g_free() freigeben und nicht etwa mit einem C++-ähnlichen delete(). Tabelle 14.3 zeigt einen kleinen Überblick zu den Makros und den gleichwertigen Gegenstücken:

Makro	Gleichwertig zu ...
g_new(type , size);	g_malloc(sizeof(type) * size);
g_new0(type, size);	g_malloc0(sizeof(type) * size);
g_renew(type, ptr, size);	g_realloc(ptr, sizeof(type) * size);

Tabelle 14.3 Makros zur Speicherreservierung

Weitere GLib-Funktionen zur Speicherbeschaffung

Die GLib bietet noch eine Menge mehr Funktionen und Makros zur Speicherbeschaffung und -verwaltung an. Alle diese Funktionen hier zu diskutieren, würde den Umfang des Buchs sprengen. Die gängigen Funktionen kennen Sie zumindest jetzt, und sie sind in der Regel auch völlig ausreichend, um damit arbeiten zu können.

Wirklich erwähnen müssen wir allerdings noch einen speziellen Mechanismus der GLib – den Speicherklumpen (`GmemChunk`). Dieser wird für das Belegen immer gleichartiger Speicherblöcke verwendet, was bei einer GUI-Software recht häufig vorkommt. Der Klumpen setzt sich aus Atomen (relativ kleinen Speicherblöcken) zusammen. `GmemChunk` ist allerdings keine Datenstruktur, sondern ein Hilfsmittel zu Verwaltung der Speicherblöcke. Einen gewissen Sinn ergäbe dies natürlich: Dadurch kann man die Geschwindigkeit von GUI-Anwendungen beschleunigen. Eine weitere Speichertechnik sind die Quarks mit `GQuark`, die erst einmal nichts mit Physik oder der Speicherverwaltung zu tun haben, aber intern irgendwie doch, da mit dieser Technik Speicherplatz gespart werden kann.

Sofern Sie also umfangreiche und speicherintensive Anwendungen erstellen, sollten Sie sich `GMemChunk` und `GQuark` auf jeden Fall in der Dokumentation ansehen.

14.3.5 Stringbearbeitung mit der GLib

Die Behandlung und Bearbeitung von Strings ist häufig eine der umfangreicheren Aufgaben für den C-Programmierer. Die meiste Zeit muss dabei oft irgendein Puffer mit Zeichenketten gefüllt werden. Die GLib stellt Ihnen hierfür viele Funktionen zur Verfügung, die Ihnen die meiste Arbeit abnehmen. Die GLib bietet Ihnen eine unglaubliche Anzahl von Stringfunktionen an, so dass wir Sie auch hier mit den wichtigsten Basisfunktionen versorgen. Sofern Sie anschließend weiter nach Stringfunktionen forschen wollen, müssen Sie lediglich nach Funktionen mit dem Präfix `g_str` im Internet Ausschau halten. Alle Stringfunktionen der GLib beginnen mit diesem Präfix. Daneben gibt es Funktionen, die im Zusammenhang mit dem Datentyp `GString` stehen und die alle mit dem Präfix `g_string` beginnen. Sämtliche Funktionen, die Sie von Standard-C her kennen, sind natürlich auch in verbesserter Form in der `g_`-Variante vorhanden – worauf wir allerdings nicht näher eingehen werden, da diese ähnlich angewendet werden, wie Sie dies vom Standard-C her kennen.

Stringkonvertierungs- und Modifikationsfunktionen

Um alle Zeichen eines Strings in Groß- bzw. Kleinbuchstaben umzuwandeln, können Sie die folgenden Funktionen verwenden:

```
void g_strup(const gchar * string); /* alles in Großbuchstaben  */
void g_strdown(gchar * sring);      /* alles in Kleinbuchstaben */
```

Beachten Sie, dass hierbei die Strings direkt verändert werden. Sofern der String NULL ist, kehren beide Funktionen einfach zurück (leider kommentarlos, was ein Problem sein kann). Wollen Sie zwei Strings unabhängig von der Groß- und Kleinschreibung miteinander vergleichen, können Sie folgende Funktionen verwenden:

```
gint g_strcasecmp (gchar *str1, gchar *str2);
gint g_strncasecmp(gchar *str1, gchar *str2, guint n);
```

Mit der Funktion g_strncasecmp() können Sie im Gegensatz zur Funktion g_strcasecmp() die ersten n Zeichen (nicht Bytes!) anstatt die beiden kompletten Strings miteinander vergleichen. Sind beide Strings gleich, gibt die Funktion 0, ansonsten die Adressen der Positionen zurück, die nicht mehr miteinander übereinstimmen (Achtung: In Standard-C wird hier die Differenz des ASCII-Wertes der ersten Zeichen zurückgegeben, die nicht mehr übereinstimmen).

Einen String umdrehen können Sie mit der folgenden Funktion:

```
void g_strreverse(gchar *str);
```

Hierbei wird der String verändert und in umgekehrter Reihenfolge ausgegeben. Bei einer Übergabe von NULL kehrt die Funktion unwiderruflich zurück.

14

Es folgt ein Listing, das einige Stringfunktionen demonstriert:

```
/* glib4.c */
#include <gtk/gtk.h>

int main(void) {
    gchar text[]  = { "Text zum Manipulieren" };
    gchar text2[] = { "Text (noch mehr)" };
    g_strup(text);
    g_print("g_strup()  : %s\n",text);
    g_strdown(text);
    g_print("g_strdown(): %s\n",text);
    if(g_strcasecmp( text, text2 ) )
        g_print("'text' und 'text2' sind ungleich\n");
    else
        g_print("Beide Zeichenketten sind gleich\n");
    if(g_strncasecmp(text, text2, 5) )
        g_print("'text' und 'text2' sind ungleich"
        " (erste 5 Zeichen)\n");
    else
        g_print("Die ersten 5 Zeichen der beiden "
        "Strings sind gleich\n");
    g_strreverse( text );
```

```
    g_print("g_strreverse() : %s\n",text);
    return 0;
}
```

Listing 14.4 Demonstriert einige Stringfunktionen der GLib.

Das Programm gibt bei der Ausführung Folgendes aus:

```
$ gcc glib4.c -o glib4 `pkg-config --libs --cflags gtk+-2.0`
$ ./glib4
g_strup()  : TEXT ZUM MANIPULIEREN
g_strdown(): text zum manipulieren
'text' und 'text2' sind ungleich
Die ersten 5 Zeichen der beiden Strings sind gleich
g_strreverse() : nereilupinam muz txet
```

Um eine Kopie einer Zeichenkette anzulegen, sind folgende Funktionen vorhanden:

```
gchar* g_strdup (const gchar *str);
gchar* g_strndup(const gchar *str, gsize n);
```

Beide Funktionen geben eine Kopie der Zeichenkette `str` zurück. Mit `g_strndup()` werden nur die ersten `n` Zeichen (nicht Bytes!) kopiert und zurückgegeben. Ist `str` kürzer als `n` Zeichen, wird der Rest mit `\0` aufgefüllt (Achtung: Die Nullen sind hier wirklich Bytes, was verwirrend sein kann).

Weitere interessante Funktionen zur Stringverarbeitung sind die folgenden:

```
gchar* g_strdup_printf (const gchar *format, ...);
gchar* g_strdup_vprintf(const gchar *format, va_list args);
```

Beide Funktionen erstellen ein Format und eine Werteliste wie `printf()`. Anschließend legen diese Funktionen eine neue Zeichenkette mit passender Länge an und schreiben die Ausgabe hinein. Dies ist die sicherere und komfortablere Alternative zu `sprintf()`. Die Funktion `g_strdup_vprintf()` unterscheidet sich dadurch, dass eine Struktur vom Typ `va_list` entgegengenommen wird, wie dies zum Beispiel bei der Verwendung einer selbst geschriebenen Funktion mit variabler Argumentenanzahl der Fall ist.

Beliebig viele Strings aneinanderhängen, ohne sich um den Speicherplatz zu kümmern, können Sie mit der folgenden Funktion:

```
gchar* g_strconcat(const gchar *str1, ...);
```

Damit diese Funktion auch funktioniert, muss die Liste mit `NULL` abgeschlossen werden. Zurückgegeben wird die Anfangsadresse aller zusammengehängter Strings.

Wollen Sie Selbiges machen und dabei noch ein Zwischenraumzeichen (also einen Feldtrenner) zwischen den einzelnen Strings einfügen, können Sie die Funktion g_strjoin() verwenden:

```
gchar* g_strjoin(const gchar *trenner, ...);
```

Ansonsten funktioniert diese Funktion genauso wie g_strconcat() – also muss die Liste auch hier mit NULL abgeschlossen werden.

Die snprintf()-Funktion der GLib sei in diesem Zusammenhang ebenfalls erwähnt, da sie recht häufig in der Praxis eingesetzt wird:

```
gint g_snprintf( gchar *zielstring,
                 gulong n,
                 const gchar *format, ... );
```

Funktioniert ähnlich wie snprintf() und schreibt einen durch format formatierten String mit der sich anschließenden Werteliste in den Puffer zielstring. Geschrieben werden n Bytes Zeichen mit dem abschließenden \0. Der Rückgabewert von g_snprintf() ist die Anzahl Zeichen, die die Funktion ausgäbe, wäre der Puffer groß genug. Dies entspricht nicht dem Verhalten traditioneller sprintf()-Implementationen.

Das letzte Zeichen einer Zeichenkette entfernen Sie mit der Funktion:

```
gchar* g_strchomp(gchar *zkette);
```

Gerne eingesetzt wird diese Funktion wohl bei der Eingabe mittels fgets(), um das Newline-Zeichen am Ende loszuwerden. Es wird aber nicht das Stringterminierungszeichen entfernt! Es gibt auch eine Version, die das erste Zeichen eines Strings entfernt:

```
gchar *g_strchug(gchar * str);
```

Um Zeichen, die im String vorkommen, durch andere zu ersetzen, wird diese Funktion verwendet:

```
gchar* g_strdelimit( gchar *str,
                     const gchar *trenner,
                     gchar neuer_trenner );
```

Ersetzt alle in trenner vorkommenden Zeichen in str durch das Zeichen neuer_trenner. Ist der trenner NULL, wird eine Standardzeichenkette verwendet, die als symbolische Konstante mit G_STR_DELIMITERS definiert ist.

Hierzu folgt wieder ein Listing, das Ihnen die einzelnen Funktionen in der Praxis zeigt:

```
/* glib5.c */
#include <stdio.h>
#include <gtk/gtk.h>
```

```
#define MMAX 255

int main(void) {
    const gchar *text = "Hallo ";
    const gchar *tex2 = "Welt! ";
    gchar *copy, *more;
    gchar *str, *test;
    const gchar str1[] = { "String1" };
    const gchar str2[] = { "String2" };
    const gchar str3[] = { "String3" };
    char buf[MMAX];

    copy = g_strdup(text);
    g_print("g_strdup(): %s\n",copy);

    more = g_strdup_printf("%s %s",text, tex2);
    g_print("g_strdup_printf(): %s\n", more);

    str = g_strconcat(str1,"|", str2,"|", str3, NULL);
    g_print("g_strconcat(): %s\n",str);

    str = g_strjoin("|", str1, str2, str3, NULL);
    g_print("g_strjoin(): %s\n", str);

    test = g_malloc(MMAX);
    g_snprintf(test, MMAX, "PIN-Code: 432-557-32 (speichern)");

    g_strdelimit(test, "0123456789", '*');
    g_print("%s\n",test);
    g_print("G_STR_DELIMITERS: %s\n",G_STR_DELIMITERS);

    g_print("Text eingeben: ");
    fgets(buf, MMAX, stdin);
    /* weg mit dem Newline-Zeichen */
    g_strchomp(buf);
    g_print("%s\n",buf);
    g_print("Hinter buf\n");
    return 0;
}
```

Listing 14.5 Demonstriert einige Stringfunktionen der GLib.

Das Programm gibt bei der Ausführung Folgendes aus:

```
$ gcc glib5.c -o glib5 `pkg-config --libs --cflags gtk+-2.0`
$ ./glib5
g_strdup() : Hallo
g_strdup_printf(): Hallo Welt!
g_strconcat() : String1|String2|String3
g_strjoin() : String1|String2|String3
PIN-Code: ***-***-** (speichern)
G_STR_DELIMITERS : _-|> <.
Text eingeben : Die GLib ist genial
Die GLib ist genial
Hinter buf
```

[«]

Hinweis

Nicht behandelt wurden außerdem die Unmengen an Funktionen für Unicode- und Zeichenkodierung. Bei Bedarf sei wieder die Dokumentation empfohlen oder eben entsprechende Literatur.

14

14.3.6 Der selbstverwaltende Stringpuffer

In der GLib wurde ein neuer Datentyp mit dem Namen GString eingeführt, der zwar gleichwertig mit einem gewöhnlichen String ist, nur das ein GString sich automatisch um den eigenen Puffer kümmert. Damit gehören Buffer Overflows in Ihrem Programm der Vergangenheit an (oder zumindest wird die Gefahr dafür minimiert). Realisiert wird dieser Puffer mit einer einfachen Struktur namens GString:

```
struct GString {
  /* Zeiger auf einen \0-terminierten String */
  gchar *str;
  /* aktuelle Länge */
  gint len;
};
```

Einen neuen Textpuffer können Sie mit den folgenden Funktionen erstellen:

```
GString *g_string_new(const gchar *init);
Gstring *g_string_sized_new(guint size);
```

Die Funktion g_string_new() erstellt einen neuen Textpuffer, wobei der neue Puffer gleich mit einer Kopie von init initialisiert wird, auf die der entsprechende Zeiger verweist. Mit der zweiten Funktion (g_string_sized_new()) reservieren Sie Speicherplatz für einen neuen

String mit size Zeichen Länge. Der Puffer wird dabei automatisch mit '\0' initialisiert. Den Speicherplatz für GString geben Sie mit der Funktion g_string_free() wie folgt wieder frei:

```
void g_string_free(GString *string, gint free_segment);
```

Ist free_segment TRUE, werden auch die Daten von str aus der GString-Struktur mit freigegeben.

Es folgen nun einige Funktionen, mit denen Sie den Textpuffer bearbeiten können. Hierzu folgt erst einmal eine – natürlich nicht komplette – Liste einiger Funktionen, die mit dem Datentyp GString zusammenarbeiten:

```
GString *g_string_assign(GString  *lval,  const gchar *rval);
GString *g_string_append(GString *string, gchar *val);
GString *g_string_append_c(GString *string, gchar c);
GString *g_string_prepend(GString *string, gchar *val);
GString *g_string_prepend_c(GString *string, gchar c);
GString *g_string_insert(
                  GString *string, gint offset, gchar *val);
GString *g_string_insert_c(
                  GString *string, gint offset, gchar val);
GString *g_string_erase( GString *string, gint pos, gint length);
```

Mit der Funktion g_string_assign() kopieren Sie den String rval in den GString lval. Wie bei der Standard-C-Funktion strcpy() wird dabei der Originaltext (falls einer vorhanden ist) in lval überschrieben. Um den Speicherplatz müssen Sie sich keine Gedanken machen, das erledigt GLib für Sie. Als Rückgabewert erhalten Sie bei Erfolg einen Zeiger auf lval.

Mit den Funktionen g_string_append() und g_string_append_c() hängen Sie an den Quellstring string (erster Parameter) einen String oder (bei g_string_append_c()) ein Zeichen (zweiter Parameter) an. Als Rückgabewert erhalten Sie einen Zeiger auf die Anfangsadresse von string.

Mit g_string_prepend() oder g_string_prepend_c() fügen Sie am Anfang des Zielstrings string einen String oder ein Zeichen hinzu. Auch hier wird als Rückgabewert ein Zeiger auf die Anfangsadresse von string zurückgegeben.

Mit den Funktionen g_string_insert() und g_string_insert_c() fügen Sie einen String oder ein Zeichen in den Zielstring string ein. Wo dieser String oder das Zeichen eingefügt wird, geben Sie mit offset an. Als Rückgabewert erhalten Sie einen Zeiger auf die Anfangsadresse von string.

Mit g_string_erase() löschen Sie im Zielstring string von der Position pos bis zu length Zeichen. Bei falscher Angabe von pos oder length wird string unverändert zurückgegeben. Die Rückgabe ist auch hierbei ein Zeiger auf den Anfang von string.

Alle hier erwähnten Funktionen liefern im Fehlerfalle NULL zurück, wenn der Zielstring NULL ist. Ist allerdings der Quellstring NULL, wird der Zielstring nicht verändert und auch so zurückgegeben.

Eine besondere Funktion sollte noch erwähnt werden:

```
void g_string_sprintf(GString *string, const gchar *fmt ...);
```

Diese Funktion ist der sprintf()-Funktion von C sehr ähnlich und hat den Vorteil, dass der Puffer automatisch erweitert wird, falls nötig. Befinden sich im GString string noch Zeichen, werden sie unwiderruflich überschrieben.

Das folgende Listing soll Ihnen diese Funktionen und den neuen GLib-Datentyp GString in der Praxis zeigen:

```
/* glib6.c */
#include <gtk/gtk.h>
#include <string.h>
#define MMAX 255

int main(void) {
    GString *gstr;
    guint size;
    gint val = 1;

    gstr = g_string_new("GString initialisiert");
    g_print("%s mit %d Bytes\n\n",gstr->str, gstr->len);

    g_string_assign(gstr,
        "g_string_assign() überschreibt den Originalstring");
    g_print("%s\n\n", gstr->str);

    g_string_append(gstr,
        "\n-> hinzugefügt mit g_string_append()");
    g_print("%s\n\n", gstr->str);
    /* einzelnes Zeichen hinzufügen am Ende */
    g_string_append_c(gstr, '!');
    g_print("%s\n\n", gstr->str);

    g_string_prepend(gstr,
        "Vorne angefügt mit g_string_prepend()\n");
    g_print("%s\n\n", gstr->str);
    /* einzelnes Zeichen hinzufügen am Anfang */
    g_string_prepend_c(gstr, '!');
    g_print("%s\n\n", gstr->str);
```

```
    g_string_insert(gstr, 10, " xxxEINGEFÜGTxxx " );
    g_print("%s\n\n", gstr->str);

    size = strlen(gstr->str);
    /* String löschen */
    g_string_erase(gstr, 0, size);

    g_string_sprintf(gstr,
        "Puffer wird mit g_string_sprintf() automatisch"
        " verwaltet (%d)\n",val);
    g_print("%s\n\n", gstr->str);
    return 0;
}
```

Listing 14.6 Demonstriert den GLib-Datentyp GString.

Das Programm gibt bei der Ausführung Folgendes aus:

```
$ gcc glib6.c -o glib6 `pkg-config --libs --cflags gtk+-2.0`
$ ./glib6
GString initialisiert mit 21 Bytes
g_string_assign() überschreibt den Originalstring
g_string_assign() überschreibt den Originalstring
-> hinzugefügt mit g_string_append()
g_string_assign() überschreibt den Originalstring
-> hinzugefügt mit g_string_append()!
Vorne angefügt mit g_string_prepend()
g_string_assign() überschreibt den Originalstring
-> hinzugefügt mit g_string_append()!
!Vorne angefügt mit g_string_prepend()
g_string_assign() überschreibt den Originalstring
-> hinzugefügt mit g_string_append()!
!Vorne ang xxxEINGEFÜGTxxx efügt mit g_string_prepend()
g_string_assign() überschreibt den Originalstring
-> hinzugefügt mit g_string_append()!
Puffer wird mit g_string_sprintf() automatisch verwaltet (1)
```

14.3.7 GLib-Timer

Im Großen und Ganzen ist ein Timer nichts anderes als eine Stoppuhr, die so genau wie die Systemuhr ist. Timer werden gerne verwendet, wenn z. B. für eine bestimmte Zeit auf ein Event gewartet werden soll, oder einfach als Verzögerung (also als Warteschleife, die unabhängig von der CPU-Frequenz arbeitet). Timer sind eigentlich recht einfach zu verwenden, und genau deshalb werden sie auch oft benutzt, sei es bei Spielen (Steuerung von Animationen) oder für die Video- und Tonausgabe (Steuerung der Abspielgeschwindigkeit). Einen Überblick zu einigen Funktionen, die Ihnen in der GLib für Timer zur Verfügung stehen, sehen Sie in Tabelle 14.4:

Bedeutung	Funktion
Timer erzeugen	`GTimer *g_timer_new();`
Timer starten	`void g_timer_start( GTimer *timer );`
Zeit abfragen (Sekunden und Millisekunden), die seit dem Start des Timers vergangen ist	`gdouble g_timer_elapsed( GTimer *timer, gulong *msecs );`
die abgelaufene Zeit auf 0 zurücksetzen (und neu starten)	`void g_timer_reset( GTimer *timer);`
Timer stoppen	`g_timer_stop( GTimer *stop );`
Timer zerstören (freigeben)	`void g_timer_destroy(GTimer *timer);`

Tabelle 14.4 Timer-Funktionen der GLib

Ein einfaches Listing, das die Timer-Funktionen demonstriert, ist das Listing *glib7.c*.

```
/* glib7.c */
#include <gtk/gtk.h>
#include <stdio.h>

int main (void) {
    GTimer *timer = NULL;
    gdouble time;
    gulong us;
    gint i=300000000;
    gint j=300000000;
    timer = g_timer_new ();

    g_timer_start (timer);
    g_print ("Timer laeuft\n");

    while(i--);
    time = g_timer_elapsed (timer, &us);
    g_print ("Schleife dekrementiert %g sek == %ld usek\n",
        time, us);
    g_timer_reset( timer );
    while(i++ <= j);
```

```
    time = g_timer_elapsed (timer, &us);
    g_print ("Schleife inkrementieren %g sek == %ld usek\n",
        time, us);
    g_timer_reset( timer );
    g_print("Timer von Hand starten <ENTER>\n");
    getchar();
    g_timer_start (timer);

    g_print("Timer von Hand stoppen <ENTER>\n");
    getchar();
    g_timer_stop( timer );

    time = g_timer_elapsed (timer, &us);
    g_print ("Vergangene Zeit zwischen Start und Stopp"
        " %g sek == %ld usek\n", time, us);
    g_timer_destroy (timer);
    return 0;
}
```

Listing 14.7 Demonstriert den Umgang mit GLib-Timern.

Das Programm gibt bei der Ausführung Folgendes aus:

```
$ gcc glib7.c -o glib7 `pkg-config --libs --cflags gtk+-2.0`
$ ./glib7
Timer läuft
Schleife dekrementiert 0.769323 sek == 769323 usek
Schleife inkrementieren 0.775894 sek == 775894 usek
Timer von Hand starten <ENTER>

Timer von Hand stoppen <ENTER>

Vergangene Zeit zwischen Start und Stopp 2.26975 sek == 269751 usek
```

14.3.8 Dynamische Arrays

Die GLib bietet Ihnen mit GArray einen Datentyp für ein C-typisches Arrayfeld, nur mit dem Unterschied, dass dieses nicht von fester Größe sein muss. Mit dem flexibleren Array-Datentyp können Sie beliebig neue Elemente einfügen, und das sowohl am Anfang und am Ende wie auch mittendrin. Natürlich ist auch das Löschen von Elementen inbegriffen.

Ein Nachteil gibt es aber doch: Die interne Verwaltung von dynamischen Arrays ändert sich dauernd über die einzelnen Versionen. Am Anfang wurden für dynamische Arrays einfach C-Arrays verwendet, und einzelne Elemente mussten eventuell im Speicher umkopiert oder verschoben werden, wenn neue Elemente hinzukamen. Da dies sehr langsam war, verknüpfte man später die einzelnen Elemente durch verkettete Listen, was aber sehr viel Speicher benötigte. Inzwischen wird eine komplexe Mischung aus C-Arrays, speziellen Suchalgorithmen und verketteten Datenblöcken benutzt, was aber sehr komplexen Code zur Folge hat, der natürlich auch anfällig für Angriffe werden kann.

Trotzdem verwenden viele GLib-Anwendungen (vor allem im Desktop-Bereich) dynamische GLib-Arrays, weshalb auch Sie sich mit diesen beschäftigen sollten. Die GLib bietet gleich drei Formen von dynamischen Arrays an:

- gewöhnliche Arrays
- Zeigerarrays
- Byte-Arrays

Es werden an dieser Stelle nur die gewöhnlichen Arrays besprochen, die praktisch mit allen Elementen beliebigen Typs – inklusive Strukturen – verwendet werden können. Dazu folgt nun eine kurze Zusammenstellung von einigen Funktionen für `GArray`, deren Namen alle mit dem Präfix `g_array_` beginnen:

```
GArray *g_array_new(
        gboolean zero_terminated, gboolean clear, guint size );
void g_array_free( GArray *array, gboolean free_segment );
GArray *g_array_append_vals(
        GArray *array, gconstpointer *data, guint len );
GArray *g_array_prepend_vals(
        GArray *array, gconstpointer *data, guint len );
GArray *g_array_insert_vals(
        GArray *array, guint index, gconstpointer *data, guint len );
GArray *g_array_remove_index( GArray *array, guint index );
g_array_index( array, datentyp, index );
```

Wenn Sie ein dynamisches Array benutzen wollen, müssen Sie zunächst Speicher dafür anlegen. Zuerst muss deshalb mit der Funktion `g_array_new()` ein Array alloziert werden. Mit den beiden `gboolean`-Parametern geben Sie an, ob ein Nullwert als Terminierungszeichen angehängt wird und ob neue, nicht initialisierte Elemente stets auf null gesetzt werden. Der letzte Parameter muss die Größe der einzelnen Arrayelemente in Bytes enthalten. Bei Erfolg wird ein Zeiger auf das neue dynamische Array `GArray` zurückgegeben, ansonsten `NULL`.

Die Speicherverwaltung wird von der GLib vorgenommen. Allerdings müssen Sie nicht verwendeten Speicherplatz mit der Funktion `g_array_free()` wieder selbst freigeben.

Wollen Sie ein neues Element am Anfang oder am Ende von `GArray` hinzufügen, können Sie hierfür die Funktionen `g_array_prepend_vals()` bzw. `g_array_append_vals()` verwenden. Beide Funktionen erwarten als ersten Parameter einen Zeiger auf das Array, in das die Daten, die mit dem zweiten Parameter angegeben werden, eingefügt werden. Mit dem dritten Parameter geben Sie die Anzahl der Elemente an, die Sie hinzufügen wollen.

Die Funktion g_array_insert_vals() besitzt im Gegensatz zu den Funktionen g_array_prepend_vals() und g_array_append_vals() einen zusätzlichen Parameter (zweiter Parameter), mit dem Sie die Indexposition für das neue Element (die neuen Elemente) angeben können.

Ein Element aus GArray (erster Parameter) können Sie unter Angabe der Indexnummer des zweiten Parameters mit der Funktion g_array_remove_index() entfernen.

Um anschließend wieder auf die einzelnen Elemente von GArray zurückzugreifen, benötigen Sie das Makro g_array_index(). Als Argument übergeben Sie dieser Funktion das Array, den Datentyp der Elemente und die Indexnummer. Zurückgegeben wird dann der Wert des entsprechenden Elementes in Form eines Zeigers.

Das folgende Listing zeigt Ihnen die Verwendung von dynamischen Arrays vom Typ GArray mit der GLib:

```
/* glib8.c */
#include <gtk/gtk.h>
#include <stdio.h>
#define MMAX 255

static struct daten {
    gchar ort[MMAX];
    guint plz;
};

static struct daten help;
static guint count = 0;

static void read_data (void) {
    g_print ("Ort eingeben            : ");
    fgets (help.ort, MMAX, stdin);
    g_strchomp (help.ort);
    g_print ("Postleitzahl eingeben : ");
    scanf ("%d", &help.plz);
}

static void insert_beginn (GArray * arr) {
    read_data ();
    g_array_prepend_vals (arr, &help, 1);
    count++;
}
```

```
static void insert_end (GArray * arr) {
    read_data ();
    g_array_append_vals (arr, &help, 1);
    count++;
}

static void insert_middle (GArray * arr) {
    guint pos;
    read_data();
    g_print ("Position angeben: ");
    scanf ("%d", &pos);
    if (pos < count) {
        g_array_insert_vals (arr, pos, &help, 1);
        count++;
    }
    else
        g_print ("Konnte Array nicht einfuegen (%d < %d)\n",
        pos, count);
}

static void remove_array (GArray * arr) {
    guint pos;
    g_print ("Position zum Loeschen angeben : ");
    scanf ("%d", &pos);
    if (pos < count) {
        g_array_remove_index (arr, pos);
        count--;
    }
    else
    g_print ("Konnte Array nicht entfernen (%d < %d)\n",
        pos, count);
}

static void show_arrays (GArray * arr) {
    struct daten test;
    guint pos = 0;
    while (pos < count) {
        test = g_array_index (arr, struct daten, pos);
        g_print ("Ort:  %s\n", test.ort);
        g_print ("PLZ:  %d\n", test.plz);
        pos++;
    }
}
```

```
int main (int argc, char **argv) {
    GArray *darray;
    guint auswahl;

    darray = g_array_new (FALSE, FALSE, sizeof (struct daten));
    do {
        printf ("Demonstration: dynamische Arrays (GLib)\n\n");
        printf ("1 - Neue Daten am Anfang einfuegen\n");
        printf ("2 - Neue Daten am Ende einfuegen\n");
        printf ("3 - Neue Daten an gewuenschte Pos. einfuegen\n");
        printf ("4 - Daten entfernen\n");
        printf ("5 - Daten ausgeben\n");
        printf ("0 - Programmende\n");
        printf ("\nIhre Auswahl : ");
        scanf ("%d", &auswahl);
        getchar ();
        switch (auswahl) {
            case 1:
                insert_beginn (darray);
            break;
            case 2:
                insert_end (darray);
            break;
            case 3:
                insert_middle (darray);
            break;
            case 4:
                remove_array (darray);
            break;
            case 5:
                show_arrays (darray);
            break;
        }
    }
    while (auswahl != 0);
    g_array_free (darray, TRUE);
    return 0;
}
```

Listing 14.8 Demonstriert den Umgang mit dynamischen GLib-Arrays.

Das Programm gibt bei der Ausführung Folgendes aus:

```
$ gcc glib8.c -o glib8 `pkg-config --libs --cflags gtk+-2.0`
$ ./glib8
Demonstration von dynamischen Arrays mit GLib
1 - Neue Daten am Anfang einfuegen
2 - Neue Daten am Ende einfuegen
3 - Neue Daten an gewuenschte Pos. einfügen
4 - Daten entfernen
5 - Daten ausgeben
0 - Programmende
Ihre Auswahl:
...
```

[«]

Hinweis: Sortieren von Arrays

Wenn Sie das `GArray` auch noch sortieren wollen, können Sie sich die Funktionen `g_array_sort()` und `g_array_sort_with_data()` ansehen. Die GLib verwendet an dieser Stelle das schnelle Quicksort-Verfahren oder wahlweise Heapsort. Wie Sie das Sortierverfahren ändern, entnehmen Sie bitte der Manpage (`man Glib`, Stichwort `g_array_sort()`).

14.3.9 Listen, Hashtabellen und binäre Bäume

Das Sortieren von Daten haben wir ja im vorigen Abschnitt schon kurz angesprochen. Hierbei haben dynamische Arrays das Problem, relativ langsam zu sein, zumindest dann, wenn man Daten schon sortiert einfügen will. Im Endeffekt muss der Einfüge-Algorithmus das Array dann jedes Mal zumindest bis zu dem Index durchlaufen, an dem das neue Element eingefügt werden soll. Letztendlich gibt es nur einen einzigen effizienten Weg für das sogenannte *sortierte Einfügen*: Das am Ende angehängte Element wird so lange mit dem linken Nachbar getauscht, bis das Sortierkriterium erfüllt ist (z. B. dass das einzufügende Element kleiner oder gleich dem rechten Nachbar ist oder an dem Index steht, den man vorher als Parameter übergeben hat). Die Laufzeit des sortierten Einfügens wächst im Grunde genommen quadratisch mit der Größe des Arrays – man sagt hier, der Algorithmus hat eine Komplexität von $O(n^2)$.

Die GLib bietet deshalb auch alternative dynamische Datenstrukturen an, mit denen man auch schnellere Sortier- und Suchalgorithmen ausführen kann. Dies sind vor allem Listen und Bäume.

Für die einfach verketteten Listen werden der Datentyp `GSList` und die Funktionen mit dem Präfix `g_slist_` verwendet und für die doppelt verketteten Listen der Typ `GList` und die Funktionen mit dem Präfix `g_list_`. Der Vorteil dieser Funktionen ist, dass Sie eben in schneller

Weise auf vordefinierte Routinen zugreifen können und nicht eigene und somit auch wieder fehleranfällige Versionen schreiben müssen.

Ebenfalls eine klassische Datenstruktur stellt die GLib Ihnen mit den Hashtabellen zur Verfügung. *Hashtabellen* sind Tabellen, die den einzelnen Datensätzen einen Hashwert zuordnen. Mit diesem Hashwert können einzelne Werte schnell wiedergefunden werden. Im Endeffekt ist ein *Hashwert* eine lange Zahl, die mit einem speziellen Algorithmus aus dem eigentlichen Datensatz abgeleitet wird. Es gibt eine Menge Hashing-Algorithmen; der Standardalgorithmus, den die GLib benutzt, ist das MD5-Verfahren oder wahlweise SHA. Der GLib-Datentyp für Hashtabellen ist `GHashTable`, und die Routinen haben das Präfix `g_hash_`. Beim GNOME-Desktop und seiner Software werden Hashtabellen zum Beispiel intensiv eingesetzt.

[»]

Hinweis: Kollisionen in Hashtabellen

Ein Hashing-Algorithmus erstellt stets eine lange Zahl, die immer die gleiche Anzahl Bits hat (bei MD5 z. B. 128 Bits, bei SHA 256 Bits). Der Datensatz selbst hat aber oft mehr Bits als der Hashwert, Sie bilden also eine sehr große Menge an Möglichkeiten auf eine viel kleinere Menge ab. Es kann also beim Hashen zu Kollisionen kommen, also zu zwei unterschiedlichen Datensätzen mit demselben Hashwert. Solche Kollisionen sollten Sie stets abfangen, wenn sie auftreten.

Der eingebaute Typ `Gtree` ist eine Implementierung binärer Bäume in der GLib mit allen möglichen Routinen dazu. Besser noch: Bei den Bäumen der GLib handelt es sich zusätzlich um *ausbalancierte Bäume*. Dies sind Bäume, die möglichst auf der linken Seite genauso viele Knoten und Blätter haben wie auf der rechten Seite. Wer schon einmal versucht hat, eine eigene Routine für ausbalancierte Bäume zu schreiben, weiß, wie schwierig und vor allem fehleranfällig das ist. Des Weiteren sind die einzelnen Elemente in den binären Bäumen der GLib eben nicht nur einfache Elemente, die aus nun einem einfachen Datensatz bestehen, sondern außerdem einen Schlüssel besitzen, anhand dessen die Datensätze sortiert und gefunden werden können. Die dafür angewendeten eindeutigen Hashing-Verfahren sind aber zu kompliziert, um sie an dieser Stelle zu besprechen – am besten, Sie besorgen sich für diesen Fall ein Buch über Algorithmen und Datenstrukturen. Die Routinen, die sich auf den Typ `Gtree` beziehen, beginnen alle mit dem Präfix `g_tree_`.

Auf die beiden klassischen Datenstrukturen soll nicht mehr näher eingegangen werden, da sich die Einführung in die GLib ohnehin schon ziemlich umfangreich gestaltet und an dieser Stelle mehr Platz für das eigentliche Thema der GUI-Programmierung reserviert werden soll. Für den weiteren Verlauf des Buchs benötigen Sie dieses Wissen ohnehin nicht.

[»]

Hinweis

Sollten Sie mit Begriffen wie »Listen«, »Hashtabellen« oder »binären Bäumen« nichts anzufangen wissen, dann müssen wir Sie auf das Buch »C von A bis Z« verweisen, das auch im

Rheinwerk Verlag erschienen ist. Im Endeffekt sollten Sie sich sowieso zu dem vorliegenden Buch noch ein separates C-Buch besorgen, da ja sämtliche Beispiele in diesem Buch in C geschrieben sind. Wie gehen zwar davon aus, dass Sie sehr gut C können, aber kein Programmierer der Welt kann immer alles im Kopf behalten.

14.3.10 Ausblick GLib

Wenn Sie hier angekommen sind, lässt sich nur noch sagen, dass die GLib noch eine Menge mehr hilfreicher Routinen und Typen anbietet. Manche (selbsternannten) Experten würden sogar so weit gehen und Ihnen empfehlen, die GLib zur Erstellung von Konsolenprogrammen zu verwenden. Zu den Vorteilen gehören viele Dinge, die vor allem die Sicherheit und ein Einsparen an Overhead bei der Codeerstellung betreffen. Allerdings (und das ist ein triftiger Grund gegen die Verwendung) erfindet die GLib an vielen Stellen das Rad neu und ist auch keine unkomplexe Sache, die nicht auch fehleranfällig wäre. Ferner wird der C-Standard dauernd erweitert, beispielsweise dahingehend (bei C23), dass sämtliche Funktionen in *stdio.h* gegen Buffer Overflows und ähnliche Sicherheitslücken abgesichert werden müssen. Auch dadurch relativiert sich die vorige Aussage auf den Tipp, immer den neusten C-Standard zu benutzen, z. B. mit


```
gcc [Programmname].c -o [Programmname] -std=c23 (oder zumindest -std=c18)
```

Natürlich sollte es nicht unerwähnt bleiben, dass Sie die GLib nicht verwenden müssen, um GTK+-Programme zu schreiben. Sie können also weiterhin für Ihre GUI die Standard-C-Funktionen verwenden oder im Falle von speziellen Algorithmen und Datenstrukturen selbst etwas programmieren (was Sie dann sogar an Ihre eigenen Bedürfnisse anpassen können). Lassen Sie sich also bitte nicht einreden, Sie müssten unbedingt die GLib oder eine andere Bibliothek zum Verwalten von Listen und Bäumen benutzen, wenn Sie »nur mal eben« eine einfach verkettete Liste mit ein paar Spielerdaten erstellen müssen – im Endeffekt dauert dies ohne GLib gerade mal eine Stunde.

Fakt ist aber auch, dass die GLib eine ausgereifte und sehr hilfreiche Bibliothek ist, die Ihnen das Leben enorm erleichtern kann und deshalb vor allem bei portablen Programmen nicht außer Acht gelassen werden sollte. Vielleicht sieht man hier wieder einmal, dass es stets von dem abhängt, was man erreichen möchte, welche Bibliothek man dafür benutzt.

14.4 Grundlagen der GTK+-Programmierung

Anwendungen mit einer grafischen Oberfläche (einem sogenannten *GUI = Graphical User Interface*) können (wie auch das Programm, das dahintersteckt) sehr komplex werden. Daher werden Sie erst die grundlegenden Schritte kennen lernen, die nötig sind, um eigene GTK+-

Anwendungen zu schreiben. Wenn Sie die grundlegenden Eigenschaften kennen gelernt haben, wird es Ihnen nicht mehr sonderlich schwerfallen, auch komplexere GTK+-Programme zu schreiben, denn im Endeffekt wird bei GUI-Anwendungen standardmäßig immer nach demselben Schema verfahren. Folgende Schritte sind fast immer nötig, um eine GTK+-Anwendung zu erstellen:

- die Umgebung initialisieren
- Widgets erzeugen und gegebenenfalls die Attribute setzen (oft sind die GUI-Elemente schon beim Start einer Anwendung mit bestimmten Werten vorbelegt)
- Callback-Funktionen einrichten, um Events abzufangen (*Events* sind bestimmte Ereignisse, z. B. dass jemand mit der Maus auf einen Button klickt)
- die hierarchische Anordnung der Widgets definieren (Manche Widgets haben eine höhere Priorität als andere Widgets und werden z. B. stets im Vordergrund angezeigt.)
- Widgets anzeigen (einige Widgets sind am Anfang unsichtbar)
- Signale und Events abfangen und bearbeiten in der Event-Verarbeitungsschleife

Auf den folgenden Seiten werden wir auf die einzelnen Schritte etwas genauer eingehen, ohne jetzt schon die einzelnen Widgets im Detail zu beschreiben.

Hinweis: Widgets

Unter GTK+ werden die GUI-Elemente als Widgets und nicht als Icon oder Symbol bezeichnet. Diese Bezeichnung für Grafiken mit dahinter verborgenen Funktionen wurde direkt von GIMP übernommen.

14.4.1 Die Umgebung initialisieren

Der erste Schritt einer jeden GTK+-Anwendung ist es, die Umgebungsvariablen zu initialisieren. Dabei werden z. B. die Standardwerte für die Farben der Symbole vergeben. Die Funktion, mit der Sie dies realisieren, lautet:

```
#include <gtk/gtk.h>

void gtk_init(int *argc_ptr, char ***argv_ptr);
```

Bei dem Parameter `argc_ptr` handelt es sich um einen Zeiger auf den ersten Parameter der Standard-C-Funktion `main()`, die die Anzahl der Argumente aus der Kommandozeile enthält. Der zweite Parameter `argv_ptr` ist eine Adresse auf den zweiten Parameter der `main()`-Funktion, der die Werte der einzelnen Argumente aus der Kommandozeile als String enthält. Mit `gtk_init()` wird ebenfalls eine Verbindung zum X-Server aufgebaut, daher können Sie in der Kommandozeile mit der Option `-display display_name` die Anwendung auf einem anderen Display ausführen. Für die Syntax des Namens des Displays lesen Sie bitte die Dokumentation, da diese Angabe je nach System variieren kann. Des Weiteren wird mit der Funktion gtk_init() automatisch mit atexit() eine Clean-up-Funktion eingerichtet.

[«]

Hinweis

Es können auch zwei X-Server lokal laufen, es muss nicht ein anderer Rechner sein.

14.4.2 Widgets erzeugen und gegebenenfalls die Attribute setzen

Widgets können mit den gtk_xxx_new()-Funktionen erzeugt werden – wobei xxx für den Typ des Widgets steht, das erzeugt werden soll. Es gibt eine enorme Anzahl von Widgets, die verständlicherweise nicht alle im Buch erwähnt werden können. Die Funktionen gtk_xxx_new() sind als gleichwertig zu einem new-Konstruktor in C++ oder Java anzusehen. Mit den new-Funktionen wird Speicher also für ein neues Widget-Objekt alloziert. An dieser Stelle gibt es oft Kritik von C-Programmierern, die Objektorientierung nur als Option sehen und Dinge wie new nicht in reinem C sehen wollen. Allerdings denken wir, dass dies sehr spitzfindig ist.

Wie dem auch sei: Noch umfangreicher als die Funktionen zum Erzeugen von Widgets ist die Anzahl der Routinen, mit denen Sie die Attribute der Widgets verändern können. Für einzelne Widgets gibt es häufig mehrere Funktionen. Die Funktionen, mit denen Sie die Attribute von Widgets verändern können, haben alle die Syntax gtk_xxx_set_yyy(). xxx steht dabei für das Widget und yyy für das Attribut, das verändert werden soll. Wenn Sie z. B. den Titel des aktuellen Fensters verändern wollen, so geschieht dies mit dem Aufruf gtk_window_set_title(...).

Alle Widgets sind Unterklassen der GtkWidget-Basisklasse, weshalb Sie auch den Typ GtkWidget verwenden können, um ein Widget zu referenzieren – wobei in den Beispielen in diesem Buch meistens der Typ des Widgets selbst angegeben wird. Anstatt ein Fenster wie folgt zu referenzieren:

```
GtkWidget  *win;
```

wird in diesem Buch also immer die folgende Schreibkonvention verwendet:

```
GtkWindow  *win;
```

Hieran erkennt man auch gleich, worum es sich bei dem Widget handelt, und somit lässt sich auch schneller die entsprechende Referenzseite des Widgets im Internet finden. Was Sie später in der Praxis verwenden, bleibt natürlich Ihnen überlassen. Wenn Sie aus der Windows-Ecke kommen und gerade von Visual Studio auf GTK+ umsteigen, sind Sie vielleicht zunächst verwirrt, denn Microsoft benutzt die sogenannte *ungarische Notation*, die hier z. B. GtkWindow *wMain lauten würde und so das Ziel (also etwa das Hauptfenster) im Variablennamen ausdrückt. Unter Linux ist dies leider anders, und der Typ wird oft auch im Variablennamen angedeutet. Sie werden sich leider hieran gewöhnen müssen, wenn Sie mit GTK+ arbeiten.

Wenn Sie zum Erzeugen von neuen Widgets den Konstruktor GtkWidget verwenden, benötigen einige Funktionen unter GTK+ also einen genaueren Typ als GtkWidget. In solch einem Fall gibt es spezielle Makros, die den Typ casten.

Die zweite Möglichkeit, ein Widget zu erzeugen, die auch in diesem Buch hier vorwiegend verwendet wird, besteht in der Funktion g_object_new():

```
GtkObject* g_object_new (
           GtkType type, const gchar *first_arg_name, ... );
```

Hiermit erzeugen Sie ein Widget vom Typ type mit den Eigenschaften, die Sie mit den weiteren Parametern (first_arg_name) angeben können. Abgeschlossen wird die hier verwendete variabel lange Argumentenliste mit NULL. Zurückgegeben wird ein Zeiger auf das neue Objekt (also ein Widget). Das Prinzip ist einfach und typisch objektorientiert. Wollen Sie z. B. ein einfaches Fenster erzeugen, können Sie dies wie folgt erledigen:

```
GtkWindow *win;
...
win = g_object_new( GTK_TYPE_WINDOW, NULL );
```

Anstatt also den Funktionsaufruf wie gtk_xxx_new() zu verwenden, führen Sie g_object_new(GTK_TYPE_XXX, NULL) aus. Aber im Gegensatz zu gtk_xxx_new() können Sie beim Erzeugen eines neuen Objektes gleich weitere Eigenschaften des Objektes mit angeben. Um beim Beispiel des Fensters zu bleiben, können Sie auch wie folgt vorgehen:

```
/* Fenster mit Eigenschaften anlegen */
win = g_object_new( GTK_TYPE_WINDOW,
                    "title", "Ein leeres Fenster",
                    "default-width",  300,
                    "default-height", 200,
                    "resizable", TRUE,
                    "window-position", GTK_WIN_POS_CENTER,
                    "border-width", 5,
                    "icon", pic,
                    NULL );
```

Mit den Funktionen gtk_xxx_set_yyy() müssten diese Angaben häufig mühevoll mit mehreren Funktionen übergeben werden, was immer dann eingesetzt wird, wenn der Benutzer beispielsweise das Aussehen der GUI zum Teil mitbestimmen kann. An den aktuellen Namen (z. B. des ersten Parameters) zu kommen, sollte im Prinzip keine Probleme bereiten. Wollen Sie dagegen etwa ein Objekt vom Typ GtkSpinButton erzeugen, lässt sich dies ganz einfach wie folgt auf den ersten Parameter übertragen:

```
GtkSpinButton => GTK_TYPE_SPIN_BUTTON
```

Gtk wird also hier entfernt, und vor jedem Großbuchstaben des Widget-Typs wird ein Unterstrichzeichen hinzugefügt. Natürlich wird, wie bei Konstanten üblich, der Typ in Großbuchstaben geschrieben (dies ist keine Regel, sondern nur ein Tipp). Aber dies ist besser zu verstehen, wenn Sie die Beispiele in der Praxis einsetzen.

14.4.3 Eine Callback-Funktion einrichten, um Events abzufangen

Was Events sind und wie Sie darauf regieren können, haben Sie bereits erfahren. Jetzt wollen Sie sicherlich wissen, wie Sie eine solche Ereignisverarbeitung in GTK+ realisieren. In GTK+ wird zwischen *Ereignissen* (*Events*) und *Signalen* unterschieden, wobei diese Signale nicht mit den Linux-typischen Signalen zu vergleichen sind. Tritt z. B. ein Ereignis ein (wie ein Mausklick auf einen Button), wird programmintern ein Signal gesendet (man spricht auch von *emittieren*). Gewöhnlich führt jedes Ereignis zur Auslösung eines oder mehrerer Signale. Ereignissignale sind an der Endung -event zu erkennen. Hier sind diejenigen im Vorteil, die bereits Vorkenntnisse in der X-Programmierung haben. Allerdings müssen Sie sich jetzt nicht um die Implementierung kümmern, sondern vielmehr darum, wie Sie mit den Ereignissignalen arbeiten müssen. Auf die Events und ihre Behandlung werden wir in einem separaten Abschnitt eingehen.

14

Hinweis zu GTK 1.x

Auf den meisten Rechnern dürfte GTK in der aktuellsten Version installiert sein, also mindestens Version 2.0 oder höher benutzt werden. Wenn Sie allerdings ältere Programme auf eine aktuelle Version aktualisieren wollen, gibt es einige Veränderungen. In der Version 1.2 wird zum Einrichten einer Callback-Funktion gtk_signal_connect() verwendet. Ab der Version 2.0 wurde diese Funktion in die GLib ausgelagert und hat somit jetzt kein gtk_ mehr voranstehen, sondern ein g_, also g_signal_connect().

Der Aufbau von Signalen entspricht einem typischen Klassenbaum (siehe Abbildung 14.2), z. B. bei den Buttons. Ganz oben in der Klasse steht das Widget GtkObject mit dem Signal destroy – das die Beendigung sämtlicher Aktionen und das Löschen des Objektes aus dem Speicher auslöst. Darunter folgt im Hierarchiebaum GtkWidget, das außerdem unabhängig vom eigentlichen Widget bestimmte Signale empfangen und verarbeiten kann. So ist z. B. die Größe oder die Sichtbarkeit (sichtbar oder versteckt) ein Signal, das alle Objekte vom Typ GtkWidget besitzen und das auch von allen Objekten zurückgegeben werden kann. Ein Klasse tiefer finden Sie GtkContainer, ein Objekt, das wiederum speziell für den Container eingehende Signale verarbeiten kann. Noch eine Ebene tiefer befindet sich dann GtkBin, das keinerlei Signale mehr empfangen kann. Jetzt erst kommen Sie im Klassenbaum zum Widget GtkButton. Dem Button können Sie die Signale clicked, enter, leave, pressed oder released erteilen – sprich, diese Signale können Sie für einen Button mittels g_signal_connect() einrichten oder registrieren.

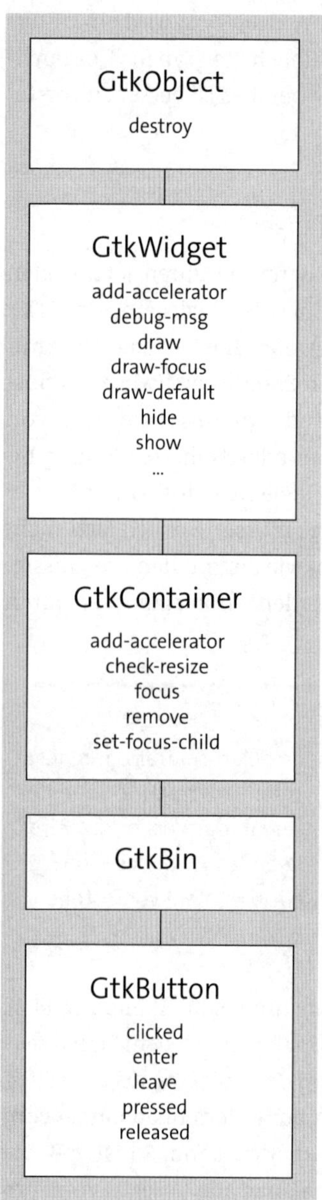

Abbildung 14.2 Der Klassenbaum von GtkButton mit den entsprechenden Signalen

Wenn Sie eine Callback-Funktion geschrieben haben, die bestimmte Signale verarbeitet, müssen Sie sie registrieren. Wenn Sie z. B. auf einen Button klicken, dann muss das Programm wissen, wohin es springen soll. Und genau diese Sprungadresse (ein Zeiger vom Typ `void*`) ist die Callback-Funktion, die Sie eben dem entsprechenden Fensterhandler Ihres Desktops bekannt machen müssen. Das GTK+-Toolkit erledigt diese Aufgabe fast automatisch, Sie müssen aber dennoch eine bestimmte Funktion aufrufen, um eine Callback-Funktion einzurichten, nämlich in der folgenden Weise:

```
gulong g_signal_connect( gpointer      *object,
                         const gchar   *name,
                         GCallback     func,
                         gpointer      func_data );
```

Die Bedeutungen der einzelnen Parameter sind:

- `object`: Das Objekt, mit dem Sie die Callback-Funktion verbinden wollen. Hier wird häufig ein Casting (in den Typ `GTK_OBJECT( widget )`) verwendet.
- `name`: Das Signal, mit dem die Callback-Funktion verknüpft werden soll, wie z. B. `clicked`, wenn ein Button mit der Maustaste betätigt wurde.
- `func`: Die Callback-Funktion, die Sie registrieren wollen. Bei der `g_`-Version (GTK+ 2.0 oder höher) müssen Sie diese Funktion mit `G_CALLBACK(func)` casten – bei der `gtk_`-Version (GTK+ 1.2) war dies `GTK_SIGNAL_FUNC(func)`.
- `func_data`: Hier können Sie der Callback-Funktion zusätzliche Daten übergeben, wenn sie aufgerufen wird. Wollen Sie der Callback-Funktion keine Daten übergeben, können Sie hier auch `NULL` angeben.

14

Mit `g_signal_connect()` haben Sie nun eine Callback-Funktion eingerichtet. Die Syntax einer solchen Callback-Funktion, die Sie gewöhnlich selbst schreiben müssen, sieht folgendermaßen aus:

```
type function( parameter_liste );
```

Und so sieht z. B. beim Anklicken eines Buttons Ihre Callback-Funktion aus:

```
static void my_buttonCB( GtkButton *clicked, gpointer data ) {
   /* Ausgabe für die Konsole */
   g_print("Callback my_buttonCB aufgerufen (%s)\n",
           (gchar *)data );
}
```

`clicked` ist hierbei der Button, der angeklickt wurde (ihr wird natürlich als Zeiger auf die entsprechende Struktur übergeben), und `data` sind die Daten, die beim Einrichten des Signalhandlers mittels `g_signal_connect()` mit übergeben werden (falls nicht `NULL` als Parameter verwendet wurde). Diese eigentliche Callback-Funktion registrieren Sie in der Praxis so:

```
g_signal_connect(GTK_OBJECT ( button ), /* Für welches Widget? */
                 "clicked",             /* Welches Signal?     */
                 G_CALLBACK(my_buttonCB),/* Welche Funktion?    */
                 "Daten");              /* Daten für Funktion  */
```

14.4.4 Eine GTK+-Anwendung beenden

Zwar werden wir das Thema der Events in einem anderen Abschnitt ausführlicher behandeln, doch Folgendes gehört zur Grundausstattung einer GTK+-Anwendung: die Beendigung einer Anwendung und die korrekte Freigabe des verwendeten Speichers, ohne Zombies und Speicherlecks zu erzeugen. Wenn Sie Ihre GTK+-Anwendung starten und vom Rahmen des Window-Managers aus beenden wollen, wird sich das Fenster Ihrer Anwendung zwar schließen lassen, wohl aber nicht beenden, wenn Sie nicht spezielle Vorkehrungen treffen. Einfach gesagt, die Anwendung läuft still und ruhig im Hintergrund als aktiver Prozess weiter (was auch manchmal gewollt ist).

Intern passiert dabei Folgendes: Sie schließen das GTK+-Fenster mit dem Window-Manager, und es wird ein delete-event-Signal emittiert. Dieses Signal zeigt an, dass der Anwender das Programm beenden will. Jetzt müssen Sie als Programmierer entscheiden, ob das so in Ordnung geht. Wenn Sie das Beenden erlauben, wird das Signal destroy gesendet, und die Anwendung wird komplett aus dem Speicher entfernt. Somit benötigen Sie eine Callback-Routine, die das Signal delete-event bearbeiten kann. Der Prototyp dieser Funktion sieht wie folgt aus:

```
static gboolean my_delete_Event( GtkWidget *widget,
                                 GdkEvent *event,
                                 gpointer data )
```

Der Parameter widget wird benötigt und enthält u. a. die Kennungs-ID des Widgets, das das Signal delete-event erzeugt hat. Der event-Parameter ist die Adresse einer Struktur, in der sich alles befindet, was Sie für das Event benötigen (darauf werden wir in den nächsten Abschnitten noch genauer eingehen). Mit data können Sie beim Registrieren des Signalhandlers zusätzliche Daten an die Funktion übergeben. Wichtig ist der Rückgabewert der Funktion my_delete_Event(). Wenn er TRUE ist, wird verhindert, dass die Anwendung beendet wird. FALSE hingegen beendet die Anwendung, schließt also das Fenster und emittiert das Signal destroy. Somit sieht eine komplette Callback-Funktion zum Beenden der Anwendung über den Window-Manager folgendermaßen aus:

```
static gboolean my_delete_Event( GtkWidget *widget,
                                 GdkEvent *event,
                                 gpointer data ) {
       /* Ausgabe für die Konsole */
       g_print("Der Window-Manager will die Anwendung beenden.\n");
       /* Unsern Segen zur Beendigung soll er haben. */
       return FALSE;
}
```

Jetzt muss diese Funktion noch mit dem Fenster der Anwendung verbunden werden, da das Fenster die einzige Instanz ist, die mit dem Fenstermanager des Desktops kommuniziert. Hierzu müssen Sie die g_signal_connect()-Funktion wie folgt verwenden:

```
g_signal_connect( GTK_OBJECT (fenster), "delete-event",
                  G_CALLBACK(my_delete_Event), NULL);
```

Angenommen, unser Fenster hat jetzt das destroy-Event ausgelöst. Natürlich müssen Sie auch hierzu noch eine Callback-Funktion einrichten:

```
  g_signal_connect ( win, "destroy",
                     G_CALLBACK (end), NULL);
```

Die Callback-Funktion end sorgt nun mit dem Aufruf der Funktion gtk_main_quit() (dazu in Kürze mehr) wie folgt für das absolute Ende der GTK+-Anwendung:

```
static void end (GtkWidget * widget, gpointer daten) {
  g_print ("Und tschuess!\n");
  /* die Verarbeitungsschleife beenden */
  gtk_main_quit ();
}
```

Sicherlich mag Ihnen dieser Weg auf den ersten Blick ein wenig umständlich vorkommen – und ja, Sie können die GTK+-Anwendung auch schneller beenden (ohne den aufwendigeren Weg). Allerdings sollten Sie dann bedenken, dass, falls sich in der Anwendung noch nicht gespeicherte Daten befinden, diese bei der Beendigung auch verloren sind, wenn Sie keine zusätzlichen Vorkehrungen getroffen haben (eben der bekannte Dialog, mit dem Sie das Programm dann doch noch zum Speichern der Daten bewegen können). Mit dem eben gezeigten Weg können Sie z. B. in der Callback-Funktion my_delete_Event() noch überprüfen, ob irgendwelche zusätzlichen Arbeiten vor Beendigung der Anwendung zu erledigen sind, und gegebenenfalls TRUE (anstatt FALSE) zurückgeben, womit die Anwendung nicht beendet wird (weil dadurch das Signal destroy nicht emittiert wird). Ein Beispiel dazu finden Sie im nächsten Abschnitt in Listing 14.10.

14.4.5 Die hierarchische Anordnung der Widgets definieren

Wenn Sie z. B. ein Fenster- und ein Button-Widget erzeugen, haben Sie noch lange nicht die Eltern-Kind-Beziehung zwischen den Widgets definiert, die hier besteht (der Button befindet sich im Fenster und ist diesem auch untergeordnet). Vereinfacht heißt das, Sie müssen eine Hierarchie errichten, damit GTK+ weiß, wie und wo die Widgets auf dem Bildschirm angezeigt werden sollen (sonst kommt es zu einem ungeordneten Chaos, das sämtliche Elemente neben- und übereinander anzeigt, oder aber es passiert schlicht gar nichts).

Um eine Eltern-Kind-Beziehung einzurichten, müssen Sie ein Kind-Widget zum verwaltenden Eltern-Widget hinzufügen. Der Funktionsaufruf hängt vom Eltern-Widget ab, das Sie verwenden. In dem nächsten Beispiel wird davon ausgegangen, dass das Fenster (`GtkWindow`) das Eltern-Widget ist – das zugleich ein Abkömmling des `GtkContainer`-Widgets ist. Daher können Sie folgende Funktion verwenden, um die Eltern-Kind-Beziehung einzurichten:

```
void gtk_container_add( GtkContainer *container,
                        GtkWidget *widget );
```

Mit `container` geben Sie das Eltern-Widget an und mit `widget` das, das Sie zum `container` hinzufügen wollen.

[»]

Container

Container sind Widgets, die wiederum andere Widgets enthalten können, und sind meistens für das Layout der Anwendung verantwortlich. Häufig werden Fenster als Container (zu Deutsch: Behälter) verwendet, in denen sich alle anderen Widgets des Programms befinden.

Vorwiegend werden auch Box- und Tabellen-Widgets als Behälter für andere Widgets verwendet. Mit den Box- bzw. Tabellen-Widgets ist es recht einfach, die Widgets in einer bestimmten Lage zueinander anzuordnen. Natürlich lassen sich solche Behälter auch ineinander verschachteln, um die Form und Gestalt der Anwendung zu bestimmen. Wenn man ein Widget in einen Behälter steckt, spricht man auch von *Packen*. Die Widgets in einem Behälter werden als *Kind-Widgets* bezeichnet, wobei kein Kind-Widget gleichzeitig in verschiedenen Behältern vorkommen kann.

In den folgenden Listings werden Sie z. B. eine vertikale Box als Kind-Widget in den Behälter stecken – in einem Fall ist der Behälter ein Fenster. Womit Sie praktisch einen Behälter in einen Behälter packen – die Box ist zwar ein Widget, aber gleichzeitig ist sie ein Behälter. Die einfachste Möglichkeit, jetzt noch weitere Widgets in die Box zu packen, wäre die Verwendung der folgenden Funktion:

```
void gtk_box_pack_defaults( GtkBox *box, GtkWidget *widget );
```

Damit können Sie z. B. nacheinander weitere Widgets mit einer Standardeinstellung in eine Box packen. Wurde eine Box z. B. mit der Funktion `gtk_vbox_new()` erzeugt, bedeutet dies, dass alle weiteren Widgets mit der Funktion `gtk_pack_defaults()` vertikal angeordnet hinzugefügt werden.

14.4.6 Widgets anzeigen

Jetzt haben Sie zwar Widgets erzeugt sowie Anordnung und Hierarchie festgelegt, aber noch existieren diese Daten nur im Verborgenen (sprich: im Hauptspeicher). Sie haben jetzt zwei Möglichkeiten, die Widgets anzeigen zu lassen:

```
void gtk_widget_show( GtkWidget *widget );
void gtk_widget_show_all( GtkWidget *eltern_widget );
```

Mit der Funktion gtk_widget_show() können Sie die einzelnen Widgets nacheinander auf dem Bildschirm zeichnen lassen. Allerdings ist dies sehr umständlich, wenn man bedenkt, dass umfangreichere Anwendungen schon mal ein paar Dutzend Widgets besitzen – schnell wird dabei ein Widget vergessen. Einfacher machen Sie es sich mit der Funktion gtk_widget_show_all(). Hierfür müssen Sie nur das Eltern-Widget angeben, und alle sich darunter befindlichen Kinder-Widgets werden mit angezeigt.

Natürlich können Sie auch einzelne oder alle Widgets verstecken. Dies machen Sie mit den entsprechenden Gegenstücken zu den eben erwähnten Funktionen:

```
void gtk_widget_hide( GtkWidget *widget );
void gtk_widget_hide_all( GtkWidget *eltern_widget );
```

Wird ein Widget nicht mehr benötigt, so sollten Sie es mit der Funktion gtk_widget_destroy() freigeben:

```
void gtk_widget_destroy ( GtkWidget *widget );
```


14.4.7 Signale und Events abfangen und bearbeiten – die Event-Verarbeitungsschleife

Wie auch bei der älteren Xt-Bibliothek befindet sich die Verarbeitungsschleife stets am Ende des Codes. Die Syntax der Verarbeitungsschleife lautet:

```
void gtk_main();
```

Bis zur Funktion gtk_main() läuft das Programm rein iterativ ab. Danach wartet das Programm in der gtk_main()-Funktion auf ein Ereignis. Das Programm befindet sich hier praktisch in einer Endlosschleife. Tritt nun ein Ereignis ein, arbeitet GTK das Ereignis ab (vorausgesetzt, es wurde eine entsprechende Callback-Funktion für das Ereignis registriert) und springt anschließend wieder zur gtk_main()-Funktion zurück. Die einzige Ausnahme ist die Funktion gtk_main_quit(), mit der die Haupt-Verarbeitungsschleife beendet und die Ausführung des Programms hinter gtk_main() fortgeführt wird.

Wird gtk_main_quit() in einer Callback-Funktion aufgerufen, wird das Programm also nicht unmittelbar beendet, sondern kehrt vorher noch hinter die Ausführung von gtk_main() zurück. Befindet sich hinter der gtk_main()-Funktion noch Code, wird dieser natürlich auch noch ausgeführt. Wollen Sie eine Anwendung unwiderruflich, egal von welcher Stelle aus, beenden, können Sie dies mit der Funktion gtk_exit() erledigen, die gleichwertig zur Standard-C-Funktion exit() ist.

In Abbildung 14.3 sehen Sie den Vorgang der Verarbeitungsschleife (`gtk_main()`) und gleichzeitig das Signalhandler-Modell von GTK+ grafisch dargestellt.

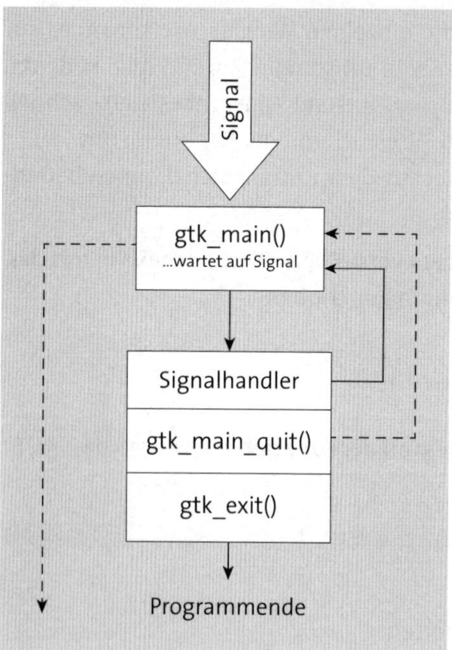

Abbildung 14.3 Signalmodell von GTK+

14.4.8 GTK+ und Umlaute – etwas über die Zeichenkodierung unter GTK+

Umlaute sind keine ASCII-Zeichen, und viele Anwendungen haben damit auch bis heute Probleme. Zwar wurde der ASCII-Zeichensatz mehrere Male geändert, und manche Varianten (die sogenannten *Codepages*, die von Microsoft anfangs für DOS eingeführt wurden) enthalten auch bewusst deutsche Umlaute. Allerdings gilt auch für GTK+, dass Umlaute nicht immer unterstützt werden. Meistens gilt hier: Sofern Sie Umlaute bzw. Nicht-ASCII-Zeichen in einer GTK+-Anwendung verwenden bzw. darstellen wollen, wird zumindest eine Warnmeldung ausgegeben. Dies geschieht immer dann, wenn Ihre Quellcodedatei nicht den UTF-8-Zeichensatz benutzt. Sofern Sie den *GNU Emacs* verwenden, sind Sie fein raus, denn dann reicht es aus, am Anfang des Listings folgende Steuerzeile einzufügen:

```
/* -*-coding: utf-8;-*- */
```

Bei anderen Editoren müssen Sie selbst nachsehen, ob eine solche Funktionalität vorhanden ist. Dies ist z. B. bei dem beliebten Editor *nano* der Fall – hier müssen Sie UTF-8 in den Locales mit einem entsprechenden Konfigurationstool einstellen bzw. den folgenden Eintrag in */etc/locale* hinzufügen:

```
console-character-encoding=utf-8
```

Meistens ist dieser Eintrag direkt nach dem nächsten Bootvorgang wirksam, es kann aber durchaus sein, dass einige Distributionen andere Konfigurationsparameter verlangen. Dann hilft nur die entsprechende Manpage weiter (z. B. `man locale`).

Eventuell ist es auch sinnvoll, den Quelltext mit dem Konverter `iconv` selbst vom Latin-1-Format in das UTF-8-Format zu konvertieren. Ein Beispiel dazu könnte wie folgt aussehen:

```
$ iconv -f latin1 -t utf-8 gtk1.c > gtk1_utf8.c
```

Hiermit konvertieren Sie aus der Quelldatei `gtk1.c`, die sich im Latin-1-Format befindet, eine UTF-8-kodierte Datei namens *gtk1_utf8.c*, die jetzt in der Lage ist, auch Umlaute und Nicht-ASCII-Zeichen anzuzeigen.

[«]

Hinweis

Eine weitere Möglichkeit zur Lokalisierung von Software stellt GNU gettext dar. Mehr hierzu können Sie der Manual Page von gettext entnehmen.

UTF-8

14

Die UTF-8-Kodierung ist eine der wichtigsten Kodierungen, so dass es sich lohnen kann, sich näher damit zu befassen. UTF-8 ist kompatibel mit der ASCII-Kodierung. Wie Sie wissen, werden ASCII-Zeichen mit einem Byte dargestellt. Somit ist jeder reine ASCII-Text auch ein reiner UTF-8-Text. Leider besteht hier auch das Problem, dass ein UTF-8-Text keine Reihe von gleich breiten Zeichen hat und somit iterativ zeichenweise zerlegt werden muss. Bei Verwendung von Nicht-ASCII-Zeichen, wie in unserem Land mit den Umlauten, führt diese Zerlegung zu unschönen Effekten. Um dieses Problem zu umgehen, finden Sie in der GLib hierzu einige nützliche Funktionen, die alle mit dem Präfix `g_utf8_` beginnen.

Damit Sie sich nicht schon während der ersten Schritte mit GTK+ mit den verschiedenen Zeichenkodierungen herumschlagen müssen, haben wir weitgehend auf Verwendung von Umlauten und Nicht-ASCII-Zeichen in den Beispielen verzichtet.

14.5 Fenster anlegen mit GtkWindow

Der erste Schritt beim Erstellen einer GTK+-Anwendung dürfte wohl meistens das Erzeugen eines Fensters sein. Das folgende Beispiel zeigt Ihnen, wie Sie ein solches Behälter-Widget der Klasse `GtkWindow` mit der Typenkennung `GTK_TYPE_WINDOW` erstellen und anschließend anzeigen können:

```
/* gtk1.c */
/* ein leeres Fenster und pixbuf */
#include <gtk/gtk.h>
```

```
static gint
    delete_Event(GtkWidget * widget, GdkEvent event, gpointer daten){
    g_print ("Das Fenster wird zerstoert!\n");
    /* Nur mit FALSE wird die Anwendung wirklich beendet. */
    return FALSE;
}

static void end (GtkWidget * widget, gpointer daten) {
    g_print ("Und tschuess!\n");
    /* die Verarbeitungsschleife beenden */
    gtk_main_quit ();
}

int main (int argc, char **argv) {
    GtkWindow *win;
    GdkPixbuf *pic;

    /* 1. die Umgebung initialisieren */
    gtk_init (&argc, &argv);
    /* 2. die Widgets erzeugen */
    /* eine Grafik in einen Pixbuf laden */
    pic = gdk_pixbuf_new_from_file ("icon/at-work.gif", NULL);
    /* 2a. Fenster mit den folgenden Eigenschaften ... anlegen */
    win = g_object_new (GTK_TYPE_WINDOW,
    "title", "Ein leeres Fenster",
    "default-width", 300,
    "default-height", 200,
    "resizable", TRUE,
    "window-position", GTK_WIN_POS_CENTER,
    "border-width", 5, "icon", pic, NULL);

    /* 3. Signalhandler (Callback-Funktion) einrichten  */
    g_signal_connect ( win, "delete-event",
        G_CALLBACK (delete_Event), NULL);
    g_signal_connect ( win, "destroy",
        G_CALLBACK (end), NULL);
    /* 4. Hier gibt es noch nichts zum Packen. */
    /* 5. (Widgets-)Fenster anzeigen */
    gtk_widget_show_all (GTK_WIDGET (win));
    /* 6. Hauptschleife von gtk-Verarbeitungsschleife */
    gtk_main ();
```

```
    g_print ("Die GTK-Hauptschleife wurde beendet\n");
    return 0;
}
```

Listing 14.9 Erstellt ein (noch) leeres Fenster mit GTK+.

Das Programm gibt bei der Ausführung Folgendes aus:

```
$ gcc -Wall -o gtk1 gtk1.c \
  `pkg-config gtk+-2.0 --cflags --libs`
$ ./gtk1
```

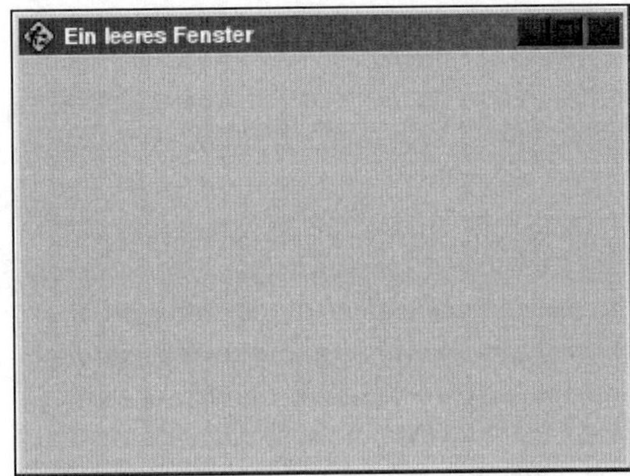

Abbildung 14.4 Ein leeres Fenster (hier im Windows-98-Look-and-Feel)

Im Großen und Ganzen muss eigentlich nicht mehr viel zu diesem Listing gesagt werden. Mit `g_object_new()` erzeugen Sie ein neues Fenster (`GtkWindow`) vom Typ `GTK_TYPE_WINDOW` mit einer variabel langen Liste von Eigenschaft-Wert-Paaren. Diese Liste wird mit `NULL` abgeschlossen:

```
"Eigenschaft1", Wert,
"Eigenschaft2", "Wert",
...,
NULL
```

Jede Eigenschaft ist abhängig von einem entsprechenden Datentyp, der als Wert gesetzt werden kann. Beispielsweise ist die Eigenschaft `resizable` vom Typ `gboolean`, und somit kann der Wert nur ein boolescher (`TRUE` oder `FALSE`) sein. `title` hingegen ist vom Typ `gchararray`, weshalb hier auch eine Zeichenkette für den Fenstertitel verwendet werden muss.

Tabelle 14.5 zeigt die nützlichen Eigenschaften, die Sie für ein Fenster der Klasse `GtkWindow` verwenden (setzen) oder aber auch abfragen können (noch mehr Eigenschaften können Sie der Dokumentation entnehmen):

Eigenschaft	Datentyp	Bedeutung
"allow-grow"	gboolean	Fenster darf vergrößert werden.
"allow-shrink"	gboolean	Fenster darf verkleinert werden.
"default-height"	gint	Höhe des neuen Fensters in Pixel
"default-width"	gint	Breite des neuen Fensters in Pixel
"destroy-with-parent"	gboolean	Wenn das Eltern-Widget zerstört wird, wird auch das Fenster zerstört.
"has-toplevel-focus"	gboolean	Ist das Fenster ganz *vorn* sichtbar und hat den Fokus, kann nur gelesen werden.
"icon"	GdkPixbuf	Ein Icon, das das Fenster erhält. Im Beispiel anhand von GdkPixbuf demonstriert
"is-active"	gboolean	Ist das Fenster aktiv, kann nur gelesen werden.
"modal"	gboolean	Wenn dieses Fenster existiert, können mit TRUE alle anderen Fenster in den Hintergrund gestellt werden (sprich, die Reaktion verweigern) – und zwar so lange, bis Sie die Angabe mit FALSE wieder rückgängig machen.
"resizable"	gboolean	Der Anwender darf die Größe des Fensters verändern.
"title"	gchararray	ein String mit dem Titel des Fensters
"window-position"	GtkWindow-Position	Hier können Aufzählungswerte verwendet werden, die die Position des Fensters auf dem Bildschirm bestimmen. Mögliche Angaben sind: ▸ GTK_WIN_POS_NONE Das Platzieren überlassen Sie dem Fenstermanager (Standard). ▸ GTK_WIN_POS_CENTER zentriert in der Bildschirmmitte ▸ GTK_WIN_POS_CENTER_ON_PARENT zentriert in der Mitte des Eltern-Widgets ▸ GTK_WIN_POS_MOUSE wenn möglich, an der Position des Mauszeigers

Tabelle 14.5 Eigenschaften für GtkWindow (GTK_TYPE_WINDOW)

Nach der umfangreichen Einführung in GTK+ haben Sie sicherlich etwas Komplizierteres als das letzte Listing und die anschließenden Erläuterungen erwartet. Aber es kommt noch besser: Wenn Sie das letzte Beispiel verstanden haben, ist der Rest des Kapitels und der Rest von GTK+ eigentlich nur noch Formsache, da der Vorgang zum Erstellen von GUI-Anwendungen immer ähnlich wie im letzten Beispiel eben abläuft, abgesehen davon, dass Sie im letzten Listing noch keine Widgets packen mussten.

Diese Einfachheit kann allerdings auch ihren Nachteil haben, denn im Endeffekt wird die ganze Arbeit von einer einzigen Funktion, nämlich `gtk_main()`, ausgeführt, die auch nur in einem einzigen Thread verpackt wird, nämlich dem Hauptprogramm. Wie `gtk_main()` intern aussieht, lässt sich in diesem Buch nicht darstellen, aber wir können Ihnen garantieren, dass `gtk_main()` recht komplizierten Code enthält.

14.5.1 Dialogfenster (sogenannte Dialogboxen) erstellen

Abgeleitet von der Klasse `GtkWindow` gibt es noch die Fensterklasse `GtkDialog`. Dies ist ein Widget für ein Dialogfenster, das gewöhnlich dazu verwendet wird, dem Anwender etwas Wichtiges mitzuteilen oder auch, um bestimmte Sachen abzufragen. Das folgende Listing ist eine Erweiterung des ersten Beispiels. Hinzugefügt wurde gegenüber dem Beispiel zuvor eine Abfragefunktion in Form eines einfachen Dialogfensters, das aufpoppt, wenn der Anwender das Hauptfenster schließen will – die übliche »Sind Sie sicher?«-Abfrage also.

```
/* gtk1b.c */
/* ein leeres Fenster und eine Dialogbox */
#include <gtk/gtk.h>

static GtkWindow *win;

static gint
delete_Event(GtkWidget * widget, GdkEvent event, gpointer daten){
    GtkWidget *dialog, *label;
    gint result;

    /* eine neue Dialogbox erzeugen */
    dialog = gtk_dialog_new_with_buttons (
    "Sind Sie sicher?",
    win,
    GTK_DIALOG_DESTROY_WITH_PARENT,
    "Ja", GTK_RESPONSE_ACCEPT,
    "Nein", GTK_RESPONSE_REJECT,
    NULL);
    /* ein Label dazu */
```

```
    label = gtk_label_new (
        "Wollen Sie das Programm wirklich beenden?");

    /* Label in die vorhandene (Standard-)Box (vertikal) */
    /* von der Dialogbox packen                          */
    gtk_container_add( GTK_CONTAINER( GTK_DIALOG( dialog )->vbox),
        label);
    /* Dialogbox anzeigen */
    gtk_widget_show_all (dialog);
    /* Wartet auf eine Eingabe in der Dialogbox des Anwenders. */
    result = gtk_dialog_run (GTK_DIALOG (dialog));

    switch (result) {
        case GTK_RESPONSE_ACCEPT: /* Ja-Button wurde gedrückt. */
            g_print("GTK_RESPONSE_ACCEPT\n");
            /* Dialogbox zerstören */
            gtk_widget_destroy (dialog);
            /* Hauptfenster auch zerstören */
            return FALSE;
        break;
        case GTK_RESPONSE_REJECT:
            g_print("GTK_RESPONSE_REJECT\n");
            /* Dialogbox zerstören */
            gtk_widget_destroy (dialog);
            /* Hauptfenster nicht zerstören */
            return TRUE;
        break;
        case GTK_RESPONSE_DELETE_EVENT:
            g_print("GTK_RESPONSE_DELETE_EVENT\n");
            /* Dialogbox zerstören */
            gtk_widget_destroy (dialog);
            /* Hauptfenster nicht zerstören */
            return TRUE;
        break;
        default:
            g_print("Fehler beim Auswerten der Dialogbox?\n");
            return TRUE;
    }
}

static void end (GtkWidget * widget, gpointer daten) {
    g_print ("Und tschuess!\n");
```

```
    /* die Verarbeitungsschleife beenden */
    gtk_main_quit ();
}

int main (int argc, char **argv) {
    /* 1. die Umgebung initialisieren */
    gtk_init (&argc, &argv);
    /* 2. die Widgets erzeugen */
    /* 2a. Fenster mit den folgenden Eigenschaften ... anlegen */
    win = g_object_new (GTK_TYPE_WINDOW,
    "title", "Ein leeres Fenster",
    "default-width", 300,
    "default-height", 200,
    "resizable", TRUE,
    "window-position", GTK_WIN_POS_CENTER,
    "border-width", 5, NULL);
    /* 3. Signalhandler (Callback-Funktion) einrichten */
    g_signal_connect ( win, "delete-event",
        G_CALLBACK (delete_Event), NULL );
    g_signal_connect ( win, "destroy",
        G_CALLBACK (end), NULL );
    /* 4. Hier gibt es noch nichts zum Packen. */
    /* 5. (Widgets-)Fenster anzeigen */
    gtk_widget_show_all (GTK_WIDGET (win));
    /* 6. Hauptschleife von gtk-Verarbeitungsschleife */
    gtk_main ();
    g_print ("Die GTK-Hauptschleife wurde beendet\n");
    return 0;
}
```

Listing 14.10 Fügt Listing 14.9 ein Dialogfenster hinzu.

Das Programm gibt bei der Ausführung Folgendes aus:

```
$ gcc -Wall -o gtk1b gtk1b.c \
  `pkg-config gtk+-2.0 --cflags --libs`
$ ./gtk1b
```

Zum Erstellen eines neuen Dialogfensters wurde die Funktion `gtk_dialog_new_with_buttons()` verwendet. Zwar wäre auch hier der Weg über `g_object_new()` möglich gewesen, nur wäre es in diesem Fall (ausnahmsweise) nicht so komfortabel wie mit `gtk_dialog_new_with_buttons()`. Die Funktion besitzt folgende Syntax:

```
GtkWidget* gtk_dialog_new_with_buttons(
                            const gchar *title,
                            GtkWindow *parent,
                            GtkDialogFlags flags,
                            const gchar *first_button_text, ...);
```

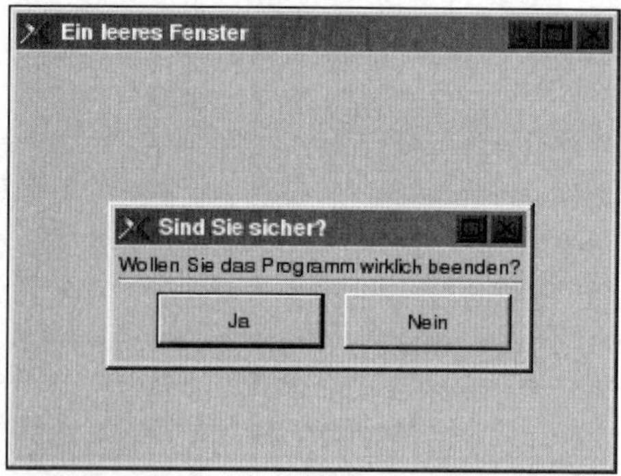

Abbildung 14.5 Ein einfaches Dialogfenster mit einer einfachen Abfrage

Mit dem ersten Parameter können Sie den Titel des Dialogfensters angeben. Als zweiter Parameter wird das Elternfenster verwendet – quasi das Fenster, das das Dialogfenster erzeugt hat. Jetzt werden noch einige Flags benötigt (dritter Parameter), wovon Sie folgende zur Auswahl haben:

- `GTK_DIALOG_MODAL`: Wie schon beim gewöhnlichen Fenster können Sie auch hier ein modales Fenster erzeugen. Dies ist ein blockierendes Fenster, das Sie erst schließen müssen, damit Sie weiterarbeiten können. Modale Fenster enthalten oft wichtige Eingaben, die Vorrang vor allen anderen Eingaben haben – wie z. B. Personendaten, von denen vielleicht auch andere Fenster abhängen.
- `GTK_DIALOG_NO_SEPARATOR`: Hiermit können Sie den Trennbalken (Separator) über den Buttons in der vertikalen Box entfernen.
- `GTK_DIALOG_DESTROY_WITH_PARENT`: Mit dem Setzen dieses Flags gehen Sie sicher, wenn sich das Elternfenster noch vor dem Dialogfenster beendet, dass das Dialogfenster auch aus dem Speicher entfernt wird.

Mit den letzten Parametern können Sie eine variable Button-Liste angeben, die abwechselnd aus der Beschriftung des Buttons und einer Antwortkennung vom Typ `gint` für den Button besteht. Theoretisch können Sie für diese Antwortkennung eine beliebige positive Ganzzahl verwenden. In der Praxis wird allerdings gewöhnlich auf eine der vordefinierten Konstanten zurückgegriffen. Wird im Dialogfenster ein Button geklickt, wird das Signal `response` emittiert. Theoretisch könnten Sie hier auch eine Callback-Funktion einrichten, die wie folgt aussieht:

```
void dialog_callback( GtkDialog *dlg, gint resp, gpointer data)
```

Im zweiten Parameter würden Sie dann die Antwortkennung vorfinden, die `response` emittiert hat. Folgende vordefinierte Konstanten sind für die Antwortkennung (die sogenannte *Kennungs-ID*) schon vorgegeben:

- `GTK_RESPONSE_DELETE_EVENT`: Diese ID wird zurückgegeben, wenn das Dialogfenster über den Fenstermanager geschlossen wird. Hierbei wird das übliche `delete-event`-Signal emittiert.
- `GTK_RESPONSE_NONE`: Wurde das Dialogfenster vom Programm entfernt, wird diese Kennung zurückgegeben.

Die weiteren Konstanten sind Kennungen, die im Gegensatz zu den beiden eben erwähnten Konstanten keine besondere Bedeutung haben und nur dem Komfort dienen:

- `GTK_RESPONSE_ACCEPT` – annehmen
- `GTK_RESPONSE_REJECT` – ablehnen
- `GTK_RESPONSE_OK` – O. K.
- `GTK_RESPONSE_CANCEL` – abbrechen
- `GTK_RESPONSE_CLOSE` – schließen
- `GTK_RESPONSE_YES` – ja
- `GTK_RESPONSE_NO` – nein
- `GTK_RESPONSE_HELP` – Hilfe

Da im letzten Beispiel keine Callback-Funktion mit `g_signal_connect()` eingerichtet wurde, wird stattdessen die Funktion `gtk_dialog_run()` verwendet:

```
gint gtk_dialog_run (GtkDialog *dialog);
```

Diese Funktion blockiert das Programm so lange in einer Warteschleife, bis das Dialogfenster ein empfangenes Signal (`response`) emittiert oder das Fenster zerstört wird. Wird das Dialogfenster während der Ausführung von `gtk_dialog_run()` zerstört, wird `GTK_RESPONSE_NONE` zurückgegeben. Ansonsten wird die Kennungs-ID (so, wie sie eben beschrieben wurde) vom `response`-Signal zurückgegeben. Beachten Sie bitte, dass in der rekursiven Warteschleife die Funktion `gtk_widget_show()` verwendet wird. Würden Sie im letzten Beispiel nicht

```
gtk_widget_show_all (dialog);
```

verwenden, würde das Dialogfenster zwar trotzdem angezeigt, allerdings ohne seine Kinder-Widgets (im letzten Beispiel also ohne das Textlabel).

Im letzten Listing wurde auch ein Textlabel erzeugt und in die Box des Dialogfensters gepackt. Genaueres zu diesen beiden Widgets erfahren Sie noch ausführlicher in den nächsten Abschnitten. Natürlich können Sie jedes beliebige Widget in das Dialogfenster packen, da es sich ja hierbei auch um eine abgeleitete Klasse von `GtkWindow` handelt.

14.5.2 GtkMessageDialog

GtkMessageDialog ist wiederum eine abgeleitete Klasse von GtkDialog und somit auch abgeleitet von GtkWindow. Der Vorteil von GtkMessageDialog ist, dass sich hiermit noch einfacher und schneller einige Hinweis-Dialoge zusammenbasteln lassen. Wobei wir gleich erwähnen müssen, dass diese Klasse im Funktionsumfang sehr eingeschränkt ist und man kaum mehr als einfache Ja-/Nein-Buttons erstellen kann. Somit ist diese Klasse nur beschränkt für den Praxisgebrauch geeignet.

14.6 Anzeigeelemente

Als Nächstes stellen wir einige Widgets vor, mit denen ausschließlich etwas angezeigt werden kann, also einfache Widgets ohne irgendwelche Interaktionen wie Ein- oder Ausgabe. Natürlich sind solche Widgets trotzdem wichtig, weil mit ihnen Informationen an den Benutzer übermittelt werden können.

Im folgenden Beispiel werden das Widget GtkLabel, mit dem Sie eine einfache Beschriftung auf einem Widget anzeigen können, und das Widget GtkImage verwendet, mit dem Sie, wie Sie dem Klassennamen schon entnehmen können, Bilder auf einem Widget anzeigen können. Diese Bilder können Sie natürlich auch vorher mit GIMP erstellen – GIMP ist ja auch das Toolkit, mit dem GTK+ entwickelt wurde. Mit GtkImage lassen sich Bilder jeglicher Art und auch von fast allen bekannten Formaten darstellen, außer von Videos (moderne Video-Buttons werden noch nicht unterstützt). Des Weiteren finden Sie das Widget GtkStatusbar, mit dem gewöhnlich der Status (also die aktuelle Aktion der Anwendung in einem kleinen Balken am unterem Fensterrand) angezeigt wird. Daneben wird häufig das Widget GtkSeparator (hier mit der Unterklasse GtkHSeparator) zum Anzeigen einer Linie verwendet, die Sie zum Zweck der Ordnung nutzen können.

Hierzu folgt nun ein Programmbeispiel mit anschließender Erläuterung der einzelnen Widgets.

```
/* gkt2.c */
/* Anzeigeelemente:              */
/*       Label,                  */
/*       Grafik                  */
/*       Statusbar               */
#include <gtk/gtk.h>

static gint
delete_Event(GtkWidget *widget, GdkEvent event, gpointer daten) {
   g_print("Das Fenster wird zerstoert!\n");
```

```
    /* Nur mit FALSE wird die Anwendung wirklich beendet. */
    return FALSE;
}

static void end ( GtkWidget *widget, gpointer daten ) {
    g_print("Und tschuess!\n");
    gtk_main_quit();
}

int main(int argc, char *argv[]) {
    GtkWindow  *win;
    GdkPixbuf  *pic;
    GtkVBox    *vbox;
    GtkLabel   *text;
    GtkImage   *image;
    GtkStatusbar *bar;
    GtkHSeparator *sep1, *sep2, *sep3;

    gtk_init( &argc, &argv );
    /* eine Grafik in einen Pixbuf laden */
    pic = gdk_pixbuf_new_from_file("icon/at-work.gif", NULL );
    /* Fenster mit folgenden Eigenschaften anlegen */
    win = g_object_new( GTK_TYPE_WINDOW,
    "title", "Verschiedene Anzeigeelemente",
    "default-width", 300,
    "default-height", 200,
    "resizable", TRUE,
    "window-position", GTK_WIN_POS_CENTER,
    "border-width", 5,
    "icon", pic,
    NULL );
    /* eine vertikale Box erzeugen */
    vbox = g_object_new( GTK_TYPE_VBOX,
    "spacing", 5,
    "homogeneous", FALSE,
    NULL );
    /* ein Textlabel erzeugen */
    text = g_object_new(GTK_TYPE_LABEL,
    "label","Ein einfaches GtkLabel, das"
    " die\nAbbildung etwas beschreiben"
```

```
" koennte.\n",
"justify", GTK_JUSTIFY_FILL,
NULL);
/* 3 horizontale Separatoren (Linien) erzeugen */
sep1 = g_object_new( GTK_TYPE_HSEPARATOR, NULL);
sep2 = g_object_new( GTK_TYPE_HSEPARATOR, NULL);
sep3 = g_object_new( GTK_TYPE_HSEPARATOR, NULL);
/* ein "Bild"-Widget erzeugen */
image = g_object_new( GTK_TYPE_IMAGE,
"file", "icon/john.png",
NULL);
/* eine Statusbar erzeugen */
bar = g_object_new( GTK_TYPE_STATUSBAR, NULL );
/* Text in die Statusbar einfügen */
gtk_statusbar_push (bar, 0 ,
"Informationen über die Aktionen in der Statusbar");
/* Größe der Statusbar nicht (FALSE) veränderbar */
gtk_statusbar_set_has_resize_grip (bar, FALSE);

/* Signalhandler einrichten */
g_signal_connect( win, "delete-event",
   G_CALLBACK(delete_Event), NULL );
g_signal_connect( win, "destroy",
   G_CALLBACK(end), NULL );

/* packen */
/* vertikale Box in das Hauptfenster */
gtk_container_add( GTK_CONTAINER(win), GTK_WIDGET(vbox));
/* einzelne Widgets von oben nach unten in die vertikale */
/* Box packen                                            */
gtk_box_pack_start_defaults(GTK_BOX(vbox), GTK_WIDGET(sep1));
gtk_box_pack_start_defaults(GTK_BOX(vbox), GTK_WIDGET(text));
gtk_box_pack_start_defaults(GTK_BOX(vbox), GTK_WIDGET(sep2));
gtk_box_pack_start_defaults(GTK_BOX(vbox), GTK_WIDGET(image));
gtk_box_pack_start_defaults(GTK_BOX(vbox), GTK_WIDGET(sep3));
gtk_box_pack_start_defaults(GTK_BOX(vbox), GTK_WIDGET(bar));
/* Fenster anzeigen */
gtk_widget_show_all( GTK_WIDGET(win) );
/* Hauptschleife von gtk */
gtk_main();
```

```
    g_print("Die GTK-Hauptschleife wurde beendet\n");
    return 0;
}
```

Listing 14.11 Demonstriert die Widgets Label und Statusbar zusammen mit der Möglichkeit, auf den Widgets auch Bilder anzuzeigen.

Das Programm gibt bei der Ausführung Folgendes aus:

```
$ gcc -Wall -o gtk2 gtk2.c \
  `pkg-config gtk+-2.0 --cflags --libs`
$ ./gtk2
```

Abbildung 14.6 Einfache Anzeigeelemente

Im letzten Beispiel wurden sämtliche Objekte mit der Funktion `g_object_new()` und der entsprechenden Typenkennung erzeugt. Neben dem bereits bekannten Typ `GTK_TYPE_WINDOW` und dem Typ `GTK_TYPE_VBOX`, den Sie im nächsten Abschnitt näher kennen lernen, finden Sie hier die Typen `GTK_TYPE_LABEL`, `GTK_TYPE_HSEPARATOR`, `GTK_TYPE_IMAGE` und `GTK_ TYPE_STATUSBAR` vor.

14.6.1 Text anzeigen mit GtkLabel

Mit `GtkLabel` können Sie ein Widget mit einem einfachen Text versehen. Obwohl Sie im letzten Beispiel nur das Attribut `justify` zur Ausrichtung der Textzeilen aneinander verwendet haben, können Sie hierbei noch eine Menge weiterer Eigenschaften einsetzen.

Eigenschaft	Datentyp	Bedeutung
"justify"	GtkJustification	Die Ausrichtung der einzelnen Zeilen aneinander. Folgende Werte sind hierbei möglich: ▶ GTK_WIN_POS_NONE linksbündig ▶ GTK_WIN_POS_NONE rechtsbündig ▶ GTK_WIN_POS_NONE zentriert ▶ GTK_WIN_POS_NONE Blocksatz
"label"	gchararray	der eigentliche Text
"selectable"	gboolean	Bei TRUE kann der Wert selektiert werden (z. B. für Copy & Paste).
"selection-bound"	gint	(nur lesbar) Die Position vom Ende der Markierung (in Zeichen vom Anfang der Markierung). Kann z. B. verwendet werden, wenn der Text per Copy & Paste in einen dynamischen Textpuffer gelegt werden soll. Vorausgesetzt, selectable ist auf TRUE gesetzt!
"cursor-position"	gint	(nur lesbar) Die Position vom Anfang der Markierung (in Zeichen vom Anfang der Markierung). Verwendungszweck und Voraussetzung siehe selection-bound.
"use-underline"	gboolean	Wird TRUE verwendet, wird ein Unterstrich unter einem Zeichen verwendet, wenn das Zeichen _ davor steht. Z. B. wird mit "_Hallo" der Buchstabe H unterstrichen. Hiermit markieren Sie einen Buchstaben als Tastenkürzel.
"mnemonic-widget"	GtkWidget	Hier befindet sich das Widget, das aktiviert werden soll, wenn das Tastenkürzel (siehe "use-underline") betätigt wurde.
"wrap"	gboolean	Bei TRUE werden zu lange Zeilen umbrochen.
"use-markup"	gboolean	Bei TRUE kann eine Markup-Sprache (Pango-Markup) verwendet werden.

Tabelle 14.6 Eigenschaften für GtkLabel (GTK_TYPE_LABEL)

Wenn Sie z. B. ein Label mit `use-markup` verwenden, lässt dies die häufig etwas blass aussehenden Textlabels etwas freudiger erscheinen. Verantwortlich für diese Markup-Sprache ist *Pango*. Die Syntax von Pango lässt sich als eine Mischung aus HTML mit CSS beschreiben, wobei die Text-Engine von Pango wirklich sehr mächtig ist, weshalb hier für weitere Informationen die entsprechende Dokumentation empfohlen sei. Dennoch wollen wir Ihnen ein kurzes Listing, das den Einsatz von Pango-Markup demonstriert, nicht vorenthalten.

```
/* gkt2b.c */
/* Anzeigeelemente:           */
/*       Label mit Pango-Markup */
#include <gtk/gtk.h>

static gint
delete_Event(GtkWidget *widget, GdkEvent event, gpointer daten) {
    g_print("Das Fenster wird zerstoert!\n");
    /* Nur mit FALSE wird die Anwendung wirklich beendet. */
    return FALSE;
}

static void end ( GtkWidget *widget, gpointer daten ) {
    g_print("Und tschuess!\n");
    gtk_main_quit();
}

int main(int argc, char **argv) {
    GtkWindow  *win;
    GdkPixbuf  *pic;
    GtkVBox    *vbox;
    GtkLabel   *text;

    gtk_init( &argc, &argv );
    /* eine Grafik in einen Pixbuf laden */
    pic = gdk_pixbuf_new_from_file("icon/at-work.gif", NULL );
    /* Fenster mit folgenden Eigenschaften anlegen */
    win = g_object_new( GTK_TYPE_WINDOW,
    "title", "Demonstriert Pango-Markup",
    "default-width",  300,
    "default-height", 200,
    "resizable", TRUE,
    "window-position", GTK_WIN_POS_CENTER,
    "border-width", 5,
    "icon", pic,
    NULL );
```

```
    /* eine vertikale Box erzeugen */
    vbox = g_object_new( GTK_TYPE_VBOX,
    "spacing", 5,
    "homogeneous", FALSE,
    NULL );

    /* ein Textlabel erzeugen */
    text = g_object_new( GTK_TYPE_LABEL,
    "justify", GTK_JUSTIFY_CENTER,
    "use-markup", TRUE,
    "label",
    "<span font_desc=\"Times Normal 12\"> Times Normal 12</span> - "
    "<span font_desc=\"Verdana\"> Verdana </span> - "
    "<span font_desc=\"Courier Bold 10\"> Courier Bold 10 "
    " </span>\n\n"
    "<span style=\"italic\"> Kursiv </span> - "
    "<span style=\"oblique\"> Geschraegt </span> - "
    "<span style=\"normal\"> Normal </span>\n\n"
    "<span font_desc=\"Times Normal 12\"  background=\"white\""
    " foreground=\"blue\"> Invers1 </span> - "
     "<span font_desc=\"Courier Bold 14\"  background=\"black\""
    " foreground=\"green\"> Invers2 </span> - "
    "<span style=\"italic\"  background=\"red\""
    " foreground=\"yellow\"> Invers3 </span>\n",
    NULL);

    /* Signalhandler einrichten */
    g_signal_connect( win, "delete-event",
       G_CALLBACK(delete_Event), NULL );
    g_signal_connect( win, "destroy",
       G_CALLBACK(end), NULL );
    /* packen */
    gtk_container_add( GTK_CONTAINER(win), GTK_WIDGET(vbox));
    gtk_box_pack_start_defaults(GTK_BOX(vbox), GTK_WIDGET(text));
    /* Fenster anzeigen */
    gtk_widget_show_all( GTK_WIDGET(win) );
    /* Hauptschleife von gtk */
    gtk_main();
    g_print("Die GTK-Hauptschleife wurde beendet\n");
    return 0;
}
```

Listing 14.12 Demonstriert die Markup-Sprache Pango.

Das Programm gibt bei der Ausführung Folgendes aus:

```
$ gcc -Wall -o gtk2b gtk2b.c \
  `pkg-config gtk+-2.0 --cflags --libs`
$ ./gtk2b
```

Abbildung 14.7 Verwendung von Pango-Markup mit GtkLabel

14.6.2 Trennlinien erstellen mit GtkSeparator

Viel lässt sich zu diesem Widget eigentlich nicht sagen, nur dass `GtkSeparator` die Basisklasse für die Widgets `GtkVSeparator` (vertikale Linie) und `GtkHSeparator` (horizontale Linie) ist. Im letzten Beispiel wurden mit dem Typ `GTK_TYPE_HSEPARATOR` drei horizontale Linien erzeugt. Mit dem Typ `GTK_TYPE_VSEPARATOR` lassen sich aber auch vertikale Linien erzeugen.

14.6.3 Grafiken anzeigen mit GtkImage

Ebenso einfach wie einen Text (`GtkLabel`) können Sie auch eine Grafik auf einem Widget anzeigen. Hierzu müssen Sie nur ein Widget der Klasse `GtkImage` (vom Typ `GTK_TYPE_IMAGE`) erzeugen und anschließend mithilfe der Eigenschaft `file` den Pfadnamen zu einer Grafikdatei angeben. Hierbei werden so ziemlich alle wichtigen Grafikformate unterstützt (GIF, JPEG, PNG, ICO, TIFF, BMP, TGA etc.), aber eben noch keine Video-Buttons.

Wenn Sie allerdings neben dem Anzeigen einer Grafik auch daran interessiert sind, diese zu verändern, dann kommen Sie nicht um Pixelbuffer (`GdkPixbuf`) herum. Denn letztendlich geschieht die Verarbeitung und Anzeige der Grafik mit `GtkImage` über ein `GdkPixbuf`-Objekt. `GdkPixbuf` ist eine GDK-interne Struktur für Grafikdaten. Im Endeffekt speichert diese Struktur aber nur Bitmaps, also unkomprimierte Bilddaten. Diese unkomprimierten Daten können sehr viel Speicher belegen.

Da `GdkPixbuf` ein recht umfangreiches Thema ist, wurde der GTK+-Lib hierfür gleich eine extra umfangreiche Dokumentation spendiert, die Sie aber zum Glück (in einer sehr guten Form) im Internet mit jeder beliebigen Suchmaschine finden können (leider ändert sich dieser Link öfter, deshalb können wir ihn hier nicht direkt angeben).

14.6.4 Statusleisten erstellen mit GtkStatusbar

Gewöhnlich platziert man eine Statusbar, wie auch im Beispiel verwendet, unten am Hauptfenster von GtkWindow. Meistens befinden sich darin Informationen, wie z. B. die bei einem Texteditor übliche Anzeige, welche Datei (unter Umständen mit Pfad) geöffnet wurde, in welcher Zeile/Spalte sich der Cursor befindet oder welche Seite von den insgesamt vorhandenen Seiten gerade bearbeitet wird. Folgende Funktionen erzeugen eine Statusbar:

```
guint gtk_statusbar_push (
  GtkStatusbar *statusbar, guint context_id, const gchar *text );
void gtk_statusbar_pop (
 GtkStatusbar *statusbar, guint context_id );
guint gtk_statusbar_get_context_id (
 GtkStatusbar *statusbar, const gchar *context_description );
void gtk_statusbar_set_has_resize_grip (
 GtkStatusbar *statusbar, gboolean setting );
void gtk_statusbar_remove (
 GtkStatusbar *statusbar, guint context_id, guint message_id );
```

Nach dem Erzeugen einer Statusleiste können Sie mit der Funktion gtk_statusbar_push() eine neue Statusinformation in diese Leiste einfügen. Genauer: Hiermit wird eine Nachricht auf einen Stack der Statusleiste gepusht. Beim Anzeigen oder Aktualisieren der Statusleiste wird dann immer die Nachricht angezeigt, die oben auf dem Stack liegt. Mit der Funktion gtk_statusbar_pop() hingegen können Sie eine Nachricht wieder vom TOS (TOS = *Top Of Stack*) entfernen.

Jede Nachricht, die auf dem Stack der Statusbar hinzugefügt wird, benötigt eine bestimmte ID, um die Quelle der Nachricht eindeutig identifizieren zu können. Eine solche ID können Sie auch mit der Funktion gtk_statusbar_get_context_id() erzeugen. Diese Funktion gibt eine neue ID (gint) zurück. Natürlich können Sie hierbei auch die ID selbst, wie im Beispiel gesehen, in der Funktion gtk_statusbar_push() als zweiten Parameter eintragen.

Der Vorteil bei der Verwendung von gtk_statusbar_get_context_id() liegt darin, dass mit der Funktion gtk_statusbar_remove() eine Statusnachricht von einer beliebigen Stelle des Stacks entfernt werden kann.

Wollen Sie, dass die Größe der Statusbar veränderbar ist, können Sie mit der Funktion gtk_statusbar_set_has_resize_grip() den zweiten Parameter auf TRUE setzen.

14.6.5 Fortschrittsbalken erstellen mit GtkProgressBar

Ein weiteres reines Anzeige-Widget, das in diesem Beispiel nicht verwendet wurde, ist das Widget der Klasse GtkProgressBar vom Typ GTK_TYPE_PROGRESS_BAR. Es handelt sich um einen Fortschrittsbalken, der z. B. anzeigt, wie weit ein bestimmter Vorgang abgeschlossen ist.

14.7 Behälter für Widgets

In der Einführung sind Sie bereits mit `GtkBox` auf ein Behälter-Widget gestoßen. Ohne die Behälter-Widgets – gerne auch als *Packing-Widgets* bezeichnet – wäre es wohl sehr schwer, eine Anwendung zu erstellen, die sich gut bedienen lässt. Denn gerade mithilfe der Behälter-Widgets entsteht das hierarchische Layout des Fensters, das eben verhindert, das alle Widgets in chaotischer Weise nebeneinanderliegen.

14.7.1 Boxen (GtkBox)

Die wichtigsten und grundlegenden Behälter sind die vertikalen und horizontalen Boxen. Diese werden immer dann verwendet, wenn mehrere Widgets nebeneinander und übereinander angeordnet werden sollen. Die Behälter-Widgets der Klasse `GtkHBox` und `GtkVBox` sind abgeleitet von der Oberklasse `GtkBox`. In Abbildung 14.8 sehen Sie den Klassenbaum von `GtkBox`.

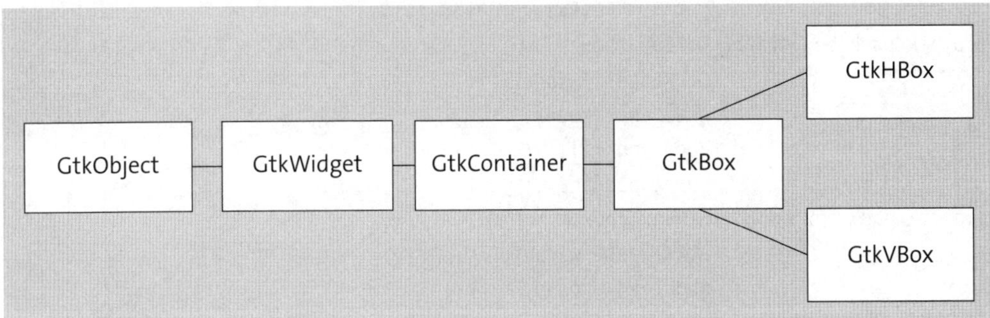

Abbildung 14.8 Klassenbaum von GtkBox

In den meisten Fällen wird als Behälter `GtkBox` verwendet. Für den Fall, dass Sie sehr viele Zeilen und Spalten benötigen, können Sie entweder mehrere vertikale und horizontale Boxen in der richtigen Anordnung verwenden oder das Tabellen-Widget `GtkTable`. Ein Tabellen-Widget ist ein Behälter, mit dem Sie die weiteren Widgets in Zeilen und Spalten packen können.

Der Sinn und Zweck der Boxen – sei es nun eine vertikale Box (Klasse `GtkVBox` mit der Typenkennung `GTK_TYPE_VBOX`) oder eine horizontale Box (Klasse `GtkHBox` mit der Typenkennung `GTK_TYPE_HBOX`) – ist immer derselbe: Boxen werden dazu verwendet, andere Widgets darin zu packen. Die Widgets, die in dieser Schachtel liegen, bilden quasi eine zusammenhängende Gruppe. Dies kann sogar wichtig für die Bedienung sein. Bei Radio-Buttons z. B. kann nur immer ein einziger Button aus einer bestimmten Gruppe aktiv (also markiert) sein, und die Informationen, welche Widgets zu welcher Gruppe gehören, ist in den Boxen gespeichert.

Die zwei Eigenschaften aus Tabelle 14.7 können für eine Klasse GtkBox vom Typ GTK_TYPE_VBOX oder GTK_TYPE_HBOX vergeben bzw. können abgefragt werden:

Eigenschaft	Datentyp	Bedeutung
"spacing"	gint	Abstand zwischen den einzelnen gepackten Widgets in Pixel
"homogeneous"	gboolean	Bei TRUE bleiben alle gepackten Widgets gleich groß.

Tabelle 14.7 Eigenschaften für eine GtkVBox und eine GtkHbox

In den vorigen Listings wurden die einzelnen Widgets mit der Funktion gtk_box_pack_start_defaults() mit den Standardeinstellungen einer Box hinzugefügt. Mit den folgenden Funktionen können Sie ganz individuell für jedes einzelne Widget eine Angabe machen, wie es zur Box hinzugefügt (gepackt) werden soll:

```
void gtk_box_pack_start_defaults( GtkBox *box,
                                  GtkWidget *widget );
void gtk_pack_box_start( GtkBox *box,
                         GtkWidget *widget,
                         gboolean expand,
                         gboolean fill,
                         guint padding );
void gtk_pack_box_end(   GtkBox *box,
                         GtkWidget *widget,
                         gboolean expand,
                         gboolean fill,
                         guint padding );
```

Der Unterschied zwischen den beiden Funktionen (.._start und .._end) ist, dass ein Widget mit der _end-Version vom Ende der vertikalen oder der rechten Seiten der horizontalen Box aus gepackt wird. Bei der _start-Version ist das Gegenteil der Fall.

Die ersten beiden Parameter der Funktionen gtk_pack_box_start() und gtk_pack_box_end() sind gleichbedeutend mit denen der Funktion gtk_box_pack_default(). box ist die Box, in die Sie das Widget widget packen wollen. Mit den nächsten drei Parametern können Sie die Darstellung eines Widgets in der Box wie folgt beeinflussen:

- expand: Wird TRUE angegeben, darf sich das Widget ausdehnen. Befinden sich mehrere Widgets in dieser Box, wird der verfügbare Bereich unter denjenigen dieser Widgets aufgeteilt, bei denen dieser Parameter ebenfalls TRUE ist.
- fill: Wird für expand TRUE verwendet und für fill (ausfüllen) ebenfalls, wird der übrige Freiraum zwischen den Widgets selbst völlig ausgefüllt, anstatt sich nur zu zentrieren.
- padding: Hier können Sie einen Wert in Pixeln angeben, womit beim Platzieren ein Leerraum rund um das Widget benutzt wird.

In den gleich folgenden beiden Beispielen haben wir auf ein Widget mit einer Box als Behälter erst einmal verzichtet, da es ohnehin in fast jedem der noch folgenden Listings verwendet wird oder bereits verwendet wurde. Daher werfen wir erst einen umfassenden Blick auf andere Behälter-Widgets.

14.7.2 Aufteilungen, Register und Button-Boxen

In den jetzt folgenden Listings werden die (Behälter-)Widgets GtkHPaned und GtkVPaned (mit den Typenkennungen GTK_TYPE_HPANED bzw. GTK_TYPE_VPANED) gezeigt, mit denen Sie mehrere verstellbare (sowohl horizontale als auch vertikale) Aufteilungen erzeugen können, wie Sie dies z. B. von FTP- oder Mailclient-Anwendungen her kennen. Des Weiteren wird ein Behälter mit mehreren Registern erzeugt (GtkNotebook von der Typenkennung GTK_TYPE_NOTEBOOK), wie Sie dies z. B. von Notizbüchern (oder Ringordnern) her kennen. Daneben werden Sie Behälter kennen lernen, die nur Buttons aufnehmen können.

```
/* gkt3.c */
/* Behälter: */
/*    horizontale und vertikale Aufteilung (GtkPaned) */
/*    Register (GtkNotebook)                          */
/*    horizontale und vertikale Boxen                 */
#include <gtk/gtk.h>
#define NBOOK 6
#define BUF 35
#define BUTTONS 4

static gint
    delete_Event(GtkWidget *widget, GdkEvent event, gpointer daten) {
    g_print("Das Fenster wird zerstoert!\n");
    /* Nur mit FALSE wird die Anwendung wirklich beendet. */
    return FALSE;
}

static void end ( GtkWidget *widget, gpointer daten ) {
    g_print("Und tschuess!\n");
    gtk_main_quit();
}

int main(int argc, char **argv) {
    GtkWindow  *win;
    GdkPixbuf  *pic;
    GtkVPaned  *vpan;
    GtkHPaned  *hpan;
    GtkNotebook *nbook;
```

```
GtkLabel *nbook_content[NBOOK],
*nbook_titel[NBOOK];
GtkVButtonBox *vbutbox;
GtkButton *vbuttons[BUTTONS];
GtkHButtonBox *hbutbox;
GtkButton *hbuttons[BUTTONS];
guint i;
gchar buf[BUF];

gtk_init( &argc, &argv );
/* eine Grafik in einen Pixbuf laden */
pic = gdk_pixbuf_new_from_file("icon/at-work.gif", NULL );
/* Fenster mit folgenden Eigenschaften anlegen */
win = g_object_new( GTK_TYPE_WINDOW,
"title", "Behaelter-Widgets",
"default-width",  300,
"default-height", 200,
"resizable", TRUE,
"window-position", GTK_WIN_POS_CENTER,
"border-width", 10,
"icon", pic,
NULL );
/* vertikale Aufteilung erzeugen */
vpan = g_object_new( GTK_TYPE_HPANED, NULL );
/* horizontale Aufteilung erzeugen */
hpan = g_object_new( GTK_TYPE_VPANED, NULL );
/* vpan oben links von hpan mit den */
/* Standardparametern hinzufügen    */
gtk_paned_add1( GTK_PANED(hpan), GTK_WIDGET(vpan) );

/* ein neues Notizbuch erzeugen */
nbook = g_object_new( GTK_TYPE_NOTEBOOK,
"enable-popup", TRUE,
NULL );
/* nbook rechts unten von vpan mit den */
/* Standardparametern hinzufügen */
gtk_paned_add2(GTK_PANED(vpan), GTK_WIDGET(nbook));
/* Titel der Reiter mit entsprechendem Inhalt erzeugen  */
/* und im Notizbuch hinzufügen */
for(i=0; i < NBOOK; i++) {
    g_snprintf(buf,BUF,"Inhalt von GtkNotebook Seite %d",i+1);
    nbook_content[i] = g_object_new( GTK_TYPE_LABEL,
    "label", buf,
```

```
        NULL);
        g_snprintf(buf,BUF,"Seite %d",i+1);
        nbook_titel[i]    = g_object_new( GTK_TYPE_LABEL,
        "label", buf,
        NULL );
        gtk_notebook_append_page_menu(nbook,
        GTK_WIDGET(nbook_content[i]),
        GTK_WIDGET(nbook_titel[i]),
        NULL);
    }
    /* vertikale Button-Box erzeugen */
    vbutbox = g_object_new( GTK_TYPE_VBUTTON_BOX, NULL);
    /* horizontale Button-Box erzeugen */
    hbutbox = g_object_new( GTK_TYPE_HBUTTON_BOX, NULL);
    /* Buttons erzeugen und in die Button-Box packen */
    for(i=0; i < BUTTONS; i++ ) {
        g_snprintf(buf,BUF,"(v)Button %d",i+1);
        vbuttons[i] = g_object_new( GTK_TYPE_BUTTON,
        "label", buf,
        NULL);
        gtk_box_pack_start_defaults( GTK_BOX(vbutbox),
            GTK_WIDGET(vbuttons[i]));
    g_snprintf(buf,BUF,"(h)Button %d",i+1);
    hbuttons[i] = g_object_new( GTK_TYPE_BUTTON,
    "label", buf,
    NULL );
    gtk_box_pack_start_defaults( GTK_BOX(hbutbox),
        GTK_WIDGET(hbuttons[i]));
    }

    /* vbutbox oben links von vpan mit den */
    /* Standardparametern hinzufügen       */
    gtk_paned_add1(GTK_PANED(vpan),
        GTK_WIDGET(vbutbox));
    /* hbutbox rechts unten von hpan mit den */
    /* Standardparametern hinzufügen         */
    gtk_paned_add2(GTK_PANED(hpan),
        GTK_WIDGET(hbutbox));

    /* Signalhandler einrichten */
    g_signal_connect( win, "delete-event",
        G_CALLBACK(delete_Event), NULL );
```

```
    g_signal_connect( win, "destroy",
        G_CALLBACK(end), NULL );
    gtk_container_add(GTK_CONTAINER( win ),
        GTK_WIDGET( hpan ) );
    /* Fenster anzeigen */
    gtk_widget_show_all( GTK_WIDGET(win) );
    /* Hauptschleife von gtk */
    gtk_main();
    g_print("Die GTK-Hauptschleife wurde beendet\n");
    return 0;
}
```

Listing 14.13 Demonstriert den Umgang mit Widget-Behältern und implementiert das klassische »Reiter-Prinzip«, das auch von Windows her bekannt ist.

Das Programm gibt bei der Ausführung Folgendes aus:

```
$ gcc -Wall -o gtk3 gtk3.c \
  `pkg-config gtk+-2.0 --cflags --libs`
$ ./gtk3
```

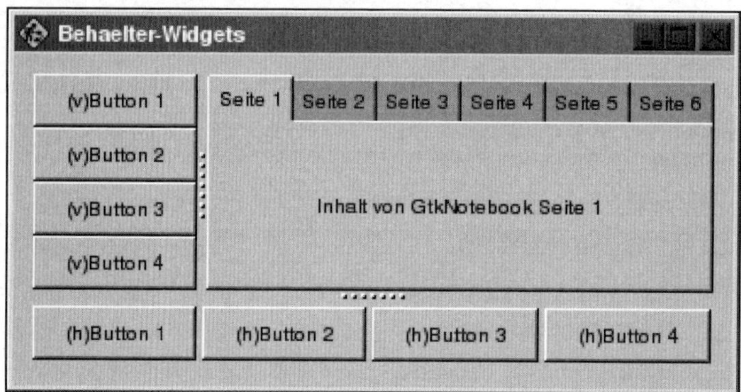

Abbildung 14.9 Einige Behälter-Widgets: Aufteilungen, Register, Button-Boxes und klassische Reiter, wie sie auch oft unter Windows benutzt werden

Aufteilungen erstellen mit GtkPaned

In dem letzten Beispiel haben Sie jeweils eine vertikale und eine horizontale Schiebeleiste (also eine Aufteilung) verwendet. Bei einer Aufteilung der Klassen `GtkVPaned` (Typenkennung: `GTK_TYPE_VPANED`) bzw. `GtkHPaned` (Typenkennung: `GTK_TYPE_HPANED`) kann an beiden Seiten je ein Widget gepackt werden. Bei `GtkVPaned` ist dies je ein Widget oberhalb und unterhalb der Schiebeleiste und bei `GtkHPaned` links und rechts von der Leiste. Für das Packen werden die Funktionen `gtk_paned_add1()` und `gtk_paned_add2()` verwendet:

```
void gtk_paned_add1 ( GtkPaned *paned,
                      GtkWidget *child );
void gtk_paned_add2 ( GtkPaned *paned,
                      GtkWidget *child );
```

Als erstes Argument verwenden beide Funktionen die gewünschte Schiebeleiste (GtkPaned) und als zweites Argument ein Widget, das darin eingepackt werden soll. Mit gtk_paned_add1() wird ein Widget links über und mit gtk_paned_add2() rechts unter die Schiebeleiste gepackt.

Sofern Sie ähnlich wie beim Packen von Boxen mit gtk_box_pack_start() auch die Größenveränderung des Widgets beeinflussen wollen, können Sie hierfür die Funktionen gtk_paned_pack1() und gtk_paned_pack2() wie folgt verwenden:

```
/* links oben */
void gtk_paned_pack1 ( GtkPaned *paned,
                       GtkWidget *child,
                       gboolean resize,
                       gboolean shrink );
/* rechts unten */
void gtk_paned_pack2 ( GtkPaned *paned,
                       GtkWidget *child,
                       gboolean resize,
                       gboolean shrink );
```


Beide Funktionen sind bis zu den ersten beiden Parametern gleichwertig zu gtk_paned_add1() und gtk_paned_add2(). Zusätzlich können Sie mit dem dritten Parameter angeben, ob sich das Kind-Widget ausdehnen darf, falls die Größe des Widgets verändert wird (dann wird beim Platzieren eben mit einem gedachten Rand gepaddet). Mit dem vierten Argument bestimmen Sie hingegen, ob das Widget jenseits der Minimalgröße schrumpfen darf, wenn das Hauptfenster verkleinert wird.

Die zwei Eigenschaften aus Tabelle 14.8 stehen Ihnen außerdem für das Widget GtkPaned zur Verfügung:

Eigenschaft	Datentyp	Bedeutung
"position"	gint	Hier kann eine Position, gerechnet von der linken bzw. oberen Seite, für die Schiebeleiste eingetragen werden (abhängig von position-set).
"position-set"	gboolean	Damit der Wert in position auch beachtet wird, muss hier TRUE eingetragen werden.

Tabelle 14.8 Eigenschaften für GtkPaned

Notizbuch (Reiter) erstellen mit GtkNotebook

Das Notizbuch (GtkNotebook, Typenkennung GTK_TYPE_NOTEBOOK) besteht aus mehreren Reitern, die beim Anklicken auch jeweils als neue Seite geöffnet werden. Um zum Notizbuch, das am Anfang natürlich keine einzige Seite enthält, weitere Seiten (also Reiter) hinzuzufügen, stehen Ihnen mindestens folgende Funktionen zur Verfügung (wovon Sie ja im letzten Beispiel die Funktion gtk_notebook_append_page_menu() verwendet haben):

```
void gtk_notebook_append_page_menu ( GtkNotebook *notebook,
                                     GtkWidget *child,
                                     GtkWidget *tab_label,
                                     GtkWidget *menu_label );
void gtk_notebook_prepend_page_menu ( GtkNotebook *notebook,
                                      GtkWidget *child,
                                      GtkWidget *tab_label,
                                      GtkWidget *menu_label );
void gtk_notebook_insert_page_menu ( GtkNotebook *notebook,
                                     GtkWidget *child,
                                     GtkWidget *tab_label,
                                     GtkWidget *menu_label,
                                     gint position );
```

Die einzelnen Argumente haben bei allen drei Funktionen dieselbe Bedeutung: Das erste Argument ist das Widget GtkNotebook selbst, bei dem ein neuer Eintrag hinzugefügt werden soll. Mit dem zweiten Argument geben Sie den Inhalt der Seite an, den Sie in das Notizbuch hineinpacken wollen. Hierbei können Sie natürlich fast jedes beliebige andere Widget, wie im Beispiel mit GtkLabel gesehen, hineinpacken. Mit dem dritten Argument geben Sie normalerweise die Beschriftung (also den Reiternamen) für die neue Seite an, wobei rein theoretisch auch hier ein beliebiges Widget verwendet werden könnte (ob das immer sinnvoll ist, sei dahingestellt). Im letzten Beispiel wurde auch hierzu GtkLabel verwendet, Sie könnten aber auch z. B. ein Bild an den Reiter »ankleben«, etwa eine kleine Sonne, die anzeigt, dass in Ihrem Wetter-Notizblock an einem gewissen Tag die Sonne geschienen hat. Sie sehen also, dass GTK der Kreativität kaum Grenzen setzt. Das vierte Argument könnte nun auch ein weiteres Beschriftungs-Widget aufnehmen, das für das Schnellzugriffsmenü der einzelnen Reiter dient. Dieses Menü erreichen Sie über einen Rechtsklick auf irgendeinen der Reiter. Wollen Sie beispielsweise erreichen, dass sich derselbe Eintrag wie der Name des Reiters selbst (drittes Argument) befindet, können Sie auch NULL angeben.

Der Unterschied zwischen den Funktionen gtk_notebook_append_page_menu() und gtk_notebook_prepend_page_menu() liegt darin, dass mit _append_ der neue Eintrag hinten und mit _prepend_ der neue Eintrag vorn eingefügt wird. Die Funktion gtk_notebook_insert_page_menu() hingegen besitzt noch einen fünften Parameter, mit dem der Menüeintrag an einer beliebigen Stelle bestimmt werden kann (angefangen von links [vorn] = 0).

Entfernen können Sie einen Notizbucheintrag wieder mit gtk_notebook_remove_page():

```
void gtk_notebook_remove_page ( GtkNotebook *notebook,
                                gint page_num );
```

Hierzu müssen Sie neben der Angabe des Notizbuches (erstes Argument) auch die Position (angefangen von vorn mit 0) des Eintrags angeben, der entfernt werden soll.

Die Eigenschaften, die Sie für ein neues Notizbuch der Klasse GtkNotebook (Typenkennung: GTK_TYPE_NOTEBOOK) vergeben können, finden Sie in Tabelle 14.9 aufgelistet.

Eigenschaft	Datentyp	Bedeutung
"enable-popup"	gboolean	Hier kann bestimmt werden, ob das Kontextmenü (Schnellzugriff) für das direkte Anspringen bei Rechtsklick auf einen Reiter erscheint (standardmäßig TRUE).
"homogeneous"	gboolean	Bei TRUE haben alle Reiter die gleiche Breite.
"page"	gint	Indexnummer der aktuellen Seite
"scrollable"	gboolean	Sind mehr Reiter vorhanden als auf dem Fenster anzeigbar, kann hier mit TRUE dafür gesorgt werden, dass ein scrollbarer Pfeil angezeigt wird, mit dem Sie quer durch die Reiter blättern können.
"show-border"	gboolean	Soll der Rand angezeigt werden oder nicht?
"show-tabs"	gboolean	Sollen die Reiter angezeigt werden oder nicht?
"tab-border"	guint	(nur beschreibbar) Breite des Randes um die Reiterbeschriftung (in Pixel)
"tab-hborder"	guint	Breite des Randes über und unter der Reiterbeschriftung (in Pixel)
"tab-vborder"	guint	Breite des Randes links und rechts der Reiterbeschriftung (in Pixel)
"tab-pos"	GtkPositionType	Position des Reiters ▸ GTK_POS_LEFT – links ▸ GTK_POS_RIGHT – rechts ▸ GTK_POS_TOP – oben ▸ GTK_TOP_BOTTOM – unten

Tabelle 14.9 Eigenschaften für GtkNotebook (GTK_TYPE_NOTEBOOK)

Button-Boxen erstellen mit GtkButtonBox

Die Button-Boxen GtkVButtonBox (Typenkennung: GTK_TYPE_VBUTTON_BOX) und GtkHButtonBox (Typenkennung: GTK_TYPE_HBUTTON_BOX) sind abgeleitete Klassen von GtkVBox und GtkHBox. Diese Behälter-Widgets eignen sich überall dort, wo Sie Buttons in einer vertikalen oder horizontalen Reihenfolge anordnen müssen. Ansonsten verhalten sich Button-Boxen genau, wie die normalen Boxen. Hinzu kommt die zusätzliche Eigenschaft layout-style, mit der Sie angeben können, wie die Knöpfe in der Box angeordnet werden sollen. Mögliche Werte hierfür wären:

- GTK_BUTTONBOX_DEFAULT_STYLE – Standardeinstellung lassen
- GTK_BUTTONBOX_SPREAD – gleichmäßig verteilen
- GTK_BUTTONBOX_EDGE – an den Enden der Box platzieren
- GTK_BUTTONBOX_START – am Anfang der Box gruppieren
- GTK_BUTTONBOX_END – am Ende der Box gruppieren

14.7.3 Tabellen erstellen mit GtkTable

Neben den Boxen sind Tabellen (Klasse GtkTable; Typenkennung: GTK_TYPE_TABLE) sehr gut geeignet, um das Layout Ihrer Anwendung zu optimieren. Ähnlich wie bei einer Tabellenkalkulation lassen sich die Widgets hiermit in Zeilen und Spalten anordnen. Allerdings müssen wir zugeben, dass GtkTable nicht annähernd an die unter Windows verfügbaren Flex-Grids herankommt. Denn es wurde hier genau darauf geachtet, dass auch bei GtkTable die Design-Philosophie des Packens nicht verletzt, sondern konsequent beibehalten wird. Ebenso wie auf die Boxen so werden Sie auch auf die Tabellen noch das eine oder andere Mal in diesem Kapitel stoßen, so dass hier nun nur ein kurzes Beispiel angeführt werden soll, das mehr oder weniger nur die Packfunktionen der Tabellen demonstriert:

```
/* gtk3b.c */
/* Behälter:        */
/*    Tabellen-Demo */
#include <gtk/gtk.h>
#define BUTTONS 3

static gint
delete_Event(GtkWidget *widget, GdkEvent event, gpointer daten) {
    g_print("Das Fenster wird zerstoert!\n");
    /* Nur mit FALSE wird die Anwendung wirklich beendet. */
    return FALSE;
}

static void end ( GtkWidget *widget, gpointer daten ) {
    g_print("Und tschuess!\n");
```

```
    gtk_main_quit();
}

int main(int argc, char **argv) {
    GtkWindow  *win;
    GdkPixbuf  *pic;
    GtkTable   *table;
    GtkButton  *button1, *button2, *button3;

    gtk_init( &argc, &argv );
    /* eine Grafik in einen Pixbuf laden */
    pic = gdk_pixbuf_new_from_file("icon/at-work.gif", NULL );
    /* Fenster mit folgenden Eigenschaften anlegen */
    win = g_object_new( GTK_TYPE_WINDOW,
    "title", "Eine einfache Tabelle",
    "default-width",  300,
    "default-height", 200,
    "resizable", TRUE,
    "window-position", GTK_WIN_POS_CENTER,
    "border-width", 10,
    "icon", pic,
    NULL );
    button1 = g_object_new( GTK_TYPE_BUTTON,
    "label","Kein Schrumpfen\nkein Expandieren",
    NULL);

    button2 = g_object_new( GTK_TYPE_BUTTON,
    "label","Expandiert und schrumpft\nvertikal",
    NULL);

    button3 = g_object_new( GTK_TYPE_BUTTON,
    "label","Expandiert und schrumpft\n in beide Richtungen",
    NULL);
    table = g_object_new( GTK_TYPE_TABLE,
    "n-columns", 2,
    "n-rows", 2,
    NULL);
    /* Signalhandler einrichten */
    g_signal_connect( win, "delete-event",
        G_CALLBACK(delete_Event), NULL );
    g_signal_connect( win, "destroy",
        G_CALLBACK(end), NULL );
```

```
    /* Inhalt der Tabelle mit verschiedenen Optionen erstellen */
    gtk_table_attach ( GTK_TABLE (table), GTK_WIDGET(button1),
        0, 1, 0, 1,
        GTK_FILL, GTK_FILL, 0, 0);
    gtk_table_attach ( GTK_TABLE (table), GTK_WIDGET(button2),
        0, 1, 1, 2,
        GTK_FILL, GTK_FILL|GTK_EXPAND|GTK_SHRINK,
        0, 0);
    gtk_table_attach ( GTK_TABLE (table), GTK_WIDGET(button3),
        1, 2, 1, 2,
        GTK_FILL | GTK_EXPAND | GTK_SHRINK,
        GTK_FILL | GTK_EXPAND | GTK_SHRINK, 0, 0);
    gtk_container_add(GTK_CONTAINER( win ), GTK_WIDGET( table ) );
    /* Fenster anzeigen */
    gtk_widget_show_all( GTK_WIDGET(win) );
    /* Hauptschleife von gtk */
    gtk_main();
    g_print("Die GTK-Hauptschleife wurde beendet\n");
    return 0;
}
```

Listing 14.14 Demonstriert das Packen von Widgets als Tabelle.

Das Programm gibt bei der Ausführung Folgendes aus:

```
$ gcc -Wall -o gtk3b gtk3b.c \
  `pkg-config gtk+-2.0 --cflags --libs`
$ ./gtk3b
```

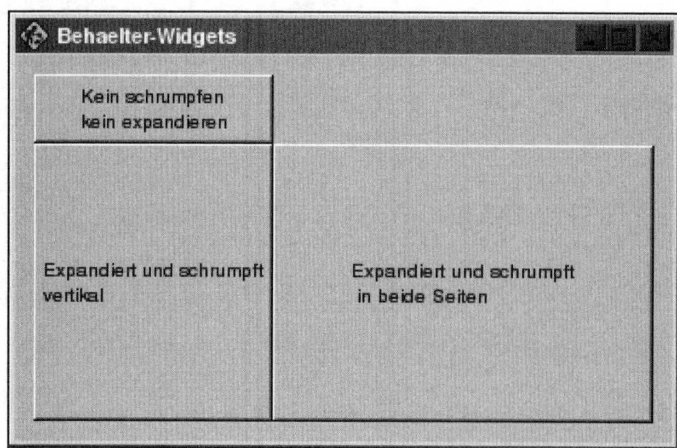

Abbildung 14.10 Widgets in GtkTable mit verschiedenen Optionen packen

Das Tabellen-Packing-Widget mit der Klasse GtkTable (Typenkennung: GTK_TYPE_TABLE) funktioniert im Prinzip genauso wie bei den vertikalen und horizontalen Boxen, nur verwenden Sie für das Packen eines Widgets Koordinaten der Form {n,m}. Sie können sich das Ganze wie bei einem Tabellenkalkulationsprogramm vorstellen: Sie erzeugen mithilfe der Eigenschaften n-rows für n Zeilen und m-columns für m Spalten eine Tabelle. Danach geben Sie bei den entsprechenden Packfunktionen die Koordinaten an, die bestimmen, in welcher Reihe und Spalte das Widget platziert werden soll.

Die Funktionen, mit denen Sie das Packen mit Tabellen realisieren können, lauten:

```
void gtk_table_attach_defaults( GtkTable *table,
                                GtkWidget *widget,
                                quint left_attach,
                                quint right_attach,
                                quint top_attach,
                                quint bottom_attach );
GtkWidget *gtk_table_attach ( GtkTable *table,
                              GtkWidget *widget,
                              quint left_attach,
                              quint right_attach,
                              quint top_attach,
                              quint bottom_attach,
                              GtkAttachOptions xoptions,
                              GtkAttachOptions yoptions,
                              quint xpadding,
                              quint ypadding );
```

Die einfachste Version, einzelne Widgets in den Tabellenbehälter zu packen, ist mit der Funktion gtk_table_attach_defaults() gegeben. Damit packen Sie das Widget (zweiter Parameter) in die Tabelle (erster Parameter). Die Angabe der Spalte lautet von left_attach für links nach right_attach für rechts und für die Zeile von top_attach für oben bis bottom_attach für unten. Es folgt dazu ein Codeausschnitt zum besseren Verständnis mit anschließender Grafik:

```
/* Erzeugen einer 3x2-Tabelle */
table = gtk_table_new(3,2,TRUE);
/* ein Widget an der linken oberen Ecke einfügen */
gtk_table_attach_defaults(GTK_TABLE(table), button1, 0,1, 0,1);
/* ein Widget an der linken unteren Ecke hinzufügen */
gtk_table_attach_defaults(GTK_TABLE(table), button2, 0,1, 1,2);
/* ein Widget an der rechten unteren Ecke hinzufügen */
gtk_table_attach_defaults(GTK_TABLE(table), button3, 2,3, 1,2);
```

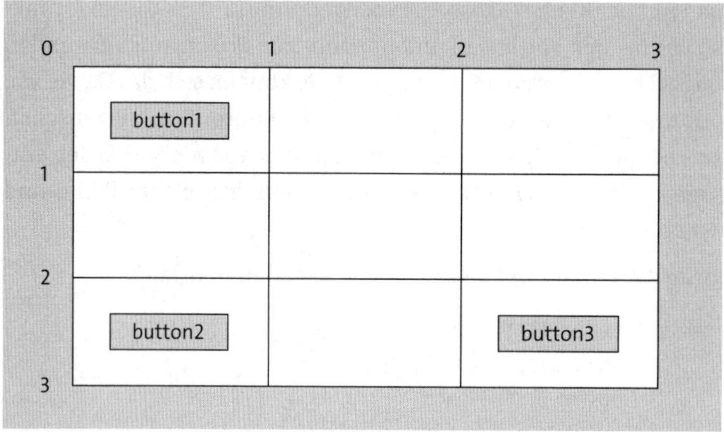

Abbildung 14.11 Verwendung eines tabellarischen Packet-Widgets

Wollen Sie hingegen mehr als die Standardeinstellungen zum Packen der Widgets in eine Tabelle verwenden, müssen Sie die Funktion `gtk_table_attach()` nutzen. Hier sind weitere vier Parameter neben `gtk_table_attach_defaults()` hinzugekommen. Für `xoptions` und `yoptions` vom Typ `GtkAttachOptions` können Sie folgende symbolische Konstanten verwenden:

- `GTK_EXPAND`: Widget breitet sich aus, falls überschüssiger Platz vorhanden ist (siehe Box-Widget).
- `GTK_FILL`: Das Widget füllt den zusätzlichen Platz ganz aus (siehe Box-Widget).
- `GTK_SHRINK`: Das Widget lässt sich verkleinern, und zwar, falls nötig, kleiner als seine Zelle.

Die einzelnen Optionen lassen sich (da sie Flags sind) auch mit dem bitweisen ODER-Operator (|) verknüpfen.

Mit `xpadding` und `ypadding` können Sie den Abstand in Pixeln vom Nachbarn rechts/links bzw. oben/unten angeben. Das zuvor gezeigte ausführbare Beispiel zeigt die Bedeutungen der einzelnen Argumente recht eindeutig.

Die Eigenschaften aus Tabelle 14.10 können außer der Spalten- und Reihenanzahl an die Tabelle `GtkTable` übergeben werden:

Eigenschaft	Datentyp	Bedeutung
`"column-spacing"`	`guint`	Spaltenabstand in Pixel
`"homogeneous"`	`gboolean`	Bei `TRUE` bleiben alle Spalten der Tabelle gleich hoch und breit.
`"n-columns"`	`guint`	Spaltenanzahl der Tabelle

Tabelle 14.10 Eigenschaften für GtkTable (GTK_TYPE_TABLE)

Eigenschaft	Datentyp	Bedeutung
"n-rows"	guint	Zeilenanzahl der Tabelle
"row-spacing"	guint	Zeilenabstand in Pixel

Tabelle 14.10 Eigenschaften für GtkTable (GTK_TYPE_TABLE) (Forts.)

14.7.4 Ausrichten von Widgets mit GtkAlignment

`GtkAlignment` (von der Typenkennung `GTK_TYPE_ALIGNMENT`) ist ein Behälter, in den Sie Widgets hineinpacken und nach bestimmten Eigenschaften ausrichten können. Die möglichen Eigenschaften für diesen Behälter-Widget sind in Tabelle 14.11 aufgelistet:

Eigenschaft	Datentyp	Bedeutung
"xalign"	gfloat	horizontale Ausrichtung des Kind-Widgets (0.0 = linksbündig; 0.5 = horizontal zentriert; 1.0 = rechtsbündig)
"xscale"	gfloat	Nimmt der Behälter mehr Fläche ein als das Kind-Widget, kann hiermit die horizontale Ausrichtung des Kind-Widgets im Behälter bestimmt werden. (0.0 = Kind-Widget darf nicht vergrößert werden; 1.0 = Kind-Widget darf den kompletten zur Verfügung stehenden Platz im Behälter einnehmen.)
"yalign"	gfloat	vertikale Ausrichtung des Kind-Widgets (0.0 = oben; 0.5 = vertikal zentriert; 1.0 = unten)
"yscale"	gfloat	Siehe xscale, nur für die vertikale Ausrichtung.

Tabelle 14.11 Eigenschaften für GtkAlignment (GTK_TYPE_ALIGNMENT)

14.8 Buttons und Toggled-Buttons

Einfache Buttons haben Sie in den Beispielen zuvor schon mehrfach verwendet, ohne dass wir genauer darauf eingegangen sind. Buttons (auch als *Knöpfe* bezeichnet) gibt es bei GTK+ in vierfacher Ausführung, wobei alle Buttons von der Klasse `GtkButton` (Typenkennung: `GTK_TYPE_BUTTON`) abstammen.

In der Anfangszeit der GUI-Programmierung (z. B. auf dem Amiga) gab es noch nicht viele Widgets, und sehr oft musste man deshalb sämtliche Eingaben in einer Reihe von (Auswahl-) Listen oder Eingabefeldern machen. Manchmal konnte man auch Optionen ankreuzen, und wenn ein Kreuz gesetzt war, dann war die Option ausgewählt. Leider bot diese Art der GUI dem Programmierer nicht viel Auswahl, und deshalb kamen auch später bei den GUIs anderer Anbieter weitere Button-Typen hinzu. Auch bei GTK+ ist dies so: Neben dem einfachen

Button (GtkButton) stehen Ihnen Ankreuzfelder (GtkCheckButtons; Typenkennung: GTK_TYPE_CHECK_BUTTON), Radio-Buttons (GtkRadioButton; Typenkennung: GTK_TYPE_RADIO_BUTTON) und Umschalt-Buttons (GtkToggleButton; Typenkennung: GTK_TYPE_TOGGLED_BUTTON) zur Verfügung. Bevor wir auf die einzelnen Buttons im Detail eingehen, folgt wieder ein Listing, das die einzelnen Button-Typen verwendet.

```
/* gkt4.c */
/* Buttons:       */
/*    Button-Demo */
#include <gtk/gtk.h>
#define VBOX 5
#define BUTTONS 4
#define LABEL   4
#define BUF 50

static GtkToggleButton *tbuttons[BUTTONS];
static GtkRadioButton  *rbuttons[BUTTONS];
static GtkCheckButton  *cbuttons[BUTTONS];

static gint
delete_Event(GtkWidget *widget, GdkEvent event, gpointer daten) {
    g_print("Das Fenster wird zerstoert!\n");
    /* Nur mit FALSE wird die Anwendung wirklich beendet. */
    return FALSE;
}

static void end ( GtkWidget *widget, gpointer daten ) {
    g_print("Und tschuess!\n");
    gtk_main_quit();
}

/* Zustand aller Umschalt-Buttons auswerten */
static void toggled_auswerten(gpointer button) {
    gboolean toggled1, toggled2, toggled3, toggled4 = FALSE;

    g_print("Toggled-Button Auswertung:\n");
    g_object_get(tbuttons[0], "active", &toggled1, NULL);
    g_object_get(tbuttons[1], "active", &toggled2, NULL);
    g_object_get(tbuttons[2], "active", &toggled3, NULL);
    g_object_get(tbuttons[3], "active", &toggled4, NULL);
    if(toggled1)
        g_print("Toggled-Button 1 ist aktiviert\n");
    if(toggled2)
```

```
        g_print("Toggled-Button 2 ist aktiviert\n");
    if(toggled3)
        g_print("Toggled-Button 3 ist aktiviert\n");
    if(toggled4)
        g_print("Toggled-Button 4 ist aktiviert\n");
    if(!toggled1 && !toggled2 && !toggled3 && !toggled4)
        g_print("Kein Toggled-Button ist aktiv\n");
    g_print("--------------------------------\n");
}

/* Zustand aller Radio-Buttons auswerten */
static void radio_auswerten(gpointer button) {
    gboolean radio1, radio2, radio3, radio4 = FALSE;

    g_print("Radio-Button Auswertung:\n");
    g_object_get(rbuttons[0], "active", &radio1, NULL);
    g_object_get(rbuttons[1], "active", &radio2, NULL);
    g_object_get(rbuttons[2], "active", &radio3, NULL);
    g_object_get(rbuttons[3], "active", &radio4, NULL);
    if(radio1)
        g_print("Radio-Button 1 ist aktiviert\n");
    else if(radio2)
        g_print("Radio-Button 2 ist aktiviert\n");
    else if(radio3)
        g_print("Radio-Button 3 ist aktiviert\n");
    else
        g_print("Radio-Button 4 ist aktiviert\n");
    g_print("--------------------------------\n");
}

/* Zustand aller Ankreuz-Buttons auswerten */
static void check_auswerten(gpointer button) {
    gboolean check1, check2, check3, check4 = FALSE;

    g_print("Check-Button Auswertung:\n");
    g_object_get(cbuttons[0], "active", &check1, NULL);
    g_object_get(cbuttons[1], "active", &check2, NULL);
    g_object_get(cbuttons[2], "active", &check3, NULL);
    g_object_get(cbuttons[3], "active", &check4, NULL);
    if(check1)
        g_print("Check-Button 1 ist aktiviert\n");
    if(check2)
        g_print("Check-Button 2 ist aktiviert\n");
```

```
    if(check3)
        g_print("Check-Button 3 ist aktiviert\n");
    if(check4)
        g_print("Check-Button 4 ist aktiviert\n");
    if(!check1 && !check2 && !check3 && !check4)
        g_print("Kein Check-Button aktiv\n");
    g_print("--------------------------------\n");
}

int main(int argc, char **argv) {
    GtkWindow  *win;
    GdkPixbuf  *pic;
    GtkHBox    *hbox;
    GtkVBox    *vbox[VBOX];
    GtkLabel   *label[LABEL];
    GtkVSeparator *vsep[VBOX-2];
    GtkButton  *buttons[BUTTONS];
    guint i;
    gchar buf[BUF];

    gtk_init( &argc, &argv );
    /* eine Grafik in einen Pixbuf laden */
    pic = gdk_pixbuf_new_from_file("icon/at-work.gif", NULL );
    /* Fenster mit folgenden Eigenschaften anlegen */
    win = g_object_new( GTK_TYPE_WINDOW,
    "title", "Behaelter-Widgets",
    "default-width",  350,
    "default-height", 200,
    "resizable", TRUE,
    "window-position", GTK_WIN_POS_CENTER,
    "border-width", 10,
    "icon", pic,
    NULL );
    /* eine horizontale Box erzeugen */
    hbox = g_object_new( GTK_TYPE_HBOX,
    "spacing", 10,
    NULL);
    /* Mit VBOX vertikale Boxen erzeugen */
    for(i=0; i < VBOX; i++)
        vbox[i] = g_object_new( GTK_TYPE_VBOX,
        "spacing", 10,
        NULL);
```

```
/* Mit VBOX-2 vertikale Linien erzeugen */
for(i=0; i < VBOX-2; i++)
   vsep[i] = g_object_new( GTK_TYPE_VSEPARATOR, NULL);
/* Labels erzeugen */
label[0] = g_object_new( GTK_TYPE_LABEL,
"label", "Auswerten der ...",
NULL);
label[1] = g_object_new( GTK_TYPE_LABEL,
"label", "Toggled-Buttons:",
NULL );
label[2] = g_object_new( GTK_TYPE_LABEL,
"label", "Radio-Buttons:",
NULL);
label[3] = g_object_new( GTK_TYPE_LABEL,
"label", "Check-Buttons:",
NULL );
/* "normale" Buttons erzeugen */
buttons[0] = g_object_new( GTK_TYPE_BUTTON,
"label", "Toggled-Buttons",
"relief", GTK_RELIEF_HALF,
NULL );
buttons[1] = g_object_new( GTK_TYPE_BUTTON,
"label", "Radio-Buttons",
"relief", GTK_RELIEF_HALF,
NULL );
buttons[2] = g_object_new( GTK_TYPE_BUTTON,
"label", "Check-Buttons",
"relief", GTK_RELIEF_HALF,
NULL );
buttons[3] = g_object_new( GTK_TYPE_BUTTON,
"label", "Programmende",
"relief", GTK_RELIEF_HALF,
NULL );
/* Mit BUTTONS Umschalt-Buttons erzeugen */
for(i = 0; i < BUTTONS; i++) {
   g_snprintf(buf,BUF,"Toggled %d",i+1);
   tbuttons[i] = g_object_new( GTK_TYPE_TOGGLE_BUTTON,
   "label", buf,
   NULL );
}
/* BUTTONS - Radio-Buttons erzeugen */
for(i = 0; i < BUTTONS; i++) {
   g_snprintf(buf,BUF,"Radio %d",i+1);
```

```
    rbuttons[i] = g_object_new( GTK_TYPE_RADIO_BUTTON,
    "label", buf,
    NULL );
    if(i!=0)
        g_object_set( rbuttons[i],
        "group", rbuttons[0],
        NULL );
    }
/* BUTTONS - Check-Buttons erzeugen */
for(i = 0; i < BUTTONS; i++) {
    g_snprintf(buf,BUF,"Ckeck %d",i+1);
    cbuttons[i] = g_object_new( GTK_TYPE_CHECK_BUTTON,
    "label", buf,
    NULL );
}
/* Signalhandler einrichten */
g_signal_connect( win, "delete-event",
    G_CALLBACK(delete_Event), NULL );
g_signal_connect( win, "destroy",
    G_CALLBACK(end), NULL );
/* Signalhandler zum Auswerten der einzelnen */
/* Buttons einrichten */
g_signal_connect( buttons[0], "clicked",
    G_CALLBACK(toggled_auswerten), NULL);
g_signal_connect( buttons[1], "clicked",
    G_CALLBACK(radio_auswerten), NULL);
g_signal_connect( buttons[2], "clicked",
    G_CALLBACK(check_auswerten), NULL);
g_signal_connect( buttons[3], "clicked",
    G_CALLBACK(end), NULL);
/* vertikale Boxen und Linien in die horizontalen */
/* Boxen packen */
for(i=0; i<VBOX; i++) {
    gtk_box_pack_start_defaults( GTK_BOX(hbox),
    GTK_WIDGET(vbox[i]));
    if(i < VBOX-2)
        gtk_box_pack_start_defaults( GTK_BOX(hbox),
        GTK_WIDGET(vsep[i]));
    }
/* Beschriftung der ersten vertikalen Box packen */
gtk_box_pack_start_defaults( GTK_BOX(vbox[0]),
GTK_WIDGET(label[0]) );
```

```
    /* normale Buttons in die erste vertikale Box */
    /* unter der Beschriftung einfügen */
    for(i = 0; i < BUTTONS; i++)
        gtk_box_pack_start_defaults( GTK_BOX(vbox[0]),
        GTK_WIDGET(buttons[i]) );
    /* Beschriftung der zweiten vertikalen Box packen */
    gtk_box_pack_start_defaults( GTK_BOX(vbox[1]),
    GTK_WIDGET(label[1]));
    /* Umschalt-Buttons in die zweite vertikale Box */
    /* unter der Beschriftung einfügen */
    for(i = 0; i < BUTTONS; i++)
        gtk_box_pack_start_defaults( GTK_BOX(vbox[1]),
        GTK_WIDGET(tbuttons[i]) );
    /* Beschriftung der dritten vertikalen Box packen */
    gtk_box_pack_start_defaults( GTK_BOX(vbox[2]),
    GTK_WIDGET(label[2]) );
    /* Radio-Buttons in die dritte vertikale Box */
    /* unter der Beschriftung einfügen */
    for(i = 0; i < BUTTONS; i++)
        gtk_box_pack_start_defaults( GTK_BOX(vbox[2]),
        GTK_WIDGET(rbuttons[i]) );
    /* Beschriftung der vierten vertikalen Box packen */
    gtk_box_pack_start_defaults( GTK_BOX(vbox[3]),
    GTK_WIDGET(label[3]) );
    /* Check-Buttons in die vierte vertikale Box */
    /* unter der Beschriftung einfügen */
    for(i = 0; i < BUTTONS; i++)
        gtk_box_pack_start_defaults( GTK_BOX(vbox[3]),
        GTK_WIDGET(cbuttons[i]) );
    /* die horizontale Box in das Hauptfenster packen */
    gtk_container_add(GTK_CONTAINER( win ), GTK_WIDGET( hbox) );
    /* Fenster anzeigen */
    gtk_widget_show_all( GTK_WIDGET(win) );
    /* Hauptschleife von gtk */
    gtk_main();
    g_print("Die GTK-Hauptschleife wurde beendet\n");
    return 0;
}
```

Listing 14.15 Demonstriert die verschiedenen Button-Typen, die GTK+ ab Version 2 unterstützt.

Das Programm gibt bei der Ausführung Folgendes aus:

```
$ gcc -Wall -o gtk4 gtk4.c `pkg-config gtk+-2.0 --cflags --libs`
$ ./gtk4
```

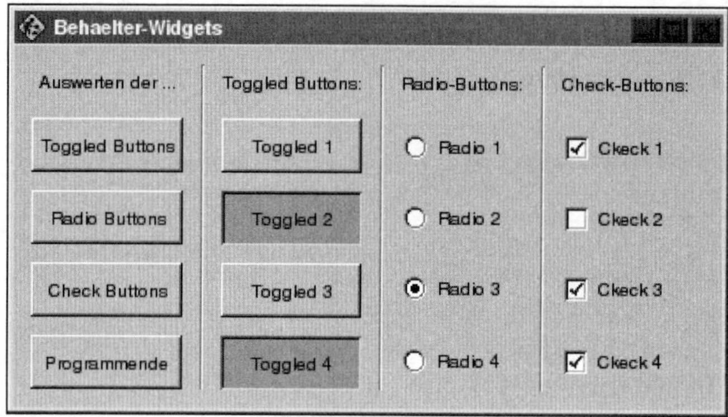

Abbildung 14.12 Demonstration der verschiedenen Button-Typen von GTK+

Wurden die Buttons nacheinander betätigt (siehe Abbildung 14.12), erhalten Sie die entsprechende Ausgabe auf der Konsole:

```
Toggled-Button Auswertung:
Toggled-Button 2 ist aktiviert
Toggled-Button 4 ist aktiviert
--------------------------------
Radio-Button Auswertung:
Radio-Button 3 ist aktiviert
--------------------------------
Check-Button Auswertung:
Check-Button 1 ist aktiviert
Check-Button 3 ist aktiviert
Check-Button 4 ist aktiviert
--------------------------------
```

14.8.1 Allgemeines über Buttons

Im Großen und Ganzen lassen sich die einzelnen Buttons zusammenfassen, da sie alle auf die gleiche Weise erstellt werden: Jeder Button wird beim Erzeugen (mit entsprechender Typenkennung) mit einem Label versehen und wie ein übliches Widget in einen Behälter (hier: in eine vertikale Box) gepackt. Die in Tabelle 14.12 genannten Eigenschaften können daher auch für alle Buttons übernommen werden:

Eigenschaft	Datentyp	Bedeutung
"label"	gchararray	Beschriftung des Buttons
"use-stock"	gboolean	Bei TRUE wird der Inhalt von label aus dem Repertoire (mehr dazu gleich) und nicht als Beschriftung dargestellt, vorausgesetzt, eine solche Angabe existiert im Repertoire.
"use-underline"	gboolean	Bei TRUE kann als Unterstrich ein markierter Buchstabe als Abkürzung verwendet werden, z. B. "label", "_Programmende", hiermit würde der Anfangsbuchstabe P des Labels unterstrichen und könnte somit als Abkürzung mittels [Alt]+[P] aktiviert werden.

Tabelle 14.12 Allgemeine Eigenschaften für alle Arten von Buttons

[«]

Hinweis

Das Repertoire enthält u. a. standardisierte Icons. Dabei ist jedes dieser Icons in mehreren Größen verfügbar. Neben Icons befinden sich im Repertoire-Eintrag auch standardisierte Beschriftungsarten und Abkürzungsbuchstaben mit Tastaturkürzel. Ab GTK+ der Version 2.0 liegt eine Demo-Anwendung namens gtk-demo bei (die Sie auch mit diesem Namen in der Kommandozeile starten können). Hier finden Sie auch die Demo *Stock Item and Icon Browser*, die Ihnen sämtliche Einträge des Repertoires auflistet und anzeigt.

14.8.2 Radio-Buttons erstellen mit GtkRadioButton

Eine Eigenschaft, die nur ein Radio-Button besitzen kann, ist, dass nur eine einzige Auswahl innerhalb einer Gruppe aktiv werden darf. Wird z. B. ein anderer Radio-Button in einer Gruppe aktiviert, muss der aktive Button automatisch deaktiviert werden. Meistens werden alle Radio-Buttons einer Gruppe einem betreffenden Button (meistens der erste) zugeordnet, der dann beim Start der Anwendung auch markiert ist. Im Beispiel wurde mit

```
g_object_set( rbuttons[i],
              "group", rbuttons[0],
              NULL );
```

allen anderen Radio-Buttons, außer dem ersten, die group-Eigenschaft gegeben.

Eigenschaften von Widgets nachträglich setzen oder abfragen

Wir haben ja schon kurz besprochen, dass Sie nachträglich mit der Funktion g_object_set() einzelne oder mehrere Eigenschaften eines Widgets nachträglich setzen können, also nachdem dieses bereits erzeugt wurde. Gleichwertig können Sie hierzu auch die get-Version zum Abfragen von Eigenschaften einzelner Widgets betrachten. Die Syntax der beiden Funktionen lautet:

```
void g_object_set ( gpointer object,
                    const gchar *first_property_name, ...);
void g_object_get ( gpointer object,
                    const gchar *first_property_name, ...);
```

Im Prinzip könnten Sie in den meisten GTK+-Anwendungen die drei Funktionen g_object_new() zum Erzeugen und Setzen, g_object_get() zum Abfragen und g_object_set() zum Setzen der Eigenschaften von Widgets verwenden. Natürlich soll auch darauf hingewiesen werden, dass Sie auch auf die vielen unzähligen Funktionen, wie gtk_**einWidget**_get_**einWert()**, eines jeden Widgets zugreifen können, anstatt g_object_get() zu verwenden.

14.8.3 GtkRadioButton, GtkCheckButton und GtkToggleButton

Diese drei Button-Typen haben zusätzlich zwei weitere wichtige Eigenschaften, die Sie in Tabelle 14.13 sehen:

Eigenschaft	Datentyp	Bedeutung
"active"	gboolean	Eigentlich die wichtigste Eigenschaft. Hier kann der Wahrheitswert ermittelt werden: Ist der Button aktiv (betätigt, angekreuzt) oder nicht? Hierzu kann die Funktion g_object_get() (wie im Beispiel gesehen) verwendet werden.
"inconsistent"	gboolean	Bei TRUE wird der Button oder alles um den Button mit einem Querbalken und grau dargestellt, was bedeuten soll, dass sich keine eindeutige Aussage über den Zustand des Widgets machen lässt.

Tabelle 14.13 Eigenschaften GtkRadioButton, GtkCheckButton und GtkToggleButton

14.8.4 Signale für Buttons (GtkButton)

In Tabelle 14.14 finden Sie eine Liste der Signale, die von jedem Button-Typ (ausgehend von GtkButton) emittiert werden können. In dem letzten Beispiel wurden zum Auswerten der Buttons globale Widgets als Buttons erzeugt. Dies wäre nicht nötig gewesen, wenn Sie als Callback-Funktion folgenden Prototyp verwendet hätten, um die Signale zu emittieren:

```
void button_callback (GtkButton *button,   gpointer user_data)
```

Signal	Bedeutung
"activate"	Kann verwendet werden, um einen Button zu *klicken*, ohne dass der Anwender diesen angeklickt hätte – Geistermodus.
"clicked"	Wird beim Anklicken des Buttons emittiert (bedeutet: Mauszeiger auf dem Button, während Maustaste gedrückt und losgelassen wurde). Dieses Signal wird gewöhnlich am meisten verwendet.
"enter"	Wird emittiert, wenn der Mauszeiger sich über dem Button befindet.
"leave"	Wird emittiert, wenn der Mauszeiger den Button verlässt.
"pressed"	Wird emittiert, wenn der Button gedrückt wurde.
"released"	Wird emittiert, wenn der Button losgelassen wurde.

Tabelle 14.14 Signal für Buttons

14.9 Dateneingaben auswerten

In diesem Abschnitt lernen Sie einige Widgets kennen, die sich rein zum Erfassen von Daten eignen. Zur Eingabe einzelner Zeilen wird gerne das Widget der Klasse `GtkEntry` (Typenkennung: `GTK_TYPE_ENTRY`) verwendet. Einen Schieberegler, mit dem Sie einige Werte ähnlich wie bei einer Stereoanlage einstellen können, stellt Ihnen die Klasse `GtkScale` mit ihren Unterklassen `GtkVScale` (Typenkennung: `GTK_TYPE_VSCALE`) für einen vertikalen und `GtkHScale` (Typenkennung: `GTK_HSCALE`) für einen horizontalen Schieberegler zur Verfügung. Des Weiteren finden Sie Zahlenfelder der Klasse `GtkSpinButton` (Typenkennung: `GTK_TYPE_SPIN_BUTTON`), die sich recht ähnlich wie die Schieberegler verhalten und auch ähnlich einsetzen lassen. Zu guter Letzt werden Sie für die beiden Widgets `GtkSpinButton` und `GtkScale` eine Stellgröße zur Regulierung der Werte benötigen. Hierzu verwendet man das Widget der Klasse `GtkAdjustment` (Typenkennung: `GTK_TYPE_ADJUSTMENT`). Es folgt wieder ein Listing mit der anschließenden Erläuterung der Widgets.

```
/* gkt5.c */
/* Dateneingabe: */
/*    Textfelder - GtkEntry          */
/*    Schieberegler -  GtkScale      */
/*    Zahlenfelder  -  GtkSpinButton */
#include <gtk/gtk.h>
#define VBOX    3
#define ENTRIES 3
#define SCALES  3
```

```
#define SPIN    2
#define BUF 50

static  GtkEntry   *entry[ENTRIES];
static  GtkVScale  *vscale[SCALES];
static  GtkAdjustment *vadj[SCALES];
static  GtkSpinButton  *spin[SPIN];
static  GtkAdjustment *spinadj[SPIN];

static gint
delete_Event(GtkWidget *widget, GdkEvent event, gpointer daten) {
    g_print("Das Fenster wird zerstoert!\n");
    /* Nur mit FALSE wird die Anwendung wirklich beendet. */
    return FALSE;
}

static void end ( GtkWidget *widget, gpointer daten ) {
    g_print("Und tschuess!\n");
    gtk_main_quit();
}

/* Auswertung Eingabefelder */
static void entry_auswerten(gpointer auswert) {
    gchar *e1, *e2, *e3;
    g_object_get(entry[0], "text", &e1, NULL);
    g_object_get(entry[1], "text", &e2, NULL);
    g_object_get(entry[2], "text", &e3, NULL);
    g_print("Entry-Feld Auswertung:\n");
    g_print("Name, Vorname    : %s\n", e1);
    g_print("Strasse, Hausnr. : %s\n", e2);
    g_print("Ort, PLZ         : %s\n", e3);
    g_print("---------------------------\n");
}

/* Auswertung Schieberegler */
static void scale_auswerten(GtkAdjustment *adj, gpointer scale) {
    g_print("Schieberegler Auswertung:\n");
    g_print("Regler 1 : %.1f\n",
        gtk_adjustment_get_value(vadj[0]));
    g_print("Regler 2 : %.1f\n",
        gtk_adjustment_get_value(vadj[1]));
```

```
    g_print("Regler 3 : %.1f\n",
        gtk_adjustment_get_value(vadj[2]));
}

/* Auswertung Zahlenfelder */
static void spin_auswerten(GtkAdjustment *adj, gpointer scale) {
    g_print("Zahlenfelder Auswertung:\n");
    g_print("Regler 1 : %.1f\n",
        gtk_adjustment_get_value(spinadj[0]));
    g_print("Regler 2 : %.1f\n",
        gtk_adjustment_get_value(spinadj[1]));
}

/* Eingabefelder zurücksetzen - löschen */
static void entry_loeschen(gpointer auswert) {
    gint i;
    for(i=0; i<ENTRIES; i++)
        gtk_entry_set_text(entry[i], "");
}

int main(int argc, char **argv) {
    GtkWindow  *win;
    GdkPixbuf  *pic;
    GtkTable   *table;
    GtkLabel   *label[ENTRIES];
    GtkButton  *entry_button[2];
    GtkHBox    *hbox, *hbox_2, *hbox_vscale;
    GtkVBox    *vbox, *vbox_spin;
    GtkHSeparator *hsep;
    guint i;
    gtk_init( &argc, &argv );
    /* eine Grafik in einen Pixbuf laden */
    pic = gdk_pixbuf_new_from_file("icon/at-work.gif", NULL );
    /* Fenster mit folgenden Eigenschaften anlegen */
    win = g_object_new( GTK_TYPE_WINDOW,
    "title", "Dateieingabe",
    "default-width",  380,
    "default-height", 200,
    "resizable", TRUE,
    "window-position", GTK_WIN_POS_CENTER,
    "border-width", 10,
```

14

```
"icon", pic,
NULL );
/* eine Tabelle 8 x 3 erzeugen */
table = g_object_new( GTK_TYPE_TABLE,
"n-rows", 8,
"n-columns", 3,
"row-spacing", 3,
"column-spacing" , 3,
"homogeneous", FALSE,
NULL);
/* horizontale Box erzeugen */
hbox = g_object_new( GTK_TYPE_HBOX,
"spacing", 10,
NULL );
/* horizontale Box erzeugen */
hbox_2 = g_object_new( GTK_TYPE_HBOX,
"spacing", 10,
NULL );
/* horizontale Box für Schieberegler erzeugen */
hbox_vscale = g_object_new( GTK_TYPE_HBOX,
"spacing", 20,
NULL );
/* vertikale Box erzeugen */
vbox = g_object_new( GTK_TYPE_VBOX,
"spacing", 10,
NULL );
/* vertikale Box für Zahlenfelder erzeugen */
vbox_spin = g_object_new( GTK_TYPE_VBOX,
"spacing", 7,
NULL );
/* ENTRIES - Textfelder erzeugen */

for(i=0; i < ENTRIES; i++)
    entry[i] = g_object_new( GTK_TYPE_ENTRY,
    "text", "Ihre Eingabe hier ...",
    "max-length"  ,BUF,
    NULL );
/* Labels für die Textfelder erzeugen */
label[0] = g_object_new( GTK_TYPE_LABEL,
"justify", GTK_JUSTIFY_LEFT,
"label", "Name, Vorname",
NULL );
```

```
label[1] = g_object_new( GTK_TYPE_LABEL,
"label", "Strasse/Hausnr.",
NULL );
label[2] = g_object_new( GTK_TYPE_LABEL,
"label", "Ort, Postleitz.",
NULL );
/* Buttons zum Auswerten der Textfelder erzeugen */
entry_button[0] = g_object_new( GTK_TYPE_BUTTON,
"label", "Auslesen",
NULL );
entry_button[1] = g_object_new( GTK_TYPE_BUTTON,
"label", "Reset",
NULL );
/* SCALES - Stellgrößen für die Schieberegler erzeugen */
for(i=0; i<SCALES; i++)
    vadj[i] = GTK_ADJUSTMENT(
    gtk_adjustment_new(1.0,
    -100.0,
    100.0,
    0.1,
    10.0,
    0.0) );
/* SCALES - vertikale Schieberegler erzeugen */
for(i=0; i<SCALES; i++)
    vscale[i] = g_object_new( GTK_TYPE_VSCALE,
    "adjustment", vadj[i],
    NULL );
/* SPIN - Stellgrößen für die Zahlenfelder erzeugen */
for(i=0; i<SPIN; i++)
    spinadj[i] = GTK_ADJUSTMENT(
    gtk_adjustment_new(1.0,
    -100.0,
    100.0,
    0.1,
    10.0,
    0.0) );
/* SPIN - Zahlenfelder erzeugen */
for(i=0; i<SPIN; i++)
    spin[i] = g_object_new( GTK_TYPE_SPIN_BUTTON,
    "adjustment", spinadj[i],
    "digits", 1,
    "value", 20.0,
    NULL );
```

14

```
/* horizontale Linie erzeugen */
hsep = g_object_new( GTK_TYPE_HSEPARATOR, NULL);
/* Signalhandler einrichten */
g_signal_connect( win, "delete-event",
   G_CALLBACK(delete_Event), NULL );
g_signal_connect( win, "destroy",
   G_CALLBACK(end), NULL );
/* Signalhandler für die Buttons */
g_signal_connect( entry_button[0], "clicked",
   G_CALLBACK(entry_auswerten), NULL);
g_signal_connect( entry_button[1], "clicked",
   G_CALLBACK(entry_loeschen), NULL);
/* Signalhandler, wenn sich einer der */
/* Schieberegler verändert */
g_signal_connect( vscale[0], "value-changed",
   G_CALLBACK(scale_auswerten), NULL);
g_signal_connect( vscale[1], "value-changed",
   G_CALLBACK(scale_auswerten), NULL);
g_signal_connect( vscale[2], "value-changed",
   G_CALLBACK(scale_auswerten), NULL);
/* Signalhandler, wenn sich eines der Zahlenfelder */
/* verändert */
g_signal_connect( spin[0], "value-changed",
   G_CALLBACK(spin_auswerten), NULL);
g_signal_connect( spin[1], "value-changed",
   G_CALLBACK(spin_auswerten), NULL);
/* Großes Packen der Widgets beginnt. */
gtk_table_attach ( GTK_TABLE (table), GTK_WIDGET(label[0]),
0, 1, 0, 1,
GTK_FILL, GTK_FILL, 0, 0 );
gtk_table_attach ( GTK_TABLE (table), GTK_WIDGET(entry[0]),
1, 2, 0, 1,
GTK_FILL, GTK_FILL, 0, 0 );
gtk_table_attach ( GTK_TABLE (table), GTK_WIDGET(label[1]),
0, 1, 2, 3,
GTK_FILL, GTK_FILL, 0, 0);
gtk_table_attach ( GTK_TABLE (table), GTK_WIDGET(entry[1]),
1, 2, 2, 3,
GTK_FILL, GTK_FILL, 0, 0);
gtk_table_attach ( GTK_TABLE (table), GTK_WIDGET(label[2]),
0, 1, 4, 5,
GTK_FILL, GTK_FILL, 0, 0);
```

```
    gtk_table_attach ( GTK_TABLE (table), GTK_WIDGET(entry[2]),
    1, 2, 4, 5,
    GTK_FILL, GTK_FILL, 0, 0);
    gtk_table_attach ( GTK_TABLE (table), GTK_WIDGET(hbox),
    1, 2, 6, 7,
    GTK_FILL, GTK_FILL, 0, 0);
    gtk_box_pack_start_defaults( GTK_BOX(hbox),
    GTK_WIDGET(entry_button[0]) );
    gtk_box_pack_start_defaults( GTK_BOX(hbox),
    GTK_WIDGET(entry_button[1]) );
    gtk_box_pack_start_defaults( GTK_BOX(vbox_spin),
    GTK_WIDGET(hsep) );
    gtk_box_pack_start_defaults( GTK_BOX(vbox_spin),
    GTK_WIDGET(spin[0]) );
    gtk_box_pack_start_defaults( GTK_BOX(vbox_spin),
    GTK_WIDGET(spin[1]) );
    gtk_table_attach ( GTK_TABLE (table), GTK_WIDGET(vbox_spin),
                     1, 2, 7, 8,
                     GTK_FILL, GTK_FILL, 0, 0);
    for(i=0; i<SCALES; i++)
       gtk_box_pack_start_defaults( GTK_BOX(hbox_vscale),
       GTK_WIDGET(vscale[i]) );
    gtk_container_add( GTK_CONTAINER( vbox ),
    GTK_WIDGET( hbox_2) );
    gtk_container_add( GTK_CONTAINER( hbox_2 ),
    GTK_WIDGET( table ) );
    gtk_container_add( GTK_CONTAINER( hbox_2 ),
    GTK_WIDGET( hbox_vscale ) );
    gtk_container_add( GTK_CONTAINER( win ), GTK_WIDGET( vbox ) );
    /* Fenster anzeigen */
    gtk_widget_show_all( GTK_WIDGET(win) );
    /* Hauptschleife von gtk */
    gtk_main();
    g_print("Die GTK-Hauptschleife wurde beendet\n");
    return 0;
}
```

Listing 14.16 Zeigt, wie Sie Eingabefelder erstellen, die auch Daten mit Ihrer Anwendung austauschen können.

Das Programm gibt bei der Ausführung Folgendes aus:

```
$ gcc -Wall -o gtk5 gtk5.c `pkg-config gtk+-2.0 --cflags --libs`
$ ./gtk5
```

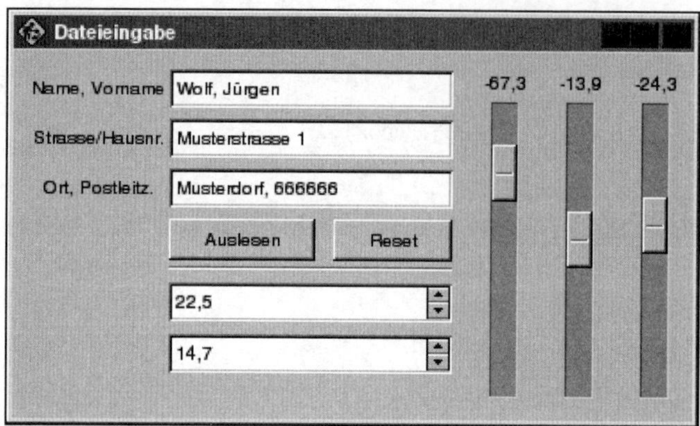

Abbildung 14.13 Widgets zur Dateieingabe

Bei der Betätigung einzelner Aktionen kann die Ausgabe auf die Konsole wie folgt aussehen:

```
...
Schieberegler Auswertung:
Regler 1: -67,3
Regler 2: -13,9
Regler 3: -24,3
Zahlenfelder Auswertung:
Regler 1: 22,5
Regler 2: 14,7
Zahlenfelder Auswertung:
Regler 1: 22,5
Regler 2: 14,7
Entry-Feld Auswertung:
Name, Vorname    : Wolf, Jürgen
Strasse, Hausnr. : Musterstrasse 1
Ort, PLZ         : Musterdorf, 666666
---------------------------
...
```

14.9.1 Textfelder erstellen mit GtkEntry

Für einfache einzeilige Texteingaben wie z. B. eine Passwortabfrage eignet sich das Textfeld-Widget `GtkEntry` (Typenkennung: `GTK_TYPE_ENTRY`). Standardmäßig liefert dieses Widget ein eigenes Kontextmenü mit, das neben den gewöhnlichen Funktionen auf eine Zwischenablage zugreifen kann (Ausschneiden, Kopieren, Einfügen) und auch die Eingabe von Unicode-Zeichen unterstützt. Auch die Erstellung und das Packen des Widgets gestalten sich wieder recht einfach, und es kann neben den im letzten Beispiel verwendeten Eigenschaften die in Tabelle 14.15 aufgelisteten Eigenschaften enthalten:

Eigenschaft	Datentyp	Bedeutung
"activates-default"	gboolean	Bei TRUE kann ein Vorgabe-Widget, meistens ein Button, verwendet werden, das bei Druck auf die [↵]-Taste aktiviert wird.
"cursor-position"	gint	(nur lesbar) Position des Cursors im Feld, beginnend bei 0 vor dem ersten Zeichen
"editable"	gboolean	Darf Text verändert werden? (TRUE = ja; FALSE = nein)
"has-frame"	gboolean	Bei TRUE bekommt das Textfeld einen Reliefrahmen.
"max-length"	gint	maximale Länge des Feldinhaltes in Zeichen (0 = unbegrenzte Länge)
"scroll-offset"	gint	(nur lesbar) Die Anzahl Pixel (!), um die der Textinhalt im Feld nach links gescrollt ist.
"selection-bound"	gint	(nur lesbar) Bei markiertem Text werden hier die einzelnen Zeichen vom Anfang bis zum Ende der markierten Position gezählt und zurückgegeben.
"text"	gchararray	vorgegebener Text, der beim Anzeigen des Widgets im Entry-Feld stehen soll.
"visibility"	gboolean	Bei FALSE kann hier eine passwortabfrage-typische Eingabe gemacht werden – sprich, der Text ist bei der Eingabe nicht ablesbar und wird meistens durch ein Sternchen versehen. Dies kann aber mit der Eigenschaft "invisible-char" verändert werden.
"invisible-char"	guint	das Zeichen, das verwendet werden soll, wenn visibility auf FALSE gesetzt wird
"width-chars"	gint	Breite des Textfeldes in Zeichen

Tabelle 14.15 Eigenschaften für GtkEntry (GTK_TYPE_ENTRY)

GtkEntry kann auch eine Reihe von Signalen emittieren. Die wichtigsten Signale sind in Tabelle 14.16 aufgelistet:

Signal	Bedeutung
"changed"	Der Inhalt des Textfeldes wurde verändert.
"activate"	Wird emittiert, wenn die [↵]-Taste im Textfeld gedrückt wurde.

Tabelle 14.16 Mögliche Signale für GtkEntry

Signal	Bedeutung
"copy-clipboard"	Wird beim Kopieren eines Textes aus dem Textfeld emittiert.
"cut-clipboard"	Wird beim Ausschneiden eines Textes aus dem Textfeld emittiert.
"paste-clipboard"	Wird beim Einfügen eines Textes aus der Zwischenablage emittiert.

Tabelle 14.16 Mögliche Signale für GtkEntry (Forts.)

14.9.2 Schieberegler erstellen mit GtkScale

Die Schieberegler sind eine abgeleitete Klasse von `GtkRange` (Typenkennung: `GTK_TYPE_RANGE`), einem Rollbalken. Sie können hiermit entweder einen vertikalen Schieberegler (`GtkVScale`; Typenkennung: `GTK_TYPE_VSCALE`) oder einen horizontalen Schieberegler (`GtkHScale`; Typenkennung: `GTK_TYPE_HSCALE`) erzeugen. Das Wichtigste bei einem Schieberegler ist wohl die Eigenschaft der Stellgröße `adjustment`, die Sie bei der Erzeugung mit angeben müssen. Bei einem solchen Schieberegler können Sie die Eigenschaften aus Tabelle 14.17 setzen bzw. abfragen:

Eigenschaft	Datentyp	Bedeutung
"digits"	gint	Anzahl der Nachkommastellen
"draw-value"	gboolean	Bei TRUE wird der Wert neben dem Schieberegler angezeigt.
"value-pos"	GtkPositionType	Hier kann angegeben werden, wo der Wert beim Schieberegler angezeigt werden soll: ► GTK_POS_LEFT = links ► GTK_POS_RIGHT = rechts ► GTK_POS_TOP = darüber ► GTK_POS_BOTTOM = darunter
"adjustment"	GtkAdjustment	Die Stellgröße GtkAdjustment des Schiebereglers

Tabelle 14.17 Eigenschaften für GtkVScale und GtkHScale

Wichtige Signale, die ein Schieberegler emittieren kann, sind in Tabelle 14.18 aufgezählt:

Signal	Bedeutung
"adjust-bounds"	Der Schieberegler wurde verändert.

Tabelle 14.18 Mögliche Signale für GtkVScale und GtkHScale

Signal	Bedeutung
"move-slider"	Der Schieberegler wurde mit einem entsprechenden Tastendruck (z. B. [↑]) verändert.
"value-changed"	Der Wert des Schiebereglers hat sich verändert.

Tabelle 14.18 Mögliche Signale für GtkVScale und GtkHScale (Forts.)

14.9.3 Zahlenfelder erstellen mit GtkSpinButton

Zahlenfelder der Klasse GtkSpinButton (Typenkennung: GTK_TYPE_SPIN_BUTTON) sind eine Unterklasse des Widgets GtkEntry, so dass Sie auch alle Signale und Eigenschaften verwenden können, die Sie bei den Textfeldern kennen gelernt haben. Abgesehen davon ist die Erstellung von Zahlenfeldern ähnlich wie bei einem Schieberegler. Auch bei den Zahlenfeldern wird also die Eigenschaft der Stellgröße unbedingt benötigt. Die Eigenschaften aus Tabelle 14.19 lassen sich zusammen mit den Zahlenfeldern verwenden:

Eigenschaften	Datentyp	Bedeutung
"adjustment"	GtkAdjustment	die Stellgröße GtkAdjustment des Schiebereglers
"climb-rate"	gdouble	Hier wird die Rate eingetragen, um wie viel der Wert zu- bzw. abnimmt, wenn der Schrittschalter länger gedrückt wurde.
"digits"	guint	die Anzahl der Nachkommastellen
"numeric"	gboolean	Bei FALSE werden nicht nummerische (!) Zahlen verwendet.
"snap-to-ticks"	gboolean	Bei TRUE werden von Hand eingetragene Werte auf die nächste Schrittweite gerundet.
"value"	gdouble	Wird für den Zugriff auf den aktuellen Wert benötigt.
"wrap"	gboolean	Mit TRUE wird ein zyklisches Zahlenfeld erzeugt, das beim Erreichen des höchsten Wertes zum niedrigsten Wert umschlägt.

Tabelle 14.19 Eigenschaften für GtkSpinButton (GTK_TYPE_SPIN_BUTTON)

Neben den Signalen von GtkEntry, die für GtkSpinButton verwendet werden können, steht Ihnen das Signal value-changed zur Verfügung, das emittiert wird, wenn sich der Wert im Zahlenfeld verändert hat.

14.9.4 Einstellungen mit GtkAdjustment

Im letzten Beispiel wurde zweimal das Widget GtkAdjustment (Typenkennung: GTK_TYPE_ADJUSTMENT) für GtkSpinButton und GtkScale benutzt. Neben diesen beiden Widgets werden Stellgrößen auch gerne als Verbindung zwischen rollbaren Flächen und Rollbalken verwendet.

Erzeugt wird eine solche Stellgröße mit der Funktion gtk_adjustment_new(). Da es für GtkAdjustment keine Eigenschaften gibt, werden zum Abfragen und Setzen von bestimmten Größen die Funktionen gtk_adjustment_set_value() und gtk_adjustment_get_value() verwendet. Die Syntax der beiden Funktionen ist die folgende:

```
GtkObject* gtk_adjustment_new ( gdouble value,
                                gdouble lower,
                                gdouble upper,
                                gdouble step_increment,
                                gdouble page_increment,
                                gdouble page_size );
gdouble gtk_adjustment_get_value ( GtkAdjustment *adjustment);
void gtk_adjustment_set_value ( GtkAdjustment *adjustment,
                                gdouble value );
```

Das erste Argument value der Funktion gtk_adjustment_new() entspricht dem anfänglichen Wert der Stellgröße, wenn das Widget erzeugt und zum ersten Mal angezeigt wird. Mit den Parametern Nummer zwei und drei geben Sie den minimalen (lower) und maximalen (upper) Wert der Stellgröße an. Im letzten Beispiel betrug dieser Wert –100 bis +100. Mit step_increment geben Sie die Schrittweite an, um die sich der Wert minimal verändern kann, wenn die Stellgröße mit der Maus bzw. durch die Tastatur (Pfeiltaste) verändert wird. Mit dem Argument page_increment geben Sie die maximale Schrittweite an, um die der Wert verändert wird, wenn Sie mit der Maus in die freie Fläche eines Schiebereglers klicken. Mit dem letzten Argument können Sie noch die Seitengröße angeben. Dies ist aber nur dann sinnvoll, wenn die Stellgröße mit der Größe eines Reglers gekoppelt ist. In diesem Fall stellt dieser Wert den Wert für die Größe des Schiebers dar. Bei Schiebereglern wird hierfür gewöhnlich 0.0 angegeben.

Mit gtk_adjustment_get_value() können Sie den Wert der aktuellen Stellgröße abfragen, und mit gtk_adjustment_set_value() können Sie einen neuen Wert für die Stellgröße setzen. Natürlich können Sie auch während der Ausführung die minimale und maximale Stellgröße (Parameter Nr. zwei und drei bei gtk_adjustment_new()) mit der Funktion gtk_adjustment_clamp_page() verändern. Sofern Sie allerdings einen Wert wie die Schrittweite oder Seitengröße von GtkAdjustment verändern, müssen Sie die Funktion gtk_adjustment_changed() wie folgt aufrufen, um der Anwendung mitzuteilen, dass Sie die Parameter des Widgets verändert haben:

```
void gtk_adjustment_clamp_page ( GtkAdjustment *adjustment,
                                 gdouble lower,
                                 gdouble upper );
```

Ein GtkAdjustment-Widget kann die zwei Signale aus Tabelle 14.20 emittieren:

Signal	Bedeutung
"changed"	Die Werte des Widgets selbst haben sich verändert, wie Schrittweite oder Seitengröße (z. B. mit gtk_adjustment_clamp_page()).
"value-changed"	Der eigentliche Wert der Stellgröße hat sich verändert.

Tabelle 14.20 Signale für GtkAdjustment

14.9.5 GtkEditable

GtkEditable ist eine Unterklasse des Widgets GtkEntry und stammt noch aus der Anfangszeit von GTK+. Es ist eigentlich nur noch aus Kompatibilitätsgründen vorhanden, und somit belassen wir es auch und geben diesem Widget das Attribut deprecated (veraltet).

14.10 Menüs und Toolbars erstellen

Ein Menü, wie Sie es in fast jedem modernen Programm finden, lässt sich in GTK+ recht einfach erzeugen. Es gibt hier zwei Wege, nämlich den »harten« Weg über die Widget-Klassen GtkMenu und GtkMenuBar und den »weichen«, einfacheren Weg über GtkItemFactory, der auch in diesem Buch behandelt wird.

[«]

Hinweis zur Erstellung von Menüs

Sollten Sie sich auch für den »harten« Weg zur Erstellung von Menüs interessieren, können Sie sich der zahlreichen Onlinetutorien bedienen, die es zur Menüerstellung mit GTK+ gibt. Zu dem »harten« (weil sehr flexiblen) Weg gehört auch die Verwendung eines GUI-Builders, mit dem Sie Fenster und Menüs quasi zeichnen können, indem Sie die einzelnen Elemente, die in Ihrem Fenster erscheinen sollen, zunächst aus einem Werkzeugfenster auswählen und diese anschließend mit der Maus »aufziehen«. Auch Menüeinträge können Sie direkt mit der Tastatur eingeben. Wenn Sie mit dem Zeichnen fertig sind, erstellt Ihnen der GUI-Builder am Ende C/C++-Code für Ihre leere GUI, in die Sie dann zusätzlichen Verwaltungscode einfügen können. Es gibt zahlreiche GUI-Builder für Linux, diese erfordern aber eine Einarbeitungszeit von mehreren Wochen.

Im weiteren Verlauf werden Sie nun erfahren, wie Sie einfache Toolbars von der Klasse GtkToolbar (Typenkennung: GTK_TYPE_TOOLBAR) mit Buttons erzeugen können, wie Sie diese von vielen Anwendungen wie z. B. einem Texteditor her kennen. Natürlich lassen sich neben Buttons noch beliebig andere Widgets in eine solche Toolbar packen (sonst hätten Sie ja gleich die Button-Box verwenden können). Hierzu folgt wieder ein Listing mit anschließender Erläuterung.

```
/* gkt6.c */
/* ein einfaches Menü    */
/*        GtkItemFactory */
/*        GtkToolbar     */
#include <gtk/gtk.h>

static gint
delete_Event(GtkWidget *widget, GdkEvent event, gpointer daten) {
    g_print ("Das Fenster wird zerstoert!\n");
    /* Nur mit FALSE wird die Anwendung wirklich beendet. */
    return FALSE;
}

static void end (GtkWidget * widget, gpointer daten) {
    g_print ("Und tschuess!\n");
    gtk_main_quit ();
}

/* Auswahl der Menüs auswerten und die Auswahl      */
/* mit einer einfachen Dialogbox anzeigen lassen    */
static void
menuitem_auswerten (gpointer callback_data,
    guint callback_action, GtkWidget * widget) {
    GtkWidget *dialog;

    dialog = gtk_message_dialog_new (
    GTK_WINDOW (callback_data),
    GTK_DIALOG_DESTROY_WITH_PARENT,
    GTK_MESSAGE_INFO,
    GTK_BUTTONS_CLOSE,
    "Ihre Menueauswahl war: \"%s\"",
    gtk_item_factory_path_from_widget
    (widget));
    /* sobald Dialog bestätigt, auch wieder zerstören */
    g_signal_connect ( dialog, "response",
        G_CALLBACK (gtk_widget_destroy), NULL);
    /* Dialogbox anzeigen */
    gtk_widget_show (dialog);
```

```
}

/* Ein Toolbar-Element wurde betätigt ...             */
/* Gewöhnlich wird für jedes Toolbar-Element eine     */
/* Callback-Funktion erstellt - Neu, Speichern ...    */
/* ... daher hierzu nur ein einfaches Dialogfenster. */
static void
toolbar_auswerten (GtkWidget * button, gpointer data) {
    GtkWidget *dialog;

    dialog = gtk_message_dialog_new (
    GTK_WINDOW (data),
    GTK_DIALOG_DESTROY_WITH_PARENT,
    GTK_MESSAGE_INFO,
    GTK_BUTTONS_CLOSE,
    "Es wurde ein Toolbar-Button betaetigt");
    /* Sobald Dialog bestätigt, auch wieder zerstören */
    g_signal_connect ( dialog, "response",
        G_CALLBACK (gtk_widget_destroy), NULL);


    /* Dialogbox anzeigen */
    gtk_widget_show (dialog);
}

int main (int argc, char **argv) {
    GtkWindow *win;
    GdkPixbuf *pic;
    GtkVBox *vbox;
    GtkWidget *menu_bar;
    GtkAccelGroup *accel_group;
    GtkItemFactory *itemfac;
    GtkToolbar *toolbar;
    /* die einzelnen Menüelemente */
    static GtkItemFactoryEntry menu[] = {
        {"/_Datei", NULL, 0, 0, "<Branch>"},
        {"/Datei/_Neu", "<control>N", menuitem_auswerten, 0,
            "<StockItem>", GTK_STOCK_NEW},
        {"/Datei/_Oeffnen", "<control>O", menuitem_auswerten, 0,
            "<StockItem>", GTK_STOCK_OPEN},
        {"/Datei/_Speichern", "<control>S", menuitem_auswerten, 0,
            "<StockItem>", GTK_STOCK_SAVE},
```

```
    {"/Datei/Speichern unter...", NULL, menuitem_auswerten, 0,
       "<StockItem>", GTK_STOCK_SAVE},
    {"/Datei/sep1",NULL, menuitem_auswerten, 0,"<Separator>"},
    {"/Datei/_Ende", "<control>E", end, 0, "<StockItem>",
       GTK_STOCK_QUIT},
    {"/_Eigenschaften", NULL, 0, 0, "<Branch>"},
    {"/_Eigenschaften/_Farbe", NULL, 0, 0, "<Branch>"},
    {"/_Eigenschaften/Farbe/_Rot", NULL, 0, 0, "<RadioItem>"},
    {"/_Eigenschaften/Farbe/_Gruen", NULL, 0, 0,
       "/Eigenschaften/Farbe/Rot"},
    {"/_Eigenschaften/Farbe/_Blau", NULL, 0, 0,
       "/Eigenschaften/Farbe/Rot"},
    {"/_Eigenschaften/_Form", NULL, 0, 0, "<Branch>"},
    {"/_Eigenschaften/Form/_Quadrat", NULL, 0, 0,
       "<RadioItem>"},
    {"/_Eigenschaften/Form/_Rechteck", NULL, 0, 0,
       "/Eigenschaften/Form/Quadrat"},
    {"/_Eigenschaften/Form/_Kreis", NULL, 0, 0,
       "/Eigenschaften/Form/Quadrat"},
    {"/_Hilfe", NULL, 0, 0, "<LastBranch>"},
    {"/Hilfe/_Ueber", NULL, menuitem_auswerten, 0},
};

gtk_init (&argc, &argv);
/* eine Grafik in einen Pixbuf laden */
pic = gdk_pixbuf_new_from_file ("icon/at-work.gif", NULL);
/* Fenster mit folgenden Eigenschaften anlegen */
win = g_object_new (GTK_TYPE_WINDOW,
"title", "Menue und Toolbar",
"default-width", 300,
"default-height", 200,
"resizable", TRUE,
"window-position", GTK_WIN_POS_CENTER,
"border-width", 0, "icon", pic, NULL);
/* vertikale Box erzeugen */
vbox = g_object_new (GTK_TYPE_VBOX, "spacing", 0, NULL);
/* neue Gruppe von Tastaturkürzeln erzeugen */
accel_group = g_object_new (GTK_TYPE_ACCEL_GROUP, NULL);
/* Tastaturkürzel-Gruppe mit dem Hauptfenster verknüpfen */
gtk_window_add_accel_group (win, accel_group);
/* ein neues Widget der Klasse GtkItemFactory erzeugen */
itemfac = gtk_item_factory_new ( GTK_TYPE_MENU_BAR,
```

```
"<main>", accel_group);

/* Jetzt kann das Menü in einem Rutsch mit seinen */
/* Elementen bestückt werden. */
gtk_item_factory_create_items (
itemfac,sizeof (menu) / sizeof (menu[0]), menu, NULL );
/* Menüleiste zum späteren "Packen" abholen */
menu_bar = gtk_item_factory_get_widget (itemfac, "<main>");
/* Tastenkombination STRG+G für Radio-Menüauswahl 'Grün' */
gtk_widget_add_accelerator (
gtk_item_factory_get_widget (
itemfac, "/Eigenschaften/Farbe/Gruen"),
"activate", accel_group,
'G', GDK_CONTROL_MASK, GTK_ACCEL_VISIBLE);
/* Kombination Shift+S für Auswahl 'Speichern unter ...' */
gtk_widget_add_accelerator (
    gtk_item_factory_get_widget (
        itemfac, "/Datei/Speichern unter ..."),
"activate", accel_group,
'S', GDK_SHIFT_MASK, GTK_ACCEL_VISIBLE);
/* Tastenkombination Shift+STRG+H für Menüauswahl 'Ueber' */
gtk_widget_add_accelerator (
    gtk_item_factory_get_widget (
        itemfac, "/Hilfe/Ueber"),
"activate", accel_group,
'H', GDK_SHIFT_MASK|GDK_CONTROL_MASK,GTK_ACCEL_VISIBLE);
/* eine neue Toolbar erzeugen */
toolbar = g_object_new (GTK_TYPE_TOOLBAR, NULL);
/* einzelne Buttons mit Icon, Beschriftung und  */
/* Tooltip einfügen                             */
gtk_toolbar_insert_stock (
GTK_TOOLBAR (toolbar),
GTK_STOCK_NEW,
"Ein Button mit einem 'NEU' Icon", NULL,
G_CALLBACK (toolbar_auswerten), win, -1);
gtk_toolbar_insert_stock (
GTK_TOOLBAR (toolbar),
GTK_STOCK_OPEN,
"Ein Button mit einem 'Oeffnen'-Icon",
NULL,
G_CALLBACK (toolbar_auswerten), win, -1);
gtk_toolbar_insert_stock (
```

14

```
    GTK_TOOLBAR (toolbar),
    GTK_STOCK_SAVE,
    "Ein Button mit einem 'SPEICHERN'-Icon",
    NULL,
    G_CALLBACK (toolbar_auswerten), win, -1);
    gtk_toolbar_insert_stock (
    GTK_TOOLBAR (toolbar),
    GTK_STOCK_QUIT,
    "Ein Button mit einem 'ENDE'-Icon",
    NULL, G_CALLBACK (end), win, -1);
    gtk_toolbar_append_space (GTK_TOOLBAR (toolbar));
    gtk_toolbar_insert_stock (
    GTK_TOOLBAR (toolbar),
    GTK_STOCK_DIALOG_QUESTION,
    "Ein Button mit einem 'FRAGE'-Icon",
    NULL,
    G_CALLBACK (toolbar_auswerten), win, -1);

    /* Signalhandler einrichten */
    g_signal_connect ( win, "delete-event",
        G_CALLBACK (delete_Event), NULL );
    g_signal_connect ( win, "destroy",
        G_CALLBACK (end), NULL );
    /* alles packen */
    gtk_container_add (GTK_CONTAINER (win), GTK_WIDGET (vbox));
    gtk_box_pack_start ( GTK_BOX (vbox), menu_bar,
    FALSE, FALSE, 0 );
    gtk_box_pack_start ( GTK_BOX (vbox), GTK_WIDGET (toolbar),
    FALSE, FALSE, 0);
    /* Fenster anzeigen */
    gtk_widget_show_all (GTK_WIDGET (win));
    /* Hauptschleife von gtk */
    gtk_main ();
    g_print ("Die GTK-Hauptschleife wurde beendet\n");
    return 0;
}
```

Listing 14.17 Die Erzeugung von Auswahlmenüs in einem Fenster

Das Programm gibt bei der Ausführung Folgendes aus:

```
$ gcc -Wall -o gtk6 gtk6.c `pkg-config gtk+-2.0 --cflags --libs`
$ ./gtk6
```

Abbildung 14.14 Ein Beispiel mit GtkItemFactory und GtkToolbar

14.10.1 Menüs auf die einfache Art erstellen mit GtkItemFactory

Wie schon erwähnt, stellt diese Möglichkeit, ein Menü zu erstellen, die einfachere Methode von zwei möglichen Wegen dar.

[«]

> **Hinweis**
>
> Der Unterschied zwischen beiden Möglichkeiten ist für den Anwender nicht ersichtlich. Lediglich Sie als Programmierer entscheiden sich praktisch zwischen besserer Kontrolle bzw. GUI-Builder (»harter« Weg) oder dem einfacheren Weg.

Der Aufwand mit `GtkItemFactory` (im Gegensatz zum harten Weg) ist minimal. Gewöhnlich reichen zum Erstellen von Menüs die folgenden drei Schritte aus:

1. Sie erstellen ein Array vom Typ `GtkItemFactoryEntry`, in dem sämtliche Informationen, die für das Menü nötig sind, enthalten sind.
2. Sie erzeugen ein `GtkItemFactory`-Widget mit `gtk_item_factory_create_new()`.
3. Jetzt können Sie das Menü mit seinen Elementen erstellen, indem Sie das Array mit den Informationen verwenden – `gtk_item_factory_create_items()`.

Um den ersten Schritt durchzuführen, müssen Sie zunächst wissen, welche Einträge in der Struktur `GtkItemFactoryEntry` vorhanden sein sollen, um ein entsprechendes Array zu erzeugen und mit Werten zu belegen. Jedes dieser Arraymitglieder ist Teil eines Menüelementes mit der folgenden Struktur:

```
struct _GtkItemFactoryEntry {
  gchar *path;
  gchar *accelerator;
  GtkItemFactoryCallback callback;
  guint callback_action;
  gchar *item_type;
};
```

Mit path geben Sie den Menüpfad an, der wie bei einer gewöhnlichen Verzeichnisstruktur erzeugt wird. Mit /Datei/Speichern unter erzeugen Sie z. B. einen Menüeintrag SPEICHERN UNTER, der sich in dem Menü Datei befindet. Unterstriche können hierbei auch verwendet werden, allerdings haben sie eine andere Bedeutung. Soll z. B. der erste Buchstabe von SPEICHERN UNTER unterstrichen werden, dann geben Sie den folgenden Pfad an: /Datei/_Speichern unter.

Mit der zweiten Strukturvariablen geben Sie den Accelerator (also den Shortcut als Tastatureingabe) des Menüeintrags an. Wollen Sie keinen Accelerator verwenden, können Sie hier auch NULL angeben. Als Shortcut kommt entweder der String mit einem einzelnen Zeichen in Frage oder eine Kombination von modifizierten Tasten mit einem einzelnen Zeichen. Dabei stehen Ihnen die Modifizierer aus Tabelle 14.21 zur Verfügung:

Zeichen	Bedeutung
"<ALT>"	[Alt]-Taste
"<CTL>""<CTRL>""<CONTROL>"	Control-([Strg]-)Taste
"<SHFT>""<SHIFT>"	[⇧]-Taste

Tabelle 14.21 Modifizierer für einen Accelerator (GtkItemFactoryEntry)

Natürlich sind auch mehrere Kombinationen wie z. B. "<SHIFT><ALT><CONTROL>Z" möglich.

Die nächsten beiden Strukturvariablen sind für die Callback-Funktion gedacht, die durch Auswahl des Menüs aufgerufen wird. Auf die Callback-Funktion selbst werden wir gleich noch eingehen. Mit item_type geben Sie an, was für einen Typ von Menü-Widget Sie in den Container (meistens ist dies ein Fenster) packen wollen. Zur Auswahl stehen die Typen aus Tabelle 14.22:

Widget-Typ	Bedeutung
NULL oder "" oder "<Item>"	normaler Menüeintrag
"<Title>"	Titeleintrag
"<CheckItem>"	Checkmenüeintrag
"<ToggleItem>"	Toggle-Eintrag
"<RadioItem>"	Radiomenüeintrag
"Path"	Pfad zu restlichen Radiomenüeinträgen
"<Tearoff>"	Abreißkante

Tabelle 14.22 Mögliche Werte für item_type (GtkItemFactoryEntry)

Widget-Typ	Bedeutung
"<Separator>"	Trennlinie
"<Branch>"	Eintrag, der Untereinträge aufnehmen kann
"<LastBranch>"	rechts ausgerichteter Menüeintrag
"<ImageItem>"	ein Menüeintrag mit einem Bild
"<StockItem>"	ein Menüeintrag mit einem Stock-Image (siehe nächstes Beispiel-Listing)

Tabelle 14.22 Mögliche Werte für item_type (GtkItemFactoryEntry) (Forts.)

Die Menüauswahl-Callback-Funktion

Die Callback-Funktion von `GtkItemFactoryEntry` kann zwei verschiedene Formen haben und ist abhängig vom Parameter `callback_action`. Ist der Wert `0` – wie auch im letzten Beispiel angewendet –, können Sie folgende Callback-Funktion verwenden:

```
void my_callback_func( void );
```

Ansonsten ist folgende Syntax vorgesehen:

```
void callback( gpointer    callback_data,
               guint       callback_action,
               GtkWidget   *widget);
```

`callback_data` ist ein Zeiger auf übergebene Daten; `callback_action` entspricht demselben Wert, den Sie für die gleichnamige Strukturvariable `GtkItemFactoryEntry` benutzt haben. `widget` ist ein Zeiger auf ein bestimmtes (eindeutiges) Menüelement.

Hinweis

Es gibt auch noch einen anderen Weg, nämlich den, eine Callback-Funktion mit dem üblichen `g_signal_connect()` bzw. `g_signal_connect_swapped()` einzurichten, worauf wir im nächsten Abschnitt noch näher eingehen werden.

Nachdem Sie die Bedeutung der einzelnen Strukturvariablen von `GtkItemFactoryEntry` kennen, können Sie wie folgt ein Array mit den entsprechenden Mitgliedern für Ihre Menübar erzeugen:

```
static GtkItemFactoryEntry menu[] = {
      {"/_Datei", NULL, 0, 0, "<Branch>"},
      {"/Datei/_Neu", "<control>N", menuitem_auswerten, 0,
       "<StockItem>", GTK_STOCK_NEW},
```

```
    {"/Datei/_Oeffnen", "<control>O", menuitem_auswerten, 0,
     "<StockItem>", GTK_STOCK_OPEN},
    {"/Datei/_Speichern", "<control>S", menuitem_auswerten, 0,
     "<StockItem>", GTK_STOCK_SAVE},
    {"/Datei/Speichern unter...", NULL, menuitem_auswerten, 0,
     "<StockItem>", GTK_STOCK_SAVE},
    {"/Datei/sep1", NULL, menuitem_auswerten, 0,
     "<Separator>"},
    {"/Datei/_Ende", "<control>E", end, 0, "<StockItem>",
     GTK_STOCK_QUIT},
...
```

Je nachdem, wie Sie die Elemente des Menüs festgelegt haben, können Sie nun ein neues Menü mit der Funktion gtk_item_factory_new() erstellen:

```
GtkItemFactory* gtk_item_factory_new(
                    GtkType container_type,
                    const gchar    *path,
                    GtkAccelGroup *accel_group );
```

Mit container_typ geben Sie an, was für ein Menü Sie erstellen wollen. Hierfür sind folgende (für sich selbst sprechende) Angaben möglich:

- GTK_TYPE_MENU
- GTK_TYPE_MENU_BAR
- GTK_TYPE_OPTION_MENU

Mit path geben Sie die Wurzel des Menüs, eingeschlossen von "<root>", an. Dieser Name ist auch wichtig für den Accelerator und sollte daher ein einmaliger Name für jedes Menü und für jedes Programm sein, das das Menü benutzt. accel_group ist ein Zeiger auf GtkAccelGroup. Dieses Widget ist ebenfalls nötig, da das GtkItemFactory-Widget beim Erzeugen auch immer die Accelerator-Tabelle benutzt.

Nun folgt der letzte Schritt: Die Menüelemente des Arrays GtkItemFactoryEntry müssen noch in ein Widget konvertiert werden, damit eben aus einem (einfachen) Widget-Factory-Element ein Widget wird, das GTK+ auch korrekt verwalten kann. Hierzu wird die Funktion gtk_item_factory_create_items() verwendet:

```
void gtk_item_factory_create_items(
                GtkItemFactory *ifactory,
                guint n_entries,
                GtkItemFactoryEntry *entries,
                gpointer callback_data );
```

ifactory ist ein Zeiger auf das zuvor erzeugte GtkItemFactory-Widget. n_entries enthält die Anzahl der Einträge im GtkItemFactoryEntry-Array. entries ist ein Zeiger auf das entsprechende Array. Mit callback_action können Sie alle Callback-Funktionen in entries mit Daten versorgen. Meistens wird dabei NULL angegeben, aber nicht immer. Vor allem Datenbankprogramme füllen ihre Menüs oder auch andere Widgets mit zusätzlichen Informationen, damit z. B. der Name des Kunden, der gerade bearbeitet wird, stets sichtbar ist.

Um die Menübar anschließend auch wie jedes andere Widget packen zu können, benötigen Sie die Kennungs-ID der Menübar. Diese ermitteln Sie mit der folgenden Funktion:

```
GtkWidget* gtk_item_factory_get_widget( GtkItemFactory *ifactory,
                                        const gchar    *path );
```

ifactory ist das Element, dessen Kennungs-ID Sie erhalten wollen, und path ist der Menüpfad des Widgets, dessen ID Sie ermitteln wollen. Da Sie für das Packen meistens das ganze Menü verwenden wollen, sollten Sie den Pfad nutzen, den Sie als zweiten Parameter in der Funktion gtk_item_factory_new() angegeben haben.

Um bei der Auswahl eines Widgets in der Callback-Funktion den kompletten Pfad zu ermitteln, steht Ihnen die Funktion gtk_item_factory_path_from_widget() zur Verfügung:


```
G_CONST_RETURN gchar* gtk_item_factory_path_from_widget  (
                                             GtkWidget *widget );
```

Als Rückgabewert erhalten Sie hierbei den vollen Pfad zum Menüelement, den Sie beim Erzeugen angegeben haben. Konnte kein Pfad ermittelt werden, wird NULL zurückgegeben. Am Ende ist letztendlich jeder einzelne Menüeintrag ein eigenes Widget.

Wie schon erwähnt, ist es auch möglich, Callback-Funktionen nachträglich – also nicht durch das Array GtkItemFactoryEntry – zu setzen. Dies ist relativ einfach mit der bereits gezeigten Funktion gtk_item_factory_get_widget() möglich, die Ihnen, wie bereits gesagt, die Kennungs-ID eines Widgets (was die einzelnen Menüeinträge letztendlich auch sind) zurückgibt. Sie müssen nur bei der Angabe des zweiten Parameters das Menüelement übergeben, dessen Kennungs-ID Sie haben wollen. Für den Menüpunkt /Datei/Ende würde eine Callback-Funktion z. B. folgendermaßen eingerichtet:

```
g_signal_connect (
  G_OBJECT(gtk_item_factory_get_widget(itemfac, "/Datei/Ende")),
  "activate", G_CALLBACK (end), NULL);
```

Natürlich lässt sich dies auch mit g_signal_connect_swapped() in einem Rutsch realisieren:

```
g_signal_connect_swapped(
 G_OBJECT( gtk_item_factory_get_widget(itemfac, "/Datei/Ende") ),
 "activate", G_CALLBACK (gtk_widget_dzhg67tr65t67testroy),
  G_OBJECT(win) );
```

Wollen Sie jetzt wissen, ob ein bestimmtes Menüelement gesetzt oder nicht gesetzt ist – z. B. bei Radio- bzw. Check-Buttons –, sollten Sie sich die Funktion `gtk_check_menu_item_set_active()` ansehen.

GtkAccelGroup: Tastaturkürzel einrichten

Im letzten Beispiel wurde auch das Widget `GtkAccelGroup` (Typenkennung: `GTK_TYPE_ACCEL_GROUP`) verwendet. Bei diesem Widget handelt es sich um Tastatur-Shortcuts (also schnelle Abkürzungen, deshalb auch der Name »Accelerator«), mit denen der Anwender der Software gewöhnlich schneller ans Ziel kommt als mit der Maus. Bei sehr vielen Anwendungen bewirkt z. B. die Tastenkombination [Strg]+[O], dass sich eine Dialogbox öffnet, in der Sie eine Datei zum Öffnen auswählen können, oder mit [Strg]+[S] wird häufig eine Datei unter dem aktuellen Dateinamen abgespeichert. In GTK+ sind diese Shortcuts als *Accelerator Group* (was zu Deutsch so viel wie »Beschleunigergruppe« bedeutet) bekannt.

Um für ein bestimmtes Menü Shortcuts einzurichten, sind die folgenden zwei Routinen nötig, die Ihnen GTK+ zur Verfügung stellt (natürlich gibt es auch hierzu wieder eine Menge mehr):

```
void gtk_window_add_accel_group (
                         GtkWindow *window,
                         GtkAccelGroup *accel_group, );
void gtk_widget_add_accelerator (
                         GtkWidget *widget,
                         const gchar *accel_signal,
                         GtkAccelGroup *accel_group,
                         guint accel_key,
                         guint accel_mods,
                         GtkAccelFlags accel_flags );
```

Nachdem Sie ein neues Objekt vom Typ `GtkAccelGroup` erzeugt haben, können Sie mit der Funktion `gtk_window_add_accel_group()` angeben, mit welchem Fenster (erstes Argument) Sie diese Shortcuts (*Accelerator Group*) verknüpfen wollen. Der zweite Parameter entspricht der zuvor erzeugten Accelerator-Gruppe (`GtkAccelGroup`).

Jetzt können Sie mit der Funktion `gtk_widget_add_accelerator()` neue Tastenkombinationen zur Accelerator-Gruppe hinzufügen. Zu welchem Widget Sie einen Accelerator zufügen wollen, geben Sie mit dem ersten Parameter an. Mit dem zweiten Parameter `accel_signal` geben Sie das Signal an, das emittiert wird, wenn das Widget ausgewählt wird. Mit `accel_group` geben Sie die Gruppe an, zu der Sie den neuen Shortcut hinzufügen wollen. `accel_key` ist die Taste auf dem Keyboard, die zum Shortcut hinzugefügt werden soll. Mit `accel_mods` können Sie die Accelerator-Taste angeben ([Strg], [⇧] etc.), die zusammen mit `key_accel` gedrückt werden soll. Mögliche Angaben hierfür sind `GDK_CONTROL_MASK`, `GDK_SHIFT_MASK`, `GDK_RELEASE_MASK`, `GDK_BUTTONn_MASK` (n = 1 bis 5), `GDK_LOCK_MASK`, `GDK_MODn_MASK` (n = 1 bis 5). Mit dem letzten

Parameter können Sie angeben, wie der Accelerator angezeigt werden soll. Mögliche Angaben sind: GTK_ACCEL_VISIBLE (sichtbar), GTK_ACCEL_SIGNAL_VISIBLE (sichtbar inklusive Signal) und GTK_ACCEL_LOCKED (unsichtbar).

Abkürzungsbuchstaben mit Unterstrichen definieren

Ebenfalls Mitglied einer Accelerator-Gruppe sind unterstrichene Shortcuts, mit denen ein Buchstabe durch einen Unterstrich gekennzeichnet wird. Gewöhnlich reicht es hierzu aus, in der Eigenschaft "label" einen Unterstrich vor einen Buchstaben zu setzen und die Eigenschaft "use-underline" auf TRUE zu setzen. Danach kann das Widget mit dem entsprechenden unterstrichenen Buchstaben mit einem Tastendruck ausgewählt werden. Bei Widgets, die keine Eigenschaft "label" besitzen, können Sie ein GtkLabel-Widget verwenden und dort mit "use-underline" einen Unterstrich setzen. Auf welches Widget sich der Abkürzungsbuchstabe beziehen soll, tragen Sie dann in die Eigenschaft "mnemonic-widget" ein. Danach erhält dieses Widget bei Betätigung des Shortcuts den Fokus oder wird (je nach Widget-Typ) auch aktiviert.

14.10.2 Toolbars erzeugen mit GtkToolbar

14

Mit dem Widget GtkToolbar (Typenkennung: GTK_TYPE_TOOLBAR) erzeugen Sie eine Reihe (vertikal oder horizontal), in der Sie Buttons und weitere Widgets platzieren können. Der Toolbar sind außerdem die Eigenschaften aus Tabelle 14.23 zugeordnet:

Eigenschaft	Datentyp	Bedeutung
"orientation"	GtkOrientation	Soll die Toolbar vertikal oder horizontal angeordnet werden? Dies kann mit den folgenden zwei Konstanten besetzt werden/sein: GTK_ORIENTATION_HORIZONTAL, GTK_ORIENTATION_VERTICAL
"toolbar-style"	GtkToolbarStyle	Hier kann der Stil der Toolbar angegeben werden. Folgende Konstanten sind hierfür gegeben: ▸ GTK_TOOLBAR_ICONS Buttons nur mit Icons anzeigen ▸ GTK_TOOLBAR_TEXT Buttons nur mit Text anzeigen ▸ GTK_TOOLBAR_BOTH Buttons mit Icons und Text anzeigen ▸ GTK_TOOLBAR_BOTH_HORIZ Buttons mit Icons und Text anzeigen, wobei sich der Text rechts anstatt unter dem Icon befindet

Tabelle 14.23 Eigenschaften für GtkToolbar (GTK_TYPE_TOOLBAR)

Wenn außerdem die Eigenschaften der Anordnung (orientation) oder des Stils (toolbar-style) verändert werden, werden die Signale "orientation-changed" bzw. "style-changed" emittiert.

Zum Hinzufügen von Widgets zu einer Toolbar finden Sie in der Klasse GtkToolbar eine Menge Funktionen. Im letzten Beispiel wurde die Funktion gtk_toolbar_insert_stock() dazu verwendet:

```
GtkWidget* gtk_toolbar_insert_stock (
                              GtkToolbar *toolbar,
                              const gchar *stock_id,
                              const char *tooltip_text,
                              const char *tooltip_private_text,
                              GtkSignalFunc callback,
                              gpointer user_data,
                              gint position );
```

Mit gtk_toolbar_insert_stock() wird ein sogenanntes *Stock-Element* an einer bestimmten Position in die Toolbar hinzugefügt. Mit dem ersten Argument geben Sie die Toolbar an, der ein neues Stock-Element hinzugefügt werden soll. Das zweite Argument erwartet eine gültige ID des Stock-Elements (oft auch als *Stock-Item* bezeichnet), die gewöhnlich als symbolische Konstante (GTK_STOCK_...) implementiert ist. Die Anwendung gtk-demo, die der GTK+ 2.0-Version beiliegt, listet Ihnen alle vorhandenen Stock-Items auf. Mit dem dritten Argument können Sie einen Text für einen Tooltip eingeben. Ein *Tooltip* erscheint immer dann, wenn sich die Maus über dem entsprechenden Button befindet, der einen Tooltip besitzt. Dabei handelt es sich um eine sogenannte *Minihilfe*, die die Aktion des Widgets der Toolbar beschreibt.

[»]

Hinweis: Minihilfen

Solche Minihilfen lassen sich auch mit einem speziellen Widget namens GtkTooltip (Typenkennung: GTK_TYPE_TOOLTIP) erstellen und einem Widget zuordnen.

Mit dem vierten Argument, tooltip_private_text, können Sie noch eine spezielle Hilfe hinzufügen. Diese spezielle Hilfe finden Sie bei vielen Anwendungen unter Hilfe/?. Dann sehen Sie am Mauscursor zusätzlich ein Fragezeichen. Wenn Sie damit ein bestimmtes Menüelement anklicken, das Sie selbstverständlich vorher mit tooltip_private_text beschriftet haben müssen, wird eine etwas umfangreichere Hilfe angezeigt. Im letzten Beispiel wurde hierfür NULL angegeben, da diese Minihilfe dort nicht verwendet wird. Mit callback geben Sie eine Callback-Funktion an, die aufgerufen wird, wenn der Toolbar-Button betätigt (also angeklickt) wurde. Mit user_data können Sie der Callback-Funktion zusätzliche Informationen mit übergeben. Mit dem letzten Argument geben Sie die Position des Buttons an. -1 bedeutet, wie im Beispiel gesehen, »am Ende anfügen«.

Außerdem wurde mit der Funktion `gtk_toolbar_append_space()`eine vertikale Linie eingebaut. Neben der Funktion `gtk_toolbar_insert_stock()` gibt es eine Reihe weiterer Funktionen für die Toolbar. Wir verweisen an dieser Stelle auf die Funktionsreferenz von GTK+.

GtkMessageDialog

Nebenbei sei hier noch die Funktion `gtk_message_dialog_new()` angesprochen, die in dem letzten Beispiel ebenfalls verwendet wurde. `GtkMessageDialog` gehört zu einer der `GtkWindow`-Unterklassen und wurde bereits kurz erwähnt. Die Syntax zum Erzeugen eines solchen Message-Fensters sieht wie folgt aus:

```
GtkWidget* gtk_message_dialog_new (
                    GtkWindow *parent,
                    GtkDialogFlags flags,
                    GtkMessageType type,
                    GtkButtonsType buttons,
                    const gchar *message_format, ... );
```


Mit dem ersten Argument können Sie entweder das Eltern-Widget eintragen oder `NULL`. Für die Angabe der Flags (zweites Argument) stehen Ihnen folgende Konstanten zur Verfügung:

- `GTK_DIALOG_MODAL`: Erzeugt ein modales Fenster.
- `GTK_DIALOG_DESTROY_WITH_PARENT`: Wird das Elternfenster zerstört, wird das Message-Fenster ebenso automatisch beseitigt.
- `GTK_DIALOG_NO_SEPARATOR`: keine Trennlinie oberhalb der Buttons

Mit dem dritten Argument geben Sie die Art der Nachricht an. Diese Angabe entscheidet, welche Art von Icon und Fenstertitel bei der Nachrichten-Box angezeigt wird. Hierzu stehen Ihnen wiederum folgende Konstanten zur Verfügung:

- `GTK_MESSAGE_INFO`: Wird bei Nachrichten mit Informationen verwendet.
- `GTK_MESSAGE_WARNING`: Wird bei Nachrichten mit Warnungen verwendet.
- `GTK_MESSAGE_QUESTION`: Wird bei Nachrichten mit Fragen verwendet.
- `GTK_MESSAGE_ERROR`: Wird bei Nachrichten mit Fehlern verwendet.

Das Argument `button` enthält die Art des Buttons mitsamt einem Bild und der Beschriftung, die sich in dem Nachrichten-Fenster befinden. Hierzu sind folgende Angaben möglich:

- `GTK_BUTTONS_NONE` – keine Buttons
- `GTK_BUTTONS_OK` – OK-Button
- `GTK_BUTTONS_CLOSE` – Schließen-Button
- `GTK_BUTTONS_CANCEL` – Abbrechen-Button
- `GTK_BUTTONS_YES_NO` – Ja- und Nein-Button
- `GTK_BUTTONS_OK_CANCEL` – OK- und Abbrechen-Button

Mit message_format können Sie einen printf()-ähnlichen Ausgabestring zusammenbasteln, da sich hinter message_format auch die printf()-typische Ellipse (...) für eine variabel lange Argumentenliste befindet. Wenn der Anwender den Button anklickt, wird das Signal response emittiert.

14.10.3 Optionsmenüs erzeugen mit GtkOptionsMenu

Bei einem Optionsmenü handelt es sich in der Tat um ein echtes Menü der Klasse GtkMenu. Gewöhnlich werden Optionsmenüs (Klasse GtkOptionsMenu, Typenkennung GTK_TYPE_OPTION_MENU) dazu verwendet, eine Auswahl aus mehreren Einträgen einer Liste auszuwählen.

Bevor Sie ein solches Optionsmenü erzeugen, müssen Sie erst ein Menü von der Klasse GtkMenu (Typenkennung: GTK_TYPE_MENU) erstellen. In dieses Menü können Sie jetzt mit den Funktionen gtk_menu_shell_append() oder auch dem Makro gtk_menu_append() die einzelnen Widgets anfügen:

```
void gtk_menu_shell_append ( GtkMenuShell *menu_shell,
                             GtkWidget *child );
```

Es handelt sich hier natürlich sinnvollerweise um einfache Menüeinträge wie einen Text und nichts Kompliziertes. Ein einfaches Text-Widget könnte hierbei z. B. mit gtk_menu_item_new_with_label() erstellt werden.

Natürlich gibt es neben der _append-Funktion auch die _prepend- und _insert-Version, um ein neues Menü-Widget am Anfang hinzuzufügen oder unter Angabe eines Index dazwischenzufügen.

Nachdem Sie das Menü erstellt haben, können Sie nun ein Optionsmenü erzeugen (Klassen: GtkOptionsMenu, Typenkennung GTK_TYPE_OPTION_MENU) und bei der Eigenschaft "menu" das eben erzeugte Menü (GtkMenu) hinzufügen.

Wollen Sie hierbei einen bestimmten Menüeintrag vorbelegen, können Sie hierzu die Funktion gtk_option_menu_set_history() und die Angabe der Indexnummer des Eintrags als zweites Argument verwenden. Das erste Argument enthält das Menü, auf das sich die Aktion bezieht. Abfragen, welcher Menüeintrag gerade ausgewählt ist, können Sie mit dem Gegenstück gtk_option_menu_get_history() und der Angabe des Menüs, das erfragt werden soll. Als Rückgabewert erhalten Sie die Indexnummer des ausgewählten Menüeintrags.

```
void gtk_option_menu_set_history ( GtkOptionMenu *option_menu,
                                   guint index );
gint gtk_option_menu_get_history (GtkOptionMenu *option_menu);
```

Wurde ein anderer Eintrag des Optionsmenüs ausgewählt, wird außerdem das Signal "changed" emittiert.

14.10.4 Combo-Boxen erstellen mit GtkCombo

Die Combo-Boxen sind den Optionsmenüs recht ähnlich, nur dass die Combo-Boxen ursprünglich von den Textfeldern (`GtkEntry`) abstammen. Die Struktur `GtkCombo` enthält zwei Mitglieder:

```
struct GtkCombo {
        GtkWidget *entry;
        GtkWidget *list;
};
```

`entry` ist ein Zeiger auf einen `GtkEntry`-Eintrag, auf den Sie beim Auswerten der Combo-Boxen mittels `combo->entry` zugreifen können. Der zweite Eintrag enthält eine Liste von Einträgen für die Combo-Box. Hier können Sie z. B. eine `GList` verwenden und mit der Funktion `g_list_append()` einzelne Einträge in die Liste einfügen. Anschließend können Sie diese Liste mit der Funktion `gtk_combo_set_popdown_strings()` der Combo-Box hinzufügen:

```
void gtk_combo_set_popdown_strings ( GtkCombo *combo,
                                     GList *strings );
```


Wollen Sie, dass nicht das oberste Element der Liste `GList` beim Start der Anwendung angezeigt wird, sondern ein spezielles, können Sie dies mit `g_object_set()`, dem `entry`-Feld und der Eigenschaft `"text"` selbst vorgeben. Ebenso können Sie mittels `g_object_get()` das momentan ausgewählte Element ermitteln. Weitere Eigenschaften, die Sie für `GtkCombo` (Typenkennung: `GTK_TYPE_COMBO`) verwenden können, finden Sie in Tabelle 14.24:

Eigenschaft	Datentyp	Bedeutung
`"allow-empty"`	gboolean	Bei `TRUE` kann auch ein leeres Feld hinterlassen werden.
`"case-sensitive"`	gboolean	Bei `TRUE` wird die Groß- und Kleinschreibung bei einer Überprüfung, ob der Eintrag einem Feldeintrag entspricht, beachtet.
`"enable-arrow-keys"`	gboolean	Bei `TRUE` darf man auch mit den Pfeiltasten durch die Combo-Box scrollen.
`"enable-arrows-always"`	gboolean	Wenn `enable-arrow-keys` `TRUE` ist, wird das Scrollen nur dann verwendet, wenn der aktuelle Inhalt der Combo-Box einem Listeneintrag entspricht.

Tabelle 14.24 Eigenschaften für GtkCombo (GTK_TYPE_COMBO)

Zum Schluss folgt hierzu ein Listing, das Ihnen das Optionsmenü und die Combo-Box noch in der Praxis zeigt – ein einfaches Beispiel, das Ihnen die Auswahl auf die Konsole ausgibt:

```
/* gkt6b.c */
/*        Optionsmenü      */
/*        Combo-Boxen      */
#include <gtk/gtk.h>

static GtkOptionMenu *options_menu;
static GtkCombo *combo;

static gchar *linux_t[] = {
    "SuSE Linux", "Red Hat Linux", "Mandrake Linux",
    "Debian (Bullseye) Linux", "Gentoo Linux"
};

static gint
delete_Event(GtkWidget *widget, GdkEvent event, gpointer daten) {
    g_print ("Das Fenster wird zerstört!\n");
    /* Nur mit FALSE wird die Anwendung wirklich beendet. */
    return FALSE;
}

static void end (GtkWidget * widget, gpointer daten) {
    g_print ("Und tschuess!\n");
    gtk_main_quit ();
}

/* Auswerten des Optionsmenüs und der Combo-Box */
static void auswerten (GtkWidget * widget, gpointer daten) {
    gint i = gtk_option_menu_get_history (options_menu);
    gchar *opt;

    if (i == -1)
        g_print ("Fehler beim Auswerten der Combo-Box\n");
    else
        g_print ("Auswertung Combo-Box: %s\n", linux_t[i]);
    g_object_get (GTK_COMBO (combo)->entry, "text", &opt, NULL);
    g_print ("Auswerten Optionsmenue: %s\n", opt);
    g_print ("------------------------------------\n");
}

int main (int argc, char **argv) {
    GtkWindow *win;
    GdkPixbuf *pic;
    GtkTable *table;
```

```
GtkMenu *menu;
GList *combo_list = NULL;
GtkButton *button;
GtkLabel *option_label, *combo_label;
gint i;

gtk_init (&argc, &argv);
/* eine Grafik in einen Pixbuf laden */
pic = gdk_pixbuf_new_from_file ("icon/at-work.gif", NULL);
/* Fenster mit folgenden Eigenschaften anlegen */
win = g_object_new (GTK_TYPE_WINDOW,
"title", "Optionsmenues und Combo-Boxen",
"default-width", 300,
"default-height", 150,
"resizable", TRUE,
"window-position", GTK_WIN_POS_CENTER,
"border-width", 10, "icon", pic, NULL);
/* eine Tabelle 3 x 2 erzeugen */
table = g_object_new (GTK_TYPE_TABLE,
"n-rows", 3,
"n-columns", 2,
"row-spacing", 3,
"column_spacing", 3,
"homogeneous", FALSE, NULL);
/* ein neues Menü erzeugen */
menu = g_object_new (GTK_TYPE_MENU, NULL);
/* Menü mit Einträgen befüllen */
for (i = 0; i < 5; i++)
    gtk_menu_shell_append (
        GTK_MENU_SHELL (menu),
            gtk_menu_item_new_with_label (linux_t[i]));
        /* ein Optionsmenü erzeugen und mit dem Menü bestücken */
        options_menu = gtk_object_new ( GTK_TYPE_OPTION_MENU,
        "menu", menu,
        NULL);
        /* ein Textfeld erzeugen */
        option_label = g_object_new ( GTK_TYPE_LABEL,
        "label", "Optionsmenue ",
    NULL );
/* eine neue Combo-Box erzeugen */
combo = g_object_new (GTK_TYPE_COMBO, NULL);
/* Einträge zu Combo-Box hinzufügen */
for (i = 0; i < 5; i++)
```

```
    combo_list = g_list_append (combo_list, linux_t[i]);
/* Liste von Einträgen an Combo-Box übergeben */
gtk_combo_set_popdown_strings (GTK_COMBO (combo), combo_list);
/* Liste kann wieder freigegeben werden, da */
/* nicht mehr benötigt. */
g_list_free (combo_list);
/* ein neues Label erzeugen */
combo_label = g_object_new ( GTK_TYPE_LABEL,
"label", "Combo-Box ",
NULL);
/* einen neuen Button erzeugen */
button = g_object_new ( GTK_TYPE_BUTTON,
"label", "Auswerten",
"relief", GTK_RELIEF_HALF,
NULL);
/* Signalhandler einrichten */
g_signal_connect ( win, "delete-event",
    G_CALLBACK (delete_Event), NULL);
g_signal_connect ( win, "destroy",
    G_CALLBACK (end), NULL );
g_signal_connect ( button, "clicked",
    G_CALLBACK (auswerten), NULL );
/* alles packen */
gtk_container_add (GTK_CONTAINER (win), GTK_WIDGET (table));
gtk_table_attach(GTK_TABLE (table), GTK_WIDGET (option_label),
0, 1, 0, 1,
GTK_FILL, GTK_FILL,
10, 0);

gtk_table_attach(GTK_TABLE (table), GTK_WIDGET (options_menu),
1, 2, 0, 1,
GTK_FILL, GTK_FILL, 0, 0);
gtk_table_attach (GTK_TABLE (table), GTK_WIDGET (combo_label),
0, 1, 1, 2,
GTK_FILL, GTK_FILL, 0, 0);
gtk_table_attach (GTK_TABLE (table), GTK_WIDGET (combo),
1, 2, 1, 2,
GTK_FILL, GTK_FILL, 0, 0);
gtk_table_attach (GTK_TABLE (table), GTK_WIDGET (button),
1, 2, 2, 3,
GTK_FILL, GTK_FILL, 0, 20);
/* Fenster anzeigen */
gtk_widget_show_all (GTK_WIDGET (win));
```

```
    /* Hauptschleife von gtk */
    gtk_main ();
    g_print ("Die GTK-Hauptschleife wurde beendet\n");
    return 0;
}
```

Listing 14.18 Erstellt ein Optionsmenü und eine Combo-Box mit vordefinierten Einträgen.

Das Programm gibt bei der Ausführung Folgendes aus:

```
$ gcc -Wall -o gtk6b gtk6b.c \
  `pkg-config gtk+-2.0 --cflags --libs`
$ ./gtk6b
```

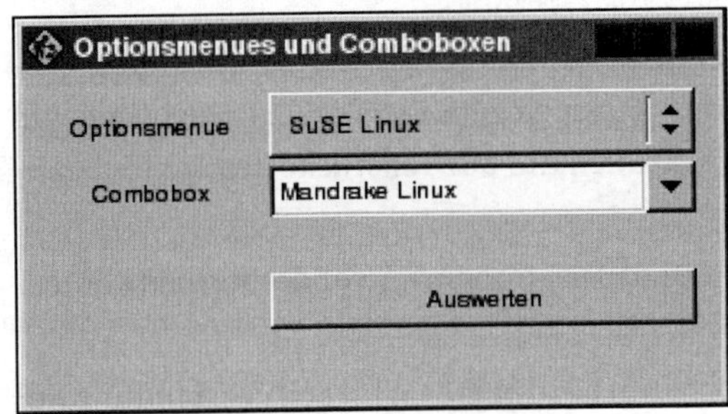

Abbildung 14.15 Combo-Box und Optionsmenü

```
Mögliche Ausgabe auf der Konsole:
Auswertung Combo-Box: Mandrake Linux
Auswerten Optionsmenue : Debian (Woody) Linux
-----------------------------------
Auswertung Combo-Box: SuSE Linux
Auswerten Optionsmenue : Geentoo Linux
-----------------------------------
...
```

14.11 Mehrzeiligen Text erstellen

Das Text-Widget-System von GTK+ ist so umfangreich, dass selbst dieser Abschnitt nicht einmal ein Anriss dessen ist, was es bietet. Dennoch soll hier wenigstens ein Überblick zu den Widgets gegeben werden, damit Sie mit mithilfe der Referenz wissen, wo Sie was finden bzw. wonach Sie Ausschau halten müssen.

Grundsätzlich unterscheidet man dabei zwischen dem sichtbaren Bereich und dem internen Bereich (wie z. B. dem Textpuffer). Um überhaupt einen Text darstellen zu können, benötigen Sie mindestens das Widget zur Textansicht (GtkTextView; Typenkennung: GTK_TYPE_TEXT_VIEW) und das Widget zum Textpuffer (GtkTextBuffer; Typenkennung: GTK_TYPE_TEXT_BUFFER).

Weitere Widgets, die in Verbindung mit dem Textpuffer (GtkTextBuffer) verwendet werden, sind:

- GtkTextIter: Text-Iteratoren werden benutzt, wenn eine Position in einem Textpuffer dargestellt werden muss – genauer eine Stelle zwischen zwei Zeichen (Typenkennung: GTK_TYPE_TEXT_ITER).
- GtkTextMark:– Ebenso wie die Iteratoren werden Marken dazu verwendet, eine bestimmte Position zwischen zwei Zeichen darzustellen. Im Gegensatz zu den Iteratoren ist es mit Marken möglich, eine Textposition dauerhaft festzuhalten. Das hat zur Folge, dass selbst bei einer Änderung des Puffers die Marke nicht ungültig wird. Eine Marke ist ein unsichtbarer Cursor im Text (Typenkennung: GTK_TYPE_TEXT_MARK).
- GtkTextTag:– Hiermit werden Informationen zur Formatierung oder zu anderen Eigenschaften des Textes eingestellt und in einem Tag gespeichert. Ein Tag legt einen Satz von Eigenschaften für einen Text fest und kann sich auch nur auf Teilstücke des Textes beziehen (Typenkennung: GTK_TYPE_TEXT_TAG).
- GtkTextTagTable: eine Sammlung von Tags, die alle zusammen verwendet werden können (Typenkennung: GTK_TYPE_TEXT_TAG_TABLE)
- GtkClipboard: Es handelt sich hierbei zwar nicht um ein direktes Widget in Verbindung mit den Text-Widgets, doch sollte das Widget hier erwähnt werden (Typenkennung: GTK_TYPE_CLIPBOARD), da es hier auch einige Funktionen gibt, die eine Schnittstelle zwischen dem Textpuffer und der Zwischenablage bieten.

Zur Demonstration folgt ein minimalistisches Beispiel zum GtkTextView- und GtkTextBuffer-Widget:

```
/* gkt7.c */
/* mehrzeiliger Text     */
/*         GtkTextView    */
/*         GtkTextBuffer  */
/*         GtkScrolledWindow */
#include <gtk/gtk.h>

/* Funktionsprototypen */
static GtkWindow *create_window (void);
static void create_tags (GtkTextBuffer * buffer);
static void on_button_clear_clicked (
    GtkButton * button, gpointer user_data );
static void on_button_cut_clicked (
    GtkButton * button, gpointer user_data );
```

```
static void on_button_copy_clicked (
    GtkButton * button, gpointer user_data );
static void on_button_paste_clicked (
    GtkButton * button, gpointer user_data);
static void on_button_bold_clicked (
    GtkButton * button, gpointer user_data);
static void on_button_underline_clicked (
    GtkButton * button, gpointer user_data);
static void on_button_strike_clicked (
    GtkButton * button, gpointer user_data );
static void on_button_color_clicked (
    GtkButton * button, gpointer user_data );

static GtkWindow *create_window (void) {
    GtkWindow *window;
    GdkPixbuf  *pic;
    GtkVBox *vbox_main;
    GtkToolbar *toolbar;

    GtkWidget *button_clear, *button_cut, *button_copy,
    *button_paste, *button_bold, *button_underline,
    *button_strike, *button_color;
    GtkScrolledWindow *scrolledwindow;
    GtkTextView *textview;
    GtkTextBuffer *buffer;

    /* eine Grafik in einen Pixbuf laden */
    pic = gdk_pixbuf_new_from_file("icon/at-work.gif", NULL );
    /* Fenster mit folgenden Eigenschaften anlegen */
    window = g_object_new( GTK_TYPE_WINDOW,
    "title", "Textansicht und Textpuffer",
    "default-width",  300,
    "default-height", 200,
    "resizable", TRUE,
    "window-position", GTK_WIN_POS_CENTER,
    "border-width", 0,
    "icon", pic,
    NULL );
    /* eine vertikale Box erzeugen */
    vbox_main = g_object_new( GTK_TYPE_VBOX,
    "spacing", 0,
    NULL);
```

```
/* eine neue Toolbar erzeugen */
toolbar = g_object_new (GTK_TYPE_TOOLBAR,  NULL);
/* Buttons mit Stock-Icons für die Toolbar erzeugen */
button_clear=gtk_toolbar_insert_stock (GTK_TOOLBAR (toolbar),
"gtk-clear",
"Text loeschen",
NULL,NULL,NULL,-1);
button_cut = gtk_toolbar_insert_stock (GTK_TOOLBAR (toolbar),
"gtk-cut",
"Text ausschneiden",
NULL, NULL, NULL, -1);

button_copy=gtk_toolbar_insert_stock (GTK_TOOLBAR (toolbar),
"gtk-copy",
"Text kopieren",
NULL, NULL, NULL, -1);
button_paste=gtk_toolbar_insert_stock (GTK_TOOLBAR (toolbar),
"gtk-paste",
"Text einfuegen",
NULL, NULL, NULL, -1);
gtk_toolbar_append_space (GTK_TOOLBAR (toolbar));
button_bold=gtk_toolbar_insert_stock (GTK_TOOLBAR (toolbar),
"gtk-bold",
"Fette Schrift",
NULL, NULL, NULL, -1);
button_underline=gtk_toolbar_insert_stock(
GTK_TOOLBAR (toolbar),
"gtk-underline",
"Schrift unterstreichen",
NULL, NULL, NULL, -1);
button_strike=gtk_toolbar_insert_stock(GTK_TOOLBAR (toolbar),
"gtk-strikethrough",
"Schrift durchstreichen",
NULL, NULL, NULL, -1);
button_color=gtk_toolbar_insert_stock (GTK_TOOLBAR (toolbar),
"gtk-select-color",
"farbige Schrift (blau)",
NULL, NULL, NULL, -1);
/* Rollbalken erzeugen */
scrolledwindow = g_object_new( GTK_TYPE_SCROLLED_WINDOW,
"hscrollbar_policy", GTK_POLICY_AUTOMATIC,
"vscrollbar_policy", GTK_POLICY_AUTOMATIC,
```

```
"window_placement" , GTK_CORNER_TOP_LEFT,
NULL);
/* eine Textansicht erzeugen */
textview = g_object_new( GTK_TYPE_TEXT_VIEW, NULL);
/* aktuellen Puffer für die Textansicht ermitteln */
buffer = gtk_text_view_get_buffer (GTK_TEXT_VIEW (textview));
/* einige einfache Tags zur Formatierung anlegen */
create_tags (buffer);

/* Signalhandler einrichten */
g_signal_connect ( (gpointer) window, "delete_event",
    G_CALLBACK (gtk_main_quit), NULL);
g_signal_connect ( (gpointer) button_clear, "clicked",
    G_CALLBACK (on_button_clear_clicked),
    (gpointer) textview);
g_signal_connect ( (gpointer) button_cut, "clicked",
    G_CALLBACK (on_button_cut_clicked),
    (gpointer) textview);

g_signal_connect ( (gpointer) button_copy, "clicked",
    G_CALLBACK (on_button_copy_clicked),
    (gpointer) textview);
g_signal_connect ( (gpointer) button_paste, "clicked",
    G_CALLBACK (on_button_paste_clicked),
    (gpointer) textview);
g_signal_connect ( (gpointer) button_bold, "clicked",
    G_CALLBACK (on_button_bold_clicked),
    (gpointer) textview);
g_signal_connect ( (gpointer) button_underline, "clicked",
    G_CALLBACK (on_button_underline_clicked),
    (gpointer) textview);
g_signal_connect ( (gpointer) button_strike, "clicked",
    G_CALLBACK (on_button_strike_clicked),
    (gpointer) textview);
g_signal_connect ( (gpointer) button_color, "clicked",
    G_CALLBACK (on_button_color_clicked),
    (gpointer) textview);
/* alles packen */
gtk_container_add ( GTK_CONTAINER(window),
GTK_WIDGET(vbox_main));
gtk_box_pack_start ( GTK_BOX (vbox_main),
GTK_WIDGET(toolbar),
FALSE, FALSE,0);
```

```
    gtk_box_pack_start ( GTK_BOX (vbox_main),
    GTK_WIDGET(scrolledwindow),
    TRUE,TRUE, 0);
    gtk_container_add ( GTK_CONTAINER (scrolledwindow),
    GTK_WIDGET(textview) );
    /* Zeiger auf das gerade erzeugte Fenster zurückgeben */
    return window;
}

/* "markierten" Text im Puffer löschen */
static void
on_button_clear_clicked(GtkButton * button, gpointer user_data) {
    GtkTextBuffer *textbuffer = NULL;
    g_assert (GTK_IS_TEXT_VIEW (user_data));
    /* aktuellen Puffer für die Textansicht ermitteln */
    textbuffer=gtk_text_view_get_buffer(GTK_TEXT_VIEW(user_data));
    /* markierten Text löschen */
    gtk_text_buffer_delete_selection (textbuffer, TRUE, TRUE);
}

/* Text ausschneiden und in Zwischenablage legen */
static void
on_button_cut_clicked (GtkButton * button, gpointer user_data) {
    GtkTextBuffer *textbuffer = NULL;
    g_assert (GTK_IS_TEXT_VIEW (user_data));

    /* aktuellen Puffer für die Textansicht ermitteln */
    textbuffer=gtk_text_view_get_buffer(GTK_TEXT_VIEW(user_data));
    /* Text im Puffer löschen und in Zwischenablage legen */
    gtk_text_buffer_cut_clipboard (textbuffer,
        gtk_clipboard_get (GDK_NONE), TRUE);
}

/* Text vom Puffer kopieren und in Zwischenablage legen */
static void
on_button_copy_clicked (GtkButton * button, gpointer user_data) {
    GtkTextBuffer *textbuffer = NULL;
    g_assert (GTK_IS_TEXT_VIEW (user_data));
    /* aktuellen Puffer für die Textansicht ermitteln */
    textbuffer=gtk_text_view_get_buffer(GTK_TEXT_VIEW(user_data));
    /* Text im Puffer in die Zwischenablage kopieren */
    gtk_text_buffer_copy_clipboard (textbuffer,
        gtk_clipboard_get (GDK_NONE));
```

```
}

/* Text aus der Zwischenablage in den Puffer legen */
static void
on_button_paste_clicked(GtkButton * button, gpointer user_data) {
    GtkTextBuffer *textbuffer = NULL;
    g_assert (GTK_IS_TEXT_VIEW (user_data));
    /* aktuellen Puffer für die Textansicht ermitteln */
    textbuffer=gtk_text_view_get_buffer(GTK_TEXT_VIEW(user_data));
    /* Text aus der Zwischenablage  (falls vorhanden) */
    /*  in den Puffer kopieren                         */
    gtk_text_buffer_paste_clipboard (textbuffer,
        gtk_clipboard_get (GDK_NONE),
        NULL, TRUE);
}

/* markierten Text im Puffer in Fettschrift darstellen */
static void
on_button_bold_clicked (GtkButton * button, gpointer user_data) {
    GtkTextBuffer *textbuffer = NULL;
    GtkTextIter start, end;
    g_assert (GTK_IS_TEXT_VIEW (user_data));
    /* aktuellen Puffer für die Textansicht ermitteln */
    textbuffer=gtk_text_view_get_buffer(GTK_TEXT_VIEW(user_data));
    /* markierte Auswahl im Puffer ermitteln */
    gtk_text_buffer_get_selection_bounds(textbuffer,&start, &end);
    /* markierte Auswahl im Puffer mit neuer Formatierung */
    /* belegen                                             */
    gtk_text_buffer_apply_tag_by_name ( textbuffer, "bold",
        &start, &end);
}

/* markierten Text im Puffer mit Unterstrich darstellen */
static void
on_button_underline_clicked ( GtkButton * button,
    gpointer user_data ) {
    GtkTextBuffer *textbuffer = NULL;
    GtkTextIter start, end;

    g_assert (GTK_IS_TEXT_VIEW (user_data));
    /* aktuellen Puffer für die Textansicht ermitteln */
    textbuffer=gtk_text_view_get_buffer(GTK_TEXT_VIEW(user_data));
```

```
    /* markierte Auswahl im Puffer ermitteln */
    gtk_text_buffer_get_selection_bounds (textbuffer,&start,&end);
    /* markierte Auswahl im Puffer mit neuer Formatierung */
    /* belegen                                              */
    gtk_text_buffer_apply_tag_by_name ( textbuffer, "underline",
       &start, &end);
}

/* markierten Text im Puffer durchstreichen */
static void
on_button_strike_clicked(GtkButton *button, gpointer user_data) {
    GtkTextBuffer *textbuffer = NULL;
    GtkTextIter start, end;
    g_assert (GTK_IS_TEXT_VIEW (user_data));
    /* aktuellen Puffer für die Textansicht ermitteln */
    textbuffer=gtk_text_view_get_buffer(GTK_TEXT_VIEW(user_data));
    /* markierte Auswahl im Puffer ermitteln */
    gtk_text_buffer_get_selection_bounds(textbuffer,&start,&end);
    /* markierte Auswahl im Puffer mit neuer Formatierung */
    /* belegen                                              */
    gtk_text_buffer_apply_tag_by_name ( textbuffer, "strike",
       &start, &end);
}

/* markierten Text im Puffer mit neuer Farbe */
/* (hier Blau) versehen                      */
static void
on_button_color_clicked(GtkButton * button, gpointer user_data) {
    GtkTextBuffer *textbuffer = NULL;
    GtkTextIter start, end;
    g_assert (GTK_IS_TEXT_VIEW (user_data));
    /* aktuellen Puffer für die Textansicht ermitteln */
    textbuffer=gtk_text_view_get_buffer(GTK_TEXT_VIEW(user_data));
    /* markierte Auswahl im Puffer ermitteln */
    gtk_text_buffer_get_selection_bounds (textbuffer,&start,&end);
    /* markierte Auswahl im Puffer mit neuer Formatierung */
    /* belegen                                              */
    gtk_text_buffer_apply_tag_by_name ( textbuffer, "color",
       &start, &end);
}
```

```
/* einige Textformatierungen (Tags) erstellen */
static void create_tags (GtkTextBuffer * buffer) {
    g_assert (GTK_IS_TEXT_BUFFER (buffer));
    /* fette Schrift */
    gtk_text_buffer_create_tag (buffer, "bold",
        "weight", PANGO_WEIGHT_BOLD, NULL);
    /* unterstrichene Schrift */
    gtk_text_buffer_create_tag (buffer, "underline",
        "underline", PANGO_UNDERLINE_SINGLE,
        NULL);
    /* durchgestrichene Schrift */
    gtk_text_buffer_create_tag (buffer, "strike",
        "strikethrough", TRUE,
        NULL);
    /* Schrift in blauer Farbe */
    gtk_text_buffer_create_tag (buffer, "color",
        "foreground", "blue",
        NULL);
}

int main (int argc, char **argv) {
    GtkWindow *window;
    gtk_init (&argc, &argv);
    window = create_window ();
    gtk_widget_show_all (GTK_WIDGET(window));
    gtk_main ();
    return 0;
}
```

Listing 14.19 Implementiert einen einfachen Texteditor.

Das Programm gibt bei der Ausführung Folgendes aus:

```
$ gcc -Wall -o gtk7 gtk7.c `pkg-config gtk+-2.0 --cflags --libs`
$ ./gtk7
```

Hinweis

Aus drucktechnischen Gründen wurde die Toolbar des Listings auf dem Screenshot mit der Eigenschaft `"toolbar-style"`, `GTK_TOOLBAR_ICONS` versehen, also ohne den Text unter dem Icon.

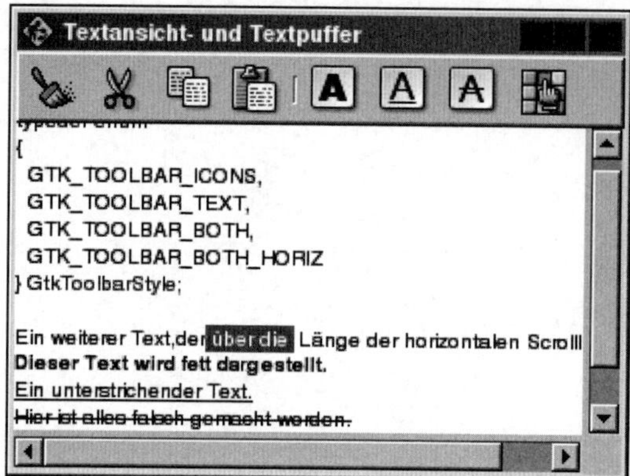

Abbildung 14.16 Ein einfacher Texteditor

14.11.1 Texteditoren erstellen – GtkTextView, GtkTextBuffer

Zur Ansicht des Textes auf dem Bildschirm (also im Fenster) wird das Widget der Klasse `GtkTextView` verwendet (Typenkennung: `GTK_TYPE_TEXT_VIEW`). Im letzten Beispiel wird gleich nach der Erzeugung des sichtbaren Text-Widgets mit der Funktion `gtk_text_view_get_buffer()` eine Verbindung zum Puffer `GtkTextBuffer` hergestellt:

```
GtkTextBuffer* gtk_text_view_get_buffer (GtkTextView *text_view);
```

Die Funktion `GtkTextBuffer()` gibt einen Puffer (`GtkTextBuffer`) unter Angabe des sichtbaren Textfeldes (erstes und einziges Argument) zurück. Mithilfe dieses Puffers werden anschließend mit der Funktion `create_tags()` einige einfache Tags festgelegt.

Ein solches Tag können Sie recht einfach mit der Funktion `gtk_text_buffer_create_tag()` wie folgt erstellen:

```
GtkTextTag* gtk_text_buffer_create_tag (
                        GtkTextBuffer *buffer,
                        const gchar *tag_name,
                        const gchar *first_property_name, ...);
```

Als erstes Argument wird der Puffer erwartet, auf den sich die neue Formatierung beziehen soll. Als zweites Argument legen Sie den Tag-Namen fest, auf den Sie im Laufe der Anwendung zurückgreifen können. Sie können kann aber auch mit `NULL` ein sogenanntes *anonymes Tag* erstellen, das eben keinen Text enthält. Jetzt folgt eine mit `NULL` abgeschlossene Liste von Eigenschaften mit Name-Wert-Paaren, wie Sie sie schon beim Erstellen vieler anderer Widgets verwendet haben. Tabelle 14.25 listet einige wenige der über 60 Eigenschaften auf, mit denen Sie den Text formatieren können:

Eigenschaft	Datentyp	Bedeutung
"name"	gchararray	Bezeichner des Tags (kann nicht mehr nachträglich geändert werden)
"background"	gchararray	Hintergrundfarbe
"foreground"	gchararray	Vordergrundfarbe
"font"	gchararray	Schriftbeschreibung
"family"	gchararray	Schriftname
"style"		Schriftneigung, mögliche Werte: ▶ PANGO_STYLE_NORMAL – normal ▶ PANGO_STYLE_OBLIQUE – geschrägt ▶ PANGO_STYLE_ITALIC – kursiv
"weight"	gint	Schriftstärke
"size"	gint	Schriftgröße (Pixel)
"size-points"	gdouble	Schriftgröße (Punkte)
"scale"	gdouble	Schriftgröße relativ zum umgebenden Text
"strikethrough"	gboolean	Bei TRUE ist der Text durchgestrichen.
"underline"		Text unterstreichen, mögliche Werte: ▶ PANGO_UNDERLINE_NONE – gar nicht ▶ PANGO_UNDERLINE_SINGLE – einfach ▶ PANGO_UNDERLINE_DOUBLE – doppelt ▶ PANGO_UNDERLINE_LOW – tief
"invisible"	gboolean	Bei TRUE ist der mit dem Tag belegte Text unsichtbar.

Tabelle 14.25 Einige der über 60 Eigenschaften von Tags

Ferner wurden im letzten Listing weitere Funktionen der wirklich enorm vielen Routinen, die sich auf den Inhalt des Puffers (GtkTextBuffer) beziehen, verwendet. Wichtig ist bei all diesen Funktionen, dass eine Beziehung zum sichtbaren Teil des Textes mit der bereits bekannten Funktion gtk_text_view_get_buffer() hergestellt wurde. Hierzu eine Auflistung der Syntax der im Beispiel verwendeten Funktionen mit einer anschließenden kurzen Erläuterung:

```
gboolean gtk_text_buffer_delete_selection (
                                    GtkTextBuffer *buffer,
                                    gboolean interactive,
```

```
                                    gboolean default_editable );
void gtk_text_buffer_paste_clipboard (
                                    GtkTextBuffer *buffer,
                                    GtkClipboard *clipboard,
                                    GtkTextIter *override_location,
                                    gboolean default_editable);
void gtk_text_buffer_copy_clipboard (
                                    GtkTextBuffer *buffer,
                                    GtkClipboard *clipboard );
void gtk_text_buffer_cut_clipboard (
                                    GtkTextBuffer *buffer,
                                    GtkClipboard *clipboard,
                                    gboolean default_editable );
gboolean gtk_text_buffer_get_selection_bounds(
                                    GtkTextBuffer *buffer,
                                    GtkTextIter *start,
                                    GtkTextIter *end );
void gtk_text_buffer_apply_tag_by_name(
                                    GtkTextBuffer *buffer,
                                    const gchar *name,
                                    const GtkTextIter *start,
                                    const GtkTextIter *end );
```

Mit `gtk_text_buffer_delete_selection()` wird eine Auswahl aus dem Puffer zwischen den Marken `"insert"` und `"selection-bound"` gelöscht. Wird `interactive` auf `TRUE` gesetzt, wird die letzte Veränderung auch angewendet. Das dritte Argument `default_editable` hat auch hier eine Bedeutung: Wird dieser Wert auf `TRUE` gesetzt, gibt die Funktion `gtk_text_buffer_delete_selection()` erst dann `TRUE` zurück, wenn tatsächlich eine Löschung stattgefunden hat.

Die nächsten drei Funktionen – `gtk_text_buffer_paste_clipboard()`, `gtk_text_buffer_cut_clipboard()` und `gtk_text_buffer_copy_clipboard()` – dienen alle als Schnittstelle zwischen der Zwischenablage und dem Textpuffer. Alle drei Funktionen erhalten ein Argument der Klasse `GtkClipboard` (Typenkennung: `GTK_TYPE_CLIPBOARD`). Im letzten Beispiel wurde mithilfe des Funktionsaufrufs `gtk_clipboard_get(GDK_NONE)` als Argument dafür gesorgt, dass keine eigene Zwischenablage verwendet wird, sondern die systemweite Standardzwischenablage. Ebenfalls erhalten alle Funktionen als erstes Argument den Textpuffer vom Typ `GtkTextBuffer`.

Ansonsten wird mit der Funktion `gtk_text_buffer_paste_clipboard()` ein Text aus der Zwischenablage in den Puffer kopiert. Mit dem Argument `override_location` der Klasse `GtkTextIter` wurde im letzten Beispiel `NULL` übergeben, was bedeutet, dass der Text an der Position des Cursors eingefügt wird. Mit `default_editable` geben Sie an, ob der Text editierbar sein soll – was gewöhnlich mit `TRUE` vorbelegt ist.

Mit `gtk_text_buffer_copy_clipboard()` wird ein ausgewählter Text im Textpuffer in die Zwischenablage kopiert.

`gtk_text_buffer_cut_clipboard()` fügt einen Text aus der Zwischenablage wieder in den Puffer ein. Auch hier wird mit `default_editable` angegeben, ob der Text editierbar sein soll.

Mit `gtk_text_buffer_get_selection_bounds()` initialisieren Sie die Argumente `start` und `end` mit der Anfangs- und Endposition des markierten Textes im Textpuffer. Den so ermittelten Wert verwenden Sie anschließend zum Formatieren des Textes mit der Funktion `gtk_text_buffer_apply_tag_by_name()`, um einen Textpuffer (erstes Argument) mit einem Tag-Namen zu versehen, den Sie im letzten Beispiel mit der Funktion `create_tag()` erzeugt haben.

Wie schon erwähnt, stellt dieser Überblick nur einen kleinen Abriss der Funktionen dar, die Ihnen mit dem Text-Widget-System zur Verfügung stehen. Wichtig erscheint uns aber noch ein Überblick (siehe Tabelle 14.26) über die Eigenschaften des `GtkTextView`-Widgets, wobei es sich bei den Eigenschaften keineswegs um die Textformatierungen handelt, sondern um reine Darstellungsoptionen des Widgets `GtkTextView` selbst.

Eigenschaft	Datentyp	Bedeutung
`"buffer"`	`GtkTextBuffer`	der Puffer, der angezeigt wird
`"pixels-above-lines"`	`gint`	Abstand vor einem Absatz
`"pixels-below-lines"`	`gint`	Abstand nach einem Absatz
`"pixels-inside-wrap"`	`gint`	Abstand zwischen den ungebrochenen Zeilen in einem Absatz
`"wrap-mode"`	`GtkWrapMode`	Art des Zeilenumbruchs. Mögliche Werte: ▶ `GTK_WRAP_NONE` – kein Umbruch; Widget wird breiter. ▶ `GTK_WRAP_CHAR` – Umbruch zeichenweise ▶ `GTK_WRAP_WORD` – Umbruch wortweise
`"justification"`	`GtkJustification`	Art der Satzausrichtung. Mögliche Werte: ▶ `GTK_JUSTIFY_LEFT` linksbündig ▶ `GTK_JUSTIFY_RIGHT` rechtsbündig ▶ `GTK_JUSTIFY_CENTER` zentriert ▶ `GTK_JUSTIFY_FILL` Blocksatz

Tabelle 14.26 Eigenschaften GtkTextView

Eigenschaft	Datentyp	Bedeutung
"editable"	gboolean	Darf Text verändert werden?
"left-margin"	gint	Breite, linker Rand
"right-margin"	gint	Breite, rechter Rand
"indent"	gint	Einrücktiefe von Absätzen
"accepts-tab"	gboolean	Werden Tabulatorzeichen mit einer typischen 8-Leerzeichen-Einrückung akzeptiert?
"overwrite"	gboolean	Darf neu eingefügter Text den existierenden überschreiben?
"cursor-visible"	gboolean	Mauscursor sichtbar?

Tabelle 14.26 Eigenschaften GtkTextView (Forts.)

14.11.2 Scrollende Fenster erstellen mit GtkScrolledWindow

Im letzten Beispiel wurde auch `GtkScrolledWindow` (Typenkennung: `GTK_TYPE_SCROLLED_WINDOW`) verwendet. Dabei handelt es sich um ein Behälter-Widget, das genau ein einziges Widget aufnehmen kann. Die Konstruktion wird z. B. verwendet, wenn etwas auf dem Bildschirm (sprich: im Hauptfenster) nicht »in einem Rutsch« (vertikal bzw. horizontal) darstellbar ist. Ist das Widget in dem Behälter `GtkScrolledWindow` größer als darstellbar, findet der Anwender einen automatischen Rollbalken an einer von der Eigenschaft `"window-placement"` angegebenen Position. Damit lässt sich das Kind-Widget vertikal und/oder horizontal scrollen. Für `GtkScrolledWindow` können Sie die Eigenschaften aus Tabelle 14.27 verwenden:

Eigenschaften	Datentyp	Bedeutung
"hadjustment"	GtkAdjustment	Stellgröße (Typ: `GtkAdjustment`), die die horizontale Position des Kind-Widgets im Fenster steuert.
"hscrollbar-policy"	GtkPolicyType	Darstellungsmethode des horizontalen Balkens. Mögliche Werte: ▸ `GTK_POLICY_ALWAYS` – Rollbalken immer anzeigen ▸ `GTK_POLICY_AUTOMATIC` – Rollbalken nur dann anzeigen, wenn das Kind-Widget größer als das Fenster ist ▸ `GTK_POLICY_NEVER` – Rollbalken niemals anzeigen

Tabelle 14.27 Eigenschaften für GtkScrolledWindow (GTK_TYPE_SCROLLED_WINDOW)

Eigenschaften	Datentyp	Bedeutung
"shadow-type"	GtkShadowType	Schattierungen des Rollbalkens um das Kind-Widget. Mögliche für sich selbst sprechende Werte: ▸ GTK_SHADOW_NONE ▸ GTK_SHADOW_IN ▸ GTK_SHADOW_OUT ▸ GTK_SHADOW_ETCHED_IN ▸ GTK_SHADOW_ETCHED_OUT
"vadjustment"	GtkAdjustment	Stellgröße (Typ GtkAdjustment), die die vertikale Position des Kind-Widgets im Fenster steuert.
"vscrollbar-policy"	GtkPolicyType	Darstellungsmethode des vertikalen Balkens. Mögliche Werte: Siehe hscrollbar-policy.
"window-placement"	GtkCornerType	Relative Platzierung des Kind-Widgets zu den Rollbalken. Mögliche Werte: ▸ GTK_CORNER_TOP_LEFT – Rollbalken rechts und unten (Standard) ▸ GTK_CORNER_BOTTOM_LEFT – Rollbalken rechts und oben ▸ GTK_CORNER_TOP_RIGHT – Rollbalken links und unten ▸ GTK_CORNER_BOTTOM_RIGHT – Rollbalken links und oben

Tabelle 14.27 Eigenschaften für GtkScrolledWindow (GTK_TYPE_SCROLLED_WINDOW) (Forts.)

14.12 Auswählen von Widgets (Selection)

Dinge wie das Auswählen (Selektieren) einer Datei, der Farben oder Schriftarten muss man zum Glück seit Version 2.0 nicht mehr selbst programmieren. Hierzu existieren in GTK+ wieder einige vorbereitete Widgets, die eben ab Version 2.0 hinzugekommen sind, um die Arbeit zu vereinfachen. Zur einfachen Farbauswahl wird z. B. das Widget GtkColorSelection, zur Auswahl von Schriftarten GtkFontSelection und zur Dateiauswahl GtkFileSelection verwendet.

Auf die Auswahl von Dateien gehen wir in diesem Abschnitt etwas näher ein. Hierzu wurde das Listing des einfachen Texteditors vom Beispiel zuvor um die Funktion der Dateiauswahl erweitert. Damit können Sie nun einfache Textdateien öffnen und im Editor anzeigen lassen. Zusätzlich haben wir dem Beispiel eine Funktion zum Speichern spendiert, wobei wir wiederum einige weitere Funktionen des Text-Widget-Systems von GTK+ verwendet haben.

```
/* gtk8.c */
/* mehrzeiliger Text */

/* mit Dateiauswahl - GtkFileSelection */
#include <gtk/gtk.h>
#include <stdio.h>
#include <string.h>

/* Funktionsprototypen */
static GtkWindow *create_window (void);
static void create_tags (GtkTextBuffer * buffer);
static void on_button_clear_clicked (
    GtkButton * button, gpointer user_data );
static void on_button_cut_clicked (
    GtkButton * button, gpointer user_data );
static void on_button_copy_clicked (
    GtkButton * button, gpointer user_data );
static void on_button_paste_clicked (
    GtkButton * button, gpointer user_data );
static void on_button_bold_clicked (
    GtkButton * button, gpointer user_data );
static void on_button_underline_clicked (
    GtkButton * button, gpointer user_data );
static void on_button_strike_clicked (
    GtkButton * button, gpointer user_data );
static void on_button_color_clicked (
    GtkButton * button, gpointer user_data );
static void ok_buttonCB (
    GtkWidget * clicked, GtkWidget * selection);
static void file_open (
    GtkButton * clicked, GtkWidget * selection);
static void on_button_save_clicked (
    GtkButton * button, gpointer user_data );

/* Dateiname zum Öffnen */
static gchar *file = NULL;
static GtkTextView *textview;

static GtkWindow * create_window (void) {
    GtkWindow *window;
    GdkPixbuf  *pic;
    GtkVBox *vbox_main;
    GtkToolbar *toolbar;
```

```
GtkWidget *button_clear, *button_cut, *button_copy,
*button_paste, *button_bold, *button_underline,
*button_strike, *button_color, *button_open,
*button_save;
GtkScrolledWindow *scrolledwindow;
GtkTextBuffer *buffer;
GtkFileSelection *fileselect;

/* eine Grafik in einen Pixbuf laden */
pic = gdk_pixbuf_new_from_file("icon/at-work.gif", NULL );
/* Fenster mit folgenden Eigenschaften anlegen */
window = g_object_new( GTK_TYPE_WINDOW,
"title", "Textansicht und Textpuffer",
"default-width",  300,
"default-height", 200,
"resizable", TRUE,
"window-position", GTK_WIN_POS_CENTER,
"border-width", 0,
"icon", pic,
NULL );
/* eine vertikale Box erzeugen */
vbox_main = g_object_new( GTK_TYPE_VBOX,
"spacing", 0,
NULL);
/* eine neue Toolbar erzeugen */
toolbar = g_object_new (GTK_TYPE_TOOLBAR,
/* "toolbar-style", GTK_TOOLBAR_ICONS,*/
NULL);
/* Buttons mit Stock-Icons für die Toolbar erzeugen */
button_open = gtk_toolbar_insert_stock (GTK_TOOLBAR (toolbar),
"gtk-open",
"Datei oeffnen",
NULL, NULL, NULL, -1);
button_save = gtk_toolbar_insert_stock (GTK_TOOLBAR (toolbar),
"gtk-save",
"Datei speichern",
NULL, NULL, NULL, -1);
button_clear=gtk_toolbar_insert_stock (GTK_TOOLBAR (toolbar),
"gtk-clear",
"Text loeschen",
NULL,NULL,NULL,-1);
button_cut=gtk_toolbar_insert_stock (GTK_TOOLBAR (toolbar),
"gtk-cut",
```

```
"Text ausschneiden",
NULL, NULL, NULL, -1);
button_copy = gtk_toolbar_insert_stock (GTK_TOOLBAR (toolbar),
"gtk-copy",
"Text kopieren",
NULL, NULL, NULL, -1);
button_paste=gtk_toolbar_insert_stock (GTK_TOOLBAR (toolbar),
"gtk-paste",
"Text einfuegen",
NULL, NULL, NULL, -1);
gtk_toolbar_append_space (GTK_TOOLBAR (toolbar));

button_bold = gtk_toolbar_insert_stock (GTK_TOOLBAR (toolbar),
"gtk-bold",
"Fette Schriftart",
NULL, NULL, NULL, -1);

button_underline=gtk_toolbar_insert_stock(
GTK_TOOLBAR (toolbar),
"gtk-underline",
"Schrift unterstreichen",
NULL, NULL, NULL, -1);
button_strike=gtk_toolbar_insert_stock (GTK_TOOLBAR (toolbar),
"gtk-strikethrough",
"Schrift durchstreichen",
NULL, NULL, NULL, -1);
button_color=gtk_toolbar_insert_stock (GTK_TOOLBAR (toolbar),
"gtk-select-color",
"farbige Schrift (blau)",
NULL, NULL, NULL, -1);
/* Rollbalken erzeugen */
scrolledwindow = g_object_new( GTK_TYPE_SCROLLED_WINDOW,
"hscrollbar_policy" , GTK_POLICY_AUTOMATIC,
"vscrollbar_policy" , GTK_POLICY_AUTOMATIC,
"window_placement"  , GTK_CORNER_TOP_LEFT,
NULL);
/* eine Textansicht erzeugen */
textview = g_object_new( GTK_TYPE_TEXT_VIEW, NULL);
/* aktuellen Puffer für die Textansicht ermitteln */
buffer = gtk_text_view_get_buffer (GTK_TEXT_VIEW (textview));
/* einige einfache Tags zur Formatierung anlegen */
create_tags (buffer);
```

```
/* Dateiauswahlbox erzeugen */
fileselect = g_object_new( GTK_TYPE_FILE_SELECTION,
"filename" ,"Bitte Datei auswaehlen ...",
"select-multiple", FALSE,
"show-fileops"  , TRUE,
NULL);
/* Signalhandler einrichten */
g_signal_connect ( (gpointer) window, "delete_event",
    G_CALLBACK (gtk_main_quit), NULL);
g_signal_connect ( (gpointer) button_clear, "clicked",
    G_CALLBACK (on_button_clear_clicked),
    (gpointer) textview);
g_signal_connect ( (gpointer) button_cut, "clicked",
    G_CALLBACK (on_button_cut_clicked),
    (gpointer) textview);
g_signal_connect ( (gpointer) button_copy, "clicked",
    G_CALLBACK (on_button_copy_clicked),
    (gpointer) textview);
g_signal_connect ( (gpointer) button_paste, "clicked",
    G_CALLBACK (on_button_paste_clicked),
    (gpointer) textview);
g_signal_connect ( (gpointer) button_bold, "clicked",
    G_CALLBACK (on_button_bold_clicked),
    (gpointer) textview);

g_signal_connect ( (gpointer) button_underline, "clicked",
    G_CALLBACK (on_button_underline_clicked),
    (gpointer) textview);
g_signal_connect ( (gpointer) button_strike, "clicked",
    G_CALLBACK (on_button_strike_clicked),
    (gpointer) textview);
g_signal_connect ( (gpointer) button_color, "clicked",
    G_CALLBACK (on_button_color_clicked),
    (gpointer) textview);
g_signal_connect ( (gpointer) button_save, "clicked",
    G_CALLBACK (on_button_save_clicked),
    (gpointer) textview);
g_signal_connect (GTK_OBJECT
    (GTK_FILE_SELECTION (fileselect)->ok_button),
    "clicked", G_CALLBACK(ok_buttonCB), fileselect);
g_signal_connect_swapped (
    GTK_OBJECT(GTK_FILE_SELECTION (fileselect)->ok_button),
    "clicked",
```

14

```
        G_CALLBACK(gtk_widget_hide),
        GTK_OBJECT (fileselect));
    g_signal_connect_swapped (
        GTK_OBJECT(GTK_FILE_SELECTION (fileselect)->cancel_button),
        "clicked",
        G_CALLBACK(gtk_widget_hide),
        GTK_OBJECT (fileselect));
    g_signal_connect (GTK_OBJECT(button_open), "clicked",
        G_CALLBACK (file_open), fileselect);
    /* alles packen */
    gtk_container_add( GTK_CONTAINER (window),
    GTK_WIDGET(vbox_main) );
    gtk_box_pack_start ( GTK_BOX (vbox_main),
    GTK_WIDGET(toolbar),
    FALSE, FALSE,0);
    gtk_box_pack_start ( GTK_BOX (vbox_main),
    GTK_WIDGET(scrolledwindow),
    TRUE,TRUE, 0);
    gtk_container_add ( GTK_CONTAINER (scrolledwindow),
    GTK_WIDGET(textview));
    /* erzeugtes Fenster zurückgeben */
    return window;
}

/* Datei zum Lesen öffnen */
static void
ok_buttonCB (GtkWidget * clicked, GtkWidget * selection) {
    FILE *f;
    gchar buf[255];
    GtkTextBuffer *buffer = NULL;
    GtkTextIter end;

    file=gtk_file_selection_get_filename (
        GTK_FILE_SELECTION(selection));
    if (file == NULL)
        return; /* Datei existiert nicht. */
    f = fopen (file, "r");
    if (NULL == f) {
        printf("Keine solche Datei vorhanden!!\n");
        return;
    }
```

```
    else {
        buffer = gtk_text_view_get_buffer (
            GTK_TEXT_VIEW (textview) );
        while(fgets(buf,255,f)) {
            gtk_text_buffer_get_end_iter(buffer, &end);
            gtk_text_buffer_insert(buffer, &end, buf, -1);
        }
    }
    fclose (f);
}

static void
file_open (GtkButton * clicked, GtkWidget * selection) {
    GtkTextBuffer *buffer = NULL;
    /* neue Datei öffnen, daher:
       + Dateiname auf NULL setzen
       + Inhalt von bereits vorhandenem Text löschen */
    file = NULL;
    buffer = gtk_text_view_get_buffer (GTK_TEXT_VIEW (textview));
    gtk_text_buffer_set_text(buffer,"", -1);
    gtk_widget_show (selection);
}

/* Datei abspeichern */
static void
on_button_save_clicked (GtkButton * button, gpointer user_data) {
    GtkTextBuffer *buffer = NULL;
    GtkTextIter start, end;
    gchar *buf;
    gchar *dyn;
    FILE *f;

    if(file != NULL) {
        /* aktuellen Puffer für die Textansicht ermitteln */
        buffer = gtk_text_view_get_buffer (
            GTK_TEXT_VIEW (user_data) );
        /* markierte Auswahl im Puffer ermitteln */
        gtk_text_buffer_get_bounds (buffer, &start, &end);
        /* Zeiger auf den kompletten Text zurück */
        buf=gtk_text_buffer_get_text(buffer, &start, &end, TRUE);
        dyn = g_malloc( strlen(buf)+1 );
```

```
        g_stpcpy( dyn, buf );
        /* zur Kontrolle Ausgabe auf die Konsole */
        g_print("%s\n... gespeichert!\n",dyn);
        f = fopen(file, "w");
        if(f != NULL)
            fwrite(dyn, strlen(dyn)+1, 1, f);
        fclose(f);
    }
}

int main (int argc, char **argv) {
    GtkWindow *window;
    gtk_init (&argc, &argv);
    window = create_window ();
    gtk_widget_show_all (GTK_WIDGET(window));
    gtk_main ();
    return 0;
}
```

Listing 14.20 Erweitert den Texteditor um eine Speicherfunktion.

Das Programm gibt bei der Ausführung Folgendes aus:

```
$ gcc -Wall -o gtk8 gtk8.c `pkg-config gtk+-2.0 --cflags --libs`
$ ./gtk8
```

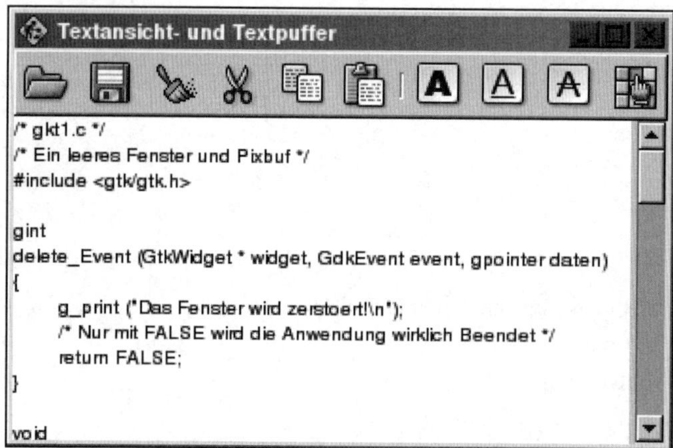

Abbildung 14.17 Neue Funktionen zum Öffnen und Speichern von Dateien

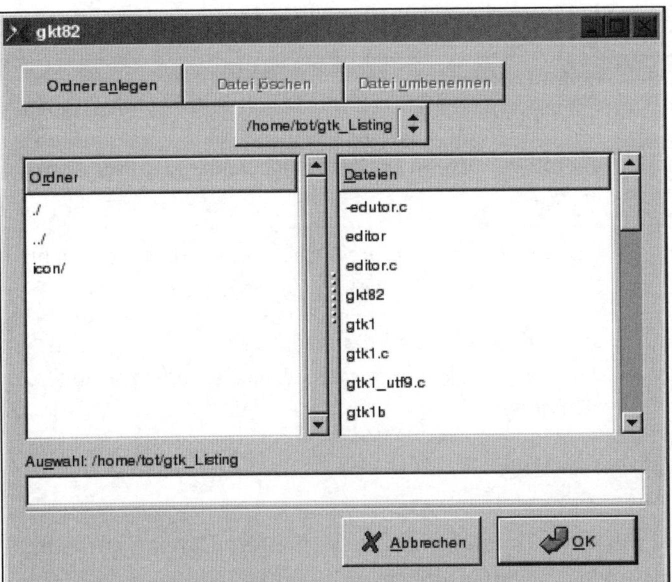

Abbildung 14.18 Widget GtkFileSelection im Einsatz

> **Hinweis**
>
> Bei diesem Beispiel wurden Sie höchstwahrscheinlich zum ersten Mal mit UTF-8-Warnmeldungen in der Konsole überschüttet, aus der Sie das Programm gestartet haben – natürlich nur, wenn die Datei, die Sie öffnen, Nicht-ASCII-Zeichen enthält. Zwangsläufig müssen Sie sich wohl intensiver mit den UTF-8-Funktionen der GLib auseinandersetzen, wenn Sie derartige Programme für die Masse entwickeln wollen.

14.12.1 Eine Dateiauswahl erstellen mit GtkFileSelection

Wie Sie im letzten Beispiel gesehen haben, ist es üblich, die Dialoge via Signalhandler zu verwalten – genauer: anzeigen zu lassen, indem die Buttons `OK` und `Abbrechen` z. B. mit der Dialogbox gebunden und dadurch ausgewertet werden. Beide Buttons aus dem letzten Beispiel finden Sie in der Struktur `GtkFileSelection` unter dem Namen `ok_button` und `cancel_button`:

```
struct GtkFileSelection {
...
  GtkWidget *ok_button;
  GtkWidget *help_button;
...
};
```

Bei der Dateiauswahl stehen Ihnen die Eigenschaften aus Tabelle 14.28 zur Verfügung:

Eigenschaft	Datentyp	Bedeutung
`"filename"`	`gchararray`	Der Dateiname mit Pfad, der ausgewählt wurde. Ergibt allerdings nur Sinn auszuwerten, wenn `select-multiple` `FALSE` ist.
`"select-multiple"`	`gboolean`	Bei `TRUE` können mehrere Dateien auf einmal ausgewählt werden (bei gedrückter `Strg`-Taste möglich).
`"show-fileops"`	`gboolean`	Sollen die Buttons zur Dateiverwaltung mit angezeigt werden (*Verzeichnis anlegen, Datei löschen, Datei umbenennen*)?

Tabelle 14.28 Eigenschaften für GtkFileSelection

Wie schon erwähnt, können Sie mit einer Dateiauswahl auch mehrere Dateien auf einmal selektieren. Dann allerdings müssen Sie die Funktion `gtk_file_selection_get_selections()` verwenden. Mit dieser Funktion erhalten Sie ein nullterminiertes Feld von Strings zurück, das die Dateinamen des aktuellen Arbeitsverzeichnisses enthält. Allerdings sind in den Dateinamen die lokalen Zeichenkodierungen enthalten. Damit es nicht reihenweise Fehler oder gar Abstürze gibt, sollten Sie die Dateinamen zuvor mit der Funktion `g_filename_from_utf8()` in eine UTF-8-Kodierung umwandeln. Dies gilt natürlich nur, wenn Nicht-ASCII-Zeichen im Dateinamen verwendet wurden. Das UTF-8-Problem haben wir bereits zu Beginn kurz angesprochen.

Im letzten Beispiel wurde die Funktion `gtk_file_selection_get_filename()` mit der Dateiauswahl `GtkFileSelection` als Argument verwendet, um den Dateinamen mitsamt Pfad zu ermitteln, der ausgewählt wurde.

Ferner wurden Funktionen verwendet, die sich auf `GtkTextBuffer` beziehen und die hier nicht unerwähnt bleiben sollten:

```
void gtk_text_buffer_get_end_iter ( GtkTextBuffer *buffer,
                                    GtkTextIter *iter );
void gtk_text_buffer_insert ( GtkTextBuffer *buffer,
                              GtkTextIter *iter,
                              const gchar *text,
                              gint len );
void gtk_text_buffer_get_bounds ( GtkTextBuffer *buffer,
                                  GtkTextIter *start,
                                  GtkTextIter *end );
gchar *gtk_text_buffer_get_text( GtkTextBuffer *buffer,
                                 const GtkTextIter *start,
```

```
                        const GtkTextIter *end,
                        gboolean include_hidden_chars );
```

Mit gtk_text_buffer_get_end_iter() ermitteln Sie das Ende des Textpuffers. Die so ermittelte Adresse verwenden Sie anschließend als Zeiger in der Funktion gtk_text_buffer_insert(). Mit dieser Funktion wird ein Text text an der Position iter mit der Länge len angefügt. Für len kann auch -1 angegeben werden, was allerdings voraussetzt, dass der Text nullterminiert ist.

Mit der Funktion gtk_text_buffer_get_bounds() ermitteln Sie die Startposition (start) und Endposition (end) im Textpuffer (buffer). Diese beiden so ermittelten Iteratoren werden anschließend zusammen mit der Funktion gtk_text_buffer_get_text() verwendet, die aus dem Textpuffer dann einen Zeiger auf den kompletten Text zwischen diesen beiden Iteratoren zurückgibt. Mit include_hidden_chars können Sie angeben, ob auch unsichtbare Zeichen mit hinzugenommen werden. *Unsichtbare Zeichen* sind Zeichen, die als Steuerzeichen gelten und z. B. den Cursor in die nächste Zeile setzen oder einen Tabulator einfügen.

14.13 Events auswerten

Die Einführung in GTK+ ist fast zu Ende, und wir haben kaum ein Wort über Events und deren Bearbeitung verloren. Sie haben bisher immer Ihre GTK+-Anwendungen erstellt und sich beim Einrichten der Callback-Funktion das ausgesucht, was Sie benötigt haben (clicked, activate ...), das war's. Mehr ist im Prinzip eigentlich auch gar nicht nötig, wenn Sie mit GTK+ Programme schreiben wollen. Die Events in GTK+ werden zusammen mit Wrappern von den GDK-Events verwendet und machen Ihnen das Leben recht einfach. GTK+ übernimmt dabei fast alles für Sie. Die GDK-Events sind in der GTK+-Bibliothek als Signale vorhanden. In der Regel könnten Sie es also dabei belassen und so weiterarbeiten, wie Sie es gewohnt sind.

Was ist aber, wenn Sie z. B. bei einem Mausklick in ein Fenster die exakte Position benötigen, wo und wann welche Maustaste gedrückt wurde – z. B. in einem Zeichenprogramm? Sie haben zwar dafür die Signale button-press-event, button-release-event oder clicked, aber keine genauen Positionsangaben zur Verfügung. In solch einem Fall müssen Sie tatsächlich die niedrigere Ebene von GDK benutzen. An dieser Stelle geht es zwar vorwiegend um die Maus-Events, aber wenn Sie diese verstanden haben, lässt sich das Gelernte genauso gut auf die anderen Events übertragen.

Sie haben bis jetzt häufig in Callback-Funktionen den Parameter (genauer die Struktur) GdkEvent verwendet, ohne eigentlich gewusst zu haben, was Sie da eigentlich nutzen. Im Prinzip konnte Ihnen das auch bisher egal sein, da Ihnen ja GTK+ die ganze Arbeit abgenommen hat. Ein Beispiel einer solchen Callback-Funktion ist:

```
gboolean
callback(GtkWidget * widget, GdkEvent* event, GtkWidget * label);
```

Wir gehen davon aus, dass eine Maustaste (z. B. die linke) an einer bestimmten Position in einem bestimmten Fenster betätigt wird, das anschließend die Callback-Funktion `show_pos` mit dem Signal `button-press-event` aufruft. Jetzt benötigen Sie erst die Struktur von `GdkEvent`. Da in der Regel nur ein Event auf einmal auftritt, wird hierzu die folgende `union` verwendet:

```
union GdkEvent {
  GdkEventType              type;
  GdkEventAny               any;
  GdkEventExpose            expose;
  GdkEventNoExpose          no_expose;
  GdkEventVisibility        visibility;
  GdkEventMotion            motion;
  GdkEventButton            button;
  GdkEventScroll            scroll;
  GdkEventKey               key;
  GdkEventCrossing          crossing;
  GdkEventFocus             focus_change;
  GdkEventConfigure         configure;
  GdkEventProperty          property;
  GdkEventSelection         selection;
  GdkEventProximity         proximity;
  GdkEventClient            client;
  GdkEventDND               dnd;
  GdkEventWindowState       window_state;
  GdkEventSetting           setting;
};
```

In die `union` finden Sie alle möglichen Event-Strukturen, die bei einer Anwenderaktion zurückgegeben werden können. In diesem Fall interessiert uns das Event, das die Maus-Buttons abfragt, das Sie auch an dem Namen `GdkEventButton` erkennen. Diese Spur soll nun weiterverfolgt werden. Ein Blick in die Dokumentation bringt folgende Struktur ans Tageslicht:

```
struct GdkEventButton {
  GdkEventType type;
  GdkWindow *window;
  gint8 send_event;
  guint32 time;
  gdouble x;
  gdouble y;
  gdouble *axes;
  guint state;
  guint button;
```

```
  GdkDevice *device;
  gdouble x_root, y_root;
};
```

Und schon haben wir alles zusammen, was Sie für die Event-Bearbeitung der Maus benötigen. Im Großen und Ganzen sind wir hier ja nur an x, y und button interessiert – aber ein wenig weitere Information kann nicht schaden. type enthält die Art des Mausereignisses (GDK_BUTTON_PRESS, GDK_2BUTTON_PRESS [Doppelklick], GDK_3BUTTON_PRESS [Dreifachklick]) oder GDK_BUTTON_RELEASE. window ist das Fenster, das das Event erhalten hat. time enthält die Zeit des Events in Millisekunden. x und y sind die relativen Koordinaten des Mauszeigers im Fenster. Mit axes werden die x-, y-Achsen des Gerätes angegeben. Im Fall einer Maus ist dieser Wert NULL, es gibt aber auch 3D-Eingabegeräte, die hier einen Zeiger auf ein Koordinatenarray enthalten können (meistens in der Form {x,y,z}). state ist eine Bitmaske, die den Zustand der modifizierten Tasten (wie [Strg], [⇧] oder [Alt]) und den Zeiger-Button anzeigt. Welche Maustaste gedrückt wurde, sehen Sie in button. Die Tasten werden mit Werten von 1 bis 5 nummeriert, und dieser Wert entspricht denselben Werten wie schon bei X Windows (Achtung: Dies sind keine Bitnummern, und Sie können z. B. nicht feststellen, ob die linke und rechte Maustaste gleichzeitig betätigt wurden). device macht eine Aussage zum verwendeten Gerät, das das Event ausgelöst hat (es muss nicht immer eine Maus sein). x_root und y_root sind die relativen Koordinaten des Zeigers vom Ursprung des Bildschirms aus gesehen. An dieser Stelle müssen Sie genau zwischen Mauskoordinaten (kartesisches Koordinatensystem) und Bildschirmkoordinaten unterscheiden und eventuell beides ineinander umwandeln. Am besten, Sie benutzen (z. B. bei einem Malprogramm) direkt die absoluten Mauskoordinaten x und y, dann können Sie im Endeffekt nicht viel falsch machen.

Nach all den obigen Erklärungen ergibt sich nun die folgende Callback-Funktion:

```
gboolean show_pos ( GtkWidget * widget,
                    GdkEvent * event,
                    GtkWidget * label );
```

Wollen Sie ermitteln, welcher Button gedrückt wurde, können Sie dies mit folgender Abfrage machen:

```
gint z = event->button.button;
```

event ist der Zeiger auf die Struktur GdkEvent in der Callback-Funktionsdefinition, button ist vom Typ GdkEventButton in union GdkEvent, und der zweite button ist eine Strukturvariable in GdkEventButton. Sie können dies aber abkürzen, indem Sie bei dem Funktionsprototyp der Callback-Funktion gleich GdkEventButton verwenden:

```
static gboolean show_pos ( GtkWidget * widget,
                           GdkEventButton * event,
                           GtkWidget * label );
```

Der Rückgabewert der Callback-Funktion sollte TRUE sein, wenn alles beim Behandeln des Events glatt verlief – bei einem Fehler sollten Sie FALSE zurückbekommen.

Wie schon mit dem Xt-Toolkit müssen Sie die Events, die Sie bearbeiten wollen, vorher selektieren – denn auch hier ist es wenig sinnvoll, von vornherein auf alle Events reagieren zu wollen (das wäre auch viel zu langsam, und der X-Server wäre nur noch mit den Events beschäftigt). Die Events, die Sie speziell bearbeiten oder abfragen wollen, selektieren Sie mit der Funktion gtk_widget_set_event() mit der folgenden Syntax:

```
void gtk_widget_set_events (GtkWidget *widget,  gint events);
```

Mit gtk_widget_set_event() fügen Sie zu einem Widget eine oder mehrere Event-Masken hinzu, die Sie bearbeiten oder abfragen wollen. Mehrere Masken werden mit dem bitweisen ODER-Operator getrennt. Tabelle 14.29 listet einige der wichtigsten GDK-Event-Masken auf:

Event-Maske	Signal	Bedeutung
GDK_EXPOSURE_MASK	expose-event	Fenster oder Teil davon wurde sichtbar.
GDK_BUTTON_MOTION_MASK	motion-notify-event	Maus wurde bewegt, während gleichzeitig ein Button gedrückt wurde.
GDK_BUTTON1_MOTION_MASK GDK_BUTTON2_MOTION_MASK GDK_BUTTON3_MOTION_MASK	motion-notify-event	Maus wurde bewegt, während gleichzeitig ein spezieller Button gedrückt wurde.
GDK_BUTTON_PRESS_MASK	button-press-event	Button wird gedrückt.
GDK_BUTTON_RELEASE_MASK	button-release-event	Button wird losgelassen.
GDK_KEY_PRESS_MASK	key-press-event	Taste wird gedrückt.
GDK_KEY_RELEASE_MASK	key-release-event	Taste wird losgelassen.
GDK_ENTER_NOTIFY_MASK	enter-notify-event	Zeiger ist in das Fenster gekommen.
GDK_LEAVE_NOTIFY_MASK	leave-notify-event	Zeiger hat das Fenster verlassen.
GDK_FOCUS_CHANGE_MASK	focus-in-event focus-out-event	Tastaturfokus zwischen den Fenstern wurde gewechselt.
GDK_PROPERTY_CHANGE_MASK	property-notify-event	Eine Fenstereigenschaft wurde verändert.

Tabelle 14.29 Einige Event-Masken und ihre Signale

Es folgt nun wieder ein einfaches Beispiel, das sich vorwiegend um die Events GDK_BUTTON_PRESS_MASK und GDK_BUTTON_RELEASE_MASK kümmert, daneben aber auch die Event-Masken GDK_ENTER_NOTIFY_MASK, GDK_LEAVE_NOTIFY_MASK und GDK_KEY_PRESS_MASK verwendet, ohne allerdings etwas damit zu machen.

```
/* gtk9.c */
#include <gtk/gtk.h>
#define LEFTBUT   1
#define MIDDLEBUT 2
#define RIGHTBUT  3

static gint
delete_Event(GtkWidget *widget, GdkEvent *event, gpointer data) {
    return FALSE;
}

static void exitCB (GtkButton * clicked, gpointer data) {
    gtk_main_quit ();
}

static gboolean show_pos (
    GtkWidget *widget, GdkEventButton *event, GtkWidget *label ) {
    const gchar *button[] = {
        NULL, "linker Button", "mittlerer Button","rechter Button"
    };
    gint x = event->x;
    gint y = event->y;
    gint z = event->button;
    gchar *pos = g_strdup_printf ("Event: %d, %d (%s)\n",
        x, y, button[z]);
    gtk_label_set_text (GTK_LABEL (label), pos);
    return TRUE;
}

static gboolean change_label1 (
    GtkWidget* widget, GdkEventButton* event, GtkWidget *label ) {
    const gchar *new_label = {
        "Event: Mauscursor tritt ins Fenster ein\n"
    };
    gtk_label_set_text (GTK_LABEL (label), new_label);
    return TRUE;
}
```

```
static gboolean change_label2 (
    GtkWidget * widget, GdkEventButton * event, GtkWidget * label) {
    const gchar *new_label = {
        "Event: Mauscursor hat Fenster verlassen\n"
    };
    gtk_label_set_text (GTK_LABEL (label), new_label);
    return TRUE;
}

static gboolean key_press (
    GtkWidget * widget, GdkEventKey * event, GtkWidget * label) {
    gchar *new_label = g_strdup_printf (
        "Event: Taste '%s' (Wert:%d) wurde gedrueckt\n",
         event->string, event->keyval);
    gtk_label_set_text (GTK_LABEL (label), new_label);
    return TRUE;
}

int main (int argc, char **argv) {
    GtkWidget *fenster;
    GtkWidget *label;
    /* Gtk initialisieren */
    gtk_init (&argc, &argv);
    /* ein neues Fenster erstellen */
    fenster = g_object_new( GTK_TYPE_WINDOW,
    "title", "Verschiedene Anzeigeelemente",
    "default-width",  300,
    "default-height", 200,
    "resizable", TRUE,
    "window-position", GTK_WIN_POS_CENTER,
    "border-width", 5,
    NULL );
    label = g_object_new( GTK_TYPE_LABEL, NULL);

    /* Versuch, über den Window-Manager zu beenden */
    g_signal_connect ( GTK_OBJECT (fenster), "delete-event",
        G_CALLBACK (delete_Event), NULL);
    g_signal_connect ( GTK_OBJECT (fenster), "destroy",
        G_CALLBACK (exitCB), NULL);
    /* Callbacks für die Events einrichten */
    g_signal_connect (GTK_OBJECT (fenster), "button-press-event",
        G_CALLBACK (show_pos), label);
```

```
    g_signal_connect ( GTK_OBJECT (fenster), "enter-notify-event",
        G_CALLBACK(change_label1), label);
    g_signal_connect ( GTK_OBJECT (fenster), "leave-notify-event",
        G_CALLBACK (change_label2), label);
    g_signal_connect ( GTK_OBJECT (fenster), "key-press-event",
        G_CALLBACK (key_press), label);
    gtk_widget_set_events (fenster,
        GDK_BUTTON_PRESS_MASK | GDK_BUTTON_RELEASE_MASK
        | GDK_ENTER_NOTIFY_MASK | GDK_LEAVE_NOTIFY_MASK
        | GDK_KEY_PRESS_MASK);
    gtk_container_add (GTK_CONTAINER (fenster), label);
    gtk_widget_show_all (fenster);
    gtk_main ();
    return 0;
}
```

Listing 14.21 So reagieren Sie gezielt auf bestimmte Mausereignisse.

Das Programm gibt bei der Ausführung Folgendes aus:

```
$ gcc -Wall -o gtk9 gtk9.c `pkg-config gtk+-2.0 --cflags --libs`
$ ./gtk9
```

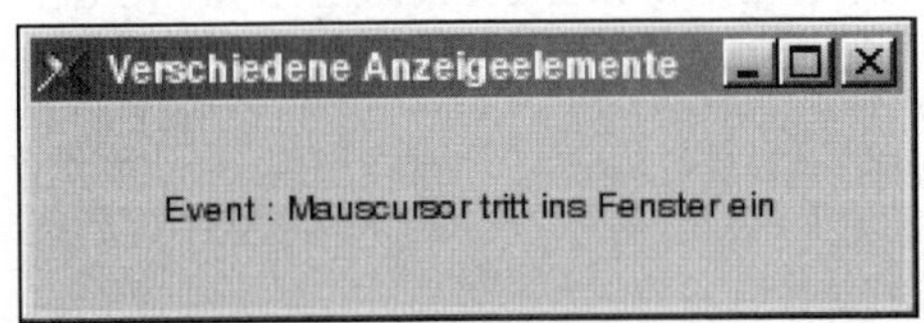

Abbildung 14.19 GDK-Events

14.14 Weitere Widget- und GTK+-Elemente im Überblick

GTK+ hat natürlich noch weitaus mehr zu bieten als die im Buch vorgestellten Möglichkeiten. Es folgt ein kurzer Überblick zu einigen Widgets, die hier kaum oder gar nicht zur Sprache gekommen sind, wobei es aber lohnenswert ist, sich näher mit ihnen zu befassen.

14.14.1 Mit GTK+ Bäume und Listen erstellen

Mit Bäumen und Listen steht Ihnen in GTK+ ein gewaltiges Widget-System zur Verfügung. Um Bäume und Listen in GTK+ zu erzeugen und zu verwenden, wird das Model-View-Controller-Konzept (kurz MVC) verwendet. Mit diesem Konzept werden die interne Darstellung der Daten (Model), die Anzeige (View) und die Manipulation der Daten (Controller) unterschieden. Dieses Konzept wird grob in folgende Hauptteile zerlegt:

- `GtkTreeModel`: Mit diesem Widget erzeugen Sie die interne Modell-Schnittstelle. Hier könnten Sie entweder selbst aktiv werden und sich Ihre eigene Implementation erstellen, oder Sie verwenden das bereits mitgelieferte Modell `GtkListStore` für einfache Listen (sogenannte *flache Bäume*) oder `GtkTreeStore` für Bäume mit eventuell mehreren Ebenen.
- `GtkTreeView`: Dieses Widget dient zur Darstellung der Baumansicht. Dabei wird für jede Spalte ein Objekt der Klasse `GtkTreeViewColumn` benötigt.
- `GtkCellRenderer`: Der Renderer ist das eigentliche Bindeglied zwischen der Baumansicht (`GtkTreeView`) und dem Baummodell (`GtkTreeModel`). Damit werden die Daten in einer Zelle formatiert, eingefügt und auch wieder dargestellt. Auch hier bringt GTK+ schon wieder vorgefertigte Klassen zur Verwendung von Text (`GtkCellRendererText`), Pixbufs (`GtkCellRendererPixbuf`) und Ankreuz-Buttons (`GtkCellRendererToggle`) mit.

14.14.2 Lineale

Einfache Lineale zur exakten Positionierung, wie Sie dies z. B. bei Textverarbeitungsprogrammen von den Seitenrändern her kennen (`GtkRuler`, `GtkHRuler`, `GtkVRuler`).

14.14.3 Zwischenablage (Clipboard)

Die Klasse `GtkClipboard` ist eine Zwischenablage, über die Daten zwischen verschiedenen Prozessen, sogar zwischen den verschiedenen Widgets im selben Prozess, geteilt werden können. Meistens wird diese Zwischenablage für einfache Copy-and-Paste-Aktionen verwendet.

14.14.4 Drag and Drop

GTK+ bietet eine Reihe von Funktionen, mit denen Sie das Drag & Drop steuern können. Mittlerweile bietet GTK+ auch schon eine Menge anderer unterstützender Protokolle für das Drag & Drop zwischen Nicht-GTK+-Anwendungen an. Wichtige Protokolle in der Struktur `GdkDragProtocol` wären hierfür Xdnd und das Motif-Protokoll.

14.14.5 Stock-Items – Repertoire-Einträge

Die Stock Items haben wir schon kurz erwähnt. Stock-Items stellen Ihnen gewöhnliche Menü- und Toolbar-Elemente zur Verfügung. Jedes dieser Elemente wird anhand einer Stock-ID identifiziert. Diese ID kann entweder in Form eines Strings oder aber eines Makros verwendet werden. Des Weiteren ist es natürlich auch möglich, eigene Einträge hinzuzufügen.

14.14.6 Signale

Das Thema »Signale« haben wir in diesem Kapitel nur oberflächlich behandelt. Bei vielen Widgets haben wir die Signale zum Teil unvollständig bis gar nicht erwähnt. Aber um für den Hausgebrauch eigene Anwendungen in GTK+ zu erstellen, reichen Ihre Kenntnisse diesbezüglich aus. Dennoch ist es sehr zu empfehlen, sich noch etwas intensiver mit den Signalen von GTK+ zu befassen, da diese doch die Eckpfeiler einer GTK+-Anwendung darstellen. Unbedingt müssen Sie sich mit Signalen auseinandersetzen, wenn Sie sich für die Erstellung eigener Widgets interessieren.

14.14.7 Ressource-Files

GTK+ unterstützt auch Ressource-Files (*.gtkrc*-Files), mit denen Sie Einstellungen wie z. B. das Look & Feel zur Laufzeit der Anwendung verändern können.

14.14.8 Widget-Entwicklung

Logischerweise ist es auch möglich, eigene Widgets zu erstellen. Hierbei können Sie entweder aus einer vorhandenen Klasse ein Widget ableiten oder aber auch mithilfe (der niedrigeren Ebene) von GDK-Funktionen Ihr Widget selbst zeichnen (!) und die Ereignisse abarbeiten.

14.14.9 GDK

Voraussetzung für das Entwickeln eigener Widgets ist GDK. GDK fungiert, wie Sie bereits wissen, als Schnittstelle zwischen GTK+ und dem Backend (unter Linux meistens X11 und unter Windows die Win32-API). Alle GTK+-Widgets bauen auf den Strukturen und Funktionen der GDK-Bibliothek auf.

Kapitel 15
Übersicht über weitere beliebte GUI-Bibliotheken

Neben der GTK+ gibt es noch viele weitere sehr gute GUI-Bibliotheken – die meisten verwenden allerdings C++ als Basissprache. Die folgenden Seiten verschaffen Ihnen einen Überblick über die verschiedenen Bibliotheken.

Die meisten ausgereiften Bibliotheken zeichnen sich dadurch aus, dass sie ein RAD-Tool (RAD = *Rapid Application Development*) enthalten. Mit diesem Werkzeug lässt sich anhand eines sogenannten *GUI-Designers* in kürzester Zeit eine grafische Oberfläche zusammenstellen. Wenngleich Sie sich dadurch Anwendungen mit einigen Mausklicks zusammenstellen können, kommen Sie doch um die Grundlagen einer GUI-Bibliothek nicht herum. Denn Sie müssen das GUI (z. B. die Auswertung der Eingabefelder) trotzdem noch selbst verwalten, auch wenn es oft Hinweise wie »insert your code here« gibt.

15.1 gtkmm – GTK+ für C++

gtkmm (steht für *gtk--*) ist ein C++-Wrapper für GTK+ und somit auch die C++-Anbindung für GTK+. Alles, was Sie mit GTK+ tun können, können Sie auch mit gtkmm erledigen. Der Wrapper enthält aber auch alle starken Features (wie z. B. echte Objektorientierung), die C++-Programmierer zu schätzen wissen, also Beispiel Klassen, Vererbung und Polymorphismus. gtkmm kapselt unter anderem `GObject` in eine funktionsgleiche C++-Klassenhierarchie. Auch die GLib steht in einer C++-Variante mit *glibmm* zur Verfügung. Das Signal-Slot-Konzept wird durch eine eigene, typensichere Callback-Funktion über die Bibliothek *libsigc++* realisiert. gtkmm bietet Ihnen gegenüber GTK+ folgende Vorteile:

- Der Code mit gtkmm ist deutlich kürzer und klarer. Wilde Cast-Makros von GTK+ wie

  ```
  gtk_button_set_text( GTK_BUTTON( button), "Buttonname" );
  ```

  lassen sich mit gtkmm erheblich vereinfachen, hier z. B. durch

  ```
  button.set_text( "Buttonname" );
  ```

- Durch Vererbung lassen sich sehr einfach neue Widgets ableiten. Zwar können Sie eine solche Ableitung auch mit GTK+ erstellen, dies ist jedoch relativ kompliziert und fehleranfällig.

- *gtkmm* ist typensicherer. Die meisten C++-Compiler decken die Fehler schon zur Übersetzungszeit auf und nicht erst zur Laufzeit, wie bei C leider häufig üblich. Auch das Signalkonzept wird, wie bereits erwähnt, über die C++-Bibliothek *libsigc++* realisiert, da diese typensicherer als GTK+ ist.
- Das Speichermanagement ist erheblich einfacher, da Member-Instanzen anstelle von Zeigern verwendet werden (das heißt, dass die Klasse das Speichermanagement selbst erledigt).

Trotz dieser Vorteile wird GTK+ häufiger eingesetzt als gtkmm. GNOME liefert hierfür das beste Beispiel. GTK+ selbst wurde ja ebenfalls in C erstellt. Dies hat auch damit zu tun, dass die Sprache C einfacher ist und zudem ziemlich eng mit dem Linux-Kernel verknüpft ist. Außerdem kann man C jederzeit einen Wrapper überziehen (auch gtkmm ist schließlich ein Wrapper). Dies macht die Sprache C auch für Entwickler interessanter.

[»]

Hinweis: Plattformübergreifende GUIs mit GTK+

Obgleich die gtkmm-Bibliothek auf vielen Plattformen ausführbar ist, auf denen auch GTK+ läuft (es ist z. B. auch eine Version für Windows und macOS verfügbar), ist sie nur bedingt für die Cross-Plattform-Entwicklung geeignet. Sie ist also eher im Linux-Bereich beheimatet. Wer sich für die Entwicklung von Cross-Plattform-Anwendungen interessiert, dem empfehlen wir die Qt-Bibliothek.

gtkmm produziert für C++-Wrapper-Verhältnisse recht schlanke Programme, nicht zuletzt deshalb, weil dieser Wrapper aus reinem C++-Code besteht. Andere C++-GUIs wie Qt verwenden zusätzliche Erweiterungen (*Extensions*). Allerdings gehen Frameworks wie Qt auch weit über normale GUI-Funktionalitäten hinaus und sind für viele Anwendungen überdimensioniert. Da dies aber inzwischen auch z. B. für die Windows-API gilt (oft zusammen mit Visual Studio), ist Qt dennoch eine gute Wahl.

15.1.1 Programmbeispiele

Die nächsten C++-Programmbeispiele können Sie überspringen, wenn Sie wollen, weil ja das vorliegende Buch im Endeffekt ein reines C-Buch ist. Wenn Sie jedoch Lust haben, etwas über den Tellerrand zu schauen, oder Ambitionen haben, direkt im Anschluss C++ zu lernen, dann könnten die C++-Beispiele dennoch interessant für Sie sein.

Das folgende Beispiel ist objektorientiert programmiert. Es erzeugt mit diesen Techniken ein einfaches Fenster (`Gtk::Window`) mit einem Textlabel (`Gtk::Label`) und zwei Schaltflächen (`Gtk::Button`). Die beiden Buttons (die auch beide Objekte mit den entsprechenden Methoden sind) werden mithilfe der Bibliothek *libsigc++* verwaltet. Der erste Button wird mit der `quit`-Funktion von `Gtk::Main` verbunden. Der zweite Button wird mit einem selbsterstellten Signalhandler (`button_angeklickt()`) verbunden. Die Schaltflächen und das Textlabel werden anschließend in einem GTK+-typischen Container (Gtk::VBox) verpackt (einer vertikalen Box) und im Fenster angezeigt.

```
/* hallo.cc */
#include <gtkmm.h>
#include <iostream>
using namespace Gtk;

// der Signalhandler
void button_angeklickt() {
    std::cout << "Hilfe wurde gedrückt" << std::endl;
}

int main( int argc, char *argv[] ) {
    // Das Gtk::Main-Objekt wird für alle
    // gtkmm-Anwendungen benötigt.
    Main kit( argc, argv );

    // das Hauptfenster Gtk::Window
    Window window;
    window.set_title("Ein leeres Fenster");
    window.set_default_size( 300, 200 );
    window.set_border_width(15);

    // ein Textlabel (Gtk::Label)
    Label lab("gtkmm mit Label und Button");
    // zwei Buttons (Gtk::Button)
    Button ende_but(Stock::QUIT);
    Button hilfe("HILFE");
    // Signalhandler für Buttons einrichten -
    // Programm beenden
    ende_but.signal_clicked().connect(
        sigc::ptr_fun(&Gtk::Main::quit) );
    hilfe.signal_clicked().connect(
        sigc::ptr_fun(&button_angeklickt));

    // alles in eine vertikale Box packen (Gtk::Vbox)
    Vbox vbox(false, 15);
    vbox.add(lab);
    vbox.add(ende_but);
    vbox.add(hilfe);
```

```
    // Box in das Hauptfenster packen
    window.add(vbox);
    // alle Widgets anzeigen
    window.show_all();
    // alles anzeigen und die Event-
    // Verarbeitungsschleife starten
    Main::run(window);
    return 0;
}
```

Listing 15.1 Erzeugt ein Fenster mit Buttons und verwendet dazu das C++-Framework gtkmm (und muss deswegen auch mit dem C++-Compiler g++ übersetzt werden).

Das Programm gibt bei der Ausführung Folgendes aus:

```
$ g++ hallo.cc -o hallo `pkg-config gtkmm-2.4 -cflags -libs`
$ ./hallo
```

Abbildung 15.1 Eine einfache Anwendung mit der gtkmm-Bibliothek

15.1.2 GUI-Designer Glade für GTK+ und gtkmm

Glade ist ein sogenanntes RAD-Tool, also im Endeffekt ein GUI-Builder. Es handelt sich bei Glade um ein sehr ausgereiftes RAD-Tool zur schnellen Entwicklung von GTK+- und GNOME-Anwendungen. Eine grafische Oberfläche, die mit Glade erstellt wurde, ist unabhängig von der verwendeten Programmiersprache und wird als XML-Datei gespeichert. Mit der Bibliothek *libglade* können Sie die XML-Datei jederzeit in mehreren Programmiersprachen wie C, C++, Java oder Perl verwenden.

Bis 2022 wurden zahlreiche Anwendungen mit Glade erstellt, es ist also sehr wahrscheinlich, dass Sie irgendwann einmal mit Glade in Berührung kommen werden, zumindest, wenn Sie sich mit GUIs beschäftigen. Einen Nachteil hat Glade aber dann doch: Ende 2022 wurde die Weiterentwicklung von Glade ab Version 4.x gestoppt, und es ist bis jetzt nicht klar (Stand: Juli 2023) ob Glade noch weiterentwickelt oder endgültig begraben wird. Diese Entscheidung hat mehrere Gründe, die hier aufzuzählen aber müßig wäre.

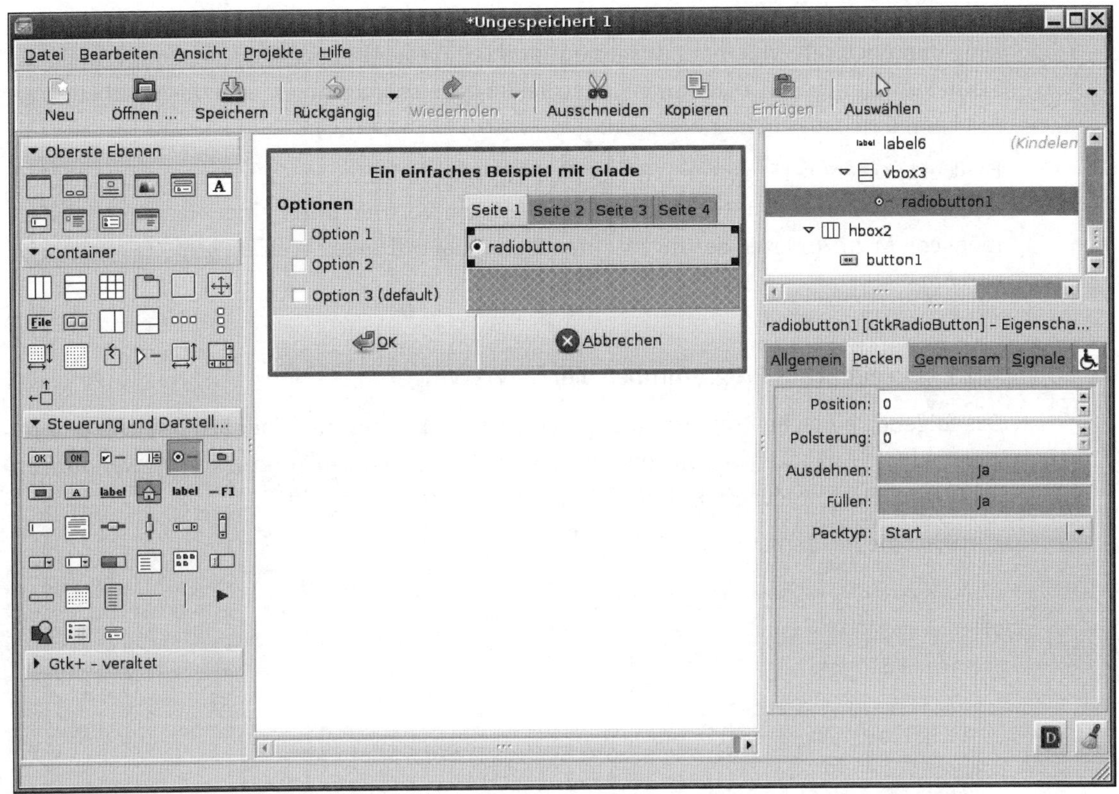

Abbildung 15.2 Oberfläche von Glade 4 (letzte wirklich vollständig lauffähige Version) auf dem GNOME-Desktop

15.2 wxWidgets

wxWidgets ist eine einfach zu verwendende, aber sehr mächtige API, die auf C++ aufbaut. Mit dieser API können Sie eigene GUI-Applikationen auf den unterschiedlichsten Plattformen (Linux, macOS, Windows, Symbian OS, Palm OS, Windows CE etc.) erstellen. wxWidgets ist extrem portabel, auch weil es auf Ausnahmen (Exceptions) und Templates verzichtet. Neben C++ existieren für wxWidgets noch Anbindungen für viele weitere Programmiersprachen wie Python (wxPython), Perl (wxPerl), Lua (wxLua), Java und Ruby (wxRuby) oder auch C (wxC).

Neben den üblichen Features eines Toolkits bietet wxWidgets die folgenden Besonderheiten: Onlinehilfen (HTML- und CHM-Format), Netzwerkprogrammierung, Streams, Zwischenablagen, Drag-and-Drop-Funktionen, Multithreading, Unterstützung von Bildern und Videos in unterschiedlichen Formaten, Datenbank-Unterstützung (MySQL, SQLite, ODBC etc.), HTML-

Betrachter und Drucker, virtuelles Filesystem, OpenGL-Unterstützung, OLE-Automatisierung und noch sehr viel mehr. Insgesamt umfasst diese API über 450 Klassen mit mehr als 5.000 Funktionen. Das macht wxWidgets leider auch sehr komplex, und die Einarbeitungszeit kann durchaus ein Jahr betragen.

Dank einer leicht veränderten LGPL ist die freie Verwendung von wxWidgets in proprietärer und freier Software erlaubt, was auch den weiteren Vertrieb unter einer eigenen Lizenz ermöglicht. Mehr zur Lizenzierung erfahren Sie auf der offiziellen Website *http://www.wxwidgets.org/*.

15.2.1 Ein einfaches Programmbeispiel für wxWidgets

Das folgende einfache Programmbeispiel öffnet ein Fenster mit einer Schaltfläche und reagiert auf das Anklicken des Buttons als Ereignis. Wie gesagt: Für komplexere Anwendungen benötigen Sie entweder ein RAD-Tool oder sehr viel Zeit.

Zunächst die Headerdatei:

```
// base.h
#ifndef BASIC_H
#define BASIC_H

class HalloWeltApp : public wxApp {
public:
    virtual bool OnInit();
};

class BasicFrame : public wxFrame {
private:
    wxPanel* panel;
    wxButton* button;
    // Ereignistabelle einrichten
    DECLARE_EVENT_TABLE()
public:
    BasicFrame( const wxChar *title,
    int xpos, int ypos,
    int width, int height);
    ~BasicFrame();
    // Methode, die auf das Ereignis reagiert
    void OnClickButtonOK(wxCommandEvent &event);
};
#endif
```

Der Hauptcode lautet:

```
// base.cpp
#include "wx/wx.h"
#include "base.h"

IMPLEMENT_APP(HalloWeltApp)

bool HalloWeltApp::OnInit() {
    BasicFrame *frame =
    new BasicFrame( wxT("Hallo Welt"), 50, 50, 200, 100);
    frame->Show(TRUE);
    SetTopWindow(frame);
    return TRUE;
}

BasicFrame::BasicFrame (
    const wxChar *title,
    int xpos, int ypos,
    int width, int height)
    : wxFrame ((wxFrame *) NULL,
    -1, title,
    wxPoint(xpos, ypos),
    wxSize(width, height),wxDEFAULT_FRAME_STYLE) {
    // ein neues Panel zum Frame hinzufügen
    panel = new wxPanel(this, wxID_ANY,
    wxDefaultPosition, wxSize(200, 100));
    // einen Button in das Panel einfügen
    button = new wxButton(panel, wxID_OK, wxT("OK"),
    wxPoint(10, 10), wxDefaultSize);
}

BasicFrame::~BasicFrame() { }
BEGIN_EVENT_TABLE(BasicFrame, wxFrame)
EVT_BUTTON(wxID_OK, BasicFrame::OnClickButtonOK)
END_EVENT_TABLE()

void BasicFrame::OnClickButtonOK(wxCommandEvent &event ) {
    // Fenster schließen/beenden
    Close();
}
```

Listing 15.2 Öffnet ein Hallo-Welt-Fenster und verwendet dazu die wxWidgets-Bibliothek.

Das Programm gibt bei der Ausführung Folgendes aus:

```
$ g++ -c -o base.o -I.  `wx-config -cxxflags` base.cpp
$ g++ -o base base.o   `wx-config -libs core,base`
$ ./base
```

Abbildung 15.3 Das Hallo-Programm bei der Ausführung

15.2.2 GUI-Designer wxFormBuilder

Auch der wxFormBuilder, das RAD-Tool für wxWidgets, hat sich mittlerweile zu einer ausgereiften Anwendung entwickelt, die für die Entwicklung von grafischen Oberflächen mit wx-Widgets unverzichtbar ist.

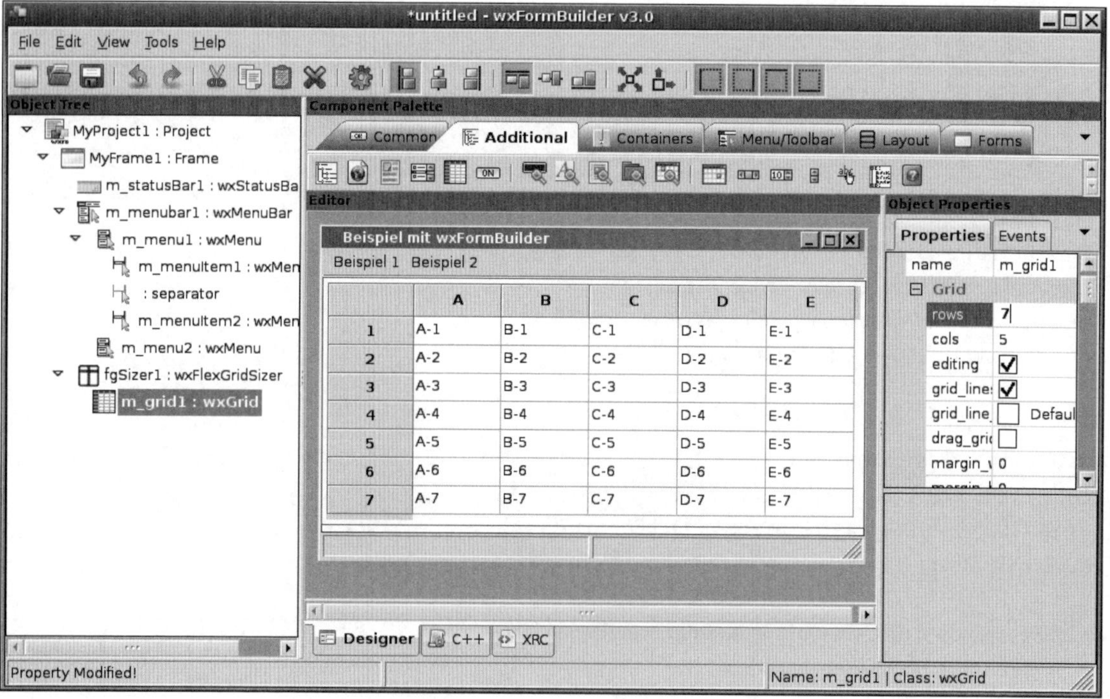

Abbildung 15.4 wxFormBuilder bei der Ausführung

Allerdings gilt auch hier dieselbe Aussage wie für Glade: Bis jetzt wird der wxFormBuilder, der stark an Visual Studio erinnert, noch weiterentwickelt. Ob dies aber weiterhin so bleibt (Stand Juli 2023), ist leider unklar. Auch hier können die Gründe für diese Krise nicht dargestellt werden, wahrscheinlich ist aber, dass Microsoft anstrebt, ihr Visual Studio auch kompatibel mit freien Bibliotheken zu machen und dadurch noch mehr Marktanteile für Visual Studio zu gewinnen. Mit dem Tool Visual Studio Code gibt es sogar inzwischen eine freie Alternative zu dem relativ teuren Visual Studio.

15.3 FLTK

Wenn Sie auf der Suche nach einer GUI-Bibliothek sind, die extrem schlank bei der Erzeugung von binären Programmen ist und auf allen möglichen Systemen gleich aussieht, dann sollten Sie sich die in C++ geschriebene FLTK-Bibliothek ansehen. *FLTK* (Fast Light Tool Kit) verzichtet im Unterschied zu anderen GUI-Bibliotheken auf jegliche Extra-Features und beschränkt sich ausschließlich auf Benutzerschnittstellen-Funktionen. FLTK ist die ideale GUI, wenn man sein Konsolenprogramm schnell mit einer grafischen Oberfläche versehen möchte. Die extrem einfache Verwendung ist ein weiterer Vorzug dieser wirklich schlanken Bibliothek.

Einen Nachteil hat FLTK aber (inzwischen) doch: Sie benötigen trotzdem immer ein Desktop-Environment, also z. B. einen laufenden KDE oder GNOME. Entgegen den ursprünglichen Zielen, eine von jeglichen Desktops unabhängige Bibliothek zu schaffen, die quasi die GUI in die Anwendung integriert, benutzt FLTK nun trotzdem die Grafikmechanismen des Desktops mit. Dies hat wahrscheinlich damit zu tun, dass viele Benutzer inzwischen beispielsweise Funktionen wünschen, um Audio- und Videodateien anzuspielen, unabhängig davon, wie schlank ihre GUI-Bibliothek sonst ist.

15.3.1 Ein einfaches FLTK-Programmbeispiel

Wenngleich FLTK in C++ geschrieben wurde, lässt sich diese Bibliothek sehr einfach in ein C-Programm integrieren, wie das folgende Listing zeigt. Erzeugt wird ein Fenster mit zwei Buttons. Für beide Buttons wird eine Callback-Funktion eingerichtet. Eine spezielle Button-Funktion gibt den Satz »Hallo Welt« auf der Konsole aus, und der andere Button beendet das Programm.

```
// hallo2.cpp
#include <stdlib.h>
#include <stdio.h>
#include <FL/Fl.H>
```

```
#include <FL/Fl_Window.H>
#include <FL/Fl_Button.H>

void Hallo_cb(Fl_Widget *, void *) {
    printf("Hallo Welt\n"); fflush(stdout);
}

void exit_cb(Fl_Widget *, void *) {
    exit(0);
}

int main(int argc, char ** argv) {
    Fl_Window *window = new Fl_Window(320,65);
    window->label("Ein einfaches FLTK-Beispiel");
    Fl_Button *b1 = new Fl_Button(20, 20, 100, 25, "&Hallo");
    b1->callback(Hallo_cb, 0);
    Fl_Button *b2 = new Fl_Button(200,20, 100, 25, "E&nde");
    b2->callback(exit_cb, 0);
    window->end();
    window->show(argc,argv);
    return Fl::run();
}
```

Listing 15.3 Öffnet ein Hallo-Welt-Fenster und verwendet dazu die FLTK-Bibliothek.

Das Programm gibt bei der Ausführung Folgendes aus:

```
$ g++ -o hallo2 hallo2.cc -lfltk
$ ./hallo2
```

Abbildung 15.5 Das Programm bei der Ausführung

[»]

> **Hinweis**
>
> Auf der offiziellen Seite zu FLTK (*http://www.fltk.org/*) finden Sie neben einer guten Einführung auch vielfältige Programmbeispiele. Die Dokumentation wird aber in der Regel bereits mit dem FLTK-Paket mitinstalliert.

15.3.2 GUI-Designer FLUID

Auch FLTK bietet mit FLUID einen sehr brauchbaren GUI-Designer, mit dem Sie sich Ihre GUI mit einigen Mausklicks zusammenstellen können. Der Designer lässt sich ebenso einfach verwenden wie die Bibliothek selbst. Leider gilt auch für FLUID: Die Zeitspanne zwischen den einzelnen Updates der Bibliothek und natürlich auch des Designers ist oft sehr lang (bis zu einem Jahr), und es ist nicht klar, ob FLUID nach 2023 noch weiterentwickelt wird. Auch dies hat sicherlich mehrere Gründe, die hier aufzulisten müßig wäre. Der Hauptgrund dürfte jedoch sein, dass es inzwischen eine wahre GUI-Flut gibt und ebenso eine wahre Flut an mittlerweile verfügbaren Desktop-Managern, deren Design im Endeffekt jedes Jahr komplett neugestaltet wird. Natürlich ist dies wiederum ein weiterer Grund dafür, nun endlich die GUI vollständig in eine Konsolenanwendung zu integrieren – denn so speicherintensiv ist dies auch nicht, dass dadurch sämtliche Ressourcen aufgebraucht werden.

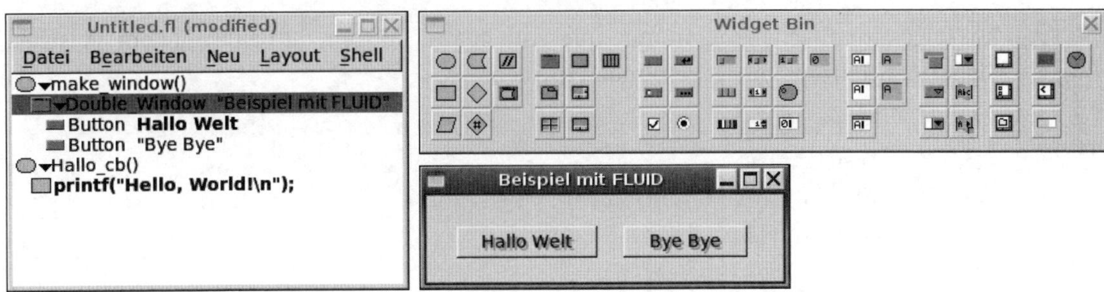

Abbildung 15.6 FLUID bei der Ausführung

[+]

Tipp

Ein großartiges (deutsches) Tutorial zum RAD-Tool FLUID finden Sie auf der Webseite *http://www-user.tu-chemnitz.de/~poenisch/FLUID-Tutorial/*.

15.4 Qt

Qt ist im Endeffekt die beliebteste und mächtigste Klassenbibliothek zur plattformunabhängigen Programmierung grafischer Benutzeroberflächen unter C++. Verantwortlich für Qt ist die norwegische Firma Trolltech (ehemals Quasar Technologies). Die Qt-Bibliothek ist mittlerweile für die verschiedensten Betriebssysteme und Grafikplattformen erhältlich, zum Beispiel für X11 (Linux-/UNIX-Derivate), macOS und Windows, aber auch als PDA-Version für Tablets und Smartphones.

Qt ist nicht nur eine Bibliothek zur Entwicklung von grafischen Benutzeroberflächen – es handelt sich vielmehr um ein mächtiges Framework, das XML, Datenbanken, Internationalisierung, Netzwerke, Datei-Ein-/Ausgabe, Interprozesskommunikation, Multithreading und noch einiges mehr anbietet. Mit Qt können Sie so ziemlich alles tun und brauchen keine weiteren Bibliotheken mehr – ein echtes Rundum-sorglos-Paket also. Wenn Sie also wirklich seriöse und professionelle GUI-Anwendungen entwickeln wollen, dann sollten Sie sich für Qt entscheiden.

Zwar verwendet Qt eine Erweiterung der Programmiersprache C++, es gibt aber auch Implementierungen für C, C#, Java, Perl, Python und Ruby. Diese Erweiterungen werden allerdings nicht von Trolltech gepflegt.

15.4.1 Ein Qt-Programmbeispiel

Das folgende einfache Programmbeispiel enthält zwei Buttons, die beide mit dem typischen Signal-Slot-Konzept von Qt verbunden wurden.

```
// hallo_qt/main.cpp
#include <QApplication>
#include <QPushButton>
#include <QVBoxLayout>

int main(int argc, char *argv[]) {
    QApplication app(argc, argv);
    QWidget* win        = new QWidget;
    QVBoxLayout* layout = new QVBoxLayout(win);
    QPushButton* but1   = new QPushButton("Über Qt");
    QPushButton* but2   = new QPushButton("Beenden");

    // Größe der Buttons
    but1->resize(120, 30);
    but2->resize(120, 30);

    // Widgets zur vertikalen Box hinzufügen
    layout->addWidget(but1);
    layout->addWidget(but2);

    // Signal-und-Slot-Verbindungen herstellen
    QObject::connect( but1, SIGNAL( clicked() ),
        &app, SLOT( aboutQt() ) );
```

```
    QObject::connect( but2, SIGNAL( clicked() ),
        &app, SLOT( quit() ) );

    // Fenster anzeigen
    win->show();
    return app.exec();
}
```

Listing 15.4 Erstellt ein Hallo-Welt-Fenster mit der Qt-Bibliothek.

Das Programm gibt bei der Ausführung Folgendes aus:

```
$ cd hallo_qt
$ qmake -project
$ qmake
$ make
g++ -c -pipe -O2 -Wall -W -D_REENTRANT -DQT_NO_DEBUG -DQT_GUI_LIB -DQT_CORE_LIB
-DQT_SHARED -I/usr/share/qt4/mkspecs/linux-g++ -I. -I/usr/include/qt4/QtCore
-I/usr/include/qt4/QtCore -I/usr/include/qt4/QtGui -I/usr/include/qt4/QtGui
-I/usr/include/qt4 -I. -I. -I. -o main.o main.cpp
g++ -Wl,--no-undefined -o hallo_qt main.o    -L/usr/lib -lQtGui -lQtCore -lpthread

$ ./hallo_qt
```

15

Abbildung 15.7 Das Hallo-Programm (Qt-Version) bei der Ausführung

15.4.2 Der GUI-Designer von Qt

Natürlich bietet ein Framework von einem solchen Format wie Qt mit dem Qt-Designer auch ein exzellentes RAD-Tool an, das es Ihnen ermöglicht, sich Ihre Anwendung per Drag & Drop zusammenzustellen. Und der Vorteil ist eben, dass Qt nicht veraltet und immer die aktuellsten Versionen zur Verfügung stehen.

Der Nachteil ist natürlich, dass Qt inzwischen so komplex ist (wie alle Programme, die dauernd weiterentwickelt und erweitert werden), dass eine Einarbeitungszeit von mehreren Monaten Pflicht ist (und natürlich auch separate Literatur).

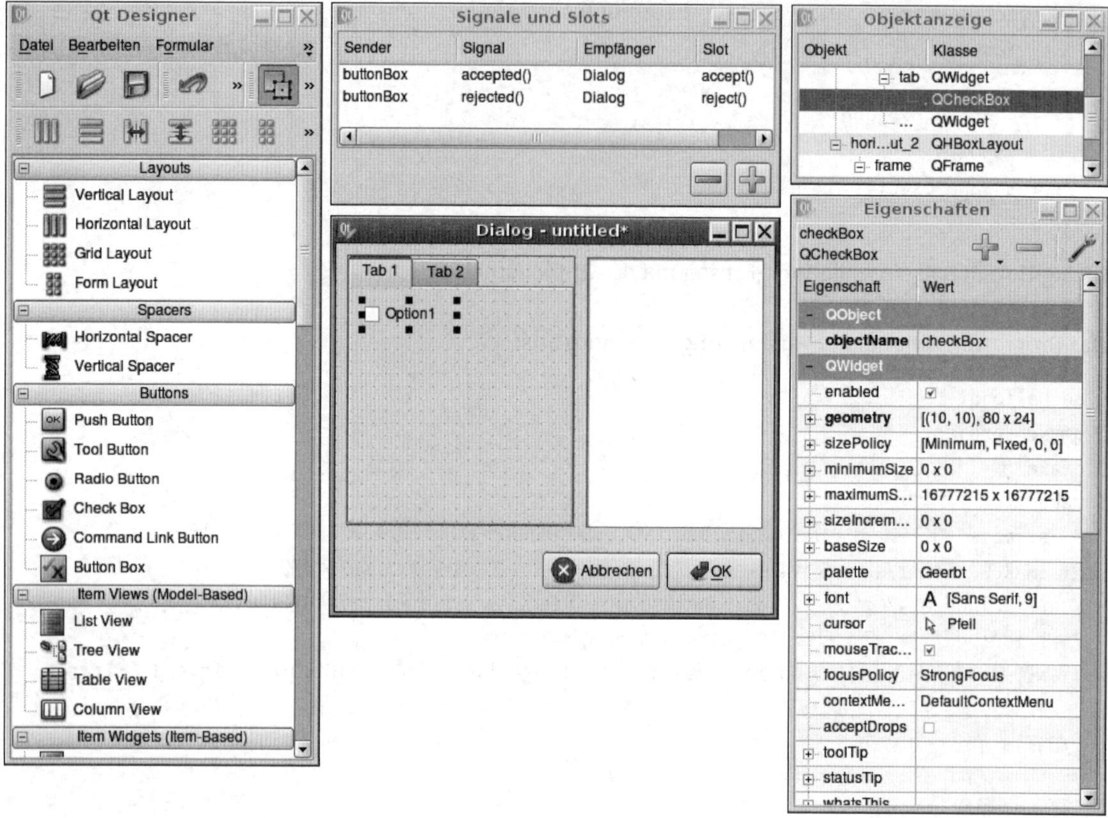

Abbildung 15.8 Der Qt Designer bei der Ausführung

15.5 Die niedrige Ebene: X-Window-Programmierung

Sie wollen gerne ein eigenes Toolkit wie GTK+, wxWidgets, FLTK oder Qt erstellen oder einen eigenen Fenstermanager wie GNOME oder KDE? Dann müssen Sie in die Tiefen der GUI-Programmierung einsteigen. Die einfachste Variante (weil inzwischen fast immer vorinstalliert) ist wahrscheinlich die X-Window-Programmierung (kurz *Xlib*).

Hinweis: Direkte Grafikprogrammierung

Verwechseln Sie bitte die Xlib nicht mit der direkten Grafikprogrammierung z. B. des Framebuffers (*/dev/fbx*) oder sogar der Hardwareprogrammierung von Grafikkarten (Spezialbibliotheken wie OpenGL), bei der Sie die Pixel und Texturen sozusagen per Hand verwalten müssen. Die Xlib liegt noch eine Stufe über der reinen Hardwareprogrammierung, ist also quasi auch nur eine Wrapper-Bibliothek, die z. B. die Kernel-Grafiktreiber mit verwendet.

15.6 Multimediabibliotheken

C und C++ gelten immer noch als die Programmiersprachen für Spiele-, Grafik- und Multimedia-Anwendungen. Allerdings ist vor allem die Entwicklung von Spielen sehr komplex und erfordert neben Kenntnis der einzelnen Bibliotheken häufig noch vertieftes mathematisches Wissen (besonders bei der 3D-Spieleprogrammierung). Trotzdem seien hier einige Bibliotheken erwähnt, die aus der Welt der Linux- und UNIX-artigen Systeme inzwischen nicht mehr wegzudenken sind.

15.6.1 Die SDL-Bibliothek

Der *Simple DirectMedia Layer* (SDL) ist eine freie (unter der LGPL verfügbare) Multimediabibliothek für verschiedene Plattformen. Die SDL-Bibliothek stellt eine abstrakte API für Grafik-, Sound- und andere Eingabegeräte wie Mäuse, Joysticks und Gamepads bereit. Somit steht Entwicklern eine mächtige API zur Spiele- und Multimediaentwicklung zur Verfügung. Die Unterstützung vieler verschiedener Plattformen gewährleistet eine hohe Portabilität bei der Entwicklung. SDL ist in C geschrieben und zeichnet sich besonders durch einen im Vergleich zu anderen APIs in diesem Bereich (z. B. DirectX) recht kompakten Code aus. Die SDL-Bibliothek ist also auch für Anfänger leicht zu erlernen.

Viele Beispielprogramme zeigen, wie die Bibliothek verwendet wird. Darüber hinaus existieren Anbindungen für über zehn Sprachen. Hinsichtlich des Funktionsumfangs ist anzumerken, dass der Simple DirectMedia Layer nicht direkt Funktionen für 3D-Grafiken zur Verfügung stellt. Dieser Mangel wird allerdings durch die Einbindungsmöglichkeiten von OpenGL wieder ausgeglichen. Somit ist es mit der SDL auch möglich, 3D-Spiele wie Tux Racer zu programmieren.

15.6.2 Die Allegro-Bibliothek

Allegro ist eine in C geschriebene kostenlose Bibliothek zur Erstellung von Computerspielen in C und C++ (und inzwischen auch anderen Sprachen). Die Stärken von Allegro sind Funktionen und Datenstrukturen für 2D-Grafik, Tonausgabe, Benutzereingabe und vieles mehr. Natürlich unterstützt diese Bibliothek auch einfachere 3D-Grafik. Die Allegro-Bibliothek hatte ihre goldene Zeit Anfang der 90er-Jahre. Zu dieser Zeit war sie als zusätzliche Bibliothek für den DJGPP-Compiler (DOS-Version von GCC) erhältlich, und aus dieser Zeit stammen auch noch einige Altlasten.

Eine Zeit lang war es recht ruhig um Allegro, aber seit 2004 zeichnet sich eine dynamische Weiterentwicklung ab. Die Bibliothek bietet mit AllegroGL eine OpenGL-Anbindung an. Allegro ist nach wie vor eine sehr beliebte Bibliothek zum Einsteigen in die Spieleprogrammierung, da sie sehr einfach zu verwenden ist, auf allen Plattformen vorhanden und sehr gut dokumentiert ist. Ein Blick auf die Website *http://www.allegro.cc* zeigt, dass mittlerweile zahllose Projekte mit Allegro verwirklicht wurden. Die meisten dieser Projekte sind kostenlos und legen ihre Quellcodes offen. Allerdings geht es auch bei Allegro oft ein »Hin und Her« – mal erscheinen Updates, mal lange Zeit nicht. Vielleicht ist dies aber auch ein spezieller Nachteil von Open-Source-Software.

Ein einfaches Allegro-Programmbeispiel

Das folgende Listing schaltet in den Bildschirmmodus 320 × 200, um »Hallo Welt« auf dem Bildschirm auszugeben.

[»]

Hinweis für den Raspberry Pi

Allegro ist auf dem Raspberry Pi nicht immer sofort verwendbar, oft wird z. B. der Bildschirm nicht richtig initialisiert und zeigt komische »Krisselmuster« an. Dies liegt vor allem daran, dass Allegro die Pixeldaten im Framebuffer gepackt ablegt, das heißt, dass 3 Bytes pro Farbe benutzt werden, und nicht wie üblich 4 Bytes. Für Allegro müssen Sie also die Datei *config.txt* auf dem Pi wie folgt anpassen:

```
framebuffer_depth=24
framebuffer_width=1080 (kann auch variieren, je nach Version)
framebuffer_heigth=768 (kann auch variieren, je nach Version)
```

Durch das Packen von Pixeln unterstützt Allegro keine Transparenzeffekte, und Texturen für 3D-Spiele (wenn Sie OpenGL mit einbinden) verwenden nur 16-Bit-Farben (RGB 5:6:5).

```
/* hello_allegro.c */
#include <allegro.h>

int main(void) {
    /* muss bei jedem Start eines Allegro-Programms
       verwendet werden */
    if (allegro_init() != 0)
       return 1;
    /* Tastaturhandler einrichten */
    install_keyboard();

    /* Bildschirmmodus auf 320 x 200 setzen */
    if (set_gfx_mode(GFX_AUTODETECT, 320, 200, 0, 0) != 0) {
        /* Klappt es mit der Automatik nicht, versuchen
           wir es mit dem sicheren Modus. */
        if (set_gfx_mode(GFX_SAFE, 320, 200, 0, 0) != 0) {
           /* Klappt auch das nicht, zurück in den Textmodus
               und eine Fehlermeldung ausgeben. */
           set_gfx_mode(GFX_TEXT, 0, 0, 0, 0);
```

```
            allegro_message(
                "Konnte den Bildschirmmodus nicht setzen\n%s\n",
                allegro_error );
            return 1;
        }
    }
    /* Farbpalette einrichten */
    set_palette(desktop_palette);
    /* Bildschirm auf Weiss setzen */
    clear_to_color(screen, makecol(255, 255, 255));
    acquire_screen();
    /* Text mit schwarzer Farbe auf Bildschirm ausgeben */
    textout_centre_ex(
        screen, font, "Hallo Welt! (Taste druecken)",
        SCREEN_W/2, SCREEN_H/2, makecol(0,0,0), -1  );
    release_screen();
    /* Warten auf einen Tastendruck */
    readkey();
    return 0;
}
```

Listing 15.5 Demonstriert die Verwendung der Allegro-Bibliothek.

Das Programm wird nun übersetzt und ausgeführt mit:

```
$ gcc -o hello_allegro hello_allegro.c
  `allegro-config --libs`
$ ./hello_allegro
```

Hinweis: Allegro-Beispiele

Gewöhnlich werden zur Bibliothek von Allegro auch einige Beispiele mitgeliefert, die sich über *allegro-examples* in der Kommandozeile starten lassen. Im Übrigen bietet die Seite *http://www.allegro.cc* einen wahren Fundus an offenen Quellcodes und Beispielen.

15.6.3 OpenGL (bzw. Mesa 3D)

Die wohl bekannteste Alternative zu DirectX ist OpenGL (Open Graphic Library). OpenGL ist eine Schnittstelle (API = Application Programm Interface), die gewöhnlich zum Rendern verwendet wird, also zum Erzeugen von einfacheren bis komplexeren 3D- oder 2D-Grafiken. Mit circa 250 Routinen ist die Bibliothek recht einfach gehalten. Die meisten Routinen werden direkt in der Grafikkarte ausgeführt, was einen beachtlichen Geschwindigkeitsgewinn erbringt. Komplizierte Berechnungen werden von der API selbst ausgeführt, so dass auch der Mathematik-Laie beachtliche Ergebnisse erzielen kann.

Die OpenGL-API bietet in der Tat viele beachtliche Funktionen an, aber die meisten dieser Funktionen sind recht umständlich in der Handhabung. Häufig ist ein erheblicher Aufwand erforderlich, um etwa ein einfaches Dreieck im Fenster zum Rotieren zu bringen. Hinzu kommt ein systemabhängiger Aufwand bei den Ereignissen und dem Fenster. Aus diesem Grund wurden viele nützliche Bibliotheken geschrieben, die auf die (Low-Level-)API von OpenGL aufbauen und dem Programmierer viel Arbeit abnehmen (insbesondere die systemabhängigen Arbeiten). Die bekanntesten dieser Bibliotheken stellen wir im Folgenden vor:

- GLU (*OpenGL Utility Library*): Basierend auf der Low-Level-Schnittstelle von OpenGL enthält diese Bibliothek viele verschiedene Funktionen zu den Matrizen für spezielle Ansichten und Projektionen, Polygons und Rendering Surfaces. All diese Routinen müsste man sonst mit der OpenGL-Bibliothek recht mühevoll erstellen – gerade, wenn man mit diesem Gebiet noch nicht vertraut ist. Mit GLU können Sie also vieles nutzen, was Sie nicht selbst realisieren könnten. Alle GLU-Funktionen beginnen mit dem Präfix `glu`.
- Für jedes Window-System gibt es außerdem eine Bibliothek, die neben den Systemfunktionen auch das OpenGL-Rendering unterstützen. Bei Systemen, die das X-Window-System verwenden, ist dies zum Beispiel die GLX-Bibliothek. Alle GLX-Funktionen haben das Präfix `glX`. Unter MS Windows heißt diese Bibliothek WGL; hier beginnen die Funktionen also entsprechend mit dem Präfix `wgl`.
- GLUT (*OpenGL Utility Toolkit*): GLUT ist ein systemunabhängiges Toolkit von Mark Kilgard, das die komplexen Dinge der verschiedenen Window-Systeme (Win32-API, Xlib etc.) versteckt. Auf diese Weise können Sie den Quellcode auf den verschiedensten Window-Systemen problemlos übersetzen. Tiefergreifende Systemkenntnisse werden nicht benötigt. Alle Funktionen dieser Bibliothek beginnen mit dem Präfix `glut`.

[»]

Hinweis: Mesa 3D

Mesa 3D (bzw. MesaGL) ist eine freie Implementierung von OpenGL und eine reine Softwareemulation. Die derzeit stabilste Version von MesaGL ist 7.0 (entspricht der OpenGL-Version 2.1). Diese Version ist von der Website *www.mesa3d.org* zu beziehen. MesaGL ist im Gegensatz zu OpenGL frei von der ARB-Lizenzierung.

15.6.4 Programmbeispiel für GLUT

Das folgende Beispiel zeichnet ein rotes Quadrat auf ein GL-Fenster, das sich bei Anklicken mit der linken Maustaste dreht und durch einen Rechtsklick wieder angehalten wird.

```
/* hello_gl.c */
#include <GL/glut.h>
#include <stdlib.h>

static GLfloat spin = 0.0;
static GLfloat spin_tick = 0.5;
static GLint win;

void OpenGLInit(void) {
    glClearColor (1.0, 1.0, 1.0, 0.0);
    glShadeModel (GL_FLAT);
}

void OpenGLDisplay(void) {
    glClear(GL_COLOR_BUFFER_BIT);
    glPushMatrix();
    glRotatef(spin, 0.0, 0.0, 1.0);
    glColor3f (1.0, 0.0, 0.0);
    glRectf(-25.0, -25.0, 25.0, 25.0);
    glPopMatrix();
    glutSwapBuffers();
}

void OpenGLSpinDisplay(void) {
    spin = spin + spin_tick;
    if (spin > 360.0)
        spin = spin - 360.0;
    glutPostRedisplay();
}

void OpenGLReshape(int w, int h) {
    glViewport (0, 0, (GLsizei) w, (GLsizei) h);
    glMatrixMode(GL_PROJECTION);
    glLoadIdentity();
    glOrtho(-50.0, 50.0, -50.0, 50.0, -1.0, 1.0);
    glMatrixMode(GL_MODELVIEW);
    glLoadIdentity();
}

// Mausereignisse behandeln
void mouse(int button, int state, int x, int y) {
    switch (button) {
        case GLUT_LEFT_BUTTON:
```

```
            if (state == GLUT_DOWN)
                glutIdleFunc(OpenGLSpinDisplay);
            break;
        case GLUT_RIGHT_BUTTON:
            if (state == GLUT_DOWN)
                glutIdleFunc(NULL);
            break;
        default: break;
    }
}

// Tastatur-Ereignisse behandeln
void keyboard(unsigned char key, int x, int y) {
    switch (key) {
        case '+':
            if( spin_tick < 5.0 ) spin_tick += 0.5;
            glutIdleFunc(OpenGLSpinDisplay);
            break;
        case '-':
            if( spin_tick > -5.0 ) spin_tick -= 0.5;
            glutIdleFunc(OpenGLSpinDisplay);
            break;
        default:
            break;
    }
}
// Funktions-Tastatur-Ereignisse behandeln
void none_ascii_keyboard(int key, int x, int y) {
    switch (key) {
        case  GLUT_KEY_F1:
            glutDestroyWindow(win);
            break;
        default:
            break;
    }
}

int main(int argc, char** argv) {
    glutInit(&argc, argv);
    glutInitDisplayMode (GLUT_DOUBLE | GLUT_RGB);
    glutInitWindowSize (250, 250);
    glutInitWindowPosition (100, 100);
    win = glutCreateWindow ("Und es bewegt sich doch ...");
```

```
    OpenGLInit ();
    glutDisplayFunc(OpenGLDisplay);
    glutReshapeFunc(OpenGLReshape);
    glutMouseFunc(mouse);
    glutKeyboardFunc(keyboard);
    glutSpecialFunc(none_ascii_keyboard);
    glutMainLoop();
    return 0;
}
```

Listing 15.6 Erstellt ein 3D-Objekt, das mit der Maus gedreht werden kann (benutzt OpenGL und GLUT).

Das Programm gibt bei der Ausführung Folgendes aus:

```
$ gcc -o hello_gl hello_gl.c -lglut -lGLU -lGL -lm
$ ./hello_gl
```

Abbildung 15.9 Das GL-Programm bei der Ausführung

Hinweis: 3D-Programm-Beispiele für OpenGL

Auf der offiziellen Website *http://www.opengl.org/* finden Sie viele weitere Beispiele, Dokumentationen und Informationen zu OpenGL. Allerdings sollten Sie für komplexere Grafiken oder sogar ganze Szenen separate 3D-Modellierungstools wie 3DS Max oder das freie Programm Blender benutzen. OpenGL (und auch GLUT) kann die durch diese Tools erzeugten Dateien direkt einlesen und weiterbenutzen.

Kapitel 16
Werkzeuge für Programmierer

Am Anfang begnügt man sich meistens bei der Erstellung von Anwendungen mit dem Compiler GCC. Aber über längere Zeit, wenn die Fähigkeiten besser und die Anwendungen umfangreicher werden, sind weitere Werkzeuge für den Programmierer sinnvoll.

Gerade weil Sie es mit einem UNIX-artigen System zu tun haben, finden Sie für Linux eine enorme Palette an freien Werkzeugen. Meistens handelt es sich hierbei um Konsolenwerkzeuge, wobei allerdings die wichtigsten davon mittlerweile zusätzlich ein grafisches Frontend besitzen.

Auf den folgenden Seiten werden Sie einige Werkzeuge kennen lernen, die sich im Alltagsgebrauch eines Programmierers mittlerweile unzählige Male bewährt haben. Hierbei handelt es sich um eine Darstellung der wichtigsten Werkzeuge mit einer anschließenden kurzen Einführung. Mit den erworbenen Grundkenntnissen der Tools sind Sie dann in der Lage, Ihre Aufgaben wesentlich schneller und vor allem wesentlich sicherer und fehlerfreier zu lösen.

[«]

/usr/local/bin und /usr/bin

Die Verzeichnisse */usr/lib* und */usr/include* bzw. eigentlich alle Pfade außer */opt*, die nicht irgendwie ein *local* enthalten, sind eigentlich aus organisatorischen Gründen dem System vorbehalten. Somit kann man immer gleich unterscheiden: */usr/include/popt.h* ist z. B. das RPM-Paket und */usr/local/include/popt.h* ein eigener Pfad hierzu. Natürlich befolgen nicht alle Source-Pakete (also Pakete, die den Quellcode einer Anwendung enthalten) unbedingt diese *local*-Technik.

16.1 Der Compiler GCC

Zwar nehmen Ihnen mittlerweile viele Entwicklungsumgebungen wie *Anjuta*, *KDevelop* oder *Emacs* die Arbeit z. B. der Eingabe von Compiler- und Linkerflags grundlegend ab, doch wenn es dann darum geht, weitere Pfade etwa zu eigenen Bibliotheken bzw. eigenen Include-Dateien hinzuzufügen, scheitern viele Anfänger immer noch kläglich, weil sich das Programm dann nicht mehr einfach mit einem Mausklick übersetzen lässt. Wie dem auch sei – hier soll der Compiler GCC ein wenig genauer beschrieben werden. Außerdem werden die Kenntnisse der Kommandozeilenführung des GCC später noch für das Erstellen von Makefiles benötigt.

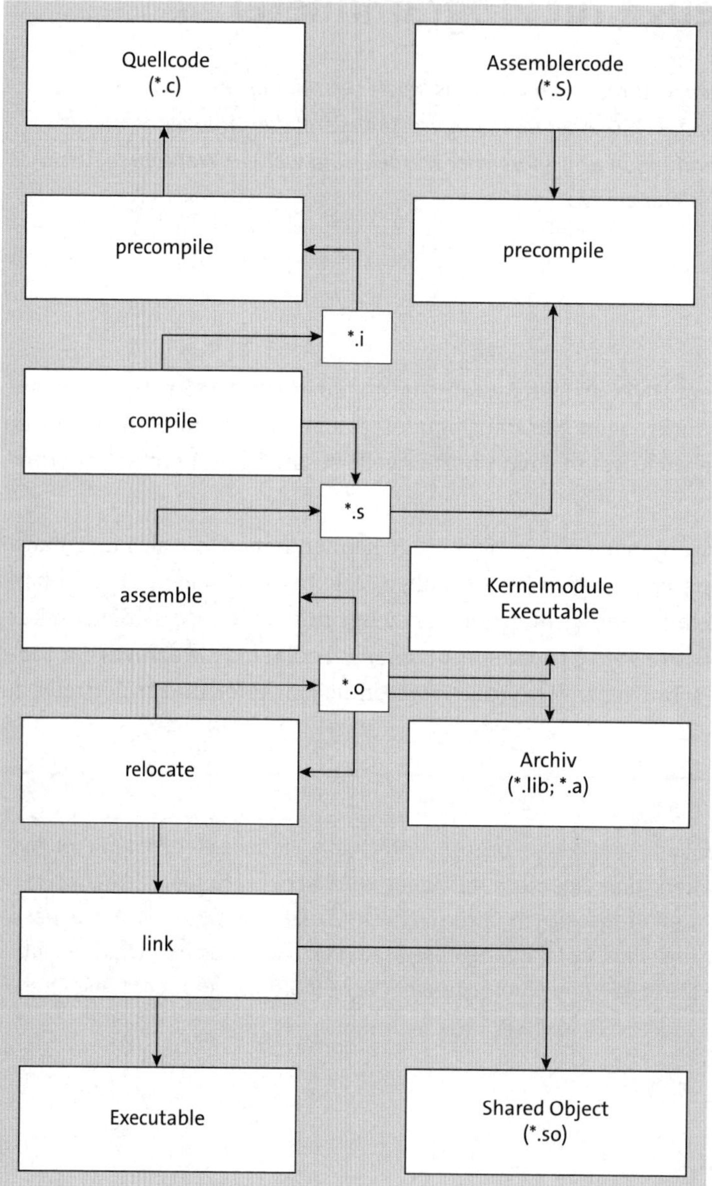

Abbildung 16.1 Vorgang: von einer Quelldatei zur ausführbaren Datei

Im Großen und Ganzen wissen Sie jetzt, was ein Compiler macht und wozu er da ist. Aber immer noch denken viele Leser, dass der Compiler allein ein Programm erstellt, und sie denken deshalb, dass der Linker in den Compiler integriert ist. Doch ganz im Gegenteil: Wenn Sie den GCC in der Kommandozeile aufrufen, wird erst der Präprozessor gestartet, noch vor dem Compiler. Der Präprozessor löst erst alle Direktiven, die mit # beginnen, auf. Erst nach dieser Vorarbeit ist der Compiler an der Reihe und macht aus der vom Präprozessor vorbereiteten Datei eine Assemblerdatei. Diese Assemblerdatei wird nicht gespeichert (sofern nicht explizit erwünscht), da sofort der Assemblercode in eine Objektdatei übersetzt wird. Intern ruft der GCC dabei den Assembler *GAS* (GNU-Assembler) oder, falls nicht vorhanden, den systemeigenen Assembler *AS* auf.

Hinweis: Benutzen eines separaten Assemblers

Andere Compiler machen diesen Zwischenschritt mit dem Assembler häufig nicht und erzeugen direkt eine Objektdatei.

Anschließend werden, sofern es mehrere Objektdateien gibt, die einzelnen Module an der richtigen Positionen in die ausführbare Datei eingefügt. Ebenso werden vom Linker die von der Anwendung benötigten Bibliotheksfunktionen eingefügt. Dafür verwendet der Compiler den Linker *ld*. Erst jetzt finden Sie die gewünschte ausführbare Datei als das wieder, was Sie kennen.

16.1.1 Standardgebrauch des GCC

Standardmäßig wird der GCC mit Flag `-o` verwendet, mit dem aus mehreren Quelldateien eine ausführbare Datei in einem Rutsch erzeugt werden kann.

```
$ gcc -o programmname file1.c file2.c file3.c bzw.
$ gcc file1.c file2.c file3.c -o programmname
```

Hier erzeugen Sie aus den drei Quelldateien *file1.c*, *file2.c* und *file3.c* eine ausführbare Datei namens `programmname`. Würde der Name der Anwendung (hier `programmname`) nicht verwendet, würde standardmäßig eine ausführbare Datei mit dem Namen *a.out* (steht für *Assembler Output*) erstellt.

Solch ein Übersetzen von allen Quelldateien auf einmal hat allerdings beim Auftreten mehrerer Fehler den Nachteil, dass es schnell recht unübersichtlich werden kann, auch weil in dieser Aufrufform alle **.c*-Dateien neu übersetzt werden, auch wenn einige **.o*-Dateien noch aktuell sind. Deswegen werden häufig auch nur die Quelldateien kompiliert, an denen Sie gerade gearbeitet haben. Haben Sie z. B. die Quelldatei *file2.c* soeben verändert, dann können Sie sie folgendermaßen kompilieren:

```
$ gcc -c file2.c
```

Somit befindet sich nun im Verzeichnis Ihres Projektes eine Objektdatei mit dem Namen *file2.o*. So gehen Sie im Prinzip auch vor, wenn Sie *file1.c* und *file3.c* bearbeitet haben. Am Ende müssen Sie nur noch die Objektdateien im Projektverzeichnis zusammenlinken. Hierzu wird allerdings kein Extra-Aufruf des Linkers mehr benötigt, sondern wieder ein Starten des GCC mit dem Flag -o. An den Dateiendungen erkennt der GCC selbst, was er im nächsten Schritt veranlassen muss – da ja eine Kompilierung und Assemblierung nicht mehr nötig sind.

```
$ gcc -o programmname file1.o file2.o file3.o
```

16.1.2 Dazulinken von Programmbibliotheken

Eine weitere häufig benötigte Option ist das Dazulinken zu einer Programmbibliothek mit dem Flag -l. Dieses Flag muss allerdings immer hinter der Angabe der Dateinamen stehen. Beispielsweise:

```
$ gcc -o programmname file1.c file2.c file3.c -lm
```

In einem der folgenden Beispiele wird z. B. mit der Option -lm die mathematische Bibliothek hinzugelinkt. Diese Bibliothek finden Sie gewöhnlich im Verzeichnis */usr/lib* wieder. Im letzten Beispiel wurde also -lm angegeben, und in der Praxis wird dann nach *libm.so* gesucht. Wenn Sie -l**name** angeben, wird in ausgewählten Verzeichnissen (*/lib*, */usr/lib* und alle in */etc/ld.so.conf*) nach der Bibliothek lib**name**.so oder, sollte diese nicht existieren, lib**name**.a gesucht. Eine Suche nach libm können Sie wie folgt durchführen:

```
$ ls -l /lib/libm.so /usr/lib/libm.so
(/bin/ls: /lib/libm.so: No such file or directory)
lrwxrwxrwx  1 root root 14 May 25 22:28 /usr/lib/libm.so -> /lib/libm.so.6
```

Nun kommt es aber doch manchmal vor, dass sich die Bibliothek nicht dort befindet, wo mit dem Flag -l standardmäßig (*/usr/lib*, */usr/local/lib*, */lib*) gesucht wird. Dann sollten Sie zusätzlich das Flag -L mit der entsprechenden Pfadangabe verwenden, wo der Linker nach der Bibliothek suchen soll.

Hierzu folgt eine etwas detailliertere Beschreibung, welchen Weg der GCC für Sie dabei einschlägt. Es wird zuerst immer nach einer *.so*-Bibliotheksdatei gesucht (sofern nicht das GCC/LD-Flag -static angegeben ist), und zwar in den Verzeichnissen */lib* und */usr/lib*, und danach (falls die Bibliothek dort nicht gefunden wurde) in allen Verzeichnissen, die in der Datei */etc/ld.so.conf* aufgelistet sind. Am Ende (falls immer noch nichts gefunden wurde) wird in dem Pfad, den Sie mit -L auf der GCC/LD-Kommandozeile angegeben haben, gesucht. Wurde die entsprechende *.so*-Datei gefunden, so wird ein Eintrag in der fertigen Datei (die selbst eine *.so*-Datei sein kann) gemacht, die entsprechende *.so*-Datei zur Ladezeit dynamisch hinzuzulinken. Wenn Sie schon einmal unter Windows programmiert haben, dann werden Sie erkennen, dass dort ein ähnliches Konzept benutzt wird, um Bibliotheken dynamisch nachzuladen, nämlich das DLL-Konzept (*DLL = Dynamic Linkable Library*). Während aber unter Windows meistens Gerätetreiber mittels *.dll*-Dateien erstellt werden, kann in *.so*-Dateien unter Linux viel mehr stecken, z. B. auch Mathematikfunktionen.

Wird nun während des Linkens keine entsprechende *.so*-Datei für einen bestimmten Bibliotheksnamen gefunden, so wird versucht, eine *.a*-Bibliothek zu benutzen (z. B. */usr/lib/libm.a*). Um *.a*-Bibliotheken zu suchen, wird natürlich ebenfalls das Flag `-L` verwendet.

Im Fall von MySQL z. B. lautet der Pfad */usr/lib/mysql*. Natürlich kann sich die Bibliothek auch jenseits vom */usr*-Verzeichnis befinden. Der Bibliotheksname zur Erstellung von MySQL-Clients ist z. B. *libmysqlclient.so*. Somit lautet die volle Angabe zum Übersetzen der Anwendung:

```
$ gcc -o programmname -L/usr/lib/mysql file1.c file2.c file3.c \
  -lmysqlclient
```

An dieser Stelle kann es sein, dass ein Fehler beim Compilerlauf auftritt, denn neben den Bibliotheken kann sich auch der Pfad für die Include-Dateien, die die entsprechenden Funktions-Prototypen der Lib als C-Code enthalten, woanders als im sonst üblichen Verzeichnis befinden. Gewöhnlich findet man die Include-Dateien im Verzeichnis */usr/include* oder */usr/local/include*, doch wenn der Präprozessor hier nichts findet, müssen Sie mit dem Flag `-I` zusätzlich eine Pfadangabe zum entsprechenden Include-Verzeichnis angeben. Um auf das Beispiel von MySQL zurückzukommen, so befinden sich die Include-Dateien im Verzeichnis */usr/include/mysql*, wobei auch hier gilt, dass sich diese Include-Dateien auch jenseits vom */usr*-Verzeichnis befinden könnten. Um also noch vor dem Hinzufügen der Bibliothek(en) den Compilerlauf zu starten, muss folgendermaßen vorgegangen werden, um dem Compiler das Include-Verzeichnis mitzuteilen:


```
$ gcc -c -I/usr/include/mysql file1.c file2.c file3.c
```

Jetzt erst können Sie die Objektdateien zu einer ausführbaren Datei wie folgt zusammenfügen:

```
$ gcc -o programmname -L/usr/lib/mysql file1.o file2.o file3.o \
  -lmysqlclient
```

16.1.3 Dateien, die GCC kennt

Wir haben bereits kurz erwähnt, dass der GCC anhand der Dateiendung selbst weiß, wie er wann welche Datei zu behandeln hat. Anhand der Dateiendung erkennt der GCC also, welche entsprechenden Arbeiten auszuführen sind. In Tabelle 16.1 sehen Sie, als was der Compiler verschiedene Dateiendungen ansieht und welche Aktion er damit ausführt.

Dateiname	Bedeutung	Aktion	führt aus
datei.c	C-Quellcode	vorübersetzen und übersetzen	gcc

Tabelle 16.1 Dateiendungen und deren Behandlung

Dateiname	Bedeutung	Aktion	führt aus
datei.C, datei.cc, datei.cxx	C++-Quellcode	vorübersetzen und übersetzen	`g++`
datei.i	vom Präprozessor behandelter C-Quellcode	übersetzt	`gcc`
datei.ii	vom Präprozessor behandelter C++-Quellcode	übersetzt	`g++`
datei.s	Assembler-Quellcode (*preprocessed*)	Assemblercode erzeugen	`as (gas)`
datei.S	Assembler-Quellcode	*Präprozessor* (dieser wird auch benutzt, um den Assemblercode zu optimieren)	`cpp`, `as (gas)`
datei.o	übersetzte Objektdatei	linken	`ld`
datei.a	Bibliothek von Objektdateien	linken	`ld`
datei.so	Shared Object Library	mitlinken	`ld`

Tabelle 16.1 Dateiendungen und deren Behandlung (Forts.)

16.1.4 Ausgabedateien bei jedem einzelnen Schritt der Übersetzung erstellen lassen

Einzelne Zwischenschritte des Übersetzungsvorgangs, etwa zu Debugging-Zwecken, können Sie selbstverständlich auch durchführen. Wollen Sie wirklich wissen, wie ein bestimmter vorverarbeiteter Code nach dem Präprozessorlauf aussieht, können Sie ihn mit dem Flag `-E` auf die Standardausgabe umleiten. Da die Ausgabe aber selbst bei einem einfachen `Hallo Welt` enorm umfangreich ist, empfiehlt es sich, die Ausgabe wie folgt in eine Textdatei umzuleiten:

```
$ gcc -E hallo.c > hallo_pre.txt
```

Wer sich den vorbehandelten Quelltext noch nie angesehen hat, wird überrascht sein, was dabei alles noch so hinzugefügt wird.

Wollen Sie sich stattdessen die entsprechende Assemblerdatei ansehen, verwenden Sie die Option `-S`:

```
$ gcc -S hallo.c
```

Jetzt finden Sie im aktuellen Arbeitsverzeichnis eine Assemblerdatei namens *hallo.s*, die Sie durchaus noch verändern bzw. optimieren können (sofern Sie Assembler können), bevor Sie den GCC oder gar AS für weitere Schritte verwenden. Der GCC ruft also intern stets den entsprechenden Assembler auf.

Letztendlich können Sie auch noch den letzten Zwischenschritt mit der Option `-o` durchführen, womit Sie eine Objektdatei mit der Dateiendung **.o* erzeugen – wie Sie dies ja bereits mehrfach gemacht haben.

Dieser Vorgang, den Sie eben schrittweise ausgeführt haben, wird vom Compiler nicht etwa ausgelassen, sondern meistens erledigt dieser alle Aufgaben automatisch für Sie. Dennoch gibt es immer wieder einen Grund, selbst in einen der einzelnen Ausgabeschritte einzugreifen. Diese Situation kann schneller kommen, als Sie denken, z. B. (wen wundert es noch) bei der Programmierung von Spielen. Oft wird etwa ein `switch-case`-Statement, das zahlreiche Optionen abfragt (beispielsweise welchen Charaktertyp ein Spieler gerade verwendet), in sehr viele einzelne `if`-Anweisungen übersetzt, anstatt einfach eine (sehr schnell arbeitende) Sprungtabelle anzulegen. Nicht immer optimiert der GCC auf jedem (Grafik-)Prozessor den Code richtig. Die einzige Lösung ist, die Sprungtabellen per Hand zu erstellen und den richtigen Code anschließend in die Assembler-Dateien einzutragen.

16.1.5 Noch mehr Optionen für den GCC

Wer sich schon einmal die Manual Page des GCC angesehen hat, musste sich erst einmal durch ein paar hundert möglicher Optionsangaben des Compilers durchscrollen. Damit Sie den Überblick behalten, folgt nun eine kurze Beschreibung der wichtigsten Compileroptionen für den alltäglichen Gebrauch.

16.1.6 Optionen für Warnmeldungen

Warnmeldungen werden gerne ignoriert, denn oft funktioniert trotz all der (nervigen) Meldungen die Anwendung ja scheinbar doch. Wenn Sie so denken, sollten Sie Ihre Philosophie überdenken. Man sollte nämlich immer bedenken, dass der Compiler nicht nur so zum Spaß Warnmeldungen ausgibt. Wenn Sie natürlich wissen, was Sie tun (und z. B. 16-Bit-Zahlen immer korrekt in ASCII-Zeichen konvertieren, woraufhin jedes Mal eine Warnung erscheint, die Sie getrost ignorieren können), dann können Sie natürlich die entsprechenden Meldungen ausschalten. In den folgenden Abschnitten finden Sie Compileroptionen, mit denen Sie die Ausgabe der Warnmeldungen ein wenig gezielter steuern können.

-W; -Wall; -Wtraditional; -Werror

Zunächst die `W`-Flags, wobei `W` für *warning* steht: Benötigen Sie Warnmeldungen zu einigen bedenklichen Codestellen im Quellcode, sollten Sie das Flag `-W` verwenden. Eine Stufe »paranoider« (in der Tat wird hier oft dieser Begriff von Linux-Freaks benutzt) ist das Flag `-Wall` (*warning all*), da hierbei auch alle nicht verwendeten Variablen als Warnung angegeben werden. Wollen Sie eine Warnmeldung ausgeben, die sowohl für den »Kerningham and Ritchie«-

als auch für den ANSI-Standard der Sprache C zutrifft (worin sich aber beide ein wenig unterscheiden), dann sollten Sie das Flag `-Wtraditional` verwenden. Und um den wirklich paranoiden Warnmodus zu verwenden, können Sie das Flag `-Werror` nutzen. Damit werden aus Warnungen Fehler gemacht, und somit gibt es im Falle einer Warnung auch keine Objektdatei. Allerdings kann Ihnen eine solche paranoide Programmiertechnik auch den Spaß am Programmieren verderben, denn oft muss man einfach nicht auf jeden Kükenkram reagieren.

-ansi; -std=cxx; -pedantic

Mit dem Flag `-ansi` wird der ANSI-Standard verwendet. Entspricht etwas in Ihrem Code diesem Standard dann nicht, wird eine entsprechende Warnung ausgegeben. Soll z. B. der Standard C89 verwendet werden, geben Sie dies mit dem Flag `-std` an (`-std=c89`). Wird nun z. B. das Kommentarzeichen // verwendet, gibt der Compiler eine Fehlermeldung aus, im C99-Standard hingegen nicht mehr. Wollen Sie Warnmeldungen ausgeben, die nur vom ANSI-Standard gefordert werden, können Sie auch das Flag `-pedantic` verwenden. Die hier erwähnten Optionen zum Standard sind natürlich nur nötig, wenn alte Software portiert werden soll.

Es wird aber sonst nicht mehr empfohlen, einen C-Standard zu benutzen, der vor der Version C18 (erstellt 2018) liegt, moderne Compiler unterstützen inzwischen sogar schon den neusten C23-Standard. Dieser wird jedoch nicht immer sofort benutzt, und Sie müssen in diesem Fall das Flag `-std=c23` setzen.

[»]

Hinweis für wirklich sichere Anwendungen

Am schönsten deckt Folgendes alles ab, was der »Paranoide« so benötigt (z. B. für Internetanwendungen, die wirklich sicher sein müssen):

`-Wall -Waggregate-return -Wmissing-declarations -Wmissing-prototypes -Wredundant-decls -Wshadow -Wstrict-prototypes -Winline`.

16.1.7 Präprozessor-Optionen

Wie gesagt sollten Sie beim Programmieren nicht zu paranoid sein, denn dann kann es geschehen, dass Sie überhaupt keine Anwendung zustande bringen, weil Sie sich ständig nur um irgendwelche Warnmeldungen kümmern müssen. Und meistens passen auch die Standardeinstellungen, sofern Sie denn wirklich den neusten C-Standard verwenden.

Allerdings verhält sich die Sache in Bezug auf den Präprozessor anders, denn ihn müssen Sie fast immer in irgendeiner Weise benutzen. In der Tat: Auch der Präprozessor lässt sich mit einer enormen Menge an Optionen beeinflussen. In der Praxis werden allerdings gewöhnlich nur die Optionen `-M` und `-C` benötigt (und eventuell `-D` und `-U`). Mit der Option `-M` können Sie aus dem Quellcode herauslesen, welche anderen Quelldateien darin enthalten sind. Die so erzeugte Abhängigkeitsliste ist z. B. für das Tool `make` von Bedeutung. Mit der Option `-C` sorgen Sie dafür, dass der Präprozessor die Kommentare nach dem Präprozessorlauf erst einmal nicht entfernt. Diese Option wird dann meistens noch mit der Angabe `-E` verwendet, womit man überprüfen kann, ob der Präprozessor das tut, was man sich vorgestellt hat (eben vorher als Kommentar hingeschrieben hat).

16.1.8 Debugging und Profiling

Wichtige Optionen des Compilers, die Sie in einem späteren Abschnitt noch verwenden werden, sind die Flags zum Erstellen von Daten für das Debuggen oder das Profiling von Anwendungen.

-pg; -g

Das Flag `-pg` wird verwendet, wenn das Programm für das Profiling mit GPROF gelinkt werden soll. Die mit diesem Flag erstellte ausführbare Datei mit dem Namen *gmon.out* enthält Statistiken zur Programmausführung der gerade übersetzten Anwendung. Diese Datei können Sie anschließend mit dem Profiler GPROF auslesen, um noch detailliertere Informationen zur Anwendung zu erhalten, als sie allein der Quellcode preisgibt.

Verwenden Sie hingegen das Flag `-g`, wird eine Symboltabelle mit Informationen für das Debuggen mit GDB erstellt. Sofern Sie auf einem System arbeiten, auf dem es den GDB nicht gibt, müssen Sie entsprechend der Manual Page eine Symboltabelle für einen anderen Debugger erstellen. So wird z. B. mit `-gdwarf` eine Tabelle für den SVR4-Debugger und mit `-gstabs` eine für den Debugger DBX für BSD-Systeme erstellt. Wer in den vollen Debug-Genuss des GDB kommen will, nutzt `-ggdb3`.

16

16.1.9 Optimierungsflags

Es steht Ihnen auch eine Reihe von Optionen zur Codeoptimierung zur Verfügung. Natürlich sollte Ihnen damit auch klar sein, dass die Kompilierung des Quellcodes ein wenig länger dauern kann und mehr Speicher in Anspruch nimmt, was allerdings nicht als Nachteil verstanden werden soll, sondern als Hinweis. GCC unterstützt die Kombination `-On` mit `-g` (und `-gdwarf` etc.).

-O; -On

Die Option `-O` allein entspricht die Wirkung des Aufrufs der Verwendung der `-O1`-Option. Mit `-O0` wird keinerlei Codeoptimierung durchgeführt. Diese Option ist auch die Standardeinstellung des GCC. Dafür versucht der GCC, Code zu erstellen, der einfacher zu debuggen ist. Mit `-O1` versucht der Compiler, die Größe des zu erstellenden Codes zu reduzieren und eventuell auch die Ausführgeschwindigkeit der Anwendung zu erhöhen. Mit `-O2` wird mittels weiterer Flags versucht, die Option von `-O1` nochmals erheblich zu steigern.

-ffast-math; -finline_functions; -fno-inline; -funroll-loops

Mit der Option `-ffast-math` wird versucht, eine Floating-Point-Optimierung durchzuführen. Zwar verletzt diese Option sowohl den ANSI- als auch den IEEE-Standard, aber die so erzeugten Resultate können erheblich schneller sein – leider auch erheblich fehleranfälliger, daher müssen Sie den Code sorgfältig testen. Die Option `-finline_functions` fügt bei einfachen Funktionen anstelle eines Funktionsaufrufs ein Inlining ein (was auch in C/C++ mit dem Schlüsselwort `inline` erreicht wird [C erst seit dem C99-Standard]). Der Compiler entscheidet natürlich weiterhin selbst, welche Funktion er dafür verwendet und welche nicht. Meistens erhalten die kleineren Funktionen den Zuschlag. Mit `-fno-inline` unterbinden Sie das Inlining – auch in den Zeilen, die Sie im Code explizit mit `inline` gekennzeichnet haben. Mit dem Flag `-funroll-loops` werden alle Schleifen, die zur Übersetzungszeit eine feste Anzahl von Durchläufen besitzen, in einzelne Codezeilen aufgelöst. Dass dadurch bei vielen Schleifendurchläufen die Objektdatei größer wird, sollte klar sein, was aus der erwünschten Optimierung wieder einen Nachteil machen kann.

16.2 make

Wenn Sie sich Programmbeispiele, ganze Programme oder gar den Kernel herunterladen, finden Sie immer eine Makefile dabei. Wir denken, jeder hat schon selbst `make` verwendet und weiß, wozu es gut ist. In diesem Buch wird `make` nur dazu verwendet, Ihre C-Quellcodes automatisch zu einem ausführbaren Programm zu kompilieren. »Nur« bedeutet hier, dass `make` nicht nur für C/C++-Programme verwendet werden kann, sondern es lassen sich damit praktisch beliebige Aktionen ausführen. Dennoch ist das Hauptanwendungsgebiet von `make` immer noch das Übersetzen von Programmen.

Falls Sie sich bei einigen Beispielen im Buch geärgert haben, dass recht lange und immer wiederkehrende Eingaben für den GCC in der Kommandozeile gemacht werden mussten, kann Ihnen ein einzelner Aufruf von `make` eine enorme Menge Arbeit und Nerven ersparen, je mehr, je umfangreicher Ihr Projekt wird. Bei der Einführung zu `make` in diesem Buch handelt es sich nur um einen Streifzug zu diesem Werkzeug, der aber für den ersten normalen Hausgebrauch ausreichend sein sollte. Für mehr Details können Sie immer noch die Dokumentation heranziehen, da wir hier leider nur die Grundlagen beschreiben können.

Um das hier Beschriebene auch in der Praxis nachzuvollziehen, werden nun einfache Codebeispiele eingesetzt. Folgende Listings sollen dabei verwendet werden:

- *main.c*
- *test1.c*
- *test2.c*

Alle drei Quelldateien sollen am Ende zu einer einzelnen ausführbaren Datei zusammengefügt werden. Am besten, Sie erstellen zum Nachvollziehen selbst drei solche Dateien ohne irgendwelchen sehr komplexen Code. Als Beispiel, falls Ihnen nichts Eigenes einfällt, können Sie auch das folgende verwenden:

```
/* main.c */
#include <stdio.h>
/* Benötigt häufig die Angabe für den Linker -lm zur Library. */
#include <math.h>

extern void test1(void);
extern void test2(void);

int main(void) {
    test1();
    test2();
    printf("%f",sqrt(3.43));
    return 0;
}

/* test1.c */
void test1(void) {
    printf("Test1\n");
}

/* test2.c */
void test2(void) {
    printf("Test2\n");
}
```

Listing 16.1 So linken Sie drei einzelne Dateien zu einer ausführbaren Datei.

Erstellen Sie am besten für das letzte Beispiel einen separaten Ordner (in diesem Fall *testmake*), und legen Sie die neuen Dateien darin ab.

Gewöhnlich, wenn Sie die drei Quelldateien zu einer ausführbaren Datei gelinkt haben, sind Sie vielleicht bisher folgendermaßen vorgegangen:

```
$ gcc -o mytest main.c test1.c test2.c -lm
$ ./mytest
Test1
Test2
1.85202
```

In der Praxis allerdings hat man meistens nur eine Quelldatei modifiziert und möchte auch nur diese eine Datei zu den anderen beiden Modulen hinzulinken. So erstellt man gewöhnlich auch erst einmal drei Objektdateien:

```
$ gcc -c main.c test1.c test2.c
```

Sie haben jetzt drei Objektdateien angelegt. Wurde nun z. B. die Datei *main.c* verändert, so müssten Sie aber eigentlich auch nur *main.c* neu kompilieren:

```
$ gcc -c main.c
```

Wollten Sie eine ausführbare Datei daraus erstellen, dann sind Sie bis jetzt wie folgt vorgegangen:

```
$ gcc -o mytest main.o test1.o test2.o -lm
```

Nein, eigentlich stellt dies kein Problem dar, aber worauf wir hinauswollen, ist der Overhead, der dabei betrieben wird (und der in größeren Projekten mit hunderten von Dateien zum Problem werden kann). Sie mussten sich nämlich bisher immer darüber Gedanken machen, wenn Sie die eine oder andere Datei übersetzt haben, ob diese nun die aktuellere ist oder welche Bibliothek noch hinzugelinkt werden muss oder wie der Pfad zur Bibliothek lautet.

Zwar gibt es noch die Fraktion, die den kompletten Quellcode auch gleich komplett neu übersetzt (also jedes Mal alles neu erzeugt). Wer aber schon größere Quelldateien übersetzt hat, weiß, welch unnötiger Zeitaufwand das ist. Wenn Sie diesen Aufwand bei zehn oder mehr Quelldateien betreiben wollen, werden Sie garantiert länger daran arbeiten, als Sie eigentlich wollen.

Und genau dabei hilft Ihnen nun `make`. Das `make`-Tool hilft Ihnen, den Aufwand der Übersetzung zu minimieren, und reduziert außerdem die Fehleranfälligkeit bei nicht korrekter Übersetzung. Dabei wird Ihnen die Arbeit abgenommen, zu entscheiden, welche Objektdatei die aktuelle ist oder ob diese überhaupt existiert. Außerdem werden nur die Übersetzungen ausgeführt, die auch wirklich nötig sind – schließlich muss eine Objektdatei nicht noch einmal übersetzt werden, wenn sie bereits existiert und auch aktuell ist.

16.2.1 Erzeugen eines Makefiles

Ein *Makefile* ist eine Datei, die beschreibt, wie Ihr gesamtes Projekt (das durchaus aus hunderten von Dateien bestehen kann) zusammengelinkt wird (man spricht auch von *bauen*). Zu diesem Zweck wird jede Datei aufgelistet, von der die Ziele oder das Ziel abhängig sind. Als *Ziel* bezeichnet man hier die fertige Anwendung als ausführbare Datei. Zusätzlich wird für jede Datei eine Regel vorgegeben, die zum korrekten Übersetzen benötigt wird. Folgende vier Begriffe sollen Ihnen auf den nächsten Seiten in Bezug auf `make` verständlicher gemacht werden: Makefile, Ziel, Abhängigkeit und Regeln.

Das Makefile

Damit Sie `make` korrekt verwenden können, benötigen Sie erst einmal das Makefile. Ein Makefile wird gewöhnlich in jedes Quellverzeichnis eingetragen. In diesem sogenannten *lokalen*

Makefile steht dann, wie der oder die Quelltexte in diesem speziellen Verzeichnis behandelt werden sollen, um ein oder mehrere Objektdateien des Ziels korrekt zu erstellen. Das Makefile wird gewöhnlich unter dem Dateinamen *Makefile* gespeichert. `make` sucht nach seinem Aufruf nach dieser Datei.

Im nächsten Beispiel soll ein einfaches Makefile erstellt werden, das die drei Quelldateien *main.c*, *test1.c* und *test2.c* zu einer ausführbaren Datei macht.

Das Ziel (target)

Was Sie zuerst benötigen, ist ein Ziel. Ein Ziel ist meistens eine Datei, was aber nicht so sein muss (es kann sich dabei auch um einen Namen handeln, der das Ziel beschreibt). Das Makefile in dem nächsten Beispiel verwendet zwei Ziele: Mit dem ersten Ziel (`testprogramm`) wird eine gewöhnliche ausführbare Datei erstellt. Mit dem zweiten Ziel (`debugprogramm`) hingegen wird eine debug-fähige Version des Programms erzeugt.

```
# Makefile
# ein simples Makefile mit zwei Zielen (targets)

# Ziel 1:
testprogramm:
# Datei "mytest" wird erzeugt ...
  gcc -o mytest main.c test1.c test2.c -lm
# ... fertig

# Ziel 2:
debugprogramm:
# Debug-Version wird erstellt ...
  gcc -DDEBUG -ggdb3 -o mytest.db main.c test1.c test2.c -lm
# ... fertig mit Debug-Version.
```

Listing 16.2 Demonstriert, wie Sie ein einfaches Makefile erstellen.

Speichern Sie dieses Makefile nun ebenfalls in dem Verzeichnis ab, in dem sich die drei Quelldateien befinden. In dem letzten Beispiel sieht es im aktuellen Verzeichnis wie folgt aus:

```
$ ls -Gl
insgesamt 16
-rw-r--r--   1 pinguin     users      301 2004-04-06 14:11 Makefile
-rw-r--r--   1 pinguin     users      101 2004-04-06 07:39 main.c
-rw-r--r--   1 pinguin     users       38 2004-04-06 06:37 test1.c
-rw-r--r--   1 pinguin     users       38 2004-04-06 06:38 test2.c
```

Es folgt nun eine kurze Beschreibung der Syntax der folgenden Zeilen:

```
# Ziel 1:
testprogramm:
# Datei "mytest" wird erzeugt ...
	gcc -o mytest main.c test1.c test2.c -lm
# ... fertig
```

Alle Zeilen, die mit dem #-Zeichen beginnen, sind Kommentare. Das Ziel (*Target*) ist in diesem Fall das Label `testprogramm`. Enorm von Bedeutung ist das erste Zeichen in der Kommandozeile, das immer ein [Tab]-Zeichen (Tabulator) sein muss. Es genügt also nicht, den Text mit ein paar Leerzeichen einzurücken, sondern es muss ein Tabulatorzeichen sein. Ist hier kein Tabulatorzeichen gesetzt, wird die Erstellung mit der Fehlermeldung »missing separator« abgebrochen.

`make` erzeugt also tatsächlich eine neue Shell, um die Kommandos in der Kommandozeile auszuführen. Würden Sie praktisch das Ziel `testprogramm` umändern in

```
testprogramm:
	ls -l
```

würde tatsächlich das Inhaltsverzeichnis ausgegeben, in dem sich das Makefile befindet. Daran können Sie erkennen, dass sich `make` nicht nur zur Programmierung eignet.

Jetzt können Sie `make` selbst aufrufen. Wollen Sie die normale ausführbare Datei (`Ziel:testprogramm`) erstellen, reicht das folgende Kommando aus:

```
$ make testprogramm
gcc -o mytest main.c test1.c test2.c -lm
$ ./mytest
```

Somit lautet die Syntax für `make` immer:

```
make Ziel
```

Wollen Sie hingegen die Debug-Version der Anwendung erzeugen lassen, so geben Sie das Ziel `debugprogramm` an:

```
$ make debugprogramm
gcc -DDEBUG -ggdb3 -o mytest.db main.c test1.c test2.c -lm
```

Geben Sie hingegen nur `make` allein in der Kommandozeile an, wird das erste im Makefile aufgelistete Ziel verwendet:

```
$ make
gcc -o mytest main.c test1.c test2.c -lm
```

[«]

Hinweis

Auch wenn im Beispiel als Ziel ein anderer Name als der der Anwendung verwendet wurde, ist dies in der Praxis eher unüblich so. Meistens wird der Name des Programms benutzt. Hier wurde nur ein anderer Name verwendet, damit Sie erkennen können, dass das Ziel und die ausführbare Datei nichts *Gemeinsames* haben – also das Ziel nichts anderes ist als ein Textlabel.

Abhängigkeit (dependency)

Um sich die Abhängigkeit zu verdeutlichen, sollten Sie das Makefile zunächst ein wenig umschreiben. Ändern Sie es wie folgt ab:

```
# Makefile2
# ein simples Makefile

# Ziel mytest
mytest: main.o test1.o test2.o
# Datei "mytest" wird erzeugt ...
  gcc -o mytest main.o test1.o test2.o -lm

main.o: main.c
   gcc -c main.c
test1.o: test1.c
   gcc -c test1.c
test2.o: test2.c
   gcc -c test2.c
```

Listing 16.3 Führt Abhängigkeiten in das vorige Listing (Listing 16.2) ein.

Führen Sie jetzt, ohne im Moment genau zu verstehen, was hier gemacht wurde, erneut `make` aus:

```
$ make
gcc -c main.c
gcc -c test1.c
gcc -c test2.c
gcc -o mytest main.o test1.o test2.o -lm
$ make
make: "mytest" ist bereits aktualisiert.
```

Make erkennt beim zweiten Aufruf, dass hier nichts mehr zu tun ist. Die Daten sind alle aktuell. Verändern Sie jetzt etwas an der Quelldatei *test2.c*, und starten Sie `make` erneut.

```
$ make
gcc -c test2.c
gcc -o mytest main.o test1.o test2.o -lm
```

Jetzt wird auch wirklich nur die Datei *test2.c* neu kompiliert, da Sie diese ja eben verändert haben. So viel zu der Praxis, aber sicherlich wollen Sie das letzte Beispiel auch verstehen.

In Ihrem ersten Makefile wurden nur Kommandos verwendet, die dazu dienen, das Ziel korrekt zu erzeugen – ohne wirklich den Aufwand dafür zu minimieren. Diesen Aufwand können Sie erst minimieren, wenn Sie eine bedingte Ausführung in das Makefile eintragen. Im ersten Makefile hing das Ziel `mytest` (bzw. `testprogramm`) von den Dateien *main.c*, *test1.c* und *test2.c* ab. Aber in Wirklichkeit, wenn man die Dinge genauer betrachtet, hängt das ausführbare Programm `mytest` schon eher von *main.o*, *test1.o* und *test2.o* ab. Das Ziel `mytest` hängt somit gar nicht von einer Veränderung von *test2.c* oder *main.c* ab, sondern eine Veränderung von *test2.c* oder *main.c* betrifft ja nur die Objektdateien *test2.o* bzw. *main.o* – was natürlich am Ende `mytest` doch wieder beeinflusst. Da der GCC diese ganze Abhängigkeit der einzelnen Quelldateien hinter dem Linker versteckt, bekommen Sie so gut wie selten etwas davon mit. Aber um effektive Makefiles zu schreiben, müssen Sie sich dieser Abhängigkeiten bewusst sein. Daher werden die Makefiles auch so geschrieben, dass die Kompilierung und das Linken getrennt ausgeführt werden.

Nun zum Makefile:

```
mytest: main.o test1.o test2.o
# Datei "mytest" wird erzeugt ...
  gcc -o mytest main.o test1.o test2.o -lm
```

Mit der ersten Zeile geben Sie an, dass das Ziel (das ausführbare Programm `mytest`) von den Objektdateien *main.o*, *test1.o* und *test2.o* abhängig ist. In der nächsten Zeile wird, wenn die Abhängigkeit erfüllt ist, die ausführbare Zieldatei daraus erstellt. Ist das Ziel `mytest` älter als eines der Dateien in der Abhängigkeitsliste, dann wird eine neue ausführbare Datei durch das Linken der entsprechenden Objektdateien erzeugt. Um also für ein Ziel eine Abhängigkeitsliste zu erstellen, muss die folgende Syntax verwendet werden:

```
Ziel : Abhängigkeitsliste
```

Damit ist `Ziel` abhängig von allen Dateien in der Liste. Da aber in der eben gezeigten Abhängigkeitsliste nur aus Objektdateien eine Zieldatei erzeugt wird, benötigen Sie noch weitere Kommandos für das Kompilieren der Quelldateien zu Objektdateien. Und auch hier besitzt wieder jede einzelne Objektdatei eine Abhängigkeitsliste:

```
main.o: main.c
  gcc -c main.c
test1.o: test1.c
```

```
    gcc -c test1.c
test2.o: test2.c
    gcc -c test2.c
```

So ist die Objektdatei *main.o* z. B. abhängig davon, ob der Quelltext *main.c* verändert wurde. Die Quelldatei *main.c*, *test1.c* oder *test2.c* wird auch nur dann neu kompiliert und zu einer Objektdatei übersetzt, wenn sie sich verändert hat. Wurde, wie es im Beispiel gezeigt wurde, die Quelldatei *test2.c* verändert, wird der Compilerlauf auch wirklich nur für *test2.c* gemacht und anschließend, da ja `mytest` von der Objektdatei *test2.o* abhängig ist, eine neue ausführbare Datei daraus erstellt. Natürlich kann es durchaus auch sein, dass *main.c* von einer anderen Header- oder Quelldatei abhängig ist. Solche Dateien sollten Sie immer auch in Ihr Makefile mit einfügen. Zum Beispiel würde mit

```
main.o: main.c mytest_header.h
    gcc -c main.c
test1.o: test1.c
    gcc -c test1.c
test2.o: test2.c
    gcc -c test2.c
```

angegeben, dass *main.o* jetzt auch von der Quelldatei *mytest_header.h* abhängig ist. Vergessen Sie, dies anzugeben, wird es passieren, dass eine Veränderung von Daten in der Quelldatei *mytest_header.h* keine Auswirkung auf das Ziel hat. Verändern Sie nun z. B. die Datei *test2.c* wie folgt:

```
#include "mytest.h"

void test2(void) {
    printf("Test2: %d\n",TEST);
}
```

Erstellen Sie jetzt eine Datei namens *mytest.h* mit folgendem Inhalt:

```
#define TEST 1
```

Führen Sie jetzt Ihr altes Makefile aus:

```
$ make
gcc -c test2.c
gcc -o mytest main.o test1.o test2.o -lm
$ ./mytest
Test1
Test2: 1
1.852026
```

Es scheint alles in bester Ordnung zu sein. Ändern Sie nun den Wert der symbolischen Konstanten TEST in *mytest.h* von 1 in 2 um, und führen Sie make erneut aus:

```
$ make
make: "mytest" ist bereits aktualisiert.
```

Sie sehen, die Veränderung von *mytest.h* hatte keine Auswirkung. Passen Sie nun Ihr Makefile wie folgt an:

```
# Makefile3
# Ein simples Makefile

# Ziel mytest
mytest: main.o test1.o test2.o
# Datei "mytest" wird erzeugt ...
  gcc -o mytest main.o test1.o test2.o -lm

# Abhängigkeitsliste
main.o: main.c
   gcc -c main.c
test1.o: test1.c
   gcc -c test1.c
test2.o: test2.c mytest.h
   gcc -c test2.c
```

Listing 16.4 Führt zusätzlich zu Listing 16.3 eine eigene Headerdatei in das Makefile ein.

Jetzt ist dank der Zeile

```
test2.o: test2.c mytest.h
   gcc -c test2.c
```

alles beim nächsten make-Aufruf wieder in Ordnung. Dies sollte hier nicht unerwähnt bleiben, da neben dem Nichtbeachten eines Tabulatorzeichens am Anfang eines Kommandos das Vergessen einer neu erstellten Quelldatei einer der häufigsten Fehler ist, wobei eben gerade der Fehler, eine Quelldatei nicht anzugeben, kein syntaktischer Fehler ist und eventuell nicht gleich entdeckt wird.

Im letzten Beispiel konnten Sie erkennen, dass ein Makefile so geschrieben werden kann, dass jedes Ziel von einer Datei abhängig ist, die selbst wiederum ein Ziel ist. Das letzte Beispiel könnte natürlich noch weiter vertieft werden. Außerdem hat es den Anschein, dass make von unten nach oben arbeitet, dem ist aber nicht so. Es werden immer als Erstes diejenigen Ziele auf den neusten Stand gebracht, die von dem eigentlichen Ziel abhängig sind. Ist ein Ziel nicht mehr aktuell, wird eine neue Datei davon erzeugt. Der Vorgang wird also so lange ausgeführt, bis alle Ziele auf dem neusten Stand sind, die für das Hauptziel nötig sind.

Sicherlich haben Sie schon häufiger nach einer Ausführung von make auch make clean verwendet, um das Verzeichnis wieder von »Altlasten« zu reinigen. Hierfür müssen Sie nur ein Ziel mit dem Namen clean angeben und ein entsprechendes Kommando benutzen:

```
# Makefile4
# Ziel mytest
mytest: main.o test1.o test2.o
# Datei "mytest" wird erzeugt ...
  gcc -o mytest main.o test1.o test2.o -lm

# Abhängigkeitsliste
main.o: main.c
   gcc -c main.c
test1.o: test1.c
   gcc -c test1.c
test2.o: test2.c mytest.h
   gcc -c test2.c

# ... sauber machen ...
clean:
   rm *.o mytest
```

Listing 16.5 Demonstriert das Kommando »make clean«.

Führen Sie jetzt in der Kommandozeile make clean aus, werden alle Objektdateien und die ausführbare Datei wieder gelöscht. Sie können rm zum Löschen genauso verwenden, wie Sie es aus der Shell kennen.

16.2.2 Variablen, Makros und Abkürzungen

In der Praxis sieht das Makefile natürlich nicht so aus, wie Sie es in den bisherigen Abschnitten erstellt haben. Auch hierfür gibt es wieder eine Menge Abkürzungen, die das Schreiben von Makefiles erheblich vereinfachen können. Ändern Sie das Makefile aus dem letzten Beispiel nun wie folgt ab:

```
# Makefile5
# Ziel mytest
mytest: main.o test1.o test2.o
# Datei "mytest" wird erzeugt ...
  gcc -o $@ main.o test1.o test2.o -lm

# Abhängigkeitsliste
main.o: main.c
   gcc -c $*.c
```

```
test1.o: test1.c
   gcc -c $*.c
test2.o: test2.c mytest.h
   gcc -c $*.c

# ...sauber machen ...
clean:
   rm *.o mytest
```

Listing 16.6 Zeigt, wie Sie bestimmte Kommandos in einem Makefile abkürzen können.

Auffällig sind die Zeichen `$@` und `$*`, die einfache Ersetzungsmakros sind. Mit `$@` geben Sie z. B. den vollen Zielnamen an. Im Fall von

```
mytest: main.o test1.o test2.o
   gcc -o $@ main.o test1.o test2.o -lm
```

bedeutet dies, dass die Zeichenfolge `$@` durch den Zielnamen `mytest` ersetzt wird. Somit verhält sich `$@`, als würden Sie

```
gcc -o mytest main.o test1.o test2.o -lm
```

eingeben. Das Makro `$*` steht ebenfalls für den Zielnamen, allerdings ohne die Dateiendung. Im Beispiel

```
main.o: main.c
   gcc -c $*.c
```

wird der Zielname `main.o` an der Stelle ersetzt, wo sich das Makro `$*` befindet; aber ohne die Endung `.o`. Neben den Makros `$@` und `$*` gibt es noch einige weitere nützliche Makros, von denen in Tabelle 16.2 einige aufgelistet sind.

Makro	Bedeutung
`$@`	Zielname des zu erstellenden Programms
`$*`	Zielname des zu erstellenden Programms ohne Dateiextension
`$<`	Name der ersten Abhängigkeit der aktuellen Regel
`$^`	alle Abhängigkeiten
`$?`	Dateiname aller Abhängigkeiten einer Regel, die neuer sind als das Ziel
`$(@D)`	Verzeichnisname von `$@`

Tabelle 16.2 Nützliche Makros für make

Makro	Bedeutung
`$(@F)`	reiner Dateiname ohne Pfad für `$@`
`CURDIR`	aktuelles Arbeitsverzeichnis, in dem `make` gerade aktiv ist

Tabelle 16.2 Nützliche Makros für make (Forts.)

Neben Makros können Sie aber auch Variablen verwenden. Damit könnten Sie z. B. ein Makefile für ein Programm erstellen, die auf vielen anderen Systemen verwendet werden könnte, auf denen z. B. kein GCC als Compiler verwendet wird, sondern z. B. Visual Studio, das inzwischen auch Makefiles verstehen kann (allerdings müssen Sie hier natürlich zusätzlich bedingte Kompilierungstechniken benutzen, damit Ihr Code sowohl unter Linux als auch unter Windows ausführbar ist). Definiert werden Variablen in einem Makefile mit folgender Syntax:

```
Variable = Wert
```

`Variable` wird anschließend im Makefile bei Auftreten von `$(Variable)` oder `${Variable}` durch den entsprechenden Wert ersetzt. Verwenden Sie z. B. den GCC, können Sie ihn in Ihrem Makefile folgendermaßen aufrufen:

```
CC = gcc

mytest: main.o test1.o test2.o
   $(CC) -o $@ main.o test1.o test2.o -lm

main.o: main.c
   $(CC) -c $*.c
test1.o: test1.c
   $(CC) -c $*.c
test2.o: test2.c mytest.h
   $(CC) -c $*.c

clean:
   rm *.o mytest
```

Mit `CC = gcc` parametrisieren Sie die Variable `CC` mit dem Wert `gcc`. Somit wird bei jedem Vorkommen im Makefile von `$(CC)` oder `${CC}` die Zeichenkette durch `gcc` ersetzt. Arbeiten Sie auf einem UNIX-System, das den Compiler CC verwendet und GCC nicht kennt, können Sie das Makefile dennoch ausführen, indem Sie `make` folgendermaßen verwenden:

```
$ make CC=cc
cc -c main.c
cc -o mytest main.o test1.o test2.o -lm
```

Die Verwendung von Variablen bezieht sich aber nicht nur auf Kommandos, ganz im Gegenteil ist es damit auch möglich, einen besseren Überblick zu behalten, indem Sie z. B. nur an einer Stelle alle abhängigen Objekt- oder Quelldateien eines Ziels angeben. Hierzu wird das Makefile um die folgenden Variablen erweitert:

```
CC      = gcc
OBJECTS = main.o test1.o test2.o
LIBS    = -lm
CFLAGS  = -c

mytest: $(OBJECTS)
   $(CC) -o $@ $(OBJECTS) $(LIBS)

main.o: main.c
   $(CC) $(CFLAGS) $*.c
test1.o: test1.c
   $(CC) $(CFLAGS) $*.c
test2.o: test2.c mytest.h
   $(CC) $(CFLAGS) $*.c

clean:
   rm *.o mytest
```

[»]

Hinweis: Das Flag -c

Das Flag `-c` sollte in professionellen Makefiles nicht zusammen mit `CFLAGS` benutzt werden, da `${CFLAGS}` (ohne `-c`) öfter verwendet wird als `CFLAGS` mit `-c`.

Mit der Verwendung von Variablen wird die Verwaltung eines Makefiles einfacher. Neue Objektdateien, Compileroptionen oder zusätzlich verwendete Bibliotheken müssen nur noch am Anfang hinzugefügt werden. Wollen Sie z. B. für einen umfangreichen Test beim Kompilieren zusätzlich die Flags `-Wall` für eine umfangreichere Warnungsausgabe und `-O` für die Optimierung des Codes verwenden, müssen Sie nur noch die Parameter der Variablen `CFLAGS` wie folgt verändern:

```
CFLAGS = -Wall -c -O
```

Oder Sie machen entsprechende Angaben beim Aufruf von `make`:

```
$ make CFLAGS= -Wall -c -O
```

16.2.3 Implizite Regeln

Ein Makefile kann aber noch weiter vereinfacht werden (aus der Sicht des Laien kann dies jedoch wegen der kompakten Schreibweise sogar eine Erschwerung sein). Häufig werden einzelne Komponenten immer wieder auf dieselbe Art und Weise erstellt. In dem letzten Beispiel werden z. B. *main.o*, *test1.o* und *test2.o* immer auf die gleiche Weise kompiliert. Diesen Overhead kann man auch noch mithilfe von impliziten Regeln beseitigen. Diese Regeln werden auf eine Menge von Komponenten angewandt, die durch ein bestimmtes Namensmuster – hier die Dateiendung, auch als *Suffix* bezeichnet – gegeben sind. So besitzen im letzten Beispiel alle drei Ziele *main.o*, *test1.o* und *test2.o* das Suffix *.o* (für Objektdateien). Des Weiteren werden all diese Objektdateien mit dem Suffix *.o* aus Quelldateien mit dem Suffix *.c* erzeugt. Da Sie in diesem Beispiel dreimal den Fall haben, dass aus einer Quelldatei mit dem Suffix *.c* eine Objektdatei mit dem Suffix *.o* erzeugt wird, können Sie dies durch eine implizite Regel folgendermaßen beschreiben:

```
.c.o:
   Kommando ...
```

Die Syntax hierzu lautet:

```
.suffix1.suffix2:
   Kommando ...
```

Damit ist `suffix1` das Suffix für die Quelle, und `suffix2` ist das Suffix für das Ziel. Somit hätten Sie eine implizite Regel erstellt, mit der aus einer C-Quelldatei eine (Ziel-)Objektdatei erstellt wird. Hiermit sieht der Teil, in dem Sie als Zieldatei eine Objektdatei angegeben hatten, folgendermaßen aus:

```
# Makefile6
.SUFFIXES:
.SUFFIXES: .c .o

CC      = gcc
OBJECTS = main.o test1.o test2.o
LIBS    = -lm
CFLAGS  = -c -O

mytest: $(OBJECTS)
   $(CC) -o $@ $(OBJECTS) $(LIBS)

.c.o:
   $(CC) $(CFLAGS) $<
```

```
clean:
   rm *.o mytest
```

Listing 16.7 Demonstriert die Verwendung impliziter Regeln in einem Makefile.

Sie sollten sich zuerst noch für die Zeilen

```
.c.o:
   $(CC) $(CFLAGS) $<
```

interessieren. Die erste Zeile kennen Sie ja bereits, und in der zweiten Zeile verwenden Sie bis auf `$<` nichts, was Sie nicht kennen. Mit `$<` benutzen Sie ein Makro, das den (Datei-)Namen der ersten Abhängigkeit der aktuellen Regel verwendet. Diese Regel wird dabei jedes Mal angewendet, wenn `make` ein Ziel sucht, das mit *.o* endet, und eine Datei mit demselben Namen mit der Endung *.c* existiert – auch wenn keine Extraregeln für dieses Ziel angegeben wurden.

Sollen die Dateiendungen in einem Makefile auch wirklich verwendet werden, müssen Sie sie erst zu einer Regel erklären. Dies machen Sie mit der Zeile:

```
.SUFFIXES: .c .o
```

Damit werden alle Quellen des eingebauten Ziels `.SUFFIXES` als Dateiendung für implizite Regeln verwendet. Im Beispiel sind dies die Quellen *.c* und die Ziele *.o*. Die erste Verwendung von

```
.SUFFIXES:
```

löscht eventuell vorhandene Suffixe aus der Liste.

16.2.4 Musterregeln

Als effektivere und mächtigere Alternative zu den impliziten Regeln mit den Dateiendungen bietet `make` sogenannte *Musterregeln* an. Bei einer *Musterregel* steht das Prozentzeichen im Ziel für eine beliebige Zeichenkette. Um auf das erste Beispiel in diesem Abschnitt zurückzukommen, wo Sie aus C-Quelldateien Objektdateien gemacht haben, sieht dieser Vorgang mit Musterregeln wie folgt aus:

```
# Makefile7
CC      = gcc
OBJECTS = main.o test1.o test2.o
LIBS    = -lm
CFLAGS  = -c -O
```

```
mytest: $(OBJECTS)
	$(CC) -o $@ $(OBJECTS) $(LIBS)

%.o: %.c
	$(CC) $(CFLAGS) $<

clean:
	rm *.o mytest
```

Listing 16.8 Demonstriert die Verwendung von Musterregeln in einem Makefile.

Im Beispiel haben Sie mit

```
%.o: %.c
```

ein beliebiges Ziel mit `%.o` definiert, das abhängig von `%.c` ist. Das Prozentzeichen steht also für eine beliebige Zeichenkette und ist im Gegensatz zur impliziten Regel nicht von Suffixen bzw. Präfixen abhängig. Würde z. B. nur das Prozentzeichen angegeben, dann würde diese Regel auf alle Ziele passen (was aber natürlich nicht sehr sinnvoll ist).

16.2.5 make zur Installation verwenden

Häufig wird `make` zur Installation von Software verwendet. Hierzu wird ein Ziel mit dem Namen `install` mit den entsprechenden Kommandos benutzt, die eventuell noch nötig sind. So lässt sich das fertige Programm z. B. auf verschiedenen Rechnern mit unterschiedlicher Hardware installieren (manchmal gibt es hierfür allerdings ein separates *./configure*-Skript). Meistens wird für `make install` die Anwendung in Verzeichnisse unterhalb von */usr/bin* (oder auch */usr/local*) installiert. Gewöhnlich werden hierfür Superuser-Rechte benötigt. Ein möglicher Verlauf einer solchen typischen Installation wäre:

```
CC      = gcc
OBJECTS = main.o test1.o test2.o
LIBS    = -lm
CFLAGS  = -O2

PREFIX := /usr

my_mytest: $(OBJECTS)
	$(CC) -o $@ $(OBJECTS) $(LIBS)

%.o: %.c
	$(CC) -c $(CFLAGS) $<

install: my_mytest
```

```
    install my_mytest ${PREFIX}/bin/

clean:
    rm -f *.o my_mytest
```

Durch die install-Abhängigkeit mytest stellen Sie sicher, dass mytest immer aktuell ist (bzw. sein muss). Der Verlauf von make ist der folgende:

```
$ make
gcc -c -O main.c
gcc -c -O test1.c
gcc -c -O test2.c
gcc -o mytest main.o test1.o test2.o -lm
$ su
Password:********
# make install
install mytest /usr/local/mytest
# exit
exit
$ make clean
rm -f *.o mytest
```

Natürlich können Sie noch weitere Ziele verwenden. Gewöhnlich werden dabei Ziele wie uninstall, check, depend, all und noch einige mehr benutzt. Zu entscheiden, wie diese Ziele letztendlich arbeiten, ist Ihre Aufgabe, Sie sollten aber bedenken, dass, wenn Sie sich nicht an bestimmte Konventionen halten, andere Benutzer mit Ihrer Installation Probleme bekommen können. Am besten sehen Sie sich einmal das eine oder andere Makefile an, wenn Sie wieder eine Software heruntergeladen haben und diese mittels make zusammenbauen und installieren wollen. Versuchen Sie sich aber erst einmal nicht an komplexeren Makefiles wie solche, die von automake oder configure als Input genommen oder als Output geschrieben worden sind.

16.2.6 make-Optionen

Wie Sie make aufrufen können, haben Sie jetzt mehrere Male gesehen. make bietet Ihnen aber noch mehr Optionen an, die Sie zusätzlich in der Kommandozeile angeben können. Welche das sind, ermitteln Sie mit einem Aufruf von make -help.

16.2.7 Ausblick

Den Abschnitt über make könnten wir noch endlos weiterführen und erweitern – denn damit ließe sich noch eine Menge mehr anstellen als hier beschrieben. Allerdings sollten Sie mit dem Beschriebenen die Grundlagen beherrschen, so dass Sie nun anhand des Lesens anderer

Makefiles diese selbst interpretieren und daraus lernen können. Bei all dem sollten Sie auch nicht übersehen, dass `make` nicht nur für die Programmierung eingesetzt werden kann. So können Sie `make` auch zur Verwaltung größerer Dateiarchive oder Dokumentationen verwenden. Wenn Sie wirklich ein sehr komplexes Makefile betrachten wollen, sollten Sie sich bekannte und umfangreiche Software ansehen. Empfehlenswert sind z. B. die Makefiles von Mozilla, gefolgt vom Kernel und Apache 2.

An dieser Stelle gibt es natürlich auch einige Kritiker, die `make` als zu komplex und veraltet ansehen und die nicht ganz zu Unrecht behaupten, dass `make` auch viel »Müll« produziert, den man (vor allem bei fehlerhaften Skripten) auch nicht oder nur schwer wieder »wegschaufeln« kann. Allerdings ist es auch eine Tatsache, dass Software allgemein immer komplexer wird und dass es eben die Tools, die den Quellcode verwalten, mit der Zeit auch werden müssen. Vielleicht ist hier der Satz »weniger ist mehr« angebracht, also die Forderung, Anwendungen nicht zu sehr mit Funktionen vollzustopfen, die keiner (mehr) braucht.

16.3 Eigene Bibliotheken erstellen

Zu Beginn der Programmiererlaufbahn verwendet man fast immer nur Bibliotheken, die von einer bestimmten Distribution oder von anderen Programmierern zur Verfügung gestellt werden. Hier ist der Satz »erfinde das Rad nicht immer wieder neu«, den man schon im Studium immer wieder eingebläut bekommt, entscheidend. Aber irgendwann (vor allem als Profi) werden Sie merken, dass (wie Murphys Gesetz es will) immer genau das fehlt, was Sie gerade benötigen. Insbesondere wenn Sie Spiele programmieren, dann werden Ihnen irgendwann (hauptsächlich aus Geschwindigkeitsgründen) die Standardbibliotheken nicht mehr ausreichen, weil Sie eben auch noch das letzte Quäntchen (Grafik-)Leistung aus Ihrem Programm herausholen wollen.

In diesem Fall (und dieser Fall kommt oft schneller, als man denkt) werden Sie gezwungen sein, eine eigene Bibliothek zu entwerfen – sei es nun, um der Open-Source-Gemeinde auch etwas zurückzugeben oder zum Eigenbedarf, um immer wiederkehrende Aufgaben, die nicht in den Standardbibliotheken enthalten sind, ein für alle Mal in einer eigenen Bibliothek zu vereinen. Hierzu stehen Ihnen zwei Möglichkeiten zur Verfügung: das Erstellen einer statischen oder einer dynamischen Bibliothek. Welche von beiden Methoden die bessere für welchen Anwendungsfall ist und wie Sie diese beiden Methoden erstellen können, erfahren Sie jetzt in den folgenden Abschnitten.

16.3.1 Statische Bibliotheken erstellen

Wenn Sie in Ihrem Programm eine statische Bibliothek verwenden wollen, müssen Sie sie auch namentlich beim Linken angeben. Damit steht dem Programm anschließend das komplette Archiv der Bibliotheksfunktionen zur Verfügung. Dieses Vorgehen hat allerdings den

Nachteil, dass mehr Platz sowohl auf der Festplatte als auch im Hauptspeicher nötig ist, weil statische Bibliotheken mehrfach vorhanden sein können – sprich in allen Programmen, die ebenfalls diese statische Bibliothek verwenden. Allerdings hat diese Methode auch Vorteile, sonst würde man sie ja schließlich nicht verwenden. Da alle Funktionen der statischen Bibliothek dem Programm hinzugefügt werden, stehen somit auch alle Funktionen jederzeit zur Verfügung.

Im Folgenden geht es nun um das Erstellen einer statischen Bibliothek in einfachster Weise. Dies kann jederzeit auch in umfangreicheren Projekten gemacht werden, denn dort benötigt meistens das Hauptprogramm sehr viel mehr Platz als einzelne statische Bibliotheken. Sie benötigen in dem nächsten Beispiel folgende Dateien:

- Eine Headerdatei mit den Funktionsdefinitionen (also den Funktions-Prototyp), symbolischen Konstanten und eventuell globalen Variablen
- Mindestens eine Quelldatei, in der die Funktionen selbst kodiert werden – sprich, deren Ausführung programmiert wird. Aus dieser Quelldatei erstellen Sie anschließend die statische Bibliothek. Diese Datei benötigt somit keine `main()`-Funktion.

Im nächsten Beispiel wird eine einfache Bibliothek erstellt, die lediglich zwei Integer-Zahlen miteinander vergleicht und bei Gleichheit `1` (`MYTRUE`) und bei Ungleichheit `0` (`MYFALSE`) zurückliefert. Die Headerdatei *myequal.h* sieht wie folgt aus:

```
/* myequal.h */
#ifndef _MYEQUAL_H_
#define _MYEQUAL_H_
#define MYTRUE  1
#define MYFALSE 0
typedef int MYBOOL;
MYBOOL my_equal( int a, int b );
#endif
```

Jetzt fehlt noch die eigentliche Funktion, aus der Sie anschließend die Bibliothek erstellen:

```
/* myequal.c */
#include <stdio.h>
#include "myequal.h"

MYBOOL my_equal( int a, int b ) {
    if( a == b )
        return MYTRUE;
    return MYFALSE;
}
```

Listing 16.9 Erstellt eine einfache eigene Bibliothek (statisch).

Um jetzt aus der Quelldatei *myequal.c* eine Bibliotheksdatei zu machen, müssen Sie zuerst eine Objektdatei daraus erzeugen:

```
$ gcc -c myequal.c
$ ls -l
insgesamt 12
-rw-r--r--   1 pinguin    users    125 2004-04-08 01:12 myequal.c
-rw-r--r--   1 pinguin    users    158 2004-04-08 01:11 myequal.h
-rw-r--r--   1 pinguin    users    644 2004-04-08 01:18 myequal.o
```

Im nächsten Schritt erstellen Sie ein Archiv. Sie wissen ja seit dem Abschnitt über den GCC, dass Archivdateien von statischen Bibliotheken meistens mit *lib* beginnen, gefolgt vom Namen der Bibliothek, und mit *.a* enden (z. B. lib**name**.a). Somit wird im Folgenden aus der Objektdatei *myequal.o* eine Archivdatei mit dem Namen *libmyequal.a* erstellt. Bei der Vergabe des Namens einer Bibliothek sollten Sie sicherstellen, dass es keine zweite Bibliothek mit diesem Namen gibt.

Eine solche Archivdatei können Sie mit dem Befehl ar (*archiver*) erzeugen. Damit können Sie Archive erstellen und verändern. Im Falle unserer Lib gehen Sie nun so vor:

```
$ ar crs libmyequal.a myequal.o
$ ls -l
insgesamt 16
-rw-r--r--   1 pinguin   users   790 2004-04-08 01:19 libmyequal.a
-rw-r--r--   1 pinguin   users   125 2004-04-08 01:12 myequal.c
-rw-r--r--   1 pinguin   users   158 2004-04-08 01:11 myequal.h
-rw-r--r--   1 pinguin   users   644 2004-04-08 01:18 myequal.o
```

Mit der Option r sorgen Sie dafür, dass bei einem bereits bestehenden Archiv die ältere Version der Objektdatei durch eine neuere Version ersetzt wird, und mit der Option c erzwingen Sie, dass ein Archiv angelegt wird, falls es noch nicht existiert. Soll ein Index hinzugefügt werden, so kann s mit angeben werden. s ist allerdings erst sinnvoll, wenn Sieweitere Objektfiles in ein bereits existierendes Archiv aufnehmen.

Jetzt haben Sie zwar ein Archiv in Ihrem Verzeichnis, aber der GCC weiß noch nichts davon, falls Sie ihn mit dem Flag -l aufrufen. Daher muss Ihre Bibliothek noch einem Index, in dem alle Funktionen Ihres Archivs eingetragen sind, hinzugefügt werden. Mithilfe des Indexeintrags werden dann die Zugriffe auf die Funktionen im Archiv adressiert. Dieser Indexeintrag wird mit einem einfachen Aufruf von ranlib erstellt:

```
$ ranlib libmyequal.a
```

Jetzt können Sie Ihre Bibliothek installieren. Dazu müssen Sie nur noch die Bibliothek *libmyequal.a* in das Verzeichnis */usr/lib* oder */usr/local/lib* und die Headerdatei *myequal.h* in das Verzeichnis */usr/include* oder */usr/local/include* kopieren.

[»]

Hinweis: /usr und /usr/local

Die Verzeichnisse */usr/lib* und */usr/include* bzw. eigentlich alle Pfade außer */opt*, die nicht irgendwie ein *local* enthalten, sind dem System vorbehalten. Somit kann man immer gleich unterscheiden: */usr/include/popt.h* => RPM-Paket, */usr/local/include/popt.h* => eigener Weg und Pfad. Natürlich befolgen nicht alle Source-Pakete unbedingt diese Technik.

[»]

Hinweis

Sie müssen Ihre Bibliothek natürlich nicht in ein entsprechendes Verzeichnis installieren. Sie können natürlich auch jedes andere Verzeichnis hierzu verwenden, nur müssen Sie dann beim Übersetzen angeben, wo sich die Include-Datei (`-I`) und wo sich die Bibliothek befindet (`-L`). Außerdem empfiehlt es sich natürlich in der Praxis, den kompletten Vorgang mit einem Makefile zusammenzustellen. Statt `-L` ist natürlich auch der Pfad zur Bibliothek möglich, z. B.: `gcc -o prog strap.o libdir/myequal.a`.

```
# cp -p libmyequal.a /usr/local/lib
# cp -p myequal.h /usr/local/include
```

Sofern die eben erwähnte *local*-Technik bei Ihnen nicht funktioniert, können Sie auch das `local` weglassen und die Dateien nach */usr/lib* bzw. */usr/include* kopieren. Am Ende können Sie nochmals `ranlib` über das Archiv laufen lassen, falls sich etwas verändert hat.

Es folgt hierzu ein einfaches Listing, das die Verwendung der neu erstellten statischen Bibliothek zeigt.

```
/* libtest.c */
#include <stdio.h>
#include <myequal.h>

int main(void) {
   MYBOOL ret;
   ret = my_equal ( 5 , 5 );
   if( ret == MYTRUE )
      printf("Beide Werte sind gleich\n");
   else
      printf("Die Werte sind nicht gleich\n");
   return 0;
}
```

Listing 16.10 So verwenden Sie die eigene Bibliothek aus Listing 16.9 in einem eigenen Programm.

Das Programm gibt bei der Ausführung Folgendes aus:

```
$ gcc -o testlist testlist.c -lmyequal
$ ./testlist
Beide Werte sind gleich
```

16.3.2 Dynamische Bibliotheken (Shared Libraries) erstellen

Dynamische Bibliotheken (auch *Shared Libraries* genannt) werden im Gegensatz zu den statischen Verwandten nicht direkt in das Programm hineingebunden, sondern erst beim Aufruf des Programms aus einem Bibliotheksverzeichnis (gewöhnlich */usr/lib* bzw. */usr/local/lib*) in den Speicher geladen und dynamisch an das Programm gebunden. Verwendet nun ein weiteres Programm eine Funktion aus dieser Bibliothek, muss diese nicht erneut in den Speicher geladen werden, sondern es wird die bereits verwendete Instanz in den Adressraum des zweiten Programms eingeblendet. Dies hat den Vorteil, dass die Programme etwas schlanker sind, und das trifft sowohl auf ihre Größe als auch auf den Speicherverbrauch zu. Denn zum einen ist die Bibliothek nicht im Programmcode selbst enthalten, und zum anderen wird der Hauptspeicherbedarf dadurch gering gehalten, dass nur eine einzige Instanz der Bibliothek benötigt wird. Der Nachteil: Befindet sich eine Bibliothek noch nicht im Speicher, kann beim ersten Laden dieser Bibliothek der Programmstart ein wenig länger dauern, weil *Shared Libraries* immer vollständig geladen werden, während bei der Kompilierung nur Objektdateien aus dem Archiv ausgewählt werden, in denen auch die betroffenen Symbole (Funktionen, Variablen etc.) vorkommen. Allerdings ist diese längere Ladedauer kaum bemerkbar und eigentlich auch nicht erwähnenswert.

Allerdings sind moderne Projekte inzwischen so umfangreich (auch und vor allem an Funktionen), dass es inzwischen egal ist, welche Technik Sie verwenden, um Ihre Bibliotheken einzubinden. Der wichtigste Aspekt bei dynamischen Bibliotheken ist deshalb fast immer die Abwärtskompatibilität mit den vorhergehenden Versionen. Veränderungen sollten dabei durch die Erhöhung der Unterversionsnummer gekennzeichnet werden. Sollte sich etwas Gravierendes ändern, kann auch die Hauptversionsnummer verändert werden. Der Aufbau von solchen Bibliotheksnamen sieht fast immer wie folgt aus:

lib(name).so.(Hauptversionsnr.)(Unterversionsnr.)(Releasenr.)

Folgende Regeln gilt es dabei einzuhalten: Werden Fehler behoben, ändert sich die Release-Nummer. Werden neue Funktionen hinzugefügt, aber die Bibliothek bleibt trotzdem abwärtskompatibel, dann sollte die Unterversionsnummer verändert werden. Ist die neue Bibliotheksversion hingegen nicht mehr abwärtskompatibel, wird die Hauptversionsnummer verändert. Nicht mehr abwärtskompatibel heißt:

- Eine Funktion oder mehrere Funktionen der Vorgängerversion wurden verändert oder entfernt.

- Funktionen verhalten sich anders als in der alten Version.
- Datenstrukturen haben sich grundlegend verändert (es wurde z. B. in einer Datenstruktur der Datentyp verändert).

Da allerdings nicht alle Systeme die gleichen Versionen von Bibliotheken verwenden, wird nach dem Kopieren einer neuen Bibliotheksversion ein entsprechendes Verzeichnis *ldconfig* aufgerufen. Das Programm (bzw. Shell-Skript) in diesem Verzeichnis legt nun für eine Bibliothek mit einer bestimmten Versionsnummer einen symbolischen Link an, der nur den Namen der Bibliothek (ohne Versionsnummer) und einen Link auf den Namen der Bibliothek mit der Hauptversionsnummer (ohne Unterversionsnummer und Release-Nummer) enthält. Einen Überblick zu allen eingerichteten symbolischen Links verschaffen Sie sich mit folgendem Aufruf:

```
$ ldconfig -p
887 libs found in cache `/etc/ld.so.cache'
        libzvt.so.2 (libc6) => /opt/gnome/lib/libzvt.so.2
        libzvt-2.0.so.0 (libc6) => /opt/gnome2/lib/libzvt-2.0.so.0
        libz.so.1 (libc6) => /lib/libz.so.1
        libz.so (libc6) => /usr/lib/libz.so
        liby2util.so.3 (libc6) => /usr/lib/liby2util.so.3
        liby2pm.so.2 (libc6) => /usr/lib/liby2pm.so.2
        liby2.so.2 (libc6) => /usr/lib/liby2.so.2
        libyui.so.2 (libc6) => /usr/lib/libyui.so.2
...
```

`ldconfig` sucht immer nach allen dynamischen Bibliotheken, die in einem bestimmten Verzeichnis liegen, und erstellt bei Bedarf einen symbolischen Link auf die jeweilige Version. Also eignet sich `ldconfig` prima zum Austausch von verschiedenen Bibliotheksversionen. Bitte beachten Sie, dass `ldconfig` nur mit Superuser-Rechten ausgeführt werden kann.

[»]

Hinweis

In welchem Verzeichnis `ldconfig` sucht, wird in der Datei */etc/ld.so.conf* beschrieben. Sofern Sie weitere Verzeichnisse hinzufügen wollen, müssen Sie hier nur einen entsprechenden Eintrag hinzufügen.

Es folgt jetzt eine Erklärung der einzelnen Schritte, die gewöhnlich verwendet werden, um eine dynamische Bibliothek zu erzeugen und auch zu installieren. Als Beispiel dient wieder dasselbe Listing, das Sie schon beim Erstellen von statischen Bibliotheken verwendet haben.

Zuerst müssen Sie die Quelldatei kompilieren, um eine Objektdatei zu erzeugen:

```
$ gcc -fPIC -Wall -g -c myequal.c
```

Hierbei wurde zusätzlich die Option -FPIC verwendet, um positionsunabhängigen Code zu erzeugen. Dies verhindert, dass im Maschinencode feste Adressen z. B. für die Funktionen benutzt werden, sodass die dynamische Bibliothek an (fast) jeder beliebigen Stelle des Adressraums vom Programm eingebunden werden kann. Allerdings muss Ihr Prozessor dafür relative oder indirekte Sprünge unterstützen; wenn er das nicht tut, dann wird -FPIC einfach ignoriert.

Nun müssen Sie die Objektdatei wie folgt linken:

```
$ gcc -ggdb3 -shared -Wl,-soname,libequal.so.1 -o \
           libequal.so.1.0 myequal.o -lc
```

Mit -shared geben Sie an, dass eine dynamische Bibliothek erzeugt werden soll. -Wl leitet die Optionen an den Linker ld weiter. Für -soname wird der vollständige Bibliotheksname mit den Versionsnummern angegeben. Mit myequal.o legen Sie die Objektdatei fest, die in diese dynamische Bibliothek aufzunehmen ist. Hierbei können selbstverständlich mehrere Objektdateien aufgelistet werden. Mit -lc linken Sie noch die C-Bibliothek hinzu, was Sie in der Praxis immer machen sollten. Natürlich können auch hierbei noch mehr Bibliotheken hinzugelinkt werden. Die Syntax dazu:

```
gcc -g -shared - Wl,-soname,soname -o bibliotheksname \
Objektdatei(en) Bibliothek(en)
```

16

Beim anschließenden Linken mit einer Bibliothek (über -l) sucht der Linker sich die entsprechende Datei heraus, z. B. */usr/lib/libbibliotheksname.so*, sieht sich diese an (dass es ein Symlink ist, wird ignoriert) und schaut nach dem DT_SONAME-Tag, das den Dateinamen enthält, der in die Executable eingetragen werden soll.

Bei einem Vergleich zwischen den dynamischen Bibliotheken und den statischen fällt der Größenunterschied erheblich auf:

```
$ ls -l
insgesamt 36
-rwxr-xr-x  1 pinguin  users    11634 2004-04-08 04:26 libequal.so.1.0
-rw-r--r--  1 pinguin  users      790 2004-04-08 01:38 libmyequal.a
```

Jetzt benötigen Sie Superuser-Rechte, um die dynamische Bibliothek in das Verzeichnis */usr/lib* bzw. */usr/local/lib* zu kopieren. Wechseln Sie am besten gleich in das entsprechende Verzeichnis:

```
$ cp libequal.so.1.0 /usr/lib
$ cd /usr/lib
```

Erzeugen Sie jetzt einen symbolischen Link, den Sie für den Linker beim Übersetzen benötigen, wenn Sie die dynamische Bibliothek mit dem Flag -l angeben:

```
/usr/lib # ln -fs libequal.so.1.0 libequal.so.1
/usr/lib # ln -fs libequal.so.1 libequal.so
```

Zu guter Letzt müssen Sie noch `ldconfig` aufrufen:

```
$ ldconfig
```

Das sollte genügen, um mit der dynamischen Bibliothek arbeiten zu können. Jetzt können Sie wieder dasselbe Listing wie schon im Beispiel der statischen Bibliothek verwenden und folgendermaßen übersetzen:

```
$ gcc -o testlist testlist.c -lequal
```

[»]

Hinweis

Haben Sie auf Ihrem System sowohl eine statische als auch eine dynamische Version von *libequal.so* und *libequal.a*, bindet der Compiler, sofern Sie nichts anderes angeben, standardmäßig immer die dynamische Version ein – was natürlich durch Linker-Skripte geändert werden kann. Ein Blick in z. B. */usr/lib/libc.so* zeigt so manches mehr.

16.3.3 Dynamisches Nachladen von Bibliotheken

Im Endeffekt ist das dynamische Nachladen die Technik, die auch Windows benutzt (DLL-Dateien). Außer dem automatischen Nachladen und Binden von Bibliotheken können Sie inzwischen auch unter Linux dynamische Bibliotheken zur Laufzeit des Programms nachladen. Hierfür sind folgende Funktionen nötig:

```
#include <dlfcn.h>

void *dlopen(const char *filename, int flags);
const char *dlerror(void);
void *dlsym(void *handle, const char *symbol);
int dlclose(void *handle);
```

Mit der Funktion `dlopen()` öffnen Sie die dynamische Bibliothek `filename`. Bei Erfolg wird ein Zeiger auf die geöffnete Bibliothek zurückgegeben oder im Fehlerfall `NULL`. Sind in der Bibliothek Symbole vorhanden, die nicht aufgelöst werden können (eine Bibliothek kann wie oben erwähnt ja eine andere noch benötigen), hängt das Verhalten vom Parameter `flag` ab. Folgende Flags können verwendet werden:

- `RTLD_LAZY`: Undefinierte Symbole werden aufgelöst, wenn eine Funktion in der dynamischen Bibliothek ausgeführt wird.
- `RTLD_NOW` – `dlopen()`: Kehrt erst dann zurück, wenn alle undefinierten Symbole aufgelöst werden konnten.

- `RTLD_GLOBAL`: Dieses Flag wird mit dem bitweisen ODER und mit einem der eben erwähnten Flags verwendet. Ist es angegeben, so sind die Symbole aus der geladenen Bibliothek den nachfolgenden geladenen Bibliotheken ebenfalls bekannt. Es gibt sozusagen zwei Symbolräume, einmal für die Hauptanwendung und einmal für die Library.

Tritt ein Fehler auf, können Sie sich mit der Funktion `dlerror()` einen String zurückgeben lassen, der den zuletzt aufgetretenen Fehler genauer umschreibt.

Mit der Funktion `dlsym()` bekommen Sie bei Erfolg die Adresse des gewünschten Symbols, das sich in der Bibliothek `handle` befindet, zurück (man kann nämlich nicht nur Funktionen mit `dl*()` holen!). Wenn `symbol` nicht aufgelöst werden konnte, wird `NULL` zurückgegeben.

Der Speicher, der auf die Bibliothek `handle` verweist, kann mit der Funktion `dlclose()` unter Angabe der Bibliothek `handle` wieder freigegeben werden. Außerdem wird ein Zähler, der die Anzahl der geöffneten Bibliotheken von `dlopen()` mitzählt, wieder dekrementiert. Ist dieser Zähler 0, wird die Bibliothek aus dem Speicher entfernt.

Hinweis

Zum Verwenden der hier vorgestellten Funktionen müssen Sie die Bibliothek *libdl.a* bzw. *libdl.so* (statische oder dynamische Version) mit dem Flag `-ldl` hinzulinken.

Das folgende Beispiel lädt die zuvor selbst geschriebene dynamische Bibliothek *libequal.so* während der Laufzeit des Programms hinzu. Anschließend wird die Funktion `my_equal()` geladen (genauer, die Adresse der Funktion ermittelt), und zwei Zahlen werden miteinander so lange verglichen, bis Sie für einen der Werte `0` angeben. Am Ende wird jeweils der Speicher wieder freigegeben. Zwar hat unsere dynamische Bibliothek nur eine Funktion, die verwendet werden kann, dennoch können Sie beinahe beliebig viele Funktionen einer Bibliothek dynamisch dazuladen. Die einzelnen Funktionen wurden hier so geschrieben, dass Sie sie auch ohne Probleme in einem anderen Projekt mit einer anderen Bibliothek verwenden können.

```
/* dynlib.c */
#include <stdio.h>
#include <stdlib.h>
#include <myequal.h>
#include <dlfcn.h>
#define LIBEQUAL "libequal.so"

/* dynamische Bibliothek laden */
static void *my_load_dyn (const char *lib) {
    static void *handle;
    handle = dlopen (LIBEQUAL, RTLD_NOW);
    if (handle == NULL) {
        printf ("Fehler bei dlopen(): %s\n", dlerror ());
```

```
        exit (EXIT_FAILURE);
    }
    return handle;
}

/* Funktion aus der dynamischen Bibliothek laden */
static void *my_load_func (void *handle, const char *func) {
    void *funcptr = dlsym (handle, func);
    if (funcptr == NULL) {
        printf ("Fehler bei dlsym(): %s\n", dlerror ());
        exit (EXIT_FAILURE);
    }
    return funcptr;
}

/* Speicher wieder freigeben */
static void my_close_func (void *handle) {
    if (dlclose (handle))
        printf ("Fehler bei dlclose(): %s\n", dlerror ());
}

int main (void ) {
    MYBOOL ret;
    void *lib_handle;
    int (*equal) (int a, int b);
    int val1=1 ,val2 = 1;

    while ( 1 ) {
        printf ("Erste Zahl eingeben: ");
        scanf ("%d", &val1);
        printf ("Zweite Zahl eingeben: ");
        scanf ("%d", &val2);
        if( val1 == 0 || val2 ==0 )
            break;
        lib_handle = my_load_dyn (LIBEQUAL);
        equal = my_load_func (lib_handle, "my_equal");
        ret = (*equal) (val1, val2);
        if (ret == MYTRUE)
            printf ("Beide Werte sind gleich\n");
        else
            printf ("Die Werte sind nicht gleich\n");
        my_close_func (lib_handle);
```

```
    }
    return EXIT_SUCCESS;
}
```

Listing 16.11 Verwendet im Gegensatz zu Listing 16.10 eine dynamische Bibliothek.

Das Programm gibt bei der Ausführung Folgendes aus:

```
$ gcc -o dynamisch dynamisch.c -ldl
$ ./dynamisch
Zahl 1 eingeben: 3
Zahl 2 eingeben: 4
Die Werte sind nicht gleich
Zahl 1 eingeben: 5
Zahl 2 eingeben: 5
Beide Werte sind gleich
Zahl 1 eingeben: 1
Zahl 2 eingeben: 0
```

[«]

Hinweis

Dass die Bibliothek im letzten Beispiel immer wieder von neuem geladen wird, dient nur zur Demonstrationszwecken – sprich, Sie können sich gerne eine Abfrage einbauen, die ermittelt, welche Bibliothek Sie im nächsten Durchgang laden wollen. Es soll praktisch damit gezeigt werden, dass jederzeit – auch während der Laufzeit des Programms – eine Bibliothek geladen und am Ende wieder entladen werden kann. In der Praxis sollten Sie das `dlopen()` natürlich noch vor das `while()` setzen.

16.4 RPM-Pakete

Um unter Linux auch nicht erfahrenen Anwendern Programme zur Verfügung zu stellen, hat Red Hat ein Paketsystem namens RPM (kurz für *Red Hat Package Manager*) eingeführt. Zuvor (und zum Teil auch immer noch) wurden Programme oder die Sources (also die Quelldateien) meistens als ein *Tarball* zur Verfügung gestellt. *tar* ist eine Art ZIP-Algorithmus, der einzelne Programme in komprimierter Form in einer einzigen Archivdatei zusammenfasst. Durch diese Archive entstanden u. a. Probleme, die das Entfernen alter Dateien und das Aktualisieren von Software oder deren Bibliotheken betrafen (die natürlich oft nur als Quellcode vorliegen). Sprich: Tarballs erzeugen viel »Müll«, den man nach einiger Zeit auch nicht wieder wegbekommt (unter Windows ist dieses Problem übrigens auch vorhanden, man spricht dann von »Installationsleichen«).

Mit den RPMs wurde ein Paketsystem eingeführt, das komfortabel das Installieren, Löschen und Aktualisieren von Paketen (sowohl von Binär- als auch Quellpaketen) erlaubt, ohne dass hierbei Probleme entstehen wie eben Probleme wie die »Installationsleichen« unter Windows. Bei Quellpaketen können dabei zusätzlich zur Installation auch eine Neuübersetzung und weitere (Aufräum-)Aktionen ausgeführt werden.

[»]

Hinweis: Installationsleichen

Das Problem der »Installationsleichen« ist wahrscheinlich mittlerweile auf allen modernen Betriebssystemen präsent, auch (und sogar inzwischen immer öfter) unter Linux. Wahrscheinlich lässt sich dieses Problem (wegen der mittlerweile sehr komplexen Software) auch gar nicht mehr ganz vermeiden, mit dem RPM-System können die Probleme aber minimiert werden.

16.4.1 Einführung in das RPM-System

Wer bereits Erfahrung mit RPM hat, kann diesen Abschnitt überspringen. Wir werden darin auf das Kommandozeilentool `RPM` eingehen und nicht auf eines der vielen grafischen Frontends. Für mehr Details, hier speziell für mehr Optionen, sei die Manual Page zu RPM oder die Webseite von Red Hat zu RPM empfohlen. Die Einführung geht nur kurz auf die Hauptanwendungen von RPM ein.

Installieren von RPM-Paketen mit rpm -i

Um ein Paket zu installieren, das in einer Paketdatei abgelegt ist, geben Sie in der Kommandozeile die Option `-i` und den Paketdateinamen an:

```
$ rpm -i {optionen} {paketdatei}
```

Weitere gängige Optionen, die Sie zusätzlich verwenden können, sind das Flag `-hv`, das einen Fortschrittszustand der Installation anzeigt, und das Flag `--force`, das eine Neuinstallation erzwingt, auch wenn die installierte Version aktuell ist. Es gibt natürlich noch eine Menge Optionen mehr, aber die besprechen wir hier nicht. Somit sähe eine Installation eines Paketes namens *mytest-1.0.1.i386.rpm* wie folgt aus:

```
$ rpm -i mytest-1.0.1.i386.rpm
```

Es spricht übrigens auch nichts dagegen, sofern eine Verbindung zum Internet besteht, die Installation folgendermaßen auszuführen:

```
$ rpm -i ftp://ftp.pronix.de/mypackages/mytest-1.0.1.i386.rpm
```

Dies empfiehlt sich allerdings bei einer langsamen Verbindung weniger, sollte nämlich *mytest.rpm* noch unerfüllte Abhängigkeiten haben, so wird die Datei nicht lokal gespeichert, was hieße, dass noch einmal *mytest.rpm* heruntergeladen werden müsste. Allerdings gibt es nicht mehr so viele langsame Verbindungen, dass dies allzu oft ein Problem darstellt.

Deinstallieren mit rpm -e

Um ein Paket wieder vom System zu entfernen, wird das Flag `-e` (für *erase*) verwendet:

```
$ rpm -e {option} {paketname}
```

Wenn Sie beim Löschen eines Pakets unsicher sind, können Sie auch die Option `--test` verwenden, um zu sehen, was `-e` als Nächstes tun würde.

Aktualisieren mit rpm -U

Wollen Sie ein Paket erneuern, können Sie das Flag `-U` (für *upgrade*) verwenden. Damit werden eventuell als alt markierte Pakete gelöscht (z. B. bei der Zusammenlegung von zwei Paketen) und neue Versionen installiert:

```
# rpm -U {option} {paketname}
```

Auch hierbei werden Sie das eine oder andere Mal nicht um die Option `--force` zum Erzwingen des Upgrades herumkommen, z. B. wenn Sie Versionen nachinstallieren wollen, die zwar die aktuelle Versionsnummer tragen, die aber nun als stabil (`stable`) gekennzeichnet sind.

Scherzhafterweise steht in dem Buch »Maximum RPM« für `-U` die Erklärung »uh, do the right thing now« (»äh, mach nun das Richtige«), was man `-U` auch wirklich zuschreiben kann, denn sollte ein Paket noch nicht im System existieren, so wird es nun installiert.

Freshen mit rpm -F

Wer ein ganzes Verzeichnis mit Upgrade-Paketen besitzt, kann `rpm -F` auf sie anwenden, um nur wirklich neue Pakete einzuspielen, da `rpm -U` sonst z. B. mit einer Fehlermeldung wie »package is already installed« abbrechen könnte.

Weiteres

Des Weiteren gibt es eine Menge Optionen mehr für RPM, etwa zum Ermitteln von Informationen eines Paketes oder zum Überprüfen bereits installierter oder noch nicht installierter Pakete.

Benötigte Komponenten für ein einfaches RPM-Paket

Wenn Sie selbst ein eigenes Paket mit Ihrer Software zur Verfügung stellen wollen, benötigen Sie die folgenden drei Komponenten:

- Die Original-Quelldateien (Source-Code; sogenannte *Pristine Sources*): Diese werden gewöhnlich als tar-Archiv zur Verfügung gestellt. »Wozu die Originalquellen?«, werden Sie sich fragen. Wenn Sie wollen, dass die Software auf anderen Systemen wie BSD oder Solaris laufen soll, wäre das z. B. ein Argument. Auch wenn Sie selbst nicht auf einem solchen System arbeiten, findet sich je nach Software nicht selten jemand, der den Quellcode mit ein paar Änderungen für ein entsprechendes System anpassen kann. Trotzdem sollten die Original-Quellen im tar-Archiv niemals verändert werden! Für Zwecke der Portabilität stehen Patches zur Verfügung – die nächste Komponente.
- Patches: Patches werden benötigt, um Fehler zu beheben oder Anpassungen für eine bestimmte Plattform vorzunehmen. Damit bleiben die Original-Quelldateien immer unangetastet. Ein weiterer Vorteil ist, dass Patches meist auf die nächste Version übertragen werden können, während eine Änderung am Quellbaum immer per Hand in den nächsten übertragen werden müsste.
- Eine Informationsdatei, die den kompletten Übersetzungs-/Installationsprozess beschreibt (sogenanntes *Specfile*): Diese Datei wird benötigt, um RPM mit sämtlichen Informationen zu versorgen, die nötig sind, um ein Paket zu erstellen. Diese Datei wird *Specfile* genannt und hat eine ähnliche Funktion wie ein Makefile.

16.4.2 Verzeichnisse, die RPM benötigt

Um die Quellen in ein Verzeichnis zu stellen, verwendet RPM fünf Verzeichnisse. Hier ein Überblick über die Verzeichnisse unter Linux, die je nach Distribution auch in einem anderen Ort liegen können (bei Red Hat z. B. in */usr/src/redhat*):

```
$ ls -l /usr/src/packages
insgesamt 0
drwxrwxrwt  2 root     root          48 2003-03-13 23:16 BUILD
drwxrwxrwt  8 root     root         192 2003-06-06 11:03 RPMS
drwxrwxrwt  2 root     root          48 2003-03-13 23:16 SOURCES
drwxrwxrwt  2 root     root          48 2003-03-13 23:16 SPECS
drwxrwxrwt  2 root     root          48 2003-03-13 23:16 SRPMS
```

Im Verzeichnis */usr/src/packages* finden Sie folgende fünf Verzeichnisse:

Verzeichnis	Bedeutung
/usr/src/packages/BUILD	ein Arbeitsverzeichnis, in dem die Quellen ausgepackt und übersetzt werden (Für das Verzeichnis stellt RPM folgende Shell-Variable zur Verfügung: RPM_BUILD_DIR.)
/usr/src/packages/RPMS	Hier befinden sich die fertiggestellten Binärpakete.

Tabelle 16.3 Verzeichnisse, die RPM verwendet

Verzeichnis	Bedeutung
/usr/src/packages/SOURCES	Darin werden alle Quelldateien und Patches abgelegt (für das Verzeichnis stellt RPM folgende Shell-Variable zur Verfügung: RPM_SOURCE_DIR).
/usr/src/packages/SPECS	Verzeichnis für die Spec-Dateien
/usr/src/packages/SRPMS	Hier werden die erstellten Source-Pakete abgelegt.

Tabelle 16.3 Verzeichnisse, die RPM verwendet (Forts.)

16.4.3 Ein eigenes RPM-Paket erstellen

Auf den folgenden Seiten soll jetzt aus einem einfachen Listing ein eigenes Paket erstellt werden. Da Ihr erstes Paket noch keine Patches enthält, zeigen wir Ihnen diesen Vorgang anhand der Sources und der Spec-Datei.

16.4.4 Sources

Als Quellcode für das RPM-Paket verwenden Sie am einfachsten die Sources, die Sie schon beim letzten Makefile verwendet haben, also *main.c*, *test1.c*, *test2.c* und *Makefile*. Da hier als Projektname `mein_projekt` verwendet wurde, müssen Sie das Makefile geringfügig verändern. Daher hier nochmals das komplette Makefile:

16

```
CC      = gcc
OBJECTS = main.o test1.o test2.o
LIBS    = -lm
CFLAGS  = -c -O

mein_projekt: $(OBJECTS)
   $(CC) -o $@ $(OBJECTS) $(LIBS)

%.o: %.c
   $(CC) $(CFLAGS) $<

clean:
   rm *.o mein_projekt
```

Alle Dateien sollten sich in einem Verzeichnis befinden, aus dem Sie jetzt ein komprimiertes tar-Archiv mit den Quellen für das Projekt `mein_projekt` erstellen. Wichtig ist dabei, dass der Name des Verzeichnisses mit den Quellen identisch mit dem Namen des Paketes und der Versionsnummer ist. In diesem Beispiel sei der Verzeichnisname *mein_projekt-0.1*:

```
$ ls -l mein_projekt-0.1
insgesamt 16
-rw-r--r--  1 pinguin    users        307 2004-04-10 12:57 Makefile
-rw-r--r--  1 pinguin    users        112 2004-04-07 23:36 main.c
-rw-r--r--  1 pinguin    users         37 2004-04-10 12:57 test1.c
-rw-r--r--  1 pinguin    users         38 2004-04-10 12:59 test2.c
```

Hierzu der Vorgang, wie Sie das Verzeichnis `mein_projekt-0.1` zu einem Tarball zusammenpacken und in das Verzeichnis `/usr/src/packages/SOURCES` verschieben:

```
$ tar -cvjf /usr/src/packages/SOURCES/mein_projekt-0.1.tbz2 \
  mein_projekt-0.1
mein_projekt-0.1/
mein_projekt-0.1/Makefile
mein_projekt-0.1/test1.c
mein_projekt-0.1/test2.c
mein_projekt-0.1/main.c
```

16.4.5 Die Spec-Datei

Etwas umfangreicher gestaltet sich die Erstellung der Spec-Datei. Diesen Vorgang demonstrieren wir Ihnen nun anhand des Projektes `mein_projekt-0.1`.

Die Präambel – Informationen zum Paket

Zunächst benötigen Sie die Präambel der Spec-Datei. Dabei handelt es sich um eine Datei mit den verschiedensten Informationen, die Ihnen anschließend in einer Tabelle erläutert werden. Diese Datei wird in das Verzeichnis *SPECS* mit der Dateiendung **.spec* abgelegt. In diesem Beispiel sei der Name der Datei *mein_projekt-0.1.spec*.

Der Eintrag in der Präambel besitzt die folgende Syntax:

```
[Schlüsselwort] : [Wert, Beschreibung]
```

Einige Schlüsselwörter (die wir Ihnen in Tabelle 16.4 zeigen) müssen vorhanden sein, wobei die Reihenfolge nicht strikt vorgegeben ist. Die entsprechenden Informationen zum entsprechenden Schlüsselwort sollten abgesehen von `%description` niemals länger als eine Zeile sein.

Schlüsselwort	Muss vorhanden sein	Bedeutung
`Summary`	ja	Kurzbeschreibung des Paketes
`Name`	ja	Name des Programms – dieser Eintrag wird beim Label des Pakets und im Paketdateinamen verwendet.
`Version`	ja	Die Versionsnummer des Pakets – dieser Eintrag wird beim Label des Pakets und dem Paketdateinamen verwendet.
`Release`	ja	Damit geben Sie an, wie häufig das Programm in der aktuellen Form als RPM-Paket verpackt wurde (oder kurz: die Versionsnummer des Specfiles).
`Copyright`	ja	Art der Lizenz, unter der das Paket verbreitet wird/werden darf (z. B. [L]GPL, Artistic, BSD, MIT)
`Group`	ja	Hier lässt sich die Software in eine bestimmte Kategorie einordnen (Grafik, Editor, Spiel …).
`Source`	nein	der Name der Quelldatei oder die URL, von der die Quelldatei bezogen wurde
`URL`	nein	Wo sind weitere Informationen zu dieser Software zu finden, z. B. Website des Projektes?
`Distribution`	nein	Für welche Distribution ist das Paket ausgelegt? Geben Sie sie hier an (SuSE x.x, Red Hat x.x …).
`Vendor`	nein	Name der Firma oder des Urhebers, der dieses Softwarepaket vertreibt
`Packager`	nein	Name/E-Mail-Adresse der Firma oder des Urhebers, der das Paket erstellt hat und das Paket weiterhin unterstützt
`%description`	nein	Diese Zeile kann mehr als eine Zeile Text haben und beschreibt das Paket bzw. die Software. `%description` ist schon der nächste Abschnitt und gehört eigentlich nicht mehr zur Präambel. Außerdem verwendet es nicht die o. g. Doppelpunkt-Syntax.

Tabelle 16.4 Schlüsselwörter zur Eintragung in die Präambel

Für unser aktuelles Beispiel sieht der Präambel-Abschnitt wie folgt aus:

```
# Dies ist eine einfache Spec-Datei für ein einfaches Testprojekt.
Summary: ein Testprojekt zum Packen einer eigenen RPM
Name: mein_projekt
Version: 0.1
Release: 1
Copyright: GPL
Group: misc/mein_projekt
Source: /usr/src/packages/SOURCES/mein_projekt/mein_projekt-0.1.tbz2
URL: none
Distribution: Debian Linux 11.0 (Bullseye)
Vendor: none
Packager: Rene Krooß <renekrooss@gmx.de>

%description
Bei diesem Paket handelt es sich um ein simples Beispiel,
um Ihnen das Erstellen eigener RPM-Pakete naeher zu erlaeutern.
```

Der Prep-Abschnitt – Pakete zum Erstellen vorbereiten

Mit dem Prep-Abschnitt der Spec-Datei werden die Vorbereitungen getroffen, die nötig sind, um ein Paket zu erstellen. Meistens handelt es sich dabei um das Entpacken der Quellen aus den tar-Archiven und gegebenenfalls der Patches. Sie können diese Aufgaben entweder von einem Shell-Skript erledigen lassen oder aber, was meistens der Fall ist, Sie verwenden das Makro %setup, das sämtliche Arbeiten vom Auspacken bis zum Löschen eventuell durchgeführter Builds übernimmt. Der Prep-Abschnitt wird immer mit %prep eingeleitet:

```
%prep
%setup
```

Dem Makro %setup können außerdem extra einige Parameter übergeben werden – was allerdings in unserem Fall nicht nötig ist. Das Makro %setup führt gewöhnlich folgende zwei Shell-Befehle aus (die Sie alternativ für %setup verwenden könnten):

```
rm -Rf $RPM_BUILD_DIR/mein_projekt-0.1
tar  -xvjf $RPM_SOURCE_DIR/mein_projekt-0.1.tbz2
```

Der Build-Abschnitt – Quellen übersetzen

Nach dem Vorbereiten mit %prep folgt der Abschnitt zum Übersetzen der Quellen. Hierfür können Sie wiederum Shell-Skripte verwenden, wobei sich dieser Abschnitt meistens mit einem einfachen Aufruf des Makefiles begnügt – sofern Sie natürlich ein entsprechendes Makefile erstellt haben. Der Build-Abschnitt wird mit %build eingeleitet. In unserem Projekt sieht der Build-Abschnitt wie folgt aus:

```
%build
make
```

Der Install-Abschnitt

In diesem Abschnitt wird, wie Sie am Namen schon herauslesen können, festgelegt, was gemacht wird, um die Software systemweit auf dem Rechner zu integrieren. Auch in diesem Fall können Sie ein Shell-Skript verwenden, sofern Sie nicht auch hier im Makefile ein entsprechendes Ziel angegeben haben. Eingeleitet wird der `Install`-Abschnitt mit `%install`. In diesem Beispiel wird auch hierfür das Makefile mit dem Ziel `install` verwendet:

```
%install
cp "$RPM_BUILD_DIR"/mein_projekt-0.1/mein_projekt /usr/bin
```

Das Ganze müsste allerdings in ein Sub-Root (eine Art `chroot()`) kopiert werden, denn das Paket kann ja eigentlich nicht live in das System integriert werden. (Würde man so z. B. mit der *glibc*-Bibliothek vorgehen, würden wir */lib/libc.so* überschreiben, während wir `%install` ausführen – (bei der *glibc* wäre das fatal) – daher `RPM_BUILD_ROOT`. Natürlich müssten Sie das Makefile entsprechend anpassen, so dass es `PREFIX` unterstützt, z. B. so:

```
%install
[ "$RPM_BUILD_ROOT" != "/" -a -d "$RPM_BUILD_ROOT" ] && rm -Rf "$RPM_BUILD_ROOT";
make install PREFIX="$RPM_BUILD_ROOT"
```

Die Files-Sektion

16

Hier müssen Sie alle Dateien mit absolutem Pfad angeben, die in das Paket aufgenommen werden sollen. Alles, was Sie nicht in der `Files`-Sektion angeben, wird nicht in das Paket aufgenommen und auch bei der Deinstallation nicht wieder entfernt. Allerdings bricht ab RPM der Version 4 der Befehl `rpm` ab, wenn er nicht die in `%files` aufgelisteten Dateien findet. Einige mögen dieses Verhalten störend finden, es dient jedoch vor allem der Suche nach Fehlern. Schreiben Sie vor einen Dateinamen ein `%doc`, wird die entsprechende Datei in einem Verzeichnis wie */usr/share/doc/[paketname]* (Red Hat: */usr/doc/paketname*) abgelegt. Wenn Sie in Ihrem Paket eine Manual Page eingerichtet haben, müssen Sie auch hierfür einen entsprechenden Pfad angeben. Eingeleitet wird die Files-Sektion mit `%files`. So könnte eine Files-Sektion aussehen:

```
%files
%doc README
/usr/bin/mein_projekt
/usr/share/man/man1/mein_projekt.1
```

Hiermit hätten Sie im Verzeichnis */usr/share/doc/mein_projekt-0.1* bzw. */usr/doc/...* eine Datei namens *README*, die Software selbst (in */usr/bin* oder besser */usr/local/bin*) und die Manual Page (in *usr/share/man/man1/*) in das Paket aufgenommen (immer vorausgesetzt, die Pfadangabe stimmt und Sie haben entsprechende Rechte). In unserem Beispiel reicht folgende `Files`-Sektion aus:

```
%files
/usr/bin/mein_projekt
```

16.4.6 Das Paket erstellen

Nachdem Sie für das Projekt die Spec-Datei fertiggestellt haben, können Sie sie in das *SPECS*-Verzeichnis verschieben.

[»]

Hinweis

Damit auch alles so funktioniert, wie Sie es wollen, müssen Sie natürlich die entsprechenden Pfadangaben an das eigene System anpassen. Kurz: Nicht immer bringt ein stures Copy & Paste den gewünschten Erfolg. So ist z. B. beim Raspberry Pi das Benutzerverzeichnis */home/pi*, und die Binärdateien befinden sich wie bei Red Hat in */usr/local/bin*, obwohl Raspberry Pi OS ein Debian-Linux ist.

Hier die komplette Spec-Datei namens *mein_projekt.spec*:

```
# mein_projekt.spec
# Dies ist eine einfache Spec-Datei für ein einfaches Testprojekt.
Summary: ein Testprojekt zum Packen einer eigenen RPM
Name: mein_projekt
Version: 0.1
Release: 1
Copyright: GPL
Group: misc/mein_projekt
Source: /usr/src/packages/SOURCES/mein_projekt/mein_projekt-0.1.tbz2
URL: none
Distribution: Debian Linux 11.0 (Bullseye)
Vendor: none
Packager: Rene Krooß <renekrooss@gmx.de>

%description
Bei diesem Paket handelt es sich um ein simples Beispiel,
um Ihnen das Erstellen eigener RPM-Pakete naeher zu erlaeutern.
%prep
%setup

%build
make
```

```
%install
cp "$RPM_BUILD_DIR"/mein_projekt-0.1/mein_projekt /usr/bin

%files
/usr/bin/mein_projekt
```

Listing 16.12 So erstellen Sie mit einer .spec-Datei ein RPM-Paket für ein eigenes Projekt.

Diese Datei verschieben Sie jetzt wie folgt ins *SPECS*-Verzeichnis:

```
$ mv mein_projekt.spec /usr/src/packages/SPECS/
```

Jetzt können Sie in das *SPECS*-Verzeichnis wechseln und das Paket erstellen. Hierzu werden *root*-Rechte benötigt. Anschließend führen Sie mit `RPMbuild` die *mein_projekt.spec*-Datei mit dem Flag `-ba` (`b` für *build*) aus, womit ein Paket erstellt werden soll – `a` steht für *all* und sorgt dafür, dass der komplette Vorgang auf einmal durchgeführt wird.

```
# cd /usr/src/packages/SPECS/
# rpm -ba mein_projekt.spec
```

Jetzt bekommen Sie eine Menge Informationen angezeigt, die sich in mehrere Abschnitte aufteilen lassen:

- die Ausgabe des `%prep`-Abschnitts
- die Ausgabe des `%build`-Abschnitts
- die Ausgabe des `%install`-Abschnitts
- die Ausgabe des `%files`-Abschnitts

Mit der letzten und fünften Ausgabe wird praktisch das Paket erstellt:

```
Suche  Provides: (benutze /usr/lib/rpm/find-provides)...
Suche  Requires: (benutze /usr/lib/rpm/find-requires)...
Requires: ld-linux.so.2 libc.so.6 libc.so.6(GLIBC_2.0) libm.so.6
Geschrieben: /usr/src/packages/SRPMS/mein_projekt-0.1-1.src.rpm
Geschrieben: /usr/src/packages/RPMS/i386/mein_projekt-0.1-1.i386.rpm
```

Hierbei wird noch ausgegeben, welche Bibliotheken und welche Versionen die Anwendung zum Übersetzen mindestens benötigt. In diesem Fall sollten mit den Bibliotheken

```
Requires: ld-linux.so.2 libc.so.6 libc.so.6(GLIBC_2.0) libm.so.6
```

auf keinem System irgendwelche Probleme auftreten, denn die Versionen, die hier verlangt werden, dürfen bis zu 10 Jahre alt sein. Jetzt haben Sie zwar ein fertiges Paket im Verzeichnis

```
Geschrieben: /usr/src/packages/SRPMS/mein_projekt-0.1-1.src.rpm
        /usr/src/packages/RPMS/i386/mein_projekt-0.1-1.i386.rpm
```

aber dies ist erst die halbe Miete, denn jetzt müssen Sie dieses Paket erst auf einem fremden Rechner testen, auf dem dieses Paket noch nicht installiert ist.

Einen Überblick über ein noch nicht installiertes RPM-Paket können Sie sich mit folgender Abfrage verschaffen:

```
$ rpm -iqp \
  /usr/src/packages/RPMS/i386/mein_projekt-0.1-1.i386.rpm -i
Name        : mein_projekt        Relocations: (not relocateable)
Version     : 0.1                 Vendor: Pronix Industries
Release     : 1
Build Date: Sam 22 Jul 2023 14:41:35 CEST
Install date: (not installed)     Build Host: linux.local
Group       : misc/mein_projekt
Source RPM: mein_projekt-0.1-1.src.rpm
Size        : 11461                            License: GPL
Packager    : Rene Krooß <renekrooss@gmx.de>
URL         : none
Summary     : Ein Testprojekt zum Packen einer eigenen RPM
Description :
Bei diesem Paket handelt es sich um ein simples Beispiel,
um Ihnen das Erstellen eigener RPM-Pakete naeher zu erlaeutern.
Distribution: Debian Linux 11.0 (Bullseye)
```

16.4.7 Das Paket installieren

Kommandozeile

Das Installieren von der Kommandozeile aus ist recht einfach (als *root*):

```
# rpm -Uhv \
  /usr/src/packages/RPMS/i386/mein_projekt-0.1-1.i386.rpm
```

KRPMView und YaST2

Unter Debian (das auch für dieses Buch benutzt wurde) gibt es neben RPM das Aptitude-Tool (kurz *apt*), für das Sie ebenfalls Pakete erstellen können, die Sie dann z. B. einfach mit

```
sudo apt-get -install mein_projekt
```

installieren können. Allerdings ist hier für die Erklärung des oft für Onlinearchive benutzten *apt*-Toolkits kein Platz mehr, deshalb empfehlen wir an dieser Stelle die Manpages zu *apt*.

Sehr viel öfter benutzt (anstatt von Debian) wird jedoch SuSE Linux bzw. die mittlerweile beliebtere Download-Version openSUSE zusammen mit dem grafischen Frontend *YaST*, das inzwischen in der zweiten Version *YaST2* vorliegt (an einer Version 3 wird zurzeit gearbeitet, diese wird wahrscheinlich Ende 2023 als »stable release« verfügbar sein).

Mittlerweile lässt sich unter SuSE auch ein eigenes Paket mit *YaST* in das System integrieren (ab *YaST2*). Hierzu genügen ein einfacher Rechtsklick über dem Paket und das anschließende Anklicken von Vorschau in KRPMView. Jetzt müssen Sie nur noch auf den Button Installiere Paket mit YaST drücken (siehe Abbildung 16.2). Jetzt sollten Sie nach dem *root*-Passwort gefragt werden, und danach wird das Paket installiert.

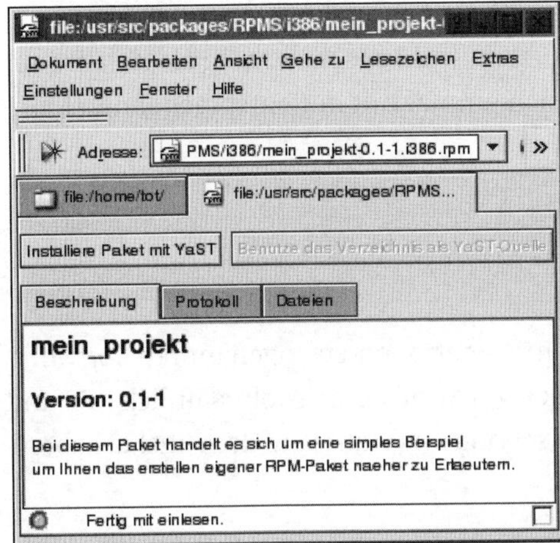

Abbildung 16.2 Installieren eines RPM-Pakets mit KRPMView

Nun können Sie bei *YaST2* die Paketgruppen auswählen und sollten dort einen neuen Reiter namens misc mit dem Paket mein_projekt vorfinden (siehe Abbildung 16.3).

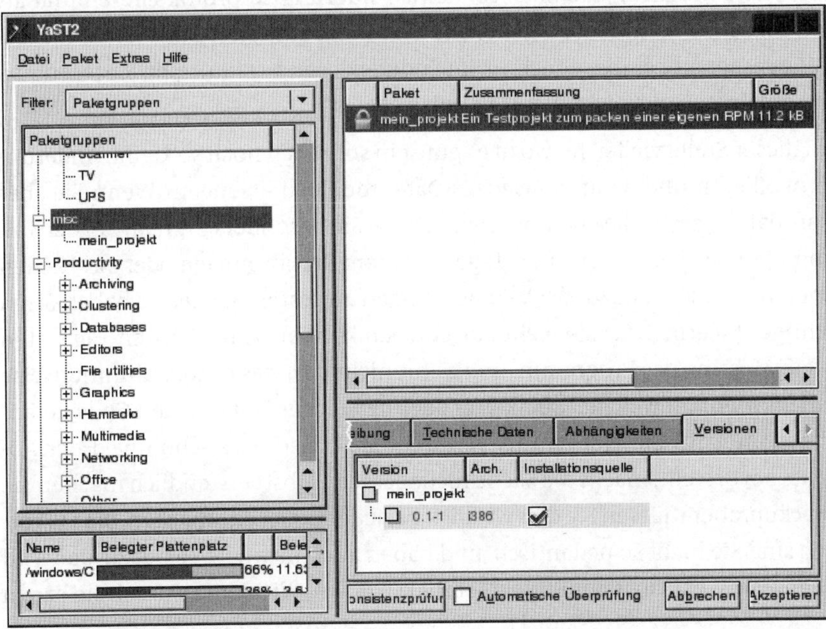

Abbildung 16.3 Das eigene RPM-Paket unter der Kontrolle von YaST2

Hier sehen Sie jetzt auch recht komfortabel die technischen Informationen, technischen Daten, Abhängigkeiten und Versionen des Pakets.

KPackage

Natürlich muss es nicht immer SuSE und *YaST2* sein. Schließlich gibt es auch noch *KPackage*, womit Sie Ihre Pakete bequem installieren, löschen und erneuern können. Das schon etwas ältere KPackage-Tool wird immer noch gerne benutzt, obwohl es schon mehr als 10 Jahre auf dem Buckel hat. Es lohnt sich deshalb vielleicht, sich einmal mit der entsprechenden Manpage zu befassen.

16.5 RCS und CVS

In diesem Abschnitt erhalten Sie einige wichtige Informationen zu sogenannten *Software-Configuration-Management-Systemen*. Dabei werden wir zwei dieser Tools, nämlich RCS und CVS, etwas näher erläutern (auch wenn diese Tools schon einige Jahre auf dem Buckel haben).

16.5.1 Software-Configuration-Management-Systeme (SCM)

Sicherlich haben Sie schon des Öfteren etwas von RCS oder CVS gelesen und konnten in etwa erahnen, wozu diese Werkzeuge gut sind. Software-Configuration-Management-Systeme (kurz SCM) sind für die Verwaltung von einzelnen Dateien bis hin zu ganzen Projekten verantwortlich. Dabei ist es möglich, jede noch so kleine Änderung zu protokollieren und als eine neue Version abzuspeichern. So kann jederzeit wieder auf eine ältere Version zurückgegriffen werden. Wie gesagt gibt es diese Technik im Endeffekt, seit es Linux gibt, Sie lesen also in den nächsten Abschnitten vielleicht nichts wirklich Neues.

Sie fragen sich an dieser Stelle vielleicht, wozu es gut sein soll, auch noch so kleine Änderungen stets zu protokollieren und dadurch wieder »Datenmüll« zu erzeugen? Wenn Sie aber etwas nachdenken, dann werden Sie erkennen, wie schnell Sie besonders im Team an den folgenden Punkt kommen: Sie verändern eines Tages in einem Programm ein oder zwei Zeilen Code und kommen nicht gleich dazu, die Veränderungen zu testen. Vielleicht haben Sie ja plötzlich ein wichtiges Meeting, das Sie nicht aufschieben können. Am nächsten Tag testen Sie direkt nach dem Meeting das Programm, und es tut nicht das, was es soll. Dummerweise wissen Sie jetzt nicht mehr, in welcher Quelldatei oder in welcher Zeile Sie den Code verändert haben. Das bedeutet für Sie erst einmal verlorene Zeit, und dass schon bald der Abschluss des Projekts bevorsteht, macht die Sache nicht besser. Selbstverständlich machen Sie regelmäßig ein Backup, aber müssen Sie dies wirklich bei jeder Codezeile machen, die Sie verändern? Natürlich sind Sie nicht so pedantisch, und haben auch nicht die Zeit dazu, dauernd Backups zu machen – der Abschluss des Projekts steht ja bald an! Wie dem auch sei: Sie haben nun ein ernstes Problem, und dieses hätten Sie bei Verwendung eines SCM-Systems nicht oder nur in abgemilderter Form.

Das erste und wichtigste Feature eines SCM-Systems ist also: Sie können damit ohne weiteres Daten von älteren Anwendungen verwenden. Wollen Sie z. B. einen Webbrowser erstellen, dann werden Sie wohl kaum anfangen, sich mit dem kompletten Code des Browsers xyz Version 0.8.15 auseinanderzusetzen, sondern mit einer möglichst frühen, aber doch stabilen Version. Sie haben sicherlich schon häufiger etwas Derartiges gelesen wie: »Der Browser xyz basiert auf ...« Sie können also praktisch aus einem älteren bestehenden Projekt ein eigenes ableiten. So entstehen zwar viele Abkömmlinge und Klone, aber manche Entwickler meinen, Vielfalt tue dem Markt gut (ja, darüber kann man streiten, angesichts von mittlerweile 100 Wetter-Apps, die alle dauernd Unwetter anzeigen – aber das ist nicht Thema dieses Buches).

Nun vielleicht noch etwas zum Nachdenken, um Sie von dem Sinn der SCM-Systeme zu überzeugen: Ein gutes Beispiel sind die großen Projekte wie der KDE- oder GNOME-Desktop und die vielen anderen Open-Source-Anwendungen. Sie werden sich sicherlich schon gefragt haben, wie es möglich ist, dass so viele Programmierer an einem Projekt beteiligt sind, ohne dass sich der eine und der andere ins Gehege kommen. Je nach Projekt arbeiten nicht gerade nur ein bis zwei Personen daran, sondern es sind häufig gut und gerne ein Dutzend Entwickler, die sich gleichzeitig einem Projekt widmen. Solche Projekte wären wohl ohne SCM-Systeme kaum möglich. Durch Sperren von einzelnen Texten für einzelne Benutzer wird dafür gesorgt, dass nicht zwei Personen gleichzeitig daran arbeiten.

Dank der Protokollierung ist es außerdem möglich, herauszufinden, wer als Letztes an einer Datei gearbeitet und »mal wieder Murks gemacht« hat. Somit kann der Projektleiter schnell die schwarzen Schafe aufspüren und »feuern«. In der Tat ist dies in einem sehr großen Projekt öfter nötig, deshalb macht auch bei den freien Programmierern nicht jeder die »Karriere«, die er gerne machen würde – auch Open Source ist also mittlerweile ein heiß umkämpfter Markt.

Natürlich ist es auch bei freien Programmierern so, dass es eine Art Konkurrenzkampf gibt, wer denn der »Bessere« ist. Wie gesagt, kann man auch als Programmierer freier Software Karriere machen, beispielsweise wenn große Firmen wie Oracle den Code kaufen (dies ist z. B. bei MySQL geschehen, und der entsprechende Entwickler sitzt heute in einer Villa auf den Kanaren und lässt es sich gutgehen). Es gibt also immer Grund für Streit, wie eben auch im »echten Leben« in einem »echten Job«.

Damit es nun nicht zu oft zu Streitereien kommt, die auch das Projekt gefährden können, etwa darüber, wer denn nun wieder eine Datei gesperrt hat und wann diese wieder freigegeben wird, wird meistens ein zusätzliches Gruppenverzeichnis erstellt. Dabei sind die neu erstellten Texte immer nur von einer bestimmten Person zum Schreiben freizugeben. Ist diese Person nicht präsent, kann der Rest der Gruppe nicht mehr weiterarbeiten. Dies kann zwar auch ein Projekt gefährden, ist aber nicht so schlimm wie ein »Positionskampf«.

16.5.2 RCS

RCS entstand aus dem GNU-Projekt unter UNIX (also noch vor Linux) und steht für *Revision Control System*. Der Vorteil von RCS ist, dass es auf fast allen Plattformen verfügbar ist. RCS ist sozusagen der »Vorläufer« vieler weiterer SCM-Systeme. Auf RCS baut übrigens auch CVS auf. Um es gleich zu erwähnen: Ein Nachteil von RCS ist, dass Sie immer nur einzelne Dateien damit bearbeiten können. Für ganze Projekte müssen Sie entweder ein Shell-Skript schreiben oder eben CVS verwenden. Für kleinere Aufgaben und zum Einstieg in die Welt von SCM, also auch CVS, ist RCS aber genau das Richtige.

Das Konzept von RCS in der Theorie

Das Konzept von RCS basiert darauf, von einer Datei mehrere Versionen zu verwalten, ohne dadurch viel Speicherplatz zu verschwenden, indem man von einer Datei mehrere Kopien erstellt. Um dies zu erreichen, muss man ein Archiv anlegen, das lokal in einem Unterverzeichnis mit dem Namen *rcs* oder aber auf einem Server liegt. Die Operationen in diesem Archiv sind das sogenannte *Einchecken* einer Datei in das Archiv und das *Auschecken* mit oder ohne Sperre. Will man z. B. eine Datei verändern und erneut einchecken, kann dies nur geschehen, wenn diese Datei mit einer Sperre versehen wurde. Solange die Sperre vergeben ist, kann keine andere Person etwas an dieser Datei verändern. Zwar können andere Anwender die Datei lesen oder im Falle eines Quellcodeprojektes kompilieren oder interpretieren (je nach Programmiersprache), aber um etwas zu verändern, muss gewartet werden, bis die Sperre wieder aufgehoben wurde. Damit behält der Projektleiter die Übersicht, wer wann an der Datei gearbeitet hat, und es entsteht auch nicht so viel Datenmüll.

In das Archiv sollten Sie außerdem nur lauffähige und fertige Dateien bzw. Anwendungen einchecken. Sie können diesen Versionen auch symbolische Namen (z. B. *stable* für »stabil« oder *beta* für »instabil«) geben, auf die Sie jederzeit wieder zugreifen können, wenn mal eine Änderung etwas »verschlimmbessert« hat. Damit vermeiden Sie, dass Sie z. B. beim Kunden aus Versehen eine instabile Testversion vorführen. Sinnvollerweise sollten dann alle Dateien des Projekts mit diesem symbolischen Namen versehen werden.

Außerdem ist der oft verwendete Zwang, das Projekt und die Programme zu dokumentieren, ein weiterer Vorteil. Bei jedem Einchecken werden Sie nach einem Kommentar gefragt, der genau angeben muss, was sich in der neuen Version geändert hat (und der Projektleiter hat auch die Aufgabe, die Kommentare zu prüfen). Haben Sie (sinnvollerweise) auch ein entsprechendes RCS-Schlüsselwort im Kommentar des Dateikopfes angelegt, dann wird die Datei oder der Quellcode mit entsprechenden Hinweisen ergänzt.

RCS bezieht sich in der Regel nur auf Textdateien und nicht auf übersetzten Code. RCS ist daher nicht abhängig davon, welche Programmiersprache Sie verwenden. Ganz im Gegenteil: Im Prinzip könnten Sie auch die Dokumentation Ihrer Kochrezepte mit RCS verwalten – wenn RCS auch vorwiegend verwendet wird, um Programmierern unter die Arme zu greifen (und diese natürlich auch streng zu kontrollieren). RCS speichert stets die Änderungen einzelner Zeilen, wobei es meistens das Systemkommando `diff` verwendet, um Änderungen an einzelnen Zeilen zu erkennen.

Zwar ist es ab Version 5.7 möglich, RCS auch auf Binärcode anzusetzen, da es aber in Binärdateien eigentlich keine wirklichen Zeilen gibt, würde die kleinste Veränderung das Speichern der kompletten Kopie der neuen und der alten Version bedeuten. Dann bräuchten Sie aber eigentlich kein RCS und können gleich regelmäßig von Hand ein Backup anlegen (wofür Sie aber eigentlich oft nicht die Zeit haben, siehe oben).

Bevor Sie eine Datei einchecken oder auschecken, sucht RCS im aktuellen Arbeitsverzeichnis nach einem Unterverzeichnis namens *rcs*. Existiert das Verzeichnis, werden alle von RCS erzeugten Dateien in diesem Verzeichnis gehalten.

Die Datei, die RCS anschließend erzeugt, ist eine separate Datei mit der Endung *v*. Darin befinden sich die Beschreibung der Datei, das Änderungsprotokoll, die aktuelle Version, eine Liste der Benutzer, Datum und Uhrzeit der Änderung. Mit diesen Informationen kann RCS eine beliebige Version jederzeit wiederherstellen. Trotz dieser umfangreichen Informationen ist die RCS-Datei kaum größer als die Quelldatei. Und wächst diese dennoch einmal beträchtlich an, können unnötige Informationen jederzeit entfernt werden.

Versionsbäume

Mit RCS (und auch vielen anderen SCM-Systemen) werden die verschiedenen Versionen in einer Baumstruktur verwaltet. Die erste Version stellt somit immer die Wurzel des Baumes dar und erhält die Revisionsnummer 1.1. Bei den folgenden Versionen wird der Wert hinter 1.x immer um 1 inkrementiert (1.2, 1.3 ...).

Auch ein anderer Entwicklungszweig kann z. B. von der Version 1.3 erstellt werden (1.3.1.1). Die nächsten Versionen beziehen sich dann immer auf die letzte Stelle der Revisionsnummer (1.3.1.2, 1.3.1.3 ...).

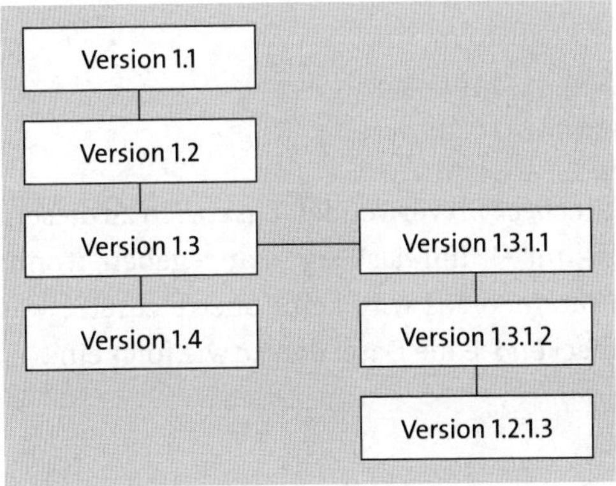

Abbildung 16.4 Ein einfacher Versionsbaum

Eine Datei einchecken und auschecken – ci und co

Zur Demonstration von RCS soll nun ein einfaches C-Programm erstellt werden. Sie können aber gerne auch eine Quelldatei oder auch eine einfache Textdatei Ihrer Wahl dazu verwenden. Das Listing soll den Namen *datei.c* haben. Sollten Sie einen anderen Namen für Ihre Datei verwenden, so passen Sie ihn bitte im weiteren Verlauf Ihren Bedürfnissen an und ändern eben entsprechende Eingaben ab.

Erstellen Sie zuerst in einem Verzeichnis Ihrer Wahl ein Verzeichnis namens *RCS*:

```
$ mkdir RCS
```

Alle folgenden RCS-Kommandos verwenden dieses Verzeichnis – natürlich nur, wenn dies auch das aktuelle Arbeitsverzeichnis ist, in dem sich jetzt auch Ihre Datei *datei.c* befindet. Erstellen Sie als Nächstes folgende Datei im selben Verzeichnis:

```
/* $Id$
 * datei.c
 * Beispielcode zur Demonstration von RCS
 * von Jürgen Wolf
 */
#include <stdio.h>

int main(void) {
    printf("Mein erstes Projekt mit RCS\n");
    return 0;
}
```

Listing 16.13 Erstellt ein einfaches Projekt für das Projekt-Management-Tool RCS.

Somit befinden sich im aktuellen Arbeitsverzeichnis das Verzeichnis *RCS* und die Datei *datei.c*:

```
$ ls -l
drwxr-xr-x+   2 Juergen   Kein          0 Nov  8 14:06 RCS
-rw-r--r--    1 Juergen   Kein        193 Nov  8 14:10 datei.c
```

Zum Einchecken einer Datei wird der Befehl `ci` (für *check in*) verwendet. Zusätzlich zu diesem Befehl werden der Parameter zum Sperren (*lock*) mit `-l` und das Flag `-u` angegeben, womit eine Read-only-Version erstellt wird. Ohne den Parameter `-l` wird keine Sperre gesetzt, was in der Praxis aber nicht zu empfehlen ist. Also checken Sie die Datei *datei.c* wie folgt ein:

```
$ ci -l -u datei.c
RCS/datei.c,v  <-- datei.c
enter description, terminate with single '.' or end of file
NOTE: This is not the Log message
```

```
>>.
initial revision 1.1
done
```

Hier wurde die erste Revision 1.1 der Datei *datei.c* eingecheckt. Sollte RCS bereits eine Version der Datei verwalten, z. B. 1.2, so ordnet das Kommando der Datei die nächsthöhere Revisionsnummer zu (1.3). Beim Prompt >> wartet RCS auf eine Eingabe von Ihnen. Mit einem Punkt oder dem Auslösen von *End of File* (Strg+D) kann die Protokollmeldung beendet werden, und es wird `done` ausgegeben. Statt der Quelldatei *datei.c* erzeugt bzw. verändert RCS eine Datei namens *datei.c,v*, die sich jetzt im Verzeichnis *RCS* befindet. Die Endung *v* stellt hier eine Erweiterung zur Erkennung dar, dass es sich um eine RCS-Datei handelt. Wird eine Datei ausgecheckt, extrahiert RCS eine neue Version aus der entsprechenden Datei.

Wenn Sie wollen, können Sie sich jetzt die Datei *datei.c* in Ihrem Texteditor ansehen. Sie werden in der ersten Zeile, wo Sie im Listing `$Id$` angegeben haben, folgende Veränderung bemerkt haben:

```
$Id: datei.c,v 1.1 2003/11/08 13:19:59 Juergen Exp Juergen $
```

Dabei handelt es sich um den Identifikationsstring.

Checken Sie nun die Datei *datei.c* aus. Dies erledigen Sie mit dem folgenden Kommando:

```
$ co -l datei.c
RCS/datei.c,v --> datei.c
revision 1.1 (locked)
```

Hier geben Sie die Datei aus der RCS-Kontrolle wieder frei, und Sie finden sie in Ihrem aktuellen Arbeitsverzeichnis wieder. Würden Sie das Kommando `co` zum Auschecken ohne das Flag `-l` (*locked*) zum Sperren verwenden, kann zwar auf die Datei zugegriffen werden (lesen, übersetzen, ausführen), aber es ist keine Veränderung am Quelltext mehr möglich. Der alleinige `co`-Befehl stellt die Quelldatei im Read-only-Modus zur Verfügung. Somit können andere Programmierer zwar weiterhin auf die Datei zugreifen, aber eben nur im Read-only-Modus. Natürlich ist es auch nicht möglich, eine bereits gesperrte Datei mit `co -l` auszuchecken.

Jetzt ist es an der Zeit, die Datei *datei.c* wie folgt zu verändern, um eine neue Versionsnummer zu erhalten:

```
/* $Id: datei.c,v 1.1 2003/11/08 13:19:59 Jürgen Exp Jürgen $
 * datei.c
 * Beispielcode zur Demonstration von RCS
 * von Jürgen Wolf
 */
#include <stdio.h>
```

```
int main(void) {
    const char *str = "Mein erstes Projekt mit RCS\n";
    printf("%s",str);
    return 0;
}
```

Listing 16.14 Eine veränderte Version von Listing 16.13 als Beispiel dafür, wie Sie eine neue Version bei RCS einchecken können

Die Veränderung wurde hier fett hervorgehoben. Nehmen Sie sie nun ebenfalls an Ihrem Quelltext vor. Jetzt wird die Datei erneut eingecheckt:

```
$ ci -l -u datei.c
RCS/datei.c,v  <-- datei.c
enter description, terminate with single '.' or end of file
new revision: 1.2; previous revision: 1.1
enter log message, terminated with single '.' or end of file:
>> Der Ausgabestring wurde mit einer Stringkonstanten umgeändert.
>> .
done
```

Nach erneutem Einchecken hat die Datei nun die Revisionsnummer 1.2. Da Sie hierbei etwas verändert haben, können Sie auch bei der Beschreibung (`description`) etwas eintragen.

Jetzt haben Sie zwei Versionen von dem Programm in *datei.c*. Der Benutzer, der jetzt die aktuelle Version bearbeiten will, muss sie erst extrahieren. Dies wird wieder mit dem Kommando `co` erledigt:

```
$ co datei.c
RCS/datei.c,v  -->  datei.c
revision 1.2
done
```

Hiermit kann der Benutzer zwar auf die aktuelle Version des Programms zugreifen, aber nur im Read-only-Modus. Wir haben ja bereits erwähnt, dass `co` ohne irgendwelche Angaben die Datei im Read-only-Modus auscheckt. Für die Übersetzung des Listings (z. B. zum Testen der Anwendung) und zum Lesen reicht dies aus. Will der Entwickler diese Version verändern, muss er sie mit dem Flag `-l` auschecken:

```
$ co -l datei.c
RCS/datei.c,v  -->  datei.c
revision 1.2 (locked)
done
```

An der Ausgabe locked erkennen Sie, dass Sie die aktuelle Version der Datei ausgecheckt und somit für andere gesperrt haben. Somit kann auch kein anderer Programmierer etwas an der Version verändern.

Natürlich sollten Sie, wenn Sie etwas am Programm verändert haben, es jetzt mit ci auch wieder einchecken, so dass es anderen Programmierern auch wieder zur Verfügung steht. Der Quelltext soll also nochmals geringfügig verändert werden.

```
/* $Id: datei.c,v 1.2 2003/11/10 06:47:25 pinguin Exp $
 * datei.c
 * Beispielcode zur Demonstration von RCS
 * von Jürgen Wolf
 */
#include <stdio.h>

int main(void) {
    char *str = "Mein erstes Projekt mit RCS";
    printf("%s\n",str);
    printf("Eine weitere Ausgabe\n");
    return 0;
}
```

Listing 16.15 Ändert Listing 16.14 noch einmal geringfügig ab.

Checken Sie diese Datei wieder wie gewohnt ein, so haben Sie soeben die Revision 1.3 erstellt. Was ist aber jetzt, wenn Sie oder ein anderer Entwickler auf die Versionen 1.1 oder 1.2 zurückgreifen wollen? Nichts einfacher als das: Checken Sie die Datei mit dem Flag -r für die Revisionsnummer wie folgt aus:

```
$ co -l -r1.2 datei.c
RCS/datei.c,v  -->  datei.c
revision 1.2 (locked)
done
```

Schon befindet sich die Version 1.2 in Ihrem Arbeitsverzeichnis zum Verändern. Wenn Sie jetzt die Version 1.2 verändern und wieder einchecken wollen, was passiert dann? Schließlich existiert ja bereits (im letzten Beispiel) eine Version 1.3. Ganz einfach, die neue Versionsnummer geht der Version 1.2 voraus und bekommt somit die Nummer 1.2.1.1:

```
$ ci -l -u  datei.c
RCS/datei.c,v  <--  datei.c
new revision: 1.2.1.1; previous revision: 1.2
enter log message, terminated with single '.' or end of file:
>> .
done
```

Und wie sieht das jetzt mit der ersten Ziffer der Revisionsnummer aus? Wie kann hier aus der Version 1.x die Version 2.x gemacht werden? Auch hierbei bedient man sich der Option `-r`. Im folgenden Beispiel checken Sie die Datei *datei.c* mit Versionsnummer 1.3 ein, so dass hieraus die Version 2.1 wird. Zuerst müssen Sie natürlich die aktuellste Version auschecken:

```
$ co -l datei.c
RCS/datei.c,v  -->  datei.c
revision 1.3 (locked)
done
```

Natürlich sollte an der Version 1.3 jetzt auch etwas verändert werden, denn eine unveränderte Version checkt RCS nicht so ohne weiteres ein. Also ändern Sie etwas in der Datei der Version 1.3, und checken Sie sie dann folgendermaßen wieder ein:

```
$ ci -r2.1 datei.c
RCS/datei.c,v  <--  datei.c
new revision: 2.1; previous revision: 1.3
enter log message, terminated with single '.' or end of file:
>> gravierende Veränderungen, daher aus 1.x 2.x gemacht
>> .
done
```

Wollen Sie jetzt im Fall der Fälle einer Datei eine neue Versionsnummer verpassen, obwohl die alten Dateien nicht verändert wurden, erzwingen Sie dies mit der Option `-f` (`force`).

```
$ ci -f -r2.1.1 datei.c
RCS/datei.c,v  <--  datei.c
new revision: 2.1.1.1; previous revision: 2.1
enter log message, terminated with single '.' or end of file:
>> .
done
```

Dieses Erzwingen ist sinnvoll, wenn Sie zwei Dateiversionen anbieten wollen.

Ein Versionsprotokoll erstellen mit rlog

Nach fast jedem erneuten Einchecken geben Sie am Prompt (>>) einen Kommentar oder eine Anmerkung zu der entsprechenden Veränderung ein. Da sich so mit der Zeit eine Menge Versionen ergeben, kann man sich hier einen Überblick über die verschiedenen Versionen verschaffen. Dieses Protokoll sehen Sie sich mit dem Befehl `rlog` an:

```
$ rlog datei.c
RCS file: RCS/datei.c,v
Working file: datei.c
head: 2.2
```

```
branch:
locks: strict
        pinguin: 2.2
access list:
symbolic names:
        beta: 2.2
keyword substitution: kv
total revisions: 8;     selected revisions: 8
description:
----------------------------
revision 2.2    locked by: pinguin;
date: 2003/11/11 05:48:46; author: pinguin; state: Exp;  lines: +2 -1
eine ungetestete Version
----------------------------
revision 2.1
date: 2003/11/10 12:23:31; author: pinguin; state: Exp;  lines: +2 -1
branches:  2.1.1;
gravierende Veränderungen, daher aus 1.x 2.x gemacht
----------------------------
revision 1.4
date: 2003/11/10 12:10:09; author: pinguin; state: Exp;  lines: +2 -1
Noch ein Textstring wurde hinzugefügt.
```

Die Ausgabe wurde hierbei erheblich gekürzt, denn in dem Protokoll finden Sie gewöhnlich alles, was Sie eventuell benötigen, wie z. B. die Versionsnummer, das Datum der Versionen und die Zeit des Eincheckens, den Autor, der die Datei verändert hat, Änderungen von hinzugefügten und gelöschten Zeilen und wer alles auf die Datei zugreifen darf. Ebenfalls sehen Sie hier die Information, ob jemand aus einer Version eine Nebenversion (`branch`) gemacht hat, und natürlich die Beschreibung der Veränderungen, die Sie (hoffentlich) regelmäßig eingegeben haben.

Die Zugriffsliste

Wollen Sie, dass nur autorisierte Personen auf die Datei zugreifen dürfen, können Sie eine Zugriffsliste erstellen. Diese Liste bezieht sich auf den ganzen Dateibaum. Dazu müssen Sie das Kommando `rcs` mit dem Flag `-a` verwenden. Hinter `-a` schreiben Sie alle Namen der Benutzer, getrennt durch ein Komma, die Zugriff auf eine entsprechende Datei erhalten sollen.

```
$ rcs -a pinguin,mars,pluto,erde datei.c
```

Somit haben nur noch die Benutzer namens »pinguin«, »erde«, »mars« und »pluto« Zugriff auf die Datei *datei.c*. Wenn Sie `rlog` auf diese Datei aufrufen, finden Sie entsprechende Namen in der `access list` eingetragen:

```
access list:
        pinguin
        erde
        pluto
        mars
```

Wollen Sie einen Benutzer aus dieser Liste herausstreichen, so machen Sie das mit dem Kommando `rcs` und dem Flag `-e`:

```
rcs -epluto,erde datei.c
```

Hiermit würden die Benutzer »pluto« und »erde« aus der Zugriffsliste gestrichen. Ein Blick in `rlog` bestätigt Ihnen das.

Ist die Zugriffsliste leer, dann darf jeder auf die Datei zugreifen. Der Eigentümer und der Superuser dürfen ebenfalls immer auf die Datei zugreifen und können sich somit niemals selbst aussperren. Natürlich gilt auch hier: Ist die Datei ausgecheckt und mit dem Flag `-l` gesperrt, müssen alle anderen Teilnehmer warten, bis die Datei wieder eingecheckt wurde, sofern die Teilnehmer etwas verändern wollen. Denn die Read-only-Version steht ja zur Verfügung.

Versionen miteinander vergleichen mit rcsdiff

Benötigen Sie einen Vergleich zwischen der aktuellen Version und irgendeiner vorherigen, können Sie das Kommando `rcsdiff` verwenden. `rcsdiff` ist sehr hilfreich, wenn man die Veränderungen zwischen verschiedenen Versionen vergleichen muss, gerade wenn mehrere Entwickler an der Datei arbeiten und Sie nicht genau wissen, was an dieser alles verändert wurde. Ein Beispiel hierfür wäre:

```
$ rcsdiff -r1.2 -r2.1 datei.c
===================================================================
RCS file: RCS/datei.c,v
retrieving revision 1.2
retrieving revision 2.1
diff -r1.2 -r2.1
1c1
< /* $Id: datei.c,v 1.2 2003/11/10 06:37:27 pinguin Exp $
---
> /* $Id: datei.c,v 2.1 2003/11/11 12:23:31 pinguin Exp $
10,11c10,13
<    char *str = "Mein erstes Projekt mit RCS\n";
<    printf("%s",str);
---
>    char *str = "Mein erstes Projekt mit RCS";
```

```
>     printf("%s\n",str);
>     printf("Eine weitere Ausgabe\n");
>     printf("\n\n");
13c15
```

Hier wurde ein Vergleich zwischen der Version 1.2 und der Version 2.1 der Datei *datei.c* aufgelistet.

RCS-Schlüsselwörter

RCS-Schlüsselwörter sind makroähnliche Schlüsselwörter, die Informationen in der Datei oder auch in der ausführbaren binären Datei speichern. Alle Schlüsselwörter werden dabei zwischen zwei Dollarzeichen gestellt (`$Schlüsselwort$`). RCS expandiert dann `$Schlüsselwort$` durch die Regel `$Schlüsselwort: Wert$`. Ein Beispiel haben Sie ja auf den vergangenen Seiten mit dem Schlüsselwort `$Id$` schon gesehen. Wo Sie im Quellcode `$Id$` angegeben haben, hat RCS nach dem Einchecken Folgendes daraus gemacht:

```
$Id: datei.c,v 1.2.1.1 2003/11/10 12:14:06 pinguin Exp pinguin $
```

Somit lautet das Format für den `$Id$`-String folgendermaßen:

```
$Schlüsselwort: Dateiname, Revisionsnummer, Datum, Uhrzeit,
Autor, Status, Locker$
```

16

Weitere mögliche Schlüsselwörter, mit denen Sie experimentieren können, sind:

- `$Header$`: Standardheader, die Pfad- und Dateiname des RCS-Files enthalten, sowie Versionsnummer, Datum, Autor, Status und Urheber einer aktuellen Sperre.
- `$Log$`: Der beim Einchecken angegebene Kommentar, davor steht noch ein Header mit Filename des RCS-Files, Versionsnummer, Datum, Autor. Das `$Log$`-Schlüsselwort wird beim Auschecken nicht ersetzt, sondern um den letzten Kommentar erweitert.
- `$Author$`: Der Name des Nutzers, der die Version eincheckte
- `$Date$`: Das Datum und die Zeit des Eincheckens
- `$Locker$`: Der Name des Nutzers, der eine Sperre auf die Version eingetragen hat
- `$Revision$`: Die Versionsnummer
- `$State$`: Eventuell noch ein Statusattribut

[«]

Hinweis: Das ident-Tool

Mit dem Programm `ident` können Sie aus jeder Datei – egal, welchen Typs – diese Schlüsselwörter extrahieren und anzeigen lassen.

16.5.3 CVS

Nachdem mit RCS die Pionierarbeiten für SCM-Systeme erledigt wurden, können wir uns die eine oder andere Erklärung sparen, da Sie jetzt bereits mit den Grundlagen solcher Systeme vertraut sind.

Wir haben ja bereits erwähnt, dass der Hauptnachteil von RCS die fehlende Projektunterstützung ist. Wenn Sie also Dateien eines ganzen Verzeichnisses oder Verzeichnisbaums mit RCS bearbeiten wollen, müssen Sie sich entweder kleine Skripte selbst schreiben oder die Erweiterung von RCS, nämlich CVS, verwenden.

CVS (Kurzform für *Concurrent Versions System*) ist mittlerweile das am häufigsten eingesetzte Open-Source-Tool zur Versionskontrolle und steht auch unter der GPL. Außerdem gibt es inzwischen mehrere GUIs für Windows, Mac und Linux.

Das System von CVS besteht aus zwei Teilen: der serverseitigen Software, die das Archiv verwaltet, und einer clientseitigen Software, mit der der Entwickler mit den Dateien im Archiv arbeiten kann.

CVS benötigt außerdem nicht zwingend Sperren (Locking), es benutzt aber Locks während des Ein-/Auscheckens, um Race Conditions zu vermeiden. Anwender von CVS können also gleichzeitig Änderungen an denselben Quelldateien vornehmen.

Neben den Hauptanwendungen wie der Softwareentwicklung im Team eignet sich CVS auch für die Verwaltung und Wartung von Websites und ebenso zur Administration des Systems (Wartung mehrerer Systeme über ein gemeinsames Archiv).

[»]

Hinweis zu CVS

CVS ist ein gewaltiges Werkzeug, über das man gut und gerne ein paar hundert Seiten verfassen könnte. Über Sinn und Unsinn eines solch umfangreichen Textes lässt sich diskutieren, aber für weitere Informationen sei immer die Manual Page oder die Informationsseite von CVS empfohlen.

Es gibt also auch bei Systemen wie CVS Kritiker, die z. B. die hohe Komplexität und den nicht zu verachtenden Overhead bei der Archivierung bemängeln. Leider bieten die Kritiker aber oft keine wirkliche Alternative an, komplexe Teamprojekte möglichst störungssicher zu verwalten – und dies ist leider in Zeiten der globalen Vernetzung fast immer nötig.

Kernstück von CVS ist das Repository (dt. Behälter oder dt.-frz. Repertoire), in dem die Quelldateien liegen. Dieses Repository wird allerdings nicht direkt bearbeitet. Man legt stattdessen für jeden an einem Projekt beteiligten Entwickler ein eigenes Arbeitsverzeichnis an. Darin kann dieser Entwickler nun beliebig die Dateien verändern, neue hinzufügen oder einzelne Dateien löschen. Jede Veränderung betrifft vorerst immer nur die lokale Kopie des einzelnen Entwicklers in seinem Arbeitsverzeichnis.

Will der Entwickler jetzt seine neu überarbeitete Version in das Repository einspielen, muss diese Version eingecheckt werden. Dazu macht der Entwickler zuvor erst ein Update seiner eigenen Dateien. Dabei werden nur die Quelldateien übernommen, deren Datum jünger als die eigenen sind, um Inkompatibilitäten zu vermeiden – es könnten ja in der Zeit, wo Sie die Datei verändert haben, weitere Programmierer an der gleichen Datei gearbeitet haben. War das Update erfolgreich, wird die Veränderung in das Repository übertragen. Das nächste Auschecken bzw. Update erfolgt jetzt bei allen anderen Entwicklern der eben aktualisierten Version.

Einrichten eines Repository-Archivs

Damit Sie den anschließenden Erklärungen auch folgen bzw. dies in der Praxis nachvollziehen können, sei Folgendes gegeben: In Ihrem Arbeitsverzeichnis erstellen Sie ein Verzeichnis namens *my_project* und darin die Verzeichnisse *quellcodes* und *repository*. Im Verzeichnis *quellcodes* befinden sich die folgenden Dateien (deren Inhalt hier nicht von Interesse ist):

```
$ cd my_project/quellcodes
$ ls
extra.h  funktionen.c  main.c
```

Das Verzeichnis *repository* ist noch leer. Somit liegt die folgende Hierarchie im Arbeitsverzeichnis vor:

```
my_project
  |
  |-quellcodes
  |   |
  |   |-extra.h
  |   |-funktionen.c
  |   |-main.c
  |
  |-resository
```

Wenn Sie diese Verzeichnisse erzeugt haben, können Sie die folgenden Beispiele selbst in der Praxis ausführen – was sehr zu empfehlen ist. Das komplette Beispiel wird auf dem lokalen Rechner ausgeführt. In der Praxis wird dies natürlich eher selten der Fall sein, was bedeutet, dass der ganze Vorgang meistens über ein Netzwerk vonstattengeht.

Bevor Sie ein Archiv verwenden können, müssen Sie es logischerweise erstellen. Damit Sie im Verlaufe dieses Kapitels nicht immer mittels

```
$ cvs -d /pfad/zum/cvs Kommando
```

auf das Archiv zugreifen müssen, soll erst die Umgebungsvariable CVSROOT neu gesetzt werden. Damit wird so manches einfacher. Dies erledigen Sie mit dem folgenden Kommando:

```
$ setenv CVSROOT /pfad/zum/Archiv
```

oder

```
$ export CVSROOT=/pfad/zum/Archiv
```

[»]

Hinweis

Für eine dauerhafte Einstellung müssen Sie einen Eintrag in z. B. *~/.bashrc* vornehmen.

In diesem Fall befindet sich das Projekt im lokalen Arbeitsverzeichnis. Somit setzen Sie die Umgebungsvariable mittels

```
$ export CVSROOT=$HOME/my_project/repository
$ echo $CVSROOT
/home/pinguin/my_project/repository
```

Eine neues Projekt einrichten (Repository initialisieren)

Im nächsten Schritt legen Sie fest, welches Archiv verwaltet werden soll. Dazu muss lediglich das Repository initialisiert werden. Wechseln Sie also in das Verzeichnis, in dem sich das Projekt befindet, und initialisieren Sie das Repository wie folgt:

```
$ cd my_project/repository
$ cvs init
$ ls
CVSROOT
```

Jetzt befindet sich in dem Verzeichnis *repository* ein neues Verzeichnis mit dem Namen *CVSROOT*. Darin befinden sich u. a. viele verschiedene Hilfsdateien für CVS. Bisher haben Sie allerdings nur ein neues Repository initialisiert, somit müssen Sie im nächsten Schritt die einzelnen Dateien des Projektes unter die Kontrolle von CVS bringen. Dazu müssen Sie wieder im Projekt-Hauptverzeichnis sein, in dem sich die Quelldateien befinden. Dank der vorher gesetzten Umgebungsvariablen CVSROOT findet CVS sein Ziel von selbst:

```
$ cd $HOME/my_project/quellcodes
$ ls
extra.h  funktionen.c  main.c
$ cvs import -m 'Bemerkung' mytest_projekt Wolf alpha
N mytest_projekt/extra.h
N mytest_projekt/main.c
N mytest_projekt/funktionen.c
No conflicts created by this import
```

Durch import wird in repository ein Verzeichnis mit dem Namen mytest_projekt erzeugt. Darin befinden sich jetzt sämtliche Archivdateien mit der Endung *.v*, die mit zusätzlichen Informationen erweitert wurden. Hätten Sie beim import das Flag -m nicht verwendet, hätte sich für den dazugehörenden Kommentar ein Editor (der in der Umgebungsvariablen $EDITOR spezifiziert ist) geöffnet, in dem Sie einen entsprechenden Kommentar (hier nur Bemerkung) hätten schreiben können. Die beiden Angaben Wolf und alpha sind sogenannte *Vendor-* und *Release-Tags*, die zwar vorgeschrieben sind, die wir aber in diesem Fall noch nicht näher betrachten.

Auschecken einer Arbeitskopie

Jetzt können Sie mit der Arbeit an Ihrem Projekt beginnen. Dazu müssen Sie die Quelldateien aus dem CVS-Archiv in einen eigenen Arbeitsbereich kopieren. Dies erledigen Sie mit dem Befehl checkout (oder kurz co), mit dem Sie ein komplettes Verzeichnis und alle darin enthaltenen Dateien aus dem Archiv in das aktuelle Verzeichnis kopieren.

```
$ cd ~
$ cvs checkout mytest_projekt
cvs checkout: Updating mytest_projekt
U mytest_projekt/extra.h
U mytest_projekt/funktionen.c
U mytest_projekt/main.c
```

Jetzt befindet sich in Ihrem Arbeitsverzeichnis eine Arbeitskopie desselben Inhalts, den Sie zuvor mit import importiert haben – inklusive eines CVS-Verzeichnisses, in dem die CVS-Informationen für die Versionskontrolle gespeichert werden. Dieses CVS-Verzeichnis finden Sie jetzt in wirklich jedem Unterverzeichnis, also wird für jedes Verzeichnis im Projekt ein CVS-Verzeichnis angelegt. Dies bedeutet natürlich, dass sich vorher in dem Verzeichnis oder den Verzeichnissen Ihres Projekts kein Verzeichnis mit dem Namen *CVS* befinden darf. Geben Sie nun das folgende Kommando ein:

```
$ ls mytest_projekt
CVS  extra.h  funktionen.c  main.c
```

Hier auch gleich ein Unterschied zu RCS: Bei CVS müssen die Dateien nicht erst gesperrt werden, sondern stehen gleich zum Arbeiten zur Verfügung. Natürlich ist hier von besonderem Interesse, was sich in diesem CVS-Verzeichnis befindet. Dabei erfahren Sie auch gleich, wie CVS arbeitet.

Bestimmt fällt Ihnen eine gewisse Ähnlichkeit zu RCS auf – was ja auch selbstverständlich ist, denn CVS verwendet ja das RCS-System. Der einzige Unterschied (auch das haben wir schon erwähnt) liegt darin, dass Sie mit CVS die Möglichkeit haben, ganze Dateibäume zu verwalten. Damit dies realisierbar ist, legt CVS eben ein entsprechendes CVS-Archiv an, das dieselben Dateien, Verzeichnisse und Unterverzeichnisse enthält wie das Projekt selbst, nur dass es sich hier um RCS-Dateien handelt.

Bei dem checkout-Befehl, den Sie eben verwendet haben, legt CVS die Verzeichnisse in derselben Struktur an wie im CVS-Archiv. Anschließend werden mit RCS die Dateien anhand der Revision konstruiert und in das Arbeitsverzeichnis kopiert. Durch das Konstruieren der Revision ist es Programmierern erst möglich, auch eine ältere Version des Projektes auszuchecken.

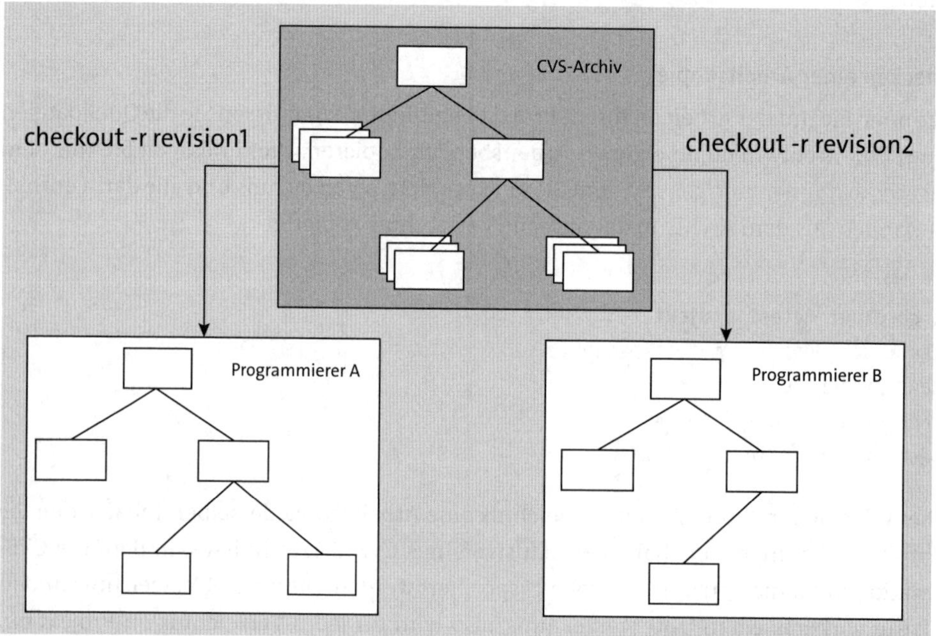

Abbildung 16.5 Checkout verschiedener Versionen aus einem CVS-Archiv

Werfen wir einen Blick in das CVS-Verzeichnis des ausgecheckten Projekts:

```
$ ls mytest_projekt/CVS
Entries  Repository  Root
```

Die Datei Root verweist auf das Projekt:

```
$ cat mytest_projekt/CVS/Root
/home/pinguin/my_project/repository
```

In Entries sind die Nummern und Checkout-Zeiten des Projektes gespeichert:

```
$ cat mytest_projekt/CVS/Entries
/extra.h/1.1.1.1/Sat Jul 22 01:37:08 2023//
/funktionen.c/1.1.1.1/Sat Jul 10 01:37:08 2023//
/main.c/1.1.1.1/Sat Jul 10 01:37:08 2023//
```

Diese sind nötig, damit ein `commit` richtig ausgeführt wird. Damit weiß CVS, welche Revision sich im Arbeitsbereich befindet. Die Datei `Repository` verweist auf ein Projekt innerhalb des Archivs, in dem sich die passenden RCS-Dateien befinden (hier auf: `mytest_projekt`):

```
$ cat mytest_projekt/CVS/Repository
mytest_projekt
$ ls repository/mytest_projekt
extra.h,v  funktionen.c,v  main.c,v
```

Würden Sie in Ihrem CVS-Archiv eine Quelldatei entfernen (löschen), dann erfolgt auch hierfür von CVS ein Eintrag. Diese Dateien befinden sich dann in einem Unterverzeichnis namens *Attic*.

Veränderungen von Dateien

Im nächsten Schritt können Sie mit den ausgecheckten Dateien Ihres Projektes arbeiten. In diesem Beispiel soll die Datei *funktionen.c* verändert werden:

```
$ cd ~/mytest_projekt
$ ls
CVS  extra.h  funktionen.c  main.c
$ vi funktionen.c
```

16

Was verändert wurde, spielt für das weitere Verständnis keine Rolle. Rufen Sie hierfür einfach den Editor *vi* oder einen beliebigen anderen Editor auf, fügen Sie eine Zeile in den Quellcode ein (z. B. einen Kommentar), und speichern Sie diese Veränderung ab.

Hinweis

Sie müssen hier nicht den Editor *vi* verwenden, obwohl der Arbeitsvorgang damit um einiges schneller ist. Sofern Sie *vi* verwenden und der Editor das Listing geladen hat, drücken Sie [i] für *insert*, fügen Ihre neue Zeile bzw. irgendeine Veränderung ein und drücken anschließend [Esc], um aus dem Editormodus herauszukommen. Jetzt können Sie die Datei speichern, indem Sie die [⇧]-Taste gedrückt halten und zweimal [Z] betätigen. Alternativ bieten sich auch *pico* oder *nano* an. Auf jeden Fall aber sollte `$EDITOR` gesetzt sein, wenn `'cvs ci'` ausgeführt wird.

Vielleicht wollen Sie noch eine weitere Änderung einbringen. Doch jetzt kommt es: Sie erhalten einen wichtigen Telefonanruf und müssen alles liegen und stehen lassen. Während dieser Zeit hat aber jemand anderes am Code Veränderungen gemacht. Jetzt gilt es natürlich, erst einmal mit der Untersuchung der Veränderungen fortzufahren.

Untersuchen von Veränderungen

Um herauszufinden, welche Datei(en) zuletzt geändert wurde(n), reicht der Befehl update aus:

```
$ cd ~/mytest_projekt
$ cvs update
 cvs update: Updating .
 M funktionen.c
```

Die Datei *funktionen.c* wurde hier verändert. Dies erkennen Sie am M, das für *modified* steht. Bei den vielen Zeilen Code wollen Sie sicherlich auch wissen, was verändert wurde. Dazu können Sie diff verwenden:

```
$ cvs -Q diff -c
Index: funktionen.c
===================================================================
RCS file: /home/pinguin_skipper/my_project/repository/mytest_projekt/funktionen.c,v
retrieving revision 1.1.1.1
diff -c -r1.1.1.1 funktionen.c

*** funktionen.c        10 Dec 2003 01:37:08 -0000      1.1.1.1
--- funktionen.c        11 Dec 2003 03:23:51 -0000
***************
*** 1,4 ****
--- 1,5 ----
  static void hallo(void)
  {
        printf("Hallo Welt\n");
+         printf("Heute ist ein schöner Tag\n");
  }
```

Hier finden Sie mit Index den Namen der Datei, mit RCS file den Ort, an dem die RCS-Datei gespeichert wurde, die Version, wann sie erstellt wurde und wann die letzte Änderung gemacht wurde. Die Veränderung sehen Sie anhand des +-Zeichens in der Zeile (hier printf("Heute ist ein schöner Tag\n");). In welcher Zeile die Datei geändert wurde und welche Zeilen hinzugekommen sind, erkennen Sie am folgenden Eintrag:

```
*** 1,4 ****
(Start des Kontextes ab Zeile 1, Chunk ist 4 Zeilen lang)
--- 1,5 ----
(Start des Kontextes ab Zeile 1, Chunk ist 5 Zeilen lang)
```

Mehr dazu würde den Rahmen des Kapitels sprengen. Daher seien hierfür die Manual Pages von diff empfohlen.

[«]

> **Hinweis**
>
> Bei umfangreicheren Programmen sollten Sie das Flag `-pdu` hinter `diff` verwenden, da mit `pdu` die Ausgabe weitaus besser lesbar ist als mit `c`.

Natürlich können Sie `diff` und `update` auch auf einzelne Dateien anwenden, z. B. so:

```
$ cvs update funktionen.c
```

Veränderungen an das Archiv weitergeben

Nachdem Sie an Ihrem jüngsten Projekt weitergearbeitet und es verändert haben, wird es Zeit, das Projekt mitsamt seinen Änderungen ins Archiv zurückzulegen. Dazu wird der Befehl `commit` (oder kurz `ci`) verwendet. Geben Sie `commit` ohne einen Dateinamen an, werden alle Quelldateien des Projektes, die verändert wurden, an das Archiv gesendet.

```
$ cvs commit -m 'zusätzliche Textausgabe'
cvs commit: Examining .
Checking in funktionen.c;
/home/pinguin/my_project/repository/mytest_projekt/funktionen.c,v  <--  funktionen.c
new revision: 1.2; previous revision: 1.1
done
```


An der Ausgabe von `commit` erkennen Sie, welche Dateien verändert wurden und somit neu eingecheckt werden (hier *funktionen.c*). Somit hätte hier auch folgendes `commit` angegeben werden können:

```
$ cvs commit -m 'zusätzliche Textausgabe' funktionen.c
```

Außerdem sehen Sie an der Ausgabe, dass aus der Revisionsnummer 1.1 die Revisionsnummer 1.2 geworden ist. Jede Datei im Projekt hat übrigens eine eigene Revisionsnummer. Dabei wird die rechte Stelle der Nummer um eins inkrementiert. Unterschiedliche Revisionsnummern in einem Projekt bedeuten nur, dass eine Datei häufiger als die andere verändert (ein `commit` gesendet) wurde.

Mehrere Programmierer in einem einzigen Projekt

Da Sie bei CVS – im Gegensatz zu RCS – nicht mit Sperren zu kämpfen haben, kann gleich mit den Arbeiten am ausgecheckten Projekt begonnen werden. Das bedeutet auch im Gegensatz zu RCS, dass jetzt ohne weiteres mehrere Entwickler gleichzeitig das Projekt oder Teile davon auschecken und verändern können. Zwangsläufig können hierbei Konflikte auftreten, wenn ein Entwickler nach Beendigung des Projektes keinen Abgleich (ein `commit`) mehr macht bzw. den Abgleich erst nach längerer Zeit macht.

Wie die Gruppe von Entwicklern dabei vorgehen muss, erklären wir nun anhand eines Fallbeispiels:

Programmierer Anton und Programmierer Xaver greifen beide auf das CVS-Archiv eines Projekts zu und machen ein checkout:

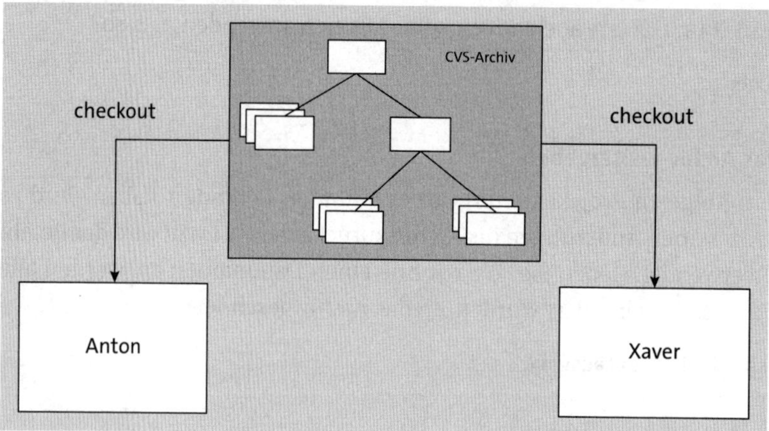

Abbildung 16.6 Zwei Programmierer checken aus einem CVS-Archiv aus.

Programmierer Xaver verändert nun eine Datei im Projekt und teilt die Veränderung dem CVS-Archiv durch einen commit mit:

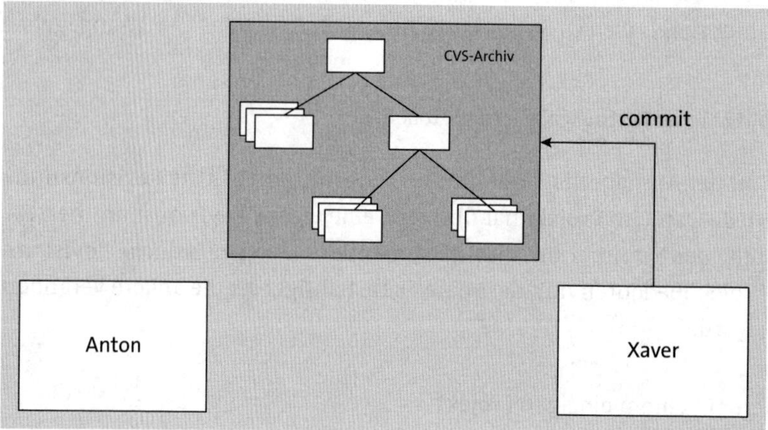

Abbildung 16.7 Ein Programmierer bringt eine Veränderung ins Archiv ein.

Jetzt kommt Programmierer John und holt sich ebenfalls mit einem checkout das Projekt auf seine Festplatte:

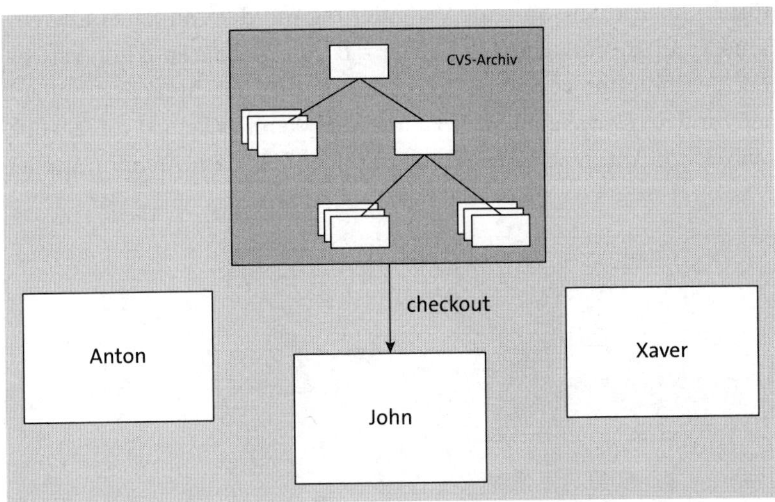

Abbildung 16.8 John holt sich die neuste Version aus dem Archiv.

Programmierer Anton hat jetzt auch eine Datei verändert und will dies mit `commit` dem Archiv mitteilen. Das `commit` schlägt fehl, da ja Xaver bereits eine Veränderung eingebracht hat, und somit stimmt die Revisionsnummer von Anton nicht mehr mit dem Archiv überein. Um diesen Umstand zu beheben, muss Anton ein Update seines Arbeitsbereiches machen. Dies erledigt er mit dem `update`-Befehl:


```
$ cvs update
```

Mittels `update` werden bei Anton alle Daten aktualisiert, die seit seinem letzten `checkout` verändert wurden.

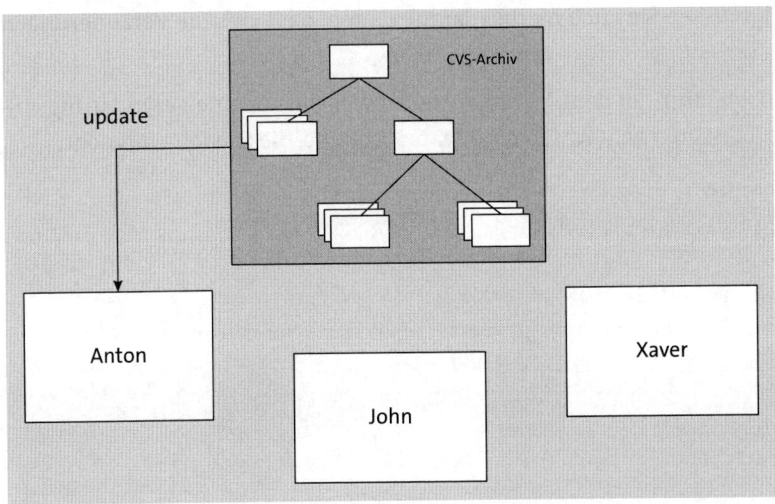

Abbildung 16.9 Arbeitsbereich mittels update auf den neusten Stand bringen

Jetzt muss Anton natürlich überprüfen, ob seine Veränderung mit der von Xaver übereinstimmt – sprich, ob keine Konflikte entstehen. Hat Xaver z. B. eine globale Funktion verworfen, die Anton in seiner Veränderung verwendet, muss Anton dies beachten. Es empfiehlt sich im Grunde, immer vor dem `commit` ein `update` zu machen. Wenn es keine Probleme bei den Veränderungen gab, kann Anton seine Veränderung ebenfalls dem Archiv mitteilen (`commit`):

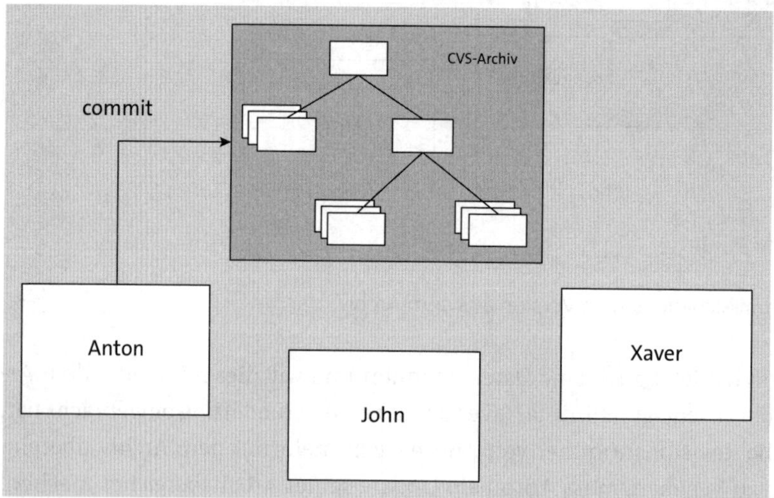

Abbildung 16.10 Wenn es keine Konflikte gibt, erfolgt ein weiteres commit.

Wenn Xaver jetzt ebenfalls wieder das Projekt auf seiner Platte aktualisieren will, reicht auch hier ein einfaches `update`.

Derselbe Vorgang wie eben beschrieben läuft auch ab, wenn zwei Entwickler dieselbe Datei verändern. Allerdings müssen Sie auch hierbei darauf achten, dass sich die Veränderungen vertragen.

Jetzt haben wir aber noch John, der dem Archiv mitteilen will, dass er eine Veränderung eingebracht hat. Währenddessen macht Anton eine `status`-Abfrage, die wie folgt aussieht:

```
$ cvs status funktionen.c
File: funktionen.c Status: Locally Modified

Working revision: 1.2 Thu Jul 27 06:35:27 2023
Repository revision: 1.2 /home/anton/my_projects/repository/funktionen.c,v
Sticky Tag: (none)
Sticky Date: (none)
Sticky Options: (none)
```

Mittlerweile hat eine weitere Programmiererin namens Lea die Datei *funktionen.c* bearbeitet und dies bereits dem Archiv mitgeteilt. Somit wäre die aktuelle Revisionsnummer 1.3. Eine status-Abfrage von John auf seinem lokalen Rechner würde jetzt folgendermaßen aussehen:

```
$ cvs status funktionen.c
File: funktionen.c Status: Needs Patch

Working revision: 1.2 Thu Jul 27 06:35:27 2023
Repository revision: 1.3 /home/john/my_projects/repository/funktionen.c,v
Sticky Tag: (none)
Sticky Date: (none)
Sticky Options: (none)
```

Damit wüsste John, dass jemand bei der Datei *funktionen.c* ein commit gemacht hat, die Revisionsnummer im Archiv 1.3 und seine Revisionsnummer 1.2 ist und er somit dem Zeitplan hinterherhinkt. An der Statuszeile könnte John auch erkennen, dass er einen Patch machen sollte. Dabei müsste er lediglich ein update machen und die Änderung mittels patch einarbeiten. John hat jetzt aber weder den status-Befehl noch ein update gestartet, sondern er hat in derselben Datei *funktionen.c* dieselbe Zeile wie Leon verändert. Hier liegt ein ganz klarer Konflikt vor.

16

Diesen Konflikt bemerkt John erst beim nächsten commit, das logischerweise erst einmal fehlschlägt. Also macht er zunächst ein update der Datei *funktionen.c*:

```
$ cvs update funktionen.c
RCS file: /home/john/my_project/repository/funktionen.c,v
retrieving revision 1.2
retrieving revision 1.3
Merging differences between 1.2 and 1.3 into funktionen.c
rcsmerge: warning: conflicts during merge
cvs update: conflicts found in funktionen.c
C funktionen.c
```

Es liegt also ein Konflikt vor. Welcher Konflikt das genau ist, kann er feststellen, indem er sich die Datei *funktionen.c* in seinem lokalen Arbeitsverzeichnis ansieht:

```
$ cat funktionen.c
void hallo()
{
       printf("Hallo Welt\n");
<<<<<< funktionen.c
       printf ("Heute ist ein schöner Tag\n");
=======
```

```
        printf ("Heute ist kein schöner Tag\n");
>>>>>>> 1.3
}
```

Der folgende Teil entspricht der Veränderung von John:

```
<<<<<< funktionen.c
        printf ("Heute ist ein schöner Tag\n");
```

Getrennt werden diese beiden Veränderungen in derselben Zeile mit:

```
=======
```

Der untere Teil entspricht der Veränderung der aktuellen Revision 1.3, wie sie im CVS-Archiv vorliegt:

```
        printf ("Heute ist kein schöner Tag\n");
>>>>>>> 1.3
```

Diesen Konflikt müssen die entsprechenden Programmierer nun leider selbst beseitigen. Meistens handelt es sich allerdings nicht um ein solch einfaches Beispiel, so dass eine Rücksprache mit dem Entwickler, der an derselben Zeile wie Sie gearbeitet hat, fast immer vonnöten ist, so dass es zu einer Übereinkunft kommen muss – *communication is everything*!

Leider funktioniert die Sache mit der Rücksprache nicht so einfach, denn inzwischen sind auch die Open-Source-Entwickler weltweit vernetzt, und die Situation wird auch in ferner Zukunft so bleiben: Der Franzose spricht kein Chinesisch, der Chinese kein Deutsch und der Amerikaner kein Spanisch. Doch auch dafür gibt es bei CVS einen Weg. Wollen Sie z. B. allen am Projekt beteiligten (unabhängig davon, welche Sprache sie gerade sprechen) mitteilen, dass Sie gerade an der Datei *funktionen.c* arbeiten, können Sie dies mit dem `edit`-Befehl machen:

```
$ cvs edit funktionen.c
```

Jetzt werden alle anderen Programmierer informiert, dass Sie gerade an dieser Datei arbeiten. Voraussetzung dafür ist, dass die anderen Entwickler ebenfalls den `edit`-Befehl verwenden. Jetzt können sich die Entwickler untereinander absprechen oder warten, bis derjenige, der an dieser Datei arbeitet, diese Veränderung(en) an das Archiv (`commit`) sendet. Mit einem `commit` tragen Sie sich praktisch aus dem `edit`-Modus aus.

Noch besser ist wahrscheinlich der Befehl `watch`. Damit tragen Sie sich als ständiger Beobachter ein. Wenn Sie dann eine Datei auschecken (`checkout`), geschieht dies vorerst im Lesemodus. Will nun ein anderer Entwickler diese Datei verändern, muss er erst `edit` eingeben. Durch diesen »Zwang« erfährt ein Entwickler, ob gerade jemand anderes an seiner Datei arbeitet.

Dass es funktioniert, beweist die Open Source Community, in der CVS fast 100 % Anteil hat. Diese Tendenz ist mittlerweile rückläufig, da es inzwischen auch andere gleichwertige Tools gibt.

Veränderungen rückgängig machen

Es kommt zwar nicht häufig vor, aber manchmal ist es sinnvoll, eine Veränderung rückgängig zu machen, sei es nun aus Gründen der Instabilität des Programms oder aus Eigeninteresse, um eine eigene Version aus einem älteren Release zu machen. Das Rückgängigmachen geschieht auch hier wieder mit dem `update`-Befehl und dem Flag `j` für `join`:

```
$ cat funktionen.c
static void hallo(void) {
    printf("Hallo Welt\n");
    printf("Heute ist ein schöner Tag\n");
}

$ cvs update -j 1.2 -j 1.1 funktionen.c
RCS file: /home/pinguin/my_project/repository/mytest_projekt/funktionen.c,v
retrieving revision 1.2
retrieving revision 1.1
Merging differences between 1.2 and 1.1 into funktionen.c
$ cat funktionen.c
static void hallo(void) {
    printf("Hallo Welt\n");
}
$ cvs update
cvs update: Updating .
M funktionen.c
$ cvs commit -m "Rückgängig zur Version 1.1" funktionen.c
Checking in funktionen.c;
/home/pinguin/my_project/repository/mytest_projekt/funktionen.c,v  <--  funktionen.c
new revision: 1.3; previous revision: 1.2
done
```

Somit haben Sie ohne großen Aufwand die Version 1.1 der Datei *funktionen.c* wiederhergestellt, die allerdings trotzdem eine neue Versionsnummer erhält.

Dateien und Verzeichnisse hinzufügen, entfernen oder umbenennen

Jetzt fehlen Ihnen eigentlich nur noch zwei wichtige Kommandos zu CVS, nämlich `add` und `remove` (oder kurz `rm`) zum Hinzufügen bzw. Entfernen von Dateien oder Verzeichnissen. Zuerst soll in unserem aktuellen Projekt ein neues Verzeichnis erstellt werden:

```
$ mkdir include
$ cvs add include
Directory /home/pinguin/my_project/repository/mytest_projekt/include
added to the repository
$ cvs update
cvs update: Updating .
cvs update: Updating include
```

Bei einem Blick in das neue Verzeichnis finden Sie auch hier ein extra dafür angelegtes CVS-Verzeichnis für das Archiv. Das haben wir aber bereits zu Beginn erwähnt. Ein `commit` entfällt hierbei übrigens, denn die Änderungen werden bei `update` sofort übernommen.

In dem *include*-Verzeichnis wollen Sie nun eine neue Headerdatei anlegen, vorausgesetzt, es existiert eine Headerdatei in diesem Verzeichnis. Hierfür können Sie `touch` in der folgenden Weise benutzen:

```
$ touch include/header.h
$ cvs add include/header.h
cvs add: scheduling file `incl/header.h' for addition
cvs add: use 'cvs commit' to add this file permanently
$ cvs commit -m "neue Headerdatei"
cvs commit: Examining .
cvs commit: Examining incl
RCS file: /home/pinguin/my_project/repository/mytest_projekt/incl/header.h,v
done
Checking in incl/header.h;
/home/pinguin/my_project/repository/mytest_projekt/incl/header.h,v  <--  header.h
initial revision: 1.1
done
```

Jetzt können Sie mit dem neu erstellten Verzeichnis und auch mit der neu erstellten Datei arbeiten. Verändern Sie z. B. die Headerdatei *header.h*, gehen Sie auch hier gewöhnlich so vor:

```
$ cvs update
cvs update: Updating .
cvs update: Updating include
M include/header.h
$ cvs commit -m 'Headerdatei verändert'
include/header.hChecking in
include/header.h;
/home/pinguin/my_project/repository/mytest_projekt/include/header.h,v
 <--  header.h new revision: 1.2; previous revision: 1.1
done
```

Ebenso einfach ist es, eine Datei wieder aus dem CVS-Archiv zu entfernen. Dafür sind folgende Schritte nötig:

```
$ cd include
$ rm header.h
$ cvs remove header.h
cvs remove: scheduling `header.h' for removal
cvs remove: use 'cvs commit' to remove this file permanently
$ cvs commit -m 'Headerdatei entfernt'
cvs commit: Examining .
Removing header.h;
/home/pinguin/my_project/repository/mytest_projekt/include/header.h,v  <--  header.h
new revision: delete; previous revision: 1.2
done
```

Natürlich muss die Datei, bevor sie aus dem CVS-Archiv entfernt wird, auch aus der Arbeitskopie (mittels `rm`) gelöscht werden.

Hinweis

Eine Datei, die versehentlich aus der Arbeitskopie gelöscht wurde, aber noch im CVS-Archiv existiert, kann mit `cvs update` wiedergeholt werden (es wird dann eine Nachricht wie »xxx.c got lost« angezeigt).

Ebenso einfach ist das Umbenennen von Dateien und Verzeichnissen im CVS-Archiv. In dem nächsten Beispiel wird die Datei *leer.c* in *voll.c* umbenannt:

```
$ mv leer.c voll.c
$ cvs remove leer.c
cvs remove: scheduling `leer.c' for removal
cvs remove: use 'cvs commit' to remove this file permanently
$ cvs add voll.c
cvs add: scheduling file `voll.c' for addition
cvs add: use 'cvs commit' to add this file permanently
$ cvs commit -m 'Name leer.c umbenannt in voll.c'
cvs commit: Examining .
cvs commit: Examining include
Removing leer.c;
/home/pinguin/my_project/repository/mytest_projekt/leer.c,v  <--  leer.c
new revision: delete; previous revision: 1.3
done
RCS file: /home/pinguin/my_project/repository/mytest_projekt/voll.c,v
done
Checking in voll.c;
```

```
/home/pinguin/my_project/repository/mytest_projekt/voll.c,v  <--  voll.c
initial revision: 1.1
done
```

Sie müssen also lediglich die alte Datei in der Arbeitskopie umbenennen (hier mit mv) und damit aus dem CVS-Archiv entfernen (cvs remove), um anschließend die neue Datei hinzufügen zu können (cvs add). Am Ende führen Sie noch ein commit aus, und Sie haben eine neue Datei mit einem neuen Dateinamen in Ihr Projekt übernommen.

Im Falle von Verzeichnissen können Sie ähnlich vorgehen. Erstellen Sie zuerst ein neues Verzeichnis, und fügen Sie es mit cvs add zum Archiv hinzu. Kopieren Sie nun den Inhalt des alten Verzeichnisses in das neue Verzeichnis. Anschließend müssen Sie den Inhalt des alten Verzeichnisses löschen, ehe Sie auch das alte Verzeichnis komplett aus der Arbeitskopie entfernen können. Teilen Sie am Schluss noch mit cvs add die Änderungen dem CVS-System mit, und führen Sie zu guter Letzt ein commit aus.

Zugriff auf ein Remote-Verzeichnis

Natürlich trifft der Anwendungsfall (wie auch im letzten Beispiel), in dem sich das Arbeitsverzeichnis auf einem lokalen Rechner befindet, recht selten zu. Gerade in der freien Softwareentwicklung (z. B. bei KDE, GNOME oder Mozilla) befindet sich das sogenannte *Repository* Oirgendwo auf einem entfernten CVS-Server. Hier hat man gleich mehrere Zugriffsmöglichkeiten. Entweder verfügt der Projektteilnehmer über ein eigenes Login auf dem Remote-Rechner via rsh oder ssh (hierfür muss allerdings die CVS_RSH-Umgebungsvariable angepasst werden), oder es besteht die Möglichkeit, eine von CVS portierte rsh-Implementierung zu verwenden. Dann muss die Umgebungsvariable CVSROOT entsprechend angepasst werden.

Sind alle nötigen Umgebungsvariablen angepasst worden, erfolgt ein Auschecken der Dateien ähnlich wie auf dem lokalen Rechner. Es muss lediglich ein etwas längerer Pfad zum Archiv angegeben werden: Zuerst wird die Zugriffsmethode angegeben, die von beiden Seiten mit einem Doppelpunkt abgetrennt wird. Anschließend folgen der Benutzername und der Servername, die mit einem @-Zeichen zusammengesetzt werden, gefolgt von einem weiteren Doppelpunkt als Trenner. Am Ende folgt der Pfad des Archivverzeichnisses auf dem Server. Als Beispiel zeigen wir Ihnen eine durch Passwort authentisierte Server-Zugriffsmethode (kurz pserver):

```
$ cvs -d :pserver:wolf@cvs.pronix.de:/usr/local/cvsroot login
(Logging in to wolf@cvs.pronix.de)
CVS password: ********
```

Für mehr Details bezüglich des Zugriffs auf ein Remote-Verzeichnis sei die Dokumentation zu CVS empfohlen. Dies ist entweder eine *README*-Datei, die direkt in dem Verzeichnis liegt, das auch die Arbeitskopien enthält, oder aber eine Dokumentation, die durch man cvs aufgerufen werden kann. Allerdings kann es sein, dass die Manual Pages nach der Installation von CVS erst durch ein Systemupdate (also z. B. durch ein `apt-get update`) erstellt werden müssen.

Grafische CVS-Frontends

Wer die Open-Source-Entwicklergemeinde kennt, weiß, dass es immer das eine oder andere grafische Frontend für ein Konsolentool gibt. Wir möchten hier gar nicht auf die einzelnen Frontends eingehen, sondern nur auf die einzelnen Tools hinweisen. Zwei interessante Frontends stehen Ihnen mit *jCVS* – ein Java-basierter Client – und *tkCVS* – ein Tk-basiertes grafisches CVS-Interface – zur Verfügung. Als Web-Frontend wäre *cvsweb*, ein in Perl geschriebener CVS-Client, sehr zu empfehlen, zu dem es zusätzlich einige nützliche kleine Skripte gibt. Geht es Ihnen allerdings darum, die ganze Funktionsvielfalt von CVS auszunutzen, dann werden Sie mit dem Java-basierten Client *jCVS* am besten beraten sein.

16.6 Laufzeitmessung von Programmen

Oft wird vor der Fertigstellung der Software die eine oder andere Laufzeitoptimierung am Quellcode durchgeführt. Ob dieses Tuning des Codes überhaupt sinnvoll ist, lässt sich vorher mithilfe von Laufzeitanalysen bestimmen. Solche Analysen sind wesentlich komplizierter, als man denkt. Funktionen der *time.h*-Bibliothek können höchstens mit den einfachsten Analysetools mithalten, denn es müssen fast immer auch die unterschiedlichen Hardwareauslastungen des Systems beachtet werden (z. B. der Grafikkarte zusätzlich zur CPU-Auslastung). Und gerade das macht es schwierig, die Laufzeit von nur einer einzigen Anwendung oder Komponente zu ermitteln. Noch ein wenig schwieriger dürfte es sein, die Laufzeit von einzelnen Funktionen bzw. Codeabschnitten zu optimieren, denn oft hängt die Laufzeit eines Algorithmus von den Ausgangswerten ab. Zum Glück sind für die Laufzeitanalyse (auch als *Profiling* bezeichnet) sehr effektive Tools entwickelt worden, von denen Sie im folgenden Abschnitt die drei folgenden Anwendungen etwas näher kennen lernen werden:

- *TIME* (bzw. */usr/time*): allgemeine Laufzeitermittlung von Prozessen
- *GPROF* Laufzeitermittlung einzelner Funktionen
- *GCOV* Ermittlung, wie häufig einzelne Zeilen ausgeführt werden

16.6.1 Einfache Zeitmessung mit TIME – die Laufzeit von Prozessen ermitteln

Für eine einfache Messung der Laufzeit von einzelnen Prozessen lässt sich das Kommando `time` verwenden. Das Kommando `time` eignet sich hervorragend, um sich vorher schon einmal einen groben Überblick über die Laufzeit eines bestimmten Prozesses oder Programms zu machen. Die allgemeine Laufzeitbestimmung mit `time` wird gerne verwendet, wenn der

Quellcode zusätzlich mit eingeschaltetem Optimizer übersetzt wurde. Als einfaches Beispiel dient ein Quellcode namens *optimize.c*:

```
$ gcc -o optimize optimize.c
$ time ./optimize
real    0m5.841s
user    0m0.210s
sys     0m0.430s
```

Mit dem Kommando `time` bekommen Sie drei verschiedene Zeiten mit der folgenden Bedeutung zurückgeliefert:

- `real`: die insgesamt verstrichene Ausführungszeit ab Abschluss der Kommandozeileneingabe
- `user`: die CPU-Zeit für Benutzerfunktionen, genauer gesagt die Zeit, die die Anwendung im User-Level verbracht hat
- `sys`: die CPU-Zeit für Systemcalls – also die Zeit, die die Anwendung im Kernel-Level verbracht hat

Hierzu wird nun derselbe Code mit der Optimizer-Option `-O3` übersetzt:

```
$ gcc -O3 -o optimize optimize.c
$ time ./optimize
real    0m7.779s
user    0m0.120s
sys     0m0.420s
```

Sie sehen, dass sich die CPU-Zeit für den Benutzerbereich verringert, aber dadurch die gesamte Ausführungszeit der Anwendung erhöht wird. Leider lässt sich keine genaue Aussage darüber treffen, was hierbei genau länger gedauert hat – da es noch mehrere Prozesse auf dem System gibt, die ebenfalls die CPU benötigen und somit die Zeitmessung durch `time` immer ein wenig verfälschen können. Für eine genauere Zeitanalyse kommen Sie um das Profiling mittels GPROF nicht herum.

16.6.2 Profiling mit GPROF – Laufzeit von Funktionen

Mit dem `time`-Kommando kennen Sie nun gewiss ein einfaches Verfahren für eine Zeitanalyse des gesamten Programms. Aber sobald es um das Tuning einzelner Funktionen geht, bietet `time` nicht mehr genug Funktionen an. Wollen Sie z. B. nur einzelne Funktionen optimieren (etwa die Grafikausgabe Ihres Videoplayers beschleunigen), bringt Ihnen eine Zeitanalyse des gesamten Programms recht wenig, insbesondere wenn es darum geht, um wie viel schneller denn die einzelnen Funktionen nun ausgeführt werden, nachdem Sie diese optimiert haben. Für solche Aufgaben werden *Programmprofile* benötigt. Um ein solches Profil zu erzeugen, sind die folgenden Schritte nötig:

1. Beim Übersetzen des Quellcodes muss zunächst ein (grobes) Profil erzeugt werden.
2. Danach wird das speziell mit diesem (groben) Profil übersetzte Programm ausgeführt, woraufhin Sie ein spezielles (feineres) Programmprofil erhalten.
3. Dieses Programmprofil können Sie letztendlich mit dem Profiler GPROF auswerten.

Ein Profil für das gprof-Kommando erzeugen

Zuerst müssen Sie den Quellcode für ein Profil mit der Option `-pg` übersetzen, z. B. im Fall einer komplexen Fraktalberechnung (Mandelbrotmenge) so:

```
$ gcc -pg -o fraktal fraktal.c berechnung.c \
  -L/usr/X11R6/lib -lX11
```

Die durch das `-pg`-Flag erzeugte ausführbare Datei ist natürlich erheblich größer als die Anwendung, die ohne die Compileroption `-pg` übersetzt wurde. Sie haben also quasi ein Programm mit zusätzlichen Informationen für die weiteren Schritte der Laufzeitanalyse mit dem `gprof`-Kommando eingerichtet.

Im nächsten Schritt führen Sie die zuvor erstellte Anwendung aus, wodurch am Ende ein Programmprofil mit dem Namen *gmon.out* erzeugt wird:

```
$ ./fraktal
$ ls -l gmon*
-rw-r--r--    1 pinguin   users        429 2004-04-12 13:41 gmon.out
```


Im letzten Schritt analysieren Sie die Ausgabedaten von *gmon.out*. Dazu müssen Sie nun `gprof` zusammen mit einem Argument, das das Programm angibt, das analysiert werden soll, aufrufen. Anschließend gibt `gprof` die Analyse auf die Standardausgabe aus, weshalb oft eine Umleitung in eine Datei gemacht wird. Um `gprof` aufzurufen und die Ausgabe in die Textdatei *mytest_profil.txt* umzuleiten, können Sie die folgende Kommandozeile benutzen:

```
$ gprof ./fraktal > mytest_profil.txt
```

Die nun folgende Ausgabe (oder, falls die Datei umgeleitet wurde, die Datei) besteht aus zwei Teilen:

- dem sogenannten *flachen Profil*, das auflistet, wie sich die Programmzeit auf die einzelnen Funktionen verteilt
- dem sogenannten *Aufrufgraph-Profil*, in dem sich die aufrufbaren und tatsächlich aufgerufenen Funktionen befinden

Das flache Profil

Im flachen Profil wird detailliert aufgelistet, wofür die Programmzeit tatsächlich verwendet wurde. Der Zeitaufwand wird für jede Funktion pro Aufruf berechnet. Am flachen Profil erkennen Sie die Funktionen, die am meisten Zeit verbrauchen und die es wert sind, optimiert zu werden. Ein Beispiel für ein flaches Profil könnte folgende Ausgabe sein:

```
Flat profile:
Each sample counts as 0.01 seconds.
 %  cumulative  self              self     total
time   seconds   seconds    calls   s/call   s/call  name
99.90     30.91    30.91  798720     0.00     0.00  farbe
 0.06     30.93     0.02        1     0.02    30.94  fraktal
 0.03     30.94     0.01       52     0.00     0.59  berechne
 0.00     30.94     0.00        3     0.00     0.00  ermittle_shifts
 0.00     30.94     0.00        2     0.00     0.00  push_para
 0.00     30.94     0.00        1     0.00     0.00  init_colors
 0.00     30.94     0.00        1     0.00     0.00  posit
```

In der Ausgabe des flachen Profils lässt sich bezogen auf das Fraktalbeispiel gleich erkennen, dass die Funktion `farbe()` die meiste Zeit benötigt (`99.90 %`), weshalb diese Funktion in der Praxis auch ein Kandidat für die Codeoptimierung ist. Bei `gprof` wird aber auch für jede weitere Funktion ein Zeileneintrag im Profil erstellt und entsprechend der benötigten Ausführungszeit sortiert. Die Zeit, die für die Benutzerinteraktionen innerhalb von Funktionen verbraucht wird, wird allerdings nicht mitgezählt – weil Benutzereingaben den Komplexitätsgrad von Algorithmen nicht verändern, sondern nur um einen linearen Faktor verlangsamen. Jede Funktion enthält bei dem Eintrag im flachen Profil folgende Informationen:

- `%time` – Anteil in Prozent der gesamten Ausführungszeit des Programms im Vergleich zu der Zeit, die für die Ausführung der Funktion benötigt wird
- `cumulative seconds` – Gesamtzeit in Sekunden, die für die Ausführung aller Funktionen im flachen Profil benötigt wurde
- `self seconds` – Gesamtzeit in Sekunden, die für die Ausführung der Funktionen benötigt wurde, ohne die Zeit, die für die Nachkommen einer Funktion verbraucht wurde (für den Fall, dass Funktionen Kindprozesse erzeugen)
- `calls` – Aufrufe der Funktion während des kompletten Programmablaufs
- `self ms/call` – durchschnittlicher Zeitaufwand für die Ausführung der Funktion in Millisekunden, der sich aus allen Funktionsaufrufen zusammensetzt, ohne die Funktionen, die eventuell aus dieser Funktion heraus aufgerufen werden
- `total ms/call` – durchschnittlicher Zeitaufwand für einen Funktionsaufruf mitsamt der weiteren Funktionen, die diese Funktion aufrufen
- `name` – Name der Funktion

Im Großen und Ganzen kann man in Bezug auf das Fraktalprogramm aus dem obigen Beispiel sagen, dass sich hier eine Codeoptimierung nicht wirklich lohnt, wenn man nicht die Funktion `farbe()` erheblich verbessern kann – alle anderen Funktionen benötigen im Vergleich zu der Funktion `farbe()` kaum CPU-Ressourcen, selbst die eigentliche Berechnung der Mandelbrotmenge nicht. Um also den Code zu beschleunigen, haben Sie folgende Möglichkeiten:

- Man kann den Algorithmus der langsamen Funktion (hier für die Funktion `farbe()`) verbessern, damit genau diese Funktion schneller läuft.
- Man kann das Hauptprogramm so umschreiben, dass die Funktion nicht so häufig aufgerufen werden muss.
- Funktionen, die relativ häufig aufgerufen werden, können auch direkt im Code der aufrufenden Funktion eingebaut werden (auch Inline-Funktionen können einen erheblichen »Kick« geben).
- Die entsprechenden Compileroptionen zur Optimierung des Codes verwenden (ist nicht immer möglich)

Die Lösung ist in dem letzten Beispiel ziemlich einfach: Sie lagern die Berechnung der Farben der Pixel, die die Mandelbrotmenge darstellen, auf die Grafikkarte aus, indem Sie z. B. die OpenGL-Bibliothek benutzen anstatt eines einfachen Standard-C-Algorithmus.

Das Aufrufgraph-Profil

Für eine noch detailliertere Auflistung des Programmprofils lohnt sich ein Blick in das Aufrufgraph-Profil (auch *strukturiertes Profil* genannt). Hier erhalten Sie noch ein wesentlich genaueres Programmprofil. Hier werden für jede einzelne Funktion folgende Informationen angezeigt:

- Anteil der Gesamtlaufleistung in Prozent (`time`)
- aufrufende Funktion, zusammen mit Informationen darüber, von welchen Funktionen eine bestimmte Funktion wie oft aufgerufen wurde
- Aufgerufene Funktionen. Hier wird gezeigt, welche Funktion die aktuelle Funktion wiederum wie oft aufgerufen hat.

Für einen besseren Überblick finden Sie auch einen Indexeintrag zu jeder Funktion in Ihrem Profil. Betrachten Sie z. B. im anschließenden Aufrufgraph-Profil die erste Funktion mit dem Index `1`, können Sie ganz unten im Profil den Namen der Funktion des entsprechenden Indexeintrags herauslesen. Im letzten Beispiel ist die Funktion mit dem Index `1` die Funktion `fraktal()`, die Funktion mit dem Index `3` die Funktion `berechne()` usw. Das strukturierte Profil des letzten Programmbeispiels `fraktal` sieht so aus:

```
Call graph (explanation follows)
granularity: each sample hit covers 4 byte(s) for 0.03% of 30.94 seconds

index % time    self  children    called     name
                0.02   30.92       1/1       main [2]
[1]    100.0    0.02   30.92       1         fraktal [1]
```

```
                0.01   30.91       52/52      berechne [3]
-----------------------------------------------
                                              <spontaneous>
[2]    100.0    0.00   30.94                  main [2]
                0.02   30.92        1/1       fraktal [1]
                0.00    0.00        3/3       ermittle_shifts [5]
                0.00    0.00        2/2       push_para [6]
                0.00    0.00        1/1       init_colors [7]
                0.00    0.00        1/1       posit [8]
-----------------------------------------------
                0.01   30.91       52/52      fraktal [1]

[3]     99.9    0.01   30.91       52         berechne [3]
               30.91    0.00  798720/798720   farbe [4]
-----------------------------------------------
               30.91    0.00  798720/798720   berechne [3]
[4]     99.9   30.91    0.00  798720          farbe [4]
-----------------------------------------------
                0.00    0.00        3/3       main [2]
[5]      0.0    0.00    0.00        3         ermittle_shifts [5]
-----------------------------------------------
                0.00    0.00        2/2       main [2]
[6]      0.0    0.00    0.00        2         push_para [6]
-----------------------------------------------
                0.00    0.00        1/1       main [2]
[7]      0.0    0.00    0.00        1         init_colors [7]
-----------------------------------------------
                0.00    0.00        1/1       main [2]
[8]      0.0    0.00    0.00        1         posit [8]
-----------------------------------------------
Index by function name

   [3] berechne               [1] fraktal
   [6] push_para              [5] ermittle_shifts
   [7] init_colors            [4] farbe
   [8] posit
```

16.6.3 Analyse mit GCOV

Welche Codeteile innerhalb Ihres Programms (genauer: innerhalb einer Funktion) und wie häufig ausgeführt wurden, kann mit *GCOV* bestimmt werden. Mit diesem Tool, das Sie über das Kommando gcov aufrufen, wird eine sogenannte *Abdeckungsanalyse* ausgeführt, die mitzählt, wie oft eine bestimmte Programmzeile durchlaufen wurde. Eine solche Abdeckungsanalyse wird in die folgenden Schritte eingeteilt:

1. Beim Übersetzen des Listings wird mit den Optionen `-g` `-fprofile-arcs` und `-ftest-coverage` eine Abdeckungsanalyse eingerichtet, z. B. so:

   ```
   $ gcc -ggdb3 -fprofile-arcs -ftest-coverage -o \
     fraktal fraktal.c berechnung.c -L/usr/X11R6/lib -lX11
   ```

   Damit wird für jede Quelldatei, die Sie angeben, eine Hilfsdatei mit der Extension **.bgg* angelegt (im letzten Beispiel *berechnung.bbg* und *fraktal.bbg*), die den Kontrollflussgraphen enthalten und diesen auch im Quelltext abbilden.

2. Im nächsten Schritt wird das Programm ausgeführt, um eine Abdeckungsanalyseinformation zu erzeugen. Diese wird in eine Datei mit der Endung **.da* geschrieben. In dem letzten Beispiel kann dies so gemacht werden:

   ```
   $ ./fraktal
   ```

3. Jetzt kann mit `gcov` eine lesbare Kopie der Abdeckungsanalyse generiert werden:

   ```
   $ gcov fraktal.c
   File `fraktal.c'
   Lines executed:71.01% of 207
   fraktal.c:creating `fraktal.c.gcov'
   $  gcov berechnung.c
   File `berechnung.c'
   Lines executed:100.00% of 21
   berechnung.c:creating `berechnung.c.gcov'
   ```

Die entsprechenden Ausgaben für das Listing *fraktal.c* sagen aus, dass der komplette Quellcode bis auf 29,99 % (100 % – 71,01 %) mit nur 207 Zeilen ausgeführt wurde. Beim zweiten Quellcode (dem aus der Datei *berechnung.c*) ist die Abdeckung gar 100 %. Das heißt, hier wurde jede Zeile des Programms auch wirklich ausgeführt. Dies allein sagt natürlich noch nicht viel aus, deshalb müssen Sie zusätzlich die erzeugten Dateien *berechnung.c.gcov* und *fraktal.c.gcov* genauer unter die Lupe nehmen. Ein Ausschnitt aus der Abdeckungsdatei *fraktal.c.gcov* sieht etwa so aus:

```
...
#####:  336: rueck = posit();
    -:  337: }
   52:  338: if (rueck == NORMAL_WEITER) {
   52:  339:           parainfo.br_par = breite;
   52:  340:           parainfo.y_par = yr0;
   52:  341:           parainfo.x_par = xr0 + xdelta * breite *
                      (segmentzahl - 1);
   52:  342: parainfo.delx_par = xdelta;
```

```
      52:  343: parainfo.dely_par = ydelta;
      52:  344: laenge = berechne(parainfo, punktfeld);
      52:  345: prozess.xbb     = breite  * (segmentzahl - 1);
      52:  346: prozess.ybb     = 0;
      52:  347: segmentzahl--;
  798772:  348: for(ptr = punktfeld; laenge; laenge--) {
      -:  349: /* Punkt fuer Punkt zeichnen: */
  798720:  350: XSetForeground(display, gcs,
                  SETZE_FARBE(*ptr++));
  798720:  351: XDrawPoint(display, ZIEL, gcs,
                   prozess.xbb, prozess.ybb);
  798720:  352: if (++prozess.ybb >= MAXY) { /* aktualisieren */
    1040:  353: prozess.ybb = 0;
    1040:  354: prozess.xbb++;
      -:  355: }
      -:  356: }
      -:  357: #ifdef BACKUP
      -:  358: XCopyArea(display, backup, windowId, gcs,
                 prozess.xbb - breite, 0,
      -:  359: breite, MAXY, prozess.xbb - breite, 0);
      -:  360: #endif
      -:  361: }
      -:  362: }
      1:  363: printf("Zeitdauer: %d Sekunden\n",
                 time(NULL) - zeit);
      1:  364: XFlush(display); /* Displaypuffer raeumen */
...
```

Die letzte Ausgabe lässt sich folgendermaßen lesen: Ganz links finden Sie die Anzahl der Durchläufe, also die Angabe, wie oft eine Codezeile ausgeführt wurde. Steht hier #####, bedeutet dies, dass diese Codezeile nicht ausgeführt wurde. Hier könnten Sie z. B. die `for()`-Schleife optimieren, die 798.772-mal aufgerufen wird und in der auch 798.772-mal ein Pixel gezeichnet wird. Ein kurzer Blick in die Datei *berechnung.c.gov* zeigt weitere Optimierungsmöglichkeiten:

```
   798720:    44:    a = xr0; b = yr0; /* a + bi = Z0 */
   798720:    45:    zaehler = 0;
   798720:    46:    qua = a * a; qub = b * b;
839599651:    47:    do {
839599651:    48:    b = 2 * a * b - yr0; /* neuer Imaginaerteil */
839599651:    49:    a = qua - qub - xr0; /* neuer Realteil      */
839599651:    50:    qu=(qua=a* a) + (qub = b * b); /* qu = |Z| */
839599651:    51:    }
```

```
       -:   52:   while(qu<DIVERGENZGRENZE&&qu>KONVERGENZGRENZE
       -:   53:         && zaehler++ < ZYKLEN);
  798720:   54:   return(zaehler & 0xff);
```

Die `do-while`-Schleife wird 839.599.651-mal durchlaufen. Die Schleife lässt sich sicherlich mit einigen anderen mathematischen Operationen und Compilerflags noch etwas beschleunigen. Auch andere häufig aufgerufene Berechnungen und Funktionsaufrufe gilt es, besonders im Auge zu behalten und eventuell zu optimieren.

Leider bringt dies im Fall des Fraktalbeispiels nicht sehr viel, höchstens ein paar Prozentpunkte mehr. Die am Ende erfolgreichste Strategie ist, die Grafikausgabe zu beschleunigen (z. B. die der Farben).

Hinweis

Bitte beachten Sie, dass die Abdeckungsanalyse bei einem erneuten Programmstart nicht gelöscht, sondern an die alte Datei angehängt wird und die einzelnen Zeilen summiert werden. Wollen Sie eine komplett neue Abdeckungsanalyse erstellen, müssen Sie zuvor die Datei mit der Extension **.da* löschen.

Zusammenfassung

Natürlich lässt sich zu den Tools GPROF und GCOV noch eine Menge mehr schreiben. Aber die grundlegenden Arbeiten mit diesen Werkzeugen haben wir erläutert. Sie wissen jetzt zumindest, wie Sie kritische Stellen im Quellcode finden können, um diese zu optimieren.

16.7 Debuggen mit GDB und DDD

Das Thema der Fehlersuche in Programmen ist so alt wie der Computer selbst, und es gibt wahrscheinlich auch keinen Programmierer, der davon befreit ist. Es gab sogar Reporter, wie der berühmte Dan Rather von der BBC, der behauptet hat: »Wenn man richtig Mist bauen will, braucht man einen Computer.« Es gibt in der Tat Anwendungen, die sehr lange fehlerfrei laufen, doch irgendwann erscheinen in der Konsole auf einmal irgendwelche Zeichen oder das System stürzt sogar aus nicht ersichtlichen Gründen ab. Treten Fragen wie z. B. »Was ist denn nun schon wieder passiert, und warum gerade jetzt?« auf, dann lohnt es sich, erst einmal den Debugger dazu zu befragen. Ein *Debugger* ist ein Programm, mit dem Sie andere Programme so ausführen können (etwa schrittweise Zeile für Zeile), dass Sie Fehler leicht finden können. Natürlich erfahren Sie auf diese Weise auch, wo Sie »richtig Mist gebaut« haben.

Sicherlich kann das Thema Debuggen ganze Bücher füllen, aber häufig muss man nicht gleich bei jeder Kleinigkeit zum Debugger greifen. Denn wirklich großer Mist passiert zum Glück seltener, als es die Reporter immer darstellen, und dieser wirklich große Mist betrifft auch fast immer irgendwelche Sicherheitslücken, über die sich dann (oft reißerische) Berichte lohnen. An dieser Stelle gehen wir also davon aus, dass Sie ein Problem haben, das sich auch gut lösen lässt (Sie müssen also nicht die gesamte Anwendung neu programmieren).

Wenn Sie ein Problem haben, dann werden Sie sich wahrscheinlich als Allererstes noch einmal den Quellcode ansehen, um die Stelle zu finden, wo Sie vermuten, dass das Programm dort abstürzt oder eben nicht wie erwartet ausgeführt wird. Die einfachste Variante ist wahrscheinlich die, sich an der vermuteten Codestelle Testdaten ausgeben zu lassen, z. B. den Programmzustand oder eventuell einen einfachen Text mit bestimmten Variableninhalten. Wissen Sie in etwa, in welcher Funktion Ihr Programm fehlerhaft ist, können Sie dort z. B. eine einfache Textausgabe wie

```
printf("DEBUG\n");
```

machen. Gehen Sie mit der Anweisung nun immer eine Zeile tiefer, bis das Programm abstürzt oder der Text `DEBUG` nicht mehr auf dem Bildschirm ausgegeben wird. Natürlich können Sie auch zusätzlich den Inhalt bestimmter Variablen ausgeben lassen, sofern dies an der Stelle sinnvoll ist, oder ein einfaches **`getchar()`** einbauen, das das Programm anhält und auf ein [↵] wartet. Meistens findet man auf diese Weise schon 80 Prozent aller Fehler. Des Weiteren hat es sich bewährt, häufiger eine `assert()`-Anweisung in den Code einzubauen, zumindest an kritischen Stellen, die Sie fast immer schon in Ihrem Flussdiagramm erkennen können (ein solches sollten Sie sowieso schon vorher zumindest für komplexe Funktionen erstellen).

[»]

Hinweis: Flussdiagramm (bzw. sogenannter Programmablaufplan)

Auch wenn es an dieser Stelle etwas altmodisch klingt: Gute Programmierer hämmern nur selten einfach drauflos, und solche Nerds wie z. B. die Merle im Wilsberg-Krimi, die sich einfach an ihr Notebook setzt und sich mal eben in einen Server einhackt, gibt es einfach nicht. Im Gegenteil muss man sich, bevor man ein Programm anfängt, stets Gedanken darüber machen, wie denn die einzelnen Funktionen (Algorithmen) arbeiten sollen, und dafür ist die beste Lösung auch heute noch, vorher ein *Flussdiagramm* (moderne Bezeichnung: *Programmablaufplan*) zu erstellen. Auf diese Weise erkennt man auch kritische Stellen schon, bevor man die erste Zeile Code eingegeben hat. Auch beim Programmieren gilt also die Erkenntnis, dass Ordnung das halbe Leben ist.

Haben Sie trotzdem keinen Erfolg gehabt, können Sie versuchen, den Programmzustand zu verändern. Häufig hat es sich bewährt, das Programm mit anderen Daten zu füttern, als dies normalerweise der Fall ist, zur Not auch mit Daten, die außerhalb der Werte sind, die man normalerweise für einen bestimmten Algorithmus verwendet. Vielleicht ist dies schon der Fehler, z. B. wenn Sie Werte in Funktionen einsetzen, die an bestimmten Stellen gegen unendlich gehen (sogenannte *Polstellen*). Ihre Mathematikbibliothek wird solche Werte wie »unendlich« nur selten tolerieren. Ein weiterer Fehler, der immer wieder gerne gemacht wird, ist, durch 0 zu teilen. Nicht immer wird dies durch einen Abbruch mit »division by zero in line...« quittiert.

Das Verändern des Quellcodes an einer vermutlich kritischen Stelle kann auch recht sinnvoll sein. Eventuell können Sie hierbei auch die eine oder andere Codezeile auskommentieren. Bitte beachten Sie beim Verändern der Codezeile, dass Sie den alten Zustand stets wiederherstellen können sollten. Hierfür empfiehlt es sich wieder, bei größeren Projekten CVS oder RCS zu verwenden. Um beim Thema Versionsverwaltung zu bleiben: Gibt es von der unstabilen Programmversion mehrere Versionen, sollten Sie die letzte stabile Version aus dem Archiv auschecken bzw. die letzte stabile Version mit der unstabilen Version vergleichen.

Zwar gibt es hier und da noch weitere Möglichkeiten, ein Programm mit einfachen Mitteln zu analysieren, aber dies hilft wie gesagt in 10–20 Prozent der Fälle nicht wirklich weiter. Sie können in diesen Fällen jedoch zum Debugger *GDB* greifen, einem Werkzeug, mit dem Sie Programme ausführen und diese während der Ausführung anhalten und genauer untersuchen können. Hierbei ist es auch möglich, sich einzelne Variablen ausgeben zu lassen oder sogar ihre Werte gezielt zu verändern. Ebenso lässt sich mit GDB der Aufruf einzelner Funktionen Schritt für Schritt verfolgen. All dies und noch einiges mehr lässt sich wohlgemerkt direkt während der Ausführung des Programms durchführen.

Wir werden also nun den Konsolen-Debugger (Kommando gdb) beschreiben, doch wenn Sie seine Ausführung und seinen Einsatz verstanden haben, ist es nicht mehr schwer, auf die mittlerweile zahlreichen zur Verfügung stehenden grafischen Frontends zurückzugreifen. Eines der komfortableren Tools, das wir Ihnen diesbezüglich empfehlen können, ist DDD, entwickelt von Dorothea Lütkehaus und Andreas Zeller.

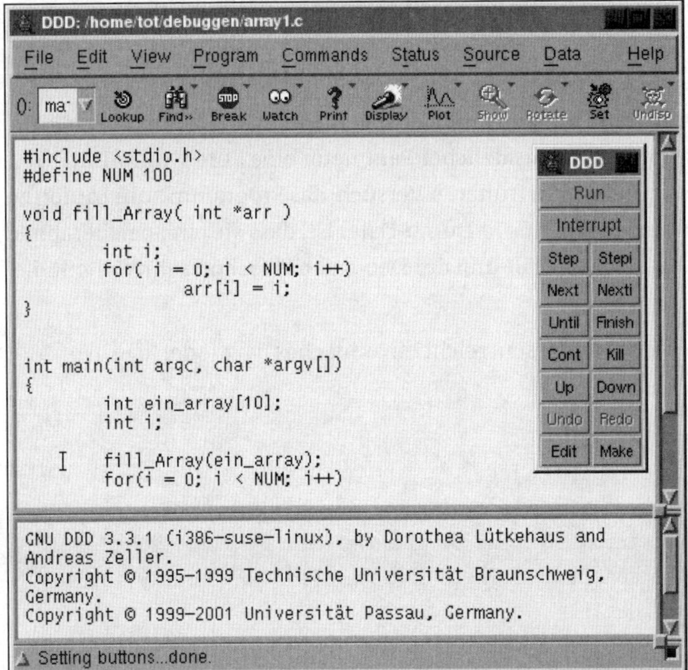

Abbildung 16.11 DDD – ein grafisches Frontend für den GDB

Ein Programm für gdb übersetzen

Als ersten Schritt müssen Sie die Anwendung für den Debugger übersetzen. Dies geschieht mit der Option -g. Durch Verwendung dieser Option generiert der Compiler eine sogenannte *Symboltabelle*. Darin stehen sämtliche Schlüsselwörter, aber auch sämtliche Variablen und Funktionen, die Ihr Programm verwendet. Die ausführbare Datei benötigt natürlich deshalb auch mehr Plattenplatz, da sie jetzt Informationen für den Debugger enthält.

Häufig wurde in diesem Buch das Flag -ggdb3 verwendet, womit noch viel mehr Informationen hinzugefügt werden, was aber auch bedeutet, dass die ausführbare Datei wesentlich größer wird. Sollte aber ein bestimmtes Flag des gdb-Kommandos nicht funktionieren, kann es sein, dass zu wenige Debug-Informationen vorhanden sind. Die Größe der Debug-Version einer Anwendung hängt vor allem von der Anzahl der Objektdateien ab. Ein normales Programm (ohne GUI) verwendet 100–200 kB an Plattenplatz, mit -ggdb3 ist es geringfügig mehr (etwa 500 kB). Normale Anwendungen (z. B. Serverzubehöranwendungen), die bei etwa 300 KB liegen, belegen anschließend bis zu 1,5 MB mit dem Schalter -ggdb3, Serveranwendungen wie Samba hingegen sind im -O2 -g0-Modus gerade einmal 3,03 MB groß, während es mit -ggdb3 -O0 schon gut 170 MB werden können. Auf modernen PCs sind solche Dateigrößen aber kaum noch ein Problem, weshalb sie auch nicht mit Debug-Informationen sparen sollten.

Den Debugger GDB starten

Sie können den Debugger mit folgender Eingabe in der Kommandozeile aufrufen:

```
gdb programm [coredatei]
```

Der Parameter programm gibt die Datei an (auch inklusive vollständiger Pfadangabe), die Sie debuggen wollen. Optional kann auch als zusätzlicher Parameter eine Core-Dump-Datei verwendet werden, falls vorher eine (bei einem früheren Versuch, das Programm zum Laufen zu bringen) angelegt wurde. Der Vorteil einer Core-Dump-Datei ist, dass sie ein Speicherabbild direkt zum Zeitpunkt eines Absturzes enthält und der Debugger oft schon sehr viel mit diesem Dump anfangen kann.

Wollen Sie den GDB am Ende wieder verlassen, reicht ein einfaches quit (oder 'q') aus:

```
$ gdb array1
GNU gdb 5.3
Copyright 2002 Free Software Foundation, Inc.
GDB is free software, covered by the GNU General Public License, and you are
welcome to change it and/or distribute copies of it under certain conditions.
Type "show copying" to see the conditions. There is absolutely no warranty for
GDB.  Type "show warranty" for details.
This GDB was configured as "i586-suse-linux"...
(gdb) quit
```

Den Inhalt einer Datei anzeigen

Wenn Sie eine ausführbare Datei mit dem Kommando gdb gestartet haben, werden Sie sich wohl zuerst einen Überblick über den Quellcode der ausführbaren Datei verschaffen wollen. Hierzu können Sie das Kommando `list` (oder `l`) verwenden. Ein Beispiel ist die folgende Ausgabe:

```
(gdb) list
11
12      int main(int argc, char **argv)
13      {
14              int ein_array[10];
15              int i;
16
17              fill_Array(ein_array);
18              for(i = 0; i < NUM; i++)
19                      printf("Wert %d: %d\n",i, ein_array[i]);
20
(gdb) list 1,5
1       #include <stdio.h>
2       #define NUM 100
3
4       void fill_Array( int *arr )
5       {
(gdb) list fill_Array
1       #include <stdio.h>
2       #define NUM 100
3
4       void fill_Array( int *arr )
5       {
6               int i;
7               for( i = 0; i < NUM; i++)
8                       arr[i] = i;
9       }
10
(gdb) list 4, 9
4       void fill_Array( int *arr )
5       {
6               int i;
7               for( i = 0; i < NUM; i++)
8                       arr[i] = i;
9       }
(gdb)
```

Geben Sie `list` ohne irgendwelche Argumente an, zeigt der GDB einige Zeilen um den Quellcode herum an, der gerade ausgeführt wird (wurde der Quellcode noch nicht ausgeführt, wird der Code um die `main()`-Funktion herum aufgelistet). Die Zeilen auf der linken Seite entsprechen den Zeilennummern im Quellcode (diese werden aber automatisch erstellt und müssen nicht vorher im Editor eingegeben werden). Wiederholen Sie den Aufruf von `list` ohne Argumente, listet der GDB immer die nächsten Zeilen so lange auf, bis Sie am Ende des Quellcodes angekommen sind. Standardmäßig werden bei keiner Angabe von weiteren Argumenten immer zehn Zeilen eingelesen und ausgegeben. Wollen Sie nur bestimmte Zeilen ausgeben, die Sie debuggen oder lesen wollen, können Sie auch, wie im Beispiel gesehen, Folgendes angeben:

```
(gdb) list 1,5
```

Hiermit werden die Zeilen 1 bis 5 aufgelistet. Geben Sie nur eine einzige Zeile an (z. B. mit `list 37`), so werden die Zeilen 32–42 (+/– 5) angezeigt. Natürlich lassen sich hiermit auch bestimmte Funktionen auflisten, z. B. so:

```
(gdb) list fill_Array
```

Ein Programm mit dem gdb ausführen

Bisher haben Sie zwar das Programm in den GDB geladen, aber ausführen müssen Sie dies explizit. Hierzu genügt ein einfaches `run` (oder `r`) in der GDB-Shell:

```
(gdb) run
Starting program: /home/pinguin/debuggen/array1

Program received signal SIGSEGV, Segmentation fault.
0x0000000f in ?? ()
(gdb)
```

Natürlich lässt sich bei unnötig langer Ausgabe des Programms die Standardausgabe auch umleiten. Ebenso ist es möglich, die Eingabe umzuleiten. Im letzten Beispiel wurde die Anwendung komplett ausgeführt und wie auch schon außerhalb des GDB mit einem »segmentation fault« (unerlaubter Speicherzugriff) beendet.

Müssen der Anwendung noch Argumente aus der Kommandozeile übergeben werden, können Sie dies mit `set args` folgendermaßen machen:

```
(gdb) set args argument1 argument2
(gdb) show args
Argument list to give program being debugged when it is started is  "argument1
argument2".
(gdb)
```

Mit show args lassen Sie sich die Argumente, mit denen die Anwendung aus der Kommandozeile gestartet wird, anzeigen. Alternativ können die Argumente auch bei run mitgegeben werden:

```
(gdb) run arg1 arg2 ...
```

Haltepunkte setzen

Bei dem letzten Segmentation Fault können Sie nicht viel erkennen, denn diese Meldung würde auch ohne Debugger ausgegeben. In der Tat sind solche unerlaubten Speicherzugriffe ein ernsteres Problem, als wenn Sie einfach ungültige Funktionswerte eingesetzt hätten (solche Dinge hätten Sie ja schon spätestens im vorigen Schritt entdeckt).

Sie müssen also nun Ihr Programm Schritt für Schritt analysieren, um festzustellen, wo der unerlaubte Speicherzugriff tatsächlich auftritt. Um Ihr Programm nun »sinnvoll« zu debuggen, wird meistens während der Ausführung des Programms an einer oder mehreren kritischen Stellen ein Haltepunkt (sogenannter *Break-Point*) gesetzt. An den als Break-Point definierten Stellen wird die Ausführung des Programms angehalten. Danach können Sie z. B. Variableninhalte überprüfen, ändern oder auch weitere Kommandos ausführen. Haltepunkte werden mit dem Kommando break (oder b) gesetzt. Diese Haltepunkte gibt es in den in Tabelle 16.5 gelisteten Varianten:

Kommando	Bedeutung
break zeilennummer	Ausführung vor der angegebenen Zeilennummer stoppen
break dateiname:Zeilennummer	Ausführung vor der angegebenen Zeilennummer in der Datei dateiname stoppen
break Zeilennummer if bedingung	Ausführung vor der angegebenen Zeilennummer nur dann stoppen, wenn bedingung zutrifft
break Funktion	Ausführung vor dem Eintreten in die Funktion stoppen. Der Hardwaremeister verrät: Der GDB hält erst an, wenn ein neuer Stackframe angefangen wurde. Das passiert bei der mov ebp, esp-Instruktion.
break dateiname:Funktion	Ausführung vor dem Eintreten in die Funktion in der Datei dateiname stoppen
break Funktion if bedingung	Ausführung vor dem Eintreten in die Funktion nur dann stoppen, wenn bedingung zutrifft

Tabelle 16.5 Wichtige Debugger-Kommandos des gdb-Debuggers

Ein einfaches Beispiel wäre:

```
(gdb) list 4, 9
4       void fill_Array( int *arr )
5       {
6               int i;
7               for( i = 0; i < NUM; i++)
8                       arr[i] = i;
9       }
(gdb) break array1.c:7
Note: breakpoint 1 also set at pc 0x804831a.
Breakpoint 2 at 0x804831a: file array1.c, line 7.
(gdb) run
Starting program: /home/pinguin/debuggen/array1

Breakpoint 2, fill_Array (arr=0xbffff3b0) at array1.c:7
7               for( i = 0; i < NUM; i++)
```

Hier wurde bei der Ausführung der Quelldatei *array.c* in Zeile 7 ein Haltepunkt gesetzt, der sofort aktiv wird.

Die Ausführung nach einem Haltepunkt fortsetzen

Um die Ausführung der Anwendung nach einem Break-Point wieder aufzunehmen, müssen Sie das `continue`-Kommando (oder kurz: `c`) verwenden. Nach einem `continue`-Aufruf wird die Ausführung bis zum Programmende, bis zum nächsten Break-Point oder bei Auftreten eines Fehlers fortgesetzt.

```
(gdb) continue
Continuing.

Program received signal SIGSEGV, Segmentation fault.
0x0000000f in ?? ()
```

Verwaltung von Haltepunkten

Da mit der Zeit eine Menge Haltpunkte in einer Debugger-Sitzung zusammenkommen können, bietet das Kommando `info breakpoints` eine Möglichkeit, einen Überblick über die bereits definierten Haltepunkte zu bekommen. Um einen nicht benötigten Haltepunkt wieder zu entfernen, verwenden Sie das Kommando `delete`:

```
(gdb) info breakpoints
Num Type           Disp Enb Address    What
1   breakpoint     keep y   0x0804831a in fill_Array at array1.c:7
        stop only if i == 5
2   breakpoint     keep y   0x0804831a in fill_Array at array1.c:7
        breakpoint already hit 1 time
```

```
(gdb) delete 2
(gdb) info breakpoints
Num Type           Disp Enb Address    What
1   breakpoint     keep y   0x0804831a in fill_Array at array1.c:7
        stop only if i == 5
```

Mit dem Kommando `clear` (oder kurz `cl`) entfernen Sie alle Haltepunkte auf einmal. Vorübergehend ausschalten können Sie einen Haltepunkt mit dem Kommando `disable` und der Nummer als Argument. Aktivieren können Sie diesen Haltepunkt wieder mit `enable` und der entsprechenden Nummer.

Einzelschrittausführung

Gewöhnlich werden Sie, wenn Sie einen Haltepunkt gesetzt haben, auch einzelne Zeilen des Quellcodes schrittweise ausführen wollen. Hierzu stehen Ihnen zwei Kommandos zur Verfügung, nämlich einmal das Kommando `step` (kurz `s`), das eine Anweisung ausführt und, falls es sich um einen Funktionsaufruf handelt, in diese Funktion eintritt und danach immer nur einen Schritt nach dem anderen ausführt. Mit dem zweiten Kommando, `next` (kurz `n`), hingegen wird eine einzelne Zeile ausgeführt oder auch nur eine einzelne Anweisung, falls diese über mehrere Zeilen gehen sollte (bei `printf()` kann dies z. B. der Fall sein). Um den Sachverhalt zu verdeutlichen, folgt ein kurzes Beispiel:


```
(gdb) list
13      {
14              int ein_array[10];
15              int i;
16
17              fill_Array(ein_array);
18              //for(i = 0; i < NUM; i++)
19                      //printf("Wert %d: %d\n",i, ein_array[i]);
20

21              return 0;
22      }
(gdb) break 16
Breakpoint 4 at 0x8048355: file array1.c, line 16.
(gdb) run
The program being debugged has been started already.
Start it from the beginning? (y or n) y

Starting program: /home/pinguin/debuggen/array1

Breakpoint 5, main (argc=1, argv=0xbffff434) at array1.c:17
```

```
17              fill_Array(ein_array);
(gdb) next
21              return 0;
(gdb) next
22      }
(gdb) continue
...
(gdb) run
The program being debugged has been started already.
Start it from the beginning? (y or n) y

Starting program: /home/pinguin/debuggen/array1

Breakpoint 5, main (argc=1, argv=0xbffff434) at array1.c:17
17              fill_Array(ein_array);
(gdb) step
fill_Array (arr=0xbffff3b0) at array1.c:7
7               for( i = 0; i < NUM; i++)
(gdb) step
8                       arr[i] = i;
(gdb) step
7               for( i = 0; i < NUM; i++)
(gdb) step
8                       arr[i] = i;
(gdb) step
7               for( i = 0; i < NUM; i++)
(gdb) continue
Continuing.
```

Hier wurde vor dem Funktionsaufruf fill_Array in der main()-Funktion ein Break-Point gesetzt. Wenn Sie das Programm jetzt laufen lassen und mit next den nächsten Schritt ausführen, wird die komplette Funktion fill_Array ausgeführt und anschließend mit der Ausführung in der main()-Funktion hinter fill_Array fortgefahren. Verwenden Sie hingegen beim selben Break-Point das step-Kommando, werden die Anweisungen in der Funktion fill_Array Schritt für Schritt ausgeführt.

Datenausgabe

Natürlich müssen Sie beim Debuggen auch manchmal auf die Werte von Variablen zugreifen. Hierzu können Sie das print-Kommando (kurz p) des GDB verwenden. Mit dem print-Kommando lässt sich mehr machen, als man diesem einfachen Kommando ansehen würde, z. B.:

- Funktionsaufrufe innerhalb von Programmen mit Übergabe von Parametern. Zum Beispiel könnten Sie eine Funktion mit folgenden Parametern aufrufen:

  ```
  (gdb) print summe_von(4, 9, 3)
  $1 = 16
  ```

  Damit haben Sie eine globale Variable definiert, die während der gesamten Ausführungszeit des Programms sichtbar bleibt.

- Auflisten von komplexen Datenstrukturen. Wenn Sie z. B. folgende Datenstruktur in einem zu debuggenden Programm haben:

  ```
  struct komplex {
          int i;
          char a;
          char j[6];
  };
  ```

  dann können Sie aus dieser Struktur wie folgt sämtliche Informationen herauslesen:

  ```
  (gdb) print komplex
  $1 = (struct komplex *) 0x40014814
  (gdb) print *komplex
  $2 = {i = 1073825736, a = 0 '\0', j = "\0\0\0\0\0"}
  ```


- Werteverlauf-Elemente (History). Sicherlich sind Ihnen bei den `print`-Ausgaben Parameter wie $1, $2, $3 aufgefallen. Dabei handelt es sich um sogenannte *Werteverlauf-Elemente*, die Sie jederzeit verwenden können. Als Beispiel sei folgender Werteverlauf angegeben:

  ```
  (gdb) print summe_von(4, 9, 3)
  $1 = 16
  ```

  Jetzt können Sie z. B. auf das Element $1 folgendermaßen zugreifen:

  ```
  (gdb) print $1 + 5
  $2 = 21
  (gdb) print $1 + $2
  $3 = 37
  ```

  Jedes dieser Werteverlauf-Elemente gilt bis zum Ende der Programmausführung, und darauf kann auch jederzeit zurückgegriffen werden.

- Künstliche Felder. Mit künstlichen Feldern können Sie Speicherbereiche wie Arrays oder dynamisch allozierten Speicher anlegen, z. B. wie folgt:

  ```
  (gdb) list
  8       };
  9
  10      static void fill_Array( int *arr )
  11      {
  ```

```
12              int i;
13              for( i = 0; i < NUM; i++)
14                      arr[i] = i;
15      }
16
17
(gdb) break 15
Breakpoint 5 at 0x8048343: file array1.c, line 15.
(gdb) run
Starting program: /home/pinguin/debuggen/array1

Breakpoint 5, fill_Array (arr=0xbffff3b0) at array1.c:15
15      }
(gdb) print arr@10
$6 = {0xbffff3b0, 0x400144a0, 0x1a, 0x40014678, 0xbffff3f0,
      0x4000ae8f,0x40014814, 0x40014e10, 0x0, 0x1}
(gdb) print arr@15
$7 = {0xbffff3b0, 0x400144a0, 0x1a, 0x40014678, 0xbffff3f0,
      0x4000ae8f, 0x40014814, 0x40014e10, 0x0, 0x1, 0x2, 0x3,
      0x4, 0x5, 0x6}
(gdb) print arr[0]@10
$8 = {0, 1, 2, 3, 4, 5, 6, 7, 8, 9}
(gdb) print arr[0]@15
$9 = {0, 1, 2, 3, 4, 5, 6, 7, 8, 9, 10, 11, 12, 13, 14}
(gdb) print arr[20]@5
$10 = {20, 21, 22, 23, 24}
```

Mit `arr@10` haben Sie sich die Adressen der ersten zehn Arrays ausgeben lassen. Mit `arr[0]@10` hingegen haben Sie zehn Werte ausgegeben, beginnend bei 0, die sich im Array `arr` befinden. `arr[20]@5` dagegen gibt fünf Arraywerte aus, allerdings beginnend bei Element 20 des Arrays `arr`.

Variablen überprüfen und verändern

Außer die Variablen mit `print` auszugeben, können Sie auch ermitteln, von welchem Typ eine Variable ist. Des Weiteren ist es möglich, einer Variablen einen Wert zuzuweisen. Das Ermitteln des Datentyps wird mit dem Kommando `whatis` und für komplexere Datenstrukturen mit `ptype` erledigt. Das nächste Beispiel macht genau dies:

```
(gdb) list
10      void fill_Array( int *arr )
11      {
12              int i;
13              for( i = 0; i < NUM; i++)
```

```
14                      arr[i] = i;
15        }
16
17
18        int main(int argc, char **argv)
19        {
(gdb) whatis i
type = int
(gdb) whatis *arr
type = int
(gdb) whatis arr[0]
type = int
(gdb) next
main (argc=16, argv=0x11) at array1.c:28
28              return 0;
(gdb) whatis komp
type = struct komplex *
(gdb) ptype komp
type = struct komplex {
    int i;
    char a;
    char j[6];
} *
(gdb) usw.
```


Werte können Sie den Variablen auch mit dem Kommando `set variable` oder aber auch mit `print` zuweisen:

```
(gdb) print arr[5]
$15 = 5
(gdb) set variable arr[5] = 100
(gdb) print arr[5]
$16 = 100
(gdb) print arr[5] = $16 + $15
$17 = 105
```

Weiteres zum GDB

Zum Schluss der Einführung in den Umgang mit dem Debugger GDB noch einige Tipps, durch die Sie noch etwas komfortabler arbeiten können:

- Wollen Sie ein zuvor eingetipptes Kommando wiederholt ausführen, reicht ein simples Drücken der [↵]-Taste – was sich gerade beim schrittweisen Debuggen als sehr hilfreich erweist.

- Die einzelnen Kommandos im GDB müssen nicht ganz ausgeschrieben werden, wie schon des Öfteren angedeutet. Einige Kommandos können auch nur durch den Anfangsbuchstaben abgekürzt werden, zum Beispiel `r` für `run`, `c` für `continue`, `n` für `next`, `s` für `step` oder `q` für `quit`. Damit lässt sich der Tippaufwand enorm verringern. Mehr hierzu finden Sie in den Manual Pages zum GDB (`man gdb`).

[+]

Tipp

Versuchen Sie doch einmal, das eben durchgeführte Beispiel mit dem grafischen Frontend DDD auszuführen. Im Prinzip müssen Sie hierbei nur die Maus statt der Tastatur verwenden.

16.8 STRACE – Systemaufrufe verfolgen

STRACE ist ein Werkzeug, das konsequent die Systemaufrufe anzeigt, die ein laufendes Programm ausführt. Dabei befindet sich STRACE praktisch als Schnittstelle zwischen dem Programm und dem Kernel. Wird beispielsweise ein einfacher `printf()`-Aufruf verwendet, können Sie sich mit dem entsprechenden `strace`-Kommando anzeigen lassen, wie die Ausgabe eigentlich stattfindet – sprich, wie es z. B. von der Funktion `printf()` zum eigentlichen Systemcall kommt. Sie wissen zwar wahrscheinlich, dass `printf()` mit `write()` realisiert wurde, aber dessen sind sich viele Programmierer nicht bewusst. STRACE wird gerne für folgende Aufgaben verwendet:

- Programmierer, die sich mit der Kernel-Programmierung auseinandersetzen wollen, lernen mit STRACE die Systemaufrufe und Programmiertechniken kennen, die für das Zusammenspiel von Software und dem Betriebssystem (Kernel) nötig sind.
- Debuggen von Software, wenn sich diese ein wenig seltsam verhält oder dauernd abstürzt – was mit STRACE auch ohne den Quelltext möglich ist.
- Herausfinden von Geschwindigkeitsbremsen von Software, deren Quelltext nicht vorhanden ist.

[»]

Hinweis

Damit STRACE auch die Systemaufrufe, die eine Software benutzt, protokollieren kann, muss der Kernel dies natürlich unterstützen. Diese Unterstützung wird letztendlich auch nur wieder mit einem Systemaufruf (`ptrace()`) realisiert.

Die Ausgabe des STRACE-Protokolls kann enorm lang werden, weshalb hier als Beispiel nur die Ausgabe des Protokolls des `Hallo Welt`-Programms aufgeführt ist:

```
#include <stdio.h>

int main(void) {
    printf("Hallo Welt\n");
        return 0;
}
```

Das STRACE-Protokoll sieht so aus:

```
$ strace hallo
execve("./hallo", ["./hallo"], [/* 65 vars */]) = 0
uname({sys="Linux", node="linux", ...}) = 0
brk(0)                                  = 0x8049548
open("/etc/ld.so.preload", O_RDONLY)    = -1 ENOENT (No such file or directory)
open("/etc/ld.so.cache", O_RDONLY)      = 3
fstat64(3, {st_mode=S_IFREG|0644, st_size=70568, ...}) = 0
old_mmap(NULL, 70568, PROT_READ, MAP_PRIVATE, 3, 0) = 0x40015000
close(3)                                = 0
open("/lib/libc.so.6", O_RDONLY)        = 3
read(3, "\177ELF\1\1\1\0\0\0\0\0\0\0\0\3\0\3\0\1\0\0\0pY\1\000"..., 1024) = 1024
fstat64(3, {st_mode=S_IFREG|0755, st_size=1491599, ...}) = 0
old_mmap(NULL, 1268004, PROT_READ|PROT_EXEC, MAP_PRIVATE, 3, 0) = 0x40027000
mprotect(0x40156000, 26916, PROT_NONE)  = 0
old_mmap(0x40156000, 16384, PROT_READ|PROT_WRITE, MAP_PRIVATE|MAP_FIXED, 3,
0x12f000) = 0x40156000
old_mmap(0x4015a000, 10532, PROT_READ|PROT_WRITE, MAP_PRIVATE|MAP_FIXED|
MAP_ANONYMOUS, -1, 0) = 0x4015a000
close(3)                                = 0
munmap(0x40015000, 70568)               = 0
fstat64(1, {st_mode=S_IFCHR|0600, st_rdev=makedev(136, 4), ...}) = 0
old_mmap(NULL, 4096, PROT_READ|PROT_WRITE, MAP_PRIVATE|MAP_ANONYMOUS,
-1, 0) = 0x40015000
write(1, "Hallo Welt\n", 11)            = 11
munmap(0x40015000, 4096)                = 0
exit_group(0)                           = ?
```

Durch den strace-Aufruf bekommen Sie auch eine Menge Systemaufrufe angezeigt, die sich gar nicht unmittelbar im Quellcode befinden und dennoch mit ausgeführt werden. Die komplette Ausgabe wurde auf der Standardfehlerausgabe gemacht, womit Sie die Möglichkeit haben, diese Meldungen von der Standardfehlerausgabe des Programms in eine Datei zu schreiben. Bei der Ausgabe können Sie auch erkennen, dass strace nicht nur die Namen der

Systemcalls ausgibt, sondern auch alle Parameter und sogar die Rückgabewerte. Sie sehen dabei auch, welch ein Aufwand betrieben wird, bis es zur Ausgabe des Strings mittels

```
write(1, "Hallo Welt\n", 11)           = 11
```

kommt. Ganz zu Beginn finden Sie gewöhnlich immer den `execve()`-Aufruf, der das Programm selbst startet. Der komplette zusätzliche Code wird zum Starten und Ausführen des Programms benötigt. So wird z. B. die C-Standardbibliothek dynamisch in dem Speicherbereich des Prozesses eingeblendet:

```
open("/lib/libc.so.6", O_RDONLY)       = 3
```

Die anderen Systemaufrufe wie `old_mmap` und `munmap` werden für die Verwaltung von dynamischem Speicher verwendet, der für die Anwendung nötigt ist.

Neben der eben gezeigten Verwendung von `strace` lässt sich mithilfe von verschiedenen Optionen eine noch detailliertere Ausgabe erreichen. Einige mögliche Optionen sind in Tabelle 16.6 aufgeführt:

Aufruf	Bedeutung
`strace hallo`	Startet `hallo` und gibt dessen Systemaufrufe auf dem Bildschirm aus.
`strace -o hallo.log hallo`	Ausgabe in *hallo.log*
`strace -f -o hallo.log hallo`	Verfolgt auch Kindprozesse.
`strace -p pid`	Verfolgt die Aufrufe des laufenden Prozesses mit der `PID pid`.
`strace -e trace=open,write hallo`	Gibt nur Systemaufrufe aus, die das Dateimanagement betreffen (hier `open` und `write`).

Tabelle 16.6 Einige von vielen strace-Aufrufen

Als Ausblick lässt sich zu `strace` sagen, dass dieses Werkzeug sehr hilfreich ist, um die Kommunikationsabläufe zwischen dem Kernel und einem ausführbaren Programm zu verstehen. Ein ganz klarer Vorteil dieses Tools ist, dass der Quelltext nicht vorliegen muss, um damit direkt arbeiten zu können. Allerdings stellt das Tool `strace` eine ziemlich hohe Anforderung an den Entwickler und richtet sich vorwiegend an Programmierer, die sich mit der Kernel-Programmierung auseinandersetzen müssen.

16.9 Memory Leaks und unerlaubte Speicherzugriffe

Mit den Problemen von *Buffer Overflows* und den *Memory Leaks* haben sehr viele Programmierer zu kämpfen, die ältere Software portieren oder verbessern müssen. Hierbei finden sich recht häufig Funktionen oder Fehler, bei denen eine Überschreitung der zulässigen Speicherbereiche stattfindet. Ein Speicherleck (*Memory Leak*) tritt auf, wenn der in einer Funktion allozierte Speicher zwar angefordert, aber nie wieder freigegeben wird (z. B. mit `free()`). Wenn diese Funktion dann immer wieder aufgerufen wird und immer wieder erneut Speicher anfordert, sollte es logisch sein, dass dem Programm zwangsläufig immer weniger Speicher zur Verfügung steht. Irgendwann werden Sie sich dann wundern, warum das Programm plötzlich langsam wird, und müssen es zwangsweise neu starten. Ein *Buffer Overflow* tritt ein, wenn in einen Puffer mehr Daten hineingeschrieben werden, als eigentlich erlaubt sind. Auch hier wird Speicher benutzt, der eigentlich gar nicht benutzt werden soll.

Das Schlimme an Memory Lears und Buffer Overflows ist, dass häufig das Programm sehr lange scheinbar fehlerfrei ausgeführt wird. Meistens treten Fehler also fast immer sehr spät auf, wenn das Programm schon lange freigegeben wurde. Noch schlimmer wiegt aber die Tatsache, dass Hacker in die Speicherlöcher Schadcode einschleusen können, der z. B. die Benutzer ausspioniert. Vor allem auf Servern laufen die Programme oft jahrelang, ohne dass jemand merkt, dass der Server abgehört wird.

Für beide Probleme (also die Memory Leaks und die Buffer Overflows) gibt es mittlerweile eine Menge hervorragender Tools, vom einfachen (kostenlosen) Konsolentool bis hin zum ultimativen Alleskönner-Tool (die sogenannte *Killer-App*), die allerdings auch zu Recht ihren Preis hat.

16.9.1 efence

Als Beispiel möchten wir Ihnen das Tool `efence` etwas näher vorstellen. Das Tool `efence` ist eigentlich eine Bibliothek. Diese Bibliothek liegt den meisten Linux-Distributionen bei und lässt sich auch problemlos nachinstallieren. Das Prinzip von `efence` ist einfach, aber effektiv, um Speicherüberläufe zu verhindern. Dazu wird ein Speicherbereich so angelegt, dass sich vor und nach diesem Bereich ein nicht benutzter Speicherbereich befindet, ein Loch, wenn Sie so wollen. Wenn nun ein Byte quasi durch das Loch fällt, bricht `efence` das Programm ab. Damit dies auch funktioniert, werden die Standardfunktionen zum Reservieren von Speicher, wie z. B. `malloc()`, `realloc()`, `calloc()` und `free()`, durch eigene Routinen ersetzt, die `efence` zur Verfügung stellt. Es gibt außerdem weitere Funktionen, die Ihnen diese Bibliothek zur Verfügung stellt. Hierzu sei allerdings wieder die Manual Page von `efence` empfohlen.

Um eine Anwendung mit `efence` zu übersetzen, muss die Bibliothek *libefence* mit `-lefence` hinzugelinkt werden. Zur Demonstration soll das folgende fehlerhafte Listing verwendet werden:

```
/* memoryleak.c */
#include <stdio.h>
#include <stdlib.h>
#include <string.h>
#define BUF 10

static char *alloc_memory( unsigned int mem ) {
    return malloc( mem );
}

int main(void) {
    char* ptr = alloc_memory( BUF );
    char* buf;
    char array[BUF];
    unsigned int i;

    printf("Eingabe machen: ");
    fgets(ptr, BUF, stdin);
    printf("Die Eingabe lautet : %s", ptr );
    /* Speicherüberschreitung */
    strcat(ptr, " 123456789");
    printf("%s\n", ptr );
    /* falsches free() */
    for( i = 0; i<BUF; i++ ) {
        buf = alloc_memory( BUF * BUF );
        /* Tu was mit dem Speicher ... */
        /* Ein nicht reservierter Speicher */
        /* wird freigegeben. */
        free(ptr);
    }
    return EXIT_SUCCESS;
}
```

Listing 16.16 So entstehen Memory Leaks.

Testen wir dieses Beispiel erst einmal:

```
$~> gcc memory.c -o memory
$~> ./memory
Eingabe machen: Jürgen
Die Eingabe lautet: Jürgen
Jürgen
 123456789
```

Obwohl sich in dem Listing zwei gravierende Fehler befinden, lässt sich das Programm problemlos ausführen (zumindest meistens). Jetzt soll dasselbe Beispiel nochmals mit der `efence`-Bibliothek und dem Compilerflag für den Debugger GDB übersetzt werden:

```
$~> gcc memory.c -o memory -ggdb -lefence
$~> ./memory
Electric Fence 2.2.0 Copyright (C) 1987-1999 Bruce Perens <bruce@perens.com>
Eingabe machen: Jürgen
Die Eingabe lautet: Jürgen
Speicherzugriffsfehler
```

Hier sieht es schon ein wenig anders aus. Ein Speicherzugriffsfehler wurde mithilfe von `efence` entdeckt. Um mehr hierüber zu erfahren, sollten Sie jetzt das Programm mit dem Debugger GDB starten:

```
$~> gdb memory
(gdb) run
Starting program: /home/pinguin/memory
[New Thread 16384 (LWP 4341)]
Electric Fence 2.2.0 Copyright (C) 1987-1999 Bruce Perens
Eingabe machen: Jürgen
Die Eingabe lautet: Jürgen

Program received signal SIGSEGV, Segmentation fault.
[Switching to Thread 16384 (LWP 4341)]
0x400a533d in strcat () from /lib/libc.so.6
(gdb) bt
#0  0x400a533d in strcat () from /lib/libc.so.6
#1  0xbffff444 in ?? ()
#2  0x400408ae in __libc_start_main () from /lib/libc.so.6
```

Nach einem Aufruf von `bt` (auch `where`) finden Sie von unten nach oben die Stelle, an der das Programm mit dem Signal `SIGSEGV` abgebrochen hat. `strcat()` in der `main()`-Funktion ist hier also für den Speicherfehler verantwortlich. Nach der Beseitigung des Fehlers sollten Sie die Anwendung natürlich außerdem testen, also mit `efence` neu übersetzen:

```
$~> gcc -o memory memory.c -ggdb -lefence
$~> gdb memory
(gdb) run
Starting program: /home/pinguin/memory
[New Thread 16384 (LWP 4372)]
Electric Fence 2.2.0 Copyright (C) 1987-1999 Bruce Perens
Eingabe machen: Jürgen
Die Eingabe lautet: Jürgen
```

```
ElectricFence Aborting: free(401b3ff6): address not from malloc().

Program received signal SIGILL, Illegal instruction.
[Switching to Thread 16384 (LWP 4372)]
0x40054691 in kill () from /lib/libc.so.6
(gdb) bt
#0  0x40054691 in kill () from /lib/libc.so.6
#1  0x40029127 in do_abort () from /usr/lib/libefence.so.0
#2  0x400293e4 in EF_Abort () from /usr/lib/libefence.so.0
#3  0x40028c8e in free () from /usr/lib/libefence.so.0
#4  0x080485ed in main () at memory.c:33
#5  0x400408ae in __libc_start_main () from /lib/libc.so.6
(gdb) list 33
28              for( i = 0; i<BUF; i++ )
29              {
30                      buf = alloc_memory( BUF * BUF );
31                      /* Tu was mit dem Speicher. */
32                      /* Ein nicht reservierter Speicher */
33                      /* wird freigegeben. */
34                      free(ptr);
35              }
36              return 0;
37      }
```

Nun haben Sie einen weiteren Übeltäter ausgemacht. Hier bekommen Sie beim Aufruf von bt gleich die Zeilennummer und die Funktion mit ausgegeben. Im Beispiel wurde das Programm mit dem Signal für einen illegalen Maschinenbefehl in der main-Funktion in Zeile 33 abgebrochen. Bei einem genauen Blick auf free() fällt auf, dass hier ein unerlaubter Zeiger freigegeben wurde. Anstatt buf wird hier immer wieder ptr freigegeben. Nach der letzten Korrektur läuft die Anwendung erstmals ohne einen Abbruch.

Sie konnten zwar jetzt mithilfe von efence auch größere Fehler beseitigen, dennoch sollte nicht unerwähnt bleiben, dass efence nur Speicherüberschreitungen auf dem Heap erkennt. Speicherüberschreitungen in statischen Puffern hingegen, wie z. B. bei einem Array, kann efence ebenso wenig erkennen wie Memory Leaks. Ein weiterer Nachteil von efence ist der sehr hohe Speicherverbrauch, womit die Performance erheblich ausgebremst wird. Somit sollten Sie nach dem ausgiebigen Testen mit efence die finale Version Ihrer Anwendung möglichst ohne efence übersetzen und anbieten.

16.9.2 valgrind

Das Tool `efence` ist im Endeffekt schon sehr betagt, natürlich ist es deshalb auch auf allen Linux-Systemen vorhanden bzw. kann sehr leicht nachinstalliert werden. Dies ist ein Vorteil, außerdem sind alte Tools nicht immer schlechter als neue.

Einen Schritt weiter geht das Tool `valgrind`. Hiermit lassen sich auch Memory Leaks und noch einiges mehr (wie z. B. Buffer Overflows) ermitteln. Zum Beispiel ist es mit `valgrind` auch möglich, den Schreib- oder Lesezugriff auf nicht allozierten Speicher über Arraygrenzen und gar über einige Bereiche des Stacks hinaus zu finden. `valgrind` benötigt im Gegensatz zu `efence` auch keine Extrabibliothek und belastet somit die Performance überhaupt nicht. Zur Demonstration wenden wir nun `valgrind` auf das fehlerhafte Listing an, das wir schon im vorigen Beispiel benutzt haben:

```
$~> valgrind ./memory
==5767== Memcheck, a.k.a. Valgrind, a memory error detector for x86-linux.
...
==5767==
Eingabe machen: Jürgen
Die Eingabe lautet: Jürgen
==5767== Invalid write of size 1
==5767== at 0x401636FF: strcat (in /usr/lib/valgrind/valgrind.so)
==5767==    by 0x80484B2: main (in /home/pinguin/memory)
==5767==    by 0x4022E8AD: __libc_start_main (in /lib/libc.so.6)
==5767==    by 0x8048390: (within /home/pinguin/memory)
==5767==    Address 0x40F4902E is 0 bytes after a block of size 10 alloc'd
==5767== at 0x40162F43: malloc (in /usr/lib/valgrind/valgrind.so)
==5767==    by 0x8048444: alloc_memory (in /home/pinguin/memory)
==5767==    by 0x8048463: main (in /home/pinguin/memory)
==5767==    by 0x4022E8AD: __libc_start_main (in /lib/libc.so.6)
==5767==
==5767== Invalid write of size 1
==5767== at 0x40163708: strcat (in /usr/lib/valgrind/valgrind.so)
==5767==    by 0x80484B2: main (in /home/pinguin/memory)
==5767==    by 0x4022E8AD: __libc_start_main (in /lib/libc.so.6)
==5767==    by 0x8048390: (within /home/pinguin/memory)
==5767==    Address 0x40F49035 is 7 bytes after a block of size 10 alloc'd
==5767== at 0x40162F43: malloc (in /usr/lib/valgrind/valgrind.so)
==5767==    by 0x8048444: alloc_memory (in /home/pinguin/memory)
==5767==    by 0x8048463: main (in /home/pinguin/memory)
==5767==    by 0x4022E8AD: __libc_start_main (in /lib/libc.so.6)
==5767==
==5767== Invalid read of size 1
==5767==    at 0x40163721: strlen (in /usr/lib/valgrind/valgrind.so)
```

16

```
==5767==    by 0x402658BD: _IO_vfprintf_internal (in
...
...
==5767== Invalid read of size 1
==5767== at 0x4028ACCA:_IO_default_xsputn_internal(in /lib/libc.so.6)
==5767== by 0x40289D24: _IO_file_xsputn@@GLIBC_2.1 (in /lib/libc.so.6)
==5767==    by 0x40265A7A: _IO_vfprintf_internal (in /lib/libc.so.6)
==5767==    by 0x4026CBBF: _IO_printf (in /lib/libc.so.6)
==5767==    Address 0x40F4902E is 0 bytes after a block of size 10 alloc'd
==5767== at 0x40162F43: malloc (in /usr/lib/valgrind/valgrind.so)
==5767==    by 0x8048444: alloc_memory (in /home/pinguin/memory)
==5767==    by 0x8048463: main (in /home/pinguin/memory)
==5767==    by 0x4022E8AD: __libc_start_main (in /lib/libc.so.6)
 123456789
==5767==
==5767== Invalid free() / delete / delete[]
==5767==    at 0x401631DC: free (in /usr/lib/valgrind/valgrind.so)
==5767==    by 0x80484F2: main (in /home/pinguin/memory)
==5767==    by 0x4022E8AD: __libc_start_main (in /lib/libc.so.6)
==5767==    by 0x8048390: (within /home/pinguin/memory)
==5767==    Address 0x40F49024 is 0 bytes inside a block of size 10 free'd
==5767==    at 0x401631DC: free (in /usr/lib/valgrind/valgrind.so)
==5767==    by 0x80484F2: main (in /home/pinguin/memory)
==5767==    by 0x4022E8AD: __libc_start_main (in /lib/libc.so.6)
==5767==    by 0x8048390: (within /home/pinguin/memory)
==5767==
==5767== ERROR SUMMARY: 39 errors from 6 contexts (suppressed: 0 from 0)
==5767== malloc/free: in use at exit: 1000 bytes in 10 blocks.
==5767== malloc/free: 11 allocs, 10 frees, 1010 bytes allocated.
==5767== For a detailed leak analysis,  rerun with: --leak-check=yes
==5767== For counts of detected errors, rerun with: -v
```

Es fällt gleich auf, dass valgrind weit mehr anzeigt als efence (was durchaus auch mehr verwirren kann, als es nutzt). Wir möchten Ihnen die Ausgabe ein bisschen genauer erläutern, ohne uns zu sehr in Details zu verstricken. Zum Beispiel teilt Ihnen valgrind mit den folgenden Zeilen Folgendes mit:

```
==5767== Invalid write of size 1
==5767== at 0x40163708: strcat (in /usr/lib/valgrind/valgrind.so)
==5767==    by 0x80484B2: main (in /home/pinguin/memory)
==5767==    by 0x4022E8AD: __libc_start_main (in /lib/libc.so.6)
==5767==    by 0x8048390: (within /home/pinguin/memory)
==5767==    Address 0x40F49035 is 7 bytes after a block of size 10 alloc'd
```

```
==5767== at 0x40162F43: malloc (in /usr/lib/valgrind/valgrind.so)
==5767==     by 0x8048444: alloc_memory (in /home/pinguin/memory)
==5767==     by 0x8048463: main (in /home/pinguin/memory)
==5767==     by 0x4022E8AD: __libc_start_main (in /lib/libc.so.6)
```

Hier wird ein ungültiger Schreibvorgang mit `strcat()` in der `main()`-Funktion durchgeführt, und zwar wurden 7 Bytes hinter einen reservierten Speicherblock geschrieben, der eigentlich nur für eine Größe von 10 Bytes vorgesehen ist. Also wurden insgesamt 17 Bytes in den Speicher geschrieben. Des Weiteren wird aufgelistet, wo der Speicher reserviert wurde.

Dasselbe Problem wird dann ebenfalls in dreifacher Ausführung mit der anschließenden Ausgabe von `printf()` beschrieben (siehe: `Invalid read of size 1`). Hier wird also auch ein Lesezugriff auf einen nicht allozierten Bereich ausgeführt.

Ebenso wird der Fehler einer nicht erlaubten Freigabe (falscher Zeiger) des Speichers bemängelt. Vorbildlich hat hier `valgrind` also alle Fehler auf einmal aufgedeckt. Verbessern Sie auch hier wieder die Fehler, und führen Sie `valgrind` erneut aus, z. B. so:

```
$~> gcc memory.c -o memory
$~> valgrind ./memory
==5798== Memcheck, a.k.a. Valgrind, a memory error detector for x86-linux.
...
==5798==
Eingabe machen: Jürgen
Die Eingabe lautet: Jürgen
==5798==
==5798== ERROR SUMMARY: 0 errors from 0 contexts (suppressed: 0 from 0)
==5798== malloc/free: in use at exit: 10 bytes in 1 blocks.
==5798== malloc/free: 11 allocs, 10 frees, 1010 bytes allocated.
==5798== For a detailed leak analysis,  rerun with: --leak-check=yes
==5798== For counts of detected errors, rerun with: -v
```

Jetzt scheint alles in Ordnung zu sein, es werden also keine Fehler mehr angezeigt. Aber dennoch haben Sie noch das folgende Memory Leak entdeckt:

```
==5798== malloc/free: in use at exit: 10 bytes in 1 blocks.
==5798== malloc/free: 11 allocs, 10 frees, 1010 bytes allocated.
```

Nach dem Ende der Anwendung sind immer noch 10 Bytes (1 Block) Speicher übrig, der nicht freigegeben wurde. Eine Zeile tiefer wird Ihnen das nochmals bestätigt – `11 allocs` und `10 frees`. Sie haben also ein Memory Leak gefunden. Nun gehen wir der letzten Ausgabe nach und verwenden das Flag `--leak-check=yes`, um Genaueres zu erfahren:

```
$~> valgrind --leak-check=yes ./memory
...
==5801==
Eingabe machen: Jürgen
Die Eingabe lautet: Jürgen
==5801==
==5801== ERROR SUMMARY: 0 errors from 0 contexts (suppressed: 0 from 0)
==5801== malloc/free: in use at exit: 10 bytes in 1 blocks.
==5801== malloc/free: 11 allocs, 10 frees, 1010 bytes allocated.
==5801== For counts of detected errors, rerun with: -v
==5801== searching for pointers to 1 not-freed blocks.
==5801== checked 3413996 bytes.
==5801==
==5801== 10 bytes in 1 blocks are definitely lost in loss record 1 of 1
==5801== at 0x40162F43: malloc (in /usr/lib/valgrind/valgrind.so)
==5801==    by 0x8048414: alloc_memory (in /home/pinguin/memory)
==5801==    by 0x8048433: main (in /home/pinguin/memory)
==5801==    by 0x4022E8AD: __libc_start_main (in /lib/libc.so.6)
==5801==
==5801== LEAK SUMMARY:
==5801==    definitely lost: 10 bytes in 1 blocks.
==5801==    possibly lost:   0 bytes in 0 blocks.
==5801==    still reachable: 0 bytes in 0 blocks.
==5801==         suppressed: 0 bytes in 0 blocks.
==5801== Reachable blocks (those to which a pointer was found) are not shown.
==5801== To see them, rerun with: --show-reachable=yes
==5801==
```

Auf jeden Fall haben Sie 10 Bytes in der `main()`-Funktion am Ende nicht wieder aus dem Speicher entfernt. Diesen Fehler können Sie jetzt auch noch ausbügeln, und dann dürfte `valgrind` nichts mehr zu bemängeln haben:

```
$~> gcc memory.c -o memory
$~> valgrind --leak-check=yes ./memory
...
==5815==
Eingabe machen: Jürgen
Die Eingabe lautet: Jürgen
==5815==
==5815== ERROR SUMMARY: 0 errors from 0 contexts (suppressed: 0 from 0)
==5815== malloc/free: in use at exit: 0 bytes in 0 blocks.
```

```
==5815== malloc/free: 11 allocs, 11 frees, 1010 bytes allocated.
==5815== For counts of detected errors, rerun with: -v
==5815== No malloc'd blocks -- no leaks are possible.
```

Keine Beanstandungen mehr von valgrind – jetzt sollte das Programm also fehlerfrei laufen.

16.10 Ausblick

Zu dem Thema »Werkzeuge für Programmierer« könnten wir noch viel mehr Seiten verfassen. Gerade das Thema »Behandlung und Vermeidung von Fehlern« ist ein Muss für jeden Programmierer. Leider konnten wir in diesem Buch einige Themen zum Teil gar nicht behandeln oder mussten sie wegen des schon enormen Umfangs auch teilweise streichen. Daher seien hier einige Stichpunkte erwähnt, mit denen Sie sich noch beschäftigen können:

- Eingabedatenverarbeitung und Parsing. Hierzu zählen z. B. die syntaktische Analyse mit YACC und die lexikalische Analyse mit LEX.
- Im Buch haben wir zwar das Tool make beschrieben, aber es besteht auch die Möglichkeit, Software mit den Tools autoconf und automake automatisch zu konfigurieren und zu bauen. Das Tool automake generiert Makefiles, die danach von autoconf benutzt werden können. Autoconf wiederum erstellt dabei Shell-Skripte, die Quelltexte automatisch konfigurieren.
- Programme dokumentieren: Das Thema haben wir gar nicht beschrieben. Es reicht vom einfachen Erstellen einer Manual Page bis hin zum Erstellen einer komfortablen Dokumentation mit DOXYGEN.
- Versionskontrolle: Zwar haben wir mit den Programmen RCS und CVS recht mächtige Anwendungen beschrieben, aber auch hier wären weitere Recherchen zu den Tools und PATCH sinnvoll.

Anhang

Anhang A
Sicherheit unter Linux

Ziel dieses Anhangs ist es, Sie in kürzeren Abschnitten auf mögliche Gefahren hinzuweisen, die mit der einen oder anderen Routine oder unbedachten Aktion verbunden sind.

Nichts liegt uns ferner, als Ihnen eine umfassende Moralpredigt zum Thema Sicherheit zu halten oder darüber, was »besser« ist – Linux oder doch Windows. Doch gerade weil es für Programmierer in der Praxis nicht so interessant erscheint (und manchmal zusätzlich ein gewisser Zeitdruck vorhanden ist, gerade vor Ende eines Projektes), sich zusätzlich mit Sicherheit zu befassen, wird häufig vernachlässigt, dass quasi kein Tag vergeht, an dem wieder eine Sicherheitslücke in einem Programm gefunden wird. Zwar ist auch das Thema Sicherheit Bücher füllend, aber wenn Sie das beherzigen, was wir Ihnen in diesem Kapitel vorschlagen, dürfte dies 80 Prozent aller möglichen Angriffe vereiteln. Vorausgesetzt natürlich, Sie sind mit Linux und der Programmierung bestens vertraut, aber das dürften Sie an dieser Stelle nun sein.

A.1 Viren und Trojaner

Im Prinzip sind Sie bei normaler Anwendung des Systems von Parasiten wie Viren und Trojanern befreit. Es ist zwar möglich, sich einen Trojaner unter Linux einzufangen, aber dann muss der Anwender schon ziemlich ungeübt im Umgang mit Linux sein.

Selbst wenn Sie einen Virus oder einen Trojaner auf Ihrem Rechner testen würden, weil Sie z. B. wissen, wie man eine Shell in C startet, und eine Hintertür zum System gefunden haben, so dass es Ihnen gelingt, sich selbst auf dem Rechner (mittels *root*-Rechten) einen Virus (z. B. einen einfachen rekursiven `rm`-Befehl) zu installieren, werden Sie es in 99 % der Fälle nicht schaffen, denselben Vorgang auf einem anderen Rechner zu wiederholen. Jede Distribution von Linux (SuSE, Red Hat, Mandrake, Gentoo, Debian etc.) hat eine etwas andere Herangehensweise, und auch sonstige Einstellungen (Bibliotheken, Verzeichnisse, Anwendungen und selbst der Desktop) sind in der Regel sehr vielfältig. Einfach ausgedrückt: Virenprogrammierer dürften ihre Probleme haben, einen portablen Virus zu erstellen.

[«]

Hinweis

An dieser Stelle sei angemerkt, dass es nicht unmöglich ist, einen Virus zu erstellen. So wäre ein einfacher Shell-Virus recht schnell mit einem einfachen `rm`-Kommando erstellt. `rm` benötigt lediglich die sehr alten Libs *ld-linux.so.2* und *libc.so.6*, die auch fast überall vorhanden sind. Dann wäre da noch die Möglichkeit, Ihr Programm mit `-static` zu kompilieren, und wenn Sie weitere Bibliotheken benötigen, gibt es immer noch die Funktion `dlopen()`.

Sie sollten allerdings darauf achten, woher Sie Ihre Software oder Bibliotheken beziehen. Denn es gibt dubiose Quellen, die sogenannte *Rootkits* in auf den ersten Blick normale Software einbauen. Dank Open Source ist es schließlich kein Problem, den Quellcode einer Anwendung zu modifizieren, da dieser ja offen vorliegt. Rootkits sind den Trojanern recht ähnlich und tarnen sich als Programmdatei oder als Kernel-Modul. Ein gutes Rootkit enthält zum Beispiel einen *Keylogger* zum Mitprotokollieren, was der Anwender eingibt oder welche Kommandos er absetzt.

[»]

Hinweis für einen Keylogger

Einer sehr guten Keylogger finden Sie auf der Webseite *http://linux01.org:2222/prog-ttyrpld.php* – unumgänglich für den Normaluser des Kernel-Moduls.

A.2 Der Superuser (su)

Wenn Sie mal schnell etwas installieren müssen, werden Sie sich als Superuser (*root*) einloggen. Sie haben hierbei die User-ID 0 und den Usernamen *root*. Für Installationen oder Konfigurationen von Software müssen Sie häufig den Superuser benutzen, da es einige Operationen gibt, die nur mit besonderen Rechten ausführbar sind. In diesem Fall (also wenn Sie *root* sind) sollten Sie als Programmierer bei der Entwicklung besonders vorsichtig sein, wenn Ihr Programm beim Anwender kurzfristig *root*-Rechte benötigt. Ist der Code, den Sie geschrieben haben und der *root*-Rechte benötigt, fehlerhaft, können Sie dadurch Sicherheitslücken erzeugen oder sogar Ihr System zerstören. Oft sind sogar Verluste wichtiger Daten durch fehlerhafte Software schwerwiegender als Viren und Trojaner.

A.3 Überlauf von Logfiles

In Kapitel 7, »Prozesse, Dämonen und Zombies«, haben Sie gesehen, wie Sie den Dämon *syslogd* zusammen mit den Funktionen `openlog()` und `syslog()` verwenden können. Da für gewöhnlich alle Log-Nachrichten in eine einzige Log-Datei geschrieben werden, sollten Sie darauf achten, nicht zu viele Log-Einträge zu generieren, denn mit der Zeit wird der Speicherplatz aufgebraucht sein und die Log-Datei recht unübersichtlich. Sollte es sich nicht vermeiden lassen, dass der Dämon recht viel zu berichten hat (z. B. auf Servern) oder der Dämon mehrere Monate oder gar Jahre in Betrieb ist, sollten Sie die Anwendung `logrotate` verwenden. Diese Anwendung komprimiert, sichert und benennt die Log-Datei um, wenn diese ein bestimmtes Alter oder eine bestimmte Größe erreicht hat. Das Programm wird recht gerne zum Schutz von DoS-Attacken (DoS = Denial of Service) des Dämons *xinetd* verwendet.

[«]

Hinweis: DoS-Angriffe

Natürlich ist es nicht empfehlenswert, auf dem nächstbesten (Privat-)Rechner den *syslogd* mit Datenmüll vollzuschreiben, denn meistens kann der Verursacher eines Fehlers festgestellt werden, und das werden – auch wenn Ihr Account der Account eines Programmierkumpels ist – meistens Sie selbst sein.

Ein *DoS-Angriff* (Denial of Service) ist dagegen ein gezielter Angriff auf einen Host mit dem Ziel, einen oder mehrere seiner Server durch Datenmüll arbeitsunfähig zu machen. In der Regel geschieht also ein DoS-Angriff mittels Überlastung. Erfolgt der Angriff koordiniert von einer größeren Anzahl externer Systeme aus, so spricht man von einem *DDoS-Angriff* (Distributed Denial of Service).

A.4 Zugriffsrechte auf Dateien

Die meisten Anwender normaler Programme vertrauen gewöhnlich Ihren Kenntnissen als Programmierer und kümmern sich recht selten um die Vergabe von Zugriffsrechten. Wenn Sie Programme entwickeln, werden Sie gewöhnlich auch Dateien erstellen und die Zugriffsrechte dazu erteilen. Folgende Zugriffsrechte von Dateien, die Sie erstellen, können ein Sicherheitsrisiko darstellen (gerade, wenn sich in den Dateien vertrauliche oder wichtige Informationen befinden):

- Dateien, bei denen eine Gruppe (`group`) und/oder »alle anderen« (`others`) Schreibrechte haben. In C-Notation wären das die Flags `S_IWGRP` und `S_IWOTH`.
- Leserechte auf sicherheitsrelevante Dateien wie z. B. Passwortdateien
- Schreibrechte auf Konfigurationsdateien für Nicht-*root*-Gruppen
- Schreibrechte für »alle anderen« auf das Home-Verzeichnis (dies kann etwa bei der Erstinstallation des Raspberry Pi der Fall sein)

Gewöhnlich sind bei einem neu installierten Paket die sicherheitsrelevanten Dateien richtig eingestellt, aber nicht immer. Meistens wird auch mal schnell etwas in einer Datei geändert – was die Zugriffsrechte einschließt –, und danach (z. B. bei einem wichtigen Telefonanruf des Projektleiters) wird vergessen, wieder den alten Zustand herzustellen. Meistens können Sie allerdings die Zugriffsrechte solcher veränderten Pakete mit `rpm` wiederherstellen – da diese Informationen in den Paketen gespeichert werden. Ein einfacher Aufruf genügt, um die Rechte wieder in den Ursprungszustand zu bringen:

```
$ rpm –setperms programmpaket
```

A.5 Das SUID-Bit

Häufig liegt kein zwingender Grund vor, bei einer Anwendung dauerhaft das SUID-Bit zu setzen. Das Sicherheitsrisiko ist einfach zu hoch. Verwendet wird das SUID-Bit z. B., damit der Benutzer stets sein eigenes Passwort ändern kann. Hätte der User hier keine temporären *root*-Rechte, so könnte nur *root* das Passwort ändern, und der Benutzer müsste für jede Änderung des eigenen Passworts den Administrator beauftragen (es gibt natürlich auch Hochsicherheitssysteme, wo dies bewusst der Fall ist). Ein Negativbeispiel, bei der Sie eine Anwendung mit *root*-Rechten ausstatten, könnte wie folgt aussehen:

```
$ gcc -o testprogramm testprogramm.c
$ su
Passwort:********
# chown root:root testprogramm
# chmod a+s testprogramm
# exit
```

SUID (*Set User ID*) und SGID (*Set Group ID*) werden durch ein s anstelle eines x bei den Eigentümer- und bei den Gruppenrechten ausgedrückt. Das s-Recht an einer ausführbaren Datei bedeutet, dass der Benutzer, der sie startet, während des Programmlaufes die UID des Dateibesitzers bzw. die GID der Besitzergruppe erhält. Das hängt davon ab, ob das s beim Besitzer oder bei der Besitzergruppe steht. Im Falle des Programms */bin/passwd* wird man z. B. während des Programmlaufs zum Superuser. Wird das SGID-Recht auf einem Verzeichnis vergeben, so hat es eine andere Funktion. In diesem Fall erhalten alle Dateien, die in diesem Verzeichnis erstellt werden, automatisch die gleiche Gruppe, die auch dem Verzeichnis zugeordnet ist.

Aber wie machen das dann Programme zum Einwählen oder Verbinden mit dem Internet? Es ist praktisch ausgeschlossen, ein Einwählprogramm ohne das gesetzte SUID-Bit zu schreiben. Möglich ist es zwar schon, aber die Benutzerfreundlichkeit, gerade für Anfänger, wäre damit nicht gerade hoch. Das Einwahl-Programm *KPPP* geht z. B. folgendermaßen vor:

- Gleich nach dem Programmstart startet *KPPP* einen neuen Prozess.
- Der Master-Prozess (Elternprozess; der Prozess, der die GUI, die Benutzerinteraktionen etc. verwaltet) legt den SUID-Status danach ab und läuft dann mit den normalen Benutzerprivilegien (und kann sie auch nicht wiedererlangen).
- Der Slave-Prozess (Kindprozess) behält seine Privilegien bei und kümmert sich um alles, wofür man *root*-Rechte benötigt. Um diesen Teil sicher zu machen, werden hier keine Funktionen der Qt-Bibliotheken aufgerufen, sondern nur einfache Funktionen der C-Bibliothek. Der Quellcode für diesen Prozess ist kurz (etwa 500 Zeilen) und gut dokumentiert. Dadurch ist es einfach, Sicherheitslöcher zu entdecken.
- Master- und Slave-Prozess kommunizieren nur über die Standard-IPC-Mechanismen.

Wenn Sie also eine Anwendung erstellen, die unbedingt SUID-Rechte benötigt, ist ein Studium des Quellcodes von *KPPP* zu empfehlen, auch wenn dieser inzwischen veraltet ist (es gibt eben kaum noch Einwahlverbindungen). Leider ist es nicht möglich, diese 500 Zeilen (aufgrund des Umfangs) hier abzudrucken.

Einen Überblick über die Programme, bei denen das SUID- oder SGID-Bit gesetzt ist, erhalten Sie (als *root*) in der Shell mit folgendem Aufruf:

 # find / -perm +6000

Sie können jetzt gegebenenfalls die Programme, die Sie nicht mehr benötigen, entfernen, wobei dies schon tiefergreifende Kenntnisse voraussetzt, da das eine oder andere Kommando von einem anderen Kommando verwendet werden könnte. Aber auch das lässt sich relativ einfach ermitteln (hier anhand von ping):

```
# rpm -qf /bin/ping
iputils-ss020927-45

# rpm -q --whatrequires iputils-ss020927-45
kein Paket verlangt iputils-ss020927-45
#
```

Bezüglich der Abhängigkeit der Pakete voneinander lässt sich keine pauschale Beurteilung abgeben. Hier ist entweder das Lesen der Manual Page oder Experimentierfreudigkeit gefragt. Wenn Sie nun »paranoid« genug sind, weil Sie z. B. ein hochsicheres System erstellen müssen (oder sogar selbst als *root* eingeloggt sind), jedoch eine entsprechende unsichere Anwendung nicht entfernen können, nehmen Sie ihr einfach das SUID-Bit weg.

Sofern es sich also nicht vermeiden lässt, ein Programm mit *root*-Rechten auszustatten, sollten Sie diese Privilegien, sofern diese nicht mehr benötigt werden, mit dem Funktionsaufruf

```
setuid( getuid() );
```

wieder entfernen.

A.6 Programme ohne Ausführrechte

Wenn Sie meinen, es genüge, einem ausführbaren Programm nur die Ausführrechte zu entziehen, so dass es temporär niemand mehr starten kann (außer natürlich der Admin zu Testzwecken), täuschen Sie sich. Ein halbwegs gewiefter Anwender kopiert die entsprechende Datei einfach in sein Verzeichnis, ändert die Ausführrechte und führt es aus. Es reicht also nicht aus, nur das Ausführrecht einer Anwendung zu löschen.

Die Ausnahme ist hier wieder `SUID` (Rechte: `rwsr--r--`), denn beim Kopieren gehen die Flags `SUID` und `SGID` effektiv verloren. Effektiv, weil der Benutzer und möglicherweise die Gruppe der kopierten Datei nicht erhalten bleiben. Somit stünde ein User vor einer Datei wie

```
rwsr--r--  jengelh  users  12345  2004-07-13 20:36  passwd
```

welche natürlich nicht mehr *root* gehört.

A.7 Buffer Overflow (Pufferüberlauf)

Der *Buffer Overflow* ist keineswegs eine aussterbende Spezies, sondern hat in der Zeit der einfachen Informationsbeschaffung Hochkonjunktur. Das Problem der begrenzten Puffer ist in der Tat eines der am häufigsten auftretenden Sicherheitslücken. Es vergeht keine Woche, in der es keine Berichte gibt, dass im Programm x eine Sicherheitslücke in Form eines Buffer Overflows entdeckt wurde. Buffer Overflow in einer Suchmaschine eingegeben, liefert Ihnen einen schlagartigen Beweis dafür, wie problematisch das Thema mittlerweile nicht nur unter Linux ist (im Endeffekt ist dieses »Retro-Sicherheitsloch« Pufferüberlauf ein immer wiederkehrendes Thema).

Buffer Overflows sind meistens das Ergebnis einer fehlerhaften Programmierung, womit keine Programmierfehler wie ein Zeiger ins Nichts oder dergleichen gemeint sind, sondern die Verwendung von unsicheren Funktionen wie z. B. dem alten `scanf()`, das einfach die Länge eines über die Tastatur eingegebenen Strings nicht prüft. Meistens geht dies auch gut, denn die meisten Benutzer machen von sich aus richtige Eingaben, und der Programmierer benutzte dazu auch eben alle Routinen, die ihm zur Verfügung standen. Erst im Laufe der Zeit, als es schon zu spät war und unzählbar viele Programme in C erstellt wurden, erkannte man das Übel. Theoretisch kann also der Buffer Overflow überall dort ausgenutzt werden, wo Daten von einem Netzwerk oder von der Tastatur in einen Speicherbereich mit fester Größe geschrieben werden. Wird die Längenangabe des Speicherbereichs nicht überprüft, ist der Weg für einen Hacker zum sogenannten *Exploit* nicht mehr weit. Zwar hat ein solcher Speicherüberlauf häufig zur Folge, dass ein Programm abstürzt, aber es gibt dennoch ein paar Möglichkeiten, diesen Umstand so zu nutzen, dass programmfremder Code ausgeführt werden kann, um an besondere Privilegien des Systems zu kommen.

Mit dem Buffer Overflow lassen sich die folgenden Aktionen ausführen:

- Die Werte von Variablen auf dem Stack könnten manipuliert werden.
- Die Rücksprungadresse aus einer Funktion kann verändert werden, so dass ein Programm an einer beliebigen anderen Stelle mit der Ausführung fortfahren kann. Bspw. könnte der Angreifer die Rücksprungadresse auf einen von ihm selbst erstellten Maschinencode umbiegen und eine primitive Passwortabfrage einfügen, die die Eingabe an den Hacker und nicht mehr an die verschlüsselte Passwortdatenbank weiterleitet. Ausführung von frem-

dem Code ist nicht möglich, sagen Sie? Sie täuschen sich, denn mit ein paar Tricks ist dies in der Tat auch unter Linux möglich.

- Dasselbe Schema lässt sich auch mit Zeigern auf Funktionen anwenden. Dabei ist theoretisch nicht einmal ein Buffer Overflow erforderlich, sondern es reicht die Speicheradresse aus, an der sich diese Funktion befindet. Die Daten, die für die Ausführung von fremdem Code nötig sind, werden vorzugsweise wieder in einer Variablen gespeichert, etwa in Form eines Structs.
- Und natürlich darf der Programmabsturz nicht fehlen, was dem Anwender zu Hause wohl weniger wichtig erscheint als z. B. der Industrie, wo manche Maschinenausfälle hohen finanziellen Schaden verursachen können.

Da die meisten Buffer Overflows auf die Verwendung unsicherer Funktionen der Standardbibliothek zurückzuführen sind, finden Sie in Tabelle A.1 eine kurze Zusammenfassung der am häufigsten verwendeten unsicheren Funktionen und deren empfehlenswerten Alternativen. Natürlich ist es auch möglich, mit den angeblich sichereren Alternativen bei falscher Anwendung einen Buffer Overflow auszulösen, allerdings ist dies dann wirklich Ihr Fehler.

Unsichere Funktion	Sicherere Alternative
gets()	fgets()
strcpy()	strncpy()
strcat()	strncat()
sprintf()	snprintf()
getwd()	getcwd()

Tabelle A.1 Unsichere Standardfunktionen und ihre Alternativen

Als negatives Beispiel soll der folgende Code dienen:

```
#include <stdio.h>
#include <stdlib.h>

int main(void) {
   char puffer1[10];
   char puffer2[12];
   printf("Eine Zeichenkette eingeben: ");
   fgets(puffer1, 10, stdin);

   sprintf(puffer2, "%s123", puffer1);
```

```
    printf("%s\n",puffer2);

    return EXIT_SUCCESS;
}
```

Listing A.1 So entstehen Buffer Overflows.

Führen Sie nun das Beispiel z. B. wie folgt aus:

```
$ ~> gcc overflow.c -o overflow
$ ~> ./overflow
Eine Zeichenkette eingeben: 1234567890
123456789123
```

Zuerst haben Sie zwar mit `fgets()` den Buffer Overflow bei der Überschreitung der Eingabe verhindert, aber dann bei der Funktion `sprintf()` die Puffergrenzen überschritten. Sicherere Alternativen zur Funktion `sprintf()` wären in diesem Beispiel `snprintf()` oder `strncpy()` gewesen.

Leider erkennt man an diesem Beispiel häufig noch nicht das Problem direkt im Quellcode. Daher folgt ein weiteres Beispiel:

```
#include <stdio.h>
int main(void) {
    int granted = 0;
    char password[8];
    sprintf(password, "i-want-to-get-root-rights");
    if(granted) { printf("Let's rock\n"); /* setuid(0); */ }
    else { printf("Wrong idea\n"); }
}
```

Listing A.2 Demonstriert die Grenzen des granted-Makros.

Nach der Grundidee dürfte der `granted`-Block ja nie ausgeführt werden, aber testen Sie selbst.

[»]

Hinweis

Vielleicht ist jetzt der eine oder andere über die Kürze des Abschnitts zum Thema Buffer Overflow enttäuscht, aber bitte bedenken Sie, dass es sich hier nicht um ein Lehrbuch für C handelt. Im Kapitel zu den Programmierwerkzeugen finden Sie noch einiges dazu, wie Sie bestimmte Tools bzw. Bibliotheken effektiv gegen Buffer Overflows einsetzen können. Außerdem finden Sie in dem Buch »C von A bis Z« ein Kapitel zu diesem Thema. »C von A bis Z« ist auch im Rheinwerk Verlag erschienen.

A.8 Race Conditions

Eine *Race Condition* liegt vor, wenn mehrere Prozesse auf dieselben Daten oder nicht-atomare Funktionen zugreifen und das Ganze auch noch von der Reihenfolge abhängt, in der die einzelnen Prozesse ihre Arbeit durchführen. Das Problem hatten wir schon besprochen, als es um zwei Prozesse (Eltern- und Kindprozess) ging, die etwas auf dem Bildschirm ausgaben und diese Arbeit nicht aufeinander abstimmten. So konnten Sie nie wissen, welcher der Prozesse zuerst eine Ausgabe macht. Diesbezüglich wissen Sie sich ja nun zu helfen, spätestens seit Kapitel 9, »IPC – Interprozesskommunikation«.

Aber ganz so einfach ist die Sache dann häufig doch nicht. Gerne wird nämlich zur Vermeidung von Race Conditions ein anderes Sicherheitsloch aufgemacht. Sehen Sie sich dazu den folgenden Codeabschnitt an:

```
if(access("/tmp/myfile", W_OK) == 0) {
    if((fd = open("/tmp/myfile", O_WRONLY)) < 0) {
         perror("Konnte Datei nicht öffnen");
         exit(EXIT_FAILURE);
    }
   else {
      /* etwas in die Datei myfile schreiben */
}
```

Auf den ersten Blick könnte man meinen, dem Programmierer gratulieren zu müssen, da er anscheinend an alles gedacht hat – hier sollte das Problem der Race Conditions also nicht mehr auftreten. Der Programmierer überprüft erst, ob er Schreibrechte auf die Datei hat, bevor er diese mit `open()` öffnet. Nur gibt es hierbei eine kleine Lücke: Die beiden Funktionen `access()` und `open()` sind keine atomaren Funktionen, was bedeutet, dass zwischen der Ausführung von `access()` und der Ausführung von `open()` ein kleines Zeitfenster liegt. In diesem kleinen, aber vorhandenen Zeitraum bietet es sich geradezu an, die Datei `myfile` zu löschen und durch einen symbolischen Link auf eine recht sicherheitskritische Datei zu ersetzen. Hierfür sind keinerlei tiefgreifende Kenntnisse nötig, der Angreifer muss nur ein wenig Quellcode lesen können und einen Link setzen.

Am einfachsten können Sie die Sicherheitslücke stopfen, indem Sie nur `open("myfile", O_WRONLY)` benutzen und hinterher überprüfen (anhand des Rückgabewertes von `open()`), ob ein Fehler aufgetreten ist. Zwar ist auch diese Operation nicht atomar, jedoch würde `open()` im Falle eines Angriffs fehlschlagen, während `access()` wahr zurückgibt, was Sie ja schon stutzig machen sollte.

A.9 Temporäre Dateien

Die Sicherheitslücken, die durch temporären Dateien entstehen, sind neben den Buffer Overflows oft übersehene Gefahren, die auch wieder Hacker auf den Plan rufen können. Temporäre Dateien werden gewöhnlich in einem öffentlichen beschreibbaren Verzeichnis erzeugt (meistens */tmp*). Damit nicht jeder die Dateien im temporären Verzeichnis löschen kann, wird für alle User das Filesystemflag (`t`) gesetzt (`chmod +t /tmp`). Damit ist es nur dem Besitzer einer Datei gestattet, seine eigene Datei aus dem Verzeichnis zu löschen. Leider werden die Unterverzeichnisse in */tmp* nicht beim Setzen dieses Filesystemflags berücksichtigt – was bedeutet, dass dieses Flag extra für jedes Verzeichnis gesetzt werden muss. Dies ist ein häufig unterschätzter Fehler, durch den ein unerlaubtes Löschen von Daten möglich wird. Und wie gesagt: Das Verursachen von Abstürzen ist nach wie vor ein Ziel von Hackern, um dadurch z. B. bei einer bestimmten Firma finanziellen Schaden anzurichten.

Ein weiteres Problem bei den temporären Dateien ist die Verwendung von nicht-atomaren oder unsicheren Funktionen zur Erstellung von temporären Dateien, wie beispielsweise die Funktion `tmpnam()` oder `tmpfile()`. Außer der Tatsache, dass beide Funktionen nicht-atomar sind, folgen beide Funktionen auch symbolischen Links.

Bei `tmpnam()` (und auch `mktemp()`) kommt hinzu, dass zwischen der Erzeugung und dem Öffnen der Datei mittels `open()` wieder ein Zeitfenster vorhanden ist. In diesem Zeitabschnitt ist es wieder möglich, einen Link mit dem Namen der ursprünglichen Temporären Datei zu erzeugen, so dass `open()` diesem Link folgt, was eine Race Condition zur Folge haben kann. `tmpnam()` oder `mktemp()` garantieren zwar, dass während der Erzeugung ein eindeutiger Name benutzt wird, aber zwischen der Zeit der Erzeugung der Datei und dem Öffnen dieser Datei können dann doch Angriffe erfolgen.

Letztendlich bleibt einem dann nichts anderes übrig als die Verwendung der Funktion `open()` mit den richtigen Parametern:

```
if((tmp = tmpnam(NULL)) == NULL)
    exit(EXIT_FAILURE);

/* Ein weiteres sinnvolles Flag wäre O_NOFOLLOW. */
if((fd = open(tmp, O_RDWR|O_CREAT|O_EXCL, 0600)) < 0) {
     perror("Fehler bei open");
     exit(EXIT_FAILURE);
}
/* Hier steht der Filedeskriptor für die weitere Benutzung */
/* zur Verfügung. */
```

A.10 chroot

Mit der Funktion chroot() können Sie das Wurzelverzeichnis (/) verändern. Das bedeutet aber auch, dass nach der Veränderung nicht mehr ohne weiteres außerhalb des Baumes auf das Verzeichnis / zugegriffen werden kann. Dieser Vorgang wird als *chroot jail* bezeichnet. Mit einem *chroot jail* können Sie z. B. einen eigenen Befehl aus einem neuen Wurzelverzeichnis heraus starten, wie dies etwa bei einer Rettungs-CD gemacht werden kann, die mit einem nachträglich gemounteten System arbeitet. Natürlich bleibt ein solcher Aufruf dem Benutzer *root* vorbehalten.

Mit chroot() können Sie praktisch ein kritisches Programm bei der Ausführung vom übrigen Filesystem isolieren (was übrigens auch gerne mit Dämonprozessen gemacht wird). Damit ließe sich sozusagen ein Einbrecher ins System in einem Verzeichnis dingfest machen – wichtig dabei ist, dass sich in diesem Verzeichnis nur Programme befinden, die man benötigt.

Der Vorteil dieser *chroot-jail*-Umgebung ist, dass im Falle eines Fehlers Ihrer Anwendung nur Schaden am *chroot-jail*-System angerichtet werden kann und somit einem Angreifer alle Dienste außerhalb der veränderten Verzeichnisstruktur verwehrt bleiben.

Allerdings benötigen viele Dämonprozesse Konfigurationsdateien. Und da diesen ja das Verzeichnis */etc* oder ähnliche Verzeichnisse in der Root-Jail-Umgebung nicht mehr zur Verfügung stehen, müssen diese Dateien dann in das *chroot*-Verzeichnis kopiert werden. Hierbei gilt es darauf zu achten, keine Fehler zu machen. Hier einige der vielen möglichen Fehler mit chroot, die gerne gemacht werden:

- Vermeiden Sie, sofern es möglich ist, Dateien in der chroot-Umgebung wie Passwortdateien oder ähnliche. Sie sollten nicht einfach die Datei */etc/passwd* ins chroot-Verzeichnis kopieren, wenn Sie noch andere Möglichkeiten haben.
- Verwenden Sie nicht die Standardrechte einer Anwendung. Würden Sie z. B. den Apache Webserver in einer chroot-Umgebung mit den ursprünglichen Rechten laufen lassen, würde das Programm mit vollen root-Rechten laufen. Somit steht dem Ausbruch aus der chroot-Umgebung nichts mehr im Wege. Passen Sie sinnvollerweise die Privilegien an. Es genügt nicht, im Falle eines Servers der UID und der GID das nobody-Flag zuzuweisen. Wenn andere Anwendungen diese IDs ebenso verwenden, kann ein potentieller Angreifer andere Programme mit Signalen steuern oder die Systemaufrufe mit ptrace mitprotokolieren, was auch das Mitlesen von Passwörtern umfassen könnte.

Neben diesen Sicherheitslücken, die Sie mit chroot() aufmachen können, gibt es noch eine Menge mehr zu beachten. Wenn Sie eine Anwendung erstellen, die eine eigene chroot()-Umgebung erstellt, müssen Sie eine Festung wie Fort Knox bauen und sich unbedingt intensiver mit dem Thema IT-Sicherheit befassen. Gerade in Zeiten, wo sogenannte *virtuelle Server* (kurz *VServer*) Hochkonjunktur haben, sollten Sie diesbezüglich recht schnell fündig werden.

A.11 Umgebungsvariablen

Für jede Anwendung stehen gewisse Umgebungsvariablen zur Verfügung, die das Verhalten der Anwendung beeinflussen können. Da diese Umgebung allerdings von jedem lokalen Benutzer nach Belieben verändert werden kann, sollten Sie als Programmierer einer Anwendung zuerst immer die komplette Umgebung löschen und eine neue sicherere Umgebung aufbauen. Da die Umgebungsvariablen zum Teil auch von System zu System variieren, ist ihre Verwendung als Informationsquelle sowieso wenig portabel.

Ein Beispiel ist die Umgebungsvariable `PATH`, die eine Liste von Verzeichnisnamen enthält, die bei der Benutzung in einer Anwendung nach dem richtigen Pfad sucht. Die Funktionen `execvp()`, `execlp()`, `system()` und `popen()` nutzen diese Variable, wenn Sie hiermit eine Anwendung von einem C-Programm aus aufrufen wollen. Daher sollten Sie aus Sicherheitsgründen immer den kompletten Pfad zusammen mit diesen Funktionen verwenden, sofern Sie diese Funktionen, besonders `popen()` und `system()`, unbedingt verwenden müssen. Hat ein anderer Benutzer böse Absichten, muss er nur die `PATH`-Variablen verändern, um eine andere Anwendung mit demselben Namen zur Ausführung zu bringen.

Weitere kritische Umgebungsvariablen sind `LD_PRELOAD` oder `LD_LIBRARY_PATH`. Lenkt ein Angreifer den Pfad zu einer eigenen entsprechenden und mit bösen Absichten präparierten Standard-C-Bibliothek um, so kann hiermit das Verhalten diverser Funktionen verändert werden. `LD_LIBRARY_PATH` und `LD_PRELOAD` treten aber nicht bei `SUID`-Programmen in Kraft.

Natürlich gibt es noch weitere Umgebungsvariablen, die von böswilligen Benutzern entsprechend manipuliert werden können. Die beiden nächsten Beispiele allein demonstrieren aber schon, dass die Verwendung dieser Variablen in Anwendungen möglichst ausgeschlossen werden sollte.

Ein einfaches Beispiel, das die Umgebungsvariable `HOME` manipuliert, ist das folgende:

```
$ cp init.txt $HOME
 reguläre Datei /home/jack/init.txt kann nicht angelegt werden:
 Keine Berechtigung
$ echo $HOME
/home/jack
$ whoami
pinguin
```

Hier sollte eigentlich */home/pinguin* in der Umgebungsvariablen `HOME` stehen. Allerdings wurde dieser Wert vorher manipuliert oder vielleicht vom Elternprozess verändert und eben weitervererbt. In diesem Fall ist nur eine Fehlermeldung die Folge. Aber ein Beweis, nicht immer zu glauben, dass schon alles stimmen wird, was in der Umgebungsvariablen steht. Im Falle der `HOME`-Variablen ist es allerdings kein Problem, den richtigen Pfad zum Heimatverzeichnis des aktuellen Benutzers zu ermitteln. Hierauf sind wir bereits bei der Funktion `getpwuid()` eingegangen: Zuerst ermittelt man mit `getuid()` die eigene User-ID und übergibt diese anschließend an die Funktion getpwuid(), die die Passwortdatei */etc/passwd* einliest und, falls ein entsprechender User vorhanden ist, den entsprechenden Pfad zurückgibt. Dies kann z. B. wie folgt geschehen:

```
/* myhome.c */
#include <sys/types.h>
#include <stdio.h>
#include <string.h>
#include <unistd. h.>
#include <stdlib.h>
#include <pwd. h.>

int main(int argc, char **argv) {
    uid_t       uid;
    struct passwd *pwd;

    uid = getuid( );
    printf("UID des Users ist:  %d.\n", (int)uid);
    if (!(pwd = getpwuid(uid))) {
        printf("Kann nicht aus der Passwort-Datei lesen ...\n");
        endpwent( );
        exit(EXIT_FAILURE);
    }
    printf("Heimverzeichnis nach Passwort-Datei ist: %s\n",
        pwd->pw_dir);
    printf("Heimverzeichnis nach getenv(\"HOME\") ist: %s\n",
        getenv("HOME"));

    if(strcmp( pwd->pw_dir, getenv("HOME")) != 0 ) {
        printf("Umgebungsvariable in \"HOME\" wurden manipuliert\n");
        exit(EXIT_FAILURE);
    }
    endpwent();
    return EXIT_SUCCESS;
}
```

Listing A.3 So werten Sie mit C-Programmen Umgebungsvariablen aus.

Das Programm gibt bei der Ausführung Folgendes aus:

```
$ gcc myhome.c -o myhome
$ ./myhome
UID des Users ist:  1000.
```

```
Heimverzeichnis nach Passwort-Datei ist: /home/pinguin
Heimverzeichnis nach getenv("HOME") ist: /home/jack
Umgebungsvariablen in HOME wurden manipuliert
```

Am Anfang haben wir Sie darauf hingewiesen, dass Sie, wenn Sie auf Nummer sicher gehen wollen, immer die komplette Umgebung löschen und gegebenenfalls die benötigten Umgebungsvariablen neu setzen sollten. Allerdings ist dies nicht ganz unproblematisch. Sofern Sie das komplette Environment löschen, sollten Sie auf zwei Variablen ein besonderes Augenmerk legen, nämlich `IFS` und `PATH`.

Für denjenigen, der sich noch nicht mit der Shell auseinandergesetzt hat, ist `IFS` ein wenig seltsam. Allerdings verwenden die Shells diese Variablen zum Trennen der Kommandozeilenargumente. Gewöhnlich ist diese Variable mit einem Leerzeichen, Tabulatorzeichen und einem Newline-Zeichen besetzt. Daher sei empfohlen, entweder diese Variable gar nicht zu löschen oder eben wieder mit den entsprechenden Werten zu setzen (" `\t\n`"), da man sonst die komplette Shell in einen unbrauchbaren Zustand versetzen kann.

Auch wenn `PATH` ein beliebtes Angriffsziel ist, so ist das Neusetzen dieser Variablen doch recht mühsam. Dazu kommen noch die unterschiedlichen Systeme und Plattformen. Nur weil auf Ihrem System bspw. folgende `PATH`-Angabe gesetzt ist

```
$ echo $PATH
/usr/local/sbin:/usr/local/bin:/usr/sbin:/usr/bin:/sbin:/bin
```

bedeutet dies nicht, dass auf einer anderen Plattform derselbe Zustand vorzufinden ist. Der sicherste Weg ist es deshalb, die `PATH`-Variable mit der Variablen `_PATH_STDPATH` zu setzen. Diese Variable ist in der Headerdatei *paths.h* definiert. Diesen Wert verwenden auch die Shells beim Initialisieren ihrer Umgebung. Die Definition von `_PATH_STDPATH` variiert von Plattform zu Platzform, und so verwendet man gewöhnlich immer den richtigen Wert und auch den richtigen Standardpfad für das System, auf dem das Programm ausgeführt wird.

A.12 Zugriffsrechte und häufig gemachte Fehler

Auch wenn man sich mit den Zugriffsrechten des eigenen Systems bestens auskennt, bedeutet dies nicht, dass man von häufig gemachten Fehlern befreit ist. Zwei dieser Fehler sind:

- Ein gerne gemachter Fehler ist das Verwenden von oktalen Zahlen beim Setzen der Zugriffsrechte, was im Prinzip kein Fehler ist. Aber schnell wird aus dem Zugriffsrecht für den Eigentümer, `0600`, der Wert `600`, was zwar umgerechnet 01130 (`r-- -wx --t`) sinnlos ist, aber immer noch schaden kann. Daher sollten Sie bei Funktionsaufrufen wie `open()` die `S_*`-Makros aus der Headerdatei *sys/stat.h* verwenden.

- Des Weiteren werden häufig Zugriffsrechte für bekannte IPCs wie bspw. FIFOs, Unix Domain Sockets oder Shared Memory teilweise gar nicht gesetzt und sind häufig für jedermann les- und schreibbar.

A.13 system() und popen()

Eines der größten Sicherheitslöcher, die jeder Programmierer kennen sollte, ist die Verwendung der Funktion `system()`, die eine Shell verwenden kann, um ein anderes Programm zu starten. Ein einfacher kurzer Codeausschnitt sollte Ihnen genügen, um das Problem zu erfassen:

```
...
printf("Wonach wollen Sie suchen? ");
fgets( suche, MAX, stdin );
...
sprintf (buffer,  "fgrep -i %s datenbank.sql ", suche);
system(buffer);
...
```

Der Anwender gibt jetzt für den String `suche` Folgendes ein:

```
Wonach wollen Sie suchen?  foo  /dev/null; rm -Rf /
fgrep -i foo /dev/null; rm -Rf / /usr/dict/words
```

Hinweis: Funktion system()

Das Sicherheitsloch ist also hier nicht die Funktion `system()`, sondern meistens der Programmierer, der die Funktion nicht richtig anwendet!

Hier hat der Anwender aus einem Kommando zwei gemacht, was sich in der Shell durch ein Semikolon realisieren lassen würde. Das erste Kommando ist noch harmlos, aber mit dem zweiten Kommando kann man, wenn man dummerweise auch noch als *root* eingeloggt ist, alle Dateien vom laufenden System entfernen. Auch wenn man nicht als *root* eingeloggt sein sollte, können trotzdem noch all die Dateien entfernt werden, die man als lokaler User besitzt. Dasselbe Problem kann auch mit der Funktion `popen()` auftreten, mit der eine Pipe zwischen einem Eltern- und einem Kindprozess eingerichtet werden kann. Auch hier wird die Shell zur Ausführung von Kommandos verwendet.

Ein weiteres Problem ist die Verwendung der `system()`-Funktion bei Angabe eines Kommandos, das gestartet werden soll, ohne eine komplette Pfadangabe zu benutzen. Auch hier gilt, wie schon bei den Umgebungsvariablen, dass die `PATH`-Angabe jederzeit verändert und durch ein gleichnamiges schadhaftes Programm in einem anderen Verzeichnis ersetzt werden kann. Können Sie nicht auf `system()` oder `popen()` verzichten, sollten Sie wenigstens den kompletten Pfad zu der auszuführenden Anwendung angeben.

A.14 Offene Filedeskriptoren

Wollen Sie sichergehen, dass beim Start Ihres Programms außer den Standard-Filedeskriptoren `stdin`, `stdout` und `stderr` keine weiteren Filedeskriptoren geöffnet sind, müssen Sie gesonderte Maßnahmen treffen, denn mit jedem offenen Filedeskriptor machen Sie Ihren Rechner anfälliger für DoS-Attacken.

[»]

Hinweis

Beachten Sie, dass mit dem Start Ihres Programms auch die Prozesse gemeint sind, die Sie mittels `fork()` kreieren. Vor allem weil die Kindprozesse auch die Filedeskriptoren Ihrer Eltern erben, müssen Sie hier besonders aufpassen.

Um zunächst zu ermitteln, wie viele Dateien gleichzeitig geöffnet werden können, gibt es unter Linux die Funktion `getdtablesize()`, die die Anzahl der Dateien zurückgibt, die ein Prozess maximal offen halten darf. `getdtablesize()` wurde als Bibliotheksfunktion implementiert. Die Funktion liefert `OPEN_MAX` (bei Linux auf 256 festgesetzt) zurück, falls `OPEN_MAX` bei Übersetzung per Library definiert war. Andernfalls wird `-1` zurückgeliefert, und `errno` wird auf `ENOSYS` gesetzt. Die Syntax dazu lautet:

```
#include <unistd. h.>

int getdtablesize(void);
```

Nachdem Sie ermittelt haben, wie viele Dateien gleichzeitig geöffnet sein dürfen, können Sie alle Filedeskriptoren, außer `stdin`, `stdout` und `stderr` (0, 1, 2), mit `close()` schließen.

Natürlich sollten Sie auch noch die Standarddeskriptoren `stdin`, `stdout` und `stderr` daraufhin überprüfen, ob sie auch wirklich geöffnet sind. Hierzu wenden Sie am besten `fstat()` auf die entsprechenden Filedeskriptoren an. Wird nach dem Funktionsaufruf von `fstat()` `errno` auf `EBADF` gesetzt, so bedeutet dies, dass der Filedeskriptor falsch oder nicht vorhanden ist.

Sofern einer der Standarddeskriptoren also nicht vorhanden bzw. nicht geöffnet ist, sollten Sie ihn zur Sicherheit mit */dev/null* öffnen und auch offen lassen. Andernfalls kann ein Funktionsaufruf wie `printf()` unerwartete und chaotische Auswirkungen haben. Beispielsweise verlangen einige Standard-C-Funktionen `stderr`, um eine Fehlerausgabe zu machen (auch wenn diese nur nach */dev/null* umgeleitet wird). Schreibt Ihr Programm z. B. Daten in eine Datei und bekommt dabei 2 (= `stderr`) als Filedeskriptor zugewiesen, so wird im Falle eines unerwarteten Fehlers die Meldung einfach in die entsprechende Datei geschrieben, weil eben die Standard-C-Funktionen auch die Standard-Filedeskriptoren benutzen.

Es folgt nun ein Listing, mit dem Sie beim Starten Ihrer Anwendung den Filedeskriptoren Herr werden:

```
/* safefiledeskriptor.c */
#include <sys/types.h>
#include <limits.h>
#include <sys/stat.h>
#include <stdio.h>
#include <stdlib.h>
#include <unistd. h.>
#include <errno.h>
/* Enthält den Pfad zu /dev/null - _PATH_DEVNULL. */
#include <paths.h>

/* Falls getdtablesize fehlschlägt, auf 256 setzen. */
#ifndef OPEN_MAX
#define OPEN_MAX 256
#endif

/* Standard-Filedeskriptoren ggf. mit /dev/null öffnen */
static int fd_devnull(int fd) {
    FILE *fz = NULL;

    switch(fd) {
        case 0 :  /* Standardeingabe - stdin */
            fz = freopen(_PATH_DEVNULL, "rb", stdin);
        break;
        case 1 :  /* Standardausgabe - stdout */
            fz = freopen(_PATH_DEVNULL, "wb", stdout);
        break;
        case 2 :  /* Standardfehlerausgabe - stderr */
            fz = freopen(_PATH_DEVNULL, "wb", stderr);
        break;
        default:
        break;
    }
    return (fz && fileno(fz) == fd);
}

/* Diese Funktion behandelt die Filedeskriptoren. */
void safe_descriptor(void) {
    int fd, fdsize;
    struct stat st;
```

```
    /* Wie viele Dateien dürfen insgesammt geöffnet sein ...? */
    if ((fdsize = getdtablesize( )) == -1)
        fdsize = OPEN_MAX;
    /* alle Filedeskriptoren bis auf die
     * Standard-Deskriptoren schließen */
    for (fd = 3;  fd < fdsize;  fd++)
        close(fd);

    /* Jetzt die Standard-Filedeskriptoren behandeln - mit fstat()
     * überprüfen, ob vorhanden und ungleich EBADF, oder Standard-
     * Deskriptor mit /dev/null öffnen. Schlägt alles fehl,
     * Programm mit abort() beenden, da Fehlerausgabe sinnlos wäre.
     */
    for (fd = 0;  fd < 3;  fd++)
        if (fstat(fd, &st) == -1 && (errno != EBADF ||
            !fd_devnull(fd)))
            abort();
}

int main(int argc, char **argv) {
    safe_descriptor();
    return EXIT_SUCCESS;
}
```

Listing A.4 Demonstriert den sicheren Umgang mit eventuell noch offenen Dateideskriptoren bei Programmstart.

A.15 Core Dump

Für Sie als Entwickler kann es während der Entwicklungszeit Ihrer Software manchmal recht hilfreich sein, wenn das Programm abstürzt, dabei einen Core Dump zu machen. Mit entsprechenden Kenntnissen können Sie die Dump-Datei dann zum Debuggen des Programms verwenden. Leider kann solch ein Core-File auch recht sensitive Daten enthalten. Gibt z. B. ein Benutzer ein Passwort ein und machen Sie einen Core Dump, bevor das Klartext-Passwort im Speicher wieder gelöscht werden kann, befindet sich das Passwort anschließend im Dump-File.

[»]

Hinweis

Ein Angreifer ruft gewöhnlich einen solchen Dump hervor, mit dem er dann die Schwachstellen eines Programms gezielt finden kann – so dass dann das Programm auch entsprechend abstürzt.

Hat der Angreifer nun eine Chance, lesend auf den Core Dump zuzugreifen – was zwar in der Regel nicht sein sollte, aber leider in der Praxis durch rekursive Zugriffsrechte-Verteilung häufig der Fall ist –, haben Sie wieder eine Sicherheitslücke erzeugt. Daher empfiehlt es sich unter Linux, die Ressource RLIMIT_CORE mit der Funktion setrlimit() auf 0 zu setzen, womit das System veranlasst wird, keine Core-Dump-Dateien anzulegen. Das nächste Beispiel zeigt, wie sie dies erreichen können.

```
/* nocoredumps.c */
#include <sys/types.h>
#include <sys/time.h>
#include <sys/resource.h>
#include <stdio.h>
#include <stdlib.h>
#include <unistd. h.>
#include <errno.h>

#ifndef DEBUG
void no_core(void) {
    struct rlimit rlim;
    int ret;
    rlim.rlim_cur = rlim.rlim_max = 0;
    ret = setrlimit(RLIMIT_CORE, &rlim);
    if(ret == -1)
        perror("Fehler bei setrlimit");
    else
        printf("Kein Core Dump wird eventuell erzeugt...\n");
}
#endif

int main(int argc, char **argv) {
    /* .... */
    #ifndef DEBUG
        no_core();
    #endif
    return EXIT_SUCCESS;
}
```

Listing A.5 Zeigt Ihnen, wie Sie Core Dumps erstellen oder auch unterbinden können.

In dem letzten Beispiel wurde einfach ein DEBUG-Makro um die Funktion no_core() gelegt. Wenn ein Core Dump angelegt werden soll, muss der Entwickler zur Übersetzung explizit den DEBUG-Modus verwenden. Bei standardmäßiger Übersetzung wird die Funktion no_core() ausgeführt und somit im Fall der Fälle auch kein Core-File angelegt:

```
$ gcc nocoredumps.c -o nocoredumps
$ ./nocoredumps
Kein Core Dump wird eventuell erzeugt...
$ gcc nocoredumps.c -o nocoredumps -DDEBUG
$ ./nocore
$
```

A.16 SQL-Injections

Sofern Sie Anwendungen mit Datenbankzugriffen schreiben, sollten Sie sich auch gegen SQL-Injections verteidigen. Meistens handelt es sich dabei um eine Eingabe, die von einem normalen Benutzer gemacht wird. Ein einfaches Beispiel sei mit dem folgenden Konstrukt gegeben:

```
SELECT * FROM user WHERE name="Wolf"
```

Hier wird davon ausgegangen, der Wert »Wolf« direkt von der Eingabe des Benutzers (z. B. via Webbrowser) aus gemacht wurde. Ein Angreifer könnte nun ein sogenanntes *geschlossene Double Quote* und ein Semikolon einfügen, um auf diese Weise weitere Kommandos anzuhängen und auszuführen. Ein Beispiel wäre:

```
SELECT * FROM user WHERE name="Wolf"; DROP TABLE user;
```

Hiermit wird die Tabelle `user` gelöscht. Die sicherste Alternative ist natürlich, erst gar keine Benutzereingabe zuzulassen, aber es gibt eben immer Gründe, dies trotzdem zu tun. In diesem Fall sollten Sie gefährliche Zeichen über einen Backslash entschärfen. Einige Datenbanken bieten mittlerweile hierfür schon Funktionen an, die das Problem entschärfen können, da aber nicht jede Datenbank eine solche Funktion anbietet, sei Ihnen hierzu eine einfache Lösung des Problems an die Hand gegeben.

```
// no-sql-injections.c
/*
 *  eingabe = die Zeichenkette die, geschützt (escaped) werden soll
 *  quote   = Das "Quote"-Zeichen - entweder Single Quote oder
 *            Double Quote, ansonsten wird ein Fehler
 *            zurückgegeben.
 *  wc      = Wird hier 0 angegeben, werden Wildcardzeichen
 *            nicht "escaped".
 */
char *escape_sql(const char *eingabe, char quote, int wc) {
   char *out, *ptr;
   const char *c;
```

```
    if (quote != '\'' && quote != '\"')
        return NULL;
    /* Theoretisch könnte jedes Zeichen "escaped" werden,
     * daher wird zunächst das Doppelte an Speicher reserviert. */
    if (!(out = ptr = (char *)malloc(strlen(eingabe) * 2 + 2 + 1)))
        return NULL;
    *ptr++ = quote;
    for (c = eingabe;  *c;  c++) {
        switch (*c) {
            case '\'':   /* Single Quote */
            case '\"':   /* Double Quote */
                if (quote == *c) *ptr++ = *c;
                *ptr++ = *c;
            break;
            /* Wildcards */
            case '%':
            case '_':
            case '[':
            case ']':
                if (wc) *ptr++ = '\\';
                    *ptr++ = *c;
            break;
            /* Sonderzeichen - Escape-Sequenzen */
            case '\': *ptr++ = '\\'; *ptr++ = '\\'; break;
            case '\b': *ptr++ = '\\'; *ptr++ = 'b';  break;
            case '\n': *ptr++ = '\\'; *ptr++ = 'n';  break;
            case '\r': *ptr++ = '\\'; *ptr++ = 'r';  break;
            case '\t': *ptr++ = '\\'; *ptr++ = 't';  break;
            default:
                *ptr++ = *c;
            break;
        }
    }
    *ptr++ = quote;
    *ptr = '\0';       /* terminieren */
    return out;
}
```

Listing A.6 So verhindern Sie SQL-Injections.

A.17 Filedeskriptor-Überlauf mit select()

Die Funktion `select()` wird häufig und gerne für das Multiplexing-Socket-I/O verwendet. Den Vorzug dieser Funktion haben Sie bereits kennen gelernt. Der Datentyp `fd_set` wird verwendet, um eine Liste von Sockets zu speichern, die Sie mit den `FD_*`-Makros manipulieren können. Ein genauerer Blick auf `fd_set` zeigt uns eine Struktur mit einem Mitglied – ein statisch alloziertes Array von Integern. Die Größe des Arrays ist abhängig von `FD_SETSIZE`. Die Größe von `FD_SETSIZE` ist selten ein Problem. Was schon eher ein Problem werden kann, ist, dass die Makros `FD_SET()` und `FD_CLR()` (mit denen ein Socket-Deskriptor in `fd_set` gesetzt bzw. gelöscht wird) keinerlei Überlaufprüfung des Arrays `fd_set` machen.

Solange Sie die maximale Anzahl an File- bzw. Socket-Deskriptoren so lassen, wie sie mit `FD_SETSIZE` definiert wurde, ist das Ganze kein Problem. Bedenken Sie allerdings, dass Sie z. B. in einem Serverprogramm den Wert durch die Konstante `FD_SETSIZE` fest einkompiliert haben. Und das ist ein Problem: Was machen Sie auf einem Rechner, auf dem `FD_SETSIZE` Deskriptoren nicht mehr ausreichen? Oder Sie reduzieren sogar die Ressource, etwa mit der Funktion `setrlimit()` oder in der Shell mit `ulimit -n 512` oder `ulimit -n 64`? Wenn Sie den Wert erhöhen, so hat dies in Ihrem Serverprogramm wahrscheinlich keinerlei Effekt. Beim Reduzieren der maximalen Anzahl von gleichzeitig geöffneten Deskriptoren haben Sie allerdings einen Deskriptor-Überlauf verursacht. In solch einem Fall werden Sie wohl nicht darum herumkommen, einen eigenen Datentyp wie `fd_set` zu erstellen und auch eigene `FD_*`-Funktionen, die als Ersatz für die Makros dienen.

Anhang B
Funktionsreferenz

Hier finden Sie eine kleine Referenz vieler Funktionen, die in diesem Buch verwendet wurden. Da wir die meisten Funktionen recht ausführlich beschrieben haben, geben wir hier nur noch die Syntax an – was gewöhnlich auch ausreicht, um die entsprechende Funktion in der Praxis anzuwenden. Benötigen Sie mehr Informationen zu einer bestimmten Funktion, dann sollten Sie zu dem entsprechenden Kapitel blättern oder die Manual Page aufrufen (`man <Funktionsname>`). Funktionen, die wir in diesem Buch nicht oder nur kurz erwähnt haben, werden wir etwas umfangreicher beschreiben.

B.1 ANSI C

Zur Entstehungsgeschichte von C müssen wir Ihnen wahrscheinlich nicht mehr viel erzählen. Das in C ein Standard nötig wurde, begründete sich dadurch, dass in den 70er- und 80er-Jahren C immer öfter verwendet wurde und mit der Zeit jeder seine eigenen Bibliotheken entwickelte, mit dem Nachteil, dass diese Bibliotheken oft nur auf dem System verwendet werden konnten, auf dem sie entwickelt wurden. Was auf dem einen Rechner lief, funktionierte auf dem anderen Rechner gar nicht mehr und musste fast immer komplett neu geschrieben werden. 1983 sprang hierfür (wie für so vieles andere auch) das ANSI (American National Standards Institute) ein und gründete ein Komitee, das aus C einen Standard machen sollte, heute besser bekannt als ANSI-C-Standard.

1989 wurde dieser Standard zum ersten Mal veröffentlicht, weshalb auch oft vom C89-Standard die Rede ist. Teil des ANSI-C-Standards sind die Softwarebibliotheken (besser bekannt unter dem Begriff *ANSI C standard library*).

Bei den späteren Revisionen des C-Standards wurden neue Headerdateien zur Bibliothek hinzugefügt. 1995 kamen z. B. die Headerdateien *iso646.h, wchar.h* und *wctype.h* hinzu, die als *Normative Amendment 1* bezeichnet wurden (kurz NA1).

Vier Jahre später, 1999, kamen dann die Headerdateien *complex.h, fenv.h, inttypes.h, stdbool.h, stdint.h* und *tgmath.h* hinzu (die Standard-Lib *math.h* wurde übrigens erst Anfang 2000 eingeführt). Diese Revision wurde als C99-Standard bekannt.

Natürlich wurden nicht immer nur Headerdateien hinzugefügt, sondern auch wesentliche Schwächen von C ausgebügelt. Auf den nächsten Seiten besprechen wir die wichtigsten Include-Dateien mit den wichtigsten Funktionen in diesen Include-Dateien.

B.1.1 assert.h – Testmöglichkeiten für den Quellcode

Syntax:

```
#include <assert.h>

void assert( int expression ) ;
```

`assert()` ist ein Makro zur Überprüfung des sogenannten *skalaren Ausdrucks* `expression`. Das bedeutet: Ist dieser Ausdruck gleich 0 und somit falsch, wird er samt Funktionsnamen, Dateinamen und Zeilennummer auf der Standardfehlerausgabe ausgegeben und das Programm anschließend mittels `abort()` beendet. Wenn der Ausdruck hingegen ungleich 0 ist, läuft das Programm weiter wie bisher, weil der Ausdruck korrekt ist.

Die Testmöglichkeiten von `assert()` können mit dem Setzen von `NDEBUG` mit `#define NDEBUG` (*no debug output*) ignoriert werden. Ist auf Ihrem System kein solches Makro definiert, können Sie `assert()` auch recht schnell von Hand wie folgt ausschalten:

```
#define assert(ignore)((void) 0)
```

B.1.2 ctype.h – Zeichenklassifizierung und Umwandlung

Bedeutung	Funktion
Testet auf alphanummerisches Zeichen.	`int isalnum(int ch);`
Testet auf Zeichen des Alphabets.	`int isalpha(int ch);`
Testet auf Steuerzeichen.	`int iscntrl(int ch);`
Testet auf eine Ziffer.	`int isdigit(int ch);`
Testet auf druckbares Zeichen (ohne Leerzeichen).	`int isgraph(int ch);`
Testet auf Kleinbuchstabe.	`int islower(int ch);`
Testet auf druckbares Zeichen.	`int isprint(int ch);`
Testet auf Interpunktionszeichen.	`int ispunct(int ch);`
Testet auf Zwischenraum-Zeichen (\n, \t, \v, \r, \f, Leerzeichen).	`int isspace(int ch);`
Testet auf Großbuchstabe.	`int isupper(int ch);`
Testet auf eine hexadezimale Ziffer.	`int isxdigit(int ch);`
Testet auf ein ASCII-Zeichen.	`int isascii(int ch);`

Tabelle B.1 Funktionen der Headerdatei <ctype.h>

Bedeutung	Funktion
Wandelt das Zeichen in einen Kleinbuchstaben um.	`int tolower(int ch);`
Wandelt das Zeichen in einen Großbuchstaben um.	`int toupper(int ch);`

Tabelle B.1 Funktionen der Headerdatei <ctype.h> (Forts.)

Alle Funktionen in *ctype.h*, abgesehen von `tolower()` und `toupper()`, liefern als Rückgabewert bei Wahrheit einen Wert ungleich 0, ansonsten, wenn der Ausdruck nicht wahr ist, `0` zurück. Wahr bedeutet hier »logisch wahr«, das heißt, wenn z. B. bei einem Vergleich beide Ausdrücke nicht gleich sind, ist der Ausdruck `0` (logisch falsch). Allerdings bedeutet hier nicht `1` = wahr, sondern nicht `0` = wahr. Die Funktionen `tolower()` und `toupper()` geben allerdings bei Erfolg den umgewandelten Groß- bzw. Kleinbuchstaben zurück, ansonsten wird das Zeichen `ch` unverändert zurückgegeben. Als Argument erwarten alle Funktionen ein Zeichen, dessen ASCII-Code sich zwischen 0 und 255 befindet. Dieser Code ist im Endeffekt ein ASCII-Zeichen, 16-Bit-Zeichen werden von *ctype.h* nicht unterstützt.

Ab ANSI C99 gilt: In der Headerdatei *wctype.h* befinden sich noch die Funktionen `is...` und `tow...`, die zur Klassifizierung und Umwandlung von `wchar_t`-Typen verwendet werden (16-Bit-Zeichen). Hier liegt logischerweise der Wert der Argumente zwischen `0` und `32767` (oder WEOF). Der Aufruf der `wchar_t`-Typ-Funktionen in *wctype.h* entspricht ansonsten denjenigen bei *ctype.h*.

Hinweis

Zum Umwandeln eines Zeichens vom Typ `wchar_t` in `unsigned char` wird die Funktion `wctob()` und umgekehrt die Funktion `btowc()` verwendet.

B.1.3 Fehlerkonstanten in <errno.h>

Beim Auftreten eines Fehlers kann der genauere Grund des Fehlers mithilfe einer Abfrage des Rückgabewertes der entsprechenden Funktion, aber auch durch die Integer-Variable `errno` ermittelt werden. Dafür befinden sich in der Headerdatei *errno.h* eine Menge Konstanten, die alle mit dem Buchstaben `E` beginnen. Diese Konstanten sind Fehlerwerte, von denen allerdings nur die folgenden zwei dem ANSI-C-Standard entsprechen:

Konstante	Bedeutung
`EDOM`	unzulässiges Argument für eine mathematische Funktion
`ERANGE`	Ergebnis außerhalb des darstellbaren Bereichs

Tabelle B.2 Fehlerkonstanten, die vom Standard gefordert werden

Hierzu gibt es noch eine weitere Liste weiterer gängiger (häufiger auftretender) Fehlerwerte. Für eine umfangreichere Liste und Beschreibung der Fehlerwerte sei die Manual Page zu `intro` (`intro(2)`) empfohlen.

Fehlercode	Bedeutung
EZERO	Fehler 0
EINVFNC	ungültige Funktionsnummer
ENOFILE	Datei nicht gefunden
ENOPATH	Pfad nicht gefunden
ECONTR	Speicherblöcke zerstört
EINVMEM	ungültige Speicherblockadresse
EINVENV	ungültiges Environment
EINVFMT	ungültiges Format
EINVACC	ungültiger Zugriffscode
EINVDAT	ungültige Daten
EINVDRV	ungültige Laufwerksangabe
ECURDIR	Versuch, das aktuelle Verzeichnis zu löschen
ENOTSAM	nicht das gleiche Gerät
ENMFILE	keine weiteren Dateien mehr
ENOENT	Datei oder Verzeichnis existiert nicht
EMFILE	zu viele geöffnete Dateien
EACCES	Zugriff verweigert
EBADF	ungültiger Datei-Deskriptor
ENOMEM	zu wenig Speicher
ENODEV	Gerät existiert nicht
EINVAL	ungültiges Argument
E2BIG	Argumentliste ist zu lang
ENOEXEC	Fehler beim Exec-Format

Tabelle B.3 Fehlerbehandlungs-Konstanten bei Systemaufrufen

Fehlercode	Bedeutung
EXDEV	Kreuzverbindung von Geräten
EFAULT	unbekannter Fehler
EEXIST	Datei existiert bereits

Tabelle B.3 Fehlerbehandlungs-Konstanten bei Systemaufrufen (Forts.)

B.1.4 float.h – Eigenschaften und Limits für Gleitpunkttypen

Konstante	Bedeutung
FLT_RADIX	Basis für Exponentendarstellung
FLT_MANT_DIG	Anzahl Mantissenstellen (float)
DBL_MANT_DIG	Anzahl Mantissenstellen (double)
LDBL_MANT_DIG	Anzahl Mantissenstellen (long double)
FLT_DIG	Genauigkeit in Dezimalziffern (float)
DBL_DIG	Genauigkeit in Dezimalziffern (double)
LDBL_DIG	Genauigkeit in Dezimalziffern (long double)
FLT_MIN_EXP	minimaler negativer FLT_RADIX-Exponent (float)
DBL_MIN_EXP	minimaler negativer FLT_RADIX-Exponent (double)
LDBL_MIN_EXP	minimaler negativer FLT_RADIX-Exponent (long double)
FLT_MIN_10_EXP	minimaler negativer Zehnerexponent (float)
DBL_MIN_10_EXP	minimaler negativer Zehnerexponent (double)
LDBL_MIN_10_EXP	minimaler negativer Zehnerexponent (long double)
FLT_MAX_EXP	maximaler FLT_RADIX-Exponent (float)
DBL_MAX_EXP	maximaler FLT_RADIX-Exponent (double)
LDBL_MAX_EXP	maximaler FLT_RADIX-Exponent (long double)
FLT_MAX_10_EXP	maximaler Zehnerexponent (float)
DBL_MAX_10_EXP	maximaler Zehnerexponent (double)

Tabelle B.4 Limit-Konstanten für Gleitpunkt-Datentypen in <float.h>

Konstante	Bedeutung
LDBL_MAX_10_EXP	maximaler Zehnerexponent (long double)
FLT_MAX	maximaler Gleitpunktwert (float)
DBL_MAX	maximaler Gleitpunktwert (double)
LDBL_MAX	maximaler Gleitpunktwert (long double)
FLT_EPSILON	kleinster float-Wert x, für den 1.0 + x ungleich 1.0 gilt
DBL_EPSILON	kleinster double-Wert x, für den 1.0 + x ungleich 1.0 gilt
LDBL_EPSILON	kleinster long double-Wert x, für den 1.0 + x ungleich 1.0 gilt
FLT_MIN	minimaler normalisierter Gleitpunktwert (float)
DBL_MIN	minimaler normalisierter Gleitpunktwert (double)
LDBL_MIN	minimaler normalisierter Gleitpunktwert (long double)

Tabelle B.4 Limit-Konstanten für Gleitpunkt-Datentypen in <float.h> (Forts.)

B.1.5 limits.h – Limits und Konstanten

Konstante	Mindestwert	Erklärung
CHAR_BIT	8	Bitzahl für ein Byte
SCHAR_MIN	–127	min. signed char
SCHAR_MAX	+127	max. signed char
UCHAR_MAX	255	max. unsigned char
CHAR_MIN	SCHAR_MIN oder 0	min. char
CHAR_MAX	SCHAR_MAX oder UCHAR_MAX	max. char
MB_LEN_MAX	1	max. Bytes für ein Viel-Byte-Zeichen
SHRT_MIN	–32.767	min. short int
SHRT_MAX	+32.767	max. short int
USHRT_MAX	65.535	max. unsigned short
INT_MIN	–32.767 (32 Bit: –2.147.483.647)	min. int

Tabelle B.5 Limit-Konstanten für ganzzahlige Datentypen in <limits.h>

Konstante	Mindestwert	Erklärung
`INT_MAX`	+32.767 (32 Bit: +2.147.483.647)	max. `int`
`UINT_MAX`	65.535 (32 Bit: 4.294.967.295)	max. `unsigned int`
`LONG_MIN`	–2.147.483.647	min. `long int`
`LONG_MAX`	+2.147.483.647	max. `long int`
`ULONG_MAX`	4.294.967.295	max. `unsigned long int`

Tabelle B.5 Limit-Konstanten für ganzzahlige Datentypen in <limits.h> (Forts.)

B.1.6 locale.h – länderspezifische Eigenschaften und Einstellungen

In ANSI C sind auch Funktionen vorhanden, die die länderspezifischen Eigenschaften wie die Formatierung von Geldbeträgen oder Datumsangaben betreffen. Dabei handelt es sich um zwei Funktionen und mehrere Makros, die aber recht selten Beachtung finden.

Wenn Sie ein Programm starten, werden die lokalen Aspekte zunächst nicht berücksichtigt, und das Programm wird somit mit den Standardeinstellungen der aktuellen Umgebung gestartet (dies sind meistens die Einstellungen in */etc/locale*).

Die Funktion, mit der Sie in einem laufenden Programm die lokalen Eistellungen anpassen können, lautet:

```
#include <locale.h>

char *setlocale( int kategorie, const char *name );
```

Manchmal will man nicht die kompletten lokalen Aspekte berücksichtigen, daher wurde die Kategorie (erstes Argument) wie in Tabelle B.6 zu sehen aufgeteilt:

Kategorie	betroffen davon im Programm
`LC_ALL`	Alle lokalen Aspekte (die gleich noch in der Kategorie folgen) werden berücksichtigt.
`LC_COLLATE`	nur die Funktionen `strcoll()` und `strxfrm()`
`LC_CTYPE`	nur die Funktionen für die Zeichenbehandlung in *ctype.h* bzw. *wctype.h*
`LC_MONETARY`	die Formatierungs-Informationen für die Darstellung von Geldbeträgen (siehe `localeconv()`)

Tabelle B.6 Kategorien zur Lokalisierung der Umgebung

Kategorie	betroffen davon im Programm
LC_NUMERIC	das Zeichen für den Dezimalpunkt der Ein-/Ausgabe und Stringkonvertierungen
LC_TIME	die Funktion strftime()

Tabelle B.6 Kategorien zur Lokalisierung der Umgebung (Forts.)

Für das Argument name in der Funktion setlocale() sind die Angaben aus Tabelle B.7 möglich:

Angabe für »name«	Bedeutung
"C"	Keine lokalen Aspekte werden berücksichtigt.
""	Einstellung richtet sich nach der Umgebung des Compilers.
NULL	Die lokale Umgebung wird nicht verändert. Wird verwendet, um mithilfe des Rückgabewertes von setlocale() die alte Umgebung zu sichern und eventuell wiederherzustellen.

Tabelle B.7 Zweites Argument für setlocale()

Hierzu ein einfaches Beispiel, das die lokale Umgebung ermittelt, anschließend entsprechend dem Einsatzgebiet des Compilers verändert und zum Schluss wiederherstellt.

```
/* my_setlocale.c */
#include <stdio.h>
#include <locale.h>
#define KOMMA 3.3223

int main(void) {
    char *local_save = setlocale(LC_ALL, NULL);
    char *local;
    printf("Lokale Umgebung: %s (Standard)\n", local_save);
    printf("Gleitpunkt: %f\n",KOMMA);

    local = setlocale( LC_ALL, "");
    printf("Neue lokale Umgebung: %s\n", local);
    printf("Gleitpunkt: %f\n",KOMMA);

    printf("Standard-Umgebung wiederherstellen\n");
    local = setlocale( LC_ALL, local_save);
```

```
    printf("Lokale Umgebung: %s (wiederhergestellt)\n", local);
    return 0;
}
```

Listing B.1 Zeigt, wie Sie die lokalen Systemeinstellungen temporär ändern und anschließend wieder herstellen können.

Die mögliche Ausgabe des Programms könnte wie folgt aussehen:

```
Lokale Umgebung: C (Standard)
Gleitpunkt: 3.322300
Neue lokale Umgebung: German_Germany.1252
Gleitpunkt: 3,322300
Standard-Umgebung wiederherstellen
Lokale Umgebung: C (wiederhergestellt)
```

Benötigen Sie außerdem Informationen für die Formatierung von nummerischen Werten wie z. B. den Dezimalpunkt oder das aktuelle Währungssymbol, steht Ihnen noch die folgende Funktion zur Verfügung:

```
#include <locale.h>

struct lconv *localeconv( void );
```

Die Funktion `lconv()` füllt die als Zeiger übergebene Struktur `lconv` mit der aktuell verwendeten länderspezifischen Umgebung. Diese Struktur enthält folgende Attribute:

```
struct lconv {
 char* decimal_point; /* Zeichen Dezimalpunkt                 */
 char* thousands_sep; /* Trennzeichen für Gruppen von Ziffern */
 char* grouping;      /* Größe einer Gruppe von Ziffern       */
 char* int_curr_symbol; /* Intern. Symbol für lokale Währung  */
 char* currency_symbol; /* lokales Währungssymbol             */
/* Zeichen Dezimalpunkt bei Geldbeträgen */
 char* mon_decimal_point;
/* Trennzeichen für Gruppen von Ziffern bei Geldbeträgen */
 char*   mon_thousands_sep;
/* Größe einer Gruppe von Ziffern bei Geldbeträgen */
 char*   mon_grouping;
 char*   positive_sign; /* Symbol für positive Geldbeträge */
 char*   negative_sign; /* Symbol für negative Geldbeträge */
/* Anzahl der Ziffern nach Dezimalpunkt von Geldbeträgen   */
/* (international) (meistens 2)                            */
 char   int_frac_digits;
/* Anzahl der Ziffern nach Dezimalpunkt von Geldbeträgen   */
```

```
/* (national) (meistens 2) */
 char   frac_digits;
/* Für positive Geldbeträge  0 = Währungssymbol nach dem Betrag; */
/*  1 = Währungssymbol vor dem Betrag                            */
 char   p_cs_precedes;
/* Für pos. Geldbeträge Leerzeichen zwischen Währungssymbol */
/* und dem Betrag: 1 = Leerzeichen; 0 = kein Leerzeichen    */
 char   p_sep_by_space;
/* Für negative Geldbeträge  0 = Währungssymbol nach dem Betrag */
/* 1 = Währungssymbol vor dem Betrag                            */
 char   n_cs_precedes;
/* Für negative Geldbeträge. Leerzeichen zwischen  */
/* Währungssymbol und dem Betrag: 1 = Leerzeichen; */
/* 0 = kein Leerzeichen                            */
 char   n_sep_by_space;
 char   p_sign_posn; /* Position von positive_sign */
 char   n_sign_posn; /* Position von negative_sign */
};
```

B.1.7 math.h – mathematische Funktionen

Funktion	Beschreibung
double acos (double zahl)	Arcuscosinus
double asin (double zahl)	Arcussinus
double atan (double zahl)	Arcustangens
double atan2 (double zahl1, double zahl2)	Arcustangens von zahl1 und zahl2
double cos (double zahl)	Cosinus
double sin (double zahl)	Sinus
double tan (double zahl)	Tangens
double cosh (double zahl)	Cosinus hyperbolicus
double sinh (double zahl)	Sinus hyperbolicus
double tanh (double zahl)	Tangens hyperbolicus
double exp (double zahl)	Exponentialfunktion berechnen

Tabelle B.8 Mathematische Funktionen

Funktion	Beschreibung
double log (double zahl)	Logarithmus von zahl zur Basis e = 2,71828...
double log10 (double zahl)	Logarithmus zur Basis 10
double sqrt (double zahl)	Quadratwurzel
double ceil (double zahl)	Gleitpunktzahl aufrunden
double fabs (double zahl)	Absolutwert
double floor (double zahl)	Gleitpunktzahl abrunden
double frexp (double zahl, int zahl2)	Zerlegt zahl in eine Mantisse und einen ganzzahligen Exponenten.
double modf (double1 zahl1, double2 *zahl2)	Zerlegt den Wert von zahl1 in einen gebrochenen und einen ganzzahligen Wert. Der ganzzahlige Wert (Vorkommateil) befindet sich dann in der Adresse von zahl2.
double pow (double zahl1, double zahl2)	Potenz $zahl1^{zahl2}$
int fmod (double zahl1, double zahl2)	float modulo errechnet den Rest von zahl1/zahl2

Tabelle B.8 Mathematische Funktionen (Forts.)

B.1.8 setjmp.h – nichtlokale Sprünge

Funktion	Bedeutung
int setjmp(jmp_buf env);	einen Programmzustand abspeichern
void longjmp(jmp_buf env, int wert);	den Programmzustand wiederherstellen

Tabelle B.9 Funktionen für nichtlokale Sprünge

Normalerweise ist es nicht möglich, von einer aufgerufenen Funktion direkt in die aufrufende Funktion zurückzuspringen, zumindest nicht, ohne Inline-Assembler zu verwenden. Eine Ausnahme, die jedoch fast nur bei der Portierung älterer Programme benutzt wird, sind die Funktionen in *setjmp.h*. Mit den Funktionen setjmp() und longjmp() ist also ein direkter Rücksprung in die aufrufende Funktion möglich.

Dabei wird mit setjmp() ein Punkt im Programm festgelegt, der alle Informationen enthält, die nötig sind, um mit longjmp() von einer beliebigen Stelle im Programm an diesen Punkt zurückzuspringen. Beim Setzen des Sprung-Punktes mit setjmp() liefert diese Funktion den Wert 0 zurück, wenn alles korrekt verlief, also z. B. genug Stapelspeicher vorhanden ist, um die Sprunginformationen aufzunehmen. Wird setjmp() mit einem Funktionsaufruf von longjmp() – womit ja zu setjmp() zurückgesprungen wird – zum zweiten Mal durchlaufen, wird ein Wert ungleich 0 zurückgegeben.

Der Programmzustand, der von setjmp() gesetzt und von longjmp() zwischengespeichert wird, wird in einem Puffer vom Typ jmp_buf gespeichert. Bei jmp_buf handelt es sich um ein Array mit Informationen wie u. a. Register-Inhalte, Instruktions-Pointer oder Stackpointer.

Problematisch könnte das Setzen eines Punktes mittels setjmp() werden, wenn longjmp() zu einem Punkt zurückspringen will, der in einer Funktion gesetzt wurde, die sich längst beendet hat. Dann ist das weitere Verhalten undefiniert.

Eine Anmerkung (unabhängig davon, was der ANSI-C-Standard vorschreibt) zu den Variablen bei nichtlokalen Sprüngen: Diese behalten nach einem longjmp()-Aufruf gewöhnlich den neuen Wert, wenn die Variable sich nicht in einem Register der CPU befindet. Die Variablen, die sich hingegen in einem CPU-Register befinden, behalten den alten Wert, den sie beim setjmp()-Aufruf hatten. Dies ist zumindest beim GCC der Fall. Ein kurzer Codeausschnitt mit der Verwendung eines nichtlokalen Sprungs:

```
...
jmp_buf programmzustand;
...
if(setjmp(programmzustand)==0)
   printf("Programmzustand auf den Stack gelegt\n");
else
   printf("Rücksprung mit longjmp erfolgt\n");
...
...
/* viele, viele Funktionen später */
longjmp(programmzustand,1);
```

B.1.9 signal.h – Signale

Aufgrund einiger Schwächen der alten signal()-Funktion von ANSI C sei hier auf die Referenz B.9 hingewiesen, in der das neue Signalkonzept behandelt wird.

B.1.10 stdarg.h – variabel lange Argumentenlisten

Für das Schreiben von eigenen Funktionen mit einer variablen Argumentenliste sind in der Headerdatei *stdarg.h* die folgenden vier Makros deklariert:

Makro	Bedeutung
va_list ap;	Liste der Parameter definieren
va_start(va_list ap, args);	Argumentenliste mit dem ersten Argument initialisieren
type va_arg(va_list ap, type);	nächsten Parameter aus der Liste lesen
void va_end(va_list ap);	Argumentlesevorgang beenden

Tabelle B.10 Makros der Headerdatei <stdarg.h>

Es folgt ein einfaches Beispiel, in dem mehrere Stings bis zu MAX Zeichen aneinandergehängt werden:

```
/* strxcat.c */
#include <stdio.h>
#include <stdarg.h>
#include <string.h>
#include <stdlib.h>
#define MAX 50

void strxcat(int n_strings, ...) {
    va_list zeiger;
    char *quelle, *ziel, *p;

    va_start(zeiger,n_strings);

    /* nun auf den Zielstring */
    ziel = va_arg(zeiger,char *);
    p = ziel;
    /* am Ende des Zielstrings */
    ziel+=strlen(ziel);

    if((ziel-p) > MAX) {
        printf("Maximale Anzahl Zeichen überschritten!\n");
        return;
    }

    while(--n_strings > 0) {
        /* Quelle einlesen */
        quelle=va_arg(zeiger, char *);
        /* Jetzt Zeichen für Zeichen an ziel */
        while(*quelle) {
```

```
            *ziel++ = *quelle++;
            if( (ziel-p) > MAX) {
               printf("!Max. Zeichen ueberschritten!\n");
               exit(EXIT_FAILURE);
            }
         }
      }
      *ziel = '\0';
}

int main(void) {
   char string[MAX] = "Test : ";
   char string2[] = " Und";

   strxcat(3, string, "hallo " , "welt");
   printf("%s\n",string);

   strxcat(5, string, string2, " noch", " ein", " Test");
   printf("%s\n",string);

   /* Und nun ein Fehler mit Absicht */
   strxcat(4, string , " Ueberlauf", " von", " MAX");
   printf("%s\n",string);
   return EXIT_SUCCESS;
}
```

Listing B.2 Hängt mehrere Zeichenketten aneinander und testet auch auf Überläufe.

B.1.11 stddef.h – Standarddefinitionen

In der Headerdatei *stddef.h* finden Sie das Makro `offsetof()`, mit dem Sie den Abstand von einzelnen Strukturelementen innerhalb einer Struktur in Bytes ermitteln. Ist dieses Makro bei Ihnen nicht vorhanden, lässt es sich ohne großen Aufwand selbst implementieren:

```
#define offsetof(struct_type, member) \
          (size_t) &(((struct_type *)0)->member)
```

Ein einfaches Beispiel hierfür:

```
/* offsetof.c */
#include <stdio.h>
#include <stddef.h>
#define MAX 15
```

```
struct data {
    char a;
    int b;
    float c;
    double d;
};

int main(void) {
    struct data newfile = { 'a', 1, 1.234, 3E5 };
    struct data *str_ptr = &newfile;
    int offset;

    printf("Start a (%d Bytes)"  ,offsetof(struct data, a));
    printf(" bis b == %d Bytes\n",offsetof(struct data, b));
    printf("Start b (%d Bytes)"  ,offsetof(struct data, b));
    printf(" bis d == %d Bytes\n",offsetof(struct data, d));
    printf("Komplett von Start a (%d Bytes)",
        offsetof(struct data, a));
    printf(" bis Ende d == %d Bytes\n",
        offsetof(struct data, d) + sizeof(double));
    return 0;
}
```

Listing B.3 Demonstriert die Verwendung des offsetof-Makros.

B.1.12 stdio.h – Standard Ein-/Ausgabe-Funktionen

Syntax	Bedeutung

`FILE *fopen(`
`const char *pfad,`
`const char *modus);`
	Datei öffnen

`FILE *freopen(`
`const char *pfad,`
`const char *modus,`
`FILE *fz);`
	Datei öffnen mit bereits vorhandenem Stream

`int fflush(FILE *fz);`	Inhalt des Dateipuffers in einen Stream schreiben
`int fclose(FILE *fz);`	Datei schließen

Tabelle B.11 Standard Ein-/Ausgabe-Funktionen

Syntax	Bedeutung
`int remove(` `const char *pfadname);`	Datei löschen

`int rename(`
`const char *alt,`
`const char *neu);`
	Datei umbenennen

`FILE *tmpfile(void);`	temporäre Datei erzeugen und automatisch wieder löschen
`char *tmpnam(char *ptr);`	eindeutigen Namen für eine temporäre Datei erzeugen

`void setbuf(`
`FILE *fz,`
`char *puffer);`
	einer Datei einen Puffer zuordnen

`int setvbuf(`
`FILE *fz,`
`char *puffer,`
`int modus,`
`size_t size);`
	einer geöffneten Datei einen Puffer zuordnen

`int fscanf(`
`FILE *fz,`
`const char *format, ...);`
	formatiert aus einem Stream lesen

`int scanf(` `const char *format, ...);`	formatiert aus der Standardeingabe (`stdin`) lesen

`int sscanf(`
`const char *puffer,`
`const char *format, ...);`
	formatiert aus einem String lesen

`int fprintf(`
`FILE *fz,`
`const char *format, ...);`
	formatiert in einen Stream schreiben

`int printf(` `const char *format, ...);`	formatiert auf die Standardausgabe (`stdout`) schreiben

`int sprintf(`
`char *puffer,`
`const char *format, ...);`
	formatiert in einen String schreiben

Tabelle B.11 Standard Ein-/Ausgabe-Funktionen (Forts.)

Syntax	Bedeutung

`int vfprintf(`
`FILE *fz,`
`const char *format,`
`va_list arg);`
	formatiert in einen Stream schreiben mit Argumentenzeiger

`int vprintf(`
`const char *format,`
`va_list arg);`
	formatiert auf `stdout` schreiben mit Argumentenzeiger

`int vsprintf(`
`char *puffer,`
`const char *format,`
`va_list arg);`
	formatiert in einen String schreiben mit Argumentenzeiger

`int getchar(void);`	ein Zeichen von der Standardeingabe (`stdin`) einlesen
`int putchar(int ch);`	ein Zeichen auf die Standardausgabe (`stdout`) schreiben

`int fgetc(FILE *fz);`
`/* oder */`
`int getc(FILE *fz);`
	ein Zeichen von einem Stream einlesen

`int fputc(int ch,FILE *fz);`
`/* oder */`
`int putc(int ch,FILE *fz);`
	ein Zeichen in einen Stream schreiben

`int ungetc(`
`int zeichen,`
`FILE *fz);`
	ein gelesenes Zeichen in den Stream zurückschieben

`int gets(char *puffer);` `/* sicherere Alternat. fgets */`	eine ganze Zeile von der Standardeingabe einlesen
`int puts(const char *puffer);`	eine ganze Zeile auf die Standardausgabe schreiben

`int fgets(`
`char *puffer,`
`int n,`
`FILE *fz);`
	eine ganze Zeile aus einem Stream lesen

`int fputs(`
`const char *puffer,`
`FILE *fz);`
	eine ganze Zeile in einen Stream schreiben

Tabelle B.11 Standard Ein-/Ausgabe-Funktionen (Forts.)

Syntax	Bedeutung

`size_t fread(`
`void *ptr,`
`size_t size,`
`size_t n_obj,`
`FILE *fz);`
	binäres Lesen ganzer Blöcke

`size_t fwrite(const void *p,size_t siz,size_t n_obj,FILE *fz);`	binäres Schreiben ganzer Blöcke

`int fseek(`
`FILE *fz,`
`long offset,`
`int origin);`
	einen Stream positionieren

`int ftell(FILE *fz);`	die Position eines Streams abfragen

`int fgetpos(`
`FILE *fz,`
`fpos_t *pos);`
	die Position eines Streams speichern

`int fsetpos(`
`FILE *fz,`
`const fpos_t *pos);`
	einen Stream positionieren (zweite Möglichkeit)

`void rewind(FILE *fz);`	den Stream zum Dateianfang zurücksetzen
`int feof(FILE *fz);`	EOF-Flag überprüfen, ob der Stream am Dateiende ist
`int ferror(FILE *fz);`	Fehlerflag überprüfen, ob beim Stream ein Fehler auftrat
`void clearerr(FILE *fz);`	das Fehler- und EOF-Flag löschen
`void perror(const char *str);`	Ausgabe einer zu `errno` gehörigen Fehlermeldung

Tabelle B.11 Standard Ein-/Ausgabe-Funktionen (Forts.)

B.1.13 stdlib.h – nützliche Funktionen, die nicht mehr in stdio.h passen

Syntax	Bedeutung
`double atof(const char *str);`	einen String in einen `double`-Wert konvertieren
`int atoi(const char *str);`	einen String in einen `int`-Wert konvertieren

Tabelle B.12 Allgemeine, nützliche Funktionen

Syntax	Bedeutung
`long int atol(const char *str);`	einen String in einen `long int`-Wert konvertieren

`double strtod(`
`const char *str,`
`char **endptr);`
	einen String in einen `double`-Wert konvertieren

`long strtol(`
`const char *str,`
`char **endptr,`
`int base);`
	einen String in einen `long`-Wert konvertieren

`long strtoul(`
`const char *str,`
`char **endptr,`
`int base);`
	einen String in einen `unsigned long`-Wert konvertieren

`void *malloc(size_t size);`	Speicherplatz allozieren

`void *calloc(`
`size_t anzahl,`
`size_t size);`
	Speicherplatz allozieren

`void *realloc(`
`void *zeiger,`
`size_t size);`
	Speicherplatz allozieren

`void free(void *ptr);`	allozierten Speicherplatz wieder freigeben
`int rand(void);`	Erzeugt Pseudo-Zufallszahl zwischen 0 und `RAND_MAX`.
`void srand(unsigned int start);`	Legt den Startpunkt für eine Pseudo-Zufallszahl fest.
`int atexit(` `void (* funktion) (void));`	eine Funktion zur Ende-Behandlung eintragen
`void exit(int status);`	normale Programmbeendigung
`void abort(void);`	nicht normale Programmbeendigung
`int system(const char *str);`	ein Kommando zur Ausführung an die Umgebung übergeben
`char *getenv(const char *name);`	aktuelle Umgebungsvariablen des Systems abfragen

`div_t div(`
`int zaehler,`
`int nenner);`
	Quotient und Rest einer Division berechnen (`int`)

Tabelle B.12 Allgemeine, nützliche Funktionen (Forts.)

Syntax	Bedeutung

`ldiv_t ldiv(`
`long zaehler,`
`long nenner);`
	Quotient und Rest einer Division berechnen (`long`)

`int abs(int num);`	Absolutwert eines `int`-Arguments
`long labs(long num);`	Absolutwert eines `long`-Arguments

`void *bsearch(`
`const void *key,`
`const void *start,`
`size_t n,`
`size_t size,`
`int (*cmp)(`
`const void *,`
`const void *) );`
	binäre Suche

`void qsort(`
`void *array,`
`size_t n,`
`size_t size,`
`int (*cmp)(`
`const void *,`
`const void *) );`
	Quicksort (Sortieren)

Tabelle B.12 Allgemeine, nützliche Funktionen (Forts.)

[»]

ANSI C99

Neu im ANSI-C99-Standard waren auch die Funktionen `atoll()` und `strtoll()`, mit denen ein String in einen `long long`-Wert konvertiert werden kann. Ebenfalls neu war die Funktion `_Exit()`, die ähnlich wie `_exit()` (nicht zu verwechseln mit `exit()`) ein Programm sofort beendet, und zwar ohne das Senden von Signalen oder die Ausführung von Funktionen, die mit `atexit()` eingerichtet wurden. C99 ist natürlich schon sehr betagt, das heißt, dass Sie inzwischen im Endeffekt alle modernen C-Funktionen verfügbar haben sollten. Am besten ist natürlich, wenn Sie stets den neusten Standard benutzen, der inzwischen C23 ist. C23 wird aber noch nicht von allen Compilern unterstützt. Mit dem Vorläufer C18 dürften Sie aber inzwischen keine Probleme mehr haben.

B.1.14 string.h – String-Bearbeitungsfunktionen

Syntax	Bedeutung

`void memcpy(`
`void *ziel,`
`const void *quelle,`
`size_t anzahl);`
	bestimmte Anzahl Bytes in Quelle nach Ziel kopieren

`void memmove(`
`void *ziel,`
`const void *quelle,`
`size_t anzahl);`
	Wie `memcpy`, nur wird der korrekte Kopiervorgang garantiert.

`void memchr(`
`const void *ptr,`
`int zeichen,`
`size_t bereich);`
	Sucht ein bestimmtes Zeichen in einem bestimmten Bereich.

`void memset(`
`const void *ptr,`
`int zeichen,`
`size_t bereich);`
	Füllt einen bestimmten Bereich mit einem Zeichen,

`void memcmp(`
`const void *s1,`
`const void *s2,`
`size_t anzahl);`
	Vergleicht eine bestimmte Anzahl Bytes miteinander.

`int strcpy(`
`char *ziel,`
`const char *quelle);`
	einen String kopieren

`char *strncpy(`
`char *ziel,`
`const char *quelle,`
`size_t size);`
	eine bestimmte Anzahl von Zeichen eines Strings kopieren

`char *strcat(`
`char *str1,`
`const char *str2);`
	einen String an einen anderen hängen

`char *strncat(`
`char *str1,`
`char *str2,`
`size_t size);`
	einen String bestimmter Länge an einen anderen hängen

Tabelle B.13 Funktionen zum Umgang mit Zeichenketten

Syntax	Bedeutung

`int strcmp(`
`const char *str1,`
`const char *str2);`
	zwei Strings miteinander vergleichen

`int strncmp(`
`const char *str1,`
`const char *str2,`
`size_t size);`
	zwei Strings bis zu einer gewissen Länge vergleichen

`size_t strlen(const char *str);`	Länge eines Strings ermitteln (ohne String-Ende-Zeichen `\0`)

`char *strchr(`
`const char *str,`
`int zeichen);`
	ein Zeichen in einem String suchen (von vorn)

`char *strrchr(`
`const char *str,`
`int zeichen);`
	ein Zeichen in einem String suchen (von hinten)

`char *strstr(`
`const char *str,`
`const char *such_str);`
	Suchen einer bestimmten Stringfolge in einem String

`char *strpbrk(`
`const char *str,`
`const char *zeichen_menge);`
	Suchen eines Zeichens aus einer Zeichenmenge im String

`size_t strspn(`
`const char *str,`
`const char *zeichen_menge);`
	Ermittelt die Länge der übereinstimmenden Zeichen.

`size_t strcspn(`
`const char *str,`
`const char *zeichen_menge);`
	Ermittelt die Anzahl der nicht übereinstimmenden Zeichen.

`char *strtok(`
`char *str,`
`const char *zeichen);`
	einen String nach bestimmten Zeichen zerlegen

`char *strerror(` `int fehlernummer);`	Gibt eine zur Fehlernummer gehörende Fehlermeldung aus.

Tabelle B.13 Funktionen zum Umgang mit Zeichenketten (Forts.)

Syntax	Bedeutung

`int strcoll(`
`const char*str1,`
`const char *str2);`
	länderspezifische Vergleichsfunktion

`size_t strxfrm(`
`char *land,`
`const char *is_land,`
`size_t size);`
	länderspezifische Umwandlung von Zeichen

Tabelle B.13 Funktionen zum Umgang mit Zeichenketten (Forts.)

B.1.15 time.h – Datum- und Uhrzeitfunktionen

Syntax	Bedeutung
`clock_t clock(void);`	verbrauchte CPU-Zeit seit dem Programmstart
`time_t time(time_t *time_ptr);`	Erfragen der aktuellen Kalenderzeit

`struct tm *gmtime(`
`const time_t *time_ptr);`
`struct tm *localtime(`
`const time_t *time_ptr);`
	Konvertieren vom `time_t`-Zeitformat in die `struct tm`-Zeit

`time_t mktime(` `const struct tm *tm_ptr);`	Konvertieren vom `struct tm`-Zeitformat in die `time_t`-Zeit
`char *asctime(` `const struct tm *tm_ptr);`	Konvertieren vom `struct tm`-Zeitformat in einen String
`char *ctime(` `const time_t *time_ptr);`	Konvertieren vom `time_t`-Zeitformat in einen String

`double difftime(`
`time_t z2,`
`time_t z1);`
	Differenzen zweier Uhrzeiten im `time_t`-Format

`size_t strftime(`
`char *puf,`
`size_t smax,`
`const char *fmt,`
`const struct tm *t_ptr);`
	Konvertieren vom `struct tm`-Zeitformat in einen benutzerdefinierten String

Tabelle B.14 Zeit- und Datumsfunktionen

Typ	Bedeutung
size_t	arithmetischer Datentyp für Größenangaben
clock_t	arithmetischer Datentyp für CPU-Zeit
time_t	arithmetischer Datentyp für Datums- und Zeitangaben
struct tm	Enthält alle zu einer Kalenderzeit (gregorianische) relevanten Komponenten.

Tabelle B.15 (Primitive) Datentypen und Struktur für Datum und Zeit

struct tm-Variable	Bedeutung
int tm_sec;	Sekunden (0–59)
int tm_min;	Minuten (0–59)
int tm_hour;	Stunden (0–23)
int tm_mday;	Monatstag (1–31)
int tm_mon;	Monate (0–11) (Januar = 0)
int tm_year;	ab dem Jahr 1900
int tm_wday;	Tag seit Sonntag (0–6; Sonntag =0)
int tm_yday;	Tag seit 1. Januar (0–365; 1. Januar = 0)
int tm_isdst;	Sommerzeit (tm_isdst > 0) Winterzeit (tm_isdst == 0) nicht verfügbar (tm_isdst < 0)

Tabelle B.16 Bedeutung der Strukturvariablen im struct tm

B.2 Anmerkungen zu ANSI C99

Bis vor 10 Jahren war es noch so, dass noch kein Compiler den C99-Standard komplett unterstützte und es auch sehr viele Kritiker gab, die anmerkten, dass die Compiler um mindestens 10 Jahre hinterherhinkten. Deshalb wurden noch vor 10 Jahren viele Programme im ANSI-C-Standard C89 geschrieben. Inzwischen hat sich die Situation entspannt, und GCC unterstützt mittlerweile sogar C23. Es gibt aber noch viele Anwendungen, die nicht einmal C99 unterstützen, deshalb werden Sie früher oder später in die Verlegenheit kommen, alte Anwendungen auf das Niveau des neusten C-Standards zu heben. Dies ist nicht immer eine einfache Sache. Wollen Sie nun wissen, wie weit die GNU-C-Compiler-Collection C99 oder auch neue

Standards unterstützt, können Sie sich unter der folgenden Website einen Überblick zum aktuellen Status verschaffen: *http://gcc.gnu.org*.

Zwar sollte man als Autor stets bei den Fakten bleiben, aber die Frage sollte schon gestattet sein: Wem nutzen neue C-Standards? Sinn und Zweck des ANSI-C-Standards ist es, Programme zu erstellen, die möglichst portabel sind. Ferner ist auch die Sicherheit wichtig, denn vor allem der neuste C-Standard C23 schreibt vor, dass z. B. auch betagte Funktionen wie `scanf()` nun sicher gegen Buffer Overflows sein müssen. Alle neuen Compiler, die also nach C23 herauskommen, müssen sich an diese Vorgabe halten. Das ist de facto noch nicht der Fall, aber im Laufe der Zeit wird natürlich auch C23 vollständig umgesetzt sein. Und da ja bekanntlich auch die Hacker nicht schlafen, müssen eben immer wieder neue C-Standards erscheinen, die beispielsweise inzwischen gefundene Sicherheitslücken schließen, aber auch moderne Dinge wie die Unterstützung von Mehrkernprozessoren anbieten.

Im Folgenden finden Sie einen groben Überblick zu den neuen Headerdateien, die es ab C99 mindestens geben muss (im Endeffekt ist dies zurzeit der kleinste gemeinsame Nenner für vollständig portable Programme).

B.2.1 iso646.h – zur Verwendung von Zeichensätzen im ISO-646-Format (NA1)

Die Headerdatei *iso646.h* wurde mit dem *Normative Amendment 1*, einer Erweiterung des C-Standards, 1995 hinzugefügt und enthält lesbare Alternativen (symbolische Konstanten) zu einigen Operatoren, die in Tabelle B.17 dargestellt werden.

Konstante in <iso646.h>	Operator
`and`	&& (logisches UND)
`or`	|| (logisches ODER)
`not`	! (logisches NICHT)
`bitand`	& (bitweises UND)
`bitor`	| (bitweises ODER)
`xor`	^ (bitweises Exklusiv-ODER)
`compl`	~ (bitweises NICHT)
`and_eq`	&= (bitweises UND mit Zuweisung)
`or_eq`	|= (bitweises ODER mit Zuweisung)
`xor_eq`	^= (bitweises Exklusiv-ODER mit Zuweisung)
`not_eq`	!= (logisches NICHT mit Zuweisung)

Tabelle B.17 Alternative symbolische Konstanten für Operatoren

B.2.2 wchar.h – Zeichen mit mehr als 8 Bit Breite (wide char)

Die Headerdatei *wchar.h* wurde ebenfalls mit dem *Normative Amendment 1* 1995 hinzugefügt. In dieser Headerdatei sind folgende Funktionen enthalten:

- Umwandlung von Strings in Zahlwerte für den erweiterten Zeichensatz
- String- und Speicherbearbeitung für den erweiterten Zeichensatz
- Ein- und Ausgabe für den erweiterten Zeichensatz

Eine genauere Erläuterung der einzelnen Funktionen würde an dieser Stelle zu weit gehen. Aber im Allgemeinen sind Ihnen diese Funktionen schon u. a. aus den Headerdateien *stdio.h* und *string.h* bekannt. Bei diesen Funktionen handelt es sich bei dem `...w...` im Funktionsnamen um dieselben Funktionen, wie Sie sie bereits aus den Headerdateien *stdio.h* und *string.h* kennen, nur dass sich diese auf den erweiterten Zeichensatz mit 16 Bits und mehr pro Zeichen beziehen. Also: `fgetwc()` ist die Alternative für den erweiterten Zeichensatz der Funktion `fgetc()` zum Einlesen einzelner Zeichen aus einem `FILE`-Stream.

B.2.3 wctype.h (NA1)

Die Headerdatei *wctype.h* wurde ebenfalls, wie auch *iso646.h* und *wchar.h*, mit dem *Normative Amendment 1* hinzugefügt. Diese Headerdatei enthält Zeichenklassifizierungen und Umwandlungsfunktionen für den erweiterten Zeichensatz (*ctype.h* für den erweiterten Zeichensatz ist also *wctype.h*). Auch hier gilt dasselbe wie schon bei der Headerdatei *wchar.h*: Die Bedeutung der einzelnen Funktionen entspricht exakt der, die Sie aus der Headerdatei *ctype.h* bereits kennen – nur, dass sich diese Funktionen auf den erweiterten Zeichensatz beziehen und wieder den Buchstaben `...w...` (für `wide char`) im Funktionsnamen enthalten. Also: Anstatt `isalpha()` lautet das Gegenstück für den erweiterten Zeichensatz `iswalpha()`.

Jede Funktion erwartet als Argumente Parameter vom Typ `win_t`, was einem Wert zwischen `0` und `32767` (oder `WEOF`) entspricht.

B.2.4 complex.h – Funktionen für komplexe Zahlen

In der Headerdatei *complex.h* finden Sie eine Reihe von Makros und Funktionen für die (ebenfalls) neu in C99 eingeführten arithmetischen Datentypen `float`, `double`, `complex` oder `double_complex`. Bei diesen Typen handelt es sich um weitere Gleitpunkttypen, die zur Darstellung von komplexen und imaginären Zahlen eingeführt wurden, um mathematische Prozessoren besser zu unterstützen. Eine komplexe Zahl wird hierbei (wie in der Mathematik auch) mit einem Real- und Imaginärteil dargestellt, und zwar pro Koordinate im komplexen Koordinatensystem als `float`-, `double`- oder `long double`-Wert. Die Schreibweise dieser Gleitpunkttypen sieht wie folgt aus:

- komplexe Gleitpunkttypen: `float _Complex`, `double _Complex` und `long double _Complex`
- imaginäre Zahl: `float _Imaginary`, `double _Imaginary` und `long double _Imaginary`

B.2.5 fenv.h – Kontrolle der Gleitpunkzahlen-Umgebung

In der Headerdatei *fenv.h* (für *floating environment* = Gleitpunkt-Umgebung) wurden zwei neue Typen, mehrere Makros und einige Funktionen zum Testen auf Fehler beim Rechnen mit Gleitpunktzahlen implementiert. Diese Umgebung enthält die Systemvariable `fexept_t`, die von Gleitpunkt-Exceptions-Funktionen gesetzt werden kann, und die Variable `fenv_t`, die für den Kontrollmodus (z. B. des Rundungsverhaltens) verwendet wird.

Gleitpunkt-Exceptions

Zum Behandeln von sogenannten *Gleitpunkt-Exceptions* stehen Ihnen folgende Funktionen zur Verfügung:

```
#include <fenv.h>

int feclearexcept(int except);
int fegetexceptflag(fexcept_t *pflag, int except);
int feraiseexcept(int except);
int fesetexceptflag(const fexcept_t *pflag, int except);
int fetestexcept(int except);
```

Alle Funktionen enthalten als Argument `except`, womit Sie eine oder mehrere der in Tabelle B.18 genannten Konstanten mithilfe des bitweisen ODERs kombinieren können:

Makro	Bedeutung
`FE_DIVBYZERO`	Division durch 0
`FE_INEXACT`	Ergebnis der Operation nicht exakt
`FE_INVALID`	unzulässiger Wert(ebereich)
`FE_OVERFLOW`	Überlauf
`FE_UNDERFLOW`	Unterlauf
`FE_ALL_EXCEPT`	alle eben genannten Makros auf einmal verwenden

Tabelle B.18 Makros für Gleitpunkt-Exceptions

Mit der Funktion `fetestexecept()` prüfen Sie, welche der Gleitpunkt-Exceptions (siehe Tabelle B.18) gesetzt sind. Die Funktion `feraiseexcept()` löst die als Argument angegebene Gleitpunkt-Exception aus. Mit `feclearexcept()` löschen Sie eine als Argument angegebene Gleitpunkt-Exception. Die Funktion `fegetexceptflag()` speichert den aktuellen Status der angegebenen Exception (erstes Argument) in der Systemvariablen `pflag`. Mit der Funktion `fesetexceptflag()` hingegen können Sie die Flags in `pflag`, die Sie zuvor mit `fegetexceptflag()` gesichert haben, wiederherstellen.

Kontrollmodus

Mit dem Kontrollmodus können Sie bspw. angeben, wie eine Gleitpunktzahl gerundet werden soll. Die Rundungsart können Sie mit den folgenden beiden Funktionen setzen bzw. abfragen:

```
#include <fenv.h>

int fegetround(void);
int fesetround(int mode);
```

Welche Rundungsart Sie setzen bzw. ermitteln können, wird mit den symbolischen Konstanten aus Tabelle B.19 festgelegt:

Makro	Bedeutung
FE_DOWNWARD	Abrunden auf den nächstkleineren Wert
FE_TONEAREST	Runden auf den nächsten Wert
FE_TOWARDZERO	Abschneiden
FE_UPWARD	Aufrunden auf den nächstgrößeren Wert

Tabelle B.19 Kontrollmodus für das Rundungsverhalten

Gleitpunkt-Umgebung

Wollen Sie die Gleitpunkt-Umgebung als Ganzes verwenden, stehen Ihnen mit dem Typ fenv_t folgende Funktionen zur Auswahl:

```
#include <fenv.h>

int fegetenv(fenv_t *penv);
int feholdexcept(fenv_t *penv);
int fesetenv(const fenv_t *penv);
int feupdateenv(const fenv_t *penv);
```

Mit fegetenv() können Sie die aktuelle Gleitpunkt-Umgebung in penv sichern und mit fsetenv() wiederherstellen bzw. neu setzen. Bei Verwendung von feholdexcept() wird trotz einer Exception weitergerechnet. Die Funktion fegetenv() sichert die aktuelle Gleitpunkt-Umgebung und setzt alle Statusflags zurück, z. B. auf die folgende Weise:

```
...
fenv_t env;
/* Gleitpunkt-Umgebung speichern */
feholdexcept(&env);
...
```

```
/* Eine Exeception ist aufgetreten! Bspw. Division durch 0 */
...
/* Exception löschen */
feclearexcept(FE_DIVIDBYZERO);
/* zuvor gesetzte Gleitpunkt-Umgebung wieder setzen */
feupdateenv(&env);
...
```

Wie in dem letzten Codeausschnitt gesehen, wird mit der Funktion `feuptdateenv()` die übergebene Gleitpunkt-Umgebung erneut gesetzt. Für die Funktionen `feudateenv()` und `fesetenv()` kann auch die symbolische Konstante `FE_DFL_ENV` verwendet werden, die einen Zeiger auf die Gleitpunkt-Umgebung enthält, die beim Programmstart gesetzt wurde.

Um die Gleitpunkt-Umgebung überhaupt verwenden zu können, müssen Sie sie mit dem folgenden Pragma aktivieren:

```
#pragma STDC FENC_ACCESS ON
```

B.2.6 inttypes.h – für genauere Integer-Typen

Diese Headerdatei enthält weitere Typen, mehrere Funktionen und Makros, die recht nützlich zur Verwendung von Integer-Zahlen sind. Das ANSI-C-Komitee hat diese Headerdatei eingeführt, um endlich Integer-Typen zu unterstützen, die unabhängig von der Maschine und dem Betriebssystem sein sollen. Zum Beispiel beträgt auf einem 16-Bit-System die Bitanzahl für `char`, `short`, `int` und `long` 8, 16, 16 und 32 Bits, auf einem 32-Bit-System hingegen 8, 16, 32 und 32 Bits. Deshalb wurden mit `typdef` Integer-Typen verschiedener Größe definiert. Diese neue Definition von Integer-Typen ist auf jeden Fall sinnvoll, da mittlerweile 64-Bit-Systeme auf dem Massenmarkt Standard geworden sind.

B.2.7 stdbool.h – Boolesche Datentypen in C

In der Headerdatei *stdbool.h* gibt es seit C99 die folgenden booleschen Datentypen als Makros:

Makro	Bedeutung
`Bool`	boolescher Datentyp für Wahrheit
`false`	0 = trifft nicht zu
`true`	1 = trifft zu

Tabelle B.20 Boolescher Datentyp für C

B.2.8 stdint.h – definiert verschiedene Integer-Typen

In der Headerdatei *stdint.h* befinden sich weitere Ganzzahl-Datentypen, die mit einer vorgegebenen Breite verwendet werden. Mit vorgegebener Breite ist die Anzahl der Bits zur Darstellung des Werts gemeint, die dieser Typ verwendet. Es gibt die in Tabelle B.21 aufgelisteten Typen:

Typ	Bedeutung
`intN_t`	ein `int`-Wert mit einer Breite von **exakt** `N` Bits (erlaubte Werte für `N`: 8, 16, 32, 64)
`int_leastN_t`	ein `int`-Wert mit einer Breite von **mindestens** `N` Bits (erlaubte Werte für `N`: 8, 16, 32, 64)
`int_fastN_t`	der schnellste `int`-Typ mit mind. einer Breite von `N` Bits (erlaubte Werte für `N`: 8, 16, 32, 64)
`intmax_t`	größtmöglicher ganzzahliger Typ (Wert ist in der Konstanten `INT64_MAX` bzw. `UINT64_MAX` deklariert.)
`intptr_t`	maximale Breite, um den Wert eines Zeigers zu speichern

Tabelle B.21 Neue ganzzahlige Typen vorgegebener Breite

Zu all diesen Ganzzahltypen gibt es jeweils einen `unsigned`-Bruder, der nur ein `u` vorangestellt hat (z. B. `uintptr_t`). Die maximalen und minimalen Limits dieser Ganzzahltypen sind ebenfalls in der Headerdatei *stdint.h* deklariert.

B.2.9 math.h – neue, moderne Mathematikfunktionen

Durch C99 enorm erweitert wurde auch die Headerdatei *math.h*. Darin befinden sich jetzt noch mehr Funktionen und Makros als bei C89. Zu allen Funktionen, die Sie bereits kennen, und denen, die Sie in diesem Abschnitt noch kennen lernen, wurden Versionen hinzugefügt, die jetzt auch für die Datentypen `float` und `long double` anwendbar sind. Vor C99 waren die Funktionen dieser Headerdatei nur mit dem Datentyp `double` verwendbar (vor 1999 das Standardformat für Coprozessor-Operationen). Um die für einen bestimmten Datentyp passende Funktion zu finden, müssen Sie nun ein entsprechendes Suffix angeben. `f` steht hier für `float`, `l` für `long double` und keine Angabe steht für `double`-Gleitpunktzahlen (Standard). Als Beispiel soll die Funktion `sqrt()` dienen, die die folgende Syntax besitzt:

```
float sqrtf(float zahl);                /* float       */
double sqrt(double zahl);               /* double      */
long double sqrtl(long double zahl);    /* long double */
```

In Tabelle B.22 finden Sie einige Funktionen, die neu in die Headerdatei *math.h* aufgenommen wurden. Zu all diesen Funktionen gibt es auch schon verschiedene Versionen, deren Name davon abhängt, welches Suffix Sie verwenden.

Funktionen	Bedeutung

`double round (double);`
`double trunc (double);`
`double rint (double)`
	Funktionen zum Runden von Zahlen

`double fmax (double, double);` `double fmin (double, double);`	Maximum, Minimum
`double log2 (double);` `double logb (double);`	Logarithmus
`double copysign (double, double);`	Vorzeichen kopieren
`double scalb (double, long);` `extern double fma (double, double, double);`	laufzeitoptimierte Berechnungen
`double hypot (double, double);`	Wurzel

Tabelle B.22 Neue mathematische Funktionen

Sehr interessant dürften die Makros für den Vergleich von Gleitpunktzahlen sein, die ebenfalls hinzugekommen sind (siehe Tabelle B.23):

Makro	Bedeutung
`isgreater(x, y)`	x größer als y
`isgreaterequal(x, y)`	x größer als oder gleich y
`isless(x, y)`	x kleiner als y
`islessequal(x, y)`	x kleiner als oder gleich y
`islessgreater(x, y)`	x kleiner als y ODER x größer als y
`isunordered(x, y)`	Sind x und y nicht miteinander vergleichbar, gibt dieses Makro 1 zurück, ansonsten 0.

Tabelle B.23 Makros zum Vergleichen von Gleitpunktzahlen

Ein weiteres interessantes Feature sind Makros zur Bestimmung der Kategorie von Gleitpunktzahlen. In ANSI C werden die Gleitpunktzahlen in die fünf Kategorien aus Tabelle B.24 unterteilt (Konstanten aus der Headerdatei *math.h*):

Konstante	Kategorie
`FP_NAN`	`NAN` steht für *Not a Number* und bedeutet, dass es sich bei dem Wert um keine gültige Gleitpunktdarstellung handelt.
`FP_NORMAL`	eine Gleitpunktzahl in normaler Darstellung
`FP_INFINITE`	Die Gleitpunktzahl wird als unendlicher Wert dargestellt.
`FP_ZERO`	eine Gleitpunktzahl mit dem Wert 0
`FP_SUBNORMAL`	eine Gleitpunktzahl, mit der besonders kleine Zahlen dargestellt werden können

Tabelle B.24 Bestimmung der Gleitpunktzahl-Kategorie

Abfragen, in welche Kategorie eine bestimmte Gleitpunktzahl fällt, können Sie mit den Makros aus Tabelle B.25 vornehmen:

Makro	Bedeutung
`isnan(x)`	Ist die Zahl gleich `FP_NAN`, wird `1` zurückgegeben, ansonsten `0`.
`isnormal(x)`	Ist die Zahl gleich `FP_NORMAL`, wird `1` zurückgegeben, ansonsten `0`.
`isfinite(x)`	Ist die Zahl eine unendliche, wird `1` zurückgegeben, ansonsten `0`.
`isinf(x)`	Ist die Zahl gleich `FP_INFINITE`, wird `1` zurückgegeben, ansonsten `0`.

Tabelle B.25 Makros zur Bestimmung der Gleitpunktzahl-Kategorie

Intern werden all diese Makros jedoch zum Teil mithilfe des Makros `fpclassify()` ausgewertet, das die folgende Syntax besitzt:

```
fpclassify(x) == FP_INFINITE //isinf(x)
fpclassify(x) == FP_NORMAL   //isnormal(x)
```

B.2.10 tgmath.h – typengenerische Mathematikfunktionen

In der Headerdatei *tgmath.h* befinden sich typengenerische Mathematikfunktionen bzw. Makros. Darunter versteht man, dass Sie verschiedene mathematische Funktionen mit verschiedenen Argumenten wie reelle und/oder komplexe Gleitpunkttypen durch denselben

Namen aufrufen können. Es wird also immer die Funktion aufgerufen, die dem Datentyp des Argumentes entspricht, z. B. so:

```
float _Complex fx;
long double lx;
/* entspricht cos((double)1) */
cos(1) ;
/* entspricht cosl(lx) */
cos(lx) ;
/* entspricht
   cpowl((long double _Complex)fx, (long double _Complex)lx) */
pow(fx, lx)  ;
```

Ist eine Funktion hingegen nur für reelle und/oder komplexe Gleitpunkttypen definiert, dann entspricht der Name des typengenerierten Makros dem Namen der Funktion, die ursprünglich für `double` definiert wurde.

B.3 Elementare E/A-Funktionen

Die hier vorgestellten Funktionen sind alle zum größten Teil schon im Buch behandelt worden, weshalb hierzu nur die jeweilige Syntax und deren Bedeutung aufgelistet wird. Alle elementaren Funktionen sind ungepuffert in der Ein-/Ausgabe und entsprechen dem POSIX- und XPG4-Standard (nicht aber dem von ANSI C).

B.3.1 Limits-Konstanten

In der Headerdatei *limits.h* finden sich häufig noch weitere symbolische Konstanten, die allerdings nicht vom ANSI-C-Standard vorgeschrieben, aber teilweise von POSIX-konformen Systemen wie Linux benötigt werden. Die in diesem Buch angegebenen Mindestwerte liegen fast immer weit unter den Werten, die gewöhnlich in Programmen verwendet werden. Die in Tabelle B.26 aufgelisteten Konstanten stellen nur einen Überblick über die gängigsten Konstanten dar:

Konstante	Mindestwert	Bedeutung
MAX_INPUT	255	maximaler Speicherplatz in der Warteschlange der Terminaleingabe
NGROUPS_MAX	0	maximale Zusatz-Group-ID eines Prozesses
PASS_MAX	8	maximale signifikante Anzahl von Bytes für die Passworteingabe (ohne das Terminierungszeichen)

Tabelle B.26 POSIX-Konstanten in <limits.h>

Konstante	Mindestwert	Bedeutung
PID_MAX	INT_MAX	Maximalwert für eine Prozess-ID (PID)
UID_MAX	ULONG_MAX	Maximalwert für Benutzer- oder Gruppen-ID (UID, GID)
ARG_MAX	4096	maximale Länge (in Bytes) der Argumente für die exec-Funktion
CHILD_MAX	6	maximale Anzahl von Kindprozessen pro realer Benutzernummer (reale User-ID)
MAX_CANON		maximaler Speicherplatz (in Bytes) in der Warteschlange der kanonischen Terminaleingabe
OPEN_MAX	16	maximale Anzahl von Dateien, die pro Prozess geöffnet werden können
NAME_MAX	Unbestimmt	maximale Bytezahl für Dateinamen
PATH_MAX	255	maximale Bytezahl für Pfadnamen
LINK_MAX	8	maximale Anzahl von Links auf eine Datei
PIPE_BUF	512	maximale Anzahl von Bytes, die in eine Pipe geschrieben werden können

Tabelle B.26 POSIX-Konstanten in <limits.h> (Forts.)

Außerdem ist es manchmal nötig, schon bei der Übersetzung abzufragen, ob eine bestimmte Konstante definiert ist oder nicht, um anschließend den nächsten Übersetzungslauf der Anwendung entsprechend anzupassen. Hierzu sind in der Headerdatei *unistd.h* einige Konstanten definiert. Wenn eine dieser Konstanten vorhanden ist, bedeutet dies, dass auch eine entsprechende Aktion ausgeführt wird. In *unistd.h* sind folgende Konstanten definiert:

Konstante	Bedeutung, wenn definiert
_POSIX_SAVED_IDS	Saved-Set-User- und Set-Group-ID werden unterstützt.
_POSIX_NO_TRUNC	Ist der Pfadname länger als PATH_MAX, führt dies zu einem Fehler.
_POSIX_CHOWN_RESTRICTED	chown ist nicht für alle Benutzer erlaubt.
_POSIX_JOB_CONTROL	Jobkontrolle wird unterstützt.
_POSIX_VERSION	Versionsnummer von POSIX.1

Tabelle B.27 Konstanten der Headerdatei <unistd.h>

Konstante	Bedeutung, wenn definiert
`_POSIX_SOURCE`	Hiermit wird dem Compiler mitgeteilt, dass das Programm absolut POSIX-konform sein soll.
`_XOPEN_VERSION`	Versionsnummer von XPG

Tabelle B.27 Konstanten der Headerdatei <unistd.h> (Forts.)

B.3.2 Elementare E/A-Funktionen

Gewöhnlich benötigen Sie zur Verwendung der gleich aufgelisteten Funktionen folgende Headerdateien:

```
/* Für die Funktionen */
#include <unistd. h.>
/* Für symbolische Konstanten */
#include <sys/types.h>
#include <sys/stat.h>
#include <fcntl.h>
```

Syntax	Bedeutung
`int open( const char *pfadname, int oflag, ... /* mode_t modus */ );`	Datei öffnen
`int close(int fd);`	Datei schließen
`ssize_t read( int fd, void *puffer, size_t bytes );`	aus Datei lesen
`ssize_t write( int fd, void *puffer, size_t bytes );`	in Datei schreiben
`off_t lseek( int fd, off_t offset, int wie );`	Schreib-/Lesezeiger positionieren
`int dup(int fd);` `int dup2(int fd1, int fd2);`	Filedeskriptoren duplizieren

Tabelle B.28 Elementare E/A-Funktionen mit Filedeskriptoren

Syntax	Bedeutung
int fcntl(int fd, int kommando, ... /* int arg */);	Verändern, Abfragen oder Sperren eines offenen Filedeskriptors
int fileno(FILE *fz);	aus FILE-Zeiger den Filedeskriptor ermitteln
FILE *fdopen(int fd, const char *modus);	aus Filedeskriptor einen FILE-Zeiger erzeugen

Tabelle B.28 Elementare E/A-Funktionen mit Filedeskriptoren (Forts.)

B.4 Fortgeschrittene E/A-Funktionen

B.4.1 Multiplexing-Ein-/Ausgabe – select()

	ANSI C	POSIX.1	XPG	SVR4	BSD
konform	nein	nein	nein	ja	ja

Das Lesen und Schreiben von Filedeskriptoren erfolgt meistens über ein einfaches `read()` und `write()`, wie in dem folgenden Codeausschnitt demonstriert wird:

```
while(  (n = read(fd_r, buf, BUFSIZ) ) > 0 )
    if( write( fd_w, buf, n ) != n)
       /* Fehler bei write ... */
```

Sobald allerdings aus mehr als einem Filedeskriptor auf einmal gelesen werden soll, lässt sich diese Form der Ein-/Ausgabe nicht mehr sinnvoll einsetzen. Kommen hier z. B. Daten an einem Filedeskriptor an, es wird aber gerade aus einer anderen Datei gelesen, bei der keine Daten anstehen, blockiert `read()` zeitweise das Programm. Somit muss das Programm bei einem Zugriff auf den Filedeskriptor, an dem zuletzt Daten angekommen sind, so lange warten, bis bei dem anderen Filedeskriptor Daten anstehen. Das Blockieren der Programmflusses ist die Standardeinstellung von `read()`.

Um dieses Problem zu umgehen, steht Ihnen unter Linux eine Multiplexing-Ein-/Ausgabe mit der Funktion `select()` zur Verfügung. Das Prinzip ist einfach: Man erstellt eine Liste von Filedeskriptoren, die für den Prozess interessant sind, und ruft die Funktion `select()` auf. Diese Funktion kehrt erst dann zurück, wenn einer der Filedeskriptoren in der Liste etwas zu tun hat (sprich die Ein-/Ausgabe bereit ist). Als Rückgabewert erhält man von `select()` den Filedeskriptor, der für die Ein-/Ausgabe bereit ist. Die Funktion `select()` hat die folgende Syntax:

```
int select(
  int maxfd,                /* Nr. des größten fd aus der Menge */
  fd_set *fd_read,          /* Deskriptor-Menge zum Lesen      */
  fd_set *fd_write,         /* Deskriptor-Menge zum Schreiben  */
  fd_set *fd_except,        /* Deskriptor-Menge für Exceptions */
  struct timeval *timeout   /* Wie lange soll select() warten? */
  );
```

Um auf die Deskriptoren-Menge (also den einzelnen Bits) verschiedene Operationen auszuführen, stehen Ihnen folgende Makros zu Verfügung:

```
FD_ZERO(fd_set *fdptr);            /* alle Bits in fdptr löschen */
FD_SET(int fd, fd_set *fdptr);     /* Bit fd in fdptr setzen     */
FD_CLR(int fd, fd_set *fdptr);     /* Bit fd in fdptr löschen    */
FD_ISSET(int fd, fd_set *fdptr);   /* testen, ob Bit fd gesetzt  */
```

Wie lange auf `select()` gewartet werden soll, geben Sie mit dem letzten Parameter an. Ein `timeout` von `NULL` bedeutet ewiges Warten. Wird den beiden Strukturvariablen `timeout->tv_sec` und `timeout->tv_usec` jeweils der Wert `0` übergeben, findet kein Warten statt, und `select()` kehrt sofort wieder zurück. In der Praxis wird damit – in einer Schleife – das sogenannte *Polling* (dauerndes Abfragen ohne Blockieren) realisiert. Geben Sie hingegen für die Strukturvariablen `timeout->tv_sec` und `timeout->tv_usec` einen positiven Wert ungleich 0 an, wird entsprechend der Angabe(n) eine gewisse Zeit gewartet.

Der Rückgabewert von `select()` ist entweder die Anzahl der Filedeskriptoren, die bereit sind, oder `0`, wenn die Zeitschaltuhr abgelaufen ist. Ansonsten wird bei einem Fehler `-1` zurückgegeben.

B.4.2 Memory-mapped I/O

	ANSI C	POSIX.1	XPG	SVR4	BSD
konform	nein	nein	nein	ja	ja

Memory-mapped I/O war die erste Möglichkeit, auf Hardwaregeräte zuzugreifen, die es gab. *Memory-mapped I/O* bedeutet, dass die Geräte ihre Steuerregister in den normalen Adressraum einblenden, also in den Hauptspeicher (RAM). Der Vorteil dieser Zugriffsweise ist, dass ein Programmierer direkt an die Hardware »rankommt«, aber natürlich auch viel Schaden damit anrichten kann. Wenn Sie beispielsweise direkten Zugriff auf die Festplatten-Register haben, können Sie sie auch unbemerkt (z. B. in einem Thread) mit leeren Blöcken beschreiben – mit fatalen Folgen.

Deshalb abstrahieren die Systembibliotheken auch normalerweise von der Hardwareebene und kapseln kritische Aufrufe entsprechend in C-Funktionen (sogenannter *Standard-E/A*). Neben dem Standard-E/A und den elementaren E/A-Funktionen stellt Ihnen Linux aber auch das *Memory-mapped I/O* zur Verfügung (zumindest dem Benutzer *root*). Dabei handelt es sich um eine fortgeschrittene Methode, die Ihnen das Einblenden von Dateien in dem Hauptspeicher ermöglicht. Der Hauptvorteil dieser Methode ist, dass hierbei weniger Kernel-Aktionen als bei den Systemaufrufen gemacht werden müssen – es muss viel weniger vom User- in den Kernel-Level gewechselt werden. Und das wirkt sich (richtig eingesetzt) positiv auf die Performance aus.

Natürlich sollten Sie beim *Memory-mapped I/O* im Auge behalten, dass Sie hierbei wirklich den Hauptspeicher verwenden. Dies bedeutet, dass Sie diesen mit *Memory-mapped I/O* quasi falsch einsetzen, und auch mit Daten zumüllen können. Es empfiehlt sich daher, eine sinnvolle Größe des Speicherbereichs zu verwenden.

Mit *Memory-mapped I/O* haben Sie quasi einen kompletten Dateiinhalt im Hauptspeicher stehen und können diesen Inhalt auch bequem mittels Zeiger modifizieren – ähnlich wie mit den Funktionen `fseek()` und `lseek()`.

Das Einrichten eines solchen gemappten Speicherbereichs wird mit der Funktion `mmap()` erledigt:

```
#include <sys/types.h>
#include <sys/mman.h>
void *mmap( void *addr, size_t len, int prot,
            int flags, int fd, off_t offset);
```

Mit `addr` wird der Anfangsbereich (die physische Adresse) des gemappten Speicherbereichs festgelegt. Gewöhnlich wird hierbei `0` angegeben, was bedeutet, dass sich das Betriebssystem für uns nach einem geeigneten Platz umschauen soll. Als Rückgabewert der Funktion `mmap()` erhalten Sie die Anfangsadresse dieses Bereiches. Mit `len` geben Sie die Anzahl von Bytes an, die der gemappte Speicherbereich umfassen soll.

Mit `prot` legen Sie die Schutzart des gemappten Speicherbereichs fest. Hier können Sie einen oder mehrere (mit dem bitweisen ODER verknüpft) der Angaben aus Tabelle B.29 verwenden:

Konstante	Bedeutung
PROT_READ	Bereich darf gelesen werden.
PROT_WRITE	Bereich darf beschrieben werden.
PROT_EXEC	Bereich darf ausgeführt werden.
PROT_NONE	Auf diesen Bereich darf nicht zugegriffen werden (nicht BSD).

Tabelle B.29 Schutzarten für einen Memory-mapped Bereich

Natürlich muss auch hierbei die Schutzart mit den entsprechenden Optionen übereinstimmen, die vorher beim Öffnen mit `open()` verwendet wurden – sprich: Wurde die Datei nur zum Lesen geöffnet, kann kein Schreibschutz verwendet werden.

Mit dem Parameter `flags` können Sie zusätzlich Anforderungen an den gemappten Speicherbereich angeben. Mögliche `flags` wären (wobei hier die Flags `MAP_SHARED` oder `MAP_PRIVATE` immer gesetzt sein müssen):

- `MAP_FIXED`: Die Anfangsadresse, die `mmap()` zurückgibt, muss mit der von `addr` übereinstimmen. Ohne dieses Flag gilt `addr` nur als Vorschlag und darf vom System auch ignoriert werden.
- `MAP_SHARED`: Jede Modifikation im gemappten Bereich wirkt sich auf die Originaldatei aus. Ohne dieses Flag würde zuerst an einer Kopie gearbeitet. Natürlich bedeutet dies auch, dass alle anderen Prozesse, die denselben gemappten Speicherbereich verwenden, ebenfalls diese Veränderung erkennen.
- `MAP_PRIVATE`: das Gegenteil von `MAP_SHARED`. Alle Arbeiten finden auf einer Kopie statt, und die anderen Prozesse erfahren nichts davon.
- `MAP_ANONYMOUS`: Damit kann ein anonymer Speicherbereich angelegt werden, der für keinen anderen Prozess sichtbar ist. Wenn Sie schon einmal STRACE verwendet haben, wird Ihnen sicherlich aufgefallen sein, dass beim Reservieren eines Speichers mittels `malloc()` die Funktion `mmap()` und zum Freigeben mittels `free()` `munmap()` verwendet wurde. Daraus können Sie schließen, dass `malloc()` mithilfe von `mmap()` realisiert wurde. Sie können damit auch Ihr eigenes `malloc()` implementieren. Das Argument `fd` wird mit dem Setzen dieses Flags ignoriert.
- `MAP_DENYWRITE`: Haben Sie bspw. beim Speicherschutz `PROT_EXEC` verwendet, so dass dieser Speicherbereich auch ausgeführt werden darf, können Sie mit diesem Flag dafür sorgen, dass dies weiterhin möglich ist – aber ein Schreiben von außerhalb in den gemappten Bereich wird untersagt.
- `MAP_GROWSDOWN`: Findet ein Zugriff außerhalb eines gemappten Speicherbereichs statt, wird durch das Setzen dieses Flags nicht das Signal `SIGSEGV` gesendet und der Prozess somit auch nicht beendet. Stattdessen wird ein neuer anonymer Bereich alloziert, in dem der entsprechende Prozess seine Ausführung fortsetzt. Zwangsläufig wächst mit dieser Methode allerdings auch der Stack an.
- `MAP_LOCKED`: Der gemappte Speicherbereich kann nicht ausgelagert werden. Dies wird unbedingt für Echtzeitanwendungen benötigt. Dieses Flag ist dem Superuser vorbehalten.

Mit dem Argument `fd` der Funktion `mmap()` geben Sie den Filedeskriptor der Datei an, die im gemappten Speicherbereich abgebildet werden soll. Logischerweise haben Sie diese Datei vorher schon geöffnet. Mit `offset` geben Sie den Offset des Datenbereichs an. Der Offset ist der Bereich, der am Anfang der Datei ausgelassen werden soll. Wird zusätzlich `MAP_FIXED` angegeben, müssen die Werte für `offset` und `addr` das Vielfache einer bestimmten Seitengröße sein. Die Seitengröße ermitteln Sie mit der Funktion getpagesize(), die in der Headerdatei *unistd.h* definiert ist.

[»]

Hinweis

Der gemappte Bereich wird beim Erzeugen eines neuen Prozesses mittels fork() weitervererbt, da dieser Bereich Teil des Adressraums des Prozesses ist.

Freigeben können Sie einen Speicherbereich wieder mit der Funktion munmap():

```
#include <sys/types.h>
#include <sys/mman.h>

int munmap(void *addr, size_t len);
```

Damit heben Sie den von mmap() zurückgegebenen Speicherbereich addr mit len Bytes wieder auf.

Jetzt könnten Sie z. B. mit der Funktion memcpy() einen zum Lesen und einen zum Schreiben angelegten Speicherbereich kopieren. Damit eine Veränderung in einem Speicherbereich jetzt auch in die dazugehörende Datei übertragen wird, benötigen Sie die Funktion msync():

```
#include <sys/types.h>
#include <sys/mman.h>

int msync(void *addr, size_t len, int flags);
```

Die ersten beiden Argumente legen wieder den Speicherbereich fest, auf dem die Aktion ausgeführt werden soll (Sie können also auch nur Teile synchronisieren). Die Art der Synchronisation legen Sie mit dem Parameter flags fest. Folgende Angaben, die sich auch mit dem bitweisen ODER-Operator verknüpfen lassen, sind hierfür möglich:

- MS_ASYNC: Geänderter Bereich soll sobald wie möglich synchronisiert werden.
- MS_SYNC: Geänderter Bereich soll sofort synchronisiert werden (somit schließen sich MS_ASYNC und MS_SYNC gegenseitig aus).
- MS_INVALIDATE: Der Kernel soll selbst entscheiden, wann und ob überhaupt synchronisiert wird – dies eignet sich für Änderungen, die nicht zwingend in die Datei übernommen werden müssen.

Das folgende Beispiel zeigt Ihnen anhand der selbst geschriebenen write3()-Funktion, wie Sie eine Datei mithilfe von zwei zuvor eingerichteten gemappten Speicherbereichen kopieren können.

```
/* cpy_file_mmap.c */
#include <fcntl.h>
#include <stdio.h>
#include <sys/stat.h>
#include <sys/types.h>
#include <sys/mman.h>
#include <unistd. h.>
#include <stdlib.h>
#include <string.h>

static void write3 (int fd_quelle, int fd_ziel) {
    struct stat statptr;
    char *quelle, *ziel;

    /* Größe der Quelldatei ermitteln */
    if (fstat (fd_quelle, &statptr) < 0) {
        perror ("stat");
        exit (EXIT_FAILURE);
    }
    /* Dateigröße für Ziel */
    if (lseek (fd_ziel, statptr.st_size - 1, SEEK_SET) == -1) {
        perror ("lseek");
        exit (EXIT_FAILURE);
    }
    /* am Ende der neuen Datei(größe) ein Byte schreiben */
    write (fd_ziel, " ", 1);
    /* Memory-mapped Bereich für Quelldatei einrichten */
    if ((quelle =
        mmap (0, statptr.st_size, PROT_READ, MAP_SHARED,
            fd_quelle, 0)) == -1) {
        perror ("mmap");
        exit (EXIT_FAILURE);
    }
    /* Memory-mapped Bereich für Zieldatei einrichten */
    if ((ziel =
        mmap (0, statptr.st_size, PROT_READ | PROT_WRITE,
            MAP_SHARED, fd_ziel, 0)) == -1) {
            perror ("mmap");
            exit (EXIT_FAILURE);
    }
    /* Daten vom Hauptspeicherbereich quelle in den */
    /* Hauptspeicherbereich ziel kopieren */
    memcpy (ziel, quelle, statptr.st_size);
```

```
    /* den neu kopierten Memory-mapped Bereich auch für */
    /* die Datei aktualisieren */
    if ((msync (ziel, statptr.st_size, MS_ASYNC)) == -1) {
        perror ("msync");
        exit (EXIT_FAILURE);
    }
    /* Memory-mapped Bereich wieder freigeben */
    munmap (quelle, statptr.st_size);
    munmap (ziel, statptr.st_size);
}

int main (int argc, char **argv) {
    int fd_r, fd_w; /* Filedeskriptoren */
    /* Zugriffsrechte für die neue Datei: -rw-rw-r-- */
    mode_t mode = S_IRUSR | S_IWUSR | S_IRGRP | S_IWGRP | S_IROTH;
    char *read_file, *write_file;

    /* alle Zugriffsrechte der Dateikreierungsmaske erlauben */
    umask (0);

    if (argc < 3) {
        fprintf (stderr, "Usage: %s quelle ziel\n", argv[0]);
        return EXIT_FAILURE;
    }
    read_file = argv[1];
    write_file = argv[2];

    fd_r = open (read_file, O_RDONLY);
    fd_w = open (write_file, O_RDWR | O_EXCL | O_CREAT, mode);

    if ((fd_r == -1) || (fd_w == -1)) {
        perror ("Fehler bei open: ");
        return EXIT_FAILURE;
    }
    write3 (fd_r, fd_w);
    close(fd_r);
    close(fd_w);
    return EXIT_SUCCESS;
}
```

Listing B.4 Demonstriert das Mappen von Speicherbereichen.

Neben den eben gezeigten Funktionen sind dem Superuser auch Mapping-Funktionen an die Hand gegeben, mit denen das Auslagern von Speicherbereichen bei Ermangelung des Hauptspeichers in einen sogenannten *Swap-Bereich* auf die Festplatte verhindert werden kann. Damit können Sie bis maximal `RLIMIT_MEMLOCK` Bytes sperren. Folgende Funktionen sind für das Sperren und wiederaufheben von Speicherbereichen vorhanden:

```
#include <sys/mman.h>

int mlock(void *addr, size_t len);
int memlockall(int flags);
int munlock(void *addr, size_t len);
int munlockall(void);
```

Mit `mlock()` können Sie einen Speicherbereich an der Adresse `addr` mit `len` Bytes Größe sperren, wobei immer nur ganze Pages (Speicherseiten) gesperrt werden können. Bei Dateien mit einer Länge unter der Page-Größe wird automatisch die komplette Datei gesperrt.

Mit `mlockall()` wird der gesamte Adressraum eines Prozesses gesperrt. Als Flags können Sie zusätzlich `MCL_CURRENT` angeben, womit alle Seiten (Pages) gesperrt werden, die sich im Augenblick im Hauptspeicher befinden. Mit `MCL_FUTURE` werden alle Pages gesperrt, die in Zukunft noch zum Adressraum hinzugefügt werden. Beide Flags (mit dem bitweisen ODER-Operator verknüpft) garantieren Ihnen, dass die komplette Datei (auch bei Größenänderung) sich immer im Hauptspeicher befindet und niemals ausgelagert wird. Mit den beiden Funktionen `munlockall()` und `munlock()` heben Sie die jeweils mit `mlockall()` und `mlock()` gesetzten Sperren wieder auf.

B.5 Verzeichnisse verwalten

Für die Funktionen in Tabelle B.30 sind folgende Headerdateien nötig:

```
#include <unistd. h.>
/* ... und nur für mkdir() ... */
#include <sys/types.h>
#include <sys/stat.h>
```

Syntax	Bedeutung
`int mkdir( const char * pfad, mode_t modus );`	Anlegen eines neuen Verzeichnisses
`int chdir(const char *pfad);` `int fchdir(int fd);`	in ein Verzeichnis wechseln

Tabelle B.30 Funktionen zum Arbeiten mit Verzeichnissen

Syntax	Bedeutung
`int rmdir( const char *pfad ) ;`	Löschen eines (leeren) Verzeichnisses
`char *getcwd( char *puffer, size_t groesse );`	Pfadname des Arbeitsverzeichnisses ermitteln

Tabelle B.30 Funktionen zum Arbeiten mit Verzeichnissen (Forts.)

Für das Lesen aus einem Verzeichnis schreibt POSIX die Struktur `dirent` vor, die in der Headerdatei *dirent.h* definiert ist. Unter Linux finden Sie in dieser Struktur die folgenden Komponenten:

```
struct dirent {
   long  d_ino;              /* Inode (nicht in POSIX.1) */
   off_t d_off;              /* Offset zu diesem Eintrag */
   unsigned short d_reclen;  /* Länge des Namens */
   char  d_name[NAME_MAX+1]; /* Name */
};
```

Neben der Headerdatei *dirent.h* benötigen einige der folgenden Funktionen auch die Headerdatei *sys/types.h*. Die Bedeutung der einzelnen `dirent`-Einträge sehen Sie in Tabelle B.31:

Syntax	Bedeutung
`DIR* opendir (const char* name);`	Verzeichnis zum Lesen öffnen
`struct dirent* readdir( DIR* dir);`	Verzeichnis Eintrag um Eintrag schrittweise lesen
`void rewinddir(DIR *dir);`	`DIR`-Zeiger wieder auf den Anfang der Namensliste setzen
`int closedir (DIR* dir)`	Verzeichnis (`DIR`-Zeiger) wieder schließen
`long telldir(const DIR *dir);`	Position des Verzeichniszeigers abfragen
`void seekdir( DIR *dirp, long loc );`	zu einem mit `loc` angegebenen Verzeichniseintrag springen

Tabelle B.31 Funktionen zum Lesen von Verzeichnissen

Syntax	Bedeutung

`int scandir (`
`const char* dir,`
`struct dirent ***namelist,`
`int (*select)`
`(const struct dirent*),`
`int (*compar)`
`(const struct dirent**,`
`const struct dirent**))`
	ein gesamtes Verzeichnis scannen (nur BSD – also auch Linux)

Tabelle B.31 Funktionen zum Lesen von Verzeichnissen (Forts.)

Des Weiteren bieten SysV-Systeme in der Headerdatei *ftw.h* weitere Funktionen an (siehe Tabelle B.32), mit denen ein Verzeichnisbaum rekursiv durchlaufen werden kann:

Syntax	Bedeutung

`int ftw(`
`const char *path,`
`int (*fn)`
`(const char *,`
`const struct stat *,`
`int),`
`int depth );`
	Durchläuft einen kompletten Verzeichnisbaum und ruft für jede Datei im Verzeichnisbaum eine benutzerdefinierte Funktion auf.

`int nftw(`
`const char *path,`
`int (*fn)`
`( const char *,`
`const struct stat *,`
`int,`
`struct FTW*),`
`int depth,`
`int flags);`
	Wie `ftw()`, nur folgt `nftw()`nicht den symbolischen Links.

Tabelle B.32 Funktionen zum rekursiven Durchlaufen von Verzeichnisbäumen

B.6 Attribute von Dateien und Verzeichnissen

Die einzelnen Attribute einer Datei oder eines Verzeichnisses können Sie aus der Struktur `stat` herauslesen. Die Struktur `stat` ist in der Headerdatei *sys/stat.h* definiert und besitzt gewöhnlich die in Tabelle B.33 aufgelisteten Strukturvariablen.

Variable	Bedeutung	POSIX
st_dev	Gerätenummer (Device-Nummer) des Dateisystems, auf dem sich die Datei/das Verzeichnis befindet	ja
st_ino	Inode-Nummer	ja
st_mode	Dateimodus (Dateityp und Zugriffsrechte)	ja
st_nlink	Anzahl fester Links auf die Datei	ja
st_uid	UID des Dateieigentümers (ist logisch, dass UID/GID nummerisch sind, sonst wären es ja nicht die UIDs)	ja
st_gid	nummerische GID des Dateieigentümers	ja
st_rdev	Geräte-ID (nur für Spezialdateien)	nein
st_size	Größe der Datei in Bytes	ja
st_atime	Datum des letzten Zugriffs	ja
st_mtime	Datum der letzten Veränderung	ja
st_ctime	Datum der Inode-Änderung	ja
st_blksize	eingestellte Blockgröße	nein
st_blocks	Anzahl der verwendeten st_blksize-Blöcke	nein

Tabelle B.33 Strukturvariablen im struct stat und ihre Bedeutung

B.6.1 Funktionen zum Erfragen der Dateiattribute

Syntax	Bedeutung
int stat(const char *pfadname, struct stat *buf);	Erfragen der Dateiattribute zu pfadname
int fstat(int fd, struct stat *buf);	Erfragen der Dateiattribute zum Filedeskriptor fd
int lstat(const char *pfadname, struct stat *buf);	Erfragen der Dateiattribute zu pfadname – ist pfadname ein symbolischer Link, wird dieser verfolgt.

Tabelle B.34 Verschiedene Versionen zum Erfragen der Dateiattribute

Dateiarten – st_mode

Makro	Bedeutung
`S_ISREG()`	reguläre Datei
`S_ISDIR()`	Verzeichnis
`S_ISCHR()`	zeichenorientierte Gerätedatei
`S_ISBLK()`	blockorientierte Gerätedatei
`S_ISFIFO()`	Pipe
`S_ISLINK()`	symbolischer Link (nicht bei POSIX.1 oder SVR4)
`S_ISSOCK()`	Socket (nicht bei POSIX.1 oder SVR4)

Tabelle B.35 Makros in <sys/stat.h> für die Dateiart st_mode

Zugriffsrechte – st_mode

Konstante	Bedeutung	Benutzerklasse
`S_IRUSR`	*read* (Leserecht)	Dateieigentümer
`S_IWUSR`	*write* (Schreibrecht)	Dateieigentümer
`S_IXUSR`	*execute* (Ausführrecht)	Dateieigentümer
`S_IRGRP`	*read* (Leserecht)	Gruppe des Dateieigentümers
`S_IWGRP`	*write* (Schreibrecht)	Gruppe des Dateieigentümers
`S_IXGRP`	*execute* (Ausführrecht)	Gruppe des Dateieigentümers
`S_IROTH`	*read* (Leserecht)	alle anderen Benutzer
`S_IWOTH`	*write* (Schreibrecht)	alle anderen Benutzer
`S_IXOTH`	*execute* (Ausführrecht)	alle anderen Benutzer

Tabelle B.36 Zugriffsrechte der drei Benutzerklassen in <sys/stat.h>

Größe einer Datei – st_size, st_blocks, st_blksize

Wenn Sie die Größe einer Datei mit `st_size` abfragen, hängt der Rückgabewert von der Art der Datei (`st_mode`) ab.

Dateiart	Größe in st_size
Verzeichnis	abhängig vom Filesystem
reguläre Datei	Bytezahl der entsprechenden Datei
symbolischer Link	Länge in Bytes des Dateinamens vom symbolischen Link (mit \0)
Pipes	Anzahl der Bytes, die zum Lesen zur Verfügung stehen

Tabelle B.37 Größe von Dateien

In SVR4 und BSD gibt es in der Struktur `stat` auch noch die Variablen `st_blksize` und `st_blocks`, mit denen die voreingestellte Blockgröße der Ein-/Ausgabe und die Anzahl der Blöcke, die eine Datei belegt, angegeben werden.

B.6.2 Funktionen zum Erfragen oder Setzen bestimmter Zugriffsrechte

Funktion	Bedeutung
`int chmod( const char *pfad, mode_t modus) ;` `int fchmod( int fd, mode_t modus) ;`	Zugriffsrechte für eine Datei ändern
`int access( const char *pfad, mode_t modus) ;`	Zugriffsrechte für reale User-/Group-ID zu einer Datei erfragen

`int chown( const char *path, uid_t owner, gid_t group);`
`int fchown( int fd, uid_t owner, gid_t group);`
`int lchown( const char *path, uid_t owner, gid_t group );`
	Ändern der User- und Group-ID einer Datei

`mode_t umask( mode_t mask) ;`	Abfragen und Setzen einer Dateikreierungsmaske

Tabelle B.38 Erfragen und Setzen von Zugriffsrechten

B.7 Links

Syntax	Bedeutung
`int link( const char *name, const char *link);`	einen Hardlink auf eine Datei anlegen
`int symlink( const char *name, const char *link);`	einen symbolischen Link anlegen
`int readlink(const char *link, char *puffer, int groesse_puffer);`	Name ermitteln, auf den der symbolische Link zeigt
`int unlink(const char *name);`	Dateiname aus einem Verzeichnis löschen

Tabelle B.39 Funktionen zur Bearbeitung von Links

B.8 Prozess und Prozessverwaltungsfunktionen

B.8.1 Umgebungsvariablen (Environment) eines Prozesses

Syntax	Bedeutung
`char *getenv(const char *name);`	Umgebungsvariablen eines Prozesses ermitteln
`int putenv(char *string);`	Umgebungsvariablen eines Prozesses hinzufügen
`int setenv( const char *name, const char *value, int overwrite);`	Umgebungsvariablen eines Prozesses verändern
`void unsetenv(const char *name);`	Umgebungsvariablen eines Prozesses löschen
`int clearenv(void);`	alle Umgebungsvariablen löschen

Tabelle B.40 Funktionen zur Bearbeitung der Umgebungsvariablen

B.8.2 Ressourcenlimits eines Prozesses abfragen oder setzen

Syntax	Bedeutung
`int getrlimit( int resource, struct rlimit *rlim);`	Ressourcenlimits eines Prozesses erfragen

Tabelle B.41 Ressourcenlimits und Benutzung erfragen bzw. setzen

Syntax	Bedeutung

`int getrusage(`
`int who,`
`struct rusage *usage);`
	Ressourcenbenutzung eines Prozesses erfragen

`int setrlimit(`
`int resource,`
`const struct rlimit *rlim);`
	Ressourcenlimits eines Prozesses setzen

Tabelle B.41 Ressourcenlimits und Benutzung erfragen bzw. setzen (Forts.)

B.8.3 Prozesserkennung erfragen bzw. setzen

Syntax	Erfragen der ...
`pid_t getpid(void);`	`PID`
`pid_t getppid(void);`	`PPID`
`uid_t getuid(void);`	realen User-ID
`uid_t geteuid(void);`	effektiven User-ID
`gid_t getgid(void);`	realen Group-ID
`gid_t getegid(void);`	effektiven Group-ID

Tabelle B.42 Prozesserkennungen erfragen

Syntax	Bedeutung
`int setuid(uid_t uid);`	User-ID ändern
`int setgid(gid_t gid);`	Group-ID ändern
`int seteuid(uid_t euid);`	effektive User-ID ändern
`int setegid(gid_t egid);`	effektive Group-ID ändern
`int setreuid(uid_t ruid,` `uid_t euid);`	Tauschen der realen und effektiven User-ID
`int setregid(gid_t rgid,` `gid_t egid);`	Tauschen der realen und effektiven Group-ID

Tabelle B.43 Prozesserkennungen setzen

B.8.4 Prozesssteuerung

Syntax	Bedeutung
`pid_t fork(void);`	einen neuen Prozess erzeugen
`pid_t wait(int *status);`	auf die Beendigung eines Prozesses warten
`pid_t waitpid(pid_t pid, int *status, int options);`	auf die Beendigung eines bestimmten Prozesses warten
`int execl(const char *path, const char *arg, ...);`	Wird eine dieser `exec*`-Funktionen aufgerufen, wird der aktuelle Prozess von dem in `exec*` angegebenen Programm vollständig überlagert. Das neue Programm beginnt mit seiner Ausführung dann in der `main()`-Funktion.
`int execlp(const char *file, const char *arg,...);`	
`int execle(const char *path, const char *arg ,..., char * const envp[]);`	
`int execv(const char *path, char *const argv[]);`	
`int execvp(const char *file, char *const argv[]);`	
`int system(const char *string);`	Shell-Kommandos ausführen

Tabelle B.44 Funktionen zur Erzeugung und Steuerung von Prozessen

B.9 Signale des neuen Signalkonzepts

B.9.1 Signalmengen

Syntax	Bedeutung
`int sigemptyset(sigset_t *set);`	Signale aus der Signalmenge entfernen, auf die `set` zeigt
`int sigfillset(sigset_t *set);`	Signale zur Signalmenge hinzufügen, auf die `set` zeigt
`int sigaddset(sigset_t *set, int signum);`	ein einzelnes Signal zur Signalmenge hinzufügen

Tabelle B.45 Manipulation von Signalmengen

Syntax	Bedeutung
`int sigdelset(sigset_t *set, int signum);`	ein einzelnes Signal aus der Signalmenge entfernen
`int sigismember( const sigset_t *set, int signum);`	testen, ob ein bestimmtes Signal in der Signalmenge vorkommt

Tabelle B.45 Manipulation von Signalmengen (Forts.)

B.9.2 (POSIX) Signalhandler-Funktionen

Syntax	Bedeutung
`int sigaction( int signum, const struct sigaction *act, struct sigaction *oldact);`	Erfragen und Einrichten von Signalhandlern
`int sigprocmask( int how, const sigset_t *set, sigset_t *oldset);`	Erfragen oder Ändern der Signalmaske
`int sigpending(sigset_t *set);`	Erfragen der Signale, die blockieren (hängen)
`int sigsuspend( const sigset_t *mask);`	Suspendieren des Prozesses während der Änderung der Signalmaske

Tabelle B.46 Signalhandler-Funktionen

B.9.3 Übersicht zu den Signalen

Name	Nr.	Aktion	verfügbar	Bedeutung
`SIGFPE`	8	Core & Ende	POSIX	Problem bei einer Gleitkommaoperation (1.5/0)
`SIGILL`	4	Core & Ende	POSIX	Ungültige Instruktion wurde ausgeführt
`SIGBUS`	7	Core & Ende		Fehler auf dem System-Bus

Tabelle B.47 Signale, die meist bei Programmfehlern auftreten

Name	Nr.	Aktion	verfügbar	Bedeutung
SIGSYS	31	Core & Ende		ungültiges Argument bei Systemcall
SIGEMT		Ende		Emulations-Trap
SIGTRAP	5	Core & Ende		Unterbrechung (Einzelschrittausführung)
SIGIOT		Core & Ende		wie SIGABRT
SIGABRT	6	Core & Ende	POSIX	abnormale Beendigung
SIGSEGV	11	Core & Ende	POSIX	unerlaubter Speicherzugriff auf ein Speichersegment

Tabelle B.47 Signale, die meist bei Programmfehlern auftreten (Forts.)

Name	Nr.	Aktion	verfügbar	Bedeutung
SIGTERM	15	Ende	POSIX	Programmende. Bei Programmen, die TERM abfangen, heißt das meistens, dass man mit kill() einen »friedlichen Shutdown« erzwingt.
SIGINT	2	Ende	POSIX	Interrupt der Dialogstation (Strg+C)
SIGHUP	1	Ende	POSIX	Abbruch einer Dialogstationsleitung bzw. Konfiguration neu laden für Dämons
SIGKILL	9	Ende	POSIX	das Signal kill
SIGQUIT	3	Core & Ende	POSIX	das Signal quit von einer Dialogstation

Tabelle B.48 Signale, die den Prozess beenden

Name	Nr.	Aktion	verfügbar	Bedeutung
SIGALRM	14	Ende	POSIX	Zeituhr ist abgelaufen – alarm().

Tabelle B.49 Signale, die bei Beendigung eines Timers auftreten – Alarm

Name	Nr.	Aktion	verfügbar	Bedeutung
SIGVTALRM	26	Ende	BSD, SVR4	Der virtuelle Wecker ist abgelaufen.
SIGPROF	27	Ende		Timer zur Profileinstellung ist abgelaufen.

Tabelle B.49 Signale, die bei Beendigung eines Timers auftreten – Alarm (Forts.)

Name	Nr.	Aktion	verfügbar	Bedeutung
SIGIO	29	Ignoriert	BSD, SVR4	Socket-E/A ist möglich.
SIGURG	23	Ignoriert	BSD, SVR4	Dringender Socket-Status ist eingetreten.
SIGPOLL		Ende	SVR4	Ein anstehendes Ereignis bei Streams wird signalisiert.

Tabelle B.50 Asynchrone E/A-Signale

Name	Nr.	Aktion	verfügbar	Bedeutung
SIGCHLD	17	Ignoriert	POSIX	Der Kindprozess wurde beendet oder angehalten.
SIGTTIN	21	Anhalten	POSIX	Prozess wollte aus einem Hintergrundprozess der Kontroll-Dialogstation lesen.
SIGTTOU	22	Anhalten	POSIX	Prozess wollte in einem Hintergrundprozess der Kontroll-Dialogstation schreiben.
SIGCLD		Ignoriert		wie SIGCHLD
SIGSTOP	19	Anhalten	POSIX	Der Prozess wurde angehalten.
SIGTSTP	20	Anhalten	POSIX	Der Prozess wurde »von Hand« mit STOP angehalten.
SIGCONT	18	Ignoriert	POSIX	Ein angehaltener Prozess läuft weiter.

Tabelle B.51 Signale zur Prozesskontrolle

Name	Nr.	Aktion	verfügbar	Bedeutung
SIGPIPE	13	Ende	POSIX	Es wurde in eine Pipe geschrieben, aus der niemand liest. Es wurde versucht, in eine Pipe mit O_NONBLOCK zu schreiben, aus der keiner liest. Bei nicht-NONBLOCK hält das Öffnen/Schreiben der Pipe auf.
SIGLOST		Ende		Eine Dateisperre ging verloren.
SIGXCPU	24	Core & Ende	BSD, SVR4	Maximale CPU-Zeit wurde überschritten.
SIGXFSZ	25	Core & Ende	BSD, SVR4	Maximale Dateigröße wurde überschritten.

Tabelle B.52 Signale, die bei Fehlern einer Operation ausgelöst werden

Name	Nr.	Aktion	verfügbar	Bedeutung
SIGUSR1 SIGUSR2	10, 12	Ende	POSIX	frei zur eigenen Benutzung
SIGWINCH	28	Ignoriert	BSD	Window-Größe hat sich verändert.

Tabelle B.53 Die restlichen Signale

B.9.4 Signale senden und Prozesse suspendieren

Syntax	Bedeutung
`int raise(int sig);`	Signal an den eigenen Prozess senden (ANSI-C-konform). Gleichwertig zu `kill(getpid(), sig);`
`int kill(pid_t pid, int sig);`	Signal an den eigenen oder auch einen anderen Prozess mit der PID `pid` senden
`unsigned int alarm( unsigned int seconds);`	eine Alarm-Zeitschaltuhr einrichten, die nach einer bestimmten Zeit (Sekunden) das Signal SIGALRM an den eigenen Prozess sendet
`int pause(void);`	Prozess suspendieren, bis ein Signal eintrifft

Tabelle B.54 Signale senden und Prozesse suspendieren

Syntax	Bedeutung
unsigned int sleep(unsigned int sec);	Prozess eine gewisse Zeit (**Sekunden**) suspendieren oder bis ein Signal eintrifft
int select(0, NULL, NULL, NULL, struct timeval *timeout);	Prozess eine gewisse Zeit (**Sekunden und Mikrosekunden**) suspendieren oder bis ein Signal eintrifft
int usleep(unsigned long usec);	Prozess eine gewisse Zeit (**Mikrosekunden**) suspendieren oder bis ein Signal eintrifft
int nanosleep(const struct timespec *req, struct timespec *rem);	Prozess eine gewisse Zeit (**Sekunden und Nanosekunden** eventuell möglich [systemabhängig]) suspendieren oder bis ein Signal eintrifft

Tabelle B.54 Signale senden und Prozesse suspendieren (Forts.)

B.10 Interprozesskommunikationen

B.10.1 Pipes

Syntax	Bedeutung
int pipe(int filedes[2]);	Pipe einrichten
FILE *popen(const char *command, const char *type);	Pipe zu einem anderen Programm einrichten
int pclose(FILE *stream);	Pipe schließen

Tabelle B.55 Funktionen für Pipes (<unistd. h.> und <stdio.h>)

B.10.2 FIFO (benannte Pipe) erzeugen

Syntax	Bedeutung
int mkfifo(const char *pathname, mode_t mode);	eine benannte Pipe (FIFO) erzeugen

Tabelle B.56 Funktionen für benannte Pipes (<sys/stat.h> und <sys/types.h>)

B.11 Sys-V-Interprozesskommunikationen

Die drei Interprozesskommunikations-Techniken (Semaphor, Message Queue und Shared Memory) von System V nutzen zwar unterschiedliche Konzepte, verwenden allerdings alle drei dieselben systemweiten Ressourcen, die von mehreren Prozessen gemeinsam genutzt werden können. Somit ermöglichen sie eine Kommunikation zwischen nichtverwandten Prozessen. Einige Techniken des alten Sys-V werden auch unter Linux benutzt, deshalb können viele alte Sys-V-Programme gut auf Linux portiert werden.

B.11.1 Message Queue

Eine Message Queue setzt sich aus den folgenden drei Teilen zusammen:

- Message-Typ (`long`)
- Größe in Bytes der Message (`size_t`)
- die eigentliche Message (Message-String)

Zur Verwendung der folgenden Funktionen einer Message Queue werden die Headerdateien *sys/types.h*, *sys/ipc.h* und *sys/msg.h* benötigt:

Syntax	Bedeutung
`int msgget( key_t key,` `int msgflg);`	Message Queue öffnen oder erzeugen

`int msgsnd( int msqid,`
`struct msgbuf *msgp,`
`size_t msgsz,`
`int msgflg);`
	Nachrichten senden

`ssize_t msgrcv(`
`int msqid,`
`struct msgbuf *msgp,`
`size_t msgsz,`
`long msgtyp,`
`int msgflg);`
	Nachrichten empfangen

`int msgctl(`
`int msqid,`
`int cmd,`
`struct msqid_ds *buf);`
	Status einer Message Queue ändern oder abfragen

Tabelle B.57 Funktionen für Message Queues

B.11.2 Semaphore

Ein Semaphor ist eine Variable vom Typ `unsigned short`, die beim Eintritt in einen kritischen Codeausschnitt dekrementiert und beim Verlassen wieder inkrementiert wird. Zur Verwendung der folgenden Funktionen für Semaphore werden die Headerdateien *sys/types.h*, *sys/ipc.h* und *sys/sem.h* benötigt:

Syntax	Bedeutung
`int semget( key_t key, int nsems, int semflg);`	Semaphor öffnen oder erzeugen
`int semctl( int semid, int semnum, int cmd, ...);`	Status einer Semaphormenge abfragen/setzen oder löschen
`int semop( int semid, struct sembuf *sops, unsigned nsops);`	Ausführen von Operationen auf Semaphor-Menge

Tabelle B.58 Funktionen für Semaphore

B.11.3 Shared Memory

Beim *Shared Memory* verwenden mehrere Prozesse einen bestimmten Speicherbereich gemeinsam. Somit ist ein aufwendiges Kopieren von Daten zwischen den Prozessen nicht mehr nötig, da jeder Prozess über denselben Inhalt verfügen kann, der sich in diesem Speicherbereich befindet. Wichtig dabei ist, dass niemals zwei Prozesse gleichzeitig in diesen Speicherbereich schreiben, denn dann werden die Daten inkonsistent. Eine Synchronisation eines Shared-Memory-Bereiches lässt sich am einfachsten mit dem Client-Server-Prinzip realisieren. Zur Verwendung der Funktionen von Shared Memory werden die Headerdateien *sys/types.h*, *sys/ipc.h*, *sys/shm.h* sowie die folgenden Funktionen benötigt:

Syntax	Bedeutung
`int shmget( key_t key, int size, int shmflg);`	Shared Memory öffnen oder erzeugen
`int shmctl( int shmid, int cmd, struct shmid_ds *buf);`	Status eines Shared-Memory-Segments abfragen/setzen oder löschen

Tabelle B.59 Funktionen für Shared-Memory-Segmente

Syntax	Bedeutung

`void *shmat(`
`int shmid,`
`const void *shmaddr,`
`int shmflg);`
	Shared-Memory-Segment an einen Prozess binden

`int shmdt(const void *shmaddr);`	Shared-Memory-Segment von einem Prozess lösen

Tabelle B.59 Funktionen für Shared-Memory-Segmente (Forts.)

B.12 Thread-Programmierung

Anhand ihres Präfixes lassen sich `Pthread`-Funktionen in die in Tabelle B.60 aufgeführten Gruppen einsortieren:

Präfix	Gruppe
`pthread_`	Threads selbst mit verschiedenen Unterfunktionen
`pthread_attr_`	Thread-Eigenschaften
`pthread_mutex_`	Mutexe
`pthread_mutexattr_`	Mutex-Eigenschaften
`pthread_cond_`	Condition-Variablen
`pthread_condattr_`	Eigenschaften von Condition-Variablen
`pthread_key_`	spezifische Thread-Daten-Schlüssel

Tabelle B.60 Verschiedene Präfixe von Thread-Funktionen

Insgesamt enthält die `Pthread`-API über 60 Funktionen. Zum Übersetzen müssen Sie die Headerdatei *pthread.h* einbinden und die Thread-Bibliothek (mit `-lpthread`) hinzulinken. In *pthread.h* sind die wichtigsten Funktionen die in Tabelle B.61 genannten:

B.12.1 Thread-Verwaltung

Syntax	Bedeutung

`int pthread_create(`
`pthread_t * thread,`
`pthread_attr_t * attr,`
`void * (*start_routine)`
`(void *),`
`void * arg);`
	Thread erzeugen

`void pthread_exit(void *retval);`	Thread beenden

`int pthread_join(`
`pthread_t th,`
`void **thread_return);`
	auf die Beendigung von Threads warten

`pthread_t pthread_self(void);`	Threads identifizieren

`int pthread_equal(`
`pthread_t thread1,`
`pthread_t thread2);`
	Threads vergleichen

`int pthread_detach(` `pthread_t th);`	Einen Thread von den anderen absondern, indem er anhand der Leistung und Performance ein wenig optimiert wird. Dies wird erreicht, indem dieser Thread bei Beendigung sofort terminiert und freigegeben wird. Allerdings kann dieser Thread nicht mehr mit `pthread_join()` synchronisiert werden.

Tabelle B.61 Funktionen zur gewöhnlichen Thread-Verwaltung

B.12.2 Attribute von Threads und das Scheduling erfragen

Syntax	Bedeutung
`int pthread_attr_init(` `pthread_attr_t *attr);`	Attributvariable initialisieren

`int pthread_attr_getdetachstate(`
`const pthread_attr_t *attr,`
`int *detachstate);`
	abfragen, ob der Thread `PTHREAD_CREATE_DETACHED` ist, also bei Beendigung sofort freigegeben wird, oder ob `PTHREAD_CREATE_JOINABLE` (Standard) gesetzt ist, womit sich der Thread besser synchronisieren lässt

Tabelle B.62 Attribute und Scheduling von Threads ermitteln

Syntax	Bedeutung
`int pthread_attr_getschedpolicy( const pthread_attr_t *attr, int *policy );`	Die Prioritäten eines Threads abfragen. Mögliche Werte: SCHED_OTHER (normal, keine Echtzeit), SCHED_FIFO (hoch, Echtzeit) und SCHED_RR (hoch, Echtzeit Round-Robin)
`int pthread_attr_getinheritsched( const pthread_attr_t *attr, int *inherit);`	Werden die Scheduling-Eigenschaften des Vaterthreads beim Erzeugen eines neuen Threads übernommen (PTHREAD_INHERIT_SCHED) oder nicht (PTHREAD_EXPLICIT_SCHED)?
`int pthread_attr_destroy( pthread_attr_t *attr);`	Attributvariable wieder freigeben

Tabelle B.62 Attribute und Scheduling von Threads ermitteln (Forts.)

B.12.3 Attribute und das Scheduling von Threads setzen

Syntax	Bedeutung
`int pthread_attr_init( pthread_attr_t *attr);`	Attributvariable initialisieren
`int pthread_attr_setdetachstate( pthread_attr_t *attr, int detachstate);`	Setzen der Eigenschaft PTHREAD_CREATE_DETACHED oder PTHREAD_CREATE_JOINABLE (Standard) für einen Thread
`int pthread_attr_setschedpolicy( pthread_attr_t *attr, int policy);`	Prioritäten für einen Thread setzen. Mögliche Werte: SCHED_OTHER (normal, keine Echtzeit), SCHED_FIFO (hoch, Echtzeit) und SCHED_RR (hoch, Echtzeit Round-Robin)
`int pthread_attr_setinheritsched( pthread_attr_t *attr, int inherit);`	Einstellen, ob die Scheduling-Eigenschaften vom Vaterthread an den Kindthread vererbt werden sollen (PTHREAD_INHERIT_SCHED) oder nicht (PTHREAD_EXPLICIT_SCHED)
`int pthread_attr_destroy( pthread_attr_t *attr);`	Attributvariable wieder freigeben

Tabelle B.63 Attribute und Scheduling von Threads setzen

B.12.4 Mutex-Variablen

Syntax	Bedeutung
`int pthread_mutex_lock( pthread_mutex_t *mutex);`	Mutex anlegen (initialisieren)
`int pthread_mutex_lock( pthread_mutex_t *mutex);`	Mutex sperren (blockiert gegebenenfalls bis Mutex frei wird – falls gesperrt)
`int pthread_mutex_trylock( pthread_mutex_t *mutex);`	Mutex sperren (ohne Blockieren – ist Mutex nicht frei, wird Fehlercode `EBUSY` zurückgegeben)
`int pthread_mutex_unlock( pthread_mutex_t *mutex);`	gesperrten Mutex wieder freigeben
`int pthread_mutex_destroy( pthread_mutex_t *mutex);`	Mutex löschen (freigeben)

Tabelle B.64 Funktionen zum Arbeiten mit Mutexen

B.12.5 Attribute von Mutexen

Syntax	Bedeutung
`int pthread_mutexattr_init( pthread_mutexattr_t *attr);`	Attributvariable für Mutexe initialisieren
`int pthread_mutexattr_setkind_np( pthread_mutexattr_t *attr, int kind );`	Attribute für Mutex setzen
`int pthread_mutexattr_getkind_np( pthread_mutexattr_t *attr, int *kind );`	Attribute für Mutex abfragen
`int pthread_mutexattr_destroy( pthread_mutexattr_t *attr);`	Attributvariable für Mutex wieder freigeben

Tabelle B.65 Attribute für Mutexe setzen oder abfragen

[«]

Hinweis zur Portabilität auf andere UNIX-Systeme

Die Funktionen pthread_mutexattr_setkind_np() und pthread_mutexattr_getkind_np() sind keine portablen POSIX-Funktionen. Das gilt auch für die drei Attribute PTHREAD_MUTEX_FAST_NP, PTHREAD_MUTEX_ERRORCHECK_NP und PTHREAD_MUTEX_RECURSIVE_NP, von denen Linux offiziell nur PTHREAD_MUTEX_FAST_NP unterstützt – obwohl auch diese Konstanten nicht portabel sind (Endung _NP).

Alternativ gibt es die folgenden Funktionen:

```
int pthread_mutexattr_settype (
   pthread_mutexattr_t *attr, int kind );
int pthread_mutexattr_gettype (
   const pthread_mutexattr_t *attr, int *kind );
```

Zwar sind dies keine Funktionen, die eine _np-Endung besitzen, allerdings sind die Attribute (also die symbolische Konstanten) dieselben wie die schon erwähnten _NP-Konstanten.

B.12.6 Condition-Variablen

Syntax	Bedeutung
int pthread_cond_init(pthread_cond_t *cond, pthread_condattr_t *cond_attr);	Initialisieren einer Condition-Variablen
int pthread_cond_wait(pthread_cond_t *cond, pthread_mutex_t *mutex);	Wartet auf die Condition-Variable.
int pthread_cond_timewait(pthread_cond_t *cond, pthread_mutex_t *mutex, const struct timespec *abstime);	Wartet eine bestimmte Zeit auf die Condition-Variable.
int pthread_cond_signal(pthread_cond_t *cond);	Die Funktion weckt einen wartenden Thread auf.
int pthread_cond_broadcast(pthread_cond_t *cond);	Die Funktion weckt alle wartenden Threads auf.
int pthread_cond_destroy(pthread_cond_t *cond);	Freigeben einer Condition-Variablen

Tabelle B.66 Funktionen für Condition-Variablen

B.12.7 Threads beenden

Syntax	Bedeutung
`int pthread_cancel( pthread_t thread);`	Thread mit der ID `thread` beenden
`int pthread_setcancelstate( int state, int *oldstate);`	Hiermit lässt sich einstellen, ob sich der Thread mit `pthread_cancel()` aus einem zweiten Thread beenden lässt (Standardeinstellung, `state` = `PTHREAD_CANCEL_ENABLE`) oder nicht (`state` = `PTHREAD_CANCEL_DISABLE`)
`int pthread_setcanceltype( int type, int *oldtype);`	Soll ein Thread sofort nach einem Aufruf von `pthread_cancel()` beendet werden, muss hierfür `type` `PTHREAD_CANCEL_ASYNCHRONOUS` angegeben werden. Ansonsten, mit `PTHREAD_CANCEL_DEFERRED` (Standardeinstellung), läuft der Thread noch bis zum Ende bzw. nächsten Abbruchpunkt weiter.

Tabelle B.67 Erweiterte Möglichkeiten, einen Thread zu beenden

B.13 Netzwerkprogrammierung

B.13.1 Grundlegende Socket-Funktionen

Die gleich folgenden Funktionen zur Socket-Programmierung benötigen alle die folgenden Headerdateien:

```
#include <sys/types.h>
#include <sys/socket.h>
```

Des Weiteren wird eine Struktur vom Typ `sockaddr` verwendet, die wie folgt definiert ist:

```
struct sockaddr {
    sa_family_t  sa_family;   /* address family, AF_xxx       */
    char         sa_data[14]; /* 14 bytes of protocol address */
 };
```

Die Struktur `sockaddr` lässt sich allerdings recht unbequem ausfüllen (gemeint sind damit Portnummer und Internetadresse in der Strukturvariablen `sa_data`), weshalb es für IP-Anwendungen die folgende spezielle Struktur gibt:

```
struct sockaddr_in {
    sa_family_t sin_family;          /* Addressfamilie  */
    unsigned short int sin_port;     /* Portnummer      */
    struct in_addr sin_addr;         /* Internetadresse */
};
```

`sockaddr_in` ermöglicht es Ihnen, die IP-Adresse sowie die Portnummer getrennt einzutragen. Im Speicher sind diese beiden Strukturen kompatibel, es reicht also eine einfache Typumwandlung, um die gewünschten Informationen zu übergeben. Die Funktionen aus Tabelle B.68 stehen für die Sockets zur Verfügung:

Syntax	Bedeutung

`int socket ( int domain,`
`int type,`
`int protocol );`
	ein Socket (Endpunkt) zur Kommunikation anlegen

`int bind (`
`int s,`
`const struct sockaddr *name,`
`int namelen );`
	ein Socket mit einer Adresse verknüpfen (Server)

`int listen(int s, int backlog);`	am Socket horchen – auf eine Verbindung warten

`int accept (`
`int s,`
`struct sockaddr *addr,`
`int *addrlen );`
	eintreffende Verbindungswünsche bearbeiten

`int connect (`
`int s,`
`const struct sockaddr *name,`
`int namelen );`
	eine Verbindung zum Server herstellen (Client)

`ssize_t send (`
`int s,`
`const void *msg,`
`size_t len,`
`int flags );`
	Versenden von Daten über ein Socket

Tabelle B.68 Grundlegende Socket-Funktionen

Syntax	Bedeutung
`ssize_t sendto ( int s, const void *msg, size_t len, int flags, const struct sockaddr *to, int tolen );`	Versenden von Daten über ein Socket (wird vorwiegend mit dem UDP-Protokoll verwendet)
`ssize_t recv ( int s, void *buf, size_t len, int flags );`	Empfangen von Daten über ein Socket
`ssize_t recvfrom ( int s, void *buf, size_t len, int flags, struct sockaddr *from, int *fromlen );`	Empfangen von Daten über ein Socket (wird vorwiegend mit dem UDP-Protokoll verwendet)
`int getsockopt ( int s, int level, int optname, void *optval, int *optlen );`	Erfragen von Optionen für Sockets
`int setsockopt ( int s, int level, int optname, const void *optval, int optlen );`	Setzen von Optionen für Sockets

Tabelle B.68 Grundlegende Socket-Funktionen (Forts.)

Syntax	Bedeutung

`int socketpair(`
`int d,`
`int type,`
`int protocol,`
`int sv[2]);`
	Der Aufruf `socketpair()` generiert zwei unbenannte, miteinander verbundene Sockets. `d` bezeichnet die Domain, `typ` den Typ der Sockets, und `protocol` definiert das Protokoll, das nicht angegeben werden muss. Die Deskriptoren der Sockets werden in `sv[0]` und `sv[1]` zurückgegeben. Die beiden Sockets können nicht unterschieden werden. Die Semantik der Funktion entspricht dem Syscall `pipe()`.

`int shutdown(int s, int how);`	`shutdown()` beendet eine ganze Voll-Duplex-Verbindung oder einen Teil einer Voll-Duplex-Verbindung, die mit dem Socket `s` verbunden ist. Ist `how = 0`, so werden weitere empfangene Nachrichten abgelehnt. Ist `how = 1`, so werden weitere zu sendende Nachrichten abgelehnt. Ist `how = 2`, so werden zu sendende und empfangene Nachrichten abgelehnt.

`int getpeername(`
`int s,`
`struct sockaddr *name,`
`int *namelen );`
	`getpeername()` liefert zu einem gegebenen Socket `s` die Adresse des entfernten Endes. `name` ist ein Zeiger auf einen Speicherplatz, an dem das System die Adresse ablegen kann, und `namelen` teilt dem System mit, wie viel Platz vorhanden ist. Daran erkennt es, welche Art von Adresse man erwartet. Da es sich um einen Wert-Ergebnis-Parameter handelt, muss er vorbelegt werden und unbedingt auf einen schreibbaren Speicherplatz zeigen.

`int getsockname(`
`int s,`
`struct sockaddr *name,`
`int *namelen);`
	`getsockname()` liefert zu einem gegebenen Socket `s` die Adresse des lokalen Endes. `name` ist ein Zeiger auf einen Speicherplatz, an dem das System die Adresse ablegen kann, und `namelen` teilt dem System mit, wie viel Platz vorhanden ist. Daran erkennt es, welche Art von Adresse man erwartet. Da es sich um einen Wert-Ergebnis-Parameter handelt, muss er vorbelegt werden und unbedingt auf einen schreibbaren Speicherplatz zeigen.

Tabelle B.68 Grundlegende Socket-Funktionen (Forts.)

B.13.2 Konvertierung in die richtige Byteanordnung

Es gibt verschiedene Architekturen, bei denen sich die Anordnung der Bytereihenfolge beim Abspeichern einer Zahl unterscheidet. Generell wird dabei zwischen Big Endian und Little Endian unterschieden. Bei *Big Endian* wird das höchstwertige Byte an der niedrigsten Adresse gespeichert, das zweithöchste an der nächsten Adresse und so weiter. Bei *Little Endian* ist dies genau umgekehrt, hier wird das niedrigstwertige Byte an der niedrigsten Stelle gespeichert, das zweitniedrigste an der nächsten Adresse usw.

Damit sich jetzt aber alle Rechner untereinander verstehen, hat man sich auf eine einheitliche Datenübertragung mit Big Endian (auch als *Network-Byte-Order* bezeichnet) geeinigt. Um aus einer lokal verwendeten Byte-Reihenfolge (*Host-Byte-Order*) eine Network-Byte-Order und umgekehrt zu machen, stehen Ihnen die in Tabelle B.69 aufgelisteten Funktionen zur Verfügung, die alle die Headerdatei *netinet/in.h* benötigen:

Syntax	Bedeutung
`uint32_t htonl(uint32_t);`	Konvertiert einen 32-Bit-Wert in Host-Byte-Order in einen 32-Bit-Wert in Network-Byte-Order.
`uint16_t htons(uint16_t);`	Konvertiert einen 16-Bit-Wert in Host-Byte-Order in einen 16-Bit-Wert in Network-Byte-Order.
`uint32_t ntohl(uint32_t);`	Konvertiert einen 32-Bit-Wert in Network-Byte-Order in einen 32-Bit-Wert in Host-Byte-Order.
`uint16_t ntohs(uint16_t);`	Konvertiert einen 32-Bit-Wert in Network-Byte-Order in einen 32-Bit-Wert in Host-Byte-Order.

Tabelle B.69 Funktionen zum Konvertieren der richtigen Byteanordnung

B.13.3 Abfragen von Netzwerknummern und Internetadressen

Zur Verwendung der folgenden Funktionen sind folgende Headerdateien nötig:

```
#include <netinet/in.h>
#include <sys/socket.h>
#include <arpa/inet.h>
```

Des Weiteren wird die Struktur `in_addr` verwendet, die sich auch in der Headerdatei *sockaddr_in* wiederfindet:

```
struct sockaddr_in {
  /* Adressfamilie normalerweise AF_INET  */
  short int          sin_family;
  /* Port der Verbindung                  */
  unsigned short int sin_port;
  /* Adresse, zu der verbunden werden soll */
  struct in_addr     sin_addr;
  /* Fuelldaten, um auf 14 Bytes zu kommen */
  unsigned char      sin_zero[8];
};
```

```
struct in_addr{
    unsigned long int sin_addr;
}
```

Für die Struktur `in_addr` gibt es folgende Funktionen:

Syntax	Bedeutung
`int inet_aton ( const char *name, struct in_addr *addr );`	Konvertiert den String in der punktierten Dezimaldarstellung (bspw. 127.0.0.1) in eine 32-Bit-Internetadresse.
`uint32_t inet_network ( const char *name );`	Extrahiert aus der punktierten Dezimaldarstellung die Netzwerknummer.
`char * inet_ntoa ( struct in_addr addr );`	Konvertiert die übergebene 32-Bit-Adresse, die in Network-Byte-Order vorliegen muss, in eine punktierte Dezimaldarstellung als String.
`struct in_addr inet_makeaddr ( uint32_t net, uint32_t local );`	Generiert aus dem lokalen Teil eines Rechners und einer Netzwerknummer eine nummerische IP-Adresse.
`uint32_t inet_lnaof ( struct in_addr addr );`	Ermittelt die Adresse des lokalen Teils (bspw. 127.0.0.1 → der lokale Teil = 0.0.0.1) des Rechners. Die Funktion gibt diesen Wert in Form eines 32-Bit-Wertes in Host-Byte-Order zurück.
`uint32_t inet_netof ( struct in_addr addr );`	Konvertiert eine nummerische 32-Bit-Darstellung der IP-Adresse, die als Parameter angegeben wird, in eine Netzwerknummer, die in Host-Byte-Order zurückgegeben wird.
`int inet_pton ( int af, const char *cp, void *buf );`	Wie `inet_aton()` – nur werden damit neben IPv4- auch IPv6-Adressen unterstützt.
`const char * inet_ntop ( int af, const void *cp, char *buf, size_t len);`	Wie `inet_ntoa()` – nur werden damit neben IPv4- auch IPv6-Adressen unterstützt.

Tabelle B.70 Funktionen zum Abfragen von Netzwerknummern und Internetadressen

B.13.4 Einen Hostnamen aus der Hostdatenbank auslesen

Die Funktionen in diesem Abschnitt benötigen die folgenden Headerdateien:

```
#include <sys/socket.h>
#include <netdb.h>
```

Die Struktur `hostent` ist ein Datentyp, der einen Eintrag in der Hostdatenbank repräsentiert und wie folgt aufgebaut ist:

```
struct hostent {
    char *  h_name;
    char ** h_aliases;
    short   h_addrtype;
    short   h_length;
    char ** h_addr_list;
};
```

Für die Struktur `hostent` gibt es die in Tabelle B.71 aufgeführten Funktionen:

Syntax	Bedeutung
`struct hostent * gethostbyname ( const char *name );`	Ermittelt die IP-Adresse (z. B. 192.0.34.72) passend zum angegebenen Internet-Host-Namen (z. B. *www.example.com*).
`struct hostent * gethostbyaddr ( const char *addr, size_t length, int format );`	Ermittelt den Internet-Host-Namen (z. B. *www.example.com*) passend zur angegebenen IP-Adresse (z. B. 192.0.34.72).
`struct hostent * gethostbyname2( const char *name, int af );`	Ermittelt die IP-Adresse (z. B. 192.0.34.72) passend zum angegebenen Internet-Host-Namen (z. B. *www.example.com*) – der neu hinzugekommene Parameter `af` bezeichnet die gewünschte Adressfamilie `AF_INET` oder `AF_INET6`.

Tabelle B.71 Funktionen für den Zugriff auf die Hostdatenbank

B.13.5 Verwenden der Service-Datenbank

Die Funktionen in diesem Abschnitt benötigen die folgende Headerdatei:

```
#include <netdb.h>
```

Die Struktur servent ist ein Datentyp, der einen Eintrag in der Service-Datenbank repräsentiert und folgende Mitglieder besitzt:

```
struct    servent {
          char *s_name;       /* Name des Services        */
          char **s_aliases;   /* Aliasliste               */
          int  s_port;        /* Port des Services        */
          char *s_proto;      /* zu verwendendes Protokoll */
      };
```

Für die Struktur servent gibt es die folgenden Funktionen:

Syntax	Bedeutung
struct servent * getservbyname (const char *name, const char *proto);	Ermittelt einen Portwert passend zu einem Internetdienst und Protokoll.
struct servent * getservbyport (int port, const char *proto);	Ermittelt einen Internetdienst passend zu einem Port und Protokoll.

Tabelle B.72 Funktionen zum Zugriff auf die Service-Datenbank

B.14 Die MySQL-C-API

B.14.1 Übersetzen einer Anwendung

Für das Übersetzen einer Anwendung, die die MySQL-API verwendet, benötigen Sie die folgende Headerdatei und die folgenden Kommandos:

```
#include <mysql.h>
```

Compileraufruf (benötigt Pfad zum Include-Verzeichnis der MySQL-API):

```
$ gcc -c -I/usr/include/mysql client_anwendung.c
```

Linkeraufruf (benötigt Pfadangaben zu den Bibliotheken der MySQL-API):

```
$ gcc -o client_anwendung client_anwendung.o \
  -L/usr/lib/mysql -lmysqlclient
```

B.14.2 MySQL-C-API – Funktionsreferenz

Funktion	Bedeutung
my_ulonglong mysql_affected_rows(MYSQL *mysql);	Gibt die Anzahl von Zeilen zurück, die durch die letzte UPDATE-, DELETE- oder INSERT-Anfrage geändert, gelöscht oder hinzugefügt wurden.
void mysql_close(MYSQL *mysql);	Schließt eine Serververbindung.
MYSQL *mysql_connect(MYSQL *mysql, const char *host, const char *user, const char *passwd);	Stellt die Verbindung mit einem MySQL-Server her. Diese Funktion ist veraltet, benutzen Sie dafür mysql_real_connect().
my_bool mysql_change_user(MYSQL *mysql, const char *user, const char *passwd, const char *db);	Ändert Benutzer und Datenbank bei einer geöffneten Verbindung.
const char * mysql_character_set_name(MYSQL *mysql);	Gibt den Namen des vorgabemäßigen Zeichensatzes für die Verbindung zurück.
int mysql_create_db(MYSQL *mysql, const char *db);	Erzeugt eine Datenbank. Diese Funktion ist veraltet, benutzen Sie stattdessen den SQL-Befehl CREATE DATABASE.
void mysql_data_seek(MYSQL_RES *result, unsigned long long offset);	Sucht bis zu einer beliebigen Zeile in einer Anfrage-Ergebnismenge.
void mysql_debug(char *debug);	Macht ein DBUG_PUSH mit der angegebenen Zeichenkette.
int mysql_drop_db(MYSQL *mysql, const char *db) ;	Löscht eine Datenbank. Diese Funktion ist veraltet, benutzen Sie stattdessen den SQL-Befehl DROP DATABASE.
int mysql_dump_debug_info(MYSQL *mysql);	Veranlasst den Server, Debug-Informationen in die Log-Datei zu schreiben.

Tabelle B.73 Funktionsübersicht der MySQL-C-API

Funktion	Bedeutung
`my_bool mysql_eof( MYSQL_RES *result);`	Stellt fest, ob die letzte Zeile der Ergebnismenge gelesen wurde oder nicht. Diese Funktion ist veraltet, benutzen Sie stattdessen `mysql_errno()` oder `mysql_error()`.
`unsigned int mysql_errno( MYSQL *mysql);`	Gibt die Fehlernummer der zuletzt aufgerufenen MySQL-Funktion zurück.
`char *mysql_error( MYSQL *mysql);`	Gibt die Fehlermeldung der zuletzt aufgerufenen MySQL-Funktion zurück.
`unsigned int mysql_real_escape_string( MYSQL *mysql, char *nach, const char *von, unsigned int laenge);`	Escape-Sonderzeichen in einer Zeichenkette, die für ein SQL-Statement benutzt wird, wobei der aktuelle Zeichensatz der Verbindung berücksichtigt wird.
`unsigned int mysql_escape_string( MYSQL *mysql, char *nach, const char *von, unsigned int laenge);`	Escape-Sonderzeichen in einer Zeichenkette, die für ein SQL-Statement benutzt wird
`MYSQL_FIELD * mysql_fetch_field( MYSQL_RES *result);`	Gibt den Typ des nächsten Tabellenfelds zurück.
`MYSQL_FIELD * mysql_fetch_field_direct( MYSQL_RES *result, unsigned int fieldnr);`	Gibt den Typ eines Tabellenfelds zurück, angegeben durch eine Feldnummer.
`MYSQL_FIELD * mysql_fetch_fields( MYSQL_RES *result);`	Gibt ein Array aller Feldstrukturen zurück.
`unsigned long * mysql_fetch_lengths( MYSQL_RES *result);`	Gibt die Länge aller Spalten in der aktuellen Zeile zurück.
`MYSQL_ROW mysql_fetch_row( MYSQL_RES *result);`	Holt die nächste Zeile aus der Ergebnismenge.

Tabelle B.73 Funktionsübersicht der MySQL-C-API (Forts.)

Funktion	Bedeutung
`MYSQL_FIELD_OFFSET mysql_field_seek( MYSQL_RES *result, MYSQL_FIELD_OFFSET offs);`	Setzt den Spaltencursor auf eine bestimmte Spalte.
`unsigned int mysql_field_count( MYSQL *mysql);`	Gibt die Anzahl der Ergebnisspalten für die letzte Anfrage zurück.
`MYSQL_FIELD_OFFSET mysql_field_tell( MYSQL_RES *result);`	Gibt die Position des Feldcursors zurück, der für das letzte `mysql_fetch_field()` benutzt wurde.
`void mysql_free_result( MYSQL_RES *result);`	Gibt Speicher frei, der von einer Ergebnismenge benutzt wird.
`char * mysql_get_client_info()`	Gibt Client-Versionsinformationen zurück.
`char * mysql_get_host_info( MYSQL *mysql);`	Gibt eine Zeichenkette zurück, die die Verbindung beschreibt.
`unsigned int mysql_get_proto_info( MYSQL *mysql);`	Gibt die Protokollversion zurück, die von der Verbindung benutzt wird.
`char * mysql_get_server_info( MYSQL *mysql);`	Gibt die Server-Versionsnummer zurück.
`char *mysql_info( MYSQL *mysql);`	Gibt Informationen über die zuletzt ausgeführte Anfrage zurück.
`MYSQL *mysql_init( MYSQL *mysql);`	Holt oder initialisiert eine MySQL-Struktur.
`my_ulonglong mysql_insert_id( MYSQL *mysql);)`	Gibt die Kennung zurück, die für eine `AUTO_INCREMENT`-Spalte durch die letzte Anfrage erzeugt wurde.
`int mysql_kill( MYSQL *mysql, unsigned long pid);`	Tötet einen angegebenen Thread.

Tabelle B.73 Funktionsübersicht der MySQL-C-API (Forts.)

Funktion	Bedeutung
MYSQL_RES *mysql_list_dbs(MYSQL *mysql, const char *wild);	Gibt die Datenbanknamen zurück, die mit einem einfachen regulären Ausdruck übereinstimmen.
MYSQL_RES * mysql_list_fields(MYSQL *mysql, const char *table, const char *wild);	Gibt die Feldnamen zurück, die mit einem einfachen regulären Ausdruck übereinstimmen.
MYSQL_RES * mysql_list_processes(MYSQL *mysql);	Gibt eine Liste der aktuellen Server-Threads zurück.
MYSQL_RES * mysql_list_tables(MYSQL *mysql, const char *wild);	Gibt Tabellenamen zurück, die mit einem einfachen regulären Ausdruck übereinstimmen.
unsigned int mysql_num_fields(MYSQL_RES *result);	Gibt die Anzahl von Spalten in einer Ergebnismenge zurück.
my_ulonglong mysql_num_rows(MYSQL_RES *result);	Gibt die Anzahl von Zeilen in einer Ergebnismenge zurück.
int mysql_options(MYSQL *mysql, enum mysql_option option, const char *arg);	Setzt Verbindungsoptionen für mysql_connect().
int mysql_ping(MYSQL *mysql);	Prüft, ob die Verbindung zum Server funktioniert oder nicht, und verbindet sich erneut, falls notwendig.
int mysql_query(MYSQL *mysql, const char *query);	Führt eine SQL-Anfrage aus, die als NULL-begrenzte Zeichenkette angegeben wird.

Tabelle B.73 Funktionsübersicht der MySQL-C-API (Forts.)

Funktion	Bedeutung
`MYSQL * mysql_real_connect( MYSQL *mysql, const char *host, const char *user, const char *passwd, const char *db, unsigned int port, const char *unix_socket, unsigned int client_flag );`	Verbindet sich mit einem MySQL-Server.
`mysql_real_query( MYSQL *mysql, const char *query, unsigned int len);`	Führt eine SQL-Anfrage aus, die als gezählte Zeichenkette angegeben wird.
`int mysql_reload( MYSQL *mysql);`	Weist den Server an, die Berechtigungstabellen erneut zu laden.
`MYSQL_ROW_OFFSET mysql_row_seek( MYSQL_RES *result, MYSQL_ROW_OFFSET off);`	Sucht bis zu einer Zeile in einer Ergebnismenge, indem sie den Wert benutzt, der von `mysql_row_tell()` zurückgegeben wird.
`MYSQL_ROW_OFFSET mysql_row_tell( MYSQL_RES *result);`	Gibt die Zeilencursorposition zurück.
`int mysql_select_db( MYSQL *mysql, const char *db);`	Wählt eine Datenbank aus.
`int mysql_shutdown( MYSQL *mysql);`	Fährt den Datenbankserver herunter.
`char *mysql_stat( MYSQL *mysql);`	Gibt den Serverstatus als Zeichenkette zurück.
`MYSQL_RES * mysql_store_result( MYSQL *mysql);`	Ruft eine vollständige Ergebnismenge zum Client ab.

Tabelle B.73 Funktionsübersicht der MySQL-C-API (Forts.)

Funktion	Bedeutung
`unsigned long mysql_thread_id( MYSQL *mysql);`	Gibt die aktuelle Thread-Kennung zurück.
`mysql_thread_safe()`	Gibt 1 zurück, wenn die Clients threadsicher kompiliert sind.
`MYSQL_RES * mysql_use_result( MYSQL *mysql);`	Initialisiert den zeilenweisen Abruf einer Ergebnismenge.

Tabelle B.73 Funktionsübersicht der MySQL-C-API (Forts.)

B.14.3 Datentypenübersicht der C-API

Auch zu den eigenen Datentypen von MySQL und der C-API erfolgt hier ein kurzer Überblick.

Datentyp	Bedeutung
`MYSQL`	Handle einer Datenbankverbindung. Wird für fast alle MySQL-Funktionen verwendet.
`MYSQL_RES`	Ergebnis einer Anfrage, die Zeilen zurückgibt (`SELECT`, `SHOW`, `DESCRIBE`, `EXPLAIN`)
`MYSQL_ROW`	Eine typensichere Darstellung eines Datensatzes (Zeile). Zeilen werden gewöhnlich mit der Funktion `mysql_fetch_row()` eingelesen.
`MYSQL_FIELD`	Eine Struktur mit Informationen über ein Feld, Feldname, Feldtyp und Feldgröße. Die einzelnen Werte dieser Struktur erhalten Sie durch die Funktion `mysql_fetch_field()`.
`MYSQL_FIELD_OFFSET`	Eine typensichere Darstellung eines Offsets in einer MySQL-Feldliste. Offsets sind Feldnummern innerhalb einer Zeile.
`my_ulonglong`	der Typ, der für die Anzahl von Zeilen und für `mysql_affected_rows()`, `mysql_num_rows()` und `mysql_insert_id()` benutzt wird

Tabelle B.74 Datentypenübersicht der MySQL-C-API

B.15 Die PostgreSQL-C-API

B.15.1 Übersetzen einer Anwendung

Für das Übersetzen einer Anwendung, die die PostgreSQL-API verwendet, benötigten Sie die folgende Headerdatei und die folgenden Kommandos:

```
#include <libpq-fe.h>
```

Compileraufruf (benötigt Pfad zum Include-Verzeichnis der PostgreSQL-API):

```
$ gcc -c -I/usr/include/pgsql client_anwendung.c
```

Linkeraufruf (benötigt Pfadangaben zu den Bibliotheken der PostgreSQL-API):

```
$ gcc -o client_anwendung client_anwendung.o \
  -L/usr/lib/pgsql -lpq
```

B.15.2 Eine Verbindung zum PostgreSQL-Server herstellen

```
PGconn *PQconnectdb(const char *conninfo);
PGconn *PQsetdbLogin(const char *pghost,
                     const char *pgport,
                     const char *pgoptions,
                     const char *pgtty,
                     const char *dbName,
                     const char *login,
                     const char *pwd);
PGconn *PQsetdb(char *pghost,
                char *pgport,
                char *pgoptions,
                char *pgtty,
                char *dbName);
/* Nichtblockierende Funktionen */
PGconn *PQconnectStart(const char *conninfo);
PostgresPollingStatusType PQconnectPoll(PGconn *conn);
```

B.15.3 Funktionen, die den Status und Informationen zur Verbindung ermitteln

Funktion	Bedeutung
ConnStatusType PQstatus(const PGconn *conn);	Status des Verbindungsaufbaus überprüfen

Tabelle B.75 Status und Informationen zur Verbindung ermitteln

Funktion	Bedeutung
`char *PQdb( const PGconn *conn);`	Gibt einen Zeiger zurück auf den Datenbanknamen der Verbindung.
`char *PQuser( const PGconn *conn);`	Gibt den Benutzernamen der Verbindung zurück.
`char *PQpass( const PGconn *conn);`	Gibt das Passwort der Verbindung zurück.
`char *PQhost( const PGconn *conn);`	Gibt den Serverhostnamen der Verbindung zurück.
`char *PQport( const PGconn *conn);`	Gibt den Port der Verbindung zurück.
`char *PQtty(const PGconn *conn);`	Gibt das TTY für die Debug-Ausgaben der Verbindung zurück.
`char *PQoptions( const PGconn *conn);`	Gibt Konfigurationsoptionen, die der Verbindungsanfrage übergeben wurden, zurück.
`int PQsocket( const PGconn *conn);`	Gibt die Deskriptornummer des mit dem Server verbundenen Sockets zurück. Mit `-1` wird angezeigt, dass keine Verbindung besteht.
`int PQbackendPID( const PGconn *conn);`	Gibt die Prozesskennung (`PID`) des Serverprozesses zurück, der mit dieser Verbindung arbeitet.
`SSL *PQgetssl( const PGconn *conn);`	Hier wird eine SSL-Struktur zurückgegeben. Wird SSL nicht verwendet, wird `NULL` zurückgegeben. Mehr dazu entnehmen Sie gegebenenfalls der Anleitung von OpenSSL.

Tabelle B.75 Status und Informationen zur Verbindung ermitteln (Forts.)

B.15.4 Eine Verbindung beenden oder wieder aufnehmen

Syntax	Bedeutung
`void PQfinish(PGconn *conn);`	Verbindung schließen und den Speicher für das `PGconn`-Objekt wieder freigeben

Tabelle B.76 Verbindung beenden oder wieder aufnehmen

Syntax	Bedeutung
`void PQreset(PGconn *conn);`	Schließt die Verbindung zum Server und versucht, eine neue Verbindung zum selben Server mit den gleichen Parametern aufzubauen

`int PQresetStart(PGconn *conn);`
 	
`PostgresPollingStatusType PQresetPoll(PGconn *conn);`
	Für nicht blockierende Verbindungen gibt es diese Funktion, die versucht, eine Verbindung zu schließen und mit demselben Server eine neue, nicht blockierende Verbindung aufzubauen.

Tabelle B.76 Verbindung beenden oder wieder aufnehmen (Forts.)

B.15.5 SQL-Anfragen an den Server schicken und den Status auswerten

Syntax	Bedeutung

`PGresult *PQexec(`
`PGconn *conn,`
`const char *command);`
	Anfragen an den Server

`ExecStatusType PQresultStatus(` `const PGresult *res);`	Rückgabe-Status der Anfrage
`char *PQresStatus(` `ExecStatusType status);`	Macht aus dem von `PQresultStatus()` zurückgegebenen Wert eine aussagekräftige Stringkonstante.
`char *PQresultErrorMessage(` `const PGresult *res);`	wie `PQresultStatus()` und `PqresStatus()` in einem Rutsch

Tabelle B.77 Anfrage an den Server und den Status auswerten

B.15.6 Das Ergebnis einer SQL-Anfrage auswerten

Funktion	Bedeutung
`int PQntuples(` `const PGresult *res);`	Gibt die Anzahl der Zeilen (Tuples) des Anfrageergebnisses zurück.
`int PQnfields(` `const PGresult *res);`	Gibt die Anzahl der Spalten in einer Zeile des Anfrageergebnisses zurück.

`char *PQfname(`
`const PGresult *res,`
`int spalten_nummer);`
	Gibt den Namen der Spalte `spalten_nummer` – beginnend bei 0 – zurück.

Tabelle B.78 Funktionen für die Auswertung eines Abfrageergebnisses

Funktion	Bedeutung

`int PQfnumber(`
`const PGresult *res,`
`const char *field_name);`
	Gibt die Nummer der Spalte zum angegebenen Spaltennamen `field_name` zurück.

`Oid PQftype(`
`const PGresult *res,`
`int spalten_nummer);`
	Hiermit erfahren Sie den Datentyp der Spalte. Eine Übersicht der OIDs finden Sie in der Datei *pg_type.h* (meistens im Verzeichnis von *libpq* im Pfad *server/catalog/pg_type.h*).

`int PQfmod(`
`const PGresult *res,`
`int spalten_nummer);`
	Gibt die typenspezifischen Modifikationsdaten der Spalte (beginnend mit 0) mit der angegebenen Nummer zurück.

`int PQfsize(`
`const PGresult *res,`
`int spalten_nummer);`
	Gibt die Größe in Bytes der Spalte `spalten_nummer` zurück. Wird `-1` zurückgegeben, handelt es sich um einen String variabler Länge.

`int PQbinaryTuples(` `const PGresult *res);`	Diese Funktion gibt `1` zurück, wenn `PGresult` binäre Zeilendaten enthält. Bei `0` handelt es sich um Textdaten.
`void PQclear(PQresult *res);`	Speicherplatz der Anfrage freigeben

Tabelle B.78 Funktionen für die Auswertung eines Abfrageergebnisses (Forts.)

B.15.7 Die Rückgabe des Anfrageergebnisses auslesen

Syntax	Bedeutung

`char* PQgetvalue(`
`const PGresult *res,`
`int zeilen_nummer,`
`int spalten_nummer);`
	einzelne Spaltenwerte auslesen

`int PQgetisnull(`
`const PGresult *res,`
`int zeilen_nummer,`
`int spalten_nummer);`
	Testet, ob der Wert einer Spalte gleich `NULL` ist.

`int PQgetlength(`
`const PGresult *res,`
`int zeilen_nummer,`
`int spalten_nummer);`
	Länge des Datenwertes einer Spalte

Tabelle B.79 Rückgabe des Anfrageergebnisses auslesen

B.15.8 Ergebnisse anderer Befehle ermitteln

Syntax	Bedeutung
`char * PQcmdStatus( PGresult *res);`	Gibt eine Statuszeichenkette für einen Befehl (bspw.: `INSERT 16994 1`) zurück.
`char * PQcmdTuples( PGresult *res);`	Gibt die Anzahl der Zeilen zurück, auf die ein SQL-Befehl wie `INSERT`, `UPDATE` oder `DELETE` eine Auswirkung hatte.
`Oid PQoidValue( const PGresult *res);`	Gibt entweder einen (ganzzahligen) Wert vom Typ `Oid` oder im Falle eines Fehlers `InvalidOid` zurück.
`char * PQoidStatus( const PGresult *res);`	Gibt eine Zeichenkette mit der OID der eingefügten Zeile zurück, wenn die SQL-Anweisung ein `INSERT` war – ansonsten `0`, wenn die Zieltabelle keine OIDs hatte. Wenn der SQL-Befehl kein `INSERT` war, wird ein leerer String zurückgegeben.

Tabelle B.80 Ergebnisse anderer Befehle ermitteln

Anhang C
Linux/UNIX-Kommandoreferenz

Zwar besitzen Sie nun sehr fundierte Kenntnisse rund um die Linux-Programmierung, doch benötigt man für den Feinschliff auch noch die Möglichkeit, sein Wissen gezielt in einem Programm oder Projekt umzusetzen. Sie haben im Verlaufe dieses Buches viele Kommandos kennen gelernt und verwendet, aber Linux hat in dieser Hinsicht noch eine Menge mehr zu bieten.

Wie Sie dieses Kapitel verwenden, bleibt Ihnen überlassen. Sie können entweder alle Kommandos der Reihe nach durcharbeiten und selbst ein wenig damit herumexperimentieren, oder aber Sie kommen zu gegebener Zeit (wenn Sie ein Kommando verwenden) hierauf zurück. Alle Kommandos sind nach Themengebiet sortiert und in alphabetischer Reihenfolge aufgelistet – ideal zum Nachschlagen eben.

Die Beschreibung der einzelnen Kommandos beschränkt sich auf das Nötigste bzw. Gängigste. Sofern es sinnvoll erscheint, finden Sie hier und da einige Beispiele zum entsprechenden Kommando. Die Beschreibung der einzelnen Tools stellt in keiner Weise einen Ersatz für die unzähligen Manual- und Info-Seiten dar, die sich auf jedem Linux-Rechner befinden. Für eigene Recherchen sind die Manual- und Info-Seiten sowieso essentiell. Besonders auf die vielen Optionen und Schalter der einzelnen Kommandos können wir hier aus Platzgründen kaum eingehen.

Des Weiteren soll angemerkt werden, dass viele Befehle zum Teil betriebssystem- bis zu distributionsspezifisch sind. Andere Kommandos wiederum unterscheiden sich hier und da geringfügig in der Funktionalität und der Verwendung der Optionen. Für Linux kann man behaupten, dass all die hier erwähnten Kommandos auf jeden Fall vorhanden sind und auch so funktionieren wie beschrieben.

C.1 Dateiorientierte Kommandos

C.1.1 bzcat – Ausgabe von bzip2-komprimierten Dateien

Mit `bzcat` können Sie die Inhalte von bzip2-komprimierten Dateien ausgeben, ohne dass Sie die komprimierte Datei dekomprimieren müssen. Dies ist z. B. auch ein Grund, warum Sie mit einem Dateibrowser den Inhalt einer Datei sehen und sogar lesen können, obwohl Sie sie noch gar nicht dekomprimiert haben. Ansonsten funktioniert `bzcat` wie `cat`.

C.1.2 cat – Dateien nacheinander ausgeben

cat wurde bereits mehrfach in diesem Buch verwendet und auch beschrieben. Mit diesem Kommando werden gewöhnlich Dateien in der Shell ausgegeben. Geben Sie cat beim Aufruf keine Dateien zum Lesen als Argument mit, liest cat so lange aus der Standardeingabe, bis [Strg]+[D] (EOF) betätigt wird.

Verwendung	Bedeutung
cat file	Gibt den Inhalt von file aus.
cat file | kommando	Gibt den Inhalt von file via Pipe an die Standardeingabe von kommando weiter.
cat file1 file2 > file_all	Dateien aneinanderhängen
cat > file	Schreibt alle Zeilen, die von der Tastatur eingegeben wurden, in die Datei file, bis [Strg]+[D] betätigt wurde.

Tabelle C.1 Anwendungen von cat

C.1.3 chgrp – Gruppe von Dateien oder Verzeichnissen ändern

Mit chgrp ändern Sie die Gruppenzugehörigkeit einer Datei oder eines Verzeichnisses. Dieses Kommando bleibt somit dem Eigentümer einer Datei/eines Verzeichnisses oder dem Superuser vorbehalten. Als Eigentümer können Sie außerdem nur diejenigen Dateien oder Verzeichnisse einer bestimmten Gruppe zuordnen, der Sie selbst auch angehören. Wollen Sie die Gruppenzugehörigkeit aller Dateien in einem Verzeichnis mit allen Unterverzeichnissen ändern, dann bietet sich hierzu die Option -R (für »rekursiv«) an.

C.1.4 cksum/md5sum/sum – eine Prüfsumme für eine Datei ermitteln

Mit diesen Funktionen errechnet man die CRC-(*Cyclic Redundancy Check*-)Prüfsumme und die Anzahl Bytes (Anzahl Bytes gilt nur für cksum) für eine Datei. Wird keine Datei angegeben, liest cksum so lange Dateinamen aus der Standardeingabe aus, bis [Strg]+[D] betätigt wurde, und berechnet hieraus die Prüfsumme.

Diese Kommandos werden häufig eingesetzt, um festzustellen, ob zwei Daten identisch sind. So kann z. B. überprüft werden, ob eine Datei, die Sie aus dem Netz geladen haben, auch korrekt übertragen wurde. Voraussetzung hierfür ist natürlich, dass Sie die Prüfsumme der Quelle kennen. Häufig findet man dies beim Herunterladen von ISO-DVD-Abbildern. Ein anderer Anwendungsfall wäre das Überprüfen einer Datei auf Virenbefall. Mit den folgenden Shell-Kommandos kann ermittelt werden, ob sich jemand an einer Datei zu schaffen gemacht hat, beispielsweise:

```
you@host > cksum data.conf
2935371588 51 data.conf
you@host > cksum data.conf
2935371588 51 data.conf
you@host > echo Hallo >> data.conf
you@host > cksum data.conf
966396470 57 data.conf
```

Hier ist eine Konfigurationsdatei mit dem Namen *data.conf* ausgeführt, bei der zweimal mit `cksum` derselbe Wert berechnet wurde. Kurz darauf wurde am Ende dieser Datei ein Text angehängt und erneut `cksum` ausgeführt. Jetzt erhalten Sie eine andere Prüfsumme. Voraussetzung, dass dieses Prinzip funktioniert, ist natürlich auch eine Datei oder Datenbank, die solche Prüfsummen zu den entsprechenden Dateien speichert. Alternativ können Sie auch zwei Dateien auf einmal angeben, um die Prüfsummen zu vergleichen:

```
you@host > cksum data.conf data.conf~bak
966396470 57 data.conf
2131264154 10240 data.conf~bak
```

`cksum` ist gegenüber `sum` zu bevorzugen, da `cksum` neuer ist und auch dem POSIX.2-Standard entspricht. Beachten Sie allerdings, dass alle drei Versionen zum Berechnen von Prüfsummen (`sum`, `cksum` und `md5sum`) miteinander inkompatibel sind und andere Prüfsummen als Ergebnis berechnen:

```
you@host > sum data.conf
20121     1
you@host > cksum data.conf
966396470 57 data.conf
you@host > md5sum data.conf
5a04a9d083bc0b0982002a2c8894e406  data.conf
```

Hinweis

`md5sum` gibt es unter FreeBSD nicht, hier heißt es `md5`.

Noch ein beliebter Anwendungsfall von `md5sum` (bzw. `md5`):

```
cd /bin; md5 `ls -R /bin` | md5
```

Wenn sich jetzt jemand am Verzeichnis */bin* zu schaffen gemacht hat, merken Sie dies relativ schnell. Am besten lassen Sie hierbei einen Cron-Job laufen und sich gegebenenfalls täglich per E-Mail benachrichtigen.

C.1.5 chmod – Zugriffsrechte von Dateien oder Verzeichnissen ändern

Mit chmod setzen oder verändern Sie die Zugriffsrechte auf Dateien oder Verzeichnisse. Die Benutzung von chmod ist selbstverständlich nur dem Dateieigentümer und dem Superuser gestattet. Die Bedienung von chmod muss eigentlich jedem Systemadministrator geläufig sein, weil es ein sehr häufig verwendetes Kommando ist. chmod kann zum Glück sehr flexibel eingesetzt werden. Man kann z. B. einen nummerischen Wert wie folgt verwenden:

```
chmod 755 file
```

oder

```
chmod 0755 file
```

Einfacher anzuwenden ist chmod über eine symbolische Angabe wie:

```
chmode u+x file
```

Hier bekommt der User (u; Eigentümer) der Datei file das Ausführrecht (+x) erteilt.

```
chmod g-x file
```

Damit wurde der Gruppe (g) das Ausführrecht entzogen (-x). Wollen Sie hingegen allen Teilnehmern (a) ein Ausführrecht erteilen, dann gehen Sie so vor:

```
chmod a+x file
```

Mit chmod können Sie auch die Spezialbits setzen (SUID = 4000; SGUID = 2000 oder Sticky = 1000). Wollen Sie z. B. für eine Datei das setuid-(Set-User-ID-)Bit setzen, funktioniert dies folgendermaßen:

```
chmod 4744 file
```

Das setgid-(Set-Group-ID-)Bit hingegen setzen Sie mit »2xxx«.

Zu erwähnen ist auch die Option -R, mit der Sie ein Verzeichnis rekursiv durchlaufen und alle Dateien, die sich darin befinden, entsprechend den neu angegebenen Rechten ändern können.

C.1.6 chown – Eigentümer von Dateien oder Verzeichnissen ändern

Mit chown ändern Sie den Eigentümer von Dateien oder Verzeichnissen. Als neuen Eigentümer kann man entweder den Login-Namen oder die User-ID angeben. Der Name oder die Zahl müssen selbstverständlich in der Datei */etc/passwd* vorhanden sein. Dieses Kommando kann wiederum nur vom Eigentümer selbst oder vom Superuser aufgerufen und auf Dateien bzw. Verzeichnisse angewendet werden, z. B. so:

```
chown john file1 file2
```

Hier wird der User »john« Eigentümer der Datei *file1* und *file2*. Wollen Sie auch hier ein komplettes Verzeichnis mitsamt den Unterverzeichnissen erfassen, so können Sie auch hierbei die Option -R verwenden.

Wollen Sie sowohl den Eigentümer als auch die Gruppe einer Datei ändern, nutzen Sie folgende Syntax:

```
chown john:user file1 file2
```

C.1.7 cmp – Dateien miteinander vergleichen

Mit der Funktion cmp vergleichen Sie zwei Dateien Byte für Byte miteinander und erhalten die dezimale Position und Zeilennummer des ersten Bytes zurück, bei dem sich beide Dateien unterscheiden. cmp vergleicht auch Binärdateien. Sind beide Dateien identisch, erfolgt keine Ausgabe.

```
you@host > cmp out.txt textfile.txt
out.txt textfile.txt differieren: Byte 52, Zeile 3.
```

C.1.8 comm – zwei sortierte Textdateien miteinander vergleichen

Mit comm vergleichen Sie zwei sortierte Dateien und geben die gemeinsamen und die unterschiedlichen Zeilen jeweils in Spalten aus, indem Sie die zweite und dritte Spalte von einem bzw. zwei Tabulatorvorschüben anführen.

```
comm [-123] file1 file2
```

Die erste Spalte enthält die Zeilen, die nur in der Datei *file1* enthalten sind. Die zweite Spalte hingegen enthält die Zeilen, die in der zweiten Datei *file2* enthalten sind, und die dritte Spalte die Zeilen, die in beiden Dateien enthalten sind. Eine mögliche Ausgabe wäre:

```
you@host > cat file1.txt
# wichtige Initialisierungsdatei
# noch eine Zeile
Hallo
you@host > cat file2.txt
# wichtige Initialisierungsdatei
# noch eine Zeile
Hallo
you@host > comm file1.txt file2.txt
                # wichtige Initialisierungsdatei
                # noch eine Zeile
                Hallo
```

```
you@host > echo "Neue Zeile" >> file2.txt
you@host > comm file1.txt file2.txt
                # wichtige Initialisierungsdatei
                # noch eine Zeile
                Hallo
        Neue Zeile
you@host > comm -3 file1.txt file2.txt
        Neue Zeile
```

In der letzten Zeile können Sie sehen, wie Sie mit dem Schalter -3 die Ausgabe der dritten Spalte ganz abschalten, um nur die Differenzen beider Dateien zu erkennen. comm arbeitet zeilenweise, weshalb hier keine Vergleiche von binären Dateien möglich sind. Weitere Schalterstellungen und ihre Bedeutung sehen Sie in Tabelle C.2:

Verwendung	Bedeutung
-23 file1 file2	Es werden nur Zeilen ausgegeben, die in file1 vorkommen.
-123 file1 file2	Es wird keine Ausgabe erzeugt.

Tabelle C.2 Optionen für comm

C.1.9 cp – Dateien kopieren

Den Befehl cp zum Kopieren von Dateien und Verzeichnissen haben Sie schon des Öfteren verwendet, daher folgt in Tabelle C.3 nur noch eine Auflistung der gängigsten Verwendungen.

Verwendung	Bedeutung
cp file newfile	Es wird mit newfile eine Kopie von file erzeugt.
cp -p file newfile	newfile erhält dieselben Zugriffsrechte, Eigentümer und Zeitstempel wie file.
cp -r dir newdir	Es wird ein komplettes Verzeichnis rekursiv (-r) kopiert.
cp file1 file2 file3 dir	Es werden mehrere Dateien in ein Verzeichnis kopiert.

Tabelle C.3 Anwendungen von cp

C.1.10 csplit – Zerteilen von Dateien

Mit csplit teilen Sie eine Datei in mehrere Teile auf. Als Trennstelle kann hierbei ein Suchmuster (auch als regulärer Ausdruck) angegeben werden. Dabei werden aus einer Eingabedatei mehrere Ausgabedateien erzeugt, deren Inhalt vom Suchmuster abhängig gemacht werden kann. Ein Beispiel wäre:

```
csplit Kapitel20.txt /Abschnitt 1/ /Abschnitt 2/ /Abschnitt 3/
```

Hier wird *Kapitel20.txt* in vier Teile aufgeteilt: zunächst vom Anfang bis zum Abschnitt 1, als Nächstes von Abschnitt 1 bis Abschnitt 2, dann von Abschnitt 2 bis Abschnitt 3 und zu guter Letzt von Abschnitt 3 bis Abschnitt 4. Sie können allerdings auch einzelne Zeilen angeben, ab denen Sie eine Datei teilen wollen, z. B. so:

```
csplit -f Abschnitt Kapitel20.txt 20 40
```

Hier haben Sie mit der Option `-f` veranlasst, dass statt eines Dateinamens wie *xx01*, *xx02* usw. mit dem darauffolgenden Namen eine Datei wie *Abschnitt01*, *Abschnitt02* usw. erzeugt wird. Hier zerteilen Sie die Datei *Kapitel20.txt* in drei Dateien: *Abschnitt01* (Zeile 1–20), *Abschnitt02* (Zeile 21–40) und *Abschnitt03* (Zeile 41 bis zum Ende). Sie können mit `{n}` am Ende auch angeben, dass ein bestimmter Ausdruck n-mal angewendet werden soll, beispielsweise so:

```
csplit -k /var/spool/mail/$LOGNAME /^From / {100}
```

Hier zerteilen Sie in Ihrer Mailbox die einzelnen E-Mails in die einzelnen Dateien *xx01*, *xx02*, ... *xx99*. Jeder Brief einer E-Mail im mbox-Format beginnt mit »From«, weshalb dies als Trennzeichen für die einzelnen Dateien dienen kann. Weil Sie wahrscheinlich nicht genau wissen, wie viele Mails in Ihrer Mailbox liegen, können Sie durch die Angabe einer relativ hohen Zahl zusammen mit der Option `-k` erreichen, dass alle Mails getrennt und nach einem eventuell vorzeitigen Scheitern die bereits erzeugten Dateien nicht wieder gelöscht werden.

C.1.11 cut – Zeichen oder Felder aus Dateien herausschneiden

Mit `cut` schneiden Sie bestimmte Teile aus einer Datei heraus. Dabei liest `cut` aus der angegebenen Datei und gibt die Teile auf dem Bildschirm aus, die Sie als gewählte Option und per Wahl des Bereichs verwendet haben. Ein *Bereich* ist hier eine Liste, in der die Einträge durch Kommas getrennt werden. Diese Zahlenbereiche werden in der Form »a–z« angegeben. Wird a oder z weggelassen, so wird hierzu der Anfang bzw. das Ende einer Zeile verwendet.

C.1.12 diff – Vergleichen zweier Dateien

`diff` vergleicht den Inhalt von zwei Dateien. Da `diff` Dateien zeilenweise vergleicht, sind keine binären Dateien erlaubt. Ein Beispiel wäre:

```
you@host > diff file1.txt file2.txt
2a3
> neue Zeile
```

Hier werden die Dateien *file1.txt* und *file2.txt* miteinander verglichen. Die Ausgabe »2a3« besagt lediglich, dass Sie in der Datei *file1.txt* zwischen der Zeile 2 und 3 die Zeile »neue Zeile« einfügen müssten (a = *append*), damit die Datei exakt mit der Datei *file2.txt* übereinstimmt. Ein weiteres Beispiel wäre:

```
you@host > diff file1.txt file2.txt
2c2
< zeile2
---
> zeile2 wurde verändert
```

Hier erhalten Sie mit »2c2« die Meldung, dass die zweite Zeile unterschiedlich ist (c = *change*). Die darauffolgende Ausgabe zeigt auch den Unterschied dieser Zeile an. Eine sich öffnende spitze Klammer (<) zeigt *file1.txt*, und die sich schließende spitze Klammer bezieht sich auf *file2.txt*. Eine dritte Möglichkeit, die Ihnen `diff` meldet, wäre:

```
you@host > diff file1.txt file2.txt
2d1
< zeile2
```

Hier informiert Sie `diff`, dass die zweite Zeile in *file2.txt* fehlt (d = *delete*) bzw. gelöscht wurde. Daraufhin wird die entsprechende Zeile auch mit ausgegeben. Natürlich beschränkt sich die Verwendung von `diff` nicht ausschließlich auf Dateien. Mit der Option `-r` können Sie ganze Verzeichnisse miteinander vergleichen, z. B. so:

```
diff -r dir1 dir2
```

C.1.13 diff3 – Vergleich von drei Dateien

Die Funktion `diff3` entspricht etwa der von `diff`, nur dass Sie hierbei drei Dateien Zeile für Zeile miteinander vergleichen können. Tabelle C.4 erläutert die Ausgabe von `diff3`:

```
diff file1 file2 file3
```

Ausgabe	Bedeutung
`====`	Alle drei Dateien sind unterschiedlich.
`====1`	`file1` ist unterschiedlich.
`====2`	`file2` ist unterschiedlich.
`====3`	`file3` ist unterschiedlich.

Tabelle C.4 Bedeutung der Ausgabe von diff3

C.1.14 dos2unix – Dateien vom DOS- ins UNIX-Format umwandeln

Mit dos2unix wandeln Sie Textdateien vom DOS- in das UNIX-Format um. Alternativ gibt es außerdem den Befehl mac2unix, mit dem Sie Textdateien vom Mac- in das UNIX-Format konvertieren:

```
you@host > dos2unix file1.txt file2.txt
dos2unix: converting file file1.txt to UNIX format ...
dos2unix: converting file file2.txt to UNIX format ...
```

C.1.15 expand – Tabulatoren in Leerzeichen umwandeln

expand ersetzt alle Tabulatoren einer Datei durch eine Folge von Leerzeichen. Standardmäßig sind dies acht Leerzeichen, allerdings kann dieser Wert explizit mit einem Schalter verändert werden. Wollen Sie z. B., dass alle Tabulatorzeichen durch nur drei Leerzeichen ersetzt werden, erreichen Sie dies folgendermaßen:

```
you@host > expand -3 file
```

Allerdings erlaubt expand nicht das vollständige Entfernen von Tabulatorenzeichen – sprich, ein Schalter mit -0 gibt eine Fehlermeldung zurück. Hierfür können Sie alternativ z. B. das Kommando tr verwenden.

C.1.16 file – den Inhalt von Dateien analysieren

Das Kommando file versucht, die Art oder den Typ einer von Ihnen angegebenen Datei zu ermitteln. Hierzu führt file einen Dateisystemtest, einen Kennzahlentest und einen Sprachtest durch. Je nach Erfolg erfolgt eine entsprechende Ausgabe des Tests. Der Dateisystemtest wird mithilfe des Systemaufrufes stat(2) ausgeführt. Dieser Aufruf erkennt viele Arten von Dateien. Der Kennzahlentest wird anhand von festgelegten Kennzahlen (der Datei */etc/magic* oder */etc/usr/share/magic*) durchgeführt. In dieser Datei wird beispielsweise eingetragen, welche Bytes einer Datei zu untersuchen sind und auf welches Muster man dann den Inhalt dieser Datei zurückführen kann. Beim abschließenden Sprachtest versucht file, eine Programmiersprache anhand von Schlüsselwörtern zu erkennen. Ein Beispiel wäre:

```
you@host > cat > hallo.c
#include <stdio.h>

int main(void) {
   printf("Hallo Welt\n");
   return 0;
}
[Strg]+[D]
you@host > file hallo.c
```

```
hallo.c: ASCII C program text
you@host > gcc -o hallo hallo.c
you@host > ./hallo
Hallo Welt
you@host > file hallo
hallo: ELF 32-bit LSB executable, Intel 80386, version 1 (SYSV), for GNU/
Linux 2.6.8, dynamically linked (uses shared libs), not stripped
you@host > file file1.txt
file1.txt: ASCII text
you@host > mkfifo abc

you@host > file abc
abc: fifo (named pipe)
...
```

C.1.17 find – Suchen nach Dateien

Zum Suchen von Dateien wird häufig auf das Kommando `find` zurückgegriffen. `find` durchsucht eine oder mehrere Verzeichnisebenen nach Dateien mit einer bestimmten vorgegebenen Eigenschaft. Die Syntax zu `find`:

```
find [Verzeichnis] [-Option ...] [-Test ...] [-Aktion ...]
```

Die Optionen, Tests und Aktionen können Sie mit Operatoren zusammenfassen. Dabei wertet `find` jede Datei in den Verzeichnissen hinsichtlich der Optionen, Tests und Aktionen von links nach rechts aus, bis ein Wert unwahr ist oder die Kommandozeilenargumente zu Ende sind. Wenn kein Verzeichnis angegeben wird, wird das aktuelle Verzeichnis verwendet – allerdings gilt dies nur bei GNU-`find`. Von daher sollten Sie aus Kompatibilitätsgründen möglichst das Verzeichnis angeben. Wenn keine Aktion angegeben ist, wird meistens `-print` (abhängig von einer eventuell angegebenen Option) für die Ausgabe auf dem Bildschirm verwendet. Hierzu einige Beispiele:

- Alle Verzeichnisse und Unterverzeichnisse ab dem Heimverzeichnis ausgeben:

  ```
  find $HOME -print
  ```

- Gibt alle Dateien mit dem Namen *kapitel* aus dem Verzeichnis (und dessen Unterverzeichnissen) */dokus* aus:

  ```
  find /dokus -name kapitel -print
  ```

- Gibt alle Dateien aus dem Verzeichnis (und dessen Unterverzeichnissen) *dokus* mit dem Namen *kap...*, bei denen `you` der Eigentümer ist, aus:

  ```
  find /dokus /usr -name 'kap*' -user you -print
  ```

- Damit suchen Sie, ausgehend vom Wurzelverzeichnis, nach einem Verzeichnis (`-type d` = *directory*) mit dem Namen *dok*... und geben dieses auf dem Bildschirm aus:

```
find / -type d -name 'dok*' -print
```

- Sucht leere Dateien (`size = 0`) und löscht sie nach einer Rückfrage (`-ok`):

```
find / -size 0 -ok rm {} \;
```

- Gibt alle Dateien ab dem Wurzelverzeichnis aus, die in den letzten sieben Tagen verändert wurden:

```
find / -mtime -7 -print
```

C.1.18 fold – einfaches Formatieren von Dateien

Mit `fold` können Sie Textdateien ab einer bestimmten Zeilenlänge umbrechen. Standardmäßig sind 80 Zeichen pro Zeile eingestellt. Da `fold` die Bildschirmspalten und nicht die Zeichen zählt, werden auch Tabulatorzeichen korrekt behandelt. Wollen Sie etwa eine Textdatei nach 50 Zeichen umbrechen, gehen Sie folgendermaßen vor:

```
you@host > fold -50 Kap003.txt
...
Sicherlich erscheint Ihnen das Ganze nicht sonderl
ich elegant oder sinnvoll, aber bspw. in Schleifen
 eingesetzt, können Sie hierbei hervorragend alle A
rgumente der Kommandozeile zur Verarbeitung von Op
tionen heranziehen. Als Beispiel ein kurzer theoreti
scher Codeausschnitt, wie so etwas in der Praxis
realisiert werden kann.
```

Allerdings erkennen Sie an der Ausgabe, dass einfach die Wörter abgeschnitten und in der nächsten Zeile fortgeführt werden. Wollen Sie dies unterbinden, verwenden Sie die Option `-s`. Damit findet der Zeilenumbruch beim letzten Leerzeichen der Zeile statt, wenn in der Zeile ein Leerzeichen vorhanden ist.

```
you@host > fold -s -50 Kap003.txt
...
Sicherlich erscheint Ihnen das Ganze nicht
sonderlich elegant oder sinnvoll, aber bspw. in
Schleifen eingesetzt, können Sie hierbei
hervorragend alle Argumente der Kommandozeile zur
Verarbeitung von Optionen heranziehen. Als Beispiel
ein kurzer theoretischer Codeausschnitt, wie so
etwas in der Praxis realisiert werden kann.
```

Ein recht typischer Anwendungsfall ist es, Text für eine E-Mail zu formatieren:

```
you@host > fold -s -72 text.txt | mail -s "Betreff" name@host.de
```

C.1.19 head – Anfang einer Datei ausgeben

Mit der Funktion head geben Sie die ersten Zeilen einer Datei auf dem Bildschirm aus, standardmäßig die ersten zehn Zeilen. Wollen Sie selbst bestimmen, wie viele Zeilen vom Anfang der Datei ausgegeben werden sollen, können Sie dies explizit mit -n angeben, z. B. so:

```
you@host > head -5 file
```

Hier werden die ersten fünf Zeilen von file auf dem Bildschirm ausgegeben.

C.1.20 less – Dateien seitenweise ausgeben

Mit less geben Sie eine Datei seitenweise auf dem Bildschirm aus. Der Vorteil von less gegenüber more ist, dass Sie mit less auch zurückblättern können. Da less von der Standardeingabe liest, ist so auch eine Umleitung eines anderen Kommandos mit einer Pipe möglich. Mit der Leertaste blättern Sie eine Seite weiter, und mit [B] blättern Sie jeweils eine Seite zurück. Die meisten less-Versionen bieten außerdem das Scrollen nach unten bzw. oben mit den Pfeiltasten an. Mit [Q] wird less beendet. less bietet außerdem eine Unmenge von Optionen und weiterer Features an, über die Sie sich durch Drücken von [H] informieren können.

C.1.21 ln – Links auf eine Datei erzeugen

Wenn eine Datei erzeugt wird, werden im entsprechenden Verzeichnis der Name, ein Verweis auf ein Inode, die Zugriffsrechte, der Dateityp und gegebenenfalls die Anzahl der belegten Blöcke eingetragen. Mit ln wiederum wird ein neuer Eintrag im entsprechenden Verzeichnis abgelegt, der auf den Inode einer bereits existierenden Datei zeigt. Man spricht dabei von einem *Hardlink*. Er wird standardmäßig ohne weitere Angaben angelegt. Es ist allerdings nicht möglich, Hardlinks über Dateisystemgrenzen hinweg anzulegen. Hierzu müssen Sie einen *symbolischen Link* mit der Option -s erzeugen.

```
ln -s filea fileb
```

Damit haben Sie einen symbolischen Link auf die bestehende Datei *filea* mit dem Namen *fileb* angelegt.

Wollen Sie hingegen einen Hardlink auf die bestehende Datei *filea* mit dem Namen *fileb* anlegen, so gehen Sie wie folgt vor:

```
ln filea fileb
```

C.1.22 ls – Verzeichnisinhalt auflisten

Mit `ls` wird der Inhalt eines Verzeichnisses auf dem Dateisystem angezeigt. Da `ls` schon des Öfteren in diesem Buch verwendet wurde, gehen wir hier nicht mehr näher darauf ein.

C.1.23 more – Dateien seitenweise ausgeben

`more` wird genauso eingesetzt wie `less`, und zwar zum seitenweisen Lesen von Dateien. Allerdings bietet `less` gegenüber `more` erheblich mehr Features und Funktionalitäten an.

C.1.24 mv – Datei(en) und Verzeichnisse verschieben oder umbenennen

Mit `mv` können Sie eine oder mehrere Dateien bzw. Verzeichnisse verschieben oder umbenennen.

Verwendung	Bedeutung
`mv file filenew`	eine Datei umbenennen
`mv file dir`	eine Datei in ein Verzeichnis verschieben
`mv dir dirnew`	ein Verzeichnis in ein anderes Verzeichnis verschieben

Tabelle C.5 Anwendungen von mv

C.1.25 nl – Datei mit Zeilennummer ausgeben

Mit `nl` geben Sie die Zeilen einer Datei mit ihrer Nummer auf dem Bildschirm aus. Dabei ist `nl` nicht nur ein schlichter Zeilenzähler, sondern kann die Zeilen einer Seite auch in einen Header, Body und einen Footer unterteilen und in unterschiedlichen Stilen nummerieren, zum Beispiel so:

```
you@host > ls | nl -w3 -s') '
  1) abc
  2) bin
  3) cxoffice
  4) Desktop
  5) Documents
  6) file1.txt
 ...
```

Wenn Sie mehrere Dateien verwenden, beginnt die Nummerierung allerdings nicht neu – dann werden mehrere Dateien wie eine behandelt. Die Zeilennummer wird nicht zurückgesetzt. Ein weiteres Beispiel ist:

```
you@host > nl hallo.c -s' : ' > hallo_line
you@host > cat hallo_line
     1 : #include <stdio.h>

     2 : int main(void) {
     3 :    printf("Hallo Welt\n");
     4 :    return 0;
     5 : }
```

Mit der Option -s (optional) geben Sie das Zeichen an, das zwischen der Zeilennummer und der eigentlichen Zeile stehen soll.

C.1.26 od – Datei(en) hexadezimal oder oktal ausgeben

od liest eine Datei von der Standardeingabe ein und gibt sie – Byte für Byte – entsprechend formatiert auf dem Bildschirm aus. Standardmäßig werden sechsstellige Oktalzahlen in je acht Spalten zu zwei Bytes verwendet, wobei aber nicht jede Spalte mit einer Zahl versehen sein muss. Die Ausgabe könnte z. B. so aussehen:

```
you@host > od file1.txt
0000000 064546 062554 035061 062572 066151 030545 063012 066151
0000020 030545 075072 064545 062554 005062 064546 062554 035062
0000040 062572 066151 031545 000012
0000047
```

Jede Zeile enthält in der ersten Spalte die Positionsnummer in Bytes vom Dateianfang an. Mit der Option -h erfolgt die Ausgabe in hexadezimaler und mit -c in ASCII-Form.

C.1.27 paste – Dateien spaltenweise verknüpfen

Mit paste führen Sie Zeilen von mehreren Dateien zusammen.

C.1.28 pcat – Ausgabe von pack-komprimierten Dateien

Mit pcat kann der Inhalt von pack-komprimierten Dateien ausgegeben werden, ohne dass die komprimierte Datei extra dekomprimiert werden muss. Ansonsten funktioniert pcat wie cat.

C.1.29 rm – Dateien und Verzeichnisse löschen

Mit dem Kommando rm löschen Sie Dateien und Verzeichnisse.

Verwendung	Bedeutung
rm datei	Löscht eine Datei.
rm dir	Löscht ein leeres Verzeichnis.
rm -r dir	Löscht ein Verzeichnis rekursiv.
rm -rf dir	Erzwingt rekursives Löschen, ohne eine Warnung auszugeben.

Tabelle C.6 Anwendungen von rm

C.1.30 sort – Dateien sortieren

Gewöhnlich wird sort zum Sortieren einzelner Zeilen einer Datei oder Daten von der Standardeingabe verwendet. sort kann aber auch Dateien daraufhin überprüfen, ob sie sortiert sind, und auch mehrere sortierte oder auch unsortierte Dateien zu einer sortierten zusammenfügen. Ohne Angabe einer Option sortiert sort eine Datei zeilenweise in alphabetischer Reihenfolge:

```
you@host > sort kommandos.txt
a2ps - Textdatei umwandeln in PostScript
accept - Druckerwarteschlange auf empfangsbereit setzen
afio - ein cpio mit zusätzlicher Komprimierung
alias - Kurznamen für Kommandos vergeben
...
you@host > ls | sort
abc
bin
cxoffice
Desktop
Documents
...
```

Tabelle C.7 listet häufig verwendete Optionen zum Sortieren, die mit sort benutzt werden:

Option	Bedeutung
-n	Sortiert eine Datei nummerisch.
-f	Unterscheidet nicht zwischen Klein- und Großbuchstaben.
-r	Sortiert nach Alphabet in umgekehrter Reihenfolge.
-n -r	Sortiert nummerisch in umgekehrter Reihenfolge.

Tabelle C.7 Optionen für das Kommando sort

Option	Bedeutung
-c	Überprüft, ob die Dateien bereits sortiert sind. Wenn nicht, wird mit einer Fehlermeldung und dem Rückgabewert 1 abgebrochen.
-u	Gibt keine doppelt vorkommenden Zeilen aus.

Tabelle C.7 Optionen für das Kommando sort (Forts.)

Alternativ gibt es das Kommando `tsort`, das Dateien topologisch sortiert.

C.1.31 split – Dateien in mehrere Teile zerlegen

Mit `split` teilen Sie eine Datei in mehrere Teile auf. Ohne Angabe einer Option wird eine Datei in je 1.000 Zeilen aufgeteilt. Die Ausgabe erfolgt in Dateien mit dem Namen *x...* oder einem entsprechenden Präfix, wenn eines z. B. auf die folgende Weise angegeben wurde:

```
you@host > split -50 kommandos.txt
you@host > ls x*
xaa  xab  xac  xad  xae
```

Die Datei können Sie folgendermaßen wieder zusammensetzen:

```
for file in `ls x* | sort`; do cat $file >> new.txt; done
```

Hier wurde die Textdatei *kommandos.txt* in je 50-zeilige Häppchen aufgeteilt. Wollen Sie den Namen der neu erzeugten Datei verändern, gehen Sie wie folgt vor:

```
you@host > split -50 kommandos.txt kommandos
you@host > ls komm*
kommandosaa  kommandosab  kommandosac
kommandosad  kommandosae  kommandos.txt
```

Das Kommando `split` wird häufig eingesetzt, um große Dateien zu splitten, die nicht auf ein einzelnes Speichermedium passen.

C.1.32 tac – Dateien rückwärts ausgeben

Vereinfacht ausgedrückt funktioniert `tac` wie `cat`, nur dass `tac` die einzelnen Zeilen rückwärts ausgibt (daher auch der rückwärts geschriebene Kommandoname). Es wird somit zuerst die letzte Zeile ausgegeben, dann die vorletzte usw. bis zur ersten Zeile. Ein Beispiel wäre:

```
you@host > cat file1.txt
file1:zeile1
file1:zeile2
```

```
file2:zeile3
you@host > tac file1.txt
file2:zeile3
file1:zeile2
file1:zeile1
```

C.1.33 tail – Ende einer Datei ausgeben

tail gibt die letzten Zeilen (standardmäßig, ohne spezielle Angabe die letzten zehn) einer Datei aus. Ein Beispiel wäre:

```
you@host > tail -5 kommandos.txt
write - Nachrichten an andere Benutzer verschicken
zcat - Ausgabe von gunzip-komprimierten Dateien
zip/unzip - (De-)Komprimieren von Dateien
zless - gunzip-komprimierte Dateien seitenweise ausgeben
zmore - gunzip-komprimierte Dateien seitenweise ausgeben
```

Hier gibt tail die letzten fünf Zeilen der Datei *kommandos.txt* aus. Wollen Sie eine Datei ab einer bestimmten Zeile ausgeben lassen, gehen Sie wie folgt vor:

```
you@host > tail +100 kommandos.txt
```

Hier werden alle Zeilen ab Zeile 100 ausgegeben. Wollen Sie tail wie tac verwenden, nutzen Sie die Option -r wie folgt:

```
you@host > tail -r kommandos.txt
```

Hiermit wird die komplette Datei zeilenweise rückwärts, von der letzten zur ersten Zeile ausgegeben. Häufig verwendet wird auch die Option -f (follow), die immer wieder das Dateiende ausgibt. Dadurch kann man einer Datei beim Wachsen zusehen, da jede neu hinzugekommene Zeile angezeigt wird. Natürlich lässt sich diese Option nur auf eine einzige Datei anwenden.

C.1.34 tee – Ausgaben duplizieren

Mit tee lesen Sie Zeichen von der Standardeingabe ein und leiten die Ausgabe auf die Standardausgabe und/oder in eine Datei um.

C.1.35 touch – Anlegen von Dateien oder Verändern von Zeitstempeln

Mit touch verändern Sie die Zugriffs- und Änderungszeit einer Datei auf die aktuelle Systemzeit. Existiert eine Datei nicht, wird sie vorher angelegt. In Tabelle C.8 finden Sie einige gängige Optionen zum Kommando touch:

Option	Bedeutung
-a	Damit ändern Sie nur die Zugriffszeit.
-c	Falls eine Datei nicht existiert, wird sie trotzdem nicht erzeugt.
-m	Ändert nur die Änderungszeit.

Tabelle C.8 Optionen für das Kommando touch

C.1.36 tr – Zeichen ersetzen und Umformen von Dateien

Mit tr werden bestimmte Zeichen durch andere Zeichen ersetzt. Dies gilt auch für nicht druckbare Zeichen. Ein Beispiel wäre:

```
tr str1 str2 file
```

Wird hier in der Datei file ein Zeichen aus str1 gefunden, wird es durch das entsprechende Zeichen in str2 ersetzt.

C.1.37 type – Kommandos klassifizieren

Mit type können Sie klassifizieren, wie die Shell den angegebenen Namen interpretieren würde, wenn Sie ihn in der Kommandozeile verwenden. type unterscheidet zwischen einem Alias, einem Built-in (Shell-Funktion), einer Datei und einer Skriptfunktion. Kann type nichts mit dem Namen anfangen, wird auch nichts ausgegeben. Ein Beispiel wäre:

```
you@host > type ls echo ./hallo
ls is aliased to `/bin/ls $LS_OPTIONS'
echo is a shell builtin
./hallo is ./hallo
```

[»]

Hinweis

type selbst ist ein Built-in und daher nicht in jeder Shell verfügbar.

C.1.38 umask – Dateierstellungsmaske ändern oder ausgeben

Mit der Shell-Funktion umask setzen Sie eine Maske, mit der die Zugriffsrechte auf eine Datei bzw. auf ein oder mehrere Verzeichnisse direkt nach der Erzeugung durch einen von der Shell kontrollierten Prozess bestimmt werden. Die in der Maske gesetzten Bits werden bei den Zugriffsrechten für die neue Datei bzw. das Verzeichnis gelöscht. Mehr zu diesem Kommando entnehmen Sie bitte dem Abschnitt »Einschränkungsmaske setzen und abfragen mit umask()« in Abschnitt 2.3.1.

C.1.39 uniq – doppelte Zeilen nur einmal ausgeben

Mit `uniq` löschen Sie doppelt vorhandene Zeilen. Voraussetzung ist allerdings, dass die Datei sortiert ist und die doppelten Zeilen direkt hintereinander folgen. Ein Beispiel wäre:

```
you@host > cat file1.txt
file1:zeile1
file1:zeile2
file1:zeile2
file2:zeile3
you@host > uniq file1.txt
file1:zeile1
file1:zeile2
file2:zeile3
```

C.1.40 unix2dos – Dateien vom UNIX- ins DOS-Format umwandeln

Das Gegenstück von `dos2unix`. Damit wandeln Sie eine Textdatei vom UNIX-Format in das DOS-Format um, z. B. so:

```
unix2dos fileunix filedos
```

C.1.41 wc – Zeilen, Wörter und Zeichen einer Datei zählen

Mit `wc` können Sie die Zeichen, Wörter und/oder Zeilen einer Datei zählen. Ohne spezielle Optionen wird eine Zeile mit den folgenden Informationen ausgegeben:

```
you@host > wc file1.txt
 4  4 52 file1.txt
```

Die erste Spalte enthält die Anzahl der Zeilen, gefolgt von der Anzahl der Wörter und am Ende die Anzahl der Zeichen. Einzeln können Sie dies mit der Option `-l` (*lines* = Zeilen), `-w` (*words* = Wörter) und `-c` (*characters* = Zeichen) ermitteln.

C.1.42 whereis – Suche nach Dateien

Mit dem Kommando `whereis` wird vorwiegend in wichtigen Pfaden (meistens alle Einträge in `PATH`) nach Binärdateien oder `man`-Dateien gesucht. `whereis` ist nicht so flexibel wie `find`, aber dafür erheblich schneller. Ein Beispiel für die Verwendung ist das folgende:

```
you@host > whereis ls
/bin/ls /usr/share/man/man1/ls.1.gz /usr/share/man/man1p/ls.1p.gz
you@host > whereis -b ls
```

```
/bin/ls
you@host > whereis -m ls
/usr/share/man/man1/ls.1.gz /usr/share/man/man1p/ls.1p.gz
```

Zuerst wird hier der Pfad zum Programm `ls` ermittelt. Allerdings werden auch gleich die Pfade zu den `man`-Seiten mit ausgegeben. Wollen Sie nur den Pfad zum Binärprogramm *ls* erhalten, müssen Sie die Option `-b` verwenden. Wünschen Sie nur den Pfad zu den `man`-Seiten, so verwenden Sie die Option `-m`, wie im Beispiel gesehen.

C.1.43 zcat, zless, zmore – (seitenweise) Ausgabe von gunzip-komprimierten Dateien

Alle drei Funktionen haben dieselbe Funktionsweise wie Ihre Gegenstücke ohne »z«, nur dass hiermit `gzip`- bzw. `gunzip`-komprimierte Dateien gelesen und ausgegeben werden, ohne dass diese dekomprimiert werden müssen. Auf manchen Systemen gibt es mit `zgrep` auch noch eine entsprechende `grep`-Version.

C.2 Verzeichnisorientierte Kommandos

C.2.1 basename – gibt den Dateianteil eines Pfadnamens zurück

`basename` liefert den Dateinamen ohne den Pfadnamen zurück, indem dieser abgeschnitten wird. Geben Sie zusätzlich ein Suffix an, wird auch die entsprechende Dateiendung abgeschnitten.

C.2.2 cd – das Verzeichnis wechseln

Das Shell-Kommando `cd` wird zum Wechseln des aktuellen Verzeichnisses verwendet. Wird kein Verzeichnis angegeben, wird in das Heimverzeichnis gewechselt.

C.2.3 dircmp – Verzeichnisse rekursiv vergleichen

Mit dem Kommando `dircmp` vergleichen Sie zwei Verzeichnisse mit allen ihren Dateien und Unterverzeichnissen auf Gleichheit:

```
dircmp dir1 dir2
```

Auf der ersten Seite gibt `dircmp` die Dateinamen aus, die nur in einem der Verzeichnisse vorkommen. Auf der zweiten Seite werden die Dateinamen aufgelistet, die zwar in beiden Verzeichnissen vorhanden sind, aber unterschiedliche Inhalte aufweisen. Auf der dritten Seite werden alle Dateien mit dem gleichen Inhalt aufgelistet. Die Namen der identischen Dateien können Sie mit der Option `-s` unterdrücken.

C.2.4 dirname – Verzeichnisanteil eines Pfadnamens zurückgeben

`dirname` ist das Gegenstück zu `basename` und gibt den Verzeichnisteil zurück. Es wird also der Dateiname von der absoluten Pfadangabe abgeschnitten.

C.2.5 mkdir – ein Verzeichnis anlegen

Mit `mkdir` legen Sie ein leeres Verzeichnis an. Wollen Sie gleich beim Anlegen die Zugriffsrechte erteilen, nutzen Sie die Option `-m`:

```
you@host > mkdir -m 600 mydir
```

Wollen Sie ein neues Verzeichnis mitsamt Elternverzeichnissen anlegen, verwenden Sie die Option `-p`:

```
you@host > mkdir doku/neu/buch
mkdir: kann Verzeichnis doku/neu/buch nicht anlegen:
       Datei oder Verzeichnis nicht gefunden
you@host > mkdir -p doku/neu/buch
```

C.2.6 pwd – Ausgeben des aktuellen Arbeitsverzeichnisses

Mit `pwd` lassen Sie das aktuelle Arbeitsverzeichnis ausgeben, in dem Sie sich gerade befinden.

C.2.7 rmdir – ein leeres Verzeichnis löschen

Mit der Funktion `rmdir` können Sie ein leeres Verzeichnis löschen. Nicht leere Verzeichnisse können Sie mit `rm -r` rekursiv löschen. Etwas, was `rm -r` allerdings nicht kann, ist, Verzeichnisse zu löschen, für die kein Ausführrecht vorhanden ist. Irgendwie ist dies auch logisch, weil ja `rm` mit der Option `-r` im Verzeichnis enthalten sein muss. `rmdir` hingegen verrichtet in dem folgenden Fall seine Arbeit klaglos:

```
you@host > mkdir -m 600 mydir
you@host > rm -r mydir
rm: kann nicht aus Verzeichnis . in mydir wechseln:
    Keine Berechtigung
you@host > rmdir mydir
```

C.3 Verwaltung von Benutzern und Gruppen

C.3.1 exit, logout – eine Session (Sitzung) beenden

Mit beiden Befehlen beenden Sie eine Shell-Sitzung (eine Textkonsole bzw. ein Shell-Fenster). Das Gleiche erreichen Sie mit [Strg]+[D].

C.3.2 finger – Informationen zu anderen Benutzern abfragen

Mit finger fragen Sie detaillierte Informationen zu momentan angemeldeten Benutzern ab (ähnlich wie mit who, nur dass die Terminals nicht einzeln aufgelistet werden). Eine mögliche Ausgabe von finger ist die folgende:

```
you@host > finger
Login      Name               Tty      Idle  Login Time   Where
john       Jonathan Wolf      3           2   Thu 02:31
pinguin    R.Krooß            :0        14d   Wed 22:30   console
you        Dr.No              2           2   Thu 02:31
```

Ohne Optionen gibt finger zu allen aktiven Benutzern eine Informationszeile aus. Geben Sie einen Benutzernamen an, bekommen Sie eine detailliertere Auskunft (im Langformat):

```
you@host > finger you
Login: you                            Name:
Directory: /home/you                  Shell: /bin/bash
On since Thu Aug 03 12:31 (CEST) on tty2, idle 0:04
Mail last read Fri Jul 28 14:21 2023 (CET)
No Plan.
```

Natürlich können Sie auch zu allen anderen aktiven Benutzern dieses Langformat mit der Option -l ausgeben lassen. Wollen Sie einen Benutzer auf einem entfernten System suchen, müssen Sie »benutzername@hostname« für den Benutzer angeben.

C.3.3 groupadd, groupmod, groupdel – Gruppenverwaltung (distributionsabhängig)

Eine neue Gruppe legen Sie wie folgt mit groupadd an:

```
groupadd [-g GID] gruppenname
```

Die ID einer Gruppe (GID) verändern Sie wie folgt mit groupmod:

```
groupmod [-g neueGID] gruppenname
```

Eine Gruppe wieder löschen können Sie wie folgt mit groupdel:

```
groupdel gruppenname
```

C.3.4 groups – Gruppenzugehörigkeit ausgeben

Um alle Gruppen eines Benutzers zu ermitteln, verwenden Sie groups. Führen Sie groups ohne Angabe eines bestimmten Benutzers aus, werden alle Gruppen des aktuellen Benutzers ausgegeben.

C.3.5 id – eigene Benutzer- und Gruppen-ID ermitteln

Mit `id` ermitteln Sie die User- und Gruppen-ID eines Benutzers. Geben Sie keinen bestimmten Benutzer an, so wird die `UID` und `GID` des aktuellen Benutzers ermittelt und ausgegeben.

C.3.6 last – An- und Abmeldezeit eines Benutzers ermitteln

Einen Überblick über die letzten An- und Abmeldezeiten von Benutzern erhalten Sie mit `last`:

```
you@host > last
john     tty3                        Thu Apr 21 02:31   still logged in
you      tty2                        Thu Apr 21 02:31   still logged in
pinguin  :0    console               Wed Apr 20 22:30   still logged in
reboot   system boot  4.8.18-52-default Wed Apr 20 22:30  (04:42)
pinguin  :0    console               Wed Apr 20 06:40 - 07:42  (01:02)
reboot   system boot  4.8.18-52-default Wed Apr 20 06:39  (01:03)
```

Wollen Sie nur die Login-Zeiten eines einzelnen Users ermitteln, so müssen Sie diesen als Argument angeben.

C.3.7 logname – Name des aktuellen Benutzers anzeigen

Mit `logname` erhalten Sie den Benutzernamen, der von `getty` in der Datei */var/run/utmp* gespeichert wird. Hierzu müssen Sie allerdings auch in einem echten Terminal mit `getty` angemeldet sein. In einem Konsolenfenster wie `xterm` werden Sie keinen Namen erhalten.

C.3.8 newgrp – Gruppenzugehörigkeit kurzzeitig wechseln (betriebssystemspezifisch)

Mit `newgrp` kann ein Benutzer während einer Sitzung in eine andere Gruppe wechseln (in der er ebenfalls Mitglied ist). Wird keine Gruppe als Argument verwendet, wird in eine Standardgruppe von */etc/passwd* gewechselt. Als Argument wird der Gruppenname – so wie er in */etc/group* eingetragen ist – erwartet, nicht die Gruppen-ID.

C.3.9 passwd – Passwort ändern oder vergeben

Mit dem Kommando `passwd` können Sie die Passwörter aller Benutzer in der Datei */etc/passwd* ändern. Damit hierbei wenigstens der Benutzer selbst (nicht *root*) die Möglichkeit hat, sein eigenes Passwort zu ändern, läuft `passwd` als `SUID` *root*. Damit hat der Anwender für kurze Zeit *root*-Rechte und kann somit sein Passwort ändern und darf in die Datei schreiben. Alle Passwörter darf nur *root* verändern.

```
linux:/home/you # passwd john
Changing password for john.
New password:********
Re-enter new password:********
Password changed
```

Wenn Sie der allmächtige *root* auf dem Rechner sind, haben Sie die in Tabelle C.9 genannten Optionen, einen Benutzer mit den Passworteinstellungen zu verwalten:

Verwendung	Bedeutung
passwd -l benutzername	den Benutzer sperren (-l = *lock*)
passwd -f benutzername	den Benutzer dazu zwingen, beim nächsten Anmelden das Passwort zu verändern
passwd -d benutzername	Passwort eines Benutzers löschen (danach kann sich ein Benutzer ohne Passwort anmelden; bspw. für eingeschränkte Test-Accounts geeignet)

Tabelle C.9 Optionen für das Kommando passwd

[»]

Hinweis

Die letzten Erläuterungen gelten zumindest für Linux. Unter FreeBSD bedeutet der Schalter -l z. B., dass das Passwort in der lokalen Passwortdatei geändert wird, in der Kerberos-Datenbank aber erhalten bleibt. Somit scheinen die Optionen von passwd betriebssystem- bzw. distributionsspezifisch zu sein. Ein Blick in die Manpage sollte für Klarheit sorgen.

C.3.10 useradd/adduser, usermod, userdel – Benutzerverwaltung (distributionsabhängig)

Einen neuen Benutzer können Sie mit useradd bzw. adduser wie folgt anlegen:

```
# useradd testuser
 # passwd testuser
Changing password for testuser.
New password:********
Re-enter new password:********
Password changed
```

Die Eigenschaften eines Users können Sie mit usermod wie folgt modifizieren:

```
# usermod -u 1235 -c "Test User" \
> -s /bin/bash -d /home/testdir testuser
```

Hier haben Sie z. B. einem User die ID 1235, den Kommentar bzw. Namen »Test User«, die Bash als Shell und als Home-Verzeichnis */home/testdir* zugewiesen. Hierzu gibt es noch eine Menge Optionen mehr, die Sie mit `usermod` einstellen können (siehe auch Manpage zu `usermod`).

Wollen Sie einen Benutzer wieder entfernen, erreichen Sie dies wie folgt mit `userdel`:

```
# userdel testuser
```

Beim Löschen wird eventuell noch überprüft, ob sich in *crontab* ein Eintrag für diesen User befindet. Dies ist sinnvoll, da der *cron*-Dämon sonst unnötig ins Leere laufen würde.

C.3.11 who – zurzeit eingeloggte Benutzer anzeigen

Mit dem Kommando `who` werden alle angemeldeten Benutzer mitsamt dem Namen, der Login-Zeit und dem Terminal ausgegeben.

```
you@host > who
you      tty2          Apr 21 22:41
john     tty3          Apr 21 22:42
pinguin  :0            Apr 21 22:38 (console)
```

C.3.12 whoami – den Namen des aktuellen Benutzers anzeigen

Mit `whoami` ermitteln Sie, unter welchem Namen Sie gerade arbeiten. Dies wird oft verwendet, um zu überprüfen, ob man als *root* oder als normaler User arbeitet, z. B. so:

```
you@host > su
Password:********
linux:/home/you # whoami
root
linux:/home/you # exit
exit
you@host > whoami
you
```

C.4 Programm- und Prozessverwaltung

C.4.1 at – Kommando zu einem bestimmten Zeitpunkt ausführen lassen

Mit dem Kommando `at` können Sie ein Kommando zum angegebenen Zeitpunkt ausführen lassen, auch wenn der Benutzer zu diesem Zeitpunkt nicht angemeldet ist. Beispielsweise lassen Sie mit

```
at 2130 -f myscript
```

das Skript *myscript* um 21:30 Uhr ausführen. Natürlich lassen sich mehrere solcher zeitgesteuerten Kommandos einrichten. Jeder dieser at-Aufrufe wird an die at-Queue (atq) angehängt. Natürlich funktioniert dies auch mit Datum, z. B. wie folgt:

```
at 2200 apr 21 -f myscript
```

So würde das Skript *myscript* am 2. April um 22 Uhr ausgeführt. Wollen Sie sich alle Aufträge der atq auflisten lassen, verwenden Sie die Option -l:

```
at -l
```

Wollen Sie den Status des Auftrags mit der Nummer 33 anzeigen lassen, geben Sie Folgendes ein:

```
at -l 33
```

Soll dieser Auftrag gelöscht werden, so nutzen Sie die Option -d:

```
at -d 33
```

C.4.2 batch – Kommando irgendwann später ausführen lassen

Mit batch lesen Sie Kommandos von der Kommandozeile ein, die zu einem späteren Zeitpunkt ausgeführt werden, sobald das System Zeit hat. Dies wird bei extrem belasteten Rechnern gern verwendet, wenn man das Kommando bzw. Skript zu einer Zeit ausführen lassen will, in der die Systemlast definitiv niedrig ist, und dies nicht nur zu vermuten ist. Die angegebenen Kommandos werden auch dann ausgeführt, wenn der Benutzer nicht angemeldet ist. Um batch auszuführen, muss auch hier der *at*-Dämon, der auch für das Kommando at verantwortlich ist, laufen:

```
you@host > batch
warning: commands will be executed using /bin/sh
at> ls -l
at> ./myscript
at> sleep 1
at> [Strg]+[D]
job 1 at 2009-02-20 23:30
```

Das Ende der Kommandozeileneingabe von batch müssen Sie mit [Strg]+[D] angeben.

C.4.3 bg – einen angehaltenen Prozess im Hintergrund fortsetzen

Mit dem Kommando bg setzen Sie einen (z. B. mit [Strg]+[Z]) angehaltenen Prozess im Hintergrund fort.

C.4.4 cron/crontab – Programme in bestimmten Zeitintervallen ausführen lassen

Mit *cron* können Sie beliebig viele Kommandos automatisch in bestimmten Zeitintervallen ausführen lassen. Einmal pro Minute sieht dieser Dämon in einem Terminkalender (*crontab*) nach und führt gegebenenfalls darin enthaltene Kommandos aus. *cron* haben wir bereits ausführlich in Abschnitt 7.13.3 behandelt.

C.4.5 fg – einen angehaltenen Prozess im Vordergrund fortsetzen

Mit dem Kommando `fg` setzen Sie einen (z. B. mit [Strg]+[Z]) angehaltenen Prozess im Vordergrund fort.

C.4.6 jobs – Anzeigen angehaltener bzw. im Hintergrund laufender Prozesse

Mit `jobs` bekommen Sie eine Liste mit den aktuellen Jobs zurückgegeben. Neben der Jobnummer stehen bei jedem Job der Kommandoname, der Status und eine Markierung. Die Markierung + steht für den aktuellen Job, - für den vorhergehenden Job.

C.4.7 kill – Signale an Prozesse mit einer Prozessnummer senden

Mit `kill` senden Sie einem Prozess durch Angabe der Prozessnummer ein Signal. Standardmäßig wird das Signal `SIGTERM` zum Beenden des Prozesses gesendet. Es lassen sich aber auch beliebige andere Signale senden. Das Signal wird dabei als Nummer oder als Name übermittelt. Einen Überblick zu den möglichen Signalnamen finden Sie mit der Option `-l`.

C.4.8 killall – Signale an Prozesse mit einem Prozessnamen senden

Der Name `killall` führt schnell in die Irre. Damit lassen sich nicht etwa alle Prozesse killen, die auf dem System laufen (dies wäre auch fatal), sondern `killall` stellt eher eine Erleichterung für `kill` dar. Anstatt wie mit `kill` einen Prozess mit der Prozessnummer zu beenden bzw. ein Signal zu senden, kann mit `killall` der Prozessname verwendet werden – was gerade bei unzählig vielen gleichzeitig laufenden Prozessen eine erhebliche Erleichterung darstellt, da man nicht erst mühsam nach der Prozessnummer (z. B. mit dem Kommando `ps`) suchen muss. Ansonsten lässt sich `killall` ähnlich wie `kill` verwenden, nur dass der Signalname ohne das vorangestellte `SIG` angegeben wird. Eine Liste aller Signale erhalten Sie auch hier mit der Option `-l`:

```
you@host > sleep 60 &
[1] 5286
you@host > killall sleep
[1]+  Beendet                 sleep 60
```

C.4.9 nice – Prozesse mit anderer Priorität ausführen lassen

Mit nice veranlassen Sie, dass ein Kommando mit einer niedrigeren Priorität ausgeführt wird:

```
nice [-n] kommando [argumente]
```

Für n können Sie dabei eine Ziffer angeben, die angibt, um wie viele Punkte die Priorität verändert werden soll. Der Standardwert, falls keine Angabe erfolgt, lautet 10 (-20 ist die höchste und 19 die niedrigste Zahl). Prioritäten höher als 0 darf aber nur *root* verwenden. Häufig wird man ein Kommando mit nice im Hintergrund starten wollen, z. B. so:

```
nice find / -name document -print > /home/tmp/find.txt &
```

Hier wird mit find nach der Datei document gesucht und die Ausgabe in die Datei find.txt geschrieben. Der Hintergrundprozess find wird dabei von nice mit einer niedrigen Priorität (10) gestartet. Das letzte Beispiel stellt eine gängige Verwendung von nice dar.

C.4.10 nohup – Prozesse beim Beenden einer Sitzung weiterlaufen lassen

Mit nohup schützen Sie Prozesse vor dem HANGUP-Signal. Dadurch ist es möglich, dass ein Prozess im Hintergrund weiterläuft, auch wenn sich ein Benutzer abmeldet. Ohne nohup würden sonst alle Prozesse einer Login-Shell des Anwenders durch das Signal SIGHUP beendet. Allerdings tritt dieses Verhalten nicht auf allen Systemen auf.

C.4.11 ps – Prozessinformationen anzeigen

[»]

Hinweis zu ps

ps ist eines dieser Kommandos, das vollkommen unterschiedliche Optionen auf den unterschiedlichen Betriebssystemen bietet. Die folgende Beschreibung bezieht sich daher ausschließlich auf Linux.

ps ist wohl (neben top) das wichtigste Kommando für Systemadministratoren, um an Informationen zu aktiven Prozessen zu gelangen. Rufen Sie ps ohne Argumente auf, werden Ihnen die im aktuellen Terminal gestarteten Prozesse aufgelistet. Zu jedem Prozess erhalten Sie die Prozessnummer (PID), den Terminalnamen (TTY), die verbrauchte Rechenzeit (TIME) und den Kommandonamen (command). Aber neben diesen Informationen lassen sich über zusätzliche Optionen noch viele weitere Informationen anzeigen. Häufig verwendet wird dabei der Schalter -e, mit dem Informationen zu allen Prozessen zu gewinnen sind (also nicht nur zum jeweiligen Terminal), und ebenso der Schalter -f, mit dem Sie noch vollständigere Informationen bekommen:

```
you@host > ps -ef
UID        PID  PPID  C STIME TTY         TIME CMD
root         1     0  0 Apr21 ?       00:00:04 init [5]
root         2     1  0 Apr21 ?       00:00:00 [ksoftirqd/0]
root         3     1  0 Apr21 ?       00:00:00 [events/0]
root        23     3  0 Apr21 ?       00:00:00 [kblockd/0]
...
postfix   5942  2758  0 00:17 ?       00:00:00 pickup -l -t fifo -u
you       6270     1  0 00:26 ?       00:00:00 /opt/kde3/bin/kdesud
you       7256  3188  0 01:50 pts/36 00:00:00 ps -ef
```

Mittlerweile enthält das Kommando ps unglaublich viele Optionen, die zum Teil systemabhängig sind, weshalb auf jeden Fall die Manpage von ps zur Rate gezogen werden sollte. Häufig sucht man in der Liste von Prozessen nach einem bestimmten. Diesen können Sie folgendermaßen herauspicken:

```
you@host > ps -ef | grep kamix
pinguin    3171      1  0 Apr21 ?        00:00:00 kamix
```

Damit noch nicht zufrieden, will man oft auch gleich die entsprechende Prozessnummer (PID) erhalten:

```
you@host > ps -ef | grep kamix | awk '{ print $2; exit }'
3171
```

Aber so umständlich muss dies nicht sein. Sie können hierzu auch pgrep (sofern vorhanden) verwenden.

C.4.12 pgrep – Prozesse über ihren Namen finden

Im vorigen Abschnitt haben wir pgrep kurz angesprochen. Sofern Sie die Prozessnummer eines Prozessnamens benötigen, können Sie pgrep wie folgt anwenden:

```
you@host > pgrep kamix
3171
```

pgrep liefert zu jedem Prozessnamen die Prozessnummer, sofern ein entsprechender Prozess gerade aktiv und in der Prozessliste vorhanden ist.

C.4.13 pstree – die Prozesshierarchie in Baumform ausgeben

Mit pstree können Sie die aktuelle Prozesshierarchie in Baumform ausgeben lassen. Ohne Angabe von Argumenten zeigt pstree alle Prozesse an, angefangen vom ersten Prozess init

(PID = 1). Geben Sie hingegen eine PID oder einen Login-Namen an, so werden nur die Prozesse des Benutzers oder der Prozessnummer hierarchisch angezeigt.

C.4.14 renice – die Priorität laufender Prozesse verändern

Mit dem Kommando renice können Sie im Gegensatz zu nice die Priorität von bereits laufenden Prozessen verändern. Ansonsten gilt auch hier das schon beim Kommando nice Gesagte.

[+]

Tipp für Linux

Komfortabler können Sie die Priorität laufender Prozesse mit dem Kommando top verändern. Ein Tastendruck [R] fragt Sie nach der Nummer und dem nice-Wert des Prozesses, dessen Priorität Sie verändern wollen.

C.4.15 sleep – Prozesse suspendieren (schlafen legen)

Mit sleep legen Sie einen Prozess für n Sekunden schlafen. Voreingestellt sind zwar Sekunden, aber über andere Optionen können Sie auch Minuten, Stunden oder gar Tage verwenden.

C.4.16 su – Ändern der Benutzerkennung ohne Neuanmeldung

Dieses Kommando wird irrtümlicherweise immer als **S**uper**U**ser (su) abgekürzt, heißt aber in Wirklichkeit **S**witch**U**ser. su hat also zunächst überhaupt nichts mit dem Superuser (alias *root*) zu tun. Dieses Missverständnis resultiert daraus, dass die meisten Anwender dieses Kommando dazu verwenden, sich kurz die *root*-Rechte (sofern diese vorhanden sind) anzueignen. Durch die Angabe ohne Argumente wird hierbei gewöhnlich auch nach dem Passwort des Superusers gefragt. Dies kann wie folgt geschehen:

```
you@host > whoami
you
you@host > su
Password:********
linux:/home/you # whoami
root
linux:/home/you # exit
exit
you@host > whoami
you
you@host > su john
```

```
Password:********
you@linux:/home/john> whoami
john
you@linux:/home/john> exit
exit
```

su startet immer eine neue Shell mit der neuen Benutzer- (UID) und Gruppenkennung (GID). Wie bei einem neuen Login wird auch hier nach einem Passwort gefragt. Geben Sie keinen Benutzernamen an, versucht su, zu UID 0 zu wechseln, was der Superuser ist. Sofern Sie selbst Superuser sind, können Sie auch die Identität eines jeden Benutzers annehmen, ohne das entsprechende Passwort zu kennen.

C.4.17 sudo – Programm als anderer Benutzer ausführen

sudo ist ein Kommando, mit dem ein bestimmter Benutzer ein Kommando ausführen kann, für das er normalerweise nicht die Rechte hat (z. B. für administrative Aufgaben wie apt-get install). Dazu legt *root* gewöhnlich in der Datei */etc/sudoers* den folgenden Eintrag ab:

```
john ALL=/usr/bin/kommando
```

Jetzt kann »john« das Kommando mit folgendem Aufruf starten:

```
you@host > sudo /usr/bin/kommando
Passwort: *********
```

Nachdem »john« sein Passwort eingegeben hat, wird das entsprechende Kommando ausgeführt, wozu er normalerweise ohne den Eintrag in */etc/sudoers* nicht im Stande wäre. Der Eintrag wird gewöhnlich mit dem Editor *vi* mit dem Aufruf visudo vorgenommen.

Natürlich können Sie als normaler Benutzer auch mittels sudo Programme unter einem anderen Login-Namen ausführen. Dies erledigen Sie mit folgendem Aufruf (hier wird bspw. das Kommando whoami ausgeführt):

```
you@host > whoami
you
you@host > sudo -u john whoami
Password:********
john
you@host >
```

Das Kommando sudo hat bis vor kurzem eine Art Schattendasein geführt. Wenn früher ein Kommando benötigt wurde, das *root*-Rechte erfordert, hat man sich schnell mit su die entsprechenden Rechte verschafft. Mittlerweile hat man sich aber des Schemas bedient, das auch der Raspberry Pi ausgiebig benutzt, um z. B. auf die Schnelle Systemupdates durchzuführen: Man verwendet das Kommando sudo, das im Zweifelsfall auch das Passwort von *root* abfragt, z. B. so:

```
$ sudo apt-get update
>enter root password:**************
apt: getting updates ...
...
```

C.4.18 time – Zeitmessung für Prozesse

Mit time führen Sie das in der Kommandozeile angegebene Kommando bzw. Skript aus und bekommen die Zeit, die dafür benötigt wurde, zurück. Diese Zeit wird dabei aufgeteilt in die tatsächlich benötigte Zeit (real), die Rechenzeit im Usermodus (user) und diejenige im Kernel-Modus (sys).

C.4.19 top – Prozesse nach CPU-Auslastung anzeigen (betriebssystemspezifisch)

Mit top bekommen Sie eine Liste der gerade aktiven Prozesse angezeigt. Die Liste wird nach CPU-Belastung sortiert. Standardmäßig wird top alle fünf Sekunden aktualisiert. Beendet wird top mit [Q]. top kann aber noch mehr, als die Auslastung der einzelnen Prozesse anzuzeigen, beispielsweise können Sie mit der Taste [K] (für *kill*) einem bestimmten Prozess ein Signal senden oder mit r (*renice*) die Priorität eines laufenden Prozesses verändern. Ein Blick auf die Manpage von top bringt außerdem einen gewaltigen Überblick zu diesem auf den ersten Blick einfachen Kommando zum Vorschein.

C.5 Speicherplatzinformationen abfragen

C.5.1 df – Abfrage des benötigten Speicherplatzes für die Dateisysteme

df zeigt Ihnen den freien Festplattenplatz für ein Dateisystem an, wenn Sie vorher einen Pfad als Verzeichnis angegeben haben. Wird kein Verzeichnis angegeben, dann wird der freie Plattenplatz für alle zurzeit gemounteten Dateisysteme angezeigt:

```
you@host > df
Dateisystem     1K-Blöcke   Benutzt Verfügbar Ben% Eingehängt auf
/dev/hda6        15528224   2450788  13077436  16 % /
tmpfs              128256        16    128240   1 % /dev/shm
/dev/hda1        13261624   9631512   3630112  73 % /windows/C
```

Die erste Spalte von links stellt den Mountpoint dar, gefolgt von der Anzahl an 1-K-Blöcken, die zurzeit belegt sind. Die nächste Spalte (von links aus) zeigt an, wie viel Speicherplatz benutzt wird, und in der nächsten Spalte folgt die Information, wie viel Speicherplatz noch verfügbar ist. Die Prozentangaben geben den prozentualen Wert der Plattennutzung an. Außerdem finden Sie hier die Gerätedatei, über die die Platte im Dateisystem eingehängt ist.

Linux benutzt hier in der Tat virtuelle Blöcke, die immer 1 K groß sind, auch wenn die meisten Festplatten 512 oder 4.096 Bytes pro Block benutzen (SD-Karten auch manchmal 16.384 Bytes pro Block). Dies liegt daran, dass die Blockgröße des Dateisystems immer der Größe einer Speicherseite (für Auslagerungszwecke) entsprechen muss.

C.5.2 du – Größe eines Verzeichnisbaums ermitteln

`du` zeigt die Belegung (Anzahl von KByte-Blöcken) durch eine Datei an. Bei Verzeichnissen als Quelle wird aber die Belegung der darin enthaltenen Dateibäume ausgegeben. Um den Wert der Ausgabe zu steuern, können Sie die Optionen aus Tabelle C.10 verwenden:

Option	Bedeutung
`-b`	Ausgabe in Bytes
`-k`	Ausgabe in Kilobytes
`-m`	Ausgabe in Megabytes
`-h`	(*human-readable*) vernünftige Ausgabe in Byte, KB, MB oder GB

Tabelle C.10 Optionen für das Kommando du

Häufig will man nicht, dass bei umfangreichen Verzeichnissen jede Datei einzeln ausgegeben wird, sondern nur die Gesamtzahl der Blöcke. In diesem Fall verwendet man den Schalter `-s` (man nutzt diesen praktisch immer) wie folgt:

```
you@host > du -s /home
582585  /home
you@host > du -sh /home
569M    /home
```

Wollen Sie nicht der kompletten Tiefe eines Verzeichnisses folgen, so können Sie die Tiefe auch mittels `--max-depth=n` wie folgt festlegen:

```
you@host > du --max-depth=1 -m /home
519       /home/pinguin
25        /home/you
26        /home/john
569       /home
```

C.5.3 free – verfügbaren Speicherplatz (RAM und Swap) anzeigen (betriebssystemabhängig)

Den verfügbaren Speicherplatz (RAM und Swap-Speicher, also Arbeitsspeicher und Auslagerungsspeicher auf der Festplatte) lassen Sie sich mit `free` anzeigen:

```
you@host > free
         total     used      free    shared   buffers    cached
Mem:    256516   253820      2696         0     38444     60940
Swap:   512024       24    512000
```

C.5.4 swap – Swap-Space anzeigen (nicht Linux)

Mit `swap` ermitteln Sie die Swap-Belegung (Auslagerungsspeicher) unter Nicht-Linux-Systemen. Das bedeutet natürlich auch, dass dieses Kommando nicht immer zur Verfügung steht.

C.6 Dateisystem-Kommandos

Bei den Kommandos für Dateisysteme handelt es sich häufig um Kommandos für Linux-Systeme, die zumeist nur als *root* ausführbar sind. Sie können sich natürlich an dieser Stelle wieder mittels `su` oder per Logion als *root* die entsprechenden Rechte verschaffen, hiervor möchten wir Sie aber warnen, sofern Sie nicht sicher sind, was Sie da tun. Mit zahlreichen dieser Kommandos verlieren Sie häufig nicht nur ein paar Daten, sondern können z. T. ein ganzes Dateisystem korrumpieren – was sich soweit auswirken kann, dass Ihr Betriebssystem nicht mehr startet.

C.6.1 badblocks – überprüft, ob ein Datenträger defekte Sektoren hat

Mit dem Kommando `badblocks` testen Sie den physischen Zustand eines Datenträgers. Dabei sucht `badblocks` auf einem Datenträger nach defekten Blöcken.

```
# badblocks -s -o block.log /dev/fd0 1440
```

Hier wird z. B. auf einer Diskette (1,44 MB) nach defekten Blöcken gesucht. Das Fortschreiten der Überprüfung wird durch die Option `-s` simuliert. Mit `-o` schreiben Sie das Ergebnis (also die gefundenen defekten Blöcke) in die Datei *block.log*, die wiederum von anderen Programmen verwendet werden kann, damit diese beschädigten Blöcke nicht mehr genutzt werden.

Die Syntax sieht somit wie folgt aus:

```
badblocks [-optionen] gerätedatei [startblock]
```

Die Gerätedatei ist der Pfad zum entsprechenden Speichermedium (z. B. */dev/hda1* = erste Festplatte). Es kann außerdem optional der Startblock festgelegt werden, von dem aus mit dem Test begonnen werden soll. Die Ausführung dieses Kommandos bleibt selbstverständlich nur dem Superuser überlassen.

[«]

Hinweis: Scannen von SD-Karten

SD-Karten (oder auch Kameras) werden oft nicht auf z. B. */dev/hdxx* gemountet, sondern erscheinen (vor allem bei der Verwendung von externen Kartenlesern) in separaten Verzeichnissen (z. B. */media* oder */home/media*). Für das Kommando `badblocks` müssen in diesem Fall natürlich die entsprechenden Verzeichnisse und nicht die Gerätedateien in */dev* benutzt werden. Manchmal schlägt `badblocks` für SD-Karten auch fehl, weil diese oft keine Standardblockgrößen wie 512 oder 4.096 Bytes benutzen.

C.6.2 cfdisk – Partitionieren von Festplatten

Mit `cfdisk` teilen Sie eine formatierte Festplatte in verschiedene Partitionen ein. Natürlich können Sie auch eine bestehende Partition löschen oder eine vorhandene verändern (etwa eine andere Systemkennung geben). Sie können mit `cfdisk` allerdings auch eine rohe, ganze Festplatte bearbeiten (nicht nur einzelne Partitionen). Die entsprechende Gerätedatei ist */dev/hda* für die erste Festplatte, */dev/hdb* für die zweite Festplatte, */dev/sda* für die erste SCSI- oder USB-Festplatte, */dev/sdb* für die zweite SCSI- oder USB-Festplatte etc. SD-Karten werden wie USB-Datenträger behandelt, zumindest auf dem Raspberry Pi.

Starten Sie `cfdisk`, werden zunächst alle gefundenen Partitionen mitsamt ihrer Größe angezeigt. Mit den Pfeiltasten [↑] und [↓] können Sie eine Partition auswählen und mit den Pfeiltasten [→] bzw. [←] ein Kommando starten. Mit [Q] beenden Sie `cfdisk`.

[«]

Achtung, Datenverlust!

Selbstverständlich ist `cfdisk` nur als *root* ausführbar. Sollten Sie solche Rechte haben und ohne Vorwissen mit `cfdisk` herumspielen, ist ein Datenverlust sehr wahrscheinlich. Wenn Sie Ihre Festplatte wirklich zerschneiden wollen, so sollten Sie vor dem Partitionieren die alte Partitionstabelle sichern. Im Fall eines Missgeschicks kann so die alte Partitionstabelle wiederhergestellt werden, wodurch auf die Daten dann noch zugegriffen werden kann.

C.6.3 dd – Datenblöcke zwischen Devices (in /dev) kopieren und konvertieren

Mit `dd` können Sie eine Datei lesen und den Inhalt mit einer bestimmten Blockgröße und mit verschiedenen Konvertierungsoptionen zwischen verschiedenen Speichermedien übertragen. Damit lassen sich neben einfachen Dateien auch ganze Datenträger kopieren. Ein Beispiel wäre:

```
# dd if=/dev/hda bs=512 count=1
```

Damit geben Sie den Bootsektor (nur als *root* möglich) auf dem Bildschirm aus. Wollen Sie jetzt auch noch ein Backup des Bootsektors auf einer Diskette sichern, dann gehen Sie folgendermaßen vor:

```
# dd if=/dev/hda of=/dev/fd0 bs=512 count=1
```

Sie können mit dd durchaus auch externe Floppy-Laufwerke (sofern vom aktuellen Kernel unterstützt und gemountet) ansprechen und sogar Image-Dateien benutzen, die ein Datenträgerabbild enthalten (sofern der entsprechende Kernel-Treiber installiert wurde). Mit dem folgenden Kommando können Sie z. B. eine C64-Diskette beschreiben:

```
# dd if=URIDIUM.D64 of=/dev/c64/1541 bs=256 count=1
```

Dasselbe klappt übrigens inzwischen auch mit einem Amiga-Laufwerk (sofern es korrekt gemountet und der Treiber im Kernel vorhanden ist):

```
# dd if=workbench13.adf of=/dev/amiga/df0 bs=512 count=1
```

Bevor Sie jetzt noch weitere Beispiele zum mächtigen Werkzeug dd sehen, müssen Sie sich zunächst mit den Optionen in Tabelle C.11 vertraut machen – im Beispiel werden if, of, bs und count verwendet.

Option	Bedeutung
if=*Datei*	(*input file*) Der Name der Eingabedatei (Quelldatei) – ohne Angabe wird die Standardeingabe verwendet.
of=*Datei*	(*output file*) Der Name der Ausgabedatei (Zieldatei) – ohne Angabe wird die Standardausgabe verwendet.
ibs=*Schritt*	(*input block size*) die Blockgröße der Eingabedatei
obs=*Schritt*	(*output block size*) die Blockgröße der Ausgabedatei
bs=*Schritt*	(*block size*) die Blockgröße für Ein- und Ausgabedatei
cbs=*Schritt*	(*conversion block size*) Bestimmt die Blockgröße für die Konvertierung.
skip=*Blocks*	Hier können Sie eine Anzahl Blocks angeben, die von der Eingabe zu Beginn ignoriert werden sollen.
seek=*Blocks*	Damit können Sie eine Anzahl Blocks angeben, die von der Ausgabe am Anfang ignoriert werden sollen.
count=*Blocks*	Wie viele Blöcke sollen kopiert werden?

Tabelle C.11 Optionen zur Steuerung des Kommandos dd

Eine spezielle Option steht Ihnen mit conv (=*Konvertierung)* zur Verfügung. Tabelle C.12 listet die möglichen Konvertierungen auf:

Option	Konvertierung
conv=ascii	EBCDIC nach ASCII
conv=ebcdic	ASCII nach EBCDIC
conv=ibm	ASCII nach big blue special EBCDIC
conv=block	Es werden Zeilen in Felder mit der Größe cbs geschrieben, und das Zeilenende wird durch Leerzeichen ersetzt. Der Rest des Feldes wird mit Leerzeichen aufgefüllt.
conv=unblock	Abschließende Leerzeichen eines Blocks der Größe cbs werden durch ein Zeilenende ersetzt.
conv=lcase	Großbuchstaben in Kleinbuchstaben
conv=ucase	Kleinbuchstaben in Großbuchstaben
conv=swab	Vertauscht je zwei Bytes der Eingabe. Ist die Anzahl der gelesenen Bytes ungerade, wird das letzte Byte einfach kopiert.
conv=noerror	Lesefehler werden ignoriert.
conv=sync	Füllt Eingabeblöcke bis zur Größe von ibs mit Nullen.

Tabelle C.12 Spezielle Optionen für Konvertierungen mit dem Kommando dd

Jetzt noch zwei interessante Beispiele zu dd:

```
# dd if=/vmlinuz of=/dev/fd0
```

Damit kopieren Sie den Kernel (hier in *vmlinuz*) in den ersten Sektor einer Diskette, die anschließend als Bootdiskette verwendet werden kann.

```
# dd if=/dev/hda of=/dev/hdc
```

Hiermit klonen Sie praktisch in einem Schritt die erste Festplatte am Master-Controller auf die Festplatte am zweiten Master-Anschluss. Somit haben Sie auf */dev/hdc* denselben Inhalt wie auf */dev/hda*. Natürlich kann die Ausgabedatei auch ganz woanders hingeschrieben werden, z. B. auf einen DVD-Brenner – dies funktioniert aber nicht immer einwandfrei.

Achtung

Zwar ist dd ein mächtigeres Werkzeug, als es hier vielleicht den Anschein hat, trotzdem sollten Sie gewarnt sein vor unbedachten dd-Aufrufen. Daher benötigt man natürlich wieder die allmächtigen *root*-Rechte. Falls Sie größere Datenmengen mit dd kopieren, können Sie dem Programm von einer anderen Konsole aus mittels kill das Signal SIGUSR1 senden, um dd zu veranlassen, den aktuellen Fortschritt auszugeben.

C.6.4 dd_rescue – fehlertolerantes Kopieren von Dateiblöcken

Falls Sie z. B. eine defekte Festplatte – oder eine Partition auf derselben – kopieren wollen, stößt dd schnell an seine Grenzen. Zudem ist beim Retten von Daten eines defekten Speichermediums die Geschwindigkeit wichtig, da das Medium weitere Fehler verursachen kann und somit weitere Dateien korrumpiert werden können. Ein Fehlversuch mit dd kann hier also fatale Folgen haben.

An dieser Stelle bietet sich dd_rescue an, das inzwischen bei allen gängigen Linux-Distributionen mitgeliefert wird. Sie können damit – ähnlich wie mit dd – Dateiblöcke auf Low-Level-Basis auf ein anderes Medium kopieren. Als Zielort ist eine (Image-)Datei auf einem anderen Speichermedium sinnvoll. Von diesem Abbild der defekten Festplatte können Sie eine Kopie erstellen, um das ursprüngliche Abbild nicht zu verändern, und in einem der Abbilder versuchen, das Dateisystem mittels fsck wieder zu reparieren. Ist dies gelungen, können Sie das Abbild wieder mit dd_rescue auf eine neue Festplatte kopieren. Sie können natürlich dd_rescue auch dann verwenden, wenn Ihr dd (das auch teilweise distributionsabhängig arbeitet) beim Parameter -if keine Image-Dateien annehmen will. Übertragen auf das C64-Beispiel wäre das entsprechende Kommando also:

```
# dd_rescue if=URIDIUM.D64 of=/dev/c64/1541 bs=256 count=1
```

C.6.5 dumpe2fs – Informationen über ein ext2/ext3-Dateisystem anzeigen

dumpe2fs gibt eine Menge interne Informationen zum Superblock und anderen Block-Gruppen zu einem ext2/ext3-Dateisystem aus (vorausgesetzt, dieses Dateisystem wird auch verwendet), zum Beispiel in der folgenden Weise:

```
# dumpe2fs -b /dev/hda6
```

Mit der Option -b werden all diejenigen Blöcke von */dev/hda6* auf die Konsole ausgegeben, die als »schlecht« markiert wurden.

C.6.6 e2fsck – repariert ein ext2/ext3-Dateisystem

e2fsck überprüft ein ext2/ext3 Dateisystem (inzwischen auch ext4 und btfs) und repariert die Fehler. Damit e2fsck verwendet werden kann, muss fsck.ext2 installiert sein, das das eigentliche Programm ist; `e2fsck` ist nur ein Frontend dafür. Sie können nun einen Datenträger wie folgt überprüfen:

```
e2fsck Gerätedatei
```

Mit der `Gerätedatei` geben Sie die Partition an, von der das Dateisystem überprüft werden soll. Dateien, bei denen die Inodes in keinem Verzeichnis notiert sind, werden von `e2fsck` im Verzeichnis *lost+found* eingetragen und können so repariert werden. `e2fsck` gibt beim Überprüfen einen Exit-Code zurück, den Sie mit `echo $?` abfragen können. Wichtige Exit-Codes, die dabei zurückgegeben werden, und ihre Bedeutung sehen Sie in Tabelle C.13:

Exit-Code	Bedeutung
0	kein Fehler im Dateisystem
1	einen Fehler im Dateisystem gefunden und repariert
2	Schweren Fehler im Dateisystem gefunden und korrigiert. Allerdings sollte das System neu gestartet werden.
4	Fehler im Dateisystem gefunden, aber nicht korrigiert
8	Fehler bei der Kommandoausführung von `e2fsck`
16	falsche Verwendung von `e2fsck`
128	Fehler in den Shared Libraries

Tabelle C.13 Exit-Codes des Kommandos e2fsck

Wichtige Optionen, die Sie mit `e2fsck` angeben können, zeigt Tabelle C.14:

Option	Bedeutung
`-p`	alle Fehler automatisch reparieren ohne Rückfragen
`-c`	Durchsucht das Dateisystem nach schlechten Blöcken.
`-f`	Erzwingt eine Überprüfung des Dateisystems, auch wenn der Kernel das System für okay befunden hat.

Tabelle C.14 Optionen für das Kommando e2fsck

Hinweis

Einige `fsck`-Versionen fragen nach, ob das Kommando wirklich ausgeführt werden soll. Bei der Antwort genügt der Anfangsbuchstabe j oder y als Antwort nicht, sondern es muss »yes«

oder »ja« (je nach Fragestellung) eingegeben werden. Ansonsten bricht fsck an dieser Stelle kommentarlos ab.

C.6.7 fdformat – formatiert eine Diskette

Auch wenn viele Rechner mittlerweile ohne Diskettenlaufwerk ausgeliefert werden, wird das Diskettenlaufwerk immer wieder einmal benötigt (z. B. für eine Rettungsdiskette mit einem Mini-Linux). Mit dem Kommando fdformat formatieren Sie also eine Diskette. Das Format wird dabei anhand von im Kernel gespeicherten Parametern erzeugt. Beachten Sie allerdings, dass die Diskette nur mit leeren Blöcken beschrieben wird und nicht mit einem Dateisystem. Zum Erstellen von Dateisystemen stehen Ihnen die Kommandos mkfs, mk2fs oder mkreiserfs für Linux-Systeme zur Verfügung. Eine Standarddiskette wird mit folgendem Kommando formatiert (für Nicht-Standard-Laufwerke wie die 1541 müssen Sie andere Tools benutzen):

```
fdformat Gerätedatei
```

C.6.8 fdisk – Partitionieren von Speichermedien

fdisk ist die etwas unkomfortablere Alternative zu cfdisk, eine Festplatte in verschiedene Partitionen aufzuteilen, zu löschen oder gegebenenfalls zu ändern. Im Gegensatz zu cfdisk können Sie hier nicht mit den Pfeiltasten navigieren und müssen einzelne Tastenkürzel verwenden. Allerdings hat fdisk den Vorteil, fast überall und immer präsent zu sein.

Noch ein Vorzug ist, dass fdisk nicht interaktiv läuft. Man kann es z. B. benutzen, um einen ganzen Schlag Festplatten automatisch zu formatieren. Das ist ganz praktisch, wenn man ein System identisch auf einer ganzen Anzahl Rechner installieren muss. Man installiert nur auf einem, erzeugt mit dd ein Image, erstellt sich ein kleines Skript, bootet die anderen Rechner z. B. von »Damn Small Linux« (eine Mini-Distribution für u. a. den USB-Stick) und führt das Skript aus, das dann per fdisk formatiert und per dd das Image des Prototyps installiert. Danach muss man nur noch die IP-Adresse und den Hostnamen anpassen, was Sie auch skriptgesteuert vornehmen können.

Einen komfortablen Überblick über alle Partitionen auf allen Festplatten lassen Sie sich mit der Option -l anzeigen:

```
linux:/home/you # fdisk -l
Platte /dev/hda: 30.0 GByte, 30005821440 Bytes
16 Köpfe, 63 Sektoren/Spuren, 58140 Zylinder
Einheiten = Zylinder von 1008 * 512 = 516096 Bytes
```

```
 Gerät Boot   Start         End      Blocks   Id  System
/dev/hda1         1       26313    13261626    7  HPFS/NTFS
/dev/hda2     26314       58140    16040808    f  W95 Ext'd (LBA)
/dev/hda5     26314       27329      512032+  82  Linux Swap
/dev/hda6     27330       58140    15528712+  83  Linux
```

Zum Partitionieren müssen Sie `fdisk` mit der Angabe der Gerätedatei starten:

```
# fdisk /dev/hda
```

Die wichtigsten Tastenkürzel zur Partitionierung selbst sind in Tabelle C.15 aufgelistet:

Taste	Bedeutung
B	»bsd disklabel« bearbeiten
D	eine Partition löschen
L	die bekannten Dateisystemtypen anzeigen (Sie benötigen die Nummer.)
M	ein Menü mit allen Befehlen anzeigen
N	eine neue Partition anlegen
P	die Partitionstabelle anzeigen
Q	Ende ohne Speichern der Änderungen
S	ein neues leeres »Sun disklabel« anlegen
T	den Dateisystemtyp einer Partition ändern
U	die Einheit für die Anzeige/Eingabe ändern
V	die Partitionstabelle überprüfen
W	die Tabelle auf die Festplatte schreiben und das Programm beenden
X	zusätzliche Funktionen (nur für Experten)

Tabelle C.15 Tastenkürzel zur Verwendung von fdisk

Ansonsten gilt auch hier: Finger weg, wenn Sie nicht sicher sind, was Sie hier genau tun, es sei denn, Sie probieren dies alles an einem Testsystem aus.

C.6.9 fsck – Reparieren und Überprüfen von Dateisystemen

`fsck` ist ein unabhängiges Frontend zum Prüfen und Reparieren der Dateisystem-Struktur. `fsck` ruft gewöhnlich je nach Dateisystem das entsprechende Programm auf. Bei ext2/ext3 ist dies bspw. `fsck.ext2`, bei einem Minix-System `fsck.minix`, bei ReiserFS `reiserfsck` usw. Die Zuordnung des entsprechenden Dateisystems nimmt `fsck` anhand der Partitionstabelle oder durch eine Kommandozeilenoption vor. Die meisten dieser Programme unterstützen die Optionen `-a`, `-A`, `-l`, `-r`, `-s` und `-v`. Meistens wird hierbei die Option `-a -A` verwendet. Mit `-a` veranlassen Sie eine automatische Reparatur, sofern dies möglich ist, und mit `-A` weisen Sie an, alle Dateisysteme zu testen, die in */etc/fstab* eingetragen sind.

`fsck` gibt beim Überprüfen einen Exit-Code zurück, den Sie mit `echo $?` abfragen können. Tabelle C.16 listet wichtige Exit-Codes auf, die dabei zurückgegeben werden, und ihre Bedeutung:

Exit-Code	Bedeutung
0	kein Fehler im Dateisystem
1	einen Fehler im Dateisystem gefunden und repariert
2	Schweren Fehler im Dateisystem gefunden und korrigiert. Allerdings sollte das System neu gestartet werden.
4	Fehler im Dateisystem gefunden, aber nicht korrigiert
8	Fehler bei der Kommandoausführung von `fsck`
16	falsche Verwendung von `fsck`
128	Fehler in den Shared Libraries

Tabelle C.16 Exit-Codes von fsck und ihre Bedeutung

Ganz wichtig ist es auch, `fsck` immer auf nicht eingebundene bzw. nur im Read-only-Modus eingebundene Dateisysteme anzuwenden. Denn `fsck` kann sonst eventuell ein Dateisystem verändern (reparieren), ohne dass das System dies zu realisieren vermag. Ein Systemabsturz ist dann vorprogrammiert. Gewöhnlich wird `fsck` oder `reiserfsck` beim Systemstart automatisch ausgeführt, wenn eine Partition nicht sauber ausgebunden wurde, oder nach jedem *n*-ten Booten. Wer mit einem ext2/ext3-Dateisystem arbeitet, kennt das wohl zur Genüge, wenn `fsck` nach einem Systemabsturz beim Starten des Systems zunächst das komplette Dateisystem überprüft.

C.6.10 mkfs – Dateisystem einrichten

Mit `mkfs` können Sie auf einer zuvor formatierten Festplatte bzw. Diskette ein Dateisystem anlegen. Wie schon `fsck` ist `mkfs` ein unabhängiges Frontend, das die Erzeugung des Dateisystems nicht selbst übernimmt, sondern auch hier das spezifische Programm zur Erzeugung des entsprechenden Dateisystems verwendet. Auch in diesem Fall richtet sich `mkfs` wieder nach den Dateisystemen, die in der Partitionstabelle aufgelistet sind, oder gegebenenfalls nach der Kommandozeilenoption.

Abhängig vom Dateisystemtyp ruft `mkfs` das Kommando `mkfs.minix` (für Minix), `mk2fs` (für ext2/ext3), `mkreiserfs` (für ReiserFS) usw. auf.

```
mkfs [option] Gerätedatei [blöcke]
```

Für die Gerätedatei müssen Sie den entsprechenden Pfad angeben (z. B. */dev/hda1*). Es kann außerdem auch die Anzahl von Blöcken angegeben werden, die das Dateisystem belegen soll. Auch `mkfs` gibt einen Exit-Code über den Verlauf der Kommandoausführung zurück, den Sie mit `echo $?` auswerten können.

Exit-Code	Bedeutung
0	alles erfolgreich durchgeführt
8	ein Fehler bei der Programmausführung
16	ein Fehler in der Kommandozeile

Tabelle C.17 Exit-Codes von mkfs und ihre Bedeutung

Interessant ist auch noch die Option `-t`, mit der Sie den Dateisystemtyp des zu erzeugenden Dateisystems selbst festlegen können. Ohne `-t` würde wieder versucht, das Dateisystem anhand der Partitionstabelle zu bestimmen. So erzeugen Sie bspw. mit

```
mkfs -f xiafs /dev/hda7
```

auf der Partition */dev/hda7* ein Dateisystem `xiafs` (alternativ zu ext2).

Die einzelnen Dateisysteme sind fest als Treiber im Kernel verankert, das heißt, wenn Sie z. B. das Amiga-Dateisystem unterstützen wollen, dann müssen Sie einen neuen Kernel bauen. Dies gilt auch für die entsprechenden externen Laufwerke wie z. B. die 1541. Wenn allerdings der Treiber vorhanden ist, dann kann auch `mkfs` etwas damit anfangen, und Sie können etwa eine C64-Diskette wie folgt formatieren:

```
mkfs /dev/c64/1541 -t c64ffs -n 642A
```

Der Parameter `-n` hat übrigens die gleiche Wirkung wie der folgende Befehl:

```
OPEN 15,8,15,"N:642A":CLOSE 15
```

C.6.11 mkswap – eine Swap-Partition einrichten

Mit `mkswap` legen Sie eine Swap-Partition an. Diese können Sie z. B. dazu verwenden, schlafende Prozesse, die auf das Ende von anderen Prozessen warten, in die Swap-Partition der

Festplatte auszulagern. So halten Sie Platz im Arbeitsspeicher für andere laufende Prozesse frei. Sofern Sie nicht schon bei der Installation die hier vorgeschlagene Swap-Partition eingerichtet haben (je nach Distribution), können Sie dies mit dem Kommando mkswap nachholen. Zum Aktivieren einer Swap-Partition müssen Sie das Kommando swapon aufrufen.

Ist Ihr Arbeitsspeicher wieder ausgelastet, können Sie auch kurzfristig solch einen Swap-Speicher einrichten. Ein Beispiel wäre:

```
# dd bs=1024 if=/dev/zero of=/tmp/myswap count=4096
4096+0 Datensätze ein
4096+0 Datensätze aus
# mkswap -c /tmp/myswap 4096
Swapbereich Version 1 wird angelegt, Größe 4190 KBytes
# sync
# swapon /tmp/myswap
```

Zuerst legen Sie mit dd einen leere Swap-Datei mit 4 Megabytes Größe mit Null-Bytes an. Anschließend verwenden Sie diesen Bereich als Swap-Datei. Nach einem Aufruf von sync müssen Sie nur noch den Swap-Speicher aktivieren. Wie dieser Swap-Bereich allerdings genau verwendet wird, haben Sie nicht in der Hand, sondern dies wird vom Kernel mit der Paging-Option gesteuert.

[»]

Hinweis

Eine Datei, die als Swap-Bereich eingebunden wird, sollte nur genutzt werden, wenn keine freie Partition mehr dafür zur Verfügung steht, da die Methode mit der Datei erheblich langsamer ist als eine Swap-Partition.

C.6.12 mount, umount – An- bzw. Abhängen eines Dateisystems

mount hängt einzelne Dateisysteme auf den verschiedensten Medien (Festplatte, CD-ROM, Diskette) in den Dateisystembaum ein (unter Linux gibt es also keine Laufwerkbuchstaben). Die einzelnen Partitionen werden dabei als Gerätedateien im Ordner */dev* angezeigt. Rufen Sie mount ohne Argumente auf, werden alle gemounteten Dateisysteme in */etc/mtab* aufgelistet. Auch hier bleibt es wieder *root* überlassen, ob ein Benutzer ein bestimmtes Dateisystem einbinden kann oder nicht. Hierzu muss aber *root* einen entsprechenden Eintrag in */etc/fstab* vornehmen.

Einige Beispiele dafür, wie verschiedene Dateisysteme eingehängt werden können, sehen Sie in Tabelle C.18:

Verwendung	Bedeutung
`mount /dev/fd0`	Hängt das Diskettenlaufwerk ein.
`mount /dev/hda9 /home/you`	Das Dateisystem */dev/hda9* wird auf das Verzeichnis */home/you* gemountet.
`mount goliath:/progs /home/progs`	Mountet ein Dateisystem per NFS von einem Rechner namens »goliath« und hängt ihn an das lokale Verzeichnis */home/progs*.

Tabelle C.18 Anwendungsbeispiele des Kommandos mount

Wollen Sie ein Dateisystem wieder aushängen – egal, ob lokale oder entfernte Partitionen –, dann machen Sie dies mit `umount`, z. B. so:

```
umount /dev/fd0
```

Hier wird das Diskettenlaufwerk aus dem Dateisystem ausgehängt.

[«]

Hinweis: fstab

Wenn ein Eintrag für ein Dateisystem in */etc/fstab* besteht, reicht es aus, `mount` mit dem Device oder dem Mountpoint als Argument aufzurufen, z. B. mit `mount /dev/fd0`.

C.6.13 parted – Partitionen anlegen, verschieben, vergrößern oder verkleinern

Mit `parted` können Sie nicht nur – wie mit `fdisk` bzw. `cfdisk` – Partitionen anlegen oder löschen, sondern auch vergrößern, verkleinern, kopieren und verschieben. `parted` wird gern verwendet, wenn man Platz auf der Festplatte schaffen will, beispielsweise für ein neues Betriebssystem (wenn Sie etwa Windows parallel zu Linux verwenden wollen), oder alle Daten einer Festplatte auf eine neue kopieren will. Mehr hierzu entnehmen Sie bitte der Manual-Seite von `parted`. Ferner müssen Sie vielleicht Ihren Bootmanager neu einrichten, um z. B. ein Auswahlmenü zu erzeugen, mit dem Sie beim Bootvorgang Ihr Betriebssystem auswählen können (siehe dazu auch `man grub`). Allerdings stellt hier der Raspberry Pi wieder eine Ausnahme dar, denn dort konfigurieren Sie den Systemstart mit den Dateien *boot.conf* und *boot.txt* im Verzeichnis */boot*.

C.6.14 prtvtoc – Partitionstabellen ausgeben

Mit `prtvtoc` können Sie auf reinen UNIX-Systemen ähnlich wie unter Linux mit `fdisk` die Partitionstabelle einer Festplatte ausgeben. Dieses Kommando ist beispielsweise auch unter Solaris vorhanden.

C.6.15 swapon, swapoff – Swap-Datei oder Partition (de)aktivieren

Wenn Sie auf dem System eine Swap-Partition eingerichtet haben (siehe `mkswap`), existiert diese zwar, muss aber noch mit dem Kommando `swapon` aktiviert werden. Den so aktivierten Bereich können Sie jederzeit mit `swapoff` wieder aus dem laufenden System deaktivieren.

C.6.16 sync – alle gepufferten Schreiboperationen ausführen

Normalerweise verwendet Linux einen Puffer (eine Art Cache) im Arbeitsspeicher, in dem sich ganze Datenblöcke eines Massenspeicher-Mediums befinden können. So werden Daten häufig temporär erst im Arbeitsspeicher abgelegt (und auch dort verwaltet), da sich z. B. ein dauernd auf einen Datenträger schreibender Prozess äußerst negativ auf die Performance des Systems auswirken würde. Deshalb werden gepufferte Daten erst zurückgeschrieben, wenn es sich lohnt bzw. wenn Sie dies in Ihrem Programm explizit veranlassen. Gewöhnlich übernimmt ein spezieller Dämonprozess diese Arbeit und entscheidet auch selbst, wann die veränderten Datenblöcke auf die Festplatte geschrieben werden.

Wie gesagt: Normalerweise ist das so, es sei denn, Sie greifen selbst in den Prozess ein: Mit dem Kommando `sync` können Sie veranlassen, dass zuvor veränderte Dateiinhalte sofort auf die Festplatte (oder auch jeden anderen Massenspeicher) geschrieben werden. Dies kann häufig der letzte Rettungsanker sein, wenn sich das System nicht mehr richtig herunterfahren lässt. Können Sie hierbei noch schnell ein `sync` ausführen, werden alle Daten zuvor gesichert, und ein Datenverlust kann eventuell verhindert werden.

C.7 Archivierung und Backup

C.7.1 bzip2/bunzip2 – (De-)Komprimieren von Dateien

`bzip2` ist dem Kommando `gzip` nicht unähnlich, nur dass `bzip2` einen besseren Komprimierungsgrad als `gzip` erreicht. `bzip` arbeitet mit dem *Burrows-Wheeler Block-Sorting*-Algorithmus ZIP, der z. B. einen Text zwar nicht komprimiert, aber leichter komprimierbar macht, sowie mit der *Huffman-Kodierung*, die anschließend die Daten komprimiert. Allerdings ist die Kompressionsrate mit `bzip2` erheblich höher, aber dafür auch erheblich langsamer, sofern die Geschwindigkeit eine Rolle spielt. Alle Dateien, die mit `bzip2` komprimiert werden, bekommen automatisch die Dateiendung *.bz2*. TAR-Dateien, die mit `bzip2` komprimiert werden, erhalten üblicherweise die Endung *.tbz*. Die 2 hinter `bzip2` bzw. `bunzip2` kam dadurch, dass der Vorgänger `bzip` lautete, der allerdings aus patentrechtlichen Gründen nicht mehr weiterentwickelt wurde. Komprimieren können Sie Dateien mit `bzip2` folgendermaßen:

```
you@host > bzip2 file.txt
```

Entpacken können Sie die komprimierte Datei wieder mit der Option -d und bzip2 oder mit bunzip2:

```
you@host > bzip2 -d file.txt.bz2
```

oder

```
you@host > bunzip2 file.txt.bz2
```

Sie können gern bzip2 mit der Option -d bevorzugen, weil bunzip2 wieder nichts anderes ist als ein Link auf bzip2, wobei allerdings automatisch die Option -d verwendet wird:

```
you@host > which bunzip2
/usr/bin/bunzip2
you@host > ls -l /usr/bin/bunzip2
lrwxrwxrwx  1 root root 5  /usr/bin/bunzip2 -> bzip2
```

Interessant in diesem Zusammenhang ist auch das Kommando bzcat, mit dem Sie bzip2-komprimierte Dateien lesen können, ohne sie vorher zu dekomprimieren.

```
you@host > bzcat file.txt.bz2
...
```

C.7.2 compress/uncompress – (De-)Komprimieren von Dateien

compress zum Komprimieren und uncompress zum Dekomprimieren werden heute zwar kaum noch verwendet, aber wir sollten beide aus Kompatibilitätsgründen hier doch erwähnen, falls Sie einmal auf ein Uralt-Archiv stoßen, bei dem die Dateien mit einem *.Z* enden. compress beruht auf einer älteren Version des *Lempel-Ziv-Algorithmus*.

C.7.3 cpio, afio – Dateien und Verzeichnisse archivieren

cpio (*copy in and out*) eignet sich hervorragend, um ganze Verzeichnisbäume zu archivieren. Etwas ungewöhnlich auf den ersten Blick ist, dass cpio die zu archivierenden Dateien nicht von der Kommandozeile, sondern von der Standardeingabe liest. Häufig wird daher cpio in Verbindung mit den Kommandos ls oder find und einer Pipe verwendet. Somit ist es möglich, ein spezielles Archiv zu erzeugen, das den Eigentümer, die Zugriffsrechte, die Erzeugungszeit, die Dateigröße usw. berücksichtigt. Gewöhnlich wird cpio auf drei verschiedene Arten aufgerufen (siehe auch man cpio):

copy out

Diese Art wird mit der Option -o bzw. --create verwendet. So werden die Pfadnamen der zu kopierenden Dateien von der Standardeingabe eingelesen und auf die Standardausgabe kopiert. Dabei können Dinge wie etwa der Eigentümer, die Zugriffsrechte oder die Dateigröße berücksichtigt bzw. ausgegeben werden. Gewöhnlich verwendet man copy out mit einer Pipe und einer Umlenkung, z. B. so:

```
you@host > cd Shellbuch
you@host > ls
Kap003.txt   kap005.txt~  Kap008.txt   Kap010.txt~  Kap013.txt
Kap001.doc   Kap003.txt~  Kap006.txt   Kap008.txt~  Kap011.txt
Kap013.txt~  Kap001.sxw   kap004.txt   Kap006.txt~  Kap009.txt
Kap011.txt~  Kap014.txt   Kap002.doc   kap004.txt~  Kap007.txt
Kap009.txt~  Kap012.txt   Kap014.txt~  Kap002.sxw   kap005.txt
Kap007.txt~  Kap010.txt   Kap012.txt~  Planung_und_Bewerbung
chm_pdf
you@host > ls *.txt | cpio -o > Shellbuch.cpio
1243 blocks
```

Hier wurden z. B. alle Textdateien im Verzeichnis *Shellbuch* zu einem cpio-Archiv (*Shellbuch.cpio*) zusammengepackt. Wollen Sie ganze Verzeichnisbäume archivieren, dann verwenden Sie das Kommando find:

```
you@host > find $HOME/Shellbuch -print | cpio
  -o > Shellbuch.cpio
cpio: ~/Shellbuch: truncating inode number
cpio: ~/Shellbuch/Planung_und_Bewerbung: truncating inode number
cpio: ~/Shellbuch/chm_pdf: truncating inode number
130806 blocks
```

Natürlich können Sie mit find-üblichen Anweisungen nur bestimmte Dateien archivieren. Ebenso lassen sich Dateien auf einem anderen Laufwerk archivieren:

```
you@host > ls -a | cpio -o > /dev/fd0
```

Hier wurden beispielsweise alle Dateien des aktuellen Verzeichnisses auf die Diskette kopiert. Dabei können Sie genauso gut einen Streamer, eine andere Festplatte oder gar einen anderen Rechner verwenden.

copy in

Wollen Sie das mit cpio -o erzeugte Archiv wieder entpacken bzw. zurückspielen, so verwenden Sie cpio mit dem Schalter -i bzw. --extract. Damit liest cpio die archivierten Dateien von der Standardeingabe ein. Es ist sogar möglich, hierbei reguläre Ausdrücke zu verwenden. Mit folgender Befehlsausführung entpacken Sie das Archiv wieder:

```
you@host > cpio -i < Shellbuch.cpio
```

Wollen Sie nicht das komplette Archiv entpacken, sondern nur bestimmte Dateien, können Sie dies mit einem regulären Ausdruck wie folgt angeben:

```
you@host > cpio -i "*.txt" < Shellbuch.cpio
```

Hier entpacken Sie nur Textdateien mit der Endung *.txt*. Natürlich funktioniert das Ganze auch mit den verschiedensten Speichermedien:

```
you@host > cpio -i "*.txt" < /dev/fd0
```

So werden alle Textdateien von einer Diskette entpackt. Allerdings werden die Dateien immer ins aktuelle Arbeitsverzeichnis zurückgespielt, so dass Sie den Zielort zuvor angeben müssen, z. B.:

```
you@host > cd $HOME/Shellbuch/testdir ; \
> cpio -i < /archive/Shellbuch.cpio
```

Hier wechseln Sie zunächst in ein entsprechendes Verzeichnis, wo Sie anschließend das Archiv entpacken wollen. Wollen Sie außerdem erst wissen, was Sie entpacken, also welche Dateien sich in einem cpio-Archiv befinden, müssen Sie cpio nur mit der Option -t verwenden:

```
you@host > cpio -t < Shellbuch.cpio
...
```

copy pass

Mit copy pass werden die Dateien von der Standardeingabe gelesen und in ein entsprechendes Verzeichnis kopiert, ohne dass ein Archiv erzeugt wird. Hierzu wird die Option -p eingesetzt. Voraussetzung ist natürlich, dass ein entsprechendes Verzeichnis existiert. Wenn nicht, können Sie zusätzlich die Option -d verwenden, womit ein solches Verzeichnis erzeugt wird:

```
you@host > ls *.txt | cpio -pd /archive/testdir2
```

Hiermit werden aus dem aktuellen Verzeichnis alle Textdateien in das Verzeichnis *testdir2* kopiert. Der Aufruf entspricht demselben wie:

```
you@host > cp *.txt /archive/testdir2
```

Einen ganzen Verzeichnisbaum des aktuellen Arbeitsverzeichnisses könnten Sie somit mit folgendem Aufruf kopieren:

```
you@host > find . -print | cpio -pd /archiv/testdir3
```

afio

afio bietet im Gegensatz zu cpio die Möglichkeit, die einzelnen Dateien zu komprimieren. Somit stellt afio eine interessante tar-Alternative dar (für jeden, der tar mit seinen typischen Optionsparametern nicht mag). afio komprimiert die einzelnen Dateien, bevor sie in einem Archiv zusammengefasst werden. Ein einfaches Beispiel:

```
you@host > ls *.txt | afio -o -Z Shellbook.afio
```

Sie komprimieren hier zunächst alle Textdateien im aktuellen Verzeichnis und fassen dies dann in das Archiv *Shellbook.afio* zusammen. Die Platzeinsparung im Vergleich zu cpio ist beachtlich:

```
you@host > ls -l Shellbook*
-rw-------  1 pinguin users 209920 2005-04-24 14:59 Shellbook.afio
-rw-------  1 pinguin users 640512 2005-04-24 15:01 Shellbook.cpio
```

Entpacken können Sie das Archiv wieder wie bei cpio mit dem Schalter -i:

```
you@host > afio -i -Z Shellbook.afio
```

C.7.4 crypt – Dateien verschlüsseln

Mit dem Kommando crypt wird ein ver-/entschlüsselter Text von der Standardeingabe gelesen, um diesen wieder ver-/entschlüsselt auf die Standardausgabe auszugeben. Ein einfaches Beispiel wäre:

```
crypt 32asdf32 < file.txt > file.txt.crypt
```

Hier wird beispielsweise die Datei *file.txt* eingelesen. Zum Verschlüsseln wird das Passwort »32asdf32« verwendet. Der mit AES verschlüsselte, nicht mehr lesbare Text wird nun unter *file.txt.crypt* gespeichert. Jetzt sollte die Datei *file.txt* gelöscht werden.

Wenn es um wichtige Daten geht, sollten Sie auch dafür sorgen, dass sie nicht wieder sichtbar gemacht werden können (zuerst mit Zufallsdaten überschreiben und dann löschen). Dies ist ein Fall für awk:

```
you@host > dd if=/dev/urandom of=file.txt bs=1 \
> count=`wc -c file.txt | awk '{ print $1 }'`; rm file.txt
```

Die Datei *file.txt.crypt* können Sie nun mit

```
crypt 32asdf32 < file.txt.crypt > file.txt
```

wieder entschlüsseln. Wenn Sie das Passwort (womöglich ein sehr langes) vergessen haben, dann werden Sie wohl ein großes Problem haben, die Verschlüsselung zu knacken, denn das hier verwendete AES-Verfahren gilt als relativ sicher, zumindest bei den neusten Versionen.

C.7.5 dump/restore bzw. ufsdump/ufsrestore – Vollsicherung bzw. Wiederherstellen eines Dateisystems

Mit `dump` und `restore` (unter Solaris als `ufsdump` und `ufsrestore` bekannt) werden nicht einzelne Dateien oder Verzeichnisse ausgelesen, sondern das komplette Dateisystem. Da hierbei die Daten blockweise ausgelesen und auch wieder zurückgeschrieben werden, entsteht ein ziemlicher Geschwindigkeitsvorteil. Nebenbei wird außerdem vor den eigentlichen Daten noch ein Inhaltsverzeichnis erstellt, das Sie zum Wiederherstellen mit `restore` verwenden können, um einzelne Dateien auszuwählen, die wiederhergestellt werden sollen.

Hinweis

Da `dump` ein komplettes Dateisystem sichert, sollten Sie sicher sein, dass sich dieses in einem stabilen Zustand befindet. Denn ist das Dateisystem inkonsistent und führen Sie einen `dump` aus und wollen diesen `dump` irgendwann wieder einspielen, so spielen Sie auch sämtliche Instabilitäten mit ein. Daher empfiehlt sich als sicherster Weg der Single-User-Mode zum Dumpen.

Eine feine Sache sind auch die Dump-Levels, die einfache inkrementelle Backups erlauben. Dazu verwendet man ein Backup-Level zwischen 0 bis 9. 0 steht für ein Full Backup, und alle anderen Zahlen sind inkrementelle Backups. Dabei werden immer nur die Dateien gesichert, die sich seit dem letzten Backup verändert haben – sprich, dessen Level kleiner oder gleich dem aktuellen war. Geben Sie bspw. einen Level-2-Backup-Auftrag mit `dump` an, so werden alle Dateien gesichert, die sich seit den Leveln 0, 1 und 2 verändert haben.

Die Syntax zu `dump/usfdump`:

```
dump -[0-9][u]f Archiv Verzeichnis
```

In der Praxis schreiben Sie bspw. Folgendes:

```
dump -0uf /dev/sdb /
```

Damit führen Sie ein komplettes Backup des Dateisystems durch. Alle Daten werden auf eine externe SD-Karte (hier */dev/sdb*) gesichert. Dieses Full Backup müssen Sie zum Glück nur beim ersten Mal vornehmen, können es aber selbstverständlich immer dann durchführen, wenn Sie gerade größere Änderungen an Ihrem System vorhaben. Wollen Sie beim nächsten Mal immer die Dateien sichern, die sich seit dem letzten Dump-Level verändert haben, so müssen Sie nur den nächsten Level angeben:

```
dump -1uf /dev/sdb /
```

Hierbei lassen sich richtige `dump`-Strategien einrichten, z. B. einmal in der Woche mit einem Shell-Skript einen Full-Backup-`dump` mit Level 0. In den darauffolgenden Tagen können Sie z. B. den Dump-Level jeweils um den Wert 1 erhöhen.

Damit die Dump-Levels auch tadellos funktionieren, wird die Datei */etc/dumpdates* benötigt, in der das Datum der letzten Sicherung gespeichert wird. Gewöhnlich müssen Sie diese Datei vor dem ersten inkrementellen Dump mittels `touch /etc/dumdates` anlegen. Damit dies auch mit dem `dump`-Aufruf klappt, wird die Option `-u` verwendet. Mit dieser Option wird das aktuelle Datum in der Datei */etc/dumpdates* vermerkt. Die Option `-u` ist also sehr wichtig, wenn ein inkrementelles Dumpen funktionieren soll. Außerdem wurde die Option `-f dateiname` für die Standardausgabe verwendet. Fehlt diese Option, dann wird auf die Umgebungsvariable (z. B. `SDCARD`) und letztlich auf einen im Kernel einkompilierten Standard zurückgegriffen. Sie müssen also einen `dump` nicht zwangsläufig auf einer SD-Karte vornehmen (auch wenn dies ein häufiger Einsatz ist), sondern können auch mit der Angabe von `-f` eine andere Archivdatei nutzen:

```
dump -0f /pfadzumArchiv/archiv_usr.121105 /usr
```

Hier wird bspw. das Verzeichnis */usr* in einer Archivdatei gesichert.

Zum Wiederherstellen bzw. Zurücklesen von mit `dump/ufsdump` gesicherten Daten wird `restore` verwendet. Die Syntax von `restore` ähnelt der des Gegenstücks `dump` – allerdings finden Sie hier weitere Optionen für den Arbeitsmodus (siehe Tabelle C.19):

Option	Bedeutung
`i`	interaktives Rückspielen (*interactive*)
`r`	Wiederherstellen eines Dateisystems (*rebuild*)
`t`	Auflisten des Inhalts (*table*)
`x`	Extrahieren einzelner, als zusätzliche Argumente aufgeführter Dateien (*extract*). Verzeichnisse werden dabei rekursiv ausgepackt.

Tabelle C.19 Optionen für das Kommando restore/ufsrestore

So können Sie zum Beispiel das */usr*-Dateisystem folgendermaßen mit `restore` zurücksichern:

```
# cd /usr
# restore rf /pfadzumArchiv/archiv_usr.121105
```

Wichtiges zu `dump` und `restore` noch zum Schluss: Da diese Werkzeuge auf Dateisystemebene arbeiten, ist die Portabilität der Archive recht unzuverlässig. Bedenken Sie, dass Sie unter Linux häufig einen `dump` auf ext2/ext3/ext4-Ebene durchführen und unter Solaris mit `ufsdump` eben auf UFS-Ebene. Sie können also nicht mal eben einen `dump` auf einem anderen Rechner vornehmen, bei dem bspw. als Dateisystem ext2 verwendet wurde, und diesen `dump` auf einem Rechner mit UFS als Dateisystem einspielen. Zwar klappt dies manchmal, wie bspw. zwischen Linux (ext2) und FreeBSD (UFS), doch leider lässt sich hierbei keine generelle

Aussage treffen. Also sollten Sie sich mit den Dateisystemen schon sehr gut auskennen, um mit `dump` und `restore` zu experimentieren.

Des Weiteren benötigt `dump` zum Erstellen eines kompletten Indexes des Dateisystems eine Menge Arbeitsspeicher. Bei einem kleinen Hauptspeicher sollten Sie den Swap-Bereich erheblich vergrößern.

C.7.6 gzip/gunzip – (De-)Komprimieren von Dateien

`gzip` komprimiert Dateien und fügt am Ende des Dateinamens die Endung *.gz* an. Die Originaldatei wird durch die komprimierte Datei ersetzt. `gzip` basiert auf dem *deflate*-Algorithmus, der eine Kombination aus *LZ77* und der *Huffman-Kodierung* ist. Der Zeitstempel einer Datei und auch die Zugriffsrechte bleiben beim Komprimieren und beim Entpacken mit `gunzip` erhalten.

[«]

Hinweis

Sofern Sie Softwareentwickler in C sind und die Datenkompression verwenden wollen, sollten Sie sich die Bibliothek `zlib` ansehen. Diese Bibliothek unterstützt auch das `gzip`-Dateiformat.

Komprimieren können Sie eine oder mehrere Dateien ganz einfach mit:

```
you@host > gzip file1.txt
```

Und Dekomprimieren geht entweder mit `gzip` und der Option `-d`:

```
you@host > gzip -d file1.txt.gz
```

oder mit `gunzip`:

```
you@host > gunzip file1.txt.gz
```

Dabei ist `gunzip` kein symbolischer Link, sondern ein echtes Kommando. `gunzip` kann neben `gzip`-Dateien auch Dateien dekomprimieren, die mit `zip`, `compress` oder `pack` komprimiert wurden.

Wollen Sie, dass beim (De-)Komprimieren nicht die Originaldatei berührt wird, so verwenden Sie die Option `-c`:

```
you@host > gzip -c file1.txt > file1.txt.gz
```

Dies erreichen Sie ebenso mit `gunzip`:

```
you@host > gunzip -c file1.txt.gz > file1_neu.txt
```

Damit lassen Sie die `gzip`-komprimierte Datei *file1.txt.gz* unberührt und erzeugen die neue dekomprimierte Datei *file1_neu.txt*. Dasselbe können Sie auch mit `zcat` erledigen:

```
you@host > zcat file1.txt.gz > file1_neu.txt
```

C.7.7 mt – Streamer steuern

Mit mt können Magnetbänder vor- oder zurückgespult, positioniert und gelöscht werden. mt wird häufig in Shell-Skripts in Verbindung mit tar, cpio oder afio verwendet, weil jedes der Kommandos zwar auf Magnetbänder schreiben kann, aber diese nicht steuern kann. So wird mt wie folgt in der Praxis verwendet:

```
mt -f tape befehl [nummer]
```

Mit tape geben Sie den Pfad zu Ihrem Bandlaufwerk an und mit nummer, wie oft der Befehl befehl ausgeführt werden soll. In Tabelle C.20 folgt eine Liste der gängigsten Befehle, die dabei eingesetzt werden können:

Befehl	Bedeutung
eom	Band bis zum Ende der letzten Datei spulen. Ab hier kann mit tar, cpio und afio (oder gar dump/ufsdump) ein Backup aufgespielt werden.
fsf Anzahl	das Band um Anzahl Archive (Dateiendemarken) vorspulen. Nicht gleichzusetzen mit der letzten Datei (eom).
Nbsf Anzahl	das Band um Anzahl Archive (Dateiendemarken) zurückspulen
rewind	das Band an den Anfang zurückspulen
status	Statusinformationen vom Magnetlaufwerk ermitteln und ausgeben (bspw.: ist ein Band eingelegt oder nicht)
erase	das Band löschen und initialisieren
retension	das Band einmal ans Ende spulen und wieder zum Anfang zurück, um es neu zu »spannen«
offline	Band zum Anfang zurückspulen und auswerfen

Tabelle C.20 Befehle für das Kommando mt

C.7.8 pack/unpack – (De-)Komprimieren von Dateien

Diese beiden Programme werden nur noch der Vollständigkeit halber erwähnt und sind mittlerweile schon recht betagt (wie auch die Befehle zum Steuern von Magnetbändern). Eine mit pack komprimierte Datei hat die Endung *.z* und kann mit unpack (oder gunzip) wieder entpackt werden.

C.7.9 tar – Dateien und Verzeichnisse archivieren

tar (*tape archiver*) wurde ursprünglich zur Verwaltung von Bandarchiven verwendet. Mittlerweile aber kann tar auch mit Disketten oder normalen Dateien oder Verzeichnissen verwendet werden. Das Kommando tar wird inzwischen oft zur Erstellung von Sicherungen oder Archiven sowie für deren Zurückspielen auf fremde Rechner genutzt. Das Kommando tar hat die folgende Syntax:

```
tar funktion [optionen] [datei(en)]
```

Mit dem Parameter funktion geben Sie an, wie die Erstellung bzw. das Zurückspielen des Archivs erfolgen soll. Unter datei(en) legen Sie fest, welche Dateien oder Verzeichnisse (Verzeichnisbäume) in das Archiv übernommen oder wieder zurückgespielt werden sollen. Geben Sie ein Verzeichnis an, so wird der gesamte darin enthaltene Dateibaum verwendet. Gewöhnlich werden Archive mittels tar nicht komprimiert, aber auch hier können Sie mit tar die Ein- und Ausgabe durch einen Kompressor leiten. Neuere Versionen unterstützen sowohl compress als auch gzip und bzip2, das inzwischen einen recht hohen Stellenwert hat. Das gilt auch nicht nur für GNU-tar. tar (besonders GNU-tar) ist gewaltig, was die Anzahl von Funktionen und Optionen betrifft. Da tar eigentlich zu einem sehr beliebten Archivierungswerkzeug gehört, sollen hierbei auch mehrere Optionen und Funktionen erwähnt werden.

Es folgt in Tabelle C.21 eine Liste mit Optionen, mit denen Sie die Funktionsweise von tar festlegen können (es darf bei den 1-Zeichen-Funktionen auch das führende - weggelassen werden):

Option	Bedeutung
-A	Hängt ein komplettes Archiv an ein zweites vorhandenes Archiv an (oder fügt es auf dem Band hinten an).
-c	Erzeugt ein neues Archiv.
-d	Vergleicht die im Archiv abgelegten Dateien mit den angegebenen Dateien.
--delete Datei(en)	Löscht die angegebenen *Datei(en)* aus dem Archiv (nicht für Magnetbänder).
-r	Erwähnte Dateien werden ans Ende eines bereits existierenden Archivs angehängt (nicht für Magnetbänder).
-t	Zeigt den Inhalt eines Archivs an.
-u	Benannte Dateien werden nur dann ins Archiv aufgenommen, wenn sie neuer als die bereits archivierten Versionen oder noch überhaupt nicht im Archiv vorhanden sind (nicht für Magnetbänder).

Tabelle C.21 Optionen für das Kommando tar

Option	Bedeutung
-x	Bestimmte Dateien sollen aus einem Archiv gelesen werden; werden keine Dateien erwähnt, werden alle Dateien aus dem Archiv extrahiert.

Tabelle C.21 Optionen für das Kommando tar (Forts.)

Hierzu gibt es einige Zusatzoptionen, die Gängigsten sind in Tabelle C.22 aufgeführt:

Option	Bedeutung
-f Datei	Benutzt eine Datei oder das damit verbundene Gerät als Archiv; die Datei darf auch Teil von einem anderen Rechner sein.
-l	Geht beim Archivieren nicht über die Dateisystemgrenze hinaus.
-v	tar gibt gewöhnlich keine speziellen Meldungen aus; mit dieser Option wird jede Aktion von tar gemeldet.
-w	Schaltet tar in einen interaktiven Modus, wo zu jeder Aktion eine Bestätigung erfolgen muss.
-y	Komprimiert oder dekomprimiert die Dateien bei einer tar-Operation mit bzip2.
-z	Komprimiert oder dekomprimiert die Dateien bei einer tar-Operation mit gzip bzw. gunzip.
-Z	Komprimiert oder dekomprimiert die Dateien bei einer tar-Operation mit compress bzw. uncompress.

Tabelle C.22 Zusatzoptionen für das Kommando tar

Neben den zusätzlichen Optionen bietet tar eine Menge weiterer Schalter an. Weitere Informationen entnehmen Sie bei Bedarf der Manpage zu tar. Allerdings dürften Sie mit den hier genannten Optionen recht weit kommen. Daher folgen hierzu einige weitere Beispiele.

Am häufigsten wird tar wohl in folgender Grundform verwendet:

```
tar cf Archiv_Name Verzeichnis
```

Damit wird aus dem Verzeichniszweig Verzeichnis ein Archiv mit dem Namen Archiv_Name erstellt. In der Praxis sieht dies beispielsweise so aus:

```
you@host > tar cf Shellbuch_mai23 Shellbuch
```

Aus dem kompletten Verzeichniszweig *Shellbuch* wird hier das Archiv *Shellbuch_mai23* erstellt. Damit Sie beim Zurückspielen der Daten flexibler sind, sollten Sie einen relativen Verzeichnispfad angeben, z. B. auf die folgende Weise:

```
cd Verzeichnis ; tar cf Archiv_Name .
```

Für das letzte Beispiel sieht dies so aus:

```
you@host > cd Shellbuch ; tar cf Shellbuch_mai05 .
```

Für das relative Verzeichnis steht Ihnen auch die Option `-C Verzeichnis` zur Verfügung:

```
tar cf Archiv_Name -C Verzeichnis .
```

Wollen Sie die Dateien und Verzeichnisse des Archivs wiederherstellen, lautet der gängige Befehl hierzu wie folgt:

```
tar xf Archiv_Name
```

Um auf unser Beispiel zurückzukommen:

```
you@host > tar xf Shellbuch_mai05
```

Wollen Sie einzelne Dateien aus einem Archiv wiederherstellen, so ist dies auch kein allzu großer Aufwand:

```
tar xf Shellbuch_mai05 datei1 datei2 ...
```

Beachten Sie allerdings, wie Sie die Datei ins Archiv gesichert haben (relativer oder absoluter Pfad). Wollen Sie etwa die Datei *Shellbook.cpio* mit dem relativen Pfad wiederherstellen, so können Sie dies wie folgt tun:

```
you@host > tar xf Shellbuch_mai05 ./Shellbook.cpio
```

[«]

Hinweis

Ein häufiger Fehler, wenn etwas mit `tar` nicht klappt, ist eine falsche Pfadangabe. Sie sollten daher immer überlegen: Wo liegt das Archiv, wohin soll es zurückgesichert werden, und wie wurden die Dateien ins Archiv aufgenommen (absoluter oder relativer Pfad)?

Wollen Sie außerdem mitverfolgen, was beim Erstellen oder Auspacken eines Archivs alles passiert, sollten Sie die Option `v` verwenden. Hierbei können Sie außerdem gleich erkennen, ob Sie die Dateien mit dem absoluten oder relativen Pfad gesichert haben.

```
# neues Archiv erzeugen, mit Ausgabe aller Aktionen
tar cvf Archiv_Name Verzeichnis

# Archiv zurückspielen, mit Ausgabe aller Aktionen
tar xvf Archiv_Name
```

Den Inhalt eines Archivs können Sie sich mit der Option t ansehen:

```
tar tf Archiv_Name
```

Bezogen auf unser letztes Beispiel sieht dies wie folgt aus:

```
you@host > tar tf Shellbuch_mai05
./
./Planung_und_Bewerbung/
./Planung_und_Bewerbung/shellprogrammierung.doc
./Planung_und_Bewerbung/shellprogrammierung.sxw
./kap004.txt
./kap005.txt
./testdir2/
...
```

Hier wurde also der relative Pfadname verwendet. Wollen Sie ein ganzes Verzeichnis auf Diskette sichern, erledigen Sie dies folgendermaßen:

```
tar cf /dev/fd0 Shellbuch
```

Hier kopieren Sie das ganze Verzeichnis auf eine Diskette. Zurückspielen können Sie das Ganze wieder wie folgt:

```
tar xvf /dev/fd0 Shellbuch
```

Wollen Sie einen kompletten Verzeichnisbaum mit Kompression archivieren (bspw. mit gzip), gehen Sie so vor:

```
you@host > tar czvf Shellbuch_mai05.tgz Shellbuch
```

Dank der Option z wird jetzt das ganze Archiv auch noch komprimiert. Ansehen können Sie sich das komprimierte Archiv außerdem mit der Option t:

```
you@host > tar tzf Shellbuch_mai05.tgz Shellbuch
Shellbuch/
Shellbuch/Planung_und_Bewerbung/
Shellbuch/Planung_und_Bewerbung/shellprogrammierung.doc
Shellbuch/Planung_und_Bewerbung/shellprogrammierung.sxw
Shellbuch/kap004.txt
Shellbuch/kap005.txt
Shellbuch/testdir2/
...
```

Hier wurde also der absolute Pfadname verwendet. Entpacken und wieder einspielen können Sie das komprimierte Archiv wieder mit (mit Meldungen):

```
you@host > tar xzvf Shellbuch_mai05.tgz Shellbuch
```

Wollen Sie allerdings nur Dateien mit der Endung *.txt* aus dem Archiv extrahieren, können Sie dies wie folgt tun:

```
you@host > tar xzf Shellbuch_mai05.tgz '*.txt'
```

C.7.10 zip/unzip – (De-)Komprimieren von Dateien

Mit `zip` können Sie einzelne Dateien bis hin zu ganzen Verzeichnissen komprimieren und archivieren. Besonders gern werden `zip` und `unzip` allerdings verwendet, weil sie gänzlich mit den Versionen von Windows und DOS kompatibel sind. Wer sich also immer schon geärgert hat, dass sein Mailanhang wieder einmal etwas im ZIP-Format enthält, kann auf `unzip` zurückgreifen.

Ein ZIP-Archiv aus mehreren Dateien können Sie so erstellen:

```
you@host > zip files.zip file1.txt file2.txt file3.txt
  adding: file1.txt (deflated 56 %)
  adding: file2.txt (deflated 46 %)
  adding: file3.txt (deflated 24 %)
```

Hier packen und komprimieren Sie die Dateien zu einem Archiv namens *files.zip*. Wollen Sie eine neue Datei zum Archiv hinzufügen, tun Sie dies wie folgt:

```
you@host > zip files.zip hallo.c
  adding: hallo.c (deflated 3 %)
```

Möchten Sie alle Dateien des Archivs in das aktuelle Arbeitsverzeichnis entpacken, dann gehen Sie wie folgt vor:

```
you@host > unzip files.zip
Archive:  files.zip
  inflating: file1.txt
  inflating: file2.txt
  inflating: file3.txt
  inflating: hallo.c
```

Wenn Sie eine ganze Verzeichnishierarchie packen und komprimieren wollen, so müssen Sie die Option `-r` (rekursive) verwenden:

```
you@host > zip -r Shellbuch.zip $HOME/Shellbuch
...
```

Entpacken können Sie das Archiv allerdings wieder wie gewohnt mittels `unzip`.

C.7.11 Übersicht zu Dateiendungen und den Pack-Programmen

Tabelle C.23 gibt eine kurze Übersicht zu den Dateiendungen und den zugehörigen (De-) Komprimierungsprogrammen.

Endung	gepackt mit	entpackt mit
**.bz* und **.bz2*	bzip2	bzip2
**.gz*	gzip	gzip, gunzip oder zcat
**.zip*	Info-Zip, PKZip, zip	Info-Unzip, PKUnzip, unzip, gunzip
**.tar*	tar	tar
**.tbz*	tar und bzip2	tar und bzip2
**.tgz; *.tar.gz*	tar und gzip	tar und g(un)zip
**.Z*	compress	uncompress; gunzip
**.tar.Z*	tar und compress	tar und uncompress
**.pak*	pack	unpack, gunzip

Tabelle C.23 Gängige Endungen und ihr (De-)Komprimierungs-Kommando

C.8 Systeminformationen

C.8.1 cal – zeigt einen Kalender an

Das Kommando `cal` zeigt Ihnen einen Kalender wie folgt an:

```
you@host > cal
     April 2005
So Mo Di Mi Do Fr Sa
                1  2
 3  4  5  6  7  8  9
10 11 12 13 14 15 16
17 18 19 20 21 22 23
24 25 26 27 28 29 30
```

Ohne Angaben wird immer der aktuelle Monat aufgeführt. Wünschen Sie einen Kalender zu einem bestimmten Monat und Jahr, müssen Sie nur diese Syntax verwenden:

```
cal monat jahr
```

Dabei müssen `monat` und `jahr` jeweils nummerisch angegeben werden. Den Kalender für April 2023 erhalten Sie so:

```
you@host > cal 4 2023
     April 2023
So Mo Di Mi Do Fr Sa
                   1
 2  3  4  5  6  7  8
 9 10 11 12 13 14 15
16 17 18 19 20 21 22
23 24 25 26 27 28 29
30
```

C.8.2 date – Datum und Uhrzeit

Mit date lesen bzw. setzen Sie die Linux-Systemzeit. date wird weniger in der Kommandozeile als vielmehr in Shell-Skripts eingesetzt, wie Sie in diesem Buch bereits mehrmals gesehen haben. date ist im Grunde nur ein Frontend für die C-Bibliotheksfunktion strftime(3). Dabei leitet man durch ein Pluszeichen einen Formatstring ein, der durch entsprechende Datumsangaben ergänzt wird. Die Ausgabe erfolgt anschließend auf die Standardausgabe. Ein Beispiel wäre:

```
you@host > date +'%Y-%m-%d'
2005-04-26
```

Die Formatangaben zu date entsprechen denjenigen von strftime, das auch mit awk verwendet wurde. Zur genaueren Erläuterung können Sie die Manpages zu date oder strftime(3) lesen.

C.8.3 uname – Rechnername, Architektur und OS ausgeben

Mit uname können Sie das Betriebssystem, den Rechnernamen, OS-Releases, OS-Version, Plattform, Prozessortyp und Hardwareklasse des Rechners anzeigen lassen. Hierzu ruft man gewöhnlich uname mit der Option -a auf:

```
you@host > uname -a
Linux goliath.myhoster.de 2.6.10-1.770_FC3
#1 Thu Feb 24 14:00:06 EST 2005 i686 i686 i386 GNU/Linux
```

Oder unter FreeBSD:

```
you@host > uname -a
FreeBSD juergen.penguin 4.11-RELEASE FreeBSD 4.11-RELEASE
#5: Mon Jan 31 14:06:17 CET 2005     root@server.penguin:/usr/obj/usr/src/sys/
SEMA  i386
```

C.8.4 uptime – Laufzeit des Rechners

Das Kommando `uptime` zeigt die Zeit an, wie lange der Rechner bereits läuft.

```
you@host > uptime
09:27:25 up 15 days, 15:44, 1 user, load average: 0.37,0.30,0.30
```

C.9 Systemkommandos

C.9.1 dmesg – letzte Bootmeldung des Kernels anzeigen

Wollen Sie sich die Kernel-Meldung des letzten Bootvorgangs ansehen, hilft Ihnen das Kommando `dmesg` weiter. Dabei können Sie feststellen, welche Hardware beim Booten erkannt und initialisiert wurde. `dmesg` wird gern zur Diagnose verwendet, ob eine interne oder externe Hardware auch vom Betriebssystem korrekt erkannt wurde. Natürlich setzt dies entsprechende Kenntnisse der Hardware auf dem Computer und ihrer Bezeichnungen voraus.

C.9.2 halt – alle laufenden Prozesse beenden

Mit dem Kommando `halt` beenden Sie alle laufenden Prozesse. Damit wird das System komplett angehalten und reagiert auf keine Eingabe mehr. Selbstverständlich ist solch ein Befehl nur vom *root* ausführbar. Meistens ist `halt` ein Verweis auf `shutdown`.

C.9.3 reboot – alle laufenden Prozesse beenden und System neu starten

Mit `reboot` werden alle noch laufenden Prozesse auf dem System unverzüglich beendet, und das System wird neu gestartet. Bei einem System im Runlevel 1 bis 5 wird hierzu ein `shutdown` aufgerufen. Selbstverständlich bleibt auch dieses Kommando dem *root* vorbehalten.

[»]

Hinweis

Runlevel 1 bis 5 trifft nicht auf alle Systeme zu. Die Debian-Distributionen haben z. B. meist als *default runlevel* 2. Auf sie trifft das Geschriebene aber ebenso zu. System-V-Init würde es besser treffen, aber wäre auch unpräzise. BSD-Style-Init ruft auch einen `shutdown` auf. Bei vielen Desktop-Distributionen ist das »shutdown binary« auch mit dem »suid-bit« versehen, damit auch normale User den Rechner ausschalten dürfen.

C.9.4 shutdown – System herunterfahren

Mit `shutdown` können Sie (*root*-Rechte vorausgesetzt) das System herunterfahren. Mit den Optionen `-r` und `-h` kann man dabei zwischen einem Halt des Systems und einem Reboot auswählen. Damit das System auch ordentlich gestoppt wird, wird jedem Prozess zunächst das Signal SIGTERM gesendet, womit sich ein Prozess noch ordentlich beenden kann. Nach einer bestimmten Zeit (Standard ist zwei Sekunden oder einstellbar mit -t <SEKUNDEN>) wird das Signal SIGKILL an die Prozesse gesendet. Natürlich werden auch die Dateisysteme ordentlich abgehängt (umount), sync ausgeführt und in einen anderen Runlevel gewechselt (bei System-V-Init). Die Syntax zu shutdown lautet:

```
shutdown [Optionen] Zeitpunkt [Nachricht]
```

Den Zeitpunkt zum Ausführen des shutdown-Kommandos können Sie entweder im Format *hh:mm* als Uhrzeit übergeben (bspw. 23:30), oder Sie machen eine Angabe wie +m, womit Sie die noch verbleibenden Minuten festlegen (bspw. wird mit +5 in 5 Minuten der shutdown-Befehl ausgeführt). Ein sofortiger shutdown kann auch mit now bewirkt werden. Das Kommando shutdown benachrichtigt außerdem alle Benutzer, dass das System bald heruntergefahren wird, und lässt somit auch keine Neuanmeldungen zu. Sie können gegebenenfalls auch eine eigene Nachricht an die Benutzer senden.

Die in Tabelle C.24 genannten Optionen stehen Ihnen bei shutdown unter Linux zur Verfügung:

Option	Bedeutung
-t Sekunden	Zeit in Sekunden, die zwischen den SIGTERM- und SIGKILL-Signalen zum Beenden von Prozessen gewartet wird
-k	Es wird kein Shutdown ausgeführt, sondern es werden nur Meldungen an alle anderen Benutzer gesendet.
-r	(*reboot*) Neustart nach dem Herunterfahren
-h	System anhalten nach dem Herunterfahren
-f	beim nächsten Systemstart keinen Dateisystem-Check ausführen
-F	beim nächsten Systemstart einen Dateisystem-Check ausführen
-c	Wenn möglich, wird der laufende Shutdown abgebrochen.

Tabelle C.24 Optionen für das Kommando shutdown

Hinweis

Die Optionen sind betriebssystemabhängig. Ein -h unter BSD fährt zwar den Rechner herunter, schaltet ihn aber nicht ab. Dann wird -p (*power down*) verwendet. Keine Angabe versetzt das System in den Single-User-Modus.

C.10 Druckeradministration

Die Druckerbefehle werden aus Platzgründen in Tabelle C.25 nur mit Kommando und der jeweiligen Bedeutung dargestellt. Näheres entnehmen Sie bitte den entsprechenden Manpages.

Kommando	Bedeutung
accept	Druckerwarteschlange auf empfangsbereit setzen
cancel	Druckaufträge stornieren
disable	Drucker deaktivieren
enable	Drucker aktivieren
lp	Ausgabe auf dem Drucker mit dem Print-Spooler
lpadmin	Verwaltungsprogramm für das CUPS-Print-Spooler-System
lpc	Steuerung von Druckern
lphelp	Optionen eines Druckers ausgeben
lpmove	Druckerauftrag zu einem anderen Drucker verschieben
lpq	Druckerwarteschlange anzeigen
lpr	Dateien auf den Drucker ausgeben
lprm	Druckaufträge in der Warteschlange stornieren
lpstat	Status der Aufträge anzeigen
reject	Warteschlange für weitere Aufträge sperren

Tabelle C.25 Kommandos zur Druckeradministration

C.11 Netzwerkbefehle

Netzwerkbefehle erfordern ein tieferes Verständnis. Wenn Sie als Administrator mit Begriffen wie IP-Adresse, MAC-Adresse, DNS, FTP, SSH usw. nichts anfangen können, wäre eine fortführende Lektüre mehr als vonnöten. Leider können wir aufgrund des eingeschränkten Umfangs nicht auf die Fachbegriffe der Netzwerktechnik eingehen. Nebenbei erwähnt, sind diese Themen zum Teil schon ein ganzes Buch wert, weshalb die Beschreibung hier wohl für die meisten eher enttäuschend ausfallen dürfte.

C.11.1 arp – Ausgeben von MAC-Adressen

Wenn Sie die Tabelle mit den MAC-Adressen der kontaktierten Rechner benötigen, können Sie das Kommando arp verwenden. Ein Beispiel wäre:

```
you@host > arp -a
...
juergen.penguin (192.168.0.xxx) at 00:30:84:7a:9e:0e on rl0
permanent [ethernet]
...
```

Die MAC-Adresse ist hierbei die sechsstellige Hexadezimalzahl 00:30:84:7a:9e:0e. Benötigen Sie hingegen die MAC-Adresse Ihrer eigenen Netzwerkkarte, so können Sie sie wie folgt mit ifconfig ermitteln:

```
# ifconfig -a
eth0      Protokoll:Ethernet  Hardwareadresse 00:00:39:2D:01:A1
...
```

In der Zeile eth0 finden Sie die entsprechende MAC-Adresse unter Hardwareadresse. Hier sind wieder systemspezifische Kenntnisse von Vorteil.

C.11.2 hostname – Rechnername ermitteln

Das Kommando hostname können Sie verwenden, um den Namen des lokalen Rechners anzuzeigen bzw. zu setzen oder zu verändern. So ein Hostname hat eigentlich erst im Netzwerkbetrieb eine Bedeutung. In einem Netzwerk besteht ein vollständiger Rechnername (*Fully Qualified Domain Name*) aus einem Eigennamen und einem Domainnamen. Der DNS-Domainname bezeichnet das lokale Netz, an dem der Rechner hängt:

```
you@host > hostname
goliath.myhoster.de
you@host > hostname -s
goliath
you@host > hostname -d
myhoster.de
```

Ohne Angabe einer Option wird der vollständige Rechnername ausgegeben. Mit der Option -s geben Sie nur den Eigennamen des Rechners aus und mit -d nur den (DNS-)Domainnamen des lokalen Netzes.

C.11.3 ifconfig – Netzwerkzugang konfigurieren

Mit dem Kommando `ifconfig` kann man die Einstellungen einer Netzwerkschnittstelle abfragen oder setzen. Alle Einstellungen lassen Sie sich mit der Option `-a` anzeigen. Die Syntax zu `ifconfig`:

```
ifconfig schnittstelle [addresse [parameter]]
```

Dabei geben Sie den Namen der zu konfigurierenden Schnittstelle an. Befindet sich bspw. in Ihrem Rechner eine Netzwerkkarte, so lautet unter Linux die Schnittstelle hierzu `eth0`, die zweite Netzwerkkarte im Rechner (sofern eine vorhanden ist) wird mit `eth1` angesprochen. Auf anderen Systemen lautet der Name der Schnittstelle zur Netzwerkkarte wiederum anders. Daher sollten Sie ja auch `ifconfig` mit der Option `-a` aufrufen, um mehr darüber in Erfahrung zu bringen. Der Parameter `adresse` ist nun die IP-Adresse, die der Schnittstelle zugewiesen werden soll. Hierbei kann man die Dezimalnotation (xxx.xxx.xxx.xxx) verwenden oder einen Namen, den `ifconfig` in */etc/host* ablegt.

Verwenden Sie `ifconfig` ohne die Option `-a`, um sich einen Überblick zu verschaffen, dann werden die inaktiven Schnittstellen nicht mit angezeigt.

Der Aufruf für die Schnittstelle zur Ethernet-Karte `eth0` sieht beispielsweise wie folgt aus (Debian Bullseye):

```
# ifconfig
eth0
   Link encap:Ethernet  HWaddr 00:02:2A:D4:2C:EB
   inet addr:192.168.1.1  Bcast:192.168.1.255  Mask:255.255.255.0
   UP BROADCAST RUNNING MULTICAST  MTU:1500  Metric:1
   RX packets:80 errors:0 dropped:0 overruns:0 frame:0
   TX packets:59 errors:0 dropped:0 overruns:0 carrier:0
   collisions:0 txqueuelen:100

   RX bytes:8656 (8.4 KiB)  TX bytes:8409 (8.2 KiB)
   Interrupt:11 Base address:0xa000

lo
   Link encap:Local Loopback
   inet addr:127.0.0.1  Mask:255.0.0.0
   UP LOOPBACK RUNNING  MTU:16436  Metric:1
   RX packets:8 errors:0 dropped:0 overruns:0 frame:0
   TX packets:8 errors:0 dropped:0 overruns:0 carrier:0
   collisions:0 txqueuelen:0
   RX bytes:560 (560.0 b)  TX bytes:560 (560.0 b)
```

Wenn IPv6 korrekt konfiguriert ist, kommt noch die IPv6-Adresse dazu.

Der Ausgabe lässt sich entnehmen, dass auf dieser Netzwerkkarte 59 Pakete gesendet (TX) und 80 empfangen (RX) wurden. Die maximale Größe einzelner Pakete beträgt 1.500 Bytes (MTU). Die MAC-Adresse (Hardwareadresse), die unsere Netzwerkkarte eindeutig identifiziert (außer diese wird manipuliert), lautet 00:02:2A:D4:2C:EB.

Mit den zusätzlichen Parametern `up` und `down` schalten Sie eine Schnittstelle ein- bzw. aus. Als Beispiel dient wieder die Netzwerkkarte mit dem Namen `eth0` als Schnittstelle:

```
ifconfig eth0 down
```

Hier haben Sie die Netzwerkkarte `eth0` abgeschaltet. Wiedereinschalten können Sie sie folgendermaßen:

```
ifconfig eth0 up
```

Eine IP-Adresse verändern Sie ebenfalls mit `ifconfig`, z. B. so:

```
ifconfig eth0 192.18.19.91
```

Wollen Sie bei der Schnittstelle die Netzmaske und den Broadcast verändern, so ist dies mit `ifconfig` wenig Arbeit (unterlassen Sie es, wenn Sie nicht genau wissen, was die Netzmaske und der Broadcast sind):

```
ifconfig eth0 10.25.38.41 netmask \
  255.255.255.0 broadcast 10.25.38.255
```

Damit weisen Sie der Netzwerkkarte die IP-Adresse 10.25.38.41 aus dem Netz 10.25.38.xxx zu. Mit `netmask` geben Sie an, wie groß das Netz ist (hier ein Netzwerk der Klasse C).

C.11.4 mail/mailx – E-Mails schreiben und empfangen (und auswerten)

Mit dem Kommando `mail` versenden Sie aus einem Shell-Skript heraus E-Mails. Mithilfe der Option `-s` schicken Sie eine einfache Textmail mit Betreff (`-s` = *subject*) an eine Adresse, bspw.:

```
you@host > echo "Hallo" | mail -s "Betreff" pronix@t-online.de
```

Da nicht alle `mail`-Kommandos die Option `-s` für einen Betreff haben, können Sie gegebenenfalls auch auf `mailx` oder `Mail` (mit großen »M«) zurückgreifen, die auf einigen Systemen vorhanden sind. Mit `cat` können Sie natürlich auch den Inhalt einer ganzen Datei an die Mailadresse senden:

```
you@host > cat whoami.txt | mail -s "Ein Textdatei" \
> pronix@t-online.de
```

Dabei lassen sich allerlei Ausgaben eines Kommandos per mail an eine Adresse versenden:

```
you@host > ps -ef | mail -s "Prozesse 12Uhr" pronix@t-online.de
```

Sinnvoll kann dies z. B. sein, wenn auf einem System ein bestimmtes Limit überschritten wurde. Dann können Sie sich (oder einem anderen Benutzer) eine Nachricht zukommen lassen. Ebenso kann überprüft werden, ob ein Server dauerhaft verfügbar ist. Testen Sie etwa stündlich (bspw. mit *cron*) mittels nmap (hier können Sie nicht nur nachsehen, ob die Netzwerkkarte das UDP-Paket zurückschickt, sondern können direkt prüfen, ob der Port des betreffenden Dienstes noch offen ist), ob der Server erreichbar ist, und ist er es einmal nicht, können Sie sich hierbei eine Nachricht zukommen lassen.

Zusätzliche Optionen, die Sie mit mail bzw. mailx verwenden können, sind in Tabelle C.26 aufgelistet:

Option	Bedeutung
-s Betreff	Hier können Sie den Betreff (Subject) der E-Mail angeben.
-c adresse	Diese Adresse bekommt eine Kopie der Mail.
-b adresse	Diese Adresse bekommt eine *blind carbon copy* der Mail.

Tabelle C.26 Optionen für das Kommando mail/mailx

C.11.5 uuencode/uudecode – Text- bzw. Binärdateien kodieren

Mit den Kommandos uuencode/uudecode wandeln Sie Textdateien in Binärdateien um und wieder zurück. Solche Umwandlungen werden zum Beispiel beim Datenaustausch über das Internet notwendig, weil sonst die Sonderzeichen (Umlaute bzw. alle ASCII-Zeichen mit einem Wert über 127) auf manchen Rechnern nicht richtig dargestellt werden können – was bei einer Textdatei nicht immer so wild ist. Doch bei einer binären Datei bedeutet dies, dass sie schlicht nicht mehr funktioniert. Die meisten modernen E-Mail-Programme unterstützen MIME und erkennen solche kodierten Dateien als Anhang automatisch, daher erfolgt hierbei die Umwandlung von selbst, ohne dass Sie als Benutzer etwas davon mitbekommen.

uuencode macht im Prinzip nichts anderes, als dass es jeweils drei 8-Bit-Zeichen in vier 6-Bit-Zeichen umwandelt und zu jedem ASCII-Zeichenwert 32 addiert. Damit werden alle Zeichen in einen Satz von Standardzeichen umgewandelt, die relativ verlässlich übertragen werden.

Gewöhnlich werden Sie wohl uuencode verwenden, um Anhänge zu Ihren E-Mails mit dem Programm mail, Mail oder mailx hinzuzufügen. Wollen Sie z. B. eine Datei namens *archiv.tgz* als Anhang mit mail versenden, gehen Sie wie folgt vor:

```
you@host > uuencode archiv.tgz archiv.tgz | \
> mail -s 'Anhang: archiv.tgz' user@host
```

Dass hierbei zweimal *archiv.tgz* verwendet wurde, ist übrigens kein Fehler, sondern wird von uuencode erwartet.

C.11.6 netstat – Statusinformationen über das Netzwerk

Für die Anwendung von netstat gibt es viele Möglichkeiten. Mit einem einfachen Aufruf von netstat zeigen Sie den Zustand einer bestehenden Netzwerkverbindung an. Neben der Überprüfung von Netzwerkverbindungen können Sie mit netstat Routentabellen, Statistiken zu Schnittstellen, maskierte Verbindungen und noch vieles mehr anzeigen lassen. In der Praxis lässt sich somit ohne Problem die IP oder der Port eines ICQ-Users (Opfer) ermitteln oder ob ein Rechner mit einen Trojaner infiziert ist. Hierzu einige Beispiele:

```
you@host > netstat -nr
```

Hiermit lassen Sie die Routingtabelle (-r) des Kernels ausgeben.

```
you@host > netstat -i
```

Mit der Option -i erhalten Sie die Schnittstellenstatistik.

```
you@host > netstat -ta
```

Mit -ta erhalten Sie die Anzeige aller Verbindungen. Die Option -t steht für TCP. Mit -u, -w bzw. -x zeigen Sie die UDP-, RAW bzw. UNIX-Sockets an. Mit -a werden dabei auch die Sockets angezeigt, die noch auf eine Verbindung warten.

C.11.7 nslookup (host/dig) – DNS-Server abfragen

Mit nslookup ermitteln Sie aus dem Domainnamen eine IP-Adresse bzw. die IP-Adresse zu einem Domainnamen. Zur Auflösung des Namens wird gewöhnlich der DNS-Server verwendet.

[«]

Hinweis

Bei der Verwendung von nslookup werden Sie lesen, dass nslookup künftig von den Kommandos host oder dig abgelöst wird.

Hier nslookup und host bei der Ausführung:

```
you@host > nslookup pronix.de
Server:         217.237.150.141
Address:        217.237.150.141#53

Non-authoritative answer:
Name:   pronix.de
```

```
Address: 194.150.178.34

you@host > host pronix.de
pronix.de has address 194.150.178.34
you@host > host 194.150.178.34
34.178.150.194.in-addr.arpa domain name pointer goliath.myhoster.de.
```

C.11.8 ping – Verbindung zu anderem Rechner testen

Wollen Sie die Netzwerkverbindung zu einem anderen Rechner testen oder einfach nur den lokalen TCP/IP-Stack überprüfen, können Sie das Kommando ping (*Paket Internet Groper*) verwenden.

```
ping host
```

ping überprüft, ob host (IP-Adresse oder Domainname) antwortet. ping bietet noch eine Menge Optionen an, die noch mehr Informationen liefern, die allerdings hier nicht genauer erläutert werden. Zur Überprüfung sendet ping ein ICMP-Paket vom Typ ICMP Echo Request an die Netzwerkstation. Hat die Netzwerkstation das Paket empfangen, sendet es ebenfalls ein ICMP-Paket, allerdings vom Typ ICMP Echo Reply, zurück. Eine Ausgabe von ping kann z. B. wie folgt lauten:

```
you@host > ping -c5 www.pronix.de
PING www.pronix.de (194.150.178.34) 56(84) bytes of data.
64 bytes from goliath.myhoster.de (194.150.178.34):
  icmp_seq=1 ttl=56 time=79.0 ms
64 bytes from goliath.myhoster.de (194.150.178.34):
  icmp_seq=2 ttl=56 time=76.8 ms
64 bytes from goliath.myhoster.de (194.150.178.34):
  icmp_seq=3 ttl=56 time=78.2 ms
64 bytes from goliath.myhoster.de (194.150.178.34):
  icmp_seq=4 ttl=56 time=76.8 ms
64 bytes from goliath.myhoster.de (194.150.178.34):
  icmp_seq=5 ttl=56 time=79.2 ms

--- www.pronix.de ping statistics ---
5 packets transmitted, 5 received, 0 % packet loss, time 4001ms
rtt min/avg/max/mdev = 76.855/78.058/79.228/1.061 ms
```

Hier wurden 5 Pakete (mit der Option -c kann die Anzahl der Pakete angegeben werden) an *www.pronix.de* gesendet und wieder erfolgreich empfangen, wie der Zusammenfassung am Ende zu entnehmen ist. Rufen Sie ping hingegen ohne eine Option auf, z. B. so

```
ping www.pronix.de
```

so müssen Sie selbst für eine Beendigung des Datenaustausches zwischen den Rechnern sorgen. Ein einfaches `Strg`+`C` tut da seinen Dienst, und Sie erhalten ebenfalls wieder eine Zusammenfassung. Neben der Möglichkeit, auf die Verfügbarkeit eines Rechners und des lokalen TCP/IP-Stacks zu prüfen (`ping localhost`), können Sie außerdem die Laufzeit von Paketen vom Sender zum Empfänger ermitteln. Hierzu wird die Zeit halbiert, bis die »Reply« eintrifft.

C.11.9 Die r-Kommandos von Berkeley (rcp, rlogin, rsh, rwho)

Aus Sicherheitsgründen wird empfohlen, die Tools `rcp`, `rlogin`, `rsh` und `rwho` nicht mehr einzusetzen und stattdessen auf die mittlerweile sichereren Alternativen `ssh` und `scp` zu setzen. Es fängt schon damit an, dass hier das Passwort beim Einloggen im Klartext, ohne jede Verschlüsselung übertragen wird. Bedenken Sie, dass ein unverschlüsseltes Passwort, das zwischen zwei Rechnern im Internet übertragen wird, jederzeit mitgelesen werden kann. Für Passwörter gilt im Allgemeinen, dass man sie niemals im Netz unverschlüsselt übertragen sollte. Da es mittlerweile zur Passwortübertragung mit Secure Shell (`ssh`), SecureRPC von SUN und Kerberos vom MIT sehr gute Lösungen gibt, haben die r-Kommandos eigentlich keine Berechtigung mehr.

Schlimmer noch: Für die Befehle `rsh` und `rcp` war früher auf den Zielrechnern nicht einmal ein Passwort nötig. Eine Authentifizierung erfolgte über die Dateien */etc/hosts.equiv* und *~/.rhosts*. Darin wurden einzelne Rechner eingetragen, die als vertrauenswürdig empfunden wurden und so auch die Passwort-Authentifizierung umgehen konnten.

C.11.10 ssh – sichere Shell auf anderem Rechner starten

`ssh` (Secure Shell) zählt mittlerweile zu einem der wichtigsten Dienste überhaupt. Mit diesem Dienst ist es möglich, eine verschlüsselte Verbindung zwischen zwei Rechnern aufzubauen. `ssh` wurde aus der Motivation heraus entwickelt, sichere Alternativen zu `telnet` und den r-Kommandos von Berkeley zu schaffen.

Wenn Sie zum ersten Mal eine Verbindung zu einem anderen Rechner herstellen, bekommen Sie gewöhnlich eine Warnung, in der `ssh` nachfragt, ob Sie dem anderen Rechner vertrauen wollen. Wenn Sie mit »yes« antworten, speichert `ssh` den Namen und den sogenannten *RSA-Fingerprint* (RSA ist ein Verfahren für den sicherem Schlüsselaustausch) in der Datei *~/.ssh/known_hosts*. Beim nächsten Starten von `ssh` erfolgt diese Abfrage dann nicht mehr.

Im nächsten Schritt erfolgt die Passwortabfrage, die verschlüsselt übertragen wird. Bei korrekter Eingabe des Passworts beginnt die Sitzung am anderen Rechner (als würde man diesen Rechner vor sich haben). Die Syntax dazu lautet:

```
ssh -l loginname rechnername
```

Angenommen, der Login-Name lautet »us10129« und der Rechnername *myhoster.de*. Das Einloggen mit `ssh` läuft dann wie folgt ab:

```
you@host > hostname
linux.home
you@host > ssh -l us10129 myhoster.de
us10129@myhoster.de's password:********
Last login:
Sat Apr 30 12:52:05 2005 from p549b6d72.dip.t-dialin.net
[us10129@goliath ~]$ hostname
goliath.myhoster.de
[us10129@goliath ~]$ exit
Connection to myhoster.de closed.
you@host >
```

Für jede Verbindung über ssh wird zwischen den Rechnern ein neuer Sitzungsschlüssel ausgehandelt. Will man einen solchen Schlüssel knacken, benötigt der Angreifer unglaublich viel Zeit. Sobald Sie sich ausloggen, müsste der Angreifer erneut versuchen, den Schlüssel zu knacken. Dies natürlich nur rein theoretisch, denn hierbei handelt es sich immerhin um Verfahren wie RSA, BLOWFISH, IDEA und TRIPLEDES, zwischen denen man wählen kann. Alle diese Schlüssel gelten bisher als sehr sicher.

C.11.11 scp – Dateien kopieren zwischen unterschiedlichen Rechnern

Das Kommando scp ist der Teil einer SSH-Installation, mit der man Dateien sicher zwischen unterschiedlichen Rechnern hin und her kopieren kann. scp funktioniert genauso wie das lokale cp. Der einzige Unterschied ist natürlich die Angabe der Pfade auf den entfernten Rechnern. Dabei sieht die Verwendung des Rechnernamens wie folgt aus:

```
benutzer@rechner:/verzeichnis/zum/ziel
```

Um auf das letzte Account-Beispiel zurückzukommen (Benutzername »us10129«, Rechnername *myhoster.de*):

```
you@host > scp whoami.txt us10129@myhoster.de:~
us10129@myhoster.de's password:********
whoami.txt                        100 % 3231     3.2KB/s    00:00
you@host > scp us10129@myhoster.de:~/grafik/baum.gif $HOME
us10129@myhoster.de's password:********
baum.gif                          100 % 8583     8.4KB/s    00:00
you@host >
```

Zuerst wurde hier die Datei *whoami.txt* aus dem aktuellen lokalen Verzeichnis ins Heimverzeichnis von *pronix.de* kopiert (*/home/us10129*). Anschließend wurde aus dem Verzeichnis */home/us10129/grafik* die GIF-Datei *baum.gif* auf den lokalen Rechner kopiert. scp ist in der

Tat eine interessante Lösung, um Dateien auf mehreren Rechnern mit einem Skript zu kopieren.

Was allerdings bei der Skriptausführung stören dürfte (besonders wenn dies automatisch geschehen soll), ist die Passwortabfrage (hierbei würde der laufende Prozess angehalten). Hierzu bietet es sich an, sich mithilfe eines asymmetrischen Verschlüsselungsverfahrens ein Login ohne Passwort zu verschaffen. Dazu stellt man am besten auf dem Clientrechner mit dem Programm `ssh-keygen` ein entsprechendes Schlüsselpaar (hier mit einem RSA-Schlüssel) bereit:

```
you@host > ssh-keygen -t rsa
Generating public/private rsa key pair.
Enter file in which to save the key (/home/you/.ssh/id_rsa):↵
Enter passphrase (empty for no passphrase):↵
Enter same passphrase again:↵
Your identification has been saved in /home/you/.ssh/id_rsa.
Your public key has been saved in /home/you/.ssh/id_rsa.pub.
The key fingerprint is:
bb:d9:6b:b6:61:0e:46:e2:6a:8d:75:f5:b3:41:99:f9 you@linux
```

Hier wurden zwei RSA-Schlüssel ohne Passphrase erstellt. Jetzt haben Sie zwei Schlüssel, einen privaten (*id_rsa*) und einen öffentlichen (*id_rsa.pub*). Damit Sie jetzt alle SSH-Aktionen ohne Passwort durchführen können, müssen Sie den öffentlichen Schlüssel nur noch auf den Server hochladen.

```
you@host > scp .ssh/id_rsa.pub us10129@myhoster.de:~/.ssh/
us10129@myhoster.de's password:********
id_rsa.pub                           100 %  219      0.2KB/s    00:00
you@host >
```

Jetzt müssen Sie sich nochmals einloggen und die Datei *id_rsa.pub* an die Datei *~/.ssh/authorized_keys* anhängen:

```
you@host > ssh us10129@myhoster.de
us10129@myhoster.de's password:********
Last login:
Sat Apr 30 13:25:22 2005 from p549b6d72.dip.t-dialin.net
[us10129@goliath ~]$ cd ~/.ssh
[us10129@goliath .ssh]$ ls
id_rsa.pub  known_hosts
[us10129@goliath .ssh]$ cat id_rsa.pub >> authorized_keys
```

Nach erneutem Einloggen über `ssh` oder dem Kopieren mit `scp` sollte die Passwortabfrage der Vergangenheit angehören.

C.11.12 rsync – Replizieren von Dateien und Verzeichnissen

rsync wird verwendet, um Dateien bzw. ganze Verzeichnisbäume zu synchronisieren. Hierbei kann sowohl eine lokale als auch eine entfernte Synchronisation vorgenommen werden. Der Ausdruck »synchronisieren« ist eigentlich rein syntaktisch nicht richtig. Man kann zwar bei einem Verzeichnisbaum X Daten hinzufügen, so dass er exakt denselben Inhalt erhält wie der Verzeichnisbaum Y, dies funktioniert allerdings umgekehrt nicht. Man spricht hierbei von *replizieren*. Wollen Sie eine echte bidirektionale Synchronisation realisieren (z. B. Daten zwischen zwei PCs abgleichen), müssen Sie auf union zurückgreifen.

Die Syntax zu rsync lautet:

```
rsync [optionen] ziel quelle
```

Einige Beispiele hierzu wären:

```
rsync -avzb -e ssh pronix.de:/ /home/you/backups/
```

Damit wird die Webseite *pronix.de* mit dem lokalen Verzeichnis */home/you/backups* synchronisiert. Mit a verwenden Sie den *archive*-Modus, mit b werden Backups erstellt, und mit v (für *verbose*) wird rsync etwas mitteilsamer. Durch die Option z werden die Daten komprimiert übertragen. Außerdem wird mit den Optionen -e und ssh eine verschlüsselte Datenübertragung verwendet.

Geben Sie bei der Quelle als letztes Zeichen einen Slash (/) an, wird dieses Verzeichnis nicht mitkopiert, sondern nur der darin enthaltene Inhalt, beispielsweise so:

```
rsync -av /home/you/Shellbuch/ /home/you/backups
```

Hier wird der Inhalt von */home/you/Shellbuch* nach */home/you/backups* kopiert. Würden Sie hingegen Folgendes schreiben

```
rsync -av /home/you/Shellbuch /home/you/backups
```

so würde in */home/you/backups* das Verzeichnis *Shellbuch* angelegt (*/home/ you/backups/ Shellbuch/*) und alles dorthin kopiert.

Es folgt in Tabelle C.27 ein Überblick zu einigen Optionen von rsync.

Option	Bedeutung
-a	(*archive mode*) Kopiert alle Unterverzeichnisse, mitsamt Attributen (Symlinks, Rechte, Dateidatum, Gruppe, Devices) und (wenn man *root* ist) dem Eigentümer der Datei(en).
-v	(*verbose*) Gibt während der Übertragung eine Liste der übertragenen Dateien aus.

Tabelle C.27 Gängige Optionen von rsync

Option	Bedeutung
-n	(*dry-run*) nichts schreiben, sondern den Vorgang nur simulieren – ideal zum Testen
-e Programm	Wenn in der Quelle oder im Ziel ein Doppelpunkt enthalten ist, interpretiert rsync den Teil vor dem Doppelpunkt als Hostname und kommuniziert über das mit -e spezifizierte Programm. Gewöhnlich wird als Programm ssh verwendet. Weitere Parameter können Sie diesem Programm in Anführungszeichen gesetzt übergeben.
-z	Der Parameter -z bewirkt, dass rsync die Daten komprimiert überträgt.
--delete --force --delete-excluded	Damit werden alle Einträge im Zielverzeichnis gelöscht, die im Quellverzeichnis nicht (mehr) vorhanden sind.
--partial	Wurde die Verbindung zwischen zwei Rechnern getrennt, wird die nicht vollständig empfangene Datei nicht gelöscht. So kann bei einem erneuten rsync die Datenübertragung fortgesetzt werden.
--exclude=Pattern	Hier kann man Dateien (mit Pattern) angeben, die man ignorieren möchte. Selbstverständlich sind hierbei reguläre Ausdrücke möglich.
-x	Damit werden alle Dateien auf einem Filesystem ausgeschlossen, die in ein Quellverzeichnis gemountet sind.

Tabelle C.27 Gängige Optionen von rsync (Forts.)

Noch mehr zu rsync finden Sie auf der entsprechenden Website von rsync (leider ändert sich der entsprechende Link sehr oft) oder wie üblich auf der Manual-Seite.

C.11.13 traceroute – Routen zu einem Rechner verfolgen

traceroute ist ein TCP/IP-Tool, mit dem Informationen darüber ermittelt werden können, welche Computer ein Datenpaket über ein Netzwerk passiert, bis es bei einem bestimmten Host ankommt. Ein Beispiel hierfür ist das folgende:

```
you@host > traceroute www.microsoft.com
traceroute to www.microsoft.com.nsatc.net (207.46.199.30), 30
hops max, 38 byte packets
 1  164-138-193.gateway.dus1.myhoster.de (193.138.164.1)
    0.350 ms  0.218 ms  0.198 ms
 2  ddf-b1-geth3-2-11.telia.net (213.248.68.129)
    0.431 ms  0.185 ms  0.145 ms
 3  hbg-bb2-pos1-2-0.telia.net (213.248.65.109)
```

```
   5.775 ms  5.785 ms  5.786 ms
4  adm-bb2-pos7-0-0.telia.net (213.248.65.161)
   11.949 ms  11.879 ms  11.874 ms
5  ldn-bb2-pos7-2-0.telia.net (213.248.65.157)
   19.611 ms  19.598 ms  19.585 ms
...
```

C.12 Benutzerkommunikation

C.12.1 wall – Nachrichten an alle Benutzer verschicken

Mit dem Kommando `wall` senden Sie eine Nachricht an alle aktiven Benutzer auf dem Rechner. Damit ein Benutzer auch Nachrichten empfangen kann, muss er mit `mesg yes` diese Option einschalten. Natürlich kann ein Benutzer das Empfangen von Nachrichten auch mit `mesg no` abschalten. Nachrichten werden nach einem Aufruf von `wall` von der Standardeingabe eingelesen und mit der Tastenkombination [Strg]+[D] abgeschlossen und versendet. Gewöhnlich wird `wall` vom Systemadministrator verwendet, um den Benutzer auf bestimmte Ereignisse, wie etwa das Neustarten des Systems, hinzuweisen.

C.12.2 write – Nachrichten an andere Benutzer verschicken

Ähnlich wie mit `wall` können Sie mit `write` eine Nachricht versenden, allerdings an einen bestimmten oder mehrere Benutzer.

```
wall Benutzer1 ...
```

Ansonsten gilt bei der Verwendung von `write` das Gleiche wie für `wall`. Auch hier wird die von der Standardeingabe eingelesene Nachricht mit [Strg]+[D] beendet, und auf der Gegenstelle muss auch hier `mesg yes` gelten, damit der Benutzer die Nachricht empfangen kann. Natürlich ist es dem Benutzer *root* gestattet, jedem Benutzer eine Nachricht zu senden, auch wenn dieser das Empfangen von Nachrichten mit `mesg no` abgeschaltet hat.

C.12.3 mesg – Nachrichten auf die Dialogstation zulassen oder unterbinden

Mit dem Kommando `mesg` können Sie einem anderen Benutzer erlauben, auf das Terminal (bspw. mittels `write` oder `wall`) zu schreiben, oder ebendies zu sperren. Rufen Sie `mesg` ohne Optionen auf, wird so ausgegeben, wie die Zugriffsrechte gesetzt sind – `y` (für *yes*) und `n` (für *no*). Wollen Sie dem Benutzer erlauben, auf Ihre Dialogstation zu schreiben, erreichen Sie dies mit `mesg` folgendermaßen:

```
mesg yes
```

oder

```
mesg -y
```

Wollen Sie hingegen unterbinden, dass jemand Nachrichten auf Ihre Dialogstation ausgibt, wird mesg so verwendet:

```
mesg no
```

oder

```
mesg -n
you@host > mesg
is n
you@host > mesg yes
you@host > mesg
ist y
```

C.13 Bildschirm- und Terminalkommandos

C.13.1 clear – Löschen des Bildschirms

Mit dem Kommando `clear` löschen Sie den Bildschirm, sofern dies möglich ist. Das Kommando sucht in der Umgebung nach dem Terminaltyp und dann in der `terminfo`-Datenbank, um herauszufinden, wie der Bildschirm für das entsprechende Terminal gelöscht wird.

C.13.2 reset – Zeichensatz für ein Terminal wiederherstellen

Mit dem Kommando `reset` setzen Sie jedes virtuelle Terminal in einen definierten Zustand zurück. Gibt es kein Kommando mit diesem Namen, erreichen Sie dasselbe auch mit `setterm -reset`.

C.13.3 setterm – Terminaleinstellung verändern

Mit `setterm` verändern Sie die Terminaleinstellungen wie bspw. die Hintergrund- oder Vordergrundfarbe . Rufen Sie `setterm` ohne Optionen auf, erhalten Sie einen Überblick über alle möglichen Optionen von `setterm`. Sie können `setterm` entweder interaktiv verwenden

```
you@host > setterm -bold on
```

(hier schalten Sie bspw. die Fettschrift an), oder aber Sie sichern die Einstellungen dauerhaft in der Datei *~/.profile*. Einige wichtige Einstellungen von `setterm` sehen Sie in Tabelle C.28:

Verwendung	Bedeutung
setterm -clear	Löscht den Bildschirm.
setterm -reset	Terminal wieder in einen definierten Zustand zurückbringen
setterm -blank n	Bildschirm nach n Minuten Untätigkeit abschalten

Tabelle C.28 Einige häufig benötigte Optionen für setterm

C.13.4 stty – Terminaleinstellung abfragen oder setzen

Mit stty können Sie die Terminaleinstellung abfragen oder verändern. Rufen Sie stty ohne Argumente auf, wird die Leitungsgeschwindigkeit des aktuellen Terminals ausgegeben. Wenn Sie stty mit der Option -a aufrufen, erhalten Sie die aktuelle Terminaleinstellung.

```
you@host > stty -a
speed 38400 baud; rows 23; columns 72; line = 0;
intr=^C; quit=^\; erase=^?; kill=^U; eof=^D; eol=<undef>;
eol2 = <undef>; start = ^Q; stop = ^S; susp = ^Z; rprnt = ^R;
werase = ^W; lnext = ^V; flush = ^O; min = 1; time = 0;
-parenb -parodd cs8 -hupcl -cstopb cread -clocal -crtscts
-ignbrk brkint ignpar -parmrk -inpck -istrip -inlcr
-igncr icrnl ixon -ixoff -iuclc -ixany imaxbel -iutf8 opost
-olcuc -ocrnl onlcr -onocr -onlret -ofill
-ofdel nl0 cr0 tab0 bs0 vt0 ff0
isig icanon iexten echo echoe echok -echonl -noflsh -xcase
-tostop -echoprt echoctl echoke
```

Die Einstellungen lassen sich häufig schwer beschreiben. Um diese Beschreibungen zu verstehen, bedarf es schon einer intensiveren Befassung mit der Funktionsweise zeichenorientierter Gerätetreiber im Kernel und der seriellen Schnittstelle – was hier allerdings nicht Thema ist.

Alle Flags, die sich mit stty verändern lassen, können Sie sich mit stty --help auflisten lassen. Viele dieser Flags lassen Sie mit einem vorangestellten Minus abschalten und ohne ein Minus (wieder) aktivieren. Wenn Sie beim Probieren der verschiedenen Flags das Terminal nicht mehr vernünftig steuern können, hilft Ihnen das Kommando reset oder setterm -reset, um das Terminal wiederherzustellen. Über

```
you@host > stty -echo
```

beispielsweise schalten Sie die Ausgabe des Terminals ab, und mit

```
you@host > stty echo
```

stellen Sie die Ausgabe auf dem Bildschirm wieder her. Allerdings müssen Sie hier recht sicher im Umgang mit der Tastatur sein, weil Sie ja zuvor die Ausgabe deaktiviert haben.

C.13.5 tty – Terminalname erfragen

Mit tty erfragen Sie den Namen inklusive Pfad des Terminals, das die Standardeingabe entgegennimmt.

```
you@host > tty
/dev/pts/36
```

Verwenden Sie die Option -s, erfolgt keine Ausgabe, vielmehr wird nur der Status gesetzt. Diese Werte haben die in Tabelle C.29 aufgeführte Bedeutung:

Status	Bedeutung
0	Standardeingabe ist ein Terminal.
1	Standardeingabe ist kein Terminal.
2	Unbekannter Fehler ist aufgetreten.

Tabelle C.29 Rückgabestatus von tty mit der Option -s

```
Ein Beispiel:
you@host > tty -s
you@host > echo $?
0
```

Diese Abfrage wird bspw. gern in Skripts verwendet, um zu ermitteln, ob für die Standardeingabe ein Terminal zur Verfügung steht. Einem Hintergrundprozess zum Beispiel steht keine Standardeingabe zur Verfügung.

C.14 Onlinehilfen

C.14.1 apropos – nach Schlüsselwörtern in Manpages suchen

Die Syntax:

```
apropos keyword
```

Mit apropos werden alle Manpages aufgelistet, in denen sich das Wort keyword befindet. Dasselbe erreichen Sie mit dem Kommando man und der Option -k.

C.14.2 info – GNU-Online-Manual

info ist das Hilfesystem für die bei Linux mitgelieferte GNU-Software.

```
info [kommando]
```

Die wichtigsten Tasten zum Verwenden der Info-Seiten sehen Sie in Tabelle C.30:

Taste	Bedeutung
Leertaste	eine Seite nach unten blättern
←	eine Seite nach oben blättern
B	Anfang des info-Textes
E	Ende des info-Textes
⇆	zum nächsten Querverweis springen
↵	Querverweis folgen
H	Anleitung zur Bedienung von info
?	Kommandoübersicht von info
Q	info beenden

Tabelle C.30 Gängige Tasten zur Steuerung von info-Seiten

C.14.3 man – die traditionelle Onlinehilfe

Mit man geben Sie die Manual-Seiten zu einem entsprechenden Namen aus:

```
man Name
```

Die Anzeige der Manpage erfolgt über einen Pager, was meistens less oder eventuell auch more ist. Zur Steuerung dieser Pager können Sie vor oder zurückblättern, jeweils seitenweise. Den Pager können Sie aber auch mit der Option -P oder der Umgebungsvariablen PAGER selbst bestimmen. Aufgeteilt werden die Manpages in verschiedene Kategorien:

1. Benutzerkommandos
2. Systemaufrufe
3. C-Bibliotheksfunktionen
4. Beschreibungen der Gerätedateien
5. Dateiformate
6. Spiele

7. Makropakete für die Textformatierer
8. Kommandos für die Systemverwalter
9. Kernel-Routinen

Die Reihenfolge, in der die Sektionen nach einer bestimmten Manual Page durchsucht werden, ist in der Konfigurationsdatei */etc/man.config* festgelegt. In der `MANSEC`-Umgebungsvariablen kann jeder User für sich eine andere Reihenfolge bestimmen.

Ebenso sind die Verzeichnisse, in denen nach den Manpages gesucht werden soll, in */etc/man.config* festgeschrieben. Da die Datei */etc/man.config* nur von *root* bearbeitet werden darf, hat auch hier der Benutzer die Möglichkeit, mit der Umgebungsvariablen `MANPATH` ein anderes Verzeichnis anzugeben.

Das Kommando `man` hat eine Reihe von Optionen, hier die wichtigsten:

- `-a`: Häufig gibt es gleichnamige Manpages in verschiedenen Kategorien. Geben Sie bspw. `man sleep` ein, bekommen Sie die erste gefundene Sektion (abhängig von der Reihenfolge, die in */etc/man.config* oder `MANSEC` angegeben wurde) mit entsprechenden Namen ausgegeben. Wollen Sie alle Manpages zu einem bestimmten Namen bzw. Kommando lesen, so müssen Sie nur die Option `-a` verwenden. Mit `man -a sleep` erhalten Sie jetzt alle Manpages mit `sleep`.
- `-k keyword`: Entspricht `apropos keyword`; damit werden alle Manpages ausgegeben, die das Wort `keyword` enthalten.
- `-f keyword`: Entspricht `whatis keyword`; damit wird eine einzeilige Bedeutung von `keyword` ausgegeben.

C.14.4 whatis – Kurzbeschreibung zu einem Kommando

Die Syntax:

```
whatis keyword
```

Mit dem Kommando `whatis` wird die Bedeutung von `keyword` als ein einzeiliger Text ausgegeben. `whatis` entspricht einem Aufruf von `man -f keyword`.

C.15 Alles rund um PostScript-Kommandos

Die Befehle rund um das PostScript-Format werden aus Platzgründen nur mit Kommando und Bedeutung beschrieben. Näheres entnehmen Sie bitte den entsprechenden Manpages.

Kommando	Bedeutung
a2ps	Textdatei umwandeln in PostScript
dvips	DVI-Dateien umwandeln in PostScript
enscript	Textdatei umwandeln in PostScript
gs	PostScript- und PDF-Dateien konvertieren
html2ps	Umwandeln von HTML-Dateien in PostScript
pdf2ps	Umwandeln von PDF in PostScript
ps2ascii	Umwandeln von PostScript in ASCII
ps2pdf	Umwandeln von PostScript in PDF
psutils	Paket zur Bearbeitung von PostScript-Dateien

Tabelle C.31 PostScript-Kommandos

C.16 Gemischte Kommandos

C.16.1 alias/unalias – Kurznamen für Kommandos vergeben bzw. löschen

Mit `alias` können Sie für einfache Kommandos benutzerdefinierte Namen anlegen.

C.16.2 bc – Taschenrechner

`bc` ist ein arithmetischer, sehr umfangreicher Taschenrechner für die Konsole mit vielen ausgereiften Funktionen.

C.16.3 printenv bzw. env – Umgebungsvariablen anzeigen

Mit `printenv` lassen Sie Umgebungsvariablen für einen Prozess anzeigen. Geben Sie kein Argument an, werden alle Variablen ausgegeben, ansonsten der entsprechende Wert der Umgebungsvariablen.

```
you@host > printenv PAGER
less
you@host > printenv MANPATH
/usr/local/man:/usr/share/man:/usr/X11R6/man:/opt/gnome/share/man
```

Index

A

D

G

H

N

Q

R

S

T

U

V

W

X

Y

Z

Maker-Projekte mit dem IoT-Controller

Mit dem ESP32 setzen Maker anspruchsvolle IoT-Projekte um. Ein leistungsstarkes SoC und zahlreiche Schnittstellen zur Kommunikation machen ihn zur idealen Basis für alle Ihre Ideen in der IoT-Programmierung, bei der Hausautomation oder einfach beim Elektronikbasteln. Dieser Leitfaden begleitet Sie bei Ihren Projekten und zeigt Ihnen die Arbeit mit Entwicklungsumgebungen, Sensoren, Schnittstellen und allem, was dazu gehört. So gelingt Ihnen der umfassende Einstieg in die Mikrocontrollerprogrammierung.

660 Seiten, gebunden, in Farbe, 44,90 Euro, ISBN 978-3-8362-9124-8
www.rheinwerk-verlag.de/5571